NATIONS
UNIES

E

**Conseil Economique
et Social**

Distr.
GENERALE

E/CN.4/1998/SR.25
28 avril 1998

Original : FRANCAIS

COMMISSION DES DROITS DE L'HOMME

Cinquante-quatrième session

COMPTE RENDU ANALYTIQUE DE LA 25ème SEANCE

tenue au Palais des Nations, à Genève,
le mardi 31 mars 1998, à 15 heures

Président : M. SELEBI (Afrique du Sud)
puis : M. HYNES (Canada)

SOMMAIRE

ORGANISATION DES TRAVAUX DE LA SESSION (suite)

RAPPORT DE LA SOUS-COMMISSION DE LA LUTTE CONTRE LES MESURES DISCRIMINATOIRES
ET DE LA PROTECTION DES MINORITES SUR SA QUARANTE-NEUVIEME SESSION (suite)

Le présent compte rendu est sujet à rectifications.

Les rectifications doivent être rédigées dans l'une des langues de
travail. Elles doivent être présentées dans un mémorandum et être également
incorporées à un exemplaire du compte rendu. Il convient de les adresser, une
semaine au plus tard à compter de la date du présent document, à la Section
d'édition des documents officiels, bureau E.4108, Palais des Nations, Genève.

Les rectifications aux comptes rendus des séances publiques de la
Commission seront groupées dans un rectificatif unique qui sera publié peu
après la session.

GE.98-11478   (F)

La séance est ouverte à 15 heures.

ORGANISATION DES TRAVAUX DE LA SESSION (point 3 de l'ordre du jour) (_suite_)
(E/CN.4/1998/16)

Situation des droits de l'homme en Colombie

1.   Mme ROBINSON (Haut-Commissaire aux droits de l'homme), présentant son rapport sur la Colombie (E/CN.4/1998/16), dit que le mandat du Bureau ouvert dans ce pays, tel qu'il a été défini dans l'accord conclu avec le Gouvernement colombien, a été prorogé d'un an. Ce mandat, qu'elle juge équilibré, permet aux experts du Bureau d'observer la situation des droits de l'homme et d'examiner les mesures prises par le Gouvernement colombien pour l'améliorer. Le Bureau aide également le Gouvernement colombien, sur le plan technique, à élaborer et à mettre en oeuvre ses politiques et programmes en matière de droits de l'homme. Il collabore étroitement avec la société civile, notamment avec les organisations non gouvernementales (ONG) s'occupant des droits de l'homme et les médias.

2.   Le Bureau ne pourrait donner des conseils utiles s'il ne connaissait la situation sur le terrain, notamment en recevant les plaintes déposées pour violation des droits de l'homme et infraction au droit international humanitaire. Par ailleurs, il coordonne ses activités avec les autres organismes et programmes des Nations Unies, y compris le Haut-Commissariat des Nations Unies pour les réfugiés, et avec le Comité international de la Croix-Rouge (CICR) sur la question importante des personnes déplacées à l'intérieur du pays. Enfin, il est en relation avec les organes de suivi des instruments internationaux relatifs aux droits de l'homme et les mécanismes de la Commission, et les aide dans leur tâche.

3.   A l'occasion du renouvellement du mandat du Bureau en Colombie, il a été convenu avec le Gouvernement colombien de porter à 12 le nombre des fonctionnaires des droits de l'homme en place, ce qui implique que des ressources supplémentaires devront être trouvées. Mme Robinson remercie le Gouvernement colombien pour sa coopération avec le Bureau, qui a aussi bénéficié de l'appui de nombreux secteurs de la société colombienne. Elle remercie aussi les Etats et la Commission européenne qui ont financé les activités du Bureau pendant un an et lance un appel pour que d'autres donateurs se manifestent. En conclusion, elle insiste sur l'importance du Bureau mis en place en Colombie, dont le rôle est de promouvoir l'état de droit et le respect des droits de l'homme, ce qui est conforme aux aspirations du peuple colombien et contribue de manière essentielle à l'instauration d'une paix juste et durable dans ce pays.

4.   Mme ELJACH POLO (Observatrice de la Colombie) dit que les efforts déployés conjointement par l'Organisation des Nations Unies et le Gouvernement colombien pour mettre en place un mécanisme spécial de coopération commencent à porter leurs fruits. Le Bureau du Haut-Commissaire aux droits de l'homme en Colombie contribue à l'amélioration de la situation des droits de l'homme dans le pays et facilite la recherche de la paix. Il a pris de l'importance auprès de l'opinion colombienne, a acquis une meilleure connaissance de la réalité colombienne notamment lors de voyages de ses fonctionnaires dans les lieux les plus touchés par la violence politique et par le conflit armé interne. Comme

il l'a dit dans le document E/CN.4/1998/135, où figurent ses observations concernant le rapport de la Haut-Commissaire (E/CN.4/1998/16), le Gouvernement colombien continuera de faciliter les activités du Bureau et de prendre en compte les préoccupations exprimées et les recommandations formulées par ce dernier.

5.   Toutefois, le Gouvernement colombien attend du Bureau qu'il propose des solutions concrètes pour assurer le respect des droits de l'homme et du droit international humanitaire. A cet égard, il estime que l'augmentation du nombre de ses fonctionnaires contribuera à renforcer les services consultatifs fournis aux autorités et à la société civile. Face à un conflit armé interne tel que celui qui sévit en Colombie depuis près de 40 ans, le devoir de tout Etat démocratique consiste à persévérer dans la recherche d'un règlement négocié et à déployer, dans le même temps, des efforts immenses pour garantir et protéger les droits fondamentaux des citoyens. S'il est vrai qu'il ne faut pas attendre pour assurer le plein respect des droits de l'homme que la paix soit assurée, il est tout aussi vrai que l'instauration de la paix contribue au respect des droits fondamentaux. C'est pourquoi, le Gouvernement et le peuple colombiens ne ménagent pas leurs efforts pour atteindre ces deux objectifs.

6.   En conclusion, le Gouvernement colombien remercie tous ceux qui ont joué un rôle dans la mise en place de ce mécanisme novateur de coopération avec le Haut-Commissariat aux droits de l'homme et les invite à continuer d'aider les Colombiens à réaliser leurs aspirations à la paix et au respect des droits de l'homme.

7.   Mme LITTLE (Commission andine de juristes) se félicite de la prorogation de l'accord conclu entre la Haut-Commissaire aux droits de l'homme et le Gouvernement colombien concernant la création d'un Bureau du Haut-Commissaire en Colombie ainsi que de l'augmentation du nombre de fonctionnaires dudit Bureau. Il est essentiel que celui-ci reçoive tout l'appui économique et politique nécessaire, mais aussi les ressources financières voulues, afin de pouvoir s'acquitter efficacement de sa tâche. Il importe également de réaffirmer ses objectifs fondamentaux, qui sont de fournir des services consultatifs aux institutions gouvernementales comme aux représentants de la société civile en matière de promotion et de protection des droits de l'homme, et de surveiller la situation des droits de l'homme. A ce propos, la Commission des droits de l'homme devrait demander à ses différents mécanismes thématiques de continuer d'accorder une attention particulière à la situation des droits de l'homme en Colombie dans leurs rapports annuels respectifs.

8.   L'histoire a montré que la présence sur le terrain de missions et de bureaux des Nations Unies avait un impact positif dans des situations de crise lorsque leur mandat et leurs méthodes de travail étaient clairs et que les acteurs concernés faisaient preuve de bonne volonté. C'est pourquoi il est essentiel de renforcer les activités du Bureau en Colombie et d'améliorer son fonctionnement, afin qu'il contribue de manière notable au respect des droits de l'homme dans ce pays.

9.   M. ARTUCIO (Commission internationale de juristes - CIJ) se félicite que le mandat du Bureau du Haut-Commissaire aux droits de l'homme à Bogota soit prorogé d'un an et que le nombre d'experts y travaillant soit porté à 12.

La CIJ accueille également avec satisfaction le rapport de la Haut-Commissaire aux droits de l'homme sur la Colombie (E/CN.4/1998/16) qui expose clairement la situation des droits de l'homme dans ce pays. Depuis 1997, cette situation s'y est détériorée comme le montre la multiplication des actions des groupes paramilitaires, l'intensification du phénomène des déplacements forcés de population et la persécution des défenseurs des droits de l'homme. En Colombie, 10 personnes en moyenne meurent chaque jour à cause de la violence sociopolitique. En 1997, les groupes paramilitaires ont été responsables de 76,8 % de ces décès.

10. Constatant que dans son rapport, la Haut-Commissaire aux droits de l'homme s'inquiète du peu d'efficacité des corps militaires de l'Etat s'agissant de combattre réellement et résolument les groupes paramilitaires, la CIJ fait observer que les liens existant entre ces groupes et les membres des forces de l'ordre ont été relevés par le Comité des droits de l'homme lorsqu'il a examiné le rapport de la Colombie. Par ailleurs, elle note que dans son rapport, la Haut-Commissaire aux droits de l'homme invite tout spécialement les autorités à tenir compte des recommandations formulées par les organes créés aux fins de l'application de conventions, ainsi que par les mécanismes spéciaux de la Commission des droits de l'homme. En effet, le Gouvernement colombien n'a pas démis de leurs fonctions les membres des forces armées gravement impliqués dans des violations des droits de l'homme comme l'avait recommandé le Rapporteur spécial sur les exécutions extrajudiciaires, sommaires ou arbitraires. Il n'a pas pris les mesures voulues pour que des actes tels que la torture, les exécutions extrajudiciaires et les disparitions forcées soient exclues de la compétence des tribunaux militaires comme l'avaient recommandé ce dernier et le Rapporteur spécial sur la torture. Enfin, il n'a pas abrogé le décret présidentiel portant création des services spéciaux de surveillance et de sécurité privée baptisés "Convivir" comme le Comité des droits de l'homme l'avait recommandé.

11. La CIJ juge préoccupant que le Gouvernement colombien n'ait pas donné suite à ces recommandations ni à celles du Bureau du Haut-Commissaire aux droits de l'homme en Colombie. Pour que la situation des droits de l'homme s'améliore, il est important que la coopération du Gouvernement colombien avec ce Bureau se traduise par l'adoption de mesures et de politiques qui s'inspirent des recommandations faites par ce dernier.

12. Mme AVELLA (Fédération démocratique internationale des femmes - FDIF) dit que les violations des droits de l'homme en Colombie s'aggravent, et que la liste des dirigeants, des militants et des adhérents syndicaux, des défenseurs des droits de l'homme, des enseignants, des hommes, des femmes et des enfants désignés comme objectifs militaires s'allonge tous les jours. Elle constate que les différents gouvernements n'ont pas donné suite aux recommandations formulées depuis 1990 par le Rapporteur spécial sur les exécutions extrajudiciaires, sommaires ou arbitraires quant à la nécessité de démettre de leurs fonctions tous les membres des forces armées et des forces de police liés à des groupes paramilitaires. Au contraire, des officiers, comme le général Diaz, accusés d'être à l'origine de massacres ou de les avoir facilités ont été déclarés innocents par la justice pénale militaire. Quant au général Del Rio, tenu pour responsable de nombreuses violations des droits de l'homme, dans la région d'Urobá, il a même été promu. En Colombie, la collaboration entre les forces armées et les groupes paramilitaires n'est

un secret pour personne et les violations des droits de l'homme commises par les forces de l'ordre n'ont donc pas diminué puisque celles-ci agissent par l'intermédiaire de ces groupes ou conjointement avec eux. D'autre part, l'élimination des opposants politiques se poursuit. Nombre d'entre eux comme le sénateur Motta, Secrétaire général du Parti communiste ont été obligés de fuir le pays. Plus de 4 000 personnes ont été assassinées en 11 ans, dont le sénateur Cepeda Vargas. Il est clair que la spécialité des forces armées est d'assassiner les personnes désarmées et d'éliminer tous ceux qu'elles considèrent comme des ennemis internes.

13.   La FDIF a été informée de l'apparition d'un phénomène nouveau dans la lutte contre la guérilla consistant à considérer les femmes comme du butin de guerre. En violant, maltraitant et menaçant les proches des victimes, les forces armées ont réussi à faire en sorte qu'aucune plainte ne soit déposée. Sept dirigeantes syndicales ont été assassinées en 1997 et une dizaine au moins sont menacées de mort. Sur les 20 défenseurs des droits de l'homme exécutés en 1997, quatre étaient des femmes. La FDIF demande à la Commission d'enquêter sur toutes ces violations en nommant un Rapporteur spécial sur la situation des droits de l'homme en Colombie.

14.   Mme JACQUES (Fédération luthérienne mondiale), intervenant également au nom du Conseil oecuménique des églises et de l'Alliance réformée mondiale, se félicite de l'action menée par le Bureau du Haut-Commissaire en Colombie, qui mérite d'être activement appuyée par toute la communauté internationale. Il faudrait cependant encourager le Bureau à intensifier ses contacts avec les ONG et les secteurs sociaux du pays pour promouvoir le respect des droits de l'homme et du droit international humanitaire.

15.   Le rapport de la Haut-Commissaire sur la situation des droits de l'homme en Colombie (E/CN.4/1998/16) met en lumière les nombreux aspects de la crise dans ce pays et met l'accent en particulier sur le problème critique et complexe de l'impunité. Celle-ci est renforcée par le fait que des compétences très étendues sont accordées aux tribunaux militaires qui sont autorisés à connaître même des actions pour violation des droits de l'homme. Il est donc indispensable que soit rapidement élaborée et adoptée une loi qui exclurait clairement ces questions de la compétence des tribunaux militaires et prévoirait que le devoir d'obéissance ne puisse pas être invoqué comme moyen de défense dans les cas de violation des droits de l'homme et d'infraction au droit international humanitaire. Le problème de l'impunité est compliqué par la tolérance manifestée à l'égard des membres de groupes paramilitaires ou de groupes de justice privés qui sont pourtant considérés comme les principaux responsables des exactions perpétrées dans le pays ces dernières années.

16.   Les menaces et les actes d'intimidation dont font l'objet les personnes travaillant dans le domaine humanitaire et les défenseurs des droits de l'homme, le recrutement de mineurs dans les rangs de la guérilla ou dans les forces ou groupes armés et le nombre croissant de personnes déplacées en raison du conflit interne sont autant d'autres sujets de préoccupation qui requièrent toute l'attention du Gouvernement colombien et de la communauté internationale.

17.   La Fédération luthérienne mondiale appuie la demande de nombreuses ONG tendant à ce que la Haut-Commissaire aux droits de l'homme présente un rapport

sur les activités du Bureau du Haut-Commissaire à Bogota et sur la situation des droits de l'homme en Colombie à l'Assemblée générale à sa session de 1998. Elle exprime l'espoir que le Bureau de Bogota continuera à contribuer au règlement de la crise complexe en Colombie conformément aux aspirations à la justice et à la paix de la population de ce pays.

18.   Mme PARES (Pax Romana) dit que pour le Gouvernement colombien, les organes et les mécanismes établis par l'Organisation des Nations Unies sont apparemment dépourvus de toute légitimité et autorité. Il n'a ainsi fait aucun cas des recommandations formulées entre autres par les Rapporteurs spéciaux de la Commission sur la torture et sur les exécutions extrajudiciaires ou par le Comité des droits de l'homme, qui l'a invité instamment, lors de sa cinquante-neuvième session, à mettre fin au système de justice régionale et des juges et témoins "sans visage" et à garantir les droits de la défense. Les juridictions régionales sont toujours en place, le droit aux garanties d'une procédure régulière est constamment bafoué et des syndicalistes, des étudiants et des personnes déplacées qui ne font que demander la restitution de leurs terres et de leur travail continuent à être jugés pour terrorisme.

19.   De plus, les membres des forces de sécurité continuent à soutenir de façon flagrante les groupes paramilitaires et les associations "Convivir" qui jouissent d'une reconnaissance légale et sont responsables de 31 massacres qui ont fait 265 victimes en 1997, et qui opèrent en particulier dans des zones très militarisées. Non seulement les militaires impliqués ne sont pas sanctionnés pour leurs actes mais ils se voient même, comme dans le cas du général Rito Alejo del Rio, commandant des forces armées de la province d'Uraba, accorder une promotion. Pour remédier à l'impunité, le Gouvernement colombien a fini, à la suite des nombreux appels qui lui ont été lancés en ce sens, par présenter au Congrès deux projets de lois faisant de la disparition forcée de personnes un délit et excluant de la compétence des tribunaux militaires les violations des droits de l'homme. Mais selon la Haut-Commissaire aux droits de l'homme, ces projets de lois ne sont pas conformes aux normes internationales existantes en la matière et en attendant, les militaires colombiens responsables de disparitions forcées continuent à ne pas être inquiétés.

20.   En dépit de l'ouverture du Bureau du Haut-Commissaire aux droits de l'homme à Bogota, les structures qui favorisent la violation des droits de l'homme sont restées inchangées car le Gouvernement colombien n'a pas la volonté politique d'améliorer la situation et l'ONU doit par conséquent exiger de lui qu'il applique les recommandations qui lui ont été adressées. En conséquence, Pax Romana demande que la Haut-Commissaire aux droits de l'homme présente son rapport sur la Colombie à l'Assemblée générale des Nations Unies, et que la Commission charge ses mécanismes thématiques de continuer à suivre de près la crise colombienne et nomme un Rapporteur spécial sur la situation des droits de l'homme en Colombie.

21.   M. MONTIEL (Pax Christi International) exprime sa profonde préoccupation devant les violations des droits de l'homme commises en Colombie en 1997, qualifiées de graves, massives et systématiques par la Haut-Commissaire des Nations Unies aux droits de l'homme elle-même dans son rapport (E/CN.4/1998/16). Pax Christi s'inquiète en particulier de la situation des défenseurs des droits de l'homme dont plus de 20 ont été assassinés en 1997,

comme Mario Calderón et Elsa Constanza Alvarado, deux membres actifs de la CINEP et Jesús María Valle Jaramillo, Président du Comité des droits de l'homme d'Antioquia. D'autres défenseurs des droits de l'homme ont été victimes de disparitions forcées ou ont fait l'objet de menaces et de mesures de harcèlement qui les ont parfois contraints à l'exil. Ces actes s'inscrivent dans le cadre d'une politique visant à criminaliser les activités des militants des droits de l'homme en les présentant comme des collaborateurs de la guérilla. Si rien n'est fait pour y mettre fin, il ne sera plus possible de défendre les droits de l'homme en Colombie.

22.   Pax Christi approuve par conséquent la recommandation No 14 de la Haut-Commissaire tendant à ce que les autorités colombiennes reconnaissent effectivement aux militants des droits de l'homme le droit d'exercer leurs activités sans ingérence ni entraves illégitimes et dans des conditions de sécurité qui leur permettent de ne pas craindre pour leur vie, leur intégrité et leur liberté. Cette recommandation devrait s'accompagner d'une série de mesures qui renforcent les capacités du Bureau de Bogota dans ce domaine. Il conviendrait également que la Haut-Commissaire suive directement l'application des recommandations faites au Gouvernement colombien par divers organes de l'ONU qui s'occupent des droits de l'homme. Enfin, Pax Christi International estime que la gravité de la situation des droits de l'homme en Colombie justifierait la nomination d'un Rapporteur spécial de la Commission sur cette question.

23.   M. FAIRBAIRN (Conseil canadien des Eglises) partage les profondes préoccupations exprimées par la Haut-Commissaire aux droits de l'homme devant les violations des droits de l'homme commises en Colombie, qui sont à la fois flagrantes et systématiques. Elle relève en particulier l'existence de liens entre les groupes paramilitaires et les forces de sécurité de l'Etat et l'absence de mesures de la part du Gouvernement colombien pour mettre un terme aux activités de ces groupes et de leurs partisans. Ces liens sont attestés par des centaines de témoignages oculaires mais le Gouvernement colombien persiste à dire qu'il ne soutient pas les groupes paramilitaires alors que ces derniers se sont multipliés dans tout le pays et qu'ils agissent ouvertement dans des zones extrêmement militarisées. C'est le cas notamment de la région d'Uraba, où les exactions commises en toute impunité par ces groupes - assassinats sélectifs, disparitions forcées et massacres - font régner un climat de terreur qui a entraîné le déplacement forcé pendant la seule année 1997 de plusieurs dizaines de milliers de Colombiens. Lors d'une visite dans la région, en octobre 1997, une délégation du Conseil canadien des Eglises a pu constater par elle-même la collaboration ouverte existant entre les forces de sécurité et les groupes paramilitaires. Or, au lieu d'être démis de ses fonctions, le commandant de la région, le général del Rio, a été promu et muté à Bogota. Par contre, son second, le colonel Velasquez qui avait osé dénoncer l'alliance entre l'armée et les paramilitaires dans la région, a été accusé d'insubordination et contraint de démissionner.

24.   Le Conseil canadien des Eglises demande instamment que la déclaration du Président sur la situation en Colombie reflète fidèlement les graves préoccupations exprimées dans le rapport de la Haut-Commissaire aux droits de l'homme sur cette question, que le Bureau du Haut-Commissaire à Bogota continue d'être renforcé et fasse un rapport détaillé sur la façon dont le Gouvernement colombien applique les recommandations Nos 7 et 8 formulées

aux paragraphes 197 et 198 du rapport de la Haut-Commissaire tendant à ce que les autorités démantèlent définitivement les bandes paramilitaires et excluent de la force publique tout membre de celle-ci qui aura appuyé des groupes paramilitaires.

25.   Mme CHURCH (Catholic Institute for International Relations - CIIR) note avec satisfaction que dans son premier rapport sur la situation des droits de l'homme en Colombie (E/CN.4/1998/16), la Haut-Commissaire aux droits de l'homme qualifie les violations commises dans ce pays de "graves, massives et systématiques" et observe que bon nombre de ces violations sont extérieures au conflit armé interne et que l'obligation incombant à l'Etat de garantir les droits de l'homme s'applique en toute circonstance. Il apparaît donc clairement que le Gouvernement colombien ne peut invoquer le conflit armé interne pour justifier le fait qu'il n'a pas appliqué les recommandations qui lui ont été adressées par des instances internationales.

26.   Le CIIR estime en outre que l'instauration d'une paix juste et durable en Colombie passe par le respect des droits fondamentaux et l'adoption de mesures concertées pour lutter contre l'impunité dont bénéficient notamment les groupes paramilitaires. En 1997 les liens entre ces groupes et les forces de sécurité de l'Etat sont apparus encore plus évidents de même que la participation des paramilitaires aux activités des associations connues sous le nom de "Convivir". Il est indispensable que comme le recommande la Haut-Commissaire, le Gouvernement mette en oeuvre une politique efficace pour démanteler définitivement les bandes paramilitaires et mettre fin aux activités des "Convivir" en vue d'en éliminer les incidences négatives sur la crise des droits de l'homme et de permettre à l'Etat d'exercer un contrôle absolu sur le recours à la force et l'usage des armes.

27.   Le CIIR espère que la déclaration du Président reflétera le contenu du rapport de la Haut-Commissaire et demande à la Commission d'envisager de soumettre ce rapport à l'Assemblée générale.

28.   M. PEREZ (Fédération internationale des ligues des droits de l'homme) regrette que dans sa réponse (E/CN.4/1998/135) au rapport de la Haut-Commissaire aux droits de l'homme sur la situation des droits de l'homme en Colombie (E/CN.4/1998/16), le Gouvernement colombien rejette la conclusion de celle-ci selon laquelle les violations des droits de l'homme en Colombie continuent à être graves, massives et systématiques. La FIDH rejette pour sa part les explications du Gouvernement colombien, qui prétend au paragraphe 2 de sa réponse ne pas pouvoir s'acquitter de son obligation de sauvegarder les droits de l'homme fondamentaux de ses citoyens en raison des nombreux facteurs et acteurs responsables du climat de violence et veut faire croire ainsi qu'il serait lui-même victime de l'anarchie qui règne dans le pays.

29.   En réalité, l'absence de volonté politique réelle de remédier à la situation du Gouvernement colombien apparaît dans le fait qu'aucun membre des forces de sécurité n'a été démis de ses fonctions en raison de sa participation aux activités criminelles de groupes paramilitaires et que ces derniers agissent avec l'accord des forces de sécurité. D'autre part, les tribunaux pénaux militaires continuent à acquitter, malgré l'abondance de preuves contre eux, des militaires ou des policiers impliqués dans des assassinats ou des massacres commis par des paramilitaires et le Gouvernement

a refusé de démanteler les groupes de civils armés qui agissent ainsi en toute légalité. Il apparaît par ailleurs que l'armée considère comme des "subversifs" tous ceux qui mènent ce qu'elle appelle une "guerre politique", appellation qui recouvre les activités d'ONG, de syndicats, de quelques partis politiques comme le Parti communiste et même de partis traditionnels.

30.   En conséquence, la FIDH demande à la Commission de faire en sorte que le Bureau du Haut-Commissaire en Colombie soit renforcé, d'inviter le Gouvernement colombien à appliquer sans tarder les recommandations formulées dans le rapport de la Haut-Commissaire, de désigner un rapporteur spécial pour suivre la situation des droits de l'homme en Colombie et enfin de rendre hommage à la mémoire de Jesús María Valle Jaramillo, Président du Comité de l'homme d'Antioquia, exécuté le 27 février à Medellín et de tous les autres défenseurs des droits de l'homme assassinés en Colombie et ailleurs dans le monde.

31.   Mme MEDINA-ROSALES NATRÁN (Ligue internationale pour les droits et la libération des peuples - LIDLIP) rejette l'argument du conflit interne invoqué par le Gouvernement colombien pour justifier la non-application des recommandations du Bureau du Haut-Commissaire à Bogota. Il ressort clairement du rapport de la Haut-Commissaire aux droits de l'homme (E/CN.4/1998/16) que la situation en Colombie est loin de s'améliorer. L'appartenance à des groupes paramilitaires n'est toujours pas considérée comme un délit pénal et le Gouvernement a doté ces groupes d'un nouveau statut légal montrant ainsi qu'il n'a pas l'intention de les démanteler et entend au contraire s'appuyer sur eux non seulement pour lutter contre la guérilla mais aussi éliminer les défenseurs des droits de l'homme et ses opposants politiques. Il importe par conséquent d'exiger que le Gouvernement soit tenu pour responsable des violations perpétrées par ces groupes à son instigation et avec son accord et celui de l'armée.

32.   Par ailleurs, le degré d'impunité en Colombie reste très élevé du fait que le système des juridictions régionales et des juges sans visage est toujours en vigueur, ce qui permet au Gouvernement de faire condamner tous ceux qu'il considère comme des subversifs en raison de leurs activités politiques, sociales ou syndicales, et que les tribunaux militaires, caractérisés par un manque total d'indépendance et d'impartialité continuent à connaître de questions qui devraient relever des tribunaux civils.

33.   Quant à l'action du Bureau du Haut-Commissaire aux droits de l'homme à Bogota, elle est limitée par l'absence de dialogue avec les organisations sociales et politiques nationales, notamment les syndicats, les associations agricoles et les mouvements autochtones qui sont les mieux à même de fournir des informations sur la situation réelle des droits économiques et sociaux du peuple colombien.

34.   En conclusion, la LIDLIP demande à la Commission de prendre position sur la situation des droits de l'homme en Colombie en nommant un rapporteur spécial sur la question, et de renforcer le Bureau du Haut-Commissaire à Bogota. Il serait utile également que la Haut-Commissaire se rende périodiquement dans le pays pour rendre compte ensuite des activités du Bureau à l'Assemblée générale. La communauté internationale ne doit pas abandonner

la Colombie à son sort mais exiger du Gouvernement qu'il applique de toute urgence les recommandations qui lui ont été adressées.

35.   M. MOTTA (Association américaine des juristes - AAJ) dit qu'il est sénateur, membre du Parti communiste colombien et, comme beaucoup d'autres Colombiens, exilé politique. En effet, il règne en Colombie un régime de terreur entretenu par l'armée, les groupes de civils armés connus sous le nom d'associations "Convivir" et les groupes paramilitaires qui, sous prétexte de lutter contre la guérilla, procèdent à l'élimination systématique des opposants politiques, des syndicalistes, des travailleurs sociaux et des défenseurs des droits de l'homme qui mènent selon eux une "guerre politique". Ils pratiquent en réalité un véritable terrorisme d'Etat en invoquant pour se justifier la défense de la sécurité nationale contre un ennemi interne, doctrine incompatible avec le respect des droits de l'homme et le droit international humanitaire.

36.   Le Gouvernement continue à parler d'état de droit alors qu'il maintient le système des tribunaux secrets et des juges sans visage, promulgue des lois qui restreignent les libertés publiques et refuse d'approuver le projet de loi sur les disparitions forcées parce qu'il aurait limité les compétences des tribunaux militaires.

37.   L'AAJ dénonce également l'opération "Destructeur II" menée par l'armée colombienne contre les FARC avec l'aide militaire des Etats-Unis dans des régions où vivent des autochtones. L'ingérence de pays étrangers dans le conflit colombien ne contribue certainement pas à promouvoir la paix en Colombie. Il est rendu pleinement compte de l'aggravation de la situation des droits de l'homme en Colombie dans le rapport de la Haut-Commissaire (E/CN.4/1998/16) et l'AAJ souhaiterait par conséquent que la Commission nomme un rapporteur spécial sur la question et renforce le Bureau du Haut-Commissaire en Colombie.

RAPPORT DE LA SOUS-COMMISSION DE LA LUTTE CONTRE LES MESURES DISCRIMINATOIRES ET DE LA PROTECTION DES MINORITES SUR SA QUARANTE-NEUVIEME SESSION (point 15 de l'ordre du jour) (suite) (E/CN.4/1998/2 - E/CN.4/Sub.2/1997/50; E/CN.4/1998/86, 87 et Add.1, 88 et 89; E/CN.4/1998/NGO/1; E/CN.4/1997/80; E/CN.4/Sub.2/1997/11)

38.   M. LINDQVIST (Rapporteur spécial de la Commission du développement social chargé de la question de l'invalidité), présentant son rapport (A/52/56), dit que dans l'exercice de ses fonctions, il collabore étroitement avec un groupe d'experts composé de 10 personnes provenant de six grandes organisations non gouvernementales internationales concernées par la question de l'invalidité et présentes dans plus de 160 pays par le biais d'organisations nationales. L'exclusion qui caractérise la situation des personnes handicapées revêt plusieurs formes, dont les plus communes sont l'absence d'accès à certains services ou programmes, leurs besoins n'étant pas pris en compte, ou le placement en institution, qui y réduit leurs possibilités d'intégration sociale et accroît les risques de traitement dégradant, de sévices sexuels et autres formes de violence. Les réponses aux demandes d'information adressées aux Etats en 1996 sur la législation visant à protéger les droits des personnes handicapées ont montré que dans un certain

nombre de pays, il existait des dispositions législatives, des réglementations et des pratiques qui privaient explicitement certains groupes de personnes handicapées de droits aussi fondamentaux que l'accès aux tribunaux, les droits politiques, les droits de propriété et le droit de se marier et de fonder une famille.

39.   Depuis l'élaboration du programme d'action mondial concernant les personnes handicapées, des progrès considérables en matière de reconnaissance des droits des handicapés ont été réalisés à la suite de l'étude de M. Despouy, Rapporteur spécial de la Sous-Commission, sur les droits de l'homme et l'invalidité, publiée au début des années 1990. Il convient notamment de mentionner l'Observation générale No 5 du Comité des droits économiques, sociaux et culturels sur cette question, l'attention accrue accordée à la situation des enfants handicapés par le Comité des droits de l'enfant, les travaux récents de la Commission de la condition de la femme concernant les femmes handicapées et la résolution 1996/27 de la Commission des droits de l'homme. Certains pays ont aussi adopté des textes législatifs pour lutter contre la discrimination à l'égard des handicapés. Le suivi de l'application des Règles pour l'égalisation des chances des handicapés a fait ressortir l'importance de la coordination des activités relatives au développement social et de celles ayant trait aux droits de l'homme. En ce qui concerne l'élaboration d'une convention sur les droits des personnes handicapées, de l'avis de M. Lindqvist, il est préférable de voir d'abord si les mécanismes existants permettent d'obtenir des résultats tangibles avant de l'envisager à nouveau.

40.   En conclusion, M. Lindqvist suggère premièrement que les questions relatives à l'invalidité soient intégrées dans toutes les activités de suivi des organes des Nations Unies s'occupant des droits de l'homme, et deuxièmement, qu'un rapport sur la situation des personnes handicapées soit établi à partir des informations dont disposent les ONG et le Rapporteur spécial. Troisièmement, le Haut-Commissariat aux droits de l'homme devrait fournir des services d'information et de formation dans le domaine des droits de l'homme aux ONG internationales s'occupant des questions relatives à l'invalidité. Quatrièmement, la communication et la coopération entre ces ONG et les organes des Nations Unies qui s'occupent des droits de l'homme pourraient être améliorées. Enfin, il serait souhaitable qu'une conférence internationale sur les droits de l'homme et l'invalidité soit organisée afin de permettre aux spécialistes des droits de l'homme et aux représentants des organisations s'occupant des questions relatives aux handicapés d'avoir des discussions plus ouvertes et de mieux se comprendre.

41.   Mme ANDERSON (Irlande), axant son intervention sur la question des droits fondamentaux des personnes handicapées, relève que l'accent est mis dans le rapport de M. Lindqvist sur le fait que cette question s'inscrit totalement dans le contexte des droits de l'homme et ne doit pas être envisagée uniquement sous l'angle de la protection sociale ou du développement social, approche qui fait des handicapés des personnes assistées. Les deux approches doivent aller de pair car elles sont complémentaires. Néanmoins, comme l'a souligné M. Lindqvist, le mot qui caractérise le mieux la situation des personnes handicapées reste l'exclusion. Les handicapés vivent dans des conditions déplorables dans les pays en développement; sont relégués dans des institutions dans de nombreux pays en transition et sont encore marginalisés

dans les pays en développement où ils se heurtent à de nombreux obstacles sur le plan notamment de l'accès à l'emploi.

42.   L'un des outils les plus efficaces pour lutter contre cette marginalisation et cette exclusion est l'ensemble de Règles des Nations Unies pour l'égalisation des chances des handicapés dont il convient de suivre de près l'application. Il faut également reconnaître le lien qui existe entre l'invalidité et la pauvreté et inscrire en particulier dans les programmes bilatéraux et multilatéraux de coopération pour le développement des mesures en faveur des handicapés. Il faudrait en outre intégrer systématiquement la question des droits fondamentaux des personnes handicapées dans l'ensemble des activités de l'ONU et, notamment, des organes de suivi des traités comme l'a déjà fait le Comité des droits de l'enfant, qui a organisé, en octobre 1997, un débat général sur les droits des enfants handicapés et évoque toujours cette question lors de l'examen des rapports des Etats parties.

43.   Pour sa part, l'Irlande est consciente de la nécessité de développer l'action en faveur des handicapés. C'est dans cet esprit qu'a été établie une base de données globales sur les besoins de tous les handicapés mentaux du pays et les moyens de satisfaire ces besoins. Une nouvelle loi sur l'éducation contenant des dispositions particulières traitant des besoins des étudiants handicapés est envisagée et les services de formation et d'emploi sont en cours de restructuration dans le cadre d'un effort pour faire baisser le taux élevé de chômage parmi les personnes handicapées.

44.   Il est impératif de ne pas considérer les personnes handicapées comme des victimes; elles doivent participer à l'élaboration des stratégies en leur faveur. Les organes qui s'occupent des droits de l'homme et les gouvernements pourraient coopérer utilement à cet égard avec les quelques ONG qui travaillent activement en faveur des droits des handicapés et possèdent des connaissances et une expérience précieuses dans ce domaine. La délégation irlandaise a l'intention de présenter un projet de résolution sur les droits fondamentaux des personnes handicapées et espère qu'il sera adopté par consensus.

45.   M. KALLEHAUGE (Danemark) rappelle que les personnes handicapées représentent à l'heure actuelle la minorité la plus importante au monde. Or, à la différence des femmes, des enfants, des réfugiés et des victimes de persécutions raciales ou religieuses, les handicapés, en tant que minorité, n'ont pas automatiquement droit à une protection spéciale en vertu du droit international. C'est pourquoi les organisations de handicapés attendent de la Commission qu'elle adopte à sa session en cours une résolution pour dire enfin clairement et directement à tous les pays que les personnes handicapées ont, individuellement et collectivement, le droit aux mêmes chances que le reste de la population. Les droits de l'homme sont universels et s'appliquent à tous, y compris aux handicapés, car tous les hommes naissent égaux et ont le même droit inaliénable à la vie, à l'éducation, au travail, à l'autonomie et à la participation à la vie de la société. Toute discrimination à l'égard des handicapés ou tout traitement des handicapés qui serait incompatible avec les Règles des Nations Unies pour l'égalité des chances des handicapés constitue donc une atteinte aux droits de l'homme des personnes handicapées.

46.   Individuellement, les personnes handicapées ont droit, conformément à
ces Règles, à des soins de santé et à des services de réadaptation efficaces
leur permettant d'atteindre et de conserver un niveau optimal d'indépendance
et d'activité. Elles ont également le droit de mener une vie autonome, de
s'intégrer à la société et d'y participer activement, ainsi que d'accéder au
milieu physique, à l'information, à la communication, au logement, aux
infrastructures, aux moyens de transport et à tous les autres services
essentiels. Elles doivent pouvoir en outre accéder à tous les niveaux
d'enseignement et à l'emploi et bénéficier des mêmes prestations sociales que
le reste de la population. Enfin, elles sont en droit de participer pleinement
au processus de développement. Malheureusement, tous ces droits ne sont encore
qu'un rêve pour la plupart des handicapés dans le monde. Pour que les choses
changent, il faut tout d'abord que les Etats Membres prennent conscience de la
situation défavorisée dans laquelle se trouvent les personnes handicapées.
Il faudra ensuite que celles-ci se fassent entendre en tant que groupe
cohérent pour attirer l'attention des hommes politiques. L'intégration des
personnes handicapées dans la vie politique est le meilleur moyen de donner
effet au principe de l'égalité des chances.

47.   Individuellement et collectivement, les personnes handicapées ont le
droit de fonder des organisations représentatives et d'y adhérer, ainsi que de
participer à la conception de programmes de réadaptation et de plans
régionaux, nationaux et locaux concernant les secteurs cibles pour la
participation dans l'égalité des chances recensés dans les Règles 1 à 12.
Il conviendrait notamment d'associer les handicapés à toutes les stratégies
visant à éradiquer la pauvreté, promouvoir l'éducation et développer les
possibilités d'emploi.

48.   Les questions relatives aux personnes handicapées devraient toujours
être envisagées en fonction des trois principes suivants. Tout d'abord,
quiconque ne respecte pas les Règles des Nations Unies pour l'égalisation des
chances des handicapés doit faire la preuve que ce traitement ne constitue pas
une discrimination à l'égard des handicapés. Ensuite, aucun instrument
juridique national ou international ne doit être interprété d'une manière qui
permette de désavantager les personnes handicapées ou de leur accorder une
protection moindre qu'au reste de la population. Enfin, toute disposition d'un
instrument relatif aux droits de l'homme relative à catégorie particulière de
personnes vulnérables, marginalisées ou pauvres doit être interprétée comme
s'appliquant aux personnes handicapées appartenant à cette catégorie.
L'observation de ces trois principes contribuerait considérablement à la
stratégie d'intégration des droits fondamentaux des personnes handicapées dans
toutes les activités relatives aux droits de l'homme préconisée par l'ONU et
la plupart de ses Etats Membres.

49.   M. DRZEWICKI (Pologne) dit que la délégation polonaise a toujours été
favorable à un examen plus poussé de la question des règles humanitaires
minimales. Ces règles pourraient en effet contribuer à remédier valablement
aux carences des instruments juridiques en vigueur et, partant, à atténuer des
souffrances humaines indicibles. La délégation polonaise accueille donc avec
satisfaction le rapport établi par le Secrétaire général (E/CN.4/1998/87 et
Add.1) qui clarifie considérablement la question de l'applicabilité de ces
normes et fixe le cadre de la poursuite des débats. En ce qui concerne la
terminologie à employer, elle estime préférable de parler de "règles

d'humanité" plutôt que de "règles humanitaires" et n'est pas opposée non plus à ce que l'adjectif "minimales" soit remplacé par "fondamentales", bien que ce terme risque de susciter des discussions inutiles sur les règles qui ne seraient pas considérées comme fondamentales. La délégation polonaise se félicite par ailleurs de l'accent mis dans le rapport sur les violations des droits de l'homme dans les situations de violences internes. A cet égard, elle convient de l'utilité de recueillir des informations supplémentaires afin de dresser un tableau plus complet des types de violations des droits de l'homme qui se produisent dans ces situations (E/CN.4/1998/87, par. 37). Elle considère en revanche que le rapport sous-estime la nécessité de promouvoir la ratification universelle des deux Pactes internationaux relatifs aux droits de l'homme, en indiquant simplement qu'ils ont été ratifiés par une "grande majorité d'Etats Membres".

50.   Les règles fondamentales sont nécessaires pour remédier à l'incapacité de la communauté internationale de s'entendre sur la portée des clauses de dérogation prévues dans les traités internationaux relatifs aux droits de l'homme. La Pologne, qui a fait l'expérience de la loi martiale en 1982, est bien placée pour savoir que les dispositions des instruments internationaux peuvent être détournées. Plus largement, la proclamation d'Etats d'exception est devenue après la seconde guerre mondiale une pratique courante, au point que certaines nations ont vécu plus longtemps sous l'état d'urgence que sous un régime démocratique. En outre, le contrôle international dans ce domaine est très insuffisant. Il serait d'ailleurs bon que le rapport suivant accorde une attention particulière à ce problème.

51.   La délégation polonaise se félicite que le rapport à l'examen énonce des principes directeurs pour l'identification des règles coutumières. Elle espère que l'étude que réalise actuellement le Comité international de la Croix-Rouge sur cette question sera dûment prise en considération lors de nouvelles discussions à la Commission. Par ailleurs, elle juge encourageants certains éléments nouveaux relevés dans le rapport, tels que la jurisprudence découlant des décisions rendues par les tribunaux pénaux pour l'ex-Yougoslavie et le Rwanda, qui tendent notamment à montrer que les règles minimales s'appliquent dans toutes les situations, notamment les conflits internes, dans lesquels la dignité humaine est menacée. Elle attend également beaucoup de la Conférence diplomatique qui doit se tenir à Rome en juin - juillet 1998 et qui abordera probablement dans le cadre de la création d'une cour criminelle internationale la question de la violence dans les situations de troubles internes sous l'angle des responsabilités encourues pour les violations des droits de l'homme. La Déclaration et le Programme d'action de Vienne ont souligné que la communauté internationale devait s'employer à renforcer et promouvoir la démocratie, le développement et le respect des droits de l'homme et des libertés fondamentales dans le monde entier. Ces objectifs essentiels ne seront toutefois pas atteints tant que le champ d'application des règles d'humanité fondamentales ne sera pas étendu à tous les gouvernements, à toutes les autres entités et à toutes les situations. Dans cette perspective, la délégation polonaise appuie la proposition tendant à prier le Secrétaire général, en coordination avec le Comité international de la Croix-Rouge, de poursuivre son analyse des règles d'humanité fondamentales.

52.   M. ALFELD (Afrique du Sud) accueille avec satisfaction le rapport analytique du Secrétaire général sur les règles humanitaires minimales

(E/CN.4/1998/87 et Add.1), qui contient une énumération lucide des avantages et des désavantages d'une définition des règles d'humanité fondamentales et relève avec un intérêt particulier que cette définition permettrait notamment de faciliter la tâche de ceux qui sont chargés de l'éducation dans le domaine des droits de l'homme. La délégation sud-africaine est également favorable à l'emploi de l'expression "règles d'humanité fondamentales", qui a le mérite non seulement d'éviter la connotation négative et trompeuse attachée à l'expression "règles humanitaires minimales", mais également de rappeler que le but de cet exercice n'est absolument pas de limiter la portée des normes existantes.

53.   Il y a lieu de rappeler que les participants à l'Atelier sur les règles humanitaires minimales, tenu au Cap en septembre 1996, avaient incité les gouvernements, les organisations internationales et régionales, ainsi que les ONG et la société civile à promouvoir un débat sur la nécessité et l'application de règles d'humanité fondamentales valables dans toutes les circonstances, ainsi que de mesures pratiques visant à améliorer la situation de ceux qui sont éprouvés (E/CN.4/1997/77/Add.1, annexe). La situation des personnes exposées à des souffrances extrêmes faute de protection appropriée est en effet trop souvent passée sous silence. Il ne fait aucun doute que les dispositions actuelles du droit international des droits de l'homme et les règles humanitaires applicables aux conflits armés ne protègent pas correctement les personnes dans les situations de violences internes, de troubles ou de tensions ou en période d'exception. Or, il est établi que la majorité des conflits modernes entrent précisément dans cette catégorie. L'Afrique du Sud est convaincue que la communauté internationale doit agir pour remédier à ces lacunes.

54.   Dans un premier temps, il serait logique de s'assurer que tous les Etats sont dotés d'une législation nationale appropriée pour faire face à ces situations de conflit interne et de s'efforcer d'améliorer la promotion, l'application et l'observation des normes existantes, notamment en invitant tous les pays à ratifier les instruments internationaux relatifs aux droits de l'homme et les Conventions de Genève de 1949 ainsi que leurs Protocoles additionnels de 1977, y compris à accepter la compétence de la Commission internationale d'établissement des faits constituée en vertu de l'article 90 du Protocole additionnel I. Ces mesures dépendent en grande partie de la fourniture d'une assistance juridique et technique aux gouvernements, en particulier ceux des pays en développement, visant à renforcer leurs capacités et leurs institutions dans ces domaines. Il convient de saluer à cet égard le travail accompli dans le cadre du programme de services consultatifs par le Haut-Commissariat aux droits de l'homme ainsi que par le CICR. Sur le continent africain, l'initiative en vue de l'établissement d'une Cour africaine des droits de l'homme et le renforcement des mécanismes de prévention des conflits mis en place par l'OUA témoignent d'une évolution positive. Au niveau mondial, l'Afrique du Sud appuie fermement la création d'une Cour criminelle internationale indépendante et efficace.

55.   Il est évident que le débat sur les règles d'humanité fondamentales n'empêche pas que l'on déploie parallèlement des efforts pour lutter contre les causes profondes des conflits, telles que la pauvreté ou le sous-développement. Il serait déplorable que le débat s'enlise dans des considérations relatives aux effets éventuels des règles sur la souveraineté

des Etats. Les bénéficiaires potentiels de ces règles, c'est-à-dire les victimes sans défense, méritent mieux de la part de la communauté internationale. L'Afrique du Sud appuie à cet égard la proposition avancée par la Suisse tendant à ce que le rapport analytique du Secrétaire général soit examiné dans le cadre d'un séminaire organisé sous les auspices de la Commission des droits de l'homme

56.   M. SINGH (Inde) se félicite des mesures prises par la Sous-Commission en vue de réformer ses méthodes de travail. Il est important que le processus engagé se poursuive afin que la Sous-Commission puisse remplir pleinement son rôle d'organe de réflexion. Ainsi, la rationalisation de l'ordre du jour de la Sous-Commission devrait s'accompagner d'une meilleure gestion du temps disponible, dont plus de 60 % ont été consacrés aux interventions des observateurs et des ONG, lors de la quarante-neuvième session. Ce serait une façon de restaurer le statut premier de la Sous-Commission en tant qu'organe d'experts. La délégation indienne encourage aussi la Sous-Commission à réfléchir sur les moyens d'améliorer la suite donnée en plénière aux délibérations du Groupe de travail sur les minorités, du Groupe de travail des formes contemporaines d'esclavage et du Groupe de travail sur les populations autochtones. Elle appuie sans réserve la proposition de la Sous-Commission tendant à prolonger le mandat du Groupe de travail sur les minorités, qui a recensé des solutions constructives et pratiques susceptibles de produire des effets tangibles sur le terrain. Par ailleurs, la Sous-Commission devrait examiner les mesures concrètes à mettre en oeuvre pour promouvoir la tolérance et le pluralisme en vue de renforcer la démocratie et l'exercice de tous les droits de l'homme et de lutter contre les préjugés, la discrimination et l'intolérance.

57.   L'établissement de priorités, le recentrage et la systématisation des études sont en bonne voie. Des rapports concis élaborés à l'issue de chaque session sur l'examen en plénière des documents de travail présentés sur divers sujets permettraient de faire mieux comprendre aux Etats Membres les faits nouveaux intervenus dans le domaine des droits de l'homme. La délégation indienne prend note en particulier avec satisfaction du document de travail sur le terrorisme et les droits de l'homme et appuie la recommandation de la Sous-Commission tendant à la réalisation d'une étude générale de cette question. La Sous-Commission devrait renforcer et élargir ses activités dans le domaine du droit au développement et des droits économiques, sociaux et culturels et entreprendre à cet égard l'élaboration d'un projet de déclaration sur les droits de l'homme et l'extrême pauvreté, mettant en lumière les liens entre le développement et les droits de l'homme.

58.   La délégation indienne est par ailleurs préoccupée par l'état des contributions au Fonds de contributions volontaires des Nations Unies pour la lutte contre les formes contemporaines d'esclavage et invite le Haut-Commissariat aux droits de l'homme à faire le nécessaire pour tenter de remédier à la situation. La Sous-Commission doit continuer à rechercher des "solutions constructives" à différents problèmes notamment en facilitant l'échange d'informations sur les "meilleures pratiques" appliquées dans différentes parties du monde. De cette manière, elle jouera un rôle dynamique dans la promotion de la cause des droits de l'homme.

59.   Mme MARKUS (Observatrice de la Jamahiriya arabe libyenne) rappelle que
l'on compte 500 millions d'hommes, de femmes et d'enfants handicapés de par
le monde. Or, malgré les nombreux instruments faisant référence aux droits des
handicapés, depuis la Déclaration de 1969 sur le progrès et le développement
dans le domaine social jusqu'à la Déclaration et au Programme d'action de
Beijing en 1995, ces 10 % de la population mondiale vivent toujours dans des
conditions difficiles qui les empêchent d'exercer leurs droits fondamentaux et
les privent de leurs possibilités de participation. L'Islam et la charia
insistent clairement sur la nécessité de prêter assistance aux personnes dans
le besoin. C'est pourquoi la Jamahiriya arabe libyenne a été à l'initiative de
la proclamation par l'Assemblée générale de l'Année internationale des
personnes handicapées, en 1981, qui a été axée sur la prévention de
l'invalidité et la pleine intégration des handicapés dans la société. Dans sa
résolution 37/53, sur l'application du Programme d'action mondial concernant
les personnes handicapées, l'Assemblée générale a ensuite prié les organismes
des Nations Unies de reconnaître les besoins de cette catégorie de population.
Dans cette perspective, la Jamahiriya arabe libyenne estime qu'il est
nécessaire de créer un organe qui serait chargé, sous la supervision du
Haut-Commissariat aux droits de l'homme, de contrôler le respect des droits
fondamentaux des personnes handicapées. Il y aurait lieu également d'élaborer
une convention sur cette question.

60.   M. Hynes (Canada) prend la présidence.

61.   M. ROMARE (Observateur de la Suède) dit que la Suède a toujours soutenu
activement l'action de l'Organisation des Nations Unies en faveur des
personnes handicapées. Par exemple, c'est la Suède qui a pris l'initiative de
l'élaboration des règles pour l'égalisation des chances des handicapés, qui
ont été adoptées par l'Assemblée générale en 1993 et qui complètent le
Programme d'action mondial concernant les personnes handicapées, que la même
Assemblée avait adopté en 1982. Ces règles visent en fait à aider les
personnes handicapées à se prendre en charge.

62.   Les deux tiers des personnes handicapées vivent dans des pays en
développement où les services dont ils ont besoin sont rares, voire absents.
Il s'ensuit que leurs droits de l'homme sont violés. Beaucoup sont parmi les
plus pauvres des pauvres et lorsqu'il s'agit de femmes, elles souffrent alors
d'un triple handicap. Il est donc particulièrement urgent dans leur cas de
prendre des mesures visant à les rendre plus autonomes et à réduire les
inégalités entre les sexes. Les enfants handicapés sont eux aussi
particulièrement vulnérables. Ils sont nombreux à ne pas être scolarisés parce
qu'ils n'ont pas les moyens techniques de se déplacer ou encore parce que les
enseignants ne veulent pas d'eux dans la salle de classe. Il convient aussi
d'accorder une attention particulière aux personnes qui souffrent d'un
handicap psychique car elles sont plus vulnérables que les personnes souffrant
d'autres handicaps et sont moins bien armées pour défendre leurs droits.

63.   Compte tenu de l'importance de l'action des ONG, en faveur des
handicapés, notamment les organisations des personnes handicapées elles-mêmes,
la délégation suédoise appuie pleinement les recommandations du Rapporteur
spécial tendant à renforcer la coopération entre les ONG, les organes de l'ONU
qui s'occupent des droits de l'homme et le mécanisme de suivi des règles pour
l'égalisation des chances.

64.   M. ROSSI (Association internationale pour la liberté religieuse), avant
son intervention sur la question des minorités, dit que, contrairement à ce
qu'a affirmé, à son grand étonnement, un expert de la Sous-Commission lors de
la dernière session de cet organe, tout groupe qui professe une religion
différente de celle de la majorité de la population, même s'il a les mêmes
caractéristiques ethniques, linguistiques ou autres que celle-ci, doit être
considéré comme une minorité religieuse au regard du droit national et
international. Il est en effet essentiel de protéger ces minorités contre
l'extrémisme religieux.

65.   En Inde, par exemple, les nationalistes hindous voudraient transformer
le pays en Etat hindouiste, ce qui suscite des craintes au sein de la minorité
musulmane. Inversement, dans l'Etat de Jammu-et-Cachemire, dont la population
est majoritairement musulmane, c'est la minorité hindoue qui est en
difficulté. La communauté hindoue des pandits, qui est implantée depuis des
siècles dans la vallée du Cachemire, est depuis quelques années la cible d'un
nettoyage ethnique et religieux. Par exemple, le 25 janvier 1998, des
terroristes ont massacré 23 pandits, dont 9 femmes et 4 enfants, dans le
village de Vandahama près de Srinagar. Avant de quitter le village, ces
terroristes ont incendié le petit temple pandit.

66.   En conséquence, l'Association internationale pour la liberté religieuse
prie la Commission de recommander à la Sous-Commission et à son Groupe de
travail sur les minorités d'accorder davantage d'attention à la situation des
minorités religieuses. Elle lui demande également d'inviter les Gouvernements
du Pakistan et de l'Inde à tout mettre en oeuvre pour trouver une solution
politique au problème du Cachemire, à récuser toute forme de violence et de
nettoyage ethnique et religieux et à garantir le respect des droits de toutes
les minorités, y compris la minorité des pandits, qui devrait pouvoir
retourner dans la vallée du Cachemire et vivre en paix avec la majorité
musulmane.

67.   M. TEITELBAUM (Association américaine des juristes - AAJ) appelle
l'attention de la Commission sur le cas de Waldo Albarracín, Président de
l'Assemblée permanente des droits de l'homme de Bolivie et membre de l'AAJ,
qui avait été invité par une ONG, Oxfam-Québec, à se rendre au Canada en
février 1998. Lors d'une escale à Miami de l'avion qui le transportait de la
Bolivie au Canada, il a été traité comme un délinquant par les autorités des
Etats-Unis. Après lui avoir fait subir une fouille corporelle et l'avoir
dépouillé de ses effets personnels, on lui a interdit de poursuivre son voyage
et renvoyé en Bolivie bien que tous ses papiers et son billet fussent en
règle. Il s'agit là d'une violation flagrante de l'article 12 sur le droit à
la liberté de circulation du Pacte international relatif aux droits civils et
politiques, auquel les Etats-Unis sont partie. Il convient à cet égard de
préciser qu'aucune des 17 réserves formulées par le Gouvernement des
Etats-Unis ne porte sur l'article 12. Ce nouvel incident s'inscrit dans le
cadre de la répression qui est organisée depuis les Etats-Unis et qui vise
depuis des décennies les personnalités et les mouvements démocratiques et
populaires d'Amérique latine.

68.   L'AAJ a engagé une action pour que M. Albarracín obtienne réparation.

69.   M. PANDITA (Commission africaine des promoteurs de la santé et des
droits de l'homme - CAPSDH) rappelle que dans sa résolution 1996/20, la
Sous-Commission a réaffirmé la condamnation catégorique de tous les actes,
méthodes et pratiques terroristes, quelles que soient les motivations
auxquelles ils obéissent et la forme qu'ils prennent, dans toutes leurs
manifestations, où qu'ils se produisent et quels qu'en soient les auteurs,
en tant qu'actes d'agression qui visent à l'anéantissement des droits de
l'homme, des libertés fondamentales et de la démocratie, menaçant l'intégrité
territoriale et déstabilisant des gouvernements légitimement constitués, et
sapant les sociétés civiles pluralistes. Cette affirmation devrait servir de
base à une définition acceptable du terrorisme. Il ne semble donc pas
nécessaire que la Rapporteuse spéciale sur le terrorisme et les droits de
l'homme ranime la controverse sur cette définition en liant la question aux
luttes de libération nationale ou aux luttes pour le droit à
l'autodétermination.

70.   Il convient également de rester vigilants face aux nouvelles formes de
terrorisme. La CAPSDH demande en particulier que des mesures plus concrètes
soient prises pour lutter contre le terrorisme transnational. Le Gouvernement
cubain a attiré l'attention de la Rapporteuse spéciale sur les Etats qui
autorisent des groupes terroristes connus à rester basés sur leur territoire
et à lancer des attaques contre des pays voisins en toute impunité.
Souscrivant à cette observation, la Ligue des Etats arabes a proposé qu'il
soit demandé aux Etats de ne pas abriter des hors-la-loi, d'interdire sur leur
territoire les activités hostiles visant un autre Etat, de cesser de s'ingérer
dans les affaires intérieures d'autres Etats et de respecter leur indépendance
et leur souveraineté.

71.   Récemment, le terrorisme transfrontière a fait de nouvelles victimes.
Le 25 janvier 1998, 23 membres de la minorité pandit, dont neuf femmes et
quatre enfants, ont été sauvagement assassinés dans le village de Wandahama
au Jammu-et-Cachemire. Les Pandits ne sont pas les seuls visés. Ainsi,
le 4 juillet 1995, cinq touristes européens avaient été pris en otage au
Cachemire par des terroristes. L'organisation Harakatul Ansar, alias Al Faran,
avait revendiqué cet enlèvement. L'un des otages a été retrouvé décapité un
mois plus tard et, à ce jour, on est toujours sans nouvelles des
quatre autres. Le chef de cette organisation terroriste, Fazlur Rehman Khalil,
a déclaré publiquement en octobre 1997 à Rawalpindi (Pakistan) que ses
10 000 militants menaient une guerre sainte contre les infidèles au Cachemire.
Il semblerait que l'Etat pakistanais soit tombé aux mains d'organisations
extrémistes qui soutiennent le terrorisme transfrontière.

72.   Le système des Nations Unies dispose de l'arsenal juridique nécessaire
pour éliminer la menace du terrorisme transfrontière. Encore faut-il qu'existe
la volonté d'utiliser ces instruments.

73.   Mme TANAKA (Mouvement international contre toutes les formes de
discrimination et de racisme - IMADR) attire l'attention de la Commission sur
la nécessité d'enquêter sans délai sur les formes modernes de la traite des
femmes et des petites filles : mondialisation du commerce sexuel, meilleure
organisation des trafiquants (qui ont souvent des complices parmi des agents
de l'Etat, dans des agences de tourisme et des compagnies aériennes) et

diversification des buts de la traite (y compris les faux mariages et autres formes d'exploitation sexuelle).

74.   Il ressort d'une enquête que l'IMADR a menée sur la traite des femmes asiatiques entre leur pays et le Japon que la plupart du temps, ces femmes deviennent ou restent prostituées à cause de la pauvreté et du chômage, de l'absence de services de réinsertion appropriés, d'attitudes sociales hostiles ou de pressions exercées par la famille. Il ne suffit donc pas d'obliger les Etats à punir l'exploitation de la prostitution d'autrui. Il faut aussi leur faire obligation de lutter contre les causes profondes de la traite, de sanctionner les trafiquants et de réinsérer les victimes. Il faut aussi qu'un organe de surveillance indépendant soit habilité à contrôler le respect de ces obligations en examinant les rapports que les Etats présenteraient et les informations fournies par des ONG.

75.   C'est dans cet esprit que l'IMADR transmettra au Groupe de travail sur les formes contemporaines d'esclavage un projet de protocole facultatif à la Convention de 1949 pour la répression de la traite des êtres humains et de l'exploitation de la prostitution d'autrui, qui contiendra des dispositions visant à octroyer aux victimes et aux survivants de la traite un certain nombre de droits, notamment le droit d'engager des poursuites civiles contre les trafiquants; à faciliter l'action des ONG; à punir plus sévèrement les trafiquants et leurs complices; à renforcer la mise en oeuvre de la Convention de 1949 par l'établissement d'un système de présentation de rapports par les Etats et d'une procédure d'examen de plaintes individuelles et l'élaboration obligatoire de plans nationaux d'action et à instituer un mécanisme spécial chargé d'établir les faits.

76.   Mme SMALLWOOD (Nord-Sud XXI) signale que les autochtones australiens n'ont obtenu la citoyenneté australienne qu'en 1967. A cause du génocide dont ils ont été victimes, ils ne représentent plus que 1,6 % de la population australienne. Entre 1910 et 1970, un grand nombre d'enfants autochtones ont été retirés de force à leur famille. D'après la Convention de 1948 pour la prévention et la répression du crime de génocide, une telle politique relève du génocide. On rappellera que l'Australie a ratifié cette convention en 1949.

77.   En Australie, les autochtones constituent un quart monde au sein d'un pays très développé. Le taux de mortalité infantile des enfants autochtones est trois fois plus élevé que celui des autres enfants. L'espérance de vie des autochtones est inférieure de cinq années à celle des autres Australiens. Le taux de chômage des autochtones est cinq à six fois plus élevé que celui des autres Australiens. Dans les zones rurales reculées, les communautés autochtones ne disposent pas encore des infrastructures de base telles que l'eau courante potable. Actuellement, des parlementaires cherchent à remettre en cause les droits fonciers des autochtones. Les fonds alloués au Département chargé des affaires autochtones diminuent constamment et l'intolérance raciale est de plus en plus tolérée y compris sur la scène politique.

78.   En outre, dans le parc national de Kakadu, les autochtones s'opposent à toute opération d'extraction de l'uranium, car pour eux ce territoire est sacré. Le Gouvernement raisonne en termes purement économiques et ne tient aucun compte des liens culturels des autochtones avec leurs terres.

Nord-Sud XXI demande à l'ONU de prendre en compte les préoccupations des autochtones d'Australie à cet égard et d'intervenir.

79.   Mme POLONOVSKI-VAUCLAIR (Coalition contre le trafic des femmes) dit que la prostitution et la traite des femmes et des petites filles a atteint des proportions épidémiques dans de nombreux pays d'Asie et notamment à Taïwan. Le principal pays d'origine est la Thaïlande et le grand destinataire le Japon où environ 150 000 femmes et jeunes filles, dont environ 80 % de Thaïlandaises et de Philippines et 20 % de Coréennes et de Taïwanaises, travaillent dans l'industrie du sexe. La plaque tournante est Taïwan, de sorte que la population féminine du pays est devenue une cible privilégiée des proxénètes et des trafiquants : de 60 à 100 000 femmes sont en effet concernées, chiffre encore plus important si l'on y ajoute les travailleuses migrantes.

80.   Il existe trois filières principales de recrutement. Premièrement, depuis quelques décennies des agences et des intermédiaires font entrer à Taïwan des "épouses internationales" qui, selon la Taïwan Grassroots Women Worker's Center, auraient été au nombre de 130 000 à la fin de 1996. Une fois parvenues à Taïwan, elles sont livrées à la prostitution ou à d'autres formes d'exploitation sexuelle ou transférées au Japon, où le même sort les attend. Deuxièmement, les femmes des 10 tribus autochtones de Taïwan sont depuis les années 50 de plus en plus visées par l'industrie du sexe étroitement liée au crime organisé. Cinq mille d'entre elles auraient été envoyées au Japon. Troisièmement, les femmes des minorités chinoises réfugiées dans les zones frontalières du nord de la Thaïlande et du Cambodge et qui de par leur statut ne peuvent travailler dans ces pays sont également une cible de choix. Expédiées à Taïwan, avec un statut de travailleuses migrantes, elles sont absorbées de force par l'industrie du sexe.

81.   Le problème sanitaire est aujourd'hui particulièrement urgent. En effet en raison de l'illégalité de leur statut, ces femmes ne peuvent avoir accès à une protection sociale et à des soins. Vu les proportions extrêmement alarmantes atteintes par le SIDA en Thaïlande, les chiffres de la séropositivité et des cas de SIDA à Taïwan sont sous-estimés. Avec le renforcement de l'axe Thaïlande-Taïwan-Japon, la situation sur le plan du SIDA devient extrêmement préoccupante, compte tenu de l'absence de système d'investigation systématique et de transparence dans ce domaine. Taïwan restant un monde fermé, il faudrait que la communauté internationale prenne conscience du risque croissant d'épidémie et que les femmes et les jeunes filles, en particulier, aient accès aux organismes internationaux.

82.   Nul ne peut nier que la situation de la traite des femmes à Taïwan soit extrêmement inquiétante. La Commission est donc instamment invitée à intervenir pour prévenir de nouvelles violations des droits des femmes et à prendre des mesures pour que les ONG de Taïwan puissent accéder aisément et directement aux organismes des Nations Unies et aux institutions spécialisées. Il est impératif que la Rapporteuse spéciale de la Commission sur la violence contre les femmes mène une enquête approfondie et fasse rapport sur la traite des femmes et des petites filles, le marché des épouses internationales, la main-d'oeuvre domestique et la prostitution en Asie du Sud-Est, y compris à Taïwan.

83.   <u>Mme BECK-HENRY</u> (Mouvement mondial des mères) dit que dans de nombreux pays, la place et le rôle des mères dans la société ne sont pas reconnus. Les diverses aides matérielles et allocations que perçoivent les mères au gré des circonstances ou des pays font d'elles de perpétuelles assistées. Or, le Mouvement mondial des mères estime que les mères sont des travailleuses à part entière et qu'un statut de la mère, que celle-ci soit au foyer ou exerce une profession à l'extérieur du foyer, devrait être créé. La mère doit pouvoir acquérir, juridiquement et financièrement, le droit de choisir, en fonction de la stabilité de sa famille, du nombre et des besoins de ses enfants, notamment lorsqu'ils sont handicapés et ont besoin d'une attention et d'une présence particulières.

84.   Pour conclure, le Mouvement mondial des mères demande à la Commission de rendre justice à la mère de famille et d'inciter tous les pays à lui donner la place qui lui revient.

<u>La séance est levée à 18 heures</u>.

- - - - -

**NATIONS
UNIES**

E

**Conseil Economique
et Social**

Distr.
GENERALE

E/CN.4/1998/SR.23
28 avril 1998

Original : FRANCAIS

COMMISSION DES DROITS DE L'HOMME

Cinquante-quatrième session

COMPTE RENDU ANALYTIQUE DE LA 23ème SEANCE

tenue au Palais des Nations, à Genève,
le lundi 30 mars 1998, à 15 heures.

<u>Président</u> : M. SELEBI (Afrique du Sud)

SOMMAIRE

DECLARATION DE M. FERNANDO E. NARANJO VILLALOBOS, MINISTRE DES RELATIONS
EXTERIEURES ET DU CULTE DU COSTA RICA

MESURES DESTINEES A AMELIORER LA SITUATION ET A FAIRE RESPECTER LES DROITS DE
L'HOMME ET LA DIGNITE DE TOUS LES TRAVAILLEURS MIGRANTS (<u>suite</u>)

DROITS DES PERSONNES APPARTENANT A DES MINORITES NATIONALES OU ETHNIQUES,
RELIGIEUSES ET LINGUISTIQUES (<u>suite</u>)

APPLICATION DE LA DECLARATION SUR L'ELIMINATION DE TOUTES LES FORMES
D'INTOLERANCE ET DE DISCRIMINATION FONDEE SUR LA RELIGION OU LA CONVICTION
(<u>suite</u>)

Le présent compte rendu est sujet à rectifications.

Les rectifications doivent être rédigées dans l'une des langues de
travail. Elles doivent être présentées dans un mémorandum et être également
incorporées à un exemplaire du compte rendu. Il convient de les adresser, <u>une
semaine au plus tard à compter de la date du présent document</u>, à la Section
d'édition des documents officiels, bureau E.4108, Palais des Nations, Genève.

Les rectifications aux comptes rendus des séances publiques de la
Commission seront groupées dans un rectificatif unique qui sera publié peu
après la session.

GE.98-11527 (F)

<u>La séance est ouverte à 15 heures</u>.

DECLARATION DE M. FERNANDO E. NARANJO VILLALOBOS, MINISTRE DES RELATIONS
EXTERIEURES ET DU CULTE DU COSTA RICA

1.   <u>M. NARANJO VILLALOBOS</u> (Costa Rica) rappelle que son pays a été le siège
du premier tribunal international auquel les individus pouvaient avoir recours
et est actuellement l'hôte de la Cour interaméricaine des droits de l'homme.
Le Costa Rica a été parmi les premiers pays à avoir ratifié les pactes et
autres instruments internationaux relatifs aux droits de l'homme et, soutenu
par un grand nombre de pays, à avoir proposé la création du Haut-Commissariat
des Nations Unies aux droits de l'homme. Le Costa Rica possède donc une longue
tradition en la matière, ce qui l'incite à inviter les pays qui ne l'ont pas
encore fait à adhérer aux traités en vigueur et à les ratifier, convaincu
qu'une telle initiative ne peut que contribuer au respect des droits de
l'homme ainsi qu'au maintien de la paix et de la sécurité internationales.

2.   En particulier, le Costa Rica tient à appeler l'attention sur la
nécessité de mener à bien l'élaboration du Protocole facultatif se rapportant
à la Convention contre la torture et autres peines ou traitements cruels,
inhumains ou dégradants, dont le Costa Rica avait lancé le projet en 1991.
M. Naranjo Villalobos se félicite à cet égard de ce qu'un ressortissant du
Costa Rica ait été élu à la présidence du Groupe de travail chargé de
concrétiser cette initiative.

3.   La politisation qui caractérise trop fréquemment l'examen des questions
liées aux droits de l'homme sur la scène internationale inquiète la délégation
costa-ricienne. La pratique du "deux poids, deux mesures" face à des
situations parfois extrêmement graves est un motif de préoccupation, surtout
au moment où l'on célèbre le cinquantenaire de la Déclaration des droits de
l'homme, qui devrait être l'occasion de concentrer l'attention sur ce qui est
réellement important, à savoir le respect effectif de ces droits.

4.   L'année 1998 marque également le cinquième anniversaire de la
Déclaration de Vienne qui a établi le principe de l'indivisibilité de tous les
droits de l'homme et souligné l'importance du droit au développement, un droit
essentiel pour tant de pays, dont ceux d'Amérique centrale.

5.   Au Costa Rica, le respect des droits de l'homme s'inscrit dans la
pratique quotidienne du Gouvernement et du peuple costa-riciens et a motivé la
création d'institutions et de mécanismes de surveillance. Sur le plan du droit
interne, les instruments internationaux relatifs aux droits de l'homme sont
placés au même rang que les dispositions de la Constitution du pays. Aussi, de
grands progrès ont-ils été accomplis dans des domaines tels que l'élimination
de la discrimination fondée sur le sexe, la protection des enfants ainsi que
le respect des droits des personnes handicapées, des populations autochtones
et autres groupes.

6.   Au Costa Rica, l'enseignement des droits de l'homme fait partie des
programmes d'éducation. Le pays est en effet convaincu du rôle fondamental que
joue l'éducation à cet égard. Cette conviction l'a amené à proposer la
célébration d'une décennie des Nations Unies pour l'éducation dans le domaine
des droits de l'homme, initiative qui a été bien accueillie.

7.   Enfin, le Gouvernement a opté pour un développement durable fondé sur le respect de la nature. Les populations autochtones du Costa Rica, les Guaymies, enseignent, en effet, que la terre est un être vivant qui a besoin de protection et que ce qui arrivera à la terre arrivera également à l'humanité. Cette leçon ancestrale, toujours vivante au Costa Rica, est dans un certain sens la vision autochtone de la Déclaration universelle sur les droits de l'homme.

MESURES DESTINEES A AMELIORER LA SITUATION ET A FAIRE RESPECTER LES DROITS DE L'HOMME ET LA DIGNITE DE TOUS LES TRAVAILLEURS MIGRANTS (point 11 de l'ordre du jour) (suite) (E/CN.4/1998/74 et Add.1, 75 et 76)

DROITS DES PERSONNES APPARTENANT A DES MINORITES NATIONALES OU ETHNIQUES, RELIGIEUSES ET LINGUISTIQUES (point 16 de l'ordre du jour) (suite) (E/CN.4/1998/90, 91; E/CN.4/1998/NGO/14, 36; E/CN.4/Sub.2/1997/18; A/52/498)

APPLICATION DE LA DECLARATION SUR L'ELIMINATION DE TOUTES LES FORMES D'INTOLERANCE ET DE DISCRIMINATION FONDEE SUR LA RELIGION OU LA CONVICTION (point 18 de l'ordre du jour) (suite) (E/CN.4/1998/6 et Add.1 et 2 et Corr.1; E/CN.4/1998/115 et 121)

8.   M. NARANG (Union européenne de relations publiques), prenant la parole au titre du point 18 de l'ordre du jour, fait observer que l'amour et la compassion sont au coeur de toutes les religions. C'est l'homme qui a déformé les enseignements de la religion dans la poursuite de ses ambitions bassement terrestres et la perpétuation de son pouvoir. C'est ce qui explique que, à un moment ou à un autre, les adeptes des différentes religions aient persécuté ceux qui appartenaient à d'autres confessions.

9.   On en voit un exemple aujourd'hui au Pakistan, où l'instruction religieuse forme des extrémistes, déterminés à opprimer ceux qui n'épousent pas leur idéologie. D'où les affrontements quotidiens entre les sunnites et les chiites ainsi que les attaques menées contre les chrétiens, les Ahmediyas et les hindous. Ce sont ces mêmes groupes extrémistes qui, par l'intermédiaire des taliban, ont exporté leurs idées en Afghanistan.

10.   Les pays occidentaux n'échappent pas à cette maladie infectieuse qu'est l'intolérance. Au Royaume-Uni, des groupes militants abusent des libertés démocratiques, prêchant la haine contre les Juifs et les adeptes d'autres confessions, y compris par le biais d'Internet. Toutefois, ce n'est pas aux pays occidentaux, où la religion n'intervient pas dans la conduite des affaires publiques, qu'un appel à la tolérance doit être adressé en premier lieu. C'est aux pays qui accordent à la religion une place centrale dans les affaires de l'Etat. Ces pays doivent être informés que la communauté mondiale les surveille attentivement et attend d'eux qu'ils assurent la protection des droits des minorités.

11.   Mme MARWAH (International Institute for non-Aligned Studies), prenant la parole au titre des points 16 et 18 de l'ordre du jour, rappelle que la Déclaration sur les droits des personnes appartenant à des minorités nationales ou ethniques, religieuses et linguistiques, adoptée par l'Assemblée générale en 1992, fait obligation aux Etats d'assurer la protection des droits des minorités afin qu'elles puissent préserver leurs traditions et les

transmettre aux générations futures. Or, ce sont souvent ces mêmes Etats qui privent les minorités de leurs droits en raison de leur religion, de leur caractère ethnique ou de leur langue. Dans la plupart des cas, les collectivités majoritaires s'efforcent, par des mesures législatives ou des moyens socio-culturels, d'intégrer les minorités. C'est là une tendance que l'on observe de façon croissante, y compris dans les Etats qui se targuent d'être démocratiques. L'incapacité de l'Etat d'assurer la protection des droits des minorités engendre la frustration et cette frustration à son tour provoque l'apparition de mouvements armés qui menacent l'existence même de l'Etat pluraliste. Si l'on veut mettre un terme à ces luttes intestines au sein de la famille humaine, il est indispensable de renforcer le respect des principes démocratiques, à la fois par l'exemple et par l'éducation.

12. Mme SIKORA (Parti radical transnational) dit que dans les pays de l'ancien bloc communiste qui possèdent un caractère pluriethnique, le nationalisme prend la forme d'un véritable cancer qui entraîne la dégénérescence des valeurs démocratiques, la démocratie se réduisant à une simple procédure de vote qui permet à la majorité d'éliminer ou de marginaliser les minorités. Dans ces pays en transition, il y a conflit entre deux conceptions de l'Etat, à savoir l'Etat unitaire et centralisé et l'Etat pluraliste et fédéré. L'ancienne Fédération yougoslave a commencé à se désintégrer lorsque le Président serbe Milosevic a voulu assurer la suprématie de la majorité serbe, avec les résultats que l'on sait.

13. Le cas de l'ex-République yougoslave de Macédoine est également éloquent à cet égard. Dans ce pays, dont un tiers de la population est composé d'Albanais de souche, la langue albanaise n'est pas reconnue comme langue officielle et la domination des Macédoniens dans les principaux organes de l'Etat est absolue. En fait, tous les moyens sont employés pour marginaliser les Albanais dans les organes de décision, notamment au Parlement, où ces derniers ne possèdent qu'un siège sur six. Il en va de même sur le plan social, qu'il s'agisse de la dotation en équipements collectifs ou de l'accès à l'éducation, à la culture et à l'information.

14. Le Parti radical transnational appuie pleinement les recommandations finales de la Rapporteuse spéciale, Mme Elisabeth Rehn, et demande à la Commission des droits de l'homme d'inciter l'ex-République yougoslave de Macédoine à respecter, en droit et en pratique, l'égalité de droits de tous ses citoyens.

15. M. CHOEPHEL (Société pour les peuples menacés), préoccupé par la privation de liberté religieuse dont le Tibet est victime depuis des années, appelle l'attention de la Commission, à cet égard, sur le cas du jeune Gedhun Chokyi Nyima, le onzième panchen-lama du Tibet dont on ignore le sort, ainsi que sur celui de Chadrel Rinpoche et des nombreux moines et religieuses placés en détention au Tibet. Il dénonce la politisation des institutions religieuses tibétaines et le contrôle de leurs activités par les autorités chinoises, qui exigent des moines et religieuses bouddhistes des déclarations écrites affirmant que le Tibet fait partie de la Chine et dénonçant Sa Sainteté le dalaï-lama. M. Choephel mentionne également la campagne lancée par les autorités chinoises contre le dalaï-lama, les obstacles qu'elles mettent à la transmission des enseignements religieux et le fait qu'elles interdisent les grandes cérémonies religieuses. Il dénonce enfin l'expulsion,

en 1996 et 1997, de plus de 2 800 moines et religieuses qui ont refusé d'être "rééduqués". Toutes ces politiques menacent la survie même de l'identité religieuse, culturelle et nationale du peuple tibétain. La Société pour les peuples menacés espère néanmoins que les autorités chinoises inviteront le Rapporteur spécial sur l'intolérance religieuse à se rendre à nouveau en Chine et au Tibet.

16.   C'est à cause de la situation au Tibet et de l'inaction de l'ONU face à cette situation que six Tibétains, âgés de 25 à 70 ans, ont commencé une grève de la faim à New Delhi, le 10 mars de l'année en cours. Au moment où ils entament leur vingt et unième jour de grève, ils lancent un appel à la Commission des droits de l'homme pour qu'elle nomme un rapporteur spécial qui serait chargé d'enquêter sur la situation des droits de l'homme au Tibet.

17.   Comme personne, pas même Sa Sainteté le dalaï-lama, n'a pu arrêter cette grève de la faim, la Société pour les peuples menacés craint beaucoup pour la vie des six Tibétains. Aussi prie-t-elle instamment la Commission de faire droit, de façon urgente, à leur légitime requête avant qu'il ne soit trop tard.

18.   M. QUIGLEY (Franciscans International) dénonce la discrimination dont sont victimes les minorités religieuses dans bon nombre de pays, notamment au Pakistan, un pays qui avait pourtant adopté, en 1927, des dispositions reconnaissant et protégeant le caractère sacré des convictions religieuses. C'est le Président Zia qui a ajouté ultérieurement, dans le Code pénal pakistanais, des dispositions sur le "blasphème" qui condamnent toute manifestation pouvant être considérée, à tort ou à raison, comme un manque de respect à l'égard du Coran. L'application de ces dispositions est souvent arbitraire et sert souvent à assouvir des rancunes personnelles.

19.   Franciscans International a déjà signalé la destruction, les 5 et 6 février 1997, à l'instigation d'un petit groupe de musulmans militants des villages chrétiens de Shantinagar et Khanewal. Bien que le Gouvernement pakistanais ait fait des efforts pour redresser la situation, les résultats de l'enquête sur ces événements n'ont pas encore été rendus publics et la tension subsiste entre les chrétiens et les musulmans dans la région, du fait que les autorités n'ont pas tenu toutes leurs promesses. Franciscans International demande au Gouvernement pakistanais de rendre public le rapport des autorités judiciaires chargées de l'enquête et de traduire devant les tribunaux civils les responsables de la destruction des villages cités. L'organisation demande l'abrogation de toutes les lois discriminatoires, en particulier les lois relatives au blasphème (art. 295 b) et c) du Code pénal pakistanais) ainsi que l'abolition du système électoral fondé sur la religion.

20.   Franciscans International est également préoccupée par la discrimination et la persécution dont sont victimes, en Inde, les minorités musulmane et chrétienne. La destruction de mosquées et l'assassinat de nombreux musulmans au cours des dernières années sont particulièrement préoccupants. De même, des prêtres et des religieuses catholiques ont été victimes de nombreuses violations allant du passage à tabac jusqu'au meurtre. Les auteurs de ces actes n'ont pas été traduits en justice.

21.   Mme BASSAM (Bureau international de la paix), prenant la parole au titre
du point 16 de l'ordre du jour, dénonce la répression brutale dont la minorité
mapuche est actuellement victime au Chili, comme aux pires moments de la
dictature militaire. Dépossédée de ses terres par la conquête espagnole, la
communauté mapuche devrait théoriquement, en vertu de la loi No 19253 sur la
protection des autochtones, adoptée en 1993, bénéficier de certains droits
fondamentaux, en particulier du droit d'être consultée sur toutes les
questions qui concernent directement ses membres. Or, non seulement cette loi
n'est pas appliquée mais, actuellement, la situation des Mapuche se
caractérise par l'usurpation de leurs terres, la discrimination et
l'humiliation. En application de la loi sur la sûreté de l'Etat et de la loi
contre le terrorisme, la police chilienne a mené des opérations totalement
injustifiées dans la région mapuche, dont certains habitants, y compris des
femmes et des enfants, ont été placés en détention et menacés. L'un des
détenus aurait été condamné à la réclusion pendant sept jours, ce qui est
contraire à la loi, et aurait été soumis à des traitements dégradants. Ces
opérations ont eu lieu à la suite d'un affrontement entre des gardes de la
société Arauco SA, qui exploite le bois et les familles mapuche voulant
arrêter le déboisement des zones forestières qui leur ont toujours appartenu.
De même, en violation de la loi No 19253, l'Etat chilien a décidé de
construire de nouvelles routes et de nouveaux barrages sans consulter les
communautés concernées. La construction imminente d'une série de centrales
hydro-électriques sur la rivière Bio-Bio en fournit un exemple.

22.   M. MBOMIO (Nord-Sud XXI), décrivant la situation à Sri-Lanka, dit que
l'armée sri lankaise a détruit des temples hindous et des lieux de culte
catholiques et protestants, et emprisonné des prêtres hindous et chrétiens.
Cette information a été confirmée par le Comité international de la
Croix-Rouge (CICR). A son avis, ces incidents mettent en évidence le rôle clef
joué par le bouddhisme militant dans le conflit à Sri Lanka. A l'inverse,
le 25 janvier 1998, le sanctuaire bouddhiste appelé "temple de la Dent", qui
est particulièrement vénéré par ces mêmes bouddhistes militants a été l'objet
d'un attentat à la bombe, dont on pense qu'il a été perpétré par des membres
de l'armée rebelle tamoule. Cet attentat a été condamné par Amnesty
International. Les communautés sri-lankaises frappées par cette intolérance
religieuse se prononcent massivement pour une égalité de traitement entre
toutes les croyances, quelle que soit leur origine, ainsi qu'il est stipulé
dans les principaux instruments internationaux et dans la Déclaration
universelle des droits de l'homme. Nord-Sud XXI dénonce l'intolérance et la
discrimination dont les communautés sont victimes à Sri Lanka en raison de
leurs croyances ainsi que la violence qui en résulte. Il est urgent que les
parties impliquées dans ces conflits puissent se réunir autour d'une table de
négociation en vue d'une réconciliation nationale dont la Commission des
droits de l'homme pourrait contribuer à jeter les bases.

23.   M. ROSSI (Association internationale pour la liberté religieuse) dit que
50 ans après l'adoption de la Déclaration universelle des droits de l'homme,
il y a lieu de se féliciter que le droit à la liberté de conscience et de
religion soit proclamé dans les constitutions de presque tous les pays du
monde et que des millions d'hommes et de femmes, autrefois persécutés pour
leurs convictions religieuses, puissent maintenant jouir de cette liberté.
Il remercie très vivement la Commission des droits de l'homme et le Rapporteur
spécial sur l'intolérance religieuse du rôle qu'ils jouent à cet égard.

24. Malheureusement, il faut reconnaître qu'il y a encore des Etats où la liberté religieuse est fortement limitée et qu'il y en a même où la situation dans ce domaine, au lieu de s'être améliorée, s'est aggravée. Force est de constater de graves manifestations d'intolérance dans certains milieux religieux, et spécialement la montée toujours plus menaçante de mouvements politiques empreints de totalitarisme religieux. A ce sujet, M. Rossi cite la guerre de purification ethnique menée en Bosnie-Herzégovine, qui a été perçue comme une guerre entre chrétiens et musulmans, l'intolérance de l'Eglise orthodoxe majoritaire dans certains pays d'Europe orientale, le massacre en Algérie d'hommes, de femmes et d'enfants innocents parce qu'un parti religieux extrémiste a été empêché de faire de ce pays un Etat islamique, le nationalisme hindou en Inde, le mouvement ultra-orthodoxe juif en Israël, qui a été à l'origine de l'assassinat du Premier Ministre, M. Yithzak Rabin, et le régime islamiste d'Iran, qui a mis hors la loi les Bahaïs. Par ailleurs, il fait observer qu'en Mauritanie et au Soudan le Code pénal prévoit la peine de mort pour les musulmans qui changent de religion, ce qui est contraire à l'article 18 de la Déclaration universelle des droits de l'homme. Et ce qui est encore pire, ces Etats affirment qu'il faut changer les instruments internationaux pour les adapter à la loi islamique. C'est ce que le chef de la délégation du Soudan a déclaré devant le Comité des droits de l'homme.

25. La communauté internationale devrait réagir vigoureusement contre tous les mouvements extrémistes qui, au nom d'une conception erronée de la religion, menacent sérieusement le système des droits de l'homme ainsi que la paix dans le monde. La Commission des droits de l'homme devrait envisager d'organiser un séminaire d'experts de toutes les grandes religions, en vue de démontrer clairement que les enseignements authentiques des grandes religions, dépouillés de toute tradition non conforme aux principes des livres sacrés, s'harmonisent pleinement avec les droits et les libertés énoncés dans la Déclaration universelle.

26. M. KIRKYACHARIAN (Mouvement contre le racisme et pour l'amitié entre les peuples - MRAP) constate le peu d'empressement des Etats à signer et à ratifier la Convention internationale sur la protection des droits de tous les travailleurs migrants et des membres de leur famille et, surtout, l'absence d'arguments valables justifiant cette réticence. Ce refus tient au fait que l'on veut pouvoir disposer d'une main-d'oeuvre peu coûteuse, à laquelle le principe de l'égalité en matière de droits économiques et sociaux n'est pas appliqué et que l'on prive d'un statut politique.

27. Il faut également aborder le problème du regroupement familial, car on en vient, dans les milieux les plus réactionnaires, à regretter l'immigration d'autrefois, composée uniquement de célibataires auxquels on concédait bien quelques prestations pour les familles restées au pays, mais nettement moins importantes que celles des nationaux. Or, l'état démographique des pays développés leur fait obligation de faire appel à des familles étrangères : le ratio population active/population non active risque de placer ces pays en position de grave faiblesse dans quelques années. Les enfants de l'immigration seront demain une force vive dans leur pays d'accueil, pour peu qu'ils reçoivent une formation scientifique et technique qui ne les mette pas en décalage avec le mouvement de la société moderne.

28.   M. Kirkyacharian considère que la Convention internationale sur la
protection des droits de tous les travailleurs migrants et des membres de leur
famille a raison de recommander l'adoption d'une forme de citoyenneté (locale,
régionale) pour les travailleurs immigrés. De même l'Union européenne a eu
raison d'en poser le principe pour tous les ressortissants de ses pays
membres. Cette mesure devrait être appliquée aux ressortissants de tous les
autres pays. En conclusion, le MRAP souhaite que la Commission adopte une
recommandation très ferme pour que les Etats signent et ratifient
la Convention internationale sur la protection des droits de tous les
travailleurs migrants et des membres de leur famille.

29.   M. BRAFF (Conférence générale des Eglises adventiste du septième jour)
dit que l'article 18 de la Déclaration universelle des droits de l'homme est
ignoré dans de nombreux pays, voire remis en question dans certaines
démocraties, comme le soulignent de nombreux rapports, dont celui de M. Amor
(E/CN.4/1997/91). Il rappelle que l'indépendance de l'Eglise et de l'Etat est
un des principes clefs des démocraties modernes. L'histoire montre ce qu'il
advient des libertés lorsque l'Etat abandonne sa mission. Alors qu'il devrait
garantir l'égalité et la liberté, celui-ci devient alors l'instrument d'une
religion ou d'une Eglise. Les mêmes causes produisant les mêmes effets, on
peut aujourd'hui mesurer le degré de liberté dans les Etats où le politique et
le religieux sont confondus.

30.   M. Braff constate avec regret que l'amalgame entre sectes dangereuses et
minorités religieuses est entretenu dans certains pays. Une secte est
généralement une minorité religieuse, au sens numérique du terme, mais pas
nécessairement une minorité dangereuse. La publication, dans certains pays, de
listes de sectes, élaborées souvent sans le concours d'experts ni
d'universitaires reconnus, est, à son avis, une bien étrange manière de
renforcer la liberté religieuse et la paix. Il n'est pas normal qu'une
minorité religieuse qui respecte la loi soit marginalisée, voire persécutée
par l'Etat, que le simple fait de ne pas appartenir à la religion majoritaire
ou historique fasse d'un homme ou d'une femme un citoyen de seconde catégorie,
que des écoles publiques ferment brutalement leurs portes à des enfants en
raison de leurs convictions religieuses et que les Témoins de Jehovah, par
exemple, soient en passe d'être reconnus à Cuba, alors qu'ils sont harcelés
dans plusieurs pays d'Europe. L'Etat doit protéger ses citoyens contre les
abus de toutes sortes. Si un groupe religieux, politique ou économique
représente un danger pour la liberté, l'ordre public, la famille ou la santé,
il est du devoir de l'Etat de réagir. Le Code pénal le permet dans la plupart
des démocraties sans qu'il soit nécessaire de créer de nouvelles lois
antisectes.

31.   En conclusion, M. Braff remercie les nouvelles démocraties qui n'ont pas
succombé aux pressions religieuses et nationalistes, notamment la Pologne et
la Hongrie, ainsi que l'Espagne et l'Italie qui ont souvent servi de modèles.
Il encourage tous les gouvernements qui vivent cette transition vers la
démocratie à mettre en place une législation conforme aux instruments
internationaux des Nations Unies, qui consacre l'indépendance des
organisations religieuses, des Eglises et de l'Etat, et assure à chacun le
droit de choisir sa religion et son système de pensée dans le respect des
autres.

32.   M. LEPATAN (Philippines) dit que le phénomène des travailleurs migrants
n'est pas nouveau, mais qu'il a atteint, à l'époque actuelle, une ampleur sans
précédent en raison de l'accroissement de la population mondiale, des
inégalités croissantes de revenu qui incitent un grand nombre de travailleurs
à chercher fortune dans des pays plus riches, des facilités de transport et de
l'émergence de groupes organisés qui en ont fait une source de profit.

33.   Pays d'immigration et d'émigration, et l'un des rares Etats à avoir
signé et ratifié la Convention internationale sur la protection des droits de
tous les travailleurs migrants et des membres de leur famille, les Philippines
se félicitent que la Haut-Commissaire aux droits de l'homme ait approuvé
l'organisation d'une campagne mondiale visant à promouvoir la ratification et
l'entrée en vigueur de cet instrument. Il faut espérer que la Conférence
mondiale sur le racisme, la discrimination raciale, la xénophobie et
l'intolérance qui y est associée accordera l'attention voulue à la
discrimination et à la violence dont sont victimes les travailleurs migrants.

34.   La délégation philippine suggère que le Haut-Commissariat aux droits de
l'homme envisage de réaliser une étude historique des mouvements migratoires
et des contributions économiques, sociales et culturelles que les travailleurs
migrants apportent partout dans le monde, afin que les sociétés d'accueil
soient mieux informées et fassent preuve d'une plus grande tolérance à leur
égard.

35.   Au cours de la présente session de la Commission, les Philippines
présenteront ou se porteront coauteurs de divers projets de résolution visant
à promouvoir et à protéger les droits et la dignité des travailleurs migrants
et des membres de leur famille. Le premier de ces projets sera consacré à la
ratification de la Convention internationale y relative. Le deuxième aura
trait au Groupe de travail intergouvernemental d'experts sur les droits de
l'homme des migrants, dont il serait souhaitable de prolonger le mandat. La
délégation philippine espère que le Groupe de travail accordera l'attention
voulue aux travailleuses migrantes, qui sont doublement vulnérables parce
qu'elles sont femmes. A ce propos, elle présentera un projet de résolution sur
la violence dont ces femmes sont les victimes ainsi qu'un projet connexe sur
la traite des femmes et des filles.

36.   La délégation philippine salue l'engagement des organisations
intergouvernementales et non gouvernementales en faveur de la promotion et de
la protection des droits et de la dignité des travailleurs migrants. Elle
espère que leur action contribuera à faire mieux comprendre la contribution
que les travailleurs migrants apportent, dans leur pays d'accueil comme dans
leur pays d'origine, au progrès économique et socioculturel.

37.   M. MAJDI (Maroc) rappelle que c'est à partir du milieu des années 70 que
les immigrés ont été accusés de tous les maux dont souffrent les sociétés
d'accueil qui, dès lors, les ont trouvés coûteux, inassimilables et déloyaux.
Partant de ces préjugés qui ne reposent sur aucune analyse objective et
réfléchie, certains hommes politiques ont fait de l'immigration une question
prioritaire dans leur programme. Certains groupes, se sentant encouragés, ont
multiplié les agressions haineuses contre les immigrés partout en Europe.
Cette attitude semble avoir gagné certains secteurs d'autorité qui ferment

les yeux sur ces agissements, quand ils ne les couvrent pas. Dans les procédures judiciaires, une présomption de mal faire semble peser sur l'immigré à qui il revient d'apporter la preuve du contraire. Ces attitudes parfois raciales et xénophobes sont renforcées par tout un arsenal juridique et réglementaire de plus en plus rigoureux, sinon discriminatoire.

38.   La délégation marocaine considère qu'il est pour le moins paradoxal de constater, à l'heure de la mondialisation, où l'on réclame la libéralisation des économies, la libre circulation des biens et services, que l'on s'ingénie encore à élever des forteresses pour empêcher la circulation des personnes. Elle ne conteste nullement le droit de chaque Etat de définir et d'appliquer ses propres politiques migratoires, ainsi que de prendre souverainement ses décisions en matière de contrôle des frontières. Toutefois, la manière dont un Etat traite les étrangers sur son territoire ne concerne pas seulement cet Etat. La Déclaration universelle des droits de l'homme et les instruments internationaux pertinents exigent des Etats qu'ils garantissent à toutes les personnes placées sous leur juridiction les droits fondamentaux dont jouit la population dans son ensemble. Dans ce contexte, les refoulements, les expulsions arbitraires, les confiscations injustifiées des titres de voyage qui sont devenus des pratiques courantes ne peuvent être tolérés.

39.   Le Maroc apporte son appui au renouvellement du mandat du Groupe de travail intergouvernemental d'experts sur les droits de l'homme des migrants, dont la tâche est de recueillir auprès de tous les acteurs concernés des informations sur les obstacles rencontrés pour assurer la protection effective de ces droits. Il espère que la célébration du cinquantième anniversaire de la Déclaration universelle des droits de l'homme incitera les Etats à ratifier la Convention internationale sur la protection des droits de tous les travailleurs migrants et des membres de leur famille.

40.   M. ZOZULYA (Ukraine) dit que l'Ukraine a toujours attaché la plus grande importance à la protection des minorités linguistiques, ethniques ou religieuses contre toute forme de discrimination ou d'intolérance. Le Gouvernement encourage l'instauration, entre les différents groupes ethniques, de relations fondées sur la tolérance et la confiance mutuelles.

41.   Il convient de préciser à ce propos que la renaissance de la culture et de la langue ukrainiennes, qui ont beaucoup souffert sous le régime soviétique, ne se fait pas aux dépens des droits des personnes appartenant à une quelconque minorité nationale ou à un quelconque groupe ethnique. Par exemple, des mesures sont prises actuellement pour promouvoir l'éducation dans les langues minoritaires et préserver les traditions culturelles des minorités. Le Gouvernement ukrainien rejette donc toute tentative visant à exploiter les questions ethniques à des fins politiques et à remettre en cause la stabilité et l'intégrité de l'Ukraine ainsi que l'harmonie des relations interethniques.

42.   Le Gouvernement ukrainien souhaiterait que les droits des 12 millions d'Ukrainiens de souche qui vivent hors d'Ukraine soient protégés de la même manière. C'est à l'Etat dont les membres d'une minorité sont citoyens, ou dans lequel ils résident en permanence, qu'il incombe au premier chef de faire respecter les droits de cette minorité sur son territoire. De par son expérience, l'Ukraine est pour sa part convaincue que la coopération entre

les Etats contribuera au règlement des problèmes des personnes appartenant à des minorités et permettra de prévenir des mouvements migratoires de grande ampleur que pourrait provoquer le non-respect de leurs droits.

43.   En ce qui concerne les travailleurs migrants, la délégation ukrainienne appuie sans réserve la recommandation du Groupe de travail intergouvernemental d'experts sur les droits de l'homme des migrants tendant à ce que la Commission l'autorise à tenir deux sessions annuelles de cinq jours chacune.

44.   En ce qui concerne les droits des personnes appartenant à des minorités, le Gouvernement ukrainien est favorable à la prolongation du mandat du Groupe de travail sur les minorités de la Sous-Commission et continuera de participer activement à ses travaux. Ceux-ci gagneraient d'ailleurs en efficacité si les documents de travail étaient préparés à l'avance, si les débats étaient moins politisés et si un plus grande nombre d'observateurs des gouvernements, d'ONG et d'experts indépendants y participaient.

45.   Quant à la Déclaration sur les droits des personnes appartenant à des minorités nationales ou ethniques, religieuses et linguistiques, son application se trouverait renforcée si les organes conventionnels de l'ONU et les rapporteurs spéciaux s'employaient plus activement à résoudre les problèmes qui se posent dans le cadre des relations entre les groupes ethniques et entre les Etats. Comme l'ont suggéré plusieurs délégations, il conviendrait à cet égard de renforcer les mécanismes internationaux chargés de contrôler et de surveiller le respect des dispositions de la Déclaration.

46.   Mme GAER (Etats-Unis d'Amérique) rappelle que la liberté de pensée, de conscience et de religion et la liberté de manifester sa religion ou sa conviction, tant en public qu'en privé, est garantie à toute personne par l'article 18 de la Déclaration universelle des droits de l'homme.

47.   Les Etats-Unis, qui n'ont jamais connu de guerre de religion, sont très attachés à cette liberté. D'ailleurs, parmi les premiers colons, nombreux étaient ceux qui fuyaient les persécutions religieuses en Europe. Aux Etats-Unis, la séparation de l'Eglise et de l'Etat est inscrite dans la Constitution, ce qui permet à toutes les religions de se développer dans un esprit de tolérance. En novembre 1996, le Gouvernement américain a créé une commission consultative sur la liberté religieuse à l'étranger, qui est composée de personnalités religieuses représentant toutes les grandes religions et de savants qui ont consacré leur vie à l'étude de cette question. La commission a pour tâche de conseiller la Secrétaire d'Etat sur la manière de protéger et de promouvoir la liberté religieuse dans le monde. On constate, à cet égard, que les persécutions religieuses vont de pair avec la détérioration du climat politique, économique et social. Une telle détérioration explique probablement en partie l'antisémitisme que l'on observe en Europe centrale et orientale depuis l'effondrement de l'Union soviétique. Cette explication vaut également pour les tensions entre hindous et musulmans, en Inde et entre sunnites et chiites, au Pakistan. Les Etats-Unis partagent l'opinion du Secrétaire général de l'ONU, selon laquelle la communauté internationale doit dénoncer l'antisémitisme sous toutes ses formes. On rappellera à ce propos que nier l'existence de l'Holocauste est une forme d'antisémitisme.

48.   Les Etats-Unis ne peuvent rester indifférents au sort tragique des chrétiens et des animistes persécutés par le Gouvernement soudanais, contraints de se convertir à l'islam ou réduits en esclavage. Il faut absolument parvenir rapidement à un règlement juste et durable du conflit qui déchire le pays depuis 15 ans.

49.   Les persécutions subies par les bahaïs et les chrétiens en Iran, par les bouddhistes, les chrétiens et les musulmans rohingyas en Birmanie, et par les adeptes de diverses religions en Chine, notamment au Tibet et au Xinjiang, doivent aussi être dénoncées. Il est inacceptable que le Gouvernement chinois maintienne en détention l'enfant désigné par le dalaï-lama comme le panchen-lama, un petit garçon qui n'a pas encore 10 ans.

50.   Les Etats-Unis craignent aussi qu'en Russie, la nouvelle loi sur la religion ne limite gravement la liberté des minorités religieuses. Les Etats-Unis partagent aussi les préoccupations que suscitent chez les citoyens américains musulmans la montée de l'intolérance à l'égard de l'islam dans certains secteurs de la société européenne. En revanche, ils ne sauraient tolérer que l'on invoque l'islam ou d'autres religions pour justifier d'atroces violations des droits de l'homme, comme le fait notamment le Groupe islamique armé en Algérie.

51.   La représentante des Etats-Unis considère que la Commission devrait examiner le rôle constructif que peuvent jouer les personnalités religieuses dans le règlement des conflits. Elle invite également la Commission à poursuivre ses travaux à partir des importantes études sur la liberté religieuse qui ont été établies à son intention. Enfin, elle demande instamment à la Haut-Commissaire aux droits de l'homme de veiller à ce que cette question continue de faire partie intégrante des programmes du Haut-Commissariat. A cet égard, elle demande que les rapporteurs spéciaux rencontrent les dirigeants des communautés religieuses et des organisations de défense des droits de l'homme dans les pays dont ils examinent la situation et incluent dans leurs rapports des informations sur la liberté religieuse dans ces pays.

52.   M. PACURETU (Observateur de la Roumanie) dit que la Déclaration de Vienne, qui s'inscrit dans le droit fil de la Déclaration universelle des droits de l'homme, réaffirme le principe fondamental selon lequel les Etats doivent assurer la même protection à tous les citoyens quelle que soit leur race, leur langue, leur religion ou leur origine. Les gouvernements et les personnes appartenant à des minorités nationales doivent conjuguer leurs efforts pour préserver la paix entre les ethnies.

53.   Le Gouvernement roumain considère également que les Etats sont tenus d'assurer la participation de tous les citoyens au progrès social et de protéger les droits des personnes appartenant à des minorités nationales, conformément aux normes et aux instruments internationaux pertinents, notamment les instruments élaborés par le Conseil de l'Europe. Les accords bilatéraux conclus entre un Etat où vit une minorité nationale et l'Etat d'où cette minorité est originaire, contribuent aussi à l'instauration d'un climat de confiance et permettent de prévenir les tensions.

54.   En Roumanie, l'Union démocratique des Hongrois, qui représente la minorité ethnique la plus importante du pays, présente ses propres candidats à des fonctions au sein du Gouvernement, de même qu'aux postes à pourvoir dans les préfectures et sous-préfectures. Des centaines de maires appartenant à ce parti ont été élus démocratiquement.

55.   Par ailleurs, la Constitution roumaine dispose que chaque minorité nationale doit avoir au moins un représentant au Parlement. Récemment, il a été créé un ministère de la protection des minorités nationales qui est chargé de veiller à l'application des lois relatives aux minorités. Tous ces mécanismes et institutions témoignent de l'importance que la Roumanie attache à la protection des droits des minorités nationales et à leur participation à tous les aspects de la vie sociale.

56.   M. ZERVAN (Observateur de la Slovaquie) dit que la République slovaque est fermement attachée à la protection des libertés et des droits fondamentaux de tous ses citoyens, y compris des droits spécifiques des personnes appartenant à des minorités nationales. C'est pourquoi la Slovaquie est partie à tous les principaux instruments internationaux relatifs aux droits de l'homme et aux droits des minorités, a adopté des dispositions législatives et pris des mesures pratiques pour rendre effectif l'exercice de ces droits et a incorporé les principes énoncés dans les instruments internationaux dans les traités bilatéraux qu'elle a conclus avec ses voisins.

57.   Le Gouvernement slovaque appuie les travaux du Groupe de travail sur les minorités et approuve sa proposition tendant à soumettre les Recommandations de La Haye concernant les droits des minorités nationales à l'éducation à l'examen des gouvernements, en vue de les rendre universellement applicables.

58.   Par ailleurs, la Slovaquie a été l'un des premiers Etats à ratifier la Convention-cadre pour la protection des minorités nationales élaborée par le Conseil de l'Europe et prépare actuellement son premier rapport sur la mise en oeuvre de cette convention.

59.   A l'invitation du Gouvernement slovaque, des représentants et des experts de la Commission européenne, du Conseil de l'Europe et du Bureau du Haut-Commissaire pour les minorités nationales de l'OSCE se sont rendus à Bratislava, les 9 et 10 mars 1998, pour aider la Slovaquie à évaluer sa législation interne concernant l'utilisation des langues minoritaires. Une deuxième réunion est prévue en avril 1998.

60.   En conclusion, la Slovaquie est fermement convaincue que la protection des droits des personnes appartenant à des minorités nationales contribue grandement à l'instauration du pluralisme culturel au niveau national et à l'enrichissement du patrimoine culturel mondial.

61.   M. HASSAINE (Observateur de l'Algérie) dit qu'en proclamant, en 1981, la Déclaration sur l'élimination de toutes les formes d'intolérances et de discrimination fondées sur la religion ou la conviction, l'Assemblée générale des Nations Unies entendait redonner à la religion sa place réelle dans la société humaine en permettant à chacun de vivre sa spiritualité librement et en harmonie avec les autres. Il conviendrait, dans cet esprit, de promouvoir

une culture de tolérance et de non-discrimination dans le cadre de la Décennie pour l'éducation aux droits de l'homme.

62.   Les guerres de religion ont constitué la forme la plus aiguë d'intolérance religieuse qu'ait connue l'humanité. Aujourd'hui, on assiste à la montée d'une forme nouvelle d'intolérance dirigée contre des peuples entiers : le terrorisme. Des groupuscules qui se croient investis d'une mission divine tentent d'imposer leur interprétation fallacieuse et anachronique des textes sacrés et se livrent à un terrorisme aveugle et barbare. Il est utile de rappeler à ce propos que l'extrémisme religieux a été largement entretenu, soutenu et manipulé par certains dans le cadre de l'affrontement Est-Ouest.

63.   Les Etats, l'Organisation des Nations Unies et la société civile doivent condamner clairement et sans équivoque l'extrémisme religieux qui menace la démocratie ainsi que la stabilité et la paix dans le monde. C'est donc à juste titre que le Rapporteur spécial sur l'intolérance religieuse recommande d'une part certaines initiatives, notamment des communications et des visites in situ, concernant la question de l'extrémisme religieux et, d'autre part, la définition et l'adoption par la communauté internationale d'un "minimum de règles et de principes communs de conduite et de comportement à l'égard de l'extrémisme religieux".

64.   M. TANDAR (Observateur de l'Afghanistan) rappelle que l'intolérance est étrangère à l'islam, que, selon le Coran, la vie a un caractère sacré, que l'éducation est une obligation religieuse pour chaque musulman et pour chaque musulmane et que l'extrémisme n'est pas compatible avec l'islam, religion "du juste milieu" qui rassemble des hommes et des femmes de toutes couleurs, de toutes langues, de toutes races et de tous continents autour d'un objectif commun.

65.   Les taliban défigurent l'islam. D'éminents savants musulmans et de prestigieux centres d'enseignement islamique à travers le monde condamnent leurs pratiques : lapidations en public, fermeture des établissements d'enseignement pour les femmes et les jeunes filles, interdiction faite aux femmes de se laver et de travailler, égorgement de condamnés à mort devant 35 000 spectateurs.

66.   Certains silences, certaines attitudes et certains propos complaisants à l'égard des taliban donnent à penser que ceux-ci sont les instruments d'une politique et d'un jeu qui se déroulent dans la région. A ceux qui se taisent devant la détresse d'un peuple et qui croient pouvoir composer avec la barbarie à la fin du XXe siècle, il n'est pas inutile de rappeler qu'un seul Munich suffit.

67.   La délégation de l'Etat islamique d'Afghanistan appelle la communauté internationale en général et les pays musulmans en particulier à condamner sans réserve l'insulte faite à l'islam par les taliban en Afghanistan et les terroristes en Algérie.

68.   M. GETAHUN (Observateur de l'Ethiopie), prenant tout d'abord la parole
au titre du point 11 de l'ordre du jour, dit que la délégation éthiopienne
partage la préoccupation des précédents intervenants face à l'augmentation
alarmante des atteintes aux droits fondamentaux des migrants, qu'il s'agisse
d'agressions racistes et xénophobes commises par des individus ou des groupes
isolés ou de mesures telles que rétentions administratives prolongées, déni
des voies de recours contre les décisions administratives, expulsions
sommaires ou procédures de reconduite appliquées dans des conditions
humiliantes. Ces problèmes appellent des mesures rapides et concertées. A cet
égard, la délégation éthiopienne accueille avec satisfaction le rapport du
Groupe intergouvernemental d'experts sur les droits de l'homme des migrants
(E/CN.4/1998/76). Les très nombreuses réponses au questionnaire élaboré par le
Groupe de travail ont permis à celui-ci d'entreprendre l'analyse des
différents problèmes rencontrés par les migrants.

69.   Tout en appréciant hautement l'efficacité dont a fait preuve le Groupe
de travail pour obtenir des informations par ses propres moyens, la délégation
éthiopienne partage l'avis exprimé par plusieurs participants qui, comme
indiqué au paragraphe 80 du rapport, considèrent que les activités du Groupe
de travail ne doivent pas faire double emploi avec celles des organisations
intergouvernementales compétentes, des institutions spécialisées ou des
organes créés par traité. Le Groupe de travail devrait au contraire tirer
parti des données déjà recueillies par ces organismes. La délégation
éthiopienne souscrit également à la proposition formulée au paragraphe 94 du
rapport de charger un organe permanent des Nations Unies de centraliser tous
les renseignements relatifs à la protection intégrale des droits des migrants.

70.   En ce qui concerne le point 16 de l'ordre du jour, la délégation
éthiopienne a accueilli avec satisfaction le rapport (E/CN.4/Sub.2/1997/18) du
Groupe de travail sur les minorités de la Sous-Commission, notamment la
recommandation formulée au paragraphe 108 concernant l'établissement d'un
manuel consacré à la Déclaration sur les droits des personnes appartenant à
des minorités nationales ou ethniques, religieuses et linguistiques, tâche que
le Groupe de travail est le mieux à même d'accomplir. Elle souscrit également
à la recommandation qui figure au paragraphe 109, concernant l'établissement
d'une base de données sur les bonnes pratiques et d'une autre sur les
mécanismes de recours nationaux, régionaux et internationaux. Là encore, il
revient au Groupe de travail de définir avec précision ce que recouvre
l'expression "meilleures pratiques". La délégation éthiopienne souligne
également l'importance de la recommandation formulée au paragraphe 112 du
rapport, tendant à ce que la Sous-Commission prie chacun des comités d'inclure
dans ses directives sur l'établissement des rapports destinées aux Etats
parties une demande d'information sur les droits liés aux minorités en rapport
avec le traité visé et d'accorder une attention particulière à la question du
statut des minorités lors de l'examen des rapports des Etats parties. Enfin,
le paragraphe 119 contient une autre recommandation cruciale, concernant la
nécessité pour les Nations Unies, en particulier l'UNICEF, l'UNESCO et
le PNUD, d'accroître considérablement les ressources prévues pour les projets
d'éducation multiculturelle et interculturelle.

71.   En dépit de la sensibilisation croissante aux problèmes rencontrés par les minorités, la discrimination, l'exclusion et les conflits perdurent. Puisque le Groupe de travail a été créé pour examiner ces questions et tenter d'y trouver des solutions, il conviendrait qu'il puisse tenir chaque année une session de cinq jours ouvrables, qui serait consacrée à l'examen de questions telles que l'indépendance culturelle des minorités, leur représentation dans les institutions publiques et la promotion de leurs droits. Par l'intermédiaire de la Sous-Commission, le Groupe de travail devrait également contribuer aux préparatifs de la Conférence mondiale sur le racisme, la discrimination raciale, la xénophobie et l'intolérance qui y est associée en élaborant des études sur des questions relevant de son mandat.

72.   L'Ethiopie compte plus de 70 groupes ethnolinguistiques. Il est écrit dans la Constitution éthiopienne de 1994 que chaque nation, nationalité et peuple a le droit d'utiliser sa propre langue, de promouvoir sa propre culture, de préserver ses acquis historiques et de bénéficier d'une certaine autonomie. Ces garanties constitutionnelles sont pleinement respectées en Ethiopie.

73.   M. COX (Alliance baptiste mondiale) dit que l'Alliance fédère 191 organisations baptistes représentant au total 100 millions de personnes dans le monde entier. Elle est dotée d'une commission des droits de l'homme qui se réunit chaque année pour tenter de remédier aux problèmes portés à sa connaissance par les différentes organisations affiliées. Chaque année, la commission finance une mission dans une région où elle estime que les droits fondamentaux des habitants, qu'ils appartiennent ou non à la communauté baptiste, sont bafoués. Les membres de ces missions s'efforcent toujours de rencontrer les représentants de l'ONU sur place.

74.   A l'heure actuelle, l'Alliance baptiste mondiale est particulièrement préoccupée par le fait que plusieurs Etats Membres de l'Organisation des Nations Unies ne reconnaissent toujours pas la liberté religieuse à l'ensemble de leur population. Dès sa création, à la fin du XVIe siècle, le mouvement baptiste a milité pour la séparation de l'Eglise et de l'Etat et la liberté de culte individuelle. Depuis quatre siècles, les baptistes veillent à promouvoir la liberté religieuse pour tous, et non pas simplement pour les chrétiens et encore moins pour les seuls baptistes. Ils sont en effet convaincus que la liberté religieuse, au sens de la Déclaration universelle des droits de l'homme, est un droit individuel inaliénable qui ne souffre ni limitation ni dérogation.

75.   L'Alliance baptiste mondiale s'alarme de la recrudescence des persécutions dans le monde et condamne tous les actes de violence commis au nom de la religion. Elle est également préoccupée par l'augmentation de la discrimination pratiquée par les Etats. Il convient de rappeler aux gouvernements qu'ils ont l'obligation de faire respecter la primauté du droit. L'Alliance baptiste mondiale lance un appel à la Commission pour qu'elle mette tout en oeuvre pour lutter contre toutes les formes d'injustice, notamment celle qui consiste à empêcher des croyants de pratiquer ouvertement leur foi.

76.   Mme CONNAUGHTON ESPINO (Ligue internationale des femmes pour la paix et
la liberté) fait observer que les migrations constituent un phénomène
complexe. Il convient d'en analyser les causes et d'étudier aussi les
obstacles qui empêchent les immigrés de jouir pleinement de leurs droits
fondamentaux. A l'heure actuelle, les migrations sont liées en grande partie à
la mondialisation, au rôle des sociétés transnationales et aux politiques
économiques néolibérales. Ainsi, nombre d'agriculteurs dépossédés de leurs
terres n'ont d'autre choix que d'émigrer pour subvenir aux besoins de leur
famille. Les pays d'origine et les pays d'accueil ont les uns et les autres
des responsabilités à cet égard et doivent s'interroger sur les conséquences
de certaines politiques économiques. La Ligue internationale des femmes pour
la paix et la liberté exhorte les pays d'origine à faire respecter le droit
qu'ont les citoyens de rester dans leur pays, et ce en protégeant leurs droits
fonciers et en veillant à ce que les compagnies étrangères respectent les
normes fixées par l'Organisation internationale du Travail. Elle demande aux
pays d'accueil de reconnaître leurs responsabilités dans le processus de
libéralisation économique et de ne plus tolérer que leurs compagnies
nationales bafouent les normes de l'OIT dans leurs filiales à l'étranger. Par
ailleurs, étant donné que les immigrés sont souvent victimes du racisme et de
la xénophobie, il importe que les pays d'accueil entreprennent des campagnes
d'information dans le cadre de la troisième Décennie de la lutte contre le
racisme et la discrimination raciale et que la question des migrations figure
en bonne place à l'ordre du jour de la Conférence mondiale sur le racisme. La
Ligue appelle en outre tous les Etats à ratifier d'urgence la Convention
internationale sur la protection des droits de tous les travailleurs migrants
et de leur famille, qui n'a encore été signée par aucun pays dit développé.

77.   Les migrations concernent particulièrement les femmes. Plus de la moitié
des migrants sont des femmes, qui sont victimes d'une double discrimination,
raciste et sexiste. Les travailleuses clandestines, qu'elles aient émigré de
leur plein gré ou qu'elles aient été victimes d'un trafic, sont
particulièrement exposées aux risques d'exploitation économique, psychologique
et sexuelle. A cet égard, la Ligue se félicite de la résolution 1997/13 de la
Commission concernant la violence contre les travailleuses migrantes,
notamment des dispositions qui ont trait aux mesures prévues pour sanctionner
les responsables et venir en aide aux victimes. Favorable au renouvellement du
mandat du Groupe intergouvernemental d'experts sur les droits de l'homme des
migrants, elle invite celui-ci à prendre en considération la situation des
migrantes dans tous ses travaux et à accorder une attention particulière à la
question des sans-papiers, sans oublier la lutte contre le racisme et la
xénophobie.

78.   M. PARADISO (Conférence asiatique des bouddhistes pour la paix) évoque
le sort des Mohajirs, au Pakistan. Les Mohajirs, qui possèdent une culture,
une langue et des valeurs propres, et qui représentent la cinquième
nationalité par ordre d'importance au Pakistan, n'ont jamais été reconnus
comme des citoyens pakistanais à part entière et font l'objet d'une
discrimination systématique, tacite ou officielle, dans tous les aspects de
la vie.

79.   La Conférence asiatique des bouddhistes pour la paix prie instamment la
Commission et les Etats membres de veiller à ce qu'une solution politique soit
recherchée afin d'améliorer le sort des Mohajirs qui vivent dans les localités
urbaines du Sind et à ce que les droits qui leur sont reconnus dans la
Constitution pakistanaise soient effectivement respectés. La coalition
actuelle entre la Ligue musulmane au pouvoir et le Mouvement Mohajir Qaumi
(MQM) en fournit justement l'occasion. Le Gouvernement doit faire la preuve de
sa sincérité et ne pas se servir de la coalition pour se maintenir en place.
Il doit avant tout mettre un terme aux atteintes commises contre les
travailleurs mohajirs en général et ceux du MQM en particulier.

80.   Par ailleurs, la Conférence asiatique des bouddhistes pour la paix
condamne l'attentat suicide commis contre l'un des lieux les plus saints du
bouddhisme, le temple de la Dent, à Kandy (Sri Lanka). La destruction de ce
site doit être condamnée à la fois parce qu'elle a fait plusieurs dizaines de
victimes et parce qu'elle constitue une atteinte à la conscience universelle.

Déclarations faites dans l'exercice du droit de réponse.

81.   M. HUU HAI (Observateur du Viet Nam), se référant à une intervention de
l'organisation non gouvernementale Pax Romana mettant en cause son pays, dit
qu'un groupe de personnes, qui refusent obstinément de voir la réalité et
l'évolution du Viet Nam, s'efforcent chaque année d'induire en erreur la
Commission. Leurs déclarations, ni objectives ni constructives, ne reflètent
guère une authentique préoccupation pour les droits de l'homme. La délégation
vietnamienne, qui a dû réfuter à maintes reprises ce type d'allégations,
estime approprié de mentionner l'avis exprimé par le Coordonnateur du Groupe
asiatique sur le point 3, tendant à ce que le secrétariat examine
préalablement les déclarations de ce genre en vue d'empêcher la participation
d'observateurs non autorisés et la répétition de discours obsolètes.

82.   M. IDRIS (Soudan), se référant à l'intervention du représentant de
l'Association internationale pour la liberté religieuse au titre du point 18,
fait observer ce qui suit :

83.   S'il est vrai que le fait de changer de religion était effectivement
qualifié de délit dans le Code pénal soudanais de 1983, il n'en est plus ainsi
dans le Code promulgué en 1991 par le présent Gouvernement. Le nouveau Code
sanctionne en revanche les manifestations qui portent atteinte à l'ordre
public, selon un principe universellement établi.

84.   En outre, la délégation soudanaise dément catégoriquement l'affirmation
selon laquelle le chef de la délégation soudanaise aurait déclaré devant le
Comité des droits de l'homme que le droit international devait être adapté à
la législation nationale. Ce que le représentant soudanais a déclaré à cette
occasion, c'est que le Soudan, en tant que signataire de la Convention de
Vienne sur le droit des traités, est tenu d'observer les traités auxquels il
était partie. Par ailleurs, le Pacte international relatif aux droits civils
et politiques stipule, au paragraphe 3 de l'article 18, que les Etats peuvent
imposer des restrictions prévues par la loi et qui sont nécessaires à la
protection de la sécurité, de l'ordre et de la santé publique, ou de la morale
et des libertés et droits fondamentaux d'autrui. Le Soudan n'a pas manqué à

ses obligations et le représentant de l'Association internationale pour la liberté religieuse est pour le moins mal informé de la situation dans ce pays.

85.   Quant aux allégations de la représentante des Etats-Unis d'Amérique, selon lesquelles la population non musulmane du sud du pays serait victime de persécutions, elles sont injustes et sans fondement. En effet, si les chrétiens et les animistes du sud étaient forcés de se convertir et étaient réduits à l'esclavage, comme le prétend la délégation américaine, on voit mal comment deux millions d'habitants du sud, fuyant les combats, se seraient rendus dans le nord.

        La séance est levée à 17 h 45.

                            - - - - -

NATIONS UNIES

E

Conseil Economique et Social

Distr.
GENERALE

E/CN.4/1998/SR.29
29 avril 1998

Original : FRANCAIS

COMMISSION DES DROITS DE L'HOMME

Cinquante-quatrième session

COMPTE RENDU ANALYTIQUE DE LA 29ème SEANCE

tenue au Palais des Nations, à Genève,
le jeudi 2 avril 1998, à 15 heures

<u>Président</u> : M. SELEBI (Afrique du Sud)
<u>puis</u> : M. CHOWDURY (Bangladesh)

SOMMAIRE

QUESTION DES DROITS DE L'HOMME DE TOUTES LES PERSONNES SOUMISES A UNE FORME
QUELCONQUE DE DETENTION OU D'EMPRISONNEMENT, EN PARTICULIER :

a)   TORTURE ET AUTRES PEINES OU TRAITEMENTS CRUELS, INHUMAINS OU DEGRADANTS;

b)   ETAT DE LA CONVENTION CONTRE LA TORTURE ET AUTRES PEINES OU TRAITEMENTS
       CRUELS, INHUMAINS OU DEGRADANTS;

c)   QUESTION DES DISPARITIONS FORCEES OU INVOLONTAIRES;

d)   QUESTION D'UN PROJET DE PROTOCOLE FACULTATIF SE RAPPORTANT A LA
       CONVENTION CONTRE LA TORTURE ET AUTRES PEINES OU TRAITEMENTS CRUELS,
       INHUMAINS OU DEGRADANTS (<u>suite</u>)

ELABORATION D'UNE DECLARATION SUR LE DROIT ET LA RESPONSABILITE DES INDIVIDUS,
GROUPES ET ORGANES DE LA SOCIETE DE PROMOUVOIR ET DE PROTEGER LES DROITS DE
L'HOMME ET LES LIBERTES FONDAMENTALES UNIVERSELLEMENT RECONNUS

GE.98-11749   (F)

<u>La séance est ouverte à 15 heures</u>.

QUESTION DES DROITS DE L'HOMME DE TOUTES LES PERSONNES SOUMISES A UNE FORME QUELCONQUE DE DETENTION OU D'EMPRISONNEMENT, EN PARTICULIER :

a)   TORTURE ET AUTRES PEINES OU TRAITEMENTS CRUELS, INHUMAINS OU DEGRADANTS;

b)   ETAT DE LA CONVENTION CONTRE LA TORTURE ET AUTRES PEINES OU TRAITEMENTS CRUELS, INHUMAINS OU DEGRADANTS;

c)   QUESTION DES DISPARITIONS FORCEES OU INVOLONTAIRES;

d)   QUESTION D'UN PROJET DE PROTOCOLE FACULTATIF SE RAPPORTANT A LA CONVENTION CONTRE LA TORTURE ET AUTRES PEINES OU TRAITEMENTS CRUELS, INHUMAINS OU DEGRADANTS (point 8 de l'ordre du jour) (<u>suite</u>) (E/CN.4/1998/5, 32 à 35, 36/Rev.1, 37 et Add.1, 38 et Add.1 et 2, 39 et Add.1 et Add.3 à 5, 40 et Add.1 et 2, 41 à 43, 44 et Add.1 et 2, 111, 129 et 139; E/CN.4/1998/NGO/82 et 99; A/52/387)

1.   <u>M. BHAT</u> (Institut international de la paix) fait observer que les détentions arbitraires et la torture peuvent être aussi le fait de groupes non gouvernementaux, qu'ils agissent de leur propre initiative ou avec la complicité d'Etats. La communauté pandit du Cachemire, à laquelle il appartient, est confrontée à ce type de violations des droits de l'homme depuis le début des années 90. Quelque 1 500 intellectuels pandits ont été exécutés et les cas de détention illégale, d'enlèvement, de torture et d'assassinat se sont multipliés. Par exemple, dans la nuit du 25 au 26 janvier 1997, une vingtaine d'hommes équipés d'armes automatiques ont assiégé trois heures durant un village situé non loin de Srinagar. Puis, visiblement sur ordre émanant de l'étranger, ils ont exécuté 23 Pandits, dont neuf femmes et quatre enfants, y compris un bébé de 13 mois. Cet incident n'est qu'un épisode d'une longue série d'atrocités commises depuis plus de sept ans au Cachemire. Des musulmans et des touristes étrangers comptent aussi parmi les victimes. Il n'est un secret pour personne que ces actes inhumains font partie d'un plan d'épuration ethnoreligieuse systématique exécuté par des terroristes et des mercenaires envoyés de l'étranger. Le chef de l'organisation Harkat-Ul-Ansar, basée au Pakistan et classée parmi les groupes terroristes par le Département d'Etat américain, a déclaré que son organisation menait une guerre sainte au Cachemire.

2.   La communauté pandit attend de la Commission qu'elle condamne les atrocités commises au Cachemire et qu'elle demande au Rapporteur spécial sur la torture de se rendre sur place afin d'enquêter sur les traitements pour le moins cruels, inhumains et dégradants dont elle fait l'objet.

3.   <u>Mme SLESZYNSKA</u> (Internationale démocrate chrétienne) appelle une nouvelle fois l'attention de la Commission sur le sort des milliers de réfugiés qui ont quitté Cuba par le port de Mariel en 1980. Certains ont été placés arbitrairement en détention à leur arrivée aux Etats-Unis pour de prétendus délits commis à Cuba, d'autres, ayant commis une infraction aux Etats-Unis, sont retenus de manière injustifiée par le Service de l'immigration et des naturalisations à leur sortie de prison. Selon le rapport du Groupe de travail sur la détention arbitraire (E/CN.4/1998/44/Add.1)

des réfugiés cubains, comme Félix Gómez, Angel Benito et Cándido Rodríguez Sánchez, ont déjà passé plus de dix ans en détention sans inculpation ni jugement. Le Groupe de travail a estimé que la privation de liberté de ces personnes pour une durée indéfinie était arbitraire car contraire aux articles 9 et 10 de la Déclaration universelle des droits de l'homme et aux articles 9 et 14 du Pacte international relatif aux droits civils et politiques et a demandé au Gouvernement des Etats-Unis d'Amérique de prendre les mesures nécessaires pour remédier à la situation. Fin 1997, on comptait encore près d'un millier de réfugiés cubains de Mariel incarcérés aux Etats-Unis, en contravention d'un arrêt de la Cour d'appel du neuvième district affirmant que tout étranger, même expulsable, a droit à un procès équitable et ne peut être maintenu en détention sans jugement pendant une longue période. A cette détention arbitraire s'ajoutent des traitements cruels, inhumains et dégradants, dénoncés en vain par les réfugiés cubains de Mariel et les membres de leur famille devant les autorités carcérales et le Congrès américain. L'Internationale démocrate chrétienne espère que des mesures seront prises pour remédier enfin à cette situation.

4.   M. KENNY (International Treaty Four Secretariat) demande tout d'abord à la Commission de prendre des mesures afin qu'une enquête indépendante soit réalisée sur l'incident survenu le 20 juin 1978, au cours duquel le dénommé Orval Bear avait été grièvement blessé et sa femme Sandra, alors enceinte, avait perdu son enfant en raison des brutalités et de l'irresponsabilité de membres de la Police montée canadienne. En effet, depuis cette époque, Orval Bear ne parvient pas à obtenir justice et continue à être harcelé, bien qu'au cours du procès les policiers en question aient déclaré sous serment que leur intention était de le tuer.

5.   M. Kenny appelle ensuite l'attention de la Commission sur l'attitude du Gouvernement canadien à l'égard des autochtones en ce qui concerne l'indemnisation des victimes des exactions commises dans le cadre du système des "écoles résidentielles". En janvier 1998, le Gouvernement fédéral a admis sa responsabilité dans cette affaire par la voix du Ministre des affaires indiennes, qui a déclaré que cette institution avait eu pour effet de couper de nombreux enfants de leur famille, de leur langue, de leur patrimoine et de leur culture et qu'elle avait laissé des cicatrices encore vives dans certaines communautés. Il a reconnu par ailleurs que des enfants avaient été victimes de mauvais traitements et de sévices sexuels. L'indemnisation proposée aux victimes est dérisoire compte tenu du nombre d'affaires qui surgissent. En outre, le Gouvernement fédéral a, par l'intermédiaire de son département juridique, adressé aux familles qui ont refusé cette transaction honteuse une lettre qui n'a fait qu'ajouter à l'indécence de son offre. Il lui est donc demandé de revoir sa position et de tenter de remédier à cette situation par le dialogue.

6.   M. ULMER (Lawyers Committee for Human Rights) indique que son organisation travaille depuis le début des années 90 en Irlande du Nord, où elle suit avec une attention particulière la situation des avocats. A ce titre, elle souscrit pleinement aux conclusions et recommandations qui figurent dans le rapport (E/CN.4/1998/39/Add.4) établi par le Rapporteur spécial sur l'indépendance des juges et des avocats, M. Param Cumaraswamy, notamment en ce qui concerne les questions en suspens liées à l'assassinat de l'avocat Patrick Finucane. Comme le fait observer le Rapporteur spécial, tant

que ce meurtre n'aura pas été élucidé, nombreux sont ceux qui continueront à douter de la capacité de l'Etat d'administrer la justice de manière objective et équitable. D'aucuns prétendent que le respect des droits de l'homme en Irlande du Nord dépend de la résolution de l'impasse politique. Le Lawyers Committee estime au contraire que les parties ne pourront faire des concessions politiques que lorsqu'elles seront assurées que leurs droits fondamentaux seront respectés.

7.   A cet égard, la Commission des droits de l'homme devrait encourager le Gouvernement britannique à poursuivre l'action qu'il a engagée en confiant à un Collège de trois juges le soin de faire la lumière sur le dimanche sanglant de Londonderry en janvier 1972, afin de tenter d'élucider toutes les affaires en suspens, et notamment le meurtre de Patrick Finucane. Il devrait par ailleurs songer à abroger la législation d'exception, dont l'application n'a fait que contribuer aux violations graves des droits de l'homme et à l'exacerbation du conflit. Les procédures spéciales applicables lors de procès de personnes accusées d'atteinte à la sûreté ne sont pas conformes aux normes internationales. D'autre part, alors que le Gouvernement britannique s'apprête à incorporer dans la législation interne les dispositions de la Convention européenne des droits de l'homme, il devrait à la fois lever sa réserve à l'article 5 (3) de cet instrument et se conformer à l'arrêt rendu dans l'affaire Murray en 1996 par la Cour européenne de justice qui a estimé que la privation du droit de garder le silence et les restrictions d'accès à un conseil violaient le droit à un procès équitable. Enfin, le Gouvernement britannique devrait ouvrir un dialogue aussi large que possible avec la société civile en vue de l'élaboration d'une déclaration des droits pour l'Irlande du Nord, en faisant également appel à des experts internationaux.

8.   M. GALNARES (Fédération internationale de l'action des chrétiens pour l'abolition de la torture - FIACAT), intervenant au nom de son organisation et de 48 organisations mexicaines, dénonce l'utilisation de la torture au Mexique comme méthode d'investigation par la police judiciaire et comme instrument de répression politique par les forces armées. L'impunité dont jouissent les responsables est l'un des aspects les plus préoccupants de ce phénomène. Les victimes de mauvais traitements ont généralement peur de porter plainte compte tenu des liens étroits qui unissent le ministère public et la police judiciaire. En outre, les dénonciations effectives sont rarement suivies d'effets. Ainsi, sur les 1 200 plaintes reçues par la Commission nationale des droits de l'homme, une cinquantaine seulement ont donné lieu à une procédure judiciaire. A partir de 1996, la torture est devenue systématique, principalement dans les Etats de Guerrero, de Oaxaca et du Chiapas, dans le cadre des opérations visant à éliminer les membres supposés de l'Armée populaire révolutionnaire (EPR). Malheureusement, dans le système judiciaire mexicain, les aveux extorqués sous la torture ont valeur de preuve, même en cas de rétractation ultérieure.

9.   En conséquence, la FIACAT demande qu'il soit mis fin à la pratique des arrestations sans mandat et de la torture pour obtenir des aveux, que les premières déclarations des personnes arrêtées ne soient plus invoquées comme élément de preuve et que le Congrès de l'Union autorise les commissions publiques des droits de l'homme à intenter des actions pénales contre les auteurs de violations graves des droits de l'homme. Par ailleurs, le Gouvernement doit observer scrupuleusement toutes les recommandations figurant

dans le rapport (E/CN.4/1998/38/Add.2) du Rapporteur spécial contre la torture et reconnaître la compétence du Comité contre la torture pour examiner des communications présentées par des particuliers. Enfin, il serait souhaitable que le Gouvernement mexicain participe à l'élaboration du projet de protocole facultatif à la Convention contre la torture qui permettrait aux membres du Comité de se rendre périodiquement dans les centres de détention.

10.   M. LEWIS (Fonds des Nations Unies pour l'enfance - UNICEF) dit que les enfants sont souvent oubliés dans les délibérations sur les violations des droits de l'homme. C'est pourquoi il rappelle à la Commission que les enlèvements systématiques d'enfants perpétrés par l'Armée de résistance (Lord's Resistance Army - LRA) dans le nord de l'Ouganda constituent un phénomène sans équivalent au monde. Certes, les enfants sont souvent entraînés dans les conflits, mais ce qui distingue la situation en vigueur dans le nord de l'Ouganda, c'est que les enfants sont délibérément pris pour cibles. En quatre à cinq ans, entre 6 et 8 000 enfants auraient ainsi été enlevés. La moitié ont pu rentrer chez eux; tous montrent des cicatrices physiques et émotionnelles irréversibles. Selon leurs récits, un quart des enfants disparus seraient encore en captivité alors que les autres seraient morts. Si le monde doit un jour s'unir pour mettre un terme à une ignominie, c'est bien à cette guerre insensée contre les enfants.

11.   Avec le concours du HCR et du Gouvernement soudanais, l'UNICEF a pu récemment rapatrier vers l'Ouganda 14 enfants et 3 adultes ainsi enlevés par la LRA, qui avaient pu s'enfuir au Soudan, et espère pouvoir faire de même avec les 2 000 enfants qui seraient encore aux mains de l'Armée de résistance. Le Fonds des Nations Unies pour l'enfance lance un appel à la communauté internationale, par l'intermédiaire de la Commission des droits de l'homme, pour qu'elle fasse le nécessaire pour que la campagne de terreur orchestrée par l'Armée de résistance cesse, faute de quoi de nombreux enfants du nord de l'Ouganda ne verront jamais le cinquante et unième anniversaire de la Déclaration universelle des droits de l'homme.

12.   Mme RISHMAWI (Commission internationale de juristes - CIJ) accueille avec satisfaction, au nom de la CIJ, le rapport (E/CN.4/1998/39) du Rapporteur spécial sur l'indépendance des juges et des avocats et partage les conclusions formulées par celui-ci dans les trois additifs rendant compte des missions qu'il a effectuées en Belgique, au Pérou et en Irlande du Nord. La CIJ regrette que le rapport du Rapporteur spécial sur la Colombie n'ait toujours pas été publié. Elle a pour sa part réuni une documentation sur 19 juristes ayant fait l'objet de harcèlement dans ce pays en 1997 et considère que l'impunité accordée aux responsables de violations des droits de l'homme nuit au système judiciaire. La CIJ est particulièrement préoccupée par la situation en Turquie, où les avocats sont dissuadés de défendre des causes mal vues par le Gouvernement sous peine d'arrestation ou de fermeture de leur cabinet. Elle suit 44 affaires dans ce pays, dont celle des 16 avocats de Diyarbakir poursuivis en justice.

13.   Au Nigéria, le Gouvernement continue à s'appuyer sur des tribunaux militaires qui agissent en dehors du cadre constitutionnel et sur divers décrets bloquant les voies de recours. En outre, il refuse souvent de se conformer aux décisions de justice. En ce qui concerne le Myanmar, la CIJ a réuni des informations sur au moins 47 avocats qui se sont vu retirer leur

licence pour leur participation supposée à des activités politiques. En outre, un avocat est décédé en détention et 53 autres sont toujours derrière les barreaux. Enfin, la CIJ est vivement préoccupée par la remise en cause permanente par la Malaisie de l'immunité des rapporteurs spéciaux des Nations Unies, comme en témoigne la procédure civile intentée devant un tribunal malaisien contre le Rapporteur spécial sur l'indépendance des juges et des avocats. Il convient de saisir sans tarder la Cour internationale de Justice de cette affaire, comme le prévoit la Convention sur les privilèges et immunités des Nations Unies.

14.   M. Chowdury (Bangladesh) prend la présidence.

15.   Mme GOMEZ (Mouvement indien "Tupaj Amaru") dit que dans son rapport (E/CN.4/1998/38), le Rapporteur spécial sur la torture relève que le Comité des droits de l'homme a déploré le fait qu'il continue de se produire en Colombie des violations massives et flagrantes des droits de l'homme ... en particulier la torture et les autres traitements dégradants (par. 82). Par exemple, tous ceux qui formulent des revendications sociales justifiées font l'objet de mesures de répression. Actuellement, 20 travailleurs de l'entreprise d'Etat Ecopetrol, dont M. Jorge Carrillo, sont en prison depuis 16 mois. Leurs défenseurs, en particulier M. Eduardo Umaña Mendoza, sont constamment menacés et harcelés. La Colombie compte plus de 2 000 prisonniers politiques, parmi lesquels figurent Nelson Campos et José Antonio Lopez Bula, tous deux membres de l'Union patriotique. L'avocat du second, Jesús María Valle Jarramillo, a été assassiné à Medellin un mois auparavant. En outre, les conditions de détention dans les prisons colombiennes sont si déplorables qu'il y a eu 50 mutineries pendant la seule année 1997. Le Mouvement indien Tupaj Amaru demande à la Commission de lancer un appel au Gouvernement colombien pour qu'il respecte la légalité, les droits de la défense et le principe de la présomption d'innocence et supprime la justice régionale ou sans visage.

16.   Au Pérou, les conditions de détention des 23 000 personnes incarcérées, dont 5 000 prisonniers politiques, sont également déplorables. La visite effectuée en janvier dernier par le Groupe de travail sur la détention arbitraire dans certaines prisons du pays permet d'espérer que ces conditions seront améliorées. Toutefois, des personnes détenues à la prison de Canto Grande ont été transférées arbitrairement à la prison de Yana Mayo parce qu'elles avaient protesté pacifiquement contre le fait qu'elles n'avaient pu rencontrer des membres du Groupe de travail. Or cette prison, située à 4 000 m d'altitude, est un véritable mouroir. Dans son rapport sur la mission qu'il avait effectuée au Pérou en septembre 1996 (E/CN.4/1998/39/Add.1), le Rapporteur spécial sur l'indépendance des juges et des avocats demandait instamment aux pouvoirs publics de donner aux avocats les garanties nécessaires pour leur permettre d'exercer leurs fonctions à l'abri de tout acte d'intimidation ou de harcèlement et de toute menace. Il exhortait également le Gouvernement à se garder d'assimiler les avocats à la cause de leurs clients (par. 145). Or à ce jour, plusieurs avocats qui ont défendu des prisonniers politiques sont encore en prison.

17.   En Bolivie, enfin, la situation des détenus est dramatique. Plus de 5 000 d'entre eux, pour la plupart des autochtones producteurs de coca accusés

de trafic de drogue, vivent avec leurs enfants dans les centres pénitentiaires dans des conditions dégradantes.

18.   Le Mouvement indien Tupaj Amaru demande à la Commission de désigner un rapporteur spécial permanent et d'exiger des pays susmentionnés qu'ils appliquent les recommandations des rapporteurs spéciaux afin qu'il soit mis fin aux détentions arbitraires et à la torture et que les garanties d'une procédure régulière soient respectées.

19.   M. SAFA (Organisation internationale pour l'élimination de toutes les formes de discrimination raciale - EAFORD) attire l'attention de la Commission sur le sort tragique des Libanais et des Arabes détenus dans des prisons israéliennes. Dans le centre de détention de Khiam, 160 Libanais, dont 15 enfants, sont détenus sans inculpation ni jugement et sont totalement coupés du monde depuis octobre 1997. A la prison de Kishon, Ibrahim Iskandar Abu Zaïd, Boulus Abu Zaïd et Ivon Sweidi, kidnappés le 22 novembre 1997, par les forces israéliennes dans la région de Jezzin ont été torturés. Environ 70 personnes détenues dans ces prisons sont gravement malades et devraient être transférées d'urgence dans des hôpitaux. C'est le cas notamment de Lafi Al Masri, Suleiman Ramadan, Ali Hijazi et Huda Asad-Allah Hmadeh.

20.   Une cinquantaine de Libanais sont détenus dans des prisons situées en territoire israélien. Certains n'ont jamais été jugés et d'autres ont fini de purger leur peine il y a déjà 10 ans. Le 4 mars 1998, la Haute Cour de justice d'Israël a déclaré que les détenus libanais étaient considérés comme des otages en vue d'une négociation. Ces détenus sont donc tout simplement considérés par Israël comme une monnaie d'échange. Cette situation est absolument scandaleuse au regard du droit international.

21.   L'EAFORD demande à la Commission, au nom de l'Organisation arabe des droits de l'homme, de condamner la décision de la Haute Cour de justice d'Israël concernant les détenus libanais, de demander à Israël de libérer immédiatement ces détenus, d'autoriser les parents des détenus originaires de pays arabes à rendre visite à ces derniers sous la supervision du CICR, de libérer tous les malades et toutes les personnes placées en détention administrative, d'autoriser les visites du CICR, des organisations humanitaires ainsi que des familles aux détenus du centre de détention de Khiam, et d'inviter les organisations de défense des droits de l'homme à faire des inspections dans ce centre et d'autres centres de détention israéliens. L'ONU devrait également dépêcher une commission internationale d'enquête dans le centre de détention de Khiam pour déterminer les causes du décès de certains détenus.

22.   Mme BAUTISTA (Fédération latino-américaine des associations des familles de détenus-disparus - FEDEFAM) dit qu'au Mexique, comme le relève le Groupe de travail sur les disparitions forcées ou involontaires dans son rapport (E/CN.4/1998/43), l'impunité totale dont jouissent les auteurs de disparitions forcées a favorisé la réapparition de ce phénomène. Non seulement la plupart des cas de disparitions forcées n'ont pas été élucidés, mais les familles des disparus ont fait l'objet de mesures de harcèlement.

23.   La situation est la même dans d'autres pays. En Colombie, les locaux de l'Association des familles de disparus, l'ASFADDES, ont été la cible

d'un attentat qui a totalement détruit les archives et les installations.
En Argentine, les archives de l'Association des familles de détenus et de
disparus de Buenos Aires ont été volées, y compris les disques durs des
ordinateurs qui contenaient de précieuses informations sur les affaires liées
à la dictature instruites en Espagne par le juge Baltazar Garzon.
L'intervenante a elle-même été contrainte de quitter la Colombie avec sa
famille, en raison des menaces dont elle était constamment l'objet. Elle
demande que l'affaire de la disparition de sa soeur soit jugée non pas par une
juridiction militaire, mais par une juridiction civile, étant donné que
d'après la Cour constitutionnelle, les disparitions forcées ne sauraient être
considérées comme un acte commis pendant le service.

24.   Pour conclure, la représentante de la FEDEFAM dit qu'il faut renforcer
l'indépendance du pouvoir judiciaire, conformément aux recommandations qui
figurent dans la Déclaration et le Programme d'action de Vienne, afin que
soient traduits en justice les auteurs de crimes atroces, tels que les
disparitions forcées.

25.   M. BHAN (Fondation de recherches et d'études culturelles himalayennes)
dit que les droits de l'homme fondamentaux sont gravement menacés lorsqu'un
Etat encourage et soutient les activités terroristes et les prises d'otages.
C'est pourquoi la communauté internationale devrait demander des comptes au
pays qui a autorisé le groupe terroriste, Harakatul Ansar, alias Al Faran, à
lancer des opérations terroristes à partir de son territoire. C'est en effet
ce groupe qui a pris en otages cinq Européens au Cachemire, et en a assassiné
un, M. Hans Christian Ostro, en 1995. Plus récemment, en janvier 1998,
23 Cachemiris appartenant à la communauté pandit, dont 9 femmes et 6 enfants,
ont été sauvagement assassinés par les terroristes. Au Cachemire, la
population aspire à la paix et à la démocratie, mais les terroristes font
régner la terreur et empêchent la population de jouir de ses droits et de
participer aux efforts de paix.

26.   La Fondation de recherches et d'études culturelles himalayennes demande
instamment à la Commission de prier l'Assemblée générale et le Conseil de
sécurité de prendre des mesures énergiques à l'encontre des pays qui
soutiennent les mercenaires et les organisations terroristes. Il en va du
respect des droits de populations innocentes menacées par des terroristes et
des groupes armés.

27.   Mme ARIF (Société mondiale de victimologie) dit qu'en Inde, un pays qui
a ratifié à la fois le Pacte international relatif aux droits civils et
politiques et la Convention contre la torture, la torture est pratiquée à
grande échelle par des agents de l'Etat, notamment dans le Jammu-et-Cachemire
occupé, au Pendjab et dans les Etats du nord-est. Amnesty International, Human
Rights Watch, le Département d'Etat américain, le Rapporteur spécial sur la
torture et même deux missions d'enquête indiennes s'accordent pour dire qu'au
Jammu-et-Cachemire en particulier, la torture est plutôt la règle que
l'exception et que le viol est devenu un instrument de répression pour les
forces d'occupation indiennes. Ainsi, des organisations de défense des droits
de l'homme ont fait état du viol, par des soldats du treizième Régiment
d'infanterie du Rajasthan, dans la nuit du 22 avril 1997 d'une femme de 32 ans
dans le village de Wawoosa et de ses quatre filles âgées respectivement de 12,
14, 16 et 18 ans. Les forces d'occupation indiennes ont constitué une armée

secrète de "Sarkari" (éléments pro-indiens) qui assassinent, pillent et torturent en toute liberté.

28.   La Société mondiale de victimologie demande que les rapporteurs spéciaux de la Commission sur la torture et sur les exécutions extrajudiciaires ainsi que les ONG internationales de défense des droits de l'homme se rendent dans le Cachemire occupé, et que les victimes d'actes de torture et leur famille reçoivent une aide financière du Fonds de contributions volontaires des Nations Unies pour les victimes de la torture.

29.   M. SIDI EL MUSTAPHA (Fédération mondiale de la jeunesse démocratique) dit qu'il a été arrêté à Smara, en octobre 1992, alors qu'il manifestait pacifiquement, en compagnie d'autres Sahraouis, contre l'occupation marocaine et en faveur de l'organisation d'un référendum libre au Sahara occidental. De nombreux manifestants, dont une majorité de femmes, notamment Soukheina Jadd-Ahlou, ont été blessés par des forces de l'ordre. Des dizaines de personnes ont été arrêtées et torturées.

30.   Pour sa part, l'orateur a subi toutes sortes de tortures physiques et psychiques, notamment au centre de détention secret d'El Ayoun. Il a été condamné, à huis clos, par le tribunal militaire de Rabat pour atteintes à la "sûreté extérieure" de l'Etat puis incarcéré dans une prison militaire à Bensergaou. C'est là que pour la première fois, une délégation du CICR a pu lui rendre visite. Il a été libéré le 2 mai 1996 grâce à une action menée par Amnesty International mais a été placé en résidence surveillée. C'est pourquoi il a décidé de fuir son pays.

31.   En conclusion, l'intervenant dit que le peuple sahraoui attend avec un grand espoir la tenue du référendum d'autodétermination et espère que la communauté internationale ne restera pas indifférente aux graves violations des droits de l'homme que les autorités d'occupation continuent de perpétrer contre le peuple sahraoui et fera la lumière sur la disparition des centaines de disparus sahraouis.

32.   Mme ABEYESEKERA (Ligue internationale des femmes pour la paix et la liberté) fait observer que, d'après le rapport du Groupe de travail sur les disparitions forcées ou involontaires (E/CN.4/1998/43), c'est à Sri Lanka que le plus grand nombre de disparitions ont été signalées en 1997. En outre, les responsables de ces disparitions dénoncés devant les commissions présidentielles chargées d'enquêter sur d'anciens cas allégués de disparition n'ont pas été poursuivis. Pire encore, des membres des forces de sécurité sri-lankaises impliqués dans diverses affaires d'enlèvement, d'assassinat, de disparition et de torture ont été acquittés ou remis en liberté.

33.   Outre les cas de viol mentionnés par le Rapporteur spécial sur la torture dans son rapport (E/CN.4/1998/38/Add.1, par. 393 à 395), plusieurs autres cas de viol commis par des membres des forces armées ont été signalés au cours des derniers mois. Dans deux de ces affaires, les soldats responsables ont été emprisonnés mais dans les autres cas aucune plainte n'a été déposée en raison des menaces dont la victime et les témoins ont été l'objet. En mars 1998, deux des principaux accusés dans une affaire importante ont réussi à s'échapper du palais de justice, à Colombo, dans des circonstances suspectes.

34.   Au Soudan, de très nombreuses disparitions ont été signalées dans le sud
du pays et dans les montagnes de Nubie. Par ailleurs, les commissions
spéciales d'enquête créées par le Gouvernement soudanais n'ont fourni aucune
information appropriée concernant ces allégations et n'ont pas accordé
réparation aux membres des familles des personnes disparues. En décembre 1997,
des organisations de défense des droits des femmes du monde entier ont
protesté auprès du Gouvernement soudanais parce qu'une cinquantaine de femmes
soudanaises qui manifestaient pacifiquement contre la conscription obligatoire
avaient été battues et emprisonnées. Trente-quatre d'entre elles auraient été
flagellées en prison. Le Gouvernement soudanais n'a rien fait pour enquêter
sur cet incident ou dédommager les victimes.

35.   La Ligue internationale des femmes pour la paix et la liberté demande à
la Commission de condamner fermement le recours au viol et à la violence
sexuelle contre les femmes par les membres des forces armées et des forces de
sécurité et d'examiner la question de l'impunité des membres des forces de
sécurité coupables de violations des droits de l'homme à Sri Lanka et au
Soudan. En effet, seule la condamnation des auteurs de violations des droits
de l'homme peut dissuader d'autres personnes de commettre de tels actes.

36.   Mme LITTLE (Commission andine de juristes) dit que la Commission andine
de juristes, soucieuse de faciliter la réforme de la justice dans les pays
andins, a lancé un programme intitulé "Réseau d'informations judiciaires
andines", qui permet de connecter entre elles, par des moyens électroniques,
les branches judiciaires des six pays de la région andine. Ce réseau permettra
de renforcer la coopération en matière judiciaire et de connaître l'état de la
justice et des réformes en cours dans ces pays. Malgré les quelques progrès
réalisés, la population reste méfiante à l'égard de la justice, notamment en
raison de la lenteur des procédures, de l'absence d'indépendance et de la
corruption. C'est pourquoi la Commission andine de juristes insiste sur la
nécessité d'assurer l'indépendance des juges.

37.   La Commission andine de juristes se félicite de la mission que le Groupe
de travail sur la détention arbitraire a effectuée récemment au Pérou, où la
commission ad hoc, composée du Défenseur du peuple, du Ministre de la justice
et du représentant de la Présidence de la République, a réussi à faire libérer
360 personnes injustement détenues. Il s'agit là d'un début encourageant.
Il faut également souligner qu'il n'y aura plus de juge sans visage dans les
juridictions ordinaires.

38.   En Colombie, la création d'une justice régionale avec des tribunaux où
siègent des juges sans visage est en contradiction avec l'article 14 du Pacte
international relatif aux droits civils et politiques. C'est pourquoi il faut
continuer à encourager les efforts déployés dans la région pour réformer le
système judiciaire et mieux garantir ainsi les droits de l'homme.

39.   M. MARENDAZ (Pax Christi International) signale qu'en Turquie la
situation des droits de l'homme ne s'est pas améliorée au cours de l'année
écoulée : les prisonniers politiques sont toujours très nombreux, les
conditions de détention sont lamentables, la torture est endémique et les
disparitions forcées sont nombreuses au Kurdistan turc. Enfin, le nouveau Code
pénal prévoit de nouvelles restrictions à la liberté d'expression.

40.   En ce qui concerne le processus de paix israélo-palestinien, il est
évident que le respect des droits de l'homme par les deux parties en est un
élément central. Le maintien en détention de quelque 3 500 prisonniers
palestiniens dans les prisons israéliennes constitue une violation de la
quatrième Convention de Genève et des Accords d'Oslo. Par ailleurs,
Pax Christi International est particulièrement préoccupée par la légalisation
de l'usage de "pressions physiques modérées", qui constitue en fait une
légalisation de la torture, à l'encontre des détenus palestiniens soupçonnés
de terrorisme.

41.   Pax Christi International est aussi très préoccupée par la pratique, en
Iran, de la lapidation, peine cruelle et inhumaine qui est infligée notamment
aux femmes soupçonnées d'adultère. Une jeune Iranienne, Zoleykkah Kadkhoda,
qui a survécu à cet horrible châtiment risque d'y être soumise de nouveau.
Pax Christi International est également consternée par la condamnation à mort
par lapidation d'un citoyen allemand, Helmut Hofer, accusé d'avoir eu des
relations sexuelles avec une Iranienne célibataire. Pax Christi engage la
Commission à tenir compte de ces éléments dans la résolution qu'elle adoptera
à propos de l'Iran.

42.   Au Timor oriental, la situation des droits de l'homme continue de se
détériorer. Pax Christi est convaincue que les violations des droits de
l'homme dureront tant que le droit des Timorais à l'autodétermination ne sera
pas reconnu par l'Indonésie.

43.   Au Sahara occidental, les arrestations arbitraires, la torture, les
déportations et les disparitions forcées sont encore largement pratiquées par
les forces marocaines. Par exemple, le 24 février 1998, une vingtaine de
manifestants pacifiques ont été arrêtés et sont aujourd'hui portés disparus.
Pax Christi International demande leur libération ainsi que celle de
Mohammed Daddach qui a déjà passé plus de 20 ans dans les prisons marocaines.
Pax Christi s'associe également aux familles des disparus sahraouis qui
réclament justice depuis de très nombreuses années.

44.   Au Kosovo, des Albanais de souche sont victimes de discrimination,
notamment dans le domaine judiciaire. Les droits de la défense sont bafoués
et la torture est utilisée pour extorquer des aveux. La République fédérale
de Yougoslavie doit mettre fin à la répression et ouvrir une discussion
franche pour résoudre ce problème qui risque d'enflammer toute la région.

<u>Déclarations dans l'exercice du droit de réponse</u>

45.   <u>M. EL HAJJAJI</u> (Observateur de la Jamahiriya arabe libyenne), répondant
à l'Organisation arabe des droits de l'homme au sujet de la disparition de
M. Mansour al-Kikhia, précise que celui-ci a été non seulement Ministre libyen
des affaires étrangères mais aussi Représentant permanent de la Libye auprès
de l'Organisation des Nations Unies à New York, et a occupé de nombreux postes
importants dans son pays. M. al-Kikhia n'a jamais été un opposant au
Gouvernement libyen même s'il avait parfois des opinions différentes de celles
de ce dernier. Lui et sa famille n'ont jamais été coupés de leur pays. Après
la disparition de M. al-Kikhia, son épouse a bénéficié de toute la coopération
voulue de la part des fonctionnaires libyens et elle les en a personnellement
remerciés. Contrairement à ce qu'a dit l'Organisation arabe des droits de

l'homme, les autorités libyennes ont tout fait pour retrouver M. al-Kikhia et élucider les circonstances de sa disparition.

46.   M. SOKHONA (Observateur de la Mauritanie) signale à la FIDH et à France-Libertés que les personnes auxquelles elles se sont référées ne sont pas des militants des droits de l'homme mais des membres actifs de partis politiques qui s'efforcent de collecter des fonds à des fins personnelles. Ces personnes, qui sont fort controversées dans leur propre pays, y compris dans les milieux d'opposition, et sont loin de jouir de la respectabilité que leur attribuent ces deux organisations non gouvernementales, se sont mises dernièrement à animer des organisations sectaires et extrémistes et à mener des campagnes de diffamation contre le pays et ses institutions. Elles ont été interpellées, puis jugées et condamnées en parfaite conformité avec les lois et règlements de leur pays avant d'être graciées. Elles ont été traitées avec humanité dans le respect absolu de leur dignité physique et morale. Leur cause a été entendue publiquement et équitablement, sans ingérence du pouvoir exécutif, et les droits de la défense ont été pleinement garantis.

47.   Dans un Etat de droit, la loi s'applique même aux défenseurs authentiques des droits de l'homme et, à fortiori, à ceux qui n'utilisent cette cause qu'à des fins mesquines. Les institutions politiques, administratives et judiciaires mauritaniennes n'ont pas besoin et ne cherchent pas de satisfecit de la part de ces deux ONG, car elles puisent leur légitimité dans la volonté populaire, exprimée à maintes reprises à travers des élections libres, pluralistes et transparentes.

48.   M. AL-FAIHANI (Observateur de Bahreïn) dit que les allégations formulées par une ONG concernant le traitement des détenus dans son pays sont sans fondement et ne servent qu'à encourager l'extrémisme politique. A Bahreïn, tous les détenus sont traités conformément à la loi; au moment de leur arrestation, leurs proches sont informés du lieu de leur détention et du motif de leur arrestation et ils peuvent ensuite leur rendre visite régulièrement. Nul n'est détenu en secret ou torturé. Les détenus jouissent des garanties prévues par la Constitution et le Code pénal, lesquels considèrent la torture comme un crime, ainsi que par la Convention contre la torture et autres peines ou traitements cruels, inhumains ou dégradants à laquelle Bahreïn est partie. Ils sont placés dans des lieux de détention ordinaires où ils bénéficient de soins médicaux. Ils ont le droit d'être représentés à tout moment par un avocat de leur choix ou, à défaut, par un avocat commis d'office avant le début du procès. Ils sont jugés par des tribunaux civils, y compris par la Cour de sûreté de l'Etat, qui est en fait la cour d'appel. Enfin, tous les procès se déroulent dans le strict respect des garanties d'une procédure régulière prévues dans le Code de procédure pénale et le Code pénal.

49.   M. SELEBI (Afrique du Sud) reprend la présidence.

50.   M. AL-MUSIBLI (Observateur du Yémen) dit que les allégations formulées par Libération ne concernent pas des violations des droits de l'homme, mais des complots politiques organisés sous couvert de défense des droits de l'homme. La Constitution, les lois et les conventions et traités signés par le Yémen, y compris la Convention des Nations Unies contre la torture et autres peines ou traitements cruels, inhumains ou dégradants, fournissent des garanties juridiques pour le respect des droits de l'homme. Tout citoyen

a le droit de jouir des libertés fondamentales et de former un recours s'il estime que ses droits ont été bafoués. En conclusion, l'observateur du Yémen demande aux pays et aux organisations de vérifier leurs sources d'information et de formuler leurs critiques de manière constructive.

51.   M. HUU HAI (Observateur du Viet Nam) déplore que certaines personnes continuent à prendre la parole au nom de la Fédération internationale des ligues des droits de l'homme ou de Pax Romana pour propager de manière irresponsable des allégations sans fondement, voire des mensonges. Ces personnes non seulement ne connaissent guère la situation au Viet Nam, mais ferment délibérément les yeux devant les réalités et le développement de ce pays, qui sont connus de tous. Il est évident que leur présence à la Commission ne favorise pas l'esprit de coopération et de dialogue qui doit présider aux travaux de celle-ci dans l'intérêt des droits de l'homme.

52.   M. HAMIDON (Malaisie) précise à propos du procès en diffamation intenté au Rapporteur spécial sur l'indépendance des juges et des avocats, M. Cumaraswamy, que le Gouvernement malaisien et l'Organisation des Nations Unies coopèrent étroitement, au plus haut niveau, pour résoudre cette question. La Malaisie se félicite à cet égard des efforts déployés par le Secrétaire général de l'ONU et par son envoyé spécial, M. Fortier, qui ont permis de faire avancer les discussions. Elle examine actuellement avec le plus grand sérieux les vues et les recommandations formulées par M. Fortier et par le Secrétariat de l'ONU.

53.   M. BENJELLOUN-TOUIMI (Maroc), répondant aux deux organisations qui ont calomnié son pays, regrette que des ONG parlent de disparitions ou de détentions arbitraires de manière irresponsable sans jamais en apporter la preuve et sans passer par les mécanismes de la Commission, ce qui permettrait, avec la collaboration de la délégation marocaine, de clarifier les faits. A ce propos, il souligne que le Gouvernement marocain a été félicité dans le rapport du Groupe de travail sur les disparitions forcées ou involontaires (E/CN.4/1998/43) pour sa collaboration et les renseignements qu'il a fournis pour essayer de clarifier tous les cas portés à son attention.

ELABORATION D'UNE DECLARATION SUR LE DROIT ET LA RESPONSABILITE DES INDIVIDUS, GROUPES ET ORGANES DE LA SOCIETE DE PROMOUVOIR ET DE PROTEGER LES DROITS DE L'HOMME ET LES LIBERTES FONDAMENTALES UNIVERSELLEMENT RECONNUS (point 19 de l'ordre du jour) (E/CN.4/1998/98)

54.   M. HELGESEN (Président-Rapporteur du Groupe de travail chargé de rédiger un projet de déclaration sur le droit et la responsabilité des individus, groupes et organes de la société de promouvoir et de protéger les droits de l'homme et les libertés fondamentales universellement reconnus), présentant le rapport du Groupe de travail sur les travaux de sa treizième session (E/CN.4/1998/98), se félicite que le projet de déclaration ait pu finalement être adopté par consensus. Il précise qu'aucune délégation n'est complètement satisfaite de ce texte, mais que toutes étaient conscientes de la nécessité d'aboutir. A son avis, le projet de déclaration est le meilleur compromis qui ait pu être trouvé.

55.   M. Helgesen remercie tous ceux qui ont oeuvré à l'adoption de ce projet, et notamment la Commission qui a prorogé d'année en année le mandat du Groupe

de travail. Il est convaincu que si les gouvernements se sont intéressés d'aussi près à l'élaboration d'un texte qui touchait des questions juridiquement complexes et politiquement sensibles, c'est qu'ils ont l'intention de tenir leurs engagements. Ayant lui-même rencontré plusieurs années auparavant une jeune juriste talentueuse qui militait avec courage pour la cause des droits de l'homme dans son pays et qui a payé de sa vie son engagement, il sait combien les défenseurs des droits de l'homme ont besoin d'être, non seulement respectés, mais protégés de manière efficace. C'est pourquoi il espère sincèrement que la Déclaration sera adoptée par l'Assemblée générale des Nations Unies et ensuite effectivement appliquée par tous les gouvernements.

56.   M. LILLO (Chili) se dit convaincu que le projet de déclaration sur les défenseurs des droits de l'homme contribuera à consolider l'action de ces derniers et à améliorer leur protection. A son avis, même s'il s'agit d'un texte de compromis, il permet à la communauté internationale de reconnaître enfin la légitimité de l'action des défenseurs des droits de l'homme, la contribution fondamentale qu'ils apportent à la protection de ceux qui sont victimes de violations des droits de l'homme ainsi que leur droit légitime de recevoir un financement pour mener à bien leur mission utile et souvent héroïque.

57.   L'achèvement des travaux sur le projet de déclaration, que la délégation chilienne souhaite voir adopté par l'Assemblée générale des Nations Unies dans le cadre de la commémoration du cinquantenaire de la Déclaration universelle des droits de l'homme, ne signifie pas que la tâche de la Commission est terminée. En effet, elle devra ensuite surveiller l'application de la Déclaration et procéder à une évaluation périodique de son efficacité.

58.   En conclusion, la délégation chilienne annonce qu'elle coparrainera le projet de résolution que la délégation norvégienne présentera sur la protection des droits des défenseurs des droits de l'homme.

59.   M. LOFTIS (Etats-Unis d'Amérique) recommande vivement à la Commission d'adopter par consensus le projet de résolution par lequel le projet de déclaration sur les défenseurs des droits de l'homme sera transmis pour approbation à l'Assemblée générale, même si certaines dispositions sont incompatibles avec les obligations actuelles des Etats. Il regrette également que ce projet de résolution n'ait pas été le premier à être adopté par la Commission au cours de la session.

60.   La délégation des Etats-Unis souligne le rôle crucial qu'ont joué les ONG dans l'élaboration du projet de déclaration et, de manière plus générale, dans la diffusion partout dans le monde de la notion d'universalité des droits de l'homme. Les défenseurs des droits de l'homme ont indéniablement besoin de l'appui et de la protection de la communauté internationale. Mais une déclaration ne suffit pas; en fin de compte, il incombe à chaque Etat de les protéger tout comme il incombe à la Commission de vérifier que ces Etats s'acquittent de leurs engagements en matière de droits de l'homme. Le représentant des Etats-Unis tient à rendre un hommage particulier, parmi les défenseurs des droits de l'homme victimes d'intimidations, d'emprisonnement, de torture, voire d'assassinat, aux journalistes qui dénoncent la corruption en haut lieu et luttent contre le totalitarisme.

61.   La délégation des Etats-Unis souligne l'importance, entre autres, de
l'article premier de la Déclaration sur les défenseurs des droits de l'homme
qui rappelle l'universalité des droits de l'homme et des libertés
fondamentales car, 50 ans après l'adoption de la Déclaration universelle
des droits de l'homme, certains gouvernements prétendent encore que leurs
citoyens ne peuvent jouir de ces droits. C'est pourquoi elle considère que
la Déclaration est une nouvelle arme dans la lutte pour la défense des droits
de l'homme que la Commission ne doit pas avoir peur d'utiliser.

62.   M. SPLINTER (Canada) se félicite que l'année même du cinquantenaire de
la Déclaration universelle des droits de l'homme la Commission soit invitée
à adopter le projet de déclaration sur le droit et la responsabilité des
individus, groupes ou organes de la société de promouvoir et de protéger les
droits de l'homme et les libertés fondamentales universellement reconnues.
Ce texte est le fruit de 13 années de dur labeur au sein du Groupe de travail
chargé de l'élaborer et la preuve de ce que la patience, la détermination et
la volonté de travailler de façon constructive permettent d'obtenir.

63.   La délégation canadienne a participé activement à la rédaction du projet
en collaboration avec des représentants d'autres pays et d'organisations
non gouvernementales et tient à rendre hommage aux deux premiers
présidents-rapporteurs du Groupe de travail. Elle félicite et remercie
chaleureusement le Président-Rapporteur actuel, M. Ian Helgesen, et son pays,
la Norvège, pour l'appui qu'il lui a apporté. La délégation canadienne espère
vivement que l'Assemblée générale adoptera la déclaration sur les défenseurs
des droits de l'homme, le 10 décembre 1998.

64.   Mme GLOVER (Royaume-Uni de Grande-Bretagne et d'Irlande du Nord),
intervenant au nom de l'Union européenne ainsi que de la Bulgarie, l'Estonie,
la Hongrie, la Lettonie, la Lituanie, la Pologne, la République tchèque, la
Roumanie, la Slovaquie, la Slovénie et Chypre, dit qu'il est évident que les
efforts déployés par les Etats et les organisations intergouvernementales pour
mettre un terme aux violations des droits de l'homme commises tous les jours
dans le monde ne suffisent pas, et qu'il faut reconnaître que les individus et
les organisations non gouvernementales ont aussi un rôle indispensable à jouer
dans ce domaine. Il convient donc de rendre hommage aux hommes et aux femmes
qui, de par le monde, se consacrent à la défense et à la promotion des droits
de l'homme, que ce soit individuellement ou dans le cadre d'une organisation
non gouvernementale, et dont la tâche est souvent difficile et même
dangereuse. Les droits de ces militants sont eux-mêmes trop souvent violés,
et les Etats ont donc le devoir, tant collectivement qu'individuellement,
de les protéger.

65.   Il convient par conséquent de se féliciter que le Groupe de travail
chargé d'élaborer un projet de déclaration sur les défenseurs des droits de
l'homme soit enfin parvenu à un consensus sur ce texte, grâce notamment aux
efforts inlassables déployés par son président actuel, M. Helgesen, et ses
prédécesseurs. Ce succès est dû à l'esprit constructif dans lequel s'est
déroulée la dernière session du Groupe de travail et à la coopération qui a
régné entre les Etats et les ONG qui y ont participé et ont oeuvré ensemble à
la réalisation d'un objectif commun. Il s'agit certes d'un texte de compromis,
raison pour laquelle les travaux d'élaboration ont duré 13 ans, mais qui pour
l'essentiel reconnaît le rôle précieux et souvent héroïque des défenseurs des

droits de l'homme du monde entier dans la protection et la promotion de ces droits et des libertés fondamentales. En outre, cette déclaration s'appliquera non seulement aux organisations de défense des droits de l'homme mais aussi à tous les individus qui, dans leur pays, dénoncent avec courage les violations des droits de l'homme.

66. La délégation du Royaume-Uni et les pays de l'Union européenne estiment que l'adoption du projet de déclaration par la Commission, puis par l'Assemblée générale, serait une façon appropriée de célébrer le cinquantième anniversaire de la Déclaration universelle des droits de l'homme.

67. M. ALFONSO MARTINEZ (Cuba) s'associe aux félicitations adressées par les orateurs précédents au Groupe de travail chargé d'élaborer le projet de déclaration sur les défenseurs des droits de l'homme. La tâche du Groupe de travail, déjà peu aisée au départ, a été rendue encore plus difficile par les tentatives de certains Etats pour instaurer un nouvel ordre mondial fondé sur leurs seuls idées et principes. Cependant, le texte consensuel finalement adopté par le Groupe de travail grâce aux efforts déployés par son Président-Rapporteur, M. Helgesen, est la preuve manifeste du résultat que l'on peut obtenir si l'on renonce à l'affrontement et on opte pour la coopération et si, au lieu d'imposer ses propres concepts en matière de droits de l'homme, on reconnaît la diversité des approches dans ce domaine. Comme l'a noté la représentante du Royaume-Uni, il s'agit d'un texte de compromis qui a donc aussi bien des qualités que des défauts, mais qui définit clairement et concrètement un ensemble de règles dans le cadre desquelles tant les gouvernements que les individus, les groupes et les organisations non gouvernementales pourront assumer, en connaissance de cause, leurs responsabilités en matière de promotion et de protection des droits de l'homme et des libertés fondamentales.

68. Etant donné que Cuba a dû faire face pendant de nombreuses années à des tentatives d'ingérence dans ses affaires intérieures sous couvert de défense des droits de l'homme et a fait l'objet de nombreuses campagnes de dénigrement orchestrées généralement par les Etats-Unis, la délégation cubaine apprécie tout particulièrement les articles 3 et 13 du projet qui reconnaissent la primauté du droit interne, ainsi que l'article 20 qui réaffirme que la défense des droits de l'homme dans un autre pays ne peut servir de prétexte à un Etat pour porter atteinte aux principes énoncés dans la Charte des Nations Unies. Ainsi les efforts déployés pour protéger les droits de l'homme ne peuvent être conformes au droit s'ils portent atteinte au principe de l'égalité souveraine de tous les Etats consacré à l'Article 2 de la Charte. La délégation cubaine se félicite tout particulièrement que l'accent soit mis dans le préambule du projet de déclaration sur le rôle important que joue la coopération internationale pour assurer le respect effectif des droits de l'homme et des libertés fondamentales conformément aux dispositions des Articles 1, 55 et 56 de la Charte.

69. En conclusion, la délégation cubaine réaffirme qu'elle appuiera l'adoption tant à la Commission qu'au Conseil économique et social et à l'Assemblée générale du projet de déclaration qui est l'aboutissement de 13 années de durs efforts.

70.   M. THEMBA KUBHEKA (Afrique du Sud) se félicite que la communauté
internationale soit enfin en mesure d'adopter une déclaration reconnaissant la
courageuse tâche accomplie par les défenseurs des droits de l'homme. Cette
déclaration revêt une importance particulière pour l'Afrique du Sud où, sous
le régime de l'apartheid, des centaines de personnes ont payé de leur vie
l'action qu'elles menaient en faveur du respect de ces droits. C'est la raison
pour laquelle la délégation sud-africaine a suivi de près les travaux du
Groupe de travail et y a contribué activement. Il convient aussi de souligner
le rôle actif et positif joué par les ONG tout au long du processus
d'élaboration du projet de déclaration. Celui-ci énonce des droits essentiels,
qui sont déjà consacrés dans la Déclaration universelle des droits de l'homme
et les deux Pactes internationaux et doivent être absolument garantis. Il met
aussi l'accent sur l'obligation qu'ont les Etats de protéger et de rendre
effectifs tous les droits de l'homme et les libertés fondamentales, et le
droit qu'ont les individus de critiquer la situation des droits de l'homme
dans leur pays et de faire des propositions pour l'améliorer, et surtout leur
droit de solliciter, de recevoir et d'utiliser des ressources dans le but
exprès de promouvoir et de protéger ces droits par des moyens pacifiques.

71.   La délégation sud-africaine espère que le projet de déclaration sera
adopté par le Conseil économique et social, puis par l'Assemblée générale à
sa cinquante-troisième session. Néanmoins l'adoption d'une déclaration sur les
défenseurs des droits de l'homme ne doit pas être un but en soi. Il importera
ensuite de mettre effectivement en oeuvre les droits qui y sont énoncés. C'est
pourquoi la délégation sud-africaine estime que la question devrait rester
inscrite à l'ordre du jour de la Commission.

72.   M. DU Zhenquan (Chine) dit que le projet de déclaration adopté par
le Groupe de travail est le fruit d'efforts concertés de la communauté
internationale. Il confère aux particuliers ou aux groupes des droits
particuliers et des responsabilités dans l'exercice d'activités en faveur des
droits de l'homme. Il met aussi l'accent sur le fait que chaque Etat a au
premier chef la responsabilité et le devoir de promouvoir et de protéger les
droits de l'homme. Le projet établit donc un équilibre entre les individus
et les groupes d'une part et l'Etat d'autre part, et entre les droits et les
responsabilités des uns et des autres. Tous les individus, groupes et organes
de la société devront donc s'abstenir d'invoquer abusivement les dispositions
de la Déclaration pour se livrer à des activités contraires aux buts et
principes de la Charte des Nations Unies.

73.   Il conviendra aussi que le Conseil économique et social et l'Assemblée
générale tiennent compte des vues et des préoccupations de tous les pays lors
de l'examen du projet de déclaration. Une fois ce projet adopté, se posera
alors la question compliquée de son application. Une attitude prudente serait
de mise à cet égard.

74.   Le long processus de rédaction de ce projet de déclaration a montré que
seuls le dialogue et la coopération sur la base de l'égalité et du respect
mutuel permettent d'aboutir à un consensus. La délégation chinoise, qui a
participé activement aux débats du Groupe de travail et à ce processus,
est disposée à continuer à oeuvrer avec la communauté internationale au
renforcement de la coopération internationale dans le domaine des droits
de l'homme.

75.   M. SUAREZ FIGUEROA (Venezuela) souligne le rôle particulièrement important que peuvent jouer les organisations non gouvernementales dans la promotion des droits de l'homme. Les ONG peuvent être le "sel" des démocraties par la critique constructive, la vigilance et la coopération dans les domaines relevant de leur compétence. Le Gouvernement vénézuélien l'a bien compris et a sollicité la participation des organisations non gouvernementales à l'élaboration d'un vaste programme national pour les droits de l'homme en juillet 1997. C'est en effet aux gouvernements qu'il incombe de faire respecter les droits de l'homme mais ils ne peuvent atteindre cet objectif qu'avec la coopération de la société civile, organisée ou non. C'est la raison pour laquelle le Gouvernement vénézuélien a appuyé les travaux du Groupe de travail chargé d'élaborer un projet de déclaration sur les défenseurs des droits de l'homme, et il se félicite qu'il ait pu parvenir à un consensus sur ce texte. La délégation vénézuélienne est donc favorable à l'adoption de ce projet de déclaration tant par la Commission que par l'Assemblée générale.

76.   M. CONROY (Observateur de l'Australie) espère vivement que le projet de déclaration que le Groupe de travail a adopté par consensus sera rapidement adopté par la Commission puis par l'Assemblée générale. En effet, les Etats membres, qui se sont engagés en vertu d'autres instruments à assurer le respect universel de tous les droits de l'homme, reconnaissent dans ce texte le rôle crucial que des individus et des ONG ont joué et continueront à jouer dans la lutte pour garantir ces droits et ces libertés fondamentales. Le but du projet est en effet de préciser et de renforcer des droits déjà reconnus dans les instruments internationaux existants et d'assurer une protection à tous les défenseurs des droits de l'homme du monde entier. Ainsi, il confirme le droit de tout individu de créer une organisation de défense des droits de l'homme et de communiquer avec d'autres défenseurs des droits de l'homme, de même que le droit de recevoir et d'utiliser des contributions volontaires pour fonder et entretenir une organisation de ce type ainsi que le droit des défenseurs des droits de l'homme de publier et de faire connaître leurs vues et des informations.

77.   La délégation australienne qui a participé étroitement durant toutes ces années aux travaux du Groupe de travail dont les deux premiers présidents étaient australiens, remercie son président actuel, M. Helgesen, pour ses efforts inlassables en vue de l'adoption de ce texte et continuera à participer aux débats sur les questions relatives à la Déclaration au sein de la Commission.

78.   M. WILLE (Observateur de la Norvège) dit que l'adoption du projet de déclaration élaboré par le Groupe de travail est pour la Commission un moyen concret, l'année même du cinquantenaire de la Déclaration universelle des droits de l'homme, de reconnaître et d'appuyer le rôle crucial que les individus et les ONG jouent et continueront à jouer dans la protection des droits de l'homme et des libertés fondamentales. Ce texte ne vise pas à créer de nouveaux droits pour une nouvelle catégorie de personnes. Il ne fait que clarifier, confirmer et renforcer l'importance de droits déjà énoncés dans la Déclaration universelle et d'autres instruments. C'est le cas notamment du droit de réunion et d'association pacifique, le droit de défendre les droits d'autrui, le droit à un procès public et le droit de solliciter, de recevoir et d'utiliser des ressources ainsi que le droit de disposer d'un recours utile et le droit de s'adresser sans restriction aux organisations internationales.

Le projet de déclaration réaffirme cependant que c'est à l'Etat qu'il incombe au premier chef de protéger et de mettre en oeuvre les droits de l'homme et les libertés fondamentales et de protéger tous ceux qui les défendent. Il appartiendra donc aux gouvernements de veiller à ce que la Déclaration soit effectivement appliquée dans tous les pays et régions.

79. La délégation norvégienne exprime l'espoir qu'une fois adoptée, cette déclaration devienne une Charte des défenseurs des droits de l'homme, qui dans le monde entier luttent pour une cause commune.

80. M. HAFEZ (Observateur de l'Egypte) souligne la signification politique de l'adoption d'une déclaration sur les défenseurs des droits de l'homme après 13 longues années de difficiles négociations. Si ces négociations ont finalement eu une heureuse issue c'est parce que lors des délibérations du Groupe de travail, les divergences d'opinion ont été reconnues comme un droit et respectées, que tous les intérêts et préoccupations légitimes de toutes les parties ont été pris en compte et que tous les participants ont fait preuve de bonne foi pour parvenir à un compromis juste et honorable.

81. Il importe de ne pas oublier qu'il est dit clairement dans l'avant-dernier préambule du projet de déclaration que c'est à l'Etat qu'il incombe au premier chef de promouvoir et de protéger les droits de l'homme. Le rôle des individus, des groupes et des ONG à cet égard consiste non pas à se substituer à l'Etat mais à l'aider à s'acquitter de ses responsabilités. Ils doivent à cet égard agir dans le respect des lois et de bonne foi.

82. La délégation égyptienne s'est efforcée, avec d'autres délégations au sein du Groupe de travail, de tenir compte des préoccupations légitimes de toutes les parties pour établir un juste équilibre entre les droits et les obligations de chacun dans un esprit de coopération et de confiance mutuelle qui se reflète dans le texte de compromis qui a été adopté. Elle appuie pleinement le projet de déclaration et espère que les ONG continueront à soutenir activement et de façon responsable les efforts des Etats pour assurer le respect des droits de l'homme.

La séance est levée à 18 h 5.

- - - - -

NATIONS UNIES

E

 Conseil Economique et Social

Distr.
GENERALE

E/CN.4/1998/SR.27
29 avril 1998

Original : FRANÇAIS

COMMISSION DES DROITS DE L'HOMME

Cinquante-quatrième session

COMPTE RENDU ANALYTIQUE DE LA 27ème SEANCE

tenue au Palais des Nations, à Genève,
le mercredi 1er avril 1998, à 15 heures

Président : M. CHOWDHURY (Bangladesh)
puis : M. SELEBI (Afrique du Sud)

SOMMAIRE

QUESTION DES DROITS DE L'HOMME DE TOUTES LES PERSONNES SOUMISES A UNE FORME QUELCONQUE DE DETENTION OU D'EMPRISONNEMENT, EN PARTICULIER :

a)   TORTURES ET AUTRES PEINES OU TRAITEMENTS CRUELS, INHUMAINS OU DEGRADANTS;

b)   ETAT DE LA CONVENTION CONTRE LA TORTURE ET AUTRES PEINES OU TRAITEMENTS CRUELS, INHUMAINS OU DEGRADANTS;

c)   QUESTION DES DISPARITIONS FORCEES OU INVOLONTAIRES;

d)   QUESTION D'UN PROJET DE PROTOCOLE FACULTATIF SE RAPPORTANT A LA CONVENTION CONTRE LA TORTURE ET AUTRES PEINES OU TRAITEMENTS CRUELS, INHUMAINS OU DEGRADANTS

(point 8 de l'ordre du jour) (suite)

GE.98-11667   (F)

La séance est ouverte à 15 h 30.

QUESTION DES DROITS DE L'HOMME DE TOUTES LES PERSONNES SOUMISES A UNE FORME
QUELCONQUE DE DETENTION OU D'EMPRISONNEMENT, EN PARTICULIER :

  a) TORTURES ET AUTRES PEINES OU TRAITEMENTS CRUELS, INHUMAINS OU
      DEGRADANTS;

  b) ETAT DE LA CONVENTION CONTRE LA TORTURE ET AUTRES PEINES OU
      TRAITEMENTS CRUELS, INHUMAINS OU DEGRADANTS;

  c) QUESTION DES DISPARITIONS FORCEES OU INVOLONTAIRES;

  d) QUESTION D'UN PROJET DE PROTOCOLE FACULTATIF SE RAPPORTANT A LA
      CONVENTION CONTRE LA TORTURE ET AUTRES PEINES OU TRAITEMENTS
      CRUELS, INHUMAINS OU DEGRADANTS

(point 8 de l'ordre du jour) (suite) (E/CN.4/1998/5, 32, 33, 34, 35, 36/Rev.1,
37 et Add.1, 38 et Add.1 et 2, 39 et Add.1 et Add.3 à 5, 40 et Add.1 à 2, 41,
42, 43, 44 et Add.1 à 2, 111, 129 et 139; E/CN.4/1998/NGO/82; A/52/387)

1.   M. AMIN (Organisation arabe des droits de l'homme) appelle l'attention
des membres de la Commission sur le cas de M. Mansour al-Kikhia, ancien
Ministre libyen des affaires étrangères, qui a disparu le 10 décembre 1993
au Caire après avoir été vu en compagnie de M. Youssouf Najm, lui-même
ressortissant libyen. Il regrette que le Ministère égyptien de l'intérieur ait
autorisé ce dernier à quitter le pays alors qu'il devait être entendu par le
parquet égyptien, lequel n'a même pas demandé des explications au Ministère
en question. Le seul espoir d'éclaircir le mystère de cette disparition réside
dans la plainte déposée par l'épouse de M. al-Kikhia contre le Ministère
égyptien de l'intérieur.

2.   L'opinion publique arabe est préoccupée par la disparition de
M. al-Kikhia, dont le Gouvernement des Etats-Unis et le Gouvernement égyptien
se sont rejetés mutuellement la responsabilité. Il est vrai que les services
secrets des Etats-Unis ne paraissent pas au-dessus de tout soupçon dans cette
affaire. Ses appels étant restés sans réponse, l'Organisation arabe des droits
de l'homme prie la Commission d'exhorter les autorités des pays concernés à
l'aider à élucider cette affaire.

3.   Mme LEE (Forum culturel asiatique sur le développement) juge
préoccupantes les atteintes à la liberté d'expression constatées dans la
région de l'Asie et du Pacifique, notamment en Corée du Sud, à Sri Lanka et
en Indonésie. Elle note avec préoccupation que le Rapporteur spécial,
M. Abid Hussain, n'a pu, faute de ressources suffisantes, traiter qu'un petit
nombre des plaintes qui lui avaient été adressées par les organisations non
gouvernementales de la région. Elle souscrit à la recommandation du Rapporteur
spécial tendant à ce que la Commission des droits de l'homme adopte les
Principes de Johannesburg relatifs à la sécurité nationale, à la liberté
d'expression et à l'accès à l'information.

4.   A ce propos, les ONG de la région de l'Asie et du Pacifique se félicitent de ce que le Rapporteur spécial ait recommandé à la République de Corée d'abroger la loi sur la sécurité nationale qui, comme le montrent les affaires Suh Joon-Sik et Lee Jang Hee, donne lieu non seulement à des violations de la liberté d'expression, mais aussi à des détentions arbitraires. Dans ce pays, 17 prisonniers politiques sont sous les verrous depuis plus de 28 ans, dont M. Woo Yong-Gak, âgé de 70 ans. De même, en Indonésie et à Sri Lanka, des journalistes ont été harcelés, voire arrêtés et expulsés.

5.   En conclusion, les ONG de la région de l'Asie et du Pacifique réitèrent l'appel que le Rapporteur spécial a lancé à tous les gouvernements pour qu'ils réexaminent les lois sur la sécurité nationale ainsi que les dispositions de la législation pénale, qui peuvent porter atteinte à la liberté d'opinion, d'expression et d'information. Elles exhortent également les Gouvernements de la République populaire démocratique de Corée et du Viet Nam à inviter le Rapporteur spécial à se rendre dans leur pays.

6.   Mme GIRMA (Association africaine d'éducation pour le développement - ASAFED) dit que, depuis quelques années, un certain nombre d'ONG appellent l'attention sur les souffrances qu'endurent les journalistes africains, en général, et éthiopiens, en particulier. La plupart de ces derniers ont purgé de nombreuses peines d'emprisonnement, et certains d'entre eux sont devenus des réfugiés. L'ASAFED estime qu'il est grand temps que le Rapporteur spécial, M. Hussain, se rende en Ethiopie. Le nombre de personnes qui disparaissent dans ce pays a augmenté. La détention arbitraire et la torture sont des pratiques courantes. La mise en détention et l'exil d'éminents représentants de la société civile et de défenseurs des droits de l'homme ont complètement déstabilisé les associations et les organisations. Par ailleurs, les tensions ethniques s'aggravent dans les régions créées par le Gouvernement, ce qui est préjudiciable à la coexistence pacifique indispensable dans un pays pluriculturel comme l'Ethiopie. Malheureusement, ceux qui, comme M. Aberra Yemaneab, se sont efforcés de promouvoir une société pluraliste sont encore en prison.

7.   Mme Girma cite également le cas de M. Cheheem Gidar, un réfugié djiboutien. Alors qu'il était placé sous la protection du Haut-Commissariat des Nations Unies pour les réfugiés, ce dernier a disparu après avoir été emprisonné avec des compatriotes qui ont été renvoyés de force dans leur pays. Cette collaboration malsaine entre des gouvernements au détriment des réfugiés est une question qui devrait être examinée par les organes compétents des Nations Unies ainsi que par l'Organisation de l'unité africaine. A Djibouti, où les tensions ethniques ne sont pas nouvelles, la répression a atteint un niveau sans précédent. Les prisonniers politiques arrêtés par les autorités éthiopiennes et emprisonnés à Djibouti ont même mené une grève de la faim à l'occasion de la réunion de l'Autorité intergouvernementale pour le développement (IGAD).

8.   En conclusion, Mme Girma souhaite que les personnes qui participeront à la Conférence internationale sur les droits de l'homme, qui doit se tenir à Addis-Abeba en mai 1998, aient présentes à l'esprit les souffrances endurées par les Ethiopiens dont les proches sont emprisonnés, ont disparu ou ont été exécutés.

9.   Mme HAENNI (Association pour la prévention de la torture - APT) rappelle
que la Convention contre la torture et autres peines ou traitements cruels,
inhumains ou dégradants est l'instrument international relatif aux droits de
l'homme que les Etats ont été les moins nombreux à ratifier (104 sur 193),
alors que la Déclaration et le Programme d'action de Vienne invitaient tous
les Etats à la ratifier rapidement. C'est pourquoi cinq des principales
organisations non gouvernementales qui luttent contre la torture, dont
l'Association pour la prévention de la torture, ont lancé une campagne
conjointe pour la ratification rapide et universelle de cette convention.
En février 1998, elles ont écrit à chacune des missions permanentes des
gouvernements concernés à Genève. Sur 154 Etats, deux seulement, le
Royaume-Uni et Haïti, ont répondu. Elles demandent instamment à la
Commission d'apporter son soutien à cette campagne et d'inviter les
Etats Membres à ratifier au plus vite la Convention.

10.   L'Association pour la prévention de la torture recommande à la
Commission de renouveler le mandat du Rapporteur spécial sur la torture et
celui du Groupe de travail sur les disparitions forcées ou involontaires.
La Commission devrait également encourager l'organisation de visites ad hoc,
sans invitation préalable des gouvernements, ou demander à ceux-ci de délivrer
des invitations permanentes. L'Association pour la prévention de la torture
prie également la Commission d'aider le Rapporteur spécial et le Groupe de
travail à solliciter l'assistance du Secrétaire général de l'Organisation
des Nations Unies et de la Haut-Commissaire aux droits de l'homme lorsque la
situation est grave et qu'un gouvernement persiste dans son refus de coopérer.

11.   En ce qui concerne le projet de protocole facultatif se rapportant à la
Convention contre la torture et autres peines ou traitements cruels, inhumains
ou dégradants, l'Association pour la prévention de la torture est convaincue
que si les délégations qui participent au Groupe de travail chargé de son
élaboration ont la volonté politique d'aboutir, une seule session
supplémentaire pourrait suffire à mettre au point le texte, lequel pourrait
ainsi être présenté à la Commission en 1999. C'est pourquoi l'Association
demande à la Commission de renouveler le mandat dudit Groupe de travail et de
lui allouer les ressources voulues pour qu'il achève ses travaux. Elle propose
qu'il se réunisse pendant trois semaines au lieu de deux et que son Président
entreprenne les consultations nécessaires.

12.   Mme GENEFKE (Conseil international de réadaptation pour les victimes de
la torture - CIRT) fait observer que la torture est pratiquée dans un grand
nombre d'Etats Membres de l'ONU et que, faute de financement, des millions de
victimes sont abandonnées à leur sort alors qu'il existe des moyens de les
aider. Citant l'article 8 de la Déclaration et du Programme d'action de
Vienne, Mme Genefke rappelle que "la démocratie, le développement et le
respect des droits de l'homme et des libertés fondamentales sont
interdépendants et se renforcent mutuellement". La torture est l'arme la
plus puissante contre la démocratie. Oeuvrer à l'élimination de la torture
et à la réadaptation des victimes c'est oeuvrer pour la démocratie.
La réadaptation des victimes a un effet préventif. Une autre façon de prévenir
la torture est de sensibiliser la population à ce problème. La mise en place
de centres et de programmes de réadaptation des victimes peut y contribuer.

Il est également très important d'informer et d'éduquer. C'est pourquoi
le CIRT se félicite que le 26 juin ait été proclamé Journée internationale
des Nations Unies pour le soutien aux victimes de la torture et il a lancé une
campagne mondiale en vue de célébrer cette Journée.

13.   Mme Genefke déplore que le Fonds de contributions volontaires des
Nations Unies pour les victimes de la torture soit, cette année encore,
insuffisamment approvisionné. Les pays qui y contribuent sont trop peu
nombreux et les montants versés sont insuffisants pour financer les centres et
programmes de réadaptation des victimes mis en place dans le monde. Il manque
plus de 10 millions de dollars pour couvrir les besoins en 1998, estimés au
total à 28 millions de dollars. Le CIRT invite les pays riches et pauvres à
verser des contributions, même modestes, à ce fonds car la réadaptation des
victimes de la torture est une nécessité non seulement pour ces dernières,
mais aussi pour la démocratie.

14.   Mme ALI (Organisation de la solidarité des peuples afro-asiatiques -
OSPAA) salue les efforts déployés par l'ONU dans le domaine des droits de
l'homme. La nomination d'un rapporteur spécial sur la torture en témoigne.
Malheureusement, les prises d'otages, la torture, la détention arbitraire et
les disparitions forcées sont devenues pratiques courantes dans de nombreuses
zones de conflit. L'exemple de l'ex-Yougoslavie, entre autres, montre que les
Etats ne sont pas les seuls à porter la responsabilité de tels actes. Il y a
également les groupes armés. Mme Ali mentionne à ce propos le cas de
Sanjoy Ghose, une personne assassinée en Inde par un groupe de militants qui
étaient eux-mêmes venus défendre leur cause à Genève. Au Cachemire indien,
le groupe terroriste "Harkat Ul Ansar" basé au Pakistan, dont la technique
favorite est l'enlèvement, opère en toute impunité. Il est regrettable que la
communauté internationale, notamment la Commission des droits de l'homme,
n'ait encore rien pu faire pour protéger la vie et la liberté des personnes
prises en otage par des terroristes et des mercenaires.

15.   En conclusion, Mme Ali dit que grâce à l'autorité morale dont jouit la
Commission et aux efforts incessants déployés par le Rapporteur spécial sur la
torture, de nombreux Etats ont pris conscience de la nécessité de modifier
leur législation et leur système politique afin que des êtres humains ne
soient pas victimes de châtiments dégradants. Certains Etats ont fait à cet
égard des progrès remarquables. Toutefois, si aucun mécanisme n'est mis en
place pour s'occuper du problème des groupes armés, Mme Ali redoute que des
innocents continuent encore pour longtemps d'être leurs victimes.

16.   M. ALI KHAN (Organisation internationale pour le progrès) rappelle que
le Rapporteur spécial sur la torture a décrit en détail, dans le rapport
qu'il a établi à la suite de sa visite au Pakistan en 1996, les détentions
illégales, les conditions de vie dans les prisons et les tortures infligées
aux détenus dans ce pays. Pour sa part, il estime que ces phénomènes sont
intrinsèquement liés aux structures de type féodal qui subsistent au Pakistan,
au détriment de certaines catégories de la population toujours reléguées au
second plan.

17.   Lors de sa création, le Pakistan était une société pluriethnique et
multiconfessionnelle. Cette diversité, qui aurait dû faire sa force, est
devenue son point faible à cause de l'attitude de l'élite qui s'est maintenue

au pouvoir en divisant les communautés. Si aujourd'hui ce sont les Mohajirs qui sont visés, quelques années auparavant c'étaient les Sindhis et dans les années 70, les Baloutches. Tant que cette situation durera, les maux dénoncés par le Rapporteur spécial perdureront. La faute n'en appartient pas au peuple, qui n'aspire qu'à la paix et au bonheur, mais aux dirigeants, qui ne parviennent pas à se départir de cette mentalité féodale renforcée au cours des décennies. La question des détentions et de la torture au Pakistan ne peut être étudiée séparément de celle des structures qui perpétuent les inégalités au sein de la population pakistanaise.

18.   Mme ATAMU (Association internationale contre la torture) dit que la parodie de procès organisée par le Gouvernement espagnol à l'encontre des membres du mouvement politique basque légal Herri Batasuna montre bien que des gens sont poursuivis et emprisonnés, dans les démocraties dites avancées, pour des motifs politiques. En effet, il est clair que les juges avaient décidé de la culpabilité des défendeurs avant même l'ouverture du procès. Les 23 membres de la direction du mouvement, dont 7 députés, ont tous été condamnés à sept ans de prison pour collusion avec un groupe armé, en l'occurrence l'ETA, parce qu'un membre d'Herri Batasuna avait présenté au cours de la campagne électorale une vidéocassette en faveur d'une proposition de paix avec l'ETA. Cette attaque publique contre les nationalistes basques dissimule une campagne clandestine d'arrestations arbitraires, de détentions et de torture orchestrée par le Gouvernement contre tous les individus soupçonnés d'entretenir des liens avec l'ETA.

19.   La pratique hypocrite du "deux poids, deux mesures" dans le domaine des droits de l'homme est encore plus manifeste aux Etats-Unis, pays où un habitant sur 155 est en prison. Or, à cause du caractère raciste du système pénitentiaire américain, les Noirs et les Hispaniques représentent plus de la moitié des détenus. Parmi cette population carcérale énorme, on compte plus de 200 prisonniers politiques non reconnus officiellement comme tels. Ces hommes et ces femmes ont été pris pour cibles par le FBI à cause de leurs convictions politiques ou d'actes motivés par ces convictions. Nombre de ces prisonniers politiques purgent des peines deux fois plus longues que les autres détenus, sont laissés sans soins médicaux et incarcérés dans des quartiers de haute sécurité, ce qui prouve bien le caractère politique de leur détention.
Si Geronimo Ji Jaga Pratt a été libéré après 27 années de détention, en revanche Mumia Abu-Jamal est toujours sous le coup d'une condamnation à mort en Pennsylvanie. L'un et l'autre faisaient partie des Panthères noires.
Mme Atamu cite les noms d'autres prisonniers politiques, hommes et femmes de toutes nationalités et de toutes races, tels Leonard Peltier, du Mouvement amérindien pour l'autodétermination, ou Dylcia Pagan et Alejandrina Torres, du Mouvement indépendantiste portoricain. Tous ont en commun de lutter pour l'autodétermination de leur peuple et de s'opposer à la politique du Gouvernement des Etats-Unis.

20.   Considérant que la Commission n'hésiterait pas à prendre les mesures nécessaires si ces exemples concernaient des pays en développement, l'Association internationale contre la torture demande à celle-ci de nommer des rapporteurs sur la situation dans les pays qu'elle vient d'évoquer.

21.   M. Selebi (Afrique du Sud) prend la présidence.

22.   Mme FORD (December 12th Movement) déclare que la loi du profit, qui
régit presque tous les aspects de la société dans le monde développé, s'étend
désormais aux institutions, en particulier aux établissements pénitentiaires.
Comme toujours, les Etats-Unis d'Amérique viennent en tête dans ce domaine.
Sur fond de détérioration de la situation socio-économique, l'administration
pénitentiaire est en train de devenir le premier employeur des Etats-Unis.
Vers le milieu de 1997, la population carcérale s'élevait à plus de
1,7 million de personnes, soit 645 détenus pour 100 000 résidents.
Ces chiffres stupéfiants ne sont pas sans rapport avec le processus de
privatisation des prisons. Le complexe pénitentiaire est un conglomérat
d'intérêts privés et publics qui, sous couvert de prévention de la délinquance
et de maintien de l'ordre, vise en réalité un double objectif : profit
économique et mise sous contrôle d'une population peu malléable et sans
perspectives d'emploi. La manipulation des médias, la saturation du marché de
la drogue par la CIA et la prolifération des armes à feu soigneusement
orchestrée par la police ont contribué à criminaliser les communautés noires.
Dans la tranche des 18-29 ans, un Noir sur trois relève du système pénal.
Les Noirs représentent désormais 42,5 % de la population carcérale alors
qu'ils ne sont que 12 % aux Etats-Unis.

23.   Dans les établissements pénitentiaires américains, les droits de l'homme
sont systématiquement violés, au mépris de la Déclaration universelle des
droits de l'homme dont les Etats-Unis se posent hypocritement en garants.
Les sociétés qui investissent dans la construction d'établissements
pénitentiaires privés engrangent des milliards en rognant sur les dépenses.
La recherche effrénée du profit se traduit par des carences alimentaires,
l'extrême surpeuplement et des mauvais traitements imputables à un personnel
insuffisamment formé. Ces nouveaux établissements pénitentiaires ont été
construits en grande partie dans des zones rurales blanches sinistrées afin de
relancer l'économie locale. Au début des années 90, les effectifs du personnel
pénitentiaire ont augmenté de 31 %. Grâce à l'alliance contre-nature des
sociétés transnationales et de l'Etat, le travail ne manque pas non plus pour
les prisonniers, qui rapportent beaucoup à ceux qui les exploitent. La clef de
la réussite de cette entreprise réside dans le ciblage et la déshumanisation
des jeunes.

24.   M. MOKBIL (Internationale des résistants à la guerre) dit que la
situation des droits de l'homme au Yémen se dégrade depuis le milieu de
l'année 1994. En dépit des condamnations et des appels adressés au
Gouvernement yéménite par le Comité des droits de l'homme, Amnesty
International, le Parlement européen ou encore le Parlement britannique, les
violations de ces droits, notamment les cas de torture et de détention
arbitraire, se multiplient. Le nombre de personnes en détention illégale est
ainsi passé de 77 à 358 entre 1996 et 1997.

25.   A la session en cours, un ministre du Gouvernement yéménite a reconnu
l'existence de ces violations et s'est montré disposé à faire le nécessaire en
vue d'une visite au Yémen du Groupe de travail sur les disparitions forcées ou
involontaires. L'Internationale des résistants à la guerre demande à la
Commission d'envisager la possibilité que, outre les membres du Groupe de
travail, le Rapporteur spécial sur la torture et le Président du Groupe
de travail sur la détention arbitraire, se rendent également au Yémen.

Elle demande également à la Commission de faire pression sur le Gouvernement yéménite pour qu'il respecte ses engagements internationaux.

26.   M. OKWUKWU (International Human Rights Law Group), s'exprimant également au nom de deux autres ONG, le Mouvement pour la survie du peuple ogoni (MOSOP) et l'Organisation pour la sauvegarde des hommes et de l'environnement du delta du Niger (ND-HERO), dénonce les traitements cruels et dégradants infligés aux détenus au Nigéria ainsi que l'absence d'état de droit dans ce pays. Il rappelle que le Rapporteur spécial sur la situation des droits de l'homme au Nigéria, nommé par la Commission dans sa résolution 1997/53, n'a pas été autorisé à se rendre dans le pays. A l'heure actuelle, un certain nombre de personnes, dont des femmes, sont détenues sans mandat dans des cellules surpeuplées et insalubres. Mal nourries, elles n'ont en outre pas le droit de recevoir la visite de leurs proches, de leur avocat ou d'un médecin. Cette situation est imputable aux forces spéciales de sécurité de l'Etat de River (RSISTF), à la Direction du renseignement militaire (DMI) ainsi qu'aux services de police créés par différentes sociétés multinationales, dont la Shell. En raison d'un certain nombre de décrets iniques prévoyant l'incompétence des tribunaux, les détenus politiques n'ont pas accès au système judiciaire. En outre, lorsque le Gouvernement ne parvient pas à mettre la main sur des suspects, il enlève leurs proches. M. Okwukwu demande l'abrogation des décrets empêchant les citoyens de saisir les tribunaux, la mise en liberté immédiate et inconditionnelle des femmes et des proches tenus en otage et l'élargissement de tous les prisonniers politiques, en particulier les 20 détenus ogonis. Il recommande par ailleurs à la Commission de renouveler et de renforcer les mandats du Rapporteur spécial sur la situation des droits de l'homme au Nigéria, du Rapporteur spécial sur la torture, du Rapporteur spécial sur les exécutions extrajudiciaires, sommaires ou arbitraires et du Groupe de travail sur la détention arbitraire, et de veiller à ce que ceux-ci puissent rencontrer librement les représentants des ONG, les prisonniers politiques et toutes les autres parties intéressées au Nigéria.

27.   Mme PARKER (International Educational Development) accuse les Etats-Unis d'Amérique de porter atteinte à la liberté d'opinion et d'information en refusant systématiquement d'accorder des visas à certaines personnes en raison de leurs convictions politiques. Récemment, des universitaires cubains invités par l'Université de Berkeley pour un "dialogue avec Cuba" et des spécialistes mexicains des droits de l'homme invités par le Département des affaires culturelles de Los Angeles à s'exprimer sur la crise au Chiapas ont fait les frais de cette politique. Mme Parker dénonce également le harcèlement dont sont l'objet les membres de la famille royale d'Hawaï de la part de la police américaine.

28.   International Educational Development condamne l'expulsion par le Mexique d'un certain nombre d'observateurs internationaux des droits de l'homme, et celle du prêtre français Michel Henri, dont la paroisse incluait le village où s'est déroulé le massacre de 45 Indiens, en décembre 1997.

29.   Se référant à la situation en Turquie, Mme Parker demande la libération de Leyla Zana et des membres kurdes de l'Assemblée nationale emprisonnés en Turquie pour s'être exprimés sur la question kurde. Elle prie la Commission d'intervenir pour faire libérer Ismail Beskci, emprisonné pour ses écrits et son enseignement. Enfin, elle met en cause le Gouvernement indonésien, qui envoie en prison les habitants des Moluques qui militent pour l'indépendance.

30.   Mme LAROCHE (Robert F. Kennedy Memorial - RFK) dénonce les violations de droits fondamentaux, comme le droit à la liberté d'opinion et d'expression, qui sont commises sous le couvert des lois relatives à la sécurité nationale. En Chine, par exemple, le délit d'"activité contre-révolutionnaire" a été remplacé, en mars 1997, par le délit d'"atteinte à la sûreté de l'Etat". Les 2 000 prisonniers qui avaient été condamnés avant cette date pour activité "contre-révolutionnaires" n'ont pas été libérés pour autant, ce qui tend à prouver que la raison d'être de ce nouveau délit est de réduire les dissidents au silence. La loi de 1988 sur la préservation des secrets d'Etat est utilisée aux mêmes fins. En application de cette loi, M. Li Hai a été condamné, en décembre 1996, à neuf années d'emprisonnement pour avoir réuni des informations sur les personnes qui avaient été condamnées pour activités criminelles en juin 1989, le tribunal ayant estimé que ces informations constituaient des "secrets d'Etat".

31.   Le Gouvernement vietnamien se prévaut des dispositions de la Constitution relatives à la sûreté nationale pour arrêter et juger des membres de communautés religieuses et des citoyens qui militent pacifiquement en faveur de réformes démocratiques et du respect des droits de l'homme. Tel est le cas, par exemple, de MM. Doan Viet Hoat et Nguyen Dan Que et du journaliste Hoang Linh.

32.   Le RFK recommande à la Commission de désigner un rapporteur spécial sur la législation relative à la sûreté nationale, qui serait notamment chargé d'enquêter sur place. L'organisation recommande aussi aux groupes de travail et aux rapporteurs spéciaux de la Commission d'accorder une attention particulière, dans le cadre de leur mandat, aux violations des droits de l'homme commises sous le couvert de ladite législation.

33.   M. RODLEY (Rapporteur spécial sur la torture), présentant son rapport (E/CN.4/1998/38 et Add.1 et 2), en décrit brièvement le contenu. Le chapitre I traite de différents aspects du mandat et des méthodes de travail du Rapporteur spécial; le chapitre II résume ses activités en 1997; le chapitre III est essentiellement consacré à l'examen des informations communiquées aux gouvernements et des réponses reçues d'eux; enfin, le chapitre IV contient des conclusions et recommandations. Faute de ressources suffisantes, le Rapporteur spécial n'a pas pu, comme il l'aurait souhaité, accorder une attention particulière à la situation des défenseurs des droits de l'homme. Aucune question se rapportant au mandat ne s'est posée pendant l'année considérée et aucun changement n'est intervenu dans les méthodes de travail du Rapporteur spécial, qui a continué à coopérer avec les titulaires d'autres mandats émanant de la Commission, cela afin d'éviter le chevauchement des tâches.

34.   S'agissant des missions qu'il pourrait effectuer pendant l'année en cours, le Rapporteur spécial informe la Commission que le Gouvernement turc l'a invité à se rendre en Turquie pendant la deuxième semaine de novembre. Le Rapporteur spécial a exprimé l'espoir que sa mission pourra durer plus longtemps car il lui paraît difficile de s'en acquitter en une semaine.

35.   Les demandes faites en 1997 tendant à ce que le Rapporteur spécial se rende en Algérie et en Egypte ont reçu un premier accueil favorable. En ce qui concerne l'Algérie, les discussions ont porté sur la possibilité d'organiser

une mission conjointe avec le Rapporteur spécial sur les exécutions extrajudiciaires, sommaires ou arbitraires. A ce jour, le Rapporteur spécial n'a pas encore reçu d'invitation officielle. Quant à la mission en Egypte, le Gouvernement égyptien et le Rapporteur spécial examinent actuellement la question de la date à laquelle celle-ci pourrait avoir lieu.

36.   En ce qui concerne le Cameroun, le Rapporteur spécial et le Ministre d'Etat des affaires extérieures du Cameroun se sont rencontrés deux semaines auparavant et sont parvenus à un accord verbal prévoyant une mission dans ce pays en juillet ou septembre 1998, les dates exactes devant être précisées dans une invitation officielle. Les demandes adressées à la Chine, à l'Inde, à l'Indonésie et au Kenya par le Rapporteur spécial n'ont pas encore reçu de réponse positive.

37.   Le chapitre III du rapport et l'additif 1 doivent être lus conjointement. Ce chapitre contient de brefs résumés, pays par pays, des allégations générales transmises par lettre à 72 gouvernements. On y trouvera également les observations qu'a formulées le Rapporteur spécial sur la situation dans 39 pays. Le fait qu'aucune observation n'ait été formulée à propos d'un pays donné ne signifie pas nécessairement qu'aucun problème important ne se pose dans ce pays. Peut-être le Rapporteur spécial ne dispose-t-il pas d'informations suffisantes sur ce pays.

38.   Dans les sections consacrées au Chili, à la Colombie, au Pakistan, à la Fédération de Russie, au Venezuela, on trouvera des informations sur la suite donnée par les Gouvernements de ces pays aux recommandations formulées par le Rapporteur spécial après ses visites effectuées les années précédentes. A ce jour, seuls le Chili, la Fédération de Russie et le Venezuela lui ont fait parvenir des informations. S'agissant de la Fédération de Russie, le Rapporteur spécial se félicite des renseignements fournis par le Gouvernement mais se doit d'attirer l'attention de la Commission sur le paragraphe 170 du rapport qui souligne que les conditions de détention dans les maisons d'arrêt (sizo) sont toujours aussi effroyables qu'en 1994, sinon plus.

39.   En ce qui concerne le Pakistan, le Rapporteur spécial note que, malgré les assurances qu'il avait reçues, les fers pourraient encore être en usage dans les prisons du pays. Toutefois, suite à des déclarations du Ministre des affaires étrangères du Pakistan, qui a reconnu l'incompatibilité de cette pratique avec les normes internationales, le Rapporteur spécial espère pouvoir informer la Commission, à sa cinquante-cinquième session, que celle-ci a été abolie.

40.   L'additif 1 contient un bref résumé des informations fournies par les gouvernements en réponse aux allégations que leur avait communiquées le Rapporteur spécial. Les réponses qui seront reçues ultérieurement figureront dans le rapport qui sera présenté à la cinquante-cinquième session de la Commission.

41.   Dans ses conclusions et recommandations (chap. IV), le Rapporteur spécial se déclare très déçu de constater qu'à l'heure où s'achève son premier mandat, la torture reste extrêmement fréquente dans de nombreux pays. Il insiste aussi sur la nécessité, pour les Etats, d'appliquer les recommandations qu'il avait formulées précédemment et souligne le rôle capital

que pourrait jouer une Cour criminelle internationale dans la lutte contre la
torture. Le Rapporteur spécial invite aussi tous les Etats à réviser leur
législation afin de s'assurer qu'ils peuvent exercer leurs compétences en
matière pénale à l'égard de toute personne se trouvant entre leurs mains qui
est soupçonnée de s'être livrée à des actes de torture.

42.   L'additif 2 contient le rapport sur la visite du Rapporteur spécial au
Mexique. La torture et les autres formes de mauvais traitements constituent un
phénomène fréquent dans de nombreuses régions du Mexique, mais les
renseignements reçus par le Rapporteur spécial ne lui permettent pas de
conclure qu'il s'agit là de pratiques systématiques. Le Rapporteur spécial a
formulé un grand nombre de recommandations, dont il espère qu'elles aideront
le Gouvernement à donner effet aux nombreuses garanties institutionnelles
existantes qui visent à prévenir la torture. Le Rapporteur spécial remercie le
Gouvernement pour son esprit de coopération et les ONG pour leur participation
active. Il tient aussi à remercier le représentant résident du PNUD à Mexico
ainsi que son équipe pour la précieuse aide qu'ils lui ont apportée.

43.   M. DE ICAZA (Mexique) remercie le Rapporteur spécial pour son rapport
très détaillé, qui n'a malheureusement été distribué que quelques jours
auparavant, contrairement à la règle établie en la matière, raison pour
laquelle la délégation mexicaine n'a pas eu le temps de l'examiner avec toute
l'attention qu'il mérite. Aussi celle-ci se réserve-t-elle le droit de faire
parvenir au Rapporteur spécial ses observations sur les allégations contenues
dans son rapport ainsi que sur ses observations et conclusions. Ce rapport
sera lu avec le plus grand intérêt par la Commission interministérielle de
haut niveau qui a été créée au Mexique en octobre 1997 et qui est chargée de
coordonner les activités du Gouvernement en ce qui concerne le respect des
engagements internationaux pris par le pays en matière de droits de l'homme.

44.   Le fait que le Gouvernement mexicain ait invité le Rapporteur spécial à
se rendre au Mexique ainsi que la collaboration qu'il lui a apportée
témoignent de la volonté du Mexique de renforcer l'état de droit et
d'éradiquer la pratique de la torture qui, pour diverses raisons historiques,
culturelles et économiques, était profondément enracinée dans le pays il y a
peu de temps encore.

45.   Depuis la promulgation, en 1986, de la première loi fédérale visant à
prévenir et sanctionner la torture, le Mexique n'a cessé de renforcer
progressivement sa législation en la matière, notamment en ce qui concerne
l'obligation faite à l'Etat de réparer les préjudices causés aux victimes.
Toutefois, on ne vient pas à bout de cette pratique par décret. Il faut avant
tout chercher à développer une culture de respect des droits de l'homme. A cet
égard, la Commission nationale des droits de l'homme et les commissions des
droits de l'homme des Etats jouent un rôle essentiel, en luttant contre
l'impunité et en s'efforçant de mieux préparer les membres de la fonction
publique et le personnel judiciaire à assurer le plein respect des droits de
l'homme. S'agissant de la lutte contre l'impunité, notamment, il convient
d'indiquer qu'au cours des 15 mois écoulés, 1 129 fonctionnaires ont été
sanctionnés, 244 ont fait l'objet de poursuites pénales et 70 ont été arrêtés.

46.   Le Rapporteur spécial signale dans son rapport un manque de précision
concernant le nombre de plaintes relatives à la torture reçues au cours des
dernières années par la Commission nationale des droits de l'homme et par les
commissions des Etats. C'est possible et les chiffres seront vérifiés. Il est
cependant hors de doute que le nombre de plaintes diminue constamment et que
la torture a cessé d'être le principal motif de plainte. En tout état de
cause, les chiffres montrent que la torture n'est ni générale ni systématique.

47.   Il est vrai que tous les tortionnaires ne sont pas encore sanctionnés et
que toutes les victimes n'obtiennent pas réparation. Le Gouvernement s'efforce
de remédier à cette situation. Il a déjà réussi à rompre le cercle vicieux de
l'impunité dont jouissaient les tortionnaires. Pour conclure, la délégation
mexicaine remercie le Rapporteur spécial sur la torture de s'être rendu au
Mexique et ne doute pas que son rapport aidera le pays à éliminer
définitivement cette pratique.

48.   Mme GRAF (Ligue internationale pour les droits et la libération des
peuples - LIDLIP) dit qu'à plusieurs reprises au cours de l'histoire récente,
on a cherché à justifier l'impunité des auteurs de violations des droits de
l'homme en la présentant comme le prix que la société doit payer pour assurer
la transition entre un régime dictatorial et un état de droit. Ce discours
dissimule mal une réalité dramatique : la société est prisonnière des
tortionnaires du passé convertis en gardiens d'une démocratie en sursis, où
l'exercice des libertés publiques n'est possible que dans le cadre des limites
fixées par ceux qui ont commis naguère des crimes contre l'humanité. Le cas du
général Auguste Pinochet illustre tragiquement la perversité d'un tel
raisonnement.

49.   En Argentine, la récente décision du pouvoir législatif d'abroger les
lois sur le "point final" et le "devoir d'obéissance" montre que la société
n'a pas renoncé à son droit de savoir ce qui s'est passé et à traduire en
justice les auteurs de crimes contre l'humanité commis pendant la dictature.

50.   La LIDLIP attire l'attention de la Commission sur la Déclaration et le
Programme d'action de Vienne où il est demandé aux gouvernements d'abroger les
lois qui favorisent l'impunité des auteurs de violations graves des droits de
l'homme. A cet égard, elle demande que soit convoquée une réunion d'experts
indépendants des Nations Unies afin de modifier le projet d'ensemble de
principes pour la protection et la promotion des droits de l'homme par la
lutte contre l'impunité (E/CN.4/Sub.2/1997/20/Rev.1).

51.   M. GANDARA (Conférence asiatique des bouddhistes pour la paix) dit qu'en
février 1998, Monseigneur Ximenes Belo, prix Nobel de la paix, avait dénoncé,
à Rome, le fait que chaque mois, plus de 24 enfants du Timor oriental étaient
enlevés à leur famille pour être remis à des familles en Indonésie.
L'intervenant a lui-même été victime de cette pratique, qui est assimilable à
une disparition forcée ou involontaire. Il avait 18 ans lorsque des membres de
sa famille ont retrouvé sa trace et lui ont appris sa véritable identité.
Né au Timor oriental de parents timorais catholiques, il a été enlevé à l'âge
de trois ans par des soldats indonésiens. Ceux-ci l'ont remis à une famille
indonésienne qui l'a élevé dans la religion musulmane. Il a également appris
que sa mère avait été sauvagement assassinée par des soldats indonésiens alors
qu'elle était enceinte de neuf mois. Il sait également que son père a été tué
mais ignore les circonstances exactes de sa mort.

52. A l'âge de 17 ans, il ne savait rien de la situation au Timor oriental car le Gouvernement indonésien n'informait pas les citoyens de la guerre qu'il mène là-bas. Quand il est arrivé au Timor oriental, il a été choqué par la pauvreté des Timorais et par la terreur qu'inspirent les nombreux soldats indonésiens à la population timoraise.

53. M. Gandara dit que son histoire se reproduit chaque jour au Timor oriental où l'occupant indonésien, non content de tuer les adultes, veut aussi priver les enfants de leur identité. Il exprime l'espoir que la Commission aidera à mettre fin à cette situation.

54. M. PARAM CUMARASWAMY (Rapporteur spécial sur l'indépendance des juges et des avocats) présente son rapport général contenu dans le document E/CN.4/1998/39. Il rend compte, dans ce rapport, de ses activités au cours de l'année écoulée et de la situation dans quelque 30 des pays où la question de l'indépendance des juges et des avocats nécessitait une intervention urgente. Il fait de brèves observations au sujet des réponses fournies, lorsque tel est le cas, par les gouvernements, et il donne la liste des pays auxquels il a demandé l'autorisation de se rendre sur place. En ce qui concerne le cas de M. Clément Nwanko, le Rapporteur spécial recommande au Gouvernement suisse de verser à M. Nwanko des dommages adéquats afin d'éviter une longue procédure civile.

55. D'une manière générale, le Rapporteur spécial se dit préoccupé par le nombre croissant d'allégations selon lesquelles les gouvernements identifient les avocats à la cause de leurs clients et ne respectent pas les normes internationales en matière de procédure régulière, notamment lors des procès liés au terrorisme. Le nombre de pays où les juges sont nommés à titre provisoire est également inquiétant. Enfin, les pays en transition ont des difficultés à mettre en place un système judiciaire indépendant et impartial, en raison du manque de ressources financières et humaines. Cela aussi est un motif de préoccupation.

56. Se référant à l'additif 1 de son rapport qui concerne la situation au Pérou, où il s'est rendu du 9 au 15 septembre 1996, M. Cumaraswamy a appris avec satisfaction l'abolition des tribunaux "sans visage". Il déplore, cependant, que cette pratique soit maintenue dans les instances judiciaires militaires. Par ailleurs, il tient à appeler l'attention sur un motif de grande préoccupation, à savoir les pouvoirs conférés à la Commission exécutive du pouvoir judiciaire, au détriment du Conseil national de la magistrature, pour ce qui concerne la sélection, la nomination et la révocation des juges. D'après des informations récentes, les sept membres du Conseil national de la magistrature auraient démissionné en bloc afin de protester contre cette situation. De même, la manière dont trois juges de la Cour constitutionnelle ont été limogés par le Congrès est extrêmement inquiétante.

57. En ce qui concerne la Colombie, le Rapporteur spécial prie la Commission d'excuser le fait que l'additif 2 relatif à ce pays ne sera disponible qu'ultérieurement. Dans ce pays, la situation se résume aux quelques mots prononcés par les hautes personnalités que le Rapporteur spécial a rencontrées lors de sa mission du 15 au 27 septembre 1996 : l'état de droit est mort.

Bien que le Gouvernement ait fixé une date limite pour l'abolition des tribunaux "sans visage", qui jugent les affaires criminelles liées au terrorisme, le Rapporteur spécial considère que cette mesure doit prendre effet immédiatement. Il réitère également les recommandations faites par le Comité des droits de l'homme ainsi que par les rapporteurs spéciaux sur la torture et les exécutions extrajudiciaires concernant l'administration de la justice en Colombie.

58.   En ce qui concerne son rapport sur la Belgique (E/CN.4/1998/39/Add.3), le Rapporteur spécial en souligne le caractère préliminaire, compte tenu des réformes du système judiciaire qui sont en cours dans ce pays. Il rappelle qu'il a été amené à s'intéresser à la situation en Belgique en raison des manifestations massives qui avaient suivi la désinvestiture d'un magistrat chargé de l'enquête sur une affaire de prostitution, d'enlèvement et d'assassinat d'enfants. Dans son rapport, le Rapporteur spécial exprime l'avis que la mesure prise par la Cour de cassation dans cette affaire, bien qu'impopulaire, était en fait conforme aux normes garantissant l'indépendance et l'impartialité du pouvoir judiciaire. Le Gouvernement belge a pris note des recommandations du Rapporteur spécial touchant la nécessité d'observer ces normes dans toute réforme du système judiciaire. Un grand nombre de magistrats, dont le Président de la Cour de cassation et des procureurs de la République, ont exprimé des préoccupations à ce sujet, au cours de la mission du Rapporteur spécial. La manifestation organisée à Bruxelles, le 21 mars de l'année en cours, à laquelle 1 300 magistrats ont participé, témoigne de la solidarité des membres du pouvoir judiciaire et de leur volonté de protéger leur indépendance. C'était la première fois en Belgique que les juges eux-mêmes reconnaissaient ouvertement, à la fois les aspects positifs mais aussi les faiblesses du système judiciaire belge.

59.   Le Rapporteur spécial s'est rendu en Irlande du Nord du 20 au 31 octobre 1997, suite à des allégations émanant d'organisations non gouvernementales internationales, telles que British Irish Watch et le Lawyers Committee for Human Rights, selon lesquelles les avocats de la défense en Irlande du Nord seraient l'objet de mesures d'intimidation. Le compte rendu de cette mission fait l'objet de l'additif 4 de son rapport. Le Rapporteur spécial a pu constater sur place la véracité de ces allégations, malgré les dénégations de la police d'Irlande du Nord. Celle-ci suscite une telle méfiance que la Commission Hayes a recommandé la nomination d'un médiateur indépendant chargé d'enquêter sur les plaintes déposées contre les policiers. A cet égard, le Rapporteur spécial s'est déclaré préoccupé par le fait que la Law Society d'Irlande du Nord, qui est censée protéger les avocats de la défense victimes de mesures vexatoires ou d'actes d'intimidation, ne remplit pas sa fonction. D'autre part, même s'ils n'ont aucune confiance dans les mécanismes d'enquêtes de la police, les avocats devraient néanmoins porter plainte devant les instances de cette même police, faute de quoi ils fournissent à celle-ci un argument pour sa défense.

60.   Le Rapporteur spécial se félicite des propositions du Gouvernement tendant à introduire des systèmes d'enregistrement vidéo dans les centres de détention où ont lieu des interrogatoires. Il a également noté avec satisfaction que la Law Society a pris des mesures afin de défendre plus activement l'indépendance des avocats.

61. En ce qui concerne le cas de Patrick Finnucane, un éminent avocat de Belfast qui a été assassiné avec la complicité, a-t-on allégué, des forces de sécurité, le Rapporteur spécial est convaincu qu'une enquête judiciaire indépendante s'impose. Il faut absolument déterminer si les forces de sécurité ont participé à ce meurtre. Le Rapporteur spécial est également convaincu qu'une plus grande transparence et une plus grande responsabilisation des institutions publiques ne peuvent que contribuer au règlement du conflit en Irlande du Nord, au moment où les pourparlers de paix entrent dans une phase cruciale.

62. L'additif 5 du rapport, qui a trait à la Malaisie, contient uniquement quelques observations touchant la décision de la Cour fédérale de Malaisie. Le 19 février de l'année en cours, celle-ci a rejeté la demande de pourvoi du Rapporteur spécial contre la décision de la Cour d'appel qui l'avait débouté. Les choses en sont là.

63. En conclusion, le Rapporteur spécial tient à remercier les quatre Gouvernements cités - Pérou, Colombie, Belgique et Royaume-Uni - de leur entière coopération.

64. M. BRODY (Human Rights Watch) dit que son organisation a apprécié la visite en Chine et au Tibet, en octobre dernier, du Groupe de travail sur la détention arbitraire, en particulier les vives critiques émises par le Groupe concernant l'imprécision du droit pénal chinois, s'agissant de la qualification des délits d'une manière générale et de ceux qui mettent en danger "la sûreté nationale", en particulier.

65. Toutefois, le Groupe de travail n'a pas abordé un certain nombre de questions essentielles, qui sont le manque d'indépendance du système judiciaire chinois, les violations de certains principes du droit international tels que la présomption d'innocence, l'utilisation d'éléments de preuve illégalement obtenus, les procédures judiciaires largement influencées par le Parti communiste et l'application de sanctions administratives, en particulier la rééducation dans des camps de travail. En Chine, toute manifestation de dissidence politique ou religieuse et toute requête présentée de façon pacifique est considérée comme relevant d'un comportement antisocial et, par conséquent, frappée de sanctions qui sont rarement annulées par la cour d'appel. A cet égard, Human Rights Watch s'inscrit en faux contre l'opinion du Groupe de travail selon laquelle la condamnation d'un individu à la rééducation dans un camp de travail serait conforme aux normes internationales du moment qu'elle serait prononcée par un tribunal ou un juge indépendant. Le Groupe de travail aurait dû demander l'abolition de ce type de sanction. Les citoyens chinois doivent pouvoir invoquer la loi de procédure pénale et le Code pénal chinois chaque fois qu'ils risquent de perdre leur liberté.

66. Enfin, le Groupe de travail n'a pas mentionné l'incident qui s'est produit dans la prison de Drapchi, lors de sa visite au Tibet. Un détenu a déclaré ouvertement son soutien au dalaï-lama. D'après des informations reçues ultérieurement, les personnes impliquées dans cet incident ont subi des interrogatoires, été tabassées et condamnées à la réclusion cellulaire après le départ de la délégation du Groupe de travail. Il est préoccupant que celui-ci se soit contenté des assurances données par les autorités chinoises

qu'aucun détenu ne serait inquiété. Enfin, d'une manière générale, Human Rights Watch considère que les recommandations du Groupe de travail sont vagues, molles et, partant, décevantes. Par ailleurs, l'organisation rappelle que, en septembre 1996, au moment où il a négocié les conditions de sa visite, le Groupe de travail a cessé de recevoir des allégations concernant des détentions arbitraires de citoyens chinois et de les transmettre au Gouvernement. Cette suspension par le Groupe de travail d'activités qui font partie intégrante de son mandat est extrêmement préoccupante. Ce n'est pas parce qu'ils invitent des mécanismes de la Commission des droits de l'homme à se rendre dans le pays que les gouvernements doivent échapper temporairement à tout contrôle.

67.   Mme GOWYAN (Amnesty International) dit que son organisation a accueilli avec satisfaction le rapport de M. Param Cumaraswamy sur sa mission au Royaume-Uni de Grande-Bretagne et d'Irlande du Nord en octobre 1997. Le rapport souligne à juste titre l'absence de garanties accordées aux individus arrêtés en vertu de la législation d'exception en Irlande du Nord, les mauvais traitements qui leur sont infligés dans les maisons d'arrêt ainsi que les mesures vexatoires et les actes d'intimidation, y compris les menaces de mort, auxquels ils sont exposés de la part de la police. L'assassinat d'un éminent avocat de la défense, Patrick Finnucane, en 1989, a révélé l'ampleur de ces pratiques. A ce jour, personne n'a été inquiété pour ce meurtre. Il existe à ce sujet de fortes présomptions de complicité entre les forces de sécurité et les groupes paramilitaires loyalistes. Amnesty International demande instamment l'ouverture d'une enquête judiciaire indépendante et approfondie au sujet de l'assassinat de Patrick Finnucane. D'autre part, il est essentiel, pour assurer la protection des prévenus, que ceux-ci soient interrogés en présence de leurs avocats. Cette garantie doit entrer en vigueur immédiatement. Il y a longtemps qu'Amnesty International appelle l'attention sur les abus commis dans les locaux de la police. L'organisation se félicite de ce que des systèmes d'enregistrement vidéo soient en cours d'installation dans ces locaux. Toutefois, il faut également y installer des systèmes d'enregistrement audio, faute de quoi les abus ne pourront pas être détectés. Par ailleurs, le Gouvernement doit cesser de passer outre aux dispositions du Pacte international relatif aux droits civils et politiques. Il doit veiller à ce que les placements en détention fassent rapidement l'objet d'un contrôle judiciaire. En conclusion, Amnesty International invite instamment le Gouvernement du Royaume-Uni à appliquer les recommandations du Rapporteur spécial sur l'indépendance des juges et des avocats.

68.   Mme LAUWEREINS (France-Libertés) appelle l'attention de la Commission sur le cas de la Mauritanie où le pouvoir porte atteinte aux libertés d'expression, ainsi qu'en témoigne l'arrestation de M. Kamara et de Mme Fatima Mbaye, respectivement Président et Vice-Présidente de l'Association mauritanienne des droits de l'homme, de M. Ould Messaoud, président de l'Association S.O.S Esclaves et de maître Ould Ebetty, Secrétaire général de l'Ordre national des avocats. France-Libertés rappelle que la liberté d'expression est consacrée dans la Constitution de la République islamique de Mauritanie, qui a également ratifié la Charte africaine des droits de l'homme et des peuples en 1986.

69.   A propos de l'Ethiopie, la représentante de France-Libertés rappelle que M. Aberra Yemanab, qui a été incarcéré dans son pays où il était retourné après 15 ans d'exil, n'a toujours pas été libéré. Par ailleurs,

le Gouvernement éthiopien a renvoyé de force chez eux 18 opposants au
Gouvernement djiboutien. Arrivés à Djibouti, ils ont été emprisonnés
immédiatement.

70.   France-Libertés évoque également le sort de nombreux prisonniers
d'opinion, dont plusieurs journalistes, emprisonnés au Nigéria. Elle appelle
notamment l'attention sur le cas de Christina Anyanwu, incarcérée depuis 1997.

71.   Après avoir évoqué la situation dramatique des personnes détenues à
Bahreïn en application de la loi sur la sûreté de l'Etat, la représentante de
France-Libertés rappelle ce que disait déjà le Rapporteur spécial dans son
rapport de 1995, à savoir que la situation des personnes soumises à une forme
quelconque de détention ou d'emprisonnement est souvent liée à la proclamation
de l'état d'urgence, qui va de pair avec la démission massive des magistrats
et la création de tribunaux d'exception. La Commission doit donc condamner le
plus fermement possible l'Etat de Bahreïn et demander qu'il démontre sa
volonté de mettre un terme à ses violations des droits de l'homme.

72.   La représentante de France-Libertés termine son intervention en
exprimant sa vive inquiétude au sujet de la situation des femmes à Kaboul,
depuis la prise du pouvoir par les Taliban. Elle demande qu'il soit fait
pression sur les autorités en place en Afghanistan pour qu'elles mettent un
terme aux traitements cruels, inhumains et dégradants dont sont victimes les
femmes afghanes.

73.   M. FUKUMA (Association internationale des juristes démocrates) dénonce
l'absence d'indépendance des tribunaux japonais, notamment lorsque ceux-ci
sont saisis de plaintes pour licenciement abusif. M. Hideyuki Tanaka a été
renvoyé par la compagnie Hitachi Ltd., l'un des principaux fabricants japonais
d'appareils électriques, pour avoir refusé de faire des heures
supplémentaires. Il faut rappeler à cet égard que le Gouvernement japonais
n'a encore ratifié aucune des conventions de l'OIT concernant les horaires de
travail. Les cas de surmenage sont très fréquents au Japon. Dans le cas de
M. Tanaka et de plusieurs autres travailleurs également renvoyés pour avoir
refusé de faire des heures supplémentaires, la Cour suprême a confirmé la
décision rendue par une juridiction inférieure, à savoir que les sociétés qui
avaient licencié leurs travailleurs étaient en droit d'agir ainsi. En fait, la
Cour suprême a établi un système qui lui permet d'influer sur les décisions
des juges dans de telles affaires. L'Association internationale des juristes
démocrates y voit une violation absolue du principe de l'indépendance des
juges.

Déclarations faites dans l'exercice du droit de réponse

74.   M. AL-MUSIBLI (Observateur du Yémen) dénonce les allégations dénuées de
fondement formulées par l'organisation non gouvernementale qui s'intitule
Internationale des résistants à la guerre à propos de la situation des droits
de l'homme au Yémen. Derrière ces accusations se cachent en fait des
intentions politiques. L'observateur du Yémen invite les membres de cette
organisation non gouvernementale à se rendre dans le pays. Ils constateront
que le Yémen s'est doté d'une commission des droits de l'homme qui coordonne
ses activités avec les instances correspondantes de l'ONU. Ils constateront
également que le Yémen a choisi la voie démocratique, garantissant ainsi aux
citoyens yéménites la liberté d'expression et l'exercice des droits
fondamentaux.

75.   <u>M. TAREK ADEL</u> (Observateur de l'Egypte) dit que, contrairement à ce que prétend l'Organisation arabe des droits de l'homme, le Gouvernement égyptien a diligenté des enquêtes sérieuses au sujet de la disparition de M. Mansour Al-Kikhia. Par ailleurs, en ce qui concerne le fait que le principal témoin dans cette affaire, M. Yusuf Najm, a pu quitter le pays sans être entendu, l'observateur de l'Egypte fait valoir qu'il existe dans son pays une totale liberté de circulation.

<u>La séance est levée à 18 heures</u>.

UNITED

NATIONS

E

**Economic and Social
Council**

Distr.
GENERAL

E/CN.4/1998/SR.60
30 April 1998

Original: ENGLISH

COMMISSION ON HUMAN RIGHTS

Fifty-fourth session

SUMMARY RECORD OF THE 60th MEETING

Held at the Palais des Nations, Geneva,
on Friday, 24 April 1998, at 10.35 a.m.

Chairman: Mr. SELEBI   (South Africa)

CONTENTS

FURTHER PROMOTION AND ENCOURAGEMENT OF HUMAN RIGHTS AND FUNDAMENTAL FREEDOMS,
INCLUDING THE QUESTION OF THE PROGRAMME AND METHODS OF WORK OF THE COMMISSION:

(a)   ALTERNATIVE APPROACHES AND WAYS AND MEANS WITHIN THE
       UNITED NATIONS SYSTEM FOR IMPROVING THE EFFECTIVE ENJOYMENT
       OF HUMAN RIGHTS AND FUNDAMENTAL FREEDOMS;

(b)   NATIONAL INSTITUTIONS FOR THE PROMOTION AND PROTECTION OF HUMAN
       RIGHTS;

This record is subject to correction.

Corrections should be submitted in one of the working languages. They
should be set forth in a memorandum and also incorporated in a copy of the
record. They should be sent within one week of the date of this document to
the Official Records Editing Section, room E.4108, Palais des Nations, Geneva.

Any corrections to the records of the public meetings of the Commission
at this session will be consolidated in a single corrigendum, to be issued
shortly after the end of the session.

GE.98-12593   (E)

CONTENTS (<u>continued</u>)

<u>The meeting was called to order at 10.35 a.m.</u>

FURTHER PROMOTION AND ENCOURAGEMENT OF HUMAN RIGHTS AND FUNDAMENTAL FREEDOMS, INCLUDING THE QUESTION OF THE PROGRAMME AND METHODS OF WORK OF THE COMMISSION:

    (a)   ALTERNATIVE APPROACHES AND WAYS AND MEANS WITHIN THE UNITED NATIONS SYSTEM FOR IMPROVING THE EFFECTIVE ENJOYMENT OF HUMAN RIGHTS AND FUNDAMENTAL FREEDOMS;

    (b)   NATIONAL INSTITUTIONS FOR THE PROMOTION AND PROTECTION OF HUMAN RIGHTS;

    (c)   COORDINATING ROLE OF THE CENTRE FOR HUMAN RIGHTS WITHIN THE UNITED NATIONS BODIES AND MACHINERY DEALING WITH THE PROMOTION AND PROTECTION OF HUMAN RIGHTS;

    (d)   HUMAN RIGHTS, MASS EXODUSES AND DISPLACED PERSONS

(agenda item 9) (<u>continued</u>) (E/CN.4/1998/L.41/Rev.1)

1.   <u>Mr. CASTRO GUERRERO</u> (Observer for Colombia), introducing the draft resolution on the enhancement of international cooperation in the field of human rights (E/CN.4/1998/L.41/Rev.1), said that a consensus had been achieved thanks to the very spirit of cooperation advocated in the text. He proposed a small amendment to the fourth preambular paragraph, deleting the words "the principle of".

2.   <u>Draft resolution E/CN.4/1998/L.41/Rev.1, as orally revised, was adopted</u>.

3.   <u>Ms. GLOVER</u> (United Kingdom), speaking on behalf of the European Union, said she wished to explain its position with regard to resolution E/CN.4/1998/L.74 entitled "Towards a culture of peace". A culture of peace, whilst having an impact on human rights, was not in itself a human rights issue. The Union therefore considered that it was a matter best considered in forums other than the Commission, especially given the proliferation of issues under consideration. Work was already under way on the issue within the United Nations Educational, Scientific and Cultural Organization (UNESCO) and member States had already participated substantially in the process.

4.   <u>Mr. KUZNIAR</u> (Poland) said that his delegation had initiated the discussion at the current session on the draft resolution on human rights and good governance. The overwhelming majority of the delegations that had participated in consultations had shared his delegation's view regarding the validity of the issue, but it had also been agreed that more time and preparation were required before the Commission was invited to take action on the draft resolution, which deserved careful preparation. His delegation had therefore decided to defer the draft resolution until the next session.

5.   <u>The CHAIRMAN</u> said that consideration of agenda item 9 had been concluded.

QUESTION OF THE VIOLATION OF HUMAN RIGHTS AND FUNDAMENTAL FREEDOMS IN ANY PART OF THE WORLD, WITH PARTICULAR REFERENCE TO COLONIAL AND OTHER DEPENDENT COUNTRIES AND TERRITORIES, INCLUDING:

(a)   QUESTION OF HUMAN RIGHTS IN CYPRUS

(agenda item 10) (<u>continued</u>) (E/CN.4/1998/L.82 and 102/Rev.1)

6.   The CHAIRMAN said that the draft resolution on the situation of human rights in East Timor (E/CN.4/1998/L.82) had been replaced by a Chairman's Statement, which he would read to the Commission.

"The Commission on Human Rights discussed the human rights situation in East Timor.

The Commission continues to follow with deep concern the reports on violations of human rights in East Timor.

The Commission recalls the undertakings by the Government of Indonesia to promote human rights in East Timor and those contained in Chairman's Statements on the matter at previous sessions. The Commission stresses the need for their implementation, including concrete steps on the early trial and release of East Timorese detained or convicted, and for those in custody to be treated humanely. The Commission reiterates the need for further clarification of the circumstances surrounding the Dili incident of 1991.

The Commission welcomes the advanced progress towards concluding the Memorandum of Understanding between the Government of Indonesia and the Office of the High Commissioner for Human Rights on technical cooperation and agreement on the early assignment of a programme officer to implement the technical cooperation programme. In this regard, the Commission notes the understanding between the Government of Indonesia and the High Commissioner for Human Rights concerning access of the programme officer to East Timor, within the framework of technical cooperation.

The Commission welcomes the efforts of the Indonesian National Commission on Human Rights to promote and protect human rights and undertake fact-finding inquiries into human rights violations, including through its office in Dili. The Commission notes the commitment by the Government of Indonesia to continue to allow greater access to East Timor by the international media and international humanitarian organizations.

The Commission welcomes the intention of the Government of Indonesia to continue to cooperate with the Commission on Human Rights and its mechanisms, and, in particular, the Government's decision to invite the Working Group on Arbitrary Detention to visit East Timor in advance of the fifty-fifth session of the Commission.

The Commission notes with interest the Government of Indonesia's decision to launch a National Plan of Action on human rights in 1998 and, in that context, the Government's intention to ratify the Convention against Torture.

The Commission welcomes the dialogue under the auspices of the Secretary-General for achieving a just, comprehensive and internationally acceptable solution to the question of East Timor. In this context, the Commission stresses the need for constructive actions in order to promote a favourable atmosphere for further progress towards a solution. The Commission welcomes the report of the Secretary-General, the work of his special representative, in particular the establishment of regular dialogue at senior official level, and the continuing all-inclusive intra-East Timorese dialogue.

The Commission requests the Secretary-General to keep it informed on the situation of human rights in East Timor and will consider the matter at its fifty-fifth session."

7.   The Chairman's Statement was adopted.

8.   Ms. DIALLA (Senegal), introducing the draft resolution on the situation of human rights in Burundi (E/CN.4/1998/L.102/Rev.1), said that all the information submitted to the Commission confirmed that the authorities in Burundi had made progress in bringing about peace and reconciliation in the country. The human rights situation in several parts of the country still, however, gave rise to concern. The aim of the draft resolution was therefore to encourage the Government to continue its efforts to reinstate all the country's human rights institutions. All the delegations involved had participated in consultations and the draft resolution represented a fair compromise. Lastly, she noted that the first document number in paragraph 1 should read "E/CN.4/1998/72".

9.   Mr. COMBA (Office of the High Commissioner for Human Rights) said that paragraph 26 of the draft resolution provided for the extension of the Special Rapporteur's mandate for one year. Financial provisions of US$ 143,900 to cover activities relating to the mandate in 1998-1999 had been included in the human rights section of the budget for the current biennium.

10.   Ms. GLOVER (United Kingdom), explaining the position of the European Union, said that the Union would join the consensus, but with some concern over the content of the resolution and the negotiating process. Whilst welcoming references in the original draft to ongoing regional efforts to achieve a peace in Burundi, it was disappointed that it contained very few elements on the human rights situation there and that what had been included was not a well-balanced reflection of the situation. The Union had not been given an opportunity to contribute to the drafting process beforehand and copies of the resolution had been made available only very late in the session.

11.   The Union had entered the negotiations with the African Group with a view to integrating more elements from the Special Rapporteur's report. It welcomed the decision to take on board new language on the abduction of

children into armed groups, detention conditions and landmine clearance, but was concerned that other proposed amendments, including previously agreed language, had not been accepted. The Union urged the sponsors to consider approaching the resolution in a more transparent, open and conciliatory manner in the future, in order to avoid rushed consideration of the issue by the Commission as a whole.

12.   Mr. NAHAYO (Observer for Burundi) said that the draft resolution could unfortunately not be totally binding on Burundi, since it overlooked the violation of the most basic human rights of the people of Burundi resulting from the embargo, which should be lifted. Maintaining a people in a situation of constantly needing assistance detracted from its dignity, and ran counter to resolution 1998/11, which stated that no coercive political or economic measures should be taken against any country, especially a developing country. The Special Rapporteur himself had noted that the economic sanctions imposed by the countries of the subregion were having a disastrous effect on the general population of Burundi. The international community should therefore condemn the illegal embargo. Burundi reaffirmed its determination to continue to promote civil and political rights, provided that it received greater support from the international community.

13.   Mr. McALISTER (Canada) shared the concern over the way the draft resolution had been negotiated. Other delegations had been given very little time to comment on the text to resolve a number of substantive difficulties. His delegation was concerned particularly at the almost total absence of references to the human rights situation. It had fortunately proved possible, however, with flexibility on the part of the delegations concerned, to strike a number of compromises on key issues. His delegation was therefore able to join the consensus, even though the final text remained problematic in a number of respects. In future years it would be essential to ensure that adequate time was made available for open consultations.

14.   Draft resolution E/CN.4/1998/L.102/Rev.1, as orally revised, was adopted.

15.   Mr. GASANA (Rwanda) said that the people of Rwanda had for four years been engaged in rebuilding the country, aiming for peaceful cohabitation with their neighbours and stability in the subregion. The country had shown that it was working to gain respect for human rights, but it faced substantial challenges. Socio-economic, financial and security issues had to be addressed; thousands of people accused of genocide had to be brought to trial; the state of prisons was unsatisfactory, and the international community's help was needed to ensure that those responsible for genocide still at large were brought before the International Criminal Tribunal for Rwanda. Other problems included terrorism by former members of the Rwandan Armed Forces and other Interahamwe in the north-west of the country, refugees and the rehabilitation of survivors.

16.   The Government's major aim was to arrive at a situation where every Rwandan understood that human life was sacred. It would therefore set up an independent national human rights commission, which would be requiring adequate resources, as the report of the Special Rapporteur had indicated. She appealed to the international community to set up a scheme on the lines of

the Marshall Plan, with a view to assisting the development of all sectors of national life, the resettlement of those returning to the country and survivors of the genocide, the establishment of justice and national reconstruction.

17.   Ms. GLOVER (United Kingdom), speaking on behalf of the European Union and supported by Mr. McALISTER (Canada), said that the Presidency of the European Union was concerned about the intention of the Government of Rwanda to carry out a public execution of 22 people convicted of involvement in the 1994 genocide. It was particularly concerned that the executions were to be public, contrary to previous assurances given by the Government. The announcement had been made shortly after the adoption by the Commission of draft resolution E/CN.4/1998/L.101 on the situation of human rights in Rwanda. The issue of executions in Rwanda had been the subject of much discussion during negotiations on the text, in which the European Union had made concessions in favour of the position of the Government of Rwanda. The Union urged Rwanda to comply fully with its obligations under the International Covenant on Civil and Political Rights and to observe other international safeguards concerning the use of the death penalty. It also urged the Government to show the utmost restraint with regard to the imposition of the death penalty, with a view to its total abolition.

18.   Mr. PLORUTTI (Argentina) said that his delegation had again voted in favour of draft resolution E/CN.4/1998/89 on the situation of human rights in Cuba, in the hope that it might help improve the situation of human rights in that country. Nevertheless, his delegation endorsed the sections of the draft resolution which took account of the progress achieved in the areas of religious freedom and the release of political prisoners. It encouraged the Cuban Government to expand on those positive steps and to continue to show tolerance as it had during the recent visit of the Pope to Cuba. Therefore, its vote should not in any way be interpreted as a statement against that country, with which it entertained close ties of brotherhood and solidarity. His delegation trusted that the Cuban Government would soon join the other countries of Latin America in the consolidation of democracy and respect for human rights.

19.   Mr. SUMI (Japan) said that his delegation had supported the adoption of draft resolution E/CN.4/1998/L.81/Rev.1 on the situation of human rights in Myanmar, although it had some reservations regarding the text. That resolution expressed the concerns of the international community with regard to both human rights and democratization. His delegation hoped that the Special Rapporteur would be given the opportunity to visit Myanmar as soon as possible. It recognized that positive events had taken place over the past year and hoped that the Government of Myanmar would take further measures to improve the human rights situation and expedite the democratization process. Japan was prepared to assist in achieving those goals.

20.   Mr. AKRAM (Pakistan) said that his delegation had joined in the consensus on the Chairman's text regarding the situation of human rights in Afghanistan and agreed that it was a cause for international concern. That situation would improve significantly once peace was restored and reconstruction could begin. Pakistan's efforts to end the internecine conflict had shown that progress towards peace in Afghanistan required respect

for the customs and traditions of its people, affirmation of the role of the
United Nation as an impartial mediator and the imposition of an effective arms
embargo. His delegation was confident that the international community
supported those objectives.

21.   Since June 1997, his Government had been making efforts to promote the
concept of dialogue with all the parties to the conflict. Agreement had been
achieved to begin a dialogue among the Ulema, or religious scholars, in which
the Taliban and the Northern Alliance would both be represented. It had also
contributed to the concept of a dialogue between the six immediate neighbours
of Afghanistan and the two major Powers, the United States of America and the
Russian Federation. Building on those efforts, some important understandings
had been achieved within the past few days, including talks on a ceasefire and
an exchange of prisoners, the education of women and equal access to health
facilities. Pakistan hoped that the international community and the Office of
the High Commissioner for Human Rights would support those efforts.

22.   Mr. HERNÁNDEZ BASAVE (Mexico) said that his delegation had abstained
from voting on various resolutions under agenda item 10, in some cases because
the draft resolutions had been negotiated without sufficient transparency, and
in others because it found the texts overly politicized. Traditionally, that
agenda item had attracted the greatest interest among members of the
Commission, who had increasingly taken the opportunity to argue in favour of
observing the principles of objectivity, impartiality and non-selectivity in
the consideration of human rights issues. There had been repeated appeals for
a depoliticization of the agenda.

23.   The Commission had to overcome pointless confrontation and selectivity
and devote more attention to an analysis of the structural causes impeding the
full enjoyment of human rights, which would be improved not by the imposition
of mechanisms, but through dialogue and cooperation. Finally, his delegation
regretted that the Commission had been forced to put to a vote some draft
resolutions which in past years had enjoyed consensus.

24.   Mr. MORJANE (Tunisia) said that his delegation had supported draft
resolution E/CN.4/1998/L.85, regarding Kuwaiti citizens and others disappeared
during the Gulf War, on the grounds of humanitarian principles. That
resolution should help to bring about reconciliation between the Kuwaiti and
Iraqi people. In turn, the sovereignty of Iraq had to be respected and the
international community had to act to relieve the sufferings of the Iraqi
people.

ORGANIZATION OF THE WORK OF THE SESSION (agenda item 3) (continued)
(E/CN.4/1998/L.2, E/CN.4/1998/L.107)

25.   Mr. QUAYES (Bangladesh), speaking on behalf of the co-sponsors of draft
decision E/CN.4/1998/L.2, said that, in the belief that impending developments
would subsume the substance of that draft decision, they wished to withdraw it
from consideration.

26.   Draft decision E/CN.4/1998/L.2 was withdrawn.

27.   The CHAIRMAN said that, six weeks earlier, he had proposed the establishment of an inter-sessional body to review the mechanisms of the Commission on Human Rights. Since then, he and other members of the Bureau had held extensive consultations and had received many useful contributions in that respect. The review was intended to cover all bodies and mechanisms which reported to the Commission, based on the key principle of their enhancement.

28.   The review itself would be undertaken by members of the Bureau under his leadership through consultations with States, regional groups, the High Commissioner and NGOs, and taking into consideration all proposals made in connection with the work of the Commission. The essential elements of the review would be transparency and cooperation. The recommendations and proposals would be submitted to the following session of the Commission for its consideration.

29.   He then read out the text of a draft decision:

      "At its 60th meeting, on 24 April 1998, the Commission on Human Rights decided with a view to enhancing the effectiveness of the mechanisms of the Commission on Human Rights, to appoint the Bureau to facilitate the review of the bodies and mechanisms of the Commission with a view to making recommendations to the fifty-fifth session of the Commission on Human Rights."

30.   The draft decision on the review of the mechanisms of the Commission was adopted.

31.   The CHAIRMAN introduced draft resolution E/CN.4/1998/L.107 on the question of resources for the Office of the High Commissioner for Human Rights and the human rights activities of the United Nations, which he said was based on a number of significant developments which had occurred since the Vienna Conference. Those included the creation of the post of High Commissioner, the implementation of reform measures, with particular attention to the mainstreaming of human rights throughout the United Nations system, an expansion of the activities financed under the mandates of the Economic and Social Council, the welcome increase of some 30 per cent in the number of ratifications by Member States of the six main human rights treaties, and a noticeable trend in favour of establishing or expanding mandates in the area of economic, social and cultural rights.

32.   The budget allocation to the Office of the High Commissioner on a biennial basis had been $40.3 million and $45.2 million in the past two biennia. The initial allocation for the current biennium was $42.2 million. The draft resolution took the form of an appeal to the Secretary-General, the Economic and Social Council and the General Assembly, but also to all Governments, to secure sufficient resources to permit effective fulfilment of responsibilities and mandates. He appealed strongly to members to ensure that the spirit of the resolution was maintained until the Fifth Committee of the General Assembly met later in the year, and that Governments which had endorsed it in Geneva did not develop amnesia in New York.

33.   Draft resolution E/CN.4/1998/L.107 was adopted.

DRAFT PROVISIONAL AGENDA FOR THE FIFTY-FIFTH SESSION OF THE COMMISSION
(agenda item 25) (E/CN.4/1998/L.1, E/CN.4/1998/L.106)

34.   The CHAIRMAN, introducing his proposal for the restructuring of the
agenda, contained in document E/CN.4/1998/L.106, said that for some time it
had been clear that the agenda did not correspond with the real world, and
several attempts had been made to reform it.   He believed that his proposal
fulfilled a number of important objectives, by placing the human rights of
women and a gender perspective on the Commission's agenda for the first time,
by allowing an assessment of the implementation of the Declaration on Human
Rights Defenders and by providing for an annual review of the Commission's
work and the corresponding agenda.   The latter was especially important
because the Commission had constantly to seek ways to improve its methods of
work in order to remain relevant.   The new agenda, if adopted, would supersede
document E/CN.4/1998/L.1.

35.   A common understanding was needed on two points.   Firstly, in the past
the Commission had tended to cluster items, precisely because the agenda did
not deal with them in a systematic manner.   The new agenda alleviated that
problem and would allow items to be scheduled so that they corresponded with
the agenda.   Secondly, the new agenda reduced the number of items from 26 to
21, although the length of the session had not been shortened.   That meant
that consideration could be given to increasing the time devoted to certain
items in the light of past practices.

36.   The draft provisional agenda for the fifty-fifth session of the
Commission, as contained in E/CN.4/1998/L.106, was adopted.

REPORT TO THE ECONOMIC AND SOCIAL COUNCIL ON THE FIFTY-FOURTH SESSION OF THE
COMMISSION (agenda item 26) (E/CN.4/1998/L.10 and Addenda 1-21,
E/CN.4/1998/L.11 and Addenda 1-7)

37.   Mr. KUZNIAR (Poland), Rapporteur, introducing the draft report of
the Commission on its fifty-fourth session, said that, as in the past, it
consisted of two parts, a compilation of the 83 resolutions and 11 decisions
adopted at the current session contained in document E/CN.4/1998/L.11 and
Add.1-7; and the proceedings, including the general debate and the voting
under the various agenda items, contained in document E/CN.4/1998/L.10 and
Add.1-21.   The draft report was limited to proceedings of a technical nature.
Substantive statements were to be found in the summary records of the
Commission.   He also noted that, in conformity with new editorial guidelines,
the report on the current session would be shortened and any text or
amendments which had not been adopted would not be reflected.   Any members
who wished to submit corrections to the report should do so by 8 May 1998.

38.   The CHAIRMAN said that, as in the past, the draft report would be
adopted ad referendum, on the understanding that it would be finalized by the
Rapporteur with the assistance of the Secretariat.   If he heard no objection,
he would take it that the Commission agreed to the procedure.

39.   It was so decided.

     The meeting was suspended at 11.50 a.m. and resumed at 12.10 p.m.

CLOSURE OF THE SESSION

40.   Mrs. ROBINSON (High Commissioner for Human Rights) congratulated the
Chairman and members of the Commission on the outcome of six weeks of serious
deliberation and action across the full spectrum of human rights. She said
the question the Chairman had posed at the beginning of the session - that the
Commission should ask itself at the end if it had "made a difference" to the
lives of people throughout the world - was one that needed to be asked every
day. The Chairman had been right when he had said that the Commission's work
took place over a full year, and not just six weeks.

41.   The session had provided signal achievements, notably approval of
the draft Declaration on Human Rights Defenders, whose adoption by
the General Assembly would be an important contribution to the
fiftieth anniversary of the Universal Declaration of Human Rights. But
adoption alone was not enough; declarations needed implementation. The
assassination of the Colombian human rights activist, Eduardo Umaña Mendoza,
had been a brutal reminder of the price that was being paid by those who
devoted their lives to the protection of human rights. As a first step in
honouring the approval of the draft Declaration, she earnestly hoped that all
individuals who had come to the session to raise their concerns about human
rights violations and abuses would be able to return to their countries
without fear of retribution.

42.   She welcomed the special meeting which the Commission had devoted to the
question of integrating gender issues into its work, as well as the dialogue
it had begun with the Commission on the Status of Women. It had been a
promising beginning upon which to build understanding of the issues and roles
of both bodies.

43.   The session had also enhanced the Commission's recognition of the role
of national institutions in the promotion and protection of human rights.
Her Office regarded national capacity-building as a matter of considerable
importance, and there had been an encouraging growth in the number of requests
it had received for support to be given to the establishment and strengthening
of national institutions. The Commission's resolution provided encouragement
in that respect.

44.   She welcomed the adoption by consensus of a resolution to enhance work
on the right to development, and the creation of new mandates to report on
economic, social and cultural rights. While welcoming the Commission's more
balanced approach, her Office was faced with the impossible task of meeting
mounting demands with dwindling resources. It received just 1.67 per cent
of the United Nations regular budget, and so she welcomed the Chairman's
resolution adopted during the current meeting, appealing to the
Secretary-General, the Economic and Social Council and the General Assembly
to take steps to secure sufficient resources to enable it to discharge the
responsibilities and mandates established by member States.

45.   The Commission had adopted a resolution during the session on the
composition of her Office's staff, and while she believed that the issue of
equitable geographical distribution should apply across the Secretariat, she
recognized a need to respond to some of the concerns in the resolution, and

urged member States and observers to work towards a common understanding on those questions. She took the opportunity to inform the Commission that Mr. Bacre Ndiaye, Special Rapporteur on extrajudicial, summary or arbitrary executions and a long-time human rights activist in the NGO world, had been appointed to fill the D2 position in the New York office with effect from 1 June 1998.

46.   Finally, she congratulated the Commission on securing agreement on a reformed agenda and for a thorough review of its own mechanisms with a view to enhancing their effectiveness. Her Office looked forward to close cooperation with that review, which would complement her own responsibility to streamline and improve the efficiency of the human rights programme.

47.   The fiftieth anniversary of the Universal Declaration was a time not for celebration but for recommitment to redress many of the wrongs and inequities in the world. Through its work during the current session and its commitment to enhancing its mechanisms, the Commission had indeed honoured the Universal Declaration.

48.   The CHAIRMAN, after providing statistics on attendance at the session, the duration of meetings and the number of resolutions and decisions adopted, said he firmly believed that the challenge he had posed at the beginning of the session - to make a difference in the promotion and protection of human rights - had been met. After 13 years of negotiation, the Commission had adopted a Declaration on Human Rights Defenders. Greater emphasis had been placed on economic, social and cultural rights, inter alia by the creation of new mechanisms to focus on the right to education, the right to development and extreme poverty. An interactive dialogue had been held on women's rights, a format which he hoped would become a permanent feature of the Commission, focusing on a particular theme each year.

49.   In addition, an open-ended working group was to meet during the following session in order to make proposals to the Preparatory Committee for the World Conference against Racism and Racial Discrimination, Xenophobia and Related Intolerance. Cooperation among States and between States and non-governmental organizations had increased, while open hostility and conflict had decreased. The agenda had been restructured and provision made for an annual review, and a body had been established to review the mechanisms of the Commission and to report to the fifty-fifth session.

50.   Some areas, however, remained unfulfilled. In particular, despite the adoption of the Declaration, human rights defenders continued to be persecuted and some had even lost their lives. Only a few days previously, the Commission had observed a minute's silence following the killing of a Colombian human rights lawyer who had attended its sessions on previous occasions. He urged all parties to ensure that the principles contained in the Declaration were honoured by all and that nobody who had attended the session needed to fear persecution on returning home.

51.   Secondly, he had the impression that a ritual approach was being adopted to some issues and that a fear of "sending the wrong message" was preventing flexibility. States should resist the temptation to bring bilateral disputes into the Commission, thereby unnecessarily politicizing its work. He believed

that the group system was a hindrance to the promotion and protection of human rights. It often appeared that group solidarity took precedence over the promotion and protection of human rights.

52.   Thirdly, inadequate resources continued to plague the Office of the High Commissioner for Human Rights. He felt it was appropriate for the Commission to appeal to the General Assembly for additional resources commensurate with the demands placed on the Office. At the same time, States should continue to make up for the shortfall in regular budget resources through voluntary contributions, particularly in areas such as racism and torture.

53.   Fourthly, the Commission continued to struggle with the concepts of non-State party actors and terrorism in relation to human rights and human rights abuses. That area would have to be addressed in the coming years, also in connection with the establishment of an international criminal court.

54.   Lastly, the voluminous reports of the Commission's special rapporteurs indicated that human rights violations persisted throughout the world, while some countries still failed to extend to the special rapporteurs the cooperation they needed to carry out their functions.

55.   After the customary exchange of courtesies, he declared the fifty-fourth session of the Commission on Human Rights closed.

<u>The meeting rose at 12.50 p.m.</u>

Conseil économique et social

Distr. GÉNÉRALE

E/CN.4/1998/SR.60
30 Avril 1998

Original: ANGLAIS

COMMISSION DES DROITS DE L'HOMME

Cinquante-quatrième session

COMPTE RENDU ANALYTIQUE DE LA 60ᵉ SÉANCE

tenue au Palais des Nations, à Genève,
le vendredi 24 avril 1998, à 10 h 35.

Président: M. SELEBI (Afrique du Sud)

SOMMAIRE

ACTION VISANT À ENCOURAGER ET DÉVELOPPER DAVANTAGE LE RESPECT DES DROITS DE L'HOMME ET DES LIBERTÉS FONDAMENTALES ET, NOTAMMENT, QUESTION DU PROGRAMME ET DES MÉTHODES DE TRAVAIL DE LA COMMISSION:

a) AUTRES MÉTHODES ET MOYENS QUI S'OFFRENT DANS LE CADRE DES ORGANISMES DES NATIONS UNIES POUR MIEUX ASSURER LA JOUISSANCE EFFECTIVE DES DROITS DE L'HOMME ET DES LIBERTÉS FONDAMENTALES;

b) INSTITUTIONS NATIONALES POUR LA PROMOTION ET LA PROTECTION DES DROITS DE L'HOMME;

c) RÔLE DE COORDINATION DU CENTRE POUR LES DROITS DE L'HOMME AU SEIN DES ORGANES DE L'ORGANISATION DES NATIONS UNIES ET DE LEURS MÉCANISMES S'OCCUPANT DE LA PROMOTION ET DE LA PROTECTION DES DROITS DE L'HOMME;

d) DROITS DE L'HOMME, EXODES MASSIFS ET PERSONNES DÉPLACÉES (suite)

Le présent compte rendu est sujet à rectifications.

Les rectifications doivent être rédigées dans l'une des langues de travail. Elles doivent être présentées dans un mémorandum et être également incorporées à un exemplaire du compte rendu. Il convient de les adresser, une semaine au plus tard à compter de la date du présent document, à la Section d'édition des documents officiels, bureau E.4108, Palais des Nations, Genève.

Les rectifications aux comptes rendus des séances publiques de la Commission seront groupées dans un rectificatif unique qui sera publié peu après la session.

V.99-87146

GE.98.-12594

SOMMAIRE (suite)

QUESTION DE LA VIOLATION DES DROITS DE L'HOMME ET DES LIBERTÉS FONDAMENTALES OÙ QU'ELLE SE PRODUISE DANS LE MONDE, EN PARTICULIER DANS LES PAYS ET TERRITOIRES COLONIAUX ET DÉPENDANTS, ET NOTAMMENT:

a)   QUESTION DES DROITS DE L'HOMME À CHYPRE (suite)

ORGANISATION DES TRAVAUX DE LA SESSION (suite)

PROJET D'ORDRE DU JOUR PROVISOIRE DE LA CINQUANTE-CINQUIÈME SESSION DE LA COMMISSION

RAPPORT DE LA COMMISSION AU CONSEIL ÉCONOMIQUE ET SOCIAL SUR LES TRAVAUX DE SA CINQUANTE-QUATRIÈME SESSION

CLÔTURE DE LA SESSION

La séance est ouverte à 10 h 35.

ACTION VISANT À ENCOURAGER ET DÉVELOPPER DAVANTAGE LE RESPECT DES DROITS DE L'HOMME ET DES LIBERTÉS FONDAMENTALES ET, NOTAMMENT, QUESTION DU PROGRAMME ET DES MÉTHODES DE TRAVAIL DE LA COMMISSION:

   a)   AUTRES MÉTHODES ET MOYENS QUI S'OFFRENT DANS LE CADRE DES ORGANISMES DES NATIONS UNIES POUR MIEUX ASSURER LA JOUISSANCE EFFECTIVE DES DROITS DE L'HOMME ET DES LIBERTÉS FONDAMENTALES;

   b)   INSTITUTIONS NATIONALES POUR LA PROMOTION ET LA PROTECTION DES DROITS DE L'HOMME;

   c)   RÔLE DE COORDINATION DU CENTRE POUR LES DROITS DE L'HOMME AU SEIN DES ORGANES DE L'ORGANISATION DES NATIONS UNIES ET DE LEURS MÉCANISMES S'OCCUPANT DE LA PROMOTION ET DE LA PROTECTION DES DROITS DE L'HOMME;

   d)   DROITS DE L'HOMME, EXODES MASSIFS ET PERSONNES DÉPLACÉES

(point 9 de l'ordre du jour) (suite) (E/CN.4/1998/L.41/Rev.1)

1.   M. CASTRO GUERRERO (Observateur de la Colombie), présentant le projet de résolution sur le renforcement de la coopération internationale dans le domaine des droits de l'homme (E/CN.4/1998/L.41/Rev.1), dit que c'est l'esprit de coopération préconisé dans le texte qui a permis de dégager un consensus. Il propose de modifier légèrement le quatrième alinéa du préambule en supprimant les mots "le principe d'".

2.   Le projet de résolution E/CN.4/1998/L.41/Rev.1, tel que révisé oralement, est adopté.

3.   Mme GLOVER (Royaume-Uni), parlant au nom de l'Union européenne, explique sa position au sujet de la résolution E/CN.4/1998/L.74, intitulée "Vers une culture de la paix". Une culture de la paix, si elle a des incidences sur les droits de l'homme, n'en constitue pas pour autant un problème de droits de l'homme à proprement parler. Par conséquent, l'Union estime que d'autres instances sont mieux placées que la Commission pour examiner le sujet, compte tenu en particulier du nombre considérable de questions à l'étude. L'Organisation des Nations Unies pour l'éducation, la science et la culture (UNESCO) a déjà entrepris des travaux en la matière, auxquels les pays membres ont déjà participé dans une large mesure.

4.   M. KUZNIAR (Pologne) dit que sa délégation a pris l'initiative de l'examen, à la session en cours, du projet de résolution sur les droits de l'homme et la bonne gouvernance. Si les délégations ayant participé aux consultations ont partagé, à une écrasante majorité, l'avis de sa délégation concernant le principe même de la question, il a également été convenu qu'il conviendrait d'y consacrer plus de temps et d'efforts avant d'inviter la Commission à prendre une décision sur le projet de résolution, qui mérite d'être préparé avec soin. La délégation polonaise a décidé en conséquence de reporter à la session suivante l'examen de ce projet de résolution.

5.   Le PRÉSIDENT dit que l'examen du point 9 de l'ordre du jour est clos.

QUESTION DE LA VIOLATION DES DROITS DE L'HOMME ET DES LIBERTÉS FONDAMENTALES OÙ QU'ELLE SE PRODUISE DANS LE MONDE, EN PARTICULIER DANS LES PAYS ET TERRITOIRES COLONIAUX ET DÉPENDANTS, ET NOTAMMENT :

a)   QUESTION DES DROITS DE L'HOMME À CHYPRE

(point 10 de l'ordre du jour) (suite) (E/CN.4/1998/L.82 et 102/Rev.1)

6.   Le PRÉSIDENT dit que le projet de résolution sur la situation des droits de l'homme au Timor oriental (E/CN.4/1998/L.82) a été remplacé par une déclaration du Président, dont il donne lecture à la Commission.

"La Commission des droits de l'homme a examiné la situation des droits de l'homme au Timor oriental.

La Commission continue d'être vivement préoccupée par les informations faisant état de violations des droits de l'homme au Timor oriental.

La Commission rappelle les engagements pris par le Gouvernement indonésien de promouvoir les droits de l'homme au Timor oriental et ceux qui figurent dans les déclarations du Président sur cette question faites lors de précédentes sessions. La Commission souligne la nécessité de leur donner effet, en prenant notamment des mesures concrètes pour que les Timorais orientaux, qui sont détenus ou condamnés, soient jugés et libérés rapidement, et pour que ceux qui sont incarcérés soient traités avec humanité. La Commission réaffirme la nécessité de continuer à élucider les circonstances ayant entouré l'incident qui s'est produit à Dili en 1991.

La Commission se félicite des progrès sensibles réalisés en vue de la conclusion du Mémorandum d'accord entre le Gouvernement indonésien et le Haut Commissariat des Nations Unies aux droits de l'homme concernant la coopération technique et d'un accord touchant l'affectation prochaine d'un administrateur de programme chargé d'appliquer le programme de coopération technique. À ce sujet, la Commission prend note de l'accord intervenu entre le Gouvernement indonésien et la Haut-Commissaire aux droits de l'homme pour que l'administrateur de programme ait accès au Timor oriental, dans le cadre de la coopération technique.

La Commission salue les efforts déployés par la Commission nationale indonésienne des droits de l'homme pour promouvoir et protéger les droits de l'homme et pour enquêter afin d'établir les faits touchant les violations des droits de l'homme, notamment à partir de son bureau de Dili. La Commission note l'engagement pris par le Gouvernement indonésien de continuer à améliorer l'accès au Timor oriental des médias internationaux et des organisations humanitaires internationales.

La Commission se réjouit de l'intention exprimée par le Gouvernement indonésien de continuer de coopérer avec la Commission des droits de l'homme et ses mécanismes et, en particulier, de la décision prise par le Gouvernement d'inviter le Groupe de travail sur la détention arbitraire à se rendre au Timor oriental avant la cinquante-cinquième session de la Commission.

La Commission note avec intérêt la décision prise par le Gouvernement indonésien de lancer un Plan national d'action relatif aux droits de l'homme en 1998 et, dans ce cadre, note l'intention exprimée par le Gouvernement de ratifier la Convention contre la torture.

La Commission se félicite du dialogue engagé sous les auspices du Secrétaire général en vue de parvenir à un règlement juste, global et internationalement acceptable de la question du Timor oriental. À ce sujet, la Commission souligne la nécessité de prendre des mesures constructives pour encourager l'instauration d'un climat favorable à de nouveaux progrès vers un règlement. La Commission accueille avec satisfaction le rapport du Secrétaire général, salue le travail accompli par son représentant spécial, en particulier l'ouverture d'un dialogue suivi au niveau des représentants officiels et la poursuite du dialogue d'ensemble entre Timorais orientaux.

La Commission demande au Secrétaire général de la tenir informée de la situation des droits de l'homme au Timor oriental et examinera la question à sa cinquante-cinquième session."

7.   La déclaration du Président est adoptée.

8.   Mme DIALLO (Sénégal), présentant le projet de résolution sur la situation des droits de l'homme au Burundi (E/CN.4/1998/L.102/Rev.1), dit que tous les renseignements communiqués à la Commission confirment les progrès réalisés par les autorités burundaises pour ramener la paix dans le pays et y engager la réconciliation. Toutefois, la situation des droits de l'homme reste préoccupante dans plusieurs parties du pays. Aussi le projet de résolution a-t-il pour objet d'encourager le Gouvernement à poursuivre ses efforts afin de restaurer toutes les institutions relatives aux droits de l'homme. Toutes les délégations intéressées ont pris part aux consultations et le projet de résolution constitue un bon compromis. Enfin, la représentante du Sénégal signale qu'au paragraphe 1, la première cote de document doit se lire: "E/CN.4/1998/72".

9.   M. COMBA (Haut Commissariat aux droits de l'homme) dit que le paragraphe 26 du projet de résolution prévoit que le mandat du Rapporteur spécial soit prorogé d'un an. Un montant de 143 900 dollars des États-Unis pour financer les activités menées en 1998-1999 en application du mandat a été prévu dans le chapitre consacré aux droits de l'homme du budget pour l'exercice biennal en cours.

10.   Mme GLOVER (Royaume-Uni), expliquant la position de l'Union européenne, dit que l'Union s'associera au consensus, non sans être quelque peu préoccupée par le contenu de la résolution et le déroulement des négociations. Tout en se félicitant que le projet original fasse référence aux efforts régionaux en cours pour ramener la paix au Burundi, elle est déçue de n'y trouver que très peu de données sur la situation des droits de l'homme dans le pays, celles qui y figurent ne reflétant pas la situation de manière équilibrée. L'Union n'a pas eu la possibilité de participer au préalable à la rédaction du projet, et le texte de la résolution n'a été distribué que très tard au cours de la session.

11.   L'Union a participé aux négociations avec le Groupe africain afin d'incorporer dans le texte davantage d'éléments figurant dans le rapport du Rapporteur spécial. Elle salue la décision d'adopter de nouvelles formulations concernant l'enlèvement d'enfants par des groupes armés, les conditions de détention et le déminage; elle est toutefois préoccupée par le fait que d'autres propositions de modification, et notamment un texte dont il avait été précédemment convenu, n'aient pas été acceptées. L'Union prie instamment les auteurs d'adopter une approche plus transparente, franche et conciliante dans l'avenir, afin d'éviter toute précipitation dans l'examen de la question par la Commission dans son ensemble.

12.   M. NAHAYO (Observateur du Burundi) regrette que le projet de résolution ne puisse pas engager totalement le Burundi, étant donné qu'il passe sous silence la violation des droits les plus élémentaires du peuple burundais résultant de l'embargo, qui devrait être levé. Maintenir les citoyens d'un pays dans une situation d'éternels assistés revient à attenter à leur dignité et est contraire à la résolution 1998/11, qui dénonce le recours à des mesures politiques ou économiques à caractère coercitif pour exercer des pressions sur tout pays, en particulier un pays en développement. Le Rapporteur spécial lui-même a noté que les sanctions économiques imposées par les pays de la sous-région exercent une influence désastreuse sur les populations civiles au Burundi. La communauté internationale devrait donc condamner l'embargo illégal. Le Burundi réaffirme sa détermination à continuer de promouvoir les droits civils et politiques, à condition de bénéficier d'un appui plus important de la part de la communauté internationale.

13.   M. McALISTER (Canada) se déclare lui aussi préoccupé par la façon dont le projet de résolution a été négocié. D'autres délégations ont eu très peu de temps pour formuler des observations sur le texte et résoudre un certain nombre de problèmes de fond. La délégation canadienne s'inquiète tout particulièrement de l'absence presque totale de références à la situation des droits de l'homme. Fort heureusement néanmoins, la souplesse dont ont fait preuve les délégations intéressées a permis de parvenir à un certain nombre de compromis sur des questions clefs. Par conséquent, la délégation canadienne est en mesure de se joindre au consensus, même si le texte définitif pose encore des problèmes à certains égards. Dans les années à venir, il sera essentiel de consacrer aux consultations ouvertes le temps qu'il conviendra.

14.   Le projet de résolution E/CN.4/1998/L.102/Rev.1, tel que révisé oralement, est adopté.

15.   M. GASANA (Rwanda) dit que le peuple rwandais s'est engagé, quatre ans auparavant, dans la reconstruction du pays, espérant pouvoir cohabiter en paix avec ses voisins et rétablir la stabilité dans la sous-région. Le pays a prouvé qu'il œuvrait à faire respecter les droits de l'homme; il n'en est pas moins confronté à des défis de taille. Des solutions doivent être apportées aux problèmes socio-économiques et financiers et aux questions de sécurité: des milliers d'individus accusés du crime de génocide doivent être jugés; l'état des prisons laisse à désirer, et l'aide de la communauté internationale est nécessaire pour faire comparaître les responsables du génocide encore en liberté devant le Tribunal pénal international pour le Rwanda. Parmi les autres problèmes figurent les actes de terrorisme perpétrés par d'anciens membres des forces armées rwandaises et autres Interahamwe dans le nord-ouest du pays, la question des réfugiés et la réadaptation des rescapés.

16.   Le Gouvernement s'est fixé pour objectif majeur de faire évoluer les choses jusqu'à ce que chaque Rwandais comprenne que la vie humaine est sacrée. C'est pourquoi il entend mettre sur pied une commission nationale indépendante des droits de l'homme, qui nécessitera des moyens adéquats, comme le signale le Rapporteur spécial dans son rapport. Le représentant du Rwanda lance un appel à la communauté internationale pour qu'elle mette sur pied, sur le modèle du Plan Marshall, un mécanisme qui contribue au développement de tous les secteurs de la vie nationale, à la réinsertion des rapatriés et des rescapés du génocide, à l'établissement de la justice et à la reconstruction du pays.

17.   Mᵐᵉ GLOVER (Royaume-Uni), s'exprimant au nom de l'Union européenne et appuyée par M. McALISTER (Canada), dit que la présidence de l'Union européenne note avec préoccupation que le Gouvernement rwandais a l'intention de procéder à l'exécution publique de 22 personnes accusées d'avoir pris part au génocide de 1994. Elle est préoccupée en particulier par le fait que les exécutions doivent avoir lieu en public contrairement aux assurances précédemment données par le Gouvernement. L'annonce en a été faite peu après l'adoption par la Commission du projet de résolution E/CN.4/1998/L.101 sur la situation des droits de l'homme au Rwanda. La question des exécutions au Rwanda a fait l'objet d'intenses débats au cours des négociations relatives au texte, lors desquelles l'Union européenne a fait des concessions en faveur du Gouvernement rwandais. L'Union invite instamment le Rwanda à s'acquitter pleinement des obligations qui lui incombent en vertu du Pacte international relatif aux droits civils et politiques et de respecter d'autres garanties internationales concernant le recours à la peine de mort. Elle exhorte également le Gouvernement à faire preuve de la plus grande modération en ce qui concerne l'imposition de la peine capitale, dans la perspective de son abolition totale.

18.   M. PLORUTTI (Argentine) dit que sa délégation a voté à nouveau pour le projet de résolution E/CN.4/1998/L.89 sur la situation des droits de l'homme à Cuba, dans l'espoir de pouvoir ainsi aider à améliorer la situation des droits de l'homme dans ce pays. Néanmoins, elle approuve les passages du projet de résolution qui tiennent compte des progrès accomplis dans les domaines de la liberté religieuse et de la libération des prisonniers politiques. Elle encourage le Gouvernement cubain à prendre d'autres mesures positives et à continuer de se montrer aussi tolérant qu'il l'a été lors de la récente visite du Pape à Cuba. Par conséquent, il ne faut en aucun cas interpréter le vote de l'Argentine comme sanctionnant un pays avec lequel elle entretient des rapports étroits de fraternité et de

solidarité. La délégation argentine est persuadée que le Gouvernement cubain ne tardera pas à se joindre aux autres pays d'Amérique latine dans la consolidation de la démocratie et le respect des droits de l'homme.

19.   M. SUMI (Japon) dit que sa délégation a appuyé l'adoption du projet de résolution E/CN.4/1998/L.81/Rev.1 sur la situation des droits de l'homme au Myanmar, non sans certaines réserves au sujet du texte. Cette résolution fait état des préoccupations de la communauté internationale concernant les droits de l'homme et la démocratisation. La délégation japonaise espère que le Rapporteur spécial aura la possibilité de se rendre au Myanmar dans les plus brefs délais. Tout en reconnaissant que des événements positifs ont eu lieu au cours de l'année écoulée, elle espère que le Gouvernement du Myanmar prendra d'autres mesures pour améliorer la situation des droits de l'homme et pour accélérer le processus de démocratisation. Le Japon est prêt à apporter son aide à cette fin.

20.   M. AKRAM (Pakistan) dit que sa délégation s'est associée au consensus sur le texte du Président relatif à la situation des droits de l'homme en Afghanistan, reconnaissant que celle-ci est un motif de préoccupation pour la communauté internationale. Cette situation devrait s'améliorer considérablement lorsque la paix aura été rétablie et que la phase de reconstruction pourra commencer. Les efforts déployés par le Pakistan pour mettre fin aux luttes intestines ont montré que les progrès sur la voie de la paix en Afghanistan passent par le respect des coutumes et des traditions de son peuple, par l'affirmation du rôle de l'Organisation des Nations Unies en tant que médiateur impartial et par l'imposition d'un embargo efficace sur les armes. La délégation pakistanaise ne doute pas que la communauté internationale appuie ces objectifs.

21.   Depuis juin 1997, le Gouvernement pakistanais s'emploie à promouvoir l'idée d'un dialogue entre tous les belligérants. Il a été convenu d'instaurer un dialogue entre les oulémas – étudiants en religion – dans lequel seraient représentés aussi bien les Taliban que l'Alliance du Nord. Le Gouvernement a également favorisé l'idée d'un dialogue entre les six voisins immédiats de l'Afghanistan et les deux grandes puissances, les États-Unis d'Amérique et la Fédération de Russie. Ces efforts ont permis de parvenir, au cours des derniers jours, à d'importants accords sur certains points notamment, des pourparlers sur un cessez-le-feu et un échange de prisonniers, l'éducation des femmes et l'égalité d'accès aux services de santé. Le Pakistan espère que la communauté internationale et le Haut Commissariat aux droits de l'homme appuieront ces efforts.

22.   M. HERNÁNDEZ BASAVE (Mexique) dit que sa délégation s'est abstenue lors du vote sur diverses résolutions présentées au titre du point 10 de l'ordre du jour, soit parce que les projets de résolution n'avaient pas été négociés avec toute la transparence requise, soit parce que, à son avis, les textes étaient trop politisés. Ce point de l'ordre du jour a toujours suscité le plus grand intérêt parmi les membres de la Commission, qui ont de plus en plus saisi l'occasion de ce débat pour prôner que l'examen des questions relatives aux droits de l'homme se fasse dans un esprit d'objectivité, d'impartialité et de non-sélectivité. Des appels répétés ont été lancés en faveur d'une dépolitisation des questions inscrites à l'ordre du jour.

23.   La Commission doit laisser de côté l'affrontement et la sélectivité qui ne servent à rien et s'employer davantage à analyser les causes structurelles qui entravent la jouissance effective des droits de l'homme; la situation dans ce domaine s'améliorera, non pas grâce à l'imposition de mécanismes mais grâce au dialogue et à la coopération. Enfin, la délégation mexicaine regrette que la Commission ait été contrainte de mettre aux voix des projets de résolution qui, les années précédentes, ont fait l'objet d'un consensus.

24.   M. MORJANE (Tunisie) dit que sa délégation a appuyé, pour des raisons humanitaires, le projet de résolution E/CN.4/1998/L.85 concernant les Koweïtiens et les nationaux d'autres pays disparus durant la guerre du Golfe. Cette résolution devrait contribuer à réconcilier les peuples koweïtien et iraquien. La souveraineté de l'Iraq doit quant à elle être respectée et la communauté internationale doit agir pour soulager les souffrances du peuple iraquien.

ORGANISATION DES TRAVAUX DE LA SESSION (point 3 de l'ordre du jour) (suite) (E/CN.4/1998/L.2, E/CN.4/1998/L.107)

25.   M. QUAYES (Bangladesh), s'exprimant au nom des coauteurs du projet de décision E/CN.4/1998/L.2, dit que ces derniers, convaincus que les activités envisagées dans ce projet sont déjà en voie de réalisation, souhaitent le retirer.

26.   Le projet de décision E/CN.4/1998/L.2 est retiré.

27.   Le PRÉSIDENT dit que, six semaines plus tôt, il a proposé de créer un organe intersessions pour examiner les mécanismes de la Commission des droits de l'homme. Depuis lors, il a procédé, avec d'autres membres du bureau, à des consultations étendues et a reçu de nombreuses contributions utiles à cet égard. L'examen est censé porter sur tous les organes et mécanismes faisant rapport à la Commission, sur la base du principe fondamental de leur renforcement.

28.   L'examen à proprement parler sera entrepris par des membres du bureau, sous la direction du Président, par voie de consultations avec des États, des groupes régionaux, le Haut Commissaire et des ONG, et compte tenu de toutes les propositions émises en rapport avec les travaux de la Commission. Les éléments essentiels de l'examen seront la transparence et la coopération. Les recommandations et propositions seront soumises à la Commission, pour examen, à sa session suivante.

29.   Le président donne ensuite lecture du texte d'un projet de décision :

    "À sa 60ᵉ séance, le 24 avril 1998, la Commission des droits de l'homme, en vue de renforcer l'efficacité de ses mécanismes, a décidé de charger le bureau de procéder à un examen desdits mécanismes afin de lui soumettre des recommandations à sa cinquante-cinquième session."

30.   Le projet de décision sur l'examen des mécanismes de la Commission est adopté.

31.   Le PRÉSIDENT, présentant le projet de résolution E/CN.4/1998/L.107 sur la question des ressources du Haut Commissariat des Nations Unies aux droits de l'homme et des activités de l'Organisation des Nations Unies dans le domaine des droits de l'homme, dit que ce projet se fonde sur un certain nombre d'événements importants qui se sont produits depuis la Conférence de Vienne. Parmi ces événements figurent la création du poste de haut commissaire, la mise en œuvre de mesures de réforme privilégiant l'intégration des droits de l'homme dans l'ensemble du système des Nations Unies, le développement des activités financées en application des mandats du Conseil économique et social, l'accroissement bienvenu de quelque 30 % du nombre de ratifications par des États Membres et recueillies par les six principaux traités sur les droits de l'homme, et une tendance marquée à l'établissement de nouveaux mandats ou à l'élargissement des mandats existants dans le domaine des droits économiques, sociaux et culturels.

32.   Les crédits alloués au Haut Commissariat à titre biennal se sont élevés à 40,3 millions et à 45,2 millions de dollars des États-Unis lors des deux derniers exercices biennaux. L'allocation initiale pour l'exercice biennal en cours est de 42,2 millions de dollars des États-Unis. Par le projet de résolution, il est demandé instamment au Secrétaire général, au Conseil économique et social et à l'Assemblée générale, ainsi qu'à tous les gouvernements, de doter les services compétents de ressources suffisantes leur permettant de s'acquitter efficacement de leurs responsabilités et de leurs mandats. Le Président lance un appel pressant aux membres pour qu'ils veillent à ce que l'esprit de la résolution soit maintenu jusqu'à ce que la Cinquième Commission de l'Assemblée générale se réunisse ultérieurement dans l'année, et pour que les gouvernements qui l'ont approuvée à Genève ne soient pas frappés d'amnésie à New York.

33.   Le projet de résolution E/CN.4/1998/L.107 est adopté.

PROJET D'ORDRE DU JOUR PROVISOIRE DE LA CINQUANTE-CINQUIÈME SESSION DE LA COMMISSION (point 25 de l'ordre du jour) (E/CN.4/1998/L.1, E/CN.4/1998/L.106)

34.   Le PRÉSIDENT, présentant sa proposition de réaménagement de l'ordre du jour figurant dans le document E/CN.4/1998/L.106, dit qu'il est clair depuis quelque temps que l'ordre du jour ne correspond pas à la réalité et que plusieurs tentatives ont été faites pour le modifier. Il estime que sa proposition répond à un certain nombre d'objectifs importants, en intégrant pour la première fois dans l'ordre du jour de la Commission les droits fondamentaux des femmes et une approche sexospécifique, en permettant d'évaluer la mise en œuvre de la Déclaration sur les défenseurs des droits de l'homme et en prévoyant un examen annuel des travaux de la Commission et de l'ordre du jour correspondant. Ce dernier point revêt une importance particulière, étant donné que la Commission doit sans cesse rechercher des moyens d'améliorer ses méthodes de travail pour pouvoir continuer à faire œuvre utile. Le nouvel ordre du jour, s'il est adopté, remplacera le document E/CN.4/1998/L.1.

35.   Il est nécessaire de s'entendre sur deux points. Premièrement, la Commission a eu tendance, par le passé, à regrouper les points, précisément parce que l'ordre du jour n'en permettait pas un traitement systématique. La nouvelle formule remédie à ce problème en permettant de prévoir l'examen des points d'une manière correspondant à l'ordre dans lequel ils figurent dans l'ordre du jour. Deuxièmement, le nouvel ordre du jour ramène de 26 à 21 le nombre de points à traiter, mais la durée de la session n'a pas été écourtée. Cela signifie que l'on pourrait envisager de consacrer plus de temps à l'examen de certains points, compte tenu de ce qui s'est fait dans le passé.

36.   Le projet d'ordre du jour provisoire de la cinquante-cinquième session de la Commission, tel qu'il figure dans le document E/CN.4/1998/L.106, est adopté.

RAPPORT DE LA COMMISSION AU CONSEIL ÉCONOMIQUE ET SOCIAL SUR LES TRAVAUX DE SA CINQUANTE-QUATRIÈME SESSION (point 26 de l'ordre du jour) (E/CN.4/1998/L.10 et Add.1 à 21, E/CN.4/1998/L.11/et Add.1 à 7)

37.   M. KUZNIAR (Pologne), Rapporteur, présentant le projet de rapport de la Commission sur les travaux de sa cinquante-quatrième session dit que, comme dans le passé, ce rapport comprend deux parties: une compilation des 83 résolutions et 11 décisions adoptées à la session en cours, reproduite dans le document E/CN.4/1998/L.11 et Add.1 à 7, et le compte rendu des travaux, y compris le débat général et les votes au titre des divers points de l'ordre du jour, qui figure dans le document E/CN.4/1998/L.10 et Add.1 à 21. Le projet de rapport ne porte que sur les aspects procéduraux des travaux; les déclarations de fond figurent dans les comptes rendus analytiques des séances de la Commission. Le rapporteur fait également remarquer que, conformément aux nouvelles directives rédactionnelles, le rapport sur les travaux de la session en cours sera abrégé et les textes ou les modifications qui n'ont pas été adoptés n'y seront pas reproduits. Les membres qui souhaitent apporter des rectifications au rapport devront le faire le 8 mai 1998 au plus tard.

38.   Le PRÉSIDENT dit que, comme dans le passé, le projet de rapport sera adopté ad referendum, étant entendu que le Rapporteur en établira la version définitive avec l'aide du Secrétariat. S'il n'y a pas d'objection, le Président considérera que la Commission accepte cette procédure.

39.   Il en est ainsi décidé.

La séance est suspendue à 11 h 50; elle est reprise à 12 h 10.

CLÔTURE DE LA SESSION

40.   Mme ROBINSON (Haut-Commissaire aux droits de l'homme) félicite le Président et les membres de la Commission pour les résultats obtenus au bout de six semaines de délibérations sérieuses et pour l'adoption de décisions portant sur toute la gamme de questions liées aux droits de l'homme. Elle dit que la question que le Président a posée au début de la session – à savoir que la Commission devrait se demander à la fin si elle a changé quoi que ce soit à la vie des gens dans le monde entier, est une question qu'il convient de poser tous les jours. Le Président a dit à juste titre que les travaux de la Commission s'étendent sur toute une année, et pas uniquement sur six semaines.

41.   La session a permis d'obtenir de remarquables résultats, notamment l'approbation du projet de Déclaration sur les défenseurs des droits de l'homme, dont l'adoption par l'Assemblée générale représentera une contribution de poids au cinquantenaire de la Déclaration universelle des droits de l'homme. Mais l'adoption seule ne suffit pas: il faut que les déclarations soient mises en œuvre. L'assassinat du militant colombien des droits de l'homme Eduardo Umaña Mendoza a brutalement rappelé le prix que payent ceux qui consacrent leur vie à protéger les droits de l'homme. Pour commencer, en l'honneur de l'approbation du projet de déclaration, Mme Robinson espère sincèrement que toutes les personnes qui sont venues à la session faire part de leurs préoccupations au sujet des violations des droits de l'homme et des abus commis dans ce domaine pourront rentrer dans leurs pays respectifs sans crainte de représailles.

42.   Mme Robinson se félicite de la séance spéciale que la Commission a consacrée à la question de l'intégration des différences entre les sexes dans ses travaux, ainsi que du dialogue qu'elle a entamé avec la Commission de la condition de la femme. C'est un début prometteur qui permettra de mieux comprendre les questions dont traitent les deux organes et leur rôle.

43.   La session a également contribué à la reconnaissance par la Commission du rôle que jouent les institutions nationales dans la promotion et la protection des droits de l'homme. Le Haut Commissariat considère le renforcement des capacités nationales comme une question très importante; et il y a eu une augmentation encourageante du nombre de demandes d'assistance qu'il a reçues en vue de l'établissement et du renforcement d'institutions nationales. La résolution adoptée par la Commission sur ce point est un encouragement à cet égard.

44.   Mme Robinson se félicite de l'adoption par consensus d'une résolution visant à améliorer les travaux sur le droit au développement, ainsi que l'établissement de nouveaux mandats aux fins de la présentation de rapports sur les droits économiques, sociaux et culturels. Tout en accueillant avec satisfaction l'approche plus équilibrée de la Commission, le Haut Commissariat se trouve face à une tâche impossible qui consiste à répondre à des demandes en augmentation avec des ressources en diminution: il ne reçoit que 1,67 % du budget ordinaire de l'Organisation des Nations Unies. Aussi Mme Robinson se félicite-t-elle de l'adoption, pendant la séance en cours, de la résolution proposée par le Président demandant au Secrétaire général, au Conseil économique et social et à l'Assemblée générale de faire le nécessaire pour doter le Haut Commissariat des ressources suffisantes afin qu'il puisse s'acquitter des responsabilités et des mandats que lui ont confiés les États membres.

45.   Au cours de la session, la Commission a adopté une résolution sur la composition du personnel du Haut Commissariat. Tout en estimant que le critère d'une répartition géographique équitable doit s'appliquer dans tout le Secrétariat, Mme Robinson est consciente de la nécessité de répondre à certaines des préoccupations exprimées dans la résolution, et elle demande instamment aux États membres et aux observateurs d'œuvrer à l'établissement d'une optique commune sur ces questions. Elle saisit cette occasion pour informer la Commission que M. Bacre Ndiaye, Rapporteur spécial sur les exécutions extrajudiciaires, sommaires ou arbitraires et militant des droits de l'homme de longue date au sein des ONG, a été désigné pour occuper le poste de la classe D2 au bureau de New York, avec effet au 1er juin 1998.

46.   Enfin, Mme Robinson félicite la Commission pour être parvenue à un accord sur un ordre du jour réaménagé et sur un examen approfondi de ses propres mécanismes en vue d'en renforcer l'efficacité. Le Haut Commissariat se réjouit de collaborer étroitement à cet examen, qui viendra s'ajouter à la responsabilité qui lui incombe de rationaliser les activités et d'améliorer l'efficacité du programme relatif aux droits de l'homme.

47.   Le cinquantenaire de la Déclaration universelle des droits de l'homme n'est pas une occasion de célébration, mais de reconfirmation de la détermination à redresser les nombreux torts et injustices commis de par le monde. Par les travaux qu'elle a accomplis au cours de la session et par l'engagement qu'elle a pris de renforcer ses mécanismes, la Commission a bel et bien fait honneur à la Déclaration universelle.

48.   Le PRÉSIDENT, après avoir fourni des données statistiques sur la participation à la session, la durée des séances et le nombre de résolutions et de décisions adoptées, dit qu'il croit fermement qu'il a été répondu par l'affirmative à la question qu'il a posée au début de la session, de savoir si elle apporterait quelque chose à la promotion et la protection des droits de l'homme. Au bout de 13 ans de négociations, la Commission a adopté une déclaration sur les défenseurs des droits de l'homme. L'accent a été mis davantage sur les droits économiques, sociaux et culturels, notamment grâce à la création de nouveaux mécanismes axés sur le droit à l'éducation, le droit au développement et l'extrême pauvreté. Un dialogue informel a été organisé sur le thème des droits de la femme, une formule qui, il faut l'espérer, deviendra une caractéristique permanente de la Commission, dont l'attention serait ainsi axée, chaque année, sur un thème particulier.

49.   En outre, un groupe de travail à composition non limitée doit se réunir au cours de la session suivante afin de formuler des propositions à l'intention du Comité préparatoire de la Conférence mondiale contre le racisme, la discrimination raciale, la xénophobie et l'intolérance qui y est associée. La coopération entre États ainsi qu'entre États et organisations non gouvernementales a augmenté, tandis que les cas d'hostilité ouverte et de conflits se sont raréfiés. L'ordre du jour a été réaménagé et il a été prévu de procéder à un examen annuel; un organe a été mis sur pied pour examiner les mécanismes de la Commission et faire rapport à cette dernière à sa cinquante-cinquième session.

50.   Néanmoins, il reste encore des progrès à faire dans certains domaines. Premièrement, en dépit de l'adoption de la Déclaration, les défenseurs des droits de l'homme continuent d'être persécutés, certains ayant même perdu la vie. Quelques jours seulement auparavant, la Commission a observé une minute de silence à la mémoire d'un avocat colombien défenseur des droits de l'homme, assassiné, qui avait assisté à certaines de ses sessions précédentes. Le Président demande instamment à toutes les parties de faire en sorte que les principes énoncés dans la Déclaration soient respectés de tous et qu'aucun des participants à la session n'ait à craindre de représailles, une fois rentré dans son pays.

51.   Deuxièmement, le Président a l'impression que certaines questions font l'objet d'une approche "rituelle" et que la crainte de commettre un impair empêche d'adopter une approche souple; les États devraient résister à la tentation d'introduire à la Commission des différends bilatéraux, politisant ainsi inutilement ses travaux. Il estime que le système des groupes entrave la promotion et la protection des droits de l'homme. Il apparaît fréquemment que la solidarité de groupe prévaut sur la promotion et la protection des droits de l'homme.

52.   Troisièmement, l'insuffisance des ressources continue de peser sur le Haut Commissariat aux droits de l'homme. Le Président juge approprié que la Commission demande à l'Assemblée générale des ressources supplémentaires qui soient à la hauteur des exigences auxquelles le Haut Commissariat doit répondre. Simultanément, les États devraient continuer de compenser le manque de ressources prévues au budget ordinaire à l'aide de contributions volontaires, en particulier dans des domaines tels que le racisme et la torture.

53.   Quatrièmement, la Commission est toujours aux prises avec les notions d'acteurs qui ne sont pas des entités étatiques et de terrorisme en rapport avec les droits de l'homme et les atteintes à ces derniers. Il s'agit là d'une question qu'il faudra traiter dans les années à venir, dans le cadre également de l'instauration d'une cour pénale internationale.

54.   Enfin, il ressort des volumineux rapports établis par les rapporteurs spéciaux de la Commission que les droits de l'homme continuent d'être violés partout dans le monde, tandis que certains pays persistent à ne pas offrir aux rapporteurs spéciaux la coopération dont ils ont besoin pour accomplir leurs tâches.

55.   Après l'échange de félicitations et de remerciements d'usage, le Président prononce la clôture de la cinquante-quatrième session de la Commission des droits de l'homme.

La séance est levée à 12 h 50.

**Conseil Economique
et Social**

Distr.
GENERALE

E/CN.4/1998/SR.31
1er mai 1998

Original : FRANCAIS

COMMISSION DES DROITS DE L'HOMME

Cinquante-quatrième session

COMPTE RENDU ANALYTIQUE DE LA 31ème SEANCE

tenue au Palais des Nations, à Genève,
le vendredi 3 avril 1998, à 15 heures

Président : M. SELEBI (Afrique du Sud)
   puis : M. GALLEGOS CHIRIBOGA (Equateur)
   puis : M. SELEBI (Afrique du Sud)

SOMMAIRE

EXAMEN DES PROJETS DE RESOLUTION SE RAPPORTANT AUX POINTS 19, 13 ET 14 DE L'ORDRE DU JOUR

QUESTION DES DROITS DE L'HOMME DE TOUTES LES PERSONNES SOUMISES A UNE FORME QUELCONQUE DE DETENTION OU D'EMPRISONNEMENT, EN PARTICULIER :

a)   TORTURES ET AUTRES PEINES OU TRAITEMENTS CRUELS, INHUMAINS OU DEGRADANTS;

_____

Le présent compte rendu est sujet à rectifications.

Les rectifications doivent être rédigées dans l'une des langues de travail. Elles doivent être présentées dans un mémorandum et être également portées sur un exemplaire du compte rendu. Il convient de les adresser, une semaine au plus tard à compter de la date du présent document, à la Section d'édition des documents officiels, bureau E.4108, Palais des Nations, Genève.

Les rectifications éventuelles aux comptes rendus des séances de la présente session seront groupées dans un rectificatif unique qui sera publié peu après la clôture de la session.

GE.98-11761   (F)

SOMMAIRE (<u>suite</u>)

La séance est ouverte à 15 heures.

EXAMEN DES PROJETS DE RESOLUTION SE RAPPORTANT AUX POINTS 19, 13 ET 14 DE
L'ORDRE DU JOUR

Projet de résolution se rapportant au point 19 (E/CN.4/1998/L.18)

Projet de résolution E/CN.4/1998/L.18 (Question d'un projet de déclaration sur
le droit et la responsabilité des individus, groupes et organes de la société
de promouvoir et de protéger les droits de l'homme et les libertés
fondamentales universellement reconnus)

1.   M. WILLE (Norvège), présentant le projet de résolution au nom des
coauteurs, souligne qu'en adoptant le projet de déclaration qu'il contient,
la Commission apportera une contribution de poids à la célébration du
cinquantième anniversaire de la Déclaration universelle des droits de l'homme
et traduira de manière concrète son soutien à ceux qui oeuvrent en première
ligne à la promotion et à la protection de ces droits dans le monde entier.
L'efficacité du groupe de travail chargé de rédiger ce projet, efficacité due
à l'esprit de compromis constructif qui a caractérisé ses travaux, est la
preuve même de ce qu'il est possible d'accomplir lorsque la volonté existe de
travailler ensemble à la réalisation d'un objectif commun. M. Wille compte
bien que ce projet sera adopté sans vote, voire par acclamation.

2.   Mme KLEIN (Secrétaire de la Commission) dit que les délégations des pays
suivants : Belarus, Belgique, Bolivie, Botswana, Bulgarie, Costa Rica,
Fédération de Russie, Géorgie, Grèce, Guatemala, Inde, Israël, République de
Corée et Uruguay, se sont portées coauteurs du projet de résolution.

3.   M. MARTINEZ (Cuba) ne doute pas un instant que ce projet de résolution,
qui conclut de façon particulièrement heureuse le débat sur le point 19, sera
adopté par consensus. Il se félicite en particulier du contenu du paragraphe 3
de son dispositif, qui permettra à la Commission d'approfondir sa réflexion
sur la manière de soutenir les efforts déjà entrepris, notamment par le biais
des divers mécanismes de la Commission et de la Sous-Commission ou encore des
organes conventionnels, pour faire respecter le droit, tant des individus que
des groupes ou des organisations non gouvernementales, de veiller au respect
des droits de l'homme et des libertés fondamentales. M. Martinez espère que le
projet de déclaration contenu dans le projet de résolution sera adopté par
l'Assemblée générale à sa prochaine session.

4.   Le projet de résolution E/CN.4/1998/L.18 est adopté par acclamation.

5.   Le Président déclare clos l'examen du point 19 de l'ordre du jour.

Projets de résolution se rapportant au point 13 (E/CN.4/1998/L.12, L.13
et L.14)

Projet de résolution E/CN.4/1998/L.12 (Question de la peine de mort)

6.   M. TOSCANO (Italie), présentant le projet de résolution, souligne que
l'approche adoptée dans ce projet est celle du dialogue et d'une progression
graduelle vers des objectifs qui sont les suivants : respect ponctuel des

obligations qui découlent d'instruments internationaux librement souscrits; application des garanties et protection des droits des condamnés à la peine capitale; réduction progressive du nombre d'infractions qui emportent la peine de mort; et moratoire sur les exécutions capitales. Ce projet va dans le sens indiqué par le Secrétaire général dans son rapport publié sous la cote E/CN.4/1998/82 et Corr.1, à savoir que la communauté des Etats tend à prendre des distances par rapport à la peine capitale. Dans le projet de résolution, il est demandé au Secrétaire général de continuer à mettre à jour son analyse sur les changements dans les législations et dans les pratiques nationales en la matière. Enfin, le texte vise à favoriser la poursuite du dialogue non seulement avec les Etats qui partagent les objectifs des coauteurs, mais aussi et surtout, avec ceux qui ont voulu réitérer leurs réserves dans le document E/CN.4/1998/156.

7. M. XIE BOHUA (Chine) fait observer que la Suisse n'étant pas membre de la Commission des droits de l'homme, il convient de faire suivre la mention de ce pays parmi les auteurs du projet de résolution de l'astérisque qui renvoie à la note de bas de page.

Explications de vote avant le vote

8. M. ZAKI (Pakistan) fait observer que le projet de résolution à l'examen reconnaît la possibilité d'imposer la peine de mort pour les crimes les plus graves, comme le reconnaît aussi le paragraphe 2 de l'article 6 du Pacte international relatif aux droits civils et politiques. C'est le cas au Pakistan, où la peine capitale n'est appliquée qu'exceptionnellement, dans le respect de la légalité et après confirmation de la sentence par une instance supérieure. L'accusé peut en appeler à la Haute Cour ou à la Cour suprême et demander la grâce présidentielle, laquelle a plusieurs fois été accordée. Au cas où le projet de résolution serait mis aux voix, le Pakistan se verra obligé de voter contre ce texte.

9. M. LEPATAN (Philippines) ne peut appuyer un texte qui demande l'abolition progressive de la peine de mort ou l'établissement d'un moratoire sur les exécutions parce que la peine de mort est inscrite dans la Constitution du pays, texte fondamental qui traduit la volonté souveraine du peuple philippin. Il appartient à chaque pays de décider d'appliquer ou non la peine capitale pour protéger les individus contre les auteurs de crimes odieux. M. Lepatan souhaite qu'il soit bien clair qu'aux Philippines la peine de mort n'est prononcée que pour de tels crimes, que la légalité et les droits de l'accusé, y compris celui de demander la grâce ou une commutation de la peine, sont pleinement respectés, que les mineurs de moins de 18 ans ne peuvent être condamnés à mort, et que la peine capitale est appliquée selon des procédures humaines.

10. En conséquence, tout en respectant le droit des pays d'avoir un point de vue différent du leur, les Philippines ne se considéreront pas liées par les dispositions de ce texte s'il est adopté, et s'abstiendront s'il est mis aux voix.

11. M. MOOSE (Etats-Unis) dit qu'en vertu des normes internationales, y compris des dispositions du Pacte international relatif aux droits civils et politiques, et des pratiques démocratiques, la question de l'abolition ou du

maintien de la peine capitale est du ressort de chaque Etat. Si certains ont décidé d'abolir cette peine, d'autres, dont la majorité des Etats qui constituent les Etats-Unis, ont opté pour son maintien. Cette question est au centre d'un débat très vif aux Etats-Unis et ce pays entend rester seul maître de ses décisions dans ce domaine. La délégation des Etats-Unis ne peut donc appuyer le projet de résolution à l'examen.

12. <u>M. MORJANE</u> (Tunisie) souligne que l'article 5 de la Constitution tunisienne consacre le principe de l'intégrité de la personne humaine et de l'inviolabilité de la vie. En conséquence, la peine de mort n'est prononcée que dans des cas extrêmes. D'ailleurs, les dernières exécutions en Tunisie remontent à 1992, autant dire que la peine de mort y est supprimée de fait. La délégation tunisienne s'abstiendra, si le projet de résolution à l'examen est mis aux voix.

13. <u>M. SINWIE</u> (Bhoutan) dit que son pays n'est pas opposé aux objectifs que poursuivent les auteurs du projet de résolution à l'examen. Toutefois, et bien que la peine capitale n'ait plus été appliquée au Bhoutan depuis 1964, ce qui revient à un moratoire de fait sur les exécutions capitales, la délégation bhoutanaise ne peut appuyer le projet de résolution L.12, car celui-ci est contraire au droit des Etats souverains et de leur peuple de déterminer eux-mêmes les dispositions juridiques et les sanctions propres à favoriser la paix, la sécurité et la justice.

14. <u>M. ZAFERA</u> (Madagascar) dit que si le Code pénal malgache adopté en 1960 au moment de l'indépendance du pays prévoit la peine capitale pour les crimes commis avec circonstances aggravantes ou les infractions graves attentatoires à la sécurité intérieure ou extérieure du pays, les juridictions criminelles malgaches n'ont prononcé depuis lors que deux ou trois condamnations à la peine capitale, lesquelles ont d'ailleurs été commuées en travaux forcés à perpétuité après recours en grâce ou pourvoi en cassation. Par conséquent, si le projet de résolution L.12 est mis aux voix, le vote de la délégation malgache sera guidé par ces considérations.

15. <u>Sur la demande du représentant des Etats-Unis, appuyé par le représentant du Rwanda, le projet de résolution E/CN.4/1997/L.12 est mis aux voix.</u>

16. <u>Sur la demande du représentant de l'Italie, il est procédé au vote par appel nominal.</u>

17. <u>L'appel commence par le Mexique, dont le nom est tiré au sort par le Président.</u>

<u>Votent pour</u> :   Allemagne, Afrique du Sud, Argentine, Autriche, Bélarus, Brésil, Canada, Cap-Vert, Chili, Congo, Danemark, Equateur, Fédération de Russie, France, Irlande, Italie, Luxembourg, Mexique, Népal, Pérou, Pologne, République tchèque, Royaume-Uni, Ukraine, Uruguay, Venezuela.

> Votent contre : Bangladesh, Botswana, Bhoutan, Chine, Etats-Unis,
> Indonésie, Japon, Malaisie, Pakistan, République
> de Corée, République démocratique du Congo, Rwanda,
> Soudan.

> S'abstiennent : Cuba, El Salvador, Guatemala, Guinée, Inde,
> Madagascar, Maroc, Ouganda, Philippines, Sénégal,
> Sri Lanka, Tunisie.

18. Par 26 voix contre 13, avec 12 abstentions, le projet de
résolution E/CN.4/1998/L.12 est adopté.

Explication de vote après le vote

19. M. CHOWDHURY (Bangladesh) explique que si sa délégation n'a pas été
en mesure de voter pour le projet dans l'état actuel des choses, elle n'en
espère pas moins que la situation dans son pays évoluera et qu'il lui sera
alors possible, dans un avenir assez proche, de se prononcer pour l'abolition
de la peine de mort.

Projet de résolution E/CN.4/1998/L.13 (Etat des Pactes internationaux relatifs
aux droits de l'homme)

20. M. WILLE (Norvège), présentant le projet de résolution L.13, dit que ce
texte réaffirme l'importance des pactes relatifs aux droits de l'homme et
appelle tous les Etats qui ne l'ont pas encore fait à y adhérer ainsi qu'aux
protocoles facultatifs qui s'y rapportent. La Haut-Commissaire aux droits de
l'homme a rappelé elle-même, le 19 mars, qu'il était nécessaire de réaffirmer
les engagements pris à Vienne et d'envisager la possibilité de parvenir, si
possible dans les cinq ans qui viennent, à la ratification universelle des
six grands instruments internationaux relatifs aux droits de l'homme.

21. L'intervenant appelle ensuite l'attention de la Commission sur les
paragraphes 4, 5 et 7, dans lesquels les Etats parties sont invités à
s'acquitter rigoureusement de leurs obligations conventionnelles et à éviter
l'érosion des droits de l'homme par des dérogations qui ne tiendraient pas
compte des conditions et procédures prévues à l'article 4 du Pacte
international relatif aux droits civils et politiques, ou par des réserves
trop générales ou incompatibles avec l'objet et le but de l'instrument visé.
Les paragraphes 12 et 13 rappellent aux Etats parties leur obligation de
présenter leurs rapports en temps voulu et l'utilité des observations
formulées à l'issue de l'examen de ces rapports par les organes
conventionnels, notamment le Comité des droits de l'homme et le Comité des
droits économiques, sociaux et culturels.

22. M. Wille signale que le paragraphe 11 a été modifié comme suit :
"Prend note de l'Observation générale 26 adoptée par le Comité des droits de
l'homme et des Observations générales 7 et 8 adoptées par le Comité des droits
économiques, sociaux et culturels ...".

23.   Mme KLEIN (Secrétaire de la Commission) annonce que la Bulgarie,
l'Espagne, la France, le Guatemala, Madagascar, les Pays-Bas, le Portugal,
la Roumanie, l'Ukraine et l'Uruguay se sont portés coauteurs du projet de
résolution.

24.   Le projet de résolution E/CN.4/1998/L.13 est adopté sans être mis
aux voix.

Projet de résolution E/CN.4/1998/L.14 (cinquantième anniversaire de la
Convention pour la prévention et la répression du crime de génocide)

25.   Le PRESIDENT fait observer que, par suite d'une négligence, le nom du
principal auteur du projet de résolution, à savoir l'Arménie, a été omis de la
liste des pays qui sont à l'origine de ce texte.

26.   M. NAZARIAN (Arménie), présentant le projet de résolution, appelle
l'attention sur l'importance que continue de revêtir la Convention pour la
prévention et la répression du crime de génocide. Il invite les Etats membres
de la Commission à réaffirmer, en cette année où l'on célèbre le cinquantième
anniversaire de cette convention, les obligations qu'ils ont contractées en
y adhérant. Il souligne aussi que le projet de résolution invite les Etats qui
ne l'ont pas encore fait à ratifier cette convention, et la communauté
internationale dans son ensemble à redoubler d'efforts pour que ses
dispositions soient pleinement et efficacement appliquées. M. Nazarian espère
que le projet de résolution à l'examen sera adopté par consensus.

27.   Mme KLEIN (Secrétaire de la Commission) donne la liste des pays qui
sesont joints aux auteurs du projet, à savoir : le Bangladesh, la Belgique, le
Brésil, la Bulgarie, le Canada, Cuba, Israël, la Malaisie, la
Nouvelle-Zélande, les Pays-Bas et le Portugal.

28.   Le projet de résolution E/CN.4/1998/L.14 est adopté sans être mis
aux voix.

29.   Le PRESIDENT déclare clos l'examen du point 13 de l'ordre du jour.

Projet de résolution se rapportant au point 14 de l'ordre du jour
(E/CN.4/1998/L.15)

Projet de résolution (E/CN.4/1998/L.15) (application effective des instruments
internationaux relatifs aux droits de l'homme, y compris l'obligation de
présenter des rapports à ce titre)

30.   M. SPLINTER (Canada), présentant le projet de résolution
E/CN.4/1998/L.15, apporte les modifications rédactionnelles suivantes :
au paragraphe 1 du dispositif les mots "proposées lors", sont supprimés;
au paragraphe 15, il faut ajouter les mots "de leurs engagements en vertu"
après les mots "mise en oeuvre"; enfin, au paragraphe 21, l'expression
"de haute moralité" est remplacée par les mots "connues pour leur haute
moralité et leur impartialité". Le projet de résolution vise à l'adoption
de mesures concrètes pour accroître l'efficacité du système des organes
conventionnels, notamment en trouvant les ressources additionnelles
nécessaires et en améliorant les procédures de présentation de rapports.

Par ailleurs, les gouvernements, les institutions spécialisées et autres organismes des Nations Unies, les organisations intergouvernementales et non gouvernementales ainsi que les personnes intéressées sont invités à faire part de leurs vues sur les rapports des experts indépendants. Le projet de résolution rappelle aussi l'importance des principes de la répartition géographique équitable des membres des organes conventionnels ainsi que de leur compétence et de leur impartialité, et demande aux Etats parties d'examiner les moyens de mieux donner effet à ces principes. Enfin, il accueille avec satisfaction la contribution que les organes conventionnels, dans le cadre de leur mandat, apportent à la prévention des violations de droits fondamentaux. La délégation canadienne souhaite que le projet de résolution, qui est le fruit de discussions longues, franches et constructives, soit adopté sans vote.

31.   Mme KLEIN (Secrétaire de la Commission) annonce que l'Allemagne, Andorre, l'Argentine, le Chili, la France, l'Irlande, l'Italie, le Japon, le Liechtenstein, les Pays-Bas, la Pologne, le Portugal, la République de Corée, le Royaume-Uni de Grande-Bretagne et d'Irlande du Nord, la Suède, la Suisse, l'Ukraine et l'Uruguay se portent coauteurs du projet de résolution.

32.   M. COMBA (Fonctionnaire des finances du Secrétariat) donne lecture des incidences financières des dispositions contenues aux paragraphes 14 et 19 du dispositif du projet de résolution, lesquelles se montent à 360 000 et 6 200 dollars des Etats-Unis.

33.   M. SPLINTER (Canada) et M. FERNANDEZ PALACIOS (Cuba), se déclarant surpris par ces incidences financières dont ils n'avaient pas été informés, vu l'importance des montants indiqués, proposent de différer l'adoption d'une décision sur le projet de résolution.

34.   Il en est ainsi décidé.

QUESTION DES DROITS DE L'HOMME DE TOUTES LES PERSONNES SOUMISES A UNE FORME QUELCONQUE DE DETENTION OU D'EMPRISONNEMENT, EN PARTICULIER :

a)   TORTURES ET AUTRES PEINES OU TRAITEMENTS CRUELS, INHUMAINS OU DEGRADANTS

b)   ETAT DE LA CONVENTION CONTRE LA TORTURE ET AUTRES PEINES OU TRAITEMENTS CRUELS, INHUMAINS OU DEGRADANTS

c)   QUESTION DES DISPARITIONS FORCEES OU INVOLONTAIRES

d)   QUESTION D'UN PROJET DE PROTOCOLE FACULTATIF SE RAPPORTANT A LA CONVENTION CONTRE LA TORTURE ET AUTRES PEINES OU TRAITEMENTS CRUELS, INHUMAINS OU DEGRADANTS (point 8 de l'ordre du jour) (suite) (E/CN.4/1998/5, 32, 33, 34, 35, 36/Rev.1, 37 et Add.1 à 2, 38 et Add.1 à 2, 39 et Add.1 et Add.3 à 5, 40 et Add.1 à 2, 41, 42 et Corr.1, 43, 44 et Add.1 à 2, 111, 129, 139 et 153; E/CN.4/1998/NGO/82 et 99; A/52/387)

35.   M. ZAKI (Pakistan) dit que la Constitution de son pays, qui reprend la quasi-totalité des articles de la Déclaration universelle des droits de l'homme, protège pleinement les droits de l'homme et les libertés fondamentales. Elle affirme notamment l'inviolabilité de la dignité de l'homme et interdit la torture ainsi que les arrestations et détentions arbitraires.

Malgré les difficultés héritées des précédents gouvernements, le Gouvernement du Premier Ministre, M. Sharif, s'efforce de traduire dans les faits les garanties énoncées dans la Constitution pakistanaise. Le Pakistan est également une démocratie dotée d'un pouvoir judiciaire qui protège résolument les droits des citoyens, d'une presse farouchement indépendante et d'une société civile très organisée et active.

36.   Le Gouvernement pakistanais doit faire face à toute une série de problèmes, dont le plus prégnant est celui de la pauvreté et du sous-développement, et qui ont été aggravés par le conflit en Afghanistan. Celui-ci a eu des conséquences économiques et sociales néfastes, notamment en raison de la prolifération des armes et de la drogue. Par ailleurs, le Pakistan a généreusement accueilli trois millions de réfugiés afghans. Un autre pays voisin, l'Inde, a contribué à exacerber les difficultés rencontrées. Face à l'échec de la répression au Cachemire, ce pays finance les groupes terroristes qui commettent des attentats à Karachi et dans les autres villes du Pakistan. Le Gouvernement pakistanais est déterminé à combattre le terrorisme urbain, le sectarisme et toute autre forme de sabotage avec les ressources dont il dispose, conformément aux principes démocratiques ainsi que dans le respect de la Constitution et de la loi pakistanaises et des obligations internationales contractées.

37.   Dans son rapport (E/CN.4/1998/38, par. 153), le Rapporteur spécial sur la torture reconnaît que la plupart des problèmes mentionnés sont antérieurs à l'élection du Gouvernement pakistanais en place. La délégation pakistanaise donne l'assurance que les "fers" destinés à entraver les détenus ne seront plus utilisés. Elle se félicite des travaux du Groupe de travail sur les disparitions forcées et involontaires et estime que le Haut-Commissariat aux droits de l'homme doit apporter à celui-ci l'appui dont il a besoin. Le Gouvernement pakistanais poursuit son dialogue avec les mécanismes des Nations Unies.

38.   La délégation pakistanaise déplore que son pays ait fait l'objet d'une campagne de calomnies de la part d'organisations non gouvernementales financées par l'Inde. Si ces ONG étaient véritablement soucieuses de défendre les droits de l'homme, elles commenceraient par condamner les violations massives de ces droits qui sont perpétrées dans le Jammu-et-Cachemire occupé. L'Inde refuse qu'une enquête impartiale ait lieu sur la situation des droits de l'homme dans cet Etat, de même qu'elle refuse que des organisations de défense des droits de l'homme ou que des mécanismes des Nations Unies s'y rendent, ce qui n'est pas pour surprendre à la lecture du rapport du Rapporteur spécial sur la torture (E/CN.4/1998/38, par. 113).

39.   M. LONG Xuequn (Chine) dit que le Gouvernement chinois a adopté une attitude ferme qui consiste à interdire la torture et autres peines ou traitements cruels, inhumains ou dégradants, et à prendre des mesures à cet effet dans les domaines législatif, administratif et judiciaire. Les dispositions du Code pénal entrées en vigueur le 1er octobre 1977 condamnent et punissent clairement les arrestations illégales, l'obtention d'aveux par la torture et les châtiments corporels dans les centres de détention. Le Gouvernement chinois s'est également attaché à renforcer les mécanismes de prévention et de surveillance qui peuvent être saisis directement et enquêter sur les délits susmentionnés. Les députés du Congrès

du peuple et les membres des conférences consultatives politiques sont
habilités à inspecter les prisons et les centres de détention. Les détenus
sont autorisés a recevoir la visite de journalistes et de proches. Outre les
mécanismes susmentionnés de supervision juridique, administrative et sociale
qui ont joué un rôle important pour prévenir et interdire la torture, le
Gouvernement chinois a lancé des campagnes d'information et organisé des cours
de formation à l'intention du personnel chargé de l'application des lois.

40.   La Chine respecte toutes les provisions pertinentes de la Convention
contre la torture et autres peines ou traitements cruels, inhumains ou
dégradants et présente au Comité contre la torture les rapports demandés sur
l'application de cette Convention. Elle participe également au groupe de
travail chargé de la rédaction d'un projet de protocole facultatif se
rapportant à la Convention. Elle estime que ce protocole devrait refléter
l'ensemble des principes énoncés dans la Charte des Nations Unies tels que le
principe du respect de la souveraineté des Etats, et que le Groupe de travail
doit poursuivre ses travaux avec prudence afin que l'on puisse adopter un
texte qui donne satisfaction à toutes les parties. Enfin, le Gouvernement
chinois examinera attentivement les recommandations que le Groupe de travail
sur la détention arbitraire a formulées dans le rapport présenté sur sa visite
en République populaire de Chine (E/CN.4/1998/44/Add.2).

41.   Mme BEDNAREK (Pologne) se félicite que dans son rapport (E/CN.4/1998/40),
le Rapporteur spécial sur la promotion et la protection du droit à la liberté
d'opinion et d'expression, M. Hussain, ait examiné un certain nombre de
problèmes spécifiques, notamment ceux qui se posent dans les médias des pays
en transition et dans le cadre des élections. A ce propos, elle partage
l'opinion du Rapporteur spécial selon laquelle l'une des meilleures garanties
de respect du droit à la liberté d'expression et de l'information réside dans
l'existence de médias indépendants détenus par des propriétaires différents et
caractérisés par une autorégulation maximale et une intervention de l'Etat
minimale.

42.   La délégation polonaise fait toutefois observer que les pays en
transition ne peuvent se contenter d'adapter leur législation aux normes
internationales. Il faut d'abord que le monopole d'Etat qui régissait
l'ensemble du secteur des médias soit démantelé. Pour cela, il faut
redistribuer la propriété des organes de communication entre les différents
groupes qui composent la société civile. Cette redistribution équitable des
organes d'information est une condition préalable à la jouissance de la
liberté d'expression dans une société véritablement démocratique et
pluraliste. Il faut parfois prendre des mesures pour éviter la concentration
excessive des médias dans les mains de quelques propriétaires. De l'avis de la
délégation polonaise, il appartient à chaque pays de trouver une solution
permettant de concilier la protection du droit à la propriété et la liberté
d'expression.

43.   La délégation polonaise se félicite de la recommandation du Rapporteur
spécial visant à ce que les discussions à venir sur la réalisation du droit
au développement tiennent pleinement compte de la nécessité de promouvoir et
de protéger le droit de rechercher, de recevoir et de diffuser l'information.
En ce qui concerne la situation en Pologne, elle assure le Rapporteur spécial

qu'une suite sera donnée aux recommandations formulées dans le rapport consacré à sa visite (E/CN.4/1998/40/Add.2).

44.   M. MORJANE (Tunisie) dit que la Commission des droits de l'homme a contribué, depuis sa création, à une prise de conscience universelle de l'importance des droits de l'homme et a joué un rôle majeur pour les promouvoir et en garantir l'application effective à travers les divers et nombreux mécanismes qu'elle a mis progressivement en place. Il note par ailleurs que, depuis quelques années, les pays se sont employés à réunir les conditions permettant à chacun de jouir de tous ses droits civils et politiques et des droits économiques, sociaux et culturels conformément à la Déclaration universelle des droits de l'homme et aux pactes internationaux. Toutefois, les efforts déployés se heurtent souvent au poids des réalités sociologiques, économiques et culturelles qui entravent parfois la promotion pleine et entière de ces droits.

45.   La délégation tunisienne fait observer que la jouissance réelle des droits de l'homme ne peut se faire que dans le cas d'une société soucieuse du respect de l'équilibre entre les intérêts de la collectivité dans son ensemble et ceux de l'individu en tant que tel. Par ailleurs, le développement économique, social et culturel et le niveau d'éducation des citoyens favorisent la jouissance des droits de l'homme dans leur ensemble. Enfin, la promotion de ces droits est un engagement quotidien axé notamment sur l'éducation.

46.   Depuis 1987, le Président tunisien, M. Ben Ali, s'est employé à édifier une société moderniste, ouverte et équilibrée en adoptant une démarche globale et progressive. Sur le plan politique et institutionnel, plusieurs réformes ont été entreprises pour consolider la primauté du droit, conforter les fondements du régime républicain, développer l'esprit civique, consacrer la démocratie dans les textes et la concrétiser dans la réalité, favoriser la liberté d'opinion et d'expression, et renforcer les libertés individuelles et publiques. Elles se sont traduites notamment par l'amendement du Code de la presse en 1988 et en 1993 en vue de garantir la liberté d'opinion et d'expression, par l'amendement de la loi sur les associations en 1988 et en 1992, afin de promouvoir la société civile, et par la promulgation en 1988 d'une réglementation régissant l'organisation des prisons, qui est conforme aux normes internationales. Par ailleurs, le Président du Comité supérieur des droits de l'homme et des libertés fondamentales est habilité à effectuer des visites inopinées dans les prisons, sans préavis, pour s'enquérir des conditions de détention.

47.   Parmi les réformes les plus récentes, la délégation tunisienne souligne la révision de la Constitution d'octobre 1997, qui a intégré et consacré le multipartisme. Par ailleurs, un projet d'amendement du Code électoral est en discussion pour réformer le mode de scrutin adopté depuis les dernières élections législatives en 1994, qui a permis à l'opposition de faire son entrée pour la première fois à la Chambre des députés. En ce qui concerne l'indépendance du pouvoir judiciaire consacrée par la Constitution, elle est assurée par le Conseil supérieur de la magistrature. La Tunisie s'est également ouverte aux nouvelles technologies de l'information en garantissant l'accès à tous les individus et associations au réseau mondial Internet.

48.   La délégation tunisienne regrette de constater que, malgré les efforts faits pour privilégier le dialogue et la concertation au détriment de la confrontation et des surenchères, certaines ONG ont préféré se prêter à la manipulation et se livrer à la désinformation en colportant des allégations infondées sur son pays. En agissant ainsi, ces ONG dissimulent des objectifs politiciens inavoués, car le noble souci de défendre les droits de l'homme ne saurait se confondre avec la volonté de vouloir à tout prix nuire à certains pays.

49.   M. ERMAKOV (Fédération de Russie) dit que, lorsqu'il s'est engagé dans la voie de la démocratisation, son pays a accordé la priorité à la réforme de l'administration de la justice pénale et du système pénitentiaire. Celui-ci laissait en effet beaucoup à désirer pour différentes raisons. En premier lieu, il n'est pas facile de venir à bout d'un passé totalitaire. En deuxième lieu, la plupart des prisons russes, construites au XIXe siècle, sont dans un état de délabrement auquel il n'est pas possible de remédier rapidement en raison du manque de ressources financières.

50.   Les réformes mises en oeuvre dans le domaine de la justice se sont traduites par l'adoption d'un nouveau code pénal et d'un nouveau code d'application des peines. De même, l'élaboration d'un code de procédure pénale est à l'ordre du jour. Par ailleurs, le pardon présidentiel accordé à 300 000 condamnés a contribué à soulager le système pénitentiaire et, partant, à améliorer les conditions de vie des détenus.

51.   Conformément aux recommandations du Conseil de l'Europe, le contrôle de l'administration pénale a été transféré du Ministère de l'intérieur au Ministère de la justice. Les projets de loi correspondants ont déjà été soumis à la douma. Enfin, il convient de signaler que le Parlement russe a ratifié, il y a un mois, la Convention européenne pour la prévention de la torture et des peines ou traitements inhumains ou dégradants.

52.   Compte tenu de l'importance qu'elle attache aux mécanismes de la Commission et au rôle qu'ils jouent, notamment en Russie, la délégation russe espère que les mandats du Rapporteur spécial sur la torture et du Groupe de travail sur les disparitions forcées ou involontaires seront prolongés à la présente session. A ce propos, la Russie déplore que le nombre d'Etats signataires de la Convention contre la torture n'augmente pas plus rapidement, alors qu'il s'agit là d'un instrument international fondamental. De même, il faut espérer que le Protocole facultatif se rapportant à la Convention, qui ne peut que renforcer l'efficacité de celle-ci, sera mis au point sans délai.

53.   La délégation russe tient à appeler l'attention sur une question très préoccupante, à savoir la pratique barbare, malheureusement de plus en plus répandue dans le monde, qui consiste dans la prise d'otages. La délégation russe entend présenter un projet de résolution sur cette question, dont elle espère qu'il recevra le plein appui des membres de la Commission.

54.   M. VIGNY (Observateur de la Suisse) considère que la Commission des droits de l'homme a l'obligation morale et politique de prolonger pour trois ans le mandat du Groupe de travail sur les disparitions forcées ou involontaires. Les chiffres publiés par le Groupe de travail dans son dernier rapport font en effet état de 22 pays où ont été signalés plus de 100 cas de

telles disparitions, ces 25 dernières années. Il s'agit de 9 pays d'Amérique latine, de 7 pays d'Asie, de 4 pays d'Afrique et de 2 pays d'Europe. Pour être en mesure de lutter contre ce phénomène abject, le Groupe de travail doit pouvoir se rendre sur place. Si l'Iraq lui refuse depuis toujours l'accès à son territoire, il semble que la Colombie, la Turquie, le Yémen et l'Iran soient mieux disposés à cet égard. La Suisse lance un appel aux autorités de ces pays pour qu'elles permettent au Groupe de travail de se rendre sur leur territoire cette année encore.

55.   De même, la Commission des droits de l'homme doit aussi prolonger de trois ans le mandat du Rapporteur spécial sur la torture, lequel doit, lui aussi, pouvoir se rendre dans les pays où il est allégué que la torture est pratique courante. La Suisse compte ainsi sur les promesses faites dans ce sens au Rapporteur spécial par l'Egypte, le Cameroun et, tout particulièrement, la Turquie. La Suisse prie aussi instamment l'Algérie de permettre à M. Nigel Rodley de se rendre sur place en compagnie du Rapporteur spécial sur les exécutions extrajudiciaires sommaires ou arbitraires. La Suisse en appelle également à la Chine, à l'Inde, à l'Indonésie et au Kenya pour que les demandes de visite qui leur ont été adressées par le Rapporteur spécial reçoivent une réponse positive. La Colombie devrait assurer le suivi de la mission de ce dernier en l'informant des mesures prises suite à ses recommandations. Il en est de même du Pakistan qui a déjà donné à la Commission des assurances orales sur le suivi de la mission du Rapporteur spécial dans ce pays en 1994.

56.   Les efforts tendant à éliminer la torture doivent avant tout être centrés sur la prévention. C'est pourquoi il convient que soit rapidement adopté le protocole facultatif se rapportant à la Convention contre la torture, dont l'initiative avait été lancée par le Costa Rica et la Suisse.

57.   Mme GWANMESIA (Observatrice du Cameroun) tient à rappeler que son pays a répondu en détail aux allégations formulées par M. Rodley aux paragraphes 44 à 46 de son rapport E/CN.4/1998/38/Add.1, concernant des violations des droits de l'homme au Cameroun. Ce faisant, le Cameroun a montré l'importance qu'il attache au mandat du Rapporteur spécial.

58.   La législation d'exception a été abolie au Cameroun en 1990. La même année, il a été créé une Commission nationale des droits de l'homme et des libertés dont le rôle est de connaître des plaintes relatives à des violations de ces droits. Les membres de ladite Commission se rendent dans les prisons afin de s'assurer que les détenus n'y sont pas victimes d'abus. Enfin, le 18 janvier 1996, le Cameroun s'est doté d'une nouvelle Constitution qui contient des garanties touchant les droits des détenus et, en novembre de la même année, l'Assemblée nationale a modifié le Code pénal camerounais afin d'y introduire le délit de torture. Récemment, deux commissaires de police de Yaoundé impliqués dans des actes de torture ayant causé la mort d'un détenu ont été inculpés.

59.   Si les autorités camerounaises n'approuvent nullement les actes contraires à la loi commis par des agents de la fonction publique, par ailleurs elles n'admettent pas non plus que les victimes, réelles ou prétendues, de tels actes fassent parvenir sournoisement des informations à des missions ou organisations étrangères afin d'obtenir leur soutien,

alors qu'elles ont commis parfois de graves infractions à la loi. Il convient de rappeler d'autre part que la détention n'est jamais exempte de peine, ne serait-ce que parce qu'elle prive l'individu de sa liberté. C'est là un fait qui n'est pas contesté, y compris dans les instruments internationaux tels que la Convention contre la torture. Quant aux agents des services de répression, leur tâche est difficile, ainsi que le reconnaît le Code de conduite pour les responsables de l'application des lois, adopté par l'Assemblée générale dans sa résolution 34/169. Le surpeuplement des centres de détention, leur caractère archaïque et leur insalubrité, tous problèmes que la situation financière difficile du pays ne permet pas de résoudre rapidement, rendent plus pénible encore le sort des détenus. La formation du personnel du système pénitentiaire est également, à cet égard, une préoccupation majeure du Gouvernement camerounais. Pour améliorer rapidement la situation dans ce domaine, la délégation camerounaise lance un appel au Haut-Commissariat aux droits de l'homme pour qu'il fournisse une assistance à son pays. Enfin, le respect des droits de l'homme est incompatible avec la pauvreté et c'est dans ce domaine que la communauté internationale doit intervenir en premier lieu.

60.   En conclusion, la délégation camerounaise réitère l'invitation adressée oralement au Rapporteur spécial, M. Nigel Rodley, pour qu'il se rende au Cameroun.

61.   M. DAUDIN (Comité international de la Croix-Rouge - CICR), intervenant au titre du point 8 de l'ordre du jour, note qu'au cours des 15 dernières années, les capacités d'observation et de prévention des violations ont notablement augmenté et il insiste sur l'importance de la complémentarité des actions menées.

62.   Le CICR intervient pour soutenir les personnes privées de liberté. Au départ, son champ d'action se limitait aux conflits armés, mais aujourd'hui, il intervient de plus en plus dans des situations de crise quelles qu'elles soient. Le CICR travaille avec le consentement des autorités concernées et sans se prononcer sur les motifs des incarcérations. Son approche consiste à responsabiliser les autorités compétentes en établissant avec elles un dialogue approfondi et en formulant à leur adresse des recommandations constructives et réalistes.

63.   Le CICR est quelquefois amené à se substituer aux autorités défaillantes en apportant une aide dans des domaines comme la santé, l'alimentation ou l'hygiène. Il note d'ailleurs avec préoccupation que, dans un nombre croissant de pays, les conditions matérielles de détention se détériorent au point de menacer l'intégrité physique, voire la vie des détenus.

64.   M. Daudin conclut en réaffirmant que le CICR n'a ni la prétention, ni les moyens de défendre tous les droits des détenus; son organisation cherche avant tout à favoriser la réconciliation, en mettant l'accent sur le renforcement des capacités nationales et institutionnelles et la coopération, et elle invite la communauté internationale à oeuvrer en ce sens.

65.   M.SOUALEM (Algérie), intervenant au titre du point 8 de l'ordre du jour, tient à rappeler que le Gouvernement algérien a toujours fait preuve de coopération avec les mécanismes de la Commission des droits de l'homme et entend poursuivre cette coopération dans la transparence et la sérénité.

Il fait observer que l'efficacité de ces mécanismes repose sur un examen objectif des allégations reçues.

66.   Il déplore à ce propos que, dans la partie de son rapport qui concerne l'Algérie, le Rapporteur spécial sur la torture n'ait pas appliqué ce principe et ait cru devoir reproduire mot à mot les allégations contenues dans un document d'une ONG notoirement hostile à son pays.

67.   Il convient de rappeler que les conclusions de l'examen du deuxième rapport périodique soumis au Comité contre la torture, le 18 novembre 1996, se sont révélées positives en ce sens que le Comité a noté avec satisfaction l'adoption, par l'Algérie, de nouvelles mesures d'ordre législatif et d'un ensemble de mécanismes destinés à prévenir et sanctionner les actes de torture. La justice algérienne ne saurait admettre une quelconque forme d'impunité ou de complaisance à l'égard de ceux qui se rendent coupables de dépassements. Elle l'a prouvé en prononçant de lourdes peines à l'encontre des auteurs de ces actes.

68.   M. JAHROMI (Observateur de la République islamique d'Iran) tient à souligner l'importance cruciale du droit à la liberté d'opinion et d'expression dans toute société qui aspire à la démocratie. Seule la libre expression des idées, dans toute leur diversité, permet d'aboutir à la vérité. De même, la liberté d'expression est indispensable si l'on veut que la société dans son ensemble puisse exercer un contrôle sur les actes du Gouvernement. A cet égard, s'il est encourageant de constater que le droit en question est de plus en plus reconnu, il convient également d'en bien comprendre la portée et de veiller à ce que ce droit se fonde sur les principes de l'impartialité, de la non-sélectivité et de l'objectivité, notamment dans les instances internationales. Toute approche sélective dans ce domaine ne peut que nuire à la cause de la liberté d'expression comme on l'a vu récemment à propos de Roger Garaudy, un écrivain musulman qui a exprimé son opinion sur un événement historique et qui a été condamné.

69.   Il est regrettable que la communauté internationale, notamment les défenseurs des droits de l'homme, soient restés indifférents à cette condamnation. Dans ce domaine comme dans d'autres, il est indispensable de mettre un terme à l'attitude qui consiste à appliquer deux poids et deux mesures.

70.   M. Gallegos Chiriboga (Equateur) prend la présidence.

71.   M. EFTYCHIOU (Observateur de Chypre) rappelle que le problème des personnes disparues à Chypre, problème dont la Commission a été saisie pour la première fois en février 1975, n'est toujours pas réglé. Toutefois, un accord est intervenu à ce sujet, le 31 juillet 1997, entre le Président Clérides et le dirigeant chypriote turc, M. Denktash. L'un et l'autre ont reconnu le droit des familles d'être informées du sort de leurs proches et, lorsqu'il a été avéré que ces derniers étaient morts, de les enterrer conformément à leurs traditions et pratiques religieuses. Il a déjà été procédé à un premier échange d'informations sur les lieux d'inhumation de ces disparus. Les autres mesures prévues dans l'accord seront mises en oeuvre dans un esprit de coopération et de bonne volonté.

72. Enfin, un autre fait positif a été l'identification de l'un des cinq citoyens américains disparus à Chypre après l'invasion turque de 1974. Cet événement, ainsi que la prochaine nomination par le Secrétaire général des Nations Unies de son représentant au Comité des personnes disparues, permet d'espérer qu'une solution sera trouvée à ce tragique problème humanitaire.

73. M. SINYINZA (Observateur de la Zambie), se référant à la partie du rapport de M. Rodley qui concerne la Zambie, tient à clarifier la situation à ce sujet.

74. Après la tentative manquée de coup d'Etat en Zambie, le 28 octobre 1997, les personnes impliquées dans cette tentative ont été placées en détention en attendant leur inculpation formelle. Vu la complexité de l'affaire, il a paru prudent d'appliquer la législation d'exception afin de faciliter l'enquête. Cette législation a d'ailleurs été abrogée depuis lors. Pour le reste, les détenus ont bénéficié de toutes les garanties, ont reçu des soins médicaux et eu accès aux avocats de leur choix. Certains ont également contesté devant les tribunaux la légalité de leur détention.

75. Quant aux allégations d'actes de torture formulées par des détenus contre les autorités de police, la délégation zambienne tient à assurer la Commission que celles-ci ont été communiquées à la commission nationale des droits de l'homme, entité indépendante qui est l'organe constitutionnel officiellement chargé d'enquêter sur ce type d'agissements.

76. Mme KEYHANI (Fédération internationale des femmes des carrières juridiques) fait observer que, dans tout pays, le comportement du pouvoir judiciaire et les règles qui le régissent sont les meilleurs critères d'évaluation du respect des droits de l'homme dans ce pays. En Iran, depuis plusieurs années, la volonté du "chef religieux suprême" a supplanté la loi et justifie les sentences de mort qui sont prononcées non seulement contre des opposants au régime mais également contre des citoyens d'autres pays. En Iran, l'usage de la torture est systématique et les traitements cruels tels que la flagellation, l'amputation de membres et la lapidation à mort sont toujours d'actualité. Dernièrement, à Kermanshah, un dignitaire religieux a déclaré que si l'on traînait quelques personnes sur la place publique pour leur couper les mains ou les lapider, la société retrouverait le droit chemin. Des enregistrements vidéo montrant des scènes de lapidation en Iran ont été transmis de façon clandestine. On y voit notamment un juge "religieux" en train de jeter la première pierre aux victimes.

77. En ce qui concerne le droit à la liberté de pensée et d'expression en Iran, l'ayatollah Mohajerani a déclaré récemment qu'il était la seule personne responsable de la censure. Au cours des 19 dernières années, le clergé au pouvoir a étouffé toute manifestation de dissidence, y voyant une attaque contre les fondements de la religion et de la morale. La situation des droits de l'homme en Iran est grave et nécessite des mesures fermes.

78. M. GHEBREHIWET (Conseil international des infirmières) dit que son organisation, créée il y a près d'un siècle, fédère à présent 118 associations nationales de personnel infirmier de par le monde. Il rappelle que les infirmiers et infirmières ont pour vocation de soigner toutes les personnes qui en ont besoin, en particulier les détenus, sans considération de race ou

de convictions politiques ou religieuses. Or, dans un nombre croissant de
pays, les auxiliaires de santé sont eux-mêmes arrêtés, emprisonnés et torturés
simplement pour avoir fait leur travail. A cet égard, la Commission des droits
de l'homme, les gouvernements et les ONG sont invités à reconnaître que les
soins de santé constituent un droit fondamental pour tous, y compris les
détenus et les victimes de la torture, à condamner les restrictions imposées
au personnel de santé en fonction de critères politiques, géographiques,
raciaux ou religieux, et à protéger les infirmiers et les infirmières contre
toutes représailles. A cet effet, il importe de faire respecter la
résolution 37/194 de l'Assemblée générale sur les principes d'éthique
médicale.

79.   M. RASOOL (Congrès du monde islamique) dénonce les violations
systématiques des droits de l'homme commises au Jammu-et-Cachemire, dans les
sept Etats du nord-ouest de l'Inde et au Punjab indien. La législation
d'exception adoptée par l'Inde couvre toutes les exactions des forces armées,
paramilitaires et secrètes. La loi de 1958 sur les pouvoirs spéciaux des
forces armées donne ainsi à l'armée indienne toute latitude pour tuer, mutiler
et arrêter. La loi inique sur la prévention des activités terroristes, bien
que techniquement sans valeur depuis 1995, continue à être appliquée
intensivement au Jammu-et-Cachemire, où, selon la déclaration du Ministre
indien des affaires intérieures, 482 personnes seraient encore incarcérées en
vertu de ses dispositions. La loi de 1980 sur la sûreté nationale porte à
un an la durée de la détention provisoire. De la même manière, la loi sur les
zones troublées du Jammu-et-Cachemire et la loi sur la sûreté publique au
Jammu-et-Cachemire permettent à l'armée indienne de procéder à des
arrestations arbitraires.

80.   La Commission indienne des droits de l'homme s'est déclarée incompétente
pour enquêter sur les exactions commises par les forces armées indiennes. Le
CICR n'a pas été autorisé à se rendre dans les centres de détention ou de
transit où des jeunes originaires du Cachemire sont torturés. Les
organisations de défense des droits de l'homme estiment à 32 000 le nombre de
ces derniers. L'Inde, puissance occupante, doit respecter les dispositions des
Conventions de Genève de 1949 et du Pacte international relatif aux droits
civils et politiques, qui protègent le droit à la vie même en situation de
conflit armé ou lors de la proclamation de l'état d'exception. La Commission
doit faire pression sur l'Inde pour qu'elle mette un terme aux violations des
droits de l'homme commises au Jammu-et-Cachemire et envoyer sur place le
Rapporteur spécial sur la question des droits de l'homme et des états
d'exception afin de mesurer la gravité de la situation.

81.   M. SHIMOJI (Fédération syndicale mondiale) dit que tous les pays du
monde ont des détenus. Ce qui les différencie, c'est la manière dont ils les
traitent. On constate à cet égard que dans les pays où le niveau d'éducation
est bas, les risques de mauvais traitements infligés aux détenus sont plus
élevés.

82.   M. Shimoji fait également observer que si les Etats s'arrogent le droit
d'arrêter et d'emprisonner les terroristes présumés, les groupes terroristes
ne se privent pas, quant à eux, de recourir à la torture, au rapt, au viol et
au mariage forcé. Les faits exposés devant la Commission concernant la
situation au Pakistan montrent que les Mohajirs et les Sindhis sont l'objet de

violences inhumaines de la part de groupes ultra-nationalistes et de
mercenaires.

83.   Pour que les droits de la personne soient respectés, les autorités
doivent être éduquées et sensibilisées aux droits des détenus. La communauté
internationale doit par ailleurs dénoncer les sociétés où la détention et la
torture sont pratiquées conformément à des normes sociales et religieuses.
Enfin, lorsque la détention et la torture sont le fait d'éléments non
étatiques tels que des groupes terroristes, la communauté internationale doit
condamner ces groupes et, plus encore, les Etats qui les accueillent.

84.   M. BHUGYAL (Worldview International Foundation) note avec satisfaction
que le Rapporteur spécial sur la torture et le Groupe de travail sur les
disparitions forcées ou involontaires ont exprimé dans leurs rapports
respectifs des préoccupations au sujet des droits fondamentaux des détenus au
Tibet, où la situation des droits de l'homme ne connaît aucune amélioration.
Bien qu'autorisé par les autorités chinoises à visiter la prison de Drapchi,
le Groupe de travail n'a pu évaluer la situation réelle des prisons et des
prisonniers au Tibet. Cette visite constituait toutefois un signe
encourageant. Or, des informations en provenance du Tibet indiquent que
plusieurs détenus, dont l'un des 10 prisonniers autorisés à s'entretenir en
privé avec les membres du Groupe de travail, auraient été sévèrement punis
pour avoir lancé des slogans pacifiques lors du passage de la délégation dans
la prison. Considérant regrettable que cet incident ne soit pas mentionné dans
le rapport du Groupe de travail, Worldview International Foundation demande à
celui-ci de rendre publics les noms des 10 prisonniers qu'il a rencontrés à la
prison de Drapchi et de veiller à ce qu'ils ne fassent l'objet d'aucunes
représailles.

85.   La situation des droits de l'homme au Tibet se dégrade, ainsi qu'en
témoignent les exemples suivants. Plus de 1 200 prisonniers politiques, dont
39 mineurs et 259 femmes, restent incarcérés. En 1996 et 1997, plus de
350 Tibétains ont été arrêtés pour des motifs politiques. En outre, les
prisonniers politiques continuent à être torturés et six d'entre eux au moins
seraient morts en détention en 1997. Le phénomène des disparitions forcées
prend de l'ampleur et les autorités chinoises refusent toujours d'indiquer au
Groupe de travail où se trouve le onzième Panchen Lama du Tibet. Pour
protester contre cette situation, six Tibétains ont entamé depuis 25 jours une
grève de la faim illimitée à New Delhi. La Commission contribuerait à sauver
la vie de ces six personnes en adoptant une déclaration sur la situation
au Tibet.

86.   Mme SIKORA (Parti radical transnational) dit qu'il existe un pays où le
régime autoritaire n'autorise pas les visites dans ses prisons et refuse de
recevoir le Rapporteur spécial de la Commission. Le parti unique au pouvoir
contrôle tout l'appareil judiciaire et interdit toute activité syndicale. Ce
pays n'a pris aucune mesure en vue de se conformer à l'ensemble de règles
minima pour le traitement des détenus. Les mauvais traitements sont fréquents
car les plaintes n'aboutissent jamais. La situation est d'autant plus grave
que n'importe qui peut être arrêté pour des infractions aussi vagues que le
manque de respect, la résistance à l'autorité, la propagande ennemie ou une
conduite contraire à la moralité socialiste. Toutes ces informations figurent
dans le dernier rapport (E/CN.4/1998/69) du Rapporteur spécial sur la

situation des droits de l'homme à Cuba. Il est temps de réaffirmer que l'embargo américain, qui n'est pas un embargo mondial, n'est qu'un alibi pour le régime cubain. Tous ceux qui considèrent encore que ce régime totalitaire détient les clefs du paradis oublient que l'île tout entière est une prison remplie de prisonniers politiques. Le Parti radical transnational, qui compte des membres dans cette prison, continuera à se battre, avec d'autres organisations non violentes, pour faire triompher le droit.

87.   M. MORALES (Commission pour la défense des droits de l'homme en Amérique centrale) signale les nombreuses carences dont souffre le système d'administration de la justice au Guatemala, en raison notamment de l'impossibilité dans laquelle sont les juges de remplir leurs fonctions de façon indépendante. Cela tient principalement au fait que le seul organe habilité à nommer les juges et à appliquer les sanctions administratives est la Cour suprême de justice. Par ailleurs, loin d'être régies par des critères objectifs, les nominations et promotions des magistrats se prêtent, dans une large mesure, à un jeu politique inacceptable dans un état de droit.

88.   Il est également très difficile aux instances judiciaires d'échapper à l'influence des autres pouvoirs de l'Etat, des groupes de pression et des médias, notamment lorsqu'elles ont à juger des membres de la fonction publique responsables de violations des droits de l'homme. Le verdict d'acquittement rendu en novembre 1997 en faveur des responsables de la mort d'un étudiant, lors d'une manifestation qui a eu lieu en 1994, en fournit un clair exemple. Enfin, il est très fréquent au Guatemala que les juges, les avocats et tous ceux qui interviennent dans le cadre du système judiciaire soient l'objet de menaces de mort lorsqu'ils sont saisis d'affaires très graves. Les témoins à charge, dans l'affaire du massacre de Xaman, ont reçu de telles menaces. On a constaté également, tout au long de ce procès, que les forces armées avaient acheté les témoins. La loi sur la protection des prévenus et des personnes liées à l'administration de la justice, adoptée le 27 septembre 1996, n'a pas permis de remédier à la situation.

89.   M. SANCHEZ (Fédération des associations pour la défense et la promotion des droits de l'homme) tient à exprimer publiquement l'appui de la Fédération qu'il représente à l'instance supérieure de l'Espagne (Audiencia nacional española) qui a été saisie de l'affaire des disparus espagnols pendant les dictatures militaires en Argentine et au Chili. Ce tribunal était compétent pour juger les crimes contre l'humanité commis pendant ces dictatures, et ce conformément au principe de la juridiction pénale universelle consacré dans la législation interne espagnole et dans le droit international. Les forces armées de l'Argentine et du Chili ont en effet commis des actes que le droit international coutumier définit comme des "crimes contre l'humanité". Les auteurs de ces crimes n'ont pas été jugés comme ils auraient dû l'être, parce qu'ils ont été amnistiés en vertu des lois dites du "point final" ou du "devoir d'obéissance" promulguées sous la pression des militaires. Or, dans la mesure où ils étaient déjà qualifiés comme tels dans le droit international, ces crimes contre l'humanité relèvent de la législation pénale espagnole, même si celle-ci est entrée en vigueur après leur commission. Les crimes contre l'humanité sont imprescriptibles.

90.   La lutte contre l'impunité, inhérente à l'idée de démocratie, englobe le droit à la vérité, le droit à la justice et le droit à réparation. Il est incontestable que les affaires jugées par l'instance judiciaire espagnole en question répondent à la nécessité de satisfaire ces droits. C'est la raison pour laquelle l'Espagne se prononce pour la création d'une Cour criminelle internationale afin de prévenir de nouveaux génocides et d'autres crimes contre l'humanité.

91.   S'agissant de la situation des droits de l'homme dans le monde d'une manière générale, la Fédération des associations pour la défense et la promotion des droits de l'homme se déclare profondément préoccupée par les atteintes constantes à ces droits qui ont lieu en Turquie contre le peuple kurde et par celles dont est victime la population du Timor oriental de la part de l'Indonésie. Enfin, elle dénonce les obstacles que le Gouvernement marocain continue à mettre au processus d'identification des citoyens sahraouis en vue du prochain référendum. C'est pourquoi la Fédération demande que des observateurs internationaux soient présents sur les lieux, dès maintenant, afin de veiller à ce que l'établissement des listes électorales se fasse dans la transparence.

92.   M. Selebi (Afrique du Sud) prend la présidence.

93.   M. SANNIKOV (Ligue internationale des droits de l'homme) accueille avec satisfaction le rapport (E/CN.4/1998/40/Add.1) de la mission effectuée au Bélarus par le Rapporteur spécial sur la promotion et la protection du droit à la liberté d'opinion et d'expression. La situation dans ce pays s'est dégradée, ainsi qu'en témoignent les arrestations de manifestants, les campagnes d'intimidation contre les opposants politiques ou encore l'interdiction des médias indépendants. Le système quasi totalitaire mis en place à l'issue du référendum truqué de 1996 ignore le principe de la séparation des pouvoirs. Le Président de la République, qui peut gouverner par décret, contrôle aussi bien le système judiciaire que le Parlement, ce qui est totalement contraire au processus de démocratisation. Un certain nombre d'événements récents donnent en outre à penser que les autorités n'ont pas l'intention de mettre un terme aux violations massives des droits de l'homme. Ainsi, deux journalistes de la télévision russe ont été condamnés à des peines de prison avec sursis pour des raisons manifestement politiques. L'auteur d'un documentaire satirique sur le Président a été passé à tabac par des inconnus, un journaliste indépendant a été enlevé et le principal journal non gouvernemental, Svaboda, a été interdit. Les autorités ont également pris de nouvelles mesures pour restreindre la liberté d'expression. Les amendements apportés en janvier 1998 à la loi sur la presse vident pratiquement celle-ci de son contenu. Les services douaniers et les conseils publics créés en janvier 1998 se chargent de la censure. La communauté internationale doit prendre des mesures significatives pour inciter les autorités bélarussiennes à leurs obligations internationales et à restaurer le respect des droits de l'homme dans le pays.

94.   M. IDIGOV (Société pour les peuples en danger) appelle l'attention de la Commission sur les violations de la Convention contre la torture et autres peines ou traitements cruels, inhumains ou dégradants commises par la Fédération de Russie dans la République tchétchène d'Itchkérie. En effet, la Fédération de Russie refuse d'appliquer l'accord de paix qu'elle a signé

le 12 mars 1997. Depuis la fin de la guerre, les autorités russes poursuivent leur politique de discrimination ethnique à l'égard des peuples du Caucase en général et des Tchétchènes en particulier, cette fois sous couvert de lutte contre le crime organisé. La Société pour les peuples en danger demande à la Commission des droits de l'homme d'intervenir auprès de la Fédération de Russie pour mettre un terme à cette situation.

95.   M. JOINET (Groupe de travail sur la détention arbitraire) tient à rectifier une grave erreur qui s'est glissée dans l'annexe du rapport (E/CN.4/1998/44/Add.2) du Groupe de travail sur sa visite en Chine, où l'on peut lire que la délégation s'est entretenue avec une dizaine de détenus de la prison de Drapchi, dont certains ont été sélectionnés sur une liste fournie par les autorités. Il s'agissait en fait d'une liste fournie aux autorités. M. Joinet souligne par ailleurs qu'à l'occasion de sa visite dans la prison de Drapchi le Groupe de travail a effectivement entendu les protestations d'un individu incarcéré dans le quartier des détenus de droit commun. Il ne s'agissait donc pas d'un groupe de prisonniers, comme cela a été affirmé par une ONG. En outre, Human Rights Watch a reconnu que sa lecture du rapport avait été quelque peu hâtive et qu'il convenait donc de relativiser ses critiques. Enfin, la Chine ayant indiqué qu'elle ne manquerait pas d'appliquer les recommandations du Groupe de travail, qui sont au nombre de quatre, M. Joinet dit qu'il faudra revenir sur ce point l'année prochaine pour faire le bilan de la situation.

96.   M. CUMARASWAMY (Rapporteur spécial sur l'indépendance des juges et des avocats) souhaite apporter quelques précisions en réponse aux déclarations faites par la délégation péruvienne. Tout d'abord, il est inexact de prétendre que le rapport est en retard de trois ans, étant donné que la mission du Raporteur spécial au Pérou date de septembre 1996. Par ailleurs, celui-ci estime de son devoir d'inclure dans son rapport les événements survenus récemment, car il considère que son mandat revêt un caractère continu. En ce qui concerne les allégations selon lesquelles il s'est basé sur les opinions de tierces personnes, il demande au Gouvernement péruvien, au cas où l'une des informations figurant dans son rapport serait inexacte, de bien vouloir le lui faire savoir. Par ailleurs, contrairement à ce qui a été dit par la délégation péruvienne, le Rapporteur spécial a bel et bien communiqué un exemplaire de son rapport à la Mission permanente du Pérou, le 3 février 1998. Quant à la conférence de presse qu'il a donnée à la fin de sa mission, en septembre 1996, au cours de laquelle il a fait état de ses observations préliminaires, il ne se souvient pas que le Gouvernement péruvien ait soulevé une quelconque objection à ce sujet lors de la cinquante-troisième session de la Commission. Enfin, le Rapporteur spécial attend avec impatience les observations du Gouvernement péruvien sur les conclusions et recommandations de fond figurant dans son rapport.

Déclarations faites dans l'exercice du droit de réponse

97.   M. SUAREZ FIGUEROA (Venezuela) dit que, dans son intervention de la veille, l'Observatoire international des prisons, qui fait par ailleurs un travail remarquable, n'a décrit qu'une partie de la vérité. Il est vrai que l'administration de la justice au Venezuela souffre de nombreuses carences, en particulier en ce qui concerne la situation dans les établissements pénitentiaires. Fort heureusement, le Gouvernement a pris depuis trois ans

un grand nombre de mesures en vue d'améliorer significativement le système judiciaire. Ces mesures prévoient notamment l'exécution d'un programme de 150 millions de dollars pour lutter contre le surpeuplement des prisons; l'adoption d'un nouveau code de procédure pénale qui accélérera la justice et protégera mieux les droits des détenus; l'élaboration d'une loi sanctionnant les agents de police qui se rendent coupables d'actes de torture; la mise en oeuvre d'un vaste programme destiné à améliorer les conditions de détention et la formation des gardiens de prison, à élargir le système de l'aide juridique gratuite et à faciliter les relations entre les détenus et les membres de leur famille; la constitution d'un registre des personnes détenues; la distinction entre prévenus et condamnés et la séparation des détenus en fonction du type de délit. Les organisations non gouvernementales peuvent d'autant moins ignorer ces initiatives qu'elles ont été associées à l'élaboration du programme national en matière de droits de l'homme.

98.   M. FERNANDEZ PALACIOS (Cuba) s'interroge sur les sources de financement de l'ONG dénommée Parti radical transnational, qui peut se permettre de faire accréditer 70 personnes alors que la participation à session de la Commission des droits de l'homme coûte très cher, même pour certaines délégations gouvernementales. La délégation cubaine ne souhaite pas revenir sur le fond de l'intervention du Parti radical transnational, car elle sait pertinemment qui est derrière ce genre de discours. En revanche, elle demandera au Comité des ONG de faire le nécessaire pour qu'une telle situation ne se reproduise pas.

99.   Le PRESIDENT déclare clos le débat sur le point 8 de l'ordre du jour.

La séance est levée à 18 h 25.

NATIONS UNIES

E

Conseil Economique et Social

Distr.
GENERALE

E/CN.4/1998/SR.33
1er mai 1998

Original : FRANCAIS

COMMISSION DES DROITS DE L'HOMME

Cinquante-quatrième session

COMPTE RENDU ANALYTIQUE DE LA 33ème SEANCE

tenue au Palais des Nations, à Genève,
le lundi 6 avril 1998, à 15 heures

<u>Président</u> : M. SELEBI (Afrique du Sud)
<u>puis</u> : M. GALLEGOS CHIRIBOGA (Equateur)

SOMMAIRE

ACTION VISANT A ENCOURAGER ET DEVELOPPER DAVANTAGE LE RESPECT DES DROITS DE L'HOMME ET DES LIBERTES FONDAMENTALES ET, NOTAMMENT, QUESTION DU PROGRAMME ET DES METHODES DE TRAVAIL DE LA COMMISSION :

a)   AUTRES METHODES ET MOYENS QUI S'OFFRENT DANS LE CADRE DES ORGANISMES DES NATIONS UNIES POUR MIEUX ASSURER LA JOUISSANCE EFFECTIVE DES DROITS DE L'HOMME ET DES LIBERTES FONDAMENTALES (<u>suite</u>)

Services consultatifs dans le domaine des droits de l'homme

_____

Le présent compte rendu est sujet à rectifications.

Les rectifications doivent être rédigées dans l'une des langues de travail. Elles doivent être présentées dans un mémorandum et être également incorporées à un exemplaire du compte rendu. Il convient de les adresser, <u>une semaine au plus tard à compter de la date du présent document</u>, à la Section d'édition des documents officiels, bureau E.4108, Palais des Nations, Genève.

Les rectifications aux comptes rendus des séances publiques de la Commission seront groupées dans un rectificatif unique qui sera publié peu après la session.

GE.98-11779   (F)

<u>La séance est ouverte à 15 h 5</u>.

ACTION VISANT A ENCOURAGER ET DEVELOPPER DAVANTAGE LE RESPECT DES DROITS DE L'HOMME ET DES LIBERTES FONDAMENTALES ET, NOTAMMENT, QUESTION DU PROGRAMME ET DES METHODES DE TRAVAIL DE LA COMMISSION

a) AUTRES METHODES ET MOYENS QUI S'OFFRENT DANS LE CADRE DES ORGANISMES DES NATIONS UNIES POUR MIEUX ASSURER LA JOUISSANCE EFFECTIVE DES DROITS DE L'HOMME ET DES LIBERTES FONDAMENTALES (point 9 de l'ordre du jour) (<u>suite</u>) (E/CN.4/1998/49)

<u>Débat spécial sur les questions concernant les femmes et leurs droits fondamentaux</u>

1.   Le <u>PRESIDENT</u> invite les participants à prendre part à un débat spécial sur les questions concernant les femmes et leurs droits fondamentaux, qui revêtira la forme d'un dialogue interactif.

2.   <u>Mme FLOR</u> (Présidente de la Commission de la condition de la femme) se félicite qu'à l'occasion du cinquantième anniversaire de la Déclaration universelle des droits de l'homme il ait été trouvé un moyen neuf de renforcer les liens entre la Commission des droits de l'homme et la Commission de la condition de la femme. Cette dernière, dans ses conclusions concertées sur les droits fondamentaux des femmes, a d'ailleurs souhaité une coopération renforcée avec les autres commissions techniques, notamment la Commission des droits de l'homme.

3.   Dès 1948, lors de l'élaboration de la Déclaration universelle des droits de l'homme, la Commission de la condition de la femme avait suggéré officiellement, par l'intermédiaire du Secrétaire général, que l'article premier se lise "Tous les êtres humains naissent libres et égaux en dignité et en droits" et non "Tous les hommes, etc." comme le projet initial le prévoyait. Il est donc clair que la Déclaration s'applique de manière égale aux femmes et aux hommes. Comme la Commission de la condition de la femme l'a recommandé à sa quarante-deuxième session, les organismes des Nations Unies, les gouvernements et les ONG devraient tous inscrire dans leurs activités à l'occasion du cinquantenaire de la Déclaration la question des droits fondamentaux des femmes.

4.   Mais 50 ans plus tard, chacun peut-il réellement se prévaloir des droits et libertés proclamés dans la Déclaration sans distinction aucune, notamment de sexe, comme le préconisait l'article 2 ? Malgré les remarquables progrès enregistrés, les femmes continuent en effet à subir la violence sous toutes ses formes et à être privées de leurs droits fondamentaux dans différents domaines. La question de la discrimination systématique fondée sur le sexe n'a par ailleurs jamais figuré au premier plan des débats sur les droits de l'homme en général et, dans le système des Nations Unies, les travaux sur le sujet ont été limités essentiellement à la Commission de la condition de la femme et au Comité pour l'élimination de la discrimination à l'égard des femmes. Longtemps, les mutilations génitales féminines, par exemple, n'ont même pas été considérées comme une violation des droits fondamentaux car elles étaient perpétrées non par un Etat, mais par des particuliers.

5.   Comme la question spécifique des droits fondamentaux des femmes ou des violations de ces droits n'a pas bénéficié d'une attention suffisante, la question cruciale des mesures à prendre par les Etats pour lutter contre la discrimination à l'égard des femmes et assurer à celles-ci la pleine jouissance de leurs droits n'a pas non plus été dûment prise en compte. La Déclaration et le Programme d'action de Vienne et le Programme d'action de Beijing font pourtant clairement obligation à l'Etat de promouvoir et de protéger les droits fondamentaux de tous les êtres humains, en préservant ceux-ci notamment de la violence. La Commission de la condition de la femme est donc convaincue que tous les problèmes des droits fondamentaux des femmes méritent au moins d'être examinés et elle se félicite que la Commission des droits de l'homme ait commencé il y a quelques années à traiter notamment la question de la violence contre les femmes et de la traite des femmes et des fillettes.

6.   Un autre pas en avant essentiel a été fait lorsque la quatrième Conférence mondiale sur les femmes, puis la Commission de la condition de la femme et enfin le Conseil économique et social, dans ses conclusions concertées 1997/2, ont préconisé l'intégration d'une démarche soucieuse d'équité entre les sexes dans tous les programmes et politiques. Il faut donc comprendre comment les femmes et les hommes sont privés différemment de leurs droits fondamentaux et trouver les stratégies qui conviennent pour protéger les droits fondamentaux de tous les êtres humains, sans distinction de sexe. Au seuil du XXIe siècle, il est temps de se débarrasser de l'illusion que la privation ou les violations des droits fondamentaux sont généralement indépendantes du sexe, même si tel est parfois le cas.

7.   Mais l'intégration du souci de parité entre les sexes préconisée par la Commission de la condition de la femme et par le Conseil économique et social suppose davantage qu'un rapport ponctuel ou la désignation d'un(e) responsable des questions concernant les femmes. Elle implique une approche nouvelle de toutes les questions sous cet angle fondamental : les femmes et les hommes sont-ils affectés différemment ? Cette démarche implique aussi des informations et des statistiques désagrégées par sexe, des analyses de l'impact des politiques et des programmes sur chaque sexe et la mise en place de mécanismes de contrôle pour s'assurer que ni les préoccupations des femmes ni celles des hommes ne sont négligées. Pour un organe conventionnel, comme le Comité contre la torture, cela impliquerait concrètement de se demander si les femmes sont l'objet de tortures spécifiques et, si tel est le cas, ce que tout semble indiquer, de préconiser des mesures spécifiques pour protéger les femmes, par exemple en les plaçant sous la surveillance de personnel féminin. Il faudrait aussi tenir compte du fait que, selon toute probabilité, les femmes torturées pourraient aussi avoir besoin d'un traitement et d'une réadaptation spécifiques.

8.   Dans ses conclusions concertées sur les droits fondamentaux des femmes, la Commission de la condition de la femme préconise donc un certain nombre de mesures concrètes : établissement de statistiques par sexe sur les facteurs restreignant l'exercice par les femmes de leurs droits fondamentaux; prise en compte par les Etats parties de la parité entre les sexes et des compétences spécifiques des femmes pour la nomination et l'élection d'experts aux organes conventionnels; elle recommande à la Commission des droits de l'homme de veiller à ce que tous les mécanismes et procédures se rapportant aux droits

de la personne, y compris les mandats des rapporteurs spéciaux ou thématiques, intègrent un souci de parité entre les sexes et qu'elle prenne en considération les droits sociaux et économiques des femmes dans tout débat concernant la nomination d'un rapporteur spécial sur les droits sociaux, économiques et culturels.

9.   En conclusion, ni l'existence de deux commissions - la Commission des droits de l'homme et la Commission de la condition de la femme - ni le slogan qui veut que les droits des femmes soient des droits fondamentaux de la personne ne devraient suggérer une dichotomie entre les droits des femmes d'une part et les droits fondamentaux d'autre part. Les droits fondamentaux sont uniques et ils sont identiques pour tous. Les femmes doivent pouvoir jouir des mêmes droits que les hommes et de façon égale. Les deux commissions partagent un objectif commun et sont engagées dans une entreprise commune : assurer à chaque être humain tous ses droits fondamentaux et toutes ses libertés fondamentales sans discrimination.

10.   Mme ROBINSON (Haut-Commissaire aux droits de l'homme) dit qu'il importe de reconnaître le caractère unique et novateur du présent débat, qui coïncide avec le cinquantième anniversaire de la Déclaration universelle des droits de l'homme et le cinquième anniversaire de la Déclaration et du Programme d'action de Vienne. Ce débat va dans le sens de la coopération accrue entre la Commission de la condition de la femme et la Commission des droits de l'homme préconisée, notamment, à Vienne. Pour la Haut-Commissaire, le débat en cours à la Commission est l'un de ces moments, dont parle Elie Wiesel, auxquels mesurer le sens de sa vie plutôt qu'en jours ou en années. Elle se félicite d'avoir participé dernièrement à la quarante-deuxième session de la Commission de la condition de la femme, où ont été examinés quatre des 12 domaines critiques recensés dans le Programme d'action de Beijing qui, par leur importance, justifient à l'évidence le présent débat.

11.   La Commission des droits de l'homme a un rôle clef à jouer dans la concrétisation de l'idée que les droits des femmes sont des droits fondamentaux. La nomination d'une rapporteuse spéciale sur la violence contre les femmes traduit le souci qu'elle a de protéger les droits fondamentaux des femmes. Mais dans le passé, ni l'ordre du jour, ni les résolutions de la Commission n'ont suffisamment fait place à la question des droits des femmes en tant que droits fondamentaux ni à des problèmes comme la violence sexiste. L'intégration du souci de parité entre les sexes, à laquelle s'est référée la Présidente de la Commission de la condition de la femme, a également fait défaut dans les travaux de la Commission.

12.   Il convient donc de renforcer les liens entre les activités de la Commission des droits de l'homme et de la Commission de la condition de la femme, conformément aux recommandations des conférences internationales. Pour sa part, le Haut-Commissariat aux droits de l'homme entend continuer à coopérer avec la Division de la promotion de la femme, le Fonds de développement des Nations Unies pour la femme, l'Institut international de recherche et de formation des Nations Unies pour la promotion de la femme et les dynamiques ONG féminines, afin de défendre la cause des femmes et de protéger leurs droits.

13.   Mme COOMARASWAMY (Rapporteuse spéciale sur la violence contre les femmes) rappelle que, quand la Commission lui a confié son mandat en 1994, elle n'était que la deuxième femme à assumer la charge de rapporteur spécial; à ce titre elle s'était sentie un peu marginalisée. Elle se réjouit donc du présent débat.

14.   A la fin des années 70 et au début des années 80, l'accent était mis essentiellement sur les droits des femmes dans certains domaines bien circonscrits comme l'éducation, la santé et le bien-être. Cette étape, qui a culminé avec l'adoption de la Convention sur l'élimination de toutes les formes de discrimination à l'égard des femmes, a conduit par la suite, notamment grâce aux travaux de la Commission de la condition de la femme et de la Commission des droits de l'homme, à reconnaître les droits fondamentaux des femmes et à prendre en considération le problème de la violence contre les femmes.

15.   Mais d'autres efforts s'imposent aujourd'hui. C'est pourquoi le Comité pour l'élimination de la discrimination à l'égard des femmes et la Commission de la condition de la femme ont préconisé l'adoption d'un protocole facultatif à la Convention qui pourrait être inspiré de la Déclaration sur l'élimination de la violence à l'égard des femmes. Le mécanisme ad hoc d'enquête que représente le mandat de rapporteur spécial sur la violence contre les femmes démontre lui aussi que le problème doit être traité par tous les organismes des Nations Unies qui s'occupent des droits de l'homme.

16.   A l'échelon national, il faut que les gouvernements adoptent des plans de lutte contre la violence à l'égard des femmes, comportant des réformes législatives, une sensibilisation du système judiciaire et des campagnes d'information et d'éducation. Les statistiques relatives à la violence contre les femmes devraient être développées et améliorées grâce à une coordination plus poussée entre la Commission de la condition de la femme et la Commission des droits de l'homme. Face aux situations de conflit armé et pour la protection des réfugiés, une concertation entre les deux commissions est encore plus indispensable. Pour promouvoir et défendre, enfin, les droits économiques et sociaux des femmes, il conviendrait de nommer d'urgence un rapporteur spécial.

17.   Pour conclure, la Rapporteuse spéciale a été heureuse de constater, à la récente session de la Commission de la condition de la femme, la bonne volonté qui animait les deux commissions, mais elle pense qu'une coopération plus poussée entre elles s'impose.

18.   M. BAUM (Allemagne) demande d'abord aux animateurs du débat par quels moyens pratiques ils entendent promouvoir l'intégration d'un souci de parité entre les sexes dans les activités des organismes des Nations Unies. S'agissant des missions sur le terrain et les programmes de formation correspondants, comment la Haut-Commissaire pense-t-elle promouvoir, dans ce cadre, la prise en compte des questions concernant les femmes ? Enfin, qu'en est-il du projet d'inscrire à l'ordre du jour de la Commission un point distinct sur les droits fondamentaux des femmes ?

19.   Mme ROBINSON (Haut-Commissaire aux droits de l'homme) dit qu'en ce qui concerne l'intégration d'un souci de parité entre les sexes dans les activités des organismes des Nations Unies, aux termes du mandat que lui a confié le Secrétaire général de l'ONU elle s'attache à faire en sorte que les droits

fondamentaux de tous soient pris en considération à l'échelle de tout le
système, depuis le plus haut niveau de décision jusqu'au niveau des pays.
La prise en compte des questions concernant les femmes dans le cadre des
missions sur le terrain et des programmes de formation est effectivement très
importante. Enfin, Mme Robinson appuie résolument l'idée d'inscrire à l'ordre
du jour de la Commission un point distinct sur les droits fondamentaux
des femmes.

20.   Mme FLOR (Présidente de la Commission de la condition de la femme) dit
qu'en ce qui concerne les moyens pratiques d'intégrer le souci de parité entre
les sexes dans les activités et les programmes, le premier pas doit être fait
par les organes qui s'occupent des droits de l'homme. Ensuite, les organes
conventionnels pourraient se saisir de la question. Elle souligne que cette
démarche permettra aussi de mieux promouvoir et défendre les droits des hommes
aussi. Elle est, bien entendu, tout à fait favorable à l'idée d'inscrire à
l'ordre du jour de la Commission un point distinct sur les droits fondamentaux
des femmes.

21.   Mme COOMARASWAMY (Rapporteuse spéciale sur la violence contre les
femmes) dit que ce qu'il faut avant tout, c'est nommer davantage de femmes au
plus haut niveau du système des Nations Unies et souligne que le présent débat
est en rapport avec la nomination d'un nouveau Haut-Commissaire aux droits de
l'homme qui est de sexe féminin. En ce qui concerne la prise en considération
des femmes dans le cadre des missions et des équipes sur le terrain, la
Rapporteuse spéciale vient de constater en personne au Rwanda qu'on ne dispose
pas de suffisamment de statistiques par sexe, qu'il n'y a pas assez
d'observateurs des droits des femmes, que la formation en la matière reste
insuffisante et que dans les programmes et activités de terrain du PNUD,
du FNUAP et de l'UNICEF, notamment, on ne s'occupe guère de la violence contre
les femmes, alors que c'était l'un des principaux aspects du génocide.
La Rapporteuse spéciale est elle aussi tout à fait favorable à l'idée de
réformer l'ordre du jour de la Commission en y inscrivant un point distinct
sur les droits fondamentaux des femmes.

22.   M. TANDAR (Observateur de l'Afghanistan) demande aux animateurs du débat
quel rôle et quelles obligations devraient être imposés aux organismes de
développement, dans les pays ou les régions où l'ensemble des droits
fondamentaux sont déniés aux femmes, pour que ces organismes intègrent la
participation des femmes à l'oeuvre de reconstruction du pays ou de la région.

23.   Mme MLAČAK (Canada) invite les animateurs du débat à faire des
suggestions sur la façon dont les représentants des gouvernements peuvent
concrètement contribuer à renforcer les liens entre les programmes et
organismes des Nations Unies en vue d'une meilleure prise en compte du souci
de parité entre les sexes. Elle aimerait aussi que des représentants des
mécanismes chargés des procédures spéciales disent de quels instruments et de
quelles informations ils auraient besoin pour intégrer la question de la
parité entre les sexes dans leurs activités.

24.   Mme GAER (Etats-Unis d'Amérique) considère que la Commission des droits
de l'homme a ouvert une ère nouvelle en ce qui concerne les droits des femmes
grâce aux préparatifs de la Conférence de Vienne; mettant à profit l'acquis
de cette dernière, la Conférence mondiale sur les femmes a ensuite pu adopter

le Programme d'action de Beijing. Or, les représentants et les ONG n'étant pas toujours conscients de l'importance de ce programme et de l'aspect novateur des mesures prises, la représentante des Etats-Unis se demande s'il est nécessaire que des engagements soient pris à un niveau plus élevé ou s'il faut intégrer davantage le mouvement amorcé à Beijing.

25.   Rappelant que les tribunaux pénaux internationaux pour l'ex-Yougoslavie et pour le Rwanda ont accordé une importance particulière à la poursuite des auteurs de violences sexuelles contre les femmes, elle demande s'il ne faudrait pas incorporer dans le statut de la Cour criminelle internationale permanente des dispositions particulières intégrant une perspective sexospécifique.

26.   Selon Mme BLOEM (Women's caucus), il est préférable que la question des droits fondamentaux des femmes soit abordée au titre de chaque point de l'ordre du jour plutôt que de faire l'objet d'un point distinct, ce afin de leur donner de la visibilité, sans les mettre dans une catégorie à part. Son organisation souhaite par ailleurs que le rapprochement des deux Commissions soit officialisé, de telle sorte qu'elles échangent concrètement leurs données.

27.   M. NARANG (Union européenne de relations publiques) fait observer que la modernisation de la société, avec tout ce qu'elle comporte d'obligations d'ordre familial, économique et social pour la femme, ajoute encore à la violence contre les femmes, qui doivent concilier des rôles multiples. En ce qui concerne la question des droits collectifs des minorités, dont on parle beaucoup récemment, et la question connexe des droits des femmes appartenant à ces minorités, il semblerait que ce soient les droits collectifs des minorités qui priment, tandis que ceux des femmes sont laissés de côté.

28.   Mme SKJOLDAGER (Danemark) fait observer que seul le Rapporteur spécial sur la torture a été prié expressément de prendre spécifiquement en considération les femmes dans ses travaux, alors que les autres mandats sont plus flous à cet égard. Par ailleurs, lorsqu'elle nomme des rapporteurs spéciaux, la Commission devrait veiller à s'assurer des compétences spécifiques dans le domaine des droits fondamentaux des femmes et à tenir compte de la parité entre les sexes.

29.   L'intervenante insiste sur la nécessité de mettre en place un suivi et une évaluation de l'intégration. La Haut-Commissaire pourrait peut-être envisager d'établir des stratégies concrètes en la matière à l'intention des mécanismes chargés des procédures spéciales. De même, il est essentiel d'élaborer des directives tenant compte des sexospécificités pour l'examen des rapports des Etats parties aux organes conventionnels sur la base de données par sexe.

30.   La représentante du Danemark souligne qu'il faut redoubler d'efforts en matière d'éducation pour corriger la disparité actuelle entre hommes et femmes. Parallèlement, le personnel judiciaire, les avocats, les médecins, les agents des services sociaux, de police et d'immigration devraient recevoir une formation non sexiste et apprendre à traiter comme il se doit les femmes victimes de violations de leurs droits fondamentaux.

31.   Il serait utile que la Haut-Commissaire indique quelles sont les mesures
qui ont déjà été prises et celles qui sont envisagées dans ces domaines et
quelles sont les possibilités de renforcer la coopération avec les fonds et
les programmes des Nations Unies.

32.   Mme RUERTA DE FURTER (Venezuela) souhaite qu'à l'occasion du cinquième
anniversaire de la Conférence de Vienne il soit officiellement décidé
d'intégrer la question des droits des femmes à la totalité des points de
l'ordre du jour de la Commission, et de ne plus l'aborder seulement, comme
c'est actuellement le cas, au titre du point 9 de l'ordre du jour. D'autre
part, le Venezuela pense qu'il faut faire une plus large place à la résolution
sur l'intégration des femmes. Il propose que l'intégration des droits
fondamentaux des femmes à tous les points de l'ordre du jour et dans
l'ensemble du système, à commencer par la Commission, soit supervisée dans le
cadre de l'examen du point relatif au suivi de la Conférence mondiale de
Vienne.

33.   Mme ROBINSON (Haut-Commissaire aux droits de l'homme) juge très
encourageantes toutes les observations formulées. En ce qui concerne
l'Afghanistan, elle indique que la Vice-Secrétaire générale veille à présent à
ce que tous les programmes et organismes des Nations Unies concernés assurent
l'application d'un certain nombre de principes fondamentaux afin de garantir
que les femmes participent au processus de reconstruction nationale.
S'agissant des conseils que l'ONU pourrait donner aux délégations des
Gouvernements en vue d'une meilleure prise en compte du souci de parité entre
les sexes, elle renvoie à l'excellente suggestion faite par la représentante
du Venezuela : les Gouvernements pourraient en effet, dans le cadre du suivi
de l'application du Programme d'action de Vienne, examiner en particulier les
progrès réalisés dans l'intégration de la problématique hommes-femmes.
Souscrivant d'autre part à la déclaration de la représentante des Etats-Unis,
Mme Robinson dit qu'il est extrêmement important que les tribunaux pénaux
internationaux pour le Rwanda et pour l'ex-Yougoslavie ainsi que la future
cour criminelle internationale adoptent clairement une approche qui tienne
compte des femmes, témoignant ainsi de la prise de conscience intervenue dans
ce domaine.

34.   La réflexion selon laquelle les droits fondamentaux des femmes doivent
être rendus "visibles" sans pour autant être singularisés est très pertinente,
mais la proposition d'inscrire à l'ordre du jour de la Commission un point
distinct consacré à ces droits mérite examen. Les conséquences parfois
négatives pour les femmes du processus de modernisation rapide des sociétés
constituent un réel problème, dont il convient certainement de tenir compte.
Enfin, comme l'a fait valoir la délégation danoise, il est très important que
les organes de suivi des traités prennent mieux en compte le souci de parité
entre les sexes et Mme Robinson veillera à ce qu'il en soit ainsi.

35.   Mme FLOR (Présidente de la Commission de la condition de la femme)
rappelle tout d'abord qu'en ce qui concerne l'Afghanistan, la Commission de la
condition de la femme a adopté une résolution dans laquelle, entre autres
dispositions, elle demande à tous les organismes des Nations Unies et à la
communauté des donateurs de faire en sorte que les femmes aussi bien que les
hommes bénéficient de l'aide humanitaire accordée à l'Afghanistan. Il est tout
aussi important, bien entendu, que les femmes participent au même titre que
les hommes à la tâche de reconstruction.

36.   Répondant ensuite à la délégation canadienne, Mme Flor dit que, pour contribuer à l'intégration du souci de parité entre les sexes dans les activités des organes et organismes des Nations Unies, les Gouvernements pourraient notamment, lorsqu'ils font rapport aux organes de suivi des instruments internationaux relatifs aux droits de l'homme, s'intéresser tout particulièrement à la situation des femmes dans le domaine concerné et présenter des données par sexe. Ils pourraient aussi, quand ils proposent des candidatures à des postes du système des Nations Unies, où que ce soit, veiller à ce que les femmes soient dûment représentées. La question des ressources étant capitale, les Gouvernements devraient s'engager à fournir les ressources humaines, statistiques et autres, nécessaires à la prise en compte des femmes.

37.   En ce qui concerne la future cour criminelle internationale, la Commission de la condition de la femme a, dans ses conclusions sur la question des femmes et des conflits armés, insisté sur la nécessité d'appuyer les initiatives visant à intégrer dans son statut et son fonctionnement une perspective sexospécifique.

38.   Quant à l'inscription à l'ordre du jour d'un point distinct consacré à l'ensemble des droits fondamentaux des femmes, elle est nécessaire mais ne saurait remplacer la prise en considération des femmes dans toutes les activités. Les deux vont de pair et sont gage de progrès dans ce domaine.

39.   L'observation faite par l'Union européenne de relations publiques sur les conséquences pour les femmes du processus de modernisation est pleinement confirmée par un rapport de la Division de la promotion de la femme. Il convient donc d'analyser ces conséquences - et une approche tenant compte des facteurs liés au sexe pourrait s'avérer à cet égard très utile - afin de prendre les mesures nécessaires pour y remédier.

40.   Mme COOMARASWAMY (Rapporteuse spéciale sur la violence contre les femmes) ajoute, à propos de l'Afghanistan, que les mécanismes de l'Organisation des Nations Unies s'occupant des droits de l'homme et du développement se sont efforcés tout particulièrement dans ce pays de faire en sorte que les droits des femmes soient pris en compte dans la situation d'après guerre. La Conseillère spéciale pour la parité entre les sexes et la promotion de la femme s'est rendue récemment là-bas et a établi des directives à l'intention des organismes des Nations Unies oeuvrant sur le terrain. La Rapporteuse spéciale envisage elle-même d'aller en Afghanistan au mois d'août.

41.   Répondant à la représentante des Etats-Unis, elle réaffirme qu'il est absolument essentiel que la Cour criminelle internationale adopte un langage très clair au sujet des violences sexuelles commises en temps de guerre. Elle rappelle que le viol a déjà été qualifié expressément par les tribunaux internationaux pour le Rwanda et pour l'ex-Yougoslavie de crime contre l'humanité.

42.   La question des conséquences économiques et sociales de la modernisation, notamment dans les pays du tiers monde, est effectivement un problème préoccupant, et la Rapporteuse spéciale en fera l'un des principaux thèmes de son prochain rapport.

43.   Mme WILHELMSEN (Observatrice de la Norvège) se félicite du dialogue instructif qui se déroule à la Commission et dont l'idée pourrait être reprise dans d'autres instances. Se référant au protocole additionnel à la Convention sur l'élimination de toutes les formes de discrimination à l'égard des femmes en cours d'élaboration, elle espère que la Commission pourra se prononcer dans un an sur un projet. Elle souhaiterait par ailleurs savoir si le Haut-Commissariat aux droits de l'homme prend des mesures pour contribuer à donner à la Cour criminelle internationale, dès sa création, une optique tenant compte des femmes et du souci de parité entre les sexes.

44.   M. IRUMBA (Ouganda) fait observer que si beaucoup de progrès ont été réalisés depuis la Conférence de Vienne, l'intégration de la problématique hommes-femmes dans les activités des Nations Unies n'est toujours pas réalité. Il approuve la volonté d'assurer la parité dans les nominations aux postes de responsabilité du Secrétariat, mais insiste sur la nécessité de tenir dûment compte à cet égard de la représentation des pays en développement. Enfin, il note avec satisfaction que la Rapporteuse spéciale chargée de la question de la violence contre les femmes est déterminée à se pencher sur la question des incidences du processus de modernisation sur les droits des femmes.

45.   Mme KUNADI (Inde) se demande s'il suffit d'intégrer un souci de parité entre les sexes dans les travaux de la Commission pour assurer la réalisation de tous les droits des femmes, y compris leurs droits à la santé, à l'éducation et à l'alimentation. A son avis, il serait également souhaitable d'inscrire à l'ordre du jour de la Commission un point spécifique sur les droits fondamentaux des femmes qui permettrait d'aborder toutes ces questions de façon intégrée.

46.   Mme CARILLO (Fonds de développement des Nations Unies pour la femme (UNIFEM)), soulignant l'importance de la question des ressources, indique tout d'abord que l'UNIFEM a établi un Fonds d'affectation spéciale afin d'appuyer au niveau des pays des initiatives novatrices pour lutter contre la violence à l'égard des femmes et a lancé une vaste campagne dans ce domaine, qui a commencé en Amérique latine mais qui sera étendue à d'autres régions. Deuxièmement, il s'est attaché à mettre en lumière les aspects sexospécifiques des mandats des mécanismes thématiques spéciaux et à définir des mesures pour aborder ces différents aspects. L'UNIFEM s'est en outre adressé au Haut-Commissariat aux droits de l'homme en vue d'organiser une nouvelle réunion d'experts sur l'élaboration de directives concernant l'intégration, dans les activités et programmes des Nations Unies relatifs aux droits de l'homme, d'une démarche sexospécifique. Enfin, pour contribuer à instituer une culture de respect des droits de l'homme, l'UNIFEM a entrepris d'organiser un stage de formation annuel pour les ONG des pays signataires de la Convention sur l'élimination de toutes les formes de discrimination à l'égard des femmes et cofinance des programmes de formation à l'intention des défenseurs des droits fondamentaux des femmes.

47.   La représentante de l'UNIFEM considère qu'il est nécessaire de renforcer les liens entre les organes normatifs et directeurs, d'une part, et les organes opérationnels, d'autre part, de sorte que les principes et les normes relatifs aux droits de l'homme soient appliqués, sur le terrain, par tous les fonds et programmes. Elle accueille par ailleurs avec une vive satisfaction l'initiative du Haut-Commissariat visant à intégrer les droits de l'homme dans toutes les activités des Nations Unies, en particulier s'agissant du droit au développement.

48. <u>Mme RASWORK</u> (Comité interafricain sur les pratiques traditionnelles ayant effet sur la santé des femmes et des enfants en Afrique) sait tout particulièrement gré à la Présidente de la Commission de la condition de la femme d'avoir mentionné la question des mutilations génitales comme un exemple patent de la violence contre les femmes. Chaque année, 2 millions de femmes sont victimes de telles mutilations : il faut prendre des mesures pour faire cesser ce scandale. D'autre part, pour que les nombreuses petites organisations nationales et régionales qui défendent les droits fondamentaux puissent être entendues et puissent coopérer efficacement avec le système des Nations Unies aux niveaux international mais aussi local, il faudrait renforcer leurs liens avec le Haut-Commissariat aux droits de l'homme.

49. <u>M. BAATI</u> (Tunisie) souscrit pleinement à la proposition de donner à la question des droits fondamentaux des femmes davantage de visibilité dans le cadre des travaux de la Commission, et ce dans le sens indiqué par la Présidente de la Commission de la condition de la femme.

50. <u>Mme SILWAL</u> (Institut international de la paix) relève tout d'abord que, alors que les régimes autoritaires cèdent de plus en plus la place à la démocratie, il subsiste toujours une idéologie, renforcée par la religion, qui continue de dénier aux femmes leurs droits fondamentaux et de les tenir dans la soumission. Comment la Commission compte-t-elle aborder ce problème dans le contexte de la défense des droits sociaux et culturels ?

51. D'autre part, notant que le Népal, signataire de la Convention, n'a pas soumis son rapport annuel au Comité pour l'élimination de la discrimination à l'égard des femmes et qu'il existe dans ce pays plus d'une vingtaine de lois discriminatoires à l'égard des femmes et aucune loi sur la violence au sein de la famille (en conséquence de quoi plus de 73 % des femmes sont victimes de telles violences), Mme Silwal demande ce que fait l'ONU pour veiller à ce que les Etats parties s'acquittent de leurs obligations.

52. <u>Mme Hyun Joo LEE</u> (République de Corée) pense que les questions concernant les femmes devraient être considérées de façon globale comme un des aspects des droits de l'homme. Il convient d'examiner toutes les discriminations d'ordre économique, culturel, etc., dont souffrent les femmes, et oeuvrer ensemble à leur élimination. S'agissant précisément des pratiques discriminatoires découlant du processus de restructuration imposé par la crise économique asiatique, la représentante de la République de Corée suggère que chaque gouvernement concerné établisse des directives en vue d'y mettre fin. L'ONU pourrait contribuer à ce processus. Elle juge par ailleurs opportunes et appropriées les conclusions adoptées par la Commission de la condition de la femme.

53. <u>M. SUMI</u> (Japon) fait observer que la Convention sur l'élimination de toutes les formes de discrimination à l'égard des femmes, dont chacun s'accorde à reconnaître l'importance capitale pour la protection des droits de la femme, fait l'objet de très nombreuses réserves. Faut-il espérer qu'avec le temps ces réserves seront retirées, ou celles-ci tiennent-elles à des problèmes fondamentaux inhérents à la Convention ? Faisant valoir d'autre part l'excellent travail accompli par l'UNIFEM, le représentant du Japon demande à tous les Etats membres de contribuer au financement du Fonds de contributions volontaires proposé par le Gouvernement japonais pour épauler les activités de l'UNIFEM.

54.   <u>Mme BUNCH</u> (Centre for Women's Global Leadership) souligne que sans les droits fondamentaux des femmes, l'universalité des droits fondamentaux serait un vain mot. Les obstacles à la parité entre les sexes dans les organes et organismes des Nations Unies ont été une fois de plus mis en évidence lors de l'élection des membres de la Sous-Commission de la lutte contre les mesures discriminatoires et de la protection des minorités. Les femmes, qui étaient six à siéger au sein de cet organe, sur 26 membres, ne sont plus aujourd'hui que quatre. Il est plus que jamais nécessaire d'instaurer un dialogue franc sur les moyens de remédier à cette situation. Comme la Commission envisage de se doter de nouveaux mécanismes et, notamment, de nommer un nouveau rapporteur spécial sur les droits économiques, sociaux et culturels, il serait bon de faire d'emblée le nécessaire pour que les préoccupations des femmes soient entièrement prises en compte.

55.   Certaines activités du Haut-Commissariat aux droits de l'homme telles que les services consultatifs constituent un excellent moyen de promouvoir la participation des femmes au niveau local, où la situation laisse souvent à désirer. Il conviendrait enfin de voir dans quelle mesure la Commission des droits de l'homme et la Commission de la condition de la femme pourraient organiser des missions conjointes ou créer des équipes spéciales et des groupes de travail dans des domaines d'intérêt commun tels que les droits des migrantes et le développement.

56.   <u>Mme EL HAJJAJI</u> (Jamahiriya arabe libyenne) dit que, tout en étant fermement convaincue de la contribution fructueuse des organisations non gouvernementales aux travaux de la Commission, elle ne peut s'empêcher en tant que femme arabe et musulmane d'être exaspérée par la position de certaines de ces organisations à l'égard de la situation des femmes dans l'islam, dans laquelle elles voient une négation des droits fondamentaux. Alors qu'une centaine de versets du Coran traitent de la femme, certains persistent à mettre l'accent sur quelques-uns seulement et à les interpréter d'une manière littérale, aboutissant souvent à des conclusions erronées. Avant de parler de la situation de la femme dans l'islam, il est nécessaire d'étudier à fond les principes sur lesquels se fonde l'éthique coranique, de bien saisir le contexte politique et social dans lequel s'inscrivent certaines interprétations du Coran et de tenir compte de la situation de la femme dans les différentes civilisations et cultures qui ont influé sur la société musulmane à travers les âges. C'est d'ailleurs dans cette optique que s'inscrit le document sur les droits et les obligations des femmes dans la Jamahiriya que les femmes libyennes viennent d'élaborer.

57.   La délégation libyenne appuie la proposition d'inscrire à l'ordre du jour de la Commission un nouveau point consacré à la prise en compte des intérêts des femmes par la communauté internationale. En outre, elle appuie sans réserve la proposition du Canada de nommer des femmes à des postes de responsabilité au Haut-Commissariat des Nations Unies aux droits de l'homme.

58.   <u>Mme COOMARASWAMY</u> (Rapporteuse spéciale sur la violence contre les femmes) tient tout d'abord à assurer la délégation ougandaise que la promotion des droits des femmes ne se fera en aucun cas au détriment des groupes marginalisés ou des pays sous-développés.

59.   La représentante de la République de Corée a évoqué la crise économique
que traverse l'Asie et ses répercussions néfastes sur les femmes de la région.
La délégation indienne a, de son côté, souligné qu'il ne faut pas négliger les
droits des femmes dans des domaines tels que la santé et l'éducation. Leurs
propos montrent à quel point les droits économiques et sociaux sont importants
et combien il est urgent de nommer un rapporteur spécial sur les droits
économiques et sociaux, ce que de nombreux intervenants ont d'ailleurs
proposé.

60.   La représentante de l'UNIFEM a à juste titre signalé que, malgré les
progrès importants accomplis dans l'élaboration de normes pour tout le système
des Nations Unies, il y a encore entre les principes et la réalité un fossé
qu'il faut absolument combler. Elle a également évoqué le rôle de la société
civile. Dans l'exercice de ses fonctions, la Rapporteuse spéciale a eu maintes
fois l'occasion de se rendre compte du rôle de catalyseur que joue ce segment
de la société, et en particulier les ONG, dans les efforts visant à faire
respecter les droits des femmes partout dans le monde. Dans la lutte contre
certaines pratiques traditionnelles préjudiciables aux femmes, il importe au
plus haut point que les ONG locales prennent elles-mêmes le problème en main.
C'est dans cette optique que s'inscrit apparemment l'initiative prise par les
femmes libyennes, qui ont adopté un document énonçant leurs droits et leurs
obligations.

61.   Mme Coomaraswamy s'accorde avec la représentante du Centre for Women's
Global Leadership pour dire que l'universalité des droits de l'homme est un
principe fondamental. Certes, il appartient aux sociétés de faire leur
autocritique, mais la communauté internationale a aussi l'obligation de
dénoncer les violations des droits des femmes partout dans le monde.

62.   S'agissant du problème délicat des valeurs culturelles traditionnelles
qui confèrent aux femmes un statut subalterne, de telles attitudes peuvent
seulement être combattues au moyen des nouvelles normes que la communauté
internationale s'emploie à établir. Mais le travail normatif ne permettra pas
à lui seul de les éliminer. Il faut aussi prendre des mesures au niveau de
l'enseignement et des moyens d'information pour faire en sorte que les normes
adoptées deviennent une réalité.

63.   Enfin, la Rapporteuse spéciale note avec satisfaction que l'idée
d'inscrire à l'ordre du jour de la Commission un nouveau point relatif à la
prise en compte des préoccupations des femmes fait son chemin et a de plus en
plus de partisans à la Commission.

64.   Mme FLOR (Présidente de la Commission de la condition de la femme),
en réponse à une remarque de l'observatrice de la Norvège au sujet des
négociations en cours en vue de l'élaboration d'un protocole facultatif à la
Convention sur l'élimination de toutes les formes de discrimination à l'égard
des femmes, dit qu'elle aurait souhaité que cet instrument soit adopté à
l'occasion de la célébration du cinquantenaire de la Déclaration universelle
des droits de l'homme mais, vu l'importance du projet qui vise à mettre en
place une procédure qui permettra aux femmes d'adresser des plaintes au Comité
pour l'élimination de la discrimination à l'égard des femmes, ce retard est
compréhensible. A cet égard, il convient d'appeler l'attention sur un principe
primordial : il est impératif que le nouveau protocole facultatif ait le même
poids que tous les instruments similaires de l'Organisation des Nations Unies.

65.   Répondant au souci exprimé par le représentant de l'Ouganda, Mme Flor
fait observer qu'il n'y a aucune contradiction entre le principe de la parité
entre les sexes et celui de la répartition géographique équitable au sein des
organismes des Nations Unies. Le respect de l'un ne nuit en rien à l'autre.

66.   Quant au décalage entre l'aspect normatif et la réalité sur le terrain,
évoqué par la représentante de l'UNIFEM, il est essentiel qu'à travers ses
activités opérationnelles le système des Nations Unies assure une meilleure
prise en compte des préoccupations des femmes au niveau national.

67.   La représentante du Comité interafricain sur les pratiques
traditionnelles a formulé quelques observations sur la question de l'excision.
Il va sans dire que des mécanismes devront être créés si la communauté
internationale souhaite jeter les bases juridiques d'une action visant à
éliminer définitivement cette pratique. Or, celle-ci est profondément ancrée
dans les mentalités et ce sont d'ailleurs les mères elles-mêmes qui obligent
leurs filles à subir ces mutilations; à moins qu'elles ne se rendent compte de
toutes les conséquences de cette pratique et qu'un rite plus symbolique
n'y soit substitué, l'éradication des mutilations génitales restera un voeu
pieux.

68.   Les nombreuses réserves formulées par les Etats parties à la Convention
sur l'élimination de toutes les formes de discrimination à l'égard des femmes
demeurent un obstacle majeur à l'efficacité de cet instrument. La Commission
de la condition de la femme demande instamment aux Etats concernés de les
réexaminer en vue de les retirer ou d'en restreindre la portée au maximum.
De même, le problème de la présentation tardive des rapports des Etats parties
doit être réglé le plus rapidement possible car sans ces rapports le Comité ne
peut surveiller convenablement les progrès accomplis dans l'application de
la Convention. De son côté, cet organe doit aussi faire des efforts pour
accélérer l'examen des rapports.

69.   Il serait sans doute utile de mettre en place de nouveaux mécanismes
pour promouvoir la parité entre les sexes au sein du système
des Nations Unies, par exemple des bases de données qui permettent
d'identifier les candidates les plus compétentes lorsqu'il s'agit de pourvoir
des postes au sein du système.

70.   Différents intervenants ont fait remarquer que dans de nombreuses
sociétés les stéréotypes quant au rôle des femmes et des hommes persistaient.
A ce sujet, la Commission de la condition de la femme a abouti à la conclusion
que la solution consiste à sensibiliser les femmes car comment
pourraient-elles revendiquer des droits dont elles ne sont pas conscientes.
Dans cette optique, l'éducation dans le domaine des droits fondamentaux revêt
une importance primordiale.

71.   Mme ROBINSON (Haut-Commissaire aux droits de l'homme), répondant à une
question posée par la représentante de l'UNIFEM, confirme qu'une nouvelle
réunion d'experts sur l'intégration, dans les activités et programmes des
Nations Unies relatifs aux droits de l'homme d'une perspective sexospécifique,
sera bientôt convoquée. A propos de l'universalité des droits de l'homme, elle
rappelle que dans l'allocution qu'il a prononcée devant la Commission
le 17 mars 1998, le Ministre iranien des affaires étrangères avait demandé

que soient recueillies des observations sur la conception islamique de
l'universalité des droits de l'homme. Après des consultations avec
l'Organisation de la Conférence islamique, la Haut-Commissaire s'emploie à
compiler de telles observations pour la session de la Sous-Commission de la
lutte contre les mesures discriminatoires et de la protection des minorités
qui aura lieu en août. A cet égard, elle considère qu'il est très important
que les préoccupations des femmes soient prises en compte dans ces
observations.

72.   Mme von REDUCH (Suède) note que, dans son rapport (E/CN.4/1998/54 et
Add.1) la Rapporteuse spéciale sur la violence contre les femmes parle de
"prostitution forcée". Elle demande si, pour la Rapporteuse spéciale, il y a
une différence entre prostitution et prostitution forcée. Dans l'affirmative,
comment définit-elle la prostitution forcée ? Le Gouvernement suédois a
récemment présenté au Parlement un projet de loi sur la violence contre les
femmes dans lequel il est proposé d'interdire tous les types de services
sexuels et stipulé que la prostitution n'est pas une transaction entre
partenaires égaux car les femmes y sont toujours la partie faible. Aucune
distinction ne saurait donc être faite entre prostitution et prostitution dite
forcée.

73.   D'autre part, la délégation suédoise considère que la réforme de l'ordre
du jour de la Commission dans une perspective qui tienne davantage compte des
femmes est très importante; il n'en demeure pas moins nécessaire d'inscrire à
l'ordre du jour un point distinct relatif à la question de la parité entre les
sexes.

74.   Mme MILLER (International Human Rights Law Group/Amnesty International)
dit qu'Amnesty International et l'International Human Rights Law Group sont
depuis longtemps préoccupés par le peu de ressources dont disposent les
rapporteurs par pays et rapporteurs thématiques de la Commission des droits de
l'homme; à présent qu'il est question de recueillir des données statistiques
par sexe et de faire en sorte que les droits fondamentaux des femmes soient
davantage pris en compte par les différents mécanismes de la Commission, il
est à espérer que les fonds nécessaires seront alloués.

75.   Tous les intervenants ont reconnu l'importance que revêt la formation
dans les efforts visant à promouvoir la parité entre les sexes au sein du
système des Nations Unies. Mme Miller considère à ce propos que les
fonctionnaires des Nations Unies, quel que soit leur niveau, au siège et dans
les bureaux extérieurs, devraient être formés à l'analyse par sexe et aux
droits fondamentaux des femmes. Il importe que le Haut-Commissariat aux droits
de l'homme fasse en sorte que les dispositions de la résolution 1997/43 de la
Commission soient rapidement appliquées. Il conviendrait également de veiller
à recruter (surtout pour les missions sur le terrain) des personnes, et en
particulier des femmes qui connaissent bien le problème. Enfin, il est
impératif que la terminologie utilisée par les organismes des Nations Unies
soit débarrassée de toute connotation sexiste, par exemple en employant des
termes comme "humanité", "droits de la personne" dans toutes les langues de
travail.

76.   Amnesty International et l'International Human Rights Law Group
préconisent un dialogue continu entre le Haut-Commissariat aux droits de
l'homme et la Commission de la condition de la femme, et les exhortent

à coopérer en vue d'élaborer et de diffuser des directives de nature à exclure tout langage sexiste des documents des organismes des Nations Unies.

77.   M. BALL (Nouvelle-Zélande) rappelle l'objectif consistant à assurer une totale parité entre les sexes au Secrétariat de l'ONU d'ici à l'an 2000, qui a été fixé dans le Programme d'action de Beijing et réaffirmé dans différentes résolutions de l'Assemblée générale, en particulier la résolution 52/96. Or, dans cette même résolution l'Assemblée générale a souligné la nécessité de tenir compte de l'Article 101 de la Charte des Nations Unies qui exige que le recrutement soit fait sur une base géographique aussi large que possible et en fonction du mérite. Cela dit, la parité entre les sexes s'affirme aujourd'hui comme un objectif majeur du système des Nations Unies, comme en témoigne la nomination de Mme Robinson au poste de Haut-Commissaire aux droits de l'homme, qui constitue un pas important dans cette direction. La Nouvelle-Zélande est favorable au renforcement du dialogue entre la Commission de la condition de la femme et le Haut-Commissariat aux droits de l'homme, auquel le présent débat ne peut d'ailleurs que contribuer.

78.   Mme McCONNELL (Nord-Sud XXI), félicitant la Rapporteuse spéciale sur la violence contre les femmes pour son excellent rapport, prend acte avec satisfaction de sa définition du viol en tant qu'arme de guerre, qui revêt une importance capitale dans un contexte caractérisé par la multiplication des conflits armés. Le viol, notamment de femmes enceintes, parfois en présence de membres de leur famille et même de leurs enfants, doit être considéré comme un crime contre l'humanité. Nord-Sud XXI appelle particulièrement l'attention de la Commission sur le terrible sort des femmes tamoules qui sont victimes des pires atrocités. Il y a lieu à ce propos de rendre hommage à l'UNIFEM qui a eu le courage de dire que les violations des droits fondamentaux des femmes ne devaient pas être examinées de façon générale, mais pays par pays. Comme peu de journalistes peuvent accéder au nord-est de Sri Lanka, rares sont les informations qui filtrent sur le viol utilisé comme arme de guerre par les forces de sécurité sri-lankaises contre des femmes tamoules inoffensives. Nord-Sud XXI, qui trouve encourageants les efforts du Haut-Commissariat aux droits de l'homme pour promouvoir la prise en compte des crimes sexospécifiques contre les femmes dans les procédures engagées devant les tribunaux pénaux internationaux, espère que la Commission se penchera sur la question de l'utilisation du viol comme arme de guerre dans le nord-est de Sri Lanka. La Rapporteuse spéciale sur la violence contre les femmes étant originaire de ce pays, il est tout à fait compréhensible qu'elle ne soit pas en mesure de s'occuper, dans le cadre de son mandat, du conflit qui déchire son pays. La Commission pourrait peut-être désigner un rapporteur adjoint qui aurait pour tâche de suivre la situation à Sri Lanka.

79.   Mme FERNANDO (Mouvement international contre toutes les formes de discrimination) voudrait faire quelques suggestions dans le prolongement des engagements pris et des voeux exprimés au cours du débat. En premier lieu, elle souhaite que les Etats prennent les mesures voulues pour assurer une meilleure formation aux responsables gouvernementaux chargés des droits des femmes et appliquent les dispositions de la Déclaration et du Programme d'action de Vienne concernant les femmes et les dispositions de la Déclaration et du Programme d'action de Beijing en tenant compte des réalités locales. En deuxième lieu, elle recommande que les Etats qui ont formulé des réserves à l'égard de la Convention sur l'élimination de toutes les formes de

discrimination à l'égard des femmes envisagent de les retirer. Elle suggère que la Commission des droits de l'homme et la Commission de la condition de la femme étudient conjointement l'effet de la mondialisation sur les droits des femmes d'Asie, d'Afrique et d'Amérique latine, en mettant particulièrement l'accent sur la situation des femmes autochtones et des femmes des communautés rurales. Enfin, la Conférence mondiale de la lutte contre le racisme et la discrimination raciale devrait intégrer dans ses délibérations le souci de parité entre les sexes.

80.   Mme COOMARASWAMY (Rapporteuse spéciale sur la violence contre les femmes), répondant à quelques remarques qui ont été faites, dit qu'en ce qui concerne la question de la prostitution, il y a deux conceptions en présence : selon l'une, la prostitution est toujours forcée tandis que, selon la seconde, les travailleurs sexuels choisissent de pratiquer la prostitution comme profession, mais doivent être aidés et protégés. Les tenants de l'une et de l'autre doivent dialoguer jusqu'à ce que se dégage un consensus, sur lequel s'appuiera l'établissement de normes internationales en la matière. Pour ce qui est du langage employé dans les organismes des Nations Unies, que certains qualifient de sexiste, il faut savoir que d'autres problèmes d'expression et de langage plus généraux se posent lorsqu'il s'agit de rendre compte de la situation des droits fondamentaux. Par exemple, dans la rédaction des rapports sur la violence contre les femmes, il est aussi peu satisfaisant d'employer un langage technique international que d'utiliser le style parlé simple qu'emploient naturellement des femmes victimes de violences. Enfin, il est évident que les questions des droits des femmes doivent être examinées dans un contexte général, et donc naturellement en relation avec les problèmes de racisme.

81.   Mme FLOR (Présidente de la Commission de la condition de la femme) souhaite également réagir à certaines remarques. S'agissant des relations entre la Commission des droits de l'homme et la Commission de la condition de la femme, elle souligne la nécessité d'échanger des informations et se félicite que les ONG, qui jouent un rôle actif auprès des deux commissions, contribuent à resserrer les liens entre elles. Elle proposera au bureau de la Commission de la condition de la femme d'inviter le Président de la Commission des droits de l'homme à la prochaine session. L'idée selon laquelle les deux commissions pourraient réaliser une étude conjointe ou mettre sur pied un groupe de travail conjoint mérite d'être approfondie et il faut rechercher les moyens d'instaurer une plus grande synergie entre elles.

82.   Le PRESIDENT invite la Haut-Commissaire aux droits de l'homme à conclure le débat.

83.   M. Gallegos Chiriboga (Equateur) prend la présidence.

84.   Mme ROBINSON (Haut-Commissaire aux droits de l'homme) constate que la tendance générale qui se dessine sur le sujet des droits des femmes semble être celle d'une double approche. D'une part, la proposition d'inscrire la question des droits fondamentaux des femmes à l'ordre du jour de la Commission en tant que point distinct a été largement soutenue tant par les représentants des Etats que par les ONG. Parallèlement, les intervenants ont souligné qu'il importe de tenir compte des droits fondamentaux des femmes dans tous les travaux de la Commission. On a insisté sur la nécessité d'intégrer le souci

de parité entre les sexes dans les divers mécanismes des droits de l'homme et, en particulier, de tendre à la parité entre hommes et femmes au Secrétariat. Certains ont fait valoir qu'il convenait de présenter des données par sexe. Les Etats pourraient s'efforcer de se conformer à cette exigence dans le cadre du suivi de la Conférence mondiale sur les droits de l'homme. Ceux qui présentent des projets de résolution à la Commission pourraient les établir en ayant à l'esprit le principe de l'intégration des droits des femmes.

85.   S'agissant de la Convention sur l'élimination de toutes les formes de discrimination à l'égard des femmes, les participants ont mis en avant le problème des réserves ainsi que l'opportunité d'établir un protocole facultatif qui instituerait un mécanisme de plaintes. L'accent a également été mis sur l'importance particulière des droits économiques, sociaux et culturels en ce qui concerne les femmes. La Rapporteuse spéciale sur la violence contre les femmes a montré à cet égard les limites de son mandat et souligné les effets de la mondialisation sur la vie des femmes, en particulier dans les pays en développement. Le débat a par ailleurs mis en relief la nécessité d'approfondir les liens entre la Commission des droits de l'homme et la Commission de la condition de la femme ainsi que les relations des ONG avec ces deux commissions. La Haut-Commissaire aux droits de l'homme s'efforcera à cet égard de jouer un rôle de catalyseur. Elle tient tout particulièrement à ce que les deux commissions unissent leurs efforts pour lutter contre la traite et l'exploitation sexuelle des femmes et des enfants.

86.   En conclusion, elle pense que le débat sur les droits des femmes qui vient d'avoir lieu fera date dans les travaux de la Commission et elle remercie le Président de cette initiative novatrice.

SERVICES CONSULTATIFS DANS LE DOMAINE DES DROITS DE L'HOMME (point 17 de l'ordre du jour) (E/CN.4/1998/92, E/CN.4/1998/93, E/CN.4/1998/94, E/CN.4/1998/95, E/CN.4/1998/96, E/CN.4/1998/97, E/CN.4/1998/158, A/52/489)

87.   M. GARCIA-SAYAN (Mission du Secrétaire général au Guatemala) rappelle que, dans sa résolution 1997/51, la Commission des droits de l'homme a prié le Secrétaire général d'envoyer une mission au Guatemala afin de lui faire rapport sur la situation des droits de l'homme au Guatemala à la lumière de la mise en oeuvre des accords de paix. La Mission, composée de M. Díaz Uribe (Colombie), M. García-Sayán (Pérou) et M. Le Bot (France) s'est rendue dans le pays du 8 au 19 décembre 1997; son rapport fait l'objet du document E/CN.4/1998/93.

88.   La Mission a constaté que la tendance à un plus grand respect des droits de l'homme au Guatemala se confirmait. L'attention particulière accordée à la situation au Guatemala par la Commission des droits de l'homme, et la persévérance du peuple et du Gouvernement ainsi que de l'UNRG ont été décisives dans l'amélioration notable de la situation. La signature de l'Accord pour une paix ferme et durable a marqué une étape importante. Mais s'il est manifeste que l'Etat guatémaltèque ne mène plus une politique attentatoire aux droits de l'homme, il subsiste néanmoins dans le pays des problèmes qui entravent l'exercice des droits fondamentaux : impunité, persistance de déficiences structurelles dans le système d'administration de la justice et d'enquête pénale, situation en ce qui concerne la sécurité publique, non-respect des garanties d'une procédure régulière, discrimination

à l'égard des autochtones, non-respect des droits économiques, sociaux et culturels, et faiblesse des institutions de promotion et de protection des droits de l'homme.

89.   Le renforcement du pouvoir civil est l'un des objectifs fondamentaux de l'Accord relatif au renforcement du pouvoir civil et au rôle de l'armée dans une société démocratique, conclu entre le Gouvernement et l'URNG en septembre 1996. Même si la situation actuelle autorise un optimisme raisonnable, le sentiment d'insécurité croissante chez les citoyens rend urgente l'adoption de mesures visant à assurer un fonctionnement efficace du système judiciaire et des forces de sécurité. Il faut d'urgence que le Congrès donne la priorité à la réforme de l'administration de la justice et il est fondamental que des mesures soient prises pour améliorer la formation des avocats, des magistrats et des membres du ministère public. Il importe en outre qu'en légiférant ou en interprétant la loi, les autorités tiennent compte des principes et des normes internationales dans le domaine des droits de l'homme, et redoublent d'efforts pour renforcer la capacité d'enquête du Procureur aux droits de l'homme.

90.   Le problème de la sécurité publique reste l'un des principaux sujets de préoccupation des Guatémaltèques. Les gens ont tendance à penser que les accords de paix ont engendré encore plus d'insécurité. Les enlèvements et extorsions sont nombreux. Selon la Mission, les opérations contre de tels actes ne doivent être menées que par la police nationale civile, et en aucun cas par l'état-major de la Présidence comme cela est arrivé. Pendant la période du déploiement de la nouvelle structure de la police, l'intervention de l'armée dans les opérations de sécurité politique doit être strictement réglementée.

91.   Dans le domaine socio-économique, il faut regretter que, malgré certains progrès, la mise en oeuvre de l'Accord sur les aspects socio-économiques et la situation agraire connaisse des retards. Etant entendu que le Gouvernement ne veut pas privilégier tel ou tel secteur de la population, il est urgent qu'il renforce les mesures de lutte contre la pauvreté et soutienne le développement rural.

92.   L'Accord relatif à l'identité et aux droits des peuples autochtones a commencé à porter ses fruits, mais il faut accélérer les réformes constitutionnelles et législatives prévues, et notamment la prise en compte du droit coutumier dans l'administration de la justice.

93.   La Commission chargée de faire la lumière sur les violations des droits de l'homme, créée par l'Accord adopté à Oslo en juin 1994, joue un rôle important pour tirer les leçons du passé et éviter que ne se répètent les souffrances des Guatémaltèques. Il est essentiel que cette commission puisse bénéficier de la collaboration de l'armée.

94.   Les efforts faits par les Guatémaltèques méritent le soutien de la communauté internationale et les actions menées par la Commission des droits de l'homme depuis 1979 au Guatemala n'ont pas été vaines. Les membres de la Commission pourraient se tenir informés du cours des événements en prenant connaissance des rapports périodiques de la Mission des Nations Unies au Guatemala (MINUGUA).

95.   Mme ALTOLAGUIRRE (Guatemala) note que le document présenté par les
membres de la Mission (E/CN.4/1998/93) confirme une partie du septième rapport
de la MINUGUA, qui fait état d'une avancée significative dans la réalisation
des droits de l'homme. Cela dit, le Gouvernement guatémaltèque reconnaît aussi
que des obstacles continuent d'entraver le bon fonctionnement des
institutions. Il est particulièrement préoccupé par les questions de sécurité
urbaine et d'administration de la justice, et s'efforce de prendre les mesures
appropriées.

96.   Le 1er avril 1998, une vingtaine de tribunaux ont été institués, dont
quatre compétents en matière pénale sis dans la capitale. En outre,
cinq autres tribunaux ont été institués, qui connaîtront des conflits entre
les membres des communautés autochtones en tenant compte du droit coutumier.
Le débat sur l'administration de la justice a été enrichi par les travaux
de la Commission de renforcement de la justice et de la Commission de
modernisation de l'appareil judiciaire prévues dans les accords de paix.
En septembre 1997, le pouvoir judiciaire, le Ministère de l'intérieur et
le ministère public ont signé une déclaration d'intention dans laquelle ils
s'engagent à travailler ensemble.

97.   S'agissant de la police civile, les agents responsables de violations
des droits de l'homme ont été révoqués. Pour renforcer le pouvoir civil,
1 370 agents de la police militaire itinérante ont été démobilisés et les
effectifs de l'armée ont été réduits de 33 % à la fin de l'année 1997. Par
ailleurs, le Gouvernement s'emploie à faire mieux connaître les accords de
paix parmi la population. Ceux-ci ont été traduits dans cinq langues mayas et
largement diffusés.

98.   En conclusion, la représentante du Guatemala remercie la Commission de
son aide. Le Gouvernement guatémaltèque partage les préoccupations des membres
de la Mission et mesure ce qui reste à faire, mais il a la volonté politique
de poursuivre ses efforts. Comme il a été dit, les membres de la Commission
pourront se rendre compte de l'évolution de la situation au Guatemala en
consultant les informations données par la MINUGUA.

<u>La séance est levée à 18 h 5</u>.

- - - - -

NATIONS UNIES

E

 Conseil Economique et Social

Distr.
GENERALE

E/CN.4/1998/SR.39
4 mai 1998

Original : FRANCAIS

COMMISSION DES DROITS DE L'HOMME

Cinquante-quatrième session

COMPTE RENDU ANALYTIQUE DE LA 39ème SEANCE

tenue au Palais des Nations, à Genève,
le jeudi 9 avril 1998, à 15 heures

<u>Président</u> : M. SELEBI (Afrique du Sud)
<u>puis</u> : M. HYNES (Canada)
M. GALLEGOS CHIRIBOGA (Equateur)

SOMMAIRE

EXAMEN DES PROJETS DE RESOLUTION ET DE DECISION SE RAPPORTANT AUX POINTS 18, 16 ET 23 DE L'ORDRE DU JOUR (<u>suite</u>)

ACTION VISANT A ENCOURAGER ET DEVELOPPER DAVANTAGE LE RESPECT DES DROITS DE L'HOMME ET DES LIBERTES FONDAMENTALES ET, NOTAMMENT, QUESTION DU PROGRAMME ET DES METHODES DE TRAVAIL DE LA COMMISSION :

a) AUTRES METHODES ET MOYENS QUI S'OFFRENT DANS LE CADRE DES ORGANISMES DES NATIONS UNIES POUR MIEUX ASSURER LA JOUISSANCE EFFECTIVE DES DROITS DE L'HOMME ET DES LIBERTES FONDAMENTALES

Le présent compte rendu est sujet à rectifications.

Les rectifications doivent être rédigées dans l'une des langues de travail. Elles doivent être présentées dans un mémorandum et être également incorporées à un exemplaire du compte rendu. Il convient de les adresser, <u>une semaine au plus tard à compter de la date du présent document</u>, à la Section d'édition des documents officiels, bureau E.4108, Palais des Nations, Genève.

Les rectifications aux comptes rendus des séances publiques de la Commission seront groupées dans un rectificatif unique qui sera publié peu après la session.

GE.98-12060 (F)

SOMMAIRE (<u>suite</u>)

La séance est ouverte à 15 heures.

EXAMEN DES PROJETS DE RESOLUTION ET DE DECISION SE RAPPORTANT AUX POINTS 18,
16 ET 23 DE L'ORDRE DU JOUR (suite)

Projet de résolution se rapportant au point 18 de l'ordre du jour -
E/CN.4/1998/L.34 (Application de la Déclaration sur l'élimination de toutes
les formes d'intolérance et de discrimination fondées sur la religion ou la
conviction)

1.   M. McDONALD (Irlande), présentant le projet de résolution au nom de ses
coauteurs, souligne combien les travaux du Rapporteur spécial chargé
d'examiner la question de l'intolérance religieuse contribuent à la
réalisation de progrès dans ce domaine et indique qu'un élément important du
projet de résolution concerne la prorogation du mandat du Rapporteur spécial
pour une période de trois ans. La délégation irlandaise a tenu de longues
consultations avec les délégations intéressées au sujet du projet de
résolution et elle espère que celui-ci sera adopté par consensus.

2.   Mme KLEIN (Secrétaire de la Commission) annonce que les Etats suivants
se sont portés coauteurs du projet de résolution : Afrique du Sud, Bélarus,
Botswana, El Salvador, Equateur, Hongrie, Israël, Moldavie, Norvège, Pologne,
Ukraine et Uruguay.

3.   M. COMBA (Centre pour les droits de l'homme) précise que l'adoption du
projet de résolution aurait des incidences financières liées à la prorogation
du mandat du Rapporteur spécial. Des crédits d'un montant de 79 900 dollars
ont été prévus dans le budget-programme de l'exercice biennal 1998-1999 au
titre des frais de voyage et des indemnités journalières de subsistance du
Rapporteur spécial ainsi que des dépenses de fonctionnement. Les ressources
nécessaires pour la troisième année du mandat du Rapporteur spécial seront
inscrites dans le projet de budget-programme pour l'exercice 2000-2001.

4.   Le PRESIDENT dit que, en l'absence d'objection, il considérera que la
Commission souhaite adopter sans vote le projet de résolution publié sous la
cote E/CN.4/1998/L.34.

5.   Il en est ainsi décidé.

Projets de résolution se rapportant au point 16 de l'ordre du jour
(E/CN.4/1998/L.33; E/CN.4/1998/L.25 et E/CN.4/1998/L.38)

Projet de résolution E/CN.4/1998/L.33 (Droits des personnes appartenant à des
minorités nationales ou ethniques, religieuses et linguistiques) (suite)

6.   M. DESSER (Autriche) dit que, comme il avait été convenu à la séance
précédente, sa délégation a tenu des consultations avec la délégation du
Bangladesh.

7.   M. QUAYES (Bangladesh), se référant au paragraphe 11 du projet de
résolution, rappelle que, conformément à la résolution 1995/24 de
la Commission, il avait été prévu que le Groupe de travail se réunirait entre
les sessions de la Sous-Commission pendant une période initiale de trois ans

à compter de septembre 1995. Or, contrairement à cette disposition, le Groupe de travail a tenu ses deux premières réunions durant une même période séparant les sessions de la Sous-Commission. Celle-ci n'a donc pas été en mesure d'étudier son rapport sur les travaux de sa première réunion ni de lui fournir des orientations sur la tenue de sa deuxième réunion. On peut d'ailleurs se demander à cet égard sur quoi le secrétariat s'est fondé pour assurer le service de cette deuxième réunion. La réunion que le Groupe de travail a tenue en mai 1997, dite "troisième réunion", ne marque donc pas la fin de son mandat, comme il ressort d'ailleurs du paragraphe 12 de la résolution 1997/16 de la Commission, dans lequel celle-ci a exprimé l'espoir que le Groupe de travail exécuterait plus avant son mandat, tel qu'il est énoncé dans la résolution 1995/24 de la Commission, et qu'il prendrait en outre acte des délibérations de la Commission au titre de ce point.

8. La délégation bangladaise est intervenue à plusieurs reprises sur ce point à la Commission et à la Sous-Commission et a adressé des communications au Haut-Commissaire et au Sous-Secrétaire général de l'époque. N'ayant reçu aucune réponse, elle s'est vu obligée de décider de renoncer à participer à la "deuxième" réunion du Groupe de travail, en mai 1996. Le Sous-Secrétaire général lui ayant alors adressé une communication, elle y a répondu en soulevant un certain nombre de questions. Elle déplore vivement n'avoir reçu aucune réponse à ces questions depuis plus de deux ans. Devant la Commission et la Sous-Commission, elle a déclaré qu'elle préférait que cette dernière, en définissant les termes de la prorogation du mandat du Groupe de travail, envisage la possibilité de revoir la composition du Groupe de sorte que celui-ci n'ait plus à subir les désaccords qui l'ont caractérisé dans sa composition actuelle.

9. La délégation bangladaise a reçu le matin même une communication du Président du Groupe de travail dans laquelle celui-ci prend en considération ses préoccupations et accepte son interprétation de la résolution en question. Sans expliquer un silence de plus de deux ans, ceci témoigne d'une volonté, quoique tardive, de répondre au moins à la question de l'interprétation de la résolution. En conséquence, étant entendu que le secrétariat programmera la réunion suivante du Groupe de travail de manière à ce que les questions relatives à l'interprétation de son mandat soient dûment prises en considération, et dans un esprit de compromis, la délégation bangladaise s'associera au consensus sur le projet de résolution E/CN.4/1998/L.33.

10. M. DESSER (Autriche) comprend les préoccupations du Bangladesh. Il explique que le Groupe de travail ayant tenu sa première réunion en 1995, il devait tenir la seconde en 1996. Pour tenir compte des obligations de tous les membres, il a été décidé de tenir cette seconde réunion au mois de mai de 1996. Le Groupe de travail a par la suite continué de se réunir en mai, ayant constaté que c'était le moment qui convenait le mieux. Le secrétariat et le Président du Groupe de travail sont conscients du fait que la question de la programmation des réunions du Groupe donne lieu à des divergences d'opinions. La délégation autrichienne croit comprendre que le secrétariat tiendra compte de ses observations et de celles du Bangladesh lorsqu'il fixera le calendrier des réunions du Groupe de travail.

11. M. COMBA (Centre pour les droits de l'homme) indique les incidences financières du projet de résolution, et précisément du paragraphe 11.

Des crédits d'un montant de 26 500 dollars par an ont été inscrits au chapitre 22 du budget-programme de 1998-1999 au titre des frais de voyage et des indemnités journalières de subsistance des cinq membres du Groupe de travail.

12.   Le PRESIDENT dit que, en l'absence d'objection, il considérera que la Commission souhaite adopter sans vote le projet de résolution E/CN.4/1998/L.33.

13.   Il en est ainsi décidé.

Projet de résolution E/CN.4/1998/L.25 (La tolérance et le pluralisme en tant qu'éléments indivisibles de la promotion et de la protection des droits de l'homme)

14.   M. SINGH (Inde), présentant, au nom de ses 55 coauteurs représentant toutes les régions du monde, le projet de résolution, signale qu'une erreur s'est glissée dans la version anglaise du titre, où il convient de remplacer "individual" par "indivisible". Le texte du projet de résolution a été élaboré à la suite de longues consultations. Notant qu'aucune société n'est aujourd'hui à l'abri des risques découlant de l'intolérance, le représentant de l'Inde souligne que la promotion de la tolérance exige la coopération de tous. Le projet de résolution est donc principalement axé sur le renforcement des activités dans ce domaine. Un autre élément important du projet consiste à reconnaître le rôle joué par la société civile, notamment les organisations non gouvernementales oeuvrant à l'échelon local, en faisant connaître l'importance de la tolérance et du pluralisme dans le cadre de leurs activités de sensibilisation. Enfin, dans le cadre de la réforme des méthodes de travail de la Commission, il est proposé que la question soit examinée par la Commission à sa cinquante-sixième session.

15.   Par souci de dialogue et de transparence, les coauteurs ont examiné, dans le cadre de consultations ouvertes à tous, les amendements proposés par une délégation (E/CN.4/1998/L.38). Sans les accepter globalement, ils ont pris en compte les idées qui avaient directement trait au contenu du projet, à savoir la promotion de la tolérance et du pluralisme au regard de l'individu et de la société. C'est ainsi qu'une référence générale aux paragraphes pertinents de la Déclaration de Vienne a été incorporée au troisième alinéa du préambule, que l'idée suivant laquelle la tolérance est le fondement solide de toute société civile et de la paix a été reprise au cinquième alinéa et que la suggestion faite au point 9 du document E/CN.4/1998/L.38 a été incluse à l'alinéa a) du paragraphe 4 du projet de résolution. Si les quelques autres idées contenues dans le document E/CN.4/1998/L.38 n'ont pas été retenues, c'est soit qu'elles figuraient déjà dans le projet de résolution, soit qu'elles n'avaient pas de rapport avec le thème de celui-ci. La délégation indienne espère donc que la délégation qui a proposé les amendements publiés sous la cote E/CN.4/1998/L.38 n'insistera pas pour les faire adopter et que le projet de résolution E/CN.4/1998/L.25 sera adopté sans vote.

16.   Mme KLEIN (Secrétaire de la Commission) annonce que les Etats suivants se sont portés coauteurs du projet de résolution : Algérie, Arménie, Belgique, Congo, Costa Rica, Ethiopie, Malaisie, Maurice, Népal, République de Corée, Slovénie, Sri Lanka et Ukraine.

17.   M. AKRAM (Pakistan) dit que son pays n'est pas moins convaincu que les auteurs du projet de résolution E/CN.4/1998/L.25 de l'importance capitale de la tolérance et du pluralisme pour la protection des droits de l'homme. Le pluralisme étant tout particulièrement et très concrètement menacé dans la région où se trouve le Pakistan, c'est avec beaucoup de prudence que la délégation pakistanaise a considéré une telle initiative, et elle a demandé à ses auteurs de pouvoir examiner le texte du projet de résolution bien avant qu'il ne soit publié comme document de la Commission. Or, elle n'y a eu accès que quelques heures seulement avant sa publication. Qu'en est-il du souci de transparence et de consensus proclamé ? La délégation pakistanaise a proposé alors un certain nombre d'amendements destinés à enrichir le projet. Aucun de ces amendements n'ayant été accepté, elle a été contrainte d'en faire publier le texte comme document de la Commission.

18.   Après avoir consulté quelques-uns des auteurs du projet E/CN.4/1998/L.25, la délégation pakistanaise a estimé que certaines de ses propositions étaient dans une certaine mesure prises en compte dans le projet. Il reste cependant quatre points essentiels du document E/CN.4/1998/L.38 qui n'ont pas été pris en considération et sur lesquels elle tient à ce que la Commission se prononce. Il s'agit du point 1 (en remplaçant "pacific" par "peaceful" dans la version anglaise); du point 4 (en supprimant les termes : "ainsi que des groupes"); du point 7; et du point 8 (en supprimant les termes : "et de division"). La délégation pakistanaise s'est efforcée de rechercher le consensus et le compromis. C'est à regret qu'elle insiste sur les quatre amendements susmentionnés.

19.   Mme GLOVER (Royaume-Uni) propose, pour accélérer la procédure, que les amendements soumis par le Pakistan soient examinés globalement.

20.   M. VERGNE SABOIA (Brésil), faisant valoir qu'un projet de résolution sur une question comme celle de la tolérance ne saurait être adopté autrement que par consensus, suggère d'accorder un peu plus de temps aux parties concernées pour leur permettre de parvenir à un consensus. Sinon, il se verrait contraint, à regret, de se retirer de la liste des auteurs.

21.   M. de IÇAZA (Mexique) et M. HAMIDON (Malaisie) souscrivent aux observations du représentant du Brésil.

22.   Le PRESIDENT donne une heure aux différentes parties pour régler la question.

Projet de résolution se rapportant au point 23 de l'ordre du jour - E/CN.4/1998/L.24 (Instance permanente pour les populations autochtones dans le système des Nations Unies) (suite)

23.   M. LEHMANN (Danemark) dit que, à l'issue des consultations que sa délégation a tenues avec la délégation cubaine et le secrétariat, il a été entendu que les incidences financières du projet de résolution à l'examen seraient absorbées par les ressources déjà prévues dans le budget-programme. Sur le fond, la délégation danoise pense qu'il est essentiel de ne pas préjuger des travaux du groupe de travail spécial envisagé. Elle propose donc de supprimer, au deuxième alinéa du préambule, le membre de phrase : "établir à titre permanent un mécanisme pour". Compte tenu de cette modification, elle propose que la Commission adopte le projet de résolution sans vote.

24.   M. ALFONSO MARTINEZ (Cuba) approuve cette modification, qui tient compte
des préoccupations de sa délégation. Il ne peut cependant souscrire à la
modification du paragraphe 4 qui a été proposée à la séance précédente, car
elle rendrait encore plus problématiques les fonctions du groupe de travail
envisagé et réduirait encore davantage la possibilité de créer une instance
permanente pour les populations autochtones. Il est également opposé à la
modification proposée du paragraphe 7, qui limiterait fortement la
participation des représentants de l'ONU aux activités du groupe de travail
spécial.

25.   M. LOFTIS (Etats-Unis d'Amérique) pense qu'il est très important
d'assurer la coordination et des échanges d'informations réguliers entre les
parties concernées et intéressées - gouvernements, ONU et autochtones -, mais
s'inquiète de la prolifération de nouveaux mécanismes. Sa délégation est
disposée à appuyer le projet de résolution étant entendu que, suivant le
paragraphe 4, le groupe de travail envisagé pourra examiner non seulement la
question de la création d'une instance permanente pour les autochtones mais
aussi d'autres questions, telles que celles examinées par le Groupe de travail
sur les populations autochtones et la question de la participation continue
des autochtones aux activités des organismes des Nations Unies et de leur
représentation dans ce cadre.

26.   M. ALFONSO MARTINEZ (Cuba) dit que la délégation cubaine ne s'opposera
pas à un consensus, étant entendu que ses déclarations seront consignées dans
le compte rendu de la séance.

27.   Le projet de résolution E/CN.4/1998/L.24 est adopté.

28.   M. ALFONSO MARTINEZ (Cuba) présentant une motion d'ordre, dit que, après
avoir adopté le projet de résolution E/CN.4/1998/L.24, il serait logique
d'examiner le projet de décision 1 de la Sous-Commission, intitulé "Instance
permanente pour les peuples autochtones dans le cadre du système des
Nations Unies" (E/CN.4/1998/2-E/CN.4/Sub.2/1997/50), d'autant que, au
paragraphe 5 du texte qui vient d'être adopté, le Groupe de travail spécial
est prié de tenir compte dans ses travaux, entre autres, des observations qui
seraient reçues des organes et organismes de l'Organisation des Nations Unies.

29.   Le PRESIDENT estime que la résolution E/CN.4/1998/L.24 remplace et rend
caduc le projet de décision 1 de la Sous-Commission.

30.   M. de ICAZA (Mexique) fait remarquer que le sujet de la résolution
adoptée et celui du projet de décision présenté par la Sous-Commission sont
analogues, même si leur angle d'approche est différent.

31.   M. VERGNE SABOIA (Brésil) partage le point de vue du Président, estimant
que le Groupe de travail spécial doit examiner la question d'une instance
permanente pour les populations autochtones conformément à la
résolution E/CN.4/1998/L.24 et à des décisions antérieures des organes
auxquels il est subordonné.

32.   M. LEHMANN (Danemark) s'associe à cette position et fait remarquer que
le projet de décision présenté par la Sous-Commission est plus spécifique que
la résolution E/CN.4/1998/L.24. En outre, le Groupe de travail spécial pourra

tenir compte comme il l'entendra des travaux des organes et organismes de l'Organisation des Nations Unies, conformément au paragraphe 5 de la résolution.

33.   M. ALFONSO MARTINEZ (Cuba) pense qu'il n'y a pas contradiction entre le projet de résolution qui vient d'être adopté et le projet de décision de la Sous-Commission étant donné que le Groupe de travail sur les populations autochtones se penche déjà sur la question à l'examen et que le projet de décision 1 orienterait en quelque sorte sa réflexion.

34.   M. HYNES (Canada) aurait des difficultés à souscrire au projet de décision présenté par la Sous-Commission car il est par trop précis et préjuge des résultats des travaux du Groupe de travail spécial en parlant de la "création à brève échéance" d'une éventuelle instance permanente.

35.   A l'issue d'un débat de procédure auquel prennent part M. ALFONSO MARTINEZ (Cuba) et M. HYNES (Canada), le PRESIDENT dit que, s'il n'y a pas d'objection, il considérera que la Commission décide de ne pas se prononcer sur le projet de décision 1 présenté par la Sous-Commission (E/CN.4/1998/2).

36.   Il en est ainsi décidé.

37.   M. ALFONSO MARTINEZ (Cuba) pense que la motion présentée par le Canada aurait dû être mise aux voix. Cela dit, étant entendu que le Groupe de travail spécial pourra, d'office ou en vertu du paragraphe 5 du projet de résolution, tenir compte des travaux d'autres organes, il ne s'oppose pas à la décision qui vient d'être prise.

38.   M. SUMI (Japon), expliquant la position de sa délégation sur le projet de résolution E/CN.4/1998/L.24, dit que sa délégation s'associe au consensus et reconnaît l'importance des questions autochtones. Cependant, en ce qui concerne l'éventuelle création d'une instance permanente, elle pense qu'il ne faut pas préjuger des résultats des travaux du Groupe de travail spécial et qu'il convient en tout cas d'étudier attentivement quelles en seraient les incidences financières et de chercher à éviter les doubles emplois.

39.   M. Hynes (Canada) prend la présidence.

ACTION VISANT A ENCOURAGER ET DEVELOPPER DAVANTAGE LE RESPECT DES DROITS DE L'HOMME ET DES LIBERTES FONDAMENTALES, ET NOTAMMENT, QUESTION DU PROGRAMME ET DES METHODES DE TRAVAIL DE LA COMMISSION :

a)   AUTRES METHODES ET MOYENS QUI S'OFFRENT DANS LE CADRE DES ORGANISMES DES NATIONS UNIES POUR MIEUX ASSURER LA JOUISSANCE EFFECTIVE DES DROITS DE L'HOMME ET DES LIBERTES FONDAMENTALES;

b)   INSTITUTIONS NATIONALES POUR LA PROMOTION ET LA PROTECTION DES DROITS DE L'HOMME;

c)   ROLE DE COORDINATION DU CENTRE POUR LES DROITS DE L'HOMME AU SEIN DES ORGANES DE L'ORGANISATION DES NATIONS UNIES ET DE LEURS MECANISMES S'OCCUPANT DE LA PROMOTION ET DE LA PROTECTION DES DROITS DE L'HOMME;

d) DROITS DE L'HOMME, EXODES MASSIFS ET PERSONNES DEPLACEES (point 9 de
l'ordre du jour) (suite) (E/CN.4/1998/45 à 48, E/CN.4/1998/49 et Add.1,
E/CN.4/1998/50, 51, E/CN.4/1998/52 et Add.1, E/CN.4/1998/53 et Add.1
et 2, E/CN.4/1998/54 et Add.1, E/CN.4/1998/116, 118, 138, 151 et 157;
E/CN.4/1998/NGO/3, 24, 69 à 71; E/CN.4/Sub.2/1997/28; A/52/469 et Add.1)

SERVICES CONSULTATIFS DANS LE DOMAINE DES DROITS DE L'HOMME (point 17 de
l'ordre du jour) (suite) (E/CN.4/1998/92 à 97 et 158; A/52/489)

40.   Mme SYAHRUDDIN (Indonésie), parlant du point 9 a) de l'ordre du jour,
se félicite des mesures prises par les organismes des Nations Unies pour
étendre le rôle et la place des femmes. Comme le Secrétaire général de
l'Organisation des Nations Unies l'a déclaré à l'occasion de la Journée
internationale de la femme, les violences fondées sur le sexe ne sont pas
des hasards de la guerre ni des incidents liés aux conflits armés, mais bien
une forme de persécution reflétant les inégalités que subissent les femmes
en temps de paix; l'égalité entre les sexes n'est pas seulement un but en soi,
c'est aussi un moyen de s'attaquer à la pauvreté, de promouvoir un
développement durable et d'assurer une conduite avisée des affaires publiques.
Le droit à l'égalité entre les sexes a été proclamé dès 1945 dans la Charte
des Nations Unies; il a par la suite été réaffirmé dans maints instruments
internationaux. La Convention sur l'élimination de toutes les formes de
discrimination à l'égard des femmes, qui a été ratifiée par 161 pays,
est l'instrument le plus ratifié après la Convention relative aux droits
de l'enfant.

41.   En Indonésie, un mouvement national a été lancé pour lutter contre
la discrimination à l'égard des femmes à tous les niveaux et dans toutes
les structures du pays. Comme suite au Programme d'action de Beijing,
les autorités indonésiennes ont présenté à la Division de la promotion de
la femme des rapports complémentaires au rapport du pays sur l'application
de la Convention sur l'élimination de toutes les formes de discrimination à
l'égard des femmes. Dans la pratique, des programmes sont réalisés pour aider
les femmes dans des domaines tels que la lutte contre la pauvreté, la santé
et l'éducation.

42.   S'agissant du point 9 c) de l'ordre du jour, la délégation indonésienne
a pris bonne note de la déclaration de la délégation danoise concernant
l'indépendance et l'intégrité des professionnels de la santé, et appuie
pleinement l'idée selon laquelle chacun a le droit de recevoir un traitement
médical sans discrimination fondée sur sa nationalité ou son origine ethnique.

43.   Mme ALTOLAGUIRRE (Guatemala) dit que, depuis que son pays s'est engagé
sur la voie de la démocratie et que les accords de paix ont été signés,
plusieurs mécanismes de protection des droits de l'homme ont été mis en place.
Entre autres, le Procureur aux droits de l'homme assure un contrôle des actes
des autorités publiques. Les instruments internationaux ratifiés par
le Guatemala priment sur les lois nationales. Selon ce qu'avait recommandé
M. Tomuschat, l'un des experts indépendants précédemment désignés par
la Commission, il existe aujourd'hui un organisme gouvernemental chargé
d'assurer la protection des droits de l'homme - la Commission présidentielle
des droits de l'homme -, que l'oratrice préside depuis près de deux ans.

Entre autres activités, cette commission fait des propositions concernant
les politiques nationales des droits de l'homme, recommande des modifications
de la législation pour rendre celle-ci conforme aux engagements internationaux
et collabore avec la Mission de vérification des Nations Unies au Guatemala
(MINUGUA). Par ailleurs, les autorités sont davantage à l'écoute des ONG
depuis le mois de mars 1997 et elles s'efforcent de dispenser une formation
dans le domaine des droits de l'homme aux agents de l'Etat tels que les
militaires et les policiers. En outre, plusieurs séminaires et ateliers ont
été organisés à l'intérieur du pays pour faire mieux connaître les accords
de paix.

44.   En novembre 1996, le Gouvernement a signé un accord avec le Centre pour
les droits de l'homme en vue d'établir des programmes de coopération avec les
organes de l'Etat et les ONG. Des activités sont déjà en cours et il serait
bon que cet accord soit reconduit au terme des 18 mois initialement prévus.
Une aide aux victimes de violations des droits de l'homme est aussi mise en
place. Le programme d'indemnisation des victimes de violations et d'assistance
à ces personnes sera cependant plus largement appliqué après que la Commission
pour la vérité historique aura remis son rapport au mois de juin prochain.
Le Gouvernement guatémaltèque, qui a la volonté politique d'appliquer les
nombreuses conventions internationales relatives aux droits de l'homme qu'il
a ratifiées, mais qui manque de moyens humains et matériels, espère pouvoir
continuer de bénéficier du soutien de la communauté internationale.

45.   Mme NAIKER (Afrique du Sud) dit que le rapport de la mission effectuée
en Afrique du Sud par la Rapporteuse spéciale sur la violence contre
les femmes concernant la question du viol au sein de la collectivité
(E/CN.4/1997/47/Add.3) a incité le Gouvernement sud-africain à prendre
certaines mesures pour améliorer la situation. Le Réseau national contre
la violence à l'égard des femmes, établi en mai 1996, est devenu une
structure permanente associant des organisations gouvernementales et non
gouvernementales. Conformément aux recommandations de la Rapporteuse spéciale,
deux centres multiservices supplémentaires à l'intention des victimes ont été
mis en place à Prétoria avec l'aide du PNUD. Pour lutter contre la criminalité
en général, il a été établi une stratégie nationale de prévention de la
délinquance, qui comprend un programme de responsabilisation et de soutien en
faveur des victimes. Enfin, les principes directeurs nationaux concernant les
victimes d'attentats aux moeurs, institués en septembre 1997, devraient aussi
permettre d'aider efficacement les femmes et les enfants victimes de viol
et autres violences sexuelles. Même s'il demeure malheureusement des lacunes
en ce qui concerne la perception du problème et la fourniture proprement dite
des services, la synergie constituée par les trois initiatives mentionnées et
les efforts entrepris pour y assurer une participation aux niveaux national,
provincial et communautaire devraient avoir des effets positifs.

46.   L'Afrique du Sud, qui présentera bientôt son rapport initial au Comité
pour l'élimination de la discrimination à l'égard des femmes, a ratifié sans
réserve en 1955 la Convention sur l'élimination de toutes les formes de
discrimination à l'égard des femmes. La lutte contre la violence à l'égard des
femmes est ainsi placée dans le contexte plus général de l'exercice par les
femmes de leurs droits fondamentaux dans tous les domaines conformément,
en particulier, à l'article 16 de la Convention. Maintenant que les premiers
pas positifs ont été faits, il convient de passer de l'élaboration des
programmes à leur exécution.

47.   Pour conclure, la délégation sud-africaine se félicite de l'intention
qu'a la Haut-Commissaire aux droits de l'homme de renforcer la coopération
entre la Commission des droits de l'homme et la Commission de la condition de
la femme. A l'occasion du cinquantenaire de la Déclaration universelle des
droits de l'homme, le moment est en effet venu pour la Commission d'inscrire
à son ordre du jour un point distinct consacré aux questions des droits
des femmes.

48.   M. EL HAJJAJI (Observateur de la Jamahiriya arabe libyenne) déclare
qu'il est clairement fait référence dans le Coran aux droits et aux devoirs
des femmes. Mais selon certains tenants d'une interprétation étroite de ce
texte, il faudrait considérer les droits de la femme musulmane en supposant
que celle-ci présente une faiblesse sur le plan psychologique et social et
qu'il existe, en quelque sorte, une hiérarchie entre les sexes. Or, le Coran
insiste au contraire, en particulier dans la sourate des femmes, sur l'égalité
entre les femmes et les hommes et sur l'unicité du couple.

49.   En Jamahiriya arabe libyenne, la situation faite à la femme dans
le Coran a été confirmée par le "Livre vert" promulgué en 1997, qui précise
les droits et les obligations des femmes. L'égalité des droits entre les
femmes et les hommes est reconnue, de même que le droit pour la femme de
donner son consentement au mariage. La femme a aussi le droit d'avoir une dot,
d'assumer la garde et l'éducation de ses enfants, de disposer de ses biens et
d'avoir une carte d'identité et un passeport. Si un homme souhaite se marier
à nouveau, il doit obtenir le consentement de son épouse précédente. A défaut,
c'est le tribunal qui décide. Les atteintes à la pudeur des femmes et autres
crimes contre les femmes sont sévèrement punis. Enfin, en Jamahiriya arabe
libyenne les femmes de nationalité différente ont des droits et obligations
identiques à ceux des femmes libyennes.

50.   Mme GARCIA-MORENO (Organisation mondiale de la santé) dit que la
violence contre les femmes a été reconnue comme une violation des droits
fondamentaux dans de nombreux instruments des Nations Unies relatifs aux
droits de l'homme, dont la Convention sur l'élimination de toutes les formes
de discrimination à l'égard des femmes, la Déclaration sur l'élimination
de la violence à l'égard des femmes et la Déclaration de Beijing. En 1996,
l'Assemblée mondiale de la santé a décidé que la prévention de la violence
dirigée en particulier contre les femmes et les enfants devait être une
priorité de santé publique, l'objectif étant d'arriver en la matière à une
tolérance zéro. En effet, une femme sur cinq au moins dans le monde est
victime de violences physiques ou sexuelles, surtout de la part des hommes
de leur entourage. Dans les situations de conflit armé, les femmes sont
particulièrement exposées au risque de viol. Chaque année, près de 2 millions
de fillettes sont victimes de mutilations génitales. La violence contre les
femmes et les filles est d'ailleurs l'une des principales causes de mortalité.
Il faut mentionner à cet égard le meurtre de femmes par leur partenaire ou des
personnes de leur famille, en particulier le meurtre par l'effet de violences
liées à la dot, le suicide des femmes victimes de la violence et les multiples
problèmes de santé que cette violence induit.

51.   Pour prévenir la violence contre les femmes sous toutes ses formes,
l'OMS mène des actions de promotion et d'information à l'intention des
responsables de la santé et des organisations de professionnels de la santé.

Elle constitue des bases de données sur la prévalence et les conséquences
de cette violence, et elle mène des recherches sur des mutilations génitales
féminines, en particulier. Conformément aux objectifs du Programme d'action
de Beijing, une étude sur la violence au sein de la famille couvrant plusieurs
pays a été entreprise en vue d'élaborer des méthodologies propres à aider
les Etats à concevoir des programmes d'action nationaux appropriés. L'OMS
s'attache par ailleurs à renforcer les capacités locales de recherche,
à mettre au point de nouveaux instruments pour mesurer le phénomène de la
violence et ses conséquences dans différentes cultures et à promouvoir des
formes de recherche adaptées aux besoins des femmes et prenant en compte les
travaux des organisations de femmes. L'OMS veille, simultanément, à ce que les
travaux dans ce domaine soient conformes aux normes scientifiques et éthiques
acceptées sur le plan international et conduits de manière à ne pas exposer
les femmes à des risques supplémentaires.

52.   La Commission pourrait recommander que la Rapporteuse spéciale sur la
violence contre les femmes établisse, en collaboration avec l'OMS, à son
prochain rapport une annexe qui serait consacrée aux effets de la violence
sur la santé des femmes.

53.   M. SCHLEIFFER (Programme alimentaire mondial), se référant au point 9 c)
de l'ordre du jour, rappelle qu'à sa cinquante-troisième session la Commission
a déclaré qu'il était intolérable que 800 millions de personnes dans le monde
n'aient pas suffisamment à manger pour satisfaire leurs besoins nutritionnels
essentiels. A l'occasion du cinquantième anniversaire de la Déclaration
universelle des droits de l'homme, il importe de réaffirmer le droit
fondamental qu'a toute personne d'être à l'abri de la faim. Pour sa part,
le PAM s'attache particulièrement à secourir les réfugiés et les personnes
déplacées par la famine ou à la suite de catastrophes naturelles ou dues à
l'homme. En 1997, il a apporté une aide alimentaire à environ 15 millions de
personnes déplacées dans leur propre pays, à 4 millions de réfugiés et de
rapatriés et à 10 millions de personnes victimes de catastrophes naturelles.
Près de 70 % de ses activités sont aujourd'hui consacrées à l'assistance
humanitaire.

54.   Or, les organisations humanitaires et de défense des droits de l'homme
ont parfois du mal à avoir accès à ces personnes, que non seulement il faut
aider et protéger mais dont il faut pouvoir sans restriction évaluer les
besoins et assurer le suivi. Il convient de rappeler ici que les Etats ont
le devoir, indépendamment de leur système politique, économique et social,
de promouvoir et protéger les droits fondamentaux. Quand des personnes sont
déplacées à l'intérieur d'un pays, l'Etat a souvent une capacité
d'intervention limitée. Parfois aussi, il est lui-même responsable de leur
déplacement. Les Principes directeurs relatifs au déplacement de personnes à
l'intérieur de leur propre pays aideront donc à sensibiliser la communauté
internationale aux problèmes de ces personnes et aux normes de droit
pertinentes. Le PAM tient à rendre hommage au Représentant du Secrétaire
général sur les personnes déplacées dans leur propre pays pour sa contribution
à l'élaboration de ces principes qui récapitulent les normes applicables
actuellement éparpillées entre différents textes et qui seront un instrument
utile pour les organisations humanitaires. Il se félicite, en particulier, que
ces principes aient été élaborés dans le cadre d'un processus consultatif
interorganisations et il a pris part avec intérêt à la réunion consultative
d'experts sur le sujet que le Gouvernement autrichien a accueillie récemment.

55.   Pour assurer la protection des personnes déplacées, il est indispensable aussi que tous les organismes concernés nouent des partenariats. A cet égard, il faut saluer l'initiative du Coordonnateur des secours d'urgence, qui a inscrit la question de renforcer la prévisibilité de l'aide aux personnes déplacées à l'intérieur d'un pays et la protection de ces personnes parmi les priorités, en 1998, du nouveau Bureau pour la coordination des affaires humanitaires. En effet, une collaboration plus grande s'impose dans ce domaine entre les organismes des Nations Unies et les organisations partenaires. La concertation s'impose également dans la phase de retour, de réinstallation et de réintégration des personnes déplacées afin que, dans un environnement stable, les Etats concernés puissent s'attacher en priorité à assurer la sécurité alimentaire et à lutter contre la pauvreté.

56.   Le PAM considère que la participation de la Haut-Commissaire aux droits de l'homme au Comité permanent interorganisations et au Comité exécutif pour les affaires humanitaires facilitera l'intégration plus poussée des questions de droits de l'homme et des questions humanitaires. Il est judicieux aussi que le Représentant du Secrétaire général sur les personnes déplacées dans leur propre pays participe au Comité permanent interoganisations. Conformément à la décision prise en mars 1998 par ce comité, le PAM s'attachera à diffuser les Principes directeurs et à les faire appliquer, notamment à travers des activités de formation interne. Il entend, enfin, porter ces principes à la connaissance de ses organes directeurs, ainsi que l'a préconisé le Comité.

57.   Comme la Directrice exécutive du PAM l'a déclaré au début de la session, l'aide humanitaire aux personnes victimes de violations de leurs droits fondamentaux doit être complétée par des initiatives politiques des gouvernements en vue d'appuyer les actions de protection et de mettre un terme aux abus.

58.   M. KAVADZE (Observateur de la Géorgie) dit qu'il est difficile de parler des acquis de la communauté internationale dans le domaine des droits de l'homme, à l'occasion du cinquantième anniversaire de la Déclaration universelle, alors que dans la région géorgienne de l'Abkhazie plus de 300 000 personnes d'origine géorgienne, russe, arménienne, estonienne, grecque et juive, et même des Abkhazes, sont victimes de la politique inhumaine du régime séparatiste abkhaze. Depuis avril 1994, 1 200 personnes - essentiellement des civils géorgiens - ont été tuées et plus de 5 000 maisons ont été réduites en cendres dans la seule région de Gali, pourtant contrôlée en principe par les forces de maintien de la paix de la Communauté d'Etats indépendants, dans le but d'intimider les rapatriés. Afin que des crimes aussi atroces ne restent pas impunis, le Gouvernement géorgien appuie l'idée d'établir une cour criminelle internationale.

59.   Les rapatriés géorgiens se voient privés de leurs droits fondamentaux en raison de l'intolérance des nationalistes abkhazes notamment dans le domaine de l'éducation, malgré tous les efforts de la Haut-Commissaire aux droits de l'homme et du bureau des droits de l'homme (ONU) en Abkhazie. Le 14 mars, les autorités séparatistes abkhazes ont procédé, comme elles l'avaient déjà fait le 23 novembre 1996, à des élections dans le seul but de donner une image trompeuse de l'Abkhazie en tant qu'Etat indépendant et de légitimer la situation démographique résultant du nettoyage ethnique dans la région.

Pour être légales, les élections en Abkhazie ne devraient être fondées que sur le respect des principes de la souveraineté et de l'intégrité territoriale de la Géorgie, dans le cadre d'un règlement politique global du conflit et dans le respect des droits des réfugiés et des personnes déplacées. L'observateur de la Géorgie espère donc que le bureau des droits de l'homme en Abkhazie aura une capacité de surveillance renforcée, que la coordination entre ce bureau, la mission des Nations Unies à Tbilisi et le Haut-Commissariat aux droits de l'homme sera améliorée et que l'ONU et les autres institutions internationales seront dûment tenues informées des violations des droits fondamentaux dans cette région.

60.   Le Président de la Géorgie, M. Edouard Chevardnadze, a récemment demandé à la communauté internationale, par l'intermédiaire du Secrétaire général de l'ONU, de marquer le cinquantenaire de la Déclaration universelle des droits de l'homme en adoptant un cadre normatif spécial pour la protection des droits fondamentaux des réfugiés et des personnes déplacées à l'intérieur de leur propre pays. Il a également exhorté tous les Etats Membres à souscrire à cet instrument. Le Gouvernement géorgien espère que la Commission, à travers ses procédures spéciales, et les organes conventionnels prêteront toute l'attention requise à la situation en Abkhazie.

61.   M. ORUDJEV (Observateur de l'Azerbaïdjan) dit que, dans l'esprit de la Déclaration universelle des droits de l'homme, la démocratie et l'état de droit progressent en Azerbaïdjan, malgré les séquelles de l'agression perpétrée par l'Arménie voisine, l'occupation persistante de 20 % du territoire azerbaïdjanais et la présence dans ce pays de plus d'un million de réfugiés et de personnes déplacées. Depuis son retour à l'indépendance, l'Azerbaïdjan a adhéré à tous les principaux instruments internationaux relatifs aux droits de l'homme et il a présenté, au titre des deux Pactes internationaux relatifs aux droits de l'homme, de la Convention relative aux droits de l'enfant et de la Convention sur l'élimination de toutes les formes de discrimination à l'égard des femmes, des rapports initiaux qui ont déjà été examinés par les organes compétents. Le 12 novembre 1995, à l'issue d'un référendum national, l'Azerbaïdjan indépendant a adopté sa première Constitution, qui s'inspire des principes de la Déclaration universelle et a ouvert la voie aux réformes actuellement menées dans le pays conformément aux normes internationales et européennes en matière de droits de l'homme. Le décret présidentiel du 22 février 1998 sur la réalisation des droits et libertés fondamentaux a clairement défini les tâches urgentes du Gouvernement dans ce domaine. Enfin, dans l'esprit de l'article 3 de la Déclaration universelle des droits de l'homme, le Parlement azerbaïdjanais a récemment aboli la peine capitale.

62.   M. LAKATOS (Observateur de la Hongrie) fait observer qu'une des causes principales des flux de réfugiés étant le non-respect des droits de l'homme, la communauté internationale doit rester tout acquise au principe selon lequel les droits fondamentaux ne sauraient être considérés comme étant du ressort exclusif des Etats mais intéressent légitimement la communauté internationale, et les gouvernements sont comptables des violations des normes internationales relatives aux droits de l'homme.

63.   Une politique préventive demeure le moyen le plus efficace d'éviter les flux de réfugiés et de personnes déplacées. Elle suppose le respect de la légalité, qui passe par le renforcement des institutions de la société civile,

l'amélioration de l'administration de la justice et la garantie de la liberté de la presse. Or, jusqu'à présent, la communauté internationale s'est contentée de réagir aux crises humanitaires, avec toutes les conséquences que cela comporte sur le plan financier et humain.

64.   Tout en mettant l'accent sur la prévention et le rapatriement librement consenti, il ne faut pas perdre de vue le principe fondamental du non-refoulement. Pour des milliers de réfugiés, le droit de chercher asile constitue le seul moyen d'exercer de nouveau les droits fondamentaux qui leur sont déniés dans leur pays. A cet égard, M. Lakatos a le plaisir d'annoncer que son Gouvernement a retiré, en mars 1998, la réserve d'ordre géographique qui avait été formulée lors de l'accession de la Hongrie à la Convention de Genève de 1951 et à son protocole de 1967. Dorénavant, il n'y aura plus de discrimination à l'égard des demandeurs d'asile non européens, qui pourront s'adresser directement aux autorités hongroises sans passer par le HCR.

65.   S'agissant de protéger les victimes et d'éviter un déplacement de population ou un exode de réfugiés, l'aide humanitaire et une présence internationale ne sauraient suppléer l'absence de volonté politique. A ce propos, la Hongrie ne peut que se féliciter de la résolution adoptée récemment par le Comité exécutif du Haut-Commissariat pour les réfugiés dans laquelle cet organe a souligné la responsabilité des Etats pour ce qui est d'assurer des conditions telles que les populations ne se sentent pas contraintes de partir.

66.   Enfin, l'observateur de la Hongrie tient à souligner que, compte tenu du contexte de plus en plus politisé dans lequel opère le HCR, il importe de veiller à l'intégrité du mandat de cet organisme.

67.   M. Gallegos Chiriboga (Equateur) prend la présidence.

68.   Mme GEELS (Observatrice de la Nouvelle-Zélande) dit que, s'agissant des droits fondamentaux des femmes, il subsiste un gros décalage entre les aspirations de la communauté internationale et la dure réalité que vivent les femmes dans bien des régions du monde. La Nouvelle-Zélande a pris des mesures vigoureuses pour lutter, entre autres, contre la violence dont elles sont victimes au foyer. La loi de 1995 sur la violence dans la famille contient une définition de la violence pratiquement identique à celle qui figure dans la Déclaration sur l'élimination de la violence à l'égard des femmes.

69.   La Conférence mondiale sur les femmes a réaffirmé que les droits fondamentaux des femmes et des fillettes font inaliénablement, intégralement et indissociablement partie des droits universels de la personne. Auparavant, la Conférence mondiale sur les droits de l'homme avait fait de l'exercice par les femmes de tous leurs droits fondamentaux une priorité de la communauté internationale. Dans cette optique, la Nouvelle-Zélande appelle l'attention sur les conclusions concertées adoptées récemment par la Commission de la condition de la femme, qui préconise une coopération et des échanges accrus, notamment de compétence, avec les autres commissions techniques du Conseil économique et social, notamment la Commission des droits de l'homme, qu'elle a en outre invitée à veiller à ce que tous les mécanismes et procédures dans le domaine des droits de l'homme intègrent pleinement une perspective sexospécifique dans leurs travaux. A cet égard, la Nouvelle-Zélande a constaté

avec satisfaction que plusieurs rapporteurs spéciaux procèdent à présent dans
leurs rapports à une analyse par sexe et espère que cette approche sera
généralisée. Elle a d'autre part noté la présence, pour la première fois,
d'un Haut-Commissaire aux droits de l'homme à une réunion du Comité pour
l'élimination de la discrimination à l'égard des femmes et l'importante
déclaration prononcée le mois précédent devant la Commission de la condition
de la femme par Mme Robinson. Gardant à l'esprit la nécessité d'éviter les
doubles emplois, elle encourage les interactions entre le Haut-Commissariat
aux droits de l'homme, la Commission de la condition de la femme et le Comité.

70.   Pour la Nouvelle-Zélande, une des priorités de l'année 1998 est de
promouvoir la ratification de la Convention sur l'élimination de toutes les
formes de discrimination à l'égard des femmes par tous les pays d'ici à
l'an 2000. Le nombre des Etats parties atteint déjà 161 et il est demandé
instamment à ceux qui ne l'ont pas encore fait de ratifier cet important
instrument, en gage de leur adhésion aux efforts visant à promouvoir les
droits des femmes. L'adoption d'un protocole facultatif à la Convention
constituerait un autre pas important en ce qu'il permettrait aux femmes dont
les droits sont lésés d'adresser des plaintes au Comité. La Nouvelle-Zélande
espère par conséquent que les négociations sur l'élaboration de ce nouvel
instrument aboutiront en 1999.

71.   En vertu du Programme d'action de Beijing, les Etats sont tenus, non
seulement de ne pas porter atteinte aux droits des femmes, mais aussi de les
promouvoir et de les protéger. En Nouvelle-Zélande, les dispositions de ce
document ont été pleinement prises en compte dans les activités du Ministère
de la condition de la femme et dans celles de l'ensemble des organismes
gouvernementaux. L'accent a été mis délibérément sur des questions telles que
l'intégration de l'analyse différentielle par sexe dans tous les domaines, la
disparité entre les sexes en matière de rémunération, le travail non rémunéré
des femmes, l'amélioration des statistiques sur les femmes, les dispositions
du Programme d'action de Beijing qui intéressent les femmes et les fillettes
maories, et la parité entre les sexes en matière de prise de décisions.

72.   En conclusion, la délégation néo-zélandaise rappelle que l'égalité entre
les hommes et les femmes est un principe proclamé dans le préambule même de la
Charte des Nations Unies et que la Commission des droits de l'homme a un rôle
important à jouer dans sa concrétisation.

73.   Mme MESDOUA (Observatrice de l'Algérie) dit que son pays, qui a adhéré
à la Convention sur l'élimination de toutes les formes de discrimination à
l'égard des femmes, présentera prochainement son rapport au Comité chargé
d'en suivre l'application. L'égalité entre les sexes est certes consacrée par
la Constitution et la législation algériennes, mais l'Algérie n'ayant pas
encore achevé sa transition de la tradition vers la modernité, il reste à
lever de nombreux obstacles pour donner pleinement effet à ce principe. Depuis
l'indépendance, de multiples progrès ont pourtant été accomplis.
L'analphabétisme a nettement reculé parmi les femmes et l'élément féminin
représente aujourd'hui 45 à 48 % des effectifs dans les différents cycles de
l'enseignement. L'emploi des femmes progresse qualitativement, s'agissant
particulièrement de l'accès à la fonction publique où elles sont aujourd'hui
nombreuses à occuper des postes de responsabilité.

74.   L'engagement de l'Algérie dans un processus politique pluraliste
constitue un tournant décisif dans les efforts visant à concrétiser les droits
des femmes et l'égalité des sexes. Le nouveau code électoral a pratiquement
mis fin au vote par procuration qui permettait à l'époux de voter à la place
de sa femme. Comme les femmes constituent la moitié de l'électorat, leurs
préoccupations sont davantage prises en compte par les partis politiques et
elles sont de plus en plus nombreuses à accéder à des postes électifs.
Le mouvement associatif féminin a beaucoup favorisé cette dynamique en
contribuant à faire récuser certains préjugés.

75.   Malheureusement, cet élan est contrarié par les groupes terroristes,
dont l'acharnement barbare sur les femmes s'explique par la fonction qu'elles
ont dans l'organisation sociale et la transmission des valeurs. L'Algérie, qui
a déjà payé un lourd tribut dans sa lutte contre l'obscurantisme, attend de la
communauté internationale une condamnation sans équivoque de la violence
terroriste et une solidarité active.

76.   Mme AQUILINA (Observatrice de Malte) dit que 1998 marque à la fois le
cinquantième anniversaire de la Déclaration universelle et le cinquième
anniversaire de la Déclaration et du Programme d'action adoptés à Vienne lors
de la Conférence mondiale sur les droits de l'homme. Etant donné que la
promotion et la protection des droits de l'homme requièrent des structures,
des institutions et des organisations nationales et internationales
renforcées, Malte appuie les efforts du Secrétaire général visant à intégrer
les activités dans le domaine des droits de l'homme tant au siège que sur le
terrain. En effet, droits de l'homme, paix et sécurité, affaires humanitaires
et affaires économiques et sociales sont intrinsèquement liés et il est
important que la Haut-Commissaire aux droits de l'homme participe aux
activités des quatre grands comités exécutifs qui ont été créés à l'ONU.

77.   Malte est une démocratie dont la Constitution protège les droits
fondamentaux de l'individu. Des efforts de sensibilisation, d'information et
de formation aux droits de l'homme sont menés dans les médias et dans le cadre
scolaire ainsi qu'à l'intention des personnels de police. Outre ces efforts au
niveau national, Malte a toujours été à l'avant-garde des initiatives
régionales et internationales en faveur des droits de l'homme, et elle
encourage l'action des ONG dans ce domaine. Partie à la Convention sur
l'élimination de toutes les formes de discrimination à l'égard des femmes,
elle s'attache à promouvoir concrètement l'égalité entre les femmes et les
hommes conformément aux dispositions de sa Constitution et de son Code civil.

78.   Cependant, dans certaines régions du monde, et en particulier à Chypre,
une situation inquiétante se perpétue. Malte soutient tous les efforts tendant
à une solution concrète et durable du problème de Chypre conformément
aux résolutions du Conseil de sécurité et de la Commission. Elle pense que
1998 devrait être l'occasion de prendre la mesure des résultats obtenus et de
former des plans pour l'avenir, en gardant à l'esprit qu'en des temps troublés
rien ne renforce autant la démocratie et les droits de l'homme que la
croissance économique et la solidarité. Ce souci de solidarité s'inscrit
d'ailleurs dans le droit-fil du Programme d'action de Vienne et de l'article
premier de la Déclaration universelle.

ORGANISATION DES TRAVAUX DE LA SESSION (point 3 de l'ordre du jour) (suite)

Situation des droits de l'homme en Colombie (suite) (E/CN.4/1998/16 et 135)

79.   Le PRESIDENT dit que la Commission se félicite que le Bureau permanent
du Haut-Commissariat aux droits de l'homme à Bogota ait bénéficié de la
coopération des institutions d'Etat et du Gouvernement, et prend acte du
rapport du Haut-Commissariat aux droits de l'homme sur la situation des droits
de l'homme en Colombie (E/CN.4/1998/16) ainsi que du document contenant les
observations y relatives de l'Etat partie (E/CN.4/1998/135). Elle compte que
les activités du bureau continueront de contribuer à l'amélioration de la
situation des droits de l'homme et à l'instauration de la confiance entre le
Gouvernement et toutes les parties au conflit, ce qui devrait encourager un
dialogue constructif faisant intervenir les ONG et les autres secteurs de la
société civile.

80.   Tout en encourageant l'action de la Commission spéciale mise en place
par les autorités colombiennes aux fins d'assurer le suivi et l'application
des recommandations des organes internationaux s'occupant des droits de
l'homme, la Commission des droits de l'homme considère insuffisants les
progrès accomplis dans l'amélioration de la situation des droits de l'homme en
Colombie. Elle est à cet égard vivement préoccupée par l'intensification du
conflit armé à l'intérieur du pays, qui s'accompagne de violations graves et
persistantes des droits de l'homme. Prenant en considération les initiatives
prises par le Gouvernement, par de nombreux organismes publics et par les
organisations de la société civile en vue de faire avancer le processus de
paix, elle demande instamment à toutes les parties d'oeuvrer sérieusement à un
règlement négocié du conflit.

81.   La Commission reconnaît que le Gouvernement colombien a pris des mesures
pour assurer l'application des normes humanitaires dans le cadre du conflit et
se félicite de sa constante coopération avec le Comité international de la
Croix-Rouge.

82.   La Commission est vivement préoccupée par le rôle que jouent les groupes
paramilitaires dans l'aggravation du conflit, rôle qui se manifeste notamment
par le nombre alarmant de massacres de non-combattants et l'augmentation
spectaculaire du nombre des personnes déplacées. Elle note avec satisfaction
que les forces armées et la police commettent moins de violations des droits
de l'homme, mais juge préoccupant le fait que les autorités n'aient pas
commencé à enquêter sur le soutien apporté aux groupes paramilitaires et
n'aient pris aucune mesure pour que les responsables soient punis. Elle a
toutefois bon espoir que les forces armées colombiennes destitueront tous les
militaires impliqués dans des crimes contre l'humanité, conformément à la
promesse faite au Bureau du Haut-Commissariat des Nations Unies à Bogota.

83.   La Commission condamne les actes de terrorisme et autres actes de
violence commis par les guérilleros en violation du droit international
humanitaire et lance un appel à la guérilla pour qu'elle respecte les normes
humanitaires, et dénonce les attentats et les massacres dont la population
civile est victime, les enlèvements, l'emploi généralisé de mines
antipersonnel et l'enrôlement d'enfants. Elle condamne en outre les actes
de la guérilla visant à saboter les élections, notamment l'enlèvement

et l'assassinat de candidats et le meurtre de plusieurs maires. Pour des raisons humanitaires, elle demande instamment aux groupes de guérilla de libérer tous les soldats qu'ils détiennent et toutes les personnes qu'ils ont enlevées.

84. La Commission se félicite de la recommandation de la Cour constitutionnelle colombienne en date du 7 novembre tendant à imposer un contrôle rigoureux sur les armes détenues par les services spéciaux de sécurité (groupes "Convivir") et note avec satisfaction les mesures prises par le Gouvernement colombien pour réglementer la création et le fonctionnement de ces groupes.

85. La Commission est consciente des progrès accomplis par la Colombie dans le domaine législatif, dont les exemples les plus récents sont la ratification de la Convention interaméricaine pour la prévention et la répression de la torture et des règles régissant la conscription des personnes âgées de moins de 18 ans. Elle exhorte le Gouvernement colombien à mener à bien la réforme du Code pénal militaire, dont l'un des objectifs est de faire en sorte que les violations graves des droits de l'homme ne soient plus du ressort des tribunaux militaires, à séparer les fonctions de l'exécutif et du judiciaire, et à permettre aux victimes de violations des droits de l'homme de se constituer partie civile au pénal.

86. La Commission demande que soit accéléré le processus d'adoption du projet de loi visant à mettre fin aux disparitions forcées et aux actes de génocide ainsi qu'à alourdir les peines prévues contre les tortionnaires. Elle prend acte de la présentation au Parlement du projet de loi portant abolition du système de justice régional.

87. La Commission note avec préoccupation que les auteurs de violations des droits de l'homme, en particulier les agents de l'Etat dont les actes relèvent encore des juridictions militaires, jouissent d'une large impunité. Elle engage le Gouvernement à prendre d'urgence des mesures pour remédier à cette situation. Elle se félicite des progrès accomplis par le Bureau du Procureur général pour ce qui est de traduire en justice les agents de l'Etat et les membres de la guérilla ainsi que des groupes paramilitaires responsables de violations des droits de l'homme ou du droit humanitaire.

88. Alarmée par les dangers croissants qui pèsent sur les défenseurs des droits de l'homme, la Commission exhorte le Gouvernement à renforcer l'appui et la protection qu'il leur apporte par le biais des diverses institutions de l'Etat.

89. La Commission est vivement préoccupée par l'augmentation du nombre des personnes déplacées en Colombie. Elle prend note avec satisfaction des dispositions prises par le Gouvernement et espère qu'elles seront appliquées. A cet égard, elle se félicite de l'accord entre les autorités et le HCR en vertu duquel un bureau de liaison de cet organisme sera mis en place à Bogota et engage le Gouvernement à continuer de n'épargner aucun effort pour éviter tout déplacement de population, à prendre les mesures nécessaires pour protéger la vie des personnes déplacées et à assurer la sécurité des organismes qui leur prêtent aide.

90.   Enfin, la Commission demande à la Haut-Commissaire aux droits de l'homme de lui présenter à sa session suivante un rapport détaillé sur ses activités concernant tous les aspects de la situation des droits de l'homme en Colombie.

91.   Mme BAUTISTA (Federación latinoamericana de asociaciones de familiares de detenidos desaparecidos), parlant au nom de son organisation et de 60 organisations non gouvernementales de défense des droits de l'homme, fait observer que la situation des droits de l'homme en Colombie s'est sensiblement détériorée en 1997. Les activités paramilitaires se sont intensifiées, notamment dans les zones fortement militarisées et le nombre des personnes déplacées a augmenté. Les dispositions prises par le Gouvernement n'ont eu aucune incidence sur les causes du phénomène et n'ont pas non plus permis de rétablir les droits des personnes concernées. Il y a eu une intensification de la persécution des défenseurs des droits de l'homme, que certains journalistes et des agents de la sécurité accusent souvent de complicité avec la guérilla, dans le but de les empêcher de faire leur travail; bon nombre d'entre eux ont été assassinés ou contraints à l'exil. D'autre part, les auteurs de violations des droits de l'homme continuent d'agir en toute impunité et les violations du droit international humanitaire commises par toutes les parties n'ont pas cessé. Les mesures prises par le Gouvernement, comme suite aux recommandations de la communauté internationale, pour assurer le respect des droits de l'homme, se sont révélées franchement insuffisantes.

92.   Comme l'ont recommandé le Comité des droits de l'homme et la Haut-Commissaire aux droits de l'homme, il faudra démanteler les services spéciaux de sécurité et abroger la législation qui leur permet de continuer à sévir. A cet égard, il est regrettable que le Président de la Commission n'ait pas retenu cette recommandation dans sa déclaration. En revanche, il y a lieu de se féliciter de l'appel lancé par la Commission au Parlement colombien pour qu'il adopte la législation nécessaire pour qualifier le délit de disparition forcée, qu'il réforme la justice pénale militaire et abolisse le système de justice régional. Il faut d'autre part espérer que le Gouvernement colombien entendra l'appel lancé par la Commission pour qu'il destitue tous les membres des forces armées, de la police et des autres organismes de sécurité qui sont impliqués dans des violations des droits de l'homme.

93.   Pour la session suivante, il importe au plus haut point d'établir des critères pour évaluer le degré d'application des recommandations faites par les différents organismes intergouvernementaux. Au cas où les mesures prises par le Gouvernement s'avéreraient insuffisantes, la Commission devra agir avec vigueur pour assurer une coopération effective de la part des autorités.

La séance est levée à 18 heures.

NATIONS UNIES

Conseil Economique et Social

E

Distr.
GENERALE

E/CN.4/1998/SR.43
5 mai 1998

Original : FRANCAIS

COMMISSION DES DROITS DE L'HOMME

Cinquante-quatrième session

COMPTE RENDU ANALYTIQUE DE LA 43ème SEANCE

tenue au Palais des Nations, à Genève,
le mardi 14 avril 1998, à 15 heures

Président : M. SELEBI (Afrique du Sud)
puis : M. GALLEGOS CHIRIBOGA (Equateur)

SOMMAIRE

SERVICES CONSULTATIFS DANS LE DOMAINE DES DROITS DE L'HOMME (suite)

QUESTION DE LA VIOLATION DES DROITS DE L'HOMME ET DES LIBERTES FONDAMENTALES
OU QU'ELLE SE PRODUISE DANS LE MONDE, EN PARTICULIER DANS LES PAYS ET
TERRITOIRES COLONIAUX ET DEPENDANTS, ET NOTAMMENT :

a)   QUESTION DES DROITS DE L'HOMME A CHYPRE (suite)

Le présent compte rendu est sujet à rectifications.

Les rectifications doivent être rédigées dans l'une des langues de
travail. Elles doivent être présentées dans un mémorandum et être également
incorporées à un exemplaire du compte rendu. Il convient de les adresser, une
semaine au plus tard à compter de la date du présent document, à la Section
d'édition des documents officiels, bureau E.4108, Palais des Nations, Genève.

Les rectifications aux comptes rendus des séances publiques de la
Commission seront groupées dans un rectificatif unique qui sera publié peu
après la session.

GE.98-12117   (F)

<u>La séance est ouverte à 15 heures</u>.

SERVICES CONSULTATIFS DANS LE DOMAINE DES DROITS DE L'HOMME (point 17 de
l'ordre du jour) (<u>suite</u>) (E/CN.4/1998/L.39)

<u>Projet de résolution E/CN.4/1998/L.39</u> (Assistance au Guatemala dans le domaine
des droits de l'homme)

1.   <u>M. GALLEGOS CHIRIBOGA</u> (Equateur) présente, au nom du Groupe des pays
d'Amérique latine et des Caraïbes, le projet de résolution E/CN.4/1998/L.39
qui, s'il est adopté, mettra fin à l'examen de la situation des droits de
l'homme au Guatemala. Peu de pays ont retenu aussi longtemps et aussi
activement que le Guatemala l'attention du système des Nations Unies
s'agissant de la situation des droits de l'homme. Il convient aussi de
remarquer, au moment où l'on se félicite de l'accord de paix conclu au sujet
de l'Irlande du Nord, que le processus de paix guatémaltèque est en soi un
processus exemplaire, riche d'enseignements pour la communauté internationale
et source d'inspiration pour d'autres pays. En effet, la paix au Guatemala a
ses racines dans le processus amorcé durant les années de la guerre froide par
les pays d'Amérique centrale (<u>Esquipulas II</u>) qui, ne voulant plus être un
instrument de la rivalité des superpuissances nucléaires, se lancèrent, en
demandant à l'ONU de les aider, dans la difficile tâche de recherche de la
paix par la négociation et le dialogue. Et, d'une certaine manière, la paix
au Guatemala est aussi une paix latino-américaine.

2.   Le projet de résolution à l'examen est l'expression d'un consensus entre
les acteurs nationaux qui sont intervenus dans le processus de paix mais il a
aussi l'appui de tous les pays d'Amérique latine et des Caraïbes. Avec le
plein accord des intéressés, et pour assurer la cohérence entre le dispositif
et le préambule du projet de résolution, il a été proposé d'ajouter après le
paragraphe 2, le nouveau paragraphe suivant :

        "<u>Reconnaît</u> les efforts déployés par le Gouvernement guatémaltèque
        dans le domaine des droits de l'homme et engage le Gouvernement à
        promouvoir plus encore les droits de l'homme et les libertés
        fondamentales et à renforcer les politiques visant à améliorer la
        sécurité publique et l'administration de la justice, en particulier pour
        lutter contre l'impunité;"

Il a aussi été proposé, ce que les intéressés ont également accepté, de
supprimer, au cinquième alinéa du préambule, l'adjectif "fondamentaux"
qualifiant les droits de l'homme et de parler, au paragraphe 13, de ressources
"nécessaires" plutôt qu'"indispensables".

3.   <u>Mme KLEIN</u> (Secrétaire de la Commission) annonce que l'Espagne,
les Etats-Unis d'Amérique, l'Italie et la Norvège se sont portés coauteurs du
projet de résolution.

4.   Le <u>PRÉSIDENT</u> informe les membres de la Commission que le projet de
résolution n'a pas d'incidences financières. En l'absence d'objection, il
considérera que la Commission souhaite adopter sans vote le projet de
résolution E/CN.4/1998/L.39, tel qu'il a été modifié oralement.

5.   _Il en est ainsi décidé_.

6.   _M. PERALTA_ (Guatemala) remercie la Commission de la confiance qu'elle
témoigne au Gouvernement guatémaltèque en décidant de mettre fin à l'examen de
la situation des droits de l'homme au Guatemala. Il exprime également la
reconnaissance de son Gouvernement aux coauteurs du projet de résolution.
L'aide de la communauté internationale a été précieuse en contribuant non
seulement à assurer le respect des droits de l'homme mais aussi à consolider
le processus de démocratisation et de paix au Guatemala. Comme le Ministre des
affaires étrangères du Guatemala l'a déclaré devant la Commission à propos du
cinquantenaire de la Déclaration universelle des droits de l'homme, le
Guatemala est le meilleur exemple des progrès qui peuvent être réalisés en
matière de droits de l'homme lorsqu'un Etat, dans l'exercice de sa
souveraineté nationale, décide librement d'accepter la coopération et les
conseils de la communauté internationale.

7.   La résolution qui vient d'être adoptée marque la fin d'une époque de
souffrances et d'affrontements fratricides et ouvre des perspectives de
développement économique et social. Avec la mise en oeuvre des accords de
paix, le Gouvernement guatémaltèque, l'Union révolutionnaire nationale
guatémaltèque et tout le peuple du Guatemala sont déterminés à créer une
société solidaire fondée sur l'équité - sociale, ethnique et entre les sexes.
Le Guatemala s'emploie à justifier la confiance de la communauté
internationale en continuant de renforcer l'état de droit et d'assurer le
plein respect des droits de l'homme. Réaffirmant l'importance de l'accord sur
la fourniture de services consultatifs dans le domaine des droits de l'homme
ainsi que du rôle de la Mission de vérification des Nations Unies au Guatemala
(MINUGUA), M. Peralta déplore l'accident tragique au cours duquel des membres
de la Mission ont récemment trouvé la mort en oeuvrant pour la paix et exprime
de nouveau à cet égard la profonde tristesse du Gouvernement et du peuple
guatémaltèques.

8.   La défense et la promotion des valeurs de la paix, de la démocratie et
des droits de l'homme continuent d'exiger de la communauté internationale des
efforts permanents afin que tous les habitants de la planète puissent jouir
pleinement des droits auxquels tout être humain peut prétendre. Forts de leur
expérience, le Gouvernement et le peuple guatémaltèques sont résolus à
contribuer à la réalisation de cet objectif.

9.   _M. ZAPATA_ (Union révolutionnaire nationale guatémaltèque - URNG) exprime
à la Commission la reconnaissance de l'URNG pour l'attention constante qu'elle
a accordée à la situation des droits de l'homme au Guatemala pendant 19 ans et
le rôle fondamental qu'elle a joué dans la défense des droits du peuple
guatémaltèque et dans le règlement du conflit. Quinze mois après la signature
de l'Accord de paix, le Guatemala est résolu à progresser sur la voie de la
démocratie et à régler les problèmes structurels qui furent à l'origine du
conflit armé et qui n'ont pas encore été réglés. Il est indispensable de
saisir l'occasion historique qui s'offre à tous les Guatémaltèques d'assumer
le contenu des Accords de paix comme la Tâche nationale à accomplir, par-delà
les intérêts particuliers quels qu'ils soient.

10.   La résolution adoptée par la Commission constitue un soutien politique
de la plus haute importance au processus de paix, en reconnaissant les progrès

qui ont été réalisés, mais aussi en indiquant les principaux problèmes qui se posent et où se révèlent les résistances que manifestent encore les secteurs traditionnels du pouvoir au Guatemala. L'UNRG se réfère ici aux décisions capitales qui doivent être prises en ce qui concerne les réformes constitutionnelle, fiscale et judiciaire, le renforcement institutionnel du pouvoir civil, la question agraire, la modernisation de l'Etat et la reconnaissance de la diversité ethnique, culturelle et linguistique de la nation guatémaltèque.

11.   L'UNRG souhaite que la communauté internationale continue d'apporter son soutien au Guatemala compte tenu de la nouvelle situation politique qui prévaut dans le pays et dans l'avènement de laquelle la MINUGUA a joué un rôle fondamental. L'UNRG exprime sa reconnaissance au Rapporteur spécial et aux experts indépendants, ainsi qu'à la Mission du Secrétaire général au Guatemala dont les conclusions constituent une contribution précieuse à l'instauration de la paix au Guatemala.

QUESTION DE LA VIOLATION DES DROITS DE L'HOMME ET DES LIBERTES FONDAMENTALES OU QU'ELLE SE PRODUISE DANS LE MONDE, EN PARTICULIER DANS LES PAYS ET TERRITOIRES COLONIAUX ET DEPENDANTS, ET NOTAMMENT :

a)   QUESTION DES DROITS DE L'HOMME A CHYPRE (point 10 de l'ordre du jour) (suite) (E/CN.4/1998/3 et Corr.1, E/CN.4/1998/9, E/CN.4/1998/12 à 15, E/CN.4/1998/55, E/CN.4/1998/58 à 67, E/CN.4/1998/68 et Add. 1 à 3, E/CN.4/1998/69 à 73, E/CN.4/1998/113, E/CN.4/1998/114, E/CN.4/1998/126, E/CN.4/1998/127, E/CN.4/1998/130, E/CN.4/1998/132, E/CN.4/1998/138 à 140, E/CN.4/1998/142, E/CN.4/1998/143, E/CN.4/1998/147 à 150, E/CN.4/1998/152, E/CN.4/1998/154; E/CN.4/1998/NGO/7, E/CN.4/1998/NGO/13, E/CN.4/1998/NGO/39, E/CN.4/1998/NGO/40, E/CN.4/1998/NGO/101; A/52/472, A/52/476, A/52/479, A/52/484, A/52/486 et Add.1/Rev.1, A/52/493, A/52/505, A/52/510, A/52/522)

Situation des droits de l'homme en Afghanistan (E/CN.4/1998/71 et E/CN.4/1998/120)

12.   M. Choong-Hyun PAIK (Rapporteur spécial sur la situation des droits de l'homme en Afghanistan) dit que, alors que l'on en célèbre le cinquantième anniversaire, la Déclaration universelle des droits de l'homme est bien loin d'être la norme pour la population afghane, en particulier pour les femmes. De graves violations des droits fondamentaux se sont produites en Afghanistan depuis la précédente session de la Commission, les plus graves étant les massacres de combattants et de civils qui auraient été perpétrés dans le nord du pays. L'expert légiste avec lequel le Rapporteur spécial s'est rendu, en décembre 1997, dans les trois régions concernées pour examiner les charniers et les sites de sépulture a conclu que dans deux de ces trois régions, des éléments de preuve tendaient à confirmer que les atrocités présumées avaient effectivement été perpétrées. Le Rapporteur spécial recommande donc dans son rapport que l'ONU fasse une enquête exhaustive, neutre et indépendante pour trouver et punir les coupables. Ces massacres ont encore exacerbé les divisions ethniques et affaibli le tissu social déjà fragile du pays, créant un cercle vicieux de représailles qu'il faut faire cesser d'urgence.

13.   La situation des droits de l'homme en général a encore empiré en Afghanistan, tant dans les régions sous le contrôle des Taliban que dans celles contrôlées par l'Alliance du Nord, des violations ayant continué d'être commises par les deux parties. La sécurité s'est nettement dégradée partout et le personnel international des organismes d'aide, dont certains membres ont fait l'objet d'agressions physiques délibérées, a souvent dû être évacué ou interrompre ses activités.

14.   Le décret édicté en mars 1998 par les Taliban, qui interdit au personnel international musulman de sexe féminin non accompagné d'un proche parent de sexe masculin de se rendre et de travailler en Afghanistan, est une mesure extrêmement grave. La situation des femmes, qui sont empêchées d'exercer leurs droits fondamentaux (droits à la santé, à l'éducation, à l'emploi), notamment dans les régions urbaines contrôlées par les Taliban, est particulièrement inquiétante et a encore empiré. Dans le nord du pays, si la situation des femmes est moins grave, rien n'indique cependant qu'elle se soit améliorée, et la protection des droits de l'homme en général pâtit des combats entre factions rivales de l'Alliance du Nord. Avec les régions contrôlées par les Taliban, l'Afghanistan est le seul pays au monde où la discrimination fondée sur le sexe est érigée en politique officielle. Quelles que soient les spécificités culturelles ou autres invoquées, la communauté internationale ne peut ni ne doit accepter un tel état de fait.

15.   Des pratiques de châtiments corporels comme les amputations et les exécutions publiques incompatibles avec les dispositions de la Convention contre la torture, que l'Afghanistan a ratifiée, continuent d'être appliquées dans les régions sous le contrôle des Taliban. M. Choong-Hyun Paik rappelle à cet égard les propos du Rapporteur spécial sur la torture, selon lesquels les Etats qui appliquent un droit religieux sont tenus d'appliquer ce droit en s'abstenant de recourir dans la pratique à des mesures de châtiment corporel entraînant des souffrances.

16.   La situation des droits de l'homme qui règne dans l'ensemble du pays a provoqué des déplacements massifs de population, à l'intérieur comme vers l'extérieur. Compte tenu de la poursuite de la guerre civile, la situation des réfugiés afghans doit être examinée dans le cadre d'une politique internationale à long terme concernant les Etats voisins qui prennent en charge les réfugiés. L'Afghanistan n'a pas de gouvernement central ni, pratiquement, d'économie. Si, comme l'a fait observer l'experte indépendante sur la situation des droits de l'homme en Somalie, l'absence de gouvernement central dans un pays ne doit pas empêcher le rétablissement du respect des droits de l'homme en Afghanistan, la fin du conflit armé et la formation d'un gouvernement pleinement représentatif constitueraient un tremplin pour le rétablissement du respect des droits de l'homme dans ce pays.

17.   M. TANDAR (Observateur de l'Afghanistan) félicite le Rapporteur spécial pour son rapport, le quinzième sur la situation des droits de l'homme en Afghanistan en 20 années de conflit, et le plus alarmant. Il faut savoir qu'une grande partie de la population afghane - tous ceux qui ont moins de 20 ans - ne sait pas ce qu'est la paix, a été témoin d'actes de violence, a vu des êtres, des proches, se faire tuer, vit dans la peur. La stratégie délibérée des Taliban, qui ajoutent à la violence des armes celle de l'arbitraire, de l'extrémisme et de l'obscurantisme, vise à diviser le peuple

afghan sous n'importe quel prétexte, même celui de la religion, élément pourtant traditionnellement fédérateur, et cela au prix de la vie, de la dignité humaine et de l'avenir de tout un peuple. Non contents de déchirer la nation, les Taliban font en outre de l'Afghanistan le pays de l'apartheid sexuel.

18.   La guerre qui se déroule en Afghanistan n'est pas une guerre ethnique : les Taliban ne sont pas les représentants d'une ethnie et ils sont considérés par le peuple comme des occupants. Hors de la guerre, ils n'existent pas, et ce sont eux qui portent l'entière responsabilité des offensives militaires qui ont eu lieu durant l'année écoulée et qui ont aggravé la situation des droits de l'homme dans le pays. Pour les autorités de l'Etat islamique d'Afghanistan, il n'y a pas de solution militaire au conflit : la solution ne peut être que politique. Aussi restent-elles prêtes à engager des négociations, en Afghanistan ou ailleurs, pour mettre fin à une guerre absurde, mais elles ne transigeront pas sur un point essentiel : la question de l'indépendance nationale. La reconnaissance de l'intégrité territoriale de l'Afghanistan et la fin des ingérences étrangères sont des conditions sine qua non.

19.   L'idéologie obscurantiste et totalitaire qui anime les Taliban, ennemis de la beauté, de la joie et de la vie, non seulement a plongé l'Afghanistan dans l'enfer, mais encore menace d'autres pays ainsi que la paix et la prospérité de la région. La communauté internationale a le devoir politique et moral de s'engager avec détermination et sincérité dans la recherche d'une solution politique en Afghanistan. Les autorités afghanes souhaitent ardemment le succès de la mission de l'Envoyé spécial du Secrétaire général pour l'Afghanistan et de celle que va entreprendre le Représentant permanent des Etats-Unis auprès de l'ONU au nom de son gouvernement et des gouvernements de sept autres Etats en vue de mettre fin à la guerre, et elles feront tout pour contribuer à ce succès.

20.   M. Gallegos Chiroboga (Equateur) prend la présidence.

21.   M. COPITHORNE (Représentant spécial sur la situation des droits de l'homme dans la République islamique d'Iran), présentant son rapport (E/CN.4/1998/59), dit que certains se montrent sceptiques quant à la volonté du nouveau Gouvernement iranien d'améliorer la situation des droits de l'homme dans le pays mais, compte tenu des nombreux changements intervenus au cours des trois mois considérés, il convient de lui accorder le bénéfice du doute. Les priorités qu'il a fixées et le rythme des progrès peuvent être jugés décevants mais sa volonté d'aller de l'avant ne saurait être mise en doute. Il y a certes dans le pays de puissants groupes d'intérêt qui semblent déterminés à résister à tout changement. Cependant, comme en témoigne l'action menée dans plusieurs domaines, il y a tout lieu de penser que le Président de la République a une stratégie pour surmonter les obstacles qui se dressent sur son chemin.

22.   Pour ce qui est de la visite qu'il est envisagé d'organiser en Iran, des discussions sont en cours et on peut espérer qu'un accord sera rapidement conclu et que le Gouvernement apportera de nouveau sa pleine coopération à la Commission.

23.   En conclusion, le Représentant spécial exprime l'espoir que la
résolution qui sera adoptée par la Commission au sujet de la situation des
droits de l'homme en Iran ne sera pas noyée dans les détails et qu'il y sera
tenu compte du processus qui a été engagé dans ce pays et qui laisse augurer
de profonds changements.

24.   M. KHORRAM (République islamique d'Iran) dit que, conformément aux
dispositions de la Constitution et aux valeurs islamiques, le nouveau
Gouvernement a pris de nombreuses initiatives pour assurer la primauté du
droit. Convaincu que la promotion des droits de l'homme doit être endogène, il
a mis en place de nouveaux mécanismes nationaux. Une démarche nationale
présente en effet de nombreux avantages par rapport à un processus de
surveillance internationale : elle associe toutes les institutions de la
société civile, mobilise le soutien nécessaire, tient compte des
particularités de chaque société et, surtout, contribue à créer un climat
propice à des progrès continus dans le domaine des droits de l'homme.

25.   Dans cette optique, le Représentant spécial peut beaucoup contribuer au
renforcement des capacités nationales, qu'il s'agisse de la fourniture des
services consultatifs dont le pays a besoin, du développement de l'éducation
dans le domaine des droits de l'homme ou du renforcement de l'organisme
iranien chargé de promouvoir les droits de l'homme (Commission islamique des
droits de l'homme).

26.   Il y a lieu de souligner que le rapport du Représentant spécial ne rend
pas compte de tous les changements positifs intervenus en Iran et qu'il faudra
remédier à cette lacune. Quoi qu'il en soit, la République islamique d'Iran
demeure fermement résolue à appliquer les principes relatifs aux droits de
l'homme et continuera à coopérer à cet effet avec le Représentant spécial.

27.   M. ARTUCIO (Rapporteur spécial sur la situation des droits de l'homme en
Guinée équatoriale), présentant son rapport (E/CN.4/1998/73 et Add.1), dit que
le dialogue entre le Gouvernement et les forces politiques qui s'est tenu
entre février et avril 1997 et a débouché sur le Document d'évaluation du
Pacte national et les Accords législatifs de 1997 a ouvert de vastes
perspectives en laissant présager des avancées sur la voie de la
démocratisation.

28.   S'agissant de la condition de la femme, il reste beaucoup à faire dans
les domaines éducatif, professionnel, social et politique, mais des progrès
ont pu être accomplis grâce notamment à l'action du Ministère des affaires
sociales et de la condition de la femme. En ce qui concerne les droits
économiques, sociaux et culturels, il n'y a guère eu de progrès et l'extrême
pauvreté dans laquelle vit une grande partie de la population équato-guinéenne
demeure préoccupante. S'agissant de la diversité ethnique, des troubles graves
sont survenus le 21 janvier 1998 dans l'île de Bioko, ce qui a motivé une
nouvelle visite du Rapporteur spécial en mars 1998. Au cours de ces
événements, un groupe armé de civils a attaqué des postes militaires ou de
police dans diverses localités; les autorités ont qualifié ces actes de
"tentative d'insurrection" et décrété l'état d'alerte maximum. On peut penser
que la réaction rapide des autorités a permis d'éviter une aggravation de la
situation qui, compte tenu du climat d'agitation qui règne dans l'île, aurait
pu dégénérer en un conflit ethnique. Le 25 janvier, un groupe de Bubis,

marquant leur distance avec le Mouvement pour l'autodétermination de l'île
de Bioko, ont manifesté pacifiquement contre les actes de violence. Dans les
jours qui ont suivi, 550 personnes auraient été arrêtées, dont 110 seraient
toujours détenues. Une grande partie des détenus ont été soumis à des tortures
et à des mauvais traitements, et le Gouvernement doit être tenu responsable
pour n'avoir pas assuré la sécurité et l'intégrité des personnes détenues.

29.   Le Rapporteur spécial estime qu'en dépit des graves incidents survenus
en janvier 1998, il n'a pas de raison de modifier son appréciation générale de
la situation qui jusque-là était en légère amélioration. Les événements de
janvier ont été limités à l'île de Bioko et on peut penser qu'ils ont été le
fait d'un petit groupe de personnes, rien ne prouvant qu'ils aient été
soutenus par le Mouvement pour l'autodétermination de l'île de Bioko, et
encore moins par la population bubi. Sans reprendre toutes les recommandations
figurant dans le rapport, le Rapporteur spécial insiste sur la nécessité de
recommander au Gouvernement équato-guinéen de promouvoir fermement des formes
de dialogue en vue d'intégrer toutes les composantes ethniques de la société,
souligne qu'il est important que la Commission demande à la Haut-Commissaire
de continuer à fournir à la Guinée équatoriale des services consultatifs et
une assistance technique, en coopération avec le PNUD, et note que les progrès
accomplis ne sont pas encore suffisants pour que la Commission puisse cesser
de suivre la situation en Guinée équatoriale.

30.   M. MAYE NSUE MANGUE (Observateur de la Guinée équatoriale), après avoir
remercié le Rapporteur spécial, dont le rapport reflète bien la situation et
les progrès accomplis dans le domaine des droits de l'homme, réaffirme la
volonté de son Gouvernement de continuer à collaborer avec les organismes des
Nations Unies, les pays amis et les organisations non gouvernementales. Il est
heureux d'informer la Commission que la révision du Pacte national conclu
entre le Gouvernement et les partis politiques a abouti, ce qui a contribué à
instaurer un climat de concertation entre les différentes forces politiques du
pays. Pour mieux promouvoir les droits économiques, sociaux et culturels, le
Gouvernement équato-guinéen, en coopération avec les forces politiques du pays
et des responsables économiques nationaux et internationaux, a organisé du
8 au 13 septembre 1997, dans la ville de Bata, la première Conférence
économique nationale. Par ailleurs, dans la perspective des élections
législatives qui auront lieu d'ici la fin de l'année, le Gouvernement prend
les mesures voulues conformément aux accords conclus avec les partis
politiques. Compte tenu de cette évolution positive, le Gouvernement
équato-guinéen jugerait utile que soit renforcée l'assistance technique dont
il bénéficie dans le domaine des droits de l'homme, et il sollicite le soutien
de la Commission dans son initiative de création du Centre pour la promotion
des droits de l'homme et de la démocratie.

31.   Le Gouvernement équato-guinéen remercie le Rapporteur spécial de sa
visite, qui a permis à celui-ci de constater et de vérifier sur place la
réalité, s'agissant des événements survenus sur l'île de Bioko le 21 janvier,
mais déplore que ces faits, qui étaient une agression terroriste menaçant
l'unité nationale et la stabilité du pays, aient été délibérément mal
interprétés devant l'opinion publique et auprès de certains pays et organismes
internationaux coopérant avec la Guinée équatoriale, et ramenés à un conflit
de caractère ethno-tribal.

32.   M. AKAO (Japon) fait observer que malgré les remarquables progrès
accomplis dans la protection des droits de l'homme ces 50 dernières années et
la proclamation par la communauté internationale de l'universalité et de
l'indivisibilité de ces droits, des violations continuent d'être commises
partout dans le monde.

33.   La situation dans l'ex-Yougoslavie, en particulier au Kosovo, est à cet
égard extrêmement préoccupante. Il en va de même pour l'Afghanistan, où la
torture, les massacres, la discrimination contre les femmes et les filles sont
pratiques courantes, et pour l'Algérie où des milliers de civils innocents ont
été tués ou mutilés. La situation dans des pays comme l'Iraq, le Nigéria, le
Soudan, le Rwanda, le Burundi, la République démocratique du Congo est aussi
alarmante.

34.   En revanche, des progrès sont perceptibles en Iran où le nouveau
gouvernement a affirmé son attachement à l'état de droit, à la participation
des citoyens à la vie politique et à la protection des droits et des libertés.
Mais de nombreux problèmes subsistent. La délégation japonaise s'émeut en
particulier du fait que le Représentant spécial n'a pu se rendre dans le pays
depuis 1996.

35.   Dans le cas de Cuba, la persistance des violations des droits de l'homme
et des libertés fondamentales demeure un sujet de vive préoccupation, mais le
Gouvernement japonais se félicite de la libération de prisonniers, politiques
notamment, à la demande du Vatican et sous l'influence de l'opinion publique
internationale.

36.   Le Japon note avec satisfaction les progrès accomplis dans le dialogue
avec la Chine, ce qui pourrait créer un climat propice à une coopération
accrue au sein de la Commission des droits de l'homme libre de toute
confrontation. Il espère que la situation dans ce pays continuera à
s'améliorer.

37.   D'autre part, le Gouvernement japonais se réjouit des mesures prises par
les autorités indonésiennes dans leur détermination à accepter l'assistance
technique du Haut-Commissariat aux droits de l'homme. Il continuera de suivre
de près l'évolution de la situation des droits de l'homme au Timor oriental.

38.   Pour le Japon, l'examen de la situation des droits de l'homme dans un
pays ne saurait être assimilé à une ingérence dans les affaires intérieures.
Ce principe a été proclamé dans la Déclaration et le Programme d'action de
Vienne qui stipulent que la promotion et la protection des droits de l'homme
sont une préoccupation légitime de la communauté internationale. Dans cette
optique, les activités d'enquête des différents mécanismes des droits de
l'homme sont extrêmement utiles.

39.   S'agissant de la politisation des droits de l'homme, il est impératif
d'éviter toute démarche conflictuelle dans les débats de la Commission,
particulièrement sur le point 10 de l'ordre du jour. En dernière analyse,
l'objectif de la discussion n'est pas de dénigrer tel ou tel pays mais de
favoriser une meilleure protection des droits de l'homme.

40. A cet égard, la délégation japonaise souligne l'importance des activités des rapporteurs spéciaux qui permettent à la Commission de débattre plus objectivement des différentes questions. Elle invite instamment tous les Etats qui refusent encore d'autoriser des visites de rapporteurs spéciaux ou thématiques sur le territoire à se montrer plus coopératifs. Ceci s'adresse en particulier au Gouvernement du Myanmar. De leur côté les rapporteurs spéciaux assument une lourde responsabilité. Vu l'importance que revêtent leurs rapports pour les débats de la Commission, il est impératif qu'ils veillent à ce que leur évaluation des faits soit aussi équilibrée que possible.

41. M. ZAHRAN (Observateur de l'Egypte) dit qu'il importe de défendre les droits de l'homme avec la même vigueur partout dans le monde et d'éviter de faire deux poids, deux mesures. Il ne faut pas non plus que la situation des droits de l'homme dans un pays soit un prétexte pour s'ingérer dans ses affaires intérieures ou un moyen de s'assurer des avantages économiques indus.

42. Le sud du Liban et l'ouest de la Bekaa continuent d'être occupés et leur population est constamment en butte aux violations les plus graves des droits de l'homme et du droit international humanitaire commises par les forces israéliennes. Une fois de plus, l'Egypte lance un appel à Israël pour qu'il se conforme à la résolution 425 (1978) du Conseil de sécurité, dans laquelle le Conseil lui a enjoint de retirer sans délai ses forces de tout le territoire libanais, et qu'il permette aux réfugiés libanais de regagner leur foyer. Elle l'exhorte à reprendre les négociations en vue d'un règlement global au Moyen-Orient, conformément aux dispositions de l'Accord de Madrid et au principe "La terre contre la paix", et à mettre fin aux violations des droits de l'homme dans les territoires occupés.

43. La situation dans l'ex-Yougoslavie s'est beaucoup améliorée depuis la signature des Accords de Dayton mais la région ne connaîtra ni paix ni stabilité tant que les dispositions de cet instrument ne seront pas intégralement appliquées. Il est impératif notamment d'assurer le retour de tous les réfugiés et personnes déplacées qui le souhaitent et de n'épargner aucun effort pour que les criminels de guerre soient traduits en justice. Le Gouvernement égyptien est vivement préoccupé par les événements tragiques qui se déroulent au Kosovo. Il condamne les violations des droits de l'homme, déplore les pertes en vies humaines et demande instamment qu'il y soit mis fin sans délai et que des mesures soient prises en vue d'un règlement pacifique du conflit dans le respect de la légalité internationale.

44. Dans la région des Grands Lacs, la situation n'a cessé de se détériorer sur les plans humanitaire, économique et social. L'Egypte se félicite à cet égard des conclusions adoptées par le Conseil des ministres de l'OUA à sa soixante-septième session, notamment celles ayant trait aux mesures visant à traduire en justice les responsables du génocide et à assurer le rapatriement librement consenti des réfugiés. L'Egypte est gravement préoccupée par les actes de violence dont sont victimes les agents humanitaires et les observateurs des droits de l'homme, dont plusieurs ont été assassinés; elle espère que les Etats concernés s'engageront bientôt dans la voie de la paix, de la réconciliation nationale et de la reconstruction afin que les peuples de la région retrouvent enfin la sécurité.

45. M. ALDURI (Observateur de l'Iraq) dit que malheureusement les droits de l'homme sont devenus une arme politique, dont certains Etats se servent sélectivement pour promouvoir des intérêts étriqués, et un moyen de marchandage et de pression sur les pays qui n'acceptent pas qu'il soit porté atteinte à leur souveraineté et à leur indépendance. Ceux-là même qui se targuent d'être les champions des droits de l'homme gardent le silence lorsque des crimes contre l'humanité sont commis par des Etats qui leur sont acquis, quand ils ne cherchent pas carrément à dissimuler ces crimes. Ainsi en va-t-il de l'indulgence dont font preuve les Etats-Unis à l'égard d'Israël et de leur intransigeance vis-à-vis de certains Etats arabes et musulmans.

46. Les sanctions imposées à l'Iraq ont donné lieu à des violations flagrantes des droits de l'homme, en particulier du droit à la vie. Un million d'enfants sont morts depuis que l'embargo a été imposé en 1990. Un véritable génocide est ainsi commis au vu et au su de la communauté internationale sans que ni l'ONU ni la Commission tentent d'y mettre fin. Le Mémorandum d'accord que le Gouvernement iraquien a conclu avec l'ONU, en vertu duquel l'Iraq a été autorisé à vendre du pétrole pour acheter des médicaments et des produits de première nécessité ne couvre - comme l'a reconnu le Secrétaire général lui-même dans son rapport au Conseil de sécurité en date du 4 mars 1998 (S/1998/194) - que 20 % des besoins essentiels de la population en matière de santé.

47. L'un des principes fondamentaux de la Charte des Nations Unies est celui de l'égalité des Etats. Malheureusement, ce principe est constamment violé comme l'atteste l'attitude du Gouvernement des Etats-Unis lors de la récente crise qu'il a créée artificiellement à la suite de problèmes dans l'application des résolutions du Conseil de sécurité relatives à l'élimination des armes de destruction massive. Les Etats-Unis n'ont, en effet, pas hésité à concentrer leurs forces dans le Golfe arabe, mettant ainsi en danger la sécurité et la stabilité de toute la région.

48. La délégation iraquienne invite instamment la Commission non seulement à porter attention à ce qui se passe en Iraq mais aussi à examiner les incidences des sanctions sur les plans économique, social, juridique et culturel afin de déterminer leurs effets sur les droits de l'homme. Elle saisit cette occasion pour demander de nouveau à la Commission de réclamer la levée de l'embargo imposé à l'Iraq afin qu'il soit mis fin aux souffrances de la population.

49. M. Chak Mun SEE (Observateur de Singapour) présente quelques observations concernant le rapport du Rapporteur spécial sur les exécutions extrajudiciaires, sommaires ou arbitraires (E/CN.4/1998/68). Tout d'abord, au paragraphe 83, le Rapporteur spécial se dit très préoccupé par le fait qu'à Singapour entre autres il existe des lois réprimant le trafic de drogues qui ne garantissent pas pleinement le respect de la présomption d'innocence du fait que la charge de la preuve incombe partiellement à l'accusé. Or, comme la délégation singapourienne l'a déjà signalé, cela n'est pas exact. En vertu de l'article 17 de la loi sur l'abus de drogues, il doit d'abord être prouvé que l'accusé avait en sa possession une drogue réglementée, dans une quantité supérieure à celle prévue par l'article. C'est seulement à partir de là qu'existe une présomption réfutable de trafic de drogues. En outre, pour invoquer cette présomption, il faut démontrer que l'accusé connaissait la

nature de la drogue réglementée, c'est-à-dire savoir s'il s'agissait de diamorphine, de cannabis, de cocaïne, d'opium, etc.

50.   En second lieu, au paragraphe 94, le Rapporteur spécial conclut que la peine capitale doit être supprimée pour des crimes tels que les crimes économiques et les crimes liés à la drogue. La délégation singapourienne s'inscrit également en faux contre ce point de vue, faisant valoir le paragraphe 2 de l'article 6 du Pacte international relatif aux droits civils et politiques, aux termes duquel dans les pays où la peine de mort n'a pas été abolie, une sentence de mort ne peut être prononcée que pour les crimes les plus graves, conformément à la législation en vigueur au moment où le crime a été commis, et la peine ne peut être appliquée qu'en vertu d'un jugement définitif rendu par un tribunal compétent. Nul ne peut contester que le trafic de drogues est un des crimes les plus graves et, de par sa situation géographique, Singapour se doit d'être particulièrement vigilant à l'égard des trafiquants. Sur ce point également, la délégation singapourienne avait déjà fait connaître son point de vue au Rapporteur spécial.

51.   Enfin, il est à noter que le Rapporteur spécial invoque, pour recommander l'abolition de la peine de mort, la résolution 1997/12 de la Commission. Or, celle-ci ne reflète pas les vues de la communauté internationale dans son ensemble étant donné, d'une part, qu'elle a été adoptée par un vote et que, d'autre part, 34 délégations s'en sont dissociées dans une déclaration commune élaborée à la session de fond de 1997 du Conseil économique et social (E/1997/106). Cela dit, les autorités singapouriennes rappellent leur attachement au droit de tout individu à la vie, à la liberté et à la sûreté de sa personne, droit qui est affirmé dans la Constitution du pays. Elles demandent instamment au Rapporteur spécial de ne pas outrepasser son mandat.

52.   M. FARRELL (Observateur de la Nouvelle-Zélande) se déclare préoccupé par la situation des droits de l'homme dans plusieurs pays du monde, et en premier lieu dans la région africaine des Grands Lacs, notamment par les déplacements massifs de population et le conflit armé qui ont provoqué de nombreuses violations des droits de l'homme au Burundi, au Rwanda et dans la République démocratique du Congo. Il s'inquiète également de la situation des droits de l'homme au Nigéria et, sur ce point, partage la préoccupation exprimée par les chefs de gouvernement du Commonwealth en octobre 1997 au vu du maintien en détention sans jugement d'un grand nombre de personnes. Au Soudan, les informations persistantes concernant des violations des droits fondamentaux en particulier des atteintes aux droits des femmes et des enfants, restent un motif de préoccupation. En ce qui concerne les dramatiques événements d'Algérie, la Nouvelle-Zélande exhorte le Gouvernement algérien à s'engager sur la voie d'un dialogue constructif en vue de mettre un terme aux atrocités. S'agissant de l'Iraq, elle déplore que le Gouvernement ait à nouveau refusé de recevoir le Rapporteur spécial sur la situation des droits de l'homme dans ce pays et continue d'ignorer les demandes présentées par des organismes des Nations Unies concernant l'envoi d'observateurs des droits de l'homme; elle se félicite de l'extension de l'accord "pétrole contre nourriture" et souhaite qu'à cet égard le Gouvernement respecte ses engagements dans l'intérêt de son peuple.

53. En Afghanistan, l'instabilité politique demeure préoccupante. La Nouvelle-Zélande engage les factions en cause à tout faire pour parvenir à un règlement pacifique du conflit. Dans l'ex-Yougoslavie, des violations des droits de l'homme continuent d'être commises même si certains progrès ont été notés; Le plus inquiétant actuellement est la situation au Kosovo qui s'est encore dégradée depuis que la Rapporteuse spéciale a présenté son rapport, tandis que la situation dans l'ex-République yougoslave de Macédoine est plus encourageante. La situation des droits de l'homme au Myanmar ne s'est pas améliorée; il est indispensable que le Gouvernement engage un véritable dialogue politique avec l'opposition. Au Cambodge, le Gouvernement se doit de lutter contre toutes les formes de violence politique et d'intimidation et d'organiser, à titre prioritaire, des élections libres, régulières et crédibles. Quant au Timor oriental, les autorités néo-zélandaises pensent que rien ne saurait justifier la recrudescence de la violence à des fins politiques et elles exhortent les parties en présence à conclure un accord global internationalement acceptable.

54. On constate néanmoins une évolution positive dans plusieurs pays, dont il y a lieu de se féliciter. Ainsi, la Chine a signé le Pacte international relatif aux droits économiques, sociaux et culturels, et les autorités chinoises ont annoncé leur intention de signer le Pacte international relatif aux droits civils et politiques. En Iran, les déclarations du Président Khatami et du Gouvernement sur la tolérance et le respect des libertés et droits civils sont encourageantes; il est satisfaisant aussi d'observer les initiatives prises par l'Iran dans le domaine des droits de l'homme, en particulier la manière dont il a présidé l'Atelier Asie/Pacifique sur les droits de l'homme tenu récemment à Téhéran sous l'égide des Nations Unies. Enfin, les autorités néo-zélandaises tiennent à reconnaître les progrès faits sur la voie d'un règlement pacifique du conflit à Bougainville.

55. Mme SCHENSE (Human Rights Watch) dit que l'Algérie connaît aujourd'hui l'une des pires situations en matière de droits de l'homme. Soixante-quinze mille personnes auraient été tuées depuis 1992, la plupart par des groupes armés opposés au Gouvernement. La question se pose cependant de savoir si le Gouvernement fait tout ce qu'il peut pour s'opposer aux massacres, et l'on sait que la torture est couramment pratiquée dans les centres d'interrogatoire de la police. En outre, les autorités algériennes refusent l'aide ou la participation des mécanismes de la Commission ou des organisations internationales de défense des droits de l'homme. Cela étant, aucun Etat n'a encore présenté à la Commission de projet de résolution sur la situation en Algérie. Human Rights Watch demande à la Commission de nommer un Rapporteur spécial sur la situation des droits de l'homme dans ce pays et d'encourager le Gouvernement à coopérer avec le Rapporteur spécial. Elle contribuerait ainsi à sauver des vies. Les auteurs des massacres et des violations flagrantes des droits de l'homme jouissent depuis trop longtemps de l'impunité.

56. Un autre pays qui connaît de graves violations des droits de l'homme et qui s'oppose également à toute enquête des organes des Nations Unies s'occupant des droits de l'homme est la République démocratique du Congo. Des centaines de civils auraient été tués par les forces gouvernementales. L'activité des militants politiques et des organisations de défense des droits de l'homme est réprimée. Les autorités demeurent opposées à une enquête sur

les massacres de réfugiés qui auraient été commis dans l'ex-Zaïre. La semaine
précédente, l'équipe d'enquête du Secrétaire général a dû interrompre ses
travaux. Human Rights Watch demande donc à la Commission de condamner
vigoureusement les violations persistantes des droits de l'homme en République
démocratique du Congo, de renouveler le mandat du Rapporteur spécial sur la
situation des droits de l'homme dans ce pays ainsi que le mandat de la Mission
commune d'enquête de la Commission, et d'inviter l'équipe d'enquête du
Secrétaire général à continuer son travail en dehors du pays; elle invite
tous les Etats ayant des liens avec les parties au conflit à donner des
renseignements sur l'identité, le commandement et le déploiement des troupes
ainsi que toute autre information utile aux enquêteurs.

57.   Mme SCHERER (Amnesty International) dit que, à la cinquante-quatrième
session de la Commission, Amnesty International se concentre sur les
violations des droits de l'homme dans un certain nombre de pays, en
particulier au Cambodge, en Colombie, au Kenya, en Arabie Saoudite et en
Turquie. A l'occasion de la session, l'organisation a publié un document qui
contient des informations sur la situation des droits de l'homme dans ces
cinq pays. Son intervention portera sur un pays qui connaît une véritable
crise des droits de l'homme, un pays où les forces de sécurité, les groupes
armés et les milices armées par l'Etat tuent en toute impunité, où les forces
de sécurité n'arrivent pas à empêcher que des hommes, des femmes et des
enfants soient égorgés, où les familles de disparus continuent de chercher les
leurs des mois et des années après leur arrestation, où la violence a fait
près de 80 000 morts, dont beaucoup de civils. Ce pays, c'est l'Algérie et,
bien que la communauté internationale soit consciente de la gravité de la
situation, le silence de la Commission est assourdissant. Depuis six ans, la
Commission s'est contentée d'être spectatrice de cette situation. Alors que,
lors de la Conférence mondiale sur les droits de l'homme en 1993, les Etats
ont solennellement affirmé que les droits de l'homme sont la préoccupation
légitime de la communauté internationale, combien de gouvernements sont prêts
aujourd'hui à donner un sens réel à ces mots ?

58.   Combien de morts et de violence faudra-t-il encore en Algérie avant
que la Commission prenne ses responsabilités ? Les victimes algériennes
méritent-elles moins d'attention que les victimes ailleurs dans le monde ?
La Commission n'a pas seulement mandat pour agir dans des situations telles
que celle qui règne en Algérie, elle en a également le devoir moral. Elle
devrait recommander un programme d'action pour garantir que la situation des
droits de l'homme en Algérie soit traitée de la manière la plus sérieuse.
Comme première mesure urgente, elle devrait nommer un rapporteur spécial,
assisté des mécanismes thématiques et d'experts techniques, pour effectuer
des missions sur le terrain, afin d'assurer l'examen de la situation et de
soumettre dans les plus brefs délais à la Commission, un rapport contenant
des recommandations de suivi.

59.   M. LITTMAN (Association pour l'éducation d'un point de vue mondial)
intervient sur la question du génocide et sur les appels à tuer au nom
de Dieu. En ce qui concerne le Rwanda, il note avec satisfaction les rapports
du Représentant spécial et de la Haut-Commissaire aux droits de l'homme, et
pense qu'il importe de tirer les leçons des erreurs du passé. La Belgique
et les Etats-Unis d'Amérique, par la voix du Président Clinton, ont reconnu
leur culpabilité par négligence tandis que les autorités françaises ont engagé

une procédure pour mettre à jour la responsabilité de la politique française au Rwanda. Comme l'a déclaré le Secrétaire général de l'Organisation des Nations Unies "la décision de ne pas agir est aussi une décision", et il est indispensable que les Etats détectent les incitations au génocide et les condamnent. La semi-indifférence face à l'esclavage et au génocide perpétrés au Soudan depuis 1989 entache la réputation des Nations Unies. S'agissant d'Israël, le Hamas a pour objectif la mort de tous les juifs; sa charte et ses déclarations constituent une incitation au génocide. La Commission doit dès à présent réagir.

60.   L'appel à tuer au nom de Dieu et de la religion est une perversion extrême de la religion, qui n'a pourtant jamais été clairement condamnée par les organes des Nations Unies en tant que crime contre l'humanité. Tout appel de ce type est un mal universel, qui doit être proscrit par la communauté internationale et par tous les chefs spirituels, comme l'a fait le Pape Jean-Paul II à Tunis le 14 avril 1993, comme l'a fait aussi l'imam Soheib Bencheikh, mufti de Marseille, qui, le 27 mars, a condamné, devant la Commission, les actes de barbarie perpétrés quotidiennement en Algérie au nom de l'Islam. Il est regrettable, qu'en Israël, après que l'ancien grand rabbin ashkénaze Chlomo Goren eut légitimé à la radio le fait qu'un juif puisse tuer Arafat, les autorités israéliennes n'aient pas jugé bon de faire condamner sa déclaration par les plus hautes autorités religieuses du pays.

61.   L'intervenant demande au Président de la Commission de rechercher un consensus pour que la Commission condamne vigoureusement l'incitation directe et publique à commettre le génocide ainsi que la complicité dans le génocide, visés aux alinéas c) et e) de l'article III ainsi qu'à l'article IV de la Convention pour la prévention et la répression du crime de génocide, eu égard également à l'alinéa a) de l'article IV de la Convention sur l'élimination de toutes les formes de discrimination raciale; et qu'elle condamne vigoureusement tout appel à tuer au nom de Dieu ou de la religion, quelle qu'en soit la source.

62.   M. SOTTAS (Organisation mondiale contre la torture - OMCT) déplore que des situations d'une extrême gravité en matière de droits de l'homme ne fassent pas l'objet d'un traitement adéquat et que d'autres, sur lesquelles la Commission avait eu l'occasion de se prononcer en termes tranchants cessent d'être l'objet d'une attention prioritaire sur la foi de quelques déclarations ou d'engagements non encore réalisés. Les ONG sont certes les premières à se réjouir de toute évolution positive, mais elles jugent les évolutions à l'aune des cas qu'elles ont à traiter et non des déclarations d'intention.

63.   S'agissant de l'Algérie, est-il vraiment impossible d'intervenir efficacement pour faire cesser la violence ? La Commission ne peut-elle pas donner un mandat plus large et des ressources adéquates à la Haut-Commissaire pour au moins amorcer un processus pouvant conduire à un apaisement ? En ce qui concerne la région des Grands Lacs en Afrique, si au Rwanda, après bien des difficultés, un tribunal pénal international a été constitué, il est regrettable que rien n'ait été fait au Burundi. Pourtant, il y a plus de dix ans déjà, la Sous-Commission adoptait une étude de Benjamin Whitacker sur les génocides, texte qui dénonçait ceux perpétrés contre les Hutus par l'armée burundaise contrôlée par les Tutsis. En outre, le refus des autorités de la

République démocratique du Congo de permettre à la Commission internationale d'enquête des Nations Unies d'enquêter <u>in situ</u> sur les allégations de massacres, le refus de coopérer avec le Rapporteur spécial, Roberto Garreton, l'interdiction d'une ONG, affiliée à l'OMCT, sont autant de gestes inacceptables qui appellent une réaction de la Commission des droits de l'homme.

64.   Il faut saluer l'ouverture d'un bureau du Haut-Commissariat à Bogota, mais il apparaît que, malgré ses effets positifs, ce bureau est loin de répondre aux besoins. L'OMCT espère vivement que des moyens accrus lui seront donnés pour qu'il puisse intensifier ses activités. La situation de l'Indonésie et du Timor oriental demeure aussi extrêmement préoccupante. L'espoir qu'avait fait naître la possibilité d'établir un mécanisme du Haut-Commissariat a fait long feu, mais est-il acceptable de s'y résigner ?

65.   Face aux situations très graves qui surviennent dans le domaine des droits de l'homme, la communauté internationale devrait adopter des mesures plus résolues pour amener les autorités en cause à se conformer aux normes internationales contraignantes. Dans ce contexte, la frilosité de la Commission est difficilement compréhensible et fait craindre, après l'espoir qu'avait suscité l'adoption de la Déclaration des droits de l'homme il y a 50 ans, un dangereux recul.

66.   <u>Mme HARRY</u> (Fédération internationale des PEN clubs) dit que son organisation, qui représente des écrivains du monde entier, pense que les rapporteurs spéciaux font un travail précieux, en particulier quand ils examinent des situations comme celles au Nigéria, en République démocratique du Congo et au Myanmar, où les restrictions de la liberté d'expression sont préoccupantes. Au Nigéria, d'après les informations dont elle dispose, 16 écrivains et journalistes seraient actuellement détenus en raison de leurs articles ou de leurs déclarations. En République démocratique du Congo, le nouveau Gouvernement a déjà porté atteinte à la liberté de la presse en arrêtant des journalistes qui l'avaient critiqué et il a traduit l'un d'entre eux, un civil pourtant, devant un tribunal militaire. Au Myanmar, des écrivains et des journalistes d'opposition sont détenus pendant de longues périodes, encore que les conditions de détention dans ce pays semblent s'être un peu améliorées.

67.   En relation avec les travaux du Rapporteur spécial sur les exécutions extrajudiciaires, sommaires ou arbitraires, la Fédération relève avec inquiétude qu'en Colombie et au Mexique des journalistes et des écrivains sont menacés et assassinés et que ces agissements restent pratiquement impunis. En ce qui concerne Bahreïn, il serait justifié que la situation des droits de l'homme soit examinée au titre du point 10 de l'ordre du jour, comme l'a recommandé la Sous-Commission, et qu'elle fasse l'objet d'un mécanisme spécial. Le mécanisme des rapporteurs spéciaux devrait aussi être étendu à des pays où les arrestations arbitraires et la détention prolongée des dissidents sont chose courante. En Syrie, par exemple, sept écrivains purgent des peines pouvant aller jusqu'à 15 ans de prison. Mais c'est en Chine que sont détenus le plus grand nombre d'écrivains et de journalistes en raison de leur opposition au Gouvernement ou pour avoir réclamé la liberté d'expression et le droit de former des partis politiques indépendants.

68.   M. DOS SANTOS (Fédération latino-américaine des journalistes) dit que depuis 1970 près de 600 journalistes ont disparu ou ont été tués en Amérique latine. Aucun Cubain ne figurait parmi eux. En Argentine, après la mort violente d'un photographe en 1997, une centaine de journalistes ont été menacés, sans qu'il soit enquêté sur les faits par la suite.

69.   A Cuba, les menaces dirigées contre les 2 700 journalistes professionnels sont de nature différente, car liées à la situation particulière, d'une société en butte, depuis 40 ans, à des agressions de toutes sortes. C'est pour reconnaître cette situation que la quatrième Rencontre de journalistes ibéro-américains, tenue en novembre 1997 au Venezuela, a condamné le renforcement du blocus imposé par les Etats-Unis à Cuba, qui entravait les activités des journalistes dans ce pays. Cette rencontre, organisée par la Fédération latino-américaine des journalistes et l'Association vénézuélienne des journalistes, a également souligné la nécessité pour les médias latino-américains, espagnols et portugais de neutraliser les campagnes de désinformation menées par l'InterAmerican Press Society contre Cuba. Il faut dire qu'au début de 1998, une chaîne de télévision et 18 stations de radio installées sur le territoire des Etats-Unis émettaient plus de 1 300 heures par semaine contre Cuba. A cela viennent s'ajouter les activités de quelques journalistes cubains qui, dans un esprit de lucre, renient les réalités de leur propre pays.

70.   Il y a pourtant à Cuba plus d'une centaine de journalistes étrangers qui représentent notamment des télévisions des Etats-Unis et d'Espagne et les principales agences de presse internationale et qui ont toute latitude pour rendre compte de la situation avec le sérieux voulu. Les journalistes cubains s'efforcent, pour leur part, de trouver des réponses aux problèmes du pays sans passer par les recettes empoisonnées impliquant le chômage, la misère et la violence. La Fédération reprend à son compte, à cet égard, les observations du pape Jean-Paul II dans son document de 1992 sur les temps nouveaux, à savoir que les médias exacerbent les obstacles individuels et sociaux - consumérisme, matérialisme, déshumanisation, etc. - à la solidarité et au développement global de l'individu. Le journalisme contemporain à Cuba doit exalter les valeurs propres à ce pays et défendre les conquêtes sociales de tout un peuple, afin que l'injustice ne puisse prévaloir.

71.   Mme BAUER (Centre international contre la censure) dit que si le rétablissement d'un gouvernement démocratique en Sierra Leone, en février 1998, a marqué un progrès, la liberté d'expression, dans ce pays, reste précaire. En effet, l'assujettissement des journaux à un enregistrement annuel est extrêmement restrictif. De plus, des journalistes sont toujours recherchés ou détenus par les troupes de l'ECOMOG prétendument pour leur propre sécurité mais en réalité à cause de leur soutien à l'AFRC. La Commission devrait donc examiner la situation des droits de l'homme en Sierra Leone publiquement au titre du point 10 plutôt que selon la procédure confidentielle prévue par la résolution 1503 (XLVIII) du Conseil économique et social.

72.   En Algérie, la situation est très grave. Les milliers d'assassinats perpétrés depuis sept ans restent voilés d'un mystère qui confère l'immunité à leurs auteurs. Les journalistes qui cherchent à faire connaître la situation sont menacés par les deux parties au conflit et, jusqu'à présent,

le Gouvernement a le monopole quasi total de l'information, de l'impression
des journaux et de la publicité dans les journaux. Dans ces conditions, la
réforme annoncée par les autorités algériennes dans le sens d'une plus grande
liberté d'expression est particulièrement bienvenue. Mais comme la vigilance
s'impose, il faudrait que le Rapporteur spécial sur les exécutions
extrajudiciaires, sommaires ou arbitraires et le Rapporteur spécial sur la
torture soient reçus sans plus tarder par les autorités et que soit désigné un
rapporteur spécial pour l'Algérie.

73.   M. KHOURI (Union des juristes arabes) dit qu'au moment où la Charte des
Nations Unies et la Déclaration universelle des droits de l'homme ont été
élaborées, les auteurs de ces instruments étaient déjà conscients que la
violation des droits fondamentaux était une source de conflits et qu'il était
impératif pour la paix de promouvoir le respect des droits de l'homme et des
libertés fondamentales. Cinquante ans après la proclamation de la Déclaration
universelle, le lien entre droits de l'homme et paix demeure identique.
Au Moyen-Orient, par exemple, il ne saurait y avoir de stabilité politique ou
de développement économique tant que la région sera le théâtre de conflits
internes, d'ingérences extérieures et de violations des droits fondamentaux à
travers des pratiques telles que la liquidation d'opposants, les arrestations
arbitraires, la détention prolongée, la persécution des populations, etc.
En ce qui concerne la violation des droits fondamentaux d'origine étrangère,
il faut mentionner la politique hostile menée par Israël contre les Etats
voisins et contre le peuple palestinien, au mépris de toutes les résolutions
internationales pertinentes. Cette politique a pour conséquence de
compromettre la survie même d'un peuple privé de sa patrie.

74.   Une politique de génocide est également appliquée à l'Iraq à travers un
embargo qui est une violation du droit international, de la Charte des
Nations Unies et des Pactes internationaux relatifs aux droits de l'homme.
Plus de 1,5 million d'Iraquiens, en particulier des enfants, ont été victimes
de cette politique qui viole le droit sacré à la vie. Le système iraquien en
matière d'éducation et de santé, qui était très avancé avant l'imposition de
l'embargo, a été mis à mal. L'économie iraquienne est perturbée, le pays ne
pouvant plus exploiter ses ressources naturelles. Comme l'embargo contre
l'Iraq menace la société civile, la souveraineté de l'Etat iraquien et la
stabilité de toute la région, l'Union des juristes arabes exhorte la
Commission à faire tout le nécessaire pour qu'il soit levé. Chaque heure,
quelque 120 enfants iraquiens meurent. Il se peut même qu'un enfant soit
décédé en Iraq depuis que l'orateur a commencé son intervention.

75.   M. Selebi (Afrique du Sud) reprend la présidence.

76.   M. LEBLANC (Fransiscain International), s'exprimant également au nom de
l'organisation des Dominicains, dit que selon les derniers rapports d'Amnesty
International et de Human Rights Watch, au Mexique les disparitions, les
exécutions extrajudiciaires et les autres actes de violence imputables à
l'armée et aux groupes paramilitaires se perpétuent. Il ressort en outre du
dernier rapport du Rapporteur spécial sur la torture (E/CN.4/1998/38 et Add.1
et 2) que cette pratique est systématique, comme le Comité contre la torture
l'a déjà conclu l'année précédente lorsqu'il a examiné le rapport périodique
du Mexique. Le massacre de 45 civils le 22 décembre 1997 à Acteal (Chiapas) a
montré à quel point la situation se dégradait. Les défenseurs des droits de

l'homme sont particulièrement visés par les forces armées et par les groupes paramilitaires, comme en attestent certaines tentatives d'assassinats récentes. Les forces armées continuent aussi à persécuter les populations locales et la présence actuellement, selon la Commission nationale de médiation, de 70 000 soldats au Chiapas, laisse penser que le Gouvernement y prépare une offensive militaire de grande envergure. C'est le Gouvernement aussi qui refuse de respecter les accords de San Andrés, concernant cet Etat, signés en février 1996. La Commission devrait donc envisager de désigner un rapporteur spécial chargé d'examiner la situation des droits de l'homme au Mexique. De son côté, le Gouvernement mexicain devrait achever son enquête sur le massacre d'Acteal, désarmer tous les groupes paramilitaires opérant au Chiapas et respecter les accords de San Andrés en vue de ramener la paix.

77.   En Colombie aussi la situation est inquiétante. Franciscain International déplore, à ce propos, que le Président de la Commission ait fait référence dans sa déclaration sur ce pays aux services privés de sécurité dits "Convivir", qui semblent être impliqués dans des violations graves des droits de l'homme. La Commission devrait charger un rapporteur spécial de surveiller étroitement l'application des recommandations concernant la Colombie et demander à la Haut-Commissaire aux droits de l'homme de faire rapport à l'Assemblée générale à ce sujet.

78.   Au Burundi, la situation a nettement empiré depuis la précédente session. Il est donc impératif que le mandat du Rapporteur spécial sur la situation des droits de l'homme au Burundi soit renouvelé. S'agissant du Rwanda, même si certaines améliorations ont été constatées, la Commission devrait rétablir le mandat d'un rapporteur spécial.

79.   M. OZDEN (Centre Europe-Tiers Monde-CETIM) dit qu'en Turquie, les exécutions extrajudiciaires et arbitraires, les disparitions forcées, les cas de torture et les arrestations arbitraires se multiplient. Il faut y ajouter le déplacement forcé de quatre millions de paysans kurdes dans leur propre pays. Par ailleurs, selon les informations dont dispose le CETIM, la modification du Code pénal envisagée, ne vise qu'à museler davantage les médias et les ONG et à renforcer l'impunité des auteurs de violations des droits de l'homme. Enfin, les liens entre la mafia, l'extrême-droite, les forces de sécurité et les milices gouvernementales ont été confirmés par un rapport récent établi sur la demande du Premier Ministre.

80.   Face à cet état de choses, le Gouvernement semble incapable de prendre des mesures efficaces. Il est vrai qu'il n'y est guère incité par l'attitude incohérente et irresponsable des pays membres de l'Union européenne. En effet, d'une part ces pays ont, le 13 décembre 1997, refusé l'adhésion de la Turquie, évoquant notamment les violations persistantes des droits de l'homme et le non-règlement de la question chypriote et de la question kurde : d'autre part, face à l'afflux des réfugiés kurdes en Italie quelques semaines plus tard, ces mêmes pays n'ont pas trouvé mieux que de demander à leur police et à la police turque de prendre des "mesures sécuritaires" à l'égard des Kurdes. Durant l'été 1997, l'Allemagne fédérale avait aussi interdit le passage sur son territoire du "train européen pour la paix", porteur d'un message de paix et de solidarité de la société civile européenne aux peuples turc et kurde. En outre, les pays membres de l'UE refusent depuis des années de prendre l'initiative de l'adoption d'une résolution par la Commission. Le Parlement

européen a pourtant adopté une résolution sur le sujet le 14 janvier 1998.
Peut-on en déduire que les violations des droits de l'homme en Turquie sont
moins graves que celles commises en Haïti ou à Cuba ?

81.   Dès lors que les pays occidentaux adoptent des positions contradictoires
selon les instances, régionales ou internationales, et que les politiques
nationales sont trop souvent soumises à des intérêts économiques et
financiers, tout discours sur le respect des droits de l'homme devient
dérisoire. Il est temps que l'ONU retrouve la place qui lui revient dans les
relations internationales, s'agissant notamment de faire respecter les droits
de l'homme.

82.   Le CETIM dénonce la demande d'extradition déposée par le Chili à
l'encontre de Patricio Ortiz, opposant à la dictature du général Pinochet
détenu depuis septembre 1997 en Suisse. Dans la mesure où la torture reste
pratique courante au Chili et où le régime chilien ne réunit pas les garanties
liées à toute entraide judiciaire, la Commission doit intervenir auprès des
autorités suisses pour qu'elles ne donnent pas suite à la demande du Chili,
pays avec lequel la Suisse n'a d'ailleurs aucun accord d'extradition.

83.   M. GRAVES (Commission africaine des promoteurs de la santé et des droits
de l'homme) dit que Bahreïn est un cas unique en ce qu'il est revenu d'une
démocratie rudimentaire à une dictature héréditaire. Dans sa résolution 1997/2
du 21 août 1997 sur la situation des droits de l'homme dans ce pays, la
Sous-Commission a noté la grave détérioration de cette situation, notamment la
discrimination à l'égard de la population chiite, les exécutions
extrajudiciaires, le recours massif à la torture et les violences infligées
aux femmes et aux enfants détenus. Les choses ne se sont pas améliorées
depuis. Le 28 février, le Premier Ministre a ordonné la dissolution de la
direction élue du barreau et annulé les élections au barreau prévues pour
le 16 mars. Les cours de sécurité de l'Etat continuent à enfreindre les règles
de la légalité en ne respectant pas les droits de la défense. Par ailleurs,
bien que Bahreïn ait adhéré à la Convention relative aux droits de l'enfant,
dès 15 ans les enfants y sont traités comme des adultes. Des enfants encore
plus jeunes sont même arrêtés, détenus au secret et torturés.

84.   Bahreïn a également signé la Convention sur la torture, mais avec une
réserve à l'égard de l'article 20, qui empêche en fait d'enquêter sur les
informations d'Amnesty International et d'autres sources. Le Rapporteur
spécial sur la torture attend toujours les réactions des autorités à ses
observations de l'année précédente. Le Rapporteur spécial sur les exécutions
extrajudiciaires, sommaires ou arbitraires a signalé, quant à lui, que la
pratique de la détention arbitraire, visant notamment les militants de la
démocratie, se perpétuait et qu'apparemment le Gouvernement n'était pas prêt à
coopérer à ce sujet. Par ailleurs, la majorité chiite fait toujours l'objet
d'une discrimination religieuse et de persécutions. La liberté d'expression
est inexistante. Bahreïn est, enfin, le seul pays de la région qui prive les
opposants au régime de leur citoyenneté et qui les expulse. Il n'a pas non
plus répondu au Secrétaire général lorsque celui-ci a demandé aux
gouvernements leurs vues sur la question de la privation arbitraire de la
nationalité. Il est donc grand-temps que la Commission prenne en considération
la situation déplorable du peuple bahreïnite.

85.   Mme BRIDEL (Association internationale des juristes démocrates-AIJD)
rappelle que son organisation a toujours condamné, notamment lors de la
Conférence sur le terrorisme tenue à New Delhi en février 1994 et
du 14ème Congrès de l'Association tenu au Cap en avril 1996, toutes les formes
de terrorisme en distinguant celui-ci de la lutte des peuples pour leur droit
à l'autodétermination et à l'indépendance ou contre le racisme. Elle condamne
donc avec la dernière énergie les massacres barbares perpétrés en Algérie.
Même si l'on ne peut mettre sur le même plan les agissements de groupes
"islamistes" ou d'associations de malfaiteurs et l'action des forces de
sécurité algériennes, les graves accusations portées contre certains groupes
d'autodéfense ou services de sécurité civils ou militaires devraient néanmoins
faire l'objet d'enquêtes impartiales.

86.   Tout en se félicitant qu'il existe en Algérie un pluralisme politique et
une relative liberté d'expression rares dans la plupart des pays du tiers
monde, l'AIJD demande aux autorités algériennes d'instaurer un véritable état
de droit à travers une justice véritablement indépendante et une
administration plus neutre, la suppression du contrôle de l'information et
l'ouverture des médias à toutes les sensibilités. Elle constate par ailleurs
que les politiques de libéralisation et de privatisation imposées par la
Banque mondiale et le FMI tendent à accroître le chômage, à paupériser la
population et sont l'un des ferments du terrorisme. Elle ajoute que
l'unanimité des Algériens est contre une commission d'enquête de l'ONU et que
le Parlement européen a renoncé à une enquête internationale.

87.   Au Soudan, répression, torture, procès inéquitables et crimes
extrajudiciaires se perpétuent. Le 1er décembre 1997, 38 femmes qui
participaient à une manifestation pacifique contre l'enrôlement forcé de leurs
enfants dans l'armée ont été victimes d'exactions; elles ont été jugées et
condamnées au mépris des principes de droit les plus élémentaires, et la
sanction du fouet prononcée à leur endroit a été immédiatement exécutée.
L'AIJD exhorte la communauté internationale à faire cesser les crimes du
régime militaro-religieux au Soudan et à faire en sorte que ses dirigeants
soient poursuivis comme les dirigeants criminels de Bosnie.

88.   M. RADJAVI (Fédération internationale des femmes des carrières
juridiques) dit que son frère, feu Kazem Radjavi, dénonçait déjà huit ans
auparavant à la Commission, preuves à l'appui, les exactions des mollahs
iraniens et implorait la Commission de ne pas tomber dans le piège démagogique
de Rafsandjani. C'était peine perdue, car en Europe certains ont voulu croire
à la possibilité d'un changement au sein d'un système, hélas incorrigible, où
règne toujours l'esprit de Khomeiny. Aujourd'hui le même scénario se répète.
Après 41 résolutions de l'ONU condamnant les violations des droits de l'homme
en Iran, où aucun progrès concret n'a été enregistré, Khatami tente de sauver
le pouvoir en adoptant le slogan nouveau d'une "société civile islamique" .
Mais si le langage est nouveau, l'homme ne l'est pas et ses actes encore
moins.

89.   En 1997, on a dénombré en Iran 202 exécutions publiques et déclarées,
soit quatre fois plus qu'en 1995. Sept personnes ont été lapidées ces huit
derniers mois, dont six le même jour et dans la même ville. Le porte-parole du
Gouvernement et Ministre de la culture, Mohadjerani, a approuvé devant la
presse ces lapidations en soulignant la nécessité de les exécuter discrètement

afin d'éviter la réaction de l'opinion publique. Ce même ministre s'est récemment engagé à appliquer la censure avec fierté chaque fois que nécessaire. Il n'existe par ailleurs aucun parti politique légal en Iran, où la guerre des factions ne doit pas être interprétée comme un signe de liberté d'expression. Quant à la définition de la loi, selon la déclaration solennelle de Khatami le 17 novembre 1997 elle consiste à défendre la suprématie de la jurisprudence religieuse. Depuis l'investiture de Khatami, 24 opposants ont été assassinés hors des frontières de l'Iran. Tous ces actes de terrorisme d'Etat ont été officiellement approuvés par Khatami. Enfin, le Conseil suprême de la révolution culturelle, qu'il préside depuis toujours, a refusé récemment l'adhésion de l'Iran à la Convention sur l'élimination de toutes les formes de discrimination à l'égard des femmes.

90.   Pour éviter que les mêmes tragédies ne se reproduisent, la Commission ne doit pas se laisser influencer par ceux qui insistent pour donner sa chance à Khatami. Elle doit donner sa chance au peuple iranien en adoptant une résolution ferme et sans compromis, et en portant la question des droits de l'homme en Iran devant le Conseil de sécurité, en vue de l'adoption de mesures contraignantes.

<u>La séance est levée à 18 heures</u>.

NATIONS UNIES

Conseil Economique et Social

E

Distr.
GENERALE

E/CN.4/1998/SR.46
5 mai 1998

Original : FRANCAIS

COMMISSION DES DROITS DE L'HOMME

Cinquante-quatrième session

COMPTE RENDU ANALYTIQUE DE LA 46ème SEANCE

tenue au Palais des Nations, à Genève,
le mercredi 15 avril 1998, à 15 heures

Président : M. SELEBI (Afrique du Sud)
puis : M. GALLEGOS CHIRIBOGA (Equateur)
puis : M. HYNES (Canada)

SOMMAIRE

QUESTION DE LA VIOLATION DES DROITS DE L'HOMME ET DES LIBERTES FONDAMENTALES OU QU'ELLE SE PRODUISE DANS LE MONDE, EN PARTICULIER DANS LES PAYS ET TERRITOIRES COLONIAUX ET DEPENDANTS, ET NOTAMMENT :

a)   QUESTION DES DROITS DE L'HOMME A CHYPRE (suite)

Le présent compte rendu est sujet à rectifications.

Les rectifications doivent être rédigées dans l'une des langues de travail. Elles doivent être présentées dans un mémorandum et être également incorporées à un exemplaire du compte rendu. Il convient de les adresser, une semaine au plus tard à compter de la date du présent document, à la Section d'édition des documents officiels, bureau E.4108, Palais des Nations, Genève.

Les rectifications aux comptes rendus des séances publiques de la Commission seront groupées dans un rectificatif unique qui sera publié peu après la session.

GE.98-12213 (F)

La séance est ouverte à 15 h 5.

QUESTION DE LA VIOLATION DES DROITS DE L'HOMME ET DES LIBERTES FONDAMENTALES, OU QU'ELLE SE PRODUISE DANS LE MONDE, EN PARTICULIER DANS LES PAYS ET TERRITOIRES COLONIAUX ET DEPENDANTS, ET NOTAMMENT :

a)   QUESTION DES DROITS DE L'HOMME A CHYPRE (point 10 de l'ordre du jour) (suite) (E/CN.4/1998/3 et Corr.1, 9, 12 à 15, 55 à 67, 68 et Add.1 à 3, 69 à 73, 113, 114, 126, 127, 130, 132, 138 à 140, 142, 143, 147 à 150, 152, 154, 163 et 164; E/CN.4/1998/NGO/7, 13, 39, 40 et 101; A/52/472, 476, 479, 484, 486 et Add.1/Rev.1, 493, 505, 510 et 522)

1.   Mme ROBINSON (Haut-Commissaire aux droits de l'homme), présentant son rapport sur l'Opération sur le terrain pour les droits de l'homme au Rwanda (E/CN.4/1998/61), dit que face aux séquelles d'un génocide qui a coûté la vie, à 500 000 personnes au moins, le Haut-Commissariat a établi l'Opération sur le terrain pour les droits de l'homme au Rwanda dans l'espoir d'aider le Gouvernement à améliorer la situation des droits de l'homme et à promouvoir la réconciliation nationale. Depuis septembre 1994, trois catégories d'activités ont été conduites : enquêtes sur le génocide et les autres violations graves des droits de l'homme et du droit humanitaire; surveillance de la situation des droits de l'homme et établissement de rapports à ce sujet; et mise en oeuvre d'un vaste programme d'activités d'assistance technique et de promotion des droits de l'homme, y compris des projets visant à renforcer la capacité du système judiciaire, les institutions publiques et la société civile.

2.   Mais depuis la session précédente, les difficultés ont persisté. Sur le plan judiciaire, les enquêtes restent difficiles et un nombre considérable de personnes attendent toujours d'être jugées. Malgré les efforts du Gouvernement, les conditions de détention sont préoccupantes. Pour remédier aux problèmes dans ce domaine, les autorités devraient, dans les cas appropriés, inciter les intéressés à recourir de leur plein gré à la procédure consistant à faire des aveux et à plaider coupable, comme il est prévu dans la loi sur le génocide.

3.   Dans le Nord-Ouest du pays, l'insécurité persiste et il semble que les normes internationales élémentaires en matière de droits de l'homme et de droit humanitaire soient bafouées. L'insécurité se répercute de façon négative sur la production agricole et elle restreint les activités sur place des organismes des Nations Unies en général et de l'Opération sur le terrain pour les droits de l'homme en particulier. La Haut-Commissaire exhorte la communauté internationale à redoubler d'efforts, sur les plans multilatéral et bilatéral, pour aider le Gouvernement à protéger la population civile dans la région. Elle encourage le Gouvernement à empêcher l'usage excessif de la force et à respecter pleinement les normes internationales en matière de droits de l'homme et de droit humanitaire. A cet égard, elle se félicite que le Conseil de sécurité ait reconnu récemment la nécessité d'enquêter à nouveau sur les livraisons illicites d'armes au Rwanda.

4.   Pour sortir de ses difficultés économiques, le Rwanda a encore besoin de l'aide politique et financière de la communauté internationale des donateurs. La Haut-Commissaire juge particulièrement opportun le projet de réforme du droit des biens qui vise à permettre aux femmes d'exercer leur droit à

la propriété. L'Opération sur le terrain pour les droits de l'homme s'attache à aider les groupes vulnérables, en particulier les survivants du génocide, en coopération avec tous les organismes des Nations Unies actifs au Rwanda et selon les priorités fixées par le Gouvernement en matière économique et sociale. Le processus de réconciliation nationale implique, en effet, la prise en compte dans les activités des organismes des Nations Unies au Rwanda de tous les droits fondamentaux, notamment du droit au développement. Pour faciliter la concertation entre ces organismes et les gouvernements donateurs, il pourrait être créé un organe intergouvernemental chargé de coordonner toutes les activités intéressant les survivants du génocide et de renforcer les efforts en faveur de ces personnes particulièrement vulnérables, surtout en vue d'assurer leur indemnisation et leur participation, en tant que parties civiles aux procès des auteurs du génocide.

5.   Le chef de l'Opération sur le terrain pour les droits de l'homme M. Gerard Fischer qui a été nommé en février 1998, a entrepris un examen interne du rôle, des priorités et des fonctions de l'Opération afin d'aider plus efficacement le Gouvernement rwandais à promouvoir et protéger tous les droits de l'homme. La Haut-Commissaire compte sur l'entière participation du Gouvernement à cet examen afin que le mandat de l'Opération puisse être adapté en tenant compte de l'évolution de la situation et de la nécessité de laisser en place, pour l'avenir, des institutions autonomes de défense des droits de l'homme. M. Fischer a déjà tenu une première réunion à ce sujet avec les autorités, mais il est préoccupant d'apprendre que le Gouvernement a présenté une proposition écrite suggérant de mettre fin à toute activité de surveillance. Tout en partageant le point de vue du Gouvernement rwandais quant à la nécessité de réorienter les priorités de l'Opération vers la coopération technique, la Haut-Commissaire pense que la surveillance reste nécessaire précisément pour aider le Gouvernement à prendre le cas échéant des mesures correctives et à définir les initiatives propres à renforcer ses capacités dans le domaine des droits de l'homme. Le but de l'Opération est justement de renforcer les capacités nationales par des projets de coopération technique axés sur le système judiciaire et l'instauration durable d'une culture des droits de l'homme au Rwanda. C'est pourquoi la Haut-Commissaire attache beaucoup d'importance à l'initiative du Gouvernement de créer une commission nationale indépendante des droits de l'homme qui permettrait de mettre fin progressivement à l'Opération. Elle se félicite donc de la coopération du Gouvernement avec le Représentant spécial chargé de faire des recommandations sur la façon d'améliorer la situation des droits de l'homme au Rwanda en vue de créer une telle institution et de définir ses fonctions, en conformité avec les normes internationales relatives aux droits de l'homme pertinentes.

6.   Le Rwanda doit pouvoir, dans l'avenir, assurer lui-même la promotion et la protection des droits de l'homme et c'est dans cet objectif que le Haut-Commissariat entend lui apporter toute l'assistance possible.

7.   M. GAHIMA (Rwanda) dit que les membres de l'ex-Gouvernement, des ex-forces armées rwandaises et des ex-milices Interahamwe sont les seuls responsables de l'insécurité régnant aujourd'hui au Rwanda, et que la violence qu'ils ont déchaînée est la continuation du génocide de 1994. Il faut maintenant que les Etats appliquent pleinement la résolution 1161 (1998) du Conseil de sécurité concernant la livraison d'armes à ces groupes et que la

Commission condamne ce génocide. S'il est vrai que certains membres des forces de sécurité ont parfois fait un usage excessif de la force dans le cadre d'opérations militaires, ces abus n'ont été ni fréquents ni systématiques. Ces abus ne sont pas perpétrés avec l'assentiment des autorités et ils donnent toujours lieu à une enquête et, le cas échéant, à des poursuites.

8.   Le Gouvernement rwandais est déçu par l'Opération sur le terrain, qui a été mal dirigée et négligée par le Haut-Commissariat, qui n'a pas disposé de personnel compétent, expérimenté et motivé, et qui a pâti de réglementations de sécurité restrictives imposées par l'ONU. Les méthodes de fonctionnement de l'Opération ont manqué d'équité et de transparence. Comme son personnel n'a effectué aucune vérification sur place, la plupart de ses rapports sont fondés sur des rumeurs. Bien que ces différents problèmes aient été soulevés à maintes reprises avec les responsables successifs de la mission et avec la Haut-Commissaire, ils persistent. Le Rwanda pense donc que cette mission ne sert plus à rien sous sa forme actuelle et il entend en réexaminer le mandat et le fonctionnement avec la Haut-Commissaire. Il n'accepte pas les observations faites, à cet égard, par la Haut-Commissaire dans son rapport (E/CN.4/1998/61). La mission s'est rendue dans ce pays à l'invitation du Gouvernement, qui part donc du principe que l'examen envisagé sera un examen concerté, et non le fait de la seule Haut-Commissaire.

9.   En ce qui concerne les conditions de détention, il est vrai que les prisons sont surpeuplées, mais cela est la conséquence du génocide et non des arrestations arbitraires. La seule solution, à terme, est de construire d'autres prisons, mais les ressources font défaut. L'insuffisance des ressources nuit aussi au bon fonctionnement du système judiciaire : manque de personnel, rémunération insuffisante, faible motivation et manque de fournitures et de moyens de transport, etc.

10.   Or, au nom de la justice et des droits de l'homme au Rwanda, des sommes très importantes sont consacrées chaque année à des causes beaucoup moins valables. Il conviendrait donc de répartir plus équitablement les ressources entre les institutions nationales et les opérations et organismes des Nations Unies, en tenant compte des priorités et des intérêts réels du pays. Est-il sage, par exemple, de consacrer plus de 50 millions de dollars par an à un tribunal international qui n'a pas pu mener à bien un seul procès après trois ans de fonctionnement, alors que le système judiciaire national manque cruellement de ressources ? Les 30 millions de dollars que la communauté internationale a consacrés à l'Opération sur le terrain pour les droits de l'homme n'auraient-ils pas mieux servi la cause de la justice et des droits de l'homme s'ils avaient été alloués à des programmes visant à développer la capacité d'institutions nationales rwandaises comme la police et le ministère public, et à aider la société civile rwandaise dans son ensemble ?

11.   Mme GRAZ (Reporters sans frontières) dit que depuis 10 ans, plus de 600 journalistes ont été tués dans l'exercice de leur profession. Bien que le Zaïre soit devenu la République démocratique du Congo en mai 1997, la persécution des journalistes n'y a pas cessé. En Algérie, depuis janvier 1992 57 journalistes ont été assassinés par des éléments se réclamant apparemment du fondamentalisme islamique, encore que des doutes persistent à ce sujet. Deux journalistes ont "disparu" après avoir été enlevés par la police. Des dizaines d'autres ont été arrêtés et emprisonnés, des publications ont été

interdites. En Ethiopie, 20 journalistes sont toujours détenus et une vingtaine d'autres attendent de passer en jugement. Au Cameroun, des journalistes ont également été arrêtés, emprisonnés et condamnés, l'un d'eux pour avoir simplement annoncé que le Président camerounais était tombé malade ! Au Nigéria, malgré les promesses d'une transition vers la démocratie, en 1997, 90 journalistes ont été menacés, agressés ou arrêtés, et certains étaient encore emprisonnés à la fin de janvier 1998.

12.   En Amérique latine, Cuba est le seul pays privé de liberté de la presse. Les journalistes qui y travaillent pour des agences de presse indépendantes sont considérés comme des "traîtres à la patrie" et emprisonnés. Même un pays plus démocratique comme le Mexique reste dangereux pour les journalistes, qui sont de plus en plus nombreux à être menacés, agressés voire assassinés, essentiellement parce qu'ils enquêtaient sur le trafic de drogues ou sur des abus de pouvoir. Ces persécutions souvent impunies sont perpétrées, dans bien des cas, par des responsables politiques, par les forces armées dans les zones de conflit (les Etats du Chiapas et de Guerrero), par des fonctionnaires et par des trafiquants de drogue.

13.   Le temps manque pour mentionner tous les pays où des journalistes sont persécutés, mais il ne faut pas oublier que la liberté de la presse n'est une réalité que dans moins de la moitié des Etats Membres des Nations Unies.

14.   Mme LITTLE (Commission andine de Juristes) se félicite qu'en Bolivie des progrès dans l'élimination des cultures illicites de coca aient ouvert la voie à un respect plus grand des droits fondamentaux des cultivateurs du Chaparé. Au Pérou, les mesures prises concernant les tribunaux vont dans le sens du respect des procédures régulières. La démocratie reste néanmoins fragile dans ce pays, comme d'ailleurs dans le reste de la région. Pour preuve, les services de renseignement péruviens ont recouru à la torture et au meurtre contre deux de leurs agentes soupçonnées d'avoir donné des informations à la presse sur les actions dirigées contre certains opposants. Au Venezuela, bien que le Gouvernement essaie d'améliorer les conditions de détention, 25 500 détenus restent entassés dans des établissements prévus pour 16 000 personnes. Au Chili, des enfants de la Colonia Dignidad ont fait l'objet de sévices sexuels et des conscrits ont été maltraités. Des éléments des forces armées auraient été systématiquement impliqués dans ces agissements. En Equateur, des citoyens innocents auraient été victimes de voies de fait aux mains des forces de police. Presque tous ces cas sont restés impunis.

15.   La Colombie est prise dans une spirale de violence particulièrement préoccupante en raison du conflit armé interne et des agissements des groupes paramilitaires, des groupes armés, des trafiquants de drogue et des groupes criminels organisés qui bafouent les droits fondamentaux et le droit international humanitaire. Les victimes de mort violente et les personnes déplacées à l'intérieur du pays ne se comptent plus. L'activité des éléments paramilitaires est devenue un instrument d'impunité et, si les crimes attribués aux forces de l'ordre diminuent, ceux imputés à des éléments paramilitaires augmentent sans cesse.

16.   Pour combattre l'impunité dans tous les pays de la région, il faut une volonté politique résolue des gouvernements en faveur de la division des

pouvoirs et de l'élimination des ingérences dans l'exercice du pouvoir civil. Mais dans les situations de violence graves comme celle de la Colombie, il faut aussi des solutions politiques. La communauté internationale doit donc contribuer au processus de paix le plus viable, c'est-à-dire qui rassemble toutes les parties prenantes.

17.   Mme GARCIA (Nord-Sud XXI) appelle l'attention sur deux situations dans lesquelles il est porté atteinte aux droits fondamentaux de peuples autochtones d'Amérique du Sud, en pleine Décennie internationale des populations autochtones, proclamée par l'ONU, et que s'élabore le projet de déclaration sur les droits des peuples autochtones. En Colombie, l'existence même du peuple U'wa est menacée par les activités de l'industrie pétrolière, en dépit des garanties données par les autorités. Les activités en question menacent en effet les terres, l'environnement, les valeurs et la stabilité sociale des U'wa. La Commission doit agir pour faire respecter l'identité culturelle et territoriale de ce groupe de population.

18.   En Bolivie, l'intervention des forces armées dans la région du Chaparé a fait de nombreuses victimes parmi la population. Face à des revendications populaires légitimes, le Gouvernement s'est borné à recourir à des mesures anticonstitutionnelles répressives en faisant intervenir l'armée, en particulier dans les zones de production de coca. Cela ne saurait certainement pas apporter une solution aux problèmes économiques du pays. Le prétexte invoqué pour justifier les violations des droits de l'homme n'est plus, comme autrefois, la lutte contre le communisme, mais la lutte contre le narco-terrorisme, au nom de quoi on persécute les responsables autochtones. Il y a là un retour à l'époque de la dictature qui ne doit pas laisser insensible l'opinion publique nationale et internationale.

19.   M. Gallegos Chiriboga (Equateur) prend la présidence.

20.   M. UR REHMAN (Institut international de la paix) dit que la libération de Nelson Mandela n'a malheureusement pas marqué la fin du colonialisme, qui sévit encore, notamment, dans les territoires du nord (Gilgit et Baltistan), partie de l'Etat de Jammu-et-Cachemire restée sous le contrôle direct et illégitime du·Pakistan depuis 1947. Le State Department des Etats-Unis estimait dernièrement que, dans cette région, 1,5 million de personnes ne sont ni protégées par la Constitution et le système judiciaire pakistanais, ni représentées aux organes de gouvernement du pays occupant. La région est maintenue par le Pakistan en état de sous-développement et les aspirations les plus élémentaires de la population y sont brutalement réprimées.

21.   Alors que le Pakistan prétend défendre le droit du peuple cachemiri à l'autodétermination, la voix de la population des territoires en question a du mal à se faire entendre et certains de ses défenseurs sont persécutés. Il n'en reste pas moins que des milliers de personnes aspirent à être libérées du joug du colonialisme pakistanais. Les Cachemiris veulent être réunis avec leurs proches, qu'ils soient hindouistes, sikhs ou musulmans. Ils veulent participer au développement socio-économique des autres parties du sous-continent indien. La communauté internationale doit donc agir, dans l'esprit de la Déclaration universelle des droits de l'homme dont on célèbre le cinquantenaire cette année. Le Haut-Commissariat aux droits de l'homme pourrait envisager d'envoyer

une délégation dans les territoires du nord et au Cachemire Azad pour s'enquérir du sort des populations concernées.

22.   M. GUPTA (Indian Council of Education) dit que le terrorisme sous toutes ses formes a été condamné à maintes reprises par l'Assemblée générale des Nations Unies, par la Commission des droits de l'homme ainsi qu'aux sommets du Mouvement des pays non alignés et des pays du G-7. La résolution 1997/42 de la Commission et la note du Secrétaire général (E/CN.4/1998/48) sur la question des droits de l'homme et du terrorisme sont, à cet égard, particulièrement pertinentes. Le terrorisme, qui vise à saper l'autorité légitime d'un gouvernement ou d'un Etat, peut être le fait d'individus, de groupes ou même d'Etats. Il est soutenu par des forces extérieures et il peut revêtir une forme idéologique. Mais, quelle que soit sa forme, il vise toujours à déstabiliser des gouvernements légitimes, ce qui a des effets extrêmement préjudiciables, particulièrement dans les pays démocratiques, et à servir les visées très diverses de ses auteurs.

23.   En Inde, l'Etat de Jammu-et-Cachemire est en butte à un terrorisme soutenu par le Pakistan. Celui-ci fomente la déstabilisation et la subversion généralisées du Jammu-et-Cachemire en ayant recours à l'endoctrinement des jeunes et à la formation de mercenaires, ainsi qu'à des incitations financières et à des conseils stratégiques. La population du Jammu-et-Cachemire est, ainsi, victime des exactions de mercenaires formés dans les pays voisins.

24.   La Commission doit condamner résolument, encore une fois, les activités mercenaires et terroristes et faire en sorte que les Etats prennent les mesures voulues pour que leur territoire ne soit pas utilisé pour organiser ou fomenter le terrorisme.

25.   M. PAPPALARDO (France Libertés : Fondation Danièle Mitterrand) rappelle qu'à la précédente session, son organisation s'était référée au procès de Berlin qui, pour la première fois, a établi la responsabilité de l'Etat iranien dans l'organisation et la réalisation d'un acte terroriste en dehors des frontières de ce pays. Elle avait en outre fourni la liste de 240 opposants iraniens assassinés à l'étranger. Il faut que la Commission se saisisse du verdict du tribunal de Berlin pour condamner fermement les pratiques indéfendables de l'Iran. En Turquie, la liberté d'expression et d'opinion semble menacée après la dissolution du REFAH, parti majoritaire, et les arrestations de dirigeants d'autres partis politiques. L'approche d'élections municipales et la crainte d'une victoire massive du parti HADEP dans le sud-est du pays sont sans doute la raison de la nouvelle vague d'arrestations observée.

26.   Alors qu'on croyait pouvoir se féliciter du règlement pacifique de la crise entre le Gouvernement iraquien et l'ONU, il semble que ce régime n'ait pas renoncé à des méthodes inacceptables. En effet, en décembre 1997, 81 opposants auraient été exécutés en Iraq, sans compter que près de 300 personnes ont péri suite à l'opération dite de "nettoyage des prisons". Le décret gouvernemental du 12 janvier 1998 demandait par ailleurs la déportation immédiate de 1 468 familles kurdes dans la région de Kirkouk.

Les responsables iraquiens ne sauraient rester impunis, aussi France Libertés demande-t-elle encore une fois la création d'un tribunal international pour l'Iraq.

27.   Au Mexique, la communauté internationale attend toujours que les vrais commanditaires du massacre d'Acteal soient traduits en justice.

28.   En Tunisie, la situation des défenseurs des droits de l'homme reste insupportable. France Libertés insiste, notamment, pour que l'ancien président de la Ligue tunisienne des droits de l'homme, M. Ksila, soit remis en liberté. Quant à l'Algérie, l'organisation ne peut que soutenir les efforts du Secrétaire général et de la Haut-Commissaire aux droits de l'homme et elle encourage le Gouvernement algérien à inviter rapidement les Rapporteurs spéciaux sur les exécutions extrajudiciaires sommaires ou arbitraires et sur la torture.

29.   Pour conclure, France Libertés se félicite que, le 4 mars 1998, le Groupe de travail de la Commission chargé de rédiger un projet de déclaration sur le droit et la responsabilité des individus, groupes ou organes de la société, de promouvoir et de protéger les droits de l'homme et les libertés fondamentales universellement reconnus, ait finalisé le texte en question. Elle espère qu'il sera adopté par la Commission et elle souhaite la nomination d'un rapporteur spécial sur les défenseurs des droits de l'homme.

30.   M. de MEDINA-ROSALES MATRÁN (Ligue internationale pour les droits et la libération des peuples) appelle l'attention de la Commission sur la situation des droits de l'homme à Chypre, où la crise humanitaire, dont le Gouvernement turc est entièrement responsable, dure maintenant depuis plus de 20 ans. Tout en prétendant respecter les normes internationales et notamment européennes relatives aux droits de l'homme, la Turquie non seulement continue de ne tenir aucun compte des droits des réfugiés à rentrer dans leur foyer et à récupérer leurs biens, mais en outre impose de nouvelles restrictions à la liberté de circulation des Chypriotes grecs dans le territoire occupé et ne manifeste aucune intention de retirer ses 35 000 soldats et colons. Il s'agit là pourtant seulement d'exigences minimales qui sont énoncées entre autres dans les résolutions de la Commission et dans les règles pertinentes du droit international humanitaire.

31.   Au Pérou, depuis le coup d'Etat de 1992, le président Fujimori gouverne par décret, appuyé par les forces armées. Il légifère pour démanteler toute opposition, modifie la Constitution à sa convenance, destitue les juges qui s'opposent à lui, emprisonne les défenseurs des droits de l'homme et interdit les journaux qui ne publient pas la "vérité officielle". Les autochtones, soit la plus grande partie de la population, font l'objet de discriminations. La situation sociale est désastreuse. L'accès à l'éducation, à la santé et à un travail digne est quasiment inexistant. Dans ses observations sur le dernier rapport périodique du Pérou, le Comité des droits économiques, sociaux et culturels a recommandé l'adoption de mesures urgentes, notamment des mesures de justice sociale, l'arrêt des expulsions forcées dans la région amazonienne et l'abolition du travail des enfants.

32.   Invoquant la conclusion du Comité des droits de l'homme, qui a considéré que Victor Polay Campos, dirigeant du mouvement révolutionnaire Tupac Amaru,

devait être libéré ou avoir accès à un recours effectif, la Ligue internationale est d'avis que tous les prisonniers péruviens qui ont été jugés dans des conditions similaires doivent également être libérés. Elle fait observer d'autre part que les conditions dans les prisons péruviennes ne sont absolument pas conformes aux principes des Nations Unies. Elle demande à la Commission d'adopter une résolution exigeant que le Gouvernement péruvien respecte ses obligations internationales dans le domaine des droits de l'homme.

33.   M. CASTILLO BARROSO (Mouvement cubain pour la paix et la souveraineté des peuples) dénonce une nouvelle fois le caractère génocide de l'embargo décrété 40 ans plus tôt par le Gouvernement des Etats-Unis contre le peuple cubain. Il rejette comme tendancieux le rapport du Rapporteur spécial sur la situation des droits de l'homme à Cuba, qui fait le jeu des Etats-Unis en justifiant le maintien de leur embargo criminel. Le Mouvement veut aussi rendre compte des résultats de la résistance héroïque du peuple cubain, soutenu par des instances représentatives de la communauté internationale et par des personnalités éminentes. Il évoque à cet égard la résolution 52/10, adoptée par 143 voix contre 3, par laquelle, pour la sixième année consécutive, l'Assemblée générale a condamné l'embargo; ce rejet catégorique, par la Huitième Réunion des Ministres des affaires étrangères du Groupe de Rio et des Ministres des affaires étrangères de l'Union européenne, des législations unilatérales et extraterritoriales comme étant contraires au droit international et aux règles de l'OMC; la position du pape Jean-Paul II, qui a qualifié d'injustes et de moralement inacceptables les mesures économiques restrictives imposées de l'étranger à Cuba; les déclarations des responsables du Council of Christ Churches (Etats-Unis) ainsi que celles de l'importante organisation "Nation of Islam"; la déclaration de la Chambre de commerce des Etats-Unis, en date du 13 janvier 1998, qui demande la levée de l'embargo sur les ventes de médicaments et de denrées alimentaires à Cuba; et les courageux efforts faits par quelques membres du Congrès des Etats-Unis pour faire adopter un projet de loi excluant les médicaments et les vivres des dispositions de la fameuse loi Helms-Burton.

34.   Tous ces points de vue ont été ignorés ou subtilement manipulés dans le rapport du Rapporteur spécial (E/CN.4/1998/69), qui cherche à défendre des actions inadmissibles contre la souveraineté et l'autodétermination de Cuba. La communauté internationale ne se conformerait pas aux principes de l'ONU si, à l'occasion du cinquantième anniversaire de la Déclaration universelle des droits de l'homme et à l'aube d'un nouveau millénaire, elle ne s'unissait pas pour faire cesser rapidement cette variante de guerre non déclarée que constitue l'embargo le plus cruel qu'une nation ait jamais eu à subir, en commençant, dans le cadre de la Commission, par mettre fin au mandat du Rapporteur spécial.

35.   M. PARY (Mouvement indien "Tupaj Amaru") fait observer que les embargos économiques décrétés unilatéralement par les puissances économiques et militaires contre des petits pays ont des effets préjudiciables sur les droits de l'homme et interpellent la conscience de la communauté internationale qui doit exiger leur levée immédiate. Au mépris de la Charte des Nations Unies et des instruments internationaux, les Etats-Unis s'efforcent de détruire, par des pressions économiques et politiques, l'expérience du socialisme cubain, décidée librement par le peuple cubain. En dépit des résolutions de l'ONU,

l'embargo contre Cuba a été renforcé de façon drastique par l'amendement Torricelli et par la loi Helms-Burton qui vise à asphyxier l'économie cubaine et à détruire le système politique et économique du pays. Interdisant au peuple cubain d'acheter des produits de première nécessité sur le marché des Etats-Unis, l'embargo le plus cruel de l'histoire ajoute encore aux immenses difficultés rencontrées par Cuba.

36. Mais c'est en Iraq que l'embargo économique imposé en vertu de la résolution 661 (1990) du Conseil de sécurité a les effets les plus dramatiques et les plus inhumains. Comme avant lui les peuples autochtones d'Amérique, le peuple iraquien est victime de la convoitise des puissances néocoloniales. La guerre du Golfe avait pour but non pas la libération du Koweït, mais la préservation des intérêts géopolitiques des puissances économiques et militaires. Aujourd'hui, l'Iraq est un pays désarmé, mutilé, ramené à l'ère préindustrielle, et un tiers de sa population survit dans des conditions d'extrême pauvreté. Au nom des Nations Unies, un "génocide froid" est perpétré contre un peuple qui est sacrifié sur l'autel du nouvel ordre économique international sous le regard complice ou indifférent de la communauté internationale.

37. Le Mouvement indien "Tupaj Amaru" demande instamment à la Commission d'examiner à titre prioritaire les conséquences des guerres d'agression menées contre les droits du peuple iraquien et exhorte les Etats-Unis et leurs alliés à s'abstenir de suivre des politiques d'agression et d'intimidation, et à mettre fin au plus vite à un embargo qui n'a ni fondement légal ni justification morale dans un monde où n'existent plus de blocs antagoniques.

38. M. SELEBI (Afrique du Sud) reprend la présidence.

39. M. VOYER (Indian Law Resource Center) appelle l'attention de la Commission sur la situation du peuple shoshone de l'Ouest, aux Etats-Unis. Le Gouvernement des Etats-Unis menace en effet de chasser de ses terres ancestrales ce peuple autochtone installé depuis des temps immémoriaux sur un territoire situé dans la région du Great Basin et délimité par le Traité de Ruby Valley, de 1863. La survie économique et culturelle de ce peuple dépend entièrement de la terre et de ses ressources. Depuis plusieurs années, les Etats-Unis, se fondant sur l'interprétation d'une loi promulguée unilatéralement par le Congrès, adoptent des mesures pour empêcher certains groupes de Shoshones de l'Ouest d'exploiter et d'occuper leurs terres. Le 19 février 1998, le Bureau of Land Management (BLM) des Etats-Unis a pris plusieurs décisions, déclarant que ces groupes n'avaient pas le droit de se trouver là où ils étaient et menaçant de leur infliger des amendes ou des peines de prison et de confisquer leur bétail et leurs biens. La Commission interaméricaine des droits de l'homme a prié les Etats-Unis de suspendre leur action jusqu'à ce qu'elle ait enquêté sur la question. Mais le 6 avril, le BLM a menacé les Shoshones de l'Ouest de prendre des mesures contre eux s'ils n'enlevaient pas dans les 15 jours leur bétail et leurs biens du territoire controversé.

40. Les autorités américaines ont informé l'Indian Law Resource Center que leur pays ne se considérait pas lié par les décisions de la Commission interaméricaine des droits de l'homme. La position des Etats-Unis, qui est contraire à l'esprit de coopération internationale en matière de droits

de l'homme prôné par le représentant des Etats-Unis, M. Richardson, à la présente session de la Commission, est très préoccupante. L'Indian Law Resource Center prie instamment la Commission de demander aux Etats-Unis de se conformer à la requête de la Commission interaméricaine des droits de l'homme et de suspendre leur action contre les Shoshones de l'Ouest. Les Etats-Unis doivent en outre prendre rapidement et en toute bonne foi des mesures pour régler la question des territoires autochtones d'une manière qui soit conforme à l'obligation qui leur incombe de promouvoir le plein exercice des droits de l'homme et des libertés fondamentales.

41.   M. EIBNER (Christian Solidarity International - CSI) dit que la vingtaine de visites que son organisation a effectuées sur le terrain au cours des cinq années écoulées et les données émanant d'autres organisations de défense des droits de l'homme confirment que le Soudan demeure la région d'Afrique où la situation des droits de l'homme est la plus catastrophique. Les conclusions de CSI concordent avec celles du Rapporteur spécial (E/CN.4/1998/66) : la situation ne s'est pas améliorée depuis l'adoption de la résolution 97/59 de la Commission. Les chiffres publiés par le Committee for Refugees des Etats-Unis confirment qu'un génocide est en train d'être commis. Le Rapporteur spécial a exposé certaines des méthodes employées par le Front islamique national (FIN) pour mener sa "guerre sainte" totalitaire et génocide. Le moyen de loin le plus efficace consiste à affamer la population en provoquant des famines et en manipulant l'aide humanitaire. De vastes régions du pays sont l'objet d'offensives militaires et d'embargos économiques et sont fermées aux organismes des Nations Unies et à d'autres organisations internationales.

42.   Les principales victimes sont les communautés essentiellement chrétiennes et animistes qui s'opposent à l'islamisation et à l'arabisation forcées. Mais, comme toutes les idéologies totalitaires, le "Djihad" affecte toute la population, et les musulmans ne sont pas épargnés. Le FIN est une secte politico-religieuse extrémiste qui ne représente pas plus de 10 % de la population du nord du pays. Il a interdit tous les partis politiques démocratiques et n'a pas hésité à emprisonner et à torturer un responsable musulman aussi éminent que l'ancien Premier Ministre, Sadiq El Mahdi. On peut supposer qu'il réserve des traitements beaucoup plus cruels à des citoyens moins en vue.

43.   Christian Solidarity International demande instamment à la Commission de tenir compte, dans sa résolution sur le Soudan, de la mise en garde que le Secrétaire général de l'ONU, interviewé récemment par la Tribune de Genève, a adressée à la communauté internationale contre toute nouvelle inaction face à un génocide, et de condamner dans les termes les plus énergiques les innombrables violations flagrantes des droits de l'homme commises par le Front islamique national, en particulier son rôle dans le génocide. Elle engage le Secrétaire général à prendre fermement position contre le génocide et à agir d'urgence.

44.   Mme MILLI (Secrétariat international du Mouvement du 12 décembre et Association internationale contre la torture) appelle l'attention de la Commission sur les violations des droits de l'homme des prisonniers politiques aux Etats-Unis. Profondément préoccupées par le sort des condamnés à mort aux Etats-Unis, les deux ONG qu'elle représente sont particulièrement outrées par

le projet de l'Etat de Pennsylvanie d'exécuter l'écrivain et journaliste Mumia Abu Jamal. L'affaire Abu Jamal symbolise la pratique éhontée des Etats-Unis consistant à violer les droits de ceux qui luttent contre l'oppression, en particulier des personnes de couleur. Après avoir rappelé les conditions dans lesquelles Abu Jamal a été jugé et condamné pour un crime qu'il n'a pas commis, l'intervenante informe la Commission que le 6 décembre 1997 un tribunal populaire international pour la défense d'Abu Jamal s'est tenu à Philadelphie, à l'issue duquel il a été recommandé de libérer et d'indemniser immédiatement Abu Jamal, d'entreprendre une enquête judiciaire internationale et impartiale sur le programme de contre-espionnage du FBI, de demander instamment au Secrétaire général de l'ONU que les rapporteurs spéciaux sur les exécutions extrajudiciaires, sommaires ou arbitraires, sur la torture et sur l'indépendance des juges et des avocats soient chargés de conduire des auditions à Philadelphie.

45.   Mme Milli prie instamment la Commission de souscrire à ces recommandations ainsi qu'à la résolution adoptée le 1er avril 1998 par le Parlement européen recommandant, entre autres dispositions, qu'Abu Jamal soit rejugé. Elle engage la Commission à condamner les mesures répressives prises récemment contre tous les condamnés à mort en Pennsylvanie. Elle appelle son attention sur le rapport établi par le Rapporteur spécial sur les exécutions extrajudiciaires, sommaires ou arbitraires, au sujet de sa mission aux Etats-Unis, et demande qu'il effectue de nouvelles enquêtes, de même que le Rapporteur spécial sur la torture et le Groupe de travail sur la détention arbitraire. Enfin, elle demande à la Commission de nommer un rapporteur spécial chargé d'enquêter sur les violations persistantes et systématiques des droits de l'homme aux Etats-Unis.

46.   M. HYNES (Canada) prend la présidence.

47.   M. FERNANDEZ BULTE (Centre Félix Varella) indique que le Centre Félix Varella est une ONG cubaine qui s'attache à élaborer de nouveaux principes éthiques pour le troisième millénaire pour contribuer à assurer la survie de l'humanité. Il s'intéresse de ce fait aux droits de l'homme et aux efforts visant à réaliser un développement durable. Aussi ne peut-il que frémir en entendant le type de langage anachronique, aux relents de guerre froide, qui est employé à la Commission. C'est le cas en particulier du rapport du Rapporteur spécial sur la situation des droits de l'homme à Cuba. Pareil langage ne fait que durcir les positions antagonistes alors qu'il est grand temps de faire preuve d'imagination afin de promouvoir la diversité des expériences, le pluralisme et une tolérance qui ne soit pas seulement rhétorique.

48.   Le Centre Félix Varella exige la fin des vieux affrontements et du traitement discriminatoire réservé à Cuba ainsi que la levée de l'embargo qui asphyxie le pays. Si elle ne veut pas perdre son crédit, et donc son efficacité, la Commission ne doit pas se laisser distraire de sa tâche consistant à rechercher les moyens d'assurer la défense des droits de l'homme et le développement durable de la planète.

49.   M. MARTÍN SÁNCHEZ (National Union of Jurists of Cuba) juge regrettables les vues exprimées par le Rapporteur spécial sur la situation des droits de l'homme à Cuba (E/CN.4/1998/69) quant à la légalité de son organisation,

vues qui, de son propre aveu, sont diffusées par des groupes de Cubains vivant aux Etats-Unis et celles de certains membres du Congrès. La National Union of Jurists of Cuba accomplit un important travail d'éducation en coopération avec des organisations aussi prestigieuses que l'American Institute of Human Rights et le Comité international de la Croix-Rouge. Elle contribue à la primauté du droit en participant au processus législatif. Elle a ainsi pris part à l'élaboration de trois nouvelles lois qui ont été adoptées au cours de l'année écoulée. La première, qui régit la structure et le fonctionnement des tribunaux renforce l'unité et l'indépendance du système judiciaire, consacre le principe selon lequel les juges n'ont à rendre de comptes à aucune autorité et garantit la participation à égalité de jurés aux procès, ce qui est de nature à promouvoir la transparence et le caractère démocratique de l'administration de la justice. La deuxième est la loi relative au Procureur général de la République, en vertu de laquelle le bureau du Procureur est chargé non seulement de veiller au respect de la légalité, mais aussi de défendre les droits des citoyens. Ainsi, chacun peut désormais porter plainte ou engager des poursuites en cas d'abus commis par les agents de l'Etat. La troisième, qui vise à moderniser le droit du travail, confère aux travailleurs toutes les garanties requises, indépendamment de l'emploi qu'ils exercent et institue sur les lieux de travail des tribunaux paritaires du travail. M. Sánchez s'étonne que ces acquis aient été complètement passés sous silence dans le rapport du Rapporteur spécial.

50.   La société cubaine n'est pas statique, pétrifiée ou totalitaire, comme certains voudraient le faire croire. Il y a à Cuba plus de 2 000 associations et organisations non gouvernementales qui impriment à la société civile cubaine un remarquable dynamisme. Loin d'être des bureaucrates conformistes, les juristes cubains sont de fermes défenseurs des droits de l'homme et de la justice. Leur objectif n'est pas de changer la révolution, comme le souhaiterait le Rapporteur spécial qui cherche à imposer un modèle qui a déjà échoué à Cuba, mais d'apporter des changements dans la révolution. Enfin, même s'il reconnaît l'impact du blocus imposé à Cuba sur les secteurs les plus vulnérables de la population, le Rapporteur spécial oublie de dire que ce blocus constitue la plus haute des violations des droits de l'homme tant individuels que collectifs.

51.   M. NWIIDO (Conseil oecuménique des Eglises) dit que son organisation est profondément préoccupée par les violations graves et systématiques des droits de l'homme au Nigéria en général, en particulier dans l'Ogoniland où les exécutions extrajudiciaires et les disparitions forcées se seraient multipliées. Par suite des atrocités commises par les forces de sécurité, des centaines d'Ogonis ont dû se réfugier au Bénin. Plus de 200 autres sont détenus par les militaires. Au début de l'année, le Conseil a reçu des informations faisant état de raids militaires contre la population locale alors que celle-ci s'apprêtait à célébrer la Journée ogoni le 4 janvier 1998. Durant ces opérations, plusieurs personnes ont été arrêtées. La veille, les forces de sécurité avaient appréhendé Batom Mitee et 20 autres personnes qui, selon des témoins oculaires, auraient été passées à tabac. Dans une lettre adressée à la Mission permanente du Nigéria auprès de l'Office des Nations Unies à Genève, le Conseil oecuménique des Eglises a exhorté les autorités à informer les personnes arrêtées des chefs d'inculpation retenus contre elles, à leur donner la possibilité de se défendre devant un tribunal ou à les libérer immédiatement.

52. Le Conseil oecuménique qui insiste depuis 1996 auprès de la Shell pour qu'elle négocie avec les représentants du peuple ogoni, note avec satisfaction la recommandation du Rapporteur spécial sur la situation des droits de l'homme au Nigéria (E/CN.4/1998/62) tendant à créer un organisme indépendant qui aurait pour tâche d'évaluer les dommages causés à l'environnement par la prospection et les autres activités pétrolières. En septembre 1997, le Comité central du Conseil oecuménique a, entre autres, demandé à la Shell de négocier de bonne foi avec les représentants librement choisis du peuple ogoni et avec les représentants des organisations de la société civile dans les autres parties du Nigéria au sujet de ses responsabilités dans le pays, y compris des réparations pour les dommages causés à l'environnement; exhorté toutes les compagnies pétrolières internationales opérant au Nigéria à revoir leurs activités sous l'angle de leurs incidences environnementales et sociales, et de cesser toute coopération avec le Gouvernement tant qu'il n'aurait pas rétabli la légalité et cédé le pouvoir à un gouvernement civil librement choisi; et demandé que soit engagé un dialogue national pleinement participatif en vue d'établir un nouveau cadre constitutionnel de gouvernance.

53. M. VITTORI (Pax Christi International) dit que la population majoritaire du Kosovo, qui a été privée de son statut d'autonomie en 1989, est victime de persécutions systématiques. Les récents massacres de la Drenika portent d'ailleurs la marque d'un plan d'épuration ethnique. Le peuple kosovo a choisi la résistance non violente mais cette option est de plus en plus difficile à tenir. Sous prétexte qu'il s'agit d'un conflit intérieur, les grandes puissances laissent se perpétrer l'irréparable, comme ce fut le cas dans la région des Grands Lacs, et la déclaration faite par le Président de la Commission le 24 mars 1998 restera lettre morte si les gouvernements qui l'ont approuvée n'obligent pas la Serbie à se conformer au droit international.

54. Au Nigéria, il faut accentuer les pressions exercées sur le Gouvernement afin que la démocratie soit rétablie et que le peuple ogoni recouvre ses droits qui ont été sacrifiés sur l'autel de puissants intérêts pétroliers.

55. Si la communauté internationale avait usé en Indonésie des moyens dont elle dispose pour contraindre les autorités à se plier aux résolutions du Conseil de sécurité, le peuple du Timor oriental ne subirait pas un long martyre. Sous la coupe des militaires, la Birmanie est devenue le premier producteur mondial d'héroïne. Le régime en place, qui a pratiquement rétabli l'esclavage, doit être mis au ban de la communauté internationale.

56. Face aux atrocités commises en Algérie, on est fondé à se demander pourquoi le Gouvernement, qui n'est manifestement pas à même de mettre fin aux carnages, refuse l'aide de l'Organisation des Nations Unies. En Iran, il est encore trop tôt pour partager l'optimisme des milieux d'affaires. La répression ne s'est pas relâchée et les exécutions ont même augmenté. Au Soudan, les assurances données par le Gouvernement sont contredites par une cruelle réalité. Ayant beaucoup à cacher, la République démocratique du Congo a quant à elle fait taire son opposition et refuse toute visite d'observateurs internationaux. La stratégie suivie par le Gouvernement mexicain au Chiapas est aussi extrêmement inquiétante, et l'expulsion de témoins étrangers laisse présager le pire.

57.   D'autre part la Cour pénale internationale a bien du mal à définir sa nature et ses modalités de saisine et de fonctionnement. Que la souffrance ou la mort d'un enfant soit causée par la haine raciale ou par un blocus injustifiable n'appelle pas de distinctions fondamentales; les criminels doivent passer en jugement sans circonstances atténuantes.

58.   Mme VASQUEZ GOMEZ (International Work Group for Indigenous Affairs) présente le témoignage des femmes qui ont survécu au massacre d'Acteal, au Chiapas. Des groupes paramilitaires, tolérés sinon soutenus par le Gouvernement mexicain, s'attaquent aux autochtones qui ne sont pas membres du PRI. Les femmes sont prises en otage et menacées de viol. Les membres de l'organisation pacifique Las Abejas, à laquelle appartient l'oratrice, ont été pourchassés. Plus de 9 000 personnes ont dû fuir leurs terres et sont maintenant réfugiées, sous la protection de la Croix-Rouge mexicaine ou d'autres organismes d'aide. Compte tenu de cette situation, Mme Vasquez Gomez demande à la Commission de nommer un rapporteur spécial chargé d'examiner la situation au Mexique et de prier le Gouvernement mexicain d'accepter de recevoir le Rapporteur spécial sur les exécutions extrajudiciaires sommaires et arbitraires, de démanteler les groupes paramilitaires et d'en punir les responsables, de donner des garanties aux autochtones pour qu'ils puissent retourner en toute sécurité dans leurs communautés, de retirer les forces armées et de police des terres autochtones, d'indemniser les victimes de la répression pour la mort de leurs frères assassinés, et la perte de leurs récoltes, et enfin de se conformer aux accords de San Andrés.

59.   M. SRIVASATAVA (International Institute for Non-Aligned Studies) fait observer qu'il est certes important de soulager les souffrances des victimes de violations des droits de l'homme mais que s'attaquer aux causes profondes de ces violations l'est encore plus. A cet égard, plusieurs rapporteurs et experts ont souligné qu'à long terme la mise en place d'institutions démocratiques était le meilleur moyen de promouvoir l'exercice des droits de l'homme, notant que même les peuples qui ont le potentiel de progresser dans tous les domaines demeurent les otages de systèmes dont le seul but est de perpétuer la discrimination et le pouvoir des classes dirigeantes. L'expert indépendant sur la situation des droits de l'homme en Haïti et le Représentant spécial du Secrétaire général sur la situation des droits de l'homme au Cambodge ont appelé l'attention sur le mauvais fonctionnement du système judiciaire dans ces deux pays. De toute évidence, cette carence est due à l'absence de structures démocratiques.

60.   Malheureusement, les Etats qui sont en mesure de contribuer au respect des droits de l'homme dans le monde sont davantage préoccupés par des questions politiques et stratégiques que par le sort des populations civiles à travers le monde. L'International Institute for Non-Aligned Studies lance à cet égard un appel aux grandes puissances pour qu'elles cessent de recourir à des sanctions globales, de telles mesures ayant eu jusqu'à présent pour seul effet d'accroître les souffrances des populations dans des pays comme l'Iraq, la Libye, Cuba ou l'ex-Yougoslavie. Il faudrait aussi qu'elles abordent la question des droits de l'homme d'une manière intégrée de façon que chacun, partout dans le monde, puisse bénéficier d'un traitement équitable. Leurs ressources seraient d'ailleurs utilisées à meilleur escient si elles étaient consacrées à la transformation de systèmes d'enseignement qui aujourd'hui forment des esprits rétrogrades et à la propagation des valeurs démocratiques.

61.   M. HADJAR (Mouvement contre le racisme et pour l'amitié entre les
peuples - MRAP) dit qu'il a l'intention de consacrer son intervention à
l'Indonésie, la Birmanie et la Chine mais ne peut passer sous silence le
conflit sanglant qui déchire Sri Lanka. Dans une telle guerre il serait vain
de s'attendre à ce que les droits de l'homme soient respectés. Le représentant
du MRAP appelle l'attention sur le sort des musulmans originaires de l'Inde
émigrés au Pakistan (Mohajirs). Il faut que cesse la répression exercée à leur
encontre par le Gouvernement pakistanais.

62.   En Indonésie, les violations des droits de l'homme s'aggravent de jour
en jour. Les différents massacres perpétrés depuis 1965 par l'armée qui ont
coûté la vie à 3 millions d'Indonésiens et d'habitants du Timor oriental ont
été portés à la connaissance de la Commission par plusieurs ONG. Le droit à la
vie n'étant pas respecté, le droit à l'information et le droit d'association
ne le sont évidemment pas davantage. Ces violations persistent car elles
restent impunies. Rien que dans la région de Jakarta, il y a eu une centaine
de morts ces derniers mois. On constate également une augmentation du nombre
de disparitions de personnes dont les opinions dérangent le Gouvernement,
présumées enlevées et détenues par les autorités militaires. Le MRAP fait
tenir à la Commission, avec le texte de sa déclaration, une liste provisoire
des personnes disparues. Les personnes arrêtées sont systématiquement
torturées et le témoignage de M. Hendrik Dikson Sirait, dont le texte a été
également distribué, est à cet égard significatif.

63.   La Commission a entendu la veille le témoignage de plusieurs
représentants du Mouvement pour la démocratie en Birmanie sur les graves
violations des droits de l'homme qui continuent d'être commises dans ce pays.
A ce propos, M. Hadjar pose une fois de plus la question de la
représentativité de certaines "hautes personnalités" qui participent aux
travaux de la Commission. Neuf ans se sont écoulés depuis la tenue des
élections en Birmanie et la communauté internationale attend toujours du
régime militaire en place qu'il entame un dialogue constructif avec les
représentants élus du peuple. Il convient d'autre part de dénoncer le
véritable génocide culturel dont sont victimes les minorités ethniques dans
ce pays.

64.   En ce qui concerne la République populaire de Chine, le MRAP appelle
l'attention de la Commission sur les cas de M. Li Bifeng, qui a été arrêté
pour avoir divulgué des informations sur les mouvements de contestation
sociale et de M. Shentianquing qui a fait l'objet d'une condamnation
administrative à deux ans de rééducation par le travail pour avoir écrit des
lettres ouvertes en faveur des réformes politiques et du respect des droits
de l'homme.

65.   M. RANDHAWA (Human Rights Advocates) appelle l'attention de la
Commission sur les violations flagrantes et systématiques des droits de
l'homme au Pendjab Kalistan. Le Rapporteur spécial sur les exécutions
extrajudiciaires, sommaires et arbitraires s'est, à ce propos, déclaré
vivement préoccupé par les atteintes au droit à la vie commises par les forces
de sécurité indiennes qui, selon Amnesty International, agiraient avec la
bénédiction du Gouvernement. D'autre part, il ressort d'enquêtes menées
récemment que les services de police du Pendjab ont ordonné l'incinération
de milliers de corps non identifiés. Les enquêtes ayant porté uniquement

sur 18 districts du Pendjab, la Cour suprême indienne a enjoint au Central Bureau of Investigation d'étendre les recherches à toutes les régions de l'Etat. Malheureusement, à la demande du Bureau, les résultats de ces investigations ont été gardés secrets.

66.   De son côté, le Groupe de travail sur les disparitions forcées ou involontaires signale 272 cas de disparition portés à l'attention des autorités indiennes. Selon Amnesty International cette pratique serait systématique. L'Inde a refusé d'apporter au Groupe de travail sa coopération en la matière.

67.   La torture continue d'être couramment pratiquée bien que l'Inde ait signé la Convention contre la torture. Une enquête menée à l'Ecole nationale de police fait apparaître que 17 % des officiers supérieurs admettent que des aveux puissent être arrachés par la torture.

68.   Les principales cibles de ces violations des droits de l'homme sont les journalistes, les membres des partis d'opposition, les avocats qui aident les victimes d'atteintes aux droits de l'homme et les personnes qui coopèrent avec les organes des Nations Unies s'occupant des droits de l'homme. Aucun recours utile n'est disponible au Pendjab. Souvent la police refuse même d'établir le rapport initial sans lequel il ne peut y avoir d'enquête et, même lorsqu'une plainte a pu être déposée, la procédure judiciaire est extrêmement longue et coûteuse. Qui plus est, les victimes, leur famille et les témoins sont harcelés et intimidés par la police, dont les membres refusent souvent de coopérer avec les tribunaux. Des lois spéciales mettent les membres des forces de sécurité à l'abri des poursuites, ce qui leur permet d'agir en toute impunité.

69.   Dans ces conditions, le refus d'autoriser les organismes internationaux d'observation des droits de l'homme à se rendre au Pendjab est particulièrement alarmant, surtout que plusieurs restrictions limitent l'action de la Commission nationale des droits de l'homme. En effet, celle-ci n'est pas habilitée à enquêter sur les violations présumées des droits de l'homme imputées aux forces armées et ne peut pas non plus examiner les cas datant de plus d'un an.

70.   Compte tenu de ces violations systématiques et flagrantes des droits de l'homme, il est recommandé que la Commission demande à l'Inde d'autoriser les organisations de défense des droits de l'homme à se rendre au Pendjab, de publier les conclusions du rapport du Central Bureau of Investigation sur les incinérations, d'assurer le respect des décisions de l'appareil judiciaire et d'élargir les compétences de la Commission nationale des droits de l'homme afin qu'elle puisse s'acquitter efficacement de ses fonctions.

71.   M. RAVENNA (Assemblée permanente pour les droits de l'homme) regrette que très souvent, avec l'avènement de régimes démocratiques, les auteurs de graves violations des droits de l'homme sous les régimes précédents restent impunis. Ce phénomène s'explique essentiellement par deux raisons : d'une part l'état libéral est un Etat affaibli qui n'assume pas pleinement ses compétences, et notamment ne garantit pas pleinement la sécurité de ses citoyens et leur accès à une justice indépendante; d'autre part, pour que les auteurs de génocide d'hier puissent coexister jour après jour avec leurs

victimes, il se crée d'autres complicités, lesquelles entraînent de nouvelles
impunités. En Argentine, par exemple, on ne connaît toujours pas les
responsables des attentats contre l'Association mutuelle israélite argentine
et l'ambassade d'Israël, pas plus que le responsable du meurtre du
journaliste-photographe José Luis Cabezas.

72.   Il y a lieu de se féliciter des procès intentés en Italie et en Espagne
concernant les disparitions de ressortissants italiens et espagnols
en Argentine et au Chili, lesquels donnent une nouvelle impulsion à la lutte
contre l'impunité. Les enquêtes ont révélé que des criminels notoires étaient
titulaires de comptes numérotés en Suisse et le Gouvernement suisse doit être
remercié pour sa coopération à cet égard. Il est significatif que le
Gouvernement Menem refuse, par exemple, de donner des informations sur la
situation fiscale et patrimoniale du général Bussi. La tenue de ces procès
doit être un élément important pour la Conférence diplomatique qui se tiendra
à Rome à partir du 16 juin. Il est vivement souhaitable que les Etats
y conviennent d'instituer une cour criminelle internationale qui soit
permanente, juste et impartiale et, à cette fin, soit dotée d'un procureur
indépendant, ait compétence pour connaître de tous les crimes et pour recevoir
des plaintes de particuliers, autorise la participation des ONG, et bénéficie
de toutes les garanties voulues pour la tenue de procès équitables.

73.   Par ailleurs, M. Ravenna dénonce l'attitude de l'Espagne qui déclare que
18 246 Argentins sont autorisés à travailler dans le pays, mais en fait,
poursuit en justice pour xénophobie des chirurgiens-dentistes argentins; cette
situation a été portée à la connaissance du Rapporteur spécial sur les formes
contemporaines de racisme, de discrimination raciale et de l'intolérance qui
y est associée.

74.   M. KHANAL (Népal) dit que, soucieux de renforcer le respect des droits
de l'homme, le Népal s'est, depuis le retour à la démocratie, doté d'une
commission nationale des droits de l'homme et a inscrit dans sa législation
l'indemnisation des victimes de la torture. De même, afin de réduire les
risques de violation des droits fondamentaux par les forces de sécurité,
l'étude des normes relatives aux droits de l'homme et des règles du droit
humanitaire a été incorporée au programme de formation de la police.
La Constitution népalaise garantit à chacun l'exercice de ses droits à l'abri
de toute discrimination. Les autorités passent actuellement en revue toutes
les lois nationales afin de les débarrasser de toute disposition
discriminatoire, encore qu'il faille du temps pour modifier certaines
traditions séculaires profondément ancrées dans la société. Tous les citoyens
jouissent d'une totale liberté d'expression et peuvent manifester librement
leur volonté aux urnes, sans recourir à la violence ou la terreur.

75.   Au cours des deux dernières années, il y a eu néanmoins des actes
de violence absurdes perpétrés par un groupe de personnes qui se réclament
du Parti communiste népalais, d'obédience maoïste. Au nom de ce qu'il appelle
la "guerre populaire", ce groupe s'attaque à des postes de police dans
certains districts reculés, et tue et mutile les civils innocents qui ne
veulent pas adhérer à son idéologie, violant ainsi les droits fondamentaux
et foulant au pied les normes qui régissent les sociétés civilisées.
Les autorités ont dû prendre contre les auteurs de ces actes les mesures qui
s'imposent conformément à la loi. Les circonstances dans lesquelles ces

terroristes ont été arrêtés et interrogés ont été montées en épingle dans les informations communiquées par le Rapporteur spécial (E/CN.4/1998/68/Add.1). En aucun cas les membres de la force publique n'ont commis de brutalités et il n'y a eu aucun décès en détention. Les forces de sécurité ne peuvent agir sans l'approbation de l'administrateur civil local, qui n'autorise le recours à la force que s'il est convaincu que des vies humaines sont en danger. La délégation népalaise s'inscrit donc en faux contre toutes les accusations formulées.

76.   Faisant partie des pays les moins avancés, le Népal ne peut accepter que ses activités de développement soient entravées par des actes de violence antidémocratiques inspirés par des considérations politiques sectaires. Soucieux de mettre fin aux actes terroristes par des moyens pacifiques, le Gouvernement a plusieurs fois donné à leurs auteurs la possibilité de négocier et de lui soumettre leurs griefs, mais ses initiatives ont été vaines. Les autorités restent néanmoins attachées à un règlement pacifique du problème.

77.   M. LORUTTI (Argentine), prenant la parole sur la question des droits de l'homme à Chypre, exprime sa gratitude au Secrétaire général et à son nouveau conseiller spécial pour Chypre, M. Cordovez, pour les efforts qu'ils ont déployés dans la recherche d'une solution générale, notamment par le biais de négociations directes permanentes entre les dirigeants des communautés chypriote grecque et chypriote turque. Il salue l'action humanitaire accomplie par les Forces des Nations Unies chargées du maintien de la paix à Chypre, en particulier pour encourager les contacts et instaurer la confiance entre les deux communautés en favorisant les activités bicommunautaires. Il note enfin avec satisfaction que, après une première rencontre en juillet 1997, les représentants des deux communautés se sont à nouveau rencontrés le 23 janvier 1998 en présence du Représentant spécial adjoint du Secrétaire général.

78.   Cela étant, l'Argentine demeure préoccupée par la situation des droits de l'homme à Chypre. Le Gouvernement argentin continue de souhaiter un règlement juste, fondé sur les dispositions du droit international, en particulier celles relatives au droit des réfugiés de rentrer chez eux et de recouvrer leurs biens, qui permettrait l'existence d'un Etat chypriote unitaire indépendant dans lequel les deux communautés vivraient sur un pied d'égalité; il est donc en faveur d'une fédération constituée de deux communautés et de deux zones, et exclut l'union totale ou partielle avec un autre pays et tout autre type de partition ou sécession.

79.   Les autorités chypriotes turques ont quelque peu amélioré la situation humanitaire par rapport à celle qui régnait en 1995, par exemple en augmentant le nombre de lignes téléphoniques dans certaines régions et en autorisant les patrouilles de la Force à rencontrer les Chypriotes grecs du secteur de Karpas sans que la police soit présente. Il est néanmoins regrettable que nombre des restrictions en matière de circulation et de droits successoraux imposées aux Chypriotes grecs et aux Maronites résidant dans le nord de l'île subsistent. La dégradation des églises et d'autres biens religieux est également un sujet de préoccupation.

80.   La délégation argentine exhorte les deux parties à appliquer les résolutions de l'Assemblée générale, du Conseil de sécurité et de la Commission.

81.   M. AGURTSOU (Bélarus) dit que, cinquante ans après l'adoption de la Déclaration universelle des droits de l'homme, aucun pays au monde ne peut affirmer respecter pleinement les droits de l'homme. De même, aucun pays ne peut prétendre fixer des règles et des critères en la matière. La politique des "deux poids, deux mesures" dans l'évaluation des situations de droits de l'homme est inadmissible, tout comme le fait de se servir de la défense des droits de l'homme pour promouvoir des intérêts politiques. Seule une approche constructive et équilibrée, fondée sur la coopération et le dialogue, peut véritablement contribuer à améliorer la situation des droits de l'homme. En outre, il ne faut pas oublier que, pour promouvoir les droits de l'homme, il faut s'attaquer à la cause des violations, qui est souvent d'ordre économique.

82.   Malgré les difficultés que connaît le Bélarus pendant la période de transition d'un régime totalitaire et centralisé vers la démocratie et l'économie de marché, le Gouvernement ne ménage pas ses efforts pour édifier un Etat reposant sur le pluralisme et la primauté du droit. Il s'efforce d'atténuer les effets de la transition sur l'exercice par la population de ses droits économiques, sociaux et culturels. Il faut noter que les difficultés économiques sont aggravées par le fait que chaque année le pays doit encore consacrer 20 % de son budget aux conséquences de l'accident de la centrale nucléaire de Tchernobyl. Cela étant, au Bélarus, Etat multinational et pluriconfessionnel, il n'y a pas de conflit à caractère ethnique ou religieux, ce qui est exceptionnel dans un pays ex-membre de l'URSS.

83.   Le principal problème que connaît aujourd'hui le Bélarus est peut-être celui, propre à tous les pays en période de transition, de l'évolution des mentalités sur l'ensemble des questions sociales et politiques. La démocratie ne se fait pas en un jour et elle ne se décrète pas d'en haut. Le Gouvernement introduit progressivement des réformes qui devraient faire disparaître les obstacles qui subsistent à la réalisation des droits de l'homme. Soulignant à cet égard l'importance du rôle de l'assistance technique, il entend faire en sorte que le programme qu'il a élaboré avec des ONG, en coopération avec le PNUD, pour renforcer les institutions et les infrastructures de protection et de promotion des droits de l'homme soit couronné de succès.

84.   Par ailleurs, le Bélarus souhaite coopérer avec les organisations européennes régionales, notamment l'OSCE, pour la mise en place d'institutions démocratiques ou de programmes de formation des citoyens. A cet égard, il a accueilli un groupe de consultation et de surveillance de l'OSCE, et la coopération avec ce groupe devrait permettre de renforcer la législation et les institutions dans le domaine des droits de l'homme, par exemple par la création d'un poste de médiateur des droits de l'homme. Le Bélarus accueille avec intérêt toute coopération avec les gouvernements étrangers, les organisations internationales et les ONG.

85.   M. PALIHAKKARA (Sri Lanka) souligne que, alors que le Gouvernement a lancé une large stratégie pour la paix et le développement, les Tigres libérateurs de l'Ealam tamoul (LTTE) continuent de perpétrer des actes

terroristes pour saper le processus engagé. Soutenu par une aide financière
venant essentiellement de l'étranger, le LTTE a même récemment intensifié son
action, mais sans réussir à recueillir un soutien plus large auprès des gens
qu'il est censé représenter. Les électeurs de Jaffna, passant outre à ses
injonctions, sont allés voter en janvier 1998. Certes, la participation a été
faible (20 %), mais l'élection a clairement signifié un refus de la violence
et l'adhésion au processus démocratique. Alors que, depuis plus de dix ans,
les élections ne pouvaient se tenir à Jaffna à cause du terrorisme, la
population a élu la première femme maire de cette ville, la candidate du plus
vieux parti parlementaire tamoul de Sri Lanka. A l'étranger également, le LTTE
est de plus en plus dénoncé comme une organisation terroriste particulièrement
impitoyable. Le Gouvernement, quant à lui, demeure prêt à négocier avec
le LTTE, sous réserve que celui-ci renonce au terrorisme, et à poursuivre le
processus démocratique engagé, auquel participent les différents partis
politiques.

86.   Le nouveau projet de constitution prévoit de nouvelles garanties contre
les violations des droits de l'homme. Il prévoit aussi une décentralisation
sans précédent des pouvoirs de l'Etat. Ces dispositions permettront que les
populations de toutes les régions, quelle que soit leur origine ethnique,
puissent administrer leurs propres affaires. D'autre part, la Commission des
droits de l'homme de Sri Lanka a commencé ses travaux; elle a déjà examiné des
plaintes et s'est rendue dans plus de 700 commissariats de police. Un budget
de 28 000 millions de roupies lui a été alloué. Et, en octobre 1997, Sri Lanka
a ratifié le Protocole facultatif se rapportant au Pacte international relatif
aux droits civils et politiques.

87.   S'agissant des allégations de disparitions, le Gouvernement a déjà eu
l'occasion de s'entretenir de cette préoccupante question avec le Groupe de
travail sur les disparitions forcées ou involontaires; des enquêtes sont en
cours et une visite du Groupe de travail à Sri Lanka est envisagée. La liberté
d'expression est un droit protégé par la Constitution et il est à signaler que
le Gouvernement a vigoureusement condamné les tracasseries imposées à un
journaliste et que des enquêtes sont en cours à ce sujet. Toute information
utile sera communiquée au Rapporteur spécial sur la liberté d'expression.

88.   Dans le domaine humanitaire, le Gouvernement sri-lankais poursuit les
partenariats constructifs qu'il a établis avec plusieurs organismes des
Nations Unies, d'autres organisations internationales et des ONG. Pour la
seule année 1997, le Gouvernement a dépensé environ 2 milliards de roupies
pour envoyer des biens et des services dans le Nord, tout en sachant qu'une
proportion considérable de cette aide était prélevée par les terroristes
du LTTE. Le Rapporteur spécial sur les exécutions extrajudiciaires, sommaires
ou arbitraires s'est rendu à Sri Lanka quelques mois auparavant sur
l'invitation du Gouvernement. Il a été entièrement libre de rencontrer
les personnes qu'il souhaitait voir et a eu accès à toutes les informations.
Après une première lecture de son rapport, le Gouvernement a constaté que
certaines généralisations ne permettaient pas de rendre compte de la
complexité des questions en jeu; il continuera néanmoins d'examiner
attentivement ce rapport et poursuivra le dialogue avec le Rapporteur spécial.

89.   M. Selebi (Afrique du Sud) reprend la présidence.

90.   M. WU Jianmin (Chine), rappelant que cela fait une trentaine d'années
que la Commission a décidé d'inscrire à son ordre du jour un point relatif
à la question de la violation des droits de l'homme et des libertés
fondamentales où qu'elle se produise dans le monde, note que ce point est
aujourd'hui le plus controversé et le plus politisé de tous. Au moment où l'on
célèbre le cinquantième anniversaire de la Déclaration universelle des droits
de l'homme et le cinquième anniversaire de la Déclaration et du Programme
d'action de Vienne, n'est-il pas temps d'envisager de réformer ou de modifier
la teneur de ce point afin de mieux servir la cause des droits de l'homme ?

91.   Il est de la plus haute importance que la Commission apprécie la
situation des droits de l'homme dans les Etats avec objectivité. A cette fin,
elle doit tenir compte de trois éléments. Primo, le Gouvernement et le peuple
d'un pays sont les mieux à même de connaître et comprendre la situation des
droits de l'homme dans leur pays. Secondo, tout en reconnaissant
l'universalité des droits de l'homme, chaque gouvernement et chaque peuple ont
le droit de déterminer leurs propres priorités et la manière dont ils veulent
promouvoir et protéger les droits de l'homme; par exemple, tout un chacun
reconnaît que la démocratie est une bonne chose, mais il y a diverses manières
de lui donner forme : alors qu'en Suisse il est possible d'organiser un
référendum sur la construction d'un tunnel ou d'une route, cela serait
impensable en Chine où des milliers de chantiers de construction sont ouverts.
Tertio, la promotion des droits de l'homme est un processus long et constant;
chaque Etat est engagé dans ce processus, mais à un rythme différent, et aucun
Etat ne devrait imposer aux autres son modèle. Faut-il rappeler qu'une grande
puissance ayant acquis son indépendance en 1776 n'a aboli l'esclavage que
87 années plus tard et mis en place le suffrage universel qu'en 1964 ?

92.   En deuxième lieu, tous les êtres humains naissent égaux, certes, mais
en même temps nul n'est parfait. Il est donc inacceptable que certains pays
s'autorisent à en accuser d'autres avec condescendance et arrogance. C'est
parce que le principe de l'égalité n'a pas été respecté que la Commission est
devenue un lieu d'affrontement Nord-Sud, voire un tribunal.

93.   En troisième lieu, le meilleur moyen de promouvoir et de protéger les
droits de l'homme réside dans le dialogue et la coopération plutôt que
l'affrontement. Depuis la fin de la guerre froide, la Commission a adopté
87 résolutions visant des pays, tous en développement. En conséquence de cette
situation anormale, l'atmosphère à la Commission est devenue tendue et
conflictuelle, et les droits de l'homme et les pays en développement en sont
les grands perdants. Notant cependant que la session en cours fait davantage
de place au dialogue et à la coopération qu'à l'affrontement, la délégation
chinoise est prête à travailler avec toutes les autres délégations qui
souhaitent promouvoir les droits de l'homme dans cet esprit.

94.   Par ailleurs, la représentante d'un pays développé, dans son
intervention, a porté des accusations sans fondement contre la Chine, révélant
ainsi son ignorance de la réalité de la Chine aujourd'hui. Qu'on le veuille
ou non, en Chine la période actuelle est une période de grands progrès,
y compris d'avancées sans précédent dans le domaine des droits de l'homme.

La séance est levée à 18 h 5.

- - - - -

NATIONS
UNIES

E

Conseil économique
et social

Distr.
GÉNÉRALE

E/CN.4/1998/SR.52
5 juin 1998

Original : FRANÇAIS

COMMISSION DES DROITS DE L'HOMME

Cinquante-quatrième session

COMPTE RENDU ANALYTIQUE DE LA 52ème SÉANCE

tenue au Palais des Nations, à Genève,
le vendredi 17 avril 1998, à 15 heures.

Président : M. SELEBI (Afrique du Sud)

SOMMAIRE

EXAMEN DES PROJETS DE RÉSOLUTION ET DE DÉCISION SE RAPPORTANT AUX POINTS 8, 9
ET 17 DE L'ORDRE DU JOUR

_____

Le présent compte rendu est sujet à rectifications.

Les rectifications doivent être rédigées dans l'une des langues de
travail. Elles doivent être présentées dans un mémorandum et être également
incorporées à un exemplaire du compte rendu. Il convient de les adresser, une
semaine au plus tard à compter de la date du présent document, à la Section
d'édition des documents officiels, bureau E.4108, Palais des Nations, Genève.

Les rectifications aux comptes rendus des séances publiques de la
Commission seront groupées dans un rectificatif unique qui sera publié peu après
la session.

GE.98-12356 (EXT)

La séance est ouverte à 15 heures.

EXAMEN DES PROJETS DE RÉSOLUTION ET DE DÉCISION SE RAPPORTANT AUX POINTS 8, 9
ET 17 DE L'ORDRE DU JOUR

Projets de résolution se rapportant au point 8 de l'ordre du jour.

Projet de résolution E/CN.4/1998/L.76 (Droit à restitution, à indemnisation et à
réadaptation des victimes de graves violations des droits de l'homme et des
libertés fondamentales)

1.   M. LILLO (Chili), présentant le projet de résolution au nom des
29 coauteurs, dit que le texte dont la Commission est saisie, vise à assurer de
nouvelles avancées dans le domaine de l'indemnisation en soulignant la nécessité
de prêter une attention croissante à cette question, conformément aux
recommandations contenues dans les résolutions adoptées par la Commission
depuis 1994. Il appelle l'attention de la Commission sur deux modifications
apportées au paragraphe 2 : le mot "indépendant" est supprimé, de même que le
membre de phrase ", sans aucune dépense supplémentaire pour le budget
ordinaire,", étant entendu que les frais encourus seront financés par des fonds
extrabudgétaires.

2.   La délégation chilienne se félicite du nombre élevé des auteurs, qui
représentent toutes les régions du monde, et espère que le projet de résolution
sera adopté par consensus, comme ces dernières années.

3.   M. COMBA (secrétariat) dit que, dans le projet de résolution à l'examen,
la Commission demande que soit désigné un expert qui serait chargé d'établir une
version révisée des principes fondamentaux et directives concernant le droit à
réparation des victimes de violation des droits de l'homme et du droit
international humanitaire. Les fonds nécessaires sont évalués provisoirement à
8 800 dollars des Etats-Unis. Aucun crédit n'étant prévu à ce titre au
budget-programme de l'exercice biennal 1998-1999, l'activité envisagée sera
financée au moyen des ressources existantes.

4.   Le projet de résolution E/CN.4/1998/L.76, tel qu'il a été modifié, est
adopté.

Projets de résolution et de décision se rapportant au point 9 de l'ordre du
jour.

Projet de résolution E/CN.4/1998/L.42 (Arrangements régionaux pour la promotion
et la protection des droits de l'homme dans la région de l'Asie et du Pacifique)

5.   M. ALAEE (République islamique d'Iran), présentant le projet de résolution
au nom de son pays ainsi que de l'Afghanistan, de l'Australie, de la Chine, de
Chypre, de l'Inde, du Japon, de la Jordanie, de la Nouvelle-Zélande, des
Philippines, de la République de Corée et de Sri Lanka, dit que le texte
présenté à la Commission est le résultat de consultations entre les différentes
délégations intéressées. Bien que concis, il tient pleinement compte des
résultats des activités menées, en particulier l'adoption d'un cadre pour la
coopération technique en matière de droits de l'homme dans la région de l'Asie
et du Pacifique et les conclusions du Séminaire de Téhéran sur les arrangements

pour la promotion et la protection des droits de l'homme dans la région. La délégation iranienne est convaincue que l'adoption de ce projet de résolution permettra d'accélérer le renforcement des capacités nationales dans le domaine des droits de l'homme et de développer la coopération entre les pays de la région. Elle espère que, comme les années précédentes, il sera adopté sans être mis aux voix.

6.   Mme KLEIN (Secrétaire de la Commission) annonce que le Bangladesh et le Pakistan se sont portés coauteurs.

7.   Le projet de résolution E/CN.4/1998/L.42 est adopté sans être mis aux voix.

Projet de résolution E/CN.4/1998/L.52 (Décennie des Nations Unies pour l'éducation dans le domaine des droits de l'homme)

8.   Mme THOMPSON (Costa Rica) présentant le projet de résolution au nom de ses auteurs, dit qu'il s'inscrit dans le cadre du suivi de la résolution 49/184 de l'Assemblée générale, dans laquelle a été proclamée la Décennie des Nations Unies pour l'éducation dans le domaine des droits de l'homme. Elle appelle l'attention de la Commission sur le fait que les auteurs sont convenus d'insérer un nouveau paragraphe 9 dont le texte, repris de la résolution 1997/43, se lit comme suit :

      "Prie instamment les organes, organismes et institutions compétents des Nations Unies, ainsi que le Haut Commissaire des Nations Unies aux droits de l'homme et le Haut Commissaire des Nations Unies pour les réfugiés, d'assurer une éducation dans le domaine des droits fondamentaux, y compris les droits des femmes, à tout le personnel et à tous les responsables de l'Organisation des Nations Unies;".

Convaincue du rôle fondamental de l'éducation dans le domaine des droits de l'homme, la délégation costa-ricienne espère que l'esprit de coopération qui s'est manifesté lors de l'élaboration du projet à l'examen permettra de mettre à profit les activités de la Décennie pour favoriser la mise en place de systèmes d'éducation qui contribuent au plein respect des droits de l'homme et demande à la Commission d'adopter le texte proposé par consensus.

9.   Mme KLEIN (Secrétaire de la Commission) signale que l'Australie, l'Autriche, le Bangladesh, l'ex-République yougoslave de Macédoine, la Grèce, l'Inde, le Mali, la Norvège, la République du Congo, le Soudan et la Thaïlande se sont joints aux auteurs du projet de résolution.

10.   Le projet de résolution E/CN.4/1998/L.52, tel qu'il a été modifié, est adopté sans être mis aux voix.

Projet de résolution E/CN.4/1998/L.63 (Composition du personnel du Haut-Commissariat aux droits de l'homme)

11.   M. REYES RODRIGUEZ (Cuba), présentant le projet de résolution, signale que le Soudan, l'Iraq, la Mauritanie et l'Arabie saoudite se sont joints aux auteurs, ce qui porte leur nombre à 30.

12.   Les délégations qui parrainent le projet de résolution considèrent que l'universalité des droits de l'homme repose sur la prise en considération de la diversité des pays et des systèmes. Il est donc capital que la composition du personnel du Haut-Commissariat aux droits de l'homme soit conforme au principe d'une répartition géographique équitable. L'année précédente, la délégation cubaine avait accepté par esprit de compromis de différer la décision sur la question de façon à laisser aux services concernés le temps de prendre des mesures correctives. Or, le rapport de la Haut-Commissaire aux droits de l'homme (E/CN.4/1998/52) montre que l'équilibre escompté n'a pas été rétabli, les fonctionnaires originaires de pays appartenant au groupe des Etats d'Europe occidentale et autres Etats étant au nombre de 42, contre 38 seulement pour tous les autres groupes régionaux. Compte tenu de cette situation, le projet de résolution rappelle que le critère concernant les hautes qualités de travail, de compétence et d'intégrité établi à l'Article 101 de la Charte est compatible avec le principe de la répartition géographique équitable, souligne la nécessité d'accorder une attention particulière au recrutement de personnes originaires de pays du tiers monde et se félicite de l'intention de la Haut-Commissaire de favoriser un bon équilibre entre le Nord et le Sud.

13.   Deux modifications sont à apporter au texte. Au paragraphe 2, dans la version espagnole, le mot "alto" doit être remplacé par "alta". Au paragraphe 3, le membre de phrase "en particulier" est supprimé. La délégation cubaine espère que le projet de résolution sera adopté à une large majorité.

14.   M. BAQUEROT (Directeur de la Division de l'administration de l'ONUG) dit que l'examen de certains projets de résolution dont la Commission est saisie révèle une tendance croissante à traiter de questions touchant l'administration, le budget et surtout les ressources humaines. En ce qui concerne ces dernières, il appelle l'attention de la Commission sur la résolution 51/226 de l'Assemblée générale, et qui porte, entre autres, sur les questions de recrutement, y compris la répartition géographique et les administrateurs auxiliaires. L'Assemblée générale examine ces questions en considérant l'ensemble du Secrétariat et non pas au coup par coup. Le Directeur de la Division de l'administration rappelle à cet égard la partie B.VI de la résolution 45/248, relative à la gestion des ressources humaines, dans laquelle l'Assemblée a réaffirmé que la Cinquième Commission est celle de ses grandes commissions à laquelle incombe le soin des questions administratives et budgétaires, et s'est inquiétée de la tendance manifestée par les commissions chargées des questions de fond à s'ingérer dans ces questions.

15.   M. REYES RODRIGUEZ (Cuba) est quelque peu surpris de l'intervention du Directeur de la Division de l'administration. Le secrétariat a déjà eu la possibilité de faire connaître son point de vue dans le document E/CN.4/1998/52 qui n'a d'ailleurs été présenté à la Commission que trois jours avant le débat sur le point 9 de l'ordre du jour, ce qui n'a pas manqué de nuire au bon déroulement du processus intergouvernemental. Il devrait se limiter strictement au rôle qui est le sien et s'abstenir de s'ingérer dans les travaux de la Commission. La délégation cubaine connaît ses obligations, mais il est ici question de principes essentiels, que les Etats concernés tiennent à rappeler car il y va du droit de toutes les régions d'être représentées à égalité dans les unités les plus importantes du Secrétariat.

16.   M. McALISTER (Canada), expliquant son vote avant le vote, dit que certains éléments du projet de résolution constituent à maints égards une ingérence dans les questions de gestion du personnel et des ressources, qui ne sont pas du ressort de la Commission. Il assure à cet égard le Secrétaire général et la Haut-Commissaire aux droits de l'homme de son plein appui aux mesures prises pour améliorer le fonctionnement du Haut-Commissariat. Les prérogatives des différents organes de l'ONU sont clairement définies et la Commission n'a pas à s'occuper de questions qui relèvent de la compétence de l'Assemblée générale. Pour toutes ces raisons, la délégation canadienne votera contre le projet de résolution. Les délégations australienne et néo-zélandaise s'associent à sa déclaration.

17.   M. GLOVER (Royaume-Uni) dit que sa délégation votera contre le projet de résolution. Elle regrette de ne pas avoir été consultée sur ce texte à l'égard duquel elle a de sérieuses réserves. Il y a là une tentative de réinterpréter le paragraphe 3 de l'Article 101 de la Charte qui fixe le critère de recrutement du personnel du Secrétariat. Les auteurs du projet oublient que le principe de la répartition géographique s'applique à l'ensemble de l'Organisation et tentent de conférer à la Commission des pouvoirs qui appartiennent exclusivement au Secrétaire général. La Commission n'est pas l'organe directeur du Haut-Commissariat aux droits de l'homme et ne peut donc pas décider de sa politique en matière de recrutement.

18.   M. LOFTIS (Etats-Unis d'Amérique) s'associe aux déclarations des représentants du Canada et du Royaume-Uni.

19.   M. REYES RODRIGUEZ (Cuba) dit qu'il est tout à fait compréhensible que ceux qui occupent une position privilégiée au Haut-Commissariat aux droits de l'homme tiennent à la conserver.

20.   Sur la demande du représentant de Cuba, il est procédé au vote par appel nominal.

21.   L'appel nominal commence par le Congo, dont le nom est tiré au sort par le Président.

> Votent pour :   Afrique du Sud, Argentine, Bangladesh, Bhoutan, Botswana, Brésil, Cap-Vert, Chili, Chine, Congo, Cuba, El Salvador, Equateur, Guatemala, Guinée, Inde, Indonésie, Madagascar, Malaisie, Mali, Maroc, Mexique, Mozambique, Népal, Pakistan, Pérou, Philippines, Ouganda, République démocratique du Congo, Rwanda, Sénégal, Sri Lanka, Soudan, Tunisie, Uruguay, Venezuela;

> Votent contre :   Allemagne, Autriche, Bélarus, Canada, Danemark, Etats-Unis d'Amérique, Fédération de Russie, France, Irlande, Italie, Japon, Luxembourg, Pologne, République tchèque, Royaume-Uni, Ukraine;

> S'abstiennent :   République de Corée.

22.   Par 36 voix contre 16, avec une abstention, le projet de résolution E/CN.4/1998/L.63 est adopté.

Projet de résolution E/CN.4/1998/L.64 (Droits de l'homme et terrorisme)

23.   M. MERIC (Observateur de la Turquie), présentant le projet de résolution, dit que celui-ci est dans le droit fil de la série de résolutions sur le même sujet adoptées par la Commission des droits de l'homme et par l'Assemblée générale des Nations Unies. Ce projet vise à condamner le terrorisme sous toutes ses formes et dans toutes ses manifestations et à exprimer la préoccupation de la communauté internationale face aux violations flagrantes des droits de l'homme perpétrées par les groupes terroristes. Les activités terroristes constituent des violations flagrantes des droits de l'homme car les terroristes portent atteinte au droit à la vie, qui est le plus fondamental de tous les droits de l'homme. Il y a lieu de se féliciter de la décision de la Sous-Commission de procéder à une étude générale sur la question du terrorisme et des droits de l'homme.

24.   Par ailleurs, la Commission attirerait l'attention sur le fait que de nombreux groupes terroristes sont liés à des organisations criminelles organisées et sur la nécessité de renforcer la coopération internationale, en particulier dans le cadre des Nations Unies. Elle soulignerait la nécessité de continuer à étudier le rôle et les responsabilités des intervenants autres que les Etats dans le domaine des droits de l'homme, notamment lorsque des actes de terrorisme sont perpétrés.

25. Il est bien entendu que le projet de résolution ne met nullement en cause le droit des peuples qui subissent une domination coloniale ou une autre forme de domination étrangère à exercer légitimement leur droit inaliénable à l'autodétermination. La délégation turque et les autres auteurs espèrent qu'il recevra un large soutien.

26.   Mme KLEIN (Secrétaire de la Commission) annonce que l'Inde, la Géorgie et le Bangladesh se sont portés co-auteurs du projet.

27.   M. GOMEZ-ROBLEDO VERDUZCO (Mexique), expliquant son vote avant le vote, dit qu'il ne peut souscrire au projet de résolution car il ne contribue pas à la lutte contre le fléau qu'est le terrorisme. Le Gouvernement mexicain condamne vigoureusement tous les actes de terrorisme et est acquis au renforcement des mécanismes dont s'est dotée la communauté internationale pour les éliminer; il a récemment participé aux travaux sur la Convention internationale pour la répression des attentats terroristes à l'explosif, adoptée par l'Assemblée générale à sa cinquante-deuxième session. Mais, s'agissant du treizième alinéa du préambule, il considère que les violations des droits de l'homme ne peuvent être imputables qu'à l'Etat et à ses agents. Admettre que les groupes terroristes peuvent commettre des violations des droits de l'homme risque de conduire à justifier des violations des droits de l'homme en arguant de la lutte contre le terrorisme.

28.   M. SALINAS RIVERA (Chili) dit que sa délégation s'abstiendra car elle estime que les violations des droits de l'homme ne peuvent être commises que par des Etats. Les crimes commis par les terroristes doivent être sanctionnés dans le cadre de la législation pénale des Etats.

29.   M. PLORUTTI (Argentine) dit que sa délégation s'abstiendra car, à son avis, la référence aux violations des droits de l'homme commises par des groupes

terroristes attribue à ces groupes un degré de subjectivité que le droit international ne semble pas leur reconnaître actuellement. Néanmoins, elle condamne très énergiquement tous les actes de terrorisme, sous toutes leurs formes et quels qu'en soient les motifs. Ces actes constituent des délits de droit commun qu'il convient de réprimer avec fermeté pour préserver l'état de droit.

30.   La lutte contre le terrorisme relève au premier chef des Etats, qui entre autres ne doivent pas soutenir les mouvements terroristes, ainsi que de la coopération internationale. Au niveau régional américain, la coopération s'appuie sur d'importants instruments internationaux, tels celui adopté au Sommet des Amériques tenu à Miami en 1994, la Déclaration de Buenos Aires sur la coopération pour la prévention et l'élimination du terrorisme international, adoptée en 1995, ou encore la Déclaration et Plan d'action sur la coopération à l'échelle du continent pour la prévention du terrorisme, la lutte contre ce fléau et son élimination, adoptée par la Conférence spéciale interaméricaine sur le terrorisme qui s'est tenue à Lima en 1996. En outre, le Gouvernement argentin a organisé à Buenos Aires, en décembre 1997, le premier Congrès international sur le terrorisme, qui a réuni d'éminents experts du continent américain, d'Europe et d'Asie.

31.   Mme GLOVER (Royaume-Uni), parlant au nom de l'Union européenne (UE), dit qu'elle ne peut donner son adhésion au projet de résolution. Alors qu'elle condamne sans équivoque tous les actes et méthodes terroristes quels qu'ils soient, l'UE estime que la Sixième Commission de l'Assemblée générale est l'organe le mieux à même d'étudier de manière approfondie la question du terrorisme. Le terrorisme est une menace pour la démocratie et est injustifiable. Cela étant, les Etats ne sauraient invoquer les activités de groupes terroristes pour justifier des violations des droits de l'homme. L'Union européenne constate avec satisfaction qu'au dix-septième alinéa du préambule et au paragraphe 5 du projet de résolution, il est réaffirmé que les mesures de lutte contre le terrorisme doivent être strictement conformes aux normes internationales relatives aux droits de l'homme; elle se félicite également qu'il soit réaffirmé au paragraphe 6 que la coopération aux niveaux régional et international doit être conforme aux instruments internationaux applicables. Elle a cependant de sérieuses réserves sur d'autres passages du projet de résolution, en particulier le treizième alinéa du préambule, qui ne saurait conférer aux terroristes un statut quelconque au regard du droit international, et le paragraphe 8. Elle n'accepte pas l'idée que les actes terroristes soient considérés comme des violations des droits de l'homme. La distinction entre les actes qui sont imputables aux Etats et des actes criminels qui ne leur sont pas imputables est importante.

32.   Mme CHATSIS (Canada) condamne fermement tous les actes de terrorisme et soutient l'action de la communauté internationale pour les combattre. Il existe déjà plusieurs instruments internationaux pour lutter contre le terrorisme. A l'automne 1997, sur proposition de la Sixième Commission, l'Assemblée générale a adopté la Convention internationale pour la répression des attentats terroristes à l'explosif et une résolution générale sur la lutte contre le terrorisme. Ces documents sont plus efficaces pour la lutte contre le terrorisme que toute résolution que la Commission pourrait adopter. La délégation canadienne ne peut souscrire au projet, dans lequel il est affirmé que les groupes terroristes sont responsables de violations flagrantes des droits de l'homme. Les terroristes

commettent des crimes et doivent être poursuivis en justice. Même si les actes terroristes peuvent avoir de graves conséquences sur la jouissance des droits de l'homme, seuls les gouvernements ont des obligations internationales en matière de droits de l'homme.

33. M. LOFTIS (Etats-Unis d'Amérique) soutient l'engagement de la communauté internationale dans la lutte contre le terrorisme, mais pense que la Sixième Commission de l'Assemblée générale est l'instance la plus appropriée pour traiter du sujet. Rien ne justifie que la Commission se penche sur un domaine dont un organe de l'ONU s'occupe déjà. Cette duplication des efforts ne peut que compliquer les travaux en cours. Par ailleurs, le projet de résolution reconnaît aux terroristes une certaine légitimité en mettant leur comportement criminel sur le même plan que celui des Etats qui violent les droits de l'homme. Pour toutes ces raisons, la délégation des Etats-Unis s'abstiendra lors du vote.

34. M. SUMI (Japon) condamne tous les actes et pratiques terroristes et soutient l'action de la communauté internationale dans la lutte contre le terrorisme. Il s'abstiendra cependant sur le projet de résolution car il a des doutes au sujet du treizième alinéa du préambule.

35. Sur la demande du représentant des Etats-Unis d'Amérique, il est procédé au vote.

36. Par 33 voix contre zéro, avec 20 abstentions, le projet de résolution E/CN.4/1998/L.64 est adopté.

Projet de résolution E/CN.4/1998/L.65 (Droits de l'homme et privation arbitraire de la nationalité)

37. Mme RYKOV (Fédération de Russie), présentant le projet de résolution, rappelle que la Déclaration universelle des droits de l'homme, en son article 15, et d'autres instruments internationaux relatifs aux droits de l'homme établissent que nul ne peut être arbitrairement privé de sa nationalité. La privation de la nationalité est d'autant plus grave qu'elle affecte l'exercice de nombreux autres droits de l'homme. Avoir une nationalité est indispensable à tout être humain pour être membre à part entière de la société. Le projet de résolution est motivé par le fait qu'au cours des dernières décennies, la privation arbitraire de la nationalité a été source de problèmes et de traitements discriminatoires.

38. Tant la Cour internationale de justice que la Cour interaméricaine des droits de l'homme et la Cour européenne des droits de l'homme ont eu l'occasion de se prononcer sur la question de la nationalité; il ressort de leurs décisions que, dans l'exercice de leur pouvoir discrétionnaire, les Etats sont tenus de respecter leurs obligations dans le domaine des droits de l'homme et de tenir compte du principe du lien réel entre la population et le territoire. Dans l'élaboration du projet de résolution, la délégation russe s'est notamment appuyée sur des instruments régionaux comme la Convention américaine relative aux droits de l'homme, la Charte africaine des droits et du bien-être de l'enfant, l'Acte d'Helsinki et le projet de convention européenne sur la nationalité. Alors que l'on célèbre le cinquantième anniversaire de la Déclaration universelle, il y a lieu de rappeler que la possession d'une nationalité est une condition indispensable à la pleine réalisation des droits

de l'homme. Il serait bon que le projet de résolution soit adopté par consensus.

39.   Mme KLEIN (Secrétaire de la Commission) annonce que la Colombie, le Bélarus et le Nicaragua se sont portés coauteurs du projet de résolution.

40.   Le projet de résolution E/CN.4/1998/L.65 est adopté sans vote.

Projet de résolution E/CN.4/1998/L.67 (Droits de l'homme et exodes massifs)

41.   Mme DION (Canada), présentant le projet de résolution, dit que la Commission y réaffirme la nécessité d'intensifier la coopération à l'échelle mondiale pour remédier aux exodes massifs de réfugiés et de personnes déplacées de même qu'aux problèmes qui découlent de ces exodes; souligne que les Etats et les organisations internationales ont tous l'obligation de coopérer avec les pays, en particulier les pays en développement, qui sont touchés par des exodes massifs de réfugiés et de personnes déplacées; invite les Etats à assurer une protection efficace des réfugiés; et prie la Haut-Commissaire aux droits de l'homme de prêter une attention particulière aux situations en matière de droits de l'homme qui provoquent ou risquent de provoquer des exodes massifs ou des déplacements de population. Les auteurs espèrent que le projet de résolution pourra être adopté par consensus.

42.   M. KLEIN (Secrétaire de la Commission) annonce que la Tunisie, l'Autriche, la Grèce, le Japon, l'Uruguay et la Norvège se sont portés coauteurs.

43.   Le projet de résolution E/CN.4/1998/L.67 est adopté sans vote.

Projet de résolution E/CN.4/1998/L.68 (Personnes déplacées dans leur propre pays)

44.   M. STROHAL (Autriche), présentant le projet de résolution, dit que l'existence d'un nombre élevé de personnes déplacées dans leur propre pays est un grave problème, qui affecte essentiellement les femmes et les enfants, et il se félicite de l'action menée par le représentant du Secrétaire général chargé de la question. Il donne lecture des modifications que les auteurs sont convenus d'apporter au projet de résolution : au paragraphe 1, après "Prend acte" supprimer les mots "avec satisfaction" et ajouter à la fin le membre de phrase "présentés par le représentant du Secrétaire général"; au paragraphe 2, remplacer les mots "Félicite le" par "Rend hommage au"; au paragraphe 3, entre les mots "rend" et "hommage", ajouter "aussi"; au paragraphe 5, supprimer le membre de phrase "et à les appliquer dans les activités qu'ils mènent en faveur des personnes déplacées dans leur propre pays"; au paragraphe 6, remplacer, dans la version anglaise, le mot "Encourages" par "Notes the stated intention of" et ajouter à la fin de la phrase "et le prie de lui rendre compte de ses efforts et des opinions qui lui auront été présentées"; supprimer le paragraphe 7; dans l'ancien paragraphe 11 (nouveau paragraphe 10), supprimer le membre de phrase "et prend acte de l'étude d'ensemble qu'il a publiée". Compte tenu de ces modifications, les auteurs espèrent que le projet de résolution sera adopté sans vote.

45.   Mme KLEIN (Secrétaire de la Commission) indique que les Etats suivants ont souhaité se porter coauteurs : Pérou, Portugal, Pays-Bas, Zambie, Australie,

Lituanie, Afrique du Sud, Uruguay, Etats-Unis d'Amérique, Fédération de Russie, Canada, Belgique, Luxembourg, Costa Rica et Angola.

46. M. GOMEZ-ROBLEDO VERDUZCO (Mexique) déclare que sa délégation ne s'opposera pas au projet de résolution à l'examen, mais tient à faire consigner ses réserves au sujet du paragraphe 1. Compte tenu de l'importance du sujet, il est regrettable que le rapport du représentant du Secrétaire général chargé de la question des personnes déplacées dans leur propre pays (E/CN.4/1998/53), qui comprend l'étude des aspects juridiques de la protection contre le déplacement arbitraire et les principes directeurs relatifs aux déplacements de personnes à l'intérieur de leur propre pays, n'ait été distribué que le 6 avril alors qu'il est daté du 11 février 1998. La délégation mexicaine n'est donc pas en mesure de se prononcer sur ce rapport, et encore moins sur les principes directeurs, compte tenu de la résolution 41/120 de l'Assemblée générale dans laquelle l'Assemblée invite les Etats Membres et les organismes des Nations Unies à garder à l'esprit une série de principes directeurs lorsqu'ils élaborent des instruments internationaux relatifs aux droits de l'homme et précise que ces instruments devraient notamment susciter un vaste soutien international et concorder avec l'ensemble du droit international existant en matière de droits de l'homme. Ces principes directeurs ont été réaffirmés par la Conférence mondiale des droits de l'homme. En conséquence, la délégation mexicaine se réserve le droit de donner en temps voulu son opinion sur les principes directeurs élaborés par le représentant du Secrétaire général.

47. M. BAKHEIT (Soudan) exprime sa gratitude au représentant du Secrétaire général chargé de la question des personnes déplacées dans leur propre pays, un sujet très grave qui concerne 25 millions de personnes de par le monde. Il appuie le projet de résolution et souhaite que le mandat du représentant soit reconduit.

48. M. COMBA (secrétariat), présentant les incidences financières du projet de résolution, aux termes duquel le mandat de représentant du Secrétaire général serait reconduit pour trois ans, indique qu'un crédit de 126 300 dollars est inscrit à cet effet au chapitre 22 du budget-programme de l'exercice biennal 1998-1999. Les ressources nécessaires pour la troisième année du mandat seront incluses dans le projet de budget-programme pour l'exercice biennal 2000-2001.

49. Le projet de résolution E/CN.4/1998/L.68, tel qu'il a été modifié oralement, est adopté sans vote.

Projet de résolution E/CN.4/1998/L.69 (Prise en compte des droits fondamentaux des femmes dans tous les organismes du système des Nations Unies)

50. Mme MLACAK (Canada), présentant le projet de résolution au nom des coauteurs, dit que le paragraphe 7 est révisé comme suit :

"Prie tous les organes créés en vertu d'instruments internationaux relatifs aux droits de l'homme, les responsables des procédures spéciales et les responsables des autres mécanismes des droits de l'homme de la Commission des droits de l'homme et de la Sous-Commission de la lutte contre les mesures discriminatoires et de la protection des minorités de tenir régulièrement et systématiquement compte des deux sexes, dans l'exercice de leur mandat, et de faire figurer dans leurs rapports des informations sur les violations des droits fondamentaux des femmes et des fillettes ainsi qu'une analyse qualitative de la question, et encourage le renforcement de la coopération et de la coordination à cet égard;"

51. Mme KLEIN (Secrétaire de la Commission) dit que les Etats suivants se sont joints aux auteurs : Afghanistan, Afrique du Sud, Allemagne, Angola, Argentine, Brésil, France, Grèce, Guatemala, Inde, Lituanie, Philippines, ex-République yougoslave de Macédoine, Royaume-Uni de Grande-Bretagne et d'Irlande du Nord, Slovénie, Venezuela, Zambie.

52. M. COMBA (Secrétariat) dit qu'en ce qui concerne l'organisation, prévue au paragraphe 9, d'une autre réunion d'experts sur l'élaboration de directives concernant l'intégration, dans les activités et programmes des Nations Unies relatifs aux droits de l'homme, d'une démarche sexospécifique, il ressort du document E/CN.6/1998/2/Add.1, mentionné dans la note du Secrétariat portant la cote E/CN.4/1998/49/Add.1, que la Division de la promotion de la femme mobilisera les ressources extrabudgétaires nécessaires. Le projet de résolution, s'il est adopté, n'aura donc pas d'incidences financières au titre du budget ordinaire de l'exercice biennal 1998-1999.

53. Le projet de résolution E/CN.4/1998/L.69, tel qu'il a été révisé oralement, est adopté sans vote.

Projet de résolution E/CN.4/1998/L.70 (L'élimination de la violence contre les femmes)

54. Mme MLACAK (Canada), présentant le projet de résolution, dit que le texte, qui fait référence notamment à la violence dans la famille et dans la communauté perpétrée ou cautionnée par l'Etat et au problème des mutilations génitales féminines, a bénéficié de beaucoup d'intérêt de la part d'un grand nombre de délégations et de leur coopération. Elle espère donc qu'il pourra être adopté par consensus, comme les résolutions sur le sujet des années précédentes.

55. Mme KLEIN (Secrétaire de la Commission) dit que les Etats suivants se sont portés coauteurs du projet : Afghanistan, Afrique du Sud, Angola, Argentine, Brésil, Etats-Unis d'Amérique, France, Grèce, Haïti, Islande, Philippines, République de Corée, ex-République yougoslave de Macédoine, Royaume-Uni de Grande-Bretagne et d'Irlande du Nord, Slovénie, Togo, Uruguay, Venezuela.

56. M. HERNANDEZ QUESADA (Cuba) dit que son pays s'associe aux efforts menés dans le système des Nations Unies pour combattre la violence contre des femmes notamment dans le cadre du mandat du Rapporteur spécial sur la question, et qu'il est donc prêt à se joindre au consensus sur le projet. Mais si le texte était mis aux voix, la délégation cubaine ne serait pas en mesure d'approuver les paragraphes 7 et 15 qui, à son avis, mélangent des mandats différents et auront tendance à politiser les travaux de la Commission.

57. M. HÖYNCK (Allemagne) tient à remercier la délégation canadienne pour un texte de consensus qui donne, à certains égards, des orientations prospectives. Dans le cadre du débat général sur le sujet, l'Allemagne a indiqué comment elle luttait contre les phénomènes de la traite des femmes et de la violence contre les femmes, notamment, et s'est dite favorable à l'inscription à l'ordre du jour

de la Commission d'un point distinct consacré aux questions concernant les
femmes. En matière d'asile, l'Allemagne applique une politique qui va tout à
fait dans le sens de l'alinéa i) du paragraphe 9 demandant aux Etats d'intégrer
la sexospécificité dans les politiques, réglementations et pratiques nationales
en matière d'immigration et d'asile. Elle appuie donc cet important projet de
résolution.

58. <u>Le projet de résolution E/CN.4/1998/L.70 est adopté sans vote.</u>

<u>Projet de résolution E/CN.4/1998/L.72</u> (Impunité)

59. <u>Mme CHATSIS</u> (Canada) dit que les auteurs du texte qu'elle présente se sont
attachés à traiter la question de l'impunité de façon prospective, et non
rétrospective, et que leur intention n'est pas de susciter un débat sur des
questions difficiles déjà prises en compte de façon tout à fait démocratique
dans des pays où l'état de droit et le respect des droits fondamentaux sont
désormais assurés. Il s'agit plutôt de faire savoir aux auteurs de graves
violations des droits fondamentaux et du droit humanitaire qu'ils auront à
répondre de leurs actes, afin de briser le cycle des abus et de l'impunité. Il
est proposé que le rapport établi par le Rapporteur spécial M. Louis Joinet
conformément à la décision 1996/119 de la Sous-Commission
(E/CN.4/Sub.2/1997/20/Rev.1), qui énonce un certain nombre de principes
importants, soit communiqué aux Etats, aux organisations internationales et aux
organisations non gouvernementales, en les invitant à faire part à la Commission
à sa session suivante de leurs vues à ce sujet. Les Etats sont également invités
à fournir des renseignements sur toutes mesures prises pour combattre l'impunité
et à fournir aux autres Etats qui le demanderaient une assistance et un concours
dans ce domaine.

60. Quelques révisions ont été apportées au projet par ses auteurs. Dans le
préambule d'abord, il est inséré après le premier alinéa un nouvel alinéa qui se
lit comme suit :

        "<u>Rappelant</u> l'universalité, l'interdépendance et l'indivisibilité des
        droits civils, politiques, économiques, sociaux et culturels,".

Au quatrième alinéa du préambule (qui devient le cinquième alinéa) les mots
"permettront en faisant connaître ces dernières de guider" sont remplacés par
"guideront". Dans l'alinéa suivant, les mots "un élément essentiel" sont
remplacés par "l'un des éléments essentiels" et au dernier alinéa les mots "la
nécessité urgente" sont remplacés par "l'importance". Au paragraphe 1, les mots
"s'intéresser d'urgence" sont remplacés par "s'intéresser comme il convient".

61. La délégation canadienne espère que ce projet de résolution, important
pour l'ensemble des gouvernements et des organisations non gouvernementales qui
participent à la Commission, sera adopté par consensus.

62. <u>Mme KLEIN</u> (Secrétaire de la Commission) dit que les Etats suivants se sont
joints aux auteurs : Australie, Autriche, Bosnie-Herzégovine, Danemark,
Ethiopie, France, Géorgie, Guatemala, Haïti, Norvège, Nouvelle-Zélande,
Pays-Bas, République tchèque, ex-République yougoslave de Macédoine.

63. Le <u>PRÉSIDENT</u> dit que le texte proposé n'a pas d'incidences financières.

64.   Le projet de résolution E/CN.4/1998/L.72, tel qu'il a été révisé oralement, est adopté sans vote.

Projet de résolution E/CN.4/1998/L.74 (Vers une culture de la paix)

65.   M. LAGOS PIZZATI (El Salvador), présentant le projet de résolution, dit que la promotion d'une culture de la paix est fondamentale pour assurer le respect des droits de l'homme et rappelle que le Directeur général de l'Unesco a souligné à la présente session, que le meilleur moyen pour tous de célébrer le cinquantième anniversaire de la Déclaration universelle des droits de l'homme était d'oeuvrer sans relâche pour substituer à une culture de la guerre et de la violence une culture de la paix. En adoptant le projet proposé, la communauté internationale manifesterait son adhésion à cette cause.

66.   Mme KLEIN (Secrétaire de la Commission) dit que l'Angola, la Géorgie, Israël, Malte, le Népal et la Tunisie se sont joints aux auteurs.

67.   Le projet de résolution E/CN.4/1998/L.74 est adopté sans vote.

Projet de résolution E/CN.4/1998/L.75 (Institutions nationales pour la promotion et la protection des droits de l'homme)

68.   M. CONROY (Observateur de l'Australie), présentant le projet de résolution, dit que l'un des éléments nouveaux essentiels de ce texte est la référence aux déclarations de la Haut-Commissaire aux droits de l'homme selon lesquelles les activités relatives aux institutions nationales se verront accorder un rang élevé dans l'ordre des priorités du Haut-Commissariat. Par ailleurs, les Etats sont encouragés à mettre en place des institutions nationales efficaces, indépendantes et pluralistes pour la promotion et la protection des droits de l'homme conformément aux Principes concernant le statut des institutions nationales, annexés à la résolution 48/134 de l'Assemblée générale. Enfin, La Commission se félicite du renforcement de la coopération régionale et internationale entre les institutions nationales. Les auteurs espèrent que le projet de résolution sera adopté par consensus.

69.   Mme KLEIN (Secrétaire de la Commission) dit que l'Angola, le Costa Rica, la Fédération de Russie, la Géorgie, Israël, la Norvège, Sri Lanka et le Togo se joignent aux auteurs.

70.   Le PRÉSIDENT dit que la résolution proposée n'aurait pas d'incidences financières.

71.   M. MAJDI (Maroc) fait observer que le texte français du huitième alinéa du préambule est incomplet par rapport à l'original anglais et devrait être rectifié.

72.   Le projet de résolution E/CN.4/1998/L.75 est adopté sans vote.

Projet de résolution E/CN.4/1998/L.77/Rev.1 (Cinquantième anniversaire de la Déclaration universelle des droits de l'homme)

73.   M. JAKUBOWSKI (Pologne) dit que le texte qu'il présente au nom des auteurs est le fruit de longues consultations entre un grand nombre de délégations. Il

espère donc qu'il pourra être adopté par consensus. Par rapport au projet de résolution E/CN.4/1998/L.77, le préambule a été modifié par l'insertion d'un nouveau sixième alinéa.

74.   Mme KLEIN (Secrétaire de la Commission) dit que les noms de toutes les délégations coauteurs du projet seront dûment consignés dans le rapport de la Commission.

75.   M. REYES RODRIGUEZ (Cuba) dit que vu la flexibilité dont les auteurs ont fait preuve, la délégation cubaine retire son projet de résolution E/CN.4/1998/L.26 et se joint aux auteurs du texte à l'examen.

76.   M. HAMIDON (Malaisie) dit que sans se dissocier du consensus, son pays aurait préféré qu'il soit fait mention dans le dispositif de la nécessité de continuer à examiner et à évaluer les progrès accomplis en matière de droits de l'homme depuis l'adoption de la Déclaration universelle des droits de l'homme. En effet, la communauté internationale n'a pas à l'évidence, atteint les objectifs visés dans la Déclaration universelle, en particulier dans le domaine de la coopération économique et de la réalisation des droits économiques, sociaux et culturels. Cette formulation aurait également été conforme au texte de consensus adopté par l'Assemblée générale dans sa résolution 52/117.

77.   M. IDRIS (Soudan) fait siennes les observations du représentant de la Malaisie.

78.   Le projet de résolution E/CN.4/1998/L.77/Rev.1 est adopté sans vote.

Projet de décision 7 de la Sous-Commission recommandé à la Commission, pour adoption, dans le document E/CN.4/1998/2-E/CN.4/Sub.2/1997/50 (Liberté de circulation et déplacements de populations)

79.   Le projet de décision 7 recommandé à la Commission par la Sous-Commission dans le document E/CN.4/1998/2-E/CN.4/Sub.2/1997/50 est adopté.

Projet de décision 8 proposé par la Sous-Commission à la Commission dans le document E/CN.4/1998/2-E/CN.4/Sub.2/1997/50, (Etude concernant le droit à la liberté de circulation)

80.   Le PRÉSIDENT dit que ce texte est remplacé par le projet de décision E/CN.4/1998/L.48, que la Commission a adopté.

Projet de décision 9 de la Sous-Commission recommandé à la Commission, pour adoption, dans le document E/CN.4/1998/2-E/CN.4/Sub.2/1997/50 (Droits de l'homme et terrorisme)

81.   M. SINGH (Inde) considère que l'étude sur la question du terrorisme et des droits de l'homme proposée par la Sous-Commission est tout à la fois importante et opportune. Certes, la manière d'aborder le problème du terrorisme, et même la question de savoir si le terrorisme constitue une violation des droits de l'homme, donnent lieu à des divergences de vues, certains préférant une approche purement légaliste, fondée sur le principe selon lequel seuls les Etats violent les droits de l'homme. Des progrès ont été faits à cet égard à la Conférence de Vienne, où l'on a reconnu que les actes, les méthodes et les pratiques

terroristes constituaient des activités visant la destruction des droits de l'homme. L'article 30 de la Déclaration universelle des droits de l'homme prévoit qu'aucun groupement ou individu n'a le droit de se livrer à des activités visant à la destruction des droits énoncés dans la Déclaration. Or les actes terroristes portent atteinte au droit le plus fondamental, le droit à la vie, et à de nombreux autres droits. La question de la responsabilité des individus ou des groupes, y compris les acteurs autres que les Etats, est déjà examinée par ailleurs s'agissant de la violence contre les femmes, des droits de l'enfant et de la cour criminelle internationale. Il reste beaucoup à faire, cependant, pour clarifier tous les aspects de cette question complexe. La Sous-Commission est la mieux placée pour entreprendre une étude détaillée et objective qui contribuera, il faut espérer, à l'instauration d'un consensus international. La délégation indienne espère donc que la Commission approuvera la recommandation de la Sous-Commission.

82.   M. COMBA (secrétariat) indique les incidences financières qu'aurait la nomination pour trois ans d'un nouveau rapporteur spécial chargé de procéder à une étude générale de la question du terrorisme et des droits de l'homme. Le montant des ressources nécessaires est estimé à 51 600 dollars pour l'exercice biennal 1998-1999 et à 41 300 dollars pour l'an 2000. Les dépenses qui ne pourront pas être financées par les crédits déjà ouverts au titre des frais de voyage et personnel d'appui seront inscrites dans l'état des incidences sur le budget programme qui sera soumis à la prochaine session du Conseil économique et social. Les dépenses pour l'an 2000 seront inscrites dans le projet de budget-programme pour l'exercice 2000-2001.

83.   Sur la demande du représentant des Etats-Unis, le projet de décision 9 est mis aux voix.

84.   Sur la demande du représentant de l'Inde, il est procédé au vote par appel nominal.

85.   L'appel commence par l'Australie, dont le nom est tiré au sort par le Président.

      Votent pour :   Afrique du Sud, Bangladesh, Bélarus, Bouthan, Botswana, Brésil, Cap-Vert, Chili, Chine, Congo, Cuba, Equateur, El Salvador, Fédération de Russie, Guatemala, Guinée, Inde, Indonésie, Madagascar, Malaisie, Mali, Maroc, Mozambique, Népal, Ouganda, Pakistan, Pérou, Philippines, République de Corée, République démocratique du Congo, Rwanda, Sénégal, Sri Lanka, Soudan, Tunisie, Uruguay, Venezuela.

      Votent contre :   Néant.

      S'abstiennent :   Allemagne, Argentine, Autriche, Canada, République tchèque, Danemark, Etats-Unis d'Amérique, France, Irlande, Italie, Japon, Luxembourg, Mexique, Pologne, Royaume-Uni, Ukraine.

86.   Par 37 voix contre zéro, avec 16 abstentions, le projet de décision 9 de
la Sous-Commission recommandé à la Commission, pour adoption, dans le document
E/CN.4/1998/2-E/CN.4/1997/50 est adopté.

Projets de résolution se rapportant au point 17 de l'ordre du jour

Projet de résolution E/CN.4/1998/L.44 (Services consultatifs, coopération
technique et Fonds de contributions volontaires des Nations Unies pour la
coopération technique dans le domaine des droits de l'homme)

87.   M. HUTH (Allemagne), présentant le projet de résolution au nom de ses
co-auteurs, fait observer que les services consultatifs dans le domaine des
droits de l'homme sont devenus un élément essentiel du dispositif des
Nations Unies en matière de droits de l'homme. Il félicite le Haut-Commissariat
aux droits de l'homme pour la qualité et l'étendue des services fournis malgré
l'insuffisance des ressources, ainsi que le Conseil d'administration du Fonds de
contributions volontaires des Nations Unies pour la coopération technique dans
le domaine des droits de l'homme pour son dévouement. Au paragraphe 8 du projet
de résolution, la Commission se félicite de ce que la coopération entre le
Haut-Commissariat et le PNUD ait été renforcée et que le Secrétaire général ait
prié la Haut-Commissaire d'élaborer des propositions en vue d'accentuer la
complémentarité des services d'assistance technique fournis dans le domaine des
droits de l'homme. Déplorant que les activités relatives aux services
consultatifs et à la coopération technique dans le domaine des droits de l'homme
soient financées en grande partie par des contributions volontaires, les auteurs
du projet de résolution soulignent, comme il est noté au paragraphe 10, la
nécessité d'augmenter la part de fonds prélevés sur le budget ordinaire de l'ONU
allouée à ces activités. Ils considèrent qu'il est particulièrement important
d'élargir le cercle des donateurs et notent que même les contributions modiques
sont les bienvenues. Ils espèrent que le projet de résolution sera adopté par
consensus.

88.   Mme KLEIN (Secrétaire de la Commission) annonce que les Etats ci-après se
sont portés co-auteurs du projet de résolution : Bélarus, Brésil, Cap-Vert,
Chypre, Grèce, Guatemala, Hongrie, Japon, Mongolie, Norvège, Pérou, République
de Corée, République dominicaine, Roumanie, Togo, Tunisie, Ukraine.

89.   M. SINGH (Inde) pense qu'il est essentiel de préserver la spécificité du
programme de services consultatifs et de coopération technique par rapport aux
activités de surveillance et aux missions sur le terrain, sachant que ces
éléments relèvent désormais du même service du Haut-Commissariat aux droits de
l'homme. La coopération technique vise avant tout à aider les pays à renforcer
la démocratie et la primauté du droit et procède essentiellement d'une approche
des droits de l'homme axée sur le développement, ce en quoi elle se distingue
nettement des activités de surveillance. Le renforcement des capacités
nationales est indispensable pour assurer des progrès durables dans l'exercice
des droits de l'homme et il faut encourager les Etats à recourir à la
coopération technique offerte par le Haut-Commissariat. La délégation indienne
regrette que les suggestions qu'elle avait faites eu égard à ces considérations
au cours des consultations n'aient pas été prises en compte, ce qui l'a empêchée
de continuer de parrainer la résolution sur le sujet.

90.   M. LEPATAN (Philippines) souscrit aux observations de la délégation
indienne.

91.   Le PRÉSIDENT dit que l'adoption du projet de résolution E/CN.4/1998/L.44
n'aurait pas d'incidences financières.

92.   Le projet de résolution (E/CN.4/1998/L.44 est adopté sans vote.

Projet de résolution E/CN.4/1998/L.51 (Situation des droits de l'homme en Haïti)

93.   M. RODRIGUEZ CEDENO (Venezuela) présente, au nom de ses co-auteurs, le
projet de résolution, qui a été élaboré au cours de consultations tenues au sein
du "Groupe des amis de Haïti", composé de l'Argentine, du Canada, du Chili, de
la France, des Etats-Unis et du Venezuela, en collaboration avec Haïti. Pour
l'essentiel, ce projet actualise le texte adopté les années précédentes, compte
tenu des rapports de l'Expert indépendant de la Commission.

94.   Aux prises avec une crise économique permanente à laquelle est venue
s'ajouter, depuis le mois de juin 1997, l'instabilité politique provoquée par
l'absence d'accord au sujet de la nomination du Premier Ministre, Haïti continue
de pâtir des carences du système judiciaire, de l'appareil policier et du
système pénitentiaire, ce qui a naturellement des répercussions négatives sur
les droits de l'homme. Le projet de résolution insiste donc sur la nécessité que
le Gouvernement haïtien, en coopération avec la communauté internationale,
prenne des mesures spécifiques pour faire face à cette situation et pour sortir
de l'impasse liée à la désignation du Premier Ministre. Enfin, étant donné la
persistance et la gravité du problème de la violence contre les femmes, le
projet de résolution invite à nouveau la Rapporteuse spéciale sur la violence
contre les femmes à se rendre en Haïti. Il semble que cette visite pourrait
avoir lieu à l'automne 1998 ou au début de 1999. Les auteurs du projet de
résolution espèrent qu'il sera adopté par consensus.

95.   Mme KLEIN (Secrétaire de la Commission) annonce que la Bolivie, le
Danemark, l'Equateur, les Etats-Unis d'Amérique, le Honduras, le Japon, le
Sénégal et la Suède se sont portés coauteurs du projet de résolution.

96.   Le PRÉSIDENT dit qu'il n'y a pas d'incidences financières.

97.   Le projet de résolution E/CN.4/1998/L.51 est adopté sans vote.

Projet de résolution E/CN.4/1998/L.66 (Assistance à la Somalie dans le domaine
des droits de l'homme)

98.   M. TOSCANO (Italie) présente le projet de résolution au nom de ses
coauteurs, auxquels se sont par la suite associés l'Australie, la Bulgarie, le
Canada, Chypre, le Danemark, la France, le Gabon, le Japon, la Norvège et la
Nouvelle-Zélande. Ayant déjà eu l'occasion, lors de son intervention devant la
Commission le 9 avril, d'en illustrer l'esprit et le contenu, il se bornera à
exprimer le voeu que ce projet de résolution soit adopté par consensus. Il tient
toutefois à réaffirmer la nécessité, évoquée à l'alinéa c) du paragraphe 3, que
toutes les parties en Somalie assument l'entière responsabilité de la protection
du personnel international et du personnel des ONG qui opèrent sur le
territoire, et il souhaite que le grave épisode de l'enlèvement du personnel du

Comité international de la Croix-Rouge et des pilotes qui a eu lieu le 15 avril
à l'aéroport de Mogadiscio trouve rapidement un dénouement positif.

99.   Le PRÉSIDENT indique que l'adoption du projet de résolution n'aurait pas
d'incidences financières.

100.   Le projet de résolution E/CN.4/1998/L.66 est adopté sans vote.

Projet de résolution E/CN.4/1998/L.71 (Situation des droits de l'homme au
Cambodge)

101.   Mme KERR (Australie) présente, au nom de ses coauteurs, le projet de
résolution, qui a fait l'objet de larges consultations. Aux termes de ce projet,
la Commission, entre autres dispositions, prend note avec satisfaction de la
visite faite au Cambodge par la Haut-Commissaire aux droits de l'homme en
janvier 1998 et accueille avec satisfaction le fait que le Gouvernement
cambodgien a accepté de proroger le mandat du bureau de Pnom Penh du
Haut-Commissariat ainsi que le rôle joué par les Nations Unies dans les
élections nationales. Elle demande en outre aux Etats Membres de concourir à la
tenue des élections.

102.   La représentante de l'Australie donne lecture de plusieurs modifications
que les auteurs sont convenus d'apporter au projet de résolution : au
paragraphe 8, après "intimidation" ajouter le membre de phrase "que les forces
armées restent neutres,"; à la fin du paragraphe 9 ajouter le membre de phrase
"et veille à ce qu'ils puissent reprendre librement leurs activités politiques;"
modifier le paragraphe 10 comme suit :

    "Accueille avec satisfaction la décision du Secrétaire général d'accepter
    l'invitation du Gouvernement cambodgien visant à ce que l'ONU joue un rôle
    de coordination dans la supervision internationale des élections prévues
    pour le 26 juillet;";

modifier le paragraphe 15 comme suit :

    "Exprime sa gratitude au Gouvernement et au peuple thaïlandais pour l'aide
    humanitaire accordée aux personnes déplacées du Cambodge, se félicite du
    rôle joué par les organismes des Nations Unies dans le rapatriement des
    réfugiés et des personnes déplacées, et demande au Gouvernement cambodgien
    d'assurer la pleine réintégration de ces personnes dans la société
    cambodgienne et dans la vie politique du pays et, en particulier, de
    déployer tous ses efforts pour permettre leur participation aux prochaines
    élections".

103.   Mme KLEIN (Secrétaire de la Commission) annonce que l'Allemagne, le
Canada, le Danemark, les Etats-Unis d'Amérique, la Finlande, la France,
l'Irlande, la Norvège et la Nouvelle-Zélande se sont portés coauteurs du projet
de résolution.

104.   M. TARMIDZI (Indonésie) souhaite faire, au nom des pays membres de
l'ANASE, quelques observations sur la situation actuelle au Cambodge, compte
tenu d'une part du rôle que joue l'ANASE dans le processus de rétablissement de
la paix et de la stabilité dans ce pays et, d'autre part, du fait que ce

processus se trouve dans une phase délicate. Il informe tout d'abord la
Commission que la Troïka de l'ANASE sur le Cambodge, qui se compose des
Ministres des affaires étrangères de l'Indonésie, des Philippines et de la
Thaïlande, se réunira à Bangkok le 18 avril pour examiner l'évolution récente de
la situation et procéder à des consultations avec les "Amis du Cambodge". Elle
sollicitera également une audience avec le prince Sihanouk, en reconnaissance et
à l'appui du rôle capital qu'il joue dans la réconciliation nationale.

105.   L'établissement d'un cadre législatif conforme aux normes internationales
relatives à la tenue d'élections multipartites, l'annonce par les forces en
conflit d'un cessez-le-feu séparé et unilatéral, l'amnistie royale accordée à
Samdech Norodom Ranariddh et le fait que celui-ci ait pu revenir, même
brièvement, au Cambodge, constituent autant d'éléments positifs susceptibles de
contribuer dans une certaine mesure à la conduite d'élections libres, régulières
et crédibles. Il reste encore cependant plusieurs problèmes importants à
régler : conclusion d'un cessez-le-feu permanent, réintégration des forces
royales armées du Cambodge dans les forces régulières, rapatriement des
Cambodgiens qui se trouvent en Thaïlande et préparation des élections du
26 juillet. Les pays membres de l'ANASE encouragent l'ONU à continuer de prêter
assistance au processus électoral. Pour leur part, ils continueront de faire de
leur mieux pour contribuer au rétablissement de la paix et de la stabilité
politique au Cambodge. Ils souhaitent que la Commission adopte le projet de
résolution par consensus.

106.   M. COMBA (Secrétariat) informe la Commission que la nomination du groupe
d'experts envisagée au paragraphe 20 du projet de résolution aurait des
incidences financières. Le coût total des activités du groupe est estimé à
46 400 dollars. Aucun crédit n'ayant été inscrit à ce titre dans le
budget-programme de 1998-1999, le Secrétaire général examinera la possibilité de
financer ces activités au moyen de ressources extrabudgétaires. Si cela n'était
pas possible, les crédits nécessaires seraient inscrits dans l'état des
incidences sur le budget-programme qui sera soumis à la prochaine session du
Conseil économique et social.

107.   Le projet de résolution E/CN.4/1998/L.71, tel qu'il a été oralement
modifié, est adopté sans vote.

La séance est levée à 17 h 35.

NATIONS UNIES

E

Conseil économique et social

Distr.
GÉNÉRALE

E/CN.4/1998/SR.49
5 juin 1998

Original : FRANÇAIS

COMMISSION DES DROITS DE L'HOMME

Cinquante-quatrième session

COMPTE RENDU ANALYTIQUE DE LA 49ème SÉANCE

tenue au Palais des Nations, à Genève,
le jeudi 16 avril 1998, à 15 heures

Président : M. SELEBI (Afrique du Sud)
puis : M. GALLEGOS CHIRIBOGA (Equateur)

SOMMAIRE

DÉCLARATION DU VICE-MINISTRE DES AFFAIRES ÉTRANGÈRES DE LA RÉPUBLIQUE D'ANGOLA

QUESTION DE LA VIOLATION DES DROITS DE L'HOMME ET DES LIBERTÉS FONDAMENTALES, OÙ QU'ELLE SE PRODUISE DANS LE MONDE, EN PARTICULIER DANS LES PAYS ET TERRITOIRES COLONIAUX ET DÉPENDANTS, ET NOTAMMENT :

a) QUESTION DES DROITS DE L'HOMME À CHYPRE (suite)

DROITS DE L'ENFANT, NOTAMMENT :

a) ÉTAT DE LA CONVENTION RELATIVE AUX DROITS DE L'ENFANT;

Le présent compte rendu est sujet à rectifications.

Les rectifications doivent être rédigées dans l'une des langues de travail. Elles doivent être présentées dans un mémorandum et être également incorporées à un exemplaire du compte rendu. Il convient de les adresser, une semaine au plus tard à compter de la date du présent document, à la Section d'édition des documents officiels, bureau E.4108, Palais des Nations, Genève.

Les rectifications aux comptes rendus des séances publiques de la Commission seront groupées dans un rectificatif unique qui sera publié peu après la session.

GE.98-12373 (EXT)

SOMMAIRE (<u>suite</u>)

b)   RAPPORT DU RAPPORTEUR SPÉCIAL CHARGÉ D'ÉTUDIER LA QUESTION DE LA VENTE
     D'ENFANTS, LA PROSTITUTION DES ENFANTS ET LA PORNOGRAPHIE IMPLIQUANT DES
     ENFANTS;

c)   PROGRAMME D'ACTION POUR LA PRÉVENTION DE LA VENTE D'ENFANTS, DE LA
     PROSTITUTION DES ENFANTS ET DE LA PORNOGRAPHIE IMPLIQUANT DES ENFANTS;

d)   QUESTION D'UN PROJET DE PROTOCOLE FACULTATIF À LA CONVENTION RELATIVE AUX
     DROITS DE L'ENFANT, CONCERNANT LA VENTE D'ENFANTS, LA PROSTITUTION DES
     ENFANTS ET LA PORNOGRAPHIE IMPLIQUANT DES ENFANTS, AINSI QUE LES MESURES
     DE BASE NÉCESSAIRES POUR PRÉVENIR ET ÉLIMINER CES PRATIQUES.

<u>La séance est ouverte à 15 heures</u>.

DÉCLARATION DU VICE-MINISTRE DES AFFAIRES ÉTRANGÈRES DE LA RÉPUBLIQUE D'ANGOLA

1.   <u>M. CHIKOTI</u> (Angola) dit qu'en cette année du cinquantième anniversaire de la Déclaration universelle des droits de l'homme, le sentiment général est qu'il y a encore beaucoup à faire. Les événements au Rwanda, dans l'ex-Yougoslavie, au Timor oriental, etc., sont d'ailleurs là pour rappeler le long chemin qui reste à parcourir. Pourtant, depuis 1948, l'humanité a franchi de grands pas dans le domaine des droits de l'homme. Il y a cinquante ans, la plupart des pays étaient colonisés et la discrimination raciale, l'arbitraire et l'obscurantisme sévissaient partout dans le monde. Depuis lors, les choses ont beaucoup changé et la communauté internationale s'est dotée d'un imposant système de garanties dans le domaine des droits de l'homme. Mais les maladies, la désertification, la sécheresse, la guerre, l'analphabétisme et les nombreux autres fléaux dont souffre une grande partie de l'humanité créent des situations dans lesquelles les droits de l'homme ne sont pas respectés. Pour combattre ces phénomènes, il convient de réorienter d'urgence les relations économiques internationales de façon à mettre davantage l'accent sur le développement durable et l'allégement du fardeau de la dette. Dans cette optique, les échanges commerciaux, même préférentiels, ne sauraient remplacer l'aide au développement car entre des économies qui ne sont pas au même niveau il ne peut y avoir de véritable concurrence.

2.   Au cours des vingt dernières années, en dépit des agressions militaires étrangères et du conflit interne, l'Angola a pris nombre de mesures concrètes pour promouvoir les droits de l'homme, adhérant à différents instruments internationaux et adoptant des lois qui ont radicalement transformé le paysage politique et renforcé les droits des citoyens. Il s'emploie actuellement à consolider le processus d'unification et de réconciliation nationales. Avec le rétablissement de la paix, le fonctionnement normal des institutions démocratiques a été assuré.

3.   Dans le cadre de ses efforts pour promouvoir les droits de l'homme, le gouvernement d'unité et de réconciliation nationale bénéficie de l'assistance de la communauté internationale, notamment de l'ONU, qui contribue à faire connaître les différents instruments relatifs aux droits de l'homme et les lois nationales connexes dans toutes les régions du pays et aide, par le biais de la Mission d'observation des Nations Unies en Angola (MONUA), les autorités à organiser des séminaires nationaux et régionaux sur les droits de l'homme à l'issue desquels des comités provinciaux des droits de l'homme sont mis en place. La radio et la télévision angolaises diffusent régulièrement des émissions sur les droits de l'homme dans les langues locales ainsi que des programmes d'information de l'ONU destinés à l'ensemble de la population.

4.   Le Ministère de la justice s'est doté d'un département des droits de l'homme qui organise des activités de sensibilisation et forme des éducateurs dans toutes les régions du pays. Un procureur général adjoint ayant pour tâche de veiller au respect de la légalité a été nommé au bureau du Procureur général. L'Assemblée nationale a constitué une commissions chargée d'examiner les allégations de violation des droits de l'homme émanant de particuliers ou d'institutions nationales ou étrangères. En outre, le Ministère de l'intérieur dispose d'un service d'inspection qui reçoit les plaintes contre la police et leur donne la suite voulue et surveille le comportement des membres de la force

publique. Les tribunaux angolais, tant civils que militaires, ont déjà jugé et condamné des personnes accusées d'avoir commis des violations des droits de l'homme. Enfin, les autorités s'emploient à mettre en place une commission nationale des droits de l'homme. Cet organe, qui est appelé à servir d'intermédiaire entre les pouvoirs publics et la population, sera ouvert à tous les courants de la société.

5.   L'Angola présentera en 1998 son rapport initial au Comité des droits de l'homme en application de l'article 40 a) du Pacte international relatif aux droits civils et politiques. Ce document donnera un aperçu complet des efforts déployés par les pouvoir publics pour promouvoir les droits de l'homme dans le pays.

6.   L'attachement du Gouvernement angolais aux droits de l'homme s'étend, par-delà le territoire national, à toute l'Afrique. A cet égard, l'Angola accueillera, du 26 au 30 octobre 1998, la Conférence ministérielle sur les droits de l'homme et des peuples en Afrique, durant laquelle les obstacles à l'application de la Charte africaine des droits de l'homme et des peuples seront examinés et la création de nouveaux mécanismes visant à renforcer les capacités des Etats africains dans le domaine des droits de l'homme sera recommandée. Le Gouvernement angolais et l'OUA comptent sur l'appui de la communauté internationale, en particulier de l'ONU, pour assurer le succès de cette conférence.

7.   Enfin l'Angola saisit cette occasion pour réaffirmer sa solidarité avec la population du Timor oriental dans sa lutte pour l'autodétermination. Il encourage le Secrétaire général à poursuivre ses efforts en vue d'un dialogue entre le Portugal, ancienne puissance administrante, et l'Indonésie dans l'optique d'un juste règlement du conflit.

QUESTION DE LA VIOLATION DES DROITS DE L'HOMME ET DES LIBERTÉS FONDAMENTALES, OÙ QU'ELLE SE PRODUISE DANS LE MONDE, EN PARTICULIER DANS LES PAYS ET TERRITOIRES COLONIAUX ET DÉPENDANTS, ET NOTAMMENT :

a)   QUESTION DES DROITS DE L'HOMME À CHYPRE (point 10 de l'ordre du jour) (suite) (E/CN.4/1998/3 et Corr.1, E/CN.4/1998/9, E/CN.4/1998/12 à 15, E/CN.4/1998/55 à 67, E/CN.4/1998/68 et Add.1 à 3, E/CN.4/1998/69 à 73, 113, 114, 126, 127, 130, 132, 138, 139, 140/Rev.1, 142, 143, 147 à 150, 152, 154, 163 et 164; E/CN.4/1998/NGO/7, 13, 39, 40, 93 et 101; A/52/472, 476, 479, 484, 486 et Add.1/Rev.1, A/52/493, 505, 510 et 522).

8.   Mme EIVAZOVA (Observatrice de l'Azerbaïdjan) souligne que depuis l'installation des Arméniens en Transcaucasie au milieu du XIXème siècle, le peuple azéri a été victime d'expulsion de ses terres ancestrales, de massacres et de génocide. L'actuelle agression armée de l'Arménie contre l'Azerbaïdjan, qui s'inscrit dans la poursuite du mythe d'une "Grande Arménie", est la cause de violations flagrantes des droits de l'homme qui relèvent de la catégorie des crimes contre l'humanité. Plus de 20 % du territoire de l'Azerbaïdjan est occupé et il y a plus d'un million de réfugiés et de personnes déplacées dans le pays. Il est à noter que toutes les villes et tous les districts ont été pris après que le Conseil de sécurité eut adopté quatre résolutions demandant que soient respectées la souveraineté et l'intégrité territoriale de l'Azerbaïdjan ainsi que l'inviolabilité de ses frontières.

9.   La délégation azerbaïdjanaise appelle l'attention de la Commission sur le
fait que 4 820 Azerbaïdjanais, dont 316 femmes, 60 enfants et 250 personnes
âgées, ont été pris en otage ou sont portés disparus. On connaît le sort de 867
d'entre eux; 229 sont en territoire arménien et 638 dans les territoires
azerbaïdjanais occupés. Otages et prisonniers de guerre sont contraints au
travail forcé par les autorités arméniennes et soumis à des traitements
inhumains et à la torture. La grande majorité d'entre eux sont détenus du côté
arménien, à l'insu du Comité international de la Croix-Rouge.

10.   Conformément à la Convention sur l'imprescriptibilité des crimes de guerre
et des crimes contre l'humanité, les Etats doivent prendre les mesures
nécessaires pour permettre l'extradition des auteurs de tels crimes. Le
Gouvernement azerbaïdjanais demande à la communauté internationale de redoubler
d'efforts pour faire appliquer les résolutions pertinentes du Conseil de
sécurité et parvenir à un règlement pacifique du conflit armé entre l'Arménie et
l'Azerbaïdjan, conformément aux principes d'un règlement qui ont été adoptés
lors du dernier Sommet de l'OSCE à Lisbonne.

11.   M. FADZAN (Observateur de la Bosnie-Herzégovine) déclare que, plus de deux
ans après la signature des accords de paix de Dayton, la Bosnie-Herzégovine
connaît encore beaucoup de problèmes. Si, sur le plan militaire, ces accords ont
donné de bons résultats, la situation reste très complexe en ce qui concerne les
différents aspects de la vie civile : les questions du retour des réfugiés et
des personnes déplacées, de la liberté de circulation, du droit à la propriété
et à la liberté d'expression, pour ne parler que des plus importantes, sont
encore loin d'être complètement résolues. En outre, il est urgent de juger les
criminels de guerre. Mais l'extrême nationalisme et le séparatisme de certains
milieux politiques restent le principal obstacle au relèvement rapide de la
Bosnie-Herzégovine et à l'édification d'un régime pleinement démocratique et
d'une société pluraliste. Le rôle de la communauté internationale demeure
fondamental et il importe que soit maintenue la conditionnalité de l'aide
financière et économique consentie par la communauté internationale.

12.   La Constitution de la Bosnie-Herzégovine offre un cadre juridique très
élaboré pour la protection des droits de l'homme. En outre, les organismes de
défense des droits de l'homme tels que l'institution du médiateur et la
Commission nationale des droits de l'homme jouent un rôle de plus en plus grand.
Les autorités de Bosnie-Herzégovine s'efforcent de faire respecter les droits de
l'homme le plus largement possible conformément aux normes internationalement
reconnues et d'adhérer aux institutions européennes. Elles se félicitent de
l'action menée par Mme Rehn, ex-Rapporteuse spéciale sur la Bosnie-Herzégovine
et désormais Représentante spéciale du Secrétaire général de l'ONU en Bosnie-
Herzégovine, et l'assurent de leur coopération. Elles souhaiteraient que la
Commission prenne en considération les points suivants dans la résolution
qu'elle adoptera : mise en place systématique d'un système juridique et
d'institutions fondés sur la primauté du droit; renforcement de la coopération
avec le Tribunal pénal international pour l'ex-Yougoslavie et nécessité de
prendre d'urgence des mesures plus efficaces pour arrêter les criminels de
guerre; nécessité de redoubler d'efforts en matière de logement mais surtout
d'emploi pour permettre le retour des réfugiés et des personnes déplacées;
accroissement du soutien financier et matériel en faveur de la recherche des
personnes disparues; tenue d'élections libres et régulières; nécessité de
favoriser la mise en place de médias libres et indépendants; nécessité

d'encourager les communautés religieuses à continuer d'oeuvrer en faveur de la réconciliation.

13. M. MCHUMO (Observateur de la République-Unie de Tanzanie) dit que, en tant que pays voisin, la Tanzanie suit de très près les événements au Burundi et a pris connaissance avec grand intérêt du troisième rapport du Rapporteur spécial sur la situation des droits de l'homme dans ce pays, M. Pinheiro (E/CN.4/1998/72 et Add.1). Elle partage le point de vue du Rapporteur spécial selon lequel la situation est toujours incertaine et varie d'une province à l'autre. Elle peut pour sa part témoigner du fait que des réfugiés des camps de Tanzanie sont spontanément retournés dans les zones sûres du Burundi. Elle est préoccupée par l'exécution de six personnes à l'issue d'une procédure qui, à l'évidence, n'était pas régulière et par le sort de 71 personnes condamnées à mort à l'issue de procédures analogues. Elle s'inquiète aussi de la prolifération des armes au Burundi. Cela étant, elle ne partage pas le point de vue de M. Pinheiro selon lequel "Lorsqu'on parle de démocratisation au Burundi, il doit être clair dans les esprits qu'il ne s'agit pas de réduire la démocratie à une pratique électorale inspirée du principe de majorité, c'est-à-dire "à chacun une voix". En effet, il n'y a pas lieu de déroger au principe "à chacun une voix" par bienveillance pour le régime Buyoya.

14. En ce qui concerne les sanctions imposées au Burundi par les pays voisins à la suite du coup d'Etat militaire du 25 juillet 1996, le Gouvernement tanzanien regrette que le Rapporteur spécial continue de déformer les faits et d'affirmer à tort qu'elles constituent une violation des droits de l'homme. Il rappelle que l'action des rapporteurs spéciaux doit être impartiale, objective et fondée sur la non-sélectivité. Or, le Rapporteur spécial n'a, par exemple, pas noté que les pays de la région sont sensibles au sort des femmes et des enfants et que les sanctions ont été modulées pour tenir compte de préoccupations humanitaires. L'objet des sanctions n'est pas de punir, mais de faire avancer le processus de paix. Même certains partis politiques du Burundi, dont le FRODEBU, qui a gagné les élections en 1993, ont demandé un renforcement des sanctions. Le Gouvernement tanzanien conteste également la demande du Rapporteur spécial tendant à ce qu'un mécanisme indépendant procède à une évaluation des sanctions et rejette la demande qu'il adresse au HCR et à lui-même pour que des camps qui sont en place depuis des décennies et n'ont jamais été source de problèmes soient déplacés vers l'intérieur du pays.

15. Le PRESIDENT déclare qu'il va à présent donner la parole aux délégations qui ont demandé à exercer leur droit de réponse.

16. M. MERIC (Observateur de la Turquie) déplore les accusations tendancieuses et infondées portées contre son pays par le représentant de l'Union européenne. Ces accusations, qui sont répétées au fil des années sans tenir compte du fait que la Turquie s'efforce d'assurer l'exercice des droits de l'homme et coopère en toute honnêteté avec les mécanismes des Nations Unies en la matière, sont pour lui politiques; elles auraient d'ailleurs peut-être plus de poids si l'Union européenne reconnaissait ses propres défaillances dans le domaine des droits de l'homme, notamment la discrimination et les mauvais traitements auxquels les travailleurs migrants sont en butte en Europe. On comprend d'ailleurs mal pourquoi l'Union européenne insiste tant pour que le Rapporteur spécial sur la torture et le Groupe de travail sur les disparitions forcées ou involontaires se rendent en Turquie au plus tôt, alors qu'ils y ont déjà été invités et qu'il est normal que les visites aient lieu à des dates convenues. Le

représentant de l'Union européenne a déclaré que le terrorisme qui sévit en Turquie trouve son origine dans ce qu'elle appelle le conflit du sud-est. Cette façon de voir les choses est erronée car le terrorisme ne procède pas d'un conflit dans une région de la Turquie; c'est en fait une action violente, à des fins séparatistes, menée à l'échelle du pays par une organisation illégale soutenue de l'extérieur. Le Gouvernement turc entend à la fois lutter contre le terrorisme séparatiste et avancer sur la voie de la démocratie et de la protection des droits de l'homme.

17. D'autres intervenants, dont des représentants d'ONG, ont également formulé des accusations sans fondement. A l'observateur de la Norvège, M. Meric tient à dire qu'il n'y a pas en Turquie de minorité selon le critère de l'origine ethnique. Tout citoyen turc, quelle que soit son origine ethnique, jouit des mêmes droits et obligations; il est libre d'exercer des droits culturels différents. Répondant aux déclarations faites par l'Observateur de la Grèce et l'Observateur chypriote grec, M. Méric souligne que la question de Chypre est une question à tous égards politique. Lorsqu'on parle de la question des droits de l'homme à Chypre, il conviendrait en premier lieu de se référer à la situation du début des années 60, période pendant laquelle la communauté chypriote turque était réprimée et harcelée sans pitié par les Chypriotes grecs soutenus par la Grèce. La partie grecque se garde bien de mentionner la période comprise entre 1963 et 1974.

18. M. EFTYCHIOU (Observateur de Chypre) souligne que Chypre est un pays souverain et indépendant, en dépit de tout ce que peut dire l'Observateur de la Turquie, qui défend l'indéfendable. Celui-ci voudrait donner l'impression que seule la Turquie détient la vérité sur Chypre alors que la communauté internationale tout entière a pris position sans ambiguïté contre l'invasion et l'occupation turques et adopté à ce sujet d'innombrables résolutions. Il voudrait faire croire que 200 000 personnes n'ont pas été chassées de leurs foyers et qu'il n'y a pas une armée d'occupation de 35 000 soldats dans l'île, ou encore que le fait que près de 110 000 colons turcs s'installent à Chypre ne constitue pas de violation de la Quatrième Convention de Genève. Bientôt la Turquie demandera aux Chypriotes de s'excuser de demander la réalisation de leurs droits fondamentaux et d'oser appeler l'occupation par son nom. Mais l'attitude turque n'est pas nouvelle et ce n'est pas la première fois que la Turquie cherche à satisfaire sa volonté d'expansion territoriale au détriment de pays voisins. L'Observateur de la Turquie a parlé des années 60; il faut savoir cependant que dès 1954, c'est-à-dire avant même la création de la République de Chypre, le Ministre turc des affaires étrangères avait déclaré que Chypre était une extension de la Turquie et devait lui revenir compte tenu de la proximité géographique. En outre, le dirigeant chypriote turc, M. Denktas, a signé un document en date du 14 septembre 1963 dans lequel étaient clairement définies les visées de la Turquie sur Chypre.

19. M. MANOUSSAKIS (Observateur de la Grèce) s'associe pleinement à la déclaration de l'Observateur de Chypre. Notant que l'Observateur de la Turquie a une fois de plus cherché à atténuer la responsabilité de son pays dans l'affaire chypriote, il souligne que des questions aussi graves que celles de l'occupation, de l'implantation de colons et du sort des personnes disparues ne peuvent être résolues en rejetant la faute sur l'autre partie au moyen d'allégations sans fondement. La Grèce et la communauté internationale demandent que la Turquie respecte les résolutions de l'ONU conformément aux dispositions de la Charte. Plus spécifiquement, la Turquie doit retirer ses troupes de Chypre

et, conformément au Traité de garantie, respecter ses obligations en ce qui concerne le respect de l'intégrité territoriale de la République de Chypre.

20.   M. MERIC (Observateur de la Turquie) note que la période comprise entre 1963 et 1974 a été ignorée par les délégations grecque et chypriote. Il renvoie à un rapport du Secrétaire général en date du 22 novembre 1993 (S/26777), dans lequel le Secrétaire général met en évidence la paranoïa de la presse chypriote grecque, paranoïa à laquelle n'échappent pas les membres des milieux chypriotes grecs. Tant qu'existera ce sentiment de paranoïa, la question de Chypre ne pourra pas être réglée.

21.   M. EFTYCHIOU (Observateur de Chypre) dit qu'au diagnostic de l'Observateur de la Turquie, il préfère l'opinion du reste de la communauté internationale. Revenant sur le document signé par M. Denktas, il souligne qu'il était prévu que la communauté turque dispersée dans l'île serait de force concentrée dans une zone dont l'étendue dépendrait des plans stratégiques des experts. Les autorités turques prévoyaient de demander à l'ONU la partition de l'île. L'Observateur de la Turquie trouvera certainement dans son pays des détails sur les plans concernant Chypre élaborés par son gouvernement à l'époque du document en question.

22.   M. DEMBRI (Observateur de l'Algérie) dit combien il réprouve la rhétorique désuète et la méthodologie simpliste d'Amnesty International qui fait fond sur des informations non recoupées et des témoignages anonymes, hors de toute procédure contradictoire. Il déplore que cette organisation ait souhaité la confrontation. Il respecte ce qu'était cette organisation à l'époque de Sean MacBride, qui a su la mener sur la voie de la rencontre entre les cultures et les civilisations, mais elle est aujourd'hui dirigée par des histrions folkloriques qui ont érigé un système bureaucratique pratiquant la dénonciation calomnieuse et fabriquant des épistoliers sycophantes. Quelle autorité morale et intellectuelle peut avoir aujourd'hui Amnesty International ?

23.   Par ailleurs, la Fédération internationale des droits de l'homme n'a pas sa place dans l'enceinte sacrée qu'est la Commission. De quel droit fait-elle la leçon aux Etats alors que, entre 1922, date de sa création, et 1962, elle a soutenu les droits des colons contre les droits des peuples colonisés ?

24.   M. EL KHAZEN (Observateur du Liban) répond à la déclaration faite par l'Observateur d'Israël au sujet de la résolution 425 (1978) du Conseil de sécurité et du retrait de l'armée israélienne du sud du Liban en contrepartie d'arrangements de sécurité. Le Gouvernement libanais rejette catégoriquement les conditions qu'Israël pose au retrait de ses troupes, soulignant que la proposition israélienne porte atteinte à la souveraineté du Liban et que la résolution 425 (1978) ne prévoit pas d'arrangements de sécurité. En cherchant à faire intervenir les forces de sécurité libanaises, le Gouvernement israélien veut renforcer sa sécurité; sa proposition est même une invitation à punir la résistance qui a défendu le Liban et à récompenser ceux qui ont défendu Israël. Le Gouvernement israélien cherche par cette démarche à redorer son blason auprès de la communauté internationale. Il est regrettable que l'Observateur d'Israël n'ait pas parlé du sort des détenus dans les prisons israéliennes, qui sont soumis à la torture, ni de la décision de la Haute Cour israélienne qui considère les détenus comme des otages et comme un atout dans la négociation.

25.   M. SINGH GILL (Inde), rejetant totalement les allégations sans fondement formulées par la délégation pakistanaise, dit que celle-ci n'a qu'une idée, se servir de la Commission comme d'une tribune pour propager des idées fausses sur l'Inde. Son attitude répond de toute évidence à des impératifs politiques puisque ses propos sont immédiatement repris dans la presse pakistanaise. Il n'est d'ailleurs pas étonnant que le Gouvernement pakistanais réagisse violemment aux critiques formulées contre son pays devant la Commission lorsqu'on sait le peu d'attention qu'il porte droits de ses citoyens. Le Pakistan sécrète l'intolérance, l'hypocrisie et la violence. Dans une partie de l'Inde, il soutient et finance des militants armés, dont beaucoup de mercenaires étrangers, qui s'attaquent aux citoyens indiens innocents. L'idéologie de la violence qui inspire les autorités pakistanaises et la discrimination qu'elles imposent aux minorités et aux femmes se sont exportées avec des conséquences dramatiques, en s'appuyant notamment sur des groupes qui ne respectent guère les droits de l'homme. Il est temps que la Commission se rende compte de cette réalité et demande des comptes au Pakistan.

26.   Mme JANJUA (Pakistan) déclare que les mensonges proférés année après année par la délégation indienne visent à éviter que l'on parle de la manière dont l'Inde viole les droits fondamentaux du peuple cachemiri. L'Inde est la seule puissance postcoloniale qui continue de refuser à un autre peuple le droit à l'autodétermination. La situation des droits de l'homme en Inde est dramatique; il suffit de lire les rapports du Rapporteur spécial sur la torture, du Rapporteur spécial sur les exécutions extrajudiciaires sommaires et arbitraires, ou encore les rapports des ONG. Six cent mille terroristes portant l'uniforme indien combattent au Cachemire et y commettent les pires violations des droits de l'homme. Au vu de cette situation, on peut être surpris que l'Inde joue les victimes. Un responsable du BJP, le parti au pouvoir en Inde, a osé déclarer que si les musulmans ne se conduisaient pas bien, il faudrait les traiter comme les Juifs l'ont été en Allemagne. De tels propos sont loin de la tolérance prônée par l'Inde. Si, comme l'affirme la délégation indienne, tout va bien au Cachemire, pourquoi le Gouvernement indien y maintient-il des troupes, et pourquoi s'obstine-t-il à refuser une enquête impartiale au Cachemire, sous l'égide de l'Organisation des Nations Unies ?

27.   M. NSEIR (Observateur de la République arabe syrienne) dit qu'à la séance précédente Israël a nié faire des déclarations qui procèdent purement et simplement de la désinformation. Il est pourtant évident que toutes les déclarations d'Israël sont fondées sur le mensonge. Quand Israël prétend être prêt à négocier avec la République arabe syrienne sans conditions préalables, il entend simplement saper le processus engagé en 1991 à Madrid dans le cadre de la Conférence de paix sur le Moyen-Orient. La République arabe syrienne, quant à elle, ne souhaite que la paix conformément aux dispositions des résolutions de l'ONU et au principe "la terre contre la paix", avec le retrait total d'Israël du Golan syrien occupé et le respect de tous les autres engagements pertinents. Or, les décisions du cabinet israélien ont vidé de son sens la résolution 425 (1978) du Conseil de sécurité, qui prévoyait le retrait d'Israël du Sud-Liban et de la région de la Bekaa. Pour la République arabe syrienne, la voie de la paix réelle est claire et passe forcément par Damas.

28.   M. PINHEIRO (Rapporteur spécial sur la situation des droits de l'homme au Burundi) remercie l'observateur de la République-Unie de Tanzanie pour ses observations au sujet de son rapport (E/CN.4/1998/72 et Add.1) et lui sait gré d'avoir confirmé son objectivité concernant notamment les questions de la

sécurité, des exécutions et de la livraison d'armes. Il tient toutefois à
préciser qu'il n'a aucun mandat quant au maintien ou à la suspension des
sanctions contre le Burundi que tout au plus il peut constater les effets
desdites sanctions sur la situation des droits économiques, sociaux et culturels
dans ce pays. Le Rapporteur spécial n'a donc soutenu aucune position à l'égard
des sanctions et a simplement exprimé l'avis que l'établissement d'un mécanisme
d'évaluation lui semblait toujours judicieux.

29.   Le PRESIDENT dit que la Commission a ainsi achevé son débat général sur le
point 10.

DROITS DE L'ENFANT, NOTAMMENT :

a)   ÉTAT DE LA CONVENTION RELATIVE AUX DROITS DE L'ENFANT;
b)   RAPPORT DU RAPPORTEUR SPECIAL CHARGÉ D'ÉTUDIER LA QUESTION DE LA VENTE
       D'ENFANTS, LA PROSTITUTION DES ENFANTS ET LA PORNOGRAPHIE IMPLIQUANT DES
       ENFANTS;
c)   PROGRAMME D'ACTION POUR LA PRÉVENTION DE LA VENTE D'ENFANTS, DE LA
       PROSTITUTION DES ENFANTS ET DE LA PORNOGRAPHIE IMPLIQUANT DES ENFANTS;
d)   QUESTION D'UN PROJET DE PROTOCOLE FACULTATIF À LA CONVENTION RELATIVE AUX
       DROITS DE L'ENFANT, CONCERNANT LA VENTE D'ENFANTS, LA PROSTITUTION DES
       ENFANTS ET LA PORNOGRAPHIE IMPLIQUANT DES ENFANTS, AINSI QUE LES MESURES
       DE BASE NÉCESSAIRES POUR PRÉVENIR ET ÉLIMINER CES PRATIQUES (point 20 de
       l'ordre du jour) (E/CN.4/1998/99, 100, 101 et Add.1 et 2, 102, 103 et 119;
       E/CN.4/1998/NGO/2 et 38; CRC/C/66 et 69)

30.   Mme SANTOS PAIS (Fonds des Nations Unies pour l'enfance) dit que la
Convention relative aux droits de l'enfant, ratifiée par 191 Etats depuis son
entrée en vigueur, est une illustration concrète de l'universalité des droits
fondamentaux. Deux pays seulement ne l'ont pas ratifiée. La Convention a
favorisé une indéniable évolution sociale en faveur de l'enfant et de ses
droits. La publication récente par l'UNICEF d'un manuel sur la mise en oeuvre de
la Convention devrait permettre de promouvoir l'information et la
sensibilisation en relation avec les problèmes des enfants et aider les
gouvernements à concrétiser les principes consacrés dans la Convention. La
Convention constitue aussi une orientation pour l'UNICEF dans toutes ses
activités visant à la réalisation des droits de l'enfant.

31.   Comme les droits de l'enfant ne sauraient être limités à un domaine ou à
un secteur spécifique, l'UNICEF se félicite de la timide tendance qui se dessine
à la Commission en faveur de l'examen des droits fondamentaux des enfants au
titre de différents points de l'ordre du jour. Il se réjouit, en particulier, de
l'accent qui a été mis sur le droit à l'éducation lorsqu'a été examinée la
question de la réalisation des droits économiques, sociaux et culturels et
accueille avec enthousiasme la proposition de nommer un rapporteur spécial sur
le droit à l'éducation. Il constate cependant que dans le cadre des travaux de
la Commission concernant la torture, la détention arbitraire et les
disparitions, par exemple, et dans les rapports sur la situation dans tel ou tel
pays, la composante droits fondamentaux de l'enfant n'occupe pas la place
qu'elle mérite. Et cela ne signifie malheureusement pas que les enfants ne sont
pas victimes de violations des droits de l'homme, mais que leur sort est ignoré.
A preuve la tragédie des enfants enlevés en Ouganda. L'UNICEF souscrit donc
résolument à l'idée de réformer l'ordre du jour de la Commission de façon à ce
que les droits de l'enfant soient pris en considération dans tous les aspects

des travaux et appuie l'élaboration d'un protocole facultatif à la Convention relative aux droits de l'enfant, concernant l'implication d'enfants dans les conflits armés. La dimension droits de l'enfant devrait également être prise en compte dans les travaux préparatoires sur la future cour criminelle internationale.

32.   Etant donné que les questions concernant les enfants mobilisent de plus en plus l'attention de la communauté internationale, l'UNICEF pense que de par son universalité la Convention offre au système des Nations Unies une occasion exceptionnelle d'articuler son action dans le prochain millénaire autour des droits fondamentaux des enfants.

33.   Mme CALCETAS-SANTOS (Rapporteuse spéciale sur la vente d'enfants, la prostitution des enfants et la pornographie impliquant des enfants), rappelant que son précédent rapport (E/CN.4/1997/95) était axé sur l'effet catalyseur du système judiciaire dans la protection des enfants contre l'exploitation sexuelle, dit que dans son rapport courant (E/CN.4/1998/101 et Add.1 et 2), elle analyse le rôle catalyseur des médias et du système éducatif à partir des informations reçues des gouvernements, des organismes des Nations Unies et des ONG. Elle fait aussi référence au cadre juridique international afin que certains droits apparaissant parfois contradictoires, notamment en relation avec la liberté d'information et d'expression, puissent être mieux appréhendés.

34.   En ce qui concerne le rôle des médias traditionnels d'abord, la Rapporteuse spéciale a repris les trois grands domaines à examiner dans ce contexte qui avaient été identifiés par le Comité des droits de l'enfant : participation des enfants aux médias; protection de l'enfant contre les influences néfastes véhiculées par les médias; et respect de l'intégrité de l'enfant dans les programmes des médias. Elle appelle l'attention sur certaines dérives inquiétantes qui doivent inciter à ne pas perdre de vue, malgré le souci d'empêcher les abus pédophiles, certains droits fondamentaux du défendeur, et surtout la présomption d'innocence.

35.   S'agissant des nouveaux médias, elle analyse le rôle des technologies nouvelles, en particulier d'Internet, dans l'exploitation sexuelle des enfants à des fins commerciales, résume leur impact et examine certaines des initiatives prises à l'échelon national ou international. Les solutions envisagées, à savoir contrôle exercé par les parents, contrôle exercé par les médias eux-mêmes ou réglementation par les pouvoirs publics, sont aussi évoquées.

36.   La Rapporteuse spéciale a constaté que le rôle de l'éducation, scolaire ou non scolaire, était déterminant pour la prévention de l'exploitation sexuelle des enfants ainsi que pour la réadaptation des victimes. Cette éducation doit s'étendre à tous les secteurs de la société, y compris les décideurs. A cet égard, la Rapporteuse spéciale fait référence aux évolutions et aux initiatives aux niveaux national et international.

37.   Par ailleurs, elle s'est rendue en 1997 au Kenya et au Mexique (E/CN.4/1998/101/Add.1 et 2, respectivement) pour y enquêter sur l'exploitation sexuelle des enfants à des fins commerciales; elle tient à remercier les gouvernements de ces deux pays pour leur coopération.

38.   Une délégation de 36 enfants et jeunes de 16 à 26 ans de divers pays, tous victimes d'exploitation sexuelle lorsqu'ils étaient mineurs, a assisté au Sommet

des jeunes victimes d'exploitation sexuelle - sortis de l'ombre - tenu à Victoria (Canada) du 7 au 12 mars 1998. Leur présence a donné un sens concret au droit de l'enfant à la participation consacré dans différentes dispositions de la Convention. Ces jeunes ont adopté une déclaration selon laquelle l'expression "enfants prostitués" ou "jeunes prostitués" ne doit plus être utilisée. Ces enfants et ces jeunes sont victimes d'exploitation sexuelle et toute formulation ou référence les concernant doit refléter cette conviction; l'exploitation sexuelle des enfants et des jeunes à des fins commerciales est une forme de maltraitance des enfants et d'esclavage; tous les enfants et les jeunes ont le droit d'être protégés contre toutes les formes de maltraitance et d'exploitation, et contre la menace de maltraitance, de sévices ou d'exploitation; l'exploitation commerciale des enfants et des jeunes ne doit plus être une source de profit; tous les enfants et les jeunes ont le droit de connaître leurs droits; le problème de l'exploitation sexuelle des enfants et des jeunes doit être une priorité mondiale et les nations doivent considérer que non seulement leurs voisins, mais elles-mêmes aussi ont à en répondre; les gouvernements ont l'obligation de mettre en place des lois qui reflètent le principe de la tolérance zéro à l'égard de toutes les formes de maltraitance et d'exploitation des enfants et des jeunes.

39.   Pour répondre au défi ainsi lancé, la Rapporteuse spéciale propose d'abord de modifier le titre de son mandat, qui pourrait porter désormais sur les enfants victimes de la traite et/ou d'exploitation sexuelle à des fins commerciales. L'ONU devrait montrer la voie en donnant une plus haute priorité aux questions concernant ces enfants et en intégrant des mesures de protection dans ses activités, notamment dans le cadre de la Conférence mondiale contre le racisme, la discrimination raciale, la xénophobie et l'intolérance qui y est associée prévue pour 2001. Enfin, la coordination entre les différents services et organismes des Nations Unies devrait être améliorée, par exemple s'agissant des activités de coopération technique.

40.   M. GALLEGOS CHIRIBOGA (Equateur) prend la présidence.

41.   Mme PEREZ DUARTE Y NOROÑA (Mexique) dit que son gouvernement examinera attentivement les conclusions et recommandations présentées par la Rapporteuse spéciale sur la vente d'enfants, la prostitution des enfants et la pornographie impliquant des enfants dans son rapport sur sa mission au Mexique (E/CN.4/1998/101/Add.2). Le Mexique est en effet convaincu que, pour combattre ces pratiques, il faut privilégier l'éducation, la formation et la communication à tous les niveaux et briser le silence de la société, qui, au Mexique comme partout ailleurs, reste le complice privilégié des auteurs de tels agissements.

42.   Bien que la Rapporteuse spéciale ait eu l'occasion d'observer les mesures appliquées à cet égard au Mexique, notamment dans le cadre de l'administration de la justice, il semble que certains aspects n'aient pas été mis en lumière de façon suffisamment précise, surtout en ce qui concerne l'identification et la punition des auteurs d'abus et la protection consulaire des mineurs mexicains en situation difficile à l'étranger. Comme le souligne la Rapporteuse spéciale à juste titre, la collaboration entre les organismes gouvernementaux et les ONG s'impose pour combattre les pratiques en cause.

43.   La Rapporteuse spéciale a également pris connaissance du vaste processus de réforme entrepris pour adapter le système juridique mexicain aux normes internationales relatives aux droits de l'enfant. Ce processus, engagé deux

années auparavant et auquel prennent part les organes de gouvernement à tous les niveaux, le système d'enseignement et les ONG, a déjà abouti à une révision du Code civil et du Code pénal du District fédéral en vue de réprimer la violence dans la famille et à l'élaboration d'une loi visant à prévenir ce phénomène.

44.   En ce qui concerne l'initiative dite "Casa del Arbol" (Maison des enfants), la Rapporteuse spéciale n'a pu encore voir de résultats concrets au moment de sa visite, mais le projet a suivi son cours. Plus de 400 enfants se rendent chaque jour dans cette maison, où l'on s'emploie à les sensibiliser aux valeurs fondamentales que sont la dignité, la justice, la paix, le respect, la liberté et les droits fondamentaux de l'enfant. La Commission des droits de l'homme du District fédéral et une ONG travaillent aussi à un projet de maison des enfants itinérante, qui irait à la rencontre des enfants dans tout le pays. L'UNICEF est également intéressé par ce projet, qui pourrait être repris dans d'autres parties du monde.

45.   Pour édifier un monde meilleur pour les enfants, le Mexique participe, au niveau international, aux travaux des Groupes de travail chargés d'élaborer les projets de protocole facultatif à la Convention relative aux droits de l'enfant, concernant d'une part la vente d'enfants, la prostitution des enfants et la pornographie impliquant des enfants, et, d'autre part, l'implication d'enfants dans les conflits armés.

46.   M. ELIASSON (Président-Rapporteur du Groupe de travail intersessions à composition non limitée chargé d'élaborer un projet de protocole facultatif à la Convention relative aux droits de l'enfant, concernant l'implication d'enfants dans les conflits armés), présentant le rapport du Groupe de travail (E/CN.4/1998/102), dit qu'à sa quatrième session le Groupe de travail n'a pratiquement fait aucun progrès. Certaines délégations préférant attendre que certains points soient réglés pour prendre une décision sur d'autres, il a été décidé d'abréger la session. Bien qu'il ait été constaté, dès la première séance, que le Groupe de travail était dans une impasse, les délégations sont convenues de procéder à des consultations informelles dans le but d'arriver à un récapitulatif du Président sur les points bénéficiant d'un quasi-consensus.

47.   Même si malheureusement la totalité du projet de texte n'a pas recueilli ce quasi-consensus, il est apparu qu'un très petit nombre des délégations participant aux négociations avaient de sérieuses difficultés à souscrire aux textes qui étaient acceptables pour la majorité. Le Président-Rapporteur a donc pris pour point de départ des consultations que dans l'article fondamental du protocole facultatif, portant sur la participation aux hostilités, il fallait fixer un âge minimum de 18 ans, et qu'à partir de là les autres dispositions seraient élaborées. S'il n'était pas possible de trouver un accord sur ces autres dispositions, il faudrait envisager un protocole facultatif ne contenant qu'un seul article de fond sur la seule question réellement cruciale, celle de la participation aux hostilités. Toutefois, cette option n'a pas été envisagée par le Groupe de travail.

48.   Le récapitulatif du Président (annexe II du rapport) prévoit donc un âge minimum de 18 ans pour la participation aux hostilités, de 18 ans pour l'enrôlement obligatoire dans les forces armées des Etats parties, de 17 ans pour l'engagement dans les forces armées des Etats parties et de 18 ans pour le recrutement par des groupes armés, distincts des forces armées régulières, qui sont parties à un conflit armé. Si le Président-Rapporteur pressentait qu'il n'y

aurait pas consensus sur un âge minimum de 18 ans pour la participation aux hostilités, il a surtout été surpris et déçu surtout de constater qu'il n'y avait plus consensus pour fixer à 18 ans l'âge minimum pour l'enrôlement obligatoire dans les forces armées des Etats parties, car il croyait, comme la plupart des autres participants, que la question avait été réglée l'année précédente. Son sentiment, et probablement celui de tous les négociateurs, est que la fixation de la même limite d'âge de 18 ans dans toutes les dispositions recueille l'assentiment résolu d'un nombre impressionnant de délégations. En revanche, d'autres délégations préfèrent une même limite d'âge de 17 ans dans toutes les dispositions, alors que d'autres encore sont prêtes à accepter une combinaison.

49.   En conclusion, le récapitulatif du Président résultant des consultations informelles offre la solution optimale sur ce qui peut être obtenu pour le moment. Mais même ce texte supposerait qu'un certain nombre de délégations au moins décident de ne pas faire opposition au nouvel instrument souhaité par tant d'autres.

50.   M. MORA GODOY (Président-Rapporteur du Groupe de travail chargé d'élaborer un projet de protocole facultatif à la Convention relative aux droits de l'enfant, concernant la vente d'enfants, la prostitution des enfants et la pornographie impliquant des enfants), présentant le rapport du Groupe de travail (E/CN.4/1998/103), dit que le Groupe s'est attaché, au cours de sa quatrième session, aux chapitres du projet de protocole concernant les définitions, la qualification pénale et la protection, et la prévention, l'assistance et l'indemnisation. Si l'on a pu constater un progrès par rapport aux années précédentes en ce qu'il existe désormais un consensus sur l'idée même d'un protocole et que certaines délégations qui à l'origine ne voulaient pas de définitions dans le texte sont revenues sur leur position, la lenteur avec laquelle les négociations avancent et le fait qu'il subsiste des divergences apparemment inconciliables sont décourageants.

51.   Plusieurs obstacles empêchent en effet le Groupe de travail de conclure ses travaux. Le principal tient à l'existence d'une divergence fondamentale entre les délégations concernant le mandat du Groupe. Pour certaines délégations, le protocole doit porter sur une notion limitée de la vente d'enfants, considérée uniquement aux fins d'exploitation sexuelle, tandis que pour d'autres, le mandat du Groupe de travail doit être interprété en se fondant sur la Convention, qui donne une définition plus large de la vente d'enfants. Cette question relève de la compétence de la Commission, qui devra adopter une décision à ce sujet. Le Président-Rapporteur du Groupe de travail demande à cet égard aux délégations qui préparent le projet de résolution sur le mandat du Groupe de trouver des formules permettant de régler ce problème essentiel.

52.   Un autre obstacle, qu'on retrouve celui-là dans toute négociation, vient de ce que les progrès accomplis sont fragiles et font l'objet de révisions constantes qui font perdre du temps. On ne pourra résoudre ce problème de façon satisfaisante qu'en examinant sérieusement les positions des délégations et en décidant que les consensus obtenus ne pourront pas être remis en question. D'autre part, l'harmonisation des chapitres consacrés respectivement aux définitions et à la qualification pénale, qui est une tâche prioritaire, dépendra dans une large mesure de la décision qui sera prise quant à l'orientation et au champ du protocole. Certaines délégations ont invoqué, pour limiter le champ du projet de protocole, l'existence d'autres instruments et

négociations en vue d'élaborer des textes internationaux, par exemple à l'OIT. Pour le Président du Groupe de travail, ces efforts sont complémentaires et non pas contradictoires.

53.   Le Groupe de travail s'est fixé l'an 2000, qui marquera le dixième anniversaire de la Convention et du Sommet pour les enfants, pour conclure ses travaux. Il reste donc peu de temps pour régler des problèmes nombreux, mais cela devrait inciter chacun à redoubler d'efforts. Il serait souhaitable d'organiser d'ici à la fin de l'année des consultations pour relancer les négociations au sein du Groupe de travail. Malgré le large soutien dont bénéficie le projet de protocole, il ne semble pas que la nécessité d'adopter un tel instrument soit vraiment ancrée dans la conscience internationale. Les ONG, la presse internationale, le système des Nations Unies doivent jouer un rôle plus actif dans la diffusion des objectifs du Groupe de travail, des progrès qu'il réalise et des obstacles qu'il rencontre. En prenant du retard dans l'élaboration du protocole, on permet que se multiplient contre des enfants les pratiques exécrables que l'on veut éliminer. Les enfants, eux, ne peuvent pas attendre.

54.   M. TAPIA (Chili) dit que le grand nombre de pays qui ont ratifié la Convention relative aux droits de l'enfant fait de celle-ci un instrument quasi universel. La Convention comporte cependant certaines lacunes, au moins dans deux domaines particulièrement importants : la vente d'enfants, la prostitution des enfants et la pornographie pédophile d'une part, et la participation des enfants dans des conflits armés, d'autre part. La lenteur avec laquelle progressent les deux groupes de travail est préoccupante vu l'importance des problèmes en jeu, et la délégation chilienne espère qu'il sera possible d'avancer dans la voie de consensus qui paraissent aujourd'hui lointains. Elle félicite la délégation uruguayenne, qui a dirigé efficacement les négociations sur le projet de résolution qui sera soumis à la Commission, et compte que ce texte pourra être adopté par consensus.

55.   Sur le plan national, le Chili s'efforce, avec l'aide de l'OIT et de l'UNICEF, d'éliminer le travail des enfants et espère y parvenir d'ici à la fin du siècle. A l'occasion de la visite du Secrétaire général de l'ONU, en novembre 1997, le Président chilien s'est engagé publiquement et solennellement à soumettre au Parlement la ratification de la Convention No 138 de l'OIT concernant l'âge minimum d'admission à l'emploi et à participer activement aux discussions sur l'élaboration d'une nouvelle convention de l'OIT portant sur le travail des enfants. Dans le cadre de la réforme de l'enseignement que le Chili met en place, il est prévu d'accroître les heures d'enseignement, de lutter contre l'abandon scolaire et de préparer le mieux possible les étudiants en vue de leur future insertion dans le monde du travail. Les Ministères de la santé, de l'éducation et de la promotion de la femme coordonnent leur action pour lutter contre des phénomènes sociaux tels que la violence dans la famille et le problème des enfants des rues qui, sans atteindre la gravité et l'ampleur qu'ils ont dans d'autres pays, n'en sont pas moins préoccupants.

56.   La pauvreté et le chômage, de même que la violence familiale, la corruption et la dégradation de la situation sociale sont les causes profondes des graves problèmes qui touchent les enfants. Ce sont des phénomènes universels, qui mettent en jeu l'avenir de l'humanité, et la communauté internationale doit conjuguer ses efforts pour les aborder de manière concertée.

57.   M. AKAO (Japon) fait observer que, comme l'évoquait le thème du chant des
Jeux olympiques de Nagano, "Les enfants font le monde", les enfants sont
l'espoir d'un monde meilleur. Mais ils constituent aussi le groupe le plus
vulnérable de la société et la communauté internationale a encore beaucoup à
faire pour protéger leurs droits. Le caractère universel de la Convention aidera
à consolider le cadre international nécessaire à cette protection. Pour mieux
conformer sa législation à l'esprit de la Convention, le Japon a récemment
apporté plusieurs amendements à la loi sur la protection de l'enfance.

58.   La question des violations des droits de l'enfant en période de conflit
armé est extrêmement préoccupante. Dans un conflit armé, les enfants sont moins
que quiconque capables de protéger leur vie et, lorsque celle-ci est épargnée,
ils pâtissent longtemps des effets socio-économiques et psychologiques du
conflit. La délégation japonaise se félicite de la nomination du Représentant
spécial du Secrétaire général chargé d'étudier l'impact des conflits armés sur
les enfants et espère que celui-ci jouera un rôle déterminant dans ce domaine.
En ce qui concerne le recrutement des enfants, elle engage toutes les parties à
des conflits armés à se conformer strictement aux dispositions du droit
international interdisant de recruter des enfants de moins de 15 ans.
Considérant que l'âge minimum à cet égard devrait être fixé à 18 ans, le Japon
continuera de participer aux travaux du Groupe de travail chargé d'élaborer un
projet de protocole facultatif concernant l'implication d'enfants dans les
conflits armés. Il a accru son assistance bilatérale et son appui aux ONG pour
contribuer à améliorer l'éducation, la santé et la nutrition des enfants dans
les conflits armés et coopère avec les organisations internationales qui
s'occupent d'aider ces enfants. Le Japon s'emploie d'autre part à promouvoir
l'interdiction universelle des mines terrestres antipersonnel et a signé, en
décembre 1997, la Convention sur la question. Il s'est engagé à verser, au cours
des cinq prochaines années, dix milliards de yens au titre des activités de
déminage et d'aide aux victimes.

59.   Pour venir à bout des problèmes concernant la vente d'enfants, la
prostitution des enfants et la pornographie pédophile, il faut renforcer non
seulement les mesures nationales de lutte, mais aussi la coopération
internationale. Le Japon s'efforce de faire appliquer effectivement sa
législation tout en coopérant, au niveau international, aux enquêtes visant à
punir les auteurs d'exploitation sexuelle des enfants, qu'ils soient japonais ou
étrangers. Suite au Congrès mondial de Stockholm, il a entrepris une campagne de
sensibilisation à la question de la prostitution des enfants, notamment en
contribuant au financement d'un colloque international contre l'exploitation
sexuelle des enfants à des fins commerciales organisé par le Comité japonais
pour l'UNICEF et l'Ambassade de Suède au Japon. Il se félicite par ailleurs de
la tenue aux Philippines, en novembre 1997, de la Conférence internationale sur
la traite et l'exploitation des femmes et des enfants à des fins commerciales.
Un projet de loi est en cours d'élaboration en vue de renforcer la législation
japonaise sur l'exploitation sexuelle des enfants et la pornographie pédophile.
Enfin, le Japon continue d'appuyer le Groupe de travail chargé d'élaborer un
projet de protocole facultatif concernant la vente d'enfants, la prostitution
des enfants et la pornographie pédophile.

60.   La délégation japonaise conclut en disant qu'aucun effort ne doit être
épargné pour améliorer la situation des enfants, sur qui repose l'avenir de la
civilisation.

61.   M. ACEMAH (Ouganda) partage l'avis du Représentant spécial du Secrétaire
général chargé d'étudier l'impact des conflits armés sur les enfants selon
lequel le défi le plus pressant à relever aujourd'hui consiste à traduire
l'impressionnant arsenal de normes internationales en actes de nature à changer
concrètement le sort des enfants en danger sur le terrain (E/CN.4/1998/119).
L'Ouganda a signé et ratifié la Convention relative aux droits de l'enfant ainsi
que la Charte africaine sur les droits et le bien-être de l'enfant. Il a établi
en 1992 un Conseil national de l'enfance et a adopté un plan national d'action
en faveur de l'enfance. Il a promulgué en 1996 une loi sur les enfants qui
s'inspire des dispositions de la Convention. Le gouvernement s'emploie à
améliorer la coordination des activités des différents organismes responsables
du bien-être des enfants et à renforcer les capacités institutionnelles. Il
aurait besoin à cet effet de ressources supplémentaires et apprécierait l'aide
de ses partenaires pour le développement. Depuis 1997, les châtiments corporels
sont interdits à l'école et l'enseignement primaire est gratuit pour quatre
enfants par famille.

62.   Les enfants représentent en Ouganda une très grande partie de la
population et le gouvernement a conscience de la responsabilité qui lui incombe
d'assurer leur sécurité. Mais il a besoin de l'aide de la communauté
internationale pour faire cesser le régime de terreur que fait régner la Lord's
Resistance Army (LRA), qui enlève, torture, viole, mutile, réduit en esclavage
et tue impunément des enfants innocents dans le nord du pays. Selon les
estimations, entre 8 000 et 10 000 enfants auraient été enlevés par la LRA. Les
atrocités commises délibérément contre des enfants sont sans équivalent, comme
l'a fait observer le Directeur général adjoint de l'UNICEF. Elles constituent
l'une des plus graves violations commises aujourd'hui contre les droits des
enfants. Voulant établir en Ouganda un Etat théocratique régi par les Dix
Commandements, la LRA enfreint régulièrement ces commandements, à commencer par
celui qui prescrit : "Tu ne tueras point".

63.   La délégation ougandaise prie instamment la communauté internationale
d'agir de façon décisive pour condamner ce scandale dans les termes les plus
énergiques, demander qu'il y soit mis fin et exiger la libération des enfants
que la LRA détient en otage depuis plusieurs années. Elle lui demande d'adopter
le projet de résolution sur la question, qui, à son avis, n'établit pas de
précédent. Remerciant tous ceux qui ont prêté assistance aux familles des
enfants enlevés et aidé le gouvernement à essayer de trouver une solution
durable à cette tragédie, elle souligne que la communauté internationale a
l'obligation morale de réagir face au sort des milliers d'enfants qui ont été
enlevés en Ouganda.

64.   Mme GLOVER (Royaume-Uni), prenant la parole au nom des pays membres de
l'Union européenne (UE) et des pays d'Europe centrale et orientale associés à
l'Union européenne ainsi que de Chypre, dit que, à présent que la Convention
relative aux droits de l'enfant a été ratifiée par la quasi-totalité des pays,
le moment est venu de s'attacher à faire respecter les obligations souscrites
par les Etats parties. Il ne suffit pas d'établir un ensemble de mesures
législatives et administratives nationales pour protéger les droits de l'enfant.
Il faut encore faire connaître et comprendre ces mesures et en assurer
l'application effective. Il faut également que les Etats parties revoient les
réserves qu'ils ont formulées à l'égard de la Convention en vue de les retirer.
En tout état de cause, les réserves émises ne doivent jamais être incompatibles
avec l'objet et le but de la Convention, et devraient avoir une formulation

aussi précise et étroite que possible. L'UE invite les Etats parties à coopérer pleinement avec le Rapporteur spécial sur la question de la vente d'enfants, de la prostitution des enfants et de la pornographie impliquant des enfants, avec le Représentant spécial du Secrétaire général chargé d'étudier l'impact des conflits armés sur les enfants et avec le Comité des droits de l'enfant, et à donner suite aux recommandations de ce dernier. La sensibilisation de l'opinion - y compris les enfants - aux droits de l'enfant et la diffusion du texte de la Convention et des rapports y relatifs sont très importantes, et le rôle des ONG est essentiel à cet égard.

65.   Pour défendre et promouvoir les droits de la petite fille, éliminer les obstacles qui s'opposent à son développement et la protéger contre toute forme de discrimination, il importe d'appliquer d'urgence la Déclaration et le Programme d'action de Beijing et de prendre en considération les femmes dans toutes les politiques et tous les programmes. Il incombe, d'autre part, à tous les Etats de prendre des mesures pour améliorer la situation des enfants handicapés et assurer leur intégration et leur participation à la société. L'UE se félicite de l'action menée en faveur des enfants handicapés par le Rapporteur spécial de la Commission du développement social pour les handicapés.

66.   En ce qui concerne le travail des enfants, elle estime que les conclusions de la Conférence internationale d'Oslo seront utiles pour élaborer des stratégies en faveur des enfants et des familles en vue d'éliminer le travail des enfants. Mais l'élaboration de telles stratégies exige une détermination politique générale et la volonté de travailler avec les enfants dans leur milieu social. L'Union européenne se félicite de la décision prise par le Conseil d'administration de l'OIT d'inscrire à l'ordre du jour de la Conférence internationale du Travail de 1998 la question de l'examen et de l'éventuelle adoption d'une déclaration sur les droits fondamentaux, ainsi que de la décision d'ouvrir un débat sur l'élaboration d'une convention visant à éliminer les formes les plus intolérables du travail des enfants.

67.   Les rapports de la Rapporteuse spéciale sur la vente d'enfants, la prostitution des enfants et la pornographie impliquant des enfants fournissent d'importantes orientations aux Etats, et l'UE appuie le renouvellement de ce mandat. Conformément au Programme d'action adopté au Congrès mondial de Stockholm contre l'exploitation sexuelle des enfants à des fins commerciales, il faut en priorité que les gouvernements adoptent des mesures concrètes pour lutter contre ce problème, et que les actions nationales soient épaulées par une coopération internationale. Indiquant qu'une conférence régionale européenne contre l'exploitation des enfants à des fins commerciales aura lieu à Strasbourg les 28 et 29 avril, sous les auspices du Conseil de l'Europe, dans le cadre du suivi du Programme d'action de Stockholm, Mme Glover invite les Etats des autres régions à prendre des initiatives similaires. Les dirigeants de 25 pays de l'Union européenne et d'Asie ainsi que la Commission européenne ont approuvé début avril, lors du deuxième Sommet Asie-Europe, une initiative conjointe sur la protection de l'enfance dont l'objectif est d'établir un cadre de coopération pratique entre l'Asie et l'Europe pour lutter contre l'exploitation sexuelle des enfants. Des représentants de la police, des spécialistes de la protection de l'enfance et des ONG devraient se réunir à Londres en octobre. L'UE demande instamment au Groupe de travail chargé d'élaborer un projet de protocole facultatif concernant la vente d'enfants, la prostitution des enfants et la pornographie impliquant des enfants de redoubler d'efforts afin de parvenir à

mettre au point ce projet avant le dixième anniversaire de la Convention et, à cet effet, à faire preuve du maximum de souplesse dans ses méthodes de travail.

68.   Le responsabilité de mettre fin aux violations des droits de l'enfant en période de conflit armé incombe non seulement aux gouvernements mais aussi aux groupes non gouvernementaux impliqués dans des conflits armés, qui doivent respecter les normes internationales humanitaires. L'UE se félicite de la nomination du Représentant spécial du Secrétaire général chargé d'étudier l'impact des conflits armés sur les enfants, qui contribuera à encourager une action internationale concertée, et elle invite les gouvernements et tous les organismes des Nations Unies compétents à soutenir ses travaux. Elle est d'avis que le statut de la future cour criminelle internationale devrait comprendre une disposition sur les crimes de guerre afin de contribuer à empêcher l'utilisation d'enfants comme soldats.

69.   L'Union européenne, qui a réaffirmé sa détermination à assurer l'élimination complète des mines terrestres antipersonnel en décidant, en 1997, d'étendre à l'importation et à la production son moratoire sur l'exportation de mines, se félicite de la conclusion de la Convention d'Ottawa. Elle est très préoccupée de voir que le Groupe de travail chargé d'élaborer un projet de protocole facultatif concernant l'implication des enfants dans les conflits armés n'a pas été en mesure de mettre au point un projet au cours de sa quatrième session. Afin qu'il puisse disposer de suffisamment de temps pour procéder à des consultations, le Groupe de travail devrait tenir sa session suivante avant la cinquante-sixième session de la Commission en l'an 2000. L'UE engage vivement les pays membres du Groupe auxquels le texte pose des difficultés à reconsidérer mûrement leur position et à participer de façon constructive aux négociations pour que l'on parvienne à mettre au point un texte définitif.

70.   En conclusion, l'Union européenne demande aux Rapporteurs spéciaux et aux Groupes de travail de la Commission de garder les intérêts des enfants présents à l'esprit dans le cadre de leurs travaux et à tous les Etats parties d'examiner comment ils pourraient intégrer des considérations relatives aux enfants dans leurs lois, leurs programmes et leurs politiques afin de parvenir à une protection universelle des droits de l'enfant.

71.   M. SELEBI (Afrique du Sud) reprend la présidence.

72.   Mme FURTER (Venezuela), se référant à la Convention relative aux droits de l'enfant, dit qu'elle limitera son propos à la situation des enfants et des adolescents qui ont des problèmes de comportement, participent à des actes délictueux ou enfreignent directement les lois pénales, ainsi qu'à leur réadaptation et leur réinsertion dans la société (articles 37, 39 et 40 de la Convention). Les Etats parties à la Convention sont tenus de mettre en place une législation, des procédures, des autorités et des institutions spécialement conçues pour les mineurs. L'examen des rapports présentés par les Etats parties au Comité des droits de l'enfant a montré que l'application des dispositions pertinentes de cet instrument laissait beaucoup à désirer. Il est à cet égard préoccupant que dans certains pays on continue de qualifier des mineurs de délinquants ou de prostitués et de les traiter comme tels, alors que dans la plupart des cas ils ne sont que des victimes.

73. L'échange d'idées entre les Etats parties, les membres du Comité et la société civile pourrait beaucoup contribuer à une meilleure application de la Convention en général, en particulier de ses articles 37, 39 et 40. Comme la Convention compte 191 Etats parties, les experts qui siègent au Comité peuvent difficilement cerner le problème dans toute sa diversité. Il est donc nécessaire que les Etats parties ratifient l'amendement au paragraphe 2 de l'article 43, qui vise à porter de 10 à 18 le nombre des membres du Comité, et que la Commission des droits de l'homme procède à une étude approfondie de l'application des articles 37, 39 et 40 de la Convention de façon à arrêter les mesures qui s'imposent.

74. Pour ce qui est de la vente d'enfants, de la prostitution des enfants et de la pornographie impliquant des enfants, le Venezuela est convaincu que le meilleur moyen de prévenir ces pratiques est d'assurer l'exercice des droits économiques, sociaux et culturels. Mais eu égard à la nature humaine, il est aussi impératif de prévoir des sanctions sévères contre tout adulte qui profite de l'exploitation des mineurs, c'est-à-dire de donner effet aux dispositions des articles 35 et 36 de la Convention. Dans cette optique, le Venezuela continuera de participer activement à l'élaboration du protocole facultatif concernant cette question, dont le champ devrait être aussi large que possible afin de permettre aux Etats parties de punir sévèrement tout adulte qui commettrait les actes incriminés. Dans le même temps, il continuera d'oeuvrer à la mobilisation des ressources nécessaires pour la réadaptation des enfants victimes de ces pratiques.

75. La délégation vénézuélienne suit aussi avec beaucoup d'intérêt les travaux consacrés à l'élaboration d'un projet de protocole facultatif à la Convention concernant l'implication d'enfants dans les conflits armés et mettra tout en oeuvre pour que les négociations aboutissent dès la prochaine session.

76. En tant que coauteur du projet de résolution sur les droits de l'enfant, le Venezuela espère que le texte qui sera adopté renforcera les principes énoncés dans la Convention. L'un des grands acquis de cet instrument est la conception globale de la protection de l'enfant et il est, à cet égard, extrêmement important de veiller à ce que toutes les questions connexes, en particulier la situation des mineurs qui ont des démêlés avec la justice ou qui sont privés de liberté, soient examinées au titre du point relatif aux droits de l'enfant.

77. M. OTERMIN (Uruguay) dit que son pays a toujours été un ferme défenseur des droits de l'enfant. Conscient de l'importante contribution de l'éducation à l'élimination des inégalités sociales, il a très tôt fait du principe de la gratuité de l'enseignement une réalité à tous les niveaux. Conformément à la réforme de 1995, l'accent est mis sur l'enseignement préscolaire, dont un nombre croissant d'enfants bénéficient; il sera sous peu étendu à tous et rendu obligatoire. A ces changements d'ordre institutionnel s'ajoutent des mesures d'aide aux enfants appartenant aux couches les plus vulnérables de la population, qui bénéficient de programmes d'alimentation complémentaire et d'une scolarisation à temps complet. Des résultats notables ont en outre été enregistrés dans le domaine de la santé, les programmes de surveillance de la grossesse et de l'accouchement et les services prénatals ayant sensiblement réduit le taux de mortalité infantile.

78.   Au niveau international, l'Uruguay participe activement à l'élaboration
des deux projets de protocole facultatif à la Convention relative aux droits de
l'enfant. S'agissant des activités du Groupe de travail chargé d'élaborer un
projet de protocole concernant la vente d'enfants, la prostitution des enfants
et la pornographie impliquant des enfants, l'Uruguay espère que la communauté
internationale adoptera des mesures permettant d'empêcher la vente, la traite ou
l'enlèvement d'enfants quel que soit le but visé par les auteurs de ces actes,
sans se limiter aux seuls cas d'exploitation et de sévices sexuels. Dans le
cadre du Groupe de travail chargé d'élaborer un projet de protocole facultatif
concernant l'implication d'enfants dans les conflits armés, la délégation
uruguayenne oeuvre pour que l'âge minimum prévu à l'article 38 de la Convention
pour la participation aux hostilités et l'incorporation dans les forces armées
soit porté à 18 ans. En ratifiant la Convention, l'Uruguay avait pris un ferme
engagement dans ce sens. De fait, en Uruguay, aucun enfant qui n'a pas encore
atteint l'âge de 18 ans ne peut être incorporé dans l'armée.

79.   Comme en témoignent certains faits qui défraient la chronique de temps à
autre, la société contemporaine semble malheureusement de plus en plus éloignée
des principes énoncés dans la Convention, en particulier des dispositions de son
article 29 relatif à l'éducation. Aux Etats-Unis, deux enfants âgés
de 11 et 13 ans, ont récemment ouvert le feu à l'aide d'armes de gros calibre
sur leurs camarades de classe, faisant plusieurs morts. Cet acte est dû en
grande partie au credo de la violence qui est inculqué aux enfants par le biais
de la télévision et du cinéma. Il est grand temps que la communauté
internationale s'attaque à ce grave phénomène en faisant en sorte qu'une
"culture de paix" remplace l'actuel culte de la violence.

<u>La séance est levée à 18 heures.</u>

NATIONS UNIES

E

Conseil économique et social

Distr.
GÉNÉRALE

E/CN.4/1998/SR.44
5 juin 1998

Original : FRANÇAIS

COMMISSION DES DROITS DE L'HOMME

Cinquante-quatrième session

COMPTE RENDU ANALYTIQUE DE LA 44ème SÉANCE

tenue au Palais des Nations, à Genève,
le mardi 14 avril 1998, à 18 heures

Président : M. SELEBI (Afrique du Sud)
  puis : M. GALLEGOS CHIRIBOGA (Equateur)
  puis : M. HYNES (Canada)

SOMMAIRE

QUESTION DE LA VIOLATION DES DROITS DE L'HOMME ET DES LIBERTÉS FONDAMENTALES OÙ QU'ELLE SE PRODUISE DANS LE MONDE, EN PARTICULIER DANS LES PAYS ET TERRITOIRES COLONIAUX ET DÉPENDANTS, ET NOTAMMENT :

a)   QUESTION DES DROITS DE L'HOMME À CHYPRE

Le présent compte rendu est sujet à rectifications.

Les rectifications doivent être rédigées dans l'une des langues de travail. Elles doivent être présentées dans un mémorandum et être également incorporées à un exemplaire du compte rendu. Il convient de les adresser, une semaine au plus tard à compter de la date du présent document, à la Section d'édition des documents officiels, bureau E.4108, Palais des Nations, Genève.

Les rectifications aux comptes rendus des séances publiques de la Commission seront groupées dans un rectificatif unique qui sera publié peu après la session.

GE.98-12688 (EXT)

SOMMAIRE (suite)

<u>La séance est ouverte à 18 heures.</u>

QUESTION DE LA VIOLATION DES DROITS DE L'HOMME ET DES LIBERTES FONDAMENTALES OU QU'ELLE SE PRODUISE DANS LE MONDE, EN PARTICULIER DANS LES PAYS ET TERRITOIRES COLONIAUX ET DÉPENDANTS, ET NOTAMMENT :

a)   QUESTION DES DROITS DE L'HOMME À CHYPRE (point 10 de l'ordre du jour) (<u>suite</u>) (E/CN.4/1998/3 et Corr.1, 9, 12 à 15, 55 à 67, 68 et Add.1 à 3, 69 à 73, 113, 114, 126, 127, 130, 132, 138 à 140, 142, 143, 147 à 150, 152 et 154; E/CN.4/1998/NGO.7, 13, 39, 40 et 101; A/52/472, 476, 479, 484, 486 et Add.1/Rev.1, 493, 505, 510 et 522)

1.   <u>M. MOUKOKO</u> (Fédération internationale des ligues des droits de l'homme - FIDH) dit qu'il est souvent fait mention, au titre du point 10 de l'ordre du jour, de la nécessité de faire prévaloir le dialogue sur l'affrontement. Mais pour les défenseurs des droits de l'homme, dialoguer ne signifie pas se taire après avoir écouté un gouvernement donner sa version des faits. La Commission doit donc faire plus de place à la transparence et à l'exposé public des faits pour que le dialogue en question soit constructif et productif.

2.   Depuis l'appel lancé par la FIDH et d'autres ONG il y a plusieurs mois pour qu'une enquête internationale soit diligentée en Algérie, les abus se sont intensifiés dans ce pays. Les autorités algériennes ont rejeté toutes les informations concernant leur rôle vis-à-vis de ces abus et se sont en outre opposées à l'envoi du mécanisme international d'enquête indispensable. Elles doivent pourtant, face à une situation aussi dramatique et complexe, coopérer avec les mécanismes de l'ONU. Un Rapporteur spécial sur l'Algérie devrait aussi être nommé par la Commission.

3.   En Tunisie, la situation des droits de l'homme continue de se détériorer, avec des abus flagrants et systématiques des libertés fondamentales. Les défenseurs des droits de l'homme, en particulier, sont quotidiennement en butte à des persécutions. La situation est suffisamment grave pour justifier une surveillance spécifique de la part de la Commission.

4.   Au Congo, l'insécurité est permanente et les cas d'exécutions sommaires, d'arrestations et de détentions arbitraires sont nombreux, en particulier parmi les collaborateurs du régime déchu. Les auteurs de ces abus sont des individus armés manifestement assurés d'une totale impunité. Les défenseurs des droits de l'homme, assimilés à des partisans du précédent régime, sont également l'objet de persécutions. La FIDH exhorte donc la Commission à suivre la recommandation de la Sous-Commission de la lutte contre les mesures discriminatoires et de la protection des minorités concernant ce pays en créant un mécanisme de surveillance de la situation des droits de l'homme au Congo. Au Nigéria, au Tchad, à Bahreïn, au Mexique et en Turquie la situation est également très inquiétante.

5.   <u>M. SISSON</u> (Mouvement international de la réconciliation) déplore que sans doute sous l'effet de pressions politiques, la Chine, qui viole systématiquement les droits fondamentaux du peuple tibétain, n'ait pas encore été condamnée par la Commission dans une résolution.

6.   Il ressort pourtant des informations communiquées récemment à diverses ONG que le Tibet est une colonie de facto de la Chine et que la population y reste

assujettie à une domination étrangère. Bien que la Chine ait ratifié la
Convention internationale sur l'élimination de toutes les formes de
discrimination raciale, qui interdit que les minorités soient privées de leurs
droits, les Tibétains sont l'objet, par rapport aux Chinois d'une discrimination
systématique s'agissant notamment de l'emploi, de l'éducation et du logement. Le
Gouvernement chinois tente aussi de modifier la réalité démographique du Tibet
et de faire des Tibétains une minorité dans leur propre pays en encourageant
l'installation de centaines de milliers de colons chinois. La religion, la
culture et l'identité du peuple tibétain sont menacées.

7. Bien que la Chine ait ratifié aussi la Convention sur l'élimination de
toutes les formes de discrimination à l'égard des femmes, les femmes tibétaines
sont victimes de la politique de stérilisation et d'avortement forcés appliquée
par les autorités chinoises. Enfin, certains projets économiques imposés au
Tibet menacent de détruire des écosystèmes entiers.

8. Comme tout ce schéma de violences démontre le caractère colonialiste de la
politique chinoise au Tibet, le Mouvement international de la réconciliation
demande à la Commission de désigner un Rapporteur spécial chargé d'enquêter sur
la situation des droits de l'homme au Tibet et d'appuyer tous les efforts en vue
d'un règlement pacifique au Tibet dans le cadre d'un référendum organisé sous
l'égide des Nations Unies. Il tient enfin à exprimer sa solidarité avec les
six Tibétains qui ont entrepris une grève de la faim à New Delhi dans l'espoir
que la communauté internationale agira.

9. M. RAM MOLT (Pax Romana) dit que si le respect des droits de l'homme passe
d'abord par un engagement des gouvernements vis-à-vis de ces droits conformément
aux Pactes internationaux, les engagements en question doivent encore être
transcrits dans la pratique. S'agissant du droit à la vie, par exemple, les
gouvernements doivent privilégier la prévention, avec l'aide de la communauté
internationale et des mécanismes comme ceux du système des Nations Unies.

10. Or, dans certains pays les engagements pris devant la communauté
internationale sont lettre morte. En République islamique d'Iran, exécutions,
tortures et actes de violence se perpétuent alors que le nouveau Président,
M. Khatami, présente son pays comme un modèle de tolérance, de droits et de
libertés. Les femmes dans ce pays continuent à faire l'objet d'une
discrimination systématique. La nomination d'une femme à la vice-présidence dans
le gouvernement actuel ne laisse attendre aucune amélioration à cet égard,
puisque récemment les autorités ont décidé de ne pas adhérer à la Convention sur
l'élimination de toutes des formes de discrimination à l'égard des femmes. La
Commission se doit donc d'exhorter le Gouvernement de la République islamique
d'Iran à modifier sa position vis-à-vis de cette convention, à concrétiser ses
déclarations publiques touchant les droits de l'homme, et à réviser si besoin
est ses lois pour interdire des pratiques telles que la lapidation.

11. Il ressort du dernier rapport du Rapporteur spécial sur la situation des
droits de l'homme en Guinée équatoriale (E/CN.4/1998/73) qu'il y aurait eu dans
ce pays une amélioration importante dans le sens de la démocratie, et du respect
des droits de l'homme. Or la réalité est quelque peu différente. S'il est vrai,
en effet, qu'un grand nombre de lois ont été promulguées suite à l'accord
d'avril 1997, certaines de ces lois n'ont pas été appliquées. D'autres sont de
nature antidémocratique, comme celle qui interdit toute coalition entre les
partis politiques, et assure ainsi la perpétuité de la dictature. Il est donc

indispensable qu'il y ait un dialogue permanent et constructif entre le gouvernement de ce pays et les différents groupes ethniques et sociaux pour éviter des manifestations de mécontentement comme celle qui a abouti, le 21 janvier 1998, au massacre de la minorité bubi dans l'île de Bioko.

12. M. Gallegos Chiriboga (Equateur) prend la présidence.

13. Mme KISSLING (Union interparlementaire - UIP) dit que comme les parlementaires sont eux aussi parfois victimes de l'arbitraire, l'UIP a créé un comité sur les droits de l'homme chargé d'enquêter sur de tels abus, d'abord à titre confidentiel. Les affaires peuvent être ensuite portées publiquement devant le Conseil interparlementaire représentant les 137 parlements membres de l'Union. Dans le cadre de sa procédure publique, le Comité traite actuellement 16 cas concernant 134 parlementaires dans 11 pays, essentiellement en relation avec le droit à la liberté d'expression.

14. En Malaisie, par exemple, un membre de l'opposition au Parlement, M. Lim Guan Eng a été condamné récemment à 36 mois de prison pour avoir critiqué l'administration de la justice dans son pays. En Indonésie, Sri Bintang Pamungkas, un ancien membre du Parlement, a été condamné en mai 1996 à 34 mois de prison pour avoir qualifié le Président de son pays de dictateur. Sri Bintang est en outre accusé de subversion essentiellement pour avoir créé un parti politique, ce qu'interdit officiellement la Constitution indonésienne. Le Comité de l'UIP a rappelé qu'en 1994 et en 1997, l'UIP avait réaffirmé le droit de chacun d'établir un parti ou une organisation politique ou d'y adhérer.

15. Le problème de l'impunité est posé aussi dans le cas des six membres du Parlement colombien assassinés entre 1986 et 1994. Un cas seulement, celui du sénateur Cepeda, a débouché sur une enquête et sur la condamnation de deux officiers et d'un responsable d'un groupe paramilitaire. Un autre parlementaire colombien, le sénateur Motta, a été l'objet de menaces de mort, qui l'ont forcé à s'exiler. Le Comité de l'UIP a donc exhorté les autorités colombiennes à combattre l'impunité et à adopter un statut pour l'opposition politique, comme le prévoit la Constitution colombienne.

16. Mme FOKA (International Federation for the Protection of the Rights of Ethnic, Religious, Linguistic and other Minorities) dit qu'en 1972 elle était enseignante à l'école élémentaire d'un village de la région de Karpas, à Chypre. En 1974, l'armée turque a investi le village et arrêté tous les hommes de 18 à 65 ans. Treize d'entre eux n'ont jamais été revus. Après le transfert des autres enseignants dans les zones libres de Chypre, Mme Foka s'est vu confier, en mars 1976, la responsabilité de l'école, qui comptait alors 74 élèves. Les conditions d'enseignement sont cependant devenues très difficiles du fait que les installations étaient régulièrement dégradées et que les enfants et leur professeur étaient sans cesse menacés. Comme les écoles secondaires étaient interdites dans les zones occupées, peu à peu le nombre des élèves a diminué pour ne plus dépasser quatre en 1997. Les bâtiments étaient de plus en plus délabrés et les manuels et les fournitures manquaient. Quant aux habitants du village, ils étaient sans cesse menacés, insultés et persécutés par les colons turcs. La population de la région de Karpas est tombée de 20 000 habitants en 1974 à 450 aujourd'hui. En mars 1997, Mme Foka est partie pour Nicosie pour y suivre un traitement médical. Depuis, elle essaie en vain de retourner dans son village pour retrouver son école et ses élèves. Elle implore la Commission de l'aider.

17.   M. AHDEROM (Communauté internationale bahalie) dit qu'en dépit de la
prétendue ouverture en République islamique d'Iran, les persécutions religieuses
visant depuis 1979 des membres de sa communauté se perpétuent. La nature
religieuse de ces abus a été confirmée à maintes reprises depuis 18 ans par les
représentants spéciaux, les rapporteurs spéciaux et les organes conventionnels
de l'ONU. Le dernier rapport du Représentant spécial de la Commission sur la
situation des droits de l'homme dans la République islamique d'Iran
(E/CN.4/1998/59) à ce sujet est éloquent. En 1993 déjà, le Représentant spécial
de l'époque, M. Galindo Pohl, avait révélé le caractère systématique de la
politique de persécution de la communauté bahalie en République islamique
d'Iran. Selon un document du 25 février 1991 émanant de l'autorité spirituelle
suprême du pays, M. Ali Khamenei, le développement de cette communauté devait en
effet être stoppé, y compris au-delà des frontières.

18.   Malgré le changement de gouvernement en République islamique d'Iran, la
communauté bahalie y est toujours persécutée. Depuis novembre 1997, 11 Bahalis
ont été arrêtés et emprisonnés. En avril 1998, 15 Bahalis restaient détenus
simplement pour leurs convictions religieuses. Cinq d'entre eux ont été
condamnés à mort. Les Bahalis ne menacent pas le Gouvernement de la République
islamique d'Iran puisqu'ils refusent tout militantisme politique. Les Bahalis
revendiquent non pas des privilèges spéciaux, mais leurs droits au regard de la
Charte internationale des droits de l'homme, dont la République islamique d'Iran
est signataire, c'est-à-dire le droit à la vie, le droit de pratiquer sa
religion, le droit à la liberté et à la sécurité de la personne et le droit à
l'éducation et au travail. Le Rapporteur spécial sur l'intolérance religieuse,
M. A. Amor, a déclaré de son côté dans un rapport à la Commission
(E/CN.4/1996/95) qu'il fallait autoriser la communauté bahalie à s'organiser
librement et à mener ses activités religieuses en République islamique d'Iran.

19.   En conclusion, la Communauté internationale bahalie espère que la
déclaration faite par le Président Khatami au Sommet de l'Organisation de la
Conférence islamique en décembre 1997, à savoir que dans une société civile
empreinte de la pensée et de la culture islamiques la dictature de la majorité
et l'élimination de la minorité n'ont pas leur place, sera concrétisée. Elle
recommande donc à la Commission de demander la mise en oeuvre immédiate et
intégrale des recommandations du Rapporteur spécial sur l'intolérance religieuse
et du Représentant spécial sur la situation des droits de l'homme dans la
République islamique d'Iran.

20.   M. THAUNG HTUN (World view International Foundation) rappelle que l'année
précédente, la Commission a exprimé sa profonde inquiétude devant les abus des
droits de l'homme au Myanmar et engagé le gouvernement à améliorer, notamment,
les conditions de détention. Depuis, les cas d'arrestation arbitraire ou de
décès en détention d'opposants au régime se sont néanmoins multipliés dans ce
pays. Sont visés des personnes âgées de près de 80 ans, des étudiants ou des
moines bouddhistes. Les 1 000 à 2 000 personnes détenues pour leurs opinions
politiques au Myanmar ont de rares contacts avec leur famille ou avec un avocat
et leurs conditions de détention sont plus rigoureuses encore que celles des
détenus de droit commun. En raison du manque de soins et d'hygiène, les
prisonniers souffrent souvent de dysenterie ou sont contaminés par le virus de
l'hépatite et par le VIH. Depuis 1988, 45 prisonniers politiques sont morts en
détention. A sa précédente session, la Commission avait notamment demandé au
gouvernement d'enquêter sur les circonstances du décès de M. James Leander

Nichols, prisonnier politique bien connu, et à poursuivre toute personne pouvant en être tenue responsable.

21.   Face à ces pratiques inhumaines, la Commission doit exhorter le Gouvernement du Myanmar à autoriser l'organisation humanitaire internationale compétente à communiquer librement et confidentiellement avec les prisonniers politiques.

22.   M. GANT (International Human Rights Law Group), dont l'organisation a son siège aux Etats-Unis, se félicite que le Rapporteur spécial sur les exécutions extrajudiciaires, sommaires ou arbitraires ait pu se rendre en 1997 dans ce pays pour examiner dans quelles conditions la peine capitale y était appliquée (voir document E/CN.4/1998/68/Add.3). En effet, toutes les activités du système des Nations Unies dans le domaine des droits de l'homme doivent être guidées par un esprit d'impartialité et aucun pays ne doit être exempté d'un examen au regard des normes internationales. Or, il semble qu'en omettant de ratifier les traités internationaux pertinents ou en formulant des réserves à certains des instruments internationaux les Etats-Unis aient dissimulé des violations des droits de l'homme.

23.   Le nombre des exécutions aux Etats-Unis l'année passée a été largement supérieur aux chiffres enregistrés annuellement depuis le rétablissement de la peine capitale dans ce pays en 1976. Depuis 1976 432 personnes au total ont été exécutées. Le nombre des condamnés qui attendent d'être exécutés atteint le chiffre record de 3 269. Comme le Rapporteur spécial l'a noté, aux Etats-Unis des vestiges de l'esclavage subsistent dans le système de justice pénale et notamment dans l'application de la peine capitale. Les Afro-américains continuent d'être condamnés et exécutés dans une proportion largement supérieure à celle qu'ils représentent dans la population. Depuis 1976, 84 Noirs ont été exécutés pour le meurtre de Blancs alors que quatre Blancs seulement ont été exécutés pour le meurtre de Noirs.

24.   Les autorités fédérales sont également en cause dans cette situation puisque sur les 119 accusés au sujet desquels l'Attorney General a autorisé le gouvernement à demander la peine capitale, 72 étaient des Afro-américains. L'organe de surveillance interne du Gouvernement fédéral, le United States General Accounting Office, a lui-même conclu que la probabilité d'être reconnu coupable de meurtre et exécuté était liée à la race de l'accusé. Le Rapporteur spécial a observé, par ailleurs, que la situation était aggravée par le manque de représentation compétente des accusés. En effet, comme environ 90 % des accusés n'ont pas les moyens de s'assurer les services d'un avocat, souvent la peine capitale est appliquée non aux accusés qui ont commis les pires crimes, mais à ceux qui ont les pires avocats. Quant aux centres d'assistance juridique, ils sont pour la plupart fermés maintenant, faute de moyens. Selon le Rapporteur spécial, neuf mineurs et 27 handicapés mentaux ont aussi été exécutés aux Etats-Unis. depuis 1976.

25.   Il est donc urgent que les Etats-Unis et tous les pays qui appliquent encore la peine capitale renoncent à cette pratique inhumaine, conformément aux appels lancés par le système des Nations Unies. La Commission notamment, dans sa résolution 1997/12, a engagé tous les Etats à ne prononcer la peine de mort que pour les crimes les plus graves et à envisager de suspendre les exécutions.

26.   M. ABU EISSA (Union des avocats arabes) dit que son organisation salue, à l'occasion du cinquantième anniversaire de la Déclaration universelle des droits de l'homme, les efforts de la communauté internationale pour promouvoir les droits de l'homme, les libertés fondamentales et la culture des droits de l'homme.

27.   Malheureusement, dans la région de l'intervenant ces droits et ces libertés sont bafoués en raison de l'application de certaines politiques. Israël, d'abord, continue à faire fi de toutes les condamnations et des résolutions réitérées de la communauté internationale. L'Union des avocats arabes condamne notamment la détention par les autorités israéliennes dans le Golan syrien occupé et dans les territoires palestiniens occupés de centaines d'otages, dont 15 enfants. Au total, les autorités israéliennes détiennent dans des conditions inhumaines des milliers de Palestiniens et d'Arabes d'autres origines. Ailleurs, par exemple en Egypte, au Soudan et en Algérie, ce sont les actes terroristes des fondamentalistes et des intégristes qui entraînent des violations des droits de l'homme. Bien que ces abus soient niés dans les déclarations officielles, ils reflètent eux aussi un refus d'appliquer les normes internationales pertinentes, sous prétexte qu'elles seraient en contradiction avec les fondements théocratiques du régime en place. Au Soudan, l'armée a sauvagement réprimé le 2 avril 1998 dans le camp d'Alifoun des étudiants mobilisés de force qui s'étaient rassemblés pour demander qu'on les autorise à passer les fêtes de l'Aïd avec leur famille. Les soldats ont ouvert le feu sur les manifestants tuant plus d'une centaine de personnes. Poursuivis par les militaires les rescapés se sont embarqués sur un bateau pour fuir par le fleuve. L'embarcation qui était trop chargée a coulé. Une soixantaine de corps ont été repêchés et plus de 150 personnes sont portées disparues. Devant des faits aussi graves, dont la réalité ne peut être niée, il est impératif que des observateurs des Nations Unies aillent enquêter sur place.

28.   Sur le continent africain, la plupart des violations des droits de l'homme et des libertés fondamentales sont dues à des conflits de nature ethnique et aux génocides qu'ils induisent. La communauté internationale doit donc aider toutes les forces démocratiques dans la région, afin qu'une saine gestion des affaires publiques puisse y être rétablie.

29.   Mais il ý a dans le domaine des droits de l'homme, une politique de "deux poids, deux mesures" et devant les violations graves des droits de l'homme résultant du maintien du blocus contre l'Iraq, des pays se taisent. Il est donc urgent que la communauté internationale fasse le nécessaire pour mettre fin à de telles violations des droits des nations.

30.   M. Selebi (Afrique du Sud) reprend la présidence.

31.   Mme STOTHARD (Aliran Kesedaran Negara - National Cousciousness Movement) dit qu'au Myanmar, la junte militaire poursuit sa politique de violation des droits fondamentaux et refuse d'engager un dialogue authentique avec le nouveau gouvernement élu, faisant fi de l'opinion et du système des Nations Unies. Mais les gouvernements des pays, dont certains sont membres de la Commission qui appuient le régime au Myanmar défient eux aussi la communauté internationale.

32.   L'admission du régime en question, huit mois plus tôt, à l'Association des nations de l'Asie du Sud-Est n'a pas notablement modifié son comportement puisque arrestations arbitraires, exécutions extrajudiciaires, torture,

déplacements de population et travail forcé se perpétuent. En attaquant trois camps de réfugiés en Thaïlande récemment, les forces de la junte ont violé la souveraineté d'un autre membre de l'ANASE et insulté cette organisation.

33.   Il faut donc que la Commission fasse savoir très clairement au régime militaire au Myanmar qu'il doit cesser ses attaques contre des ethnies et contre le mouvement démocratique. Les gouvernements qui militent ouvertement pour la cause des droits de l'homme devraient être prêts pour leur part à interrompre, temporairement, toute forme d'aide à ce régime jusqu'à ce qu'il ait engagé le dialogue. Tous les prisonniers politiques au Myanmar doivent être libérés. Les violations des droits de la population du Myanmar doivent cesser. Les investissements au Myanmar doivent être découragés jusqu'au retour à une stabilité réelle, puisque des années d'investissement n'ont pas contribué au développement humain dans ce pays. Les déplacements de population et le travail forcé doivent être condamnés. Dans sa résolution sur le sujet, la Commission ne doit pas oublier non plus les femmes qui tentent de survivre dans les prisons, les camps de réfugiés ou les camps de travail. En ce qui concerne la protection des personnes qui fuient le Myanmar, le Gouvernement thaïlandais qui a déjà pris une initiative importante en autorisant l'accès du Haut-Commissariat des Nations Unies pour les réfugiés devrait faciliter l'action des organismes des Nations Unies et des ONG. En conclusion, seule une volonté politique accélérera une évolution positive au Myanmar.

34.   M. GUTERRES AMARAL (Institut catholique pour les relations internationales) dit qu'il a quitté en janvier, le Timor oriental parce qu'il y était persécuté par l'armée d'occupation indonésienne. Arrêté avec deux compagnons le 21 août 1996 alors qu'il essayait d'approvisionner des membres de la résistance armée, il a été battu puis emmené à la caserne de Buicarin. Transféré par la suite dans une caserne de l'armée indonésienne à Viqueque, il a été interrogé et torturé pendant des heures et ces tortures n'ont cessé que lorsque le Comité international de la Croix-Rouge est intervenu à son sujet Il a été encore détenu pendant quatre mois et questionné avant d'être libéré. En janvier 1998, il s'est réfugié à l'ambassade d'Espagne à Jakarta.

35.   La Commission doit donc tout faire pour encourager le Gouvernement indonésien à autoriser le libre accès des organisations non gouvernementales qui défendent les droits de l'homme. Une visite du Rapporteur spécial sur la torture serait aussi une contribution très importante. Ces mesures, combinées au retrait des forces armées indonésiennes, amélioreraient considérablement la situation au Timor oriental.

36.   M. WIN (Bureau international de la paix) dit qu'il est représentant de la circonscription de Paukkhaung, élu aux élections générales organisées en Birmanie, en 1990. Cela fait en effet huit ans que le peuple birman s'est prononcé à une écrasante majorité en faveur des candidats de la Ligue nationale pour la démocratie (LND). Malheureusement, sa volonté n'a pas été respectée et le régime militaire a choisi la voie de l'affrontement.

37.   Aucune des résolutions relatives à la Birmanie adoptées par la Commission des droits de l'homme depuis 1989 n'a été appliquée et une fin de non-recevoir a été opposée aux demandes répétées du Rapporteur spécial chargé de la question de visiter le pays. Le peuple birman est reconnaissant à la Commission des efforts qu'elle déploie pour appeler l'attention sur les violations des droits de l'homme en Birmanie. M. Win note, à cet égard, avec satisfaction les

recommandations constructives du Rapporteur spécial et les efforts inlassables
du Secrétaire général de l'ONU en vue d'une réconciliation nationale et du
rétablissement de la démocratie dans les meilleurs délais. Dans cette optique,
un dialogue politique approfondi entre le régime militaire, et d'autres
dirigeants de l'opposition doit être entamé d'urgence. Malheureusement la
liberté de circulation et les activités sociales et politiques de Daw Aung San
Suu Kyi continuent de faire l'objet de sévères restrictions. Deux de ses cousins
ont été arrêtés et condamnés à de longues peines d'emprisonnement. Les
déclarations qu'elle faisait chaque fin de semaine depuis sa résidence ont été
interdites et la surveillance constante exercée par les services de
renseignements militaires fait que ses partisans et les journalistes ont de plus
en plus de mal à entrer en contact avec elle.

38.   La LND est privée de tous les droits fondamentaux reconnus aux partis
politiques tels que le droit à la liberté d'expression et à la liberté de
publication. Elle n'est même pas autorisée à utiliser un photocopieur ou à avoir
une ligne téléphonique internationale directe. Ses bureaux à travers le pays
sont fermés les uns après les autres et les personnes qui lui louent des locaux
sont victimes d'actes d'intimidation et parfois même arrêtées. Alors qu'il s'est
réconcilié avec les trafiquants de drogue, le régime militaire traite comme des
criminels les représentants élus du peuple.

39.   Compte tenu de la détérioration de la situation des droits de l'homme, le
Bureau international de la paix demande instamment à la Commission des droits de
l'homme de proroger le mandat du Rapporteur spécial et prie le Secrétaire
général de poursuivre ses efforts en vue de la réconciliation nationale et de
l'instauration de la démocratie. Il lance en outre un appel à tous les Etats
Membres pour qu'ils accordent plus d'attention à l'application effective des
résolutions de l'ONU relatives à la Birmanie.

40.   <u>M. Hynes (Canada) prend la présidence.</u>

41.   M. HTAIK (Association pour les peuples menacés) dit qu'en Birmanie, le
régime militaire exécute depuis 1996 un programme de réinstallation forcée des
groupes ethniques qui vivent dans les zones frontalières pour les soumettre à
son contrôle. A la fin de 1996, les habitants de plus de 600 villages avaient
été réinstallés de force dans des endroits stratégiques situés au bord des
routes ou près des villes. Depuis lors, le programme de réinstallation forcée a
été intensifié et élargi. Rien qu'au cours des six dernières semaines, au moins
300 000 personnes ont été chassées de leurs foyers. Les personnes qui doivent
être réinstallées ont seulement trois à cinq jours pour partir. A la fin de ce
délai, les militaires peuvent tirer sur elles sans sommation. Les lieux de
réinstallation sont parfois situés à une journée de marche. Les villageois qui
possèdent des charrettes peuvent prendre avec eux quelques biens alors que ceux
qui se déplacent à pied doivent laisser presque tout derrière eux. Ceux qui
refusent de partir sont brutalisés, abattus ou brûlés vifs dans leur maison. Les
personnes visées sont presque toutes des paysans qui doivent abandonner leur
récolte et leurs animaux dont s'emparent généralement les troupes. Dans les
endroits où ils sont réinstallés, rien ne leur est fourni. Pour survivre, ils
sont obligés de louer leurs services à la journée ou de mendier.

42.   Un des faits les plus alarmants est la forte augmentation depuis une année
des exécutions extrajudiciaires de villageois dans les lieux de réinstallation.
Selon les informations recueillies, 664 personnes ont été tuées en 1997. Le 16

juin de la même année, des personnes réinstallées dans la ville de Kun Hing qui
se rendaient, avec l'autorisation des autorités dans leurs anciens villages pour
récolter le riz ont été massacrées en chemin. Les personnes trouvées à
l'extérieur des zones de réinstallation ne sont pas les seules à être tuées
puisque les forces armées ont aussi tiré des obus à l'intérieur de ces zones.

43.   En plus des massacres, d'autres violations des droits de l'homme,
(torture, viol, détention arbitraire pillage, etc) sont fréquentes dans les
sites de réinstallation forcée. En outre, ces sites qui sont implantés
délibérément à proximité des camps militaires, constituent un réservoir de main-
d'oeuvre pour l'armée. C'est à cause de violations de droits de l'homme comme
celles-là que de nombreux membres du groupe ethnique shan vont chercher refuge
en Thaïlande. Selon les estimations, 80 000 d'entre eux sont entrés dans ce pays
ces deux dernières années. Malheureusement, aucun camp de réfugiés n'est prévu
pour eux, en sorte qu'ils deviennent des travailleurs migrants clandestins
exposés à toutes les formes d'exploitation.

44.   L'Association pour les peuples menacés recommande à la Commission des
droits de l'homme d'inclure dans sa résolution sur la Birmanie un paragraphe
distinct sur la réinstallation forcée.

45.   M. SHROPSHIRE (Conseil canadien des Eglises) fait observer que le récent
massacre de 45 autochtones tzotzils au Mexique met de nouveau en évidence le
risque de voir la situation dégénérer en grave crise humanitaire. Déjà en 1997,
le nombre des exécutions extrajudiciaires, des arrestations arbitraires, des
disparitions et des cas de torture avait fortement augmenté dans un contexte
caractérisé par une détérioration de la situation économique, une militarisation
croissante et une guerre larvée menée contre la population civile par des
groupes para-militaires appuyés par les forces de sécurité. Dans ces
circonstances, il est plus que jamais nécessaire de nommer un rapporteur spécial
de façon à assurer une surveillance plus étroite de la situation.

46.   Au Pérou, les atteintes répétées à l'indépendance du système judiciaire et
les attaques contre les journalistes qui critiquent le gouvernement sont
extrêmement préoccupantes. La torture continue d'être pratiquée sur une vaste
échelle et des centaines de personnes accusées de terrorisme et de trahison
continuent d'être détenues dans des conditions déplorables.

47.   Au Soudan, toutes les parties au conflit continuent de commettre des
violations des droits de l'homme. En 1998, le Gouvernement du Front islamique
national a intensifié ses bombardements sur les populations civiles. Ses forces
de sécurité continuent de détenir et de torturer des civils. Les autorités
imposent encore des restrictions à l'accès des organisations humanitaires à la
population civile, en particulier dans la région de Wau, où plus de
100 000 personnes sont privées de nourriture et de médicaments. D'autre part,
les persécutions religieuses touchent à présent non seulement les chrétiens mais
aussi les musulmans. Le Conseil canadien des Eglises recommande que le mandat du
Rapporteur spécial soit prorogé et que des observateurs indépendants des droits
de l'homme soient déployés dans tout le Soudan. Il lance en outre un appel aux
pays membres de l'IGAD pour qu'ils élargissent le processus de paix à toutes les
parties au conflit.

48.   Par ailleurs, le Conseil canadien des Eglises a de sérieux doutes quant à
la volonté du Gouvernement nigérian de faciliter le retour à un régime civil.

Il est impératif de prolonger le mandat du Rapporteur spécial d'une année et d'insister auprès du régime en place pour qu'il l'autorise à accéder sans restriction à toutes les régions du pays. Les autorités nigérianes devraient en outre être exhortées à constituer un organe électoral réellement indépendant, à ouvrir le processus électoral à tous les partis et à mettre fin au harcèlement des candidats à la présidence.

49.   Au Timor oriental, les violations des droits de l'homme (arrestations arbitraires, torture, exécutions extrajudiciaires et disparitions) n'ont pas cessé. Le Conseil invite instamment le Gouvernement indonésien à appliquer les recommandations adoptées ces dernières années par la Commission des droits de l'homme et, en particulier, à autoriser le Rapporteur spécial sur la torture à se rendre au Timor oriental en 1998.

50.   En Indonésie, le mouvement de protestation de la population face à la détérioration de la situation économique et politique a été brutalement réprimé. Le Conseil lance un appel aux autorités pour qu'elles libèrent les détenus politiques et invite le Rapporteur spécial sur la liberté d'opinion et d'expression à examiner la possibilité de se rendre en Indonésie en 1998.

51.   M. HERNANDEZ-AMOR (Internationale démocrate chrétienne) note qu'en réponse à une demande faite par le pape, le Gouvernement cubain a libéré 104 prisonniers politiques. Tout en se félicitant de cette mesure, l'Internationale démocrate chrétienne aurait souhaité que tous les détenus politiques bénéficient d'une amnistie. Il y a lieu également de saluer les progrès accomplis ces huit derniers mois vers le renforcement de la liberté religieuse.

52.   Il convient cependant d'attirer l'attention de la Commission sur l'augmentation alarmante des arrestations parmi les militants des droits de l'homme, les opposants et les journalistes indépendants qui s'explique par l'adoption, le 24 décembre 1996, de la loi No 80 connue comme l'antidote à la loi Helms-Burton. Certains détenus ont été libérés, d'autres ont été jugés et condamnés ou attendent encore leur procès. La nouvelle loi prévoit des sanctions contre toute personne qui collabore avec les moyens d'information considérés par les autorités cubaines, comme acquis au Gouvernement des Etats-Unis. Elle laisse aux autorités une large marge d'interprétation, leur permettant de sanctionner quiconque transmet à l'étranger des informations sur les violations des droits de l'homme à Cuba.

53.   D'autre part, dans les prisons cubaines, les conditions laissent encore à désirer : malnutrition, manque de soins médicaux, traitements cruels, inhumains ou dégradants. Douze prisonniers auraient trouvé la mort en 1997.

54.   L'Internationale démocrate chrétienne, qui reconnaît les mesures positives prises par le Gouvernement cubain ces derniers mois, l'invite respectueusement à poursuivre ses efforts dans cette voie pour que Cuba s'ouvre sur le monde et que le monde s'ouvre sur Cuba.

55.   M. ONGUENE (Alliance réformée mondiale) dit que les arrestations arbitraires, les mesures d'intimidation et les persécutions, la torture, les mauvais traitements, les enlèvements ainsi que les agissements d'un groupuscule incontrôlé qui rejette tout dialogue et cherche à éliminer physiquement ses adversaires ont mis gravement en danger le processus démocratique en Guinée équatoriale. L'Alliance dénonce l'emploi non justifié de la force par les

autorités militaires et civiles qui ne font aucun cas des textes juridiques sur lesquels repose leur pouvoir. Cette situation explique en partie la large impunité dont jouissent les agents de l'Etat qui commettent des violations des droits de l'homme en dépit des engagements pris dans le cadre du document d'évaluation du Pacte national adopté en 1997. Tant que ceux qui sont coupables de tels actes resteront impunis, aucun progrès réel ne pourra être accompli vers la protection des droits de l'homme en Guinée équatoriale. Il est donc impératif d'élaborer les lois nécessaires pour lutter contre ce phénomène, de publier ces lois et de garantir leur application effective.

56. L'Alliance invite la Commission à lancer un appel aux autorités de Guinée équatoriale pour qu'elles reconnaissent que la force et les actes unilatéraux ne peuvent rien résoudre et qu'elles doivent négocier avec les forces politiques du pays en vue d'ouvrir la voie à un vaste processus démocratique. Dans cette optique, les partis de l'opposition sont pleinement déterminés à rechercher une solution concertée aux problèmes du pays. L'Alliance félicite le Rapporteur spécial sur la situation des droits de l'homme en Guinée équatoriale pour son excellent rapport. Elle espère que son mandat sera renouvelé car le plein respect des droits de l'homme en Guinée équatoriale dépend dans une large mesure de l'action de la communauté internationale.

57. M. CUNNIAH (Confédération internationale des syndicats libres - CISL) dit qu'au nom des 127 millions de travailleurs qu'elle représente, son organisation tient à exprimer sa vive préoccupation face au nombre croissant de violations des droits syndicaux dans toutes les régions du monde.

58. La CISL a ainsi appris qu'en Australie la semaine passée, la société Patrick Stevedores avait licencié 2 100 dockers après l'échec de négociations sur le réaménagement des méthodes de travail. Pour permettre à cette société de briser le mouvement, le Gouvernement australien, qui depuis son élection, a toujours été hostile aux syndicats a mis à sa disposition un montant de 250 millions de dollars et des mercenaires.

59. En Indonésie, Muchtar Pakpahan, chef du SBSI est détenu depuis juillet 1996. Accusé de trahison, il risque la peine de mort. La CISL demande instamment à la Commission d'intervenir auprès du Gouvernement indonésien pour qu'il le libère immédiatement.

60. Selon des informations récentes, le droit à la liberté d'association continue d'être soumis à de sévères restrictions en Chine. En janvier, deux militants syndicaux indépendants, Li Quingxi et Zhao Changqing, ont été arrêtés pour avoir revendiqué publiquement la création de syndicats libres. A cet égard, la CISL est extrêmement déçue que les Etats-Unis et l'Union européenne ne présentent pas de projet de résolution sur la situation des droits de l'homme en Chine à la session en cours de la Commission.

61. Au Nigéria, les droits syndicaux continuent d'être bafoués. Le Nigéria Labour Congress demeure sous la coupe du gouvernement. Frank Fokori et Milton Dabibi, dirigeants des syndicats Oil and gas workers Unions sont détenus depuis 1994 sans inculpation ni jugement. Il est demandé à la Commission d'exhorter les autorités nigérianes à les libérer immédiatement. Au Soudan, plusieurs syndicalistes sont encore détenus, c'est le cas notamment d'Osman Abdel Gader (Président du Textile Trade Union) et de Daoud Suliaman, secrétaire du Blue Nile Trade Union. En République démocratique du Congo, trois principaux dirigeants du

syndicat des postes et des télécommunications (Makiona, Makuntima et Kabasele) ont été arrêtés le 9 mars 1998 à la suite d'une grève de protestation contre le non-paiement des salaires depuis sept mois. A Djibouti, neuf syndicalistes démis de leurs fonctions en 1996, dans le cadre d'une tentative visant à mettre au pas les syndicats indépendants, n'ont pas été réintégrés. En outre, des centaines de travailleurs du secteur de la santé ont été brutalisés le 22 mars lors d'une manifestation. Plusieurs d'entre eux ont été arrêtés et transférés dans un centre de détention où les conditions sont inhumaines.

62.   En Colombie, 80 syndicalistes, dont bon nombre appartenaient à la SINTRAINGRO (Union des travailleurs agricoles de la région d'Uraba) ont été tués. Il est demandé à la Commission d'intervenir auprès du Gouvernement colombien pour qu'il prenne des mesures fermes en vue de mettre fin à la violence. En ce qui concerne le Guatemala, la CISL est en possession d'un document qui expose une série de politiques, de stratégies et de tactiques visant à détruire le mouvement syndical. La Commission doit dénoncer ces manoeuvres, qui visent à remplacer les syndicats par des associations de solidarité.

63.   Au Bélarus, le Président de la République continue de s'ingérer dans les activités des syndicats indépendants. De nouvelles lois restrictives limitant considérablement l'exercice des droits syndicaux ont été adoptées. Il en va de même, en Croatie, où en vertu d'une nouvelle législation adoptée l'année passée sans que les syndicats aient été consultés, le gouvernement a nationalisé tous les avoirs des organisations syndicales.

64.   La CISL, d'autre part, a relevé des violations flagrantes des droits syndicaux dans d'autres pays, notamment en République islamique d'Iran, au Costa Rica, au Niger, au Zimbabwe, au Tchad, en Turquie et au Myanmar. Elle espère que la Commission adoptera des mesures vigoureuses contre ces pays.

65   M. SANNIKOV (Ligue internationale des droits de l'homme) dit qu'il représente les 70 000 signataires de la Charte 97, qui a été élaborée par la société civile en novembre 1997 au Bélarus. Dans ce document, est proclamée l'intention des citoyens de faire du Bélarus, pays où les dangers du totalitarisme demeurent aussi grands que du temps de la guerre froide, une Nation européenne libre où les droits de l'homme sont pleinement respectés.

66.   Chacun sait que le Bélarus est gouverné au moyen d'une Constitution illégale qui laisse la porte ouverte à tous les abus de pouvoir et pratiques dictatoriales. Au moment même où la délégation bélarussienne se félicitait du rapport du Rapporteur spécial sur la liberté d'opinion et d'expression, les autorités du pays prenaient de nouvelles mesures pour étouffer cette liberté. Un haut fonctionnaire de la Présidence a en effet récemment émis des instructions interdisant aux agents de l'Etat de fournir toute information à la presse non étatique et aux entreprises publiques de placer des annonces publicitaires dans les journaux de l'opposition. La liste des organes de presse dissidents était jointe aux instructions.

67.   Par ailleurs, plus de 50 personnes ont été arrêtées à Minsk le 2 avril 1998 pour avoir participé à une manifestation. Plusieurs d'entre elles ont été rouées de coups. Certaines, à l'instar de Pavel Severinets, chef d'un mouvement de jeunes opposants, sont en prison et doivent être jugées pour infraction à la loi pénale. Vyacheslav Sivchik, un des chefs du Front populaire

bélarussien, a été, quant à lui, hospitalisé après avoir été sauvagement battu par la police. Un autre chef du Front, Lyavon Barshcheusky, a été arrêté sans même avoir participé aux manifestations. Dmitrj Vaskovich, un adolescent de 15 ans, a été détenu pendant plusieurs jours presque sans nourriture. De nombreux étudiants sont actuellement expulsés de l'université en raison de leurs opinions politiques. Il convient de signaler à cet égard, qu'un journal contrôlé par l'Etat a récemment justifié la répression menée en URSS entre 1917 et 1953. Il apparaît donc plus que jamais nécessaire de nommer un rapporteur spécial pour le Bélarus et de prendre les mesures requises pour donner suite aux recommandations du Rapporteur spécial sur la liberté d'opinion et d'expression.

68.   M. QIANG (Robert F. Kennedy Memorial Center for Human Rights) dit que, depuis sa dernière session, la Commission a renoncé à adopter une résolution sur la situation des droits de l'homme en Chine, simplement parce que le Gouvernement chinois a apporté à sa politique quelques changements d'ordre tactique, expulsant le dissident Wei Jing-Sheng, signant le Pacte international relatif aux droits économiques, sociaux et culturels et invitant les membres du Groupe de travail sur la détention arbitraire à se rendre en Chine. Or, les droits fondamentaux à la liberté d'association, de réunion et d'expression continuent d'être bafoués, et les défenseurs des droits de l'homme continuent d'être arrêtés. Ainsi en mars, deux d'entre eux, Yang Qianhing et Shen Liangshin ont été condamnés respectivement à trois et deux ans de rééducation par le travail. Selon les statistiques du gouvernement lui-même, plus de 2 400 personnes sont actuellement détenues pour "des crimes antirévolutionnaires", concept qui a été remplacé en 1997 par celui de "crimes mettant en danger la sécurité de l'Etat". Le "gouvernement par la loi", sur lequel les dirigeants chinois mettent l'accent ne doit pas être confondu avec l'état de droit qui présuppose que le peuple a son mot à dire lors de l'élaboration et de l'application des lois qui régissent sa vie. Dans un système où l'appareil judiciaire est subordonné au parti au pouvoir, les lois visent uniquement à protéger les intérêts des élites gouvernantes.

69.   Aux autorités chinoises, qui font souvent valoir que leur seul souci est de préserver la stabilité et l'unité du pays, force est de faire observer que les rapides mutations économiques et sociales que connaît la Chine risquent d'être à l'origine de troubles graves si le peuple chinois n'est pas associé aux décisions qui le concernent. Parce qu'il n'y a pas de syndicats indépendants ni de presse libre pour exprimer le mécontentement de la population, des manifestations spontanées ont eu lieu. Certaines ont dégénéré en affrontements violents avec la police. Des centaines de travailleurs ont été arrêtés. Mais la répression ne résoudra rien.

70.   La promotion et la protection des droits de l'homme en Chine nécessitent une transformation pacifique et radicale des structures politiques chinoises. A ce stade, il est extrêmement important d'appuyer la lutte pour les droits de l'homme et la Commission doit assumer pleinement le rôle qui lui incombe en vertu de son mandat. La communauté internationale peut et doit contribuer au respect des normes universelles en Chine, même s'il faut pour cela affronter publiquement un membre permanent du Conseil de sécurité de l'ONU.

71.   Mme SAYEGH (Fédération générale des femmes arabes), se référant aux principes contenus dans la Déclaration universelle des droits de l'homme, la Charte des Nations Unies, les Conventions de Genève et les Pactes internationaux relatifs aux droits de l'homme, dit que son organisation est gravement

préoccupée par les violations des droits de l'homme résultant de l'application
de sanctions économiques. Elle tient à cet égard à appeler l'attention sur
l'Observation générale N° 8 du Comité des droits économiques, sociaux et
culturels, dans laquelle cet organe a souligné la nécessité d'évaluer
l'incidence de ce type de mesure sur la population, en particulier les enfants
et les personnes âgées. De son côté, le Secrétaire général de l'ONU a soulevé la
question de savoir si les sanctions étaient légitimes. Il faut dire que, dans
des pays comme Cuba, la Libye et l'Iraq, de telles mesures ont surtout eu des
effets sur les segments les plus faibles de la population.

72.   Au cours des sept dernières années, plus d'un million et demi de
personnes, en majorité des enfants, des femmes et des personnes âgées, sont
mortes en Iraq, à cause de la malnutrition, des maladies infectieuses, ainsi que
de différents types de cancer et de malformations congénitales causées par les
projectiles à uranium appauvri utilisés pendant la guerre du Golfe. En raison
des sanctions, il s'est révélé impossible de remettre en état l'infrastructure
notamment en matière de santé et d'enseignement.

73.   Il incombe à la Commission de prendre les mesures requises pour mettre fin
aux sanctions inhumaines imposées à l'Iraq et empêcher le recours à de telles
mesures à l'avenir.

Déclarations dans l'exercice du droit de réponse

74.   Mme ABU NAGMA (Soudan), dit que le représentant de l'Union européenne a
fort judicieusement noté que la plupart des violations des droits de l'homme se
produisaient dans le contexte du conflit armé. Le Gouvernement soudanais a fait
d'énormes efforts pour parvenir à un règlement pacifique, concluant, en 1987, un
accord de paix avec toutes les factions belligérantes, à l'exception de celle
qui est dirigée par John Garang et acceptant les principes établis par L'IGAD.
Il est à espérer que le cessez-le-feu qu'il a proposé et que cette organisation
a approuvé sera appuyé par l'Union européenne. La délégation soudanaise note
avec satisfaction que cette dernière a reconnu qu'il y a eu une certaine
amélioration dans la situation de droits de l'homme au Soudan et que le
Gouvernement soudanais s'était engagé, dans le nouveau projet de constitution, à
respecter et promouvoir ces droits. Elle espère par conséquent que l'Union
européenne appuiera le rétablissement de l'assistance technique dans le domaine
des droits de l'homme de façon à permettre au Soudan de renforcer ses capacités
en la matière. Il ne sert à rien de répéter les mêmes allégations d'année en
année, alors qu'il y a eu manifestement des améliorations.

75.   En réponse à l'appel lancé par l'Union européenne au gouvernement, Mme Abu
Nagma rappelle que les autorités soudanaises se sont déjà démarquées à plusieurs
reprises des groupes terroristes Sa délégation saisit d'ailleurs cette occasion
pour condamner le terrorisme sous toutes ses formes. Pour ce qui est de la
coopération avec le Rapporteur spécial sur la situation des droits de l'homme au
Soudan, la délégation soudanaise souligne que cette coopération existe puisque,
dans la résolution relative à la question, elle est explicitement constatée.

76.   D'autre part, la délégation soudanaise a écouté la déclaration faite par
le représentant de l'Union des avocats arabes, un Soudanais qui prône le
renversement du gouvernement par la force et ne fait que ressasser chaque année
les mêmes allégations dénuées de tout fondement. Il est regrettable que le
conflit meurtrier que connaît le Soudan soit exploité à des fins politiques.

L'incident évoqué dans ladite déclaration s'est produit lorsqu'une embarcation trop chargée a chaviré. A ce jour, 52 corps ont été retrouvés. Les enquêtes ouvertes par les forces armées et le procureur général n'ayant pas encore abouti, toute conclusion serait pour le moment prématurée.

77.   M. DEMBRI (Observateur de l'Algérie), dit qu'il est regrettable de voir l'Union européenne dresser encore une fois un catalogue des situations des droits de l'homme dans 37 pays qui sont tous du Sud. Cette attitude dénote l'existence d'une fracture entre les deux parties du monde préjudiciable à la cause des droits de l'homme. En ce qui concerne l'Algérie, M. Dembri note que, pour la première fois, la délégation de l'Union européenne a clairement condamné les attaques terroristes. Il déplore toutefois que la gravité de ce phénomène soit occultée par l'accent mis sur une prétendue crise de l'Etat de droit.

78.   Cela dit, il convient de rappeler que de nombreux pays européens continuent d'accueillir les instigateurs des pires violations des droits de l'homme en cette fin de siècle. L'Europe ne saurait en effet oublier que les principales fetwas appelant au meurtre des citoyens algériens ont été émises à partir de son territoire. Il lui incombe aujourd'hui de prouver qu'elle est réellement solidaire dans la lutte contre le terrorisme qui met en danger la paix et la stabilité de toute la région euroméditerranéenne.

79.   Il est également étonnant de constater que l'Union européenne n'a pas mentionné dans sa déclaration le dialogue politique qui s'est instauré entre elle et l'Algérie. Les visites successives effectuées en Algérie par de nombreuses personnalités européennes et autres, ainsi que par des représentants de la société civile, sont la preuve que l'Algérie accepte sans complexe le regard extérieur.

80.   A ceux qui voudraient donner à l'Algérie des conseils pour un bon fonctionnement de l'Etat de droit, la délégation algérienne rappelle que son pays s'est engagé de sa propre initiative dans un processus pluraliste et a achevé la mise en place d'institutions républicaines démocratiques. Pour ce qui est des allégations de violation des droits de l'homme, l'Algérie demande solennellement à leurs auteurs d'apporter la preuve de ce qu'ils affirment.

81.   Enfin, en ce qui concerne la coopération avec les mécanismes de l'ONU, la délégation algérienne souhaite rappeler qu'au cours des dix-huit derniers mois l'Algérie a présenté des rapports périodiques au Comité contre la torture, au Comité des droits de l'enfant et au Comité pour l'élimination de la discrimination raciale. Les conclusions et les recommandations adoptées par ces organes devraient permettre à chacun d'évaluer les progrès accomplis vers l'état de droit. De même, l'examen du deuxième rapport périodique de l'Algérie au Comité des droits de l'homme en juillet 1998, sera l'occasion de se faire une idée sur la véritable situation des droits de l'homme dans le pays.

82.   M. AL DURI (Observateur de l'Iraq), dit que les souffrances qu'endure le peuple iraquien depuis huit ans, que ce soit par suite de l'agression militaire de 1990-1991 ou du fait de l'embargo total sur les livraisons de produits alimentaires et de médicaments doivent être imputées aux Etats-Unis. Le maintien de cet embargo qui a fait 1,5 million de morts, en majorité des femmes et des enfants, constitue un véritable acte de génocide. Les larmes de crocodile que versent les Etats-Unis ne trompent plus personne. Le peuple iraquien sait

pertinemment que c'est ce pays et la Grande-Bretagne qui empêchent l'exécution
des contrats relatifs à la livraison de vivres et de médicaments.

83.   La délégation neo-zélandaise a de son côté parlé d'une conférence sur
l'aide humanitaire à l'Iraq que le Royaume-Uni aurait l'intention d'organiser.
Que ce pays, qui ne brille pas par sa neutralité, envisage d'accueillir une
telle conférence est pour le moins surprenant. L'intérêt du peuple iraquien
résidant dans la levée de l'embargo, la Grande-Bretagne n'est pas du tout bien
placée pour traiter du problème d'une manière objective. En outre, les
organisateurs de cette conférence viseront certainement à subordonner la levée
de l'embargo à l'acceptation par l'Iraq de conditions dont le seul but est
d'asseoir la stratégie des Etats-Unis dans la région. Le refus de l'Iraq de se
plier à ce jeu sera encore une fois pris comme prétexte pour plonger la région
dans une nouvelle crise. C'est là l'objectif que visent les Etats-Unis.

84.   M. KIM SONG CHOL (Observateur de la République populaire démocratique de
Corée), dit qu'à la séance précédente, un représentant de l'Union européenne a
fait des commentaires sur la situation des droits de l'homme en Corée et le
retrait de son pays du Pacte international relatif aux droits civils et
politiques. Sa délégation rejette et dénonce vigoureusement ce qu'elle considère
comme une tentative de la part de certaines forces pour induire en erreur la
Commission et justifier ainsi un autre complot contre son pays.

85.   Les Etats de l'Union européenne dont le comportement en matière de droits
de l'homme est loin d'être irréprochable, sont mal placés pour prétendre faire
office de juge des droits de l'homme dans une sorte de "tribunal international".
D'autre part, en réclamant que les mécanismes des Nations Unies et les ONG
soient autorisés à accéder davantage au territoire de la République populaire
démocratique de Corée, l'Union européenne fait preuve d'une ignorance totale des
réalités; bon nombre d'organismes des Nations Unies et l'ONG exécutent en Corée
des activités à court et à long terme et peuvent s'acquitter de leurs tâches
sans aucune entrave. La même ignorance est constatée en ce qui concerne le
retrait de son pays du Pacte international relatif aux droits civils et
politiques. M. Kim Song Chol rappelle que c'est en protestation contre
l'adoption sans consultation d'une résolution hostile par la Sous-commission de
la lutte contre les mesures discriminatoires et de la protection des minorités
que son gouvernement a pris cette mesure.

86.   Le Gouvernement de la République populaire démocratique de Corée est
fermement opposé à la politique consistant à faire deux poids et deux mesures. A
l'avenir, il ne tolérera plus aucune atteinte à sa souveraineté. Il lance un
appel à tous les Etats pour lesquels la coopération dans le domaine des droits
de l'homme n'est pas un simple prétexte afin qu'ils prennent les dispositions
requises pour que les principes d'égalité et d'impartialité soient respectés.

87.   M. AL FAIHANI (Observateur de Bahreïn), dit que les représentants de
certaines organisations non gouvernementales ont porté contre son pays des
accusations dénuées de tout fondement. Malheureusement, ces organisations se
laissent manipuler par des groupes opérant à l'extérieur du pays, qui
préconisent le recours au terrorisme en vue de l'instauration d'un régime
extrémiste. La délégation bahreïnite regrette que les réunions de la Commission,
qui devraient être consacrées à la promotion des droits de l'homme, soient ainsi
abusivement utilisées par certains pour atteindre leurs objectifs politiques.

88.   M. ALVAREZ (Observateur du Costa Rica), dit que sa délégation ne peut
rester impassible face aux allégations de violation du droit à la liberté
syndicale dans son pays. Au Costa Rica les libertés sont garanties depuis plus
de cent ans et le droit à la liberté syndicale est un droit constitutionnel.
Affirmer que les droits syndicaux sont violés dans un pays sans en apporter la
preuve est un acte grave. Ces pratiques calomnieuses ne sauraient être admises
au sein de la Commission.

89.   M. AGURTSOU (Observateur du Bélarus), dit que le prétendu représentant de
la Ligue des droits de l'homme qui est intervenu aujourd'hui est en fait un
dirigeant de l'opposition bélarussienne. Pour la deuxième fois, il utilise cette
tribune à des fins de propagande. Les arguments qu'il a avancés ne convaincront
personne. Pour ce qui est de la Constitution, qu'il a qualifiée d'illégale, il y
a lieu de rappeler qu'elle a été approuvée par l'ensemble du peuple dans le
cadre d'un référendum. Le fait même qu'un dirigeant de l'opposition puisse
intervenir aujourd'hui sans crainte est la preuve de l'absence de toute
violation des droits de l'homme au Bélarus.

ACTION VISANT À ENCOURAGER ET DÉVELOPPER DAVANTAGE LE RESPECT DES DROITS DE
L'HOMME ET DES LIBERTÉS FONDAMENTALES ET, NOTAMMENT, QUESTION DU PROGRAMME ET
DES MÉTHODES DE TRAVAIL DE LA COMMISSION :

a)   AUTRES MÉTHODES ET MOYENS QUI S'OFFRENT DANS LE CADRE DES ORGANISMES DES
        NATIONS UNIES POUR MIEUX ASSURER LA JOUISSANCE EFFECTIVE DES DROITS DE
        L'HOMME ET DES LIBERTÉS FONDAMENTALES

b)   INSTITUTIONS NATIONALES POUR LA PROMOTION ET LA PROTECTION DES DROITS DE
        L'HOMME

c)   RÔLE DE COORDINATION DU CENTRE POUR LES DROITS DE L'HOMME AU SEIN DES
        ORGANES DE L'ORGANISATION DES NATIONS UNIES ET DE LEURS MECANISMES
        S'OCCUPANT DE LA PROMOTION ET DE LA PROTECTION DES DROITS DE L'HOMME

d)   DROITS DE L'HOMME, EXODES MASSIFS ET PERSONNES DÉPLACÉES (point 9 de
        l'ordre du jour) (suite) (E/CN.4/1985/45 à 49 et Add.1, 50, 51, 52 et
        Add.1, 53 et Add.1 et 2, 54 et Add.1, 116, 118, 138, 151 et 157;
        E/CN.4/1998/NGO.3, 24 et 69 à 71; E/CN.4/Sub.2/1997/28; A/52/469 et Add.1)

SERVICES CONSULTATIFS DANS LE DOMAINE DES DROITS DE L'HOMME (point 17 de l'ordre
du jour) (suite) (E/CN.4/1998/92 à 97 et 158; A/52/489)

90.   M. Selebi (Afrique du Sud) reprend la présidence.

91.   M. PINHEIRO (Président de la quatrième réunion des rapporteurs et
représentants spéciaux, experts et présidents des groupes de travail chargés de
l'application des procédures spéciales de la Commission des droits de l'homme et
du programme de services consultatifs), présentant son rapport (E/CN.4/1998/45),
dit que ce mécanisme créé à la suite de la Conférence mondiale sur les droits de
l'homme, permet des échanges de vues entre les participants, et aussi avec le
secrétariat, le Haut-Commissariat aux droits de l'homme, les présidents des
organes conventionnels, le Président de la Commission, les institutions
spécialisées et d'autres organismes des Nations Unies. Dans l'avenir, il serait
souhaitable d'associer à l'exercice les Etats membres et les ONG.

92.   La Commission et le Conseil économique et social ont établi le système des
procédures spéciales pour faire face à des situations de violations graves et
impunies des droits de l'homme. L'utilité du système a notamment été démontrée
dans la région de M. Pinheiro, l'Amérique latine, où il a permis de mettre au
jour les abus dus à l'arbitraire et de faciliter, la transition vers la
démocratie. La société civile, les ONG nationales et internationales et les
victimes des violations flagrantes des droits de l'homme comptent sur ce
mécanisme spécial.

93.   Les travaux des rapporteurs spéciaux et des groupes de travail sont guidés
par les principes d'impartialité, de non-sélectivité et d'objectivité, par les
prescriptions de la Déclaration universelle des droits de l'homme, et des
instruments internationaux pertinents en matière de droits de l'homme, par la
jurisprudence des organes conventionnels, ainsi que par les autres instruments
relatifs aux droits de l'homme adoptés dans le cadre des Nations Unies.
Les experts prennent aussi en compte des résolutions adoptées chaque année par
la Commission. Il faut insister sur le fait que les rapporteurs spéciaux
appliquent des procédures de nature publique, que leurs rapports sont publics et
qu'ils entretiennent avec les médias des relations fondées sur la transparence.
Ils bénéficient, en tant qu'organes de la Commission, des privilèges et
immunités prévus dans la Convention sur les privilèges et immunités des
Nations Unies, en particulier l'immunité de poursuites judiciaires. A ce titre,
le refus récent des tribunaux d'un Etat membre de reconnaître que le Rapporteur
spécial sur l'indépendance des juges et des avocats, M. Param Cumaraswamy, jouit
de la protection prévue dans la Convention est très préoccupant. Si cette
décision, qui vise tous les mécanismes des Nations Unies en matière de droits de
l'homme, est maintenue, elle pourrait empêcher des experts indépendants de
dénoncer des violations des normes internationales et nuire à l'indépendance et
à l'impartialité. Les participants à la réunion se joignent au Secrétaire
général de l'ONU et à la Haut-Commissaire aux droits de l'homme pour exhorter le
gouvernement concerné à respecter ses obligations au regard de la Convention
dans le cas de M. Cumaraswamy.

94.   Pour agir plus efficacement, les experts doivent constamment améliorer
leurs méthodes de travail et, pour cela, recevoir un soutien accru. En effet,
ils ne perçoivent pas d'honoraires et bien souvent ne disposent même pas d'une
assistance à temps complet à Genève. Il est à espérer que la restructuration du
Haut-Commissariat aux droits de l'homme créera les conditions voulues à cet
égard, afin de combler le fossé entre les engagements en faveur de la cause des
droits de l'homme pris par la communauté internationale à Vienne en 1993 et les
ressources effectivement allouées.

95.   Il serait judicieux aussi que la Commission réfléchisse à une procédure
pour l'établissement des faits qui soit équitable et acceptable pour toutes les
parties concernées. En ce qui concerne le resserrement de la coordination entre
le système des procédures spéciales et les organes conventionnels, les efforts
de la Haut-Commissaire aux droits de l'homme et du président de la réunion des
présidents des organes créés en vertu d'instruments internationaux relatifs aux
droits de l'homme, M. Philip Alston, méritent d'être salués. Les participants à
la quatrième réunion ont également recommandé que le Haut-Commissariat aux
droits de l'homme élabore des directives visant à assurer le suivi des
recommandations des rapporteurs spéciaux. Sur le plan interne, il faudrait une
information systématique des organismes des Nations Unies concernant les
recommandations des experts. Au niveau des pays et des organisations régionales,

il conviendrait d'examiner comment le Haut-Commissariat aux droits de l'homme pourrait faciliter le suivi des recommandations en question.

96.   Enfin, il est extrêmement important d'établir avec les Etats membres un dialogue privilégiant l'interaction. A sa prochaine session, la réunion pourrait suivre l'exemple de la réunion des présidents des organes créés en vertu d'instruments internationaux relatifs aux droits de l'homme et inviter tous les gouvernements et autres parties prenantes à contribuer à l'amélioration des travaux des experts. Cette approche pourrait rendre les travaux des experts plus fiables, plus transparents et plus efficaces.

97.   M. FERNANDEZ (Organisation internationale pour le développement de la liberté d'enseignement) dit que le slogan du cinquantième anniversaire de la Déclaration universelle, "Tous les droits de l'homme : nos droits à tous", exprime bien le souci de renforcer l'universalité des droits de la personne humaine. Mais aujourd'hui certains veulent remettre cette universalité en question pour des motifs peu avouables, en clair ne pas reconnaître la primauté du droit. Etant donné que toutes les cultures et les religions reconnaissent les valeurs à l'origine de la Déclaration universelle, opposer la pluralité des cultures à l'universalité, ou défendre une universalité contre les cultures ou les religions, est un non-sens. Pluralité et universalité ne s'opposent pas, c'est l'homme qui les oppose. C'est pourquoi l'Organisation internationale pour le développement et la liberté d'enseignement et l'Entraide universitaire mondiale, dans le cadre de l'université d'été qu'elles organisent cette année à Genève, accorderont une place privilégiée au dialogue entre les cultures et les religions sur la base de l'universalité. Cette universalité fera l'objet également d'un colloque en collaboration avec la chaire UNESCO de droits de l'homme de l'université d'Oran en Algérie.

98.   Le cinquantième anniversaire de la Déclaration universelle des droits de l'homme doit être l'occasion de promouvoir la cause des droits de l'homme à travers la tolérance et la compréhension et aussi de relancer la Décennie des Nations Unies pour l'éducation dans le domaine des droits de l'homme. Il est impératif en effet de pallier les lacunes persistant dans le domaine de la formation aux droits de l'homme, puisque l'éducation aux droits de l'homme est inscrite en tant que droit dans le préambule de la Déclaration universelle. Afin que cette éducation puisse commencer, notamment dans les facultés de droit, il faut donner la priorité à une formation visant à faire évoluer la mentalité de ceux, qui doutent encore du caractère juridique des droits de l'homme. L'idée de la culture des droits de l'homme formulée à Vienne ne deviendra réalité que lorsque l'homme se trouvera au centre du savoir et de l'éducation.

99.   Mme FRIED (Center for Women's Global Leadership), s'exprimant au nom d'une centaine d'ONG qui défendent la cause des femmes, dit que la Déclaration et le Programme d'action de Vienne et le Programme d'action de Beijing ont réaffirmé la responsabilité primordiale des gouvernements vis-à-vis de la protection et de la promotion des droits fondamentaux et souligné le caractère universel, indivisible et interdépendant de ces droits. L'idée que les gouvernements et le système des Nations Unies doivent en priorité assurer aux femmes et aux enfants de sexe féminin l'exercice de leurs droits fondamentaux est par ailleurs consacrée dans le Programme d'action de Beijing.

100.   Il convient donc premièrement d'assurer la mise en oeuvre pour les femmes de la Déclaration universelle des droits de l'homme conformément au Programme

d'action de Beijing, ce qui suppose de fournir les ressources financières
requises et de veiller à ce que les droits fondamentaux des femmes soient pris
en compte dans les politiques et les programmes du système des Nations Unies. A
cet égard, il est à espérer que l'Assemblée générale des Nations Unies
entérinera le projet de déclaration sur les défenseurs des droits de l'homme que
la Commission a adopté. Deuxièmement, il faudrait lever toute réserve concernant
la Convention sur l'élimination de toutes les formes de discrimination à l'égard
des femmes, harmoniser les législations et les politiques nationales avec cet
instrument et élaborer un protocole facultatif se rapportant à la Convention qui
établirait un droit de recours. Troisièmement, il conviendrait de lutter contre
la violence dirigée contre les femmes dans la famille contre les abus dont les
femmes sont victimes dans les conflits armés, en prévoyant une réparation pour
les victimes et en veillant dans le statut de la future cour criminelle
internationale, à ce que la violence contre les femmes soit prise en compte dans
les définitions des crimes contre l'humanité et des crimes de guerre.
Quatrièmement, la réalisation du droit des femmes à la santé doit être assurée.
Cinquièmement, les femmes doivent pouvoir jouir de leurs droits en matière de
développement, d'alphabétisation, d'éducation et d'emploi. En conclusion, la
mise en place d'une culture des droits de l'homme passe par la réalisation des
droits fondamentaux des femmes.

101. <u>Mme MAZA</u> (Servicio Paz y Justicia en América Latina) dit que lors du
quatrième Atelier international des institutions nationales pour la promotion et
la protection des droits de l'homme, la Haut-Commissaire aux droits de l'homme a
insisté sur l'importance pour les institutions nationales d'être autonomes et
indépendantes et d'avoir un mandat et des pouvoirs appropriés. Malheureusement,
dans les pays où elles existent ces institutions ne répondent pas toujours à ces
critères.

102. Au Mexique, par exemple, la Commission nationale des droits de l'homme
n'est pas réellement indépendante du pouvoir exécutif. Ses deux premiers
présidents n'ont pu en effet achever leur mandat du fait qu'ils ont été nommés à
la charge de procureur général de la République. Cette commission n'a pas non
plus d'autonomie financière et elle ne peut pas connaître des affaires
syndicales, électorales et administratives du pouvoir judiciaire fédéral. Comme
les recommandations de la Commission nationale n'ont pas, enfin force
obligatoire, il a été estimé par le Comité contre la torture qu'elle ne pouvait
pas s'acquitter convenablement de son mandat.

103. Le Rapporteur spécial sur la torture, M. Nigel Rodley, a conclu quant à
lui dans son rapport sur sa visite au Mexique (E/CN.4/1998/38/Add.2) que
certaines commissions des droits de l'homme au Mexique semblaient plus
diligentes que d'autres et que les commissions tendaient, pour une raison
inexpliquée, à considérer que leurs recommandations avaient été exécutées même
si elles ne l'avaient, en fait, été que partiellement. Le Rapporteur spécial
souhaitait que soient prises des mesures destinées à assurer la bonne exécution
par les autorités des recommandations que les commissions des droits de l'homme
leur adressent. En outre, les chiffres communiqués concernant les cas de
torture, notamment, laissent craindre que les statistiques aient été manipulées.
Selon les statistiques officielles de la Commission nationale des droits de
l'homme, il aurait été reçu jusqu'en mai 1997 1 273 plaintes pour torture, dont
46 seulement pour la dernière période annuelle, ce qui démontrerait que la
pratique en question aurait diminué. Cependant, dans un rapport officiel de la
Commission nationale d'octobre 1997 communiqué au Rapporteur spécial sur la

torture, il est dit que le nombre des plaintes pour torture reçues jusqu'en septembre 1997 était de 2 109, le nombre de ces cas diminuant d'année en année. D'après ces chiffres, de juin à octobre 1997, il aurait été reçu 836 plaintes pour torture ce qui signifierait soit que le nombre des plaintes n'a pas diminué, contrairement à ce qu'affirme la Commission nationale, soit que les chiffres ont été manipulés.

104. L'organisation Servicio Paz y Justicia en América Latina exhorte donc les autorités mexicaines, lorsqu'elles examineront prochainement les réformes de la Constitution en ce qui concerne les institutions publiques des droits de l'homme, de prendre en compte les recommandations du Comité contre la torture et du Rapporteur spécial sur la torture.

105. M. ICHILCIK (Conférence asiatique des bouddhistes pour la paix) dit que des Etats continuent de nier les droits des femmes, en particulier dans les situations d'occupation militaire. Bien que l'Indonésie soit signataire de la Convention sur l'élimination de toutes les formes de discrimination à l'égard des femmes, les forces militaires indonésiennes qui occupent le Timor oriental recourent systématiquement au harcèlement sexuel et au viol pour obliger les femmes timoraises à donner des renseignements sur les mouvements de résistance.

106. Au Bangladesh, la Conférence asiatique des bouddhistes pour la paix est aussi très préoccupée par le sort de Kalpana Chakma, secrétaire de la Fédération des femmes de la région des Chittagong Hill Tracts, enlevée le 11 juin 1996 par des agents civils armés. Ce cas, n'est pas isolé, et beaucoup d'autres femmes de la région sont l'objet de persécutions, malgré l'accord de paix signé le 2 décembre 1997 entre le mouvement JSS et le gouvernement.

107. La Rapporteuse spéciale sur la violence contre les femmes, Mme Coomaraswamy, qui a présenté à la Commission un rapport très intéressant (E/CN.4/1998/54 et Add.1), devrait donc se rendre au Timor oriental et dans la région des Chittagong Hill Tracts pour y enquêter sur la situation des femmes. Par ailleurs, et conformément à l'engagement qu'il a pris en 1996 dans le cadre de la cinquante-deuxième session de la Commission, le Gouvernement indonésien devrait inviter le Rapporteur spécial sur la torture. Enfin, les questions des femmes doivent être prises en compte dans les travaux de tous les rapporteurs thématiques et de tous les groupes de travail.

108. Mme PANDJIARJIAN (Comité d'Amérique latine et des Caraïbes pour la défense des droits de la femme), s'exprimant aussi au nom de l'organisation Women's Caucus, dit que dans le document E/CN.4/1998/NGO.3 son organisation présente un projet de déclaration des droits de l'homme dans l'optique de l'égalité des sexes en tant que contribution à la célébration du cinquantième anniversaire de la Déclaration universelle des droits de l'homme. Ce texte a pour fondements les orientations et les droits définis dans la Déclaration de Vienne de 1993, dans la Déclaration du Caire de 1994 et dans la Déclaration et le Programme d'action de Beijing de 1995, et il s'articule autour de six thèmes : citoyenneté, droit au développement, droit à la paix et à une vie sans violence, droits sexuels et génésiques, droits environnementaux et droits fondés sur l'identité ethnique et raciale.

109. En matière de développement, il incombe aux Etats d'éliminer la pauvreté, d'assurer la répartition équitable des revenus, d'adapter les programmes d'ajustement structurel pour minimiser leurs effets négatifs, d'assurer la

participation des femmes dans tous les domaines et de dispenser une éducation exempte de stéréotypes et de préjugés. En relation avec le droit à la paix et à une vie sans violence, le projet dispose que toutes les formes de violence contre les femmes constituent une violation de leurs droits fondamentaux et que le droit à une vie sans violence dans la sphère publique et dans la sphère privée doit être garanti. Le projet de déclaration prévoit aussi l'élimination de toutes les pratiques qui constituent une atteinte à la dignité et à l'intégrité de la femme ou de l'enfant de sexe féminin. En relation, enfin, avec les droits fondés sur l'identité ethnique et raciale, le projet préconise le respect de la diversité, conçue comme une équivalence et non comme une supériorité ou une infériorité.

110. Le Comité d'Amérique latine et des Caraïbes pour la défense des droits de la femme espère que ce projet de déclaration, conforme au caractère universel et indivisible de tous les droits fondamentaux, sera pris en considération par l'Assemblée générale des Nations Unies pour le cinquantième anniversaire de la Déclaration universelle, afin que la voix des femmes d'une partie du tiers monde puisse être entendue.

111. M. NAZIRI (Mouvement contre le racisme et pour l'amitié entre les peuples) dit qu'en République islamique d'Iran le terrorisme d'Etat viole les principes élémentaires du droit. En effet, selon un rapport de l'AFP du 10 avril 1997, plus de 220 opposants iraniens qui avaient cherché protection à l'étranger ont été assassinés depuis l'avènement du régime des mollahs. Les faits ont été confirmés par le verdict rendu le 10 avril 1997 par un tribunal fédéral allemand, au terme du procès dit du "Mykonos" qui concernait la tuerie de quatre opposants iraniens. Il a été précisé, à ce propos, que de véritables missions de meurtre à l'étranger étaient appuyées et commanditées par les plus hautes autorités iraniennes. Les autorités judiciaires suisses ont abouti à des conclusions identiques à la suite de l'assassinat à Genève, en 1990, de M. Kazem Radjavi, représentant du Conseil national de la résistance iranienne en Suisse. Depuis l'arrivée au pouvoir du Président Khatami, 24 opposants ont été assassinés hors de la République islamique d'Iran.

112. Pour échapper à la réprobation et à la condamnation internationales, la théocratie au pouvoir en République islamique d'Iran veut faire croire qu'il existe dans ce pays des "institutions nationales" indépendantes et que les violations des droits de l'homme ne sont pas si graves. L'une de ces organisations fantoches, la "Commission des droits de l'homme islamique", est présidée et composée par de hauts représentants du régime. Comment, dans ces conditions, la qualifier d'indépendante ? Selon ce qui a été rapporté par Radio-Téhéran le 15 juillet 1997, le secrétaire de la "Commission des droits de l'homme islamique" aurait dit que le Représentant spécial de l'ONU sur la situation des droits de l'homme dans la République islamique d'Iran et d'autres rapporteurs commettaient l'erreur de comparer les valeurs islamiques de la société iranienne aux valeurs occidentales. Il va sans dire que les atrocités des mollahs n'ont rien de commun avec l'islam, religion de la tolérance ! Les violations flagrantes des droits de l'homme en République islamique d'Iran doivent donc être condamnées dans les termes les plus fermes dans une résolution dépourvue de toute trace de compromis.

113. M. TAHTSIDIS (Ligue internationale pour les droits et la libération des peuples) dit que la situation des réfugiés kurdes du camp d'Atrush au Kurdistan turc, qui avait été portée à l'attention de la Commission à la précédente

session, reste des plus préoccupantes. Le Haut-Commissariat des Nations Unies
pour les réfugiés a en effet abandonné ce camp, dont les occupants ont été
transférés à Ninova. Mais en tentant d'échapper aux attaques du Parti
démocratique du Kurdistan et des forces turques, près de 7 000 de ces personnes
sont maintenant prises au piège dans un secteur miné. Trois d'entre elles ont
déjà été blessées.

114. Il est clair que le conflit au Kurdistan turc, qui n'est pas de caractère
international, relève des Conventions de Genève et de leurs protocoles
additionnels, notamment celui protégeant les populations civiles, auxquels la
Turquie est partie. Face au drame des centaines de réfugiés kurdes, venant
principalement de Turquie, qui ont tenté désespérément en début d'année de
gagner les côtes italiennes, la Turquie ne peut plus nier les réalités. L'exode
de ces personnes est en effet surtout provoqué par l'évacuation forcée,
depuis 1984, de millions de Kurdes vers les métropoles turques. Des dizaines de
milliers de Kurdes ont fui au Kurdistan du Sud, où ils sont devenus des réfugiés
dans leur propre pays, en butte aux bombardements de l'aviation turque. En
novembre 1997, la Cour européenne des droits de l'homme a condamné la Turquie à
verser des dommages-intérêts pour avoir brûlé des villages dans le Sud-Est et
pour avoir porté atteinte au droit des personnes à une vie normale. Il est clair
en effet que la politique turque de déplacement des populations kurdes s'inscrit
dans le cadre d'une action militaire organisée contre la guérilla. De plus, les
personnes déplacées ne reçoivent pas la compensation prévue dans la législation
et la Constitution turques, car elles sont considérées comme des "collaborateurs
du terrorisme".

115. En janvier 1998, le Parlement européen a adopté une résolution exhortant
les Etats membres à s'efforcer de formuler une politique commune qui permette
d'aider le peuple kurde et de promouvoir l'état de droit et la démocratie. Cette
résolution réaffirmait que la seule solution des conflits en Turquie et dans le
Nord de l'Iraq passait par la voie politique, réclamait la cessation des
opérations militaires turques dans le Nord de l'Iraq et demandait que l'Union
européenne prenne l'initiative, d'une résolution politique sur le problème
kurde. La Ligue internationale pour les droits et la libération des peuples
implore la Commission d'agir dans le même sens.

116. Mme SPALDING (Fédération mondiale pour la santé mentale) dit que les
principes de la Déclaration universelle des droits de l'homme et les mandats de
l'Organisation mondiale de la santé, du Conseil oecuménique des Eglises et de la
Fédération mondiale pour la santé mentale, notamment, dont 1998 marque le
cinquantième anniversaire, ont ceci de commun qu'ils visent à assurer une vie
saine sur tous les plans, physique, mental et spirituel.

117. Passant en revue les différentes questions relevant du point 9 de l'ordre
du jour, Mme Spalding fait d'abord observer, au sujet des droits de l'homme et
de la privation arbitraire de la nationalité, que la non-reconnaissance de
l'identité nationale des peuples autochtones, par exemple, peut avoir des
conséquences graves sur la santé mentale des individus. Les études établies par
les rapporteurs spéciaux et les groupes de travail chargés de questions
thématiques devraient inclure systématiquement aussi une composante santé
mentale, tant individuelle que communautaire. Le terrorisme, par définition,
porte également atteinte à la santé mentale et il faut y ajouter désormais le
"terrorisme électronique", c'est-à-dire l'utilisation d'Internet pour inciter
certains individus à la haine. Les spécialistes dans ce domaine devraient être

encouragés à participer aux travaux en relation avec les droits de l'homme, afin que des stratégies d'action puissent être élaborées. Il faudrait aussi mobiliser les jeunes, qui sont souvent la cible de ce type de terrorisme.

118. La violence contre les femmes a d'importantes conséquences psychologiques qui doivent être prises en compte dans les programmes de prévention, de réadaptation et de réinsertion sociale. En relation avec la Décennie des Nations Unies pour l'éducation dans le domaine des droits de l'homme, le programme de formation de l'OMS en matière de santé mentale, "Life Skills", ainsi que l'initiative de la "fête d'excellence" organisée en août à Genève, qui sera notamment l'occasion de mobiliser des contributions en faveur d'activités de formation, doivent être salués. Pour promouvoir les institutions nationales et renforcer le rôle de coordination du Centre pour les droits de l'homme, il pourrait être recouru à une initiative privée comme celle retenue par le Haut-Commissariat des Nations Unies pour les réfugiés en vue d'obtenir des ressources financières. Dans ce domaine aussi, le mécanisme de la "fête d'excellence" devrait jouer un rôle utile. Il conviendrait de surveiller par ailleurs le phénomène des personnes déplacées dans leur propre pays et celui des exodes massifs, à cause de violations des droits de l'homme ou de problèmes d'environnement, vu leur impact au niveau affectif et au niveau de la santé mentale des personnes.

119. La Fédération mondiale pour la santé mentale espère, pour conclure, que les principes d'éthique consacrés dans la Déclaration universelle des droits de l'homme seront concrétisés comme il convient pour le cinquantième anniversaire de la Déclaration.

120. M. MARINO (Federación de Asociaciones de Defensa y Promoción de los Derechos Humanos) présente le projet de Commission espagnole des droits de l'homme qu'a conçu son organisation. En créant cette commission, le Gouvernement espagnol contribuerait à la pleine réalisation des droits fondamentaux de la personne, renforcerait, comme le préconise l'ONU, les institutions nationales et compléterait l'action du défenseur du peuple (ombudsman). La Commission, dont le mandat serait le plus large possible, devrait représenter tous les secteurs de la société civile pour pouvoir agir en toute indépendance. Son action s'étendrait à l'ensemble des droits civils, politiques, économiques et culturels ainsi qu'aux droits à l'autodétermination, au développement, à la paix et à un environnement sain. Les fonctions de la Commission seraient triples : enquêter sur les allégations de violations des droits de l'homme, sans préjudice de l'action des tribunaux ni du défenseur du peuple; conseiller les entités gouvernementales et officielles; et conduire une action de formation et d'information.

121. La composition de la Commission devrait refléter différentes sensibilités spirituelles et éthiques, mais il ne serait pas judicieux d'y inclure des représentants du gouvernement, de l'administration ou des partis politiques. Les membres devraient représenter les organisations syndicales, les ONG et les associations concernées par les droits de l'homme, le Parlement, le pouvoir judiciaire, les Eglises, les communautés religieuses reconnues officiellement, l'université, le tribunal constitutionnel et les organisations socioprofessionnelles. Y siégeraient aussi des personnalités choisies pour leurs compétences et représentant notamment l'Espagne dans les instances internationales pertinentes.

122. L'instrument juridique portant création de la Commission devrait être de préférence une loi organique, ou au minimum une loi ordinaire. La Commission devrait être indépendante du point de vue de son champ d'application juridique et technique et pour ce qui concerne les procédures de nomination et de destitution de ses membres. Des ressources devraient lui être fournies pour assurer son financement et son efficacité opérationnelle. La Commission élaborerait son budget et le soumettrait pour approbation au Parlement, auquel elle présenterait aussi des rapports et des comptes. Elle se doterait en toute liberté du personnel compétent nécessaire et les moyens matériels requis devraient être mis à sa disposition.

123. Une coopération avec les organisations nationales et étrangères (défenseur du peuple, tribunaux internes, organisations non gouvernementales concernées, etc.) serait indispensable. La Commission serait chargée d'examiner les questions relevant de son mandat, de recevoir les témoignages, documents et renseignements pertinents, de formuler des avis et des recommandations, de se réunir périodiquement, d'établir des commissions et des groupes de travail et de constituer éventuellement des sections régionales ou locales. Les rapports et les avis de la Commission seraient rendus publics. La Commission devrait également réexaminer périodiquement son propre fonctionnement et rendre compte de ces travaux, dans un souci de transparence. Elle serait, enfin, soumise à tous les contrôles prévus dans le système démocratique.

ORGANISATION DES TRAVAUX DE LA SESSION (point 3 de l'ordre du jour) (suite)

124. M. NZIKOU (Congo), notant qu'une organisation non gouvernementale, le Mouvement contre le racisme et pour l'amitié entre les peuples, a distribué dans la salle des cartes d'invitation au nom d'une personne qui prétend être le premier ministre légitime du Congo-Brazzaville, dit que la distribution de ces invitations n'aurait jamais dû être autorisée car la personne en question ne représente pas le Gouvernement du Congo-Brazzaville. Il espère que ce genre d'incident ne se reproduira plus.

La séance est levée à 21 h 10.

**Conseil économique
et social**

Distr.
GÉNÉRALE

E/CN.4/1998/SR.59
5 juin 1998

Original : FRANÇAIS

COMMISSION DES DROITS DE L'HOMME

Cinquante-quatrième session

COMPTE RENDU ANALYTIQUE DE LA 59ème SÉANCE

tenue au Palais des Nations, à Genève,
le mercredi 22 avril 1998, à 15 heures.

<u>Président</u> : M. SELEBI (Afrique du Sud)

<u>puis</u> : M. GALLEGOS CHIRIBOGA (Equateur)

SOMMAIRE

EXAMEN DES PROJETS DE RÉSOLUTION SE RAPPORTANT AU POINT 9 ET 10 DE L'ORDRE DU
JOUR (<u>suite</u>)

Le présent compte rendu est sujet à rectifications.

Les rectifications doivent être rédigées dans l'une des langues de
travail. Elles doivent être présentées dans un mémorandum et être également
incorporées à un exemplaire du compte rendu. Il convient de les adresser, <u>une
semaine au plus tard à compter de la date du présent document</u>, à la Section
d'édition des documents officiels, bureau E.4108, Palais des Nations, Genève.

Les rectifications aux comptes rendus des séances publiques de la
Commission seront groupées dans un rectificatif unique qui sera publié peu après
la session.

GE.98-12585 (EXT)

<u>La séance est ouverte à 15 heures</u>.

EXAMEN DES PROJETS DE RÉSOLUTION SE RAPPORTANT AUX POINTS 9 ET 10 DE L'ORDRE DU JOUR

<u>Projet de résolution E/CN.4/1998/L.41</u> (Renforcement de la coopération internationale dans le domaine des droits de l'homme)

1.   M. CASTRO GUERRERO (Observateur de la Colombie) dit que les coauteurs du projet de résolution, tenant compte de l'appel à la concertation lancé par le Président, ont décidé de modifier le texte en supprimant au deuxième alinéa du préambule, la référence à la résolution 51/100 de l'Assemblée générale, et en supprimant les paragraphes 1 et 4. Il espère que ces modifications de fond permettront de parvenir à un consensus et que les éléments supprimés pourront être débattus prochainement dans un climat plus favorable.

2.   M. McALISTER (Canada) regrette qu'un accord n'ait pas pu être trouvé, s'agissant du renforcement de la coopération internationale, alors que la Commission à sa précédente session et l'Assemblée générale en décembre 1997 ont trouvé un terrain d'entente sur cette question. S'il devait y avoir un vote, la délégation canadienne ne pourrait appuyer le projet de résolution.

3.   M. REYES RODRIGUEZ (Cuba) ne comprend pas pourquoi la délégation canadienne ne pourrait pas accepter le projet de résolution tel qu'il a été modifié, compte tenu du fait que les points controversés ont été supprimés et que le texte restant est proche de celui qui a été adopté par l'Assemblée générale.

4.   A l'issue d'un débat auquel prennent part M. REYES RODRIGUEZ (Cuba), M. LOFTIS (Etats-Unis d'Amérique), M. CASTRO GUERRERO (Observateur de la Colombie) et M. HÖYNCK (Allemagne), le PRÉSIDENT propose de remettre à plus tard la poursuite de l'examen du projet de résolution.

5.   <u>Il en est ainsi décidé</u>.

6.   M. Gallegos Chiriboga (Equateur) <u>prend la présidence</u>.

<u>Projets de résolution se rapportant au point 10 de l'ordre du jour</u>
<u>(E/CN.4/1998/L.86/Rev.1, L.100 et L.105)</u>

<u>Projet de résolution E/CN.4/1998/L.86/Rev.1</u> (Situation des droits de l'homme en Bosnie-Herzégovine, en République de Croatie et en République Fédérale de Yougoslavie (Serbie et Monténégro)

7.   M. KUEHL (Etats-Unis d'Amérique) dit qu'au paragraphe 25 g) du projet de résolution, il convient encore d'ajouter, entre guillemets, les mots "Saint Egidio" après "mémorandum d'accord".

8.   Mme KLEIN (Secrétaire de la Commission) annonce que l'Irlande et la République islamique d'Iran doivent être ajoutés au nombre des coauteurs.

9.   Mme BECIREVIC (Observatrice de la Croatie) relève que le projet de résolution traite en même temps la situation des droits de l'homme en

Bosnie-Herzégovine, en Croatie et en République fédérale de Yougoslavie et présente ensemble (partie I) les "problèmes essentiels" qui se posent "dans la région"; elle aurait souhaité qu'il soit plus équilibré, et mette expressément en évidence les différences entre les pays en ce qui concerne d'une part la mise en place des institutions démocratiques et d'autre part les niveaux de coopération de chacun de ces pays avec la communauté internationale. Par ailleurs, notant que le projet de résolution contient, comme les années précédentes, un paragraphe sur les "règles de la route" convenues à Rome, elle insiste sur le fait que ces mesures ne sont applicables qu'au territoire de la Bosnie-Herzégovine et que, conformément au droit international, leur application ne peut être étendue au territoire d'un pays tiers.

10. En outre, la délégation croate s'étonne que le projet de résolution impute à la République de Croatie la responsabilité principale dans l'action à mener pour résoudre le problème humanitaire des personnes disparues. Cela est en contradiction avec la conclusion de la Rapporteuse spéciale qui, dans son rapport final, met nettement en évidence le pays qui a le moins là volonté politique de donner toutes les informations utiles sur le sort des personnes disparues. Il ne faut pas oublier que c'est la Croatie qui, dans le passé, a préconisé que des mesures soient prises pour assurer un échange rapide et complet d'informations sur les personnes disparues.

11. D'une manière générale, le projet de résolution ne rend pas suffisamment compte des mesures positives prises par le Gouvernement croate concernant la protection et la promotion des droits de l'homme. Pour toutes ces raisons, la délégation croate ne peut s'en porter co-auteur. Néanmoins, elle a pris une part active à l'élaboration du projet de résolution et reconnaît que certaines de ses préoccupations ont été prises en considération.

12. M. COMBA (Secrétariat) présentant les incidences financières du projet de résolution, dit que la création d'une antenne provisoire du Haut-Commissariat aux droits de l'homme opérant dans des locaux permanents au Kosovo, serait couverte par des transferts de ressources et que toutes dépenses supplémentaires seraient financées par des contributions extrabudgétaires. Un montant de 99 000 dollars, correspondant à la prorogation pour un an du mandat du rapporteur spécial a été inscrit au chapitre 22 (Droits de l'homme) du budget-programme de l'exercice biennal 1998-1999.

13. M. BOYTCHENKO (Fédération de Russie), expliquant son vote avant le vote, note tout d'abord avec satisfaction que les consultations sur le projet de résolution à l'examen se sont déroulées dans la plus grande transparence. La délégation russe a activement participé aux travaux dans l'espoir que le projet de résolution pourrait être adopté par consensus. Il contient de nombreux éléments très positifs, et c'est à juste titre que l'importance du rôle du Rapporteur spécial est mis en évidence.

14. Cela étant, la Fédération de Russie n'est pas satisfaite de l'équilibre général du projet et de l'orientation de certaines de ses dispositions, notamment les parties consacrées à la République fédérale de Yougoslavie et au Tribunal pénal international. Tout d'abord, il conviendrait que le nom donné à la République fédérale de Yougoslavie soit celui employé dans les résolutions du Conseil de sécurité. D'autre part, la délégation russe a peine à accepter certaines évaluations inexactes de la situation en République fédérale de

Yougoslavie, s'agissant en particulier du respect des droits et libertés, du fonctionnement de la société civile, des activités des médias et de la situation des minorités. Elle est également préoccupée par ce qui est dit sur le Kosovo et attire l'attention sur la déclaration faite à ce sujet par le Président de la Commission, qui est objective, équilibrée et permet de garantir la protection des droits et des libertés dans cette partie intégrante de la République de Serbie de la République fédérale de Yougoslavie. Le projet de résolution s'écarte de ce texte et de la résolution 1160 (1998) du Conseil de sécurité; il donne une description erronée des événements, ne reflète pas suffisamment les initiatives prises par les autorités de Belgrade, ne fait pas état de la multiplication des actes de terrorisme, et ne présente pas la situation de manière constructive.

15.   En ce qui concerne le Tribunal pénal international pour l'ex-Yougoslavie, la Commission outrepasse son mandat car c'est au Conseil de sécurité qu'il appartient d'évaluer l'activité du Tribunal et de lui donner des instructions.

16.   Pour toutes ces raisons, la délégation russe demande un vote séparé par appel nominal, sur les paragraphes 22, 25, 29 b), 30, 33 et 35 pris en bloc et votera contre. Elle demande en outre un vote par appel nominal sur l'ensemble du projet de résolution; lors de ce vote, elle s'abstiendra.

17.   M. XIE BOHUA (Chine) déclare que, pour son gouvernement, le Kosovo fait partie du territoire de la République fédérale de Yougoslavie. La question du Kosovo doit être réglée rapidement par les parties intéressées dans le respect du principe de la souveraineté et de l'intégrité territoriale de la République fédérale de Yougoslavie, au moyen de négociations politiques. Par le fait qu'ils sont composés de plusieurs groupes ethniques, les pays des Balkans connaissent une situation très délicate, et il y a lieu d'être extrêmement prudents. Pour ces raisons, la délégation chinoise s'abstiendra lors du vote.

18.   Sur la demande du représentant de la Fédération de Russie, il est procédé au vote par appel nominal sur les paragraphes 22, 25, 29 b), 30, 33 et 35.

19.   L'appel commence par la Tunisie, dont le nom est tiré au sort par le Président.

> Votent pour :   Allemagne, Argentine, Autriche, Bangladesh, Bhoutan, Botswana, Brésil, Canada, Chili, Danemark, Equateur, El Salvador, Etats-Unis d'Amérique, France, Irlande, Italie, Japon, Luxembourg, Malaisie, Maroc, Mozambique, Népal, Ouganda, Pakistan, Pérou, Philippines, Pologne, République de Corée, République tchèque, Royaume-Uni de Grande-Bretagne et d'Irlande du Nord, Sénégal, Soudan, Ukraine, Uruguay, Venezuela

> Votent contre :   Bélarus, Fédération de Russie

> S'abstiennent :   Afrique du Sud, Cap-Vert, Chine, Cuba, Guatemala, Guinée, Inde, Indonésie, Madagascar, Mali, Mexique, République démocratique du Congo, Rwanda, Sri-Lanka, Tunisie

20.   Par 35 voix pour contre 2, avec 15 abstentions, les paragraphes 22, 25, 29 b), 30, 33 et 35 sont adoptés.

21.   Sur la demande du Représentant de la Fédération de Russie, il est procédé au vote par appel nominal sur l'ensemble du projet de résolution E/CN.4/1998/L.86/Rev.1

22.   L'appel commence par l'Equateur, dont le nom est tiré au sort par le Président.

Votent pour :   Afrique du Sud, Allemagne, Argentine, Autriche, Bangladesh, Botswana, Bouthan, Brésil, Canada, Chili, Danemark, El Salvador, Equateur, Etats-Unis d'Amérique, France, Guatemala, Indonésie, Irlande, Italie, Japon, Luxembourg, Malaisie, Mali, Maroc, Mexique, Mozambique, Népal, Ouganda, Pakistan, Pérou, Philippines, Pologne, République tchèque, République de Corée, Royaume-Uni de Grande-Bretagne et d'Irlande du Nord, Sénégal, Soudan, Tunisie, Ukraine, Uruguay, Venezuela.

Votent contre :   Néant.

S'abstiennent :   Bélarus, Cap-Vert, Chine, Congo, Cuba, Fédération de Russie, Guinée, Inde, Madagascar, République démocratique du Congo, Rwanda, Sri Lanka.

23.   Par 41 voix contre zéro, avec 12 abstentions, le projet de résolution E/CN.4/1998/L.86/Rev.1, tel qu'il a été modifié oralement, est adopté.

Projet de résolution E/CN.4/1998/L.100 (Situation des droits de l'homme en République islamique d'Iran) et modifications proposées sous la cote E/CN.4/1998/L.105 (suite)

24.   Mme KLEIN (Secrétaire de la Commission) annonce que le Japon a demandé à ne plus figurer parmi les coauteurs du projet de résolution.

25.   M. COMBA (Secrétariat), présentant les incidences financières du projet de résolution, dit que la prorogation d'un an du mandat du Représentant spécial de la Commission chargé d'étudier la situation des droits de l'homme dans la République islamique d'Iran entraînerait, en 1998 et 1999, des dépenses d'un montant de 67 200 dollars; un crédit a été inscrit à ce titre au chapitre 22 (Droits de l'homme) du budget-programme de l'exercice biennal 1998-1999.

26.   M. AKRAM (Pakistan) dit que les pays islamiques coauteurs des modifications au projet de résolution proposées sous la cote E/CN.4/1998/L.105, ont révisé leur texte en en supprimant le point 2. Les consultations tenues entre les auteurs du projet de résolution et les auteurs des modifications proposées ont malheureusement montré que les propositions faites par les seconds dans un esprit de compromis n'étaient pas acceptées par les premiers, qui n'étaient apparemment pas prêts à modifier le sens général de leur texte.

27.   En tant que Coordonnateur du Groupe de travail sur les droits de l'homme de l'Organisation de la Conférence islamique, le représentant du Pakistan tient

à souligner qu'en plusieurs points le projet de résolution est incorrect,
exagéré et fondé sur des présomptions. Il contient même certains éléments
formulés de façon inacceptable, par exemple l'alinéa a) du paragraphe 2, où
le Gouvernement de la République islamique d'Iran est engagé à répondre "aux
espoirs de progrès tangibles" pour ce qui est des droits de l'homme, mais sans
autre précision. Sont tout aussi inacceptables l'alinéa d) du paragraphe 3, où
la Commission se déclare préoccupée "par le manque de continuité dans la
coopération du Gouvernement avec les mécanismes de la Commission des droits de
l'homme" et les alinéas h) et i) du paragraphe 4. Les Etats membres de
l'Organisation de la Conférence islamique (OCI) considèrent que la situation des
droits de l'homme en République islamique d'Iran n'est pas pire que dans bien
d'autres pays pour lesquels il n'est pas présenté de projet de résolution.
Le Pakistan fait observer d'une part que la République islamique d'Iran assure
actuellement la présidence du Sommet de l'Organisation de la Conférence
islamique, d'autre part que les travaux de la Commission ont déjà prêté, dans le
passé, à des tentatives insultantes pour l'islam. Les Etats membres de l'OCI
espèrent que cette sélectivité discriminatoire visant les pays musulmans ne se
manifestera plus à l'avenir.

28.   Dans un esprit de compromis, les coauteurs des amendements au projet de
résolution ont décidé de ne pas demander à la Commission de se prononcer sur
leur proposition. sur leur proposition. Le Pakistan demande donc qu'il soit
procédé à un vote par appel nominal sur le projet de résolution; sa délégation
votera contre.

29.   Mme GLOVER (Royaume-Uni) remercie la délégation pakistanaise d'avoir
retiré les modifications proposées sous la cote E/CN.4/1998/L.105. Elle espère
que le consensus qui n'a malheureusement pas été trouvé à la session en cours
pourra être réalisé dans l'avenir.

30.   M. KHORRAM (Observateur de la République islamique d'Iran) dit que
la Commission a déjà été informée de l'évolution positive de la situation des
droits de l'homme dans son pays. Depuis son entrée en fonctions en août 1997, le
nouveau Président iranien a pris plusieurs initiatives pour consolider la
démocratie, permettre une plus large participation sur les plans civil et
politique, renforcer l'état de droit, promouvoir les droits des femmes,
encourager les mécanismes nationaux pour la protection et la promotion des
droits fondamentaux et mieux assurer la liberté d'expression. Sans aller jusqu'à
prétendre que la situation des droits de l'homme soit parfaite, le gouvernement
peut affirmer solennellement qu'il a déjà beaucoup fait et qu'il entend
poursuivre dans la voie du progrès.

31.   Le projet de résolution E/CN.4/1998/L.100 ne reconnaît malheureusement pas
ces réalités et n'est inspiré que par des intérêts politiques et économiques. Ce
projet, qui met l'accent sur certains incidents isolés, est trop long, répétitif
et incorrect quant aux faits, ce qui indique soit que ses auteurs sont mal
informés, soit qu'ils essaient de tromper la Commission. Mais surtout, il ne
reflète pas les engagements remarquables pris par le Gouvernement de
la République islamique d'Iran dans le domaine des droits de l'homme.
Le Représentant spécial de la Commission chargé d'étudier la situation des
droits de l'homme en République islamique d'Iran a pourtant déclaré, lorsqu'il a
présenté son rapport à la Commission, qu'il espérait qu'elle adopterait une
résolution concernant ce pays qui ne s'enliserait pas dans des détails et qui

tiendrait compte, en s'en félicitant, de l'évolution notable qui se dessine désormais clairement dans cette société dynamique. Lorsqu'on leur oppose que leur projet ne cadre pas avec le rapport du Représentant spécial, les auteurs font valoir, comme l'année précédente, qu'ils ont "d'autres sources d'information". Si tel est le cas, pourquoi ne communiquent-ils pas ces informations au Représentant spécial, afin que celui-ci les vérifie et obtienne des éclaircissements du Gouvernement ? Ne serait-il pas juste de donner au moins une chance à un Gouvernement de se défendre avant de formuler des allégations dans un projet de résolution ? La République islamique d'Iran a déjà eu l'occasion de faire valoir aussi que, dans le cadre de la procédure, les allégations seraient examinées par le Groupe de travail des communications et que les gouvernements pourraient y répondre. S'agissant des situations examinées par un rapporteur spécial ou un représentant spécial au titre du point 10, c'est à ce rapporteur ou à ce représentant qu'il appartient d'examiner les allégations portées.

32.   Depuis le début de la session, la République islamique d'Iran a fait savoir aux auteurs du projet de résolution qu'elle serait prête à se rallier à un texte de consensus présenté sous la forme d'une déclaration du président, et non d'une résolution. Malheureusement, la volonté politique de négocier a fait défaut.

33.   En conclusion, le projet de résolution ne fait que refléter la politisation excessive des droits de l'homme en général et de la Commission en particulier. Quelle que soit la décision prise, le Gouvernement et le peuple iranien continueront à s'efforcer de promouvoir et de protéger les droits de l'homme. La République islamique d'Iran demande donc à la Commission de voter contre ce projet qui, s'il était adopté, ne faciliterait pas la coopération avec le Représentant spécial.

34.   M. SYAHRUDDIN (Indonésie) dit qu'il faut tenir compte, en ce qui concerne la situation en République islamique d'Iran, des réalités du pays et des progrès que chacun a pu y observer, depuis l'année précédente, dans le domaine de l'état de droit et des droits fondamentaux. Le Représentant spécial a mis en relief les efforts entrepris par le Gouvernement, notamment aussi pour favoriser un large débat public dans la société iranienne. En adoptant le projet de résolution L.100, la Commission n'encouragerait donc pas le Gouvernement de la République islamique d'Iran. Si le texte proposé est mis aux voix, l'Indonésie votera contre.

35.   M. CHOWDHURY (Bangladesh) regrette particulièrement que le projet à l'examen émane de l'Europe, région qui, plus que toute autre, a l'expérience des révolutions et des bouleversements sociaux porteurs de changements. En République islamique d'Iran, on constate une évolution positive dans tous les domaines, y compris celui des droits de l'homme. La Perse est une civilisation vieille de 4 000 ans, qui représente une culture illustre et qui évolue à son rythme propre, parfois à une vitesse fulgurante, parfois de façon presque imperceptible. La Commission devrait tenir compte de ces aspects et laisser au Président Khatemi le temps de concrétiser ses engagements. La contribution constructive de la délégation iranienne à la session de la Commission mérite aussi d'être récompensée. Estimant que le projet de résolution n'aidera en rien la République islamique d'Iran à évoluer de façon positive, le Bangladesh votera contre.

36. Selon M. XIE BOHUA (Chine), la Commission doit reconnaître les efforts faits ces dernières années dans le domaine des droits de l'homme en République islamique d'Iran, dont le Gouvernement a accueilli, en février 1998, le sixième Atelier sur les arrangements régionaux pour la promotion et la protection des droits de l'homme dans la région de l'Asie et du Pacifique. Etant donné que le projet de résolution ne recueille pas de consensus et qu'il ne favorisera pas le dialogue avec le Gouvernement de la République islamique d'Iran, la Chine y est opposée.

37. Mme GLOVER (Royaume-Uni), parlant au nom des pays de l'Union européenne et des autres coauteurs du projet de résolution, dit qu'il est vrai que la situation des droits de l'homme en République islamique d'Iran s'est améliorée sous certains aspect et que d'autres changements ont été annoncés par le Gouvernement. Ces changements sont consignés non seulement dans le rapport du Représentant spécial, mais aussi dans le projet de résolution qui salue, notamment, les déclarations du Gouvernement concernant la nécessité de réviser les lois et de modifier les comportements discriminatoires à l'égard des femmes, ainsi que les améliorations dans le domaine de la liberté d'expression. Toutefois, le Représentant spécial dit clairement dans son rapport que des problèmes persistent et qu'en particulier il y a des cas de torture et de peines ou traitements cruels, inhumains ou dégradants. Il fait référence, notamment, à la multiplication des amputations et des lapidations sur décision des tribunaux. Il est urgent aussi, selon lui, que la situation des femmes soit améliorée, de même que celle des Baha'is. Enfin, le Représentant spécial n'a même pas été autorisé à se rendre dans le pays.

38. Toute résolution concernant les droits de l'homme en République islamique d'Iran doit faire la part des choses, encourager les améliorations, et dire si des problèmes persistent. Certaines délégations ont certes fait valoir que si la Commission considérait chaque cas isolé de violations des droits de l'homme, la liste des pays concernés serait très longue, mais il est clair que sont en cause en République islamique d'Iran non des incidents isolés, mais bien un ensemble de violations systématiques. Le Royaume-Uni espère donc qu'à l'avenir la Commission pourra arriver à un consensus sur cette question.

39. M. HÖYNCK (Allemagne) dit que comme pour certains autres cas, la Commission est confrontée à une tâche difficile qui consiste à la fois à saluer les avancées observées dans le domaine du respect des droits de l'homme et à souligner que des violations persistent. Le projet de résolution reflète justement cet équilibre délicat et il cadre avec le rapport du Représentant spécial. L'Allemagne engage donc la Commission à adopter ce texte important.

40. M. EL DIN HAMID YOUSIF (Soudan) dit que le souci de coopération devrait toujours être la règle, et non l'exception, dans tous les travaux de la Commission concernant la situation des droits de l'homme dans tous les pays. Puisque, selon les renseignements émanant du Représentant spécial et du Gouvernement de la République islamique d'Iran il y a eu récemment des progrès dans ce pays, il faut que la Commission les prenne en considération. La délégation soudanaise est donc opposée au projet de résolution L.100.

41. M. PARSHIKOV (Fédération de Russie) dit que les auteurs du projet de résolution n'ont pas, semble-t-il, tout fait pour arriver à un texte de consensus qui aurait tenu compte des avancées récentes en République islamique

d'Iran dans le domaine des droits de l'homme et où auraient pu être inclus les points 1, 3 et 11, notamment, des modifications proposées sous la cote E/CN.4/1998/L.105. La Fédération de Russie partage aussi les préoccupations exprimées la veille par la délégation mexicaine quant à la transparence insuffisante qui a marqué la préparation du projet de résolution. Elle espère qu'il y sera remédié dans l'avenir et que la Commission pourra, finalement, adopter un projet de résolution par consensus.

42. Sur la demande du représentant du Pakistan, il est procédé au vote par appel nominal sur le projet de résolution E/CN.4/1998/L.100.

43. L'appel commence par l'Uruguay, dont le nom est tiré au sort par le Président.

Votent pour : Allemagne, Argentine, Autriche, Botswana, Brésil, Canada, Chili, Danemark, Equateur, El Salvador, Etats-Unis d'Amérique, Fédération de Russie, France, Guatemala, Irlande, Italie, Japon, Luxembourg, Pérou, Pologne, République tchèque, Royaume-Uni de Grande-Bretagne et d'Irlande du Nord, Venezuela

Votent contre : Bangladesh, Bhoutan, Chine, Congo, Cuba, Guinée, Inde, Indonésie, Malaisie, Mali, Maroc, Pakistan, Philippines, Soudan

S'abstiennent : Afrique du Sud, Bélarus, Cap-Vert, Madagascar, Mexique, Mozambique, Népal, Ouganda, République de Corée, République démocratique du Congo, Rwanda, Sénégal, Sri-Lanka, Tunisie, Ukraine, Uruguay.

44. Par 23 voix contre 14, avec 16 abstentions, le projet de résolution E/CN.4/1998/L.100 est adopté.

La séance est suspendue à 16 h 20; elle est reprise à 16 h 25.

45. M. Selebi (Afrique du Sud) reprend la présidence.

La séance est levée à 16 h 30.

**NATIONS
UNIES**

E

 **Conseil économique
et social**

Distr.
GÉNÉRALE

E/CN.4/1998/SR.57
5 juin 1998

Original : FRANÇAIS

COMMISSION DES DROITS DE L'HOMME

Cinquante-quatrième session

COMPTE RENDU ANALYTIQUE DE LA 57ème SÉANCE

tenue au Palais des Nations, à Genève,
le mardi 21 avril 1998, à 15 heures.

Président : M. SELEBI (Afrique du Sud)

SOMMAIRE

EXAMEN DES PROJETS DE RÉSOLUTION ET DE DÉCISION SE RAPPORTANT AU POINT 10
DE L'ORDRE DU JOUR (suite)

Le présent compte rendu est sujet à rectifications.

Les rectifications doivent être rédigées dans l'une des langues de
travail. Elles doivent être présentées dans un mémorandum et être également
incorporées à un exemplaire du compte rendu. Il convient de les adresser, une
semaine au plus tard à compter de la date du présent document, à la Section
d'édition des documents officiels, bureau E.4108, Palais des Nations, Genève.

Les rectifications aux comptes rendus des séances publiques de la
Commission seront groupées dans un rectificatif unique qui sera publié peu après
la session.

GE.98-12461 (EXT)

La séance est ouverte à 15 heures.

EXAMEN DES PROJETS DE RÉSOLUTION ET DE DÉCISION SE RAPPORTANT AU POINT 10 DE
L'ORDRE DU JOUR (suite) (E/CN.4/1998/L.90, L.91, L.100, L.101, L.102, L.104 et
L.105))

Projet de résolution E/CN.4/1998/L.90 (Exécutions extrajudiciaires, sommaires ou
arbitraires)

1.   M. ROMARE (Observateur de la Suède) présente le projet au nom des auteurs,
auquel se sont joints le Cap-Vert, la Géorgie, la Guinée et l'Ukraine. Une fois
de plus, dans ce texte toutes les exécutions extrajudiciaires, sommaires ou
arbitraires sont condamnées énergiquement, il est exigé de tous les
gouvernements qu'ils fassent en sorte qu'il soit mis fin à ces pratiques et il
est demandé aux gouvernements des Etats où la peine capitale n'a pas été abolie
de s'acquitter de leurs obligations au regard des instruments internationaux
pertinents. En ce qui concerne le Rapporteur spécial sur les exécutions
extrajudiciaires, sommaires ou arbitraires, dont l'importante contribution est
saluée, il serait décidé de proroger de trois ans son mandat.

2.   A l'issue de larges consultations, les coauteurs sont convenus de réviser
le paragraphe 6 en insérant à la troisième ligne, après les mots "violations du
droit à la vie" les mots "par des exécutions extrajudiciaires, sommaires ou
arbitraires". Au paragraphe 17, le membre de phrase ", dans les limites des
ressources budgétaires globales de l'Organisation des Nations Unies" est
supprimé, et après les mots "pour lui permettre", les mots "de continuer" sont
ajoutés. Au paragraphe 22, dans le texte du projet de décision, le membre de
phrase "dans les limites des ressources budgétaires globales de l'Organisation
des Nations Unies," est supprimé également et à l'avant-dernière ligne, après
les mots "pour lui permettre", les mots "de continuer" sont ajoutés.

3.   Les auteurs espèrent que ce texte de consensus sera adopté sans être mis
aux voix, comme les résolutions des précédentes sessions sur le sujet.

4.   Mme KLEIN (Secrétaire de la Commission) dit que la prorogation de
trois ans du mandat du Rapporteur spécial entraînerait des dépenses d'un montant
de 119 900 dollars pour la période 1998-1999, pour lesquelles des crédits sont
inscrits au chapitre 22 (Droits de l'homme) du budget-programme de l'exercice
biennal 1998-1999. Pour la troisième année du mandat du Rapporteur spécial, des
ressources seraient prévues dans le projet dé budget-programme pour l'exercice
biennal 2000-2001.

5.   Mme RUBIN (Etats-Unis d'Amérique) dit que sa délégation est heureuse de
pouvoir se joindre au consensus concernant le texte proposé, étant entendu que
le mandat du Rapporteur spécial consiste en premier lieu à enquêter sur les
situations dans les pays où les exécutions extrajudiciaires, sommaires ou
arbitraires posent des problèmes graves et éventuellement, en second lieu, à
examiner si dans les pays où la peine capitale est appliquée les normes
internationales pertinentes sont respectées, mais sans que la question de
l'abolition de la peine capitale proprement dite soit considérée.

6.   Bien que déçus par la partie du rapport du Rapporteur spécial les
concernant (E/CN.4/1998/Add.3), qui ne prend pas en compte les abondantes

informations fournies au Rapporteur spécial sur les moyens de protection efficaces prévus dans le système juridique américain, les Etats-Unis reconnaissent que le Rapporteur spécial a fait un travail remarquable dans des pays comme la Bosnie et le Rwanda, où il a été parmi les premiers à signaler des violations massives des droits de l'homme.

7.   Les Etats-Unis ont joué d'emblée un rôle de premier plan dans la mise en place du mécanisme des rapporteurs spéciaux, dont les travaux sont souvent une contribution précieuse dans le domaine des droits de l'homme. C'est pourquoi la délégation des Etats-Unis est prête à renouveler le mandat important auquel se réfère le projet de résolution.

<u>Le projet de résolution E/CN.4/1998/L.90, tel qu'il a été révisé oralement, est adopté sans être mis aux voix.</u>

<u>Projet de résolution E/CN.4/1998/L.91</u> (Situation des droits de l'homme en Afghanistan)

8.   A l'issue d'un échange de vues entre <u>Mme ZUPPETTI MARINI</u> (Italie) et <u>M. AKRAM</u> (Pakistan), le <u>PRÉSIDENT</u> propose que les auteurs et les autres délégations intéressées tiennent des consultations pour arriver à un consensus.

<u>Projet de résolution E/CN.4/1998/L.100</u> (Situation des droits de l'homme en République islamique d'Iran)

9.   <u>Mme GLOVER</u> (Royaume-Uni) présentant le projet au nom des Etats membres de l'Union européenne et des autres coauteurs, dit que les efforts exhaustifs qui ont été faits pour parvenir à un texte qui puisse obtenir l'accord de la République islamique d'Iran ont malheureusement été vains.

10.   Dans le texte proposé, la Commission accueille avec satisfaction l'engagement pris par le Gouvernement de la République islamique d'Iran d'encourager le respect de la légalité et des droits fondamentaux, ainsi que les améliorations constatées dans le domaine de la liberté d'expression. Cependant, elle se déclare préoccupée par les violations persistantes des droits fondamentaux dans ce pays, et en particulier par les cas de torture et de peines ou traitements cruels, inhumains ou dégradants, notamment l'amputation, la lapidation et les exécutions publiques, par les exécutions auxquelles il est procédé pour des crimes non violents et pour apostasie et par les graves violations des droits fondamentaux des Baha'i et des femmes, notamment. En outre, neuf ans après la proclamation de la <u>fatwa</u> contre M. Salman Rushdie, celui-ci est toujours menacé de mort et aucune garantie écrite n'a été obtenue à son sujet du Gouvernement de la République islamique d'Iran. Les Iraniens à l'étranger sont également en butte à des actes de violence préoccupante. Enfin, le Gouvernement de la République islamique d'Iran est engagé à reprendre sa coopération avec les mécanismes de la Commission, en particulier avec le Représentant spécial de la Commission. Il faut qu'il autorise le Représentant spécial à se rendre dans le pays et qu'il applique pleinement ses recommandations, de même que celles des rapporteurs thématiques.

11.   La délégation du Royaume-uni espère que ce projet de résolution, qui reflète de manière équilibrée la situation en République islamique d'Iran et les mesures que le Gouvernement doit prendre, sera appuyé par tous.

12.   Mme KLEIN (Secrétaire de la Commission) annonce que le Japon et
Saint-Marin se joignent aux auteurs du projet.

13.   M. AKRAM (Pakistan) dit qu'il y a eu une évolution positive de la
situation des droits de l'homme en République islamique d'Iran. Le nouveau
président en fonctions depuis août 1997 a pris plusieurs initiatives pour
consolider la démocratie, permettre une plus large participation sur les plans
civil et politique, renforcer l'état de droit, promouvoir les droits des femmes,
encourager les mécanismes nationaux pour la protection et la promotion des
droits fondamentaux et mieux assurer la liberté d'expression.

14.   Malheureusement, le projet de résolution présenté met l'accent sur
certains incidents isolés. Il est aussi trop long, répétitif et incorrect quant
aux faits. Etant donné qu'aucun pays ou groupe de pays ne saurait prétendre
avoir créé une société idéale et exempte de violations des droits de l'homme, si
l'on retenait des incidents isolés, plutôt que des tendances, comme critères
s'agissant des résolutions relatives à la situation dans les pays, la liste en
serait sans nul doute interminable. Le projet de résolution n'encourage donc pas
de façon positive le Gouvernement de la République islamique d'Iran à promouvoir
et à protéger les droits de l'homme.

15.   Le Représentant spécial de la Commission chargé d'étudier la situation des
droits de l'homme en République islamique d'Iran a pourtant déclaré devant la
Commission qu'il espérait qu'elle adopterait une résolution qui ne s'enliserait
pas dans des détails et qui tiendrait compte, en s'en félicitant, de l'évolution
notable qui se dessine désormais clairement dans cette société dynamique. Le
projet de résolution est contestable car il montre au Gouvernement de la
République islamique d'Iran que la coopération dans le domaine des droits de
l'homme ne paie pas et qu'il jette le doute sur la crédibilité et l'intégrité
des mécanismes s'occupant des droits de l'homme et, en particulier, de la
Commission.

16.   Puisque les efforts prétendument faits par les coauteurs pour parvenir à
un consensus ont échoué, plusieurs pays islamiques proposent, sous la cote
E/CN.4/1998/L.105, un certain nombre de modifications au projet de résolution,
afin d'encourager le Gouvernement de la République islamique d'Iran dans son
évolution positive. En application de l'article 52 du règlement intérieur des
commissions techniques du Conseil économique et social, le Pakistan demande donc
à la Commission de reporter sa décision de 24 heures.

17.   Mme GLOVER (Royaume-Uni) dit que les Etats membres de l'Union européenne
sont toujours ouverts à des consultations, mais fait observer que la délégation
pakistanaise présente ses amendements bien tardivement. En tout état de cause,
étant donné que les modifications proposées compromettent l'équilibre délicat du
texte initialement proposé, le Royaume-Uni ne peut y souscrire et il s'oppose à
l'idée d'un report de la décision.

18.   M. BENJELLOUN TOUIMI (Maroc) fait siennes les observations du représentant
du Pakistan. Il semble que les pays européens soient bien peu persévérants dans
leurs efforts en vue d'arriver à un consensus, car il est évident que pour être
acceptables des amendements doivent être discutés. Le représentant du Maroc voit
dans l'attitude de ces pays une certaine réticence, qu'il regrette
particulièrement au moment où est célébré le cinquantième anniversaire de la

Déclaration universelle des droits de l'homme. Le texte proposé par les Etats membres de l'Union européenne fait certes référence à des évolutions positives, mais il reste trop tourné vers le passé. Le Maroc souscrit à l'idée de reporter de 24 heures la décision de la Commission sur ce texte qui, sous sa forme actuelle, n'est pas fait pour améliorer la situation en République islamique d'Iran.

19.   M. de ICAZA (Mexique) fait observer que, contrairement aux règles que la Commission est tenue d'observer dans l'organisation de ses travaux et la conduite de ses débats (E/CN.4/1998/CRP.4) et à l'article 52 du règlement intérieur, le projet de résolution n'a été distribué que le matin même aux membres de la Commission. Ceux-ci n'ont pas forcément eu le temps de l'examiner. Ils ne peuvent donc pas se prononcer à son sujet et encore moins sur les amendements qui viennent seulement d'être présentés et dont le texte n'a pas été traduit dans toutes les langues officielles. Déplorant le manque de transparence qui a marqué la présentation du projet de résolution, la délégation mexicaine demande que la décision à son sujet soit reportée.

20.   Le PRÉSIDENT, se référant à l'article 52 du règlement intérieur des commissions techniques du Conseil économique et social, propose, étant donné que les amendements présentés sont des amendements de fond et qu'ils ont été soumis tardivement, de reporter de 24 heures la décision sur le projet de résolution E/CN.4/1998/L.100.

21.   La proposition du Président est adoptée.

Projet de résolution E/CN.4/1998/L.101 (La situation des droits de l'homme au Rwanda)

22.   Mme DIALLO (Sénégal), présentant le projet de résolution au nom des auteurs, dit que celui-ci est d'une importance capitale. Le Rwanda, qui a été quatre ans plus tôt le théâtre d'un génocide dont tout le monde s'accorde aujourd'hui à dire qu'il aurait pu être évité, met tout en oeuvre pour mener à bien sa reconstruction. Dans le projet de résolution, l'attention de la communauté internationale est donc appelée particulièrement sur la nécessité de soutenir cette tâche. Après avoir failli à son devoir de prévention, il appartient à la communauté internationale de contribuer au relèvement du Rwanda.

23.   La représentante du Sénégal attire l'attention des membres de la Commission sur deux modifications à apporter au projet de résolution. Premièrement, au paragraphe 9, les mots "renforcement des services du Parquet militaire" sont remplacés par "renforcement de la justice militaire". Deuxièmement, au paragraphe 30, qui contient le projet de décision recommandé au Conseil économique et social, il y a lieu de reprendre, pour la description du mandat du Représentant spécial, les termes exacts de la résolution 1997/66 de la Commission, à savoir : "... de faire des recommandations sur la façon d'améliorer la situation des droits de l'homme au Rwanda, de faciliter la création au Rwanda d'une commission nationale des droits de l'homme indépendante et efficace, et de faire en outre des recommandations sur les situations qui pourraient appeler la fourniture au Gouvernement rwandais d'une assistance technique dans le domaine des droits de l'homme".

24.   Les coauteurs demandent que le projet de résolution soit adopté par consensus.

25.   Mme KLEIN (Secrétaire de la Commission) annonce que l'Australie, le Canada, les Etats-Unis d'Amérique, la Nouvelle-Zélande et la Suisse se sont portés coauteurs du projet de résolution.

26.   M. COMBA (Secrétariat) dit que la décision de prolonger d'un an le mandat du Représentant spécial aurait des incidences financières. Des crédits d'un montant de 1,3 million de dollars, nécessaires pour financer les activités du Représentant spécial en 1998 et en 1999, ont été inscrits au chapitre 22 du budget-programme de l'exercice en cours.

27.   M. BUCHAN (Canada) dit que sa délégation est heureuse de parrainer le projet de résolution qui établit un bon équilibre entre la nécessité de continuer à surveiller la situation des droits de l'homme au Rwanda et la nécessité d'appuyer les efforts du Gouvernement rwandais. Félicitant les délégations qui ont participé aux négociations, et en particulier la délégation rwandaise, pour leur approche constructive, elle ne doute pas que le même esprit constructif prévaudra lors des discussions entre le Haut-Commissariat aux droits de l'homme et le Gouvernement rwandais au sujet de l'Opération sur le terrain pour les droits de l'homme au Rwanda.

28.   Le projet de résolution E/CN.4/1998/L.101, tel qu'il a été oralement révisé, est adopté sans être mis aux voix.

Projet de résolution E/CN.4/1998/L.104 (Situation des droits de l'homme en Guinée équatoriale et assistance dans le domaine des droits de l'homme)

29.   Mme DIALLO (Sénégal) présente, au nom du Groupe africain, le projet de résolution E/CN.4/1998/L.104, qui a été accepté par toutes les parties et qui met particulièrement en relief les progrès réalisés par le Gouvernement équato-guinéen dans le domaine de la protection et de la promotion des droits de l'homme. Les mesures positives déjà prises permettent d'espérer que la Commission orientera désormais son action vers l'établissement d'un véritable programme d'assistance technique pour aider le pays à asseoir définitivement un système démocratique viable. Le Groupe africain demande que le projet de résolution soit adopté par consensus.

30.   Mme KLEIN (Secrétaire de la Commission) annonce que les Etats-Unis d'Amérique se sont portés coauteurs du projet de résolution.

31.   M. COMBA (Secrétariat) dit que la décision de proroger d'un an le mandat du Rapporteur spécial aurait des incidences financières. Des crédits d'un montant de 96 200 dollars, nécessaires pour financer les activités du Rapporteur spécial en 1998 et 1999, ont été inscrits au chapitre 22 du budget-programme de l'exercice en cours.

32.   Le projet de résolution E/CN.4/1998/L.104 est adopté sans être mis aux voix.

Projet de résolution E/CN.4/1998/L.91 (Situation des droits de l'homme en Afghanistan) (suite)

33.   M. TOSCANO (Italie) annonce qu'à la suite de consultations avec toutes les délégations intéressées, il a été possible de parvenir à un consensus sur deux amendements aux alinéas b) et c) du paragraphe 3, qui se lisent comme suit :

"b)   La pratique fréquente, dans tout le pays, des arrestations et détentions arbitraires et des procès sommaires aboutissant à des exécutions sommaires, notamment les récentes exécutions publiques de condamnés du sexe masculin auxquelles il a été procédé en enterrant vivantes les victimes;

"c)   Les actes de toutes les parties qui constituent une ingérence dans la distribution de l'aide humanitaire à la population civile d'Afghanistan et qui menacent la sécurité du personnel humanitaire, tels que le blocus de la région de Bamyan et le bombardement de l'aéroport de Bamyan, ainsi que le pillage massif, en particulier par des éléments de l'Alliance du Nord, des entrepôts et bureaux de l'ONU et d'autres organismes à Mazar-e-Sharif;".

34.   Le nouveau projet de résolution E/CN.4/1998/L.91 ainsi révisé est adopté sans être mis aux voix.

Projet de décision relatif à la question des droits de l'homme à Chypre

35.   Le PRÉSIDENT propose à la Commission d'adopter le projet de décision suivant :

"A sa cinquante-septième séance, le 21 avril 1998, la Commission a décidé, sans procéder à un vote, de conserver à son ordre du jour l'alinéa a) du point 10 intitulé "Question des droits de l'homme à Chypre" et de lui accorder toute la priorité voulue à sa cinquante-cinquième session, étant entendu que les mesures à prendre en vertu de ses résolutions antérieures sur la question demeureraient applicables, y compris la demande adressée au Secrétaire général pour qu'il lui présente un rapport sur la mise en oeuvre de ces mesures".

36.   Le projet de décision est adopté.

La séance est levée à 15 h 55.

NATIONS UNIES

Conseil économique et social

E

Distr.
GÉNÉRALE

E/CN.4/1998/SR.4
5 juin 1998

Original : FRANÇAIS

COMMISSION DES DROITS DE L'HOMME

Cinquante-quatrième session

COMPTE RENDU ANALYTIQUE DE LA 4ème SÉANCE

tenue au Palais des Nations, à Genève,
le mardi 17 mars 1998, à 20 heures.

Président : M. SELEBI (Afrique du Sud)

SOMMAIRE

ORGANISATION DES TRAVAUX DE LA SESSION (suite)

QUESTION DE LA VIOLATION DES DROITS DE L'HOMME DANS LES TERRITOIRES ARABES OCCUPÉS, Y COMPRIS LA PALESTINE (suite)

Le présent compte rendu est sujet à rectifications.

Les rectifications doivent être rédigées dans l'une des langues de travail. Elles doivent être présentées dans un mémorandum et être également incorporées à un exemplaire du compte rendu. Il convient de les adresser, une semaine au plus tard à compter de la date du présent document, à la Section d'édition des documents officiels, bureau E.4108, Palais des Nations, Genève.

Les rectifications aux comptes rendus des séances publiques de la Commission seront groupées dans un rectificatif unique qui sera publié peu après la session.

GE.98-12678 (EXT)

La séance est ouverte à 20 heures.

ORGANISATION DES TRAVAUX DE LA SESSION (point 3 de l'ordre du jour) (_suite_)
(E/CN.4/1998/104, 109, 117, 122 et 123)

1.   M. AKRAM (Pakistan) partage les vues exprimées par la délégation de la
République de Corée au nom du Groupe asiatique à propos des méthodes de travail
de la Commission. La délégation pakistanaise estime qu'il y a encore beaucoup à
faire pour améliorer les travaux de la Commission. Convaincue que la société
civile a un rôle extrêmement important à jouer dans la promotion et la
protection des droits de l'homme, elle a toujours prôné la plus grande
participation possible des ONG aux activités des Nations Unies et notamment de
la Commission. Elle s'inquiète donc des mesures qui pourraient être prises pour
réduire cette participation. Se référant à la déclaration du Président de la
cinquante-troisième session, qui a souligné l'importance de la coopération, des
consultations et du consensus, la délégation pakistanaise espère que des progrès
pourront être faits dans ce domaine à la session en cours et estime qu'il est
nécessaire d'examiner les mécanismes et les procédures qui permettraient de
favoriser de tels progrès.

2.   M. TARMIDZI (Indonésie), s'associe à la déclaration faite au nom du Groupe
asiatique et réaffirme que son Gouvernement est déterminé à travailler dans un
esprit de coopération, de transparence et de respect mutuel. La rationalisation
des travaux de la Commission, qui est nécessaire pour rétablir la confiance
entre les membres, doit viser à renforcer la coopération internationale par le
dialogue et la consultation. Après la Conférence de Vienne, et dans un monde que
chacun s'accorde à reconnaître comme divers et pluraliste, il est stérile de
continuer à exercer des pressions unilatérales contre certains Etats, qui sont
montrés du doigt au mépris de leur fierté et de leur dignité. Un dialogue serein
et constructif, débarrassé des tensions Nord-Sud qui ont marqué les sessions
précédentes, contribuerait de façon plus fructueuse à la promotion des droits de
l'homme partout dans le monde.

3.   Estimant urgent d'assurer la transparence du processus de négociation des
projets de résolution de la Commission, projets qui ont malheureusement très
souvent des motivations politiques, la délégation indonésienne appuiera sans
réserve toute proposition visant à adopter une méthode de prise de décision
fondée sur le dialogue et le consensus. La Commission ne doit recourir au vote
qu'en dernier ressort. Il convient de songer sérieusement à mettre au point un
mécanisme approprié, fondé sur la transparence et une large participation, qui
permettra de mieux répondre aux besoins de la Commission et de renforcer sa
crédibilité. Le cinquantième anniversaire de la Déclaration universelle des
droits de l'homme est l'occasion d'oeuvrer en faveur de la coopération et du
dialogue. L'exercice par tous de tous les droits de l'homme est un objectif
encore lointain mais la délégation indonésienne espère que la
cinquante-quatrième session de la Commission permettra de progresser dans cette
direction.

4.   M. ZAHRAN (Observateur de l'Egypte) souligne la nécessité, dans le cadre
de la rationalisation des travaux de la Commission, de réduire à quatre semaines
la durée des sessions de cet organe. Il insiste également sur l'importance du
dialogue, du respect mutuel et de la transparence, dont l'insuffisance a causé
des divisions parmi les Etats membres. Il convient d'appliquer les mêmes normes

à l'égard de tous ceux qui violent les dispositions des instruments internationaux relatifs aux droits de l'homme, sans discrimination. La délégation égyptienne, qui avait parrainé le projet de résolution E/CN.4/1997/L.2 à la session précédente, se trouve également parmi les coauteurs du projet de résolution E/CN.4/1998/L.2, qui réclame un progrès dans l'adoption des décisions par consensus. Elle espère que ce projet de résolution sera adopté par consensus et qu'il aura un effet positif sur la rationalisation des travaux de la Commission.

5.   L'une des causes de l'intensification de l'affrontement entre les pays du Nord et les pays du Sud est le déséquilibre qui existe entre l'attention accordée aux droits civils et politiques, qui sont des droits individuels, et l'attention accordée aux droits économiques, sociaux et culturels, qui sont des droits collectifs. Il convient de corriger ce déséquilibre en consacrant davantage de temps aux discussions portant sur les points 5 et 6 de l'ordre du jour, et en particulier sur le droit au développement. Il doit y avoir indépendance et complémentarité entre le développement, la réduction de la pauvreté et le respect des droits de l'homme sous toutes ses formes. La délégation égyptienne constate à cette égard avec satisfaction que la Haut-Commissaire aux droits de l'homme a souligné à plusieurs reprises l'importance prioritaire des droits économiques, sociaux et culturels et elle ne doute pas que son souci se traduira par des mesures concrètes qui répondront à l'intérêt de la majorité des pays et des deux-tiers au moins de l'humanité.

QUESTION DE LA VIOLATION DES DROITS DE L'HOMME DANS LES TERRITOIRES ARABES OCCUPÉS, Y COMPRIS LA PALESTINE (point 4 de l'ordre du jour) (suite) (E/CN.4/1988/4 et Corr.1, 7, 8, 17, 18, 19, 20, 112, 116, 124, 125 et 128)

6.   M. RAMLAWI (Observateur de la Palestine) dit qu'après 30 ans d'occupation israélienne, tous les rapports internationaux, qu'ils émanent du Rapporteur spécial, du Comité spécial chargé d'enquêter sur les pratiques israéliennes, d'Amnesty International ou du Comité contre la torture, confirment que la situation des droits de l'homme ne cesse de se détériorer dans le territoire palestinien et que les autorité israéliennes d'occupation continuent de tuer, blesser, détenir, torturer des Palestiniens, de confisquer leurs terres, d'établir des colonies de peuplement en pratiquant la ségrégation raciale, d'imposer des sanctions collectives, de démolir des habitations et de commettre d'autres violations graves des droits de l'homme qui sont considérées par la quatrième Convention de Genève de 1949 et le Protocole additionnel I aux Conventions de Genève comme des crimes de guerre et des crimes contre l'humanité. La liste est longue des massacres commis contre des Palestiniens depuis 1948. Selon l'organisation israélienne de défense des droits de l'homme "Batsallem", 1 641 Palestiniens ont été tués par des soldats ou colons israéliens depuis l'intifada. Le 10 mars 1998, encore, trois ouvriers palestiniens ont été tués par des soldats israéliens et neuf autres blessés.

7.   Les autorités israéliennes n'ont cessé d'ignorer ouvertement les dizaines de résolutions de la Commission des droits de l'homme condamnant ces crimes et les qualifiant de crimes de guerre, de crimes mettant en danger la paix et la sécurité de l'humanité et de crimes de génocide contre le peuple palestinien. En persistant à porter systématiquement atteinte aux droits de l'homme et aux principes du droit international et en refusant de se conformer aux accords de paix qu'il a conclus avec l'Organisation de libération de la Palestine, le

Gouvernement israélien porte la responsabilité des guerres, des violences et des effusions de sang qui menacent toute la région.

8.   M. TARMIDZI (Indonésie) dit que, bien que la question des violations des droits de l'homme dans les territoires arabes occupés ait fait l'objet d'une attention prioritaire à toutes les sessions de la Commission depuis 1971, la situation des droits de l'homme dans ces territoires continue de se détériorer à cause des graves violations commises par les autorités israéliennes d'occupation. Les espoirs suscités par les accords de paix ont été déçus. Le processus de paix est paralysé parce que Israël n'honore pas ses engagements et commet des actes de répression et de provocation à l'égard du peuple palestinien, notamment en étendant ses colonies de peuplement dans les territoires arabes occupés. Israël occupe en outre toujours le Golan syrien, contrairement à ses engagements et à la résolution 497 (1981) du Conseil de sécurité.

9.   L'ONU doit assurer le retrait inconditionnel de toutes les forces israéliennes des territoires palestiniens et arabes occupés depuis 1967 conformément aux résolutions du Conseil de sécurité et au principe "la terre contre la paix". Le processus de paix doit reprendre et Israël doit mettre en oeuvre les accords qu'il a conclus avec la Palestine dans leur intégralité et avec constance et honnêteté, et non pas de façon sélective et sporadique ou en imposant des conditions. Il est impératif en outre que l'ONU et la communauté internationale fournissent à la population des territoires occupés l'aide vitale dont elle a besoin pour surmonter une crise économique causée par des décennies d'occupation étrangère et pour s'atteler à la formidable tâche de reconstruction qui l'attend. La Commission des droits de l'homme doit quant à elle rester saisie de la question de la violation des droits de l'homme dans les territoires palestiniens et arabes occupés. Il est très important, alors que l'on célèbre le cinquantième anniversaire de la Déclaration universelle des droits de l'homme, qu'elle adresse un message fort au Gouvernement israélien en exigeant fermement que celui-ci prenne des mesures immédiates pour mettre un terme à ces violations.

10.   M. SAAD (Observateur de la Ligue des Etats arabes) déclare que la question de la violation des droits de l'homme dans les territoires arabes occupés, y compris la Palestine, est une question d'une extrême importance qui retient l'attention de la communauté internationale depuis très longtemps. La situation des droits de l'homme dans les territoires occupés continue de se détériorer, comme l'a montré dernièrement la mort de trois Palestiniens innocents tués sans raison par des soldats israéliens. L'occupation des territoires par Israël constitue en soi une violation du droit à l'autodétermination, ainsi que le confirme le dernier rapport du Rapporteur spécial sur la situation des droits de l'homme dans les territoires palestiniens occupés depuis 1967. L'implantation de nouvelles colonies de peuplement, les mesures prises contre la population arabe à Jérusalem-Est et les bouclages de territoires contribuent à la détérioration de la situation. Les conditions de détention des prisonniers palestiniens se sont encore aggravées suite aux directives entérinées par la Haute Cour de justice d'Israël qui autorisent le recours à la violence contre les détenus lors des interrogatoires en violation des dispositions de la Convention contre la torture. Le blocage du processus de paix et le non-respect des accords conclus augurent mal d'une amélioration de la situation. La Ligue des Etats arabes

remercie le Rapporteur spécial pour son rapport et souligne la nécessité qu'il respecte le mandat qui lui a été confié par la Commission.

11.   Le PRÉSIDENT, constatant que l'intervenant a épuisé son temps de parole, invite l'orateur suivant à faire sa déclaration.

12.   M. TAHER (Observateur de la République arabe syrienne) déclare que la question de la violation des droits de l'homme dans les territoires arabes occupés, y compris la Palestine, devra rester inscrite à l'ordre du jour de la Commission tant qu'Israël n'aura pas mis fin à son occupation. Les violations commises dans ces territoires sont des violations flagrantes, massives et systématiques qui visent à couper tout un peuple de ses origines. Elles se fondent sur une doctrine de supériorité raciale et d'intolérance religieuse. Comme l'a indiqué dans son rapport le Comité spécial chargé d'enquêter sur ces violations, la situation des droits de l'homme s'est aggravée dans les territoires occupés au cours de la période considérée, l'aspect le plus préoccupant de l'occupation étant la politique de colonisation poursuivie par le Gouvernement israélien.

13.   Au Golan syrien occupé, Israël continue de confisquer des terres et de mettre la main sur les ressources, écarte les enseignants qualifiés et modifie les programmes d'enseignement. Les diplômes syriens ne sont pas reconnus, le chômage est important et l'accès aux soins médicaux difficile. Les Syriens du Golan ont célébré récemment le 16ème anniversaire de la grève générale organisée en février 1982 contre les autorités d'occupation. Le Golan syrien demeurera syrien et la communauté internationale doit exiger d'Israël le respect des dispositions de la quatrième Convention de Genève de 1949, de la Charte de l'ONU et des principes du droit international.

14.   M. ZAHRAN (Observateur de l'Egypte) dit que force est de constater, alors que l'on célèbre le 50ème anniversaire de la Déclaration universelle des droits de l'homme, que les droits de l'homme continuent d'être violés dans de nombreuses régions du monde. C'est le cas en particulier dans les territoires arabes occupés par Israël depuis 1967, où des violations flagrantes continuent d'être commises comme il ressort des rapports du Comité spécial et du Rapporteur spécial. La dernière des résolutions adoptées à ce sujet par l'Assemblée générale (résolution ES-10/4, en date du 13 novembre 1997) a recommandé une nouvelle fois aux Hautes Parties contractantes à la Convention de Genève relative à la protection des personnes civiles en temps de guerre de convoquer une conférence sur les mesures à prendre pour imposer la Convention dans le territoire palestinien occupé. La non application de cette disposition mettrait gravement en cause la crédibilité de l'ONU.

15.   L'Egypte, qui a signé en 1979 le premier traité de paix avec Israël, poursuit ses efforts pour parvenir à l'établissement d'une paix globale, juste et durable au Moyen-Orient, fondée sur le principe "la terre contre la paix" et sur les résolutions 242 et 338 du Conseil de sécurité. Or Israël s'entête à poursuivre sa politique de colonisation contrairement à ses engagements et en violation du droit des Palestiniens à l'autodétermination, entraînant la région dans le cercle vicieux de l'insécurité et de la violence. La délégation égyptienne espère que le cinquantième anniversaire de la Déclaration universelle des droits de l'homme encouragera tous les membres de la communauté internationale, et en particulier les pays concernés, dont Israël, à oeuvrer de

concert, sérieusement et rapidement, pour mettre un terme aux violations des droits de l'homme dans les territoires palestiniens et arabes occupés. Pour cela, il est indispensable qu'Israël mette fin à son occupation et s'acquitte des obligations qui lui incombent en vertu du droit international, des accords d'Oslo, de Washington et du Caire, et des résolutions des Nations Unies.

16.   M. LITTMAN (Association pour l'éducation d'un point de vue mondial), laissant à d'autres la tâche aisée de critiquer Israël, tient à exprimer le sentiment d'indignation croissante que suscite l'irresponsabilité de ceux qui ne manquent pas une occasion pour empêcher tout progrès sur la voie étroite de la réconciliation. L'Association pour l'éducation avait fermement dénoncé à la précédente session de la Commission l'absurde provocation de l'Observateur de la Palestine qui avait accusé sans aucun fondement les autorités israéliennes d'avoir inoculé à 300 enfants palestiniens le virus du sida pendant la période de l'intifada. L'Observateur de la Palestine a fini par rétracter ses accusations mensongères dans une lettre en date du 15 mars 1998 qu'il a adressée à la Haut-Commissaire aux droits de l'homme. Mais il n'hésite pas à présent à accuser Israël de tester des médicaments dangereux sur les Palestiniens détenus dans les prisons israéliennes, accusation reprise à son compte par la Ligue des Etats arabes. De son côté, l'Organisation de la Conférence islamique s'associe à ces calomnies en qualifiant Israël d'"Etat raciste, fondé sur la haine de tous les non-Juifs". De telles déclarations sont de mauvais augure pour la paix.

17.   Si la Commission des droits de l'homme veut oeuvrer en faveur de la réconciliation dans l'intérêt de la paix et de la sécurité mutuelle, elle doit dénoncer tous les Etats et les mouvements fondés sur des constitutions qui incitent à la haine raciale, ethnique ou religieuse et au génocide. Les articles de la Charte nationale palestinienne appelant à la destruction d'Israël doivent être modifiés, conformément aux Accords d'Oslo. Le Gouvernement et la population israéliennes auraient ainsi l'assurance qu'une paix véritable est possible et il n'y aurait plus de place pour les excuses et les atermoiements. Une fois cet obstacle psychologique levé, M. Arafat devra user de son influence auprès du Hamas pour changer les statuts de ce mouvement qui, outre qu'ils se réfèrent à un faux grossier, le "Protocole des Sages de Sion", donnent une justification eschatologique aux crimes contre l'humanité que les membres du Hamas commettent contre les Juifs, qui sont visés en tant que groupe.

18.   L'Association pour l'éducation appelle une nouvelle fois l'attention des Nations Unies sur le fait qu'elles ont une responsabilité directe pour ce qui est de condamner ces incitations publiques au génocide et elle demande aux dirigeants israéliens et palestiniens de saisir l'occasion unique qui s'offre à eux de "rengainer leurs épées" et d'oeuvrer à la réconciliation de leurs peuples.

19.   M. LEVINE (Amnesty International) appelle l'attention de la Commission sur le fait qu'Israël est en train de légaliser ou d'essayer de légaliser des pratiques qui violent les droits de l'homme les plus fondamentaux. Premièrement, la légalisation des pratiques de torture risque d'être confirmée par l'adoption du projet de loi sur le Service général de sécurité actuellement examiné par la Knesset, qui garantira l'impunité aux agents de ce service recourant à des pressions physiques lors de l'interrogatoire des détenus. Deuxièmement, le droit des victimes à une indemnisation est menacé. S'il est adopté, le projet de loi sur l'indemnisation, déjà approuvé en première lecture, privera en effet les

victimes des droits de l'homme, avec effet rétroactif, de pratiquement tout droit à indemnisation. Troisièmement, le recours à l'assassinat politique est officiellement toléré. La commission chargée par le Gouvernement israélien d'enquêter sur la tentative d'exécution à Amman, en septembre 1997, de Khaled Mesh'al n'a nullement dénoncé l'illégalité d'un tel acte, alors que l'exécution extrajudiciaire d'opposants à un régime, quelles que soient leurs activités ou leurs convictions, est absolument contraire aux normes internationales relatives aux droits de l'homme.

20.   Enfin, la pratique de la prise d'otages est avalisée par la Cour suprême d'Israël qui, dans une décision datant du mois de novembre 1997, a déclaré qu'il était légitime de maintenir en détention les 21 Libanais détenus sans jugement, ou après l'expiration de la décision d'internement administratif dont ils faisaient l'objet, comme monnaie d'échange pour protéger les intérêts vitaux de l'Etat. Le Gouvernement israélien a reconnu que ces détenus ne constituaient pas une menace pour la sécurité de l'Etat. Leur maintien en détention n'est donc pas fondé en droit international. Plus de 150 autres ressortissants libanais sont en outre détenus illégalement, certains depuis 12 ans, dans le centre de détention de Khiam sans pouvoir aujourd'hui contacter le CICR ni leur famille. Tout en condamnant sans réserve les assassinats de plus d'une centaine de civils commis par des groupes armés depuis 1994, Amnesty International fait observer qu'aucun Etat ne saurait se prévaloir des violations des droits de l'homme commises par d'autres pour violer le droit en légalisant ce qui ne devrait jamais être légalisé. Amnesty International demande au Gouvernement israélien de se conformer aux dispositions des instruments relatifs aux droits de l'homme qu'il a ratifiés.

21.   M. SEYMOUR (International Save the Children Alliance) dit qu'il est désormais clair que le travail que son organisation accomplit auprès des enfants palestiniens, lesquels représentent plus de la moitié de la population des territoires occupés, ne servira pas à grand chose si l'on ne s'attaque pas à certaines des causes profondes de la situation actuelle. Il est notamment essentiel d'atténuer les multiples effets extrêmement dommageables que les bouclages des territoires ont sur les enfants palestiniens. A cause de ces bouclages, en effet, les enfants sont insuffisamment nourris : la consommation de viande, d'oeufs et de produits laitiers a diminué entraînant une multiplication des cas de rachitisme. L'accès aux soins médicaux reste difficile, même si la situation sanitaire des enfants s'est un peu améliorée au cours de l'année écoulée : des enfants seraient morts à Jérusalem Est parce qu'on leur aurait refusé des soins sous prétexte qu'ils n'avaient pas de permis de résidence. L'accès des élèves et des enseignants aux établissements d'enseignement est perturbé. Les enfants palestiniens sont de plus en plus nombreux à travailler pour aider leur famille à survivre. A cause des démolitions de logement, certains enfants vivent dans des maisons surpeuplées dans des conditions de promiscuité impropres à leur développement.

22.   Les enfants palestiniens qui pâtissent des conséquences des bouclages se trouvent de facto sous la juridiction d'Israël. Celui-ci a donc la responsabilité juridique et morale de prendre des mesures pour les protéger. Tous ceux qui souhaitent la paix au Moyen Orient et qui défendent les droits de l'homme ont également la responsabilité d'axer leurs efforts sur la protection des enfants palestiniens. On s'est trop souvent aperçu trop tard que les premières victimes des conflits étaient les enfants. Il ne faut plus répéter les

erreurs du passé. Il est évident que les enfants ne constituent pas une menace pour la sécurité nationale. Quelles que soient les prétentions historiques ou territoriales des adultes, rien ne peut justifier que les enfants en fassent les frais. Save the Children demande au Gouvernement israélien, à la Commission des droits de l'homme et à tous ceux qui peuvent influer sur la situation d'assurer d'urgence le respect des droits des enfants palestiniens.

23.   M. VITTORI (Pax Christi International) déclare que les discours peuvent s'ajouter aux déclarations les plus solennelles, les dénonciations aux condamnations les plus sévères, rien ne change dans la situation au Moyen Orient. Les conditions d'existence de la population palestinienne sont mêmes pires qu'au temps de l'intifada. Le processus de paix agonise, chacune des parties en rejetant sur l'autre la responsabilité, tandis que des deux côtés les extrémistes étendent leur influence et menacent de devenir les seuls maîtres de la situation. Si l'Autorité palestinienne est accusée de faire preuve aussi bien de laxisme que de rigueur excessive à l'égard de ses extrémistes, il est en revanche incontestable que le Gouvernement israélien actuel encourage ouvertement les siens.

24.   Défendant inconditionnellement Israël, les Etats Unis ne peuvent pas être un médiateur efficace. L'ONU doit reprendre son rôle de médiateur et ses Etats Membres assumer leurs responsabilités. L'Organisation a récemment démontré en Iraq ce qu'elle pouvait accomplir pour la paix, même si la menace d'intervention militaire a probablement contribué à ce résultat. Si, dans le conflit israélo palestinien, la menace d'un recours aux armes est exclue, l'ONU peut cependant compter, pour donner du poids à sa mission de paix, sur une large partie des peuples concernés qui sont prêts à lui confier leurs espérances. Des centaines de milliers d'Israéliens, rejetant tout fanatisme et ne pouvant pas, sans offenser leur histoire, laisser leur Gouvernement devenir oppresseur, désirent sincèrement la paix dans la justice avec les Palestiniens et soutiennent courageusement le principe de "la terre contre la paix". Si les gouvernements des Etats Membres de l'ONU faisaient de même, la paix pourrait encore être sauvée.

25.   M. SHAQQURA (Fédération internationale des ligues des droits de l'homme) dit que la poursuite, dans toute sa brutalité, de l'occupation israélienne, assombrit de jour en jour les perspectives ouvertes par le processus de paix, nourrissant un sentiment de frustration croissante parmi les Palestiniens. Les bouclages de territoires (pour la seule année 1997, les Israéliens ont bouclé entièrement la Cisjordanie et la bande de Gaza pendant plus de 50 jours) non seulement affectent la population civile palestinienne innocente dans sa vie quotidienne mais ont aussi des conséquences extrêmement négatives pour la société et l'économie.

26.   Le nombre des Palestiniens détenus dans les prisons israéliennes, qui dépasse aujourd'hui les 4 000, continue par ailleurs d'augmenter alors que les autorités israéliennes arrêtent des Palestiniens jusque dans des régions qui ne sont pas placées sous leur contrôle, ce qui constitue une violation flagrante des dispositions de la quatrième Convention de Genève de 1949. Israël est le seul pays au monde à avoir légalisé l'usage barbare de la torture, qui est responsable de la mort d'au moins un des quatre Palestiniens décédés en détention en 1997. D'autre part, contrairement à l'une des principales dispositions des Accords de paix, le Gouvernement israélien mène une politique

d'expansion sans précédent de ses colonies de peuplement : on compte
actuellement plus de 150 colonies de peuplement dans le territoire palestinien
occupé, dont 18 dans la bande de Gaza déjà surpeuplée. Combien de terres
palestiniennes la communauté internationale laissera t elle encore confisquer
avant que ne débutent les négociations sur le statut final ?

27.   Enfin, le meurtre de trois ouvriers palestiniens innocents, le 10 mars
1998, par des soldats israéliens, qui en ont blessé plus de 27 autres, doit être
condamné dans les termes les plus énergiques. La Fédération internationale des
ligues des droits de l'homme demande à la communauté internationale d'appuyer
son appel pour qu'une enquête approfondie, indépendante et publique soit ouverte
à propos de ces assassinats illégaux. C'est le moins que l'on puisse exiger
d'une démocratie moderne et c'est le seul moyen d'assurer que les responsables
soient traduits en justice.

                    La séance est levée à 21 h 27.

NATIONS UNIES

Conseil économique et social

E

Distr.
GÉNÉRALE

E/CN.4/1998/SR.54
9 juin 1998

Original : FRANÇAIS

COMMISSION DES DROITS DE L'HOMME

Cinquante-quatrième session

COMPTE RENDU ANALYTIQUE DE LA 54ème SÉANCE

tenue au Palais des Nations, à Genève,
le lundi 20 avril 1998, à 15 heures

Président : M. SELEBI (Afrique du Sud)
puis : M. GALLEGOS CHIRIBOGA (Equateur)
M. HYNES (Canada)

SOMMAIRE

DÉCLARATION DE M. MIGUEL OYONO NDONG MIFUMU, PREMIER VICE-PREMIER MINISTRE ET MINISTRE DES AFFAIRES ÉTRANGÈRES ET DE LA COOPÉRATION INTERNATIONALE DE LA GUINÉE ÉQUATORIALE

GE.98-12419 (EXT)

SOMMAIRE (<u>suite</u>)

DROITS DE L'ENFANT, NOTAMMENT :

a)   ÉTAT DE LA CONVENTION RELATIVE AUX DROITS DE L'ENFANT

b)   RAPPORT DU RAPPORTEUR SPÉCIAL CHARGÉ D'ÉTUDIER LA QUESTION DE LA VENTE
     D'ENFANTS, LA PROSTITUTION DES ENFANTS ET LA PORNOGRAPHIE IMPLIQUANT DES
     ENFANTS

c)   PROGRAMME D'ACTION POUR LA PRÉVENTION DE LA VENTE D'ENFANTS, DE LA
     PROSTITUTION DES ENFANTS ET DE LA PORNOGRAPHIE IMPLIQUANT DES ENFANTS

d)   QUESTION D'UN PROJET DE PROTOCOLE FACULTATIF À LA CONVENTION RELATIVE AUX
     DROITS DE L'ENFANT, CONCERNANT LA VENTE D'ENFANTS, LA PROSTITUTION DES
     ENFANTS ET LA PORNOGRAPHIE IMPLIQUANT DES ENFANTS, AINSI QUE LES MESURES
     DE BASE NÉCESSAIRES POUR PREVENIR ET ÉLIMINER CES PRATIQUES (<u>suite</u>)

LA QUESTION DE L'OBJECTION DE CONSCIENCE AU SERVICE MILITAIRE

SUIVI DE LA CONFÉRENCE MONDIALE SUR LES DROITS DE L'HOMME

HOMMAGE À LA MÉMOIRE DE M. EDUARDO UMAÑA MENDOZA, DÉFENSEUR DES DROITS DE
L'HOMME

La séance est ouverte à 15 heures.

DÉCLARATION DE M. MIGUEL OYONO NDONG MIFUMU, PREMIER VICE-PREMIER MINISTRE ET
MINISTRE DES AFFAIRES ÉTRANGÈRES ET DE LA COOPÉRATION INTERNATIONALE DE LA
GUINÉE ÉQUATORIALE

1.   M. OYONO NDONG MIFUMU (Guinée équatoriale) dit que le Gouvernement de son
pays est fermement déterminé à poursuivre sa collaboration avec la Commission et
avec le Haut-Commissariat aux droits de l'homme en vue d'assurer le plein
respect des droits de l'homme dans son pays ainsi que dans le reste du monde.
Comme il l'a montré en entretenant des relations ouvertes et franches avec le
Rapporteur spécial de la Commission, le Gouvernement considère que sa
coopération avec les Nations Unies est un moyen de consolider le processus
démocratique et d'éduquer la population dans le domaine des droits de l'homme.
Il a accepté les critiques formulées démocratiquement et continuera de prendre
les mesures qu'il jugera nécessaires pour remédier aux insuffisances constatées.
Soulignant que la démocratie doit en permanence être consolidée, l'intervenant
fait observer qu'il ne suffit pas, pour améliorer la situation des droits de
l'homme en Guinée équatoriale, d'y dépêcher un Rapporteur spécial : il faut
aussi répondre aux besoins essentiels du pays en matière d'assistance technique.
Ce n'est pas en position d'accusée que la Guinée équatoriale se présente devant
la Commission, mais en tant qu'Etat partie à toutes les Conventions relatives
aux droits de l'homme venu recevoir un soutien accru des Nations Unies pour
renforcer son action de défense des droits de l'homme, un Etat qui est
responsable devant son peuple et non devant d'autres Etats dont les intérêts
politiques, économiques et socio-culturels sont totalement étrangers à ses
réalités et à ses besoins.

2.   M. Oyono Ndong Mifumu rappelle que c'est l'arrivée au pouvoir, le
3 août 1979, du président actuel, qui a mis fin à la dictature la plus sanglante
qu'ait jamais connue le continent africain et qui a rendu possible l'exercice
des droits de l'homme dans le pays. Déplorant que certains Etats soient jugés à
l'aune d'intérêts étrangers ou des sentiments de sympathie ou d'antipathie
nourris à leur égard, il déclare que la paix et la sécurité internationales sont
les conditions préalables absolues à la garantie de la jouissance des droits de
l'homme et des libertés publiques. C'est en toute souveraineté et pour le bien
de son peuple que la Guinée équatoriale a adhéré aux instruments internationaux
relatifs aux droits de l'homme. Il n'existe pas dans le pays de politique
institutionnalisée de violation des droits de l'homme. Le Gouvernement enquête,
conformément à la loi, sur les violations qui peuvent se produire et s'emploie
en même temps à lutter contre l'impunité et à créer une culture des droits de
l'homme afin d'éradiquer, ou du moins d'atténuer, les attitudes coloniales
intériorisées par la population durant 200 années de colonisation et 11 années
de dictature. Il espère que la communauté internationale appuiera les efforts
qu'il déploie en dépit des conspirations et des actions terroristes qui
conduisent à la déstabilisation du pays et à la violence.

3.   La Guinée équatoriale a fait l'objet de deux tentatives de déstabilisation
armée au cours des 12 mois écoulés, l'une en mai 1997 par un groupe de
mercenaires à la solde d'intérêts obscurs et l'autre le 21 janvier 1998 par un
groupe de terroristes sur l'île de Bioko. Toutes les personnes impliquées dans
ces actions attendent actuellement d'être jugées. Leur jugement sera public et
les observateurs internationaux intéressés sont conviés à y assister. Au cours
des semaines qui ont suivi ces regrettables incidents, la Guinée équatoriale a

été l'objet d'une campagne de dénonciation organisée par certains cercles politiques et par la presse de quelques pays, ainsi que par des ONG, comme Amnesty international, qui ont accusé sans fondement le Gouvernement de prétendus actes de génocide, d'exécutions extrajudiciaires, de massacres et de destructions de villages. Notant que le Rapporteur spécial a rejeté ces accusations, le Gouvernement réitère l'invitation qu'il a adressée à Amnesty international et aux autres ONG à se rendre dans le pays pour évaluer sur place la situation des droits de l'homme. Rien ne justifie les actes terroristes perpétrés dans l'île de Bioko, qui a toujours fait partie intégrante du territoire de la Guinée équatoriale et été placée sous la même administration politique que le reste du pays. L'existence de différents groupes ethniques et culturels fait la richesse du peuple équato-guinéen et ces groupes ont pareillement été colonisés et ont tous lutté pour l'indépendance.

4.   L'Etat équato-guinéen est fondé sur les principes de l'unité nationale, de l'intégrité territoriale, de la paix et de la justice. Toute revendication qui ne remet pas en cause ces principes a sa place dans le débat politique national. Le Gouvernement équato-guinéen demande que le renouvellement du mandat du Rapporteur spécial s'inscrive dans le cadre du renforcement des activités du Centre pour la promotion des droits de l'homme et de la démocratie qui vient d'être institué pour promouvoir la culture des droits de l'homme en Guinée équatoriale. Il invite tous les équato-guinéen qui résident à l'étranger prétendument pour des raisons politiques à participer, maintenant que rien ne s'oppose plus à leur retour, au processus démocratique en cours.

5.   En conclusion, le Gouvernement demande à ses amis, ainsi qu'à ceux qui le critiquent, de fournir à la Guinée équatoriale l'assistance technique dont elle a besoin pour consolider et établir durablement les changements positifs intervenus dans le pays.

DROITS DE L'ENFANT, NOTAMMENT :

a)   ÉTAT DE LA CONVENTION RELATIVE AUX DROITS DE L'ENFANT

b)   RAPPORT DU RAPPORTEUR SPÉCIAL CHARGÉ D'ÉTUDIER LA QUESTION DE LA VENTE D'ENFANTS, LA PROSTITUTION DES ENFANTS ET LA PORNOGRAPHIE IMPLIQUANT DES ENFANTS

c)   PROGRAMME D'ACTION POUR LA PRÉVENTION DE LA VENTE D'ENFANTS, DE LA PROSTITUTION DES ENFANTS ET DE LA PORNOGRAPHIE IMPLIQUANT DES ENFANTS

d)   QUESTION D'UN PROJET DE PROTOCOLE FACULTATIF À LA CONVENTION RELATIVE AUX DROITS DE L'ENFANT, CONCERNANT LA VENTE D'ENFANTS, LA PROSTITUTION DES ENFANTS ET LA PORNOGRAPHIE IMPLIQUANT DES ENFANTS, AINSI QUE LES MESURES DE BASE NÉCESSAIRES POUR PREVENIR ET ÉLIMINER CES PRATIQUES (point 20 de l'ordre du jour) (suite) (E/CN.4/1998/99, 100, 101 et Add.1 et 2, 102, 103, et 119; E/CN.4/1998/NGO/2 et 38; CRC/C/66 et 69)

6.   Mme COLES (Australie), constatant avec satisfaction que la Convention relative aux droits de l'enfant compte actuellement 191 Etats parties, engage les quelques Etats qui ne l'ont pas encore fait à ratifier la Convention dans les meilleurs délais.

7.   Reste à appliquer la Convention au niveau national. L'Australie a présenté en septembre 1997 son premier rapport périodique au Comité des droits de l'enfant, qui l'a félicitée pour l'étendue des services en faveur de l'enfance, pour le niveau du système éducatif et du système de soins de santé ainsi que pour sa contribution à l'aide internationale au développement. Elle examinera avec attention les suggestions et les recommandations que le Comité a formulées, notamment en ce qui concerne l'âge minimum d'admission à l'emploi et la situation des enfants autochtones.

8.   Si les politiques nationales sont essentielles, il faut aussi des stratégies régionales et internationales, en particulier pour lutter contre des problèmes transfrontières comme la traite des enfants, le tourisme sexuel et la pédopornographie. En 1997, l'Australie a conclu avec les Philippines un mémorandum d'accord pour lutter contre les violences sexuelles à enfant et d'autres infractions graves. Le Gouvernement australien aide divers pays en développement à combattre l'exploitation sexuelle des enfants. Au plan national, il met au point un programme d'action comme suite au Congrès mondial contre l'exploitation sexuelle des enfants à des fins commerciales, tenu en 1996. La délégation australienne espère que les travaux relatifs à l'élaboration du projet de protocole facultatif à la Convention, concernant la vente, la prostitution et la pornographie impliquant des enfants, déboucheront sur un instrument efficace et elle est prête à participer aux consultations officieuses qui sont prévues en vue de mettre définitivement au point ce projet à la prochaine session du Groupe de travail.

9.   Notant avec satisfaction que des consultations sont prévues au sujet du projet de protocole facultatif à la Convention concernant l'implication d'enfants dans les conflits armés, elle prie instamment le Groupe de travail de faire tout son possible pour établir un texte définitif à sa session suivante. S'agissant des mines terrestres antipersonnel, dont beaucoup d'enfants sont victimes, l'Australie appuie des programmes de sensibilisation et de réadaptation axés spécialement sur les enfants d'âge scolaire en Afghanistan, en Angola, au Cambodge et au Laos. Elle soutient énergiquement les initiatives internationales visant à limiter et interdire l'emploi aveugle de ces mines et se félicite du fait que la Convention sur la question a été ouverte à la signature en décembre 1997.

10.   Quant au problème de l'exploitation du travail des enfants, l'Australie espère que l'OIT adoptera en 1999 une nouvelle convention sur les formes les plus intolérables du travail des enfants, qui, avec l'élaboration de codes de conduite, permettra une action plus efficace pour éliminer rapidement les pires formes du travail des enfants.

11.   Mme AHLUWALIA (Fédération internationale des sociétés de la Croix-Rouge et du Croissant-Rouge) appelle tout particulièrement l'attention de la Commission sur la question des enfants touchés par les conflits armés : enfants recrutés comme soldats qui souffrent de handicaps physiques et de troubles psychologiques, qui sont mutilés par les mines terrestres et séparés de leur famille, enfants à qui l'on a volé leur enfance et qui garderont des séquelles pour avoir été exposés à la violence, enfants vivant dans une culture de violence et commettant à leur tour des actes de violence. La Fédération internationale, qui oeuvre à travers son réseau de 175 sociétés de par le monde en faveur des plus vulnérables, considère que la seule position acceptable est de fixer à 18 ans l'âge minimum tant pour le recrutement dans les forces armées

que pour la participation aux conflits armés, ainsi que l'a recommandé la vingt-sixième Conférence internationale de la Croix-Rouge et du Croissant-Rouge.

12.   Le plan d'action international sur les enfants en période de conflit armé, adopté en 1995 par la Croix-Rouge et le Croissant-Rouge, prévoit l'interdiction de la participation directe ou indirecte des enfants de moins de 18 ans à des conflits armés et fixe à 18 ans l'âge minimum du recrutement (volontaire ou obligatoire), ces règles s'appliquant aux forces gouvernementales comme aux forces non gouvernementales et aux conflits tant internationaux que non internationaux. Il prévoit en outre qu'une protection et une assistance soient accordées aux enfants touchés par les conflits armés, et notamment que des mesures soient prises pour assurer leur réadaptation et leur réinsertion dans la société civile. De nombreuses sociétés nationales de la Croix-Rouge et du Croissant-Rouge, notamment en Espagne, au Canada, dans les pays Baltes et dans les pays nordiques, mènent donc des activités de plaidoyer aux niveaux national, régional et interrégional pour sensibiliser les gouvernements et l'opinion.

13.   Tout en se félicitant des efforts du Groupe de travail chargé d'élaborer un projet de protocole facultatif en la matière, la Fédération internationale est extrêmement déçue qu'il n'ait pas été possible d'arriver à un consensus sur une question aussi urgente et continuera d'oeuvrer activement à la recherche d'un consensus. Parmi les autres questions préoccupantes examinées au titre du point 20 de l'ordre du jour, elle tient également à appeler l'attention de la Commission sur le sort des enfants qui pâtissent des effets des sanctions économiques.

14.   Mgr BERTELLO (Observateur du Saint-Siège) dit que les problèmes qui touchent à l'enfance restent parmi les plus urgents à régler car l'enfance est une étape essentielle de la vie que tout enfant a le droit de vivre pleinement, étant une personne humaine et non un adulte en miniature. La Convention relative aux droits de l'enfant, qui donne une image globale de l'enfance, est un signe d'espoir pour le futur. Les adultes, tous ceux qui ont la charge d'accompagner l'enfant dans son développement et la construction de son identité, et en premier lieu la famille, ont un rôle primordial à jouer pour construire autour de lui le tissu humain et affectif indispensable à sa croissance intégrale, être un point de repère dans un milieu social en constante évolution et soumis à l'influence d'autres moyens d'information et de formation.

15.   Or des enfants grandissent dans la solitude à cause des traumatismes provoqués par les tensions entre leurs parents ou l'éclatement de leur famille. D'autres sont victimes de sévices et d'exactions qui ont des effets dévastateurs sur leur développement. Il y a des enfants à qui l'on apprend ouvertement à mépriser, voire écraser la vie de l'autre, de celui qui appartient à un groupe social, ethnique ou religieux différent. Enfin, il y a ceux qui participent à des conflits armés. Comment s'étonner si ces enfants deviennent demain des adultes qui voient dans la violence le seul moyen d'affronter des situations difficiles ? La délégation du Saint-Siège ne peut qu'exprimer sa profonde déception face à l'impasse où se trouve le Groupe de travail chargé de l'élaboration d'un protocole facultatif concernant l'implication d'enfants dans les conflits armés.

16.   Pour répondre aux difficultés que la société rencontre dans la protection et l'éducation des enfants, l'Eglise catholique, par son réseau d'oeuvres éducatives et d'assistance, collabore avec les autorités compétentes pour

page 7

améliorer le sort des enfants, surtout des plus démunis, qui souffrent précocement dans leur corps et dans leur esprit, pour le respect de leur dignité, de leur culture et de leur épanouissement humain et religieux.

17. M. GARNJANA-GOONCHORN (Observateur de la Thaïlande) veut montrer comment la Thaïlande, citée par la Haut-Commissaire aux droits de l'homme comme l'un des deux pays où le problème de la traite des femmes et des fillettes est le plus grave, n'hésite pas à reconnaître l'existence de ce problème et est résolue à s'y attaquer de front. Le problème de l'exploitation sexuelle des enfants à des fins commerciales (et le problème connexe de la traite des femmes et des enfants) est un problème universel et transnational qui a connu, sous la forme du tourisme sexuel, une progression alarmante au cours de la décennie écoulée et dont les causes profondes sont l'existence d'une demande mondiale et d'une offre locale qu'il convient de réduire simultanément grâce à une étroite coopération internationale. La Thaïlande se félicite donc de voir que de nombreux pays ont adopté une législation pénale extraterritoriale. Pour sa part, elle a souscrit à la Déclaration et au Programme d'action du Congrès mondial de Stockholm et a adopté un plan d'action national pour la prévention et l'élimination de l'exploitation sexuelle des enfants à des fins commerciales. Une nouvelle loi sur la prévention et la répression de la prostitution est entrée en vigueur en 1996. Désormais fondée sur le principe selon lequel les prostitué(e)s sont des victimes, cette loi prévoit des peines plus sévères pour les propriétaires de maisons de prostitution, les proxénètes, les clients, et même les parents complices de la prostitution de leur enfant. La loi de 1928 sur la traite des femmes et des fillettes a été mise à jour pour protéger aussi les garçons. Le Code pénal et le Code de procédure pénale font désormais de la traite une infraction punissable en Thaïlande, où qu'elle ait été commise.

18. La nouvelle Constitution thaïlandaise devrait également jouer un grand rôle dans l'orientation future de la législation nationale. Conformément à l'article 43 de la Constitution, l'âge de la scolarité obligatoire est porté de 9 à 12 ans, ce qui devrait permettre de protéger les enfants à risque contre la traite grâce à la fréquentation scolaire et à l'amélioration du niveau d'éducation. L'article 53 prévoit en outre que l'Etat a le devoir de protéger tous les enfants et les jeunes contre les violences.

19. Au niveau régional, le Gouvernement thaïlandais continue de promouvoir une coopération étroite entre les pays de la région du Mékong afin de lutter contre la traite transfrontières.

20. Avec ces réformes législatives radicales, le renforcement des mesures visant à faire appliquer la loi, la garantie des droits fondamentaux prévue dans la Constitution, l'intensification de la coopération régionale et internationale, et grâce au soutien actif des ONG et de la société civile, le Gouvernement thaïlandais s'emploie avec détermination à combattre la traite des femmes et des fillettes et à éradiquer la prostitution des enfants.

21. Mme ASTRUP (Observateur de la Norvège) souligne que la Convention relative aux droits de l'enfant, du fait qu'elle aborde spécifiquement les droits des enfants mais aussi qu'elle considère ces droits sous tous leurs aspects, est un instrument extrêmement important pour lutter contre les pratiques exécrables dont sont victimes beaucoup d'enfants. Considérant étant donné l'interdépendance des droits de l'homme que la promotion du droit de l'enfant à l'éducation pourrait favoriser le respect des autres droits de l'enfant, la Norvège appuie

énergiquement la nomination d'un rapporteur spécial sur le droit à l'éducation. Elle se félicite d'autre part que l'UNICEF ait publié un manuel sur la mise en oeuvre de la Convention, qui devrait aider les Etats à intensifier leurs efforts dans ce domaine, et note le rôle important que jouent les ONG, notamment pour permettre aux enfants de participer de façon constructive à la vie de la société.

22.   La Norvège a accueilli en octobre 1997 une conférence internationale sur le travail des enfants qui a débouché sur l'adoption d'un programme d'action où l'enseignement primaire universel figure en bonne place. Dans le cadre de l'aide au développement, le gouvernement prévoit de consacrer quelque 30 millions de dollars au cours des trois années à venir à la lutte contre le travail des enfants.

23.   Estimant que l'implication d'enfants dans les conflits armés est un problème humanitaire extrêmement grave, qui touche plus de 200 000 enfants dans le monde, la délégation norvégienne insiste sur la nécessité de parvenir le plus rapidement possible à un accord sur le projet de protocole facultatif sur le sujet et espère que tous les gouvernements appuieront les travaux du Représentant spécial pour la protection des enfants en période de conflit armé. Dans ce contexte, elle exprime sa profonde préoccupation devant le phénomène révoltant des enlèvements d'enfants dans le nord de l'Ouganda, qui rappelle combien il est nécessaire de placer au premier plan l'intérêt de l'enfant. Elle se félicite de l'adoption de la Convention sur les mines terrestres antipersonnel.

24.   L'Observatrice de la Norvège espère sincèrement que le Groupe de travail chargé d'élaborer un projet de protocole facultatif concernant la vente, la prostitution et la pornographie impliquant des enfants parviendra à élaborer un texte de consensus à sa prochaine session et souligne la nécessité d'adopter d'urgence des mesures pour protéger les enfants contre toute forme de violence et d'exploitation sexuelle. Elle réitère à cet égard son appui aux travaux importants menés par la Rapporteuse spéciale sur la question.

25.   A l'approche du dixième anniversaire de l'adoption de la Convention, elle exprime l'espoir que les Etats Membres qui ne sont pas encore parties à cet instrument envisageront sérieusement d'y accéder et prie instamment les Etats qui ont émis des réserves contraires à l'objet et au but de la Convention de retirer celles-ci.

26.   M. VIGNY (Observateur de la Suisse) note que si la ratification de la Convention relative aux droits de l'enfant est quasi universelle, certaines réserves de portée très générale vident ses dispositions de leur substance et sont même parfois contraires à son objet et à son but. La Suisse invite en particulier l'Iran, la Malaisie, Singapour, l'Arabie saoudite, le Brunéi Darussalam, Djibouti, l'Indonésie, le Pakistan, le Qatar et la Syrie à retirer leurs réserves ou à les modifier.

27.   Dans les conflits armés, les droits les plus élémentaires des enfants sont bafoués. La Suisse qui a apporté son soutien financier aux activités du représentant du Secrétaire général chargé d'étudier l'impact des conflits armés sur les enfants espère que les difficultés administratives qu'il rencontre seront promptement surmontées. Dans ce contexte, la communauté internationale a entrepris l'élaboration d'un projet de protocole facultatif à la Convention,

concernant l'implication des enfants dans les conflits armés. Mais faute de consensus sur des points essentiels, les travaux du Groupe de travail chargé de la question se sont achevés prématurément. Estimant qu'il faut garantir une protection spéciale aux enfants jusqu'à l'âge de 18 ans contre toute forme de recrutement et de participation à des hostilités, la Suisse préconise de modifier la procédure d'examen du projet; à ce stade, des consultations informelles sont nécessaires afin de préparer le terrain à de nouvelles négociations.

28.   La lenteur des travaux en cours sur l'élaboration d'un protocole à la Convention, concernant la vente d'enfants, la prostitution des enfants et la pornographie impliquant des enfants est un autre sujet de déception. L'exploitation sexuelle des enfants étant un phénomène transfrontières, il est essentiel d'améliorer la coopération entre les Etats, notamment dans la lutte contre le tourisme sexuel. La Suisse souhaite vivement que l'élaboration du protocole soit achevée rapidement afin qu'il puisse être présenté à l'Assemblée générale à l'occasion du dixième anniversaire de la Convention.

29.   Une convention sur les mesures de lutte contre les formes les plus intolérables du travail des enfants doit être élaborée à la prochaine Conférence internationale du travail. Vu son expérience dans le domaine du travail et de sa structure tripartite, l'Organisation Internationale du Travail (OIT) est le cadre le plus approprié pour l'élaboration d'un tel instrument. Lors des travaux consacrés à ce texte, il faudra cependant veiller à éviter toute contradiction avec la Convention relative aux droits de l'enfant. La délégation suisse note à cet égard avec satisfaction que le projet établi par le BIT retient, en ce qui concerne la définition de l'enfant, l'âge minimum de 18 ans prévu dans la Convention. Par contre, comme l'instrument en cours d'élaboration traite également de la prostitution et de la pornographie enfantines, il y a un risque de chevauchement avec le futur protocole relatif à la question. Là encore la coordination s'impose.

30.   M. JAHROMI (Observateur de la République islamique d'Iran) dit que conformément aux obligations qu'il a contractées en adhérant à la Convention relative aux droits de l'enfant au début de 1994, son pays s'est assigné plusieurs objectifs dans le cadre de son deuxième programme de développement quinquennal. Pour ce qui est du droit à l'éducation, des mesures ont été prises pour assurer l'accès à l'enseignement à tous les enfants âgés de 6 à 10 ans d'ici l'an 2000. Le taux de scolarisation est actuellement de 98,6 % et les filles représentent 48 % des effectifs. En outre, fidèle à ses engagements internationaux, le Gouvernement assure actuellement l'enseignement et les soins de santé à environ 106 000 Afghans et 25 000 Iraquiens. Une organisation a été créée pour répondre aux besoins des enfants physiquement ou mentalement handicapés. En 1996-1997, elle a desservi au total 64 000 personnes.

31.   La santé étant considérée, dans un pays où 46 % de la population a moins de 19 ans, comme la clef du développement des enfants, les politiques du gouvernement en la matière sont axées sur ce groupe d'âge. Dans cette optique, la République islamique d'Iran a pu vacciner contre la polio 99,8 % des enfants, y compris l'ensemble des réfugiés.

32.   Compte tenu du rôle essentiel de la législation dans l'instauration de conditions favorables au développement physique, mental et psychologique, les autorités ont récemment adopté plusieurs lois portant, entre autres, création de

tribunaux spéciaux pour la protection de la famille et modification de l'article 1173 du Code civil relatif à la garde des enfants.

33. Le riche patrimoine culturel et les croyances religieuses de l'Iran constituent un terrain propice à l'application de la Convention, et les graves phénomènes que connaissent de nombreux pays développés et pays en développement (enfants des rues, vente et exploitation sexuelle des enfants) sont rares ou inconnus.

34. M. ISRAELI (Observateur d'Israël), passant en revue les services d'aide d'urgence mis en place dans son pays pour répondre aux besoins des enfants maltraités dit qu'une protection immédiate à court terme est apportée en plaçant l'enfant dans des "familles d'accueil" qui le gardent jusqu'à ce que sa situation soit évaluée et qu'un plan de traitement soit établi. Il y a aussi des centres d'aide d'urgence à l'enfance dont cinq desservent la population juive et un la population arabe, qui hébergent, jusqu'à concurrence de 3 mois, les enfants ayant besoin d'une protection immédiate et évaluent la situation de l'enfant et de sa famille afin d'élaborer un plan de traitement à long terme. Il convient enfin de mentionner les équipes de protection de l'enfance qui opèrent dans les services des urgences de 26 grands hôpitaux. Composées d'un travailleur social, d'un médecin et d'une infirmière, elles ont pour tâche de conseiller le personnel hospitalier qui a à traiter de cas présumés de maltraitance et d'abandon moral d'enfant.

35. Plusieurs organisations mettent à la disposition des enfants victimes de mauvais traitements des lignes téléphoniques directes. Le Centre israélien pour les soins aux enfants victimes d'exploitation sexuelle (MEITAL) assure aux victimes et à leur famille les services spécialisés dont ils ont besoin et s'occupe également des adultes qui ont souffert de l'exploitation sexuelle pendant leur enfance. L'Association pour la protection de l'enfant (ELI) accomplit un travail similaire, offrant des services thérapeutiques aux enfants victimes de violences physiques psychologiques ou sexuelles.

36. Bon nombre d'organismes publics et d'ONG s'efforcent de sensibiliser la population. C'est ainsi que les services de protection de l'enfance du Ministère du travail et des affaires sociales consacrent d'énormes efforts à informer le public et le personnel spécialisé, leur apprenant à reconnaître les signes qui donnent à penser qu'un enfant est maltraité ou délaissé. Des cours ou des activités axés sur la prévention figurent au programme de nombreux établissements d'enseignement primaire et secondaire. Le Cabinet du Premier Ministre a lancé récemment une vaste campagne de sensibilisation en vue de prévenir tous les types de violence au foyer. Des organisations de défense des droits de l'enfant, telles le Conseil national pour l'enfance et l'ELI, consacrent une partie de leurs activités à l'éducation du public, et des centres communautaires de la culture, de la jeunesse et des sports organisent à l'intention des parents des cours sur la façon d'élever leurs enfants sans recourir à la violence. Enfin, la radio et la télévision diffusent des programmes sur l'enfance maltraitée, indiquant comment les jeunes victimes peuvent appeler au secours.

37. M. Gallegos Chiriboga (Equateur) prend la présidence.

38. Mme SANCHEZ REYES (Observatrice du Nicaragua) regrette que les groupes de travail chargés d'élaborer les droits de l'enfant n'aient pas fait de progrès

plus sensibles dans leurs travaux et souligne que, malgré le grand nombre
d'adhésions à la Convention relative aux droits de l'enfant, les violations des
droits des enfants sont encore très nombreuses et dramatiques de par le monde.
Le Nicaragua a ratifié la Convention en 1990 et, en 1995, la Convention a acquis
un rang constitutionnel. Créée en 1994, la Commission nationale de promotion et
de défense des droits de l'enfant a participé à l'élaboration du Code de
l'enfance et de l'adolescence en cherchant à combler les vides législatifs et
juridiques en la matière. Le 22 mars 1998, le législateur a approuvé ce Code,
qui ouvre la voie à une nouvelle culture juridique dans le domaine des droits de
l'enfant, selon laquelle l'application des normes est l'affaire de la justice,
mais aussi de tous les habitants du pays, et qui notamment institue un système
de justice pour mineurs. En outre, en 1996 a été adoptée la loi contre la
violence dans la famille, qui étend le concept à la violence psychologique.
En 1997 a été créé le Bureau du procureur aux droits de l'homme, au sein duquel
se trouve le service du procureur pour l'enfance.

39.   Les autorités nicaraguayennes s'occupent également du problème du travail
des enfants en essayant d'en combattre les causes et de l'éliminer
définitivement. En avril 1997, la Présidence de la République a institué par
décret la commission nationale pour l'éradication progressive du travail des
enfants et la protection du travailleur mineur. Dans le nouveau Code du travail
figure un chapitre complet sur la question. Ce jour même, la capitale du
Nicaragua accueille la Marche mondiale contre le travail des enfants.

40.   Du fait que le pays a été en guerre pendant plus d'une décennie, beaucoup
d'enfants nicaraguayens ont été victimes de violations de leurs droits
fondamentaux; aujourd'hui encore, certains subissent les séquelles du conflit,
s'agissant par exemple des mines antipersonnel, qui sont encore en abondance
dans les zones frontalières. Il serait important que les Etats décident
d'élaborer un protocole facultatif en la matière.

41.   Malgré les difficultés économiques que connaît le pays, le Gouvernement
est conscient de la nécessité d'investir dans sa richesse la plus importante :
ses enfants. C'est ainsi qu'il consacre plus de 37 % du budget national au
secteur social et alloue quatre fois plus de crédits à l'éducation qu'à l'armée.
L'action en faveur de l'enfance est devenue une priorité de la société
nicaraguayenne.

42.   Mme GICHERU (Observatrice du Kenya) dit que son pays, l'un des premiers à
avoir ratifié la Convention relative aux droits de l'enfant, s'apprête à en
faire autant pour la Charte africaine des droits et du bien-être de l'enfant. Un
projet de loi générale sur l'enfance devrait être adopté d'ici la fin juin. Une
fois en vigueur, il primera toutes les règles existantes, qu'elles soient
d'ordre culturel, religieux ou statutaire, et interdira le mariage des mineurs
de moins de 18 ans.

43.   La délégation kényenne pense comme la Rapporteuse spéciale sur la vente
d'enfants, la prostitution des enfants et la pornographie impliquant des enfants
(E/CN 4/1998/101/Add. 1) que la pauvreté et l'effondrement des valeurs
familiales traditionnelles ont entraîné une désintégration de la société, qui a
rendu les enfants vulnérables à l'exploitation sexuelle. Mais elle n'est pas
d'accord avec elle lorsqu'elle assimile à une pratique culturelle traditionnelle
le fait que des familles, pour assurer leur subsistance, obligent leurs enfants
à se prostituer. Ce sont plutôt des facteurs comme l'exode rural qui ont poussé

les familles, par souci de compléter leurs revenus, à accepter que des enfants accomplissent différents types de travaux, parfois sans supervision.

44. Profondément préoccupé par l'expansion de ce phénomène, le Gouvernement kényen a pris des mesures multiformes pour le combattre. Il s'emploie notamment à mettre en place le dispositif juridique et administratif nécessaire. Une politique nationale est en voie d'adoption, afin d'assurer la prise en compte du problème du travail des enfants dans les programmes et le budget ordinaire de l'Etat. De même, la future loi générale sur l'enfance garantira l'affectation des ressources nécessaires aux programmes publics visant à assurer le respect des droits de l'enfant. En outre, sur le plan pénal, un dispositif de lutte contre l'exploitation sexuelle des enfants et d'autres infractions connexes est actuellement mis en place. On notera toutefois, que bien qu'incomplètes, les lois déjà en vigueur prévoient les moyens nécessaires pour réprimer l'exploitation sexuelle des enfants.

45. Le Kenya se félicite du rôle croissant de l'OIT dans la lutte contre le travail des enfants et de l'aide que lui apportent des donateurs pour l'exécution de projets, notamment dans le cadre du Programme international pour l'abolition du travail des enfants (IPEC). Entre 1995 et 1997, plus de 20 initiatives ont été lancées en matière d'élaboration de lois, d'appui aux politiques, de création de capacités, de sensibilisation et de mise en place de réseaux. Les initiatives prévues pour la prochaine période biennale porteront sur la réintégration des enfants des rues dans l'enseignement scolaire et extrascolaire, la création d'activités génératrices de revenus pour les parents d'enfants qui travaillent, y compris ceux qui se livrent à la prostitution, les activités d'orientation, la fourniture de soins de santé et création de centres de réadaptation et de "maisons de la paix". D'autres visent à promouvoir des activités génératrices de recettes à l'école. S'ajoutant aux efforts du Ministère de l'éducation pour garantir à tous l'enseignement gratuit et obligatoire, ces actions devraient encourager les parents à envoyer leurs enfants à l'école.

46. M.HYNES (Canada) prend la présidence.

47. Mme TUHOV-AKOVA (Observatrice de la Slovaquie) dit que conformément aux conclusions du Congrès mondial de Stockholm, la Slovaquie s'efforce de mettre en place des moyens de recours contre l'exploitation des enfants par le biais de la prostitution et de la pornographie et toutes les autres violations dont ils sont victimes. Dans cette optique, une attention particulière est accordée à leurs besoins en soins médicaux et en services de réadaptation psychologique et de réinsertion sociale. Dans le même temps, un effort d'éducation et de prévention est mené pour sensibiliser les enfants et les familles. Grâce à la vigilance des autorités, le nombre des cas de prostitution d'enfants, et de pédopornographie est faible. Au niveau international, la police slovaque coopère étroitement, par l'intermédiaire de la section nationale d'INTERPOL, avec les polices étrangères dans le cadre des enquêtes sur ces pratiques.

48. La délégation slovaque se félicite des progrès accomplis par le Groupe de travail chargé d'élaborer un protocole facultatif à la Convention, concernant la vente d'enfants, la prostitution des enfants et la pornographie impliquant des enfants. Il ne fait aucun doute que le document qui sera établi enrichira et précisera le contenu de la Convention. Pour qu'il réponde aux attentes, il importe d'associer à son élaboration un plus grand nombre d'ONG.

49. **M.KHAN** (Organisation internationale pour le progrès) appelle l'attention de la Commission sur les violations sans frein des droits des enfants dans certaines régions de l'Asie du Sud et du Sud-Est où des terroristes et des mercenaires obligent des mineurs à rejoindre des camps d'entraînement et à servir de messagers et de transporteurs d'armes et d'explosifs. Des enfants rescapés ont relaté les expériences traumatisantes qu'ils ont vécues aux mains de ceux qui, au nom d'idéologies perverses, cherchent à faire d'eux des instruments de mort. Ce qu'endurent les petites filles est encore plus abominable puisque fréquemment, elles sont victimes de sévices et d'exploitation sexuelle. En Afghanistan et au Cachemire, de nombreux enfants ont été chassés de leur foyer par des terroristes armés et contraints de vivre dans des camps de réfugiés. Beaucoup ont vu leurs parents massacrés.

50. La situation dans les pays en développement n'est guère encourageante. Les images d'enfants mutilés, de fillettes en tenue légère se déhanchant devant des spectateurs libidineux, d'enfants brandissant des armes à feu et des grenades sont devenues banales. Il est grand temps d'agir, et pas seulement en rédigeant des protocoles, mais en contraignant les gouvernements à prendre des mesures concrètes sur le terrain.

51. Partout dans le monde, des enfants sont jour après jour en butte à des sévices et vivent un calvaire tandis que leurs bourreaux continuent de mener leur vie en toute impunité. Il est impératif que la communauté internationale demande aux gouvernements de réformer leurs structures juridiques afin que les auteurs de sévices à enfant soient traités comme les meurtriers qu'ils sont : c'est, en effet l'avenir de l'humanité qu'ils assassinent.

52. **Mme McCONNELL** (Nord-Sud XXI) fait observer que l'embargo imposé à l'Iraq continue d'avoir de graves incidences sur la vie des enfants, comme le montrent les statistiques émanant du Conseil économique et social. Cet organe a d'ailleurs récemment jugé cette mesure contraire aux principes de la Charte des droits de l'homme. Selon des données publiées par le Ministère iraquien de l'intérieur, le nombre de décès d'enfants par malnutrition est passé de 800 en 1989 à 30 000 en 1997. De même, l'organisation l'Appel franco-arabe fait état d'une forte augmentation des cas de leucémie et d'affections cardiaques et pulmonaires. Ces maladies peuvent d'habitude être traitées, mais le manque de médicaments rend la tâche des médecins difficile.

53. En violation de l'article 38 de la Convention relative aux droits de l'enfant, les enfants tamouls sont régulièrement victimes de bombardements d'artillerie et aériens aveugles perpétrés par l'armée sri-lankaise dans la province du Nord-Est. Ces opérations ne sont qu'un nouvel épisode dans le cadre d'une stratégie de châtiment collectif menée de longue date par les autorités sri-lankaise contre les civils tamouls, indépendamment de leur âge ou de leur sexe. En juin 1990, le gouvernement a imposé un embargo sur les livraisons de vivres, y compris les aliments pour enfants. En conséquence, un nombre considérable d'enfants souffrent de la faim.

54. Les services de santé sont sans commune mesure avec les besoins. Il n'y a par exemple que 11 sages-femmes pour 200 000 personnes. Affaiblis par la malnutrition, les enfants sont très vulnérables au paludisme et à la typhoïde pour lesquels les médicaments font défaut. En outre, par suite d'une grave pénurie d'antibiotiques, la mortalité infantile a nettement augmenté. Les bombardements ont détruit 20 % des écoles et l'armée en occupe beaucoup

d'autres. Selon le Ministère de l'éducation, 120 000 enfants n'ont pas accès à l'enseignement.

55. Aux postes de contrôle de l'armée sri-lankaise, des enfants ont été arbitrairement arrêtés et bon nombre d'entre eux ont disparu. Des fillettes ont été victimes de viols collectifs; le viol est d'ailleurs souvent utilisé comme une arme de guerre par les forces de sécurité contre les femmes et les filles tamoules. Dans les camps de réfugiés, les enfants sont les plus exposés aux sévices sexuels. Nord-Sud XXI demande instamment à la Commission des droits de l'homme de condamner ces violations des droits des enfants tamouls à la santé, à l'éducation et même à la vie.

56. Il y a lieu enfin de dénoncer l'attitude du Gouvernement sri-lankais, qui ferme les yeux sur l'exploitation sexuelle des enfants singhalais par des touristes pédophiles. Les préoccupations exprimées à ce sujet par certains milieux officiels sont purement symboliques.

57. M. ACHOUR (Organisation tunisienne de l'éducation et de la famille) dit que son organisation oeuvre en faveur de la protection de l'enfant au sein de la famille, à l'école et partout dans la société. Elle organise des activités culturelles et récréatives, prend en charge des familles nécessiteuses et s'occupe d'enfants qui ont interrompu leur scolarité. Tous ses membres sont des bénévoles.

58. Dès 1956, la Tunisie s'est dotée d'un code du statut personnel qui fait d'elle un cas unique dans la région en matière de protection des droits de la famille, de la femme et des enfants. De nouvelles réformes sont venues depuis lors renforcer cet acquis. Les questions relatives à la famille et aux enfants sont des priorités nationales. En 1991, la Tunisie a ratifié la Convention relative aux droits de l'enfant. En 1995, elle a promulgué un code de protection de l'enfant qui garantit les droits de l'enfant à une identité et au respect de sa vie privée, à la santé, à un environnement sain et à des conditions de vie favorables, à l'éducation, à la protection contre toute forme d'exploitation, de violence ou d'atteinte physique, psychique ou sexuelle ainsi que d'abandon et de négligence.

59 Parallèlement à l'action législative, la Tunisie a mis en place des mécanismes de protection comme le corps de Délégués à la protection de l'enfance qui a pour tâche de suivre les difficultés auxquelles peuvent faire face les enfants et de contribuer à leur solution.

60. En matière d'enseignement, des réformes ambitieuses ont été entreprises. Une loi promulguée le 29 juillet 1991 a rendu l'enseignement obligatoire et gratuit pour tous jusqu'à l'âge de 16 ans. Le taux de scolarisation des enfants âgés de 6 à 12 ans est aujourd'hui de 93,1 %. Dans le secondaire, les filles représentent 48 % de l'effectif total.

61. Consciente des dangers que représentent pour les droits de l'homme la sélectivité, la politisation et l'absence de solidarité à l'échelle mondiale et des effets dévastateurs de ces phénomènes sur les droits de l'enfant, l'Organisation tunisienne de l'éducation et de la famille lance un appel à tous les membres de la communauté internationale pour qu'ils fassent de la cause des enfants leur seul guide.

62.	__M. EIBNER__ (Christian Solidarity International) évoque une dramatique réalité qui affecte d'innombrables femmes et enfants : la recrudescence de l'esclavage au Soudan. Comme son organisation a pu s'en rendre compte lors de 11 visites sur place depuis 1995, les forces populaires de défense du Front islamique national (NIF) et l'armée régulière continuent d'enlever des personnes pour les soumettre à l'esclavage. Ces dernières années, beaucoup de jeunes mères et d'enfants noirs du Bahr El-Ghazal septentrional ont été victimes de rafles; en février 1998, ce sont des dizaines d'enfants de villages situés près d'Aweil et de Nyamlell qui ont été emmenés en esclavage. Ils sont forcés de travailler sans être payés, et sont roués de coups, affamés, convertis de force, violés et les filles se voient infliger des mutilations génitales. Comme il ressort du rapport du Rapporteur spécial sur la situation des droits de l'homme au Soudan (E/CN. 4/1998/66), il n'apparaît pas que le Gouvernement soudanais prenne des mesures pour abolir l'esclavage.

63.	L'esclavage, crime contre l'humanité, est pratiqué à grande échelle par le régime de Khartoum. Il est donc étonnant que la pratique ancienne et contemporaine de l'esclavage au Soudan soit passée sous silence dans le projet de résolution sur l'esclavage. Christian Solidarity International demande à la Commission de remédier à cette omission en condamnant le rôle du NIF dans la traite et de faire aussi mention de ce dramatique problème dans la résolution sur le Soudan. Elle demande aussi à la Haut-Commissaire et au Secrétaire général d'apporter leur appui à la mise en place d'un programme parrainé par l'UNICEF destiné à retrouver la trace des esclaves et à faciliter leur retour dans leur famille, et au Conseil de sécurité de faire appliquer et de renforcer les sanctions existantes contre le régime esclavagiste du Soudan. Il est grand temps de mettre un terme à cette politique du Djihad, qui inclut l'esclavage, notamment des femmes et des enfants comme butin de guerre - au Soudan et ailleurs.

64.	__Mme LEGRAND__ (Fraternité Notre-Dame) indique que son organisation, considérant l'enfant comme l'avenir de la société, est surtout engagée dans l'aide aux enfants qui souffrent. Elle met en place des mesures à petite échelle, mais souhaite que les Etats interviennent d'urgence à grande échelle pour lutter contre les atteintes aux droits des enfants. Elle visite régulièrement les enfants emprisonnés, dont certains attendent pendant des années leur jugement en étant traités comme du bétail. Elle crée des centres d'éducation gratuits pour enfants orphelins ou abandonnés, s'inquiétant de voir que des enfants de pays en développement, sans ressources et manquant du nécessaire, doivent payer quelques sous une heure ou deux d'apprentissage scolaire à de riches et puissantes organisations religieuses majoritaires. Elle accueille des enfants handicapés ou malades, en Haïti et en Afrique notamment, tentant de leur redonner une meilleure santé physique, affective, et intellectuelle. Après un suivi dans les centres de l'organisation, les enfants parviennent petit à petit à éliminer l'agressivité et la violence qui les habitent. A long terme, cela contribue à maintenir la paix sociale d'un pays. En outre, Fraternité Notre-Dame a constaté combien est ancrée la discrimination à l'égard des filles qui ne sont pas scolarisées et sont cantonnées dans des tâches ménagères. Les enfants sont trop souvent victimes d'une cascade d'injustices et, pour subsister, certains n'ont pas d'autre choix que de basculer dans la prostitution ou la pornographie. En Mongolie, alors que des enfants meurent de faim et de froid, il est indigne qu'un groupe religieux majoritaire se préoccupe d'abord d'édifier un lieu de culte.

65.   Mme PEREZ (Brésil), exerçant son droit de réponse, regrette que Jubilee
Campaign, bien qu'ayant reçu de l'Ambassade du Brésil à Londres une abondante
documentation sur les mesures prises par le Gouvernement brésilien et les ONG
pour protéger et promouvoir les droits des enfants, en particulier pour lutter
contre la violence contre les enfants des rues et favoriser leur intégration
sociale, préfère présenter un tableau déformé et exagéré de la réalité.
L'organisation semble aussi ignorer qu'une loi récente a transféré aux tribunaux
civils la compétence pour poursuivre et juger les policiers militaires impliqués
dans des meurtres ou des tortures de civils. En outre, la Chambre des députés a
approuvé un projet de loi, actuellement soumis au Sénat, qui renforce la
compétence des tribunaux civils pour poursuivre des crimes commis par les
policiers militaires.

66.   Le PRESIDENT prononce la clôture de l'examen du point 20 de l'ordre du
jour.

LA QUESTION DE L'OBJECTION DE CONSCIENCE AU SERVICE MILITAIRE (point 22 de
l'ordre du jour) (E/CN.4/1997/99)

67.   M. Chak Mun SEE (Observateur de Singapour) dit qu'il est fermement opposé
au projet de résolution E/CN.4/1998/93 sur l'objection de conscience au service
militaire, présenté par la délégation finlandaise. En effet, la défense
nationale est un droit fondamental du droit international. L'article 29 de la
Déclaration universelle des droits de l'homme et l'article 18 du Pacte
international relatif aux droits civils et politiques établissent que l'exercice
des droits et libertés des individus est soumis aux limitations exigées par le
respect de l'ordre public et du bien-être général de la société. Lorsqu'un pays
a un régime de service militaire obligatoire, admettre que des personnes ne
fassent pas leur service militaire met en cause le principe de l'égalité devant
la loi. Certains Etats ont fait le choix d'avoir une armée de métier mais, pour
les petits Etats, l'institution du service militaire obligatoire est le seul
moyen de disposer d'une défense nationale crédible.

68.   La délégation singapourienne conteste le paragraphe 7 du projet, dans
lequel les Etats sont encouragés, sous réserve que le cas de l'espèce présente
les autres éléments requis dans la définition du réfugié telle qu'elle est
énoncée dans la Convention relative au statut des réfugiés de 1951, à envisager
d'accorder l'asile aux objecteurs de conscience qui sont contraints de quitter
leur pays d'origine parce qu'ils craignent d'être persécutés en raison de leur
refus d'accomplir leur service militaire et qu'il n'existe aucune disposition ou
aucune disposition satisfaisante concernant l'objection de conscience au service
militaire. Cela revient à proposer que le statut de réfugié soit accordé aux
objecteurs de conscience, y compris les déserteurs, ce qui voudrait dire qu'à ce
titre ils bénéficieraient de la protection des Nations Unies, y compris dans
leur pays. Si l'on peut admettre qu'il soit demandé aux Etats d'envisager
d'accorder l'asile politique aux individus qui refusent de participer à une
guerre dénoncée au plan international, il est difficile d'admettre que l'on
accorde le statut de réfugié à des individus qui enfreignent les lois nationales
et refusent de remplir leurs obligations en matière de service militaire, même
en temps de paix.

69.   Mme PARES (Pax Romana), ayant rappelé la résolution 1995/83 de la
Commission, regrette qu'un nombre important de pays nient toujours le droit à
l'objection de conscience. Qui plus est, même lorsque ce droit a été reconnu,

les mesures prises pour le réglementer sont souvent insuffisantes et injustes. Par exemple, en Grèce, la loi adoptée sur un service de remplacement n'est pas conforme aux lignes directrices internationales telles les résolutions du Parlement européen. En Espagne, les objecteurs de conscience sont tenus d'effectuer un service civil plus long que le service militaire. Le projet de résolution présenté à la Commission rappelle aux Etats la recommandation de celle-ci visant à établir des formes de service de remplacement qui soient dans l'intérêt public. Ce concept assez flou de l'intérêt public a pour effet pervers que des entreprises ou des associations utilisent les objecteurs comme une main-d'oeuvre gratuite, contribuant ainsi au chômage. Par ailleurs, les objecteurs de conscience qui n'accomplissent pas le service prévu sont passibles de sanctions pénales excessives.

70.   Pax Romana appelle l'attention de la Commission sur la situation dans deux pays qui ne reconnaissent pas le droit à l'objection de conscience : la Turquie et le Soudan. Dans ce dernier pays, le Gouvernement utilise des moyens illégaux pour contraindre les étudiants et les fonctionnaires à s'enrôler dans l'armée. En mai 1997, le Ministre de la justice a décidé que les étudiants admis à l'Université seraient contraints à passer 12 mois dans des camps d'entraînement avant de s'inscrire et que les étudiants qui ne s'inscriraient pas seraient enrôlés pour 18 mois. Depuis septembre 1997, les autorités soudanaises ont commencé à déplacer les étudiants des camps d'entraînement dans la zone de conflit. Les conditions de vie dans ces camps sont tellement déplorables que les étudiants les appellent " camps de la mort". Il faut que la Commission exhorte les Etats qui ne l'ont pas encore fait à prendre les mesures voulues pour permettre l'exercice du droit à l'objection de conscience.

71.   Mme BRETT (Comité consultatif mondial de la Société des Amis (Quakers)) rappelle que, depuis plus de 300 ans, les Quakers refusent de prendre part aux guerres, convaincus que c'est mal de tuer ou d'apprendre aux gens à tuer. Ils demandent donc le respect du droit à l'objection de conscience, soulignant que ce droit fait partie du droit à la liberté d'opinion, de conscience et de religion, et qu'il a été reconnu par la Commission et le Comité des droits de l'homme. Il y a lieu de se féliciter que ces organes aient recommandé que les Etats autorisent les individus à se déclarer objecteurs de conscience à tout moment, que ce soit avant la conscription, après réception de la convocation militaire, ou pendant le service militaire, et que le Comité se soit inquiété du fait que certains objecteurs de conscience sont rappelés à l'armée alors qu'ils ont déjà été emprisonnés pour refus de faire leur service militaire.

72.   Force est cependant de constater que de nombreux Etats n'ont pas encore traduit les normes internationales dans les faits. A cet égard, une étude de la conscription et de l'objection de conscience au service militaire dans le monde, établie par des ONG, qui réunit des informations sur les lois et règlements en la matière dans les divers pays pourra leur être utile. Le Comité consultatif mondial demande la libération immédiate et inconditionnelle de toutes les personnes détenues en violation de leur droit de se déclarer objecteurs de conscience ou d'accomplir un service de remplacement non punitif et purement civil; d'exhorter tous les Etats à revoir leur législation et leur pratique en matière d'objection de conscience; et demande à la Commission d'adopter par consensus le projet de résolution sur l'objection de conscience au service militaire.

73.   M. MONOD (Internationale des résistants à la guerre) attire l'attention de
la Commission sur le sort des conscrits de l'armée de la République fédérale de
Yougoslavie originaires du Kosovo, qui ont préféré fuir à l'étranger; ils sont
considérés par l'armée yougoslave comme des déserteurs alors qu'ils sont des
réfractaires qui ont refusé de se battre contre leurs concitoyens croates ou
bosniaques. Il demande aux pays qui les ont accueillis de ne pas les renvoyer
dans leur pays d'origine tant que la situation du Kosovo n'est pas clarifiée et
apaisée. Par ailleurs, des situations analogues existant en Turquie et dans
d'autres pays en proie à la guerre civile, il conviendrait que les réfractaires
soient protégés par un article supplémentaire de la résolution sur l'objection
de conscience, prévoyant pour les conscrits enrôlés dans une armée le droit de
refuser une opération militaire qu'ils réprouvent en conscience, ainsi que par
un article qui leur assure le statut de réfugié dans le pays où ils ont fui.

74.   L'attention de la Commission est également appelée sur l'usage fait par
certains belligérants d'armes prohibées par la législation internationale :
armes chimiques et mines antipersonnel. Il faudrait que les conscrits qui
refusent d'utiliser de telles armes soient également protégés par la résolution.

75.   M. l'intervenant rappelle les violations des droits de l'homme que
constituent les arrestations de jeunes garçons au Paraguay et dans plusieurs
pays d'Amérique latine pour les enrôler de force dans l'armée. S'agissant du
Soudan, il dénonce les rapts d'enfants aux fins d'enrôlement dans l'armée
soudanaise ainsi que le massacre, à Khartoum, de jeunes recrues qui avaient
tenté de s'enfuir d'un camp militaire et demande qu'une enquête approfondie soit
menée sur de tels agissements.

76.   M. KIRCHER (Fédération latino-américaine des associations des familles des
détenus disparus) déplore que, en dépit d'un cadre normatif international
favorable, le respect de l'objection de conscience ne soit pas encore pleinement
assuré dans tous les Etats, comme le montre le rapport du Secrétaire général
publié sous la cote E/CN.4/1997/99. Il exprime sa vive préoccupation quant aux
actes de répression et aux traitements cruels et dégradants infligés à ceux qui
se déclarent objecteurs de conscience, en particulier aux soldats dans les
casernes. Au Chili, au moins 22 soldats seraient morts entre juillet 1995
et 1997 des suites de mauvais traitements ou de causes accidentelles, ou se
seraient suicidés pendant le service militaire. Dans la plupart des pays
d'Amérique latine, le service militaire est toujours obligatoire et ceux qui
refusent de s'y soumettre sont passibles du Code de justice militaire. Il
importe que le droit à l'objection de conscience soit reconnu pour tous, que des
lois soient adoptées pour assurer la réalisation de ce droit, que les Etats
soient tenus de mettre à la disposition des jeunes gens toutes les informations
utiles sur l'objection de conscience et que, dans les pays où l'objection de
conscience n'est pas reconnue, les objecteurs soient jugés par un juge civil. En
outre, dans ces pays, les fils de personnes disparues ou assassinées par des
membres des organismes de sécurité devraient être exemptés du service militaire
obligatoire.

77.   M. MUNSHI (Institut international de la paix) dit que son organisation
accueille avec intérêt le rapport du Secrétaire général établi en application de
la résolution 1995/83 de la Commission. Rappelant que la Commission est saisie
de la question depuis 1971, il note que, dans un passé récent, il y a eu de
nombreux cas d'objection de conscience au service militaire qui n'ont pas été
acceptés par les Etats. Pendant la guerre du Golfe, les Etats-Unis d'Amérique

n'ont pas respecté les normes des Nations Unies qui font de l'objection de conscience un droit de l'homme fondamental. Dans certains pays, des membres de minorités ont été contraints de faire leur service militaire. Des problèmes surgissent lorsque des soldats membres de minorités ethniques sont déployés dans leur région d'origine. C'est dans ce contexte que des soldats ont déserté de l'armée yougoslave en 1991 et qu'en 1994, certains officiers russes ont refusé de combattre des civils en Tchétchénie. Sans encourager la désobéissance, il convient de voir dans ces événements des réactions positives face à l'usage aveugle de la force contre des opposants politiques.

78.   L'ONU se doit de continuer d'étudier la question de l'objection de conscience au service militaire et de faire en sorte que les nations n'adoptent pas une approche subjective. L'Institut international de la paix suggère que les Etats fixent l'âge de la conscription à 20 ans révolus. Il demande que les Etats reconnaissent le droit des citoyens à l'objection de conscience pour raisons de conscience ou par conviction profonde fondée sur des motifs religieux, éthiques, moraux, humanitaires ou des motifs analogues.

79.   Mme JEGEN (Pax Christi International) dit que comme les jeunes sont concernés au premier chef par la question du service militaire et qu'ils sont les premières victimes en cas de conflits, il est compréhensible que le sujet de l'objection de conscience ait été porté devant la Commission par une ONG qui s'occupe des jeunes. Si le respect du droit à l'objection de conscience peut être assuré s'agissant de la conscription dans les armées régulières des Etats, il n'en va pas de même dans le cas des forces irrégulières. Ces dernières années, des conflits internes dans lesquels des individus sont parfois contraints de prendre part à des massacres sur ordre des dirigeants de leur communauté au nom de haines ancestrales, ont pris les proportions d'un génocide, en Afrique et en Europe orientale notamment.

80.   Face à de telles situations, il faudrait que la Commission adopte une résolution plus générale et plus concrète sur le droit de refuser de tuer. Une résolution en ce sens rendrait le refus de participer à des conflits violents plus acceptable dans des communautés où la violence est coutumière. Elle rappellerait aussi, à l'occasion du cinquantième anniversaire de la Déclaration universelle des droits de l'homme, qu'il existe des droits fondamentaux réellement universels et inhérents à tous les êtres humains, même ennemis, et contribuerait à faire évoluer les consciences.

81.   Mme CRAS (Ligue internationale de femmes pour la paix et la liberté) dit que le rapport du Secrétaire général sur la question de l'objection de conscience au service militaire (E/CN.4/1997/99) montre comment ce droit important est respecté, ou plutôt ne l'est pas. A ce jour, 69 Etats seulement n'ont pas de conscription et 24 prévoient un service civil ou un service militaire de substitution non armé. Or, dans toute société, il importe d'éviter que les jeunes gens apprennent à un âge où ils sont impressionnables à recourir à la violence et à la force.

82.   Dans certains pays, l'objection au service militaire est un délit sévèrement puni, surtout en temps de guerre. Dans les pays où un état d'exception se prolonge, il arrive même que les objecteurs de conscience soient mis à mort. La Ligue déplore donc particulièrement qu'aucun pays n'ait fourni au Secrétaire général de réponse sur la question de l'octroi de l'asile aux objecteurs de conscience menacés de mort. Elle souhaiterait aussi que soient

présentés, dans le rapport suivant du Secrétaire général sur le sujet, des renseignements sur les mesures prises par les gouvernements à l'égard des personnes qui refusent de payer la portion des impôts destinée au financement des dépenses militaires.

83.   En tant qu'organisation pacifique, la Ligue ne peut accepter que la guerre soit institutionnalisée et qu'il soit raisonnable de la préparer. Elle estime qu'il faut oeuvrer pour l'avenir à l'instauration d'une culture de la paix, ce qui passe par la reconnaissance du droit à l'objection de conscience au service militaire et par la libération des objecteurs de conscience emprisonnés. Les objecteurs de conscience pourraient éventuellement participer aux missions de paix ou aux missions humanitaires organisées par le système des Nations Unies.

84.   Le PRESIDENT dit que la Commission a ainsi achevé le débat général sur le point 22 de l'ordre du jour.

SUIVI DE LA CONFÉRENCE MONDIALE SUR LES DROITS DE L'HOMME (point 21 de l'ordre du jour) (E/CN.4/1998/45, 104 et Corr.1 et 2 et 122; E/CN.4/1998/NGO/68 et 92)

85.   Mme PEREZ (Brésil) dit que la Conférence mondiale sur les droits de l'homme et la Déclaration et le Programme d'action qu'elle a adoptés ont eu des retombées positives pour le progrès des droits de l'homme et de la démocratie dans son pays. Comme les préparatifs de la Conférence ont coïncidé avec la stabilisation de la démocratie au Brésil, tous les secteurs de la société ont pu se mobiliser en faveur de la cause des droits de l'homme et participer au processus préparatoire proprement dit. A Vienne, le Ministre brésilien de la justice, qui dirigeait la délégation, a rencontré les ONG nationales participant à la Conférence.

86.   La Déclaration et le Programme d'action de Vienne ont été la principale source d'inspiration au moment de l'élaboration, en concertation avec les ONG, les experts et les représentants de la société civile dans son ensemble, d'un Programme d'action national pour les droits de l'homme. Il ressort des renseignements fournis par le Brésil à la Haut-Commissaire aux droits de l'homme aux fins de l'évaluation quinquennale de la mise en oeuvre de la Déclaration et du Programme d'action de Vienne que même si beaucoup reste à faire, des avancées notables ont été obtenues. En effet, les pouvoirs exécutif, législatif et judiciaire et la société civile veillent à ce que les engagements internationaux du pays soient reflétés dans la réalité nationale. L'exécution du programme d'action national pour les droits de l'homme est surveillée par un groupe d'experts indépendants ainsi que par la Commission des droits de l'homme de la Chambre des députés fédérale. Le Comité national des droits de l'enfant, le Groupe de travail interministériel pour la promotion de la population noire, le Forum national contre la violence dans les zones rurales et le Forum national pour l'élimination du travail des enfants prennent en compte dans leurs travaux le Programme d'action.

87.   En ce qui concerne la mise en oeuvre de la Déclaration et du Programme d'action au niveau international, le Brésil salue les efforts de la Haut-Commissaire pour renforcer la coordination dans le système des Nations Unies en faveur d'une coopération internationale pour la promotion de la démocratie, du développement et des droits de l'homme. Il constate néanmoins, en le regrettant, que même si la nécessité de ce partenariat mondial est reconnue,

les ressources qui y sont allouées, surtout pour les pays en développement, restent insuffisantes.

88.   En conclusion, la représentante du Brésil rappelle que le Secrétaire d'Etat brésilien aux droits de l'homme a suggéré, dans l'intervention qu'il a faite au début de la session, que la Commission établisse un rapport périodique sur les droits de l'homme dans tous les pays, sans exception, afin que ses travaux gagnent en impartialité et en universalité. Ce rapport pourrait prendre comme critère la mise en oeuvre de la Déclaration et du Programme d'action de Vienne, puisque indépendamment de leurs engagements divers au regard des instruments relatifs aux droits de l'homme, presque tous les Etats ont participé à l'adoption du document final de Vienne.

89.   M. Gallegos Chiriboga (Equateur) reprend la présidence.

90.   M. WANG Min (Chine) dit que la première évaluation, après cinq ans de la mise en oeuvre de la Déclaration et du Programme d'action de Vienne à laquelle le Conseil économique et social et l'Assemblée générale des Nations Unies vont procéder cette année orientera les activités dans le domaine des droits de l'homme du siècle prochain. En dépit des nombreux résultats positifs obtenus dans l'application de la Déclaration et du Programme d'action, notamment en ce qui concerne le dialogue et la coopération pour les droits de l'homme, bien des difficultés persistent.

91.   Pour les surmonter, la Chine suggère premièrement que les principes consacrés dans la Déclaration et le Programme d'action soient réaffirmés et pleinement appliqués, et notamment que les activités de promotion et de protection des droits de l'homme soient exécutées conformément aux buts et principes de la Charte des Nations Unies et au droit international et en tenant compte des particularités nationales et régionales. Deuxièmement, afin de promouvoir la coopération internationale dans le domaine des droits de l'homme, les pays devraient privilégier le dialogue et la coopération sur la base de l'égalité et du respect mutuel afin de surmonter leurs divergences. Troisièmement, dans toutes les activités du système des Nations Unies relatives aux droits de l'homme, le droit au développement et les droits économiques, sociaux et culturels devraient être considérés comme aussi importants que les droits civils et politiques. Quatrièmement, il faudrait réformer les méthodes de travail de la Commission en évitant la politisation et la pratique des "deux poids, deux mesures".

92.   La Chine appuie l'action de la Haut-Commissaire aux droits de l'homme en faveur du dialogue, de la coopération et de la réalisation du droit au développement et des droits économiques, sociaux et culturels. La visite de la Haut-Commissaire en Chine cette année contribuera sûrement à renforcer la compréhension mutuelle et la coopération entre la Chine et l'ONU dans le domaine des droits de l'homme.

93.   M. MOLINA VALDIVIESO (Chili) dit que la Conférence mondiale sur les droits de l'homme, à laquelle ont participé massivement les gouvernements, les organisations intergouvernementales et les ONG, a illustré l'importance du dialogue international en matière de droits de l'homme qu'implique le nouvel ordre international des années 90, marqué par les progrès de la démocratie. Mais si certaines des dispositions de la Déclaration et du Programme d'action de Vienne ont été pleinement appliquées, par exemple avec la nomination d'un

Haut-Commissaire des Nations Unies aux droits de l'homme, dans d'autres domaines il faudrait plus d'efforts. Le Chili espère que l'évaluation après cinq ans de la mise en oeuvre de la Déclaration et du Programme d'action de Vienne permettra de procéder à l'analyse critique nécessaire à cet effet, y compris au Conseil économique et social et à l'Assemblée générale des Nations Unies.

94. Le Vice-Ministre des relations extérieures du Chili a déjà eu l'occasion de saluer, à la présente session, l'action de la Haut-Commissaire aux droits de l'homme, action qui mérite d'être appuyée par la communauté internationale tout entière. Il est encourageant aussi que la Commission ait adopté le projet de déclaration sur les défenseurs des droits de l'homme, que l'Assemblée générale pourrait entériner, par exemple le 10 décembre 1998, jour du cinquantième anniversaire de la Déclaration universelle. Autres résultats positifs, le caractère quasi universel de la Convention relative aux droits de l'enfant et l'élimination de la pratique odieuse de l'apartheid. On ne peut que se féliciter aussi des progrès réalisés en ce qui concerne la reconnaissance de l'identité des peuples autochtones, tout en espérant que les travaux relatifs au projet de la déclaration des Nations Unies sur les droits des peuples autochtones et à une instance permanente pour les populations autochtones dans le système des Nations Unies aboutiront prochainement.

95. La communauté internationale doit continuer à condamner vigoureusement les persécutions visant un certain nombre de minorités. Le Chili espère que pour aider à mettre fin à de telles pratiques, l'idée d'établir une juridiction pénale internationale sera concrétisée rapidement.

96. Enfin, il importe de continuer à consolider le droit au développement en tant que droit fondamental. Le Chili souscrit sans réserve aux principes de l'universalité, de l'interdépendance et de l'indivisibilité de tous les droits de l'homme. Il réaffirme son appui à tous les mécanismes, conventionnels ou non, propres à contribuer au respect des droits de l'homme et des libertés fondamentales et à la cessation des violations de ces droits et il estime que leur rôle devrait être réaffirmé à l'occasion de l'évaluation de la mise en oeuvre de la Déclaration et du Programme d'action de Vienne.

97. Pour <u>Mme LEHMANN</u> (Danemark), le rapport du Haut-Commissaire aux droits de l'homme devrait être la toute première question de fond qu'examine la Commission, dans la mesure où il peut orienter tous les travaux de la session. A cet égard, la délégation danoise constate avec satisfaction que les vues du Président concernant les travaux futurs de la Commission vont dans le même sens.

98. La Haut-Commissaire a présenté un rapport très utile, mais où semble faire défaut un aperçu des dialogues auxquels la Haut-Commissaire procède avec les gouvernements et les perspectives qu'ils offrent d'une amélioration de la situation des droits de l'homme dans les pays concernés. Tout en comprenant que la Haut-Commissaire n'a pas eu encore le temps d'engager pleinement ces dialogues de fond avec les gouvernements, le Danemark espère qu'elle privilégiera ce processus dans les années à venir. Il juge également souhaitable que le rapport soit complété, à l'avenir, par un document indiquant les pays où se sont rendus des rapporteurs spéciaux, des groupes de travail et des représentants spéciaux de la Commission, ainsi que les pays qui, pour une raison ou une autre, n'ont pas pu accepter leur visite. Ces renseignements aideraient la Commission agir de façon mieux ciblée et plus efficace.

99.   Le Danemark apporte un soutien actif, financièrement et autrement, au Haut-Commissariat des Nations Unies aux droits de l'homme pour les opérations sur le terrain, le programme de services consultatifs et les bureaux dans les pays. Il espère que grâce à l'influence de la Haut-Commissaire, un pourcentage plus raisonnable du budget ordinaire de l'ONU sera alloué, dans l'avenir, aux activités relatives aux droits de l'homme compte tenu de l'importance que la communauté internationale attache à ces activités et des recommandations de la Conférence de Vienne. Il faut que les contributions financières des gouvernements soient à la mesure des intentions qu'ils proclament.

100.   M. STROHAL (Autriche) dit que, cinq ans après l'adoption de la Déclaration et du Programme d'action de Vienne, le débat sur le suivi de la Conférence mondiale sur les droits de l'homme constitue, avec le cinquantième anniversaire de la Déclaration universelle des droits de l'homme, le cadre de l'Année des droits de l'homme (1998). L'Autriche, qui a eu l'honneur d'accueillir la Conférence mondiale, a, comme les années précédentes fait circuler, pour observations, un projet de résolution sur le sujet et compte que les Etats seront nombreux à s'en porter co-auteurs. Cet examen "cinq ans après Vienne" sera l'occasion d'évaluer et d'apprécier les progrès réalisés ainsi que les échecs et les manquements des Etats aux engagements qu'ils avaient contractés. Il portera aussi sur le rôle du système des Nations Unies s'agissant de renforcer le respect des droits de l'homme. En outre, l'occasion est offerte à la société civile, dans le monde entier, d'y contribuer activement.

101.   A l'ONU, le débat du Conseil consacré aux questions de coordination portera cette année sur la Déclaration et la suite du Programme d'action de Vienne par l'ensemble des organismes des Nations Unies. Les progrès réalisés depuis la Conférence mondiale feront l'objet d'un débat à l'Assemblée générale sur la base d'un rapport complet établi par le Haut-Commissaire aux droits de l'homme.

102.   L'Autriche achève l'élaboration de son rapport national sur les mesures prises et les progrès accomplis - ainsi que les obstacles rencontrés - dans l'application de la Déclaration et du Programme d'action. Un groupe de travail interministériel a été chargé d'entreprendre un examen complet de la législation et de la pratique autrichiennes dans tous les domaines de la vie publique en ce qui concerne les normes internationales relatives aux droits de l'homme et les recommandations de la Déclaration et du Programme d'action de Vienne. En outre, un Comité national pour l'Année des droits de l'homme (1998), composé de représentants du Gouvernement fédéral et des gouvernements des provinces, des partis politiques représentés au Parlement, des ONG et des médias, a été créé. Il procède à de larges consultations avec la société civile, qui est un partenaire actif mais aussi critique : les ONG ont constitué une plate-forme nationale pour l'Année des droits de l'homme et entrepris de nombreuses activités, et ont en particulier passé au crible la suite donnée par le Gouvernement aux recommandations de la Conférence mondiale.

103.   S'agissant du perfectionnement du programme des Nations Unies relatif aux droits de l'homme, la délégation autrichienne est fermement convaincue que la Conférence mondiale a permis d'accomplir des progrès importants dans deux grands domaines : le renforcement des normes relatives aux droits de l'homme et le renforcement du mécanisme de protection et de promotions de ces droits. Pour ce qui est du premier, la Déclaration et le Programme d'action de Vienne ont réaffirmé l'universalité des droits de l'homme et clairement établi que, quel

que soit le contexte historique, culturel ou religieux, tous les Etats ont le
devoir de promouvoir et de protéger tous les droits de l'homme et toutes les
libertés fondamentales. L'indivisibilité de tous les droits de l'homme - tant en
ce qui concerne leur contenu que leurs bénéficiaires - veut que tous ces
droits - civils, culturels, économiques, politiques et sociaux - soit pleinement
réalisés. A la session en cours, la Commission a pris diverses mesures
importantes à cet égard. En outre, depuis la Conférence mondiale, la notion de
droit au développement a été affinée tant dans le cadre du débat
intergouvernemental que grâce à des mesures concrètes prises au niveau national.
Il est souligné aussi, dans la Déclaration et le Programme d'action de Vienne,
que l'indivisibilité doit aussi signifier que les droits de l'homme sont
garantis à tous. Ceci s'applique particulièrement aux droits fondamentaux des
femmes : la Conférence mondiale, puis la Conférence de Beijing, ont beaucoup
contribué à l'intégration de ces droits dans tous les aspects du programme
relatif aux droits de l'homme.

104. Quant au renforcement du dispositif des Nations Unies pour la protection
des droits de l'homme, la Conférence mondiale a aussi pris un certain nombre
d'initiatives. La création du poste de Haut-Commissaire aux droits de l'homme en
est le résultat le plus important et le plus visible. Le Haut-Commissaire est
notamment chargé de diriger et de coordonner toutes les activités du système des
Nations Unies dans le domaine des droits de l'homme et d'entretenir un dialogue
avec les Etats sur les questions qui se posent en la matière, et il a la
responsabilité de l'assistance technique et des missions sur le terrain. A
partir de ce vaste mandat, M. Ayala Lasso puis Mme Robinson ont renforcé
l'action de l'ONU dans le domaine des droits de l'homme.

105. Depuis la Conférence mondiale, le travail de l'Organisation dans le
domaine des droits de l'homme s'accomplit de plus en plus sur le terrain, et non
plus dans les salles de conférences. Ceci est particulièrement vrai de
l'assistance technique : la Conférence mondiale a demandé que l'ONU élabore un
programme complet pour aider les Etats à se doter de structures et de moyens
dans le domaine des droits de l'homme ou à renforcer ceux qui existaient déjà.
Depuis lors, le nombre des projets d'assistance technique du Haut-Commissariat
aux droits de l'homme a substantiellement augmenté; en outre, d'autres
organismes des Nations Unies sont activement associés aux activités dans ce
domaine. L'autre fait majeur a été l'établissement, dans un certain nombre de
pays, d'une présence sur le terrain pour observer les droits de l'homme.

106. Ces faits nouveaux ont amené un changement fondamental dans la perception
de la place qu'occupent les droits de l'homme dans le système des Nations Unies.
Cinq ans après la Conférence mondiale, les droits de l'homme constituent
effectivement l'un des principaux domaines d'activité des Nations Unies et qu'il
s'agisse de la paix, de la sécurité ou de la coopération pour le développement,
la dimension "droits de l'homme" est de plus en plus intégrée à l'ensemble des
politiques et activités du système des NU. Le rapport du Haut-Commissaire décrit
bien ces aspects de la question.

107. Dans certains domaines, la communauté internationale a échoué ou les
progrès ont jusqu'ici été insuffisants. C'est ainsi que les normes
internationales relatives aux droits de l'homme n'ont pas été pleinement
traduites dans les faits au niveau national. D'une manière générale, la
réalisation de l'objectif de ratification universelle des principaux traités
relatifs aux droits de l'homme, fixé dans la Déclaration et le Programme

d'action de Vienne, a progressé. Les progrès sont toutefois inégaux - notamment en ce qui concerne la Convention contre la torture - et dans une certaine mesure annulés par la tendance des Etats à formuler des réserves d'ordre général et de vaste portée. Comme il a été convenu à la Conférence, cette importante question doit être examinée avec une attention particulière lors de l'examen "Cinq ans après Vienne". C'est l'application au niveau national qui constitue la pierre de touche des normes internationales relatives aux droits de l'homme. L'Autriche espère donc que tous les gouvernements prendront en 1998 de nouvelles mesures afin de mieux honorer leurs engagements internationaux.

108. Alors que l'on célèbre l'anniversaire de la Déclaration universelle, les droits de l'homme continuent d'être violés dans toutes les régions du monde. Si certaines de ces violations retiennent l'attention des médias, la plupart d'entre elles ainsi que les souffrances qu'elles causent passent inaperçues. Des gouvernements demeurent inacceptablement réticents à assumer pleinement leurs responsabilités et à faire le nécessaire pour mettre fin à ces violations ou à accepter l'appui et l'aide de la communauté internationale.

109. Les procédures spéciales de la Commission jouent un rôle important pour aider les pays à remédier aux violations des droits de l'homme. Dans la Déclaration et le Programme d'action de Vienne, il est demande à tous les Etats de coopérer pleinement à ces procédures. La recommandation tendant à renforcer le système des procédures spéciales n'a jusqu'ici pratiquement pas été suivie d'effet. Cette inaction menace de plus en plus tout le système des procédures spéciales, en particulier si l'on tient compte de l'accroissement constant des mandats et des activités. En outre, il n'a pas encore été donné dûment suite à la demande de la Conférence mondiale tendant à ce que des mesures immédiates soient prises pour accroître substantiellement les ressources affectées aux droits de l'homme dans le budget ordinaire de l'ONU.

110. La délégation autrichienne attend avec intérêt les résultats d'évaluations nationales des mesures prises pour honorer les engagements contractés lors de la Conférence mondiale et compte que l'examen "Cinq ans après Vienne" sera productif.

HOMMAGE À LA MÉMOIRE DE M. EDUARDO UMAÑA MENDOZA, DÉFENSEUR DES DROITS DE L'HOMME

111. Le PRESIDENT dit qu'alors que quatre semaines plus tôt la Commission a adopté le rapport du Groupe de travail chargé de rédiger un projet de déclaration sur les défenseurs des droits de l'homme, l'un de ces défenseurs, M. Eduardo Umaña Mendoza, qui avait participé activement à de nombreuses sessions de la Commission, a été assassiné le 18 avril à Bogota.

112. Sur l'invitation du Président, les membres de la Commission observent une minute de silence en hommage à la mémoire de M. Eduardo Umaña Mendoza, défenseur des droits de l'homme.

113. M. DIAZ URIBE (Observateur de la Colombie) dit que son Gouvernement condamne l'assassinat odieux d'Eduardo Umaña Mendoza, avocat renommé et défenseur bien connu des droits de l'homme et des droits syndicaux. Son assassinat et celui, récemment, d'autres défenseurs des droits de l'homme et de dirigeants politiques en Colombie démontrent la brutalité de ceux qui refusent la paix et le respect des droits fondamentaux et du droit international

humanitaire. Ce n'est pas par hasard qu'Eduardo Umaña Mendoza et Maria Arango de Marroquin ont été assassinés et que d'autres Colombiens oeuvrant pour la paix, dans le cadre du Gouvernement ou à l'extérieur, ont été menacés au moment même où le Gouvernement colombien et l'Armée de libération nationale annonçaient la signature de lettres d'intention en vue d'un accord fondé sur le droit international humanitaire et s'inscrivant dans le processus suivi par la Commission internationale d'enquête, conformément aux Protocoles additionnels se rapportant aux Conventions de Genève de 1949.

114. La minute de silence en hommage à la mémoire de M. Eduardo Umaña Mendoza mériterait d'être observée pour les autres défenseurs des droits de l'homme et dirigeants politiques assassinés en Colombie.

115. M. SOTTAS (Organisation mondiale contre la torture - OMCT), s'exprimant aussi au nom du Service international pour les droits de l'homme et d'un certain nombre d'autres organisations non gouvernementales, se dit profondément consterné par l'assassinat abominable de M. Eduardo Umaña Mendoza. Cet éminent juriste, professeur de droit pénal, membre du barreau colombien et membre du Conseil exécutif de l'Organisation mondiale contre la torture de 1988 à 1994, était activement engagé en faveur de la cause des droits de l'homme depuis les années 70. Les nombreux assassinats de dirigeants autochtones, syndicaux, agraires, etc., en Colombie l'avaient amené à dénoncer publiquement l'existence de mécanismes et de groupes répressifs à l'intérieur des organes de sécurité, la responsabilité de l'armée dans la guerre sale, le rôle de certaines autorités civiles dans la répression, le rôle des tribunaux militaires comme facteur de la violation des droits de l'homme, la responsabilité des services du Procureur général dans la persécution d'organisations sociales et syndicales sur la base de fausses accusations, l'impunité des responsables, etc. M. Umaña Mendoza a aussi défendu de nombreuses personnes poursuivies pour raisons politiques et il a enquêté sur des centaines de disparitions forcées. Sa lutte fervente pour les droits de l'homme, la dignité, la justice et la paix lui a valu une réputation internationale. Son assassinat montre le gouffre qui sépare les déclarations des autorités colombiennes devant les instances internationales, d'une part, et l'existence d'une volonté claire d'anéantir physiquement les défenseurs des droits de l'homme en Colombie, d'autre part. Perpétré peu après la déclaration du Président de la Commission saluant les efforts supposés des autorités colombiennes dans le domaine des droits de l'homme, ce crime odieux met de nouveau en lumière les agissements de ceux qui tentent d'assurer l'impunité des responsables de crimes contre l'humanité et de faire taire ceux qui luttent pour la vérité, la justice et la dignité.

116. L'OMCT et le Service international expriment leurs condoléances à la famille de M. Eduardo Umaña Mendoza. Ils prient instamment les autorités colombiennes d'enquêter immédiatement sur cet assassinat, afin d'en identifier les auteurs et de les punir sévèrement, et aussi de mettre un terme aux agissements des groupes d'extermination, quels que soient leurs liens avec des organismes ou des individus détenant ou exerçant des fonctions d'autorité. Ils demandent à la Commission de condamner vigoureusement ce crime et de faire le nécessaire pour que la Haut-Commissariat aux droits de l'homme puisse enquêter sur le cas et présenter des renseignements complets à ce sujet dans son prochain rapport. Compte tenu du nombre élevé des victimes en Colombie, ils demandent instamment à la Haut-Commissaire de prendre toutes les mesures voulues pour que son bureau en Colombie intercède en faveur des défenseurs des droits de l'homme.

La séance est levée à 18 h 10.

UNITED
NATIONS

E

Economic and Social
Council

Distr.
GENERAL

E/CN.4/1998/SR.20
12 June 1998

ENGLISH
Original: FRENCH

COMMISSION ON HUMAN RIGHTS

Fifty-fourth session

SUMMARY RECORD OF THE 20th MEETING

Held at the Palais des Nations, Geneva,
on Friday, 27 March 1998, at 3 p.m.

Chairman: Mr. SELEBI   (South Africa)

later: Mr. GALLEGOS CHIRIBOGA   (Ecuador)

CONTENTS

CONSIDERATION OF THE DRAFT RESOLUTIONS RELATING TO AGENDA ITEMS 4 AND 7

INDIGENOUS ISSUES (continued)

This record is subject to correction.

Corrections should be submitted in one of the working languages. They
should be set forth in a memorandum and also incorporated in a copy of the
record. They should be sent within one week of the date of this document to
the Official Records Editing Section, room E.4108, Palais des Nations, Geneva.

Any corrections to the records of the public meetings of the Commission
at this session will be consolidated in a single corrigendum, to be issued
shortly after the end of the session.

GE.98-11412 (E)

<u>The meeting was called to order at 3 p.m.</u>

CONSIDERATION OF THE DRAFT RESOLUTIONS RELATING TO AGENDA ITEMS 4 AND 7

<u>Draft resolutions relating to item 4</u> (E/CN.4/1998/L.3, L.5 and L.7)

1.   <u>Mr. LAMDAN</u> (Observer for Israel) said that the draft resolutions E/CN.4/1998/L.3, L.5 and L.7 confirmed that Israel could not obtain a fair hearing in the Commission. He pointed out that Israel was the only country to which a whole agenda item was devoted, which was discriminatory in itself. After several hours of attacks and abuse, the Israeli delegation had been able to speak only for 10 minutes and, when it referred to Palestinian violations of human rights in the occupied territories, the Observer for Palestine had immediately exercised his right of reply in order to protest. The mandate of the Special Rapporteur had still not been modified and no reference had been made in draft resolution L.3 to the gross violations of human rights committed by the Palestinians. Any positive references to the peace process in the Middle East had been deleted and the one consensual resolution that used to be submitted by the sponsors of the Oslo process was lacking since it would have been used to attack Israel, as had happened at the fifty-second session of the General Assembly of the United Nations.

2.   The Israeli delegation deplored even more strongly draft resolution L.7, submitted by the European Union, the language of which had been toughened and the text of which had been expurgated of the few elements of balance that appeared in the resolutions of previous years. His delegation believed that the Commission was exceeding its competence, showing partiality and politicizing a complex and extremely difficult question which deserved a different form of treatment.

3.   <u>Mrs. RUBIN</u> (United States of America), referring to draft resolutions E/CN.4/1998/L.3, L.5 and L.7, said that it should not be the Commission's role to prejudge the permanent status that the Palestinians and Israelis had undertaken to discuss. The United States delegation would vote against those draft resolutions due to their partiality and the risk that they would further complicate the Middle East peace process.

4.   The United States Administration, at the highest level, was doing its utmost to put the Middle East peace process back on track with a view to the establishment of a just, comprehensive and lasting peace not only between the Israelis and the Palestinians but also between Israel and Syria and between Israel and Lebanon. Everyone should endeavour to encourage the negotiations between the Palestinians and the Israelis. To that end, the United States had called upon the parties concerned to refrain from taking unilateral measures of a provocative nature. It had stated on numerous occasions that the establishment of new settlements in the West Bank would not further the peace process.

5.   The United States continued to believe that agenda item 4 should be eliminated and that the discussions concerning Israel, if necessary, should be held under agenda item 10. Item 4 was the only item wholly devoted to a single country, which was contrary to the principles of justice and equity that should guide the Commission's deliberations.

Draft resolution E/CN.4/1998/L.3 (Question of the violation of human rights in the occupied Arab territories, including Palestine)

6. Mr. ZAHRAN (Observer for Egypt), presenting the draft resolution, said that the Commission expressed therein its great concern at the Israeli refusal to abide by the United Nations resolutions affirming the applicability of the Fourth Geneva Convention to the occupied territories. It reaffirmed the need to convene a conference of the High Contracting Parties to that Convention (para. 6). It called upon Israel to withdraw from the occupied territories (para. 9) and requested the Secretary-General to report to it, at its fifty-fifth session, on the implementation of the resolution by the Government of Israel (para. 10). Finally, it decided to consider the question, as a matter of high priority, at the 1999 session under the same agenda item. He hoped that the draft resolution would be adopted by consensus.

7. Mrs. KLEIN (Secretary of the Commission) announced that Malaysia had co-sponsored the draft resolution.

8. Mrs. GLOVER (United Kingdom of Great Britain and Northern Ireland), speaking on behalf of the European Union, said that the latter could not support draft resolution L.3, since insufficient time had been allowed for the sponsors of the text to consider the amendments proposed by the European Union. She hoped that the sponsors would take those proposals into consideration in order to obtain the European Union's support at the Commission's fifty-fifth session.

9. Mr. RAMLAWI (Observer for Palestine), pointed out that Mr. Kofi Annan, the Secretary-General of the United Nations, had called upon Israel to cease taking United Nations resolutions lightly and had emphasized that the Middle East peace process was based on the principle of "land for peace". He regretted that that principle was not being respected by the Israeli Government and noted that the Observer for Israel had not denied that the rights of the Palestinians were being violated. Moreover, the representative of the United States had spoken of the efforts made to put the peace process back on track in the full knowledge that it was the Israeli Government which was obstructing that process at the risk of provoking further wars in the region.

10. The CHAIRMAN said that the United States delegation had requested that the draft resolution be put to a vote.

11. At the request of the representative of Cuba, a roll-call vote was taken on draft resolution E/CN.4/1998/L.3.

12. Bhutan, having been drawn by lot by the Chairman, was called upon to vote first.

> In favour: Bangladesh, Bhutan, Botswana, Brazil, Cape Verde, Chile, China, Congo, Cuba, Democratic Republic of the Congo, Guinea, India, Indonesia, Madagascar, Malaysia, Mali, Mexico, Morocco, Mozambique, Nepal, Pakistan, Peru, Philippines, Republic of Korea, Rwanda, Senegal, South Africa, Sri Lanka, Sudan, Tunisia, Uganda.

Against: United States of America.

Abstaining: Argentina, Austria, Belarus, Canada, Czech Republic,
            Denmark, Ecuador, El Salvador, France, Germany,
            Guatemala, Ireland, Italy, Japan, Luxembourg,
            Poland, Russian Federation, Ukraine, United Kingdom
            of Great Britain and Northern Ireland, Uruguay.

13.   Draft resolution E/CN.4/1998/L.3 was adopted by 31 votes to 1,
with 20 abstentions.

Draft resolution E/CN.4/1998/L.5 (Human rights in the occupied Syrian Golan)

14.   Mr. AL-HUSSAMI (Observer for the Syrian Arab Republic) said that the
text of the draft resolution was similar to that of the resolution adopted by
the Commission in 1997, since the Israeli occupation was continuing and the
violations of the rights of Syrian citizens, far from having ceased, were
increasing. Israel was still refusing to comply with the resolutions of the
Security Council and General Assembly of the United Nations and the Commission
on Human Rights and was likewise refusing to accept just and equitable
conditions for peace, thereby delaying the peace process. He hoped that, with
a view to saving that process, the members of the Commission, and particularly
the countries which were championing the cause and seeking to preserve the
credibility of human rights, would adopt the draft resolution.

15.   Mrs. KLEIN (Secretary of the Commission) announced that Malaysia and
Pakistan had co-sponsored the draft resolution.

16.   Mrs. GLOVER (United Kingdom of Great Britain and Northern Ireland),
speaking on behalf of the European Union, regretted that there had been
insufficient time to discuss with the sponsors of the draft resolution the
amendments that could have been made to the text that had been presented.
The European Union believed that the wording of the draft resolution was too
strong in comparison with the text of the other resolutions adopted concerning
the Syrian Golan, particularly General Assembly resolution 52/68 which the
European Union had approved. If amendments were made in order to bring the
draft into line with General Assembly resolution 52/68, the European Union
would be able to vote in favour of that draft resolution at the Commission's
fifty-fifth session.

17.   At the request of the representative of the Syrian Arab Republic, a
roll-call vote was taken on draft resolution E/CN.4/1998/L.5.

18.   Tunisia, having been drawn by lot by the Chairman, was called upon to
vote first.

In favour: Argentina, Bangladesh, Belarus, Bhutan, Botswana,
            Cape Verde, Chile, China, Congo, Cuba, Democratic
            Republic of the Congo, Guinea, India, Indonesia,
            Madagascar, Malaysia, Mali, Mexico, Morocco,
            Mozambique, Nepal, Pakistan, Philippines, Republic of
            Korea, Russian Federation, Rwanda, Senegal, South Africa,
            Sri Lanka, Sudan, Tunisia, Uganda, Venezuela.

Against: United States of America.

Abstaining: Austria, Brazil, Canada, Czech Republic, Denmark, Ecuador,
El Salvador, France, Germany, Guatemala, Ireland, Italy,
Japan, Luxembourg, Peru, Poland, Ukraine, United Kingdom
of Great Britain and Northern Ireland, Uruguay.

19.   Draft resolution E/CN.4/1998/L.5 was adopted by 33 votes to 1,
with 19 abstentions.

Draft resolution E/CN.4/1998/L.7 (Israeli settlements in the occupied Arab
territories)

20.   Mrs. Glover (United Kingdom of Great Britain and Northern Ireland),
presenting the draft resolution on behalf of the European Union and the other
co-sponsors, said that the repeated appeals that had been made to the Israeli
Government to put an end to the construction work at Jabal Abu Ghneim/Har Homa
in the occupied West Bank and to the expansion of the settlements in the
occupied territories, including Jerusalem, had still not met with any
response. The European Union believed that the settlements were not only
illegal under international law but also detrimental to the peace process.
For the negotiations to progress, both parties should refrain from taking
counter-productive measures. In his report (E/CN.4/1998/17), the Special
Rapporteur on the situation of human rights in the Palestinian territories
occupied since 1967 had noted that the intensified construction and expansion
of Israeli settlements was undoubtedly the most worrying factor that had
exacerbated the human rights situation in the territories. The total
cessation of settlement construction would help to restore confidence in the
peace process and put it back on track.

21.   Mrs. KLEIN (Secretary of the Commission) announced that Bangladesh,
Liechtenstein, Madagascar, the Russian Federation and South Africa had
co-sponsored the draft resolution.

22.   At the request of the delegation of the United States of America,
the Chairman put the draft resolution to a vote.

23.   Draft resolution E/CN.4/1998/L.7 was adopted by 51 votes to 1.

24.   Mr. SUAREZ (Venezuela) requested that the summary record of the meeting
should indicate that, had his delegation been present during the vote on draft
resolution E/CN.4/1998/L.3, it would have voted in favour.

Draft resolutions relating to agenda item 7 (E/CN.4/1998/L.4, L.6 and L.8)

Draft resolution E/CN.4/1998/L.4 (Situation in occupied Palestine)

25.   Mr. MORJANE (Tunisia), presenting the draft resolution, said that it
emphasized the purposes and principles enshrined in the Charter of the
United Nations, and particularly Articles 1 and 55 which affirmed the right
of peoples to self-determination. It also referred to the various
General Assembly resolutions which confirmed and defined the inalienable
rights of the Palestinian people, particularly their right to

self-determination without foreign interference and their right to establish
an independent State on their national soil, as well as the Commission's
resolution 1997/4 on that subject. The aim of the peace process was not only
to bring about a just, comprehensive and lasting peace in the Middle East,
but also to enable the Palestinian people to exercise their right of
self-determination and Israel was therefore called upon to fulfil its
obligations under the Charter of the United Nations and the principles of
international law and to withdraw from the Palestinian territories, including
East Jerusalem, and the other Arab territories that it had been occupying by
force since 1967. Finally, provision was made for the Commission to consider
the situation in occupied Palestine, as a matter of high priority, at its
fifty-fifth session. The Tunisian delegation thanked all the delegations that
had participated in the consultations in which that draft resolution had been
drawn up and hoped that it would be adopted by consensus.

26.   Mrs. KLEIN (Secretary of the Commission) announced that Malaysia and
South Africa had co-sponsored the draft resolution.

27.   Mr. LAMDAN (Observer for Israel) said that the comments that he had made
concerning the draft resolutions relating to agenda item 4 also applied to the
draft resolution under consideration. However, he emphasized that, in that
instance, the attempt to politicize the question and prejudge the outcome of
the final status negotiations was even more flagrant.

28.   Mr. RAMLAWI (Observer for Palestine) pointed out that, as long as the
Palestinian people were unable to exercise their right of self-determination,
there would never be peace in the Middle East, as the representative of Israel
was well aware. That draft resolution merely reaffirmed the right of all
peoples, and particularly of the Palestinian people, to self-determination.

29.   Mrs. GLOVER (United Kingdom of Great Britain and Northern Ireland)
informed the Commission that, unfortunately, the member countries of the
European Union could not support that draft resolution since insufficient time
had been allowed to settle some details with the sponsors in order to enable
them to modify their position.

30.   The CHAIRMAN said that the United States delegation had requested that
the draft resolution be put to a vote.

31.   At the request of the representative of Tunisia, a roll-call vote was
taken on draft resolution E/CN.4/1998/L.4.

32.   The Democratic Republic of the Congo, having been drawn by lot by the
Chairman, was called upon to vote first.

> In favour: Bangladesh, Belarus, Bhutan, Botswana, Brazil, Cape Verde,
> Chile, China, Congo, Cuba, Democratic Republic of the Congo,
> Guinea, India, Indonesia, Madagascar, Malaysia, Mali,
> Mexico, Morocco, Mozambique, Nepal, Pakistan, Peru,
> Philippines, Republic of Korea, Russian Federation, Rwanda,
> Senegal, South Africa, Sri Lanka, Sudan, Tunisia, Uganda,
> Venezuela.

Against: United States of America.

Abstaining: Argentina, Austria, Canada, Czech Republic, Denmark, Ecuador, El Salvador, France, Germany, Guatemala, Ireland, Italy, Japan, Luxembourg, Poland, Ukraine, United Kingdom of Great Britain and Northern Ireland, Uruguay.

33. Draft resolution E/CN.4/1998/L.4 was adopted by 34 votes to 1, with 18 abstentions.

Draft resolution E/CN.4/1998/L.6 (Question of the Western Sahara)

34. The CHAIRMAN said that he was the sponsor of that draft resolution. If there were no objection, he would take it that the Commission had adopted it without a vote.

35. It was so decided.

Draft resolution E/CN.4/1998/L.8 (The use of mercenaries as a means of violating human rights and impeding the exercise of the right of peoples to self-determination)

36. Mr. REYES RODRIGUEZ (Cuba), presenting the draft resolution on behalf of its sponsors, to which Cameroon, Ethiopia, India and Nigeria had been added, said that its text reflected that of resolution 52/112, adopted by the General Assembly on 12 December 1997, and condemned not only the activities of mercenaries themselves, but also the States that permitted or tolerated the recruitment, financing, training, assembly, transit and use of mercenaries in their territory. Note was taken of the report on that question (E/CN.4/1998/31) and all States that had not yet done so were called upon to sign or ratify the International Convention against the Recruitment, Use, Financing and Training of Mercenaries. Provision was also made for a three-year extension of the mandate of the Special Rapporteur and the Secretary-General was requested to provide the latter with all necessary assistance. The Secretary-General was also requested to invite Governments to propose a clearer legal definition of mercenaries.

37. He then read out two amendments that the sponsors had made to the text of the draft, consisting of the addition of two new paragraphs 4 bis and 4 ter, which read as follows:

> 4 bis "Welcomes the cooperation extended by those countries that have invited the Special Rapporteur of the Commission on Human Rights on the use of mercenaries as a means of violating human rights and impeding the exercise of the right of peoples to self-determination;"

> 4 ter "Welcomes the adoption by some States of national legislation that restricts the use of mercenaries;"

The Cuban delegation hoped that the Commission would adopt that draft resolution by consensus.

38.   Mrs. KLEIN (Secretary of the Commission) first of all informed the
Commission that Ghana and Madagascar had co-sponsored the draft resolution.
Then, presenting the draft resolution's administrative implications and its
implications for the programme budget, in accordance with Rule 28 of the Rules
of Procedure, she indicated that an amount of $90,700 had been provided for
under section 22 of the programme budget for the biennium 1998-1999 to cover
the costs related to the extension of the Special Rapporteur's mandate during
the first two years. The amount needed to cover the Special Rapporteur's
expenses during the third year would be considered within the context of the
draft programme budget for the biennium 2000-2001.

39.   The CHAIRMAN announced that the delegation of the United Kingdom had
requested that the draft resolution be put to a vote.

40.   Mrs. RUBIN (United States of America), explaining her vote before the
vote, said that her delegation would vote against draft resolution L.8,
primarily because the question with which it dealt had already received
sufficient attention from the Commission and did not merit the same priority
as other more important questions on its agenda. Moreover, there was a
convention on that subject which had been opened for signature and
ratification by States Members of the United Nations. Finally, the draft
resolution under consideration duplicated a virtually identical resolution
which the General Assembly had adopted at its 1997 session. The United States
delegation also regretted that the sponsors of the draft had not held
consultations with other delegations. That course of action did not
facilitate the transparency that had been advocated by numerous delegations.

41.   At the request of the representative of Cuba, a roll-call vote was taken
on draft resolution E/CN.4/1998/L.8.

42.   Canada, having been drawn by lot by the Chairman, was called upon to
vote first.

        In favour: Bangladesh, Bhutan, Botswana, Brazil, Cape Verde, Chile,
                      China, Congo, Cuba, Democratic Republic of the Congo,
                      Ecuador, El Salvador, Guatemala, Guinea, India, Indonesia,
                      Madagascar, Malaysia, Mali, Mexico, Morocco, Mozambique,
                      Nepal, Pakistan, Peru, Philippines, Russian Federation,
                      Rwanda, Senegal, South Africa, Sri Lanka, Sudan, Uganda,
                      Uruguay, Venezuela.

        Against: Austria, Canada, Denmark, Germany, Japan, Luxembourg,
                      Poland, United Kingdom of Great Britain and
                      Northern Ireland, United States of America.

        Abstaining: Argentina, Belarus, Czech Republic, France, Ireland, Italy,
                      Republic of Korea, Ukraine.

43.   Draft resolution E/CN.4/1998/L.8 was adopted by 35 votes to 9,
with 8 abstentions.

44.   Mr. SERGE (Congo), explaining his vote after the vote, welcomed the
adoption of draft resolution L.8, given the fact that the use of mercenaries

had become an established factor in the destabilization of States and posed a threat to international peace and security. As the Special Rapporteur on that question had noted in paragraph 44 of his report (E/CN.4/1998/31), the active intervention of mercenaries had been a factor in the conflict in the Congo which had thwarted the attempts of the United Nations and the OAU to settle the conflict by peaceful means. In that regard, he informed the Commission that the Congolese Government had released all the captured mercenaries immediately after the cessation of hostilities.

45.   Mr. CHATTY (Tunisia) said that, had the Tunisian delegation been present during the vote on draft resolution E/CN.4/1998/L.8, it would have voted in favour thereof.

46.   Mr. MALGUINOV (Russian Federation) pointed out that, although the Russian delegation had voted for draft resolution E/CN.4/1998/L.4, it believed that the text of that resolution was overloaded with references to documents that did not always relate to the subject and some expressions did not give an exact idea of the aim and the role of the Middle East peace process. Although the Russian delegation had also voted for draft resolution E/CN.4/1998/L.8, it hoped that, at the Commission's fifty-fifth session, that question would be considered solely from the standpoint of human rights.

47.   Mr. Gallegos Chiriboga (Ecuador) took the Chair.

INDIGENOUS ISSUES (agenda item 23) (continued) (E/CN.4/1998/11 and Add.1, 106 and Corr.1 and 107; E/CN.4/Sub.2/1997/14, 15 and 17 and Corr.1; A/52/509).

48.   Mr. AMAT FORES (Cuba) commended the remarkable work that had been accomplished by the Sub-Commission's Working Group on Indigenous Populations which, in collaboration with indigenous representatives, had been analysing for the last 15 years the various aspects of the questions relating to indigenous populations and had been the driving force behind the proclamation of the International Decade of the World's Indigenous People and the preparation of a draft declaration on the rights of indigenous people. That text was particularly important since the only instruments that referred to those questions, namely the Universal Declaration of Human Rights and the International Covenant on Civil and Political Rights, had proved inadequate to ensure the effective protection of the rights of indigenous people, not only because they were concerned primarily with the definition of individual rights but also because they had been adopted and proclaimed without the participation of those people. Their ineffectiveness was attested by the situation in which indigenous nations found themselves in various countries of the world. The case of the indigenous population of Catalina Island near California in the United States of America was only one of many examples perfectly illustrating the difference between the words and acts of the self-proclaimed defenders of human rights when there was a need to respect and protect the rights of other peoples subjected to their de facto jurisdiction.

49.   It was impossible to compare the collective rights of indigenous people with the individual rights set forth in the instruments constituting the International Bill of Human Rights. For example, the right of those people to their ancestral lands was a collective right which had nothing to do with the non-indigenous concept of private property. Even the very concept of

indigenous people had caused numerous difficulties at the United Nations in view of the manner in which it had sometimes been abused. However, the Cuban delegation did not believe that it would be necessary or useful to define "indigenous people" in order to continue the work on the draft declaration. On the other hand, it seemed indispensable to continue the consideration of the problems with which indigenous people were faced as a direct result of the phenomenon of colonization which explained why those people were currently being forced to submit to the laws, traditions and cultures of the non-indigenous groups wielding power in the societies in which they lived. In that regard, the Cuban delegation regretted that so little progress had been achieved by the Commission's Working Group assigned to prepare the final version of the draft declaration on the rights of indigenous people in view of the precarious situation in which the vast majority of indigenous people lived and the absence, to all intents and purposes, of norms guaranteeing their rights and of appropriate mechanisms to ensure the exercise of those rights in view of the discrimination to which they were subjected. His delegation sincerely hoped that the few obstacles still impeding the completion of the Working Group's work would be overcome before the end of the Decade.

50.   The Cuban delegation also supported the decision which the Sub-Commission had submitted to the Commission for approval, to the effect that the Working Group on Indigenous Populations should give attention to certain questions, which needed to be clarified, concerning the possibility of establishing a permanent forum for indigenous populations within the United Nations system. His delegation hoped that the Commission would approve that proposal and would not take a hasty decision concerning the establishment of that forum.

51.   Mr. SIMAS MAGALHAES (Brazil) said that the rights of indigenous people in Brazil were guaranteed in the 1988 Constitution and in the National Plan for Human Rights, which was adopted in 1996. The Constitution, which regarded land and environment as essential requirements for the physical and cultural survival of indigenous people, recognized the "original rights" of the latter to their ancestral lands. In accordance with its constitutional obligations, the Brazilian Government was firmly resolved to protect the indigenous people against any acts of violence and to demarcate their lands, which constituted 11.13 per cent of the national territory. The demarcation process had progressed considerably in 1997 with the regularization of an additional 22 indigenous lands covering an area of 8.6 million hectares. In that way, Brazil had completed the demarcation of 54 per cent of all the indigenous lands recognized by the National Foundation for Indians (Funai). The recent establishment of the Brazilian Indigenous Council, composed of anthropologists and representatives of the indigenous groups living in the country, which was seeking to ensure full participation by indigenous people in the decisions concerning them, constituted further proof of the Government's commitment in that regard.

52.   Brazil attached great importance to the multilateral debate on the rights, well-being and sustainable development of indigenous people and to the Commission's work on that question. In that regard, he welcomed the fact that the coordination of the activities undertaken in connection with the International Decade of the World's Indigenous People had been entrusted to the High Commissioner for Human Rights whose able guidance would certainly

help to overcome the difficulties impeding the achievement of the two
principal aims of the Decade, namely the adoption of the declaration on the
rights of indigenous people and the possible establishment of a permanent
forum for indigenous populations. For the Working Group assigned to prepare
the draft declaration, the main challenge would be to find a common platform
on which all countries could agree in order to promote the recognition and
enjoyment of the rights of indigenous populations while taking account of
their particularities and of the historical and legal background that
determined their relations with the national authorities. With regard to the
permanent forum for indigenous populations, Brazil was aware that it would be
rather premature to take a final decision. Further discussions should be held
on a number of fundamental points, such as that forum's mandate, its
functional hierarchy, its financing, its composition and its relationship with
the Sub-Commission's Working Group on Indigenous Populations. For its part,
Brazil believed that the definition of that forum's mandate would depend
largely on the scope of the final text of the draft declaration. In view of
the importance of the work undertaken by the Working Group, both in terms of
standard-setting and in monitoring the situation, Brazil also believed that
one possible solution might be to redefine the Working Group's mandate.
Finally, regardless of whichever solution was envisaged, Governments should
retain the primary responsibility for promoting initiatives in connection with
the Decade.

53.   Mr. PADILLA MENENDEZ (Guatemala) said that the need to protect and
promote indigenous cultures had been recognized in his country only since the
promulgation of the 1985 Constitution and it was at an even later stage, after
the conclusion of the Accord on the Identity and Rights of Indigenous People,
that the State had acknowledged that Guatemala was a multi-ethnic,
multicultural and multilingual nation and had undertaken to carry out the
reforms needed to take that into account. The Accord also emphasized the
importance and the intrinsic value of the indigenous spirituality based on the
vision of the world that had been adopted by the pre-Colombian Mayan
civilization, the descendants of which constituted the majority of the
indigenous population of Guatemala. The priority fields of action envisaged
in the Accord included measures to combat the marginalization and
discrimination to which the indigenous populations were subjected by
establishing mechanisms to guarantee the full exercise of their cultural
rights and strengthen their traditional institutions. The indigenous
communities should also be involved more closely in the decisions concerning
them which were taken by the joint commissions consisting of an equal number
of representatives of the Government and of indigenous organizations. Joint
commissions had already been established to prepare educational reform, to
grant official status to indigenous languages and to conduct a survey of
sacred places and land rights. The Brazilian Government, being aware that the
construction of a democratic and pluralistic society based on tolerance,
understanding and peace required an education policy adapted to the real
situation in the country, was endeavouring to promote bilingual intercultural
education. The Department of Bilingual Intercultural Education was operating
in 12 of the country's 22 provinces and in 14 of the 21 languages that were
spoken there.

54.   The importance that Guatemala attached to the indigenous issue was
attested by the fact that it had ratified the ILO Convention No. 169,

concerning indigenous and tribal peoples, that it had supported from the
outset the idea of establishing a permanent forum for indigenous populations
within the United Nations system and that it had participated in the second
workshop on that question, which had been held at Santiago in Chile. Although
the appropriateness of establishing such a forum was not in doubt, questions
remained concerning its operation, its mandate, its composition and the
procedures for participation therein. While the financial difficulties of the
United Nations should not constitute an obstacle to its establishment, careful
thought should be given to the question of how that forum would function if,
for example, it were funded solely by unreliable voluntary contributions from
Member States which could vary from one year to another. If, on the other
hand, it were funded solely by appropriations from the regular budget, which
had a tendency to decrease, care would have to be taken to make optimum use of
the existing resources and avoid any duplication, which prompted questions
concerning the relationship between the permanent forum and the Working Group
on Indigenous Populations. With regard to participation, the Guatemalan
delegation held the view that, in order to establish its legitimacy and its
credibility, the permanent forum should consist of an equal number of
governmental and indigenous representatives, like the joint commissions in
Guatemala. At all events, Guatemala would support any existing or future
mechanism designed to facilitate exchanges of views and the formulation of
specific proposals for the achievement of rapid progress in the debate on all
those questions.

55.   Finally, the Guatemalan delegation had followed, with particular
interest, the debates of the Commission's Working Group assigned to prepare
the draft United Nations declaration on the rights of indigenous people,
believing that the finalization of that instrument would make an important
contribution to the International Decade of the World's Indigenous People. It
called upon Governments, as well as indigenous organizations, to endeavour to
reach a consensus. A declaration on questions of capital importance which had
not been discussed and negotiated with the States that would be responsible
for its application would be as useless as an empty declaration that did not
reflect the concerns of indigenous people. In that regard, the Guatemalan
delegation proposed the holding of informal meetings with academics and
scientists in order to examine more calmly, in the light of anthropological,
sociological and political theories, the concepts that had proved
controversial within the Working Group.

56.   Mr. Selebi (South Africa) resumed the Chair.

57.   Mrs. CALLANGAN (Philippines) said that protection of the rights of
indigenous peoples and the promotion of their welfare were fields of priority
action for the Philippine Government. The national Constitution contained
numerous provisions that recognized the rights of indigenous peoples. Those
provisions had taken the form of laws, particularly the Comprehensive Agrarian
Reform Law of 1988, the National Integrated Protected Areas System Law of 1992
and the Indigenous Peoples' Rights Law of 1997. The latter constituted a
major contribution to the observance of the International Decade of the
World's Indigenous People and to the celebration of the fiftieth anniversary
of the Universal Declaration of Human Rights and, at the same time, attested
to the Philippine Government's commitment in that field. It covered the
rights of indigenous peoples to their ancestral lands and resources,

self-governance and empowerment, protection of cultural identity, recognition of cultural diversity, community intellectual property rights, and rights in regard to religious and cultural ceremonies, archaeological and historical sites and access to biological and genetic resources. It also stipulated that indigenous peoples had the right to use their own legal system, their traditional institutions and mechanisms for the settlement of disputes, and other customary laws and practices, provided that they were compatible with the national legal system and with internationally recognized human rights. Finally, the Law provided for the establishment of a National Commission on Indigenous Peoples which would be responsible for the formulation and implementation of policies, plans and programmes to promote and protect the rights and well-being of indigenous peoples.

58. In order to promote the realization of those rights, the Government had incorporated them in its social reform agenda and in its programmes for environmental protection and sustainable development. The implementation of the various programmes for the benefit of indigenous peoples required huge resources and the Philippine Government was grateful to all the Governments and international and non-governmental organizations which had provided it with assistance with a view to their application.

59. Mr. CAMPBELL (Observer for Australia) said that his country was aware of the disadvantaged situation from which indigenous peoples were still suffering throughout the world, even in its own territory. In fact, the Australian Prime Minister had recognized the desire of the Aboriginal and Torres Strait Islander people to preserve their unique culture while reaching out to non-indigenous Australians to build a shared future in a spirit of reconciliation.

60. With the practical needs of its indigenous population foremost in mind, Australia continued to be encouraged by the discussion topics that the Sub-Commission's Working Group on Indigenous Populations had been pursuing at each of its annual sessions. His country also believed that the draft declaration on the rights of indigenous peoples required careful consideration by indigenous peoples, Governments and other interested parties. While noting the progress that had been achieved at the last meeting, in November 1997, of the Commission's Working Group assigned to study that question, Australia was aware that much still remained to be done in order to provide the international community with a text that would have practical significance for the world's indigenous peoples. Australia continued to support the International Decade of the World's Indigenous People with its theme "Partnership in action", believing that the Decade should be based on true partnership which would foster mutually beneficial relationships between indigenous peoples and the States in which they lived and between those peoples and the international community. His country was convinced that the activities undertaken in connection with the Decade would continue to help all Australians to gain a better appreciation of the depth and diversity of Aboriginal and Torres Strait Islander cultures, histories, aspirations and concerns, as well as their contributions to the richness of Australian society. The Decade could make a lasting contribution to the lives of indigenous peoples throughout the world by bringing about practical improvements in their human rights situation and in their economic, social and cultural well-being.

61.   Mr. LOAYZA (Observer for Bolivia) said that the Bolivian Government had
adopted a new overall economic and social development plan for 1997-2002, the
main aim of which was to combat poverty within the framework of sustainable
and comprehensive development in which indigenous peoples would be the primary
actors.   That plan made provision for various measures to boost the economic,
institutional and social development of indigenous peoples, facilitate their
access to social services, strengthen their links with the national community,
reaffirm their own cultural identity and promote their participation in
political life so that they could fully exercise all their rights.   Those
initiatives proved the importance that the Bolivian Government attached to
indigenous issues and also explained why it fully supported the establishment
of a permanent forum for indigenous populations, which should constitute a
focal point for discussion, consultation and collaboration between the
Governments concerned, the United Nations system and indigenous peoples.

62.   The Bolivian Government fully supported the draft United Nations
declaration on the rights of indigenous peoples, which was compatible with its
thoughts on that matter.   In fact, Bolivia was a unitary, multi-ethnic and
multicultural State which recognized the particularities of indigenous peoples
and guaranteed their exercise of their socio-economic and cultural rights.

63.   In conclusion, he thanked the Voluntary Fund for the International
Decade of the World's Indigenous People for funding the first course on
indigenous law and the International Seminar on the Administration of Justice,
which would be held during the present year.

64.   Mr. VIGNY (Observer for Switzerland) said that the indigenous peoples,
who were the most exposed to natural disasters and to the assaults of modern
civilization, expected that the United Nations Decade that had been devoted to
them would produce tangible results in at least two fields.   The first
concerned the establishment of a permanent forum at an appropriate level of
the Economic and Social Council.   That window on the world would enable
indigenous peoples to uphold, vis-à-vis the international community, their
civil, cultural, economic, political and social rights and to coordinate their
actions in all the fields of concern to them within the United Nations system.

65.   The second aim was the adoption of a draft declaration on the rights of
indigenous peoples which, although based on the International Bill of Human
Rights, would provide the additional details needed to ensure adequate
protection.   In fact, the existing instruments were not always sufficient to
guarantee the physical and cultural survival of indigenous peoples.   The
consideration of the draft was still progressing too slowly and it was
essential to speed up the pace and finally succeed in transcending the ongoing
polemics around the sterile question of a definition of the concept of
"indigenous people" or around expressions such as "people" or
"self-determination" in order to adopt a more pragmatic approach.

66.   Like human rights in general, those of indigenous peoples were
universal, indivisible and interdependent.   The declaration on the rights of
indigenous peoples should be substantive and precise while remaining clear and
intelligible.   It should have pedagogical value and be accessible to all.   The
effective and rapid realization of the rights to be included in that
declaration was essential for indigenous peoples, whose collective survival

necessitated their integration, as opposed to their assimilation, in a manner that respected their differences. Like minorities, they should be adequately involved in the decision-making process at the local and national levels. That was a prerequisite for the application of the principle of subsidiarity, under which local decisions did not need to be standardized or centralized at the national level.

67.   That division of jurisdiction was also a characteristic of the political system of the Swiss Confederation, the people of which was actually composed of several peoples, with 26 cantons. In some cases, the Federal Constitution even allowed the cantons to maintain direct relations with foreign, local or regional authorities and conclude trans-border agreements to regulate matters of good-neighbourliness, for example. Similar local autonomy could be granted to indigenous peoples, each case being viewed in the light of its own merits.

68.   Mrs. BOUVIER (Minority Rights Group) said that, with regard to the situation in western New Guinea (which Indonesia called Irian Jaya), the armed conflict between the main guerrilla movement (OPM), which contested the legality of the incorporation of western New Guinea in Indonesia in 1969, and the Indonesian armed forces was unlikely to end insofar as neither of the two parties was able to win complete control of the territory. Hence, only an amicable and just solution could put an end to the violations of human rights and the suffering caused by that conflict.

69.   Moreover, the environment and lifestyle, and particularly the land ownership system of the indigenous peoples of that region, were being severely threatened not only by the massive influx of immigrants arriving from other islands as part of the Indonesian Government's transmigration plan but also by the exploitation of the natural resources by mining and logging companies. For that reason, the Minority Rights Group was urging the Indonesian Government to immediately cease its transmigration policy and to take into account the aspirations and needs of the indigenous populations of western New Guinea, particularly by offering equitable compensation to those populations for the land of which they had been dispossessed if it could not be returned to them. The Minority Rights Group requested the Commission on Human Rights to raise these concerns with the Indonesian Government.

70.   The Minority Rights Group also requested the Commission to adopt, without amendment, the draft declaration on the rights of indigenous peoples which had been submitted to it by the Sub-Commission. It also unreservedly supported the establishment of a permanent forum for indigenous peoples and encouraged the Commission to continue its endeavours to that end with the full participation of the representatives of indigenous peoples.

71.   Mrs. KUOKKANEN (Saami Council), speaking on behalf of the Saami people of Finland, Norway, Russia and Sweden, congratulated the Commission's Working Group assigned to formulate a draft declaration on the rights of indigenous peoples on the work that it had accomplished during the last three years. The Saami Council hoped that the new articles on which consensus seemed to have been achieved would be adopted at the next session of the Working Group and urged the Commission to adopt the entire draft declaration in its present form, without any changes, amendments or deletions.

72. With regard to the establishment of a permanent forum for indigenous peoples, the Saami Council believed that the Commission should formulate a specific proposal to that end for possible submission to the Economic and Social Council. The Commission should also assign a special ad hoc group to formulate a proposal concerning the mandate, structure and establishment of that forum for submission to its fifty-fifth session so that it could subsequently transmit the proposal to the Economic and Social Council for consideration and adoption. That ad hoc group should be authorized to consider all issues of concern to indigenous peoples, such as cultural, civil, political, social and economic rights as well as issues relating to development, education and the environment.

73. The Saami Council also urged the Commission to consider the appointment of a special rapporteur to report to it on measures taken by States to solve the problems faced by indigenous peoples, on initiatives taken to facilitate dialogue between indigenous peoples and Governments and, finally, on the achievement of the aims of the International Decade of the World's Indigenous Peoples. In that regard, the High Commissioner for Human Rights, in her capacity as Coordinator of the Decade, could organize an international meeting in 1999 for the purpose of assessing the progress achieved during the first five years of the Decade and proposing a revised plan of action for the remaining part of the Decade.

74. In conclusion, the Saami Council requested the High Commissioner for Human Rights and the Member States to endeavour to ensure that indigenous issues were given all due attention and that appropriate financial and human resources were allocated to them within the Office of the High Commissioner for Human Rights.

75. Mrs. CASTANEDA (Movement against Racism and for Friendship among Peoples) said that, in Mexico, the human rights of the indigenous peoples were being systematically violated by the Government through the army, the police, the judicial system and the administration.

76. In Chiapas, for example, even during the International Decade of the World's Indigenous People, deaths were occurring for lack of primary health care and many people were surviving only through the aid provided by the Mexican Red Cross. Moreover, the paramilitary groups were terrorizing the civilian population, as could be seen from what happened on 22 December 1997 at Acteal, where 45 persons, including children and pregnant women, were murdered. Similar massacres had been committed in other States, particularly the States of Guerrero and Oaxaca. The situation in Chiapas was attributable to the fact that the Government had always supported the landowners to the detriment of the indigenous communities which, in a State that produced 60 per cent of Mexico's electric power, did not even enjoy that basic service. The National Indigenous Congress was currently engaged in a peaceful struggle to ensure that the Government applied the San Andres Agreements on indigenous rights and culture which it had concluded with the Zapatista National Liberation Army (EZLN) on 16 February 1996.

77. The National Indigenous Congress was demanding that the Government recognize the fundamental rights of the indigenous peoples, that the Federal Congress adopt no legislation without the approval of the EZLN and the

indigenous peoples, that the Indian peoples be recognized in the Constitution as bodies corporate and that the federal executive authority apply the San Andres Agreements and withdraw the Mexican army and its paramilitary groups from the indigenous communities. Finally, the National Indigenous Congress supported the constitutional reform proposal that had been made by COCOPA.

78.   Mr. LITTLECHILD (Pax Christi International) said that, as had been noted by the Committee on the Elimination of Racial Discrimination in its general recommendation XXIII (51) concerning the rights of indigenous peoples, the latter were being deprived of their human rights. Some of the States represented in the Commission's Working Group assigned to prepare a draft declaration on the rights of indigenous peoples were still opposing inclusion of the right of indigenous peoples to self-determination in that declaration on the ground that it would encourage secession. However, the indigenous peoples had frequently repeated their desire to exercise their right of self-determination under the conditions set forth in the Declaration on Principles of International Law concerning Friendly Relations and Cooperation among States in accordance with the Charter of the United Nations. That Declaration, which the General Assembly of the United Nations had adopted by consensus, struck a balance between the right of self-determination and respect for the territorial integrity of any sovereign State.

79.   Pax Christi International called upon Canada, Australia, New Zealand and the United States of America to support the draft declaration on the rights of indigenous peoples in its present form.

80.   Mr. TOWNEY (Transnational Radical Party) welcomed the adoption by the Working Group assigned to prepare a draft declaration on the rights of indigenous peoples of two articles in that draft which had been worded in terms identical to those that appeared in the text adopted by the Sub-Commission. He also welcomed the emerging consensus on several other articles, particularly that concerning the right of self-determination, which applied to all indigenous peoples without discrimination. He stressed the need for a meaningful dialogue on the principles before attempting to agree on a text. In that regard, the proposals made by a group consisting of Canada, Australia, New Zealand and the United States seemed premature.

81.   The indigenous organizations were also concerned at the inclusion at the end of the Working Group's report (E/CN.4/1998/106) of a series of annexes containing detailed proposals concerning the amendments to be made to the text adopted by the Sub-Commission. According to the report, those proposals, which had been submitted by some Governments, were to be discussed at a later date. Neither the New South Wales Aboriginal Land Council of Australia nor the other organizations represented at the Working Group's 1997 session were aware of any such agreement. Most of the indigenous organizations felt that those proposed amendments were premature and that their inclusion as an annex to the report placed disproportionate emphasis on the views of a small group of countries which, apparently, were not entering into dialogue with indigenous peoples in the same spirit as other delegations.

82.   He then pointed out that many countries were introducing political and legislative reforms in response to the aspirations of indigenous peoples in

regard to the exercise of universally recognized human rights and fundamental freedoms. For example, for the last 20 years, Australia had been endeavouring to remedy the consequences of a system which, for more than two centuries, had legalized the dispossession and destruction of indigenous societies. In fact, the High Court had ruled that the Australian common law recognized pre-existing indigenous rights to land, which was consistent with the principles contained in the draft declaration. However, due to a political backlash, the rights granted to indigenous peoples in Australia were once again being threatened. In particular, there was talk of repealing the provisions of Australia's Race Discrimination Act. That regressive measure would affect Australia's overall position on human rights in general and the rights of indigenous peoples in particular.

83.   Finally, the Transnational Radical Party supported the proposal that the Commission should establish a Working Group to consider ways and means for the possible establishment by the Economic and Social Council of a permanent forum for indigenous peoples. It also shared the concerns expressed by other delegations concerning the consequences of the Multilateral Agreement on Investment, which had been proposed by OECD. In that regard, it suggested that the Sub-Commission should be requested to consider, at its next session, the implications of that Agreement on human rights and to duly inform the Commission thereof.

84.   Mrs. YAMBERLA (International Organization for the Development of Freedom of Education - OIDEL) said that the Commission should do its utmost to ensure the rapid establishment of a permanent forum for indigenous peoples and the adoption by the General Assembly of the draft United Nations declaration on the rights of indigenous peoples, which constituted the minimum instrument needed to guarantee the rights of indigenous peoples.

85.   In many countries, measures were also being taken in favour of indigenous people. With regard to Ecuador, OIDEL hoped that the Constituent National Assembly would give favourable consideration to the proposal of the Confederation of Indigenous Nationalities of Ecuador (CONAIE) to the effect that Ecuador should designate itself as a multinational and unitary State. Such recognition would make it easier to combat the gross violations of the rights of the indigenous peoples. In the Pastaza region, paramilitary groups, probably assigned by the Tripetrol and Digicon enterprises to defend their interests, were threatening and attacking members of the Organization of Indigenous Peoples of Pastaza (OPIP). Arrest warrants had been issued against 14 leading members of that Organization for having defended the environment and the social and cultural integrity of the region. In the province of Imbabura, three members of the indigenous community were currently being prosecuted for having protested peacefully against the implementation of a mining project by the Japanese company Bishimetals and the State enterprise Codigem, which could have serious consequences for the environment and the lifestyle of the indigenous population. OIDEL appealed to the non-governmental organizations defending human rights and the environment to consider that problem.

86.   Mr. WANG MIN (China), speaking in exercise of the right of reply, regretted that the positive atmosphere in which the Commission's debates had been conducted since the beginning of the session, by virtue of the concerted

efforts of all the delegations, had been disrupted by guest speakers from some countries who, during their statements before the Commission, had seen fit to make irresponsible comments on the human rights situation in China. That attitude ran counter to the Chairman's appeal for a "calm and dignified" session.

87.   He reaffirmed that dialogue and cooperation were the only correct way to promote and protect human rights. He expressed the hope that the few countries which had opted for confrontation would renounce it and abandon their antagonistic behaviour towards other countries.

The meeting rose at 5.55 p.m.

UNITED
NATIONS

E

Economic and Social Council

Distr.
GENERAL

E/CN.4/1998/SR.4
23 June 1998

ENGLISH
Original: FRENCH

COMMISSION ON HUMAN RIGHTS

Fifty-fourth session

SUMMARY RECORD OF THE 4th MEETING

Held at the Palais des Nations, Geneva,
on Tuesday, 17 March 1998, at 8 p.m.

Chairman: Mr. SELEBI   (South Africa)

CONTENTS

ORGANIZATION OF THE WORK OF THE SESSION (continued)

QUESTION OF THE VIOLATION OF HUMAN RIGHTS IN THE OCCUPIED ARAB TERRITORIES, INCLUDING PALESTINE (continued)

This record is subject to correction.

Corrections should be submitted in one of the working languages. They should be set forth in a memorandum and also incorporated in a copy of the record. They should be sent within one week of the date of this document to the Official Records Editing Section, room E.4108, Palais des Nations, Geneva.

Any corrections to the records of the public meetings of the Commission at this session will be consolidated in a single corrigendum, to be issued shortly after the end of the session.

GE.98-12677   (E)

<u>The meeting was called to order at 8 p.m.</u>

ORGANIZATION OF THE WORK OF THE SESSION (agenda item 3) (<u>continued</u>)
(E/CN.4/1998/104, 109, 117, 122 and 123)

1.   <u>Mr. AKRAM</u> (Pakistan) endorsed the statement by the delegation of the
Republic of Korea on behalf of the Asian Group concerning the Commission's
methods of work. In his delegation's opinion, there was still much room for
improvement in the Commission's work. Convinced that society at large had
an extremely important role to play in the promotion and protection of
human rights, his delegation had always advocated NGO participation in
United Nations, and especially Commission, activities to the greatest extent
possible. It was therefore concerned at the measures being taken to reduce
NGO participation. Referring to the statement of the Chairman of the
fifty-third session, which stressed the importance of cooperation,
consultation and consensus, he said that his delegation hoped to see progress
in that area at the current session and emphasized the need to study
mechanisms and procedures that would help bring about such progress.

2.   <u>Mr. TARMIDZI</u> (Indonesia) associated himself with the statement made on
behalf of the Asian Group and reiterated his Government's determination to
work with the other members of the Commission in a spirit of cooperation,
transparency and mutual respect. The rationalization of the work of the
Commission, which was necessary to restore mutual trust among the members,
should be addressed in a spirit of strengthening international cooperation
through dialogue and consultation. In the post-Vienna era and in a world
characterized by widely recognized diversity and pluralism, it would be futile
to continue to exercise unilateral pressures against targeted States,
undermining their pride and dignity. A calm and constructive dialogue, free
of the North-South tensions which had characterized previous sessions would
produce more positive results in joint efforts to promote and protect human
rights throughout the world.

3.   There was an urgent need for transparency in the negotiation of the
Commission's draft resolutions, which, unfortunately, were often politically
motivated. His delegation fully supported any proposal for a decision-making
method based on dialogue and consensus. Voting should be used only as a last
resort. Serious consideration should be given to developing an appropriate
mechanism, based on broad participation and transparency, which would better
address the needs of the Commission and strengthen its credibility. The
fiftieth anniversary of the Universal Declaration of Human Rights provided an
opportunity to work for the reinstatement of international cooperation and
dialogue. Although the world was a long way yet from achieving "All Human
Rights for All", his delegation hoped that worthwhile progress towards that
goal would be made at the fifty-fourth session.

4.   <u>Mr. ZAHRAN</u> (Observer for Egypt) stressed the need to shorten the
duration of the Commission's sessions to four weeks in the interest of
rationalizing its work. Other important goals were dialogue, mutual respect
and transparency, which had been lacking in the past and had led to division
among the member States. The same standards should be applied to all those
who violated the provisions of the international human rights instruments,
without discrimination. His delegation, which had been one of the sponsors of

draft resolution E/CN.4/1997/L.2 at the preceding session, was also one of the sponsors of draft resolution E/CN.4/1998/L.2, which aimed at achieving progress in the adoption of resolutions by consensus. It hoped that that draft resolution would be adopted by consensus and that it would have a positive impact on rationalizing the work of the Commission.

5. One of the causes of increased confrontations between countries of the North and those of the South was the imbalance between the concern shown for civil and political rights, which were individual rights, and the attention given to economic, social and cultural rights, which were collective rights. That imbalance should be rectified through the allocation of more time for deliberations under agenda items 5 and 6, in particular the right to development. There should be interdependence and complementarity between development, poverty alleviation and respect for human rights in all their forms. In that regard, he expressed appreciation to the High Commissioner for Human Rights for having on more than one occasion emphasized the importance and priority that should be given to economic, social and cultural rights. It was certain that her intentions would be reflected in concrete measures responding to the concerns of the majority of nations and at least two thirds of humanity.

QUESTION OF THE VIOLATION OF HUMAN RIGHTS IN THE OCCUPIED ARAB TERRITORIES, INCLUDING PALESTINE (agenda item 4) (continued) (E/CN.4/1998/4 and Corr.1, 7, 8, 17, 18, 19, 20, 112, 116, 124, 125 and 128)

6. Mr. RAMLAWI (Observer for Palestine) said that, after 30 years of Israeli occupation, all international reports, whether by the Special Rapporteur, the Special Committee to Investigate Israeli Practices, Amnesty International or the Committee against Torture, confirmed the fact that the human rights situation in the Palestinian territory was continuing to deteriorate and that the Israeli authorities continued to kill, injure, detain and torture Palestinians, confiscate their lands, establish Israeli settlements following the example of racial segregation, impose collective punishments, demolish houses and commit a multitude of other grave violations of human rights which were considered by the Fourth Geneva Convention of 1949 and Additional Protocol I thereto as constituting war crimes and offences against humanity. The list of massacres committed against Palestinians since 1948 was a long one. According to the Israeli human rights organization "Batsallem", 1,641 Palestinians had been killed by Israeli soldiers or settlers since the beginning of the intifada. Recently, on 10 March 1998, Israeli soldiers had shot dead three Palestinian workers and wounded nine others.

7. The Israeli authorities had continued openly to ignore the numerous resolutions adopted by the Commission condemning those crimes and characterizing them as war crimes, crimes endangering the peace and security of mankind and crimes of genocide against the Palestinian people. By persisting in its systematic violation of the principles of human rights and international law and refusing to abide by the peace agreements it had concluded with the Palestine Liberation Organization, the Government of Israel had made itself responsible for the wars, violence and bloodshed to which the entire region might be subjected.

8.   Mr. TARMIDZI (Indonesia) said that, although the question of the
violation of human rights in the occupied Arab territories had been given high
priority at all of the Commission's sessions since 1971, the human rights
situation in those territories continued to deteriorate as a result of the
serious violations being committed by the Israeli occupation authorities. The
hopes raised by the peace agreements had been disappointed. The peace process
was paralysed because Israel had reneged on its commitments and was subjecting
the Palestinian people to repressive acts and various provocative measures, in
particular by escalating its construction of Israeli settlements on occupied
Arab lands. In addition, Israel still occupied the Syrian Golan, in
contravention of its commitments and Security Council resolution 497 (1981).

9.   The United Nations must ensure the unconditional withdrawal of all
Israeli forces from all Palestinian and Arab territories occupied since 1967,
in accordance with Security Council resolutions and the principle of "land for
peace". The peace process must resume and Israel must implement the
agreements it had reached with Palestine in their entirety and with
consistency and fairness, and not selectively, sporadically or conditionally.
It was also imperative for the United Nations and the international community
to expedite vital development assistance to the people in the occupied
territories, in order to redress an economy crippled by decades of foreign
occupation and embark on the formidable reconstruction task that lay ahead.
For its part, the Commission on Human Rights must keep the question of the
violation of human rights in the occupied Palestinian and Arab territories on
its agenda. As the fiftieth anniversary of the Universal Declaration of Human
Rights was commemorated, it was very important for the Commission to send a
strong message to the Government of Israel by insisting that Israel should
take immediate action to bring an end to the violations.

10.   Mr. SAAD (Observer for the League of Arab States) said that the question
of the violation of human rights in the occupied Arab territories, including
Palestine, was a matter of vital importance which the international community
had been considering for many years. The human rights situation in the
occupied territories was continuing to deteriorate, as demonstrated by the
recent death of three innocent Palestinians killed without cause by Israeli
soldiers. Israel's occupation of the territories was itself a violation of
the right to self-determination, as indicated by the latest report of the
Special Rapporteur on the situation of human rights in the occupied
territories. The construction of new settlements, the measures being taken
against the Arab population of East Jerusalem and the closure of territories
were contributing to the deterioration in the situation. Palestinian
prisoners' conditions of detention had been further aggravated as a result
of the administrative guidelines endorsed by Israel's High Court of Justice,
permitting the use of violence against detainees during interrogations in
violation of the provisions of the Convention against Torture. The standstill
in the peace process and the failure to respect the agreements concluded did
not afford much hope for an improvement in the situation. The League of Arab
States thanked the Special Rapporteur for his report and emphasized the need
for the Special Rapporteur to respect the mandate which had been entrusted to
him by the Commission.

11.   The CHAIRMAN said that the speaker had used up his time and invited the
next speaker to take the floor.

12.   Mr. TAHER (Observer for the Syrian Arab Republic) said that the question of the violation of human rights in the occupied Arab territories, including Palestine, should remain on the Commission's agenda for as long as Israel continued its occupation. The situation in the territories revealed a consistent pattern of gross, flagrant or mass violations of human rights designed to cut off an entire people from its origins. They were based on a doctrine of racial superiority and religious intolerance. As the Special Committee responsible for investigating those violations had indicated in its report, the human rights situation in the occupied territories had worsened during the period under review, with the most disturbing aspect of the occupation being the settlement policy of the Government of Israel.

13.   In the occupied Syrian Golan, Israel continued to seize lands and resources, remove qualified teachers and alter the school curricula. Syrian diplomas were not recognized, there was a high level of unemployment and access to medical care was difficult. The Syrians in the Golan had recently celebrated the sixteenth anniversary of the general strike organized against the occupation authorities in February 1982. The Syrian Golan would remain Syrian, and the international community must force Israel to respect the provisions of the Fourth Geneva Convention of 1949, the Charter of the United Nations and the principles of international law.

14.   Mr. ZAHRAN (Observer for Egypt) said that, as the international community celebrated the fiftieth anniversary of the Universal Declaration of Human Rights, it had to be acknowledged that human rights violations continued in several parts of the world. That was particularly true of the territories occupied by Israel since 1967, where, as indicated in the reports of the Special Committee and the Special Rapporteur, flagrant violations continued. The latest of the resolutions adopted by the General Assembly in that regard (resolution ES-10/4 dated 13 November 1997) reiterated its recommendation that the High Contracting Parties to the Geneva Convention relative to the Protection of Civilian Persons in Time of War should convene a conference on measures to enforce the Convention in the Occupied Palestinian Territory. Failure to apply that provision would seriously jeopardize the credibility of the United Nations.

15.   Egypt, which had signed the first peace treaty with Israel in 1979, continued to work towards the concretization of a comprehensive, just and lasting peace in the Middle East, based on the principle "land for peace" and on Security Council resolutions 242 (1967) and 338 (1973). Israel, however, stubbornly continued its settlement policy, in violation of its commitments and of the Palestinians' right to self-determination, drawing the region into a vicious circle of insecurity and violence. His delegation hoped that the fiftieth anniversary of the Universal Declaration of Human Rights would encourage all members of the international community and especially the countries concerned, among them Israel, to work together seriously and in a speedy manner to end the human rights violations in the Palestinian and Arab occupied territories. There was no other approach to achieve that goal than for Israel to end its occupation and fulfil its obligations under international law, the Oslo, Washington and Cairo agreements and the resolutions of the United Nations.

16.   Mr. LITTMAN (Association for World Education) said that he would leave
the easy task of criticizing Israel to others, but wished to express growing
indignation at the lack of responsibility of those who never missed an
opportunity to prevent progress on the narrow road to reconciliation. At
the preceding session his delegation had strongly denounced a grotesque
provocation by the observer for Palestine, who had stated the blatant
falsehood that the Israeli authorities had infected by injection
300 Palestinian children with HIV during the years of the intifada. The
observer for Palestine had ultimately retracted his false allegations in a
letter dated 15 March 1998 addressed to the High Commissioner for Human
Rights, but was now accusing Israel of testing dangerous drugs on Palestinians
detained in Israeli jails, an allegation that had been repeated by the League
of Arab States. For its part, the Organization of the Islamic Conference
joined in the slander by referring to Israel as "a racist State, built on the
hatred of all non-Jewish people". How bleak was the spirit of the peace
process when such statements could be made!

17.   If the Commission on Human Rights wished to work towards reconciliation
in the interest of peace and mutual security, it must denounce all States and
movements based on constitutions which encouraged racial, ethnic or religious
hatred and genocide. The articles of the Palestinian National Charter calling
for the destruction of Israel must be amended in conformity with the Oslo
Accords. That would reassure the Government and people of Israel that genuine
peace was on the horizon and would make further excuses and procrastination
impossible. Once that psychological barrier had been removed, Mr. Arafat
should use his influence with Hamas to change the movement's Charter, which,
aside from its use of a blatant forgery, the "Protocols of the Elders of
Zion", gave an eschatological justification for the crimes against humanity
which the members of the Hamas movement were committing against Jews, who were
targeted as a group.

18.   His organization again drew the attention of the United Nations to its
direct responsibility for condemning such public incitement to genocide and
called on Israel and the Palestinian leadership to seize the unique moment in
history being offered to them to "sheathe their swords" and work for the
reconciliation of their peoples.

19.   Mr. LEVINE (Amnesty International) said that Israel was legalizing or
attempting to legalize practices which violated even the most fundamental
human rights. Firstly, torture, already effectively legalized, was likely to
be further endorsed by the General Security Service Law currently before the
Knesset, which would offer impunity to General Security Service officers who
resorted to physical pressure when interrogating detainees. Secondly, the
compensation bill would deny redress to victims of human rights violations.
If adopted, the bill, which had already passed its first reading, would
deprive human rights victims of virtually any right to compensation and would
apply retroactively. Thirdly, the use of political assassination was
officially sanctioned. The commission of inquiry set up by the Israeli
Government to investigate the attempted execution of Khaled Mesh'al in Amman
in September 1997 made no mention of the illegality of the attack, yet the
extrajudicial execution of government opponents, whatever their activities or
beliefs, contravened international human rights standards.

20.   Finally, the holding of hostages was endorsed by the Supreme Court of Israel. which, in a ruling made in November 1997, had stated that it was legitimate to hold the 21 Lebanese being detained without trial or after expiry of their sentences as "bargaining chips" to be exchanged in pursuit of a vital interest of State. The Israeli Government had acknowledged that those detainees posed no threat to State security. Their continued detention therefore had no basis in international law. In addition, more than 150 other Lebanese nationals had been detained without legal status for up to 12 years in Khiam Detention Centre and denied access to ICRC and family members. Amnesty International condemned unequivocally the killing of more than 100 civilians by armed groups since 1994. Nevertheless, human rights abuses by others did not entitle any State to violate the rule of law by legalizing what should never be legalized. Amnesty International called on the Government of Israel to act in accordance with the human rights instruments it had ratified.

21.   Mr. SEYMOUR (International Save the Children Alliance) said that it had become apparent that efforts by his organization to assist Palestinian children, who represented over half the population of the occupied territories, would be of little value if it failed to address some of the root causes of their current situation. It was, in particular, essential to alleviate the multitude of extremely damaging effects of the closures of the territories on Palestinian children. The closures led to insufficient nutrition of the children: meat and egg consumption had fallen, with an associated increase in the number of cases of rickets. Access to medical care remained difficult, although the health-care situation of Palestinian children had improved slightly in the previous year: in East Jerusalem, children were reported to have died after being refused medical care on the ground that they did not have residency permits. Access by students and teachers to educational institutions had been disrupted. More and more Palestinian children were working to contribute to their families' survival. Demolitions of houses had led to severe overcrowding and conditions that were not appropriate for a child's development.

22.   The Palestinian children suffering the consequences of the closures were under the de facto jurisdiction of Israel. As a result, the Government of Israel had a clear legal and moral responsibility to take measures to protect them. Everyone concerned with peace in the Middle East and the promotion of human rights also had the responsibility to concentrate specifically on the protection of the Palestinian child. The realization often came too late that the first victims of conflicts were children. The mistakes of the past must not be repeated. Surely a child was no threat to national security. Whatever the arguments of adults over territory and history, exacting a price from children could never be justified. Save the Children called on the Government of Israel, the Commission on Human Rights and all those with the potential to influence the situation to ensure respect for the rights of Palestinian children as a matter of urgency.

23.   Mr. VITTORI (Pax Christi International) said that, despite the speeches and solemn declarations, denunciations and severest condemnations, the situation in the Middle East did not change. The living conditions of the Palestinian population were even worse than they had been during the intifada. The peace process was at a standstill, with each of the parties

blaming the other, while extremists on both sides became more influential and stood a chance of gaining control of the situation. The Palestinian Authority was accused of being both lax and too harsh with its extremists, but it was also true that the current Government of Israel was openly encouraging its own extremists.

24.   The United States, the unconditional defender of Israel, could not be an effective mediator. The United Nations must recover its mediator's role and its Member States must assume their responsibilities. The Organization had recently shown in Iraq what it could accomplish for peace, even if the threat of military intervention had probably been a contributing factor. Although the threat of recourse to armed force in the Israeli-Palestinian conflict was not possible, a broad spectrum of the peoples concerned were prepared to place their hopes in the United Nations and help strengthen its peacekeeping mission. Hundreds of thousands of Israelis rejected fanaticism and felt that they could not allow their Government to become an oppressor without violating their history; they sincerely desired peace with justice for the Palestinians and were courageously upholding the principle of "land for peace". If the Governments of the Member States of the United Nations followed their example, peace might still be saved.

25.   Mr. SHAQQURA (International Federation of Human Rights) said that, as the Israeli occupation continued in all the forms that occupation brought, the "window of opportunity" opened by the peace process seemed to be closing as every new day began, leading to a great feeling of frustration among the Palestinian people. The closures of the territories (in 1997 alone, the Israelis had imposed a total closure on the West Bank and Gaza Strip for more than 50 days) not only prevented the Palestinians from getting on with their daily lives, but also had extremely destructive consequences for their society and their economy.

26.   The number of Palestinian detainees in Israeli prisons, which was more than 4,000, continued to increase as Israelis arrested Palestinians even in areas outside their control, in a flagrant breach of the Fourth Geneva Convention of 1949. Israel was the only nation in the world to have legalized the barbaric use of torture, which had caused the death of at least one of the four Palestinians who had died in custody in 1997. In addition, Israel had ignored one of the most basic requirements of the peace process and was presiding over an unprecedented expansion of its settlements: the occupied Palestinian territory was currently home to over 150 settlements, with the already overpopulated Gaza Strip containing 18 alone. How much more Palestinian land would the international community allow to be confiscated before the final status negotiations even began?

27.   The killing of 3 innocent Palestinian workers and the wounding of 27 others by Israeli troops on 10 March must be condemned in the strongest possible terms. FIDH appealed to the international community to support its call for a full, independent and open investigation into those unlawful killings. Nothing less would be acceptable in any other modern democracy and nothing less would ensure that those responsible were brought to justice.

The meeting rose at 9.30 p.m.

UNITED
NATIONS

E

Economic and Social Council

Distr.
GENERAL

E/CN.4/1998/SR.16
25 June 1998

ENGLISH
Original: FRENCH

COMMISSION ON HUMAN RIGHTS

Fifty-fourth session

SUMMARY RECORD OF THE 16th MEETING

Held at the Palais des Nations, Geneva,
on Wednesday, 25 March 1998, at 3 p.m.

Chairman: Mr. SELEBI   (South Africa)

Later: Mr. HYNES   (Canada)

CONTENTS

STATEMENT BY THE PERMANENT REPRESENTATIVE OF THE UNITED STATES OF AMERICA TO
THE UNITED NATIONS

QUESTION OF THE REALIZATION IN ALL COUNTRIES OF THE ECONOMIC, SOCIAL AND
CULTURAL RIGHTS CONTAINED IN THE UNIVERSAL DECLARATION OF HUMAN RIGHTS AND IN
THE INTERNATIONAL COVENANT ON ECONOMIC, SOCIAL AND CULTURAL RIGHTS, AND STUDY
OF SPECIAL PROBLEMS WHICH THE DEVELOPING COUNTRIES FACE IN THEIR EFFORTS TO
ACHIEVE THESE HUMAN RIGHTS, INCLUDING:

GE.98-11390   (E)

CONTENTS (<u>continued</u>)

The meeting was called to order at 3 p.m.

STATEMENT BY THE PERMANENT REPRESENTATIVE OF THE UNITED STATES OF AMERICA TO THE UNITED NATIONS

1.   Mr. RICHARDSON (United States of America) said that, while human rights and respect for the dignity and freedom of each human being lay at the heart of his country's experience, the United States did not by any means have a monopoly on human rights, for they were universal. The fiftieth anniversary of the Universal Declaration of Human Rights offered an opportunity to recommit to that universality. Even as the national, ethnic, cultural and linguistic diversity of the world was celebrated, political leaders who sought to cloak themselves in the mantle of cultural or religious tradition or invoked the imperative of economic growth and development to justify abuses of basic rights had to be condemned. Experience showed that sustainable development and sustainable democracy went hand in hand.

2.   The United States was committed to the progressive realization of economic and social rights in the context of the protection and promotion of all basic human rights and fundamental freedoms. It understood from its own history that efforts to promote democracy and freedom were ongoing processes; it had seen significant progress had been made in every region and that more than half of the world's population now lived under Governments of their own choosing. The Universal Declaration of Human Rights was now invoked routinely in constitutions and courts and served as a yardstick for human rights practices. At the same time, however, abuses of human rights continued in many countries.

3.   In the former Yugoslavia, a fragile peace had slowly begun to take hold in Bosnia since the signing of the Dayton Peace Accords; in Kosovo, however, there was great cause for concern over the serious events in recent weeks during which there had been reports of summary executions by Serbian police. There could be no justification for the shelling of villages, the burning of houses and the murder of innocent men, women and children. The international community must not tolerate the brutal use of force as a means of solving domestic problems. The leaders of the former Republic of Yugoslavia must enter into a real dialogue on the future of Kosovo and permit immediate access to Kosovo by representatives and rapporteurs of the Commission on Human Rights.

4.   Since the presence of human rights monitors in areas of conflict served as a deterrent and played a critical role in establishing accountability, the United States strongly supported the efforts of United Nations monitors in Central Africa and continued to urge the Government of the Democratic Republic of the Congo to permit the Secretary-General's investigative team to perform its mission. The United States, along with the international community, had been outraged by the massacres of innocent civilians carried out by so-called Islamic terrorists in Algeria in the past year. In view of the allegations made concerning those massacres, his country believed there was a need for a credible, independent verification of the facts. It welcomed the access being afforded by the Algerian Government to international journalists and parliamentarians and considered that a visit to Algeria by the Commission's Special Rapporteur on summary, extrajudicial and arbitrary executions and by

international non-governmental organizations would be a positive step for improving transparency and cooperation in Algeria. Within Algeria itself, all those who renounced violence should be included in the political process under way with a view to building a multiparty democracy.

5.   The international community must also ensure that civil and political rights, which were critical to the development of any modern society, were considered no less a priority than the sort of economic progress that had been made in China. The United States had undertaken a constructive dialogue with the Chinese Government on that subject and welcomed the announcement by that Government that it would accede to the International Covenant on Civil and Political Rights, under which it would be required to allow all Chinese citizens freedom of expression, thought, conscience and religion. Sadly, those rights were still being repeatedly violated throughout China. Over 2,000 persons were currently imprisoned for "counter-revolutionary offences" and thousands of persons were being detained without trial for up to three years in "re-education through labour" camps. Despite laws to the contrary, torture or cruel and degrading punishment continued to occur. The Chinese people did not enjoy the right to choose their leaders in free elections above the village level. Tibetans were living under social and political controls that threatened their cultural, religious and linguistic heritage. The United States urged China to correct those abuses and to make its legislation conform to the international covenants. It was convinced that China would quickly discover, as other States had, that there was no inconsistency between social stability and freedom: on the contrary, the two were mutually reinforcing. The United States welcomed the release of Wei Jingsheng and several other dissidents and hoped that further releases would follow.

6.   The international community was increasingly aware of the connection between repression of human rights at home and a country's attitude abroad. There was perhaps no better example than Iraq, where the policy of internal repression pursued by Saddam Hussein was accompanied by policies which flouted international norms and Security Council resolutions and were inimicable to the interests of the Iraqi people. The remarkable progress made in democratization around the world should not lead to complacency about certain countries that had resisted change, such as Cuba, where the political leadership was still not elected by the people, whose rights continued to be systematically violated. Burma was another such case and the international community must continue to urge the rulers of that country to respect human rights and to engage in political dialogue with Aung San Suu Kyi. In Africa as well, where severe human rights abuses continued to be committed, Governments must be pressed to undertake the process of democratization or to consolidate their fragile democracies.

7.   In conclusion, he said that, on the fiftieth anniversary of the Universal Declaration of Human Rights, the international community must redouble its commitment to the promotion and protection of the human rights and fundamental freedoms laid out in that document. Only then would justice and equality become a reality for all peoples of the world.

QUESTION OF THE REALIZATION IN ALL COUNTRIES OF THE ECONOMIC, SOCIAL AND
CULTURAL RIGHTS CONTAINED IN THE UNIVERSAL DECLARATION OF HUMAN RIGHTS AND IN
THE INTERNATIONAL COVENANT ON ECONOMIC, SOCIAL AND CULTURAL RIGHTS, AND STUDY
OF SPECIAL PROBLEMS WHICH THE DEVELOPING COUNTRIES FACE IN THEIR EFFORTS TO
ACHIEVE THESE HUMAN RIGHTS, INCLUDING:

    (a)   PROBLEMS RELATED TO THE RIGHT TO ENJOY AN ADEQUATE STANDARD OF
            LIVING; FOREIGN DEBT, ECONOMIC ADJUSTMENT POLICIES AND THEIR
            EFFECTS ON THE FULL ENJOYMENT OF HUMAN RIGHTS AND, IN PARTICULAR,
            ON THE IMPLEMENTATION OF THE DECLARATION ON THE RIGHT TO
            DEVELOPMENT;

    (b)   THE EFFECTS OF THE EXISTING UNJUST INTERNATIONAL ECONOMIC ORDER ON
            THE ECONOMIES OF THE DEVELOPING COUNTRIES, AND THE OBSTACLE THAT
            THIS REPRESENTS FOR THE IMPLEMENTATION OF HUMAN RIGHTS AND
            FUNDAMENTAL FREEDOMS

(agenda item 5) (continued) (E/CN.4/1998/10/ and Add.1-2, E/CN.4/1998/21,
E/CN.4/1998/22-E/CN.6/1998/11, E/CN.4/1998/23-27 and 110; E/CN.4/1998/NGO/3, 4
and 25; E/CN.4/Sub.2/1997/8; A/52/511)

QUESTION OF THE REALIZATION OF THE RIGHT TO DEVELOPMENT (agenda item 6)
(continued) (E/CN.4/1998/28 and 29, E/CN.4/1998/NGO/64; A/52/473

8.   Mrs. SYAHRUDDIN (Indonesia) said that the difficulties experienced by
developing countries for decades hampered their efforts to provide a
favourable economic, social and political environment for the full enjoyment
of human rights by all their citizens. If the present trend continued, the
developing countries might be excluded from the globalization process and the
economic disparities between them and the industrialized nations would become
intolerable.

9.   It was the duty of each State individually, as well as of the
international community, to eliminate those obstacles that hampered the
realization of the right to development at all levels. It was the
responsibility of the international community to assist Governments that
requested aid to create a political, economic, social and cultural environment
conducive to the enjoyment of fundamental rights and freedoms and to promote
equitable economic relations at the international level.

10.   The realization of the right to development called for the
implementation of all human rights and the participation of all actors on the
social scene. New approaches had to be established in that area in order to
create the necessary conditions for growth and development through
multilateral cooperation and concerted action on certain important issues such
as debt, commodity trade, the transfer of technology and access to capital.
That would enable States, particularly those with economic difficulties, to
meet their human rights obligations. In that regard, the realization of the
right to development would be an important contribution to the promotion and
protection of human rights as a whole, as they were interrelated and
interdependent.

11.   The issue now at stake was how to ensure the actual implementation of the right to development. In that regard, her delegation welcomed the recommendations made by the Intergovernmental Group of Experts on the Right to Development in its report (E/CN.4/1998/29), particularly those relating to the establishment of a follow-up mechanism to ensure the promotion and implementation of the Declaration on the Right to Development. It also welcomed the commitment of the High Commissioner for Human Rights to playing a greater role in that area, as recommended by the General Assembly.

12.   Mr. LAGOS PIZZATI (El Salvador) said that, in his country's view, the implementation of the right to development was a gradual process involving all other human rights and taking place in a stable environment so that free, democratic, just and ecological societies might be built. The fiftieth anniversary of the Universal Declaration of Human Rights would have an even greater impact if it served as an opportunity to recognize the priority nature of the right to development.

13.   For many countries, it was very difficult to do away with the causes of structural poverty, social marginalization and the lack of real economic and social prospects and to consolidate the institutional and legal framework for participatory democracy. In El Salvador, a social security network had been set up to guarantee the entire population access to basic social services for the satisfaction of essential needs, including those of the most vulnerable groups. The right to development was seen as the right of each individual to have the tools required to achieve his potential. For that purpose, economic growth was necessary. If growth was not part of development, poverty, social marginalization and environmental degradation could be aggravated. In the framework of globalization, it was therefore necessary to adopt new structures and rationalize production so as to be competitive on international markets. El Salvador's recent experience had made it realize that confrontation was not a means of settling development problems and that, in order to ensure lasting human development, a "culture of peace" must be promoted.

14.   His delegation welcomed the report of the Intergovernmental Group of Experts on the Right to Development (E/CN.4/1998/29) and endorsed the recommendations for the establishment of a follow-up mechanism, better coordination among United Nations bodies and other international institutions and enhanced participation of multilateral financial institutions in development efforts. In conclusion, it stressed the need to develop international cooperation among the Governments of all countries in order to guarantee the exercise of all human rights.

15.   Mr. KRYLOV (Russian Federation) said that human rights were universal and interdependent. There could be no economic growth or social progress in a context of political repression, just as democracy could not triumph in extreme poverty. Glaring disparities in the enjoyment of various categories of human rights could lead to serious social and civil upheaval. The inadequate pace of economic growth, the social consequences of structural economic changes and the deterioration of terms of trade undermined the exercise of economic and social rights. That was why new approaches must be found at the national and international levels.

16.   His delegation called on international financial institutions to play a more active role in drafting and underpinning social programmes. It welcomed the implementation by the World Bank of a programme aimed at developing banking services for the most disadvantaged. It considered that the involvement of multilateral financial institutions in the programmes of the High Commissioner for Human Rights and the work of the bodies of the Commission dealing with economic, social and cultural problems would yield positive results.

17.   His delegation attached great importance to the preparation of the draft Optional Protocol to the International Covenant on Economic, Social and Cultural Rights. It also drew attention to the need to regulate the process of imposing and lifting economic sanctions. The imposition of sanctions for undefined periods and without any preliminary evaluation of their social and economic consequences for the most vulnerable sectors of society was unacceptable. Sanctions should not be a weapon for punishing bad regimes, but a means of supporting political efforts at the international level to ensure the peaceful settlement of disputes.

18.   The right to development was of particular importance because it was a means of doing away with poverty and played a preventive role in guaranteeing domestic peace, security and stability. The United Nations bodies dealing with development issues should take greater account of human rights, both civil and political and economic, social and cultural, within the framework of the coordination activities of the High Commissioner for Human Rights.

19.   His delegation endorsed the global strategy proposed in the report of the Intergovernmental Group of Experts on the Right to Development (E/CN.4/1998/29) and considered that future work on the implementation of the Declaration on the Right to Development within the framework of the proposed follow-up mechanism should concentrate on the obligation of States to establish favourable conditions for development.

20.   Mr. NOUROLI BA (Senegal) said that only in June 1993, at the World Conference on Human Rights in Vienna, had the right to development finally been recognized as a fundamental human right and, ever since the 1986 Declaration on the Right to Development had been adopted, the problem of its implementation remained. The legal content of that right had never been properly defined, and that was why it was so difficult to achieve. In his delegation's view, the basic and underlying concept of the right to development was the duty of solidarity. Development, human rights, international trade and the environment, which were all interrelated, had far too long been viewed separately and only the awareness of that fact by all members of the international community, individually and collectively, would ensure the full implementation of the Declaration on the Right to Development. In addition to the Commission on Human Rights, the treaty-monitoring bodies and United Nations specialized agencies should therefore contribute to that process in their respective spheres of competence.

21.   Moreover, it was becoming increasingly apparent that the right to development involved all aspects of international relations, including debt problems, commodity rates, transfers of technology, access to capital, employment, environment and economic integration. His delegation therefore

considered that the Office of the High Commissioner for Human Rights had a vital role to play, as such issues could not be settled solely within the context of working or expert groups. Any decision on the implementation of the Declaration on the Right to Development should be the subject of a consensus on the multidimensional nature of the right to development and the need to take that into account in all programmes of action of United Nations bodies.

22.   The establishment of a genuine partnership for development based on a permanent, frank and constructive dialogue between all those involved should be encouraged. Only then would it be possible to ensure the realization of the right to development, the fundamental right of every individual to be freed from poverty, on which the preservation of international peace and security depended.

23.   Mr. KUBHEKA (South Africa) noted with great concern that, despite the numerous international and regional conventions and agreements on the control of the illicit movement and dumping of toxic and dangerous waste - which was a serious threat to the rights to life and good health - the volume of transboundary movements of toxic waste had not diminished, especially from the developed to the developing countries. That was the reason why South Africa had become a party to the Basel Convention in 1994 and had played an active role at the third meeting of States parties on the amendment of the Convention concerning the prohibition of the export of hazardous waste from OECD to non-OECD members. Novel means of circumventing international measures aimed at curbing those exports were constantly being devised and the situation was not made easier by the differences between the developed and the developing countries so far as legal and regulatory standards were concerned or by the developing countries' lack of capacity to determine the exact nature of the products imported.

24.   South Africa had itself been directly affected by the problem in the 1990s, when toxic substances, including mercury, had been imported into the country. That had provoked the indignation of NGOs, without whose tenacity that environmental problem might have taken far longer to surface publicly, as the Special Rapporteur had noted in the report on her visit to South Africa (E/CN.4/1998/10/Add.2). The commissions of inquiry appointed by the Government and a general policy study had identified the need for legislative reform to close the loopholes in the current legislation and to police the relevant environmental standards more effectively. The need to strengthen public awareness of those problems had likewise been stressed.

25.   South Africa realized that it had to synchronize its policies with related regional and international initiatives and therefore welcomed the Special Rapporteur's suggestion concerning the creation of regional databases on the traffic in hazardous waste. It was also interesting to note that, following a meeting of English-speaking African countries held in July 1996, the number of parties to the Basel Convention had risen to 117. Another conference of parties to the Basel Convention, held in Kuching, Malaysia, in February 1998, had underlined the need to assist the developing countries in enhancing their capacity to prevent and monitor the illegal traffic in hazardous waste and had called for the establishment of regional training centres and the transfer of technology for the management of hazardous wastes.

In 1997, in cooperation with WHO, South Africa had organized an international conference on health and environment in Pretoria, the purpose of which had been to find ways of responding to the challenges of health and the environment in the context of sustainable development.

26.   It was not enough to adopt measures against the traffic in hazardous wastes. Above all, a means of implementing them effectively had to be found for, if nothing was done to put an end to such illegal practices, no nation would escape their consequences. He invited all States to cooperate closely with the Special Rapporteur in fulfilling her task and, to that end, supported the renewal of her mandate.

27.   <u>Mr. Hynes (Canada) took the Chair</u>.

28.   <u>Mr. CHOWDHURY</u> (Bangladesh) said that, while the protection of civil and political rights was a necessary obligation of the State in the context of its political structure and machinery for governance, the same could not be said of economic, social and cultural rights, although the latter were no less universal, fundamental and inalienable. They fell within a far broader and transnational context which was beyond the control of the State. Their realization therefore called for international action and the establishment of a complaints procedure for violations of those rights whereby victims could obtain redress under internal law, as in the case of civil and political rights, was perhaps not appropriate.

29.   Traditional aid programmes had failed to eradicate poverty, which afflicted over 1 billion people throughout the world, and its result, underdevelopment. There was another, more modest, way which had emerged and was in the throes of completely transforming the world of development. It was called micro-credit, which was a system whereby banks granted small loans to destitute people to enable them to set up a small business that could generate an income for them. The success of such a system had been demonstrated on a large-scale by the Grameen Bank, which, after 20 years of existence, had more than 2 million borrowers in Bangladesh. Ninety-four per cent of those borrowers were destitute women in villages; yet the repayment rate was 98 per cent. Many independent studies attested to the positive effects of the system, which helped the poor to pull themselves out of their marginal condition, and that was essential for the realization of their economic, social and cultural rights. A micro-credit summit, held in Washington D.C. in February 1997, had resulted in a plan of action being launched to reach 100 million of the world's poorest families and especially the women of those families because experience had shown that it was often the poorest people, and especially women, who were left out of any poverty eradication programme. Yet it was they, too, who provided the impetus for the progress achieved through such new mechanisms.

30.   <u>Mr. PADILLA MENENDEZ</u> (Guatemala) said that the report of the Intergovernmental Group of Experts on the Right to Development on its second session (E/CN.4/1998/29) contained a number of proposals on which action should be taken. That applied in particular to the recommendation that the High Commissioner for Human Rights should participate in the inter-agency task forces established by the Administrative Committee on Coordination to monitor the implementation of commitments made by States at the World Summit for

Social Development and to the drafting of strategy notes prepared by the
United Nations system for different countries. It would also be helpful if
the task forces could work on the basis of general indicators on civil,
cultural, economic, political and social rights and, as requested by the
experts in paragraph 39 of the report, if UNDP could incorporate economic,
social and cultural rights into its technical assistance programmes. In that
connection, his delegation regarded the UNDP annual report on human
development as far more than a major reference document: it was an analysis
of development by which Governments could be guided in formulating their
national development plans.

31.   His delegation also endorsed the idea, put forward in paragraph 37, that
the Commission should suggest to treaty bodies that they amend their
guidelines for national reports so that Governments would explain their
position on structural obstacles to ensuring full enjoyment of the right to
development and hold exchanges of views with those Governments that would
enhance international cooperation and technical assistance. In that
connection, it would be advisable for the High Commissioner for Human Rights
to continue the dialogue with the World Bank, the IMF and other financial
institutions so that they could incorporate the principles of the right to
development in their programmes and projects (para. 40). With that in mind,
the content and mode of application of structural adjustment programmes should
be reviewed.

32.   His delegation also pointed out that the principle that the law of
treaties prevailed over internal law was laid down in the Guatemalan
Constitution, as recommended in paragraph 65 of the report. It agreed,
moreover, that some follow-up machinery for the Declaration on the Right to
Development should be introduced; it could be a working group whose mandate
and objects remained to be defined.

33.   In order to overcome the problem of poverty, it was essential to involve
the poor themselves in the measures aimed at pulling them out of their
difficult situation. Micro-credit was apparently one means of doing so, as
the experience in Bangladesh had shown. His own Government was endeavouring
to develop the means whereby the population could exercise its economic and
social rights. Sizeable loans had been made, from various social funds, for
carrying out different projects, including road construction, training,
environmental protection and the development of health and education services
in rural areas where 80 per cent of the population lived in poverty,
particularly the areas most affected by the armed conflict. Machinery had
also been set up for the settlement of property disputes and to promote access
to land. In the context of the agreement on socio-economic aspects and the
agrarian situation which formed an integral part of the peace agreements,
moreover, there were plans to grant scholarships and provide support for the
creation of production units in rural and marginal urban areas with a view to
promoting community organization and self-management. The machinery and
conditions for guaranteeing the active participation of the population in
development were thus being strengthened.

34.   Mr. AKRAM (Pakistan) said he was pleased to note that, after long years
of abstract discussions, the right to development had at least been recognized
as a human right on the same footing as many other rights including civil and

political rights. The immediate question was to ensure the exercise of that right - a task which was even more urgent now that, with globalization, the world economy was undergoing rapid change and the possibilities for economic growth were coupled with a distinct risk of increase in poverty and of the marginalization of a large segment of the world's population. At the present time, the number of poor throughout the world stood at 2 billion and the gap between rich and poor was getting wider. Unfortunately, nothing was being done to provide all nations and all individuals with equal development opportunities and to ensure that States cooperated in order to eliminate the obstacles to development.

35.   The issue that was currently the subject of futile debate was the balance between actions required at the national and international levels. As stated in article 9 of the Declaration on the Right to Development, all aspects of the right to development were indivisible and interdependent, while article 10 called for political, legislative and other measures at both the national and international levels. At the national level, development policies and implementation mechanisms already existed. More attention should now be given to the international policies that had an impact on development, having regard, in particular, to the fact that national ability to pursue developmental goals was circumscribed by decisions taken at the international level, in the context of globalization.

36.   His delegation therefore suggested that the Commission might, first, monitor the status of implementation of the developmental commitments entered into by the international community, and particularly by the developed countries, at recent United Nations conferences, such as that of devoting 0.7 per cent of their GNP to official development assistance. Secondly, the Commission should ensure that equity considerations occupied a major place in the international trade regime and, if necessary, that that regime was adapted so as to enable the right to development to be realized. Thirdly, the Commission should review the working and decision-making methods of international financial and development institutions to make them more representative and more accountable for their acts. Fourthly, the Commission should establish a dialogue between the group of the main industrialized countries and representatives and leaders of the developing countries so that global economic management policies would also help to promote the right to development. Lastly, the Commission should monitor the role of the United Nations in development, including the steps which had been or should be taken by Member States to strengthen that role, both as part of the decision-making process and in the field.

37.   Mr. MINE (Japan) recalled that the World Conference on Human Rights had reaffirmed that the right to development was a universal and inalienable right which was part of fundamental human rights and should therefore be promoted and protected in the same way as all other human rights. Development was a natural goal of all nations, but its promotion went hand in hand with that of human rights. The Vienna Declaration also reaffirmed the principle that the human person was the central subject of development, which meant that all individuals should have the right to participate in development and the right to enjoy it and that, accordingly, democracy was important in realizing the right to development. It was true, moreover, that primary responsibility for the realization of human rights, including the right to development, lay with

the Government of each State, but it was nevertheless important, as stated in the Vienna Declaration, for the international community to encourage effective international cooperation for the realization of the right to development and, in particular, to assist those Governments which had the political will to achieve development, but did not have the necessary systems for that purpose.

38.   Issues like the right to development should be studied further within the framework of cooperation between North and South. In that connection, Japan supported the efforts of the High Commissioner for Human Rights to integrate the human rights into United Nations activities as a whole and to strengthen the advisory services and technical cooperation through which assistance was given to States, for example, in drawing up national plans of action for human rights. It also welcomed the efforts made by the OECD and UNDP to take account of human rights in their programmes. Japan itself attached great importance to human rights and democracy in its official development assistance programme and was helping countries that had the political will to promote human rights and democracy. All human rights were universal and indivisible and individual efforts and international commitment were necessary to ensure their realization.

39.   Mr. ZAFERA (Madagascar) noted that, although views differed on the progress achieved in the implementation of the Universal Declaration of Human Rights, a majority of the participants in the Commission's work considered that not all the human rights set forth in the Declaration had benefited from equal, equitable and balanced treatment and that the promotion of civil and political rights had been achieved at the cost of economic, social and cultural rights. It was regrettable that, more than 10 years after the Declaration on the Right to Development had been adopted and five years after the Vienna Conference, the question of the right to development had not received the attention it deserved, whereas thousands of people throughout the world lived in absolute poverty, most of them in shocking conditions which endangered their most precious right, the right to life.

40.   In his delegation's view, the right to development encompassed the right to life and the right of every person to aspire to an adequate standard of living, which meant suitable housing, healthy food, medical care and so on. In that connection, it was pleased to note the positive results of the Istanbul Declaration on Human Settlements and of the Rome Declaration on World Food Safety. Madagascar, which formed part of the group of least advanced countries, fully endorsed the provisions of the Declaration on the Right to Development, which gave States prime responsibility for the realization of the right to development. The Government had in fact made the struggle against poverty the first of its priorities. That kind of action could, however, run into obstacles of different kinds. Some were political, such as the denial of the right to self-determination, foreign occupation, flagrant violations of human rights, disregard of human rights and fundamental freedoms or even the absence of democracy, while others were economic, such as the foreign seizure of natural resources, the flight of capital, unsuitable development strategy and the destruction of the environment. Mention could likewise be made of the negative effects of economic embargoes on human rights, the foreign debt burden and, in certain countries such as Madagascar, of the natural disasters that occurred virtually every year.

41.   It was vain to hope that the right to development in those countries
would be fully realized through national efforts alone. It was equally
unrealistic to imagine that the world would know true peace while one half of
the population lived in prosperity and the other in poverty. In the era of
the globalization of the economy, the notion of the interdependence of
countries acquired its full meaning, involving more than ever before the
strengthening of international solidarity, particularly on such basic
questions as the debt burden, the social implications of structural adjustment
programmes, official development assistance and participation in international
trade. His delegation therefore fully endorsed the suggestions for a global
strategy for the promotion and implementation of the right to development, as
contained in the report of the Intergovernmental Group of Experts
(E/CN.4/1998/29).

42.   Mr. AL-ABOODI (Observer for the United Arab Emirates), noting that, in
its resolution 51/99 of 12 December 1996, the General Assembly had reaffirmed
the importance of the right to development and urged States to pursue the
promotion and protection of economic, social and cultural rights, said that
the Constitution of the United Arab Emirates stipulated that the goal of
economic development must embrace social justice and environmental protection.
It was in fact impossible to achieve sustainable development without
protecting natural resources, human health and the environment. As the award
of the Prize of WorldWide Fund for Nature to its Head of State showed, the
United Arab Emirates had long been committed to the protection of the
environment, in particular with regard to farming practices and action to
combat desertification. The United Arab Emirates was aware that ecology was
not confined within national and regional frontiers and it had also adopted
legislation on the prevention of the pollution of the marine environment, as
well as acceding to the Convention on International Trade in Endangered
Species of Wild Fauna and Flora and to the Basel Convention on the Control
of Transboundary Movements of Hazardous Wastes and their Disposal. The
United Arab Emirates also welcomed the report of the Special Rapporteur on the
adverse effects of the illicit movement and dumping of toxic and dangerous
products and wastes on the enjoyment of human rights (E/CN.4/1998/10 and
Add.1 and 2) and called on all Governments to take cognizance of the fact that
the protection of the environment was an essential condition for the exercise
of economic, social and cultural rights.

43.   Mr. WILLE (Observer for Norway) said that the Universal Declaration of
Human Rights embraced the whole field of human rights - civil, political,
economic, social and cultural. Fifty years after the adoption of the
Declaration, much remained to be done to translate those rights into reality.
The Norwegian Government thought that particular attention must now be paid to
the effective implementation of economic, social and cultural rights, for the
Governments which defended human rights must also address poverty and the
basic needs of the poor if they were to be credible when they campaigned
against torture, the use of the death penalty, wrongful imprisonment and
discrimination. Certain rights were of little use to people who were dying
of hunger.

44.   States bore the primary responsibility for the realization of economic,
social and cultural rights and they must adopt measures to bring about a
just and fair distribution to all individuals, who were the primary

beneficiaries of those rights. Their realization implied a commitment
to social integration, solidarity and equality and to action focused in
particular on the protection of vulnerable groups, such as the poor, the
handicapped, minorities and indigenous peoples. Reducing poverty and
satisfying the fundamental needs of individuals were important means of
promoting human rights. The Norwegian Government participated in those
efforts as part of its development cooperation and support for humanitarian
organizations. It must also be stressed that the Declaration on the Right to
Development emphasized the importance of participation in the development
process by individuals in general and by women in particular. In fact, the
Declaration related the concepts of non-discrimination and equality very
directly to the protection of economic and social rights. Like most rights,
the right to development was not implemented in words, but in deeds.

45.   Mr. HUNDSALZ (United Nations Centre for Human Settlements) drew the
Commission's attention to the importance of the right to housing, the exercise
of which determined the exercise of the right to development for millions of
people around the globe. The second United Nations Conference on Human
Settlements (Habitat II) had reconfirmed the legal status of the right to
adequate housing, as set forth in international instruments, and had stressed
that it should be progressively, but fully realized. It had also clarified
the obligations of Governments in that regard, mentioning in particular the
need to tackle the problem of homelessness, prevent discrimination in the
housing sphere, promote security of tenure, prevent illegal evictions and
promote access to information, land, services and finance for affordable
housing.

46.   The realization of the right to housing required a combination of
policy, legislative and concrete measures to enable Governments, civil society
and the people themselves to improve their housing conditions in urban and
rural settlements. From that perspective, Habitat attached great importance
to the deliberations of the Commission and to collaboration with the Office
of the High Commissioner for Human Rights. It welcomed in particular the
High Commissioner's decision to make an analysis of the technical assistance
provided by the United Nations in connection with human rights, for field
projects, advisory services and capacity-building activities were the core of
the Habitat mandate.

47.   He also informed the Commission that a meeting of Global
Parliamentarians for Habitat had been held in January in Cancún, Mexico, in
order to review the action areas of the Habitat Agenda from the perspective
of the required policy and legislative reforms.

48.   Mr. GETAHUN (Observer for Ethiopia) said that the right to development
derived from the development and codification of human rights standards and
gave substance to the concepts of the indivisibility and interdependence of
human rights. The right to development was obviously a reaction to the
injustices of the modern world, where a billion people lived in luxury while
another billion lived in subhuman destitution. It was not a question of
favouring one set of rights to the detriment of others, but of ensuring
respect for the right of all human beings to a decent and dignified life.
That ideal had been affirmed in all the relevant international instruments,
including the Philadelphia Declaration annexed to the ILO Constitution, the

Charter of the United Nations and the Universal Declaration of Human Rights, article 22 of which stated that everyone was entitled to realization, through national effort and international cooperation and in accordance with the organization and resources of each State, of the economic, social and cultural rights indispensable for his dignity and the free development of his personality. The Declaration on the Right to Development was based on those same principles.

49. For Ethiopia and for other developing countries, the right to development was of vital importance, for it highlighted both the primary responsibility of States for the improvement of the living conditions of their peoples and the role of international cooperation in the creation of an economic and political environment conducive to the exercise of the right to development. In that connection, the Ethiopian delegation endorsed the conclusions and recommendations contained in the report of the Intergovernmental Group of Experts (E/CN.4/1998/29) in particular with regard to the establishment of a follow-up mechanism to ensure the promotion and implementation of the Declaration on the Right to Development. It seemed appropriate for the Commission to take full charge of the follow-up process by establishing an intergovernmental mechanism for that purpose.

50. Mr. OSAH (Observer for Nigeria) said he was not sure that the international community was treating the question of economic, social and cultural rights and the right to development correctly. It seemed in fact to lack a realistic and comprehensive strategy in the matter. Perceptions differed about the action required at the international level to support the effort to promote the right to development at the national level. In contrast, there was an unrestrained focus on the rights contained in the International Covenant on Civil and Political Rights. It did seem that that focus was carried forward at the expense of economic, social and cultural rights and to the total neglect of the right to development.

51. Satisfaction of the basic needs for food, shelter, employment, clothing, and health and education services, to mention only those few, was a matter of the most fundamental human rights and civil and political rights could flourish only in a society which could satisfy the basic needs of its people on a sustainable basis. Since poverty was the greatest violator of human rights, the international community had a responsibility to facilitate the attainment of sustainable development and growth in the countries of the Third World. Civil and political rights sounded hollow to the peoples of the developing countries living in the midst of squalor, ignorance and disease. If those peoples were to be free from want and live in dignity, the international community would have to address all rights in a collective and integrated manner. But, instead, the developing countries suffered creeping external-debt overhang, structural adjustment programmes without a human face and unilateral coercive measures. To compound the difficulties inherent in those measures, civil and political rights tended to fly in the face of the desperate realities in the developing countries. The universality and indivisibility of human rights meant that the enforcement of the right to development was a necessary condition, without which all the efforts to promote the enjoyment of all the other rights would continue to create tension, even social upheaval, at a time when the whole world was beginning to reap the peace dividend.

52.   Mr. PAPPA (Observer for Switzerland) said that the World Conference on
Human Rights held in Vienna in 1993 had produced a political consensus on
the right to development, reaffirming that it was an integral part of human
rights and fundamental freedoms. In that connection, he recalled that the
Secretary-General of the United Nations, Mr. Kofi Annan, had said that the
right to development was a barometer of all other rights.

53.   If the right to development was to be exercised, it was first necessary
to clarify a number of controversial points, in particular, the definition of
the right to development itself, in order to establish the responsibilities
which derived from it at the national and international levels. The only
certainty today was that the human person was the central subject of
development. That meant not only that the basic needs of men and women
should be met and should constitute the primary goal, but also that men and
women must become the agents of development. The results of recent world
conferences had shown that the foundations for that new concept of development
were now more solid. The effective fulfilment of the commitments undertaken
at those conferences was a multidimensional task requiring a balanced,
integrated and multidimensional approach. At the same time, it was important
to tackle the enforcement of the right to development from a pragmatic angle,
without attempting to turn it into a cure-all. In order to give the
Declaration on the Right to Development its proper place, it was essential for
its principles to be taken into account in the national policies of States and
in international development policies. For several years now, Switzerland had
been strengthening its support for concrete measures to promote human rights
in the countries with which it had concluded development cooperation
agreements.

54.   Since development was closely linked to international trade and the
policies of the international trade and development organizations, it was
important to involve the relevant institutions (for example, the World Bank,
IMF, WTO and the regional development banks) in the debate on the right to
development. It would also be desirable to reinforce the collaboration
between the High Commissioner for Human Rights and the International Labour
Office, whose standards were a concrete expression of the implementation of
certain economic and social rights important for development. Acceptance
of the Declaration on the Right to Development also depended on improved
coordination among all the human rights and other agencies of the
United Nations, including UNDP.

55.   Mr. VELTHEIM (Observer for Finland) said that economic, social and
cultural rights, whose violation had caused great suffering, must be given the
same attention as all the other human rights. Finland supported all efforts
to enhance the legal and political weight of that group of rights and attached
great importance to the drafting of an optional protocol to the International
Covenant on Economic, Social and Cultural Rights. It believed that those
rights must be enforceable before the courts.

56.   That was why, three years previously, Finland had incorporated several
economic, social and cultural rights in its Constitution. The Constitution
provided that everyone had the right to the minimum means of subsistence,
i.e. food, clothing and housing. The other rights connected with
unemployment, sickness and other similar situations would be dealt with in

specific legislation. Finland's experience showed that economic, social and cultural rights could be guaranteed in domestic law, providing everyone with the possibility of enforcing them before the competent authorities.

57.   Ms. AHLUWALIA (International Federation of Red Cross and Red Crescent Societies) said that the right to food was an integral part of the right to development. The International Federation contributed to the exercise of that right by delivering emergency food aid and participating in the implementation of nutrition education programmes for its recipients. It endorsed the rights-based approach described in the report of the High Commissioner for Human Rights on the right to food (E/CN.4/1998/21), which implied that the beneficiaries of development were active subjects and claim holders and that duties or obligations were incumbent on those in a position to attend to the enforcement of those rights, in particular Governments. In that spirit, humanitarian assistance must be regarded more as a means of giving effect to those rights than as an act of charity.

58.   The International Federation believed that mechanisms should be established to enable people to exercise their right to food and their other fundamental rights when the State was no longer able to guarantee them, in the event of large-scale natural disasters, for example. It would also be useful in the case of countries subjected to international economic sanctions to examine the nature of the obligations, both of the States imposing the sanctions and of the State suffering them, in the light of their humanitarian consequences. Lastly, the role of national Red Cross and Red Crescent societies in promoting the right to food at the local and national levels should be upgraded.

59.   The International Federation and its national societies remained ready to cooperate with the United Nations system in order to make the right to food a reality for the millions of people in the world suffering from hunger.

60.   Mr. BOUAH-KAMON (Observer for Côte d'Ivoire) said that Côte d'Ivoire was firmly committed to the principles of human rights and democracy, as its Constitution testified, and that, being aware of its responsibilities, it was trying to create an environment favourable to sustainable development, particularly by strengthening the rule of law and encouraging the growth of a responsible civil society.

61.   A necessary condition for the exercise of the right to development was the removal of all obstacles to development, particularly the instability of commodity prices, the worsening of the terms of trade, the burden of external debt, the problem of access to external markets and the inadequacy of official development assistance. Accordingly, Côte d'Ivoire appealed to the international community, international financial institutions and the Office of the High Commissioner for Human Rights to solve those problems in the context of enhanced international cooperation and to give full effect to the multidimensional aspects of the right to development, which was inseparable from fundamental human rights.

62.   Mr. Selebi (South Africa) resumed the Chair.

63.   Ms. MOURAVIEFF-APOSTOL (International Federation of Social Workers) said that, according to article 25 of the Universal Declaration of Human Rights, adopted more than 50 years previously, everyone had the right to a standard of living adequate for the health and well-being of himself and of his family. However, paragraph 49 of a recent report of the High Commissioner for Human Rights (E/CN.4/1998/122) stated that some 25 per cent of the population in the developing world lived in extreme poverty and the percentage of those living in poverty in the developed world was increasing. The International Federation of Social Workers (IFSW) therefore urged the Commission to continue to address the issue of poverty and exclusion on the basis of the Sub-Commission's two previous studies on the topic.

64.   IFSW also requested the Commission to urge all States to step up their efforts to ensure the effective exercise of the economic and social rights of their peoples, to live up to the commitments entered into at the World Conference on Human Rights and the World Summit for Social Development and to encourage a culture of peace and non-violent conflict resolution, alleviating poverty with the funds used to buy weapons. Lastly, it requested the Commission to keep itself informed of the progress made during the United Nations Decade for the Eradication of Poverty (1997-2006) and to demonstrate to the world the importance which the Commission attached to the universal realization of economic, social and cultural rights.

65.   Mr. GUPTA (International Institute for Non-Aligned Studies) said that, in many cases, armed conflicts were a big obstacle to efforts to promote development and alleviate poverty. The armed groups which were opposed to modernity and condemned education, technology and economic freedoms bore a heavy responsibility for the downgrading of the human resources needed for economic and social development.

66.   Confronting all those who sought only to destroy, the tenacity of people who believed that they would succeed in conquering poverty was astounding. That was true, for example, of the people of Jammu and Kashmir, who, despite the large-scale destruction wrought by the terrorists, had opted for democracy and believed in the future.

67.   The alleviation of poverty must be regarded as a challenge and education had a part to play in that approach. Unfortunately, in many developing countries attempts were being made in the name of religion to deny young people the benefits of a modern education. It was clear, however, that, without science and technology, it would be impossible to eradicate poverty.

68.   Mr. BOHR (International Organization for the Development of Freedom of Education) said that economic, social and cultural rights were still regarded as the poor relations of human rights. The Commission should seize the opportunity offered by the fiftieth anniversary of the Universal Declaration of Human Rights to secure the swift adoption of the draft Optional Protocol to the International Covenant on Economic, Social and Cultural Rights. The Protocol undoubtedly marked a step forward, for it would enable individuals to file complaints of the violation of their economic, social and cultural rights and to enforce those rights before the courts.

69.   The International Organization for the Development of Freedom of
Education (IODFE) attached special importance to the right to education, for
its full exercise reinforced all the other rights, whether civil, cultural,
economic, political or social. IODFE therefore suggested that the Commission
should appoint a special rapporteur to study the right to education,
particularly certain aspects of that right such as difficulties of access to
primary education, assistance to the Governments of poor countries and the
education of girls, topics which could not be dealt with in detail by the
Sub-Commission's expert, Mr. Mehedi, who had been commissioned to draft a
working paper on the topic.

70.   Mr. GILL (India), speaking in exercise of the right of reply, said that
it was most regrettable that the Secretary-General of the Organization of the
Islamic Conference (OIC), Mr. Laraki, should once again have seen fit to
comment on India's internal affairs and express views not shared by a majority
of OIC States. The Indian delegation wished to point out that India was home
to the second-largest Muslim population in the world, that Muslims in India
were treated on an equal footing with other citizens in all aspects of
national life and that India had long enjoyed ties of friendship and
cooperation with OIC member States.

71.   Mr. AMAT FLORES (Cuba), speaking in exercise of the right of reply, said
that it seemed unlikely to him that a new spirit would reign over the work of
the Commission as long as the United States claimed to be the "world's supreme
ideological authority" and played the role of the "good country" which
denounced the "bad ones".

72.   Cuba had been described as a stubborn country which rejected any change.
Cubans had in fact shown themselves to be stubborn when it came to defending
their sovereignty, freedom, dignity and achievements and their right to
determine their own future.

73.   He proposed that the United States delegation should engage in a public
and detailed discussion of the question whether citizens chose their leaders
more freely and without trickery in the United States or in Cuba.

74.   Mr. HUSSEIN (Observer for Iraq), speaking in exercise of the right of
reply, said that the embargo imposed on Iraq by the United States had already
caused more than 1 million deaths. The United States was trying to use the
United Nations for its own purposes and applied a double standard with regard
to human rights. It should not be forgotten that the United States Government
had not baulked at injecting its own citizens with radioactive substances
without their knowledge and that it was ready to test new weapons without
regard to the consequences for the civilian population and the environment.

75.   The Iraqi delegation hoped that the leaders of the United States and all
citizens of that country who cared about human rights would bear in mind the
suffering of the Iraqi people as a result of the embargo imposed on it.

76.   Mr. HENDRASMORO (Indonesia), speaking in exercise of the right of reply,
said that Portugal, which had oppressed the people of East Timor for
centuries, was not best placed to criticize the human rights situation in that
province. The living standards of the East Timorese people had risen since

the integration of East Timor into Indonesia and the people supported
integration, for its turn-out in the general elections of recent years had
been more than 90 per cent.

77.   The situation of human rights was also improving, as
Mr. Jamshead Marker, the Special Envoy of the Secretary-General of
the United Nations, had attested during his recent visit to the province.
In addition, Indonesia had always cooperated closely with the Office of the
High Commissioner for Human Rights and the rest of the United Nations human
rights machinery, including the Commission's thematic rapporteurs, some of
whom had visited East Timor. It must also be pointed out that there were no
political prisoners in Indonesia.

78.   The unsubstantiated allegations made by the Minister for Foreign Affairs
of Portugal did not contribute in any way to the creation of the atmosphere
necessary for the success of the tripartite dialogue on that issue being held
under the auspices of the Secretary-General of the United Nations.

<u>The meeting rose at 6 p.m.</u>

UNITED
NATIONS

E

Economic and Social Council

Distr.
GENERAL

E/CN.4/1998/SR.23
25 June 1998

ENGLISH
Original: FRENCH

COMMISSION ON HUMAN RIGHTS

Fifty-fourth session

SUMMARY RECORD OF THE 23rd MEETING

Held at the Palais des Nations, Geneva,
on Monday, 30 March 1998, at 3 p.m.

Chairman: Mr. SELEBI   (South Africa)

CONTENTS

STATEMENT BY MR. FERNANDO E. NARANJO VILLALOBOS, MINISTER FOR FOREIGN AND
RELIGIOUS AFFAIRS OF COSTA RICA

MEASURES TO IMPROVE THE SITUATION AND ENSURE THE HUMAN RIGHTS AND DIGNITY OF
ALL MIGRANT WORKERS (continued)

RIGHTS OF PERSONS BELONGING TO NATIONAL OR ETHNIC, RELIGIOUS AND LINGUISTIC
MINORITIES (continued)

IMPLEMENTATION OF THE DECLARATION ON THE ELIMINATION OF ALL FORMS OF
INTOLERANCE AND OF DISCRIMINATION BASED ON RELIGION OR BELIEF (continued)

GE.98-11526   (E)

<u>The meeting was called to order at 3 p.m.</u>

STATEMENT BY MR. FERNANDO E. NARANJO VILLALOBOS, MINISTER FOR FOREIGN AND RELIGIOUS AFFAIRS OF COSTA RICA

1.   <u>Mr. NARANJO VILLALOBOS</u> (Costa Rica) said that his country had been the seat of the first international tribunal to which individuals could resort and was currently hosting the Inter-American Court of Human Rights. Costa Rica was one of the first countries to ratify the Covenants and other international instruments concerning human rights and to propose, with the support of a large number of countries, the establishment of the Office of the United Nations High Commissioner for Human Rights. Costa Rica therefore had a long tradition in this regard, which prompted it to call upon the countries that had not yet done so to accede to, and ratify, the treaties in force, being convinced that such an initiative would inevitably contribute to respect for human rights and to the maintenance of international peace and security.

2.   In particular, Costa Rica wished to draw attention to the need to finalize the Optional Protocol to the Convention against Torture and Other Cruel, Inhuman or Degrading Treatment or Punishment, which Costa Rica had initially proposed in 1991. In that regard, he welcomed the fact that a Costa Rican national had been elected chairman of the Working Group assigned to put that proposal into effect.

3.   The Costa Rican delegation was disturbed by the politicization that all too frequently characterized the consideration of questions relating to human rights at the international level. The application of double standards in the face of situations that were sometimes extremely grave was a source of concern, particularly at a time when the world was celebrating the fiftieth anniversary of the Universal Declaration of Human Rights, which should provide an opportunity to focus attention on what was really important, namely effective respect for those rights.

4.   The year 1998 also marked the fifth anniversary of the Vienna Declaration, which had established the principle of the indivisibility of all human rights and had emphasized the importance of the right to development, which was an essential right for many countries, including those in Central America.

5.   In Costa Rica, respect for human rights formed part of the daily practice of the Government and the Costa Rican people and had motivated the establishment of supervisory institutions and mechanisms. From the standpoint of domestic law, the international instruments concerning human rights enjoyed the same status as the provisions of the country's Constitution. Accordingly, considerable progress had been made in fields such as the elimination of gender-based discrimination, the protection of children and respect for the rights of disabled persons, indigenous peoples and other groups.

6.   In Costa Rica, human rights were taught as part of the education programmes. In fact, the country was convinced of the fundamental role that education played in that regard and that conviction had prompted it to propose the celebration of a United Nations decade for education in the field of human rights, a proposal that had been well received.

7.   Finally, the Government had opted for sustainable development based on respect for nature. The Guaymies, the indigenous peoples of Costa Rica, actually believed that the earth was a living being which needed protection and that anything which affected the earth would likewise affect mankind. That ancestral belief, which still had its adepts in Costa Rica, was in a way the indigenous concept of the Universal Declaration of Human Rights.

MEASURES TO IMPROVE THE SITUATION AND ENSURE THE HUMAN RIGHTS AND DIGNITY OF ALL MIGRANT WORKERS (agenda item 11) (continued) (E/CN.4/1998/74 and Add.1, 75 and 76)

RIGHTS OF PERSONS BELONGING TO NATIONAL OR ETHNIC, RELIGIOUS AND LINGUISTIC MINORITIES (agenda item 16) (continued) (E/CN.4/1998/90, 91; E/CN.4/1998/NGO/14, 36; E/CN.4/Sub.2/1997/18; A/52/498)

IMPLEMENTATION OF THE DECLARATION ON THE ELIMINATION OF ALL FORMS OF INTOLERANCE AND OF DISCRIMINATION BASED ON RELIGION OR BELIEF (agenda item 18) (continued) (E/CN.4/1998/6 and Add.1 and 2 and Corr.1; E/CN.4/1998/115 and 121)

8.   Mr. NARANG (European Union of Public Relations), speaking on agenda item 18, said that love and compassion were the cornerstones of all religions. It was man who had distorted the teachings of religion in pursuit of his base earthly ambitions and the perpetuation of his power. That explained why followers of different religions had, at one time or another, persecuted those who belonged to other faiths.

9.   An example of that could be found today in Pakistan, where religious instruction was creating extremists who were determined to oppress those who did not subscribe to their ideology. Hence, the daily clashes between Sunnis and Shi'ites and the attacks on Christians, Ahmadis and Hindus. It was those same extremist groups which, through the Taliban, had exported their ideology to Afghanistan.

10.   The Western countries were not immune to that infectious disease of intolerance. In the United Kingdom, militant groups were abusing democratic freedoms in order to preach hatred against Jews and followers of other faiths through the Internet, for example. However, it was not primarily to the Western countries, in which religion was no longer a factor in the conduct of public affairs, that an appeal for tolerance should be launched; it was to the countries that accorded religion a central place in affairs of State. Those countries should be informed that the international community was watching them carefully and expected them to ensure that the rights of minorities were protected.

11.   Mrs. MARWAH (International Institute for Non-Aligned Studies), speaking on agenda items 16 and 18, said that the Declaration on the Rights of Persons Belonging to National or Ethnic, Religious and Linguistic Minorities, which was adopted by the General Assembly in 1992, placed States under an obligation to protect the rights of minorities so that they could preserve their traditions and transmit them to future generations. However, it was often those same States that deprived minorities of their rights on grounds of their religion, their ethnic origin or their language. In most cases, majority

communities sought to integrate minorities through legislative measures or
socio-cultural means. That tendency was being increasingly observed, even in
States that prided themselves on being democratic. The State's inability to
protect the rights of minorities engendered frustration and that frustration,
in turn, led to the appearance of armed movements which threatened the very
existence of the pluralistic State. In order to put an end to those
internecine struggles within the human family, it was essential to promote
greater respect for democratic principles through a process of example and
education.

12.   Mrs. SIKORA (Transnational Radical Party) said that, in the countries of
the former communist bloc with a multi-ethnic structure, a metastasizing
nationalism was undermining democratic values since democracy was reduced to a
mere voting procedure which allowed the majority to eliminate or marginalize
minorities. In those countries in transition, there was a conflict between
two concepts of the State, namely the unitary and centralized State and the
federalist decentralized State. The former Yugoslav Federation began to
disintegrate when the Serbian President Milosevic sought to ensure the
supremacy of the Serbian majority, with well-known consequences.

13.   The case of the former Yugoslav Republic of Macedonia was also typical.
In that country, in which one third of the population consisted of ethnic
Albanians, the Albanian language was not recognized as an official language
and the principal organs of the State were totally dominated by Macedonians.
In fact, every means was used to marginalize the Albanians in the
decision-making organs, particularly the Parliament where they held only
one-sixth of the seats. The same applied in the social sphere in regard to
the provision of communal facilities or access to education, culture and
information.

14.   The Transnational Radical Party fully supported the final
recommendations of Mrs. Elizabeth Rehn, the Special Rapporteur, and requested
the Commission on Human Rights to encourage the former Yugoslav Republic of
Macedonia to respect the equal rights of all its citizens in both law and
practice.

15.   Mr. CHOEPHEL (Society for Threatened Peoples), being concerned with the
deprivation of religious freedom from which Tibet had been suffering for a
number of years, drew the Commission's attention in that regard to the case of
the young Gedhun Chokyi Nyima, the eleventh Panchen Lama of Tibet whose
whereabouts were unknown, and that of Chadrel Rinpoche and many monks and nuns
who were detained in Tibet. He condemned the politicization of the Tibetan
religious institutions and the control of their activities by the Chinese
authorities, who were demanding written declarations from the Buddhist monks
and nuns affirming that Tibet was part of China and denouncing His Holiness
the Dalai Lama. He also referred to the campaign that the Chinese authorities
had launched against the Dalai Lama, the restrictions that they had placed on
the transmission of religious teachings and the fact that they had banned the
major religious ceremonies. Finally, he condemned the expulsion, in 1996 and
1997, of more than 2,800 monks and nuns who had refused to be "re-educated".
All those policies were threatening the very survival of the religious,
cultural and national identity of the Tibetan people. The Society for

Threatened Peoples nevertheless hoped that the Chinese authorities would invite the Special Rapporteur on religious intolerance to pay a follow-up visit to China and Tibet.

16.   It was because of the situation in Tibet and the lack of United Nations action thereon that six Tibetans between 25 and 70 years of age had begun a hunger strike at New Delhi on 10 March of the present year. On the twenty-first day of their hunger strike, they were appealing to the Commission on Human Rights to appoint a special rapporteur to investigate the human rights situation in Tibet.

17.   Since no one, not even His Holiness the Dalai Lama, had been able to stop that hunger strike, the Society of Threatened Peoples feared greatly for the lives of those six Tibetans and, therefore, urged the Commission to respond to their legitimate request, as a matter of urgency, before it was too late.

18.   Mr. QUIGLEY (Franciscans International) condemned the discrimination to which religious minorities were being subjected in many countries, particularly in Pakistan in spite of the fact that, in 1927, that country had promulgated legislation recognizing and protecting the sacrosanct nature of religious beliefs. It was President Zia who had subsequently added to the Pakistani Penal Code provisions concerning blasphemy which condemned any act which, rightly or wrongly, might be regarded as a sign of disrespect for the Qur'an. Those provisions were often applied in an arbitrary manner motivated by personal grudges.

19.   Franciscans International had already reported the destruction of the Christian villages of Shantinagar and Khanewal on 5 and 6 February 1997 at the instigation of a small group of militant Muslims. Although the Pakistani Government had taken steps to remedy the situation, the results of the inquiry on those incidents had not yet been made public and there was still tension between Christians and Muslims in that area due to the fact that the authorities had not kept all their promises. Franciscans International called upon the Pakistani Government to publicize the report of the judicial authorities who conducted the inquiry and to prosecute the persons responsible for the destruction of those villages before the civil courts. His organization was also calling for the abrogation of all the discriminatory laws, particularly those relating to blasphemy (art. 295 (b) and (c) of the Pakistani Penal Code) as well as the abolition of the electoral system based on religion.

20.   Franciscans International was also concerned at the discrimination and persecution to which the Muslim and Christian minorities were being subjected in India. The destruction of mosques and the assassination of numerous Muslims during the last few years were particularly disturbing. Catholic priests and nuns had also been subjected to numerous violations ranging from beatings to murder and the perpetrators of those acts had not been brought to justice.

21.   Mrs. BASSAM (International Peace Bureau), speaking on agenda item 16, denounced the brutal repression to which the Mapuche minority was currently being subjected in Chile, as had happened in the worst years of the military

dictatorship. Having been dispossessed of their lands by the Spanish conquest, the Mapuche community should in theory, under the terms of Law No. 19253 of 1993 concerning the protection of the indigenous population, enjoy some fundamental rights, particularly the right to be consulted on all issues directly affecting its members. However, that law was not being applied and the situation of the Mapuche was currently characterized by the usurpation of their lands, discrimination and humiliation. The Chilean police, acting on the basis of the State Security Law and the Anti-Terrorist Law, had carried out totally unjustifiable operations in the Mapuche region where some inhabitants, including women and children, had been detained and threatened. One of the detainees had allegedly been held incommunicado for seven days, which was contrary to the law, and had suffered degrading treatment. Those operations had taken place following a clash between guards of the logging company Arauco S.A. and Mapuche families trying to halt the deforestation of land that had always belonged to them. Likewise, in violation of Law No. 19253, the Chilean State had decided to build new roads and dams without consulting the communities concerned. One example of this was the imminent construction of a series of hydroelectric power stations on the Bio-Bio river.

22.   Mr. MBOMIO (North-South XXI), describing the situation in Sri Lanka, said that the Sri Lankan army had destroyed Hindu temples and Catholic and Protestant places of worship and had imprisoned Hindu and Christian priests. That information had been confirmed by the International Committee of the Red Cross (ICRC). In his view, those incidents highlighted the key role that militant Buddhism was playing in the conflict in Sri Lanka. On the other hand, on 25 January 1998, the Buddhist sanctuary known as the "Temple of the Tooth", which was highly venerated by those same militant Buddhists, had been the target of a bomb attack which was thought to have been carried out by members of the rebel Tamil army. That attack had been condemned by Amnesty International. The Sri Lankan communities affected by that racial intolerance were expressing massive support for equal treatment of all faiths, regardless of their origin, as stipulated in the principal international instruments and in the Universal Declaration of Human Rights. North-South XXI condemned the intolerance and discrimination to which communities were being subjected in Sri Lanka on grounds of their belief, as well as the violence that resulted therefrom. There was an urgent need for the parties involved in those conflicts to meet around a negotiating table with a view to a national reconciliation for which the Commission on Human Rights could help to lay the foundation.

23.   Mr. ROSSI (International Association for Religious Freedom) welcomed the fact that, 50 years after the adoption of the Universal Declaration of Human Rights, the right to freedom of conscience and religion had been proclaimed in the constitutions of almost all the countries of the world and millions of men and women, who had previously been persecuted for their religious beliefs, could now enjoy that freedom. He highly appreciated the role that the Commission on Human Rights and the Special Rapporteur on religious intolerance had played in that regard.

24.   Unfortunately, it could not be denied that there were still some States in which religious freedom was severely restricted and even some in which the situation in that field, far from having improved, had deteriorated. Note

should be taken of grave manifestations of intolerance in some religious circles, and particularly the increasingly threatening upsurge of political movements characterized by religious totalitarianism. In that connection, he referred to the ethnic cleansing campaign conducted in Bosnia and Herzegovina which had been viewed as a war between Christians and Muslims, the intolerance of the majority Orthodox Church in some Eastern European countries, the massacre of innocent men, women and children in Algeria because a religious extremist party had been prevented from turning that country into an Islamic State, Hindu nationalism in India, the ultra-Orthodox Jewish movement in Israel which had been behind the assassination of Prime Minister Yitzhak Rabin, and the Islamic regime in Iran which had outlawed the Baha'is. Moreover, it was noteworthy that, in Mauritania and the Sudan, the Penal Code prescribed the death penalty for Muslims who changed their religion, which was contrary to article 18 of the Universal Declaration of Human Rights. It was even more disturbing to note that those States affirmed that the international instruments should be changed in order to bring them into line with Islamic law. That was what the head of the Sudanese delegation had declared before the Human Rights Committee.

25.   The international community should react vigorously against all the extremist movements which, in the name of an erroneous concept of religion, were seriously threatening the human rights system as well as world peace. The Commission on Human Rights should consider organizing a seminar of experts from all the major religions in order to clearly demonstrate that the authentic teachings of the major religions, stripped of any tradition that was not in conformity with the principles of the holy books, was fully in harmony with the rights and freedoms recognized in the Universal Declaration.

26.   Mr. KIRKYACHARIAN (Movement against Racism and for Friendship Among Peoples) noted the reluctance of States to sign and ratify the International Convention on the Protection of the Rights of All Migrant Workers and Members of Their Families and, in particular, the lack of valid arguments to justify that reluctance, which was attributable to the desire for access to cheap labour to which the principle of equality in regard to economic and social rights did not apply and which was deprived of political status.

27.   The problem of family reunification should also be addressed, because some of the more reactionary circles were beginning to regret the former pattern of immigration consisting solely of single persons to whom a few allowances were granted for the families that they had left behind, although those allowances were much less generous than those to which nationals were entitled. However, the demographic situation in the developed countries necessitated the absorption of foreign families since the active/non-active population ratio could place those countries in an extremely weak position within a few years. In future, immigrant children would be an active force in their host country provided that they received a scientific and technical education that enabled them to keep in step with modern social progress.

28.   He felt that the International Convention on the Protection of the Rights of All Migrant Workers and Members of Their Families was right to recommend the adoption of a form of (local or regional) citizenship for immigrant workers. The European Union had also been right to establish that principle for all nationals of its member countries. It should also be

applied to the nationals of all other countries. In conclusion, he hoped that the Commission would adopt a strong recommendation to the effect that all States should sign and ratify the International Convention on the Protection of the Rights of All Migrant Workers and Members of Their Families.

29.   Mr. BRAFF (General Conference of the Seventh-Day Adventists) said that article 18 of the Universal Declaration of Human Rights was disregarded in many countries and even called into question in some democracies, as had been emphasized in many reports, including that of Mr. Amor (E/CN.4/1997/91). He pointed out that the Church's independence from the State was one of the key principles of modern democracies. History showed what happened to freedoms when the State abandoned its duty. In such a case, instead of guaranteeing equality and freedom, it became the instrument of a religion or a Church. Since the same causes produced the same effects, it was now possible to measure the degree of freedom in States in which politics and religion were intermingled.

30.   He noted with regret that, in some countries, religious minorities were still being equated with dangerous sects. Although a sect was usually a religious minority in the numerical sense of the term, it was not necessarily a dangerous minority. In his view, the publication, in some countries, of lists of sects which were often compiled without the assistance of experts or academics was a remarkably strange way to strengthen religious freedom and peace. It was not normal that a religious minority which respected the law should be marginalized or even persecuted by the State, that the simple fact of not belonging to the majority or traditional religion should turn a man or a woman into a second-class citizen, that public schools should brutally close their doors to children on grounds of their religious beliefs and that the Jehovah's Witnesses, for example, should be on the verge of gaining recognition in Cuba while they were still being harassed in several European countries. The State should protect its citizens from all kinds of abuses. If a religious, political or economic group posed a threat to freedom, public order, the family or health, the State had a duty to react and, in most democracies, the Penal Code allowed it to do so without the need to promulgate new anti-sectarian legislation.

31.   In conclusion, he thanked the new democracies, particularly Poland and Hungary, which had not succumbed to religious and nationalist pressure, as well as Spain and Italy, which had often served as models. He encouraged all the Governments which were passing through that transition towards democracy to promulgate legislation that was in conformity with the international instruments of the United Nations and which recognized the independence of religious organizations, Churches and the State and guaranteed every individual's right to choose his religion and his way of thinking with due regard for others.

32.   Mr. LEPATAN (Philippines) said that the phenomenon of migrant workers was not new although, at the present time, it had assumed an unprecedented magnitude due to the growth in the world population, the increasing disparities in income which were inducing large numbers of workers to seek their fortune in richer countries, the facility of travel and the emergence of organized groups that were profiting from migrant workers.

33.   Being both a labour-exporting and a labour-importing country and one of the few States that had signed and ratified the International Convention on the Protection of the Rights of All Migrant Workers and Members of Their Families, the Philippines welcomed the fact that the High Commissioner for Human Rights had approved the organization of a global campaign to promote the ratification and entry into force of that instrument. He hoped that the World Conference on Racism, Racial Discrimination, Xenophobia and Related Intolerance would give due attention to the discrimination and violence faced by migrant workers.

34.   He suggested that the High Commissioner for Human Rights should consider carrying out a historical study of migratory movements and the economic, social and cultural contributions made by migrant workers throughout the world in order to promote better understanding and tolerance of migrant workers in host societies.

35.   During the current session of the Commission, the Philippines would be presenting or co-sponsoring various draft resolutions designed to promote and protect the rights and dignity of migrant workers and members of their families. The first of those draft resolutions would advocate ratification of the relevant International Convention, while the second would refer to the need to renew the mandate of the Working Group of Intergovernmental Experts on the Human Rights of Migrants. His delegation hoped that the Working Group would give due attention to women migrant workers who, being female, were particularly vulnerable. In that regard, his delegation would be presenting a draft resolution on the violence to which those women were subjected, as well as a related draft resolution on the traffic in women and girls.

36.   His delegation welcomed the commitment of intergovernmental and non-governmental organizations to promote and protect the rights and dignity of migrant workers. It hoped that their endeavours would also promote a better understanding of the contribution that migrant workers were making to economic and socio-cultural progress in both their host and home countries.

37.   Mr. MAJDI (Morocco) said that, since the mid-1970s, immigrants had been accused of being the cause of all the ills afflicting their host societies which, consequently, found them costly, unassimilable and dishonest. Some politicians, motivated by these prejudices which were not based on any objective and carefully considered analysis, had made immigration a priority issue in their programme, thereby encouraging certain groups to increase their xenophobic acts of aggression against immigrants everywhere in Europe. That attitude seemed to have spread to some official sectors which, if not actually covering up, were at least turning a blind eye to those activities. In judicial proceedings, a presumption of malfeasance seemed to weigh heavily against the immigrant, who was required to furnish proof to the contrary. Those attitudes, which were sometimes racist and xenophobic, were backed by an increasingly severe, not to say discriminatory, arsenal of laws and regulations.

38.   The Moroccan delegation felt that it was paradoxical, at the very least, to note, in the era of globalization in which economic liberalization and the free movement of goods and services were being demanded, that extraordinary efforts were still being made to build fortresses to prevent the movement of

persons. His delegation in no way contested the right of every State to define and apply its own migration policies and to make its sovereign decisions concerning border control. However, the manner in which a State treated foreigners in its territory was not a matter that solely concerned that State. The Universal Declaration of Human Rights and the relevant international instruments required States to guarantee to all persons living under their jurisdiction the fundamental rights enjoyed by the population as a whole. In that context, refoulement, arbitrary expulsion and the unjustified confiscation of travel documents, which had become current practice, could not be tolerated.

39. Morocco supported the renewal of the mandate of the Working Group of Intergovernmental Experts on the Human Rights of Migrants, the task of which was to gather information on the obstacles encountered from all the parties concerned in order to ensure the effective protection of those rights. His country hoped that the celebration of the fiftieth anniversary of the Universal Declaration of Human Rights would encourage States to ratify the International Convention on the Protection of the Rights of All Migrant Workers and Members of Their Families.

40. Mr. ZOZULYA (Ukraine) said that Ukraine had always attached the utmost importance to the protection of linguistic, ethnic, and religious minorities from any form of discrimination or intolerance. The Government encouraged the establishment, among the various ethnic groups, of relations based on mutual tolerance and confidence.

41. In that connection, it was noteworthy that the revival of the Ukrainian culture and language, which had suffered greatly under the Soviet regime, was not taking place at the expense of the rights of persons belonging to any national minority or ethnic group. For example, measures were currently being taken to promote education in the minority languages and to preserve the cultural traditions of the minorities. The Ukrainian Government therefore rejected any attempt to exploit ethnic issues for political ends or to the detriment of the inter-ethnic harmony, stability and integrity of Ukraine.

42. The Ukrainian Government expected the rights of the 12 million ethnic Ukrainians living outside Ukraine to be protected in the same way. It was the country of citizenship or permanent residence that bore the primary responsibility for ensuring that the rights of minorities were respected in its territory. For its part, Ukraine was convinced, in the light of its experience, that cooperation among States would help to settle the problems of persons belonging to minorities and would prevent the mass migrations that could be caused by lack of respect for their rights.

43. With regard to migrant workers, the Ukrainian delegation strongly supported the recommendation of the Working Group of Intergovernmental Experts on the Human Rights of Migrants that the Commission should authorize the Group to meet twice annually for two sessions of five days each.

44. With regard to the rights of persons belonging to minorities, the Ukrainian Government was in favour of extending the mandate of the Sub-Commission's Working Group on Minorities and would continue to participate actively in its work, the effectiveness of which would be increased if the

working documents were prepared in advance, if the discussions were less politicized and if a larger number of observers from Governments, NGOs and independent experts participated therein.

45.   The application of the Declaration on the Rights of Persons Belonging to National or Ethnic, Religious and Linguistic Minorities would be strengthened if the treaty-monitoring bodies and special rapporteurs of the United Nations played a more active role in solving the problems that arose within the framework of inter-ethnic and inter-State relations. In that regard, as several delegations had suggested, the international mechanisms assigned to control and monitor compliance with the provisions of the Declaration should be strengthened.

46.   Mrs. GAER (United States of America) said that, in accordance with article 18 of the Universal Declaration of Human Rights, everyone had the right to freedom of thought, conscience and religion, as well as freedom to manifest his or her religion or belief in public or in private.

47.   The United States, which had never known a religious war, was deeply attached to that freedom. Moreover, many of the early settlers had been escaping religious persecution in Europe. In the United States, the separation of Church and State was enshrined in the Constitution, thereby allowing all religions to flourish in a spirit of tolerance. In November 1996, the United States Administration had established an Advisory Committee on Religious Freedom Abroad, which comprised religious leaders representing all the major faiths and scholars who had dedicated their lives to the study of that issue. The Committee's task was to advise the Secretary of State on ways to promote and protect religious freedom worldwide. In that regard, it was noteworthy that the incidence of religious persecution increased whenever there was a deterioration in the political, economic and social climate. Such deterioration probably accounted for some of the anti-Semitism that had been observed in Central and Eastern Europe since the collapse of the Soviet Union. It was also a factor in the tension between Hindus and Muslims in India and between Sunni and Shi'a communities in Pakistan. The United States shared the opinion of the Secretary-General of the United Nations that the international community should denounce anti-Semitism in all its manifestations. In that connection, it should be noted that denial of the existence of the Holocaust was a form of anti-Semitism.

48.   The United States could not remain indifferent to the tragic fate of the Christians and animists who were being persecuted by the Sudanese Government and forced to convert to Islam or be enslaved. It was essential to seek a speedy, just and durable settlement to the conflict that had been tearing that country apart for the last 15 years.

49.   The persecution suffered by the Baha'is and Christians in Iran, by the Buddhists, Christians and Rohingya Muslims in Burma and by the followers of various religions in China, particularly in Tibet and Xinjiang, should also be condemned. It was unacceptable that the Chinese Government should continue to detain the young boy under 10 years of age who had been designated by the Dalai Lama as the Panchen Lama.

50.   The United States also feared that, in Russia, the new law on religion might severely restrict the freedom of religious minorities. The United States shared the concerns of its Muslim American citizens over the growing intolerance in regard to Islam in some sectors of European society. On the other hand, her country would not tolerate any invocation of Islam or other religions to justify atrocious violations of human rights as was being done by the Armed Islamic Group in Algeria.

51.   In her view, the Commission should consider the positive role that religious leaders could play in conflict resolution. She also called upon the Commission to continue its work on the basis of the important studies on religious freedom that had been prepared for it. Finally, she urged the High Commissioner for Human Rights to ensure the full integration of that issue in the programmes of her Office. In that regard, she called upon the special rapporteurs examining country situations to meet with leaders of religious communities and human rights organizations in those countries and to include information on religious freedom therein in their reports.

52.   Mr. PACURETU (Observer for Romania) said that the Vienna Declaration, which stemmed directly from the Universal Declaration of Human Rights, reaffirmed the fundamental principle that States should assure the same protection for all citizens irrespective of their race, language, religion or origin. Governments and persons belonging to national minorities should make concerted efforts to preserve inter-ethnic peace.

53.   The Romanian Government also believed that States had an obligation to ensure that all citizens participated in social progress and to protect the rights of persons belonging to national minorities, in accordance with the relevant international instruments and standards, particularly the instruments drawn up by the Council of Europe. The bilateral agreements concluded between a State in which a national minority was living and the State from which that minority came also helped to establish a climate of confidence and prevent tension.

54.   In Romania, the Democratic Union of Hungarians, which represented the largest ethnic minority in the country, nominated its own candidates not only for posts within the Government but also for posts to be filled in the prefectures and sub-prefectures. Hundreds of mayors belonging to that party had been elected democratically.

55.   Moreover, the Romanian Constitution stipulated that every national minority should have at least one representative in the Parliament. A Department for the Protection of National Minorities had recently been established to monitor the application of the legislation concerning minorities. All those mechanisms and institutions bore witness to the importance that Romania attached to protection of the rights of national minorities and their participation in all aspects of social life.

56.   Mr. ZERVAN (Observer for Slovakia) said that the Slovak Republic was firmly committed to protect the fundamental rights and freedoms of all its citizens, including the specific rights of persons belonging to national minorities. Accordingly, Slovakia had become a party to all the principal international instruments concerning human rights and the rights of

minorities, had adopted legislative provisions and taken practical measures to ensure the effective exercise of those rights and had incorporated the principles set forth in the international instruments in the bilateral treaties that it had concluded with its neighbours.

57.   The Slovak Government supported the work of the Working Group on Minorities and approved its proposal to submit the Hague Recommendations regarding the education rights of national minorities for consideration by Governments with a view to making them universally applicable.

58.   Slovakia was also one of the first States to ratify the Framework Convention for the Protection of National Minorities, which had been drawn up by the Council of Europe, and was currently preparing its first report on the implementation of that convention.

59.   At the invitation of the Slovak Government, representatives and experts from the European Commission, the Council of Europe and the Office of the High Commissioner for National Minorities of OSCE had visited Bratislava on 9 and 10 March 1998 to help Slovakia to evaluate its domestic legislation concerning the use of minority languages. A second meeting was scheduled for April 1998.

60.   In conclusion, Slovakia was firmly convinced that protection of the rights of persons belonging to national minorities contributed significantly to the establishment of cultural pluralism at the national level and to the enrichment of mankind's cultural heritage.

61.   Mr. HASSAINE (Observer for Algeria) said that, by proclaiming the Declaration on the Elimination of All Forms of Intolerance and of Discrimination Based on Religion or Belief in 1981, the General Assembly of the United Nations intended to reinstate religion in its true place in human society by allowing everyone to live his spirituality freely and in harmony with others. To that end, a culture of tolerance and non-discrimination should be promoted within the framework of the Decade for Human Rights Education.

62.   Religious wars had constituted the most acute form of religious intolerance that mankind had known. Today, the world was witnessing the upsurge of terrorism, a new form of intolerance directed against entire peoples. Small groups believing themselves to be vested with a divine mission were attempting to impose their fallacious and anachronistic interpretation of sacred texts and were engaging in blind and barbaric terrorism. In that regard, it was noteworthy that religious extremism had been largely sustained, supported and manipulated by some parties within the framework of the East-West confrontation.

63.   States, the United Nations and civilian society should clearly and unequivocally condemn the religious extremism that was threatening not only democracy but also stability and peace throughout the world. The Special Rapporteur on religious intolerance had rightly recommended certain initiatives, particularly communications and in situ visits, on the issue of

religious extremism and the definition and adoption by the international
community of a minimum of common rules and principles of conduct and behaviour
in regard to religious extremism.

64.   Mr. TANDAR (Observer for Afghanistan) said that intolerance was alien to
Islam, that, according to the Qur'an, life was sacrosanct, that education was
a religious obligation for every male and female Muslim and that extremism was
incompatible with Islam, which was a tolerant religion that rallied men and
women of all colours, all languages, all races and all continents around a
common aim.

65.   The Taliban were distorting Islam. Eminent Muslim scholars and highly
reputed Islamic teaching centres throughout the world condemned their
practices: public stoning, closure of teaching establishments for women and
young girls, refusal to permit women to wash themselves or to work, and
slaughter of persons sentenced to death before 35,000 spectators.

66.   Some silences, some attitudes and some sympathetic remarks in regard to
the Taliban gave reason to believe that they were the instruments of a policy
and a game that were under way in the region. To those who kept silent in the
face of the distress of a people and who believed that they could come to
terms with barbarity at the end of the twentieth century, it might be useful
to point out that one Munich was sufficient.

67.   The delegation of the Islamic State of Afghanistan called upon the
international community as a whole and the Muslim countries in particular to
unreservedly condemn the Taliban in Afghanistan and the terrorists in Algeria
for insulting Islam.

68.   Mr. GETAHUN (Observer for Ethiopia), speaking first of all on agenda
item 11, said that the Ethiopian delegation shared the concern of previous
speakers at the alarming increase in violations of the fundamental rights of
migrants, regardless of whether they took the form of racist and xenophobic
acts of aggression by individuals or isolated groups or measures such as
prolonged administrative detention, denial of channels of appeal against
administrative decisions, summary expulsions or deportations in humiliating
conditions. Those problems required urgent and concerted action. In that
regard, the Ethiopian delegation welcomed the report of the Working Group of
Intergovernmental Experts on the Human Rights of Migrants (E/CN.4/1998/76).
The numerous replies to the questionnaire prepared by the Working Group had
enabled it to analyse the various problems encountered by migrants.

69.   While highly appreciating the efficient manner in which the Working
Group had obtained information by its own means, the Ethiopian delegation
shared the view expressed by several participants who, as indicated in
paragraph 80 of the report, felt that the Working Group's activities should
not duplicate those of competent intergovernmental organizations, specialized
agencies or treaty-monitoring bodies. However, the Working Group should
utilize the data already gathered by those institutions. The Ethiopian
delegation also endorsed the proposal made in paragraph 94 of the report to
the effect that a permanent United Nations body should serve as a clearing
house for information concerning the full protection of the rights of
migrants.

70.   With regard to agenda item 16, the Ethiopian delegation welcomed the report (E/CN.4/Sub.2/1997/18) of the Sub-Commission's Working Group on Minorities, and particularly the recommendation made in paragraph 108 concerning the preparation of a manual on the Declaration on the Rights of Persons Belonging to National or Ethnic, Religious and Linguistic Minorities, a task which the Working Group was best qualified to undertake. His delegation also endorsed the recommendation made in paragraph 109, concerning the establishment of a database on good practices and another on national, regional and international recourse mechanisms. In that regard also, the Working Group should clearly identify the practices that were designated as "good".   The Ethiopian delegation likewise emphasized the importance of the recommendation made in paragraph 112 of the report to the effect that the Sub-Commission should call upon each of its committees to include in their reporting guidelines for States parties a request for information concerning the minority-related rights relevant to the treaty in question and to pay particular attention to the question of the status of minorities during their consideration of the reports of States parties. Finally, paragraph 119 contained another important recommendation concerning the need for the United Nations, and particularly UNICEF, UNESCO and UNDP, to considerably increase the resources allocated to multicultural and intercultural education projects.

71.   In spite of the increasing awareness of the problems encountered by minorities, discrimination, exclusion and conflicts had persisted. Since the Working Group had been established to consider those issues and to seek solutions thereto, it should be allowed to hold one session of five working days every year, which would be devoted to the consideration of issues such as the cultural autonomy of minorities, their representation in public institutions and the promotion of their rights. Through the Sub-Commission, the Working Group should also contribute to the preparation for the World Conference against Racism, Racial Discrimination, Xenophobia and Related Intolerance by undertaking studies on the issues covered by its mandate.

72.   Ethiopia had more than 70 ethno-linguistic groups. The Ethiopian Constitution of 1994 stipulated that every nation, nationality and people had the right to use its own language, to promote its own culture, to preserve its history and to enjoy a full measure of self-rule. Those constitutional guarantees were fully respected in Ethiopia.

73.   Mr. COX (Baptist World Alliance) said that the Alliance was a fellowship of 191 Baptist organizations representing a total of 100 million persons throughout the world. It had a Human Rights Commission, which met annually and sought to solve the problems brought to its attention by the various affiliated organizations. Every year, the Commission sponsored a mission to a region in which it believed that the fundamental rights of the population, regardless of whether they belonged to the Baptist community, were being flouted. The members of those missions always endeavoured to meet the United Nations representatives in the country concerned.

74.   At the present time, the Baptist World Alliance was particularly concerned at the fact that several States Members of the United Nations had not yet recognized the right of all their population to religious freedom. Since its establishment at the end of the sixteenth century, the Baptists

Movement had advocated the separation of Church and State and freedom of worship for every individual. For four centuries, the Baptists had sought to promote religious freedom for all, not just for Christians and certainly not just for Baptists. In fact, they were convinced that religious freedom, as outlined in the Universal Declaration of Human Rights, was every individual's inalienable right which should not be restricted or denied.

75.   The Baptist World Alliance was alarmed at the upsurge in persecution throughout the world and condemned all acts of violence committed in the name of religion. It was also concerned at the increase in discrimination practised by States. Governments should be reminded that they had an obligation to ensure that the rule of law was respected. The Baptist World Alliance appealed to the Commission to do everything within its power to combat all forms of injustice, including that which consisted in preventing believers from openly practising their faith.

76.   Mrs. CONNAUGHTON ESPINO (Women's International League for Peace and Freedom) said that migration was a complex phenomenon which should be analysed by considering the causes and studying the obstacles that prevented immigrants from fully enjoying their fundamental rights. At the present time, migrations were to a large extent linked to globalization, the role of transnational corporations and economic liberalization policies. For example, many farmers who had been dispossessed of their land had no choice but to emigrate in order to support their families. Both the countries of origin and the host countries had responsibilities in that regard and should consider the consequences of certain economic policies. The Women's International League for Peace and Freedom urged the countries of origin to ensure that the right of their citizens to remain in their country was respected by protecting their land rights and ensuring that foreign companies observed the standards set by the International Labour Organization. It called upon the host countries to recognize their responsibilities in the economic liberalization process and to no longer allow their national companies to flout ILO standards in their facilities abroad. Moreover, since immigrants were often victims of racism and xenophobia, the host countries should conduct information campaigns within the framework of the Third Decade to Combat Racism and Racial Discrimination and the issue of migration should be high on the agenda of the World Conference to Combat Racism. The League also appealed to all States to rapidly ratify the International Convention on the Protection of the Rights of All Migrant Workers and Members of Their Families, which had not yet been signed by any so-called "developed" country.

77.   Female migration was a matter of particular concern since more than half of all migrants were women, who experienced the dual discrimination of racism and sexism. Clandestine female workers, regardless of whether they had emigrated of their own free will or were the victims of trafficking, were particularly vulnerable to economic, psychological and sexual exploitation. In that regard, the League welcomed the Commission's resolution 1997/13 concerning violence against women migrant workers, especially the provisions concerning measures to punish the perpetrators of that violence and assist its victims. The League was in favour of a renewal of the mandate of the Working Group of Intergovernmental Experts on the Human Rights of Migrants, which it

urged to consider the situation of women migrants in all its work and to pay particular attention to the issue of undocumented migrants, without forgetting the need to combat racism and xenophobia.

78.   Mr. PARADISO (Asian Buddhists' Conference for Peace) referred to the fate of the Mohajirs in Pakistan who, although they had their own distinct culture, language and values and constituted the fifth largest nationality in Pakistan, had never been recognized as full Pakistani citizens and were subjected to systematic tacit or official discrimination in all spheres of life.

79.   The Asian Buddhists' Conference for Peace urged the Commission and member States to ensure that a political solution was sought for the plight of the Mohajirs living in urban centres of Sindh with a view to securing effective respect for their rights as recognized in the Pakistani Constitution. The present coalition between the ruling Muslim League and the Mohajir Qaumi Movement provided a suitable opportunity to do so. The Government should demonstrate its sincerity and not use the coalition as a tool to remain in power. Above all, it should put an end to the violations that were being committed against Mohajir workers in general and those of the MQM in particular.

80.   The Asian Buddhists' Conference for Peace also condemned the suicide attack against one of the holiest Buddhist shrines, the Temple of the Tooth at Kandy in Sri Lanka. The destruction of that site should be condemned not only because of the scores of people who had been killed or injured but also because it constituted an attack on the universal conscience.

Statements made in exercise of the right of reply.

81.   Mr. HUU HAI (Observer for Viet Nam), referring to a statement by the non-governmental organization Pax Romana concerning his country, said that a group of persons who were obstinately closing their eyes to reality and to the development of Viet Nam, tried to mislead the Commission every year. Their statements, which were neither objective nor constructive, hardly reflected a genuine concern for human rights. The Vietnamese delegation, which had frequently had to refute such allegations, deemed it appropriate to mention the view expressed by the Asian Group Coordinator on item 3 that the secretariat should examine statements of this type in advance with a view to preventing the participation of unauthorized observers and the repetition of obsolete statements.

82.   Mr. IDRIS (Sudan), referring to the statement by the representative of the International Association for Religious Freedom on agenda item 18, made the following comments:

83.   Although changing one's religion was indeed designated as a criminal offence in the Sudanese Penal Code of 1983, it was no longer so designated in the Code that the present Government had promulgated in 1991. However, the new Code prescribed penalties for manifestations that disrupted public order, in accordance with a universally recognized principle.

84.   Moreover, the Sudanese delegation categorically refuted the allegation
that the head of the Sudanese delegation had declared before the Human Rights
Committee that international law should be adapted to national legislation.
On that occasion, the Sudanese representative had actually said that the
Sudan, being a signatory of the Vienna Convention on the Law of Treaties, was
bound to respect the international instruments to which it was a party. In
addition, article 18, paragraph 3, of the International Covenant on Civil and
Political Rights stipulated that States had the right to impose such
limitations as were prescribed by law and were necessary to protect public
safety, order, health, or morals or the fundamental rights and freedoms of
others. The Sudan had not defaulted on its obligations and the representative
of the International Association for Religious Freedom was, to say the least,
ill-informed of the situation in that country.

85.   The allegations made by the representative of the United States of
America, to the effect that the non-Muslim population of the southern part of
the country was being persecuted, were unjust and unfounded. In fact, if the
Christians and animists in the south were being forcibly converted and
enslaved, as the United States delegation alleged, 2 million southerners would
not have fled to the north from the war zone.

<u>The meeting rose at 5.45 p.m.</u>

UNITED
NATIONS

E

Economic and Social
Council

Distr.
GENERAL

E/CN.4/1998/SR.21
17 July 1998

Original: ENGLISH

COMMISSION ON HUMAN RIGHTS

Fifty-fourth session

SUMMARY RECORD OF THE 21st MEETING

Held at the Palais des Nations, Geneva,
on Friday, 27 March 1998, at 5.55 p.m.

Chairman:	Mr. SELEBI	(South Africa)
later:	Mr. GALLEGOS CHIRIBOGA (Vice-Chairman)	(Ecuador)
later:	Mr. SELEBI (Chairman)	(South Africa)

CONTENTS

INDIGENOUS ISSUES (continued)

MEASURES TO IMPROVE THE SITUATION AND ENSURE THE HUMAN RIGHTS AND DIGNITY OF
ALL MIGRANT WORKERS (continued)

RIGHTS OF PERSONS BELONGING TO NATIONAL OR ETHNIC, RELIGIOUS AND LINGUISTIC
MINORITIES (continued)

IMPLEMENTATION OF THE DECLARATION ON THE ELIMINATION OF ALL FORMS OF
INTOLERANCE AND OF DISCRIMINATION BASED ON RELIGION OR BELIEF (continued)

This record is subject to correction.

Corrections should be submitted in one of the working languages. They
should be set forth in a memorandum and also incorporated in a copy of the
record. They should be sent within one week of the date of this document to
the Official Records Editing Section, room E.4108, Palais des Nations, Geneva.

Any corrections to the records of the public meetings of the Commission
at this session will be consolidated in a single corrigendum, to be issued
shortly after the end of the session.

GE.98-13183 (E)

The meeting was called to order at 5.55 p.m.

INDIGENOUS ISSUES (agenda item 23) (continued) (E/CN.4/1998/11 and Add.1, 106 and Corr.1 and 107; E/CN.4/Sub.2/1997/14, 15 and 17 and Corr.1; A/52/509)

MEASURES TO IMPROVE THE SITUATION AND ENSURE THE HUMAN RIGHTS AND DIGNITY OF ALL MIGRANT WORKERS (agenda item 11) (continued) (E/CN.4/1998/74 and Add.1, 75 and 76)

RIGHTS OF PERSONS BELONGING TO NATIONAL OR ETHNIC, RELIGIOUS AND LINGUISTIC MINORITIES (agenda item 16) (continued) (E/CN.4/1998/90 and 91; E/CN.4/1998/NGO/14 and 36; E/CN.4/Sub.2/1997/18; A/52/498)

IMPLEMENTATION OF THE DECLARATION ON THE ELIMINATION OF ALL FORMS OF INTOLERANCE AND OF DISCRIMINATION BASED ON RELIGION OR BELIEF (agenda item 18) (continued) (E/CN.4/1998/6 and Add.1-2 and Corr.1, 115 and 121)

1.   Mr. DIENG (International Commission of Jurists) said that the draft declaration on the rights of indigenous peoples contained the necessary principles for the protection of their human rights and their survival as distinct peoples. While in favour of a speedy adoption of the draft declaration, he recognized the need for dialogue between Governments and indigenous peoples to ensure that the relevance and appropriateness of the declaration were fully recognized. He understood the pressures generated by the clash of cultures and the difficulties of accommodating both indigenous and non-indigenous interests and perspectives within one legal and political system.

2.   An effective declaration, when eventually adopted, would provide useful guidance to Governments and others in the application of the rule of law. Australia was an example of a country grappling with the political and social consequences of over 200 years' dominance of a legal system that sanctioned the dispossession and destruction of indigenous societies. It was to Australia's great credit that it had begun to accept its past errors and initiate legal reform programmes and a reconciliation process. The recent recognition by the Australian High Court of pre-existing indigenous rights to land was, however, threatened by a political backlash and proposed legislative action which would breach the country's obligations under the Convention on the Elimination of All Forms of Racial Discrimination.

3.   While welcoming the progress made by the working group on the draft declaration, particularly the agreement by consensus on two articles, and the emerging consensus on the underlying principles of a number of others, he shared the concern of many indigenous peoples that the annexing of government proposals that had not been subjected to formal discussion constituted a departure from the agreed negotiation procedures.

4.   The right to self-determination was a fundamental one, and any limitation on indigenous peoples' right in that regard would be discriminatory. His organization considered that a permanent forum for indigenous peoples at a high level within the United Nations should be established as soon as possible and should have the broad scope outlined in the note verbale submitted by the Danish Government (E/CN.4/1995/141).

5.   Mr. MIOT (International Federation of Rural Adult Catholic Movements) said that the identity of indigenous peoples, based on a balanced relationship to all aspects of creation and, in particular, to the land, was currently threatened in many places by assaults of many kinds.

6.   Within the framework of the International Decade they had strongly affirmed their rights: the indigenous women of the Americas had met at Mexico in December 1997 to share experience and make proposals for joint action; the peasant movement in the Philippines had held seminars on the use of traditional varieties of rice, and organized petitions for the recovery of their ancestral lands; meeting in Korea, on the initiative of his own organization, representatives of peasant movements from eight Asian countries had adopted a resolution in September 1997 expressing alarm at the threat to their lands and natural resources, and their conviction that the move from community-based traditional agriculture to agro-industrial agriculture had had disastrous consequences; in Ecuador, indigenous groups had established a platform to guarantee the individual and collective rights of peoples, and to promote integral and sustainable development; and a meeting in Panama in November 1997 of representatives of indigenous organizations in 15 American countries had denounced the Human Genome Diversity Project as an act of aggression against the indigenous peoples.

7.   Ms. ROBERTS (Lutheran World Confederation) said that the report of the open-ended inter-sessional working group (E/CN.4/1998/106) made frustrating reading: indigenous communities could at least note that some progress had been made through the adoption by consensus of two articles of the draft declaration, but the long-drawn-out and minutely detailed negotiations imposed a considerable burden on their limited resources.

8.   While no one doubted the commitment and sincerity of all participants, a sense of urgency was required if the task were to be quickly completed. There had been widespread rejoicing when the Universal Declaration had been signed 50 years previously, but a declaration on the rights of indigenous peoples was also to be seen as an international instrument of major importance: for, without the protection it would afford, the land and identity of those peoples, and indeed their very survival would continue to be under threat.

9.   Mr. CONDORI (North-South XXI) said that the indigenous peoples recognized the valuable contribution made by the Commission and other United Nations bodies, to encouraging States to improve their legal situation. ILO Convention 169, for example, was reflected in the new Bolivian Constitution, which recognized the social, economical and cultural rights of indigenous peoples, as did the legislation of a number of other States. Unfortunately, in most cases practice fell short of the letter of the law.

10.   In recent years, indigenous peoples had made increasing use of new technology, including the establishment of information networks on the Internet, which had made it possible to draw public attention to repeated violations of the rights established in the ILO Convention. Among those violations were militarization of indigenous territory in Chiapas in Mexico and the exploitation of hydrocarbons and other natural resources to the detriment of the environment in Venezuela, Brazil, Peru, Guyana and Ecuador, and the threat to the survival of local indigenous people of mega-construction

projects in Chile and Argentina. Mention should also be made of the
desertification of their lands by despoliation of their water resources
suffered by the Aymara nation on the frontiers of Bolivia, Chile and Peru,
and the contamination of Lake Titicaca and associated rivers.

11.   It was, therefore, a matter of urgency to establish a permanent forum
for indigenous peoples, and his organization entirely shared the views
expressed in the concise indigenous perspective submitted by the Grand Council
of the Crees (E/CN.4/1998/11/Add.1), and supported the continuation of the
working group's important work on behalf of the indigenous peoples.

12.   Mr. OPOČENSKY (World Alliance of Reformed Churches) said that, in spite
of the hopes raised by the International Decade of the World's Indigenous
Peoples and the Vienna Conference on Human Rights, little progress had been
made in recognizing the rights of the indigenous as distinct peoples and their
situation was deteriorating in many cases. Indigenous peoples greatly
appreciated the support given by their friends and allies, but their hopes
would be fulfilled only when all the Member States accepted the legitimacy of
their claims.

13.   Ms. GRAF (International League for the Rights and Liberation of Peoples)
said it was essential that all indigenous peoples should be given the right
freely to decide about all aspects of their lives. Her organization welcomed
the important work being undertaken on those issues by the High Commissioner
for Human Rights and agreed that she should be able to visit countries and
territories where there was a particular problem, such as land tenancy, and
drew attention to its communication (E/CN.4/1998/NGO/25) on that issue in
Chiapas. Her organization also wished to express its full support for the
establishment of an open-ended ad hoc group on the establishment of a
permanent forum for indigenous peoples in the United Nations system.

14.   Mr. KNIGHT (International Peace Bureau) said he wondered why the Lakota
nation, which honoured the treaties of 1868 and all the treaties since 1492,
was not accorded a seat on the Commission on Human Rights on the same basis as
other sovereign nations. The uranium mining which threatened to contaminate
the Oglala aquifers, and the mines in the Black Hills of South Dakota were the
ultimate human rights violation since they spelt disfigurement and death for
vegetation, animals and human beings. The cloud of pollution created by
"economic development" and the greed of multinational corporations, that hung
heavily over mother earth must be dispelled so that human beings could stand
in the Light of Truth.

15.   Ms. SPALDING (World Federation for Mental Health) said that as much
weight needed to be given to the protection of natural sacred spaces as to
man-made sacred places, such as monasteries, temples and mosques. The land on
which many indigenous peoples lived was delicately intertwined with the mental
health of their community, as was illustrated by the combined efforts of the
Dineh and Hopi tribes to protect the land at Big Mountain, which was sacred to
them both.

16.   The separation of peoples from the land sacred to them was in
contravention of the spirit of the Universal Declaration, as expressed in
article 18. She welcomed the visit by the Special Rapporteur on freedom of

religion to Big Mountain, which had led to a request by the local people for a similar visit by the Special Rapporteur on displaced persons. Any forced relocation of individuals or peoples must be viewed in the context not only of international law but also of the mental health of those concerned.

17. Ms. TAHARA (Worldwide Fund for Nature) said that the value of contributions of Member States to the Voluntary Fund for the International Decade of the World's Indigenous Peoples would be enhanced if meetings could be held with the holders of indigenous fellowships, of whom she had been one, to enable them to report on what was being achieved and make suggestions for the future. The Office of the High Commissioner for Human Rights should also be more fully involved and should collaborate more fully with other United Nations agencies and NGOs. She was convinced that, in that way the fellowship programme would be able to make an even more effective contribution to the International Decade.

18. Ms. MAZA (Service for Peace and Justice in Latin America) said that her organization, in close cooperation with the National Network of Civil Human Rights Organizations of Mexico, was greatly concerned about the situation of indigenous peoples, who, in many countries, were living in conditions of unacceptable poverty. The situation of some 15 million people in Mexico, for example, had been described by the Committee the Elimination of Racial Discrimination as an example of racial discrimination that had found its reflection in social and economic indicators.

19. Collective ownership of the land, which was closely bound up with indigenous cultures, had been called into question by the changes to article 27 of the Mexican Constitution, as the Committee had pointed out. In spite of the pacifist language used by the Federal Government, indigenous peoples had been harassed by the presence of military units, and the activities of paramilitary groups supported by governmental agencies were persisting and had, culminated in the Acteal massacre. The concerns of the Committee and the provisions of ILO Convention No. 169, which had been ratified by the Mexican Government, were in keeping with the indigenous demands.

20. The refusal of the Federal Government to accept the constitutional reform proposed by the Concord and Pacification Commission was not only contrary to the agreements previously reached but violated the spirit of the Dialogue of Peace and opened up the possibility of armed confrontation. The dismemberment of the country feared by the Mexican Government was more likely to be the consequence of such conflict than of guaranteeing some of the rights of the indigenous peoples, a measure which would strengthen democracy and national unity.

21. Mr. ARAUJO (Cape Verde) said that migrant workers, especially from Africa, were victims of growing discrimination and xenophobia, exacerbated in recent years by politically extremist campaigns. Of particular concern was the situation of women migrant workers, who were also victimized as women, and exposed to violence and trafficking. Positive steps had indeed been taken by some receiving countries, but much remained to be done.

22.   His own country was one of only nine that had agreed to be bound by the
International Convention on the Protection of the Rights of All Migrant
Workers and Members of Their Families. It welcomed the recently launched
Global Campaign to promote ratification, and had joined Mexico in sponsoring a
draft resolution on the subject which would be presented to the Commission at
its current session.

23.   Ms. ANDERSON (Ireland) said that the right to manifest religious
belief in teaching, practice, worship or observance, affirmed in the
Universal Declaration and specified in the International Covenant on Civil and
Political Rights as a right from which no derogation might be made, continued
to be violated in many regions of the world.

24.   While she agreed with the Special Rapporteur that religious intolerance
was not the monopoly of any particular State or community, the spectrum from
imperfection to gross violation was a wide one. In the most severe cases,
members of minority religions had been subjected to torture and summary
execution, which threatened the very existence of some religious communities.

25.   Particularly vulnerable groups included the Baha'i community, especially
in the Islamic Republic of Iran, and the Tibetans, whose ethnic, cultural and
religious identity had been persistently undermined. A notorious example of
the appeal to religious considerations to justify violations of women's rights
was the actions of the Taliban in Afghanistan.

26.   In such areas, cooperation with the Special Rapporteur was vital and
should be recognized wherever it had occurred. She, therefore, welcomed the
cooperation received by the Special Rapporteur in Sudan and Saudi Arabia, as
mentioned in paragraph 103 of his report. On the negative side was the
failure of a number of countries, in particular Turkey and Vietnam, to answer
requests for visits.

27.   The Special Rapporteur's comments on his visits to Australia and Germany
were generally positive although, in the former country some issues relating
to the treatment of minorities called for further attention, and, in the
latter, areas where progress was necessary included the granting to Muslims of
the status of legal person in public law. It was regrettable that analysis of
the replies to the questionnaire on the role of education in preventing
intolerance had been delayed by lack of resources.

28.   Her delegation recognized the major contribution of NGOs to the
promotion of tolerance and strongly encouraged them in their work. It
intended to introduce a draft resolution on the elimination of all forms of
intolerance based on religion or belief which, it hoped, would be adopted by
consensus.

29.   Ms. UBEDA (Observer for Costa Rica) said that more than 11 per cent of
her country's population consisted of illegal immigrants. The new reality of
Central American migration was not openly discussed in the international
forums. Such migrants were not refugees in the sense laid down by the 1951
Convention and the Cartagena and San José Declarations (1984-1994), and no

term was available in the ambit of international protection for those whose migration was caused by stark necessity and the right to life and human dignity.

30.   Costa Rica had sheltered thousands of refugees from the Central American region during the war period of the 1970s and 1980s, 90 per cent of whom had become permanent residents, while others had acquired Costa Rican citizenship. At that time, Costa Rica had been supported by the aid of international bodies and the solidarity of a number of States. In the current new situation, what was required was cooperation for development as a means of eliminating the asymmetries of migratory flows. The policies of the Governments of the region should be directed to finding ways and means of ensuring that intraregional migration was orderly and sustainable.

31.   In that context, her Government was preparing a new migration policy in line with the National Development Strategy, respecting human rights and in fulfilment of international agreements. Under the new policy, the rights of migrant workers would be strengthened and brought into line with those of Costa Rican nationals since it was convinced that migration was and had been a positive factor in the development of many peoples. Moreover, migration did not take place only to developed countries; as the example of Costa Rica and of various African countries revealed.

32.   A clear distinction had to be made between illegal immigration and trafficking in persons, which must be penalized by coordinated action by the Governments of the region. Costa Rica had entered into a number of cooperative arrangements with, for example, Nicaragua, Panama, Belize and the United States in the Regional Conference on Migration, and with the Central American Migration Organization acting in collaboration with the International Organization for Migration (IOM). Her Government would also welcome greater participation by the Office of the United Nations High Commissioner for Refugees, particularly with regard to protection against forced migration flows.

33.   Her delegation would support the draft resolutions on violence against migrant women workers, on the International Convention on the Protection of the Rights of All Migrant Workers and Members of Their Families, and on migrants and human rights. It also supported the right to asylum and the right to refuge.

34.   <u>Mr. Gallegos Chiriboga (Ecuador), Vice-Chairman, took the Chair</u>.

35.   <u>Mr. GARCIA</u> (International Indian Treaty Council) said that his organization had correctly predicted that the North American Free Trade Agreement would greatly exacerbate the problems of indigenous migrant workers unless the International Convention on the Protection of the Rights of All Migrant Workers and Members of Their Families came into full effect. His organization had also drawn the attention of the working group on the human rights of migrants to the consequences of drawing the border between the United States and Mexico in 1848 in such a way that it bisected the lands of four indigenous nations.

36.   Mr. WATCHMAN (International Indian Treaty Council) expressed his
organization's sincere appreciation of the recent visit to the United States
by the Special Rapporteur on religious intolerance. The Special Rapporteur
had heard testimony from indigenous peoples, religious leaders and government
officials on manifestations of religious intolerance and violations of the
right to freedom of religion, particularly resulting from forced relocation,
land appropriations, the destruction and desecration of sacred sites and other
discriminatory practices. The Dineh people, who were opposing forced
relocation, demanded that the Special Rapporteur should continue to
investigate the crisis situation at Big Mountain and on other native lands.
He also wished to express his organization's appreciation to the
Sub-Commission on Prevention of Discrimination and Protection of Minorities
for its resolution recognizing the link between sacred sites and the right to
practice traditional religion.

37.   Mr. OZDEN (Centre Europe - Tiers Monde) said that, without mentioning
names, he wished to cite four cases, the files concerning which he would place
in the hands of the Chairman, to illustrate the intolerable situation of some
employees of diplomatic missions in Geneva and of the domestic employees of
several diplomats and international officials. The first case concerned the
citizen of an Asian country employed as a domestic servant by a councillor of
the mission of that country to the World Trade Organization (WTO), who had
received no wages for almost two and a half years apart from the equivalent of
some 2,500 Swiss francs paid directly to his father at home. The servant had
received only a little food for working days beginning at 6 a.m. and finishing
at 2 a.m. the following morning, had been given no holidays and was forbidden
to leave the residence. The second case was of three employees of an Asian
mission all of whom had been shamefully underpaid, and one, a cook, illegally
confined while the other two had been subjected to harassment. The third case
was of the African woman servant of a female United States official of the
ILO, who was paid a bare 300 francs a month; the fourth was another woman
servant of an international official who had been scarcely better treated.

38.   All four cases had been taken to court, judgement given in favour of the
employees, and the employers sentenced to pay arrears and compensation of
between 20,000 and nearly 100,000 Swiss francs. Some of the rulings went back
almost five years, the most recent to over six months, but apart from the
payment of a bare third of the required amount in one case and 200 francs in
another, none of the rulings had been executed.

39.   His organization had several times raised the matter in the Commission,
but with little effect. He therefore appealed to the Chairman to intervene
personally to ensure that diplomats and officials found guilty of such
violations were prevented from participating in the work of the Commission or
its subsidiary bodies. He also appealed to States and international
organizations to bring pressure to bear on their officials and employees to
respect the Universal Declaration and labour legislation, and to all States
Members of the Commission to submit a draft resolution to put an end to a
situation that reflected upon the Commission's reputation. Diplomatic
immunity must not be equated with impunity.

40.   Mr. TARAN (World Council of Churches), speaking also on behalf of the
Conference of European Churches, the Lutheran World Federation, and the World

Alliance of Reformed Churches, said that migrants were frequently made scapegoats for all manner of social problems particularly unemployment, crime, drugs and terrorism. The church organizations, therefore, welcomed recent signs that the international community was taking the problem of migrants seriously, as witnessed by the establishment by the Commission of the intergovernmental working group, on the human rights of migrants, the church organizations had offered to place their considerable experience at the disposal of the working group which, they hoped, would ensure human rights protection for the many uprooted people not protected by other mechanisms.

41.   The organizations he was representing welcomed the news that concerned NGOs and international organizations had combined to launch the Global Campaign to make the International Convention on the Protection of the Rights of All Migrant Workers and Members of Their Families operational.

42.   On the other hand, the worldwide trend to rising violence against migrants was deeply disturbing. The widespread use of the term "illegal migrant" was a manifestation of the dehumanization and criminalization of migrants. The commitment by the General Assembly to convene a world conference on racism, racial discrimination, xenophobia and related intolerance was thus timely indeed. The organizations he was representing urged all the parties concerned to support the Global Campaign, and an extension of the mandate of the working group, and to call on States and intergovernmental bodies to desist from the use of dehumanizing terms in legislation and public discourse.

43.   Mr. FRANCO (Human Rights Advocates) said that among the many and growing problems of protecting migrant workers, the abuses resulting from the intensified use of border patrols and trafficking in women and children, often resulting in their exploitation in illegal brothels and sweatshops, called for special attention. His organization actively supported, therefore, the continued efforts of the working group of intergovernmental experts, whose mandate should be extended by at least two years. It supported the Global Campaign to promote the ratification of the International Convention on the Protection of the Rights of All Migrant Workers and Members of Their Families and considered that the working group should use the definitions and standards elaborated therein. The Working Group should also be given a broader mandate to examine violations of migrants' rights, particularly those of women and children, and be authorized to cooperate fully with other groups and rapporteurs working on similar issues.

44.   For its part, the Commission should urge States to enforce anti-trafficking laws by prosecuting traffickers and to treat trafficked persons as victims and not as perpetrators. All States parties to the Convention on the Elimination of All Forms of Racial Discrimination should withdraw their reservations to article 4 prohibiting incitement to racial discrimination.

45.   Ms. MOYA (American Association of Jurists) said that the facts of history must be respected; not distorted and misused to distract attention from the true situation of people of African origin in the Americas, and even

to justify their marginalization. Forcibly uprooted from their countries of origin, Afro-Americans had been subjected to centuries of slavery, which had not ceased with the achievement of independence by the American countries.

46. In spite of constitutional recognition of the existence of multicultural and multi-ethnic States, they were still denied the right to be different, to be respected in their dignity, and to achieve well-being through access to equal opportunities. On the contrary, their lands and way of life were under increasing threat by the mega-projects of national and transnational enterprises.

47. Her organization called upon the Commission to keep vigilant watch over the right of all human beings to develop on their own lines and maintain their identity, and to protect them against the abuse of new technologies. The Commission should undertake an in-depth study of the situation of people of African origin in all the countries of the Americas, and promote new bonds of solidarity between them, enabling them to improve their situation, and at least begin to repair the damage done by 500 years of discrimination.

48. Mr. MOLT (Pax Romana) recalled that, since 1993, his organization had repeatedly drawn the attention of the international community to the systematic violation of human rights by the Government of the Socialist Republic of Viet Nam in its actions against the Hoà Hao Buddhist Church, a religious minority of some 4 million members living in the region of the Mekong delta. The Vietnamese Communist party had ordered the assassination of the founder of the Church, was closing all its administrative offices, confiscating its property, imprisoning without trial and torturing a number of its leaders, subjecting its members to police surveillance, forbidding religious ceremonies and preventing the dissemination of its holy books. Those responsible for such massive and blatant violations of human rights should be brought to justice before an ad hoc international criminal court.

49. Mr. Selebi (South Africa) resumed the Chair.

50. Ms. PARKER (International Educational Development) said that her organization shared the astonishment of the Human Rights Committee at the assertion by the Government of Senegal (CCPR/C/79/Add.82) that there were no minorities in that country. In its 1998 report "Armed Conflict in the World Today: A Country-by-Country Review", it had drawn attention to the renewed tensions between the Senegalese Government and the Diola people of the Casamance region, which had resulted in fighting, involving the use of landmines, during which at least 400 people had been killed. The international community and the Government of Senegal should take urgent action to resolve the dispute with the Diola people in order to avert the threat of civil war. The same report also drew attention to the conflict between the ethnic Uighur people and Chinese forces in Xinjiang province, which had resulted in more than 1,000 Uighurs being executed and 10,000 arrested since 1996.

51. Her organization was also concerned about several other situations that threatened human rights. Since the reunification of Hong Kong with China, freedom of assembly and speech had been curtailed and elections delayed in the Special Administrative Region. In Latvia, there was discrimination against

residents of Russian descent, who had become virtually stateless. In particular, the denial of citizenship to children born in Latvia of Russian parents was a violation of the Convention on the Rights of the Child.

52.   In Sri Lanka, an example of religious intolerance destructive of cultural and social cohesion was the bombing and destruction of Tamil Catholic and Protestant churches and Hindu temples, which had been targeted by the Sri Lankan Government in order to demoralize the Tamil people. Her organization was dismayed to note that such atrocities had been constantly ignored over the years by the international community, and she called upon the members of the Commission to condemn all such acts of cultural destruction in the strongest terms.

53.   Ms. STOTHARD (Aliran Kesedaran Negara - National Consciousness Movement) said that, while some Governments had responded positively to the concerns raised by the Special Rapporteur, others persisted in denying the existence of religious intolerance. Her organization noted with growing alarm that religion was being widely used as an excuse for perpetrating human rights violations, and that, in some countries notorious for their human rights abuses, religious minorities were targeted for especially harsh abuse and harassment. In Myanmar the military regime was persecuting Muslims and Christians in some areas and compelling them to do extra days of forced labour. Religious facilities had been closed down or destroyed and ceremonies prohibited or tightly controlled. On the other hand, converts to Buddhism were exempt from such labour and eligible to receive additional food. Buddhist clergy had, however, in a number of recent cases been subjected to harassment and threats of imprisonment. She called upon all States Members of the Commission to renew their efforts to eliminate all such forms of intolerance and discrimination.

54.   Mr. VERFAILLIE (International Association for the Defence of Religious Liberty) said that his organization welcomed the constitutional guarantees to freedom of religion and conscience currently provided in a considerable number of modern democratic States, and the adhesion of most of the Member States of the United Nations to human rights instruments. It congratulated the Commission on its constructive work in that field, and expressed its appreciation of the contributions by the successive Special Rapporteurs on religious intolerance.

55.   It very much regretted, however, that there continued to be States that made no attempt to take legislative or other steps to combat such discrimination. Even in States such as the Russian Federation where laws had been passed guaranteeing religious freedom, there was often a gap between such guarantees and local administrative practices. In Pakistan, a blasphemy law had, since 1986, been included in the Penal Code (sections 255-B and C), under which a number of Christians and other non-Muslims had been prosecuted. Mention must also be made of the situation of Evangelical Christians in India, and the numerous cases of imprisonment on grounds of conscience in Bhutan, as well as the situation of the Baha'is in the Islamic Republic of Iran.

56.   The cases of religious communities whose basic liberty was threatened, mentioned by the Special Rapporteur in his report (E/CN.4/1998/6), confirmed the manifest need for States not only to adopt constitutional guarantees of

religious freedom but also to repeal legal provisions violating human rights and fomenting intolerance. The recent religious revival, sometimes accompanied by manifestations of extremism, could tempt Governments to place restrictions upon churches and religious communities. The resulting intolerance of religious minorities, sometimes exacerbated by the media, created situations that justified the Special Rapporteur's request for additional resources to enable him to carry out his mandate.

57. Mr. GRAVES (African Commission of Health and Human Rights Promoters) said that his organization welcomed the efforts by the Special Rapporteur on religious intolerance to document the numerous human rights violations against Shi'a religious leaders and believers in Iraq. He noted that, in its replies to the Special Rapporteur, Iraq had stated that it was pursuing a policy directed to achieving the effective and objective realization of public freedoms and human rights (E/CN.4/1998/6, para. 79), had denied allegations of attacks on pilgrims to Kerbala, and asserted that there was no restriction on visits to holy places.

58. The reference was to an attack by Iraqi Republican Guard forces on 24-25 June 1997 on pilgrims that had resulted in the death of several score people and the arrest of more than 10,000.

59. Between 20 November and 2 December 1997, 1,200 members of the Iraqi opposition had been executed in the Abograib prison in Baghdad. He drew attention to the expression of concern by the Human Rights Committee (CCPR/C/79/Add.84), which referred in particular to discrimination against the Shi'ite population in southern Iraq. His delegation thus urged the Commission to include in its resolution on Iraq a paragraph clearly expressing concern for the protection of the religious rights of the Arab Shi'a people and other groups and to condemn the massive oppression of Shi'a pilgrims travelling to Kerbala in June 1997.

60. Ms. ROBERTS (Lutheran World Federation), speaking also on behalf of the World Council of Churches, the World Alliance of Reformed Churches, and the Conference of European Churches, said that, since the end of the cold war, religious and intellectual freedom had received a setback. Previous understandings of the relationship between religion and the State had been overturned and unresolved historical tensions had resurfaced. Regressive nationalism and religious and ethnic conflicts had become incendiary and churches and religious organizations were even being mobilized to maintain or secure political influence.

61. In that situation, it was essential that the churches should fulfil the responsibilities arising from their Christian faith, in particular the obligation to serve the entire community by promoting the cause of justice, human rights and peace for all. In seeking to put an end to intolerance and discrimination based on religion or belief, the churches must act with humility and repentance. They had openly confessed their own history of intolerance and discrimination but must also stand against and condemn repression and discrimination practised by Governments.

62. The organizations she was representing greatly appreciated the work being done by the Special Rapporteur, particularly his emphasis on engagement

and dialogue. Their experience had shown that intolerance and discrimination could be overcome only by building a culture of tolerance, non-violence and justice, and not through denunciation but through a positive and constructive approach based on dialogue.

63. Mr. BENCHEIKH (Association for World Education) said that contemporary forms of intolerance increasingly emanated from non-State pressure groups. Muslims, for example, suffered in the West from an Islamophobia that was more popular than administrative in nature, and in the East from terrorism inspired by juridically unidentifiable groups.

64. Throughout the 1950s and 1960s, the majority of Islamic countries had opted for political modernity, which was not, however, sanctioned by any parallel theological reformation - with the consequence that people were left in a state of dangerous discord between their status as citizens and as believers. The resurgence of Islam in those societies had thus created a crisis of international dimensions. The theology formulated at a time of tribal and patriarchal societies that no longer existed had never been updated. Unfortunately, the transition from the age-old system to a new world could not be effected in a single day or without upheaval and distress.

65. Many groups clung to a Muslim law, that was obsolete but sanctified by time and usage and endeavoured to impose it by every means, including the cruelest violence. In Algeria, for example, such groups declared that the current forms of government were the fruit of disbelief, that those accepting them were renegades and that renegades deserved to die. They were attempting not to indoctrinate the Algerian people but to exterminate them, women and children included.

66. He fully agreed, therefore, with the Special Rapporteur that it was a matter of urgency to develop a culture of tolerance, and to that end it was necessary that Muslim theologians and thinkers should break their shameful silence and appeal for a reform of their theology and a rereading of the Koran with minds open to the concerns and aspirations of contemporary humankind. Islam must rediscover its true original nature, which was that of a message proposed, not an order imposed.

67. Mr. STÜSSI (Christian Solidarity International) said that his organization welcomed the major progress in religious liberty made during the past decade, most strikingly in the countries that had cast off a repressive State system explicitly committed to the demise of all religion. The international community must not, however, forget that more than 1 billion people still lived under the sway of that system. In China, religious believers were still subjected to State persecution, two symbols of which were the exiled Dali Lama and Zhu Zhemin, the imprisoned Catholic bishop. In spite of the great progress made in Latin America some problems remained, particularly the religious repression in Chiapas, Mexico, and the attempted murder of a Mexican Catholic bishop.

68. His organization was especially concerned about the systematic and brutal religious discrimination in countries where the totalitarian ideology of jihad was a powerful factor, some manifestations of which were forced conversions, the existence of the second-class legal status of *dhimmitude*, and

the third-class status of infidel, the imprisonment and social marginalization
of dissenting Muslims, the capital penalty for conversion from Islam, and
the destruction of dissenting mosques and Christian churches and schools -
activities particularly blatant in Sudan, but also occurring in other Islamic
States, particularly Algeria, and even Egypt.

69.   His organization had also been saddened to observe increasing signs
of religious intolerance at meetings of the Commission and Sub-Commission,
for example, the attempt made to intimidate the Special Rapporteur on the
situation of human rights in Sudan and the Special Rapporteur on racism.
He hoped that the Commission would make every effort to strengthen existing
international instruments and monitoring mechanisms as safeguards against
religious intolerance and discrimination for the benefit of all people,
regardless of race or religion.

The meeting rose at 8.10 p.m.

UNITED
NATIONS

E

Economic and Social
Council

Distr.
GENERAL

E/CN.4/1998/SR.41
29 July 1998

Original: ENGLISH

COMMISSION ON HUMAN RIGHTS

Fifty-fourth session

SUMMARY RECORD OF THE 41st MEETING

Held at the Palais des Nations, Geneva,
on Thursday, 9 April 1998, at 9 p.m.

Chairman: Mr. GALLEGOS CHIRIBOGA   (Ecuador)
                 (Vice-Chairman)

    later: Mr. SELEBI   (South Africa)
                 (Chairman)

CONTENTS

FURTHER PROMOTION AND ENCOURAGEMENT OF HUMAN RIGHTS AND FUNDAMENTAL FREEDOMS,
INCLUDING THE QUESTION OF THE PROGRAMME AND METHODS OF WORK OF THE COMMISSION:

(a)   ALTERNATIVE APPROACHES AND WAYS AND MEANS WITHIN THE
        UNITED NATIONS SYSTEM FOR IMPROVING THE EFFECTIVE ENJOYMENT OF
        HUMAN RIGHTS AND FUNDAMENTAL FREEDOMS;

This record is subject to correction.

Corrections should be submitted in one of the working languages. They
should be set forth in a memorandum and also incorporated in a copy of the
record. They should be sent within one week of the date of this document to
the Official Records Editing Section, room E.4108, Palais des Nations, Geneva.

Any corrections to the records of the public meetings of the Commission
at this session will be consolidated in a single corrigendum, to be issued
shortly after the end of the session.

GE.98-16933   (E)

CONTENTS (<u>continued</u>)

In the absence of Mr. Selebi (South Africa),
Mr. Gallegos Chiriboga (Ecuador), Vice-Chairman,
took the Chair.

The meeting was called to order at 9.p.m.

FURTHER PROMOTION AND ENCOURAGEMENT OF HUMAN RIGHTS AND FUNDAMENTAL FREEDOMS, INCLUDING THE QUESTION OF THE PROGRAMME AND METHODS OF WORK OF THE COMMISSION:

(a)   ALTERNATIVE APPROACHES AND WAYS AND MEANS WITHIN THE UNITED NATIONS SYSTEM FOR IMPROVING THE EFFECTIVE ENJOYMENT OF HUMAN RIGHTS AND FUNDAMENTAL FREEDOMS;

(b)   NATIONAL INSTITUTIONS FOR THE PROMOTION AND PROTECTION OF HUMAN RIGHTS;

(c)   COORDINATING ROLE OF THE CENTRE FOR HUMAN RIGHTS WITHIN THE UNITED NATIONS BODIES AND MACHINERY DEALING WITH THE PROMOTION AND PROTECTION OF HUMAN RIGHTS;

(d)   HUMAN RIGHTS, MASS EXODUSES AND DISPLACED PERSONS

(agenda item 9) (continued) (E/CN.4/1998/45-48, 49 and Add.1, 50, 51, 52 and Add.1, 53 and Add.1 and 2, 54 and Add.1, 116, 118, 138, 151 and 157; E/CN.4/1998/NGO/3, 24 and 69-71; E/CN.4/Sub.2/1997/28; A/52/469 and Add.1)

ADVISORY SERVICES IN THE FIELD OF HUMAN RIGHTS (agenda item 17) (continued) (E/CN.4/1998/92-97 AND 158; A/52/489)

1.   Ms. SAÏDI (International Federation of Women in Legal Careers) said that in her own country, the Islamic Republic of Iran, gender discrimination continued unabated. Women were not allowed to serve as judges, to run for President, to choose their own attire, or to travel abroad without their husband's permission. They were barred from many educational positions, denied equal rights of testimony and inheritance, and the right to divorce, except under very special circumstances.

2.   Although gender apartheid was entrenched in the outlook of those ruling her country and was enshrined in the Constitution, in the international arena the regime tried to conceal that fact. Its claim that four women judges had been appointed was not true: in reality, the four women only acted as judicial consultants. A number of the highest Iranian officials had recently made statements clearly reflecting their gender bias. An international study had revealed that in terms of the number of professionally qualified women Iran ranked 108th among the 110 countries reviewed. Women were subjected to brutal repression, including arbitrary arrest and beating for offences against the "Dress Code". The Iranian Government had made no attempt to change its gender-biased policies, and she urged the Commission to adopt a substantive draft resolution condemning it in the strongest terms.

3.   Ms. ROBERTS (Lutheran World Federation), also speaking on behalf of the World Christian Life Community, and in consultation with the Jesuit Refugee Service and the United Kingdom Save the Children Fund, said that

over 90,000 Bhutanese refugees, almost entirely of Nepali ethnicity and
expelled from 1991 onwards under the discriminatory policies of the Bhutanese
Government, were still living in camps in eastern Nepal. Negotiations between
the two Governments about the refugees, which had begun in 1993, had made
little progress and had been at a standstill since July 1997. The
Sub-Commission on Prevention of Discrimination and Protection of Minorities
had adopted a resolution on the subject (1997/31), and one of its independent
experts, expressing the hope that negotiations would be resumed as soon as
possible, had urged the Commission to assess progress, and the international
community to provide technical assistance in achieving a fair and satisfactory
solution. A representative of the Nepalese Government had repeated that plea
at the opening of the current session of the Commission. However, a major
obstacle to progress was the discriminatory policies of the Bhutanese
Government. The organizations for which she spoke reiterated that plea.

4.   Mr. JAKA (International Federation of Human Rights Leagues) said that,
in view of the extent and gravity of the violation of women's human rights,
his organization called for a separate agenda item to be assigned to the
question by the Commission. Violence against women should also, in parallel
with the work of the Special Rapporteur, be more systematically covered in the
reports of thematic or geographical bodies established by the Commission. In
many countries, particularly Afghanistan, such violence was not only physical
but took the form of restrictions on freedom of movement, and deprivation of
the right to education and access to medical care. Afghan women, particularly
in zones occupied by the Taliban, had almost entirely disappeared from public
life and were subject to rigorous legal segregation. They were obliged to
wear the *burka*, were forbidden to wear their hair mid-length and to wash their
clothes in certain places, and were liable to be beaten if they infringed such
rules. The only educational access for girls was to fundamentalist Koranic
teaching, and then only up to the age of nine. Women were forbidden to
consult male doctors, and since women doctors were extremely rare, they were
in effect denied access to medical treatment. Conjugal violence was
encouraged by laws making men responsible for offences committed by their
wives. Severe violations of human rights such as torture, flogging and
stoning to death were also practised on women suspected of what were
considered crimes by the Taliban. Recalling that 26 of the teams, including
that of Afghanistan, participating in the 1996 Atlanta Olympic Games had
consisted exclusively of men, and that women had been segregated in the
Teheran Islamic Games, his organization called on States to ensure full
participation of women in the forthcoming Olympic Games in Sydney as a symbol
of the struggle against discrimination.

5.   Mr. KIRUBAKARAN (International Educational Development) said that
discussion by the Commission of the important issue of mass movements of
people under three different agenda items deprived it of proper focus. The
situation of the hundreds of thousands of displaced persons throughout the
north and east of Sri Lanka had deteriorated since the 1994 report by the
Special Representative (E/CN.4/1994/44/Add.1). The Commission, and the
international community in general, must press the Sri Lankan Government to
fully comply with the 1949 Geneva Conventions and provide for the basic
subsistence needs of the displaced Tamil population; it would otherwise incur

the charge of failure to carry out its obligations under humanitarian law. The Commission should also urge that a negotiated settlement of the Sinhala-Tamil war be promptly reached under international supervision.

6.   In Myanmar, the military forces had recently attacked the Karen population, which had been subjected to forced relocation and destruction of their villages throughout 1997. The newly reconstituted but illegal regime, ironically calling itself the "State Peace and Development Committee", persisted in its policies in grave breach of the Geneva Conventions and should be refused recognition by the United Nations and the right to participate in United Nations activities. And the Commission should recommend that urgent action be taken on behalf of those displaced. Mention must also be made of the displaced persons facing starvation in Burundi and southern Sudan, where cluster bombs were reported to have been used against camps.

7.   Mr. KALATTAS (International Federation for the Protection of the Rights of Ethnic, Religious, Linguistic and Other Minorities) said that, as a result of the 1974 Turkish invasion and occupation, one third of the Greek Cypriot indigenous population had been forced to abandon their ancestral homes and continued to be refugees in their own country. The demographic character of the territory under Turkish occupation had been radically changed not only by expulsion of the Greek Cypriots but also through the forced emigration of some 50,000 Turkish Cypriots and their replacement by an estimated 100,000 colonists from Anatolia, as had been confirmed by a 1991 investigation by a Spanish parliamentarian, authorized by the Committee on Migration, Refugees and Demography of the Parliamentary Assembly of the Council of Europe. Turkey's policy of colonization, which was in contravention of the Geneva Conventions and the 1977 Protocol, and its oppressive acts against both Greek and Turkish Cypriots also violated the European Convention on Human Rights. The withdrawal of the settlers had been called for by the United Nations, the European Parliament, the Council of Europe, the Commonwealth and other international organizations. He appealed to the Commission not to tolerate any longer the flouting of human rights and conventional obligations by the occupying power in Cyprus.

8.   Ms. LIELL (Asian Cultural Forum on Development) said that the Forum wished to present the views of the Asia/Pacific Human Rights NGO Facilitating Team, a coalition of over 200 NGOs of the region, on the proposed regional arrangements for the protection and promotion of human rights. The admittedly marked social, cultural, political and religious differences among States in the region should not be cited as obstacles to reaffirming the universality of human rights. NGOs had noted with dismay the attitude of some States to a host of international human rights instruments. Although, for example, the right to development was widely recognized, attempts were made to confine it to economic development, and some Governments of the region had either not ratified the International Covenant on Economic, Social and Cultural Rights or failed to submit periodic reports to the Committee.

9.   The Facilitating Team welcomed progress on the regional arrangements, but believed that only a consultation process involving both Governments and civil society actors was capable of taking the diversity and complexity of the region fully into account. The establishment of subregional mechanisms could not supersede existing international human rights instruments and must not

lower their standards. No so-called "Asian" system of government, culture and traditions should be used as a pretext for the preservation of authoritarian regimes and the violation of human rights. A regional commission must have jurisdiction to conduct fact-finding missions, examine the reports of States parties and receive complaints. It should be composed of independent experts, appointed in consultation with NGOs; its meetings and reports should be accessible to the public. A separate court on human rights should have power to adjudicate complaints and enforce its decisions. States parties should provide adequate budgets for the effective functioning of such mechanisms, and establish adequate national institutions to enforce human rights and humanitarian law standards. The regional arrangements should be regarded by States as an opportunity to work with NGOs in order to develop new and more effective methods for remedying human rights abuses.

10.   Mr. SELEBI (South Africa) took the Chair.

11.   Ms. KYU (Catholic Institute for International Relations) said that the women of her own country, Myanmar, were suffering multiple abuses of their civil, political, economic, social and cultural rights, often associated with the ethnic cleansing operations known as the "Four Cuts Campaign". During the past year, thousands of women and children had been driven from their homes and farms and forced to work as porters in war zones, often being subjected to rape and other atrocities. Many citizens had also been displaced by infrastructure projects funded by foreign investments, and many others had been subjected to forced labour. More than 81 per cent of the 1 million internally displaced persons were women and children. Even those who escaped to neighbouring countries were often subjected to human rights violations by Myanmar and allied troops. She urged the Commission to adopt a resolution on the human rights situation in Myanmar, emphasizing gender-based persecution. The international community should call for: the restoration of a civilian, democratically-elected Government; an immediate halt to violations of women's rights by the State Peace and Development Committee; the holding to account of those responsible for human rights violations; the investigation of reports of rape and other forms of violence against women; and the bringing to justice of the perpetrators.

12.   Mr. TANAKA (Parliamentarians for Global Action) expressed strong agreement with the emphasis placed in the Special Rapporteur's report on the necessity for an investigation into violence against women perpetrated by the Japanese during the Second World War. That necessity was not, however, recognized by the Japanese Government. There had been a similar inadequate response to demands by families of Chinese victims for apologies and compensation for experiments on the human body performed during the war, and to demands by the Korean Government that historical facts should be clearly stated. Accordingly, he intended to submit a bill to the Japanese Parliament establishing an investigative body: to examine the process leading to the Second World War; to inquire into wartime atrocities committed by the Japanese; and to consider compensation for wartime victims. Although many Japanese politicians believed that Japan had adequately apologized to all the countries concerned, he believed that his bill would be passed. He hoped that his organization would continue to receive assistance and information from the United Nations, from individual countries and from within Japan itself in its efforts to establish the truth.

13.   Mr. UK HNIN (International Peace Bureau) said that, while accepting that
the United Nations agencies concerned were reasonably well-equipped to
collaborate in action on the very serious issue of internal displacement, he
believed that there was still room for improvement, for example, by increasing
country-assessment visits and placing more adequate human and material
resources at the disposal of the Representative, who had played a major role
in developing a set of guiding principles. Myanmar, where there were
estimated to be 2 million internally displaced persons, was in particularly
urgent need of international protection and assistance. In order to deny
rebels information and resources, the military Government was forcibly
relocating civilians closer to cities or military camps, where they were
forced to perform manual work, plant crops or serve as porters in front-line
areas. As a result of the terrorist activities of the military, thousands of
villagers had fled to the jungles and hills, where they not only suffered
severe deprivation but lived in constant fear of death or capture. The
Representative of the Secretary-General should be mandated to make an
investigatory visit to Myanmar at the earliest possible date. It was to be
hoped that such a visit would have a positive influence on the situation and
prepare the way for the provision of protection and assistance to the
internally displaced.

14.   Mr. KOHLI (European Union of Public Relations) said that internal
displacement was inflicting psychological as well as physical distress on some
communities. In the area of Sindh in Pakistan, Mohajirs were victims of both
religious and political intolerance. Upon the partition of India in 1947,
they had migrated as Muslims to the newly-created Pakistan, where they had
never been accepted as equal citizens. They were not only denied assimilation
but were persistently discriminated against. A number of human rights
organizations, including Amnesty International and Asia Watch, had indicted
the Government of Benazir Bhutto for the extrajudicial killing of thousands of
Mohajirs in Karachi under the pretext of combating terrorism. The World
Federation of Democratic Youth had reported to the Commission's last session
that at least 1 million of them had been reduced to destitution, and,
since 1992, more than 15,000 had been tortured, extrajudicially killed or
maimed for life. Large numbers of their women and girls were also reported to
have been raped by the security forces and their allies. Another situation of
displacement had resulted from the annexation by Pakistan in 1947 of the
Northern Areas, where the people were denied the basic right of
self-government, or even appeal to a higher court. His organization urged the
Commission to ask the special rapporteurs, treaty bodies and the
Representative of the Secretary-General to inquire into the conditions of
people who, if not displaced in a strictly physical sense, were suffering the
psychological and environmental effects of displacement.

15.   Mr. GUPTA (International Institute of Non-Aligned Studies) expressed his
organization's appreciation of the Commission's efforts on behalf of
internally displaced persons. As a result of internal turmoil and conflict
between religious and ethnic communities in many countries, it was estimated
that some 24 million persons could be classified as internally displaced - a
number far exceeding those who fell under traditional definitions of refugees.
Only comparatively recently had there been recognition of that problem,
followed by the appointment in 1992 of a Representative of the
Secretary-General for such persons residing in the Sudan, South Africa and

Mozambique, among other countries. But no international organization had as yet been assigned general responsibility for dealing with such unfortunates. Their welfare had been traditionally believed to be the responsibility of the States concerned, but they were often unable or unwilling to shoulder that responsibility. Although in 1993 the Executive Committee of the United Nations High Commissioner for Refugees had decided to extend protection and assistance to that category, they had increasingly fallen outside the Commissioner's mandate. His organization urged the Commission to recognize that the succour and protection of displaced persons must be coupled with action to prosecute those responsible for their displacement, including those who allowed armed groups to proliferate and drive out entire communities.

16. Ms. GIRI (International Institute for Peace) said that she wished to draw the Commission's attention to the anomalous position of some 2 million people living in the Northern Areas of Pakistan, who were not recognized as forming part either of that country or of Pakistan-occupied Kashmir. They were in effect displaced persons in their own homeland, since they had no citizenship rights. They were impoverished, their basic needs were ignored, their demographic character was being changed, and they were suspect in the eyes of the authorities. Her organization wished, through the Commission to urge the Representative of the Secretary-General to investigate their situation and take steps to alleviate their position.

17. She also wished to draw the attention of the Commission to the sufferings of the ethnic Nepalese expelled from Bhutan in 1990, almost 100,000 of whom were living in refugee camps in eastern Nepal. She urged the Commission to initiate the necessary steps for their return to their homeland in dignity and with full guarantees of the enjoyment of their human rights and security.

18. Ms. TOM (Caritas Internationalis), also speaking on behalf of the Friends World Committee for Consultation (Quakers), expressed appreciation for the work accomplished since 1992 by the Representative of the Secretary-General on internally displaced persons, including his latest report to the Commission. The "Compilation of legal standards and analysis of legal norms", shortly to be published by the Office of the High Commissioner (E/CN.4/1996/Add.2), had been updated by the Representative and formed part of his important contribution to the development of a legal framework for the protection and assistance of internally displaced persons. However, compilations needed to be supplemented by practical publications for the use of those in the field such as the "Guiding principles on internal displacement" (E/CN.4/1998/Add.2, annex), which deserved wide dissemination. She also welcomed the establishment of a database on internal displacement, to which should be added a breakdown of children by ages to ensure that the needs of the particularly vulnerable were not overlooked. In the absence of a single agency responsible for internally displaced persons, she supported the creation of focal points within relevant organizations and agencies, and wider use of regional frameworks where appropriate. The mandate of the Representative should be renewed for a further three years. To facilitate visits by representatives of the Commission, she urged Governments to extend open-ended invitations.

19.   Ms. SHIN (World Alliance of Reformed Churches) said that her
organization, together with the World Council of Churches, was deeply
concerned about violence against women, particularly in wartime. The two
organizations greatly appreciated the contribution of the Special Rapporteur
through her field visits to Korea and Japan in 1995 and her subsequent report
on sexual slavery inflicted by the Japanese military (E/CN.4/1996/53/Add.1).
She reminded the Commission of the Special Rapporteur's six recommendations,
namely, that there should be: acknowledgement of the system of "comfort
women" as a violation of international law, and acceptance of legal
responsibility; compensation for individual victims; full disclosure of
related documents; a public written apology; amendment of curricula; and
punishment of perpetrators. The Japanese Government, however, did not accept
the fact that the system was a violation of international law, nor was it
willing to admit legal responsibility for it. Those were the points most
important to the victims, and explained why the majority were rejecting the
Asian Women's Fund, set up by Japan to avoid State responsibility. In the
meantime, victims were continuing to die, the last words of one being "No to
the private fund". The organizations for which she spoke welcomed the
December 1996 decision by the United States Government to ban the entry of
Japanese war criminals on to American soil, and the similar decision made by
the Government of the Republic of Korea in 1997. They also hoped that the
current discussions on the International Criminal Court would lead to the
classification of violence against women during wartime as a war crime.

20.   Mr. SHIMOJI (World Federation of Trade Unions) said that the
Okinawa prefecture comprised a population of 1,280,000 people living on
its 48 inhabited islands. During the savage battle for Okinawa in 1945 more
than 200,000 people had lost their lives. Since that time the United States
had continued to occupy the islands, and under the 1951 San Francisco Treaty
Okinawa had been detached from Japan and placed under the control of the
United States military, although it had reverted to Japan in 1972.
Some 75 per cent of all military installations for the exclusive use of the
United States forces in Japan were still concentrated there: the
United States military facilities occupied 11 per cent of the total area,
and 20 per cent of the main island. Crimes and accidents associated with
those massive military bases were endangering the lives and property of the
Okinawan people, the most notorious case being the abduction and rape of a
young schoolgirl by three United States servicemen in 1995. In order to
ensure a brighter future for the younger generation in the twenty-first
century, his organization earnestly sought the reduction and realignment of
the United States bases.

21.   Mr. PARY (Indian Movement "Tupaj Amaru") said that although it had taken
two world wars to convince the international community of the urgent need to
draw up a bill of human rights in order to "preserve future generations
from the scourge of war", the adoption of the Universal Declaration on
10 December 1948 had marked a major step forward in the history of mankind.
It had symbolized the victory of the value of the human person, his liberty
and his dignity over Nazi totalitarianism founded on racial segregation and
total contempt for the right to life. The concept of the universality,
indivisibility and interdependence of human rights had often been contested,
and as often defended, but it could be said with certainty that in practice
there was a double morality: the experience of half a century had shown that

the Declaration was applied selectively and in a discriminatory fashion to the peoples of the third world, particularly minorities and indigenous peoples, who were more than ever being deprived of their basic rights, despoiled of their lands, and condemned to extreme poverty.

22.   The architects of the Declaration had not been concerned with the situation of indigenous peoples, who were thus excluded from the international community. Such violations were with increasing frequency practised against them under the guise of reasons of State, of an alleged threat to national sovereignty, or of interference in internal affairs. The interpretation of the violation of human rights as a "domestic" matter that could be freely practised so long as it did not threaten international peace and security was inadmissible. The major Western Powers, above all the United States, were conducting a sort of human rights diplomacy either in justification of their selective policies or in order to denounce governments not conforming to their conception of human rights. They sometimes misused the human rights question in North-South relations as a political and diplomatic weapon or for the subversion or destabilization of a sovereign State by economic blackmail or political pressure. The Declaration could only be universal if it was opened to all peoples without distinction or discrimination, particularly minorities and indigenous peoples at present excluded from the so-called universal community and exposed to flagrant and systematic violations of their basic rights.

23.   Mr. LEON (International Indian Treaty Council) said that the mission to Guatemala in late 1997, requested in Commission resolution 1997/51, had performed its task admirably and had interviewed various human rights organizations and representatives of the Maya people. It was therefore a matter for great regret that the report of the mission had not been distributed to NGOs in time for consideration at the current session. Guatemala was making the difficult transition from military dictatorship, which had lasted from 1954 to the end of 1996, to government under the rule of law. A long process of re-education would be necessary to rebuild the communities of indigenous peoples, most of whom continued to be intimidated by the actions of the army and paramilitary gangs. The peace process and the development of respect for human rights had not yet been consolidated, and, although one section of President Arzú's Government had the necessary political will, there still existed groups bent on permanent destabilization. The indigenous peoples, who fully supported the creation of the new multicultural and multilingual State and nation, earnestly hoped that the international community, in particular the Commission, would not abandon them during that crucial transitional period, and would continue to provide advisory and support services and to conduct its country review. Past experience had shown that the neutralization of ultra-conservative forces depended on the investigations conducted and vigilance exercised by the United Nations.

24.   Ms. SCHENSE (Human Rights Watch) said that the Commission's system of special rapporteurs and working groups had proved effective in drawing attention to human rights violations, and had contributed to the reduction of suffering and the enforcement of international human rights law. All too often, however, the findings and recommendations presented to the Commission had not been acted on. The most dramatic example was constituted by the

recommendations of the Special Rapporteur on extrajudicial, summary or arbitrary executions in Rwanda in 1993, which might have spared many lives had the international community responded in a timely and appropriate manner. Her organization therefore supported the Secretary-General's suggestion that the excellent human rights information available to the United Nations should be used as a diagnostic tool and an early-warning system, and agreed with the stress he had place on the need for the international community to summon the political will to act expeditiously. It asked the Commission to consider: placing the mandates of the thematic special rapporteurs and working groups on a permanent footing by establishing all such mandates as open-ended; fostering open and constructive discussion of the results of Special Rapporteurs' investigations during Commission sessions and throughout the year; giving the mechanisms more authority to find facts in individual cases; and providing more resources to human rights mechanisms.

25.   Ms. AVALLA (Women's International Democratic Federation) congratulated the Special Rapporteur on her report on violence against women and expressed the hope that the shocking testimony it contained would serve to halt the sufferings to which millions of women were subjected. Regrettably, it had not proved possible for the Special Rapporteur to visit Afghanistan, where women were suffering every kind of violation and total denial of their rights. The violence suffered by women in detention called for the immediate attention of the international community.

26.   In Turkey, the International Committee of the Red Cross had been refused permission by the Government to visit female prisoners. In April 1988, the President of the Human Rights Commission of the Turkish parliament had denounced the systematic practice of torture. That situation was intolerable, especially for Kurdish detainees. To attract world attention two female detainees had burnt themselves alive. There was also a deplorable practice of exhibiting the bodies of murdered women combatants in the public streets as a deterrent to the population. Every year there were new denunciations of those offences, but in spite of their intolerable nature, no effective mechanism to avert them appeared to exist.

27.   In Peru, there had been no improvement in the conditions of women prisoners, over 70 per cent of whom reported torture and sexual violation. One of the most serious cases was of a woman who had suffered the loss of her sight and mental capacity while in the police hospital.

28.   In the Islamic Republic of Iran there had, in spite of the assertions of the new Government, been no change in the situation of women, whose rights continued to be limited as before and the practice of stoning to death persisted. Any decisions affecting their lives, such as the right to work, were taken by the men of the family, and women were often arrested for offences against the "dress code". The Special Rapporteur should be given the opportunity to visit and review such cases in the countries mentioned.

29.   In Colombia, the so-called "Convivir" operations had inflicted great suffering on displaced women, many of whom had been murdered with their children. It was regrettable that an expression of concern about that situation had not been included in the High Commissioner's statement.

30.   Mr. CUNNIAH (International Confederation of Free Trade Unions) said that
globalization, spearheaded by multinational enterprises seeking the lowest
possible production costs, had led to the decentralization of production
through a network of small and medium-sized subcontractors, thus opening the
way to a number of abuses - psychological violence, sexual harassment, and
denial of the right to just and favourable conditions of work - for many women
workers, who represented a high proportion of the labour force in the sectors
most concerned. The accompanying deregulation had encouraged the growth of a
dual labour market with a stable, skilled "core" labour force, usually male,
and a "peripheral" workforce, usually female, often part-time and temporary,
without proper protection or benefits. The export processing zones, where
foreign investors had sought to take advantage of the low pay and manual
dexterity of women workers, often exposed women to discrimination and such
hardships as compulsory overtime and nightwork. The continued use of young
girls in subcontracted and home work could only be eliminated by a global
campaign to reduce family poverty, increase access to primary education and
implement laws on minimum age for employment. A serious problem for younger
women in Central and Eastern Europe had been the closure of child-care
facilities as a result of privatization. His organization therefore requested
the Commission to urge Member States to develop national action plans to
promote the protection of women against violence and discrimination, and to
ratify the relevant ILO Conventions, particularly Nos. 100, 111 and 156. It
also requested the Special Rapporteur to make a further study of the impact of
globalization on women's employment and equality.

31.   Ms. ALI (Afro-Asian People's Solidarity Organization) said that
according to the recent report by the Human Rights Commission of Pakistan,
sectarian intolerance in 1997 had been the worst for several years:
165 persons had been killed, mostly in Punjab, and there had been sectarian
violence, particularly against Ahmadis, several of whom had been subjected to
extrajudicial execution, long terms of imprisonment and heavy fines for
blasphemy. Christian settlements had also been attacked. Pakistani women
remained the most severely oppressed section of society. Hundreds died every
year in "karo kari" ritual killings, carried out with police connivance,
following allegations of illicit relationships. As had been pointed out by a
previous speaker, the Northern Areas of Pakistan were unique in being neither
a part of a country nor a country itself. In spite of the abundant natural
resources of the Areas, the people living there were reduced to dire poverty
and subjected to discrimination. While, on the one hand, the State professed
its desire for reform, representatives of extremist organizations were openly
advocating jihad with the objective of replacing democratic government by the
rule of Islamic law.

32.   Mr. ALI KHAN (International Progress Organization) said it was a sad and
paradoxical fact that, in the fiftieth anniversary year of the Universal
Declaration, more than 30 million people were being denied the enjoyment of
their human rights in their own homes and were reduced to the status of
refugees in their own countries. Afghanistan was currently witnessing the
horrifying spectacle of thousands of displaced persons, driven from their
homes by the Taliban, and of women being denied access to employment and
education. The identity of the State supplying the support and resources for
that repressive force was known to all.

33.   Pakistan was also responsible for keeping the people of the Northern
Areas in a condition of statelessness, and paralysing economic development
while exploiting the natural resources of the region as a colonial Power.
That was a clear case of a population without effective means of its own to
protect itself and in urgent need of active intervention by the Centre for
Human Rights. Those two examples showed how the twin weapons of religious
fundamentalism and terrorism were being used by States to pursue their
political interests at the cost of rendering thousands of people homeless, or
making them aliens in their own countries. The international community must
call upon the responsible country to terminate those practices.

34.   Mr. CHAKMA (Human Rights Internet) cautiously welcomed, on behalf of the
Asia/Pacific Human Rights NGO Facilitating Team, the establishment of human
rights institutions in the region, which must, however, conform to the Paris
Principles. The institutions could strengthen democracy but could also be
used by Governments to evade international scrutiny. The four pillars of the
Paris Principles were independence through legal and operational autonomy,
through financial autonomy, through transparent appointment and dismissal
procedures, and through composition. Only some of the national human rights
institutions being established had the essential constitutional or legislative
mandate, and in many the procedures for appointment left much to be desired.
In India, for example, former members of the National Human Rights Commission
had been appointed as state governors, raising concern about the possibility
of illegitimate government influence, and many were not empowered to
investigate human rights abuses. Moreover, the mandates of many of the
institutions, such as the Sri Lankan Human Rights Commission, were based on a
restricted definition of human rights as interpreted by the Governments
concerned. NGOs from the Asia/Pacific region were also concerned at the
failure of some Governments, such as that of Nepal, to appoint members of a
human rights commission once it had been established or, like that of
Bangladesh, to proceed with the establishment of an institution in spite of
extensive preliminary consultation. Insufficient funding of institutions was
also a matter for concern, as in the case of Indonesia and India. In other
cases there was unwillingness on the part of Governments to strengthen
institutions. In Sri Lanka, for example, there was a plethora of weak
institutions concerned with human rights; that was hardly conducive to
effective protection and promotion.

35.   Mr. GA-ARO (Canadian Council of Churches) said that if the causes of
displacement were to be removed and human rights effectively promoted,
measures must be taken and additional resources made available: to support
the Organization of African Unity and of the peace-building and
conflict-resolution mechanisms; to achieve cancellation of the debt of the
world's poorest countries; to ensure that economic adjustment programmes
respected essential economic, social, cultural, civil and political rights; to
establish a legal framework and mechanism to protect and assist internally
displaced people; to encourage a review by all States of their legislation
governing the treatment of asylum-seekers; and to develop procedures in the
Commission or Sub-Commission for proposing concrete measures to protect the
human rights of uprooted people, including assistance to States in complying
in the most effective way with human rights treaties in cases where several
were applicable to asylum-seekers.

36.   While the legislation of African and Central American countries recognized persons fleeing from civil conflicts as refugees, no such enactments existed in Europe or North America. Developed countries were increasingly ignoring the views of international human rights bodies in deporting or detaining asylum-seekers, and most of them did not fully apply all the standards of the human rights treaties they had ratified. The Commission itself often promoted only the minimum standards relating to the 1951 Geneva Convention and did not always make reference to wider treaty obligations.

37.   Ms. BERMEO (Latin American Federation of Associations of Relatives of Disappeared Detainees) said that her organization was daily confronted with the growing problem of internal displacement. In Colombia, in spite of the acceptance by the Government of all the recommendations made by the Special Representative after his 1995 visit, mass exoduses of the rural population and threats to, and displacements of, social and human rights activists had increased alarmingly. The Government had done nothing to check the despoliation of agricultural land by paramilitaries or to guarantee the ownership rights of land belonging to displaced persons. It was currently urging a return to active conflict zones without providing guarantees for the life and security of the returnees and was postponing measures for the resettlement and social integration of displaced persons unable to return to their homes. The persisting violations of human rights by paramilitary groups through the so-called "Convivir" operations were a major obstacle to efforts to rebuild peace, and many international bodies had called for their termination.

38.   In Guatemala, more human remains were being exhumed every week from concealed burial places, the great majority being of peasants executed during the armed conflict. The failure of the State to cooperate more fully in the investigation of those atrocities was due to financial and logistic reasons. In the reconciliation process, the Government had also failed to cooperate satisfactorily with the Truth Commission, as requested by the Commission at its previous session, and documents which would help to clarify the situation, particularly relating to the period 1975-1985, had not been made available by the Guatemalan army. The Government had also failed to comply with the Global Human Rights Agreement for compensation of victims of human rights violations, and no serious dialogue had been established with national organizations for implementing a satisfactory programme, as provided for under the Agreement. She accordingly requested the Commission to include in its resolution on Guatemala a call to the Government to intensify its policies for the reform of the administration of justice, particularly regarding impunity, and to reaffirm the pre-eminence of the right to life and the integrity of the person.

39.   Ms. GONZALEZ ORTEGA (Transnational and Trends Divisional Radical Party) said that the Taliban in Afghanistan, who had been recognized by only three States Members of the United Nations, were continuing to commit the extremely serious violations of human and political rights and humanitarian law, about which the Commission had expressed deep concern in its resolution E/CN.4/1997/65. The violations of women's and children's rights were particularly serious: they severely restricted access to basic education for girl children, access by women to health care, employment and training, and

the effective participation of women in political, economic, social and cultural life. Apart from the Commission's resolution, the international community had, however, maintained almost complete silence on those issues, and it was only thanks to the initiative of the European Union Commissioner that information on what was happening in Afghanistan had been made more generally available.

40. The Taliban case highlighted some structural and institutional limits of the United Nations system. On the one hand, there was the firm stand taken by the Organization and its Member States, while on the other, a United Nations agency, the International Drug Control Programme, had proposed a project by which the Taliban would receive a very substantial grant for poppy straw eradication - an inconsistency which brought the credibility of the United Nations into question.

41. Ten years had passed since the notorious Anfal campaign by Iraq, which led to the disappearance of 182,000 Kurds and the destruction of 4,500 of their villages. It was also 10 years since the chemical bombardment of the Kurdish city of Halabja in which 5,000 people had been killed and 10,000 wounded - a massacre for which the Iraqi regime had never expressed remorse. In addition, more than 10 million landmines had been planted in Iraqi Kurdistan and Kuwait, resulting in over 15,000 casualties. The ethnic cleansing in the oil-rich Kurdish areas was continuing and over 500,000 people had been internally displaced. Iraq was in fact responsible for more forcible disappearances than any other country: in addition to more than 600 missing Kuwaitis, 200,000 Kurds had disappeared. Although the Special Rapporteur on Iraq had repeatedly described that country's crimes as crimes against humanity, that condemnation had never been reflected in the Commission's resolutions, and that in spite of the continued refusal of permission by the Iraqi Government for the Special Rapporteur to visit the country.

42. In an age of increasing globalization, and as a means of promoting communication between individuals and institutions while preserving cultural and linguistic diversities, an international language, Esperanto, should be used in United Nations conferences, and its teaching fostered throughout the world.

43. Mr. VUTHY (International Human Rights Law Group), also speaking on behalf of Cambodian Human Rights NGOs, said that the Cambodian People's Party, having defeated the forces loyal to the first Prime Minister, Prince Norodom Ranariddh, had recently been fomenting an atmosphere prejudicial to the holding of free and fair elections. People living in the countryside were afraid to express their opinions publicly, and the Government denied opposition parties access to radio and television. It had brought no one to justice for the grenade attack of September 1995 against participants in the Congress of the Buddhist Liberal Democratic Party, in which more than 30 persons had been injured, or the grenade attack of 30 March 1997, in which 16 people had been killed and more than 100 injured, apparently with official collusion.

44. In order to create a secure atmosphere for free and fair elections, the United Nations should require that ballots be counted at the national and not regional or communal level, that security forces, especially in the provinces,

should be monitored to ensure their neutrality, and that electoral legislation, especially legislation guaranteeing freedom of expression, opinion and assembly, was respected. While he welcomed the establishment of the Council of the Magistracy and the implementing legislation for the Constitutional Council, the international community must urge the Cambodian Government to ensure that those institutions functioned as prescribed by the Constitution. The Government must also investigate all human rights violations, repeal article 51 of the 1994 law on civil servants and institute immediate investigations to bring to justice the perpetrators of gross human rights violations in the period 1975-1979. The Commission should also consider whether retaining consideration of Cambodia under an agenda item on technical assistance reflected the reality of the commitment of its Government to make constructive use of international assistance.

45.   In Afghanistan, violence against women had been institutionalized; in areas under Taliban control, they were prohibited from leaving their homes for even such simple purposes as buying food, and from travelling unaccompanied. They were also forbidden to wear their traditional dress and obliged to wear the costumes prescribed by the new military rulers. As far as Afghanistan was concerned, the Commission was faced with the challenge of either witnessing a retreat from established fundamental human rights or of taking positive action, for example by setting up a field office of the High Commissioner to monitor human rights violations and provide effective protection and assistance. The office should be staffed with Afghan women so that those speaking only the local language could make contact with it freely and without fear of reprisal. As far as armed violence was concerned, it must be recognized that fighting would continue until the supply of arms to the various factions was terminated. Help by the international community for economic rehabilitation could also make a crucial contribution: violence decreased when families enjoyed economic security.

46.   Mr. OADRI (World Society of Victimology) said that the Commission had not devoted sufficient attention to State-sponsored terrorism, the classic example of which was that perpetrated by the Indian colonial Power in Jammu and Kashmir. That terrorism was well documented; for example, the July 1997 analysis by Amnesty International of India's report to the Human Rights Committee mentioned particular human rights violations in that area perpetrated by armed groups acting in connivance with the Government, and there were hundreds of cases in which evidence suggested that police and security forces had been responsible for disappearances and deaths in custody. One of the victims was Jalil Andrabi, a prominent human rights activist who had been due to attend the fifty-second session of the Commission.

47.   His organization was also concerned about violence against Kashmiri women and young girls who had suffered molestation, rape and torture at the hands of Indian armed and paramilitary forces and their mercenaries, some of whose sufferings had been documented by a number of Indian and other civil-rights organizations. In the light of that situation, his organization urged the Commission to extend the Special Rapporteur's mandate to include investigation of State-sponsored violence against women in occupied Jammu and Kashmir. The Commission should also consider ways and means of halting such terrorism and ensuring full enjoyment of human rights and fundamental freedoms by the Kashmiri population.

48.   Mr. KAUL (Himalayan Research and Cultural Foundation) said that the number of internally displaced persons, over 30 million, indicated the scale of the human-rights challenge posed by that problem and the related problem of mass exoduses. In parts of south and central Asia a major factor was the involvement of mercenaries, terrorists and Islamic extremists.

49.   He personally had witnessed in camps in Jammu and India the sufferings of 300,000 displaced people from the Kashmiri Hindu minority, some 1,500 of whom had been brutally murdered. Over 30,000 houses belonging to Kashmiri Pandits, and hundreds of their business establishments and educational, cultural and religious institutions had been destroyed with the object of obliterating all traces of their 5,000-year-old civilization. The hounding of that ethnic-religious minority by Islamic extremists had long-term implications for the composite socio-cultural character and secular society of Kashmir. Even moderate and secular Muslims who refused to subscribe to extremist, fundamentalist ideology had been forced to emigrate to safer zones in Jammu and other places in India. He urged the Commission to take serious note of such atrocious violations of human rights and seek ways of ensuring that States aiding and abetting them were held to account.

50.   Mr. YOSHIDA (Asian Women's Human Rights Council), referring to the 1996 report by the Special Rapporteur on violence against women (E/CN.4/1996/53/Add.1) concerning Japanese military sexual slavery in wartime, and particularly recommendation (e) on raising awareness to such issues by amending curricula to reflect historical realities, said that as a result of pressure within Japan and from a number of Asian countries, the Japanese Government had withdrawn its ban on references in textbooks to crimes committed by the Japanese army during the Second World War. Recently, however, that change in policy had been attacked by the Japanese right wing, which claimed that the "comfort women" were professional prostitutes and that that term should, therefore, not be applied to them. Some local assemblies had also called for deletion of the term, and many politicians of the Liberal Democratic Party supported that policy. An international consensus had, however, been formed, partly as a result of the report by the Special Rapporteur, in support of the view that the Japanese Government should apologise publicly for war crimes committed by the Japanese army and compensate the victims from State funds, and that it should disclose full details of all such crimes and include an account of them in courses in schools.

51.   Ms. PERVIZAT (Women's International League for Peace and Freedom) expressed regret that the report of the Special Rapporteur on violence against women had not been available in time for her organization to comment on it. She referred the Commission to the excellent work of the Expert Group Meeting on Gender-Based Persecution, which had made special recommendations on a number of points. The Office of the High Commissioner should provide training on women's human rights and gender mainstreaming for all personnel involved in United Nations missions, particularly peacekeepers. The Commission should also assign a special agenda item to a review of progress towards the full integration of women's rights into United Nations activities, with subitems on gender mainstreaming and alternative means of protecting and promoting women's rights. Particular attention should also be given to mainstreaming women's human rights in technical assistance to Governments in training armed forces,

police forces, border officers and legal personnel. The fact that the term
"gender-based persecution" did not appear in legal instruments was resulting
in failure to recognize that offence by courts and in claims for refugee
status and asylum.

52.   In adopting the statute establishing an International Criminal Court,
Governments were urged to: include sexual violence explicitly in all
categories of international crimes; include trafficking in women and sexual
slavery in the definition of crimes against humanity; include a specific call
for effective investigation and prosecution of gender crimes; establish a
victims and witnesses protection unit; ensure the participation of victims
and their representatives; and ensure that 50 per cent of the Court's staff
at all levels were women. The Court should be made independent of the
Security Council. Her organization wished to call particular attention to
so-called "honour killings" carried out in all parts of the world by male
family members against women or girls said to have sullied the family's
honour. That abuse should be included in the Special Rapporteur's mandate.

53.   Mr. GAZIOGLU (Turkey), speaking in exercise of the right of reply, said
that the representative of a Government not recognized by his own Government
had made accusations against Turkey on Cyprus. He therefore wished to bring
to the attention of the Commission some facts which had been distorted by the
Greek Cypriot representative and reflected only his side of the story. There
had been no invasion or occupation of Cyprus by Turkey, as stated by the Greek
Cypriot representative in an attempt to mislead those unfamiliar with the
Cyprus question. If Turkey had not intervened in time in its capacity as one
of the guarantor Powers in accordance with its rights and obligations under
the 1960 Treaty of Guarantee following the Greek-engineered coup of 15 July
1974, it would have been impossible to avert the cession of the island to
Greece. Turkey had liberated part of Cyprus for and on behalf of the Turkish
Cypriot co-founder partner of the Republic of Cyprus, and the Turkish forces
were present in Cyprus solely to maintain peace and stability pending the
definitive solution of the Cyprus problem. Furthermore, in northern Cyprus,
where the Turkish Cypriot people were living, it was not the Fourth Geneva
Convention that was in force but the legislation of the Turkish Republic of
Northern Cyprus enacted by its fully-fledged working organs and democratic
institutions.

54.   An attempt had been made to present the question of refugees and
displaced persons as having arisen from events that the Greek Cypriots had
undergone, but there was another side to the coin, which related the suffering
of the Turkish Cypriot people, more than half of whom had had to abandon their
homes under the threat of Greek Cypriot armed attackers. Some Turkish
Cypriots had undergone the experience of becoming refugees three times in
17 years. After the agreement between the two sides on a bi-zonal Cyprus
settlement, the question of displaced persons had been resolved by the
population exchange agreement reached in talks held in Vienna from 31 July to
2 August 1975. The two sides had agreed on a voluntary regrouping of
populations in their own territory - the Turkish Cypriots in the north and the
Greek Cypriots in the south. That voluntary grouping of populations had been
carried out under the supervision of the United Nations force in Cyprus.

55.   The CHAIRMAN said that the time allowed for exercise of the right of reply had elapsed.

56.   Mr. EFTYCHIOU (Observer for Cyprus), speaking in exercise of the right of reply, said that while listening to the eloquent claim by the representative of Turkey that there had been no invasion and occupation of Cyprus, he had been tempted to telephone to Cyprus and inquire whether Turkey's occupation troops had been withdrawn and the consequences of the invasion reversed. He had, however, decided to address some questions to the Turkish representative. He wished to know whether Turkey had removed its more than 35,000 heavily-armed troops from the territory of Cyprus or was contemplating doing so, whether it had taken steps to remove, or even contemplated removing, the 110,000 of its citizens that it had implanted as settlers in the occupied territory of Cyprus, whether it had taken any steps to alter, or was contemplating altering, the situation in the occupied area of Cyprus, which the Secretary-General had characterized as one of the most militarized places in the world, and whether even one of the almost 200,000 refugees forcibly evicted from their homes had been permitted to return in conditions of safety.

57.   Numerous United Nations resolutions had put Turkey's invasion and occupation of Cypriot territory clearly into perspective. In that regard he wished to quote the sixth preambular paragraph of Security Council resolution 550/84, which expressed grave concern "about the further secessionist acts in the occupied part of the Republic of Cyprus, which are in violation of resolution 541/83, namely the purported 'exchange of Ambassadors' between Turkey and the legally invalid 'Turkish Republic of Northern Cyprus'". That quotation said it all. Turkey's military invasion of Cyprus could not be palmed off with nice words and legalism. The use of force was expressly forbidden by Article 2 (4) of the Charter and jus cogens in international law, and no amount of rhetorical skill could make it otherwise.

58.   He reaffirmed that he was speaking as representative of the internationally-recognized sovereign Republic of Cyprus and its legitimate Government. The fact that Turkey alone in the world refused to recognize that status came as no surprise. It would be a very rare, and indeed surprising, case if an aggressor were to recognize the status of his victim.

59.   Mr. MOUSSAEV (Observer for Azerbaijan), speaking in exercise of the right of reply, said that the representative of Armenia in his statement on agenda item 9 had, as usual, attempted to justify by means of groundless and cynical allegations the aggression against Azerbaijan and the crimes against humanity perpetrated by the military and civil authorities of Armenia. The forceful expulsion of Azerbaijanis from Armenia had been accompanied by flagrant discrimination against their constitutional rights and a refusal to respect their national and cultural interests. In 1988, a fresh bout of "ethnic cleansing" had begun as the culmination of a deliberate policy of destroying all trace of the very existence of Azerbaijanis in Armenia. Under instructions from, and with the blessing of, the Armenian authorities, the remaining 200,000 Azerbaijanis had been forcibly expelled from their historical homelands within the present-day Armenian State. The mass

expulsion had been accompanied by killings and maimings. In all,
216 Azerbaijanis had been cruelly killed during the "ethnic cleansing" in
Armenia in 1988 and 1989.

60.   During the forcible expulsion, hundreds of historical relics, testifying
to the fact that Azerbaijanis had for centuries belonged on the land of what
was at present Armenia, had been either destroyed or altered to give them an
Armenian look. Islamic places of worship and graves in Azerbaijani cemeteries
had been desecrated, and mosques and tombs damaged or broken up for use as
building materials. In order to erase from history the fact that Azerbaijanis
had lived in what was at present Armenia, the names of some 2,000 towns and
villages had been changed. He was also obliged to note that, despite the
allegations of the Armenian representative, the Government of Armenia had
still made no compensation to Azerbaijani refugees from Armenia and was
preventing them from returning to their historical homelands. He was
confident that the Commission, which had had great experience, would not let
itself be deceived by ringing statements by the representative of Armenia.

61.   Mr. DOUVOS (Observer for Greece), speaking in exercise of the right of
reply, said that his delegation fully endorsed the reply to the Turkish
delegation made by the representative of Cyprus. He wished, however, to ask
two further questions. When would Turkey implement the relevant
Security Council and General Assembly resolutions? When would Turkey comply
with its obligation to respect and restore the human rights and fundamental
freedoms of the people of Cyprus, as called upon by successive resolutions of
the Commission?

<u>The meeting rose at 12.05 a.m.</u>

UNITED NATIONS

Economic and Social Council

E

Distr.
GENERAL

E/CN.4/1998/SR.55
7 August 1998

Original: ENGLISH

COMMISSION ON HUMAN RIGHTS

Fifty-fourth session

SUMMARY RECORD OF THE 55th MEETING

Held at the Palais des Nations, Geneva,
on Monday, 20 April 1998, at 6.10 p.m.

<u>Chairman</u>: Mr. GALLEGOS CHIRIBOGA (Ecuador)
(Vice-Chairman)

later: Mr. CHOWDHURY (Bangladesh)
(Vice-Chairman)

CONTENTS

FOLLOW-UP TO THE WORLD CONFERENCE ON HUMAN RIGHTS

This record is subject to correction.

Corrections should be submitted in one of the working languages. They should be set forth in a memorandum and also incorporated in a copy of the record. They should be sent <u>within one week of the date of this document</u> to the Official Records Editing Section, room E.4108, Palais des Nations, Geneva.

Any corrections to the records of the public meetings of the Commission at this session will be consolidated in a single corrigendum, to be issued shortly after the end of the session.

GE.98-13538 (E)

<u>In the absence of Mr. Selebi (South Africa)</u>
<u>Mr. Gallegos Chiriboga (Ecuador), Vice-Chairman</u>
<u>took the Chair</u>

<u>The meeting was called to order at 6.10 p.m.</u>

FOLLOW-UP TO THE WORLD CONFERENCE ON HUMAN RIGHTS (agenda item 21)
(E/CN.4/1998/45, 104 and Corr. 1-2, and 122; E/CN.4/1998/NGO/68 and 92)

1.   Mr. ERMAKOV (Russian Federation) said that the adoption of the Vienna
Declaration and Programme of Action, in which 171 countries had participated,
had reinforced the principles of the Universal Declaration adopted in 1948 by
a comparatively small number of States. In spite of the steady progress
achieved over the past five years in strengthening human rights, much remained
to be done, and the current review was timely.

2.   In the Russian Federation, the Declaration and Programme of Action had
provided a stimulus and guide for the establishment of a sound legislative and
judicial basis for the promotion of democratic values and human rights,
including the adoption of a new democratic Constitution reinforcing civic
rights and freedoms. The Federation had joined the Council of Europe and
ratified the European Convention on Human Rights, and the conventions against
torture and on the protection of the rights of national minorities. A
moratorium was in force on the carrying-out of capital sentences, and
legislation was being enacted on judicial and penal reform, equal rights for
women, and the protection of vulnerable groups, such as national and religious
minorities, indigenous peoples, and the physically disabled.

3.   National institutes could make a valuable contribution to the
development of a human rights culture, and it was essential that they should
operate at both federal and regional levels throughout the country. In
implementing the Vienna recommendations, it was essential that the principles
of universality, the right to development and non-discrimination should be
respected.

4.   Support for democracy and the development of human rights must be
achieved through a widening of international cooperation, which would entail a
strengthening of coordination and the incorporation of human rights into all
United Nations programmes. His Government supported the conclusion of the
Vienna Conference that cooperation between States and international
institutions should concentrate primarily on giving effect to existing
international standards, leaving the adoption of additional standards till a
the later phase. To that end technical cooperation programmes should be given
priority and appropriate financing. His delegation also supported the
preparation by the High Commissioner, acting in close cooperation with
Governments, of proposals for the rationalization of United Nations human
rights mechanisms with a view to increaed efficiency.

5.   Mr. VASSYLENKO (Ukraine) said that the international community's
commitment to the principle of the universality and indivisibility of human
rights, reconfirmed at the World Conference, was fundamental to all its
endeavours in that field. Human rights were an essential component of social,
political and economic progress, and necessitated close cooperation between

States and international institutions. The elaboration of new standards was also important, including preventive programmes to ban the exploitation of ethnic factors for political purposes, protect the environment, guarantee the right to self-determination, and establish State responsibility for gross violations of human rights.

6.   He agreed with the view expressed in the High Commissioner's report (E/CN.4/1998/104) that although the drafting of new legal rules was a time-consuming process, every effort should be made to carry it forward with the greatest possible dispatch. A strong advisory services and technical cooperation programme could make a major contribution to national capacity-building, and his delegation looked forward to the results of the High Commissioner's analysis of existing United Nations technical assistance mechanisms and proposals for improving coordination. In particular, human rights programmes should be more closely integrated with those relating to development, population, criminal jurisdiction and education, and special emphasis should be placed on the implementation of joint projects. Ukraine had requested assistance under the High Commissioner's technical cooperation programme and looked forward to working closely with it.

7.   A wide gap remained between aspirations and achievements in a world in which torture was still practised, more than a billion people lived in poverty, children were viciously exploited, and the needs of the elderly neglected. Those situations clearly required the most diligent attention of both Governments and international institutions, and it was regrettable that overburdened United Nations bodies, unable to pay sufficient attention to particular features affecting individual States, sometimes asked stock questions and made stock assessments. He confirmed his Government's commitment to active cooperation with the United Nations system in the protection and promotion of human rights.

8.   Mr. CHOWDHURY (Bangladesh) said that the Universal Declaration had inspired the drafting of his country's Constitution and was the fountainhead of most of its legislation. Bangladesh was a democratic and pluralistic country, fully guaranteeing civil and political rights, but it saw them as linked to the search for social harmony and economic development. Accordingly, it applauded the Vienna Declaration and Programme of Action, which recognized the universality, indivisibility, interdependence and interrelatedness of all human rights, including the right to development.

9.   Since the Commissions's previous session, his Government had decided to set up a national human rights institution and to appoint a national ombudsman. Village courts were also to be established in order to ensure easy access to justice for the common people. A law commission had been set up to consider the ratification of various international instruments, and recommendations by a working group on accession to six of them were under active consideration. Reservations to articles 13 (a) and 16 (1.f) of the Convention on the Elimination of All Forms of Discrimination against Women had been withdrawn, and reservations to other instruments were under review.

10.   His delegation welcomed the Commission's decision to provide for a special discussion of gender issues. In Bangladesh the participation of women in socio-economic life was being facilitated through such innovative

mechanisms as "micro-credit". Following the historic peace accord of
2 December 1997, the decades-old dispute with the tribal minorities in the
south-eastern Hill Districts had found a satisfactory conclusion. New
legislation made provision for a "regional council" to supervise general
administration and development in the Hill Districts and amend local
legislation. In order to raise community awareness of human rights, a special
programme was planned, in which the implementation of the Plan of Action of
the United Nations Human Rights Decade (1995-2004) would be given a prominent
place.

11.   Mr. HASSAN (Pakistan) said that the adoption of the Vienna Declaration
and Programme of Action, and the establishment of the Office of High
Commissioner for Human Rights were significant developments in the promotion
and protection of human rights. The most shocking violations often took place
in the course of armed conflicts and foreign occupation, which the
United Nations must seek to prevent by arbitration and other forms of peace
promotion. The High Commissioner's Office should establish a special cell to
deal with violations in areas under foreign occupation, to which specific
sections of the reports of working groups and special rapporteurs should also
be devoted.

12.   No agreement had been reached at Vienna on the streamlining and
strengthening of existing human rights machinery, but what was certainly
required was a strengthening of the mechanisms for eliminating the root causes
of human rights violations, wider recognition of the concept of individual
responsibility, and an enhanced role for NGOs.

13.   An alarming trend was emerging in the international community of
concentrating attention upon the defence of civil and political rights,
leaving advocacy of the right to development to the representatives of
developing countries. Now that that right had at last been accepted, the
challenge was to specify and implement the duties and entitlements that flowed
from it. While the International Covenant on Economic, Social and Cultural
Rights clearly recognized the right "to an adequate standard of living" and
the 1986 Declaration on the Right to Development recognized collective
responsibility for development, there remained hundreds of millions of poor
people around the globe who had no hope of an improvement in their standards
of living. Powerful States in a position to break the vicious circle of
poverty must not shirk their responsibilities. His delegation continued to
believe that a special rapporteur on the right to development could make a
valuable contribution.

14.   The Declaration and Plan of Action related not only to the international
community and national authorities, but also to civil society. In particular,
the adoption of the draft declaration on human rights defenders at the
Commission's current session in response to the call by the Vienna Declaration
was a reaffirmation of the important role of civil society in the promotion
and protection of human rights. Pakistan had a long-established, strong and
articulate human rights movement, with some 10,000 associated NGOs.

15.   Mr. MORJANE (Tunisia) said that Tunisia's contribution to the
implementation of the Vienna Declaration was a comprehensive, multidimensional
approach to development, including measures to give practical effect to the

right to education in general, human rights education, promotion of the rights of the child and consolidation of the basic rights of women. Among the numerous reforms inspired by the Vienna Declaration was action to achieve overall and sustainable development based on the conviction that political rights could not be strengthened without satisfaction of economic and social needs.

16.   Tunisia's development strategy had enabled it to raise the standard of living of its citizens by means of the widest possible distribution of the fruits of growth and a series of measures to improve the social environment. One of the most important had been the establishment, on the initiative of the Head of State, of the National Solidarity Fund, financed by voluntary contributions by citizens, enterprises and State grants. The Fund had substantially raised the standard of living in underprivileged areas by ensuring dignified living conditions. Its success had encouraged the authorities to set up a Tunisian Solidarity Bank to make credit available to people not eligible under traditional financing conditions.

17.   Additional measures had also been taken in support of women, the family, children, migrant workers, the disabled and the elderly. Another major reform had been the introduction of human rights teaching at all levels of the educational system; chairs of human rights had been established in Tunisian universities, integrated with courses in the higher institutes for the magistrature and training schools for law enforcement officials. On 3 April 1996, a National Commission on Human Rights Education had also been established.

18.   The deterioration in the world economic and social situation had been accompanied by increasing conflict, extremism, fanaticism and terrorism, which threatened national and international security and represented a major obstacle to the full realization of human rights. The international community must respond by renewing the Vienna consensus on the necessity of giving equal importance to individual and collective rights, and to economic, social and cultural rights.

19.   <u>Mr. Chowdhury (Bangladesh), Vice-Chairman, took the Chair</u>.

20.   <u>Mr. SCHAEFER</u> (Germany) said that, as part of its national follow-up to the Vienna Declaration and Programme of Action, Germany had submitted a report mainly concerned with the incorporation of the Vienna recommendations, particularly on the right to development, into German development cooperation. The report emphasized that that landmark document was more than a compendium of recommendations; it consolidated the foundation laid by the Universal Declaration for the promotion of human rights. Although a heightened international awareness of human rights had prepared the way for the Vienna consensus, a regrettable degree of resistance still persisted, and Germany looked to the forthcoming World Conference on Racism for the achievement of further advances.

21.   In order to counter the tragic increase in human rights violations triggered by internal conflicts, preventive diplomacy must be strengthened, and his Government welcomed the growing recognition that the operational capabilities of the High Commissioner needed to be strengthened. The share of

human rights in the regular United Nations budget must also be brought into line with the declared priority of those activities within the United Nations system; his Government had added its voice to the European Union's advocacy of that course. The administrative reforms set in motion in Geneva were creating the preconditions for greater coordination and operational efficiency in the human rights field. The current session of the Commission had again shown that the potential for constructive dialogue was far from exhausted, and Germany would continue to seek new areas for such dialogue. His delegation welcomed the decision (1998/208) by the Economic and Social Council to devote the coordination segment of its forthcoming substantive session to the follow-up and implementation of the Vienna Declaration and Programme of Action.

22.   Mr. ZAHRAN (Observer for Egypt) said that the High Commissioner's first report made the very important point that the universality of human rights did not mean that there was only one model of social, political or legal organization. It set the standard for an emerging era in which communication and collaboration between States and peoples would determine their prosperity and indeed survival. His delegation also endorsed the High Commissioner's reiteration of the importance of the right to development and the emphasis she laid on the interrelation between sustainable economic and social development and the achievement of civil and political rights. Technical cooperation in the field of human rights was one of the main instruments for their protection and promotion. The advisory services were making a major contribution to developing and sustaining respect for human rights, and to the move away from confrontation to cooperation and dialogue. It was therefore essential: that technical assistance should not be linked to political preconditions; that advisory services should be funded from the ordinary budget; and that, although playing a welcome and valuable role, the voluntary fund should not be made an alternative to pledged country contributions to the ordinary budget.

23.   Ms. WISZBERG (Human Rights Internet) said that, in celebration of the fiftieth anniversary of the Universal Declaration and as part of the follow-up to the Vienna Conference, her organization had joined some 30 major international and regional NGOs in organizing a consultation in Ottawa in late June. The results would be presented to the July session of the Economic and Social Council and to the autumn session of the General Assembly.

24.   Mr. MENDEZ (Commission for the Defence of Human Rights in Central America) said that while major advances had been made at the international level in the defence of the rights of women, the same could not be said for the internal legislation of countries or for the quality of women's daily lives. In spite of the commitment of States in the Beijing World Plan of Action to intensify efforts to achieve the targets of the Nairobi Strategies for the Advancement of Women, they continued to live in an androcentric culture that perpetuated gender violence. The injustices and violence suffered by women were considered "specific" and therefore not violations of human rights in general.

25.   One of the many obstacles to women's full enjoyment of a dignified life was the perpetuation of myths, laws, rituals and attitudes which consigned women to an inferior status and sought to justify violence. One way of righting that situation would be to adopt national and international laws

safeguarding the human rights of women, and recognizing the fact that gender violence was not only intrafamiliar, but affected women in all departments of their lives. Her organization supported the adoption of the Optional Protocol to the Convention on the Elimination of All Forms of Discrimination against Women, and called on the Commission to urge States to give effect to the various agreements adopted at world summits, especially the Beijing Agreements.

26. <u>Mr. LITTMAN</u> (Association for World Education), speaking also on behalf of Christian Solidarity International, said that, as the Greek historian Thucydides had pointed out, the basis of humanitarian law was reciprocity. In the light of the wholesale massacres and acts of ethnic, religious and tribal vengeance being perpetrated on many continents, it was obvious that mankind had still not learned that lesson. He drew attention to the reference, in paragraph 23 of the High Commissioner's note on the May meeting of special rapporteurs and other officials concerned with human rights (E/CN.4/1998/45) to Commission decision 1997/125, taken without a vote, which expressed indignation at a reference to Islam and the Holy Koran in the report by the Special Rapporteur on contemporary forms of racism, racial discrimination, xenophobia and related intolerance and requested the Rapporteur to take corrective action. His Association wished to express the strongest opposition to the curtailment of freedom of expression in the United Nations by self-censorship resulting from doctrinal accusations. The Commission decision set a dangerous precedent, and was one more manifestation of creeping "cultural relativism". He hoped that at coming meetings of the type reported on in the High Commissioner's note firm action would be taken to halt that trend.

27. Turning to incitement to genocide, he said that his organization had repeatedly urged the application of the 1948 Genocide Convention, which declared that not only should genocide be punished, but also conspiracy to commit genocide, and direct and public incitement to genocide. He therefore welcomed draft resolution E/CN.4/1998/L.14 stressing the need for universal ratification of the Convention, which should, however, include: strong condemnation of any direct or public incitement to commit genocide, or of any call to kill in the name of God or religion; recommendations that any State party to the Genocide Convention aware of such incitement should invoke article VIII, and that the World Criminal Court should be given authority to act; and an expression of the view that the competent organs of the United Nations should condemn any public incitement to genocide.

28. <u>Mr. FAROOQ</u> (World Muslim Congress) said his organization agreed with the High Commissioner's view that too many serious human rights violations continued to occur every day for the international community to feel satisfied with the progress achieved in the implementation of the Vienna Declaration and Programme of Action. The follow-up exercise should focus on methods of strengthening existing human rights mechanisms for effective intervention, and he fully shared the High Commissioner's concern that women and a disproportionate number of minors constituted the overwhelming majority of victims of violence and conflicts.

29. The Commission should give special attention to situations where the rule of law did not exist or had been suspended, as in armed conflicts. On

most occasions, the international community had reacted too late and had then done too little, as in the case of Bosnia, Cambodia and Rwanda, and recently crisis point had been reached in Kosovo too. Another situation calling for international action was that of Indian-occupied Jammu and Kashmir, where extrajudicial killings and other grave violations of human rights, including the rape and molestation of women and minors, and the destruction of buildings and institutions were daily occurrences. In that case, the occupation forces had been given impunity under special legislation enacted by the Indian Government. Adoption of declarations and ratification of treaties could not achieve the desired objectives unless there were effective implementation mechanisms.

30. Mr. MORA (Center for European Studies) expressed regret that the five-year review was being conducted without prior regional evaluations. There was, however, still time for Governments, NGOs and international organizations to submit proposals based on their own experiences. In order to give full effect to the principles of universality, indivisibility and interdependence of human rights, there must be evaluation of the fulfilment by Governments of their duty to allocate increasing resources to guaranteeing and promoting the enjoyment of economic, social and cultural rights.

31. The problems arising from the indebtedness of developing countries, and the impact of adjustment policies imposed by IMF, the World Bank and other international financial institutions had not received proper consideration. The undertaking of the developed countries to allocate 0.7 per cent of their GNP to development aid had not been honoured, and the amount currently contributed amounted to a mere 0.3 per cent.

32. Progress must also be made in the strengthening of the Centre for Human Rights and the Office of the High Commissioner, and there should be more equitable geographical representation of the African, Asian and Latin American regions in the Centre and in the appointment of thematic rapporteurs. NGOs should be given fuller participation in both United Nations and national human rights mechanisms; and cooperation should be increased with the mechanisms created under major human rights conventions and established by successive human rights summit meetings. It was also necessary to reaffirm the principles of non-selectivity and non-manipulation of United Nations protection and promotion mechanisms.

33. Mr. PARY (Indian Movement "Tupaj Amaru") said that the celebration of the fiftieth anniversary of the Universal Declaration and the fifth anniversary of the Vienna Declaration and Programme of Action must not be reduced to empty rhetoric but must find its expression in the practical application and effective ratification of all human rights instruments, and the strengthening of protective mechanisms.

34. With regard to the rights and freedoms of indigenous peoples, the Vienna Conference had urged States to give priority consideration to several matters of crucial importance for indigenous survival. It had asked the Sub-Commission's Working Group on Indigenous Populations to complete as promptly as possible the elaboration of the draft declaration on the rights of indigenous peoples, but some States were still delaying the process and endeavouring to dilute the draft provisions. In spite of the recognition by

the Conference of the intrinsic dignity and incomparable contribution of indigenous peoples to the progress of civilizations, their cultural heritage was being exposed to the ravages of time and modern technology, and threatened with irreparable loss by pillage and illicit traffic in their cultural and artistic treasures. He welcomed the study by Mrs. Daes of principles and guidelines in the preservation of the indigenous cultural heritage, which deserved to be given the seal of the Commission's approval through the adoption of a draft resolution.

35.   Ms. MACIAS (Federation of Associations for the Defence and Promotion of Human Rights) said that impunity, with its implicit condonation of the crime committed, was an essential ingredient in flagrant violations of human rights, and her organization welcomed the recognition of the importance of the struggle against it in paragraph 91 of the second part of the Vienna Declaration and Programme of Action. For that reason she also welcomed the current hearings in the Spanish High Court on the disappearance of Spaniards during the military dictatorships in Argentina and Chile, and the similar proceedings in Italy and elsewhere. A favourable outcome to those cases would contribute to the struggle against impunity by underscoring the existence of a universal penal jurisdiction. It was therefore particularly regrettable that such proceedings were constantly hindered by the Governments concerned, and she appealed to the delegations of Chile and Argentina to use their good offices in support of the hearings. She urged the Commission itself, to support the competence of the national courts to try cases where crimes against humanity had occurred in other countries.

36.   As to criminal assaults against human rights defenders, the legitimate participation of NGOs and their members in the human rights sphere was recognized by paragraph 38 of the first part of the Declaration and Programme of Action, which affirmed their right to protection under national laws. Contrary to those guarantees, human rights defender Eduardo Umaña Mendoza had recently been murdered in Colombia, as had a number of his colleagues. The 11-year-old son of Luis Guillermo Perez Casas, a practising lawyer and deputy secretary-general of an international human rights organization, had been the object of telephone threats in Brussels, having been previously forced to leave Colombia in the face of similar threats. She urged the Commission to remind the Colombian Government of its duty to take effective measures for the protection of human rights defenders, and to prosecute paramilitary groups and any officials or agents involved in human rights violations in association with them.

37.   Mr. KIRCHER (Latin American Federation of Associations of Relatives of Disappeared Detainees) said the most disappointing feature to emerge from a review of the objectives of the Declaration and Programme of Action was the number of Governments seeking to suppress knowledge of the human rights situation in their countries or to minimize its gravity. The only valid measure of progress was a reduction in the number of victims of State crimes, which could only be achieved by political and regulatory decisions on prevention, the punishment of those responsible for outrages, and guarantees for victims' rights to truth, justice and reparation.

38.   Regrettably, nothing had been done to prevent the repetition of such
crimes, as in the case of the recent murder of human rights defender Eduardo
Umaña Mendoza in Colombia, where failure by the Government to punish the
perpetrators was perpetuating conditions favourable to repetition of such
outrages. Since 16 June 1997, Colombian NGOs had been waiting in vain for a
reply from President Samper to their request for State security files to be
opened for investigation, and for the disbanding of paramilitary groups,
including the so-called "Convivir". It was in the light of that situation
that his organization called upon countries like Colombia, in reviewing their
policies, to first establish whether under existing procedures there had been
any substantial reduction in human rights violations, and whether the
recommendations of existing mechanisms and bodies had been applied.

39.   Ms. LUBERTINO (International Women's Tribune) said that the promises of
the Declaration and Programme of Action would only be fulfilled when people
throughout the world were aware of and enjoyed their rights. To that end,
effective coordination must be established between the various international
conferences and summits. It was not admissible that some rights should be
defended while others were neglected. The gap between the powerful and the
underprivileged had widened, with intolerable consequences.

40.   Globalization was not in itself either good or bad; everything depended
on whether it was made an opportunity for change or one more instrument of
domination. Various Governments had spoken of their advanced legislation for
the protection of women and children against exploitation but had failed to
recognize that their policies of economic concentration were damaging health
and social security, leading to insecurity of employment, to cutbacks in
educational and social expenditure, and to the social exclusion of the poor
and even the impoverishment of the middle class.

41.   Article 5 of the Vienna Declaration on the universality, interdependence
and indivisibility of human rights would remain ineffectual if many countries
continued to maintain their reservations to human rights instruments or
persisted in non-compliance with them in religious or cultural matters. In
the evolving process of human rights, when the great majority of the world
reached consensus, a right became universally recognized and could not be
nullified by reservations; when States imposed the religious views of their
ruling classes, they were violating the human rights of all. Such was the
case in Afghanistan and also, for example, in Poland, where a law had been
passed in December 1997 strictly forbidding abortion and punishing women
reduced to the necessity of practising it. Her organization was campaigning
for the abolition of limitations upon sexual and reproductive rights, and for
the achievement of freedom of thought and religion and physical integrity by
women.

42.   In the follow-up to the Vienna Conference, the women of the world called
for an increase in activities and resources for the implementation of its
recommendations; for the elimination not only from legislation but also from
practice of every form of discrimination against women; for the establishment
of the right of women to live lives free from violence with full enjoyment of
health, including their sexual and reproductive rights, together with a
guarantee of their social, economic and cultural rights.

43.   Mr. WOLD-MARIAM (International Movement for Fraternal Union among Races and Peoples) said that the implementation of the Declaration and Programme of Action, which call for the participation of civil society through viable national NGOs, imposed a duty on Governments to make every effort to provide enabling environments for the establishment and free functioning of those bodies.

44.   Among the regimes not only failing to comply with that obligation but intensifying intimidation of national NGOs was Ethiopia, which continued to refuse to register the Ethiopian Human Rights Council. There was no rule of law or due process in Ethiopia, where all the best-trained and most experienced judges and prosecutors had been dismissed and replaced by political appointees. The regime encouraged the use of trumped-up charges supported by witnesses tortured to testify against persons they had never met in their lives. It flouted all declarations and conventions, and extrajudicial executions, torture, forced disappearances and illegal detentions were rife. The freely organized Confederation of Ethiopian Trades Unions had been disbanded and replaced by a confederation under the control of props of the regime, and, with its president in jail, the Ethiopian Teachers' Association was paralysed. Journalists were also undergoing repression and persecution. He called upon the Commission, acting in pursuance of the principles of the Declaration and Programme of Action, to take urgent measures to ensure that regimes such as that in Ethiopia fully complied with international human rights standards.

45.   Mr. GEBRIEL (World Federation of Democratic Youth) said that he wished to bring to the attention of the Commission the declaration of some 40 African NGOs which had participated in a five-day regional consultation at Kampala (Uganda) in February 1998. In essence, it stated that the African countries, acting in accordance with their commitment to the Universal Declaration of Human Rights and the African Charter of Human and Peoples' Rights, called on African Governments, legislators and political elites: to repeal repressive legislation providing a basis for arbitrary arrest and political imprisonment; and to ensure the immediate and unconditional liberation of political detainees and their security through legal channels. They called on the civil society of every country of Africa to launch national and regional solidarity campaigns on behalf of victims of the struggle for democracy and human rights in Africa.

46.   Mr. GETAHUN (Observer for Ethiopia), speaking in exercise of the right of reply, said that the customary diatribe by the representative of the International Movement for Fraternal Union among Races and Peoples against the Government of Ethiopia was in keeping with the stated political goal of that organization. That representative's statement had nothing to do with the agenda item under discussion and was in clear contravention of the Commission's rules of procedure. The organization, which camouflaged itself as a human rights organization, lamented the demise of the defunct dictatorial Dergue regime in Ethiopia and, since that regime could not be restored, it engaged in a persistent smear and vilification campaign against the democratically elected Government. Having failed as a political and propaganda mouthpiece of anti-government forces within and outside the country, it was becoming increasingly shrill and virulent in its attacks upon

the Ethiopian Government. It was essentially a discredited force, and history had shown that the ultimate fate of such forces was their demise. The present was not the time for relating the internationally-acclaimed achievements of Ethiopia, which were familiar to all observers possessing a minimum of objectivity. His delegation did not wish to dignify the scurrilous attacks that had been made upon his Government by rebutting them in detail.

47.   The CHAIRMAN announced that the Commission had completed its general discussion of agenda item 21.

                          The meeting rose at 8 p.m.

UNITED
NATIONS

Economic and Social Council

E

Distr.
GENERAL

E/CN.4/1998/SR.47
7 August 1998

Original: ENGLISH

COMMISSION ON HUMAN RIGHTS

Fifty-fourth session

SUMMARY RECORD OF THE 47th MEETING

Held at the Palais des Nations, Geneva,
on Wednesday, 15 April 1998, at 6 p.m.

<u>Chairman</u>:　　　　　Mr. HYNES　　　　　(Canada)
　　　　　　　　　　(Vice-Chairman)

　　　later:　　　Mr. GALLEGOS CHIRIBOGA　(Ecuador)
　　　　　　　　　　(Vice-Chairman)

　　　later:　　　Mr. SELEBI　　　　　(South Africa)
　　　　　　　　　　(Chairman)

CONTENTS

QUESTION OF THE VIOLATION OF HUMAN RIGHTS AND FUNDAMENTAL FREEDOMS IN ANY PART
OF THE WORLD, WITH PARTICULAR REFERENCE TO COLONIAL AND OTHER DEPENDENT
COUNTRIES AND TERRITORIES, INCLUDING:

(a)　QUESTION OF HUMAN RIGHTS IN CYPRUS (<u>continued</u>)

This record is subject to correction.

Corrections should be submitted in one of the working languages. They
should be set forth in a memorandum and also incorporated in a copy of the
record. They should be sent <u>within one week of the date of this document</u> to
the Official Records Editing Section, room E.4108, Palais des Nations, Geneva.

Any corrections to the records of the public meetings of the Commission
at this session will be consolidated in a single corrigendum, to be issued
shortly after the end of the session.

GE.98-13534　(E)

<u>In the absence of Mr. Selebi (South Africa), Mr. Hynes (Canada),
Vice-Chairman, took the Chair</u>.

<u>The meeting was called to order at 6.05 p.m.</u>

QUESTION OF THE VIOLATION OF HUMAN RIGHTS AND FUNDAMENTAL FREEDOMS IN ANY PART
OF THE WORLD, WITH PARTICULAR REFERENCE TO COLONIAL AND OTHER DEPENDENT
COUNTRIES AND TERRITORIES, INCLUDING:

(a)   QUESTION OF HUMAN RIGHTS IN CYPRUS (<u>continued</u>)

(agenda item 10) (<u>continued</u>) (E/CN.4/1998/3 and Corr.1, 9, 12-15, 55-67, 68
and Add.1-3, 69-73, 113, 114, 126, 127, 130, 132, 138, 139, 140/Rev.1, 142,
143, 147-150, 152, 154, 163 and 164; E/CN.4/1998/NGO/7, 13, 39, 40 and 101;
A/52/472, 476, 479, 484, 486 and Add.1/Rev.1, 493, 505, 510 and 522)

1.   Mr. OBIOZOR (Observer for Nigeria), speaking in exercise of the right of
reply and in response to the comments made by the Special Rapporteur on the
situation of human rights in Nigeria in introducing his report
(E/CN.4/1998/62), reiterated that it had been only after an intensive search
for a willing candidate that the present Rapporteur, Mr. Soli Sorabjee, had
been appointed in October 1997 to perform a "hatchet" job on Nigeria. It was
currently being established that the report presented that morning had been
written for him by some human rights groups and NGOs based in London and
Geneva - people who had no stake in the peace, stability and development of
Nigeria. The entire report was flawed as it failed to reflect the actual
situation in Nigeria. Any attempt to discuss it would be to accord
credibility to its preposterous claims and unsubstantiated conclusions. It
was, therefore, his delegation's view that, in the interest of the credibility
of the Commission, that concocted report should be set aside and the Nigerian
delegation be engaged in a constructive dialogue to deal with any issues of
concern in Nigeria. The comprehensive statement made by the Foreign Minister
of Nigeria that morning should form the reference point in such dialogue.

2.   The CHAIRMAN said that the rather serious charges made against the
secretariat and the Rapporteur in the representative of Nigeria's statement
warranted careful consideration.

3.   Mr. EL KHAZEN (Observer for Lebanon) said it was a regrettable
coincidence that the celebration of the fiftieth anniversary of the Universal
Declaration of Human Rights fell on the day on which the Israelis had invaded
and occupied large areas of southern Lebanon 20 years previously, followed by
occupation of West Bekaa in 1982. Those flagrant violations of international
law and the United Nations Charter had been followed by large-scale military
aggression, including artillery bombardments and aerial bombings which had
resulted in numerous civilian casualties, the displacement of thousands of
families, and widespread destruction of buildings and facilities. The
Lebanese resistance, which Israel cited as a pretext for its military
operations, was in fact a legitimate response to the illegal occupation.
Israel's true objective was to hamper rehabilitation of the Lebanese economy.
Recently Israeli aggression had taken the form of kidnapping civilians,
subjecting them to ill-treatment and torture in the Khiyam detention centre,

and denying access to them by the Red Cross. Contrary to the 1949 Geneva Convention, a number of the detainees had been transferred to prisons inside Israel. The 4 March 1998 decision by the Israeli Supreme Court to retain them without trial as hostages and as bargaining-chips was both morally repugnant and contrary to those Conventions and the First Protocol.

4.   For the past 20 years, Israel had consistently refused to comply with Security Council resolution 425 (1978) calling for a withdrawal from all Lebanese territory, and its latest proposal to accept the resolution and withdraw from South Lebanon in return for security arrangements was itself contrary to the resolution, which called for immediate, complete and unconditional withdrawal. Lebanon, which was committed to the achievement of a just and comprehensive peace in the region, was dismayed by the international community's toleration of Israel's defiance of the Security Council's resolutions, and deplored the double-standards policy practised in its favour. His Government looked forward to the day when the international community would take a just and firm stand, and compel Israel to respect international law and, by ceasing all violations of human rights, enable Lebanese citizens to live in peace and dignity.

5.   Mr. KANAVIN (Observer for Norway) said that internal conflicts, as in Colombia and Sri Lanka, were a major cause of human rights violations. In the former Yugoslavia, ethnic Serbs were being harassed in East Slavonia, and ethnic Albanians and Muslims subjected to police repression in Kosovo and the Sandzak regions respectively. Armed attacks on civilians were occurring in Rwanda, and renewed violence was leading to population displacements in the Great Lakes region. Civilians continued to undergo severe suffering in southern Sudan, and such atrocities as the recent bombing of a hospital in Yei must be condemned by the international community.

6.   His Government appreciated the increasing openness achieved in its dialogue with China and welcomed China's recently announced decision to sign the International Covenant on Civil and Political Rights. The harsh treatment of prisoners and extensive use of the death penalty continued, however, to cause concern, as did continued threats to the religious and cultural identity of the Tibetans. While the widening non-governmental participation in dialogue with the Turkish Government was to be welcomed, its decisions on reform must be put into practice, particularly with regard to the Kurdish population. While there had been recent signs of positive developments in the Islamic Republic of Iran, reform was still urgently needed, particularly in regard to the persecution of religious minorities. The fatwa proclaimed against the writer Salman Rushdie was totally unacceptable.

7.   The situation in Iraq remained intolerable. His delegation shared European Union concern about human rights in Saudi Arabia, particularly in regard to the situation of women and freedom of religion or belief. In Nigeria, violations of the right to freedom of expression continued, and he appealed to the authorities of that country to stand by their promises of amnesty for political detainees. His delegation urged the Government of Myanmar to release all political prisoners and lift restrictions on Aung San Suu Kyi's freedom of movement. The recent ill-treatment and death in prison of Consul Nichols emphasized the need for further investigations.

8.   More killings, disappearances and torture had been reported in
East Timor, emphasizing the urgent need for Indonesia to respect human rights,
including trade union rights. The international community must condemn
unconditionally the slaughter of innocent people in Algeria. He urged the
Algerian Government to invite the Special Rapporteurs on extrajudicial,
summary or arbitrary executions and on torture to visit the country.

9.   Mr. NSEIR (Observer for the Syrian Arab Republic) said that Israel had
been occupying South Lebanon and West Bekaa for 20 years in defiance of
Security Council resolution 425 (1978), which called for its immediate and
unconditional withdrawal. The occupation, itself a violation of human rights,
was exacerbated by the continuing detention of hundreds of Lebanese citizens
without trial for use as bargaining-chips - a policy condoned by an Israeli
Supreme Court decision. Daily bombings of villages were also being used to
drive the civilian population out of the region. Israel was preventing
relatives of detainees from visiting their children, refusing humanitarian
bodies permission to visit the camps where mental and physical torture was
practised, and continued to act in flagrant breach of the Fourth Geneva
Convention. The Commission must condemn such practices, which violated both
international law and United Nations resolutions.

10.   Mr. ZUÑIGA (Observer for Nicaragua), referring to document
E/CN.4/1998/69, said that the Special Rapporteur on Cuba continued to report
persistent violations of fundamental human rights - a situation that
contrasted with that in other Latin American countries, where there had been
considerable progress.

11.   Mr. FERNANDEZ (Cuba), speaking on a point of order, asked whether the
secretariat had checked the identity of the representative speaking for
Nicaragua. His name did not figure in the latest available attendance list.
He in fact resembled a notorious terrorist of Cuban origin currently residing
in Miami.

12.   The CHAIRMAN said he was informed that the representative in question,
Mr. Luis Zuñiga, was an accredited member of the Nicaraguan delegation.

13.   Mr. ZUÑIGA (Observer for Nicaragua) said that the typical conduct of
regimes violating human rights was to conceal their activities behind a
legalistic façade while blocking all attempts to investigate their offences.
Four successive generations of Cubans had had no experience of human rights;
thousands had been killed and hundreds of thousands spiritually and physically
abused; and as many as 10 per cent of the population had found refuge in
exile. Currently, foreigners were being invited by the Cuban State to invest
in local businesses while native Cubans were denied access to the best hotels,
beaches and restaurants, which were reserved for foreigners and the governing
elite. As objective reports showed, there was no respect in Cuba for human
rights. The recent Decree No. 217 even forbade Cubans to move to the capital.
The death penalty was still applied, and seven persons were currently awaiting
execution, including the political prisoner Umberto Real Suarez.

14.   Many persons of goodwill entertained hopes that there would be changes
in Cuba, but those aware of the true situation knew that there could be no
possibility of a voluntary change on the part of the authorities - a view

clearly confirmed by the Special Rapporteur's report. It was illusory to expect that Cuba's accession to the Convention against Torture would make any difference. He had in his possession three documents recently received from Cuban prisons, copies of which he had transmitted to the Committee against Torture, complaining of brutal and degrading treatment and deprivation of medical care. Any hopes that Cuba's signing of the Final Act of the Sixth Ibero-American Summit in Chile meant that it would honour the undertaking to accept political pluralism, the rule of law, democracy and respect for human rights would have been dashed when the release of 100 political prisoners promised to Pope John Paul II had been followed by the arrest and detention of a further 30 persons.

15.   The CHAIRMAN said that the speaker had reached the end of his allotted time.

16.   Mr. FERNANDEZ (Cuba), speaking on a point of order, said it was his impression that the impostor had already finished his statement before the Chairman had intervened.

17.   The CHAIRMAN said he wished to remind the representative of Cuba of the duty of all participants to show proper respect for the Chair.

18.   Mr. EFTYCHIOU (Observer for Cyprus) said that 24 years after the Turkish invasion and occupation of 37 per cent of the territory of the Republic of Cyprus, the human rights and fundamental freedoms of all Cypriots continued to be grossly violated. Turkey continued to maintain its 35,000 heavily-armed occupation troops, preventing the return of one third of the population forcibly expelled from their homes in 1974. It also continued its systematic colonization of the occupied area through the implantation of Turkish settlers, at present numbering almost 110,000, while the number of Turkish Cypriots had fallen from 120,000 to 89,000 - an indication of their reaction to living in the occupied area. The number of Greeks and Maronites remaining in that area had also fallen from 20,000 to only 619, despite the Third Vienna Agreement of 1975, which provided for normal living conditions in the enclave. The latest report by the Secretary-General (E/CN.4/1998/55) clearly indicated that most restrictions persisted, and indeed that further restrictions had been imposed, for example, an obligation for all persons wishing to travel between the occupied and government-controlled areas to produce passports or identity documents and pay a fee.

19.   The occupation regime had also frozen all intercommunity activities in response to the European Union's announcement that Turkey's accession to membership was not under consideration. The problem of missing persons was still unresolved but an agreement reached on 31 July 1997 between President Clerides and the Turkish Cypriot leader, Mr. Denktash, had led to an initial exchange of information on burial sites, and it was hoped that other steps provided for in the agreement would be implemented. The cooperation and goodwill of all concerned were required to achieve further progress.

20.   On the broader issue of human rights, the relevant United Nations resolutions and high-level agreements offered a sound basis for achieving a just and viable solution that would end the occupation of Cypriot territory

and guarantee the rights of all Cypriots. The Government of Cyprus was committed to constructive cooperation and only awaited a similar response from the Turkish side.

21.   Mr. RAZZOOQI (Observer for Kuwait) said that the Special Rapporteur's impartial and objective report (E/CN.4/1998/67) presented a tragic picture of the human rights situation in Iraq, which had in fact deteriorated during 1997. The Special Rapporteur had called upon Iraq to cooperate with the Tripartite Commission in establishing the whereabouts and fate of several hundred missing persons, including prisoners of war, uncertainty about whom, prolonged by Iraq's continued policy of procrastination, was bringing anguish to every Kuwaiti home. Iraq had a moral as well as legal responsibility to implement its obligations under the four 1949 Geneva Conventions, particularly those relating to the treatment of prisoners of war and the protection of civilians in time of war.

22.   He once again drew attention to Security Council resolution 686 (1991) calling on Iraq to release immediately all Kuwaiti and third-State nationals and return the remains of the deceased, and to Security Council resolution 687 (1991), operative paragraph 30 of which contained the same requirement. In spite of its written agreement to do so, Iraq had still not fulfilled that requirement. His Government called on the international community to stand firm on those issues and help it in recovering its missing prisoners of war.

23.   Mr. KARAITIDIS (Observer for Greece) said that, 23 years after the Commission had adopted its first resolution on Cyprus, more than a third of Cypriot territory still remained under Turkish occupation, and nearly 200,000 Greek Cypriots were still being prevented from returning to their homes. All relevant Security Council resolutions had been ignored by Turkey, and the European Parliament had adopted a further resolution in April 1997 describing as inadmissible the conditions set by the occupation regime for a proposed visit by its members to the enclave, and condemning the persistent violations of human rights there. Turkey was making a sustained effort to alter the demographic balance of the island by illegally transplanting over 100,000 Turkish settlers to the occupied areas and forcing indigenous Turkish Cypriots to emigrate. Over 1,600 Greek Cypriots and Greeks were also missing as a result of Turkey's 1974 military operations.

24.   The island's cultural heritage was being systematically destroyed: Greek Orthodox churches continued to be converted into mosques or hotels or restaurants, while priceless treasures and works of art were being destroyed or smuggled out of the country. The situation was not one where it was appropriate to call on all sides concerned to find a solution, since one side accepted the resolutions of the Security Council while the other refused to do so. The international community must demonstrate its determination to achieve a just and viable solution.

25.   Mr. Gallegos Chiriboga (Ecuador), Vice-Chairman, took the Chair.

26.   Mr. AL-CHEIKH (Observer for Saudi Arabia) said that his Government was resolute in promoting human rights and condemning their violation, and had repeatedly expressed its desire to cooperate in ensuring progress in those

areas. Some of the statements made at recent meetings were, however, negative
in tone and contained baseless allegations that were an abuse of freedom of
speech. They obstructed both real dialogue and the Commission's objective of
strengthening human rights. He wished to assure those interested in the
situation in his country that they had no grounds for concern. While many of
the allegations made were generalizations, his delegation was ready to provide
precise and detailed information on all cases that had been raised. His
Government reaffirmed its readiness to make every effort to strengthen human
rights for the benefit of all concerned.

27.   Mr. NAZARIAN (Observer for Armenia) said that his delegation wished to
associate itself with others which had called for the restoration of basic
human rights and freedoms to the Greek Cypriots, Maronites, Armenians and
other inhabitants of Cyprus, including the right to preserve their cultural
heritage, which was being systematically destroyed. The most recent example
of the systematic destruction of that heritage had been the looting of the
St. Makar Monastery, an important religious site of the Armenian community,
and its offer for lease as a hotel.

28.   Believing that a secure environment was essential for the full enjoyment
of human rights, including the right of self-determination, Armenia supported
the people of Nagorny Karabakh, who had voted for national sovereignty in a
constitutional and peacefully conducted referendum. The response of
Azerbaijan had taken the form of organized pogroms and massacres of Armenians
in a number of Azerbaijani cities during the period 1988-1991. To cover up
recent crimes as well as those reaching back over the 70 years of its
arbitrary jurisdiction over the territory, Azerbaijan had chosen 31 March as a
commemorative day of alleged genocide committed against Azerbaijanis by
so-called Armenian nationalists. The absurdity and offensiveness of that
decree would be obvious to all who remembered the genocide that had led to the
slaughter of 1.5 million Armenian men, women and children in April 1915.
However, Armenia wished to look to the future. Standing as it did at the
crossroads of three different civilizations, it was dedicated to the
construction of a new society governed by the rule of law and unconditional
respect for all basic human rights and freedoms.

29.   Mr. VIGNY (Observer for Switzerland) said that his Government shared the
Special Rapporteur's concern about the killings in Colombia carried out by
security forces, paramilitary groups or private forces cooperating with the
Government or tolerated by it, and the murder of numerous human rights
activists in that country. The situation was also particularly alarming in
India, Bolivia and Brazil, where deaths had resulted from the excessive use of
force by the police, and in Algeria, where women and children were being
massacred. Armed conflict was chiefly responsible for civilian victims in the
Democratic Republic of the Congo, while the main factors in Algeria, Egypt,
Sri Lanka and Turkey were terrorism and disproportionate repression. There
had been a reduction in the number of extrajudicial, summary and arbitrary
executions in a number of States, where the Special Rapporteur's
recommendations were being followed, but that was far from being the case in
Cambodia, Papua New Guinea, Romania and Yemen, which had failed to reply to
the Special Rapporteur's communications over the past three years, and in the
Democratic Republic of the Congo, Nepal and Pakistan, which had not replied
over the past two years.

30.   A particularly effective form of cooperation was the permission granted by Sri Lanka and the United States for field visits by the Special Rapporteur, and his Government hoped that similar visits would be authorized by Algeria, China, Turkey and India. Application of the death penalty must be subject to such guarantees as a right to fair trial by impartial and objective judges or juries, competent defence, provision for due hearing of all parties, the presumption of innocence, the right of appeal to a higher court, and the right to request commutation of a capital sentence. The death penalty must not be made applicable to minors, pregnant women and the insane, and must not be carried out beyond a certain number of years after delivery of the sentence. Switzerland reaffirmed its support for the Special Rapporteur, and appealed to the States under investigation to cooperate with the Commission's mechanisms and to permit field visits in particular.

31.   Mr. ABEL (Observer for Myanmar) said that his Government was committed to the principles enshrined in the Charter and the Universal Declaration, and did not condone the violation of human rights. It had acceded to two core human rights instruments, the Convention on the Rights of the Child and the Convention on the Elimination of All Forms of Discrimination against Women, the first in 1992 and the latter in 1997, and was actively implementing the provisions of those instruments.

32.   In 1988 his Government had been compelled by circumstances to shoulder the responsibilities of State in an anarchic situation created by demonstrations in the name of democracy and human rights, which had degenerated into mob rule and threatened the disintegration of the country. Its principal objective was to lay a firm foundation for a peaceful, prosperous and modern State with a multi-party democratic system and a market economy, in which every citizen, irrespective of race, religion or sex, could enjoy human rights to the fullest. It had restored law and order and brought about national reconciliation and reconsolidation of the 135 races that made up the Union of Myanmar. It had persuaded 17 armed ethnic groups to come into the legal fold after 50 years of conflict with successive Governments, and there remained only one recalcitrant armed group, to which however it continued to hold out the olive branch.

33.   Myanmar placed particular emphasis on economic development as a basis for the full enjoyment of human rights, and was establishing an agricultural and industrial infrastructure which would ultimately benefit the entire people. Allegations of human rights violations emanated primarily from the single remaining armed group financed from extraneous sources. He drew attention to document E/CN.4/1998/150, which contained a fuller account of the situation in his country.

34.   Mr. MENDEZ (Commission for the Defence of Human Rights in Central America) said that, in spite of the peace processes carried through in recent years in Central America, grave violations of human rights persisted. The most recent example was provided by Guatemala, which, in spite of the signature in December 1996 of the Agreement on a Firm and Lasting Peace, and although there had been some improvements in the human rights situation, the right to due process and economic and social rights continued to be grossly violated. Underdevelopment had also worsened rather than improved in Guatemala. UNDP had noted that in 1997 the country had fallen in rate

of development from 112th place among developing countries to 117th; 14.5 per cent of the population died before the age of 40; 43 per cent had no access to health services; the richest 20 per cent had incomes 30 times higher than the poorest 20 per cent. Although having the largest economy in the area, Guatemala devoted the smallest proportion of GNP to public and social expenditures. While the great majority of the population could not afford access to due process, those worst off were the indigenous majority not only through poverty but because of the remoteness of the legal system from their customs and needs.

35.   In Honduras human rights activists continued to be subjected to death threats, and his organization urged the Government to ensure that the lives and work of human rights defenders were effectively guaranteed. It also wished to record its grave concern about the criminal and destructive economic embargo imposed by the United States Government against the people of Cuba. In Mexico the recent deterioration in the human rights situation was exemplified by the Acteal massacre, whose perpetrators must be brought to trial. His organization urged the Commission to appoint a Special Rapporteur to report on the grave human rights situation in that country.

36.   Mr. ALI (Afro-Asian People's Solidarity Organization) said that the General Assembly had rightly identified terrorism as the most dangerous of the threats confronting peoples around the world. Its mentors and practitioners were fostering violence as a creed divorced from political ideology and without respect for political systems or national borders. What made them particularly formidable was the encouragement they received from some nation States, which must be constrained from such action by the will of the international community.

37.   Debates on the protection of human rights had little relevance for societies whose citizens were the target of wanton killings by groups that had wilfully placed themselves beyond the law. A starting point for action by the international community would be to penalize States that knowingly allowed their territory to be used for armed action by such groups against innocent civilians in neighbouring States. That might possibly be provided by the Convention on the Suppression of International Terrorism adopted by the General Assembly in 1997, which his organization called upon all States to ratify as soon as possible. One such terrorist group was the Harkat Ul Ansar, based in Pakistan, which had recently been banned by the United States. It had provided trained leadership for the Taliban, which was inflicting its brutality on the people of Afghanistan. The Commission demanded of States that they should guarantee the human rights of people. It should also be debating the activities of countries that armed and supported terrorist groups, and appropriate action to penalize them.

38.   Mr. WONG (International Association for the Defence of Religious Liberty) said that, in February 1997, the Myanmar regime had begun a forcible relocation campaign in two areas of the northern Karen. Villagers who fled and were captured were forced to carry army supplies and placed in front of advancing troops to detonate mines. The troops had committed a number of atrocities against women and children and even pursued Karen refugees across the border into Thailand. In order to halt that genocide against the Karen people, his organization called for the following measures: international

economic sanctions against Myanmar; expulsion of that country from the
Association of South-East Asian Nations (ASEAN); international recognition
that the persecution of the Karen people amounted to genocide; provision for a
permanent presence of United Nations human rights monitors in Myanmar to
investigate reports of violations; assumption of responsibility by the
United Nations High Commissioner for Refugees, limited to the protection and
welfare of refugees in camps; extension by the Thai Government of the
assistance and protection it was already affording refugees; provision for
consultation with refugees on issues of protection and relocation;
disciplinary measures by the Thai authorities against any of their soldiers
committing human rights violations against the refugees.

39.   Mr. ITTY (Anglican Consultative Council) said that his organization
wished to bring to the attention of the Commission a number of grave concerns
about the situation of the people of Myanmar: the unacceptable tolerance of
human rights abuses by agents of the Government; continued and unchecked gross
human rights violations, including extrajudicial, summary or arbitrary
executions, the practice of torture and arbitrary arrests; restrictions on
freedom of speech, opinion, expression and movement, and on freedom of
assembly and association; forced labour, including service as porters for the
military; continued abuse of women and children; and continued oppression of
ethnic and religious minorities.

40.   In view of the gravity of those violations, the lack of resolve on the
part of the international community in bringing pressure to bear on the
Government was especially alarming. His organization recommended that: those
in power should be urged to set a timetable for a peaceful transition to
democratic government; they should be held accountable for honouring the
letter and spirit of international human rights conventions; they should be
urged to comply with Commission resolution 1997/64, in particular by enabling
the Special Rapporteur to conduct a first-hand investigation into the human
rights situation; the States involved should desist from the sale, transport
or distribution of arms within Myanmar and cooperate in imposing an embargo on
weapons sales. History showed that it was possible for domestic reforms to be
brought about through international public pressure, and the Commission should
act quickly and responsibly to bring such pressure to bear.

41.   Mr. NAJEEB KHAN (World Muslim Congress) said that the repeated refusal
by the Indian Government to invite a visit by the Special Rapporteur on
extrajudicial, summary or arbitrary executions was obviously intended to
prevent him discovering the truth about the atrocities committed against the
people of occupied Jammu and Kashmir by the Indian military and paramilitary
forces and their hired renegades. According to the United States State
Department report on human rights for 1997, those forces had carried out an
estimated 100 to 220 extrajudicial killings, the bodies of the victims
typically being discovered with multiple bullet wounds, and often marks of
torture. Human rights activists had been a prime target for such violence, as
in the case of Jalil Andrabi, abducted and murdered shortly before he had been
due to attend the Commission's fifty-second session. His organization
appealed to the Commission to mandate the Special Rapporteur to visit occupied
Jammu and Kashmir and draw his own conclusions.

42.   Mr. MARIÑO (Federation of Associations for the Defence and Promotion of Human Rights) said that his organization considered as ill-advised the Commission's decision to welcome the regulation by the Colombian Government of the so-called "Convivir" associations; it would merely contribute to the institutionalization of impunity in Colombia. The "Convivir" associations were an instrument of paramilitary groups, and their abolition had been called for by the Human Rights Committee, the Inter-American Human Rights Commission, the Office of the High Commissioner for Human Rights and its office in Colombia. His organization considered that the situation warranted the appointment of a special rapporteur on human rights in Colombia.

43.   The situation in East Timor was extremely serious, particularly the existence of paramilitary groups practising genocide against the people of the region. The Indonesian Government should be pressed to permit a visit by the Special Rapporteur on torture and by various NGOs wishing to investigate violations of human rights, particularly the Santa Cruz massacre.

44.   Other situations of particular concern to his organization were the failure of the Algerian Government to bring to trial those responsible for the widespread killings and torture perpetrated against the Algerian population, and to permit an investigation on its territory by independent observers. In Kosovo, the Serbian State was continuing to commit grave violations of basic human rights against the Albanians; the Commission should call for a halt to such crimes and compensation for the damage caused. His organization reaffirmed its support for a fair and open referendum to enable the people of Western Sahara to exercise their right to self-determination. The Commission should call upon the Moroccan Government to refrain from interfering in the conduct of the referendum, and request permission for an adequate number of independent observers to monitor the electoral campaign and the ballot. Finally, he called upon the Commission to address the question of the crimes against humanity committed by the Turkish State against the Kurds.

45.   Mr. MIOT (International Federation of Rural Adult Catholic Movements) said that many grave violations of the human rights of rural populations, and particularly the right to life, had been brought to the attention of his organization. In Colombia, the number of murdered peasants was extremely alarming and the impunity enjoyed by paramilitaries, drug-traffickers and other criminals had forced many to abandon their lands and move to the towns, where they were reduced to helplessness and extreme poverty. In Brazil, there had been no improvement in the situation of indigenous peoples and successive Governments succumbed to the pressure of large landowners and major political interests. In India, repression of the Dalits had become increasingly harsh over recent months. In Egypt, peasants opposing the "Agricultural Property Act" had suffered severe repression by the Government. Among the motives for the murderous violence against smallholders in Algeria might well be a desire on the part of some people to acquire their land.

46.   The worldwide movement "Via Campesina", which brought together 70 farmers' organizations from the five continents, had decided to make 17 April an International Day of Peasant Struggle in commemoration of the massacre of 19 peasants in the State of Pará in Brazil in 1996. The rural movements also agreed with the identification of impunity contained in Commission resolution 1997/61 as the main reason for the persistence of human

rights abuses, and supported the obligation it imposed on Governments to recognize the basic right of peasants to organize in defence of their human rights and to participate in decision-making of direct concern to them. They declared their determination: to defend the right to land; to promote an integrated economy through peasant organizations; to act in concert, nationally, continentally and worldwide, in opposing forces seeking to destroy not only their lives, but the lives of future generations.

47.   Mr. DJONBALIC (Transnational Radical Party) said that systematic military and police repression by the Belgrade regime of Albanians in Kosovo, and in particular the inhuman violence practised against civilians in the area of Drenica had created a situation that threatened the stability of the entire region. Access by relief organizations to Drenica for the supply of food and medicine was proving extremely difficult. The situation called for more decisive steps than those taken at the London and Bonn meetings of the Contact Group, including the immediate investigation of the latest Drenica massacres. It was not enough to establish an arms embargo since the weaponry already available to Belgrade would suffice for several years. The Federal Republic of Yugoslavia should be urged to release all its political prisoners and withdraw all special police forces from Kosovo, whose demilitarization without preconditions was essential for a peaceful solution. The appointment of an international mediator would also be necessary if a lasting solution was to be reached.

48.   In Tunisia, the Government was making systematic use of torture and other serious forms of repression in order to discourage and discredit political activists and human rights observers. His organization requested the Commission to bring pressure to bear on the Tunisian Government to release all political prisoners, and to allow its opponents to participate fully in political life. Another example of severe discriminatory economic and political repression was that perpetrated by the Chinese authorities in annexed territories, particularly Tibet, eastern Turkistan and Inner Mongolia, with the apparent objective of eradicating the cultures of the people concerned. Given the increasing instability in that region, it was high time the international community urged the Chinese authorities to ensure respect for human rights and fundamental freedoms.

49.   Mr. MORA (Center for European Studies) said that, in devoting a considerable part of his report (E/CN.4/1998/69) to censuring Cuban democracy and its electoral system, the Special Rapporteur had apparently forgotten that the United Nations Charter and associated resolutions of the General Assembly recognized the right of every country to adopt the form of government and electoral system most suitable for its own interests. For all its detail, the report provided no evidence of tortures, extrajudicial executions, enforced disappearances, detainees held in custody for years, or people convicted by masked juries or on the evidence of masked witnesses and there was no evidence of unpunished political assassinations, death squads practising so-called "social cleansing" against street children and beggars, or the use of force against landless farmers - situations common in many Latin American countries that merited the appointment of Special Rapporteurs.

50.   The report did, however, cite comments on various aspects of human rights in Cuba by various United Nations bodies that evidenced the cooperation

of the Cuban Government with them in the human rights field. It was a
recognized fact that the United States blockade was highly detrimental to the
situation of women, to the nutrition of children, and, indeed, to the whole
population, including prisoners. There was in fact a marked inconsistency
between the contents of the report and the draft resolution intended to
provide a follow-up to it. The draft resolution submitted by the
United States delegation reflected a lack of respect for the international
community and should be rejected by all concerned with preserving the
credibility of the United Nations bodies and instruments working for the
promotion and protection of human rights.

51.   There had, indeed, been gross, systematic and unpunished violations of
the human rights of the Cuban people not only during the 50 years since the
Universal Declaration but for a whole century since the time of United States
military intervention in Cuba. Those violations had been perpetrated under a
policy of subjugation and State terrorism waged against Cuba by successive
United States Governments, culminating in the infamous Helms-Burton Act.
His organization was fostering cooperation between Cuban and European NGOs
concerned with the promotion of sustainable development for Cuba. On
the other side were the big battalions in the form of NGOs such as
"Freedom House" and "Pax Christi", which had received millions of dollars from
the United States for their anti-Cuban campaigns. Such actions were aimed at
undermining the growing role of civil society in dialogue and cooperation to
safeguard the human rights of the Cuban people, on the basis of respect for
its rights to self-determination, independence and sovereignty.

52.   Ms. INAYATULLAH (Family Planning Association of Pakistan), speaking from
her Kashmiri experience, said that when, in January 1990, the people of
Kashmir had demanded the right to self-determination, they had been met with
Indian bullets: over 600,000 troops had swept through the Kashmir valley.
She called upon the Commission to reveal to the outside world the most bloody
repression in contemporary history. NGOs and journalists must be free to
visit and report on Kashmir, and freedom of movement must be restored to local
leaders and civilians. Certain specific actions, all within the mandate of
the Commission, were urgently required: the dispatch of a fact-finding
mission to investigate the human rights situation; visits by relevant special
rapporteurs; monitoring and confidential reporting by the International
Committee of the Red Cross on medical conditions in camps and prisons,
including undeclared detention and the use of torture; disarmament by the
Indian Government of all military and paramilitary forces not established and
regulated by law; and freedom of movement for Kashmiris to organize all forms
of emergency relief.

53.   Mr. SAZAWAL (European Union of Public Relations) said that Kashmir had
once been cited as a place of ethnic and religious diversity, where ancient
Hindu and Buddhist religions had been followed by Christianity and Islam.
That delicate cultural balance had been slowly eroded over the past 50 years,
but had been utterly and abruptly destroyed by the ethnic cleansing of
Pandits perpetrated by jihad warriors armed and inspired by Pakistan.
Over 1,000 Pandit intellectuals and senior government officials had been made
the targets of selective assassination, followed by random killings, rapes and
harassment that had led to a virtually complete exodus of the Pandit minority
from Kashmir. In spite of the horrific dimensions of that genocide, it

remained almost unknown to the world at large, and no Western human rights organization had spoken on behalf of the Kashmiri Pandits. Among recent atrocities had been the barbaric killing of Pandits in the village of Wandahama earlier in the current year by Islamic insurgents, and the burning-down of a nearby Hindu temple. He implored the Commission to look attentively at the human dimension that was at the core of the Kashmiri problem. He appealed for justice and the survival of a people.

54. **Mr. Selebi (South Africa) took the Chair**.

55. **Ms. MAZA** (Service, Peace and Justice in Latin America) said that the deterioration in the human rights situation in Mexico was illustrated by the appalling massacre in Acteal, Chiapas, carried out by paramilitary forces; 45 men, women and children had been slaughtered a mere 200 metres from a public security post where police officers had stood by and watched what was going on. The involvement of municipal and State officials in the transport of arms for the paramilitary group had been established. That was no isolated event. In Chiapas alone there was evidence of the existence of nine paramilitary groups supported by the official party (Partido Revolucionario Institucional), which had been responsible for dozens of killings since 1995. Paramilitary groups existed in other States as well.

56. Arbitrary detention was frequently practised in Mexico, as was torture during police interrogations, in the majority of cases with total impunity, as noted by the Special Rapporteur on torture in the report on his recent visit to Mexico (E/CN.4/1998/38/Add.2). Submission of the Judiciary to the Executive was leading to a systematic denial of the principles of access to justice and of equality before the law. Since 1995, more than 100 defenders of human rights had been subjected to various forms of harassment, and Mexico stood close to the top of the list in Latin America for attacks on journalists.

57. The Government had also expelled representatives of international NGOs and foreign clergy, who had worked for decades in indigenous areas. Military intervention had had harmful social effects upon indigenous communities. The link between human rights violations and governmental authorities at the highest level was illustrated by the involvement of the anti-abduction police in the State in Morelos, including the Government Procurator, in a number of kidnappings. Although the present regime had made some progress in democratization, the human rights situation in Mexico reflected the high level of impunity of the Mexican authorities. Her organization urged the Commission to appoint a special rapporteur for Mexico. Similarly, it urged the Mexican Government: to disarm paramilitary groups and bring them to justice; to invite the Special Rapporteurs on extrajudicial executions and independence of the judiciary to visit the country; to ratify the Optional Protocol to the International Covenant on Civil and Political Rights; and to comply with the recommendations made by a number of intergovernmental human rights bodies.

58. **Mr. CICERON** (World Confederation of Labour) said that his organization was once again obliged to denounce repeated and flagrant violations of human rights and fundamental freedoms in a number of countries. Since its foundation in 1992, the Independent Trade Union Organization of Indonesia had been subjected to systematic harassment and repression by the Government.

Several of its leaders had served prison sentences, and a number of others, including the president of the organization, were currently imprisoned. Union meetings had also been broken up and official recognition of the organization refused.

59.   In Côte d'Ivoire, the trade union organization had been granted legal status following repeated interventions by ILO, but some grass-roots organizations and supporters had been subjected to intimidation, dismissal and repression of peaceful demonstrations. In Guatemala, trade unionists were threatened with death, kidnapping and intimidation, and over recent years hundreds of persons had been massacred or tortured or become victims of involuntary disappearances. In Colombia, it was estimated that as many as 123 union leaders had been murdered in 1997.

60.   His organization called on the Commission: to intervene in the countries mentioned on behalf of the victims of human rights violations; and to undertake an in-depth study of the involvement of transnational corporations in human rights violations in order to ensure that globalization went hand in hand with worldwide recognition of workers' rights.

61.   Mr. BANDEY (International Education Development) said that the situation in Indian-occupied Jammu and Kashmir clearly fell within the purview of General Assembly resolutions 37/200, 34/175, and 32/130 relating to human rights and the Commission's role in their protection. His organization called for effective action by the international community. Indian armed forces, paramilitaries and hired renegades had consistently violated the human rights and fundamental freedoms of the Kashmiri people, causing the death of over 60,000 of them, and practising extrajudicial killings, involuntary disappearances, large-scale arbitrary detentions, and the torture and rape of women. His organization appealed to the Commission, in the light of those violations, to take all possible steps to secure the protection of the rights of the Kashmiri people. As a first step, full access to Indian-occupied Jammu and Kashmir must be provided to international human rights bodies and, as an earnest of its sincerity, India must reduce the number of its military and paramilitary forces and assume responsibility for the illegal actions of its hired renegades.

62.   Mr. ZOLLER (International Service for Human Rights) said that his organization, which was primarily concerned with training human rights defenders, wished to draw attention to the growing number of its trainees who had fallen victim to human rights outrages over the past two years: three participants in its training courses in Colombia had been murdered in 1997; a former trainee and subsequent member of the organization had been murdered in Burundi in 1996; two former bursary-holders had been jailed in Tunisia, the second receiving a three-year sentence for public order offences, dissemination of false information and incitement to law-breaking; and a former bursary-holder and his Turkish human rights association had been hauled before the Turkish courts in November 1997.

63.   Since 1986, his organization had campaigned for the adoption of a United Nations declaration on the rights of human rights defenders, and welcomed its forthcoming adoption by the General Assembly. But until certain Governments, several of which were represented at the current session of the

Commission, ceased their attacks against human rights defence organizations, the declaration would remain a dead letter, as had indeed been vividly illustrated by the Government of Congo-Kinshasa's ban imposed on human rights organizations on the very day when the Commission had adopted the draft declaration. It was also disturbing to note the activities of some government delegations attending the current session, who were keeping bursary-holders and students under observation, photographing them and following them even into the buildings in which courses were being held. He appealed for the strongest possible political will to establish a mechanism for the protection of human rights defenders in the follow-up to the adoption of the declaration.

64.   Mr. NASEEM (World Society of Victimology) said that the Special Rapporteur on extrajudicial, summary or arbitrary executions had reported (E/CN.4/1998/68) violations by India in all the categories covered by his mandate, most notably of the right to life by Indian armed forces and paramilitary personnel in Manipur and Indian-occupied Jammu and Kashmir. The report of the Working Group on Enforced or Involuntary Disappearances (E/CN.4/1998/43) also referred to such offences in Kashmir, as did the 1997 report of Amnesty International. Among the violations reported by both the Special Rapporteur on extrajudicial executions and the Special Rapporteur on violence against women were cases of rape by Indian military personnel. Among other victims whose killing had been already reported to the Commission were those of human rights activists. His organization was also gravely concerned about the safety of the leaders of the All-Parties Hurriyat Conference of Jammu and Kashmir, who had been denied the right to travel by the Indian Government.

65.   Mr. HITAM (Malaysia), speaking in exercise of the right of reply, said that the statement made by the Inter-Parliamentary Union at the 44th meeting alleged that the decision of the Appeals Court to sentence an opposition Member of Parliament, Mr. Lim Guan Eng, constituted a curtailment of his right to freedom of speech, "prompted by other than judicial considerations". The facts were that Mr. Lim had been tried on two counts, namely publishing false information and sedition, and that he had been tried and sentenced by a court of law in full accordance with Malaysian judicial process. Also in accordance with that process, he had appealed against the judgement to the Appeals Court, which had not decreased but increased his sentence. In handing down that sentence, the Court had comprised three senior judges, and the decision could not be argued to have been based on other than judicial considerations. The Court had ruled that Mr. Lim's offences were too serious for only a fine, since he had attacked the credibility of the judiciary and implied that it had practised collective favouritism, dispensing justice inequitably. Mr. Lim had not yet exhausted all avenues of appeal since he had already filed four notices of appeal to the Federal Court.

66.   Ms. GICHERU (Observer for Kenya), speaking in exercise of the right of reply, said that while she appreciated the close interest taken by the European Union in her country, some corrections needed to be made to the recent statement made on its behalf by the United Kingdom representative at the 42nd meeting. With regard to claims of ill-treatment of suspects by the police, some cases had indeed come to light, but they had been few and far between, and the police officers responsible had been arrested, tried and

convicted. There was no systematic pattern of torture or ill-treatment of suspects by the police, practices which were not condoned by her Government.

67.   There had been concern about violence in parts of the Coast and Rift Valley provinces, and the Government had taken steps to strengthen security in the affected areas. In Rift Valley province, for example, the Government had established more administrative centres, including four new police stations. Intensive investigations, launched by the police, had resulted in 175 people being charged with various crimes, including murder, arson and incitement to violence. The police had also recovered an assortment of weapons. Calm had been restored in the affected areas, which now enjoyed sufficient security.

68.   As to the general elections of December 1997, most of the problems experienced had been of a logistical nature, such as breakdowns in transport and communications. There had been no deliberate attempt on the part of the Government to manipulate the polls. The European Union's statement also made reference to law reform. She wished to state that Kenya was preparing a comprehensive review of its law, and on 2 April 1998, a 25-member inter-party parliamentary committee had been formed for that purpose. The committee comprised Members of Parliament from both the government and opposition parties, and would make proposals on the way the constitutional review should be carried out. Views from interested groups would also be taken into consideration. The entire process would therefore be inclusive, involving the participation of all segments of Kenyan society. Her Government remained committed to upholding human rights, and she hoped that the fears expressed by the United Kingdom representative on behalf of the European Union had been allayed.

69.   Mr. AL-DURI (Observer for Iraq), speaking in exercise of the right of reply, said that the Fondation Danielle Mitterand was known for its hostility to Arabs and Muslims, which was the reason why it had chosen Iraq as the target for its venom. When it might have called for the lifting of the embargo which had led to the deaths of over 1 million children, it had chosen to participate in a campaign against his country. It was distorting the truth in order to influence the Commission and international public opinion. An example of that bias was the recent allegation by the Special Rapporteur that Iraq was transporting its oil through the Sahara in order to buy medicine. The aim of such allegations was to ensure that the sufferings of the Iraqi people continued. He hoped that the representative of Norway, who had repeated allegations by the Special Rapporteur, would take note of that point. As to the comments made by the representative of Kuwait, he reiterated that, acting in association with the Red Cross, Iraq would endeavour to find all persons who had disappeared, and that the commission set up for that purpose would continue to do its work with, he hoped, results that would be satisfactory to all parties.

70.   Mr. RAZZOOQI (Observer for Kuwait), speaking in exercise of the right of reply, said that Iraq had accepted Security Council resolution 686 (1991), concerning the release of prisoners of war, which, in accordance with Chapter VII of the Charter, was mandatory, but since March 1991 no progress had been made with regard to Kuwaiti missing persons. While welcoming any action taken to release Kuwaiti prisoners of war, he doubted the credibility

of the statement made by the representative of Iraq that that country was
earnestly working to secure the release of those prisoners. That was a
national issue for Kuwait. Six hundred prisoners of war for a country with a
population of only 600,000 was a number that affected almost every family.
What Iraq had signed, Iraq must accept and do. Statements would not suffice.
Kuwaitis wished to see their prisoners of war and other missing persons.
After a lapse of seven years, it was clear that there was something wrong,
which was why his country approached the Commission and asked for its support
in ensuring that its loved ones were released.

71.   Mr. AL-DURI (Observer for Iraq), speaking in exercise of the right
of reply, said that he did not wish to enter into a dialogue with the
representative of Kuwait. He had already clearly stated that Iraq accepted
the principle and was working in association with the Red Cross with a view
to finding a solution for both missing Kuwaitis and Iraqis. He could have
wished that the representative of Kuwait had accepted his expression of good
intentions and desire to ascertain the truth.

72.   Mr. RAZZOOQI (Observer for Kuwait), speaking in exercise of the right of
reply, said that the issue involved was not trivial. It was one that touched
upon a destiny and national policy, and many things of great importance to
the Kuwaiti people. What he had said was that Iraq was a party to a number
of international humanitarian instruments, including the Third Geneva
Convention relating to prisoners of war, and the Fourth Geneva Convention.
What Kuwait required of Iraq was that it should honour its responsibility
under international law by releasing its prisoners of war. As to cooperation
since the cessation of the hostilities in 1991, nothing had been heard.
Doubts were therefore natural. What was wanted was deeds, results and the
return of Kuwait's loved ones.

73.   Mr. HASSAN (Observer for Jordan), speaking in exercise of the right
of reply, said that, at the 45th meeting, the representative of the Arab
Organization for Human Rights had referred to the temporary law on
publications adopted by Jordan in 1997. The Government had introduced that
temporary law with the intention of preventing the abuse of freedom of speech.
The protection of the freedom of the press was part and parcel of Jordan's
democracy and in full accord with the spirit of its Constitution. In fact,
what had happened was that the law had been submitted for consideration by
the Supreme Court, which had ordered its abrogation, a decision subsequently
carried out by the Government, in accordance with its respect of the
independence of the judiciary. It was regrettable that an NGO with so much
concern for freedom of the press had failed to inform itself of the Supreme
Court's decision and the Jordanian Government's prompt response.

74.   Mr. HAFEZ (Observer for Egypt), speaking in exercise of the right of
reply, said that the Arab Organization for Human Rights had made allegations
about the trial of civilians before military courts. The fact was that trial
by military courts was strictly reserved for crimes against State security,
and in such cases the rights of the defence were fully safeguarded. Recourse
was had to the military courts only in cases where it was necessary to protect
public order, particularly where terrorism was involved, whether perpetrated

by foreigners or Egyptians. Egyptian justice spared no effort to ensure that the right to life was respected by both foreigners and nationals, and the law was applied objectively in all cases.

75.   The International Federation of Rural Adult Catholic Movements had referred to the right to agricultural property in Egypt, and stated that some people had been imprisoned and tortured. He wished to state that the law on the leasing of certain agricultural land set a deadline for those using the land to regularize their situation. In the past, leases could be passed down from father to son, which had led to many production difficulties. Farmers had welcomed the change in their situation, and had received other plots of land in compensation for losses resulting from the reform. The allegations about torture and imprisonment of persons participating in demonstrations were untrue. All NGOs should make sure that what they alleged was true, and carefully scrutinize their sources of information.

The meeting rose at 8.50 p.m.

UNITED
NATIONS

E

Economic and Social Council

Distr.
GENERAL

E/CN.4/1998/SR.12
10 August 1998

ENGLISH
Original: FRENCH

COMMISSION ON HUMAN RIGHTS

Fifty-fourth session

SUMMARY RECORD OF THE 12th MEETING

Held at the Palais des Nations, Geneva,
on Monday, 23 March 1998, at 3 p.m.

<u>Chairman</u>: Mr. SELEBI (South Africa)

CONTENTS

STATEMENT BY MR. ABDULLAH MOHAMMED OMAR, MINISTER OF JUSTICE OF SOUTH AFRICA

RACISM, RACIAL DISCRIMINATION, XENOPHOBIA AND RELATED INTOLERANCE (<u>continued</u>)

STATUS OF THE INTERNATIONAL COVENANTS ON HUMAN RIGHTS

EFFECTIVE FUNCTIONING OF BODIES ESTABLISHED PURSUANT TO UNITED NATIONS HUMAN RIGHTS INSTRUMENTS

This record is subject to correction.

Corrections should be submitted in one of the working languages. They should be set forth in a memorandum and also incorporated in a copy of the record. They should be sent <u>within one week of the date of this document</u> to the Official Records Editing Section, room E.4108, Palais des Nations, Geneva.

Any corrections to the records of the public meetings of the Commission at this session will be consolidated in a single corrigendum, to be issued shortly after the end of the session.

GE.98-11296 (E)

The meeting was called to order at 3 p.m.

STATEMENT BY MR. ABDULLAH MOHAMMED OMAR, MINISTER OF JUSTICE OF SOUTH AFRICA

1.   Mr. OMAR (South Africa) recalled that, in 1993, the year when the Vienna Declaration and Programme of Action had been adopted, South Africa had still been ruled by an apartheid regime under which blacks had not enjoyed the same rights as whites. The priority for the liberation movements had been to ensure that the negotiations then in progress would lead to genuine political emancipation. That objective had been achieved when the historic 1994 elections had swept the white minority from office and led to the creation of a democratic constitution and parliament. But the new South Africa had been left with the terrible legacy of apartheid: massive social and economic inequalities, the marginalization and social exclusion of the majority of black people, unemployment and a culture of violence and criminality, including corruption and a lack of respect for human rights. At the same time, whites had continued to control the economy and institutions such as the civil service, the army, the police and the justice system. The process of transforming society, the economy, institutions and attitudes, which had been under way for nearly four years, aimed at enabling all South Africans to live a life of dignity. Because that process was being led by freedom fighters who had participated in United Nations activities and, in particular, in the adoption of the Vienna Declaration and Programme of Action, it had been possible to ensure that South Africa's new constitutional framework reflected the values of the United Nations by emphasizing peace, democracy, equality, development and human rights.. Thus, the Constitution provided for an independent judiciary, contained a bill of rights and established a constitutional court and other institutions, including a human rights commission and a gender equality commission, charged with consolidating democracy and protecting and promoting human rights. There was still a long way to go, but the process of ensuring true equality had begun.

2.   On 21 March 1998, South Africa had celebrated its Human Rights Day, which had been an occasion not only for commemorating the victims of the Sharpeville riots of 1960, but also for the presentation to President Mandela of a framework for the development of a national plan of action in line with the aims of the Vienna Declaration. That process had begun in May 1997 with a major conference organized by the South African Human Rights Commission in order to discuss the Vienna Declaration and various human rights instruments. All stakeholders, from non-governmental organizations (NGOs) to government departments, had been involved. South Africa hoped that the national action plan would be ready in time to be submitted to the Secretary-General of the United Nations on Human Rights Day, 10 December 1998. Based on an audit of the current situation, the plan would define measures to be undertaken in the following five years to promote human rights in South Africa. It would also make it possible to identify areas of cooperation in that regard between Government and civil society, to monitor the observance of human rights and to gauge the commitment of the Government in that area.

3.   As examples of the steps taken by the Government, he mentioned in particular the measures in favour of women, children and the disabled. South Africa had ratified the Convention on the Elimination of All Forms of Discrimination against Women without reservation. In addition, an office on

the status of women had been established in the Office of the Presidency and education, information and training programmes had been implemented and would be extended. South Africa had also ratified the Convention on the Rights of the Child without reservation. Steps had been taken to bring domestic legislation into line with the provisions of the Convention and to improve the situation of children who were in prison, the victims of sexual offences or from disadvantaged backgrounds. A desk had also been created in the Office of the Presidency to promote the rights of the disabled and to prevent discrimination against them. Enormous problems still remained, however. South Africa had the highest incidence of rape in the world and the murder rate continued to give cause for concern. Nevertheless, there were already signs that growth, social and economic transformation, the establishment of the rule of law, the building of a human rights culture and the implementation of the country's first national crime prevention strategy would enable the situation to change. South Africa was determined to pursue democratization, peace, development and respect for the human rights of all peoples.

RACISM, RACIAL DISCRIMINATION, XENOPHOBIA AND RELATED INTOLERANCE (agenda item 12) (continued) (E/CN.4/1998/77 and Add.1 and 2, 78, 79, 124, 125, 128 and 131; A/52/471)

4.   Ms. KING (United States of America) said that her country had been founded both on the principle that all men were equal and on the shameful institution of slavery. That paradox had marked the nation's entire history. The Bill of Rights included in the 1789 Constitution had launched a wave of democratic governance that still encircled the globe but, in many countries of the world, those rights were still not a reality after two centuries. Yet that same Constitution had denied Africans in the New World every human right. The abolitionist movement had begun at about that time. Ultimately, the Civil War had put an end to slavery, but not to the inequality between the races. Wave after wave of immigrants had arrived and had been more or less well received. Alongside the now emancipated Blacks, the new arrivals, Catholics, Jews, Europeans, Chinese and Japanese, had helped a new America to emerge, proud, powerful and multi-ethnic. All had joined forces to combat segregation and racial discrimination. New laws had strengthened the legal protection afforded to minorities, more and more of whom had entered the mainstream of American social, economic and political life since then. Nevertheless, inequalities between White and Black America persisted - in income, in access to health care, education, housing and employment, and in life expectancy. In order to bridge the gap between ideals and reality, President Clinton had launched a nationwide debate on race in 1997, focusing on reconciliation and dialogue between the races, education on racism and bridging racial divides. Following on from the actions of a succession of eminent Americans such as John F. Kennedy and Martin Luther King Jr., it pointed the way to the future. For demographic changes meant that there would be no majority race or ethnic group in the United States of the twenty-first century.

5.   As a result of migration and globalization, cultures had never been in such close contact. The quality of life and institutions in the years to come would depend in large part on what approach was adopted in dealing with that phenomenon. For that reason, the United States of America hoped to be able to participate fully in the third World Conference against Racism. Pending the Congress's decision on participation, she assured the Commission of the

United States President's wholehearted support for the undertaking. Racism and ethnic conflict were not North-South or East-West phenomena, but worldwide problems, as shown by the recent violence in the former Yugoslavia, the Great Lakes region, Sudan and the Middle East. She therefore invited all countries to pledge to redouble their efforts to combat racism in all its forms.

6. Mr. MERIÇ (Observer for Turkey) said that racism, xenophobia and intolerance continued to present a threat to the peace and harmony of many societies. In its contemporary form, racism was not so much an official doctrine of racial superiority or exclusivity, but a malignant state of mind or psychological ailment that caused some people to despise or ill-treat others for no reason other than physical difference. Such concealed racism was all the more dangerous because it took its victims by surprise. It surfaced in the form of arson against houses, mosques, churches or synagogues, or assaults on innocent people. The perpetrators of such acts should naturally be punished. Nevertheless, it should not be forgotten that political leaders, under a cloak of "cultural relativism" and the defence of human rights, sometimes encouraged such tendencies in susceptible minds. Such a fundamental issue should therefore be examined by the international community.

7. The latest report of the Special Rapporteur on contemporary forms of racism, racial discrimination, xenophobia and related intolerance (E/CN.4/1998/79) noted an increase in discrimination against Blacks, Muslims, Jews, Gypsies and migrant workers. Despite a global tendency towards the integration and free movement of labour, receiving countries were adopting xenophobic and discriminatory legislation and regulations in order to protect their own labour force.

8. The delegation of Turkey welcomed the convening of the Seminar on immigration, racism and racial discrimination (E/CN.4/1998/77/Add.1) and of the seminar on the role of Internet with regard to the provisions of the International Convention on the Elimination of All forms of Racial Discrimination (E/CN.4/1998/77/Add.2). The misuse of new communications technologies for disseminating racism propaganda was a cause for concern. Developing ethical rules for the use of such technologies did not impinge on freedom of expression and his delegation commended all States that had chosen to penalize incitement to racial hatred in all its forms, including electronic forms. New technologies should, rather, be contributing to education, which played a vital role in combating racism. Lastly, he said that the Government of Turkey supported the organization of a world conference against racism and attached great importance to the preparatory work. Racism had always been behind all crimes against humanity, including "ethnic cleansing", which had become alarmingly widespread.

9. Mr. KHORRAM (Observer for the Islamic Republic of Iran) noted that a resurgence of racism and racial hatred seemed to be thwarting all efforts at promoting tolerance. It had to be acknowledged that the international community in general and the United Nations system in particular had shown little interest in combating the phenomenon. That was illustrated by the lack of progress to be seen in implementing the Programme of Action for the

Third Decade to Combat Racism and Racial Discrimination. Similarly, the repeated calls by the Commission for assistance to be provided to the Special Rapporteur had still not been heeded.

10.   For several years, attacks on individuals, property and places of worship within Muslim communities had been on the increase, particularly in Western countries. In his report (E/CN.4/1998/79), the Special Rapporteur rightly argued that such acts were accompanied more and more frequently by a form of "Islamophobia" and that it was therefore difficult to separate acts of racial discrimination from acts of religious intolerance, as each could reinforce or encourage the other. His delegation disagreed, however, with the Special Rapporteur's conclusion that the issue of Islamophobia should be referred to the Special Rapporteur on the question of religious intolerance and believed that the magnitude of the problem warranted its consideration by both Special Rapporteurs. In addition, his delegation recalled that the Commission, in its decision 1997/125, had requested the Special Rapporteur to correct a sentence in paragraph 27, section 3, of his 1997 report (E/CN.4/1997/71), which it considered defamatory to Islam and Muslims. It was regrettable that the question had not yet been resolved and his delegation urged the Special Rapporteur to implement in full the Commission's decision.

11.   He drew the Commission's attention to the alarming situation in Kosovo, where non-violent demonstrations by the Albanian population had been brutally suppressed by the Government of Yugoslavia. Around 100 civilians had lost their lives. There was an urgent need for the international community to take action to avoid a fresh wave of ethnic cleansing in the region. The Commission on Human Rights should strongly condemn the violation of the fundamental rights of Kosovo Albanians and put an end to the escalating violence.

12.   In conclusion, his delegation expressed the hope that the century to come would be a century free of racism. The World Conference against Racism would provide a unique opportunity to define an international platform for action and he invited all delegations to support the initiative.

13.   Mr. AL-LAFI (Observer for the Libyan Arab Jamahiriya) said that, even though the people of South Africa, for example, had finally succeeded in freeing themselves from the apartheid regime, other peoples continued to be oppressed by racist entities. Israel, for example, with the political and economic help of great Powers which claimed to champion human rights and the struggle against racial discrimination, continued to pursue its policy of genocide in occupied Palestine and to establish Jewish colonies under historical, geographical and religious pretexts that had no connection with reality. Those who opposed that policy found themselves charged with anti-Semitism even when they themselves were Jewish. Thanks to the support of countries such as the United States, which had a right of veto in the Security Council, the State of Israel flouted with impunity the various resolutions adopted by the international community.

14.   His delegation supported the report of the Special Rapporteur on contemporary forms of racism (E/CN.4/1998/71), particularly with respect to the information on xenophobia towards Muslim immigrant workers. In the Libyan Arab Jamahiriya, foreign workers were treated with tolerance, in accordance

with the relevant international instruments. The Libyan Arab Jamahiriya
wished to be as closely involved as possible with preparations for and the
organization of the World Conference against Racism.

15.   Mr. GALILEE (Observer for Israel) said that, despite the terrible
lessons of the Second World War and the efforts of the international community
to combat the scourge of racial hatred and discrimination, no country was yet
immune. Even in the most developed countries, migrant workers were the
victims of discrimination. His delegation welcomed the work of the Special
Rapporteur on contemporary forms of racism, racial discrimination, xenophobia
and related intolerance and hoped that, thanks to those efforts and the action
of the new High Commissioner for Human Rights, more attention would be paid to
the evil phenomenon.

16.   In the course of the year, there had been some decline in violence
against Jews as a result of the more stringent enforcement of anti-racist and
anti-terrorist laws and of the initiatives taken by Governments, international
organizations and non-governmental organizations to combat racism. That
achievement could, however, be threatened by the electoral success of parties
of the extreme right in Europe. The question of abandoned Jewish properties
had also triggered worrisome anti-Semitic reactions, even in Switzerland.

17.   Racism frequently dared not speak its name. Foreigners or immigrants
were blamed for rising unemployment or criminality. Extremist groups were
also making increasing use of the Internet to disseminate their racist and
anti-Semitic ideas and the Commission should examine the problem as a matter
of urgency. In particular, it should frustrate attempts to remove references
to anti-Semitism in Commission resolutions.

18.   Ms. PARKER (International Educational Development) urged the Special
Rapporteur on contemporary forms of racism to step up investigations of
anti-Asian racism. She drew particular attention to the situation described
in document E/CN.4/1998/NGO/90 relating to the citizens of Japanese ancestry
in 13 countries of Latin America who had been quite illegally interned in
labour camps during the Second World War by the United States of America and
most of whom had received no compensation.

19.   International Educational Development was convinced that the reason the
allied Powers had not required Japan to pay compensation to the victims of the
Second World War - including millions of massacred Chinese, Korean forced
labourers, "comfort women" and the victims of medical experimentation - was in
part that the majority of those victims had been Asian. Yet no effort had
been spared to obtain compensation for the victims of the Holocaust.

20.   With regard to Sri Lanka, she recalled that the conflict that was
tearing the country apart was due to the systematic refusal of successive
Sinhalese Governments to recognize the rights and cultural identity of the
increasingly oppressed Tamil minority. International Educational Development
therefore urged the Commission to heed the call of the Anglican Church of
Australia for a political solution that recognized the right of the Tamil
people to determine their political status and the need to assure the full
human rights of all the peoples of Sri Lanka.

21.   Ms. AJAMU (December 12th Movement International Secretariat) said that, in its resolution 52/111 of 12 December 1997, the United Nations General Assembly regretted the lack of interest, support and financial resources for the Third Decade to Combat Racism. The United Nations' major debtor, the United States of America, could perhaps help to solve the problem by assisting the cause of human rights with more than fine words.

22.   It might be useful to examine the situation in the United States itself, since, as everyone knew, racism was ubiquitous there. The quality of the education provided to Blacks was much lower than that of education for Whites. Within the justice system, the figures spoke for themselves: one third of young Blacks aged between 18 and 29 were in prison. Similarly, the unemployment rate in 1994 among young people aged between 16 and 19 had been 41 per cent for Blacks compared with 17 per cent for Whites, while, in 1997, 42 per cent of Black children had been born into families living in poverty.

23.   Her organization believed that the issue should appear on the agenda of the World Conference against Racism and called for the immediate establishment of a working group to handle the preparatory work, including the organization of regional conferences, with the active participation of NGOs.

24.   Mr. WAREHAM (International Association Against Torture - IAAT) said that, like the General Assembly in its resolution 52/111 of 12 December 1997, he regretted the lack of interest, support and financial resources for the Third Decade and its related Programme of Action, reflected in the fact that very few of the activities planned for the period 1994-1997 had been carried out. To understand the extent of the phenomenon of racism, it was necessary only to examine the situation in those countries that were most capable of making a financial contribution to the success of the Third Decade, but had not done so.

25.   An opinion poll conducted in late 1997 had found that, in the countries of the European Union, nearly one in three citizens had described themselves as "quite racist" or "very racist". One person in five believed that non-European immigrants should be sent back to their country of origin. In addition, according to Human Rights Watch, restrictions on the right to asylum were increasing in Europe.

26.   In the United States of America, racism was still rife. The rate of incarceration of African-American men was currently four times higher than the rate of incarceration of black men in South Africa had been under apartheid. Studies showed that racist considerations continued to form the basis for hiring decisions. The infant mortality rate for Blacks was still twice the rate for Whites. Four years after its belated ratification of the Convention on the Elimination of All Forms of Racial Discrimination, the United States had still not submitted its initial report to the Committee on the Elimination of Racial Discrimination and had arrogantly indicated that it had no intention of doing so in the near future. IAAT supported the work of the Special Rapporteur on contemporary forms of racism and requested him to evaluate the steps that the Government of the United States had taken to implement the recommendations he had made after his visit to that country in 1994.

27.   In order to ensure the success of the Third Decade against Racism and
the World Conference against Racism, the Commission should establish a working
group which should start work immediately and which should involve NGOs in its
work on an equal footing with other participants; the funds needed for the
implementation of the Third Decade and the organization of the World
Conference should come from the regular budget of the United Nations and
should not depend solely on voluntary contributions; and, lastly, the various
regional groups should organize preparatory conferences.

28.   Ms. GIRMA (African Association of Education for Development - ASAFED)
said she hoped that the World Conference against Racism would make it possible
to arrive at a clear definition of racism, racial discrimination, xenophobia
and other forms of intolerance and that it would lead to concrete results. In
order to prepare for the Conference, seminars and meetings should be organized
at the subregional and regional levels, along the lines of the Cotonou Seminar
which had been held in June 1997 and had examined various forms of
discrimination in Africa, as indicated in the Special Rapporteur's report
(E/CN.4/1998/79). The tragedy in Rwanda had shown how dangerous it could be
to encourage populations to organize themselves on the basis of membership of
an ethnic group. Ethnic discrimination should therefore be closely studied as
a form of intolerance related to racism.

29.   The United Nations Seminar on Immigration, Racism and Racial
Discrimination, held in Geneva from 5 to 9 May 1997, had requested all
Governments to consider and keep under review the question of introducing
measures to allow immigrants to participate fully in local elections
(E/CN.4/1998/77/Add.1). Her association supported that request. Those who
lived and worked in a given region should be able to have a say in the
administration of that region. Moreover, if immigrants had the right to vote,
they would be more respected, at least by those who needed their votes.

30.   In order to avoid racial violence in the urban areas of Europe and the
United States and ethnic cleansing in eastern Europe and Africa, it was vital
to educate people and inform them of the dangers that racism and intolerance
represented.

31.   Ms. PAL (All India Women's Conference) said that, at a time when
apartheid was being dismantled in South Africa, the international community
should beware of underestimating the extent of racism and xenophobia and the
danger posed by politicians who used unemployment and economic and social
problems to further their criminal ideology. She congratulated the
Commission, the Committee on the Elimination of Racial Discrimination and the
Special Rapporteur on contemporary forms of racism, racial discrimination,
xenophobia and related intolerance, as well as the High Commissioner for Human
Rights, on their efforts to combat racism.

32.   The Commission should establish a working group to prepare for the World
Conference against Racism, with the help of Governments, specialized agencies,
other international organizations, competent United Nations bodies, regional
organizations, NGOs, the Committee on the Elimination of Racial
Discrimination, the Special Rapporteur on contemporary forms of racism and
other human rights mechanisms. It should also organize preparatory meetings
at the regional level, seek sources of financing for the Conference, draw up

an agenda in accordance with the objectives defined by the General Assembly and decide where the Conference would be held. In view of its historic role in combating racism, South Africa would appear to be the ideal choice to host the Conference.

33.   Ms. MOYA (American Association of Jurists) said her organization welcomed the fact that the General Assembly had decided that a world conference against racism would be convened not later than the year 2001 and that it would be action-oriented and focus on practical measures to eradicate racism. The General Assembly had also requested Governments, agencies and all other concerned bodies and organizations to participate in the preparations for the Conference, which, it was hoped, would adopt a declaration and a convincing and realistic programme of action that would oblige States to deal with the worldwide scourge of racism. Her Association urged the various United Nations human rights bodies, such as the Committee on the Elimination of Racial Discrimination, to coordinate their activities more closely.

34.   She drew the Commission's attention to the murder, by a paramilitary group in Colombia, of Francisco Hurtado, a leading member of the African-American community, who had lived on the west coast and tried to maintain a way of life and traditional production methods that respected the environment.

35.   Ms. CLERCKX (European Union of Public Relations) said that peoples who had long lived together in relative harmony were now demanding a space of their own in order to create homogeneous societies with all the risks of discrimination and xenophobia that that entailed.

36.   The fact that some countries had achieved a very high level of scientific, economic and technical development was often the result in part of the talents of immigrants. Yet, in a number of such countries, there was a rising tide of racism and a tightening of restrictions on immigration. Economic globalization required the mobility of all resources, including human beings. Except in very cloistered societies, economic progress was due largely to the pooling of diverse talents. Now, countries that had prided themselves on being a melting pot of civilizations were in the forefront of attempts to restrict the free movement of persons. Increasingly, economic fears were taking on racial connotations and immigrants were seen as threatening an established and, by implication, superior way of life by bringing in their own culture.

37.   Xenophobia was gaining ground because the imperatives of domestic politics prevented the question of immigration from being dealt with on purely economic or humanitarian grounds. Contemporary racism was no different from that practised by the colonial powers: skin colour, the fact of being born in a particular region and religious belief were still deciding factors. In order to combat racial discrimination and xenophobia, the first thing that was needed was to recognize that everyone had at some time harboured racist sentiments and the next step was to attempt to convince others that diversity was an asset.

38.   Ms. VERZEGNASSI (International Progress Organisation) said that, on the threshold of a new millennium, it was clear that the origins of most conflicts

had lain and still lay in religion or ethnicity. It was regrettable that religious or ethnic differences were exploited by certain countries for strategic ends.

39. The war in Afghanistan, for example, was being fought on ethnic lines and Bosnia and Herzegovina had shown where concepts of ethnic or racial purity could lead. In other societies, too, attempts to end affirmative action, tighten up visa policies, restrict recruitment or permit the immigration only of persons with specific skills, were examples of the threats to the harmonious coexistence of peoples. In south Asia, the weakness of democratic structures encouraged discrimination. In Pakistan, for example, the Ahmediyas and Mohajirs were persecuted. The armed groups operating in the countries of the Indian subcontinent and seeking to destabilize regions such as Jammu and Kashmir were a threat to the harmonious coexistence that lay at the heart of the ancient cultures of south Asia.

40. Democratic, secular institutions needed to be strengthened, since they were the most effective bulwark against all forms of discrimination. Experience had shown that discrimination was practised by those who either had never believed in democracy or had begun to question its tenets because it had not fulfilled their own aspirations. It behoved the human rights community to educate Governments on the need to abandon policies that perpetuated discrimination. To that end, the Commission should first compile data on those countries whose constitutions, policies and legal structures sanctioned discrimination and on those which had encouraged conflicts in which, as was happening in Afghanistan, ethnic discrimination was a weapon of war.

41. Mr. KIRKYACHARIAN (Movement Against Racism and for Friendship Among Peoples) said that racism had changed constantly since its emergence in an identifiable form in the nineteenth century, after a long period of gestation. There were those who interpreted that constant transformation as continuous progress and therefore a retreat by racism, as exemplified by Nelson Mandela, who was President of what was now a non-racial State. However, those virulent forms of racism had been replaced by a diffuse, subtle, self-righteous form of racism which was just as cruel when necessary and according to which inequalities - or, at least, differences - between cultures made their coexistence very difficult or even impossible. An invasion by non-native cultures was thus held to be the cause of all problems.

42. The democratic States strongly condemned racism and discrimination and yet the influence of racist ideas was growing and de facto segregation was more and more marked. Marginalization, isolation in ghettos of violence, poverty, underdevelopment and, inevitably, crime, fuelled racist opinion in its turn. Certain responsible European politicians were becoming concerned at the persistence of racism. But it was absurd to expect any lessening of racism as long as every determining element of society was taking steps to exclude those who, by virtue of their status, found themselves in a highly vulnerable situation: migrant workers and their families. The situation was similar in other developed countries. In the United States, civil rights had in many cases become a dead letter, since men and women of colour, both young and not so young, were voting less and less, convinced as they were of the harshness of a system that rejected them. It was for that reason that anti-racists were so concerned by the fact that the death penalty was applied

unequally to Whites and Blacks - one of the most terrible consequences of apartheid and, unfortunately, a situation still characteristic of the United States.

43.   His organization was therefore convinced of the usefulness of the planned World Conference against Racism. If its only outcome was to make the international community understand what racism really was and that it was a threat to all of humanity and to encourage it finally to take steps to usher in the rule of true equality, it would be of major historic importance.

44.   Ms. SPALDING (World Federation for Mental Health) said that there was an urgent need for the prevention of the sickness of racism and for the treatment and rehabilitation of those that suffered from it. It was the fiftieth anniversary in 1998 not only of the Universal Declaration of Human Rights, but also of the World Health Organization (WHO) and of the World Federation for Mental Health. Both organizations encouraged healthy individuals and healthy communities through innovative prevention, rehabilitation and reintegration strategies. In its positive health programmes, for example, WHO used the Worldwide Web to boost its effectiveness in promoting health and combating sickness. However, the Internet could also be used to propagate the pernicious virus of hatred. The recent seminar on that issue had shown how important it was to develop the use of the Internet for the positive aims of prevention and promotion, to make it into a "vaccine" or "antidote". There was an urgent need to mobilize against the causes of racism in individuals and society.

45.   During the 1998 session of the Sub-Commission on Prevention of Discrimination and Protection of Minorities, her federation would be organizing a two-week "fête d'excellence", including seminars, symposiums and cultural events. It had created a Web site (www.fetexcel.com) and would present to the Sub-Commission all the data collected there on racist behaviour and legislation and on suggested ways of eliminating racism. Other media, such as radio, television and videoconferencing, would be used to promote understanding and respect for others.

46.   The CHAIRMAN invited the Special Rapporteur on contemporary forms of racism, racial discrimination, xenophobia and related intolerance to make his concluding observations.

47.   Mr. GLÈLÈ-AHANHANZO (Special Rapporteur) said he hoped that sufficient human, material and financial resources would be released to ensure the smoother implementation of the mandate entrusted to him by the Commission, in particular with respect to the preparation of the World Conference against Racism. He requested the specialized agencies, regional organizations and, in particular, non-governmental organizations to assist him with the technical and scientific preparation for the Conference with documented studies and by examining the current situation and the realities of racial discrimination, xenophobia and anti-Semitism. He would continue to work together with the Special Rapporteur on the question of religious intolerance, while attempting to avoid any confusion of their mandates and any politicization of the issue that might prejudice the ideals the Commission was defending.

48. He was convinced that the international community would overcome racism in the same way as it had overcome apartheid or that it would at least succeed in mitigating the effects of racial discrimination and racism, which was a persistent phenomenon, the recurring manifestations of which were due to differences in levels of development. Through education and the acceptance of the presence of others in a culture, the international community would succeed in repelling racist and xenophobic behaviour in the world. The fight against racism, discrimination, xenophobia and anti-Semitism was waged in everyday life.

49. Mr. OULD MOHAMED LEMINE (Observer for Mauritania), speaking in exercise of the right of reply and in response to the serious accusations of apartheid made against his country by the representative of the African Commission of Health and Human Rights Promoters, said that the Government and people of Mauritania, who had never for a moment shirked their duty of solidarity towards the South African people and its national liberation movements, could only be insulted by such a slight. Nothing was more foreign to Mauritania, its history or its society than discrimination, whether on the grounds of race, origin or social status. Such attacks were the work of a small cell, whose members, marginalized within their own country, had chosen to establish themselves in Europe in order to promote violence and intercommunal hatred. It was clearly that cell which was manipulating the representative of the NGO concerned.

50. The CHAIRMAN declared the general debate on agenda item 12 closed.

STATUS OF THE INTERNATIONAL COVENANTS ON HUMAN RIGHTS (agenda item 13) (E/CN.4/1998/25, 82 and Corr.1, 83 and 84; E/CN.4/1998/NGO/62; E/1997/72)

EFFECTIVE FUNCTIONING OF BODIES ESTABLISHED PURSUANT TO UNITED NATIONS HUMAN RIGHTS INSTRUMENTS (agenda item 14) (E/CN.4/1998/85 and Corr.1; E/CN.4/1997/74; A/51/482; A/52/516)

51. Ms. ANDERSON (Ireland) recalled that the International Covenant on Civil and Political Rights and the Convention on the Rights of the Child stipulated that the death penalty should not be applied to persons aged under 18. Yet the Committee on the Rights of the Child had repeatedly expressed concern at the fact that several States had executed persons condemned to death for crimes committed while they were under 18. Her delegation was also alarmed at the reports of the Special Rapporteur on Summary or Arbitrary Executions concerning the execution of members of another vulnerable group, the mentally disabled. In that regard, she informed the members of the Commission that she would be submitting a draft resolution on the rights of disabled persons. The disregard of the limitations set by the International Covenant on Civil and Political Rights on the use of the death penalty was made all the more unacceptable by the fact that those restrictions were, at best, a minimum.

52. Nevertheless, the trend towards the suspension and abolition of the death penalty was gathering pace and her delegation believed that the process was irreversible. As the Secretary-General's report (E/CN.4/1998/82) indicated, since the Commission's fifty-third session, two States had abolished the death penalty for all crimes, one State had adopted a moratorium on its use and one had restricted its use; in addition, two States had acceded

to the Second Optional Protocol to the International Covenant on Civil and Political Rights. Regional organizations such as the Council of Europe had issued a clear call for the universal abolition of the death penalty. That approach had been reinforced by the decision to exclude the death penalty for crimes against humanity that were under consideration by the International Criminal Tribunal for the Former Yugoslavia and the International Tribunal for Rwanda. The delegation of Ireland hoped that a similar provision would be included in the draft statute of the International Criminal Court to be completed in the coming months. In the context of the adoption of a draft declaration on human rights defenders, she paid tribute to those who had suffered the death penalty for their work and to all the individuals and non-governmental organizations that helped to keep international attention focused on the issue.

53.   Her delegation urged that the deterrence argument in favour of the death penalty should be examined calmly and rationally in the light of the accumulated experience of many countries. It believed that the abolition of the death penalty affirmed human dignity, acknowledged the fallibility of all judicial systems and contributed to the progressive development of human rights. The Commission, which, at its fifty-third session, had adopted resolution 1997/12, in which, for the first time, it had appealed to States to abolish the death penalty, should take a strong, clear stand on the issue at a time when the international community was preparing to celebrate the fiftieth anniversary of the Universal Declaration of Human Rights, with its central emphasis on the right to life and the right to freedom from torture and cruel, inhuman or degrading treatment.

54.   Mr. ALESSI (Italy), replying to the objections expressed by certain countries to Italy's action aimed at abolishing the death penalty, said he rejected the argument that the issue of capital punishment had a direct connection with religious principles that no one should challenge. The abolition of the death penalty should be based on principles which were common to all religions - the sanctity of human life, the value of human dignity, mercy and compassion - and which could not be appropriated or repudiated by any one religion.

55.   Neither did Italy's initiative challenge the principle of the absolute sovereignty of each State in matters relating to criminal law. However, it could not be maintained that the application of the death penalty fell outside the scope of international law, for there were many international norms pertaining to the issue, some of which were recalled in Commission resolution 1997/12. With regard to the possible evolution of international law towards the total abolition of the death penalty, it was appropriate for it to be discussed by the Commission since the death penalty was an infringement of the most fundamental of human rights, the right to life. Lastly, Italy's appeal to all States to place a moratorium on executions did not impose any legal or moral obligation, but aimed to encourage all members of the international community to follow the example of those States that had already adopted such a course.

56.   With regard to the presumed deterrent effect of the death penalty, his delegation stressed once again that criminologists and statisticians had not established a direct connection between the application of the death penalty

and a decrease in violent crime, especially murder. On the contrary, there appeared to be a correlation between the inevitability of punishment (prison sentences) and the decrease of crime in general. It was a fact that the States where most executions took place were also those where murder was most common.

57.   The State should punish the perpetrators of crimes, and harshly, when necessary, but it should also break the chain of death and aim to protect its citizens and enable the guilty to redeem themselves; it should therefore abstain from an act which lay on the border between justice and revenge.

58.   Mr. WILLE (Observer for Norway) said that his country was convinced of the usefulness of the United Nations human rights treaty bodies and agreed with the recommendations of the independent expert, Mr. Philip Alston, on approaches to enhancing their effective operation, which were summarized in the report of the Secretary-General, document E/CN.4/1998/85. Universal ratification of the six core human rights treaties would establish the best possible foundation for international endeavours to promote respect for human rights and assistance should be given to States that wished to ratify them, but were encountering practical difficulties in doing so. States which had ratified such instruments should also be given help in fulfilling their reporting obligations, within the framework of the programme of technical cooperation and advisory services in the field of human rights. In that regard, Norway welcomed the assistance given by UNICEF for the implementation of the Convention on the Rights of the Child.

59.   His delegation also supported the independent expert's suggestion that, in view of the high number of overdue reports, all treaty bodies should be urged to adopt procedures that would allow them to examine country situations even in the absence of a report. It also agreed with the independent expert's view that, while initial reports should be comprehensive, subsequent periodic reports should be shorter and more precise and should focus on a limited number of issues identified well in advance and tailored to the situation of each State party. His Government would also encourage greater coordination and sharing of information among the treaty bodies. It was concerned, however, that the consolidation of the treaty bodies would cause practical difficulties, since not all States had ratified the same range of conventions and there was thus a risk that particular issues, such as women's rights, would not receive adequate attention. Furthermore, there was nothing to indicate that such a consolidation would significantly alleviate the burden that reporting represented for States parties.

60.   While welcoming the efforts of the treaty bodies themselves to reform their working methods and procedures and supporting the general reform process being carried out by the Secretariat in that area, his delegation emphasized that it was essential to release additional resources if the system was to function effectively. It would work with other delegations in seeking solutions that would allow the treaty bodies to continue to play a vital role in the promotion and protection of human rights.

61.   Ms. TALVET (Observer for Estonia) said that the treaties adopted by regional organizations contributed in the same way as the United Nations instruments to the promotion and universal observance of human rights and

fundamental freedoms. By ratifying Protocol No. 6 to the European Convention for the Protection of Human Rights, which prohibited the application of the death penalty in peacetime, Estonia had joined the countries that had pronounced in favour of the complete abolition of the death penalty. Since the restoration of independence, a de facto moratorium on executions had been in force because the Supreme Court, which, under the Law on Executive Procedures, had sole authority to authorize the use of the death penalty, had refused to accept that responsibility on constitutional grounds. Moreover, in 1992, the President of the Republic had announced that he was in favour of the abolition of the death penalty, a position that was consistent with the worldwide trend, since nearly half the countries in the world had abolished the death penalty in law or in practice. The overwhelming majority of studies on the issue demonstrated that the death penalty did not have a greater deterrent effect than other punishments, yet the risk of error was inescapable.

62.   Estonia was also planning to accede to the Second Optional Protocol to the International Covenant on Civil and Political Rights, aiming at the abolition of the death penalty, and it strongly supported the draft resolution to be submitted by Italy on the issue.

63.   Ms. WILKINSON (Amnesty International) said she was alarmed at the fact that, during the previous 12 months, Jamaica had withdrawn from the Optional Protocol to the International Covenant on Civil and Political Rights and that the Democratic People's Republic of Korea had announced its intention to withdraw from the Covenant itself, decisions that flouted the international community's commitment to strengthen the human rights treaty system. Jamaica's decision was particularly worrying because Jamaica had not concealed the fact that it wished to make it easier to execute prisoners on death row, although the withdrawal deprived all Jamaicans of the right to petition the Human Rights Committee. She feared that other States would take similar action and, indeed, the Governments of Trinidad and Tobago and Barbados had announced their intention to do so. Amnesty International therefore called on the Commission to remind the Democratic People's Republic of Korea that it remained bound by the Covenant and that any decision to withdraw was null and void because, as the Human Rights Committee had expressed it in its General Comment No. 26(61), adopted in October 1997, "international law does not permit a State which has ratified or acceded or succeeded to the Covenant to denounce it or withdraw from it". Amnesty International also called on the Commission to urge Jamaica to revoke its decision on the Optional Protocol and to urge the Governments of Trinidad and Tobago and Barbados not to follow Jamaica's example.

64.   She welcomed the fact that, since the fifty-third session, at least four States had abolished the death penalty, thereby bringing the number of abolitionist countries to 103; and that, in addition to the suspension of executions in a number of countries, including Lithuania and the Russian Federation, and mass commutations of death sentences in Mali, Malawi and Turkmenistan, two more States, Colombia and Greece, had ratified the Second Optional Protocol to the Covenant, aiming at the abolition of the death penalty. Nevertheless, executions had continued to take place in 1997 in more than 30 countries, including China, Iraq and Saudi Arabia, and also in Iran

and the United States, two countries where juveniles had been sentenced to death, and in Nigeria and Pakistan, where juveniles had even been executed.

65.   Amnesty International was convinced that the death penalty was incompatible with the right to life and the right not to be subjected to cruel, inhuman or degrading punishment or treatment and it urged the Commission to reaffirm the need to abolish the use of such barbaric punishment and to call for an immediate moratorium on executions in all countries.

66.   Mr. PEREZ (American Association of Jurists - AAJ) said it was regrettable that the draft optional protocol to the International Covenant on Economic, Social and Cultural Rights did not provide for any procedure for settling disputes between States parties and therefore suggested that a provision to that effect should be inserted.

67.   AAJ also thought it anachronistic to restrict the ability to submit communications concerning a given State to individuals or groups subject to its jurisdiction. It was now recognized that individuals were subjects of international law and they should therefore be able to lodge a complaint with the relevant international bodies if their rights were violated, whether by the State with jurisdiction over them or by any other State. That was even more true of economic, social and cultural rights, now that, as a result of economic globalization, economic and social phenomena in a country or a group of countries might have important repercussions in another country or group of countries. Clearly, then, on the one hand, there was a universal active obligation to guarantee those rights through international cooperation and, on the other, third parties such as international financial institutions and certain States or transnational corporations had a degree of responsibility with regard to violations of those rights. It was not a matter of absolving States where such violations occurred of their responsibilities, but of introducing the concept of the joint responsibility of State authorities and international organizations and/or other States that contributed by their policies to such violations. AAJ had therefore proposed that, in the text of article 1 of the draft optional protocol, the words "subject to its jurisdiction" should be deleted.

68.   Moreover, the draft should be amended in such a way as to make it possible for non-governmental organizations to bring complaints even if they were not acting directly on the victim's behalf. AAJ's recommendations and suggestions were set forth in detail in document E/CN.4/1998/84.

69.   Ms. PREJEAN (Radical Transnational Party) recalled that, in its resolution 1997/12 on the question of the death penalty, the Commission had affirmed that the abolition of the death penalty contributed "to the enhancement of human dignity and to the progressive development of human rights".

70.   The first affirmation went far beyond the mere protection of the right to life. It was a way of strongly rejecting a punishment that reduced the offender to disposable waste. The torture entailed in sentencing a person to death and in the wait for execution was also incompatible with human dignity even when so-called humane methods were used, for there was no humane way to kill a person. Even criminals condemned to death could feel emotions and they

not only experienced the fear of death itself and the fear of not being able to control the physical effects, but also suffered knowing what their families would endure during those last moments. The second affirmation was of crucial importance because it meant that the Commission had recognized that the right not to be tortured and killed was a human right that was not negotiable and was not to be given or taken away for good or bad behaviour. It was a step towards the recognition of a new human right for every individual.

71. She appealed particularly to her own country, the United States of America, which prided itself on being a land of liberty and democracy, but where more and more people were executed every year, including the mentally disabled and juveniles of 16. She also appealed to the States members of the Security Council, such as China and the United States, which had agreed that provision should not be made for the death penalty in the statutes of the International Criminal Tribunals for the former Yugoslavia and Rwanda for crimes such as genocide and ethnic cleansing, but which continued to impose it freely for murder and even theft in their own territories, to reject such an intolerable anachronism.

72. The abolition of the death penalty was a way of safeguarding human rights. It was therefore vital that, in 1998, even more States members of the Commission should sponsor and vote in favour of a draft resolution on the abolition of the death penalty and support the Commission's efforts in that area.

73. Mr. NAIR (Asian Cultural Forum on Development - ACFOD) said that the ratification of international human rights instruments was merely a statement of intent, which had no effect if the States parties did not take any steps to bring their domestic legislation into line with the provisions of those instruments. Moreover, the reservations that many States expressed to various provisions deprived such instruments of much of their effectiveness. India, for example, had made reservations to article 9 of the International Covenant on Civil and Political Rights and to articles 20, 21 and 22 of the Convention against Torture. In addition, all the Asian States had made reservations on ratification of both Covenants and others, such as Bangladesh, Malaysia and China, had not even ratified them. Moreover, many amendments to domestic legislation were purely formal. The Government of Nepal, for example, after having ratified the Convention against Torture, had in 1996 enacted a law whereby the victims of torture were entitled to compensation, but torture was not recognized as a criminal offence and the police were protected from prosecution.

74. In addition, the ratification of human rights instruments had little meaning if the States parties refused to comply with their reporting obligations, as occurred with India, Pakistan and Nepal. Bangladesh, which had ratified only 3 out of the 14 major human rights instruments, had, during the fifty-first session of the Commission, called into question the impartiality of the members of the treaty bodies.

75. Lastly, he suggested that, on the occasion of the fiftieth anniversary of the Universal Declaration of Human Rights, ratification of the core human rights instruments should be made a precondition for membership of the Commission.

76.   Mr. WADLOW (Association for World Education), making a joint statement
on behalf of 37 other non-governmental organizations, a list of which had been
made available to participants, drew attention to the important role of
special rapporteurs in the promotion and protection of human rights, for their
reports systematically examined the issues covered by their mandate and put
forward recommendations on ways of redressing reported violations. It was a
matter for concern, therefore, that efforts had recently been made to limit
their independence by preventing their access to certain countries and
censoring their reports after they had been printed and submitted to the
Commission or the Sub-Commission. In that regard, he welcomed the consensus
of the special rapporteurs and representatives, experts and chairpersons of
working groups of the Commission on Human Rights and the advisory services
programme at their meeting in May 1997 that the special rapporteurs should not
be requested to amend their reports merely because certain passages were
deemed offensive by a particular member State or group of member States. It
was of crucial importance strongly to defend the independence of the special
rapporteurs and the non-governmental organizations pledged to strengthen their
cooperation with them.

77.   Ms. GRAF (International League for the Rights and Liberation of
Peoples - LIDLIP) said it was regrettable that difficulties were increasingly
being encountered in the implementation of the international human rights
instruments, even though the number of States parties to those instruments was
continuing to rise. With regard to the International Covenant on Economic,
Social and Cultural Rights, Governments' cooperation with the Committee on
Economic, Social and Cultural Rights was of vital importance for the promotion
of those rights in view of the demands of the globalization of the economy and
the financial markets. LIDLIP was therefore in favour of the idea of an
optional protocol that would allow individuals or groups who considered
themselves to be victims of violations of the rights provided for in the
Covenant to submit communications to the monitoring committee.

78.   In addition, LIDLIP noted that 1998 was also the fiftieth anniversary of
the adoption by the General Assembly of the Convention on the Prevention and
Punishment of the Crime of Genocide. She therefore strongly urged the
Commission to take steps to strengthen the Convention, to have it ratified by
all States and to act to ensure that ratification was accompanied by
legislative measures that would ensure the effective implementation of its
provisions.

The meeting rose at 5.55 p.m.

UNITED
NATIONS

E

Economic and Social Council

Distr.
GENERAL

E/CN.4/1998/SR.14
27 August 1998

ENGLISH
Original: FRENCH

COMMISSION ON HUMAN RIGHTS

Fifty-fourth session

SUMMARY RECORD OF THE 14th MEETING

Held at the Palais des Nations, Geneva,
on Tuesday, 24 March 1998, at 3 p.m.

Chairman: Mr. SELEBI   (South Africa)

CONTENTS

STATEMENT BY THE CHAIRMAN ON THE SITUATION IN KOSOVO

QUESTION OF THE REALIZATION IN ALL COUNTRIES OF THE ECONOMIC, SOCIAL AND
CULTURAL RIGHTS CONTAINED IN THE UNIVERSAL DECLARATION OF HUMAN RIGHTS AND
IN THE INTERNATIONAL COVENANT ON ECONOMIC, SOCIAL AND CULTURAL RIGHTS, AND
STUDY OF SPECIAL PROBLEMS WHICH THE DEVELOPING COUNTRIES FACE IN THEIR EFFORTS
TO ACHIEVE THESE HUMAN RIGHTS, INCLUDING:

(a)   PROBLEMS RELATED TO THE RIGHT TO ENJOY AN ADEQUATE STANDARD OF
       LIVING; FOREIGN DEBT, ECONOMIC ADJUSTMENT POLICIES AND THEIR
       EFFECTS ON THE FULL ENJOYMENT OF HUMAN RIGHTS AND, IN PARTICULAR,
       ON THE IMPLEMENTATION OF THE DECLARATION ON THE RIGHT TO
       DEVELOPMENT;

This record is subject to correction.

Corrections should be submitted in one of the working languages. They
should be set forth in a memorandum and also incorporated in a copy of the
record. They should be sent within one week of the date of this document to
the Official Records Editing Section, room E.4108, Palais des Nations, Geneva.

Any corrections to the records of the public meetings of the Commission
at this session will be consolidated in a single corrigendum, to be issued
shortly after the end of the session.

GE.98-11357   (E)

CONTENTS (<u>continued</u>)

(b) THE EFFECTS OF THE EXISTING UNJUST INTERNATIONAL ECONOMIC ORDER
ON THE ECONOMIES OF THE DEVELOPING COUNTRIES, AND THE OBSTACLE
THAT THIS REPRESENTS FOR THE IMPLEMENTATION OF HUMAN RIGHTS AND
FUNDAMENTAL FREEDOMS (<u>continued</u>)

QUESTION OF THE REALIZATION OF THE RIGHT TO DEVELOPMENT (<u>continued</u>)

<u>The meeting was called to order at 3.05 p.m.</u>

STATEMENT BY THE CHAIRMAN ON THE SITUATION IN KOSOVO

1.   The <u>CHAIRMAN</u> read out the following statement:

"The Commission on Human Rights is deeply concerned at the recent outbreak of violence in Kosovo, Federal Republic of Yugoslavia. It deplores the death of a large number of civilians, including women, children and the elderly. It condemns the excessive and brutal use of force by the Serbian police.

2.   The Commission once again calls on the authorities in Belgrade to cease violations of human rights and to take urgent steps to protect and promote internationally accepted standards of human rights in Kosovo. Government authorities have a clear duty to protect the rights of all citizens and to ensure that public security forces act with restraint and in full respect of internationally agreed norms and standards.

3.   The Commission stresses that it also condemns terrorism in all its forms and from any quarter, and denounces all acts of violence, including by Kosovo Albanian groups. It calls on the leaders of the Kosovo Albanian community to make clear their total rejection of terrorism.

4.   The Commission urges the Government of the Federal Republic of Yugoslavia and the leadership of the Kosovo Albanian community to start a genuine dialogue with the aim of finding a peaceful solution, taking into account the rights of the Kosovo Albanians, as well as all others who live in Kosovo, and consistent with respect for the territorial integrity of the Federal Republic of Yugoslavia.

5.   The Commission supports the statement by the High Commissioner for Human Rights of 12 March and calls on the authorities in Belgrade to cooperate in full with her requests, in particular to facilitate the deployment of additional human rights officers in Kosovo, and to agree to the establishment of an office of the High Commissioner in Pristina.

6.   The Commission requests the newly appointed Special Rapporteur on the former Yugoslavia to make an early visit to the region and to report back to the Commission, and calls on the authorities in Belgrade to cooperate fully with him.

7.   The Commission welcomes the initiative of the Special Rapporteur on extrajudicial, summary or arbitrary executions in seeking to visit Kosovo and to report to its current session. The Commission calls on the authorities in Belgrade to cooperate fully with him. The Commission also calls on the authorities in Belgrade to permit independent investigations, including by relevant international bodies, into allegations of extrajudicial killings and, if these allegations are borne out, to prosecute and punish those responsible. There must be no impunity for such acts."

8.   Mr. AKRAM (Pakistan), speaking on behalf of the member countries of the Organization of the Islamic Conference (OIC), said that they were extremely concerned at the situation in Kosovo, where the repression carried out by the Belgrade authorities had left hundreds of Albanian civilians dead, five of them that very day, and displaced thousands more.

9.   At their meeting held in Doha, Qatar, from 16 to 19 March 1998, the Foreign Ministers of the OIC member countries had adopted a resolution and communiqué regarding the situation in Kosovo. The OIC Foreign Ministers had strongly condemned the large-scale repression, measures of discrimination and violations of human rights committed against the defenceless Albanian population by the authorities of the Federal Republic of Yugoslavia (Serbia and Montenegro). They had called on the international community to take all necessary measures to bring all such violations to an immediate end and to ensure the establishment of genuinely democratic institutions in Kosovo. The OIC Foreign Ministers had further recommended that OIC member States take action, especially in the Commission on Human Rights, to promote the human rights of the population of Kosovo.

10.   The OIC member States therefore welcomed the adoption of the Chairman's statement on the situation in Kosovo. They hoped that the main provisions of that statement would be speedily implemented, namely, a cessation of human rights violations by the Belgrade authorities, the commencement of a dialogue with the Kosovo Albanians and others living in that region with a view to finding a peaceful solution, which must also be just, the deployment of additional human rights monitors, an early visit to Kosovo by the Special Rapporteur on the situation of human rights in the territory of the former Yugoslavia and by the Special Rapporteur on extrajudicial, summary or arbitrary executions with a view to prosecuting and punishing all those responsible for extrajudicial killings.

11.   However, the OIC member States were not entirely satisfied with the Chairman's statement.

12.   The statement had been formulated and negotiated by a group of countries and then presented to the OIC member States and other States. In two negotiating sessions, it had been made clear that no substantive changes to the text would be accepted. It was to be hoped that, in future, there would be a greater manifestation of the desire to promote transparency, democracy and consensus within the Commission.

13.   There were serious political flaws in the statement as formulated. Firstly, in paragraph 3, it sought to equate unsubstantiated allegations of acts of terrorism committed by the Kosovo Albanians with the atrocious human rights violations committed by the Belgrade authorities. That was entirely unjustified. Secondly, the statement omitted all reference to the fundamental rights of the Kosovo Albanians and to the need for democracy and democratic institutions. Lastly, the reference in paragraph 4 to the territorial integrity of the Federal Republic of Yugoslavia was applicable only to the extent that, in accordance with paragraph 2 of the Vienna Declaration and Programme of Action, the Federal Republic of Yugoslavia respected "the

principle of equal rights and self-determination of peoples" and was possessed of "a government representing the whole people belonging to the territory without distinction of any kind".

14.   He requested that his interpretation of the Chairman's statement should be reflected in the official records of the Commission.

QUESTION OF THE REALIZATION IN ALL COUNTRIES OF THE ECONOMIC, SOCIAL AND CULTURAL RIGHTS CONTAINED IN THE UNIVERSAL DECLARATION OF HUMAN RIGHTS AND IN THE INTERNATIONAL COVENANT ON ECONOMIC, SOCIAL AND CULTURAL RIGHTS, AND STUDY OF SPECIAL PROBLEMS WHICH THE DEVELOPING COUNTRIES FACE IN THEIR EFFORTS TO ACHIEVE THESE HUMAN RIGHTS, INCLUDING:

    (a)   PROBLEMS RELATED TO THE RIGHT TO ENJOY AN ADEQUATE STANDARD OF LIVING; FOREIGN DEBT, ECONOMIC ADJUSTMENT POLICIES AND THEIR EFFECTS ON THE FULL ENJOYMENT OF HUMAN RIGHTS AND, IN PARTICULAR, ON THE IMPLEMENTATION OF THE DECLARATION ON THE RIGHT TO DEVELOPMENT;

    (b)   THE EFFECTS OF THE EXISTING UNJUST INTERNATIONAL ECONOMIC ORDER ON THE ECONOMIES OF THE DEVELOPING COUNTRIES, AND THE OBSTACLE THAT THIS REPRESENTS FOR THE IMPLEMENTATION OF HUMAN RIGHTS AND FUNDAMENTAL FREEDOMS

(agenda item 5) (continued) (E/CN.4/1998/10 and Add.1-2, 11, 21, 22, 23, 24, 25, 26, 27 and 110; E/CN.4/1998/NGO/3, 4 and 25; E/CN.4/Sub.2/1997/8; A/52/511)

QUESTION OF THE REALIZATION OF THE RIGHT TO DEVELOPMENT (agenda item 6) (continued) (E/CN.4/1998/28 and 29; A/52/473)

15.   Mr. GARCIA REVILLA (Chairman-Rapporteur of the Intergovernmental Group of Experts on the Right to Development) introduced the report of the Group, which had been established with a mandate to elaborate a strategy for the implementation and promotion of the right to development, as set forth in the Declaration on the Right to Development (E/CN.4/1998/29). The Group of Experts had concluded its second and last session in October 1997 and, in the course of them, had benefited from the participation, as observers, of many representatives of States, international organizations, United Nations bodies and non-governmental organizations (NGOs).

16.   The central idea that lay behind the general introduction to the report was the need to maintain an open and transparent dialogue on the question. It was suggested that a coalition, spearheaded by the Secretary-General of the United Nations and the High Commissioner for Human Rights, should ensure coordination within the United Nations system and mobilize the international community.

17.   The first part of the report, describing the elements of a global strategy on the implementation of the right to development, included chapter 1 on the role of the United Nations system and other international organizations. The experts had emphasized the need to avoid any overlapping of tasks and proposed an integrated and multidimensional approach. They

suggested that the High Commissioner for Human Rights, as part of her coordination mission, should take steps to ensure that United Nations bodies incorporated the question of the right to development in their activities. With the same purpose, the High Commissioner should also pursue the dialogue with the World Bank, as well as with the International Monetary Fund and other financial institutions. The experts also recommended that treaty follow-up bodies should include in their guidelines a component relating to the implementation of the Declaration on the Right to Development. Lastly, they referred to such questions as extreme poverty, external debt, the cultural identity of minorities and indigenous peoples, and international cooperation. Chapter 2 in Part I related to States. They were called on to ratify human rights instruments, strengthen their national institutions in order to encourage respect for human rights, particularly the right to development, and to incorporate the concept of development in their legislation. The need for countries to take measures to eliminate inequalities in the distribution of economic assets, which were an obstacle to implementing the right to development, was also mentioned. Chapter 3 concerned civil society. The experts recommended that civil society organizations, especially NGOs, should encourage dialogue on questions related to globalization and the problems to which it led. It was suggested that civil society organizations should incorporate the principles of the right to development in their activities and emphasize, in particular, participatory democracy and sustainable development.

18.   Part II of the report dealt with the follow-up mechanism for the implementation of the Declaration on the Right to Development. It referred to the various forms such a mechanism could take. The follow-up mechanism could be the Commission on Human Rights itself or it could be a group of experts established by the Secretary-General on the recommendation of the Commission; equally, it could be a working group of the Commission or a committee on the right to development composed of a number of member States on a rotational basis. The mechanism's functions might include reviewing the progress made in the implementation of the right to development, examining the activities undertaken by organizations of the United Nations system, including the Bretton Woods institutions, providing the High Commissioner for Human Rights with information she needed for her activities for promotion and implementation of the right to development, reviewing voluntary reports received and, lastly, submitting an annual report on its activities to the Commission on Human Rights.

19.   In conclusion, he underlined the sense of responsibility shown by the experts and the importance of the contributions made by observers. He recalled that the question of the right to development was a delicate subject and that all points of view had to be taken into account in order to arrive at a consensus. Nevertheless, for the first time, the Commission had a realistic instrument on the basis of which it could continue to make progress in implementing the Declaration on the Right to Development.

20.   Mr. PEREZ DEL SOLAR (Peru) stressed that the international system for the protection and promotion of human rights and even national programmes were inadequate because they gave priority to civil and political rights at the expense of economic, social and cultural rights. While reaffirming its

commitment to guaranteeing civil and political rights, his delegation believed that the urgent priorities for developing countries in particular consisted in meeting essential needs: food, health care, housing and education.

21.   Peru had chosen the path of liberalism in order to ensure its own development, by deregulating the economy, encouraging competition, redefining the role of the public and private sectors, carrying out a privatization programme and promoting investment. Undoubtedly, some of those measures had a social cost in the short term and, to remedy that situation, the Peruvian Government had decided to allocate 40 per cent of the public budget to poverty reduction and the creation of productive employment. The work of the Fund for Social Development (Foncodes), which assisted population sectors living in extreme poverty and subsidized small businesses, was part of that policy.

22.   The strategy which Peru had adopted had yielded positive results. Public expenditure had increased, the illiteracy rate had declined, extreme poverty had been brought down from 22 per cent in 1991 to 19 per cent in 1995 and infant mortality had been below 48 per 1,000 in 1996. The vaccination coverage of children under one year of age had reached 93 per cent in 1995 and was continuing to increase.

23.   That progress should not obscure the absolute necessity for the developing countries to be able to count on international cooperation. It was a matter of extreme concern that official development assistance was continuing to decline. The developed countries and the international community in general must understand that, if the developing countries failed in their efforts to achieve a satisfactory standard of living, world security and peace would be threatened. In that regard, the recent statements by the Ministers of State and other high-level officials of the developed countries had raised hopes, in that they had reflected a renewed interest in the question of economic, social and cultural rights, as well as in the right to development.

24.   Peru believed that the establishment of a mechanism to monitor the progress made in the implementation of the Declaration on the Right to Development was essential, provided, however, that States demonstrated the political will to cooperate in the achievement of specific objectives and put aside useless confrontations. It was also very important that the Office of the High Commissioner for Human Rights should provide that mechanism with the resources it would require to carry out its task.

25.   Ms. KUNADI (India) said that, while her delegation recognized that the right to development was complex, as it had stated the previous year, it believed that the issue need not be a controversial one; it should bring countries of North and South closer rather than divide them. A consensus on the right to development, taking into account the following elements, should begin to emerge: the Universal Declaration, to the extent that it emphasized human dignity, had anticipated the integrated approach to all human rights subsequently embodied in the Declaration on the Right to Development and the Vienna Declaration and Programme of Action. The right to development was a right in and of itself and, consequently, should not be subjected to any conditionalities. If the essential goal was to ensure human dignity, the principal ways to achieve that goal were to eradicate poverty, fulfil the

basic needs of all peoples and promote development. Moreover, development meant respect for democracy, the rule of law and popular participation, especially by women. Lastly, human solidarity should prevail over market forces if the globalization of the economy was to yield equitable results and not result in growing marginalization.

26. In that context, her delegation expressed disappointment with the policy document published by UNDP on integrating human rights with sustainable development. After stating categorically that poverty constituted a denial of human rights, the document dwelt almost exclusively on the role of UNDP in governance, giving the impression that it should be the main implementing agency in the field of human rights.

27. In the view of her delegation, such an attitude would exacerbate the existing imbalance between civil and political rights and economic, social and cultural rights. UNDP was not the technical cooperation arm of the Office of the High Commissioner for Human Rights. Its core mandate was to contribute to the realization of the right to development by eradicating poverty, creating livelihoods, ensuring the advancement of women and protecting the environment.

28. Her delegation believed that States must take on the responsibility for the realization of the right to development and that they could no longer transfer that responsibility to panels of experts with the expectation that they would come up with magical solutions.

29. As far as the mechanism for monitoring the implementation of the Declaration on the Right to Development was concerned, India favoured the establishment of an open-ended working group of the Commission, supported by an independent expert for substantive issues and by the Office of the High Commissioner for Human Rights for everything involving implementation. It would join its partners in the Movement of Non-aligned Countries in submitting a resolution of the Commission that would provide for an appropriate follow-up mechanism with a specific mandate. Furthermore, India supported the initiatives planned by Cuba, France and Portugal on economic, social and cultural rights. It also intended to submit a proposal to the Commission for the start of work on a draft declaration on human rights and extreme poverty with a view to its adoption by the General Assembly. The Commission should invite the Sub-Commission on Prevention of Discrimination and Protection of Minorities to begin work on that text.

30. Mr. MCHUMO (Observer for Tanzania) said that the existing international economic order made a mockery of the lofty ideals expressed in article 28 of the Universal Declaration of Human Rights. That article stipulated that "everyone is entitled to a social and international order in which the rights and freedoms set forth in this Declaration can be fully realized". However, the contemporary world was characterized by the absolute monopoly of a few countries over the economic, political and military fields. The inequity of the international economic order was clearly shown by the fact that, although the world's wealth had grown, poverty, misery and inequality were increasing within States and between States. Against that background, the international community had come to realize the crucial nature of human development, which

had been demonstrated by the recognition of the validity of the Declaration on the Right to Development, and a "partnership for development" was now being referred to in international economic relations.

31.   The Tanzanian Government had therefore followed with keen interest the deliberations of the Intergovernmental Group of Experts on the Right to Development. Referring to the report of the Group (E/CN.4/1998/29), his country shared the view that there should be coherence between respect for the right to development and the functioning of the international trading system and that the less economically developed countries should not suffer losses from trade rules. Tanzania likewise welcomed the recommendation that renewed efforts should be made to overcome the problem of unstable and low prices of commodities from developing countries and that problems related to the deterioration in the terms of trade of commodity-dependent developing countries should be taken into account in the framework of the reactivation of North-South negotiations. His delegation also agreed with the proposals that the structure and content of structural adjustment programmes should be reviewed in terms of their effects on development possibilities and economic options.

32.   The international community should adopt more effective measures to resolve the external debt problem of developing countries for the more effective promotion and realization of the right to development. There should be an initiative for a comprehensive, rather than piecemeal, resolution of the problem. At the same time, there was a need to reverse the current decline in financial flows to developing countries; the developed countries must strengthen their resolve to achieve the targets set for official development assistance to the developing countries. There was also a need for reforms in the monetary and financial institutions in order to ensure their democratization. Likewise, efforts must also be made to enable developing countries to have access to the markets of developed countries.

33.   As to the follow-up mechanism to the implementation of the Declaration on the Right to Development, Tanzania saw merit in the proposal that the United Nations Secretary-General should establish a group of high-level experts representing all geographical regions, as suggested in paragraph 94 of the report of the Working Group.

34.   Ms. HERRELL (World Health Organization (WHO)) said that the right to health, a fundamental right recognized in the WHO Constitution, had yet to receive the attention it deserved. That right was inseparable from all other human rights and was thus dependent on the enjoyment of many other rights. At the same time, in order to enjoy good health, an adequate standard of living, food, clothing, decent housing and favourable working conditions were necessary. Thus, WHO had a role to play in human rights which would continue to grow. For that reason, WHO had chosen the theme "Health as a human right" for the observance of its fiftieth anniversary, which coincided with the observance of the fiftieth anniversary of the Universal Declaration of Human Rights.

35.   Mgr. BERTELLO (Observer for the Holy See) said that the current concept of development included many dimensions, both economic, social, educational, cultural and spiritual, which the Intergovernmental Group of Experts on the

Right to Development had rightly emphasized in paragraph 27 of its report on the need to take a balanced, integrated and multidimensional approach to development. As Pope Paul VI had said, development could not be reduced to simple economic growth.

36. In outlining the elements of a global strategy, the experts stressed the social consequences of structural adjustment programmes and the need to solve the developing countries' external debt problem. The Holy See had raised that issue many times in international forums, emphasizing that the external debt of poor countries represented a terrible burden that could condemn those countries to permanent underdevelopment and keep them from the effective enjoyment of fundamental rights. The international community must ask itself if it was right to demand payment if it meant pushing entire populations into hunger and despair. The Pope had raised that topic recently in his message on the World Day of Peace, when he had spoken of globalization with solidarity and appealed for a debt renegotiation before the year 2000.

37. His delegation also stressed the importance of agricultural development, both to provide for the food needs of local populations and to ensure enhanced access for the agricultural products of poor countries to world markets. On that subject, it drew attention to a document entitled "For a better distribution of land - the challenge of agrarian reform", which the Pontifical Council on Justice and Peace had just published. That document, the result of in-depth research on land regimes and land use on all continents, stressed the need to take account of all factors, above all, the human factor. Viable agrarian reform depended on the political will to integrate agriculture into the economic life of a country.

38. Mr. ROSSARY (International Movement of Apostolate in the Independent Social Milieus) drew attention to the 1997 UNDP Human Development Report, which stated that, for the first time, humankind possessed the means of eliminating world poverty within several decades. That was both disturbing and hopeful news which no decision-maker could ignore with a clear conscience, particularly, since the United Nations had supported its argument with solid evidence. Moreover, it was in line with the commitment by 185 countries in Copenhagen to make the elimination of world poverty a priority.

39. The International Movement of Apostolate in the Independent Social Milieus, taking its support from the Gospel of Jesus Christ, which was closely akin to universal humanist thinking, believed, first, that the elimination of poverty was the best way of advancing development and thereby ensuring the effective enjoyment of the human rights proclaimed in the Universal Declaration of Human Rights. The Movement had therefore set itself three priority targets: affirmative action for the poor; the promotion of human rights; and solidarity within the brotherhood of man.

40. Secondly, the Movement believed that the international organizations, particularly the United Nations, were the best means available to the international community to ensure that might did not mean right and that human rights were attained for all. It therefore hoped that, in all its agenda items, the Commission would refer to the elimination of poverty as an accessible objective, so long as the political will existed, and as a realistic challenge.

41.   Most uninformed people saw the elimination of poverty as a utopia and poverty itself as an inescapable fate, but his Movement hoped that the United Nations would publicize the real possibilities enjoyed by the current generation in that regard.

42.   Mr. HUSSAIN (Observer for Iraq) said that, despite the international community's growing interest in the right to development, as demonstrated at the World Summit for Social Development and within the Commission (resolution 1996/15), the developing countries faced new obstacles in that regard. The international community should with all possible speed establish cooperation and partnership between the developed and the developing countries in order to realize the right of peoples, countries and individuals to social progress. That objective was even more difficult to achieve when economic sanctions were imposed in order to put pressure on developing countries. It was a matter of great concern to the international community, especially the international organizations, as both the Secretary-General and the Special Rapporteur on the impunity of perpetrators of violations of human rights (E/CN.4/Sub.2/1997/8) had stated.

43.   His country had seen the destruction of its entire infrastructure, including that of health, by the military aggression it had suffered. The embargo had brought about shortages of medicaments and medical equipment that had led to a rise in infant and maternal mortality. Schools needed to be maintained, renovated and even rebuilt and there was a shortage of school textbooks. The embargo had widened the gap between Iraq and other countries in science, since Iraqi universities could not establish contacts with foreign scientific establishments. There was a shortage of drinking water and the telecommunication and production sectors were paralysed.

44.   His delegation believed that the economic sanctions were in contravention of all international instruments and requested the Commission to call for an end to the embargo so that the Iraqi people could realize their right to development. It also asked the Intergovernmental Group of Experts on the Right to Development to consider the harmful effects of the embargo.

45.   Mr. LOIZAGA (Observer for Paraguay) drew the Commission's attention to the fact that harmful and even toxic wastes had been found in the port of Asunción in 1997. The wastes, which might have originated in industrialized countries, had been stockpiled since 1992 in areas that were liable to flooding and there was a risk that the Paraguay river would be polluted. Faced with that situation, the Government of Paraguay had, on 9 January 1998, requested technical cooperation from the secretariat for the Basel Convention on the Control of Transboundary Movements of Hazardous Wastes and Their Disposal. In his report of 1 February 1998, the expert who had visited Paraguay had stressed the need to identify the substances in question precisely. The Government had therefore requested help from the Joint United Nations Environment Programme/Department of Humanitarian Affairs Unit. The Permanent Mission of Paraguay in Geneva had been informed on 20 March 1998 that, despite every effort, it had not been possible to bring together a group of experts to carry out the necessary sampling or to obtain the use of laboratories in countries which possessed them to carry out the initial analysis.

46. His delegation therefore again reminded those countries that had been consulted by the Joint Unit of the urgent need to analyse the wastes in question, which Paraguay lacked the technical means to do itself. Lastly, it invited the Special Rapporteur on toxic wastes to visit Paraguay in conformity with the mandate entrusted to her by the Commission.

47. Ms. PONCINI (International Federation of University Women), speaking also on behalf of NGOs which were members of the Working Group on Women's Employment and Economic Development and the NGO Committee on the Status of Women, supported the High Commissioner's recommendation for the appointment of a special rapporteur on economic, social and cultural rights. In that regard, it was essential that the enjoyment of economic, social and cultural rights by women should be integrated into the special rapporteur's terms of reference. She listed the objectives to be achieved to enable women to enjoy equal economic rights, in accordance with the Secretary-General's report entitled "Women's real enjoyment of their human rights, in particular those relating to the elimination of poverty, economic development and economic resources" (E/CN.4/1998/22-E/CN.6/1998/11) and the report of the Special Rapporteur on human rights and extreme poverty (E/CN.4/Sub.2/1996/13). She stressed the importance of education and training, particularly in areas other than those traditional to women. She also believed that a special rapporteur should give consideration to both remunerated and unremunerated work, drawing on the concepts embodied in the Convention on the Elimination of All Forms of Discrimination against Women, the Beijing Platform for Action, the outcome of the World Summit for Social Development on poverty eradication and the relevant Conventions of the International Labour Organization.

48. She urged that the work of the Committee on Economic, Social and Cultural Rights should be rendered more visible within the Commission and the Commission on the Status of Women. Her organization fully endorsed the conclusions of the Economic and Social Council on gender mainstreaming, which had a direct impact on the economic, social and cultural rights of women. Lastly, it welcomed the fact that the Secretary-General, Mr. Kofi Annan, had appointed outstanding women to the top decision-making levels of the United Nations.

49. Mr. PEREZ (American Association of Jurists) said that the report of the Intergovernmental Group of Experts on the Right to Development (E/CN.4/1998/29) was superficial; he associated himself with the comments of the Governments of Brazil, Cuba, El Salvador, Ecuador and Mexico, which appeared in the annex. It was regrettable that the two-day consultation on the human right to adequate food hosted by the Office of the High Commissioner for Human Rights had not taken advantage of the opportunity to investigate the causes of the malnutrition and hunger suffered by a large proportion of humankind (E/CN.4/1998/21, para. 9), those causes being the lack of means of subsistence for millions of landless peasants, growing inequality and the monopoly enjoyed by some transnational food and agriculture companies which dictated agricultural policy and set the price of agricultural products on the world market. The international community should wake up to the fact that such companies were poised to deprive States of their decision-making powers and thus to suppress representative democracy as an expression of public participation. The most recent example was the draft multilateral agreement on investment. It remained to be seen whether States and United Nations

bodies were disposed to defend the primacy of human rights against the logic of maximum profit or whether they would submit to the dictates of transnational capital on the false pretext that no other solution was possible.

50.   His Association welcomed General Assembly resolution 52/136 on the right to development and drew particular attention to paragraphs 11 and 17. Lastly, it had, jointly with the Centre Europe - Tiers Monde, submitted to the 1997 session of the Sub-Commission a range of proposals, including the resumption of the preparation of a code of conduct on transnational businesses and technology transfer, the preparation of a declaration of principles on the environment and human rights, and the adoption, with the relevant corrections, of a draft optional protocol to the International Covenant on Economic, Social and Cultural Rights.

51.   Mr. PARY (Indian Movement "Tupaj Amaru") said that the enjoyment of economic, social and cultural rights was closely linked with the activities of transnational companies, which had deeply embedded themselves in all economic sectors, even within the United Nations system, and were everywhere to be found in the territory of indigenous peoples, whose rich natural resources they sought to plunder. It was deplorable that, owing to pressure from economic and financial circles, particularly the World Bank and the International Monetary Fund, the preparation of a code of conduct on transnational companies had been abandoned in 1992. It had become more essential than ever to regulate the activities and the direct investment of such companies in third world countries. The first step would be to regulate the question of the nationality of transnational companies, followed by the elaboration of clear and precise rules regarding the responsibility of the economic actors for the devastation of the planet, for environmental pollution and for exclusion and extreme poverty, which were equally serious violations of economic and social rights.

52.   The neoliberal international economic order imposed on developing countries constituted a major obstacle to sustainable development and economic growth. The policy of sustainable development which indigenous peoples saw as an alternative to the neoliberal model would be viable if States and the international community had the political will to reconsider their points of view on economic development, to consider the rational and proper use of natural resources and to abandon their way of life, production and consumption. Ultimately, development should be centred on the human being, in order to reconcile economic growth with fairness, social justice and environmental viability.

53.   Mr. GRAVES (African Commission of Health and Human Rights Promoters) said that, although embargoes could encourage respect for universally recognized standards, they also increased the suffering of innocent people and slowed the development of the countries concerned. Very often an embargo imposed on a dictatorial regime for political reasons merely strengthened the regime and led to a deterioration in the people's health, economic and cultural situation.

54.   A serious debate should therefore be held in the United Nations on the question of embargoes, as well as on the obstacles to economic development and the damage to the health and the cultural and social integrity of innocent people which they entailed. The people concerned must also receive assurances that the international community had not forgotten their rights.

55.   Ms. BRIDEL (International Association of Democratic Lawyers) requested the immediate lifting of the cruel embargo which had been imposed on Iraq seven years previously and had had a dire impact on the living conditions and health of the Iraqi people, in particular children and the elderly. The International Association of Democratic Lawyers (IADL) reaffirmed its support for the sovereign and territorial integrity of Iraq and condemned the Israeli-Turkish agreement, which constituted a danger to peace in the Middle East. IADL noted that no sanctions had been imposed on Israel, although it had not implemented any of the relevant resolutions of the General Assembly and the Security Council.

56.   IADL requested the immediate lifting of the embargo imposed on Libya and the prohibition of any sanctions relating to food, medicines and anything else connected with the rights to life, the sovereignty of peoples and the right to development.

57.   It requested the Commission to intervene on behalf of Mr. Hideyudi Tanaka, who had been wrongfully dismissed more than 30 years ago for having refused to work overtime. It should be recalled in that connection that Japan had not yet ratified any of the ILO Conventions concerning working hours and that overwork in Japan caused the death of more than 10,000 people every year.

58.   Ms. JOSEP PARES (Pax Romana), speaking on behalf of Pax Romana and Franciscans International, said that it was wrong to try to solve problems in countries such as Iraq or Cuba by methods involving violations of the fundamental rights of the civilian population. The easing of the Cuban sanctions was welcome, but it was necessary to go still further and lift the embargo.

59.   Anti-personnel mines were devilish devices which not only killed and mutilated, in particular children and women, but also impeded development in that their presence prevented people from working the land. All States which had not yet done so must therefore be invited to ratify the Ottowa Convention on the Prohibition of Anti-personnel Mines with a view to that instrument's earliest possible entry into force. In that connection, the attitude of the United States called for strong condemnation, since, not content with a refusal to ratify the Convention, it was putting pressure on other countries to persuade them to violate its provisions. Pax Romana also requested the Commission to treat the problem of anti-personnel mines as an obstacle to development and to take part in fact-finding missions to oversee the application of the Ottawa Convention.

60.   Mr. OZDEN (Centre Europe - Tiers Monde), speaking on behalf of Centre Europe - Tiers Monde (CETIM) and of the World Federation of Democratic Youth, endorsed the views expressed by the Committee on Economic, Social and Cultural Rights in its eighth General Comment on economic sanctions. The

Security Council could no longer ignore the serious impact of the embargo on Iraq's civilian population. According to the Special Rapporteur on the situation of human rights in Iraq, Mr. Van der Stoel, "almost the entire young child population has been affected, with a shift in their nutritional status towards malnutrition", whereas "Prior to the sanctions, severe clinical malnutrition was rarely seen in Iraq". The use of the Iraqi people as hostages was all the more treacherous and unacceptable because it was already the victim of a dictatorship described as cruel and implacable.

61.   On 10 January 1995, Mr. Rolf Ekéus, head of the United Nations Special Commission, had said that his task was almost completed. Three years later, the embargo had still not been lifted. It was legitimate to wonder whether a double standard was being applied. Did not most of the countries of the region, beginning with Israel, which had so far not complied with any of the United Nations resolutions, possess weapons of mass destruction? Were nuclear weapons less terrifying than the "weapons of the poor" - chemical or bacteriological weapons? And was there any country in the world which, without ever having been threatened on its own territory, had since 1945 committed more acts of aggression in all corners of the globe than the United States?

62.   As far as Libya was concerned, the International Court of Justice had declared itself competent on 27 February 1998 to consider Libya's request in respect of the Lockerbie case, thus implicitly disagreeing, on procedural issues at least, with the United States, Great Britain and the Security Council.

63.   The Cuban people had now been suffering for more than three decades under an unjustified and unjustifiable unilateral embargo decreed by its powerful neighbour, which was also endeavouring to compel all other countries to accompany it in that enterprise which the Commission had condemned, declaring in its resolution 1995/45 that "the adoption or intensification of unilateral coercive measures constitutes a violation of the human rights of peoples".

64.   International economic sanctions should be in conformity with international law. Furthermore, their target, their means of implementation and their purpose should be defined with great precision. The United Nations should refrain from any armed intervention until it was freed from the hegemony exercised by certain big Powers and was equipped with a kind of constitutional court competent to consider the conformity of Security Council resolutions with the Charter. Lastly, it would be wrong to believe that the application by the United Nations of cures which proved worse than the diseases would help to enhance the Organization's image in the eyes of the peoples of the world.

65.   Ms. PARKER (International Educational Development) said that her organization fully supported the General Comment of the Committee on Economic, Social and Cultural Rights on the issue of economic sanctions. The Committee stated, inter alia, that those who imposed sanctions on a country were obliged to ensure full respect for the rights of the vulnerable groups in that country. It was a fact, for example, that the Iraqi sanctions were the direct cause of the death of more than a million children. In 1997, UNICEF had

estimated that an additional million children were at risk of dying from
malnutrition unless the sanctions were lifted. It should be remembered in
that connection that the Geneva Conventions imposed an obligation on States
parties to ensure respect for all humanitarian norms. Private humanitarian
organizations must be able to provide food and medicine to Iraq without being
threatened with criminal proceedings by the United States. International
Educational Development requested the Commission to take account of the
statement of 43 Roman Catholic archbishops and bishops in the United States
who implored the international community to lift all the sanctions
against Iraq.

66.   International Educational Development urged the Commission to condemn
the United States for imposing sanctions on Cuba and recalled that
Pope Jean-Paul II had implored the United States to lift the sanctions.

67.   Lastly, International Educational Development urged the Commission to
extend by three years the mandate of the Special Rapporteur on the adverse
effects of the illicit movement and dumping of toxic and dangerous products
and wastes on the enjoyment of human rights and expressly to authorize him to
carry out investigations in all countries and not only in the developing
countries.

68.   Ms. LAMSON (Human Rights Advocates) said that the drafting of the Basel
and Bamako Conventions marked a step forward in the fight against the adverse
effects of the illicit movement and dumping of toxic and dangerous products
and wastes. However, those Conventions were not in themselves sufficient to
protect the rights of individuals whose health was threatened by such
products. Furthermore, the Bamako Convention was not yet in force in the
whole of Africa, the United States of America had not yet ratified the Basel
Convention and the efforts to enforce the two instruments were plagued by
difficulties.

69.   Human Rights Advocates recommended that the Commission should extend
the mandate of the Special Rapporteur on toxic wastes, who should continue,
as a priority, to produce an annual list of the countries and transnational
corporations involved in the illicit movement of such wastes, study the
international framework in which transnational corporations conducted their
activities, in particular the draft multilateral agreement on investment,
which could potentially deprive States and local communities of the capacity
to enforce human rights connected with the environment, and strengthen the
cooperation with the environmental agencies of the United Nations.

70.   Lastly, her organization supported the Special Rapporteur's
recommendation on the encouragement of the formulation of projects to be
executed jointly by the Office of the High Commissioner for Human Rights
and other United Nations bodies.

71.   Ms. FATIO (Bahá'í International Community) said that development had
always been a major goal of the United Nations. But the question was what
should be understood by development, apart from the satisfaction of essential
needs. An excessively materialistic conception of development was not
satisfactory. In Switzerland, one of the wealthiest countries in the world,
suicide was the second cause of death among young people. The goal of

development must therefore be sought in the spiritual dimensions of life, which transcended the constantly changing economic landscape and an artificial division of societies into "developed" and "developing".

72.   Her organization therefore welcomed the emphasis given by the World Summit for Social Development to the "spiritual needs" of individuals and the commitment by States to an "ethical and spiritual vision for a social development". Religion played a crucial role in creating a spiritual environment, from which, according to the Social Summit, social development was inseparable. Society should be governed not by the laws of the market, but by principles such as solidarity, justice and peace. Those principles should be taught in schools, which had a central role to play in the strategy to eradicate poverty. As future mothers, girls should be given priority in that strategy.

73.   Mr. DE TINGUY (International Union of Latin Notariat) said that his organization, aware of the deepening of the gap between the living standards of developed and developing countries, had launched a movement to pool the efforts of the people and organizations concerned with human rights. It was with that in mind that the International Union had decided to undertake humanitarian work. To that end, it had signed an agreement with UNHCR and was about to sign one with UNESCO. It had also held a colloquium for many leading figures and representatives of international bodies, enterprises and NGOs. That had given birth to the Association for the NGO/Enterprises Partnership, whose purpose was to coordinate the implementation of specific activities in such areas as agriculture, hospital construction, education, information technology, the creation of legal data banks and the harnessing of solar energy. International enterprises, NGOs and organizations all had a role to play in creating equal partners for the future.

74.   Mr. SHINOJI (World Federation of Trade Unions) said that the concept of development did not mean only material wealth, but implied the full realization of human beings' potential. To achieve that, everyone must be able to benefit from educational, scientific and technological advances.

75.   The resources of the planet must be used judiciously, so that the quest for wealth did not bequeath a denuded earth to future generations. The arms race was the worst threat to realization of the right to development. For example, the billions of dollars spent on armaments by the United States of America could legitimately have been used to alleviate the ravages of hunger and poverty in Africa. Even prosperous countries were subjected to the will of the military powers: at the end of the Second World War, the United States had compelled Japan to allow the island of Okinawa to be converted into an American base. How could the population achieve its potential when a foreign army occupied its territory?

76.   The right to development involved a collaborative effort by people living in different parts of the world. Yet the discriminatory immigration policies implemented by many countries prevented human beings from pooling their talents.

77.   Furthermore, the preservation of all peoples' physical and spiritual
heritage was imperative if the development process was to proceed smoothly.
Yet quite the opposite process could currently be witnessed, with alien values
imposed on peoples through economic or political pressure. The concept of
the family had suffered particularly in the modern developmental process.
Individual attainment had gained such respectability that it had become
sacrilegious to think of the common good. That world view had tragic
consequences in countries on the lowest rung of the ladder of development,
which did not, for example, have the resources to assist the elderly and
infirm.

78.   It must be recognized that wealth provided only an illusory freedom.
True freedom was freedom from fear and oppression. That must be borne in
mind when preparing developmental strategies.

79.   Mr. PALIHAKKARA (Sri Lanka) welcomed the progress made by the
international community over the past two decades in defining and giving
legal recognition to the right to development, which now seemed to have become
one of its priorities. In such a context, one could not but be perplexed by
the divisions that prevented agreement from being reached on what concrete
measures should be taken to ensure the realization of that right. In
comparison, civil and political rights were protected by a whole range
of standards, obligations, laws, measures and mechanisms, put in place,
inter alia, by the United Nations and the Commission on Human Rights, in
order to prevent violations of those rights and, if need be, to punish the
perpetrators. In contrast, there was no way of knowing whom to approach
when hunger and poverty violated the dignity of the human person or how the
international community should react when a nation, a democracy, grappled with
problems of unemployment and indebtedness. In fact, the debate on the right
to development had become so confused that, in the minds of many, the very
concept had become undefinable.

80.   That sad fact was all the more surprising in the light of the vast
body of knowledge that had been accumulated on the subject. It was known
for a fact that poverty was the main factor in mortality. In an era of
globalization, it was also well known that the question of the right to
development had national and international dimensions and that it must be
addressed in a multisectoral perspective by a range of actors including
Governments, civil society and international organizations. The rights of
the child, the advancement of women, sustainable development and food
security, for example, were interdependent goals, all of which constituted
aspects of the right to development. The attainment of those goals required
solutions to a number of core issues, such as an equitable share in
international trade, debt relief and access to international financing on
reasonable terms.

81.   In Sri Lanka, for example, successive Governments had invested heavily
in human development for several decades in order to ensure the broadest
possible participation by all groups in society in the management of public
affairs. Currently, continued efforts were being made to maintain the high
standards achieved in areas such as literacy, women's and children's rights

and health care. Those measures enabled Sri Lanka to achieve a human development index rating much higher than was to be expected of a country with a relatively modest per capita income.

82.   In his view, development had as much to do with domestic policy and democracy as with equal opportunities on a global scale. Targeted strategies were required to address the particular needs of developing countries and all dimensions of the right to development must be given equal recognition. The report of the Intergovernmental Group of Experts on the Right to Development (E/CN.4/1998/29) constituted a useful guide in that regard. However, a global strategy should further strengthen international cooperation in core areas such as trade, debt and finance. As economies became more and more integrated, it made no sense to maintain the prosperity of one nation by means of the impoverishment of another. Politically, too, the ideological divisions that had hindered the realization of the right to development had disappeared. The Commission should thus take advantage of that situation, and of the fiftieth anniversary of the Universal Declaration of Human Rights, to commit itself more resolutely to the realization of that right. The Office of the High Commissioner for Human Rights would have a key role to play in dispelling the impression that the United Nations favoured the promotion and protection of certain rights at the expense of others. The structural reorganization of the Office of the High Commissioner appeared to give a prominent place to the right to development. However, adequate human and financial resources must be provided in order to implement the work of the Commission in that area. A follow-up mechanism of the sort recommended by the Group of Experts would be essential in that regard.

83.   Mr. BENJELLOUN-TOUIMI (Morocco) said that, since the adoption by the General Assembly of the Declaration on the Right to Development, no significant progress had been made in promoting and implementing that right, which was of crucial importance to the developing countries, particularly the least developed among them. That situation could result in the marginalization of more and more countries and in the increasing impoverishment of the most deprived social classes of those States. In that context, it was worth recalling that the developed countries' objective of devoting 0.7 per cent of GNP to development aid had never been reached. On the contrary, aid from the rich countries to the developing countries continued to diminish. Thus, public aid from OECD member countries and the multilateral organizations to developing countries now stood at only US$ 66 billion, as compared to US$ 72 billion in 1995. Furthermore, financial aid in the form of grants and soft loans had fallen from US$ 60 billion in 1995 to US$ 58 billion in 1996. At the same time, most of those countries were suffering from the burden of external debt, which considerably hampered their development, and were marginalized in the global distribution of foreign investment, which was essential to development in an era of growing globalization.

84.   It was not a question of defending a policy of handouts or of perpetuating links of economic dependence between industrialized and developing countries, but, rather, of moving on from a stage of theorizing to one of practical achievements by means of a twofold approach. First, a synergy must be generated among the various international bodies involved in the realization of the right to development. In that regard, he recalled

that the 1994 Marrakech Ministerial Declaration setting up the World Trade Organization (WTO) called for greater coherence between the monetary, financial and trade policies of Governments and the competent international organizations, including the International Monetary Fund (IMF), the World Bank and WTO; and that the Intergovernmental Group of Experts set up by the Commission on Human Rights at its fifty-second session had suggested the creation of a follow-up mechanism to promote and implement the right to development. Secondly, the promotion of the right to development must be accompanied by the intensification of international cooperation for the benefit, _inter alia_, of the least developed countries, particularly in Africa. In that connection, his delegation wished to state that, while the Commission must report on violations of human rights worldwide, it also had a crucial role to play in ensuring the effective implementation of the right to development. The Commission must never forget that an increase in the inequalities between an ever richer North and an ever poorer South constituted a threat to international peace and security. It must therefore remember that the right to development was not only an inalienable right of which no one must be deprived, but also a right whose promotion and implementation were indispensable.

<u>The meeting rose at 5.55 p.m.</u>

UNITED
NATIONS

E

**Economic and Social
Council**

Distr.
GENERAL

E/CN.4/1998/SR.18
31 August 1998

ENGLISH
Original: FRENCH

COMMISSION ON HUMAN RIGHTS

Fifty-fourth session

SUMMARY RECORD OF THE 18th MEETING

Held at the Palais des Nations, Geneva,
on Thursday, 26 March 1998, at 3 p.m.

Chairman: Mr. SELEBI   (South Africa)

later: Mr. CHIRIBOGA   (Ecuador)
                 (Vice-Chairperson)

later: Mr. SELEBI   (South Africa)

CONTENTS

STATEMENT BY MR. FEDERICO MAYOR, DIRECTOR-GENERAL OF THE UNITED NATIONS
EDUCATIONAL, SCIENTIFIC AND CULTURAL ORGANIZATION

STATEMENT BY MR. JONATHAN MOTZFELDT, PREMIER OF GREENLAND (DENMARK)

STATEMENT BY MR. ASDRUBAL AGUIAR, MINISTER OF THE SECRETARIAT OF THE
PRESIDENCY OF VENEZUELA AND PRESIDENT OF THE NATIONAL COMMISSION ON HUMAN
RIGHTS OF VENEZUELA

This record is subject to correction.

Corrections should be submitted in one of the working languages. They
should be set forth in a memorandum and also incorporated in a copy of the
record. They should be sent within one week of the date of this document to
the Official Records Editing Section, room E.4108, Palais des Nations, Geneva.

Any corrections to the records of the public meetings of the Commission
at this session will be consolidated in a single corrigendum, to be issued
shortly after the end of the session.

GE.98-11393   (E)

CONTENTS (<u>continued</u>)

<u>The meeting was called to order at 3 p.m.</u>

STATEMENT BY MR. FEDERICO MAYOR, DIRECTOR-GENERAL OF THE UNITED NATIONS
EDUCATIONAL, SCIENTIFIC AND CULTURAL ORGANIZATION

1.   <u>Mr. MAYOR</u> (Director-General of the United Nations Educational,
Scientific and Cultural Organization) said that UNESCO had been the first
international organization to proclaim the importance of the Universal
Declaration of Human Rights for all its activities, and particularly for those
concerned with education and information, as well as the promotion of
international understanding. Education in human rights, which was addressed
to children and adults alike, called for an extremely wide range of measures
concerning school life, extramural programmes and activities and teacher
training, but also educational and cultural action in the community. That
educational action must also take account of the interdependence between human
rights on the one hand and democracy, peace and development on the other.
UNESCO had not been content to promote human rights, it had striven to
propagate a shared culture of human rights.

2.   Never before, in theory, had human beings had so many rights; yet in
practice, never before had so many people been deprived of their most
fundamental rights, foremost among them the right to life, by conflict and
poverty. The issue was not just one of economic and social rights, but also
one of civil and political rights, for all rights were interdependent,
indivisible and universal. In that context development was crucial, although
that did not mean waiting for development before implementing human rights.
Wherever flagrant violations of those rights were shown to exist, as in
Afghanistan, the United Nations must take strong and effective action.
No religious or cultural tradition could justify those violations.

3.   It was time to make a firm commitment to implementing the rights
set forth in the Universal Declaration of Human Rights adopted 50 years
previously. The World Conference on Higher Education, to be held in Paris in
October 1998, must be seen in that context. In a rapidly changing world,
UNESCO strove to be at the forefront of the human rights movement, as
evidenced by its General Conference having in November 1997 adopted the
Universal Declaration on the Human Genome and Human Rights, and the
Declaration on the Responsibilities of the Present Generations Towards Future
Generations.

4.   The struggle for human rights, development and democracy was a struggle
against injustice, poverty and conflict. Market forces and mercantile
interest led not to democracy but to inadmissible disparities, resulting in
exclusion, extremism and conflict. Investment in peace was needed in order to
save succeeding generations from the scourge of war, as the Charter of the
United Nations proclaimed. Recalling that the United Nations had declared the
year 2000 International Year for the Culture of Peace, he called upon all
partners within the United Nations system and outside it, at the governmental
and non-governmental levels, to engage in joint, concerted and synergetic
action to that end.

STATEMENT BY MR. JONATHAN MOTZFELDT, PREMIER OF GREENLAND (DENMARK)

5.   Mr. MOTZFELDT (Denmark), speaking on behalf of the Nordic countries,
said it was regrettable that many indigenous peoples, whose role in the areas
of sustainable development, conservation and management of the environment and
biodiversity had been recognized, were socially, economically and politically
marginalized and had to struggle for their physical and cultural survival.
Indigenous peoples had looked to the United Nations in their efforts to obtain
international recognition of and respect for their rights. Against that
background, the Nordic countries considered that, in accordance with the
proposal made by the World Conference on Human Rights, it was time to
establish a permanent forum for indigenous peoples, which would report to the
Economic and Social Council. He therefore proposed that the Commission should
establish an open-ended ad hoc group to draw up a mandate for such a forum.
The ad hoc group might draw inspiration from the workings of the Arctic
Council, a forum in which Saami, Inuit and indigenous peoples of the
Russian Federation participated.

6.   The Nordic countries called upon Governments to work towards the early
adoption of the draft United Nations declaration on the rights of indigenous
peoples in the framework of the International Decade of the World's Indigenous
People. They recognized the valuable contribution made by the Working Group
on Indigenous Populations to ensuring that those populations' concerns were
taken into account by United Nations bodies, and they confirmed their support
for the Working Group. They also welcomed the initiation in 1997 of the
fellowship programme financed by the Voluntary Fund for the International
Decade of the World's Indigenous People. In that connection, he informed the
Commission that in 1998 Greenland would host the first seminar to be held by
the International Training Centre of Indigenous Peoples and the
General Assembly of the Inuit Circumpolar Conference.

7.   Greenland saw access to self-government, in its own case vis-à-vis
Denmark, as a continuous process. The next stage in that process would be the
renegotiation of the Mineral Resources Act providing for the administration
of those resources to be transferred to Greenland. In the light of that
experience, Greenland urged Governments to allow indigenous peoples threatened
by assimilation, or even extinction, to take charge of their own lives and
preserve their heritage. On behalf of the Nordic countries and the Saami and
Inuit peoples, he stressed the importance of the International Decade of the
World's Indigenous People and the need to offer indigenous peoples financial
and moral support enabling them to participate and be represented in
international bodies.

STATEMENT BY MR. ASDRUBAL AGUIAR, MINISTER OF THE SECRETARIAT OF THE
PRESIDENCY OF VENEZUELA AND PRESIDENT OF THE NATIONAL COMMISSION ON HUMAN
RIGHTS OF VENEZUELA

8.   Mr. AGUIAR (Venezuela) said that the session of the Commission
on Human Rights, which that year coincided with the celebration of the
fiftieth anniversary of the Universal Declaration of Human Rights, was taking
place at a historic moment when humankind was faced with unprecedented
challenges, but one which also augured well for constructive dialogue. The
Commission's particularly full agenda bore witness to that. It included

questions of obvious topicality, such as the unjust international economic order, the increasing incidence of intolerance, the exploitation and prostitution of children, but also the right to development. The contemporary world, which had inherited the legacy of an epoch characterized by the arms race and the negation of inherent human freedoms, was now dominated by a number of dogmas and neo-fundamentalist trends - particularly in the area of trade - which tended to seize on the question of human rights and make it a divisive issue, whereas it should on the contrary be a factor in the regeneration of society.

9.   The contemporary world found itself in a paradoxical situation. The experience of democracy was becoming more widespread, the State was less omnipresent, the insatiable quest for freedom was evident in every corner of the planet, and mass communications and access to information had developed to unprecedented levels. In those circumstances, an increase in individual responsibility and in citizen participation was to be expected. Yet contemporary humankind was more morally isolated than ever, and did not seem to have gained true freedom.

10.   Venezuela mirrored faithfully the crucial period of transition that humanity was undergoing to a new millennium. The dwindling role of political parties and their representativeness, the unexpected failure of the financial system and a sudden drop in petroleum revenues had all led to a deterioration in Venezuelans' standard of living and a slackening in collective respect for human rights. The country was striving to overcome that situation through dialogue and unswerving adhesion to democracy. The programme it had adopted was one of economic liberalization with a human face, participating in globalization without overlooking the need for rigorous respect for the dignity of the individual. Concerted action between the State, workers and employers had enabled the social security system to be reformed and compensatory benefit programmes for the poorest to be maintained.

11.   The many lessons learned from that national experience enabled Venezuelans to assert that the future offered no option other than a culture of peace: a peace embracing all human rights and responding to all human needs in a spirit of participation and mutual tolerance. In that connection, he paid tribute to the Director-General of UNESCO, who was at the origin of the Draft Declaration on the Human Right to Peace. As the Director-General had so rightly said, humankind must now achieve a transition from a period dominated by the idea that might was right, to a very different period in which reason would be the dominant principle. In that connection, the Government of Venezuela wished to express its strong support for the draft Declaration on the right and responsibility of individuals, groups and organs of society to promote and protect universally recognized human rights and fundamental freedoms. Similarly, his Government hoped that the negotiations on preparation of the draft optional protocols to the Convention on the Rights of the Child would be successfully concluded. Lastly, as in previous years, Venezuela would present, on behalf of the Group of Friends of the Secretary-General, a draft resolution on the situation of human rights in Haiti, a country that was more than ever in need of international aid and solidarity.

QUESTION OF THE REALIZATION IN ALL COUNTRIES OF THE ECONOMIC, SOCIAL AND
CULTURAL RIGHTS CONTAINED IN THE UNIVERSAL DECLARATION OF HUMAN RIGHTS AND IN
THE INTERNATIONAL COVENANT ON ECONOMIC, SOCIAL AND CULTURAL RIGHTS, AND STUDY
OF SPECIAL PROBLEMS WHICH THE DEVELOPING COUNTRIES FACE IN THEIR EFFORTS TO
ACHIEVE THESE HUMAN RIGHTS, INCLUDING:

    (a)   PROBLEMS RELATED TO THE RIGHT TO ENJOY AN ADEQUATE STANDARD OF
                LIVING; FOREIGN DEBT, ECONOMIC ADJUSTMENT POLICIES AND THEIR
                EFFECTS ON THE FULL ENJOYMENT OF HUMAN RIGHTS AND, IN PARTICULAR,
                ON THE IMPLEMENTATION OF THE DECLARATION ON THE RIGHT TO
                DEVELOPMENT;

    (b)   THE EFFECTS OF THE EXISTING UNJUST INTERNATIONAL ECONOMIC ORDER ON
                THE ECONOMIES OF THE DEVELOPING COUNTRIES, AND THE OBSTACLE THAT
                THIS REPRESENTS FOR THE IMPLEMENTATION OF HUMAN RIGHTS AND
                FUNDAMENTAL FREEDOMS

(agenda item 5) (continued) (E/CN.4/1998/10 and Add.1 and 2, E/CN.4/1998/21,
E/CN.4/1998/22-E/CN.6/1998/11, E/CN.4/1998/23-27 and 110; E/CN.4/1998/NGO/3, 4
and 25; E/CN.4/Sub.2/1997/8; A/52/511)

QUESTION OF THE REALIZATION OF THE RIGHT TO DEVELOPMENT (agenda item 6)
(continued) (E/CN.4/1998/28 and 29; E/CN.4/1998/NGO/64; A/52/473)

12.   Mr. HITAM (Malaysia) said that the right to development should be at the
forefront of the human rights agenda. His delegation therefore wholeheartedly
supported the proposal to establish, in that area, a follow-up mechanism in
the form of an open-ended working group, whose work would also be greatly
facilitated by the appointment of an independent expert.

13.   His delegation considered that, in integrating human rights issues into
their programmes, United Nations agencies concerned with development must not
lose sight of their main objectives. Thus, pursuant to its mandate, the
United Nations Development Programme (UNDP) must assist developing countries
in their efforts to achieve sustainable human development by building their
capacity to design and carry out programmes and by giving priority to the
eradication of poverty. The United Nations agencies could best further the
cause of the right to development by concentrating on their mandates, rather
than dissipating their energies in areas elsewhere, thereby aiming too high
and achieving nothing. Furthermore, integration of human rights issues into
their activities must not result in the imposition of conditionalities that
might harm countries' legitimate development activities.

14.   Currently, whole countries were denied the right to participate in
matters that affected the lives of their citizens. Democracy could not
survive, let alone flourish, when many low-income countries were among the
least integrated into the world economy and when some of them had become even
more marginalized over the past 10 years, experiencing both falling incomes
and diminished participation in the world economy. The financial crisis in
Asia had shown that even the best integrated countries were not sheltered from
upheavals in the international economy. In Malaysia, a country that, thanks
to strong economic growth, had managed to reduce poverty and to finance social
programmes in the fields of education and health, families had seen their life

savings wiped out overnight. It was not the market, still less the speculators and the International Monetary Fund, that would speak up for those individuals' rights.

15.   His delegation considered that the international community should not accept perpetual violations of the rights of millions of people. When extreme poverty prevailed, talk of human rights was meaningless. So long as the United Nations continued to be isolated from hard economic issues such as market access, terms of trade, financial flows and the debt problem, the right to development could never assume its proper place.

16.   Mr. MOOSE (United States of America) said that the United States strongly believed that the right to development was the key to creating a world that was stable, secure and prosperous and that the highest responsibility of government was to promote conditions which would enable everyone to reach his or her full potential. Human rights and the right to development being convergent interests, the United States fully agreed with the High Commissioner that the role of human rights was to empower individuals and communities. The United States had a long history of bilateral assistance and international cooperation for development, especially for the benefit of less developed countries. Amongst other things, it had supported the quick implementation of the Heavily Indebted Poor Countries Initiative for countries which were carrying out encouraging economic reforms and it had recently launched a new initiative to encourage Africa's integration into the global trading system. That long history had taught many lessons. One of them was the great importance of fully integrating human rights into the development approach. It had also emerged that the countries which respected the rights of women and understood women's critical role in development were rewarded for their efforts twice over. While international assistance remained an important instrument for development, other factors also weighed heavily on the development process. It was no accident, for example, that the phenomenal economic growth in Latin America over the past decade had followed the wave of democratization and economic liberalization in the countries of that region. In addition to promoting individual enterprise and therefore the creation of wealth at the national level, the opening-up of political and economic systems encouraged foreign investment as well. In Latin America foreign investment had risen from $5 billion to $73 billion in just the past eight years. Two thirds of that amount was in the form of direct investment, which had created jobs and raised living standards in the countries of the region. The correlation between human rights and economic growth was also apparent in Africa, where the efforts of nations such as Ghana, Uganda and Botswana had helped Africa to achieve a growth rate of 4 per cent in 1997.

17.   The United States fully endorsed the idea that the primary responsibility for the protection and promotion of human rights rested with Governments. The argument that underdevelopment was a valid excuse for limiting human rights was unacceptable, for repression was a cause and not a consequence of underdevelopment. Political repression in a closed economic system could never produce sustainable development. The role of the Commission was clear in that context. It needed to find practical ways to encourage an atmosphere in which people everywhere could realize their right to development. The various resolutions adopted on the subject could not

serve as a basis for a consensus approach since they did not reflect the views of many States, and it would therefore be useful for the Commission to try to find common ground on such an important issue.

18.   The cause of human development was best served by practical solutions, and the United States reaffirmed its support for the rationalization of United Nations human rights activities undertaken by the Secretary-General and the High Commissioner for Human Rights. In conclusion, it firmly believed that true development did not come about by accident, by some decree, or by decades of discussion of the meaning of the right to development. It was the fruit of democracy, open markets, the rule of law and respect for human rights.

19.   Mr. AL-ATTAR (Observer for Yemen) said that Yemen appreciated the Commission's efforts to promote the exercise of economic, social and cultural rights in order to enable the peoples of the developing countries to live decent lives. The enjoyment of human rights could not be guaranteed without sustainable development. Yemen was trying to achieve growth by opening up its economy and replanning the distribution of its national resources. Those economic, financial and administrative reforms were accompanied by a genuine policy of institutional democratization and popular participation. Unfortunately, the weakness of the national economy was impeding the attainment of those goals. At the international level Yemen, like other least developed countries, languished under the burden of external debt and did not participate adequately in trade. Under the combined effect of those factors the gap between Yemen and the industrial countries continued to widen. In addition, most of the resolutions adopted on the question of the right to development were not implemented. The exercise of human rights required the establishment of a new international economic order based on justice and equity.

20.   Mr. ANTONIO (Observer for Haiti) said that, since the adoption of the Universal Declaration of Human Rights, the international community had concentrated its efforts on civil and political rights to the detriment of economic, social and cultural rights, as if human rights were divisible. The celebration of the fiftieth anniversary of the Declaration ought to be the occasion for self-examination in the light of the principles of universality and indivisibility which the Declaration set forth. The various means envisaged for promoting the effective enjoyment of economic, social and cultural rights included, as indicated in Commission resolution 1997/17, the appointment of a special rapporteur on those rights and the conclusion of an optional protocol to the International Covenant on Economic, Social and Cultural Rights. The moves to create additional institutional machinery for the promotion and protection of human rights were no doubt praiseworthy but they would remain ineffective unless they were accompanied by an action programme. In that context the Haitian delegation believed that the problem of human rights should move on from the stage of expert discussion to become a universal concern. The international community must display in that regard a united, firm and constant political will.

21.   The least developed countries, including Haiti, were encountering a number of difficulties, stemming in particular from the debt burden and structural adjustment policies, which impeded the effective enjoyment of

economic, social and cultural rights by the whole of the population. Those States faced a serious dilemma: on the one hand they had to adjust their economies in order to integrate themselves better into the world economy, and on the other hand they had to work for the realization of the economic, social and cultural rights of their peoples. Even if those two goals were not contradictory in the long term, in the short or even medium term they were rendered irreconcilable by the conditions attached to structural adjustment policies, such as the reduction or elimination of social expenditure. The international financial institutions persisted in advocating drastic reforms which might erode respect for human rights, as if those institutions did not belong to the United Nations system. Hence the need to strengthen cooperation still further within the system. Given that the economic adjustments were necessary, it must be accepted that growth was not to be achieved at the expense of well-being, for the economy must serve the people and not vice versa. Only an integrated programme for the promotion of human rights which brought together the main players, in accordance with the Vienna Programme of Action, could contribute to the effective realization of economic, social and cultural rights; otherwise, the Commission might find itself deploring for a long time yet the lack of respect for human rights.

22.   Ms. FLOWERS (United Nations Children's Fund) briefly recapitulated the Fund's history and said that its mission - to ensure the survival, protection and development of children - coincided with development imperatives. The Convention on the Rights of the Child illustrated the essential principles of the Declaration on the Right to Development and reaffirmed that the fundamental human rights were indivisible and interrelated. The international community had a duty to render the implementation of the Convention universal in all countries, especially the poorest, so that all children could enjoy their rights without discrimination. Guided by those values, UNICEF was collaborating closely with the Committee on the Rights of the Child and supported the activities of Governments in application of the Convention. UNICEF believed that the Convention on the Rights of the Child should serve as a reference point, in particular for the purposes of cooperation under the recently established United Nations Development Assistance Framework. Promoting respect for the fundamental rights of children was the most effective means of helping States to achieve their national development priorities.

23.   At the international level UNICEF's strategy was to give new meaning to cooperation, which was currently experiencing an identity crisis. Emergency assistance and humanitarian aid had long been a way to transfer resources to the poorest people. Those flows were currently being cut back, a trend that must be reversed. Globalization should not serve as a pretext for abandoning the most disadvantaged and destitute families to their fate. Quite the contrary, globalization was acceptable only if it reinforced international cooperation and reduced disparities.

24.   Mr. MOORE (Food and Agriculture Organization of the United Nations) said that in its resolution 1997/8 the Commission had endorsed the request made to the High Commissioner for Human Rights in the World Food Summit Plan of Action that, in consultation with the relevant treaty bodies, the High Commissioner should define better the rights related to food set forth in article 11 of the International Covenant on Economic, Social and Cultural Rights and propose

ways to implement and realize those rights as a means of achieving the commitments and objectives of the World Food Summit. In May 1997 the Director-General of his organization and the High Commissioner for Human Rights had concluded a memorandum of understanding which had led to particularly fruitful cooperation in regard to the rights related to food. In that connection his organization welcomed the publication of the High Commissioner's report on the Consultation on the Right to Adequate Food (E/CN.4/1998/21).

25.   His organization had focused primarily on practical ways of helping countries to improve their food security and implement the World Food Summit Plan of Action. With that end in view it had played a leading role in the development of Food Insecurity and Vulnerability Information Mapping Systems (FIVIMS). The systems in question should help countries to measure their progress with respect to food security. The organization had also continued to expand its special programme on food security in low-income food-deficit countries. He hoped that the Commission would continue to support the discussion of rights related to food and their implementation. To meet the ambitious target set by the World Food Summit, namely to reduce the number of undernourished people to half its present level by 2015, a united effort must be made by all the organizations of the United Nations system, NGOs and other elements of civil society. His own organization regarded its continuing cooperation with the High Commissioner for Human Rights as an essential element of that effort.

26.   <u>Mr. Chiriboga (Ecuador), Vice-Chairperson, took the Chair.</u>

27.   <u>Mr. de SANTA CLARA GOMES</u> (Observer for Portugal) said that Portugal attached great importance to the realization of economic, social and cultural rights and intended, together with a number of other sponsors, to table a draft resolution on the subject. In that connection the main concern of the Portuguese delegation was to be pragmatic and to reflect the general sentiment of participants and the preoccupations expressed by the Secretary-General and the High Commissioner for Human Rights. The resolution submitted to the present session would therefore be a streamlined one. The exercise of a specific right, namely access to free primary education, would be posited as a right of capital importance for the realization of economic, social and cultural rights. Articles 13 and 14 of the International Covenant on Economic, Social and Cultural Rights clearly justified that choice.

28.   Since all the other economic, social and cultural rights deserved increased attention from Governments and the international community, Portugal also fully supported the action taken by other delegations, such as the French initiative on the alleviation of extreme poverty and the Cuban initiative on the basic right to food. Moreover, consideration must be given to the question of the undeniable responsibilities in the promotion of human rights which should be borne by the new players, such as private companies and the major financial and commercial corporations; he referred the Commission to the statement made on that subject by the Foreign Minister of the Netherlands, Mr. van Mierlo. It was also of capital importance to work closely with international organizations such as the International Monetary Fund and the World Bank in order to expand their human rights activities. Finally, the role of civil society, in particular NGOs, in the field of economic, social

and cultural rights, must be enlarged and taken into account in the activities of United Nations human rights bodies. Portugal supported the suggestions made by the Committee on Economic, Social and Cultural Rights, in particular the adoption of a plan of action to strengthen the implementation of the International Covenant on Economic, Social and Cultural Rights.

29. Mr. KHELIFI (Observer for Algeria) emphasized the persistent inequality in the treatment of the two categories of human rights, namely individual rights and collective rights, including the right to development. He added that the former ideological confrontation had been replaced by a new dichotomy based on the level of economic development. However, the Declaration on the Right to Development, like the Vienna Declaration and Programme of Action, clearly recognized the right to development as a universal and inalienable right forming an integral part of the fundamental rights of the human person. The right to development of the countries of the South was a decisive factor for balance, peace and stability in the world. In the age of globalization, there could be no real peace in the world and no certainty of prosperity in the North if the South did not succeed in overcoming the global factors of underdevelopment and offering new prospects to its population.

30. The theory that the recognition of civil and political rights would inevitably lead to economic prosperity had been confronted with the realities of the developing world. Thus, the efforts that were being made to establish democratic systems guaranteeing fundamental freedoms had encountered legitimate socio-economic grievances which, in some cases, could provoke political instability and pose a threat to democratic achievements. In fact, the present situation of the countries of the South, and particularly the least developed among them, remained characterized by social precariousness, poverty and the increasingly crippling burden of external debt.

31. In order to narrow the widening gap in the field of economic development, the international community should show solidarity and resolutely turn its back on egoistic statements concerning national preference. The destiny of mankind could only be common and interdependent. The problems of development should be viewed in the light of important questions such as structural adjustment, external debt, development funding, equitable participation by the countries of the South in international trade and their access to new technologies. The question of economic sanctions, which had recently been raised by the Committee on Economic, Social and Cultural Rights, merited special attention by United Nations bodies due to its grave consequences for the full enjoyment of economic, social and cultural rights and the realization of the right to development.

32. At the present time, there was a universal and imperative need for solidarity, a global cooperative approach and a more sustained commitment in favour of a world order that would guarantee balanced and shared development.

33. Mrs. SANCHEZ REYES (Observer for Nicaragua) said that human rights were based on the dignity of the human person, but extreme poverty was seriously prejudicing that dignity. In that connection, it should be remembered that civil and political rights could not be fully protected if economic, social and cultural rights remained unprotected, and vice versa, and that the right to development was a fundamental right.

34.   Nicaragua was applying a sustained development strategy under which all those rights were protected, and the country had made notable progress in that field.   Today, Nicaragua was a democracy in which freedom of expression reigned and civil society was participating fully in decision-making.   In the previous year, the Government had established the Office of the Procurator for the Defence of Human Rights.

35.   However, much remained to be done to overcome the obstacles impeding the full enjoyment of human rights in Nicaragua.   The main obstacles were extreme poverty, unemployment, external debt and the housing shortage.   Nicaragua hoped that the international community would help it to overcome those difficulties.

36.   Nicaragua supported the proposals made by the Intergovernmental Group of Experts on the Right to Development in its report on its second session. Nicaragua also supported the initiatives of the Office of the High Commissioner concerning microcredit programmes; those programmes would help to combat unemployment and, consequently, extreme poverty and would assume particular importance for Nicaraguan women, who were frequently their families' breadwinners.

37.   Mr. CASTRO GUERRERO (Observer for Colombia) felt that it was important to recall some figures: at present, more than 1.3 billion human beings were living in conditions of absolute poverty, 2 billion persons were illiterate, 840 million were suffering from hunger and, even in the industrialized countries, more than 100 million persons were living below the poverty line. The international community should promptly seek to rectify those injustices, which threatened peace, security, democracy and the stability of the international order.

38.   In order to ensure the full exercise of the right to development, States should guarantee participation by the population in economic, social, cultural and political development.   For its part, the international community should endeavour to ensure that the right of peoples to self-determination could be exercised unconditionally and with due regard for national sovereignty and for building a strong and fair economic environment.

39.   The right to development formed part of the holistic concept of human rights.   Consolidation of the rule of law and popular participation should go hand in hand with improvement of the standard of living and the eradication of poverty and illiteracy.   Such developments were feasible only in a favourable economic environment.   However, as had been confirmed in the Report on Human Development for 1997, due to the structure of the world market only the industrialized countries were enjoying the benefits of growth, the developing countries being left to one side.

40.   Accordingly, in its capacity as Chairman of the Non-Aligned Movement, Colombia welcomed the adoption by the General Assembly of the Agenda for Development, which designated development as one of the priorities of the United Nations.

41.   Mr. KHORRAM (Observer for the Islamic Republic of Iran) said that the international community had not really begun to rectify the imbalance between

civil and political rights on the one hand, and economic, social and cultural rights on the other, until 1976, when the International Covenant on Economic, Social and Cultural Rights had been adopted. That process of restoring equilibrium had continued in 1986 with the adoption, by the General Assembly of the United Nations, of the Declaration on the Right to Development, and in particular by the adoption in 1993 of the Vienna Declaration and Programme of Action, in which those two categories of rights were placed on an equal footing and declared to be indivisible. The World Conference on Human Rights had also reaffirmed that the right to development was a universal and inalienable right.

42.   Nevertheless, some were still seeking to give the impression that economic, social and cultural rights were second-class rights. It should also be emphasized that, in terms of follow-up, there was a wide gap between economic, social and cultural rights and civil and political rights. Accordingly, the Iranian delegation fully supported the recommendation of the Intergovernmental Group of Experts on the Right to Development that a mechanism should be established to monitor the application of the Declaration. An open-ended working group of the Commission could be mandated to review the progress achieved in the promotion of the right to development, to assess the obstacles impeding the realization of that right and to recommend practical measures to overcome them.

43.   For all States, the celebration of the fiftieth anniversary of the Universal Declaration of Human Rights should provide an opportunity to forge a dynamic global partnership in order to ensure respect for the right to food, housing, health, education and employment, of which millions of persons throughout the world were still deprived, largely as a result of the existence of an unfavourable international economic environment.

44.   Mrs. WOLF (International Federation Terre des Hommes) said that extreme poverty was a scourge that was far from predetermined and it could be obviated. For example, the Chiapas region in Mexico possessed considerable natural resources but they were in the hands of a local elite. The region was inhabited by an impoverished Indian population. Fourteen thousand persons had been obliged to abandon their homes due to the reign of terror brought about by paramilitary groups, particularly since the massacre at Acteal in December 1997 which had cost 45 lives, the vast majority being women and children. There was ample proof of the links between the paramilitary groups, the local authorities and the army. The persons who had thus been displaced were currently living in extreme poverty.

45.   In Colombia, the activities of the paramilitary groups had a direct bearing on the mass exodus of the rural population towards the cities, where they lived in extreme poverty and where their children were deprived of their right to education, health and suitable housing and were exposed to sexual exploitation.

46.   The paramilitary groups, which were linked to the economic decision makers, and particularly the large landowners, in the regions concerned, had neither been punished for their acts nor rendered harmless and, according to the People's Advocate, were acting as the illegal arm of the forces of law and order.

47.   The International Federation Terre des Hommes called upon the Commission
to make the recommendations needed to facilitate the return of the displaced
persons to their homes in secure conditions.

48.   Mrs. TOM (Caritas Internationalis) said that the World Conference on
Human Rights had called upon the international community to make every effort
to alleviate the external debt burden of the developing countries in order to
supplement the efforts of the Governments of those countries to attain the
full realization of the economic, social and cultural rights of their people
(Vienna Declaration, I. 12). Caritas Internationalis was well aware of
the effects of debt on the daily lives of the poor, with whom it was in
daily contact at the grass-roots level. As had been asserted by
Cardinal Etchegaray, debt servicing should not be effected at the cost of
stifling a country's economy and no Government had the moral right to require
its people to accept hardship that was incompatible with human dignity.

49.   Attempts had been made to reduce the debt of the poorest countries,
particularly through the Heavily Indebted Poor Country Initiative. However,
in order to benefit from that initiative, countries had to agree to take
structural adjustment measures which, although they could have a beneficial
effect on the economy, could also help to worsen the living conditions of
the population, particularly in regard to education, health, housing and
employment.

50.   Caritas Internationalis and International Cooperation for Development
and Solidarity were therefore calling for the cancellation of the debt of
the most impoverished countries by the year 2000. In April 1998, the two
organizations would be publishing a booklet entitled Putting Life before Debt
in which they would be making various recommendations for a just and lasting
solution to the debt problem.

51.   Mr. WAREHAM (International Association Against Torture) said that the
right to development was one of the keys to the enjoyment of all other human
rights. For a long time the European countries had exercised that right for
their sole benefit, by ruthlessly pillaging the human and natural resources of
the peoples whom they had colonized. Today, the developing countries were
repeatedly being told that they could not exercise their right to development
unless they adopted the rules of the free market. However those rules were
double-edged, as the Asian "tigers" were currently finding out to their cost,
since they would have to submit to the diktat of the International Monetary
Fund, the World Bank and the World Trade Organization, a constraint which
would further impoverish the population.

52.   In the United States, the gap between rich and poor was constantly
widening. The Black community was being denied the right to development by
those very persons who had built their power and their wealth on the stolen
labour of that community which, through its underdevelopment, literally
constituted a "South in the North".

53.   During his tour of Africa, President Clinton had half-heartedly
acknowledged the damage caused to Africa by slavery. The International
Association Against Torture believed that the United States had an obligation
to make amends. However, the President of the United States had other things

in mind. He was in Africa to do business and hoped that the United States would be able to profit from the exploitation of Africa's vast and cheap natural and human resources.

54.   With regard to Cuba, the United States, not content with perpetuating its embargo of that small island, was endeavouring, through the Helms-Burton Act, to interfere in the economic relations that sovereign nations wished to maintain with Cuba. That was yet another violation of the right to development which the Commission should unequivocally condemn.

55.   The international community should apply resolution 52/136 in which the General Assembly noted that lasting progress towards the implementation of the right to development required effective development policies at the national level, as well as an equitable economic environment at the international level.

56.   Mr. ROMAZZOTTI (International Movement ATD Fourth World) said that it was in 1989 that the Commission on Human Rights had acknowledged, for the first time, that extreme poverty constituted a violation of human dignity. In 1992, the General Assembly had proclaimed 17 October as the International Day for the Elimination of Poverty. That date had not been chosen by chance, for it was on 17 October 1987 that, at the proposal of Father Joseph Wresinski, a flagstone commemorating the victims of poverty had been inaugurated in the parvis des libertés et des droits de l'homme (Human Rights and Freedoms Square) in Paris. The General Assembly had also proclaimed the decade 1997-2006 as the United Nations Decade for the Elimination of Poverty.

57.   The study on extreme poverty that had been undertaken by Mr. Leandro Despouy represented a source of intense hope for the poorest persons, who should not be disappointed; the study provided information that was indispensable for the formulation of an effective policy to combat poverty.

58.   The World Summit at Copenhagen had called upon Governments to promote participation by the most disadvantaged and had also called for the establishment of associations of poor persons so that they could make their voices heard. Measures should therefore be taken to ensure that the poorest could participate, without fear, in national negotiations to combat poverty.

59.   In that regard, the Commission on Human Rights might carry out a study on the conditions for participation by the poorest in national policies and international programmes to combat poverty, in collaboration with the Commission for Social Development, in consultation with extremely poor persons, families and sections of the population and with the support of NGOs. The International Movement ATD Fourth World fully supported the Indian delegation's proposal that a declaration on human rights and extreme poverty should be drafted, on the understanding that extremely poor persons and the NGOs working with them in the field should participate in that project.

60.   Mrs. GHENNET GIRMA (African Association of Education for Development) said that on the previous day, the Chairman of the Meeting of Persons chairing Human Rights Treaty Bodies had spoken very pertinently of the indivisibility

of economic, social and cultural rights when referring to the indivisibility
of human rights. In the era of globalization and liberalism, powerful
countries and transnational corporations certainly had every interest in
keeping quiet about those rights.

61. In order to reverse that trend, States which had ratified human rights
instruments had to be called to account and associations and trade unions had
to be fully associated in the protection of those rights. That meant that
States had to respect fundamental rights such as freedom of expression and the
right to set up trade unions.

62. As the Intergovernmental Group of Experts on the Right to Development
had so rightly stated in its report on its second session (E/CN.4/1998/29,
para. 83), States should adopt the principle of recognizing and enlarging the
role of civil society organizations in the economic, social and political
life of their countries. In particular, civil society groups representing
vulnerable groups or the public interest should have an opportunity to play an
active role and to defend their interests in arenas of local and national
decision-making. States should also establish, at the national level,
consultative bodies on the right to development, which could complement the
existing ones, when appropriate, and include representatives of civil society,
to provide proposals on the monitoring and implementation of the right to
development in their countries.

63. In conclusion, the African Association of Education for Development
regretted that in his statement Mr. Richardson, the Ambassador of the
United States, had criticized the human rights record of a number of
countries, especially China, although he had spared other countries where
the human rights situation was even more dramatic.

64. Mr. SHARMA (Afro-Asian Peoples Solidarity Organization) commented that
development was no longer a purely socio-economic issue, but was increasingly
taking on political overtones. That was inevitable when discrimination based
on religion or sex was embodied in the Constitution and institutions of some
countries. That was the situation in Pakistan, for example, where Hindus,
Christians, members of minority sects like the Ahmediyas and women were
relegated to the lower rungs of the social ladder. That was also the case in
Afghanistan, where the Taliban were imposing their laws on men and women and
not allowing the latter access to education. Similarly, in Jammu and Kashmir,
armed groups were depriving other members of society of any freedom of choice
or expression.

65. The Afro-Asian Peoples Solidarity Organization hoped that the
international community would vigorously denounce groups and countries, no
matter how powerful they were, which backed those forces of oppression on the
pretext that they were protecting their interests.

66. Mr. LADOR (Earth Justice Legal Defense Fund) pointed out that the
Commission had decided not to include a separate item concerning human rights
and the environment in the agenda of the current session, although significant
events had taken place in the world in that respect; for example, the Economic
Commission for Europe had drawn up a draft international convention which took
account of the environmental dimension of civil and political rights. That

convention was due to be opened for signature in June of the current year. Furthermore, in its report on the human rights situation in Ecuador, the Inter-American Commission on Human Rights had helped to provide a realistic picture of fundamental environmental rights. On the basis of on-the-spot observations and expert testimony, the Inter-American Commission concluded that the deterioration in the environment caused by prospecting for oil in areas inhabited by indigenous peoples was likely to entail infringements of their fundamental rights, including the right to safety and physical and moral inviolability. In that connection, the Inter-American Commission stressed the importance of informing the general public and of its participation in decision-making. It also underlined the Government's responsibility to protect human rights, even though the oil industry was being run not by the Government, but by commercial entities.

67. As far as normative action was concerned, the International Union for Conservation of Nature and Natural Resources (UICN) was endeavouring to draw up a draft covenant on environmental conservation and sustainable use of natural resources and an Earth Charter. The plan to appoint an international mediator for human rights and the environment was likewise attracting continued attention.

68. In a related sphere, the Fund had welcomed the report of the Special Rapporteur on toxic wastes and hoped that she would be able to continue her work.

69. The Fund considered it vitally important that all bodies responsible for defending human rights should give serious consideration to the issue of human rights and the environment within the framework of their respective mandates. The final report of the Sub-Commission's Special Rapporteur on human rights and the environment contained some useful conclusions and recommendations on that subject.

70. Mr. SINCLAIR-NGATI POROU (Movement against Racism and for Friendship between Peoples), speaking on behalf of the Maori community of Aotearoa in New Zealand, said that at a time of efforts to reach a consensus on the notion of the right to development, it was essential first to specify all the things that development should not be. Development was unthinkable if it took place regardless of ecosystems' ability to regenerate, if its beneficial and harmful effects were not equitably distributed and if it did not meet the essential needs of the human being. Nor should development be monopolistic and anti-democratic.

71. Prospecting for and the consumption of the Earth's resources could not continue at the current pace. It was apparent, even in a country as environmentally privileged as New Zealand, that it was vital to re-examine the notion of development completely if a worldwide disaster was to be avoided. In New Zealand, fish stocks were being severely depleted and deforestation had taken on vast proportions. Direct foreign investment, which had reached a record level, far from creating wealth, had immediately been reflected in reorganization and the privatization of public assets. The living standards of New Zealanders had fallen abruptly, the country's foreign debt had risen and profits from assets which had once belonged to the country were being transferred abroad. In fact, profits had been privatized and social debt

nationalized. The ideology of a minimalist State and individual
responsibility which the country had embraced was hollow and totally
unequal to the task of community development.

72.   The Maori community was encouraged by the fact that the European
Parliament had voted against the Multilateral Agreement on Investment. In
New Zealand the Maoris, who had demanded that the Government should hold a
public debate on the Agreement and its implications, especially for the
country's sovereignty, had likewise rejected it because it gave absolute power
to transnational companies; they were answerable to no one and the most
powerful of them had their headquarters in rich countries.

73.   In conclusion, his organization supported India's recommendation that an
expert be appointed to examine the question of development, and especially the
impact of commercial agreements on human rights and national sovereignty.

74.   <u>Mr. Selebi (South Africa) took the Chair</u>.

75.   <u>Mrs. SHORT</u>, followed by <u>Mrs. SINHA</u> (Socialist International), said that
at present the world tended to stress economic growth at all costs, even that
of unemployment. A former British Prime Minister had said that "it was a
price worth paying". While it was true that growth had enabled many people to
advance, it had to be remembered that progress had been patchy and more than a
third of the world's population did not have a dignified standard of living.
Millions of women and children were bereft of any form of assistance. Women
made up almost two thirds of the illiterate population in developing
countries. The South had an infant mortality rate approaching 10 per cent.

76.   Socialist International did not accept the idea that human rights were
a luxury that only rich countries could afford. The organization considered
that civil and political rights and economic, social and cultural rights were
two sides of the same coin. It was not a question of choosing between them.
All human rights required protection and that was why Governments had to
accept that the international community should scrutinize the way in which
human rights were respected. In that connection, Socialist International
wished to make it clear that the industrialized countries of the North did not
have a monopoly in that field. After all, it was the barbarous acts committed
in Europe that had induced the world community to proclaim the Universal
Declaration of Human Rights. The Human Rights Committee of Socialist
International was currently giving priority attention to the issues of racism
and xenophobia and to the denial of migrant workers' rights in Europe and
other parts of the world.

77.   <u>Mrs. OLSTHOORN</u> (Minority Rights Group International) said that in its
report (E/CN.4/1998/29) the Intergovernmental Group of Experts on the Right
to Development had invited States to adopt economic and social measures to
prevent groups marginalized by their extreme poverty from being deprived of
the right to development. In that context indigenous communities and
minorities were the poorest of the poor. If conflicts were to be avoided in
the future, it was essential to strive towards the realization of the right
to development without disregarding minorities' rights. As stipulated in
article 4 (5) of the Declaration on Minorities adopted by the United Nations
in 1992, persons belonging to minorities had to participate fully in the

economic progress and development in their country. Minority Rights Group
International had recently convened a conference on that theme. Her
organization therefore recommended that the Commission on Human Rights should
establish a mechanism to monitor the application of the Declaration on the
Right to Development which took due account of the situation of minorities.

78.   The CHAIRMAN declared the debate on agenda items 5 and 6 closed.

INDIGENOUS ISSUES

79.   Mr. URRUTIA (Chairman-Rapporteur) presented the report of the third
session of the working group established in accordance with Commission on
Human Rights resolution 1995/32 for the purpose of elaborating a draft
declaration on the rights of indigenous peoples (E/CN.4/1998/106). He first
wished to make it clear that he and the working group used the terms "peuples
autochtones" (indigenous peoples) and "populations autochtones" (indigenous
peoples) indistinguishably, and without prejudice to the positions adopted on
that matter by delegations.

80.   Whenever possible, the working group had held unofficial meetings to
permit as free a discussion as possible among all participants. Official
meetings had been reserved for general statements and the adoption of
decisions on articles on which there had been consensus. The participation in
the debates of more than 123 indigenous and non-governmental organizations,
alongside government delegations, was a ground for satisfaction.

81.   Specifically, article 43 of the draft declaration, which concerned
equality of the sexes and article 5 dealing with nationality, had been adopted
at first reading. The amendments proposed to other articles were set out in
annex 1 to the report; they would be examined at the working group's next
session. Moreover, there had been a wide-ranging exchange of views about the
notion of self-determination set forth in article 3 of the draft declaration.
The debate had made it possible to clarify positions, so that it would be
easier to reconcile different points of view.

82.   The Chairman-Rapporteur believed that the working group's mandate should
be renewed so that it could continue its activity. In addition, he asked all
participants to show flexibility and mutual understanding. Improving the text
was not synonymous with limiting the scope of the legitimate rights of
indigenous populations.

Statements made in exercise of the right of reply

83.   Mr. SIMAS MAGALHAES (Brazil) explained that he had requested the floor
so as to invite dialogue rather than exercise a right of reply. At the
previous day's meeting, the non-governmental organization called the
International Indian Treaty Council had accused Brazil of negligence and
laxity over the fires which were ravaging the north of the country. The
Brazilian Government was fully aware of Amazonia's biological diversity and
it was wrong to say that it had done nothing to deal with those tragedies.
Brazil had requested the collaboration of its Argentine and Venezuelan
partners. Nor was it true that Brazil had refused to cooperate with the

Department of Humanitarian Affairs of the United Nations. Some 1,200 to 1,300 persons were at present deployed in the Amazonian forest. The Government had already devoted 4 million dollars to the activities in question. All foreign assistance would be welcome.

84.   Mrs. DIOGO (Portugal) said that on the previous day the representative of Indonesia had declared that the inhabitants of East Timor had already stated their readiness to accept Indonesian sovereignty. The Portuguese delegation could not accept that assertion, which was also contradicted by the fact that the Indonesian Government had not given the inhabitants of those territories an opportunity to express an opinion about their future. The General Assembly and the Security Council had clearly indicated in several resolutions that the right to self-determination had not been exercised. Mr. Jaime Gama, as representative of the administering Power recognized by the United Nations, had therefore addressed the Commission in order to call attention to the serious violations of human rights in East Timor.

85.   Mr. HENDRASMORO (Indonesia) said that he did not intend to reply to the allegations of the Portuguese delegation by repeating himself.

The meeting rose at 6.10 p.m.

UNITED
NATIONS

E

Economic and Social Council

Distr.
GENERAL

E/CN.4/1998/SR.25
31 August 1998

ENGLISH
Original: FRENCH

COMMISSION ON HUMAN RIGHTS

Fifty-fourth session

SUMMARY RECORD OF THE 25th MEETING

Held at the Palais des Nations, Geneva,
on Tuesday, 31 March 1998, at 3 p.m.

<u>Chairman</u>:   Mr. SELEBI   (South Africa)

later: Mr. HYNES   (Canada)

CONTENTS

ORGANIZATION OF THE WORK OF THE SESSION (<u>continued</u>)

REPORT OF THE SUB-COMMISSION ON PREVENTION OF DISCRIMINATION AND PROTECTION OF MINORITIES ON ITS FORTY-NINTH SESSION (<u>continued</u>)

GE.98-11477   (E)

The meeting was called to order at 3 p.m.

ORGANIZATION OF THE WORK OF THE SESSION (agenda item 3) (continued)
(E/CN.4/1998/16)

Situation of human rights in Colombia

1.   Mrs. ROBINSON (High Commissioner for Human Rights), introducing her
report on Colombia (E/CN.4/1998/16), said that the mandate of the Office which
had been opened in that country, as defined in the agreement concluded with
the Colombian Government, had been extended for a further year. That mandate,
which in her view was balanced, enabled the Office's experts to observe the
human rights situation and study the measures taken by the Colombian
Government to improve it. The Office was also providing the Colombian
Government with technical advice on the development and implementation of its
human rights policies and programmes. It was working closely with civil
society, non-governmental organizations (NGOs) concerned with human rights,
and the media.

2.   The Office could not give useful advice unless it had a thorough
understanding of the situation in the field, which it could gain by
receiving complaints of human rights violations and breaches of international
humanitarian law. The Office as also coordinating its activities with
other United Nations agencies and programmes, including the Office of the
United Nations High Commissioner for Refugees (UNHCR), and with the
International Committee of the Red Cross (ICRC) on the important issue of
internally displaced persons. Finally, it was liaising with and assisting the
human rights treaty monitoring bodies and the mechanisms of the Commission.

3.   Following the renewal of the mandate of the Office in Colombia, it had
been agreed with the Colombian Government that the number of human rights
officers there would be increased to 12, which implied that additional
resources would have to be found. She thanked the Colombian Government for
its cooperation with the Office, which had also benefited from support from
numerous sectors of Colombian society. She also thanked the States and the
European Commission, which had funded the Office's operations for a whole
year, and looked forward to welcoming additional contributors. In conclusion,
she stressed the importance of the Office that had been established in
Colombia to promote the rule of law and respect for human rights, which
responded to the aspirations of the Colombian people and would be a crucial
contribution to efforts to achieve a just and stable peace in the country.

4.   Mrs. ELJACH POLO (Observer for Colombia) said that the joint efforts
made by the United Nations and the Colombian Government to establish a special
mechanism for cooperation were beginning to bear fruit. The Office of the
High Commissioner for Human Rights in Colombia was helping to improve the
human rights situation in the country and was facilitating the quest for
peace. It had assumed greater importance in the eyes of Colombian public
opinion, having acquired a better understanding of the true situation in
Colombia following visits by its officers to the locations that were most
affected by the political violence and the internal armed conflict. As it had
stated in document E/CN.4/1998/135 containing its comments on the report of

the High Commissioner, the Colombian Government would continue to facilitate the Office's activities, taking into consideration the concerns the latter had expressed and the recommendations it had made.

5.   However, the Colombian Government expected the Office to propose practical solutions to ensure respect for human rights and international humanitarian law. In that connection, it believed that the increase in the number of officers would help to improve the advisory services furnished to the authorities and civil society. In the face of an internal armed conflict such as that which had been raging in Colombia for almost 40 years, the duty of any democratic State was to persevere in the quest for a negotiated settlement and, at the same time, to make tremendous efforts to guarantee and protect the fundamental rights of its citizens. While ensuring full respect for human rights should not be postponed pending the achievement of peace, the establishment of peace would undoubtedly help to ensure respect for fundamental rights. The Government and the people of Colombia were therefore making every effort to achieve those two aims.

6.   In conclusion, the Colombian Government thanked all those who had played a role in the establishment of that innovative mechanism for cooperation with the Office of the High Commissioner for Human Rights and urged them to continue helping the Colombians in their quest for peace and respect for human rights.

7.   Mrs. LITTLE (Andean Commission of Jurists) welcomed the extension of the agreement concluded between the High Commissioner and the Colombian Government concerning the establishment of an Office of the High Commissioner in Colombia, as well as the increase in the staffing of that Office. It was essential that the latter should receive not only all necessary economic and political support but also the requisite financial resources in order to enable it to discharge its task effectively. There was also a need to reaffirm its fundamental aims, which were to render advisory services on the promotion and protection of human rights to the governmental institutions and the representatives of civil society, and to monitor the human rights situation. In that connection, the Commission on Human Rights should request its various thematic mechanisms to continue to pay special attention to the human rights situation in Colombia in their respective annual reports.

8.   History had shown that the presence of United Nations missions and offices in the field had a positive impact on critical situations when their mandate and their working methods were clear and when the parties concerned demonstrated their good faith. Accordingly, it was essential to intensify the activities and improve the functioning of the Office in Colombia so that it could make a noteworthy contribution to respect for human rights in that country.

9.   Mr. ARTUCIO (International Commission of Jurists - ICJ) welcomed the fact that the mandate of the Office of the High Commissioner for Human Rights in Bogotá had been extended for a further year and that the number of experts working there had been increased to 12. The International Commission of Jurists also welcomed the report of the High Commissioner, which gave a clear account of the human rights situation in that country. That situation had deteriorated since 1997, as was shown by the increase in the activities of

paramilitary groups, the intensification of the phenomenon of forced displacements of population and the persecution of human rights activists. An average of 10 persons died every day in Colombia as a result of the socio-political violence taking place. The paramilitary groups had been responsible for 76.8 per cent of those deaths in 1997.

10.   Noting that, in her report, the High Commissioner had expressed concern at the ineffectiveness of the State's military bodies when it was a question of actually opposing paramilitary groups in a resolute manner, the International Commission of Jurists pointed out that the Human Rights Committee had found links between those groups and members of the police during its consideration of the report of Colombia. It also noted that, in her report, the High Commissioner for Human Rights had urged the authorities to take into account the recommendations made by the treaty monitoring bodies as well as by the special mechanisms of the Commission on Human Rights. In fact, the Colombian Government had not cashiered the members of the armed forces who were closely involved in violations of human rights, as had been recommended by the Special Rapporteur on extrajudicial, summary or arbitrary executions. It had not taken the requisite measures to ensure that acts such as torture, extrajudicial executions and enforced disappearances were excluded from the jurisdiction of the military tribunals, as had been recommended by that Special Rapporteur and by the Special Rapporteur on torture. Finally, it had not abrogated the presidential decree establishing the special private surveillance and security services known as "Convivir", as the Human Rights Committee had recommended.

11.   The International Commission of Jurists found it disturbing that the Colombian Government had acted neither on those recommendations nor on those of the Office of the High Commissioner for Human Rights in Colombia. For the human rights situation to improve, the Colombian Government's cooperation with that Office should lead to the adoption of measures and policies based on the Office's recommendations.

12.   Mrs. AVELLA (Women's International Democratic Federation - WIDF) said that the violations of human rights in Colombia were increasing in magnitude and the list of trade-union leaders, militants and members, as well as human rights activists, teachers, men, women and children, who had been designated as military targets was becoming longer every day. She noted that the various Governments of Colombia had not acted on the recommendations made since 1990 by the Special Rapporteur on extrajudicial, summary or arbitrary executions concerning the need to cashier all the members of the police and armed forces who were linked to paramilitary groups. On the contrary, officers such as General Díaz, who had been accused of instigating or facilitating massacres, had been acquitted by the military tribunals and General del Río, who had been held responsible for numerous violations of human rights in the Uroba region, had even been promoted. In Colombia, everyone was aware that the armed forces were collaborating with the paramilitary groups and, consequently, violations of human rights by the forces responsible for maintaining law and order had not diminished, since those forces were acting through or in association with those groups. The elimination of political opponents was also continuing, and many of them, like Senator Motta, the Secretary-General of the Communist Party, had been forced to flee the country. During the past 11 years, 4,000 persons, including Senator Cepeda Vargas, had been

assassinated. It was evident that the speciality of the armed forces was the assassination of unarmed persons and the elimination of all those whom they regarded as being internal enemies.

13.   WIDF had been informed of the emergence of a new phenomenon in the anti-guerrilla campaign, in which women had come to be regarded as spoils of war. By sexually assaulting, ill-treating and threatening relatives of the victims, the armed forces had succeeded in ensuring that no complaints were lodged. Seven female trade-union leaders had been assassinated in 1997 and the lives of at least a dozen others were being threatened. Four of the 20 human rights activists executed in 1997 were women. WIDF called upon the Commission to investigate all those violations by appointing a Special Rapporteur on the situation of human rights in Colombia.

14.   Mrs. JACQUES (Lutheran World Federation), speaking also on behalf of the World Council of Churches and the World Alliance of Reformed Churches, welcomed the work being done by the High Commissioner's Office in Colombia, which merited the international community's active support. However, the Office should be encouraged to intensify its contacts with NGOs and social sectors in that country in order to promote respect for human rights and international humanitarian law.

15.   The High Commissioner's report on the situation of human rights in Colombia highlighted numerous aspects of the crisis in that country and emphasized, in particular, the crucial and complex problem of impunity, which had been exacerbated by the fact that the military tribunals were vested with extensive jurisdiction to hear even proceedings relating to violations of human rights. It was therefore essential rapidly to draft and adopt legislation which clearly excluded those matters from the jurisdiction of the military tribunals and which stipulated that "due obedience" could not be invoked as a line of defence in cases involving violations of human rights and breaches of international humanitarian law. The problem of impunity was aggravated by the indulgence that had been shown towards members of paramilitary or "private justice" groups, even though the latter were believed to be largely responsible for the abuses committed in the country in recent years.

16.   The attacks and intimidation to which humanitarian workers and human rights activists were being subjected, as well as the recruitment of minors into the ranks of the guerrillas or the armed forces or groups, and the increasing number of displaced persons due to the internal conflict, were further matters of concern to which the Colombian Government and the international community should give their full attention.

17.   The Lutheran World Federation endorsed the request by many NGOs that the High Commissioner for Human Rights should submit to the General Assembly, at its 1998 session, a report on the activities of her Office in Bogotá and on the human rights situation in Colombia. It hoped that the Bogotá Office would continue to contribute to a resolution of the complex crisis in Colombia in a manner consistent with its people's desire for justice and peace.

18.   Mrs. PARES (Pax Romana) said that the Colombian Government appeared to consider that the bodies and mechanisms established by the United Nations

lacked any legitimacy and authority. Accordingly, it had paid no attention to the recommendations that had been made by, _inter alia_, the Commission's Special Rapporteurs on torture and on extrajudicial executions, and by the Human Rights Committee which, at its fifty-ninth session, had urged the Government to put an end to the system of regional justice and "faceless" judges and witnesses, and to guarantee the right to legal defence. The regional tribunals were still operating, the right to due process was constantly flouted and trade-unionists, students and displaced persons who were merely demanding the return of their land and their jobs were still being prosecuted for terrorism.

19.   Moreover, members of the security forces were still blatantly supporting paramilitary groups and the "Convivir" associations, which enjoyed legal recognition, which were responsible for 31 massacres in which 265 persons had been killed in 1997 and which were operating mainly in highly militarized zones. Far from being punished for their acts, the military personnel involved had even been promoted, as in the case of General Rito Alejo del Río, commander of the armed forces in the province of Uroba. Following numerous appeals to remedy that impunity, the Colombian Government had finally submitted two bills to Congress which made the enforced disappearance of persons a criminal offence and excluded violations of human rights from the jurisdiction of the military tribunals. However, according to the High Commissioner for Human Rights, those bills were not in conformity with the existing international norms in that regard and, for the moment, no action was being taken against the Colombian military personnel responsible for enforced disappearances.

20.   In spite of the opening of the Office of the High Commissioner's Office in Bogotá, the structures that facilitated the violation of human rights remained unchanged, as the Colombian Government lacked the political will to improve the situation. Consequently, the United Nations should insist that the Government implement the recommendations addressed to it. Accordingly, Pax Romana requested the High Commissioner to submit her report on Colombia to the General Assembly and requested the Commission to instruct its thematic mechanisms to continue to monitor the Colombian crisis closely and to appoint a special rapporteur on the human rights situation in Colombia.

21.   Mr. MONTIEL (Pax Christi International) expressed his deep concern at the human rights violations committed in Colombia in 1997, which the High Commissioner for Human Rights herself had described as serious, gross and systematic in her report. Pax Christi was particularly concerned by the situation of human rights activists, more than 20 of whom had been assassinated in 1997, including Mario Calderón and Elsa Constanza Alvarado, both of whom were active members of CINEP, and Jesús María Valle Jaramillo, Chairman of the Human Rights Committee of Antioquia. Other human rights activists had been the victims of enforced disappearance or had been subjected to threats and acts of harassment which in some cases had forced them to leave the country. Those acts formed part of a policy designed to criminalize the activities of human rights activists by portraying them as collaborators with the guerrillas. If nothing was done to put an end to the situation, it would no longer be possible to defend human rights in Colombia.

22.   Pax Christi therefore endorsed the High Commissioner's recommendation No. 14 that the Colombian authorities should ensure proper recognition of the right of human rights advocates to conduct their activities without interference or unlawful hindrance and without fear for their lives, physical integrity or freedom. That recommendation should be accompanied by measures to strengthen the capacity of the Office in Bogotá. The High Commissioner should also closely monitor the implementation of the recommendations made to the Colombian Government by various United Nations bodies concerned with human rights. Finally, Pax Christi International felt that the gravity of the human rights situation in Colombia warranted the appointment of a special rapporteur of the Commission on that question.

23.   Mr. FAIRBAIRN (Canadian Council of Churches) said he shared the grave concerns expressed by the High Commissioner with regard to the gross and systematic violations of human rights that were being committed in Colombia. The High Commissioner had noted, in particular, the existence of links between paramilitary groups and the State security forces and the failure of the Colombian Government to take measures to put an end to the activities of those groups and their supporters. Although those links had been attested by hundreds of eyewitness accounts, the Colombian Government still maintained that it was not supporting paramilitary groups, even though the latter had expanded throughout the country and were acting openly in highly militarized zones. That applied in particular to the Uroba region, where the abuses committed with full impunity by those groups - selective assassinations, forced disappearances and massacres - had established a climate of terror that had resulted in the forced displacement of tens of thousands of Colombians in 1997 alone. During a visit to the region in October 1997, a delegation from the Canadian Council of Churches had personally observed the open collaboration between the security forces and paramilitary groups. Yet, far from being removed from duty, General del Río, the army commander of the region, had been promoted and transferred to Bogotá. In contrast, Colonel Velasquez, his second-in-command who had dared to denounce the paramilitary-military alliance in the region, had been accused of insubordination and forced to resign.

24.   The Canadian Council of Churches urged that the Chairman's statement on the situation in Colombia should faithfully reflect the grave concerns expressed in the report of the High Commissioner for Human Rights on that question, that the High Commissioner's Office in Bogotá should continue to be strengthened and that the Office of the High Commissioner should make a thorough report on the compliance of the Colombian Government with recommendations 7 and 8 in paragraphs 197 and 198 of the High Commissioner's report that the authorities should permanently disband paramilitary groups and remove from the armed forces and police any persons found to have supported paramilitary groups.

25.   Mrs. CHURCH (Catholic Institute for International Relations - CIIR) welcomed the fact that, in her first report on the human rights situation in Colombia, the High Commissioner for Human Rights had characterized the violations committed in that country as "serious, gross and systematic" and had pointed out that many of those violations had occurred outside the context of the internal armed conflict and that the duty of the State to guarantee human rights applied in all circumstances. It seemed clear, therefore, that

the Colombian Government could not invoke the internal armed conflict to justify its failure to apply the recommendations made to it by international bodies.

26.   CIIR also believed that the establishment of a just and lasting peace in Colombia should be based on respect for basic rights and concerted action to combat the impunity enjoyed by paramilitary groups. In 1997, the links between those groups and the State security forces had become more evident, as had paramilitary participation in the activities of the so-called "Convivir" associations. It was essential that, as recommended by the High Commissioner, the Government should carry out an effective policy for permanently disbanding paramilitary groups and putting an end to the activities of "Convivir associations" in order to eliminate their negative influence on the human rights crisis and enable the State to have absolute control over the use of force and weapons.

27.   CIIR hoped that the Chairman's statement would reflect the content of the High Commissioner's report and requested the Commission to consider submitting that report to the General Assembly.

28.   Mr. PEREZ (International Federation of Human Rights Leagues) regretted that, in its reply (E/CN.4/1998/135) to the report of the High Commissioner, the Colombian Government had rejected her conclusion that the violations of human rights in Colombia continued to be serious, gross and systematic. The International Federation rejected the explanations of the Colombian Government which, in paragraph 2 of its reply, claimed to be unable to fulfil its obligation to safeguard the fundamental human rights of its citizens because of the numerous factors and parties involved, which were responsible for the climate of violence, thereby attempting to give the impression that it was itself a victim of the anarchy that prevailed in the country.

29.   In reality, the lack of genuine political will on the part of the Colombian Government to remedy the situation could be seen from the fact that no member of the security forces had been dismissed from his post because of participation in the criminal activities of paramilitary groups, and that the latter were acting with the approval of the security forces. Moreover, the military criminal tribunals were still acquitting military and police personnel involved in assassinations or massacres committed by paramilitary groups, in spite of the abundance of evidence against them, and the Government had refused to disband the groups of armed civilians that were thus acting in complete legality. The army also appeared to regard as "subversive" all those engaged in what it called "political warfare" - a term that covered the activities of NGOs, trade unions and some political parties, such as the Communist Party and even traditional parties.

30.   Consequently, the International Federation of Human Rights Leagues requested the Commission to ensure that the High Commissioner's Office in Colombia was strengthened, to urge the Colombian Government promptly to implement the recommendations made in the High Commissioner's report, to appoint a special rapporteur to monitor the human rights situation in Colombia and, finally, to pay tribute to the memory of Jesús María Valle Jaramillo, Chairman of the Human Rights Committee of Antioquia, who had been executed at

Medellín on 27 February 1998, and to that of all the other human rights
activists who had been assassinated in Colombia and elsewhere in the world.

31.   Mrs. MEDINA-ROSALES NATRÁN (International League for the Rights and
Liberation of Peoples) said she rejected the internal conflict argument that
had been invoked by the Colombian Government to justify its failure to
implement the recommendations of the High Commissioner's Office at Bogotá.
The report of the High Commissioner clearly showed that the situation in
Colombia was far from improving. Membership of paramilitary groups was still
not regarded as a criminal offence, and the Government had vested those groups
with new legal status, thus showing that it had no intention to disband them
but, on the contrary, intended to use them, not only to combat the guerrillas,
but also in order to eliminate human rights activists and its political
opponents. Consequently, it was important to demand that the Government be
held responsible for the violations committed by those groups at its
instigation and with its and the army's approval.

32.   Moreover, the degree of impunity in Colombia remained very high, owing
to the fact that the system of regional tribunals and faceless judges was
still in force, which enabled the Government to secure the conviction of all
those whom it regarded as subversives on the grounds of their political,
social or trade-union activities, and that the military tribunals, which
totally lacked independence and impartiality, were continuing to deal with
cases that should fall within the jurisdiction of the civil courts.

33.   The activity of the Office of the High Commissioner for Human Rights in
Bogotá was limited by the lack of dialogue with Colombian social and political
organizations, such as trade unions, agricultural associations and indigenous
movements, which were in the best position to provide information concerning
the real situation of the economic and social rights of the Colombian people.

34.   In conclusion, the International League requested the Commission to take
a position on the question of the human rights situation in Colombia by
appointing a special rapporteur on that question and by strengthening the High
Commissioner's Office in Bogotá. It would also be useful if the High
Commissioner were to visit the country periodically in order then to report on
the activities of the Bogotá Office to the General Assembly. Instead of
abandoning Colombia to its fate, the international community should demand
that the Government implement, as a matter of urgency, the recommendations
addressed to it.

35.   Mr. MOTTA (American Association of Jurists - AAJ) said that he was a
senator, a member of the Colombian Communist Party and, like many other
Colombians, a political exile. A reign of terror prevailed in Colombia,
maintained by the army, groups of armed civilians known as "Convivir"
associations and paramilitary groups which, under the pretext of combating the
guerrillas, were engaged in the systematic elimination of political opponents,
trade unionists, social workers and human rights activists who, according to
them, were waging a "political war". In reality they were practising real
State terrorism by invoking defence and national security against an internal
enemy as their justification, a doctrine that was incompatible with respect
for human rights and international humanitarian law.

36. The Government continued to speak of the rule of law, when it was in fact maintaining a system of secret tribunals and faceless judges, enacting laws restricting public freedoms and refusing to approve the draft law on enforced disappearances because it would limit the jurisdiction of the military tribunals.

37. The Association also denounced the "Destructor II" operation being carried out by the Colombian army against the Revolutionary Armed Forces of Colombia with military help from the United States in regions where indigenous persons lived. Interference by foreign countries in the Colombian conflict certainly did not help to promote peace there. A full account was given of the worsening human rights situation in Colombia in the High Commissioner's report (E/CN.4/1998/16), and the AAJ hoped that the Commission would appoint a special rapporteur on the question and strengthen the High Commissioner's Office in Colombia.

REPORT OF THE SUB-COMMISSION ON PREVENTION OF DISCRIMINATION AND PROTECTION OF MINORITIES ON ITS FORTY-NINTH SESSION (agenda item 15) (continued)

(E/CN.4/1998/2-E/CN.4/Sub.2/1997/50; E/CN.4/1998/86, 87 and Add.1, 88 and 89; E/CN.4/1998/NGO/1; E/CN.4/1997/80; E/CN.4/Sub.2/1997/11)

38. Mr. LINDQVIST (Special Rapporteur of the Commission for Social Development on Disability), introducing his report (A/52/56), said that under his mandate, he had been working very closely with a group of experts consisting of 10 people from six major international organizations in the disability field having national affiliates in more than 160 countries. The exclusion which characterized the situation of disabled people took several forms, the most common of which was lack of access to certain services or programmes, as their particular needs were not taken into account, or placement in institutions, which reduced their opportunities for social integration and increased the risk of degrading treatment, sexual abuse and other forms of violence. The responses to the requests for information addressed to States in 1996 on legislation to protect the rights of disabled people had shown that in many countries there were legal provisions, regulations and practices which explicitly deprived various groups of disabled people from such fundamental rights as access to courts of law, political rights, property rights and the right to marriage and parenthood.

39. Since the drafting of the World Programme of Action concerning Disabled People, considerable progress had been made in recognition of the rights of the disabled following the study by Mr. Despouy, Special Rapporteur of the Sub-Commission on human rights and disabled people, whose report had been published in the early 1990s. General comment No. 5 of the Committee on Economic, Social and Cultural Rights should be mentioned in that regard, as should the increased attention being paid to the situation of disabled children by the Committee on the Rights of the Child, the recent work of the Commission on the Status of Women and Commission on Human Rights resolution 1996/27. Some countries had also adopted anti-discrimination legislation in the disability field. Follow-up to implementation of the Standard Rules on the Equalization of Opportunities for Persons with Disabilities had indicated the importance of coordinating social development and human rights activities. With regard to the drafting of a convention on

the rights of disabled people, before making such a proposal it would be better to see whether tangible results could be achieved through the use of existing instruments.

40.   A disability component should be included in all relevant monitoring activities of the United Nations human rights bodies and a report should be produced on the situation of disabled people based on information from NGOs and the Special Rapporteur. The Office of the High Commissioner should offer information and training in human rights to international NGOs dealing with disability questions. Communication and cooperation between those NGOs should be improved. An international conference on human rights and disability should be convened in order to bring together human rights experts and representatives of the organizations in the disability field for more open discussion and mutual understanding.

41.   Mrs. ANDERSON (Ireland), focusing her remarks on the human rights of persons with disabilities, said that Mr. Lindqvist's report reinforced the point that treatment of persons with disabilities came fully within the human rights agenda and should not be approached exclusively in a social welfare or social development perspective characterized by an emphasis on providing assistance to persons with disabilities. The two approaches should go hand in hand, as they were complementary. Nevertheless, as Mr. Lindqvist had pointed out, the word best describing the situation of disabled people was "exclusion". Disabled people lived in grim conditions in developing countries; they were relegated to institutions in many countries in transition and were still marginalized in developed countries, where they experienced many difficulties, particularly in finding employment.

42.   One of the most effective tools for combating that marginalization and exclusion was the Standard Rules on Equalization of Opportunities for Persons with Disabilities, the implementation of which should be closely monitored. The link between disability and poverty should also be recognized, and bilateral and multilateral development cooperation programmes should include disability measures in their overall approach. The fundamental rights of persons with disabilities should be systematically included in all monitoring activities of the United Nations human rights entities, as was already being done by the Committee on the Rights of the Child, which in October 1997 had hosted a general discussion on the rights of children with disabilities and continually raised the question of disabled children during its consideration of States parties' reports.

43.   Ireland was aware of the need for action on behalf of persons with disabilities. It was in that spirit that it had developed a comprehensive database on the service needs of all mentally handicapped persons in the country and how to meet those needs. A new education bill containing particular provisions on the needs of students with disabilities was planned, and training and employment services were being restructured in an effort to deal with high rates of unemployment among disabled people.

44.   It was important not to talk of disabled persons as victims; they should themselves participate in developing strategies on their behalf. Human rights institutions and Governments could cooperate with NGOs active in the disability area which possessed a tremendous depth of knowledge and

experience. Her delegation would be presenting a draft resolution on the
human rights of disabled persons which it hoped would be adopted by consensus.

45.   Mr. KALLEHAUGE (Denmark) said that the disabled community was the
largest minority in the world today. Unlike women and children, refugees and
victims of racial and religious persecution, disabled people had no automatic
right to protection under international law. That was why the organizations
of disabled people urged the Commission to take action at the present session
by adopting a resolution with a clear and direct message to all nations that,
individually and collectively, persons with disabilities had a right to equal
opportunities and to non-discrimination. Human rights were universal and
applied to all human beings, including persons with disabilities, because all
people were born equal and had the same inalienable right to life, education,
work, independent living and access to active participation in society. Any
discrimination against persons with disabilities would be inconsistent with
the Standard Rules on Equalization of Opportunities for Persons with
Disabilities and would therefore be an infringement of their human rights.

46.   Under those rules, persons with disabilities individually had a right to
effective medical care and rehabilitation services to enable them to reach and
sustain their optimum level of independence and functioning. They were also
entitled to live independently and to participate actively in society, as well
as to have access to the physical environment, information and communication,
shelter, infrastructure, public transport services and all other basic
services. They should furthermore have access to education and studies at all
levels and to employment, and should enjoy the same social security benefits
as the rest of the population. Lastly, they had the right to participate
fully in the development process. Unfortunately, all those rights were still
but a dream for most disabled persons around the world. That situation would
not change unless Member States acknowledged the unequal conditions under
which the disabled community lived. Persons with disabilities must make
themselves heard as an integrated group in order to attract the attention of
the politicians. The integration of disabled people into political life was
the best way to create equality of opportunity.

47.   Individually and collectively, persons with disabilities had the right
to found and belong to representative organizations, as well as to participate
in rehabilitation programmes and regional, national and local plans concerning
all target areas for equal participation, in accordance with Rules 1 to 12.
Persons with disabilities should be included in all strategies aimed at
eradicating poverty, promoting education and enhancing employment.

48.   Three principles of interpretation should always be borne in mind when
dealing with disability issues. First, it was incumbent upon anyone
who did not respect the Rules to substantiate that that treatment did not
constitute discrimination against disabled persons. Secondly, no national or
international legal instrument must be interpreted to place persons with
disabilities at a disadvantage or offer them less protection than was offered
to other persons. Thirdly, whenever a particular group of vulnerable,
marginalized or impoverished persons was mentioned in a human rights
instrument, the text should be read to include persons with disabilities as
belonging to the group. Observance of those three principles would contribute

considerably to the mainstreaming of the human rights of persons with disabilities in all the human rights activities of the United Nations and most of its Member States.

49.   Mr. DRZEWICKI (Poland) said the Polish delegation had always been in favour of further examination of the issue of minimum humanitarian standards. Such standards could help to offset the failures of existing legal instruments and consequently help to minimize untold human suffering. It welcomed the report of the Secretary-General (E/CN.4/1998/87 and Add.1), which helped significantly to clarify the issue of the applicability of minimum standards and set the framework for future discussions. As to the terminology, it was better to speak of "standards of humanity" than "humanitarian standards", and he also did not object to replacing "minimum" by "fundamental", although the term might generate unnecessary discussion on those standards which might not be considered fundamental. His delegation welcomed the focus in the report on human rights abuses in situations of internal violence. More information should be collected in order to gain a fuller picture of such abuses (E/CN.4/1998/87, para. 37). However, the report underestimated the need to promote universal ratification of the two international Covenants on human rights, merely stating that they had been ratified by a "solid majority of Member States".

50.   Fundamental standards were needed to remedy the failure of the international community to come to an agreement on the scope of the escape clauses in international human rights treaties. Poland, which had had its own experience with martial law in 1982, was well-placed to know that the provisions of international instruments could be bypassed. In a broader context, the proclamation of states of emergency had become a regular practice after the Second World War, to the extent that some nations had lived longer under states of emergency than under a democratic system. Furthermore, international supervision in that field was particularly weak. The next report should pay particular attention to that problem.

51.   The Polish delegation welcomed the report's establishment of guidelines for the identification of customary rules. The study on the question currently being carried out by the ICRC should be duly taken into account in the course of further discussions by the Commission. Some of the new developments indicated in the report were encouraging, such as the emergence of case law from the International Criminal Tribunals established for the former Yugoslavia and Rwanda, which demonstrated that minimum standards applied in all situations, particularly in internal conflicts, in which human dignity was threatened. Poland held high hopes for the Diplomatic Conference to be held in Rome in June and July 1998 and which would most likely address the question of violence in situations of internal disturbances and responsibility for human rights abuses within the framework of the creation of an international criminal court. The Vienna Declaration and Programme of Action had called on the international community to support the strengthening and promotion of democracy, development and respect for human rights and fundamental freedoms throughout the world. Those fundamental objectives would not, however, be achieved unless fundamental standards of humanity were applied to all Governments, all other entities and all situations. In that

spirit, Poland lent its support to the proposal that the Secretary-General, in coordination with the ICRC, should be requested to continue his study of fundamental standards of humanity.

52.   Mr. ALFELD (South Africa) welcomed the Secretary-General's analytical report on fundamental standards of humanity (E/CN.4/1998/87 and Add.1), which contained a lucid listing of the advantages and disadvantages of such standards. That listing would ease the task of those responsible for education in the field of human rights, which was a matter of crucial importance. His delegation was particularly in favour of the use of the expression "fundamental standards of humanity", which would not only avoid the negative and misleading connotation of the term "minimum humanitarian standards" but would also serve as a reminder that the purpose of the exercise was definitely not to place a limitation on existing standards.

53.   He recalled that the participants in the International Workshop on Minimum Humanitarian Standards, held in Cape Town in September 1996, had encouraged Governments, international and regional organizations, as well as NGOs and civil society, to promote a debate on the need for the use of fundamental standards of humanity applicable in all circumstances, as well as on practical measures aimed at the improvement of the situation of those affected (E/CN.4/1997/77/Add.1, annex). The situation of those exposed to extreme suffering because of inadequate protection was too often overlooked. It was clear that existing international law relating to human rights and humanitarian norms applicable in armed conflicts did not adequately protect human beings in situations of internal violence, disturbances, tensions or public emergencies. It was well documented that the majority of present-day conflicts fell into exactly that category. The international community should take action to address those shortcomings.

54.   A logical first step would be to ensure that all countries had appropriate national legislation for dealing with situations of internal conflict and to attempt to improve the promotion, implementation and observance of existing standards, inter alia by urging the universal ratification of international human rights treaties and of the 1949 Geneva Conventions and their 1977 Additional Protocols, including the acceptance of the competence of the International Fact-Finding Commission established under article 90 of Additional Protocol I. Such measures relied heavily on the provision of legal and technical assistance to Governments, especially those in the developing world, with a view to capacity- and institution-building in those spheres. He commended the good work done by the Advisory Services Unit of the Office of the High Commissioner and by the ICRC. On the African continent, the move towards establishing an African Court of Human Rights and the strengthening of the conflict-prevention mechanisms of the Organization of African Unity (OAU) were positive developments in that regard. South Africa strongly supported the creation of an independent and effective international criminal court.

55.   It was clear that fundamental standards of humanity should not preclude simultaneous efforts to address the root causes of conflict, such as poverty and underdevelopment. It would be regrettable for the debate to become bogged down in consideration of the possible effect of the standards on the sovereignty of States. The potential beneficiaries of those rules, the

unprotected victims, deserved a better response from the international community. South Africa supported Switzerland's proposal that the Secretary-General's analytical report be discussed at a seminar to be organized by the Commission on Human Rights.

56.   Mr. SINGH (India) said that he welcomed the steps taken by the Sub-Commission to reform its working methods. It was important that the process should continue so that the Sub-Commission could fulfil its role as a "think-tank". Rationalization of the Sub-Commission's agenda should be followed up with better time management, as over 60 per cent of the time during the forty-ninth session had been taken up with interventions by observers and NGOs. That would be a way of re-establishing the primacy of the Sub-Commission as a forum of experts. His delegation also encouraged the Sub-Commission to examine how discussions in the Working Groups on minorities, contemporary forms of slavery and indigenous populations could be better followed up. India fully supported the proposal of the Sub-Commission to extend the mandate of the Working Group on Minorities, which had identified constructive and practical solutions that could bring about meaningful change on the ground. The Sub-Commission should examine practical measures to promote tolerance and pluralism as a means of strengthening democracy and the enjoyment of all human rights, as well as combating prejudice, discrimination and intolerance.

57.   Efforts to prioritize, focus and systematize the conduct of studies had got off to a good start. The concise reports prepared after each session, analysing the plenary debate on each of the working papers, would enhance the understanding of Member States of current developments in the field of human rights. The Indian delegation commended in particular the working paper on terrorism and human rights and supported the Sub-Commission's recommendation that a full-fledged study on the subject should be conducted. The Sub-Commission should strengthen and expand its work in the area of the right to development and economic, social and cultural rights, preparing a draft declaration on human rights and extreme poverty which would highlight the link between development and human rights.

58.   The status of contributions to the United Nations Voluntary Fund on Contemporary Forms of Slavery was a matter of concern to India, which urged the Office of the High Commissioner to intensify its efforts to remedy the situation. The Sub-Commission should continue to seek "constructive solutions" for the different human rights problems, by providing a forum for the exchange of information on "best practices" in different parts of the world. The Sub-Commission could thereby play a dynamic role in advancing the cause of human rights.

59.   Mrs. MARKUS (Observer for the Libyan Arab Jamahiriya) said there were 500 million disabled men, women and children throughout the world. Despite the many instruments referring to the rights of the disabled, from the 1969 Declaration on Social Progress and Development to the Beijing Declaration and Platform for Action of 1995, that 10 per cent of the world's population was still living in difficult conditions that prevented them from exercising their fundamental rights and deprived them of the possibility to participate in society. Islam and Sharia clearly emphasized the need to provide assistance to needy persons. That was why Libya had initiated the

General Assembly's proclamation of 1981 as the International Year of Disabled Persons, which had been focused on the prevention of disability and the full participation of disabled persons in society. In its resolution 37/53 on the implementation of the World Programme of Action concerning Disabled Persons, the Assembly had urged the organizations of the United Nations system to recognize the needs of disabled persons. In that connection, Libya believed it was necessary to create a body that, under the supervision of the Office of the High Commissioner, would be in charge of monitoring respect for the fundamental rights of disabled persons. A convention should also be drafted on the subject.

60.   Mr. Hynes (Canada) took the Chair.

61.   Mr. ROMARE (Observer for Sweden) said that Sweden had always actively supported United Nations activities in the field of disability. It had, for example, initiated the drafting of the Standard Rules on the Equalization of Opportunities for Persons with Disabilities, adopted by the General Assembly in 1993, which complemented the World Programme of Action concerning Disabled Persons, adopted by the General Assembly in 1982. The rules were aimed at helping disabled persons to take charge of their lives.

62.   Two thirds of the disabled persons of the world lived in developing countries where the services they needed to assist them were scarce or non-existent. Their human rights were being violated. Many of them were among the poorest of the poor, and women with disabilities were triply handicapped. Their need for gender equality and for empowerment was particularly urgent. Children with disabilities were also especially vulnerable. All too many of them did not go to school because they lacked transport facilities, or simply because teachers did not want them in the classroom. Special attention should also be given to persons with psychiatric disabilities, as they were more vulnerable than other disabled persons and were less able to defend their rights.

63.   In view of the importance of the work of NGOs on behalf of the disabled, in particular the organizations of the disabled themselves, the Swedish delegation fully supported the recommendations of the Special Rapporteur to create closer cooperation between NGOs, the United Nations human rights entities and the Standard Rules monitoring mechanism.

64.   Mr. ROSSI (International Association for Religious Freedom), before referring to the question of minorities, said that, contrary to what had been asserted, to his great astonishment, by an expert of the Sub-Commission at its last session, any group that professed a faith different from that of the majority of the population, even if it had the same ethnic, linguistic or other characteristics, must be considered a religious minority under national and international law. It was essential to protect such minorities against religious extremism.

65.   In India, for example, Hindu nationalists wanted to turn the country into a Hindu State, which raised fears among the Muslim minority. In the State of Jammu and Kashmir, on the other hand, where the population was mostly Muslim, it was the Hindu minority that was having difficulties. The Hindu community of the Pandits, which had been settled for centuries in the

Kashmir valley, had for several years been the target of ethnic and religious cleansing. On 25 January 1998, terrorists had massacred 23 Pandits, including nine women and four children, in the village of Vandahama, near Srinagar. Before leaving the village, the terrorists had set fire to the small Pandit temple.

66.   The Association therefore urged the Commission to recommend to the Sub-Commission and its Working Group on Minorities to pay closer attention to the situation of religious minorities. It also called upon the Sub-Commission to urge the Governments of Pakistan and India to spare no effort to find a political solution to the problem of Kashmir, to reject all forms of violence and ethnic and religious cleansing and to guarantee respect for the rights of all minorities, including the Pandit minority, which should be able to return to the Kashmir valley and live in peace with the Muslim majority.

67.   Mr. TEITELBAUM (American Association of Jurists) called the attention of the Commission to the case of Waldo Albarracín, President of the Permanent Human Rights Assembly of Bolivia and a member of the American Association of Jurists, who had been invited by an NGO, Oxfam Quebec, to go to Canada in 1998. When the aeroplane carrying him from Bolivia to Canada had stopped in Miami, he had been treated as a criminal by the United States authorities. After subjecting him to a body search and taking away all his personal effects, he had been forbidden to continue his journey and had been sent back to Bolivia, even though all his papers and tickets were in order. That constituted a flagrant violation of article 12 of the International Covenant on Civil and Political Rights, on the right to freedom of movement, to which the United States was a party. He pointed out in that connection that none of the 17 reservations that had been entered by the United States Government concerned article 12. That new incident was part of the framework of repression organized from the United States and aimed for decades at democratic and popular figures and movements from Latin America.

68.   The Association had filed a lawsuit for Mr. Albarracín to obtain compensation.

69.   Mr. PANDITA (African Commission of Health and Human Rights Promoters) said that, in its resolution 1996/20, the Sub-Commission had reiterated its unequivocal condemnation of all acts, methods and practices of terrorism regardless of their motivation, in all its forms and manifestations, wherever and by whomever committed, as acts of aggression aimed at the annihilation of human rights, fundamental freedoms and democracy, threatening territorial integrity and destabilizing legitimately constituted Governments, and undermining pluralistic civil society. That statement should serve as a basis for an acceptable definition of terrorism. There appeared to be no need for the Special Rapporteur on terrorism and human rights to rake up controversies over the definition by linking the issue to national liberation struggles or struggles for the right of self-determination.

70.   It was also important to remain vigilant in the face of new forms of terrorism. His organization called in particular for more concrete steps to combat and eliminate transnational terrorism. The Cuban Government had drawn the attention of the Special Rapporteur to States which allowed known terrorist groups to remain based on their soil and then operate in

neighbouring countries with total impunity. Subscribing to that observation,
the League of Arab States had proposed that States should be urged to refrain
from sheltering outlaws, prohibit hostile activity against another State,
cease interfering in the internal affairs of other States and respect their
independence and sovereignty.

71.   Recently, transboundary terrorism had caused new victims.
On 25 January 1998, 23 members of the Pandit minority, including 9 women
and 4 children, had been savagely killed in the village of Wandahama in
Jammu and Kashmir. The Pandits were not the only victims. On 4 July 1995,
five European tourists had been taken hostage in Kashmir by terrorists. The
organization Harakatul Ansar, alias Al Faran, had claimed responsibility. One
of the hostages had been found beheaded a month later, and the whereabouts of
the other four were still unknown. In October 1997 the head of that terrorist
organization, Fazlur Rehman Khalil, had publicly stated in Rawalpindi
(Pakistan) that its 10,000 activists were carrying out a jihad in Kashmir
against the infidels. Pakistan seemed to have fallen into the hands of
extremist organizations supporting transboundary terrorism.

72.   The United Nations system possessed the necessary legal arsenal to
eliminate the threat of transboundary terrorism; the question was whether
there was the will to use it.

73.   Mrs. TANAKA (International Movement against All Forms of Discrimination
and Racism) drew the attention of the Commission to the urgency of
investigating the modern manifestations of trafficking in women and girls,
including the globalization of the international sex trade; increased
organization of the traffickers, who often benefited from the collusion of
government officials, tourist agencies and airline companies; and
diversification in the purposes of trafficking, including forced marriages and
other forms of sexual exploitation.

74.   In a study conducted by her organization on the trafficking of Asian
women to Japan, it had become apparent that in most cases those women became
or remained prostitutes because of poverty and unemployment, lack of proper
reintegration services, adverse social attitudes or family pressure. It was
therefore not sufficient merely to oblige States to punish the exploitation of
the prostitution of others; they must also be obliged to address the root
causes of trafficking, penalize the traffickers and reintegrate the victims.
An independent supervisory body should also be empowered to monitor the
implementation of those obligations through the scrutiny of State reports and
information provided by NGOs.

75.   To that end her organization would transmit to the Working Group on
Contemporary Forms of Slavery a draft optional protocol to the 1949 Convention
for the Suppression of the Traffic in Persons and of the Exploitation of the
Prostitution of Others, which would include provisions to empower the victims
and survivors of trafficking to exercise a certain number of rights, including
the right to bring civil suit against their traffickers; to facilitate the
work of NGOs; to penalize the culprits of trafficking and their accomplices
more severely; to strengthen the implementation of the 1949 Convention through

enhanced State reporting procedures, individual complaints procedures and mandatory national plans of action; and to set up a special fact-finding mechanism.

76.   Mrs. SMALLWOOD (North-South XXI) said that it was not until 1967 that the Australian indigenous people had obtained citizenship. Because of the genocide of which they had been the victims, they represented only 1.6 per cent of the Australian population. Between 1910 and 1970, a large number of indigenous children had been forcibly removed from their families. Under the 1948 Convention on the Prevention and Punishment of the Crime of Genocide, such a policy amounted to genocide. Australia had ratified that Convention in 1949.

77.   The indigenous people of Australia constituted a fourth world in the midst of a wealthy developed country. The infant mortality rate of indigenous children was three times greater than that of other babies; indigenous life expectancy was 25 years lower than that of other Australians; and indigenous unemployment was five to six times greater than that of other Australians. In remote rural areas, indigenous communities still lacked basic infrastructure, such as clean drinking water. Politicians were currently trying to take away the land rights of indigenous people. Funding for the Indigenous Affairs Department was being cut, and racial intolerance was being allowed to enter the political spectrum.

78.   In Kakadu National Park, indigenous people were opposing all uranium mining, because for them the land was sacred. The Government reasoned purely in terms of economics and did not consider the indigenous people's cultural ties to the land. Her organization called on the United Nations to take the concerns of the indigenous people of Australia into account and to intervene.

79.   Mrs. POLONOVSKI-VAUCLAIR (Coalition against Trafficking in Women) said that the prostitution and trafficking of women and girls had reached epidemic proportions in many Asian countries, and in Taiwan in particular. Thailand was the major sending country, and Japan was the major destination, where some 150,000 women and girls were working in the Japanese sex industry, roughly 80 per cent of them Thais and Filipinas, and 20 per cent Korean and Taiwanese. Taiwan was the hub of the traffic, one consequence being that Taiwanese girls and women were being increasingly targeted by the pimps and traffickers: between 60,000 and 100,000 women and girls worked in the sex industry, and the figure was much higher when migrant women workers were added.

80.   There were three central means of recruitment. First of all, in recent decades brokerages and agencies had been introducing "international brides" into Taiwan and, according to the Taiwan Grass-Roots Women Workers' Centre, by the end of 1996 there were 130,000 such women. Once in Taiwan, they were moved into prostitution and other forms of sexual exploitation or transferred to Japan to work in the sex industry there. Secondly, since the 1950s women from 10 indigenous tribes of Taiwan had been targeted by the sex industry, which had strong ties to organized crime. Some 5,000 of them had reportedly been sent to Japan. Thirdly, Chinese minority women refugees in the northern border zones of Thailand and Cambodia who could not work in either of those

countries because of their refugee status, were also targeted. After being
sent to Taiwan with migrant worker status, they were forced to work in the sex
industry.

81.   One very urgent problem was health. Because of their illegal status,
women could not receive welfare or medication. Given the alarming proportions
reached by AIDS in Thailand, the figures for HIV positives and AIDS in Taiwan
remained underestimated. With the development of the Thailand-Taiwan-Japan
linkage, the AIDS situation was extremely alarming, given the lack of
systematic investigation or transparency. As Taiwan remained a closed State,
the international community should be aware of the increasing danger of the
epidemic and provide women and girls with access to the international
agencies.

82.   It was obvious that the situation of trafficking in women in Taiwan had
become worrisome. The Commission was therefore urged to take the necessary
measures to provide easy and direct access for Taiwanese NGOs to
United Nations bodies and specialized agencies. The Special Rapporteur on
violence against women should conduct a thorough investigation and report on
trafficking in women and girls, the international bride market and domestic
labour and prostitution in south-east Asia, including Taiwan.

83.   Mrs. BECK-HENRY (World Movement of Mothers) said that in many countries,
the place and role of mothers in society was not recognized. Aid and payments
to mothers, according to the particular circumstances or the country
concerned, made them perpetual welfare recipients. The World Movement of
Mothers believed that mothers were workers in their own right and that the
status of mother, whether she stayed at home or engaged in an occupation
outside the home, should be established. Mothers should be legally and
financially entitled to choose the number and needs of their children, based
on the stability of the family, particularly if the children were disabled or
needed special attention or assistance.

84.   She called on the Commission to render justice to mothers and urged all
countries to give them the place they deserved.

The meeting rose at 6 p.m.

UNITED
NATIONS

E

Economic and Social Council

Distr.
GENERAL

E/CN.4/1998/SR.27
1 September 1998

ENGLISH
Original: FRENCH

COMMISSION ON HUMAN RIGHTS

Fifty-fourth session

SUMMARY RECORD OF THE 27th MEETING

Held at the Palais des Nations, Geneva,
on Wednesday, 1 April 1998, at 3 p.m.

Chairman: Mr. CHOWDHURY   (Bangladesh)
                   (Vice-Chairman)

     later: Mr. SELEBI   (South Africa)
                   (Chairman)

CONTENTS

QUESTION OF THE HUMAN RIGHTS OF ALL PERSONS SUBJECTED TO ANY FORM OF DETENTION
OR IMPRISONMENT, IN PARTICULAR:

(a)   TORTURE AND OTHER CRUEL, INHUMAN OR DEGRADING TREATMENT OR
        PUNISHMENT;

This record is subject to correction.

Corrections should be submitted in one of the working languages. They
should be set forth in a memorandum and also incorporated in a copy of the
record. They should be sent within one week of the date of this document to
the Official Records Editing Section, room E.4108, Palais des Nations, Geneva.

Any corrections to the records of the public meetings of the Commission
at this session will be consolidated in a single corrigendum, to be issued
shortly after the end of the session.

GE.98-11666   (E)

CONTENTS (<u>continued</u>)

<u>In the absence of Mr. Selebi (South Africa),
Mr. Chowdhury (Bangladesh), Vice-Chairman,
took the Chair.</u>

<u>The meeting was called to order at 3.30 p.m.</u>

QUESTION OF THE HUMAN RIGHTS OF ALL PERSONS SUBJECTED TO ANY FORM OF DETENTION OR IMPRISONMENT, IN PARTICULAR:

(a) TORTURE AND OTHER CRUEL, INHUMAN OR DEGRADING TREATMENT OR PUNISHMENT;

(b) STATUS OF THE CONVENTION AGAINST TORTURE AND OTHER CRUEL, INHUMAN OR DEGRADING TREATMENT OR PUNISHMENT;

(c) QUESTION OF ENFORCED OR INVOLUNTARY DISAPPEARANCES;

(d) QUESTION OF A DRAFT OPTIONAL PROTOCOL TO THE CONVENTION AGAINST TORTURE AND OTHER CRUEL, INHUMAN OR DEGRADING TREATMENT OR PUNISHMENT

(agenda item 8) (<u>continued</u>) (E/CN.4/1998/5, 32-35, 36/Rev.1, 37 and Add.1, 38 and Add.1 and 2, 39 and Add.1 and Add.3-5, 40 and Add.1 and 2, 41, 42, 43, 44 and Add.1 and 2, 111, 129 and 139; E/CN.4/1998/NGO/82; A/52/387)

1.   <u>Mr. AMIN</u> (Arab Organization for Human Rights) said that he wished to draw the Commission's attention to the case of Mr. Mansour al-Kikhia, former Libyan Minister for Foreign Affairs, who had disappeared in Cairo on 10 December 1993 after being seen in the company of Mr. Yusuf Najm, also a Libyan citizen. It was regrettable that the Egyptian Ministry of the Interior had authorized the latter to leave the country when he was to have appeared before the Office of the Attorney-General, which had not even sought explanations from the Ministry in question. The only remaining hope of clearing up that disappearance lay with the Egyptian judiciary, which was hearing the complaint lodged by Mr. al-Kikhia's wife against the Egyptian Ministry of the Interior.

2.   Arab public opinion was concerned about Mr. al-Kikhia's disappearance, for which the United States Government and the Egyptian Government blamed each other. It was true that the United States intelligence services were not above suspicion in that affair. Its appeals having met with no response, his organization requested the Commission to urge the authorities of the countries concerned to help it in elucidating the mystery.

3.   <u>Ms. LEE</u> (Asian Cultural Forum on Development) said that violations of freedom of expression in the Asia and Pacific region, particularly in South Korea, Sri Lanka and Indonesia, were disquieting. It was a matter for concern that the Special Rapporteur, Mr. Abid Hussain, had been prevented by lack of resources from dealing with more than a few of the cases referred to him by NGOs from the region. She supported his recommendation that the Commission should endorse the Johannesburg Principles on National Security, Freedom of Expression and Access to Information.

4.   The NGOs of the Asia and Pacific region welcomed the Special
Rapporteur's recommendation to the Republic of Korea that it should repeal the
National Security Law, which, as the cases of Suh Joon-sik and Lee Jang-hee
showed, was giving rise not only to violations of freedom of expression, but
also to arbitrary detentions. In that country, there were 17 political
prisoners who had been held in detention for more than 28 years, including
Mr. Woo Yong-gak, who was 70 years old. Similarly, in Indonesia and
Sri Lanka, journalists had been subjected to harassment, arrest or expulsion.

5.   The NGOs of the Asia and Pacific region reiterated the Special
Rapporteur's appeal to all Governments to review national security laws and
penal legislation that might violate freedom of opinion, expression and
information. They also called on the Governments of the Democratic People's
Republic of Korea and Viet Nam to invite the Special Rapporteur to visit their
countries.

6.   <u>Ms. GIRMA</u> (African Association of Education for Development) said that,
for some years past, a number of NGOs had been drawing attention to the
sufferings of African journalists in general, and Ethiopians in particular.
The majority of the latter had undergone numerous periods of imprisonment, and
some had become refugees. It was high time for the Special Rapporteur,
Mr. Hussain, to visit Ethiopia, where the number of disappeared persons had
increased. Arbitrary detention and torture were common practices there, and
the detention and exile of prominent representatives of civil society and
human rights defenders had completely destabilized the organizations
concerned. Ethnic tensions were also worsening in the regions established by
the Government, and threatening the peaceful coexistence which was essential
in a multicultural country like Ethiopia. Unfortunately, those who, like
Mr. Aberra Yemaneab, had endeavoured to promote a pluralist society were
languishing in prison.

7.   She also wished to mention the case of Mr. Cheheem Gidar, a refugee from
Djibouti, who, while under the protection of the Office of the High
Commissioner for Refugees, had disappeared after being imprisoned with a
number of compatriots and returned with them by force to Djibouti. That
shabby collaboration between Governments against refugees deserved the
attention of the competent United Nations bodies and the Organization of
African Unity. In Djibouti, where ethnic tensions were nothing new,
repression had reached an unprecedented level. Political prisoners arrested
by the Ethiopian authorities and imprisoned in Djibouti had even gone on
hunger strike on the occasion of the meeting of the Intergovernmental
Authority for Development.

8.   She hoped that participants in the International Conference on Human
Rights, to be held in Addis Ababa in May 1998, would bear in mind the
sufferings of Ethiopians whose relatives were imprisoned, had disappeared or
had been executed.

9.   <u>Ms. HAENNI</u> (Association for the Prevention of Torture) said that the
Convention against Torture and Other Cruel, Inhuman or Degrading Treatment or
Punishment was the international human rights instrument ratified by the
smallest number of States (104 out of 193), in spite of the call by the Vienna
Declaration and Programme of Action for its prompt ratification by all States.

For that reason the main NGOs working against torture, including her own organization, had launched a joint campaign for the prompt and universal ratification of the Convention, and, in February 1988, they had written to each of the permanent missions of the Governments concerned in Geneva. Out of 154 States, only 2, the United Kingdom and Haiti, had replied. The organizations urged the Commission to support the campaign and to call on member States to ratify the Convention as soon as possible.

10.   Her organization recommended the Commission to renew the mandates of the Special Rapporteur on torture and of the Working Group on Enforced or Involuntary Disappearances. The Commission should also encourage ad hoc visits without prior invitation by Governments or urge them to issue standing invitations. Her organization also asked the Commission to help the Special Rapporteur and the Working Group to seek the assistance of the Secretary-General and the High Commissioner for Human Rights when grave situations arose and there was repeated non-cooperation on the part of a Government.

11.   She was convinced that, if there was sufficient political will on the part of the delegations participating in the drafting of the optional protocol to the Convention against Torture, the work could be completed in one further session and the draft submitted to the Commission in 1999. Her organization accordingly called on the Commission to renew the Working Group's mandate and make available the necessary resources for it to complete its task. It should meet for three weeks instead of two, and its Chairman should undertake the necessary consultations.

12.   Ms. GENEFKE (International Rehabilitation Council for Torture Victims) said that torture was practised in a significant number of Member States and that, for lack of funds, millions of victims of torture were being left to their fate even though there were ways in which they could be helped. As pointed out in article 8 of the Vienna Declaration and Programme of Action, democracy, development and respect for human rights and fundamental freedoms were interdependent and mutually reinforcing, and torture was the strongest weapon against democracy. Working for the eradication of torture and the rehabilitation of victims was working for democracy. Rehabilitation was one method of preventing torture. Another was to create public awareness of the problem, to which the establishment of rehabilitation centres and programmes could contribute, but information and education also had a vital role to play. Her organization therefore welcomed the decision to proclaim 26 June as United Nations International Day in Support of Victims of Torture, and had launched a worldwide campaign to mark the day.

13.   Regrettably, contributions to the Voluntary Fund for Victims of Torture had again fallen short of requirements. Too few countries were contributing, and contributions were insufficient to cover global funding needs for rehabilitation centres and programmes. There was a shortfall of $10 million to meet needs for the current year, which had been estimated at $28 million. Her organization called upon both rich and poor countries to contribute, however modestly, to the Fund, recognizing that the rehabilitation of torture victims was essential not only for the victims themselves but also for democracy.

14.   **Ms. ALI** (Afro-Asian Peoples' Solidarity Organization) said that her organization welcomed United Nations endeavours in the area of human rights, as exemplified by the appointment of a special rapporteur on torture. Unfortunately hostage-taking, torture, arbitrary detention and involuntary disappearances had become commonplace in many areas of conflict. The example of former Yugoslavia showed that States were not alone in perpetrating such acts, responsibility for which was often borne by armed groups, as in the case of Sanjoy Ghose, killed in India by a group of militants whose representatives had come to Geneva to argue for their human rights. In Indian Kashmir, the Harkat Ul Ansar terrorist group, based in Pakistan, whose favourite technique was abduction, was operating with complete impunity. It was regrettable that the international community, and more particularly the Commission, had so far not been able to do anything to protect the lives and liberty of people held hostage by terrorists and mercenaries.

15.   Thanks to the Commission's moral authority and the tireless efforts of the Special Rapporteur on torture, many States had recognized the need to amend their laws and systems of government so as to ensure that human beings did not suffer degrading punishment. Some of them had made commendable progress in that regard. Unless, however, some mechanism could be instituted to deal with the problem of armed groups, innocent human beings would continue to be their victims for a long time to come.

16.   **Mr. ALI KHAN** (International Progress Organization) said that the Special Rapporteur on torture had given a detailed account in his report on his visit to Pakistan in 1996 of cases of illegal detention, living conditions in prisons, and forms of torture to which detainees were subjected in that country. Those phenomena were essentially bound up with the feudal structure persisting in Pakistan, which permanently relegated some classes of people to an inferior position.

17.   At the time of its creation, Pakistan had been a multi-ethnic and multi-religious society. The richness of that diversity should have been a source of strength, but it had become a weakness, when the feudal elite found it to its advantage to maintain its position by playing off one community against another. At the present day the Mohajirs were on the receiving end, whereas a few years previously it had been the Sindhis, and in the 1970s the Baloch. So long as that situation continued, the evils denounced by the Special Rapporteur would persist. The fault lay not with the people of Pakistan, who only wished to live a life of peace and happiness, but with the rulers, who were unable to shake off the feudal mentality which had become more entrenched over the decades. The issues of detention and torture in Pakistan could not be studied in isolation from the structures that perpetuated the inequalities existing within the Pakistani population.

18.   **Ms. ATAMU** (International Association Against Torture) said that the show trial conducted by the Spanish Government against members of the illegal Basque political movement Herri Batasuna clearly exemplified the existence of political prosecutions and political prisoners in so-called advanced democracies. It had been abundantly clear that the judges had decided the guilt of the defendants before the trial had commenced. The entire 23-member executive, including 7 Members of Parliament, had been sentenced to

seven years in prison for collaborating with an armed group, the ETA, because, during their electoral campaign, one member of Herri Batasuna had shown a videotape putting forward a peace proposal by the ETA. The public attack on Basque nationalists was accompanied by a clandestine government campaign of random arrests, detentions and torture of anyone thought to be associated with the ETA.

19.   The hypocritical double standard on human rights was even more conspicuous in the United States, where 1 out of every 155 residents was in jail. Owing to the racist nature of the justice system, however, Blacks and Latinos made up over 50 per cent of the huge prison population. Among them were over 200 unacknowledged political prisoners, men and women who had been targeted by the FBI because of their political convictions or acts committed in accordance with those convictions. Many of them had received prison sentences twice as long as those given to non-political defendants, were left without medical treatment and were held in maximum security prisons - clear proof of the political nature of their situation. Geronimo Ji Jaga Pratt had been released after serving 27 years, but Mumia Abu-Jamal was currently on death row in Pennsylvania. Both had been members of the Black Panther party. She gave the names of other political prisoners, men and women of all nationalities and races, such as Leonard Peltier of the Native American Movement for Self-Determination and Independence, and Dylcia Pagan and Alejandrina Torres of the Puerto Rican Independence Movement. Their common characteristic was their struggle for self-determination for their people and opposition to the policies of the United States Government.

20.   Believing that the Commission would not hesitate to take appropriate action if the cases cited had originated in developing countries, her organization called on it to appoint rapporteurs on the situation in the countries she had mentioned.

21.   Mr. Selebi (South Africa) took the Chair.

22.   Ms. FORD (December 12th Movement) said that the profit motives, which governed almost every aspect of society in the developed world, was now spreading to institutions, including prisons, the lead as usual being taken by the United States. As socio-economic conditions deteriorated, the United States Bureau of Prisons was becoming the biggest employer in the country. In mid-1997, the prison population had exceeded 1.7 million persons, or 645 per 100,000 United States residents. Those staggering figures were not unrelated to the growing privatization of the prison system. The prison industrial complex was a conglomerate of private business and government interests which, under guise of the maintenance of law and order and the prevention of crime, pursued two objects: profit and social control over a population without employment prospects and difficult to handle. The manipulation of the media and the saturation of the drug market by the CIA, together with the police-engineered proliferation of guns, had prepared the way for the criminalization of black people in general. In the 18-29 age group, one out of every three black men was under the control of the criminal justice system. Blacks, who represented 12 per cent of the United States population, made up 42.5 per cent of the prison population.

23.   In United States prisons, human rights were systematically violated,
in contempt of the Universal Declaration of Human Rights, of which the
United States hypocritically proclaimed itself to be the guardian.   Companies
investing in the construction of private prisons were raking in billions of
dollars by cutting corners.   The unabashed pursuit of profit was resulting in
sub-standard diets, extreme overcrowding and abuses by poorly trained
personnel.   The new prisons had, for the most part, been built in
poverty-stricken white rural areas in order to resuscitate their local
economies.   In the early 1990s prison staff had risen by 31 per cent.   The
unholy alliance of transnational cooperations and the State had resulted in an
abundance of work for the prisoners, from whom the maximum labour value was
extracted.   The key to the success of that process was the targeting and
dehumanization of youth.

24.   Mr. MOKBIL (War Resisters' International) said that the human rights
situation in Yemen had been deteriorating since the middle of 1994.   In spite
of condemnations and appeals to the Government by the Human Rights Committee,
Amnesty International and the European and British Parliaments, violations,
particularly torture and arbitrary detention, had gone on increasing.   The
number of persons in illegal detention had risen from 77 to 358 from 1996
to 1997.

25.   During the current session, a minister of the Yemeni Government had
admitted the existence of such violations and declared his willingness to
arrange for a visit to the country by the Working Group on Enforced or
Involuntary Disappearances.   War Resisters' International called on the
Commission to consider the possibility that the Special Rapporteur on torture
and the Chairman of the Working Group on Arbitrary Detention might accompany
the members of the former Working Group on the visit to Yemen.   It also called
on the Commission to exert pressure on the Yemeni Government to fulfil its
international obligations.

26.   Mr. OKWUKWU (International Human Rights Law Group), also speaking on
behalf of the Movement for the Survival of the Ogoni People and the
Niger-Delta Human and Environmental Rescue Organization, said that those
organizations were deeply concerned about the cruel and degrading treatment of
prisoners in Nigeria and the breakdown of the rule of law in that country.
The Special Rapporteur on the situation of human rights in Nigeria, appointed
under Commission resolution 1997/53, had been refused permission to enter the
country.   There were currently a number of detainees, including women, held
without formal charges in congested and dirty cells.   They were poorly fed
and denied access to family members, lawyers and doctors.   Responsibility for
that situation lay with the River State Internal Security Task Force, the
Directorate of Military Intelligence, and the police created and maintained by
various multinational corporations, particularly Shell.   Detainees were denied
justice by a number of obnoxious decrees nullifying the competence of the
courts.   Moreover, when the Government failed to find suspects, it detained
members of their families.   He called for the abrogation of decrees
obstructing access to justice through the courts, the immediate and
unconditional release of wives and other family members detained as hostages,
and the release of all political prisoners, particularly the Ogoni Twenty.
His organization also recommended the Commission to renew and strengthen the
mandates of the Special Rapporteurs on the human rights situation in Nigeria,

on torture, and on extrajudicial, summary or arbitrary executions, and of the Working Group on Arbitrary Detention, and to secure free access for them to NGOs, political prisoners and other interested parties in Nigeria.

27.   Ms. PARKER (International Educational Development) said that the United States was violating freedom of opinion and information by systematically denying visas to a number of persons on the grounds of their political convictions. A number of Cuban scholars invited by the University of California at Berkeley to a "dialogue with Cuba" and Mexican human rights specialists invited by the Los Angeles Department of Cultural Affairs to present their views on the Chiapas crisis had recently fallen victim to that policy. Her organization also protested against the harassment of members of the royal family of Hawaii by the United States police.

28.   Her organization likewise condemned the expulsion from Mexico of a number of international human rights monitors and a French priest, Reverend Michel Henri, whose parish included a village where 45 Indians had been massacred in December 1997.

29.   In Turkey, a Kurdish woman, Leyla Zana, and other Kurdish members of the National Assembly had been jailed for having expressed their views on the Kurdish question, and her organization called for their release. It also asked the Commission to press for the release of Ismail Beskci, who had been jailed for his writings and teachings. And it protested against the actions of the Indonesian Government, which was imprisoning Moluccans for demanding independence.

30.   Ms. LAROCHE (Robert Kennedy Memorial Center for Human Rights) denounced the use of national security laws to justify violations of basic human rights, including the right to freedom of opinion and expression. In China, for example, the crime of "counter-revolutionary activity" had been replaced in March 1997 by the crime of "endangering State security". The 2,000 prisoners previously sentenced for the former crime had not, however, been released, which provided strong evidence that the purpose of the new offence was to silence dissidents. The 1988 Law on the Preservation of State Secrets was intended to serve the same purpose. It was under that Law that in December 1996 Mr. Li Hai had been sentenced to nine years' imprisonment for having collected information on people sentenced for criminal activities in June 1989, which the court had classified as "State secrets".

31.   The Vietnamese Government was using national security provisions in its Constitution to arrest and prosecute members of religious communities and citizens peacefully advocating democratic reform and respect for human rights, examples being the cases of Mr. Doan Viet Hoat, Mr. Nguyen Dan Que and the journalist Hoang Linh.

32.   Her organization recommended the Commission to appoint a special rapporteur on national security laws, whose mandate should include on-site investigations. The Commission should also ask its working groups and special rapporteurs to pay particular attention within their mandate to human rights violations committed under the authority of such laws.

33.   Mr. RODLEY (Special Rapporteur on torture), introducing his report (E/CN.4/1998/38 and Add.1 and 2), said that chapter I dealt with various aspects of his mandate and methods of work; chapter II summarized his activities in 1997; chapter III covered information received on a country-by-country basis; and chapter IV contained his conclusions and recommendations. Adequate resources had not been available to him to deal as fully as he would have wished with the situation of human rights defenders. No special issue relating to his mandate had arisen during the year, and there had been no change in his methods of work, although continuing efforts had been made to work cooperatively with the holders of other Commission mandates with a view to avoiding duplication of activities.

34.   Prospective missions for the current year included a visit to Turkey at the invitation of the Government in the second week of November, a period which he hoped could be extended since one week would be insufficient.

35.   Requests made in 1997 for visits to Algeria and Egypt had met with an initial favourable response. There had been discussions with Algeria on the possibility of a joint mission with the Special Rapporteur on extrajudicial, summary or arbitrary executions, but they had not as yet resulted in an official invitation. He was currently discussing dates for his visit to Egypt with the Government.

36.   He had recently had meetings with the Cameroon Minister of State for External Affairs, which had led to a verbal agreement on a visit in July or September 1998, to be confirmed by formal written invitation. Requests for visits to China, India, Indonesia and Kenya had as yet not received a positive reply.

37.   Chapter III of the report should be read together with addendum 1. The chapter contained brief summaries, country by country, of the general allegations transmitted to the Governments of 72 countries, and his observations on the situations in 39 countries. The fact that no observations were made in respect of a particular country did not necessarily mean that no substantial problem existed in that country; it merely reflected the state of the information available to him.

38.   In the sections on Chile, Colombia, Pakistan, the Russian Federation and Venezuela, reference was made to the follow-up to earlier missions, information on which had only been provided by Chile, the Russian Federation and Venezuela. With regard to the Russian Federation, while grateful for the reply received, he was constrained to draw attention to paragraph 170 of the report, which pointed out that the conditions of pre-trial detention remained a serious, and possibly even graver problem, than in 1994.

39.   With regard to Pakistan, he noted that, in spite of the assurances he had received, it seemed that fetters were still in use in that country's prisons. In view, however, of the statement by the Minister for Foreign Affairs at the Commission's current session to the effect that the use of fetters was inconsistent with international norms, he hoped that he would be able to report at the next session that the practice had been abolished.

40.   Addendum 1 contained a brief summary of government replies to
allegations he had transmitted to them. Subsequently replies would be
included in the report to the Commission's fifty-fifth session.

41.   The conclusions and recommendations in chapter IV included the
expression of his disappointment that, at the close of his first term of
office, there remained a high incidence of torture in many countries. He had
also emphasized the need for States to implement past recommendations and the
important role that an international criminal court could play in the struggle
against torture. He called on all States to ensure that their national
legislation would enable them to exercise jurisdiction over alleged torturers
whenever they might be found within their jurisdiction.

42.   Addendum 2 contained the report on his visit to Mexico. Although cases
of torture and similar ill-treatment frequently occurred in many parts of the
country, the information he had received did not justify the finding that
torture was systematically practised. He had made extensive recommendations,
which he hoped would help the Government to ensure that its substantial array
of institutional safeguards would operate effectively to prevent torture. He
wished to thank the Government for its cooperation, and NGOs for their active
participation. Thanks were also due to the UNDP Resident Representative and
his staff in Mexico City for their invaluable support.

43.   Mr. DE ICAZA (Mexico) thanked the Special Rapporteur for his very
detailed report which, contrary to the relevant rule, had unfortunately been
distributed only a few days previously, leaving the Mexican delegation
insufficient time to study it as closely as it deserved. Accordingly, he
reserved the right to forward to the Special Rapporteur his observations on
the allegations in the report, and on the observations and conclusions. The
report would be read with the utmost interest by the Inter-ministerial
High-level Commission established in Mexico in October 1997, which was
responsible for coordinating government activities relating to its
international human rights commitments.

44.   His Government's invitation to the Special Rapporteur to visit the
country, and its cooperation with him were evidence of Mexico's determination
to strengthen the rule of law and eradicate the practice of torture, which,
for various historical, cultural and economic reasons, had until quite
recently been endemic in the country.

45.   Ever since the promulgation in 1986 of the first federal law prohibiting
and punishing torture, Mexico had steadily strengthened its legislation in
that field, particularly regarding the obligation upon the State to compensate
the damage caused to victims. It was not, however, possible to deal with that
practice by decrees alone. Above all, a culture of respect for human rights
must be developed, in which regard the National Human Rights Commission, and
those of the various Mexican states were playing an essential role by
combating impunity and endeavouring to train members of the civil service and
the judiciary to ensure full respect for human rights. With regard to the
campaign against impunity in particular, it should be pointed out that, during
the preceding 15 months, 1,129 officials had been punished, 244 had been
prosecuted and 70 had been arrested.

46.   The Special Rapporteur had noted in his report a lack of precision
regarding the number of complaints of torture received by the National Human
Rights Commission and the state commissions over recent years. That was
possibly the case and the figures would be checked. It was, however, beyond
doubt that the number of complaints was declining steadily and that torture
had ceased to be the main subject of complaint. In any event, the figures
showed that the practice of torture was neither general nor systematic.

47.   It was true that not all those practising torture had as yet been
punished, and that not all victims received compensation. The Government was
in fact endeavouring to remedy that situation, and it had already succeeded in
breaking the vicious circle of impunity enjoyed by torturers. The Mexican
delegation thanked the Special Rapporteur for his visit to Mexico and was
confident that his report would help the country to eliminate the practice of
torture once and for all.

48.   Ms. GRAF (International League for the Rights and Liberation of Peoples)
said that on a number of occasions in recent times attempts had been made to
justify the impunity of those responsible for human rights violations by
representing it as the price society had to pay in making the transition from
a dictatorial regime to the rule of law. That claim failed to hide the tragic
reality: society was held prisoner by torturers of the past who had become
custodians of a democracy not yet achieved, in which the enjoyment of public
freedoms was only possible within the limits fixed by those who, shortly
before, had committed crimes against humanity. The case of
General Augusto Pinochet was a dramatic illustration of the perverseness
of such reasoning.

49.   In Argentina, the recent decision to repeal the "clean slate" and "due
obedience" laws that society had not relinquished its right to know what had
happened and to bring to justice those responsible for crimes against humanity
during the dictatorship.

50.   Her organization drew the Commission's attention to the call to
Governments in the Vienna Declaration and Programme of Action to repeal laws
granting impunity to those guilty of grave offences against human rights. A
meeting of independent United Nations experts should be convened to revise the
draft set of principles for the protection and promotion of human rights
through action to combat impunity (E/CN.4/Sub.2/1997/20/Rev.1).

51.   Mr. GANDARA (Asian Buddhist Conference for Peace) said that, in Rome in
February 1998, Bishop Ximenes Belo, the Nobel Peace Prize winner, had publicly
condemned the practice by which every month more than two dozen East Timorese
children were taken from their families and handed over to families in
Indonesia. He, the speaker, had himself been a victim of that practice, which
was akin to enforced or involuntary disappearance. He had been 18 when
members of his family had succeeded in tracing him and informed him of his
true identity. He had been born in East Timor of Catholic Timorese parents
and had been abducted at the age of three by Indonesian soldiers. They had
handed him over to an Indonesian family who had brought him up as a Muslim.
He had also discovered that his mother had been brutally murdered by
Indonesian soldiers when she had been nine months pregnant, and that his
father had been killed in circumstances still unknown to him.

52.   At the age of 17 he had known nothing about the situation in East Timor because the Indonesian Government had not told its own subjects about the war it was waging there. When he had arrived in East Timor, he had been shocked by the poverty of the Timorese and the terror that the enormous number of Indonesian soldiers instilled in the Timorese population.

53.   His story was repeating itself every day in East Timor, where the occupying Indonesian forces, not content with killing adults, even sought to deprive children of their identity. He hoped that the Commission would help to put an end to that situation.

54.   Mr. PARAM CUMARASWAMY (Special Rapporteur on the independence of judges and lawyers), introducing his report (E/CN.4/1998/39), said that it contained an account of his activities over the past year and of the situation in some 30 countries where the issue of the independence of judges and lawyers had called for urgent action on his part. Brief observations were also included on responses from Governments, and a list was supplied of countries which he had asked for authorization to carry out missions. He had made a specific recommendation to the Swiss Government that it should pay adequate compensation to Mr. Clément Nwanko in order to avoid a protracted civil suit.

55.   Generally speaking, he was concerned at the increasing number of complaints of government accusations of lawyers identifying themselves with their clients' causes and not complying with internationally accepted standards of due process, particularly in trials relating to terrorism. The number of countries where judges were appointed on a provisional basis was also a cause of concern, as were the difficulties faced by countries in transition in providing an independent and impartial justice system because of a lack of financial and human resources.

56.   Referring to addendum 1 of his report on the situation in Peru, which he had visited from 9 to 15 September 1996, he said he had been pleased to learn that the "faceless" tribunals had been abolished, but regretted that the practice was still in use in military courts. He was obliged to draw attention to a matter of grave concern: the transfer to the Executive Commission of the Judiciary of the constitutional powers of the National Council of the Magistracy to select, appoint and remove judges. According to recent information, the seven members of the National Council of the Magistracy had resigned en bloc in protest against that situation. The manner in which three judges of the Constitutional Court had been removed by Congress was also extremely disturbing.

57.   Addendum 2 on Colombia was not yet available, but the situation could be summed up in the words of the very high personages whom he had met during his mission from 15 to 27 September 1996: the rule of law was dead. Although the Government had set a date for the abolition of "faceless" tribunals used to try terrorist-related crimes, his view was that they should be abolished forthwith. He reiterated the recommendations of the Human Rights Committee and the Special Rapporteurs on torture and extrajudicial executions regarding the administration of justice in Colombia.

58.   His report on Belgium (E/CN.4/1998/39/Add.3) was a preliminary one owing to the reforms of the judicial system taking place in that country. His interest in the situation in Belgium had been triggered by the massive public demonstrations that had followed the removal of the magistrate investigating a case of child prostitution, kidnapping and murder. In his report he expressed the opinion that the measure taken by the Court of Cassation in that case, although unpopular, had been in accordance with the standards guaranteeing the independence and impartiality of the judiciary. The Belgian Government had taken note of his recommendations concerning the need to observe those standards in any reform of the judicial system. A large number of magistrates, including the President of the Court of Cassation and prosecutors, had expressed their concern about the proposed reforms during his mission to the country. The historic gathering in Brussels of some 1,300 magistrates on 21 March 1998 demonstrated their solidarity in protecting judicial independence. For the first time in the history of Belgium, the judges themselves were frankly recognizing the strengths and weaknesses of the Belgian judicial system.

59.   His visit to Northern Ireland from 20 to 31 October 1997 had been in response to allegations by NGOs, in particular British Irish Watch and the Lawyers' Committee for Human Rights, concerning the intimidation and harassment of defence lawyers in Northern Ireland. His report in addendum 4 bore out those allegations, in spite of denials by the Royal Ulster Constabulary (RUC). The crisis of confidence in that body's investigative procedures had led the Hayes Commission to recommend the appointment of an independent ombudsman to investigate complaints against the police. He had himself expressed concern over the failure of the Law Society of Northern Ireland, set up to protect defence lawyers from vexatious or intimidatory acts, to perform that function. Even if they had no confidence in the investigative mechanisms of the police, the lawyers should at least have submitted their complaints to the RUC. By failing to do so, they furnished it with an argument in its defence.

60.   He welcomed the Government's proposed introduction of video recording of interrogations in holding centres, and was also pleased to note that the Law Society had taken steps to play a more active role in defending the independence of lawyers.

61.   With regard to the case of Patrick Finnucane, a distinguished Belfast lawyer who had been murdered with the alleged complicity of the security forces, he was convinced of the need for an independent judicial inquiry. It was essential to determine whether there had been police collusion in the murder. He was also convinced that there should be greater transparency and accountability in public institutions in order to enhance the prospect of a settlement of the conflict in Northern Ireland, at a time when the peace talks were at a crucial stage.

62.   Addendum 5 contained a few observations on the refusal by the Malaysian Federal Court on 19 February 1998 to grant him leave to appeal to it from the decision of the Court of Appeal, which had earlier dismissed his appeal. He wished to say no more at the current stage.

63.   He thanked the Governments of the four countries mentioned - Peru, Colombia, Belgium and the United Kingdom - for their full cooperation.

64.   Mr. BRODY (Human Rights Watch) said that his organization had welcomed the visit of the Working Group on Arbitrary Detention to China and Tibet in the preceding October, and its sharp criticism of imprecise offences under Chinese criminal law, particularly the failure to define offences "endangering national security".

65.   The Working Group's report failed, however, to address several key issues: the lack of independence of the Chinese judicial system; violations of international law in regard to the presumption of innocence; use of illegally gathered evidence; trial procedures weighted in favour of the State; and the use of administrative penalties, especially re-education in labour camps. In China, any manifestation of political or religious dissent and any peaceful petition was considered anti-social behaviour and incurred sentences that were rarely overturned on appeal. His organization strongly disagreed with the Working Group's view that the sanction of re-education in a working camp was consistent with international standards so long as the sentence was delivered by an independent judge or court. The Working Group should have called for the abolition of that type of penalty. Chinese citizens should enjoy the protection of criminal procedure law and the Criminal Code whenever they were at risk of losing their liberty.

66.   The Working Group had made no mention of the incident that had occurred in Drapchi prison during its visit to Tibet, when a detainee had openly declared his support for the Dalai Lama. According to subsequent reports, those involved had been interrogated, beaten and put into solitary confinement after the delegation had left. That the group should have been satisfied by assurances from the Chinese authorities that no prisoners would be harmed was alarming. In general, his organization found the Working Group's recommendations disappointingly weak and vague. In September 1996, while it had been negotiating the terms of its visit, the Working Group had stopped receiving or transmitting allegations of arbitrary detention of Chinese citizens. That suspension of activities which formed an integral part of its mandate was extremely disturbing. Governments which invited visits by Commission mechanisms did not thereby render themselves temporarily immune to scrutiny.

67.   Ms. GOWYAN (Amnesty International) said that her organization welcomed the report by the Special Rapporteur on the independence of judges and lawyers on his mission to the United Kingdom in October 1997. It rightly stressed the lack of safeguards for suspects arrested under emergency legislation in Northern Ireland, their ill-treatment in detention centres and the harassment and intimidation, including death threats, to which their lawyers were subjected by the police. The killing of a prominent defence lawyer, Patrick Finnucane, in 1989 highlighted the extent of such practices. No one had so far been brought to justice. There were strong grounds for thinking that there had been collusion between the security forces and loyalist paramilitary groups. Amnesty International called for an independent and thorough judicial inquiry into that murder. An essential safeguard for the protection of suspects, that they be interrogated in the presence of their lawyers, should be introduced immediately. For many years his organization

had drawn attention to abuses committed in police premises; it therefore welcomed the decision to instal video recording facilities in those premises. Audio recording systems should, however, also be installed in order to ensure that abuses were detected. The United Kingdom Government should also end its derogation of the relevant provisions of the International Covenant on Civil and Political Rights, and make provision for prompt judicial scrutiny of detentions. Her organization also urged the United Kingdom Government to comply with the recommendations of the Special Rapporteur on the independence of judges and lawyers.

68.   Ms. LAUWEREINS (France-Libertés) said that she wished to draw the Commission's attention to the case of Mauritania, where the authorities were violating freedom of expression, as instanced by the arrest of Mr. Kamara and Mrs. Fatima Mbaye, President and Vice-President of the Mauritanian Human Rights Association, of Mr. Ould Messaoud, President of the Association S.O.S. Esclaves, and of Mr. Ould Ebetty, Secretary-General of the National Lawyers' Association. Freedom of expression was guaranteed under the Constitution of Mauritania, which had also ratified the African Charter of Human and Peoples' Rights in 1986.

69.   With regard to Ethiopia, she recalled the case of Mr. Aberra Yemanab, who had been imprisoned in his country to which he had returned after 15 years in exile, and had not yet been released. The Ethiopian Government had also forcibly returned 18 opponents of the Djibouti Government to their country, where they had been imprisoned on arrival.

70.   Her organization also wished to refer to the large number of prisoners of conscience, including several journalists, imprisoned in Nigeria, and called particular attention to the case of Christina Anyanwu, who had been imprisoned since 1997.

71.   With reference to the tragic situation of persons imprisoned in Bahrain under the State Security Act, she recalled that, in his 1995 report, the Special Rapporteur had said that the situation of persons subjected to any form of detention or imprisonment was often linked to the proclamation of a state of emergency, accompanied by the mass resignation of magistrates and the establishment of special courts. The Commission should therefore condemn Bahrain as firmly as possible and call upon it to demonstrate its willingness to end its violations of human rights.

72.   She had been greatly concerned about the situation of women in Kabul since the seizure of power by the Taliban. Pressure should be brought to bear on the authorities in Afghanistan to put an end to the cruel, inhuman and degrading treatment to which Afghan women were being subjected.

73.   Mr. FUKUMA (International Association of Democratic Jurists) said that the Japanese courts were not independent, particularly those dealing with complaints of wrongful dismissal. Mr. Hideyuki Tanaka had been dismissed by the Hitachi company, a leading Japanese manufacturer of electrical equipment, for refusing to work overtime. The Japanese Government had not yet ratified any of the ILO Conventions on working hours, with the consequence that death from overwork was a frequent occurrence in the country. In the case of Mr. Tanaka and several other workers also dismissed for refusing to work

overtime, the Supreme Court had confirmed the decision of a lower court that companies were entitled to dismiss their workers for such refusals. The Supreme Court had in fact established a system that enabled it to influence the decisions of judges in such cases. His Association regarded such a situation as an absolute violation of the independence of judges.

74. Mr. AL-MUSIBLI (Observer for Yemen), speaking in exercise of the right of reply, said that he wished to rebut the baseless allegations made by the NGO calling itself War Resisters' International, about the human rights situation in Yemen. Behind those accusations lay political motives. He invited the members of the organization to visit Yemen. They would find that it had a human rights commission which coordinated its activities with the corresponding United Nations bodies, and that it had chosen the democratic path, thereby guaranteeing its citizens freedom of expression and the exercise of fundamental rights.

75. Mr. TAREK ADEL (Observer for Egypt), speaking in exercise of the right of reply, said that contrary to the allegations of the Arab Organization for Human Rights, his Government had instituted thorough inquiries into the disappearance of Mr. Mansour al-Kikhia. The fact that the principal witness in the case, Mr. Yusuf Najm, had been able to leave the country without being heard showed that there was total freedom of movement in Egypt.

The meeting rose at 6 p.m.

UNITED
NATIONS

E

Economic and Social Council

Distr.
GENERAL

E/CN.4/1998/SR.31
7 September 1998

ENGLISH
Original: FRENCH

COMMISSION ON HUMAN RIGHTS

Fifty-fourth session

SUMMARY RECORD OF THE 31st MEETING

Held at the Palais des Nations, Geneva,
on Friday, 3 April 1998, at 3 p.m.

Chairman:	Mr. SELEBI	(South Africa)
later:	Mr. GALLEGOS CHIRIBOGA	(Ecuador)
later:	Mr. SELEBI	(South Africa)

CONTENTS

CONSIDERATION OF DRAFT RESOLUTIONS UNDER AGENDA ITEMS 19, 13 AND 14

QUESTION OF THE HUMAN RIGHTS OF ALL PERSONS SUBJECTED TO ANY FORM OF DETENTION
OR IMPRISONMENT, IN PARTICULAR:

(a)   TORTURE AND OTHER CRUEL, INHUMAN OR DEGRADING TREATMENT OR
        PUNISHMENT;

This record is subject to correction.

Corrections should be submitted in one of the working languages. They
should be set forth in a memorandum and also incorporated in a copy of the
record. They should be sent within one week of the date of this document to
the Official Records Editing Section, room E.4108, Palais des Nations, Geneva.

Any corrections to the records of the public meetings of the Commission
at this session will be consolidated in a single corrigendum, to be issued
shortly after the end of the session.

GE.98-11760   (E)

CONTENTS (<u>continued</u>)

The meeting was called to order at 3 p.m.

CONSIDERATION OF DRAFT RESOLUTIONS UNDER AGENDA ITEMS 19, 13 AND 14

Draft resolution under item 19 (E/CN.4/1998/L.18)

Draft resolution E/CN.4/1998/L.18 (drafting of a declaration on the right and responsibility of individuals, groups and organs of society to promote and protect universally recognized human rights and fundamental freedoms)

1.   Mr. WILLE (Norway), introducing the draft resolution on behalf of its co-sponsors, stated that the Commission would, by adopting the draft declaration it contained, be making a significant contribution to the celebration of the fiftieth anniversary of the Universal Declaration of Human Rights and would express in a concrete fashion its support for those who were in the front line of the promotion and protection of those rights throughout the world. The effectiveness of the working group given responsibility for preparing the draft - attributable to the spirit of constructive compromise which prevailed throughout its proceedings - was a proof of what could be achieved when the will to work together towards a common goal was present. He was confident that the draft would be adopted without a vote, or even by acclamation.

2.   Ms. KLEIN (Secretary of the Commission) announced that the delegations of Belarus, Belgium, Bolivia, Botswana, Bulgaria, Costa Rica, Georgia, Greece, Guatemala, India, Israel, the Republic of Korea, the Russian Federation and Uruguay had also become co-sponsors of the draft resolution.

3.   Mr. MARTINEZ (Cuba) had not the slightest doubt that that draft resolution, which concluded in a particularly satisfying manner the debate on item 19, would be adopted by consensus. He particularly welcomed the content of paragraph 3 of the operative part, which would enable the Commission to reflect in greater depth on the way of bringing support to the efforts already being made to secure respect for the right of individuals, groups and non-governmental organizations to seek to ensure respect for human rights and fundamental freedoms, resorting to that end to the different mechanisms of the Commission and the Sub-Commission and possibly treaty bodies as well. He hoped that the draft declaration contained in the draft resolution would be adopted by the General Assembly at its forthcoming session.

4.   Draft resolution E/CN.4/1998/L.18 was adopted by acclamation.

5.   The Chairman stated that the Committee had completed consideration of agenda item 19.

Draft resolutions under item 13 (E/CN.4/1998/L.12, L.13 and L.14)

Draft resolution E/CN.4/1998/L.12 (question of the death penalty)

6.   Mr. TOSCANO (Italy), introducing the draft resolution, emphasized that the approach adopted in the draft was one of dialogue and gradual progress toward the following objectives: full compliance with obligations under freely accepted international instruments; observation of the safeguards

guaranteeing protection of the rights of persons sentenced to capital punishment; the progressive reduction of the number of offences carrying the death penalty; and a moratorium on executions. The draft paralleled the trend identified by the Secretary-General in his report (E/CN.4/1998/82 and Corr.1), namely that the community of States was tending to move away from the death penalty. The draft resolution requested the Secretary-General to continue to update his analysis of changes in national law and practice on the subject. Finally, the text sought to promote the continuation of dialogue, not only with the States which shared the objectives of the co-sponsors, but also, and above all, with those States which had wished to reiterate their reservations in document E/CN.4/1998/156.

7.   Mr. XIE Bohua (China) pointed out that Switzerland was not a member of the Commission on Human Rights. Consequently the reference to that country as one of the authors of the draft resolution should be followed by an asterisk referring to the footnote.

Explanations of votes before the vote

8.   Mr. ZAKI (Pakistan) stated that the draft resolution under consideration recognized that the death penalty could be imposed for the most serious crimes, as did the International Covenant on Civil and Political Rights in article 6, paragraph 2. That was the situation in Pakistan, where the death penalty was applied only exceptionally, after due process of law and after consummation of the sentence by a higher body. The accused could appeal to the High Court or the Supreme Court; he could also petition for a pardon from the President, which had been granted in several cases. If the draft resolution was put to the vote, Pakistan would be obliged to vote against it.

9.   Mr. LEPATAN (Philippines) was unable to support a text which called for the progressive abolition of the death penalty or the introduction of a moratorium on executions, since capital punishment was provided for in the national Constitution, which was a fundamental text reflecting the sovereign will of the Philippine people. It was for each country to decide whether or not to apply the death penalty in order to protect individuals against the authors of heinous crimes. He wished to make it clear that in the Philippines the death penalty was pronounced only in respect of such crimes; that due process of law and the rights of the accused, including the right to petition for pardon or a commutation of the sentence, were fully respected; that minors under 18 years of age could not be sentenced to death; and that the death penalty was inflicted by means of humane procedures.

10.   Consequently, while respecting the right of countries to have a viewpoint differing from its own, the Philippines would not consider itself bound by the provisions of the text if it were adopted and would abstain if it was put to the vote.

11.   Mr. MOOSE (United States) said that under international instruments, including the provisions of the International Covenant on Civil and Political Rights, and according to democratic practice, the question of whether to abolish or retain the death penalty was a matter for each individual State. Some States had decided to abolish the death penalty; others, including the majority of the constituent states of the United States, had chosen to retain

it. In the United States the matter was a subject of extremely lively debate, and the country intended to keep full control of its decisions on the subject. Consequently the United States delegation could not support the draft resolution under consideration.

12. Mr. MORJANE (Tunisia) stated that article 5 of the Tunisian Constitution set forth the principle of the integrity of the human person and the inviolability of life. Consequently the death penalty was pronounced only in exceptionally serious cases. The last executions to take place in Tunisia were in 1992; the implication was that the death penalty had in practice been abolished in Tunisia. If the draft resolution under consideration was put to the vote, the Tunisian delegation would abstain.

13. Mr. SINWIA (Bhutan) stated that his country was not opposed to the objectives sought by the authors of the draft resolution under consideration. However, and even though the death penalty had not been applied in Bhutan since 1964 - which constituted a de facto moratorium on executions - the Bhutanese delegation could not support draft resolution L.12, since it ran counter to the right of sovereign States and their peoples to determine their own legal measures and penalties for the advancement of peace, security and justice.

14. Mr. ZAFERA (Madagascar) said that although the country's Penal Code, adopted in 1960 when Madagascar became independent, provided for the death penalty in respect of crimes committed with aggravating circumstances or serious offences deleterious to the internal or external security of the country, the country's criminal courts had since then imposed the death penalty only two or three times; moreover, in each case the sentence had been commuted to imprisonment with hard labour for life following an appeal for pardon or a petition for cassation. Consequently, if resolution L.12 was put to the vote, the Malagasy delegation would be guided by the foregoing considerations when voting.

15. At the request of the representative of the United States, seconded by the representative of Rwanda, draft resolution E/CN.4/1998/L.12 was put to the vote.

16. At the request of the representative of Italy, a roll-call vote was taken.

17. Mexico, having been drawn by lot by the Chairman, was called upon to vote first.

> In favour: Argentina, Austria, Belarus, Brazil, Canada, Cape Verde, Chile, Congo, Czech Republic, Denmark, Ecuador, France, Germany, Ireland, Italy, Luxembourg, Mexico, Nepal, Peru, Poland, Russian Federation, South Africa, Ukraine, United Kingdom, Uruguay, Venezuela.
>
> Against: Bangladesh, Botswana, Bhutan, China, Democratic Republic of Congo, Indonesia, Japan, Republic of Korea, Malaysia, Pakistan, Rwanda, Sudan, United States.

> Abstaining: Cuba, El Salvador, Guatemala, Guinea, India, Madagascar, Morocco, Philippines, Senegal, Sri Lanka, Tunisia, Uganda.

18.   Draft resolution E/CN.4/1998/L.12 was adopted by 26 votes to 13, with 12 abstentions.

Explanation of vote after the vote

19.   Mr. CHOWDHURY (Bangladesh) explained that, although his delegation had been unable to vote for the draft in present circumstance, it nevertheless hoped that the situation in Bangladesh would improve and that it would be able to take a stand in favour of the abolition of the death penalty in the fairly near future.

Draft resolution E/CN.4/1998/L.13 (Status of the international Covenants on human rights)

20.   Mr. WILLE (Norway), introducing draft resolution L.13, said that the text reaffirmed the importance of the international Covenants on human rights and appealed to all States which had not yet done so to become parties to them as well as to the optional protocols relating to them. The High Commissioner for Human Rights herself had on 19 March recalled the necessity of reaffirming the commitments entered into in Vienna and of envisaging the possibility of achieving universal ratification of the six major international instruments on human rights, if possible during the next five years.

21.   The speaker went on to draw the attention of the Commission to paragraphs 4, 5 and 7, in which States parties were urged to comply strictly with their treaty obligations and to avoid the erosion of human rights by derogations which did not comply with the additions and procedures laid down in article 4 of the International Covenant on Civil and Political Rights, or by reservations which were over-general or incompatible with the object and purpose of the relevant instrument. Paragraphs 12 and 13 reminded States parties of their obligation to submit their reports in good time and of the usefulness of the observations made at the conclusion of the consideration of those reports by the treaty bodies, and in particular the Human Rights Committee and the Committee on Economic, Social and Cultural Rights.

22.   Mr. Wille pointed out that paragraph 11 had been amended to read as follows: "Takes note of general observation 26 adopted by the Human Rights Committee and general observations 7 and 8 adopted by the Committee on Economic, Social and Cultural Rights ...".

23.   Ms. KLEIN (Secretary of the Commission) announced that Bulgaria, France, Guatemala, Madagascar, the Netherlands, Portugal, Romania, Spain, Ukraine, and Uruguay had also become sponsors of the resolution.

24.   Draft resolution E/CN.4/1998/L.13 was adopted without a vote.

Draft resolution E/CN.4/1998/L.14 (Fiftieth anniversary of the Convention on
the Prevention and Punishment of the Crime of Genocide)

25.   The CHAIRMAN observed that, due to an oversight, the name of the main
co-sponsor of the draft text - Armenia - had been omitted from the list of
countries which had prepared the text.

26.   Mr. NAZARIAN (Armenia) introducing the draft resolution, drew attention
to the continuing importance of the Convention on the Prevention and
Punishment of the Crime of Genocide. He invited the Member States in the
Commission to reaffirm during 1998, the year of the fiftieth anniversary of
the adoption of the Convention, the obligations they had entered into by
adhering to it. He also emphasized that the draft resolution invited States
which had not yet done so to ratify the Convention and called on the
international community as a whole to multiply its efforts to ensure full and
effective implementation of the provisions of the Convention. He hoped that
the draft resolution under consideration would be adopted by consensus.

27.   Ms. KLEIN (Secretary of the Commission) read out the list of countries
which had also become sponsors of the draft, namely Bangladesh, Belgium,
Brazil, Bulgaria, Canada, Cuba, Israel, Malaysia, the Netherlands, New Zealand
and Portugal.

28.   Draft resolution E/CN.4/1998/L.14 was adopted without a vote.

29.   The CHAIRMAN stated that the Committee had completed consideration of
agenda item 13.

Draft resolution under agenda item 14 (E/CN.4/1998/L.15)

Draft resolution (E/CN.4/1998/L.15) (effective implementation of international
instruments on human rights, including reporting obligations under
international instruments on human rights)

30.   Mr. SPLINTER (Canada), introducing draft resolution E/CN.4/1998/L.15,
drew attention to the following drafting amendments made in the operative part
of the text: in the last line of paragraph 1, replace "proposed at" by "of";
in the fifth line of paragraph 15, replace "of" by "their obligations under";
and in the sixth line of paragraph 21, after "character" add ", acknowledged
impartiality". The draft resolution sought to bring about the adoption of
concrete measures to increase the efficiency of the treaty body system, in
particular by finding the additional resources needed and by improving the
procedures for the submission of reports. Governments, specialized agencies
and other United Nations bodies, intergovernmental and non-governmental
organizations and individuals concerned were invited to communicate their
views on the reports of independent experts. The draft resolution also
recalled the importance of the principles of equitable geographical
distribution of membership of treaty bodies as well as the competence and
impartiality of members and called on States parties to consider how to give
better effect to those principles. Finally, it welcomed the contribution of
the treaty bodies, within their mandates, to the prevention of violations of

fundamental rights. The draft resolution was the outcome of long, frank and constructive discussions, and the Canadian delegation hoped that it would be adopted without a vote.

31.   Ms. KLEIN (Secretary of the Commission) announced that Andorra, Argentina, Chile, France, Germany, Ireland, Italy, Japan, the Republic of Korea, Liechtenstein, the Netherlands, Poland, Portugal, Sweden, Switzerland, Ukraine, the United Kingdom of Great Britain and Northern Ireland and Uruguay had also become co-sponsors of the draft resolution.

32.   Mr. COMBA (Finance Officer in the Secretariat) read out the financial implications of the provisions of paragraphs 14 and 19 of the operative part of the draft resolution; these amounted to US$ 360,000 and 6,200 respectively.

33.   Mr. SPLINTER (Canada) and Mr. FERNANDEZ PALACIOS (Cuba) expressed surprise at the financial implications, of which they had not been informed. In view of the size of the amounts stated, they proposed that a decision on the draft resolution be deferred.

34.   It was so decided.

QUESTION OF THE HUMAN RIGHTS OF ALL PERSONS SUBJECTED TO ANY FORM OF DETENTION OR IMPRISONMENT, IN PARTICULAR:

(a)   TORTURE AND OTHER CRUEL, INHUMAN OR DEGRADING TREATMENT OR PUNISHMENT;

(b)   STATUS OF THE CONVENTION AGAINST TORTURE AND OTHER CRUEL, INHUMAN OR DEGRADING TREATMENT OR PUNISHMENT;

(c)   QUESTION OF ENFORCED OR INVOLUNTARY DISAPPEARANCES; and

(d)   QUESTION OF A DRAFT OPTIONAL PROTOCOL TO THE CONVENTION AGAINST TORTURE AND OTHER CRUEL, INHUMAN OR DEGRADING TREATMENT OR PUNISHMENT (agenda item 8) (continued) (E/CN.4/1998/5, 32, 33, 34, 35, 36/Rev.1, 37 and Add.1 and 2, 38 and Add.1 and 2, 39 and Add.1 and Add.3 to 5, 40 and Add.1 and 2, 41, 42 and Corr.1, 43, 44 and Add.1 and 2, 111, 129, 139 and 153; E/CN.4/1998/NGO/82 and 99; A/52/387)

35.   Mr. ZAKI (Pakistan) stated that the Constitution of his country extended full protection to fundamental rights and freedoms; almost all the articles of the Universal Declaration of Human Rights found specific reflection in it. In particular, it affirmed the inviolability of human dignity and prohibited torture and arbitrary arrests and detention. Notwithstanding the difficulties inherited from the previous Governments, the Government of the Prime Minister, Mr. Sharif, was endeavouring to translate the guarantees proclaimed in the Pakistan Constitution into reality. Pakistan was also a democracy with a judiciary which determinedly protected the rights of citizens, a fiercely independent press and a highly organized and active civil society.

36.   The Government of Pakistan was having to cope with a number of problems. The most pervasive of these were poverty and underdevelopment.   The problems

had been compounded by the conflict in Afghanistan, which had had adverse economic and social consequences, particularly on account of the proliferation of weapons and of drugs. In addition, Pakistan had generously hosted 3 million Afghan refugees. Another neighbouring country, India, had helped to aggravate the difficulties met with. The repression in Kashmir having failed, that country was financing terrorist groups which were committing atrocities in Karachi and other cities in Pakistan. The Government of Pakistan was determined to combat urban terrorism, sectarian strife and other forms of sabotage with all the means at its disposal, in accordance with democratic principles and in accordance with Pakistan's Constitution and legislation and its international obligations.

37.   The Special Rapporteur on torture had recognized in his report (E/CN.4/1998/38, para. 153) that most of the cases mentioned occurred before the present Government was elected. The Pakistan delegation gave an assurance that the use of "fetters" to constrain the movements of prisoners would cease. It appreciated the work of the Working Group on Enforced and Involuntary Disappearances and considered that the Office of the High Commissioner for Human Rights should give it the support it needed. The Government of Pakistan was continuing its dialogue with the machinery of the United Nations.

38.   The Pakistan delegation keenly regretted that its country had become the subject of slander spread by non-governmental organizations financed by India. If those NGOs were genuinely concerned with the defence of human rights, they would begin by condemning the massive violations of those rights taking place in occupied Jammu and Kashmir. India was refusing to allow an impartial inquiry into the human rights situation in that State or visits by human rights organizations or United Nations mechanisms. That was not surprising in the light of the report of the Special Rapporteur on torture (E/CN.4/1998/38, para. 113).

39.   Mr. LONG Xuequn (China) said that the Government of China had adopted a firm stand to prohibit torture and other cruel, inhuman or degrading treatment or punishment and was taking steps to that end in the legislative, administrative and judicial fields. The provisions of the Penal Code which came into force in October 1997 specifically condemned unlawful detention, the extortion of confessions by torture and corporal punishment in places of detention and unequivocally provided for punishment in cases thereof. The Government of China had also devoted attention to the strengthening of prevention and supervision mechanisms, which could directly accept and investigate criminal cases in the fields mentioned. Deputies of the People's Congress and members of political consultative conferences could inspect prisons and detention centres. Prisoners were authorized to receive visits by reporters and relatives. In addition to the legal, administrative and social supervisory mechanisms mentioned, which had played an important role in preventing and prohibiting torture, the Government of China had initiated publicity campaigns and organized training courses for law enforcement personnel.

40.   China was abiding by all the relevant provisions of the Convention against Torture and Other Cruel, Inhuman or Degrading Treatment or Punishment and was submitting to the Committee against Torture the reports the latter requested on the implementation of the Convention. It was also participating

in the working group drafting an optional protocol to the Convention. It
considered that that protocol should reflect all the principles enshrined in
the United Nations Charter, such as the principle of respect for State
sovereignty and that the working group should continue its work with prudence
so that a text could be adopted which would satisfy all parties. In
conclusion, he stated that the Government of China would examine with care the
recommendations of the Working Group on Arbitrary Detention in its report on
its visit to the People's Republic of China (E/CN.4/1998/44/Add.2).

41.   Ms. BEDNAREK (Poland) welcomed the fact that the Special Rapporteur on
promotion and protection of the right to freedom of opinion and expression,
Mr. Hussain, had in his report (E/CN.4/1998/40) examined a certain number of
specific problems, and in particular those arising in the media of countries
in transition and in elections. She shared the view of the Special Rapporteur
that one of the best guarantees of respect for the right to freedom of
expression and information lay in the existence of independent media with
diversified ownership, a maximum of self-regulation and a minimum of State
interference.

42.   However, the Polish delegation considered that countries in transition
could not confine themselves to adapting their legislation to international
standards. First of all, the State monopoly controlling the whole of the
media sector must be broken up. To that end ownership of the communication
media must be distributed among the different groups making up civil society.
An equitable redistribution of the information media in this way was a
precondition for the enjoyment of freedom of expression in a genuinely
democratic and pluralist society. Steps sometimes had to be taken to prevent
excessive concentration of the media in the hands of a few owners. In the
view of the Polish delegation, it was for each country to find a solution
striking a balance between protection of the right to property and freedom of
expression.

43.   The Polish delegation welcomed the recommendation of the Special
Rapporteur to the effect that future discussions on implementation of the
right to development should take full account of the need to promote and
protect the right to seek, receive and impart information. As regards the
situation in Poland, she assured the Special Rapporteur that effect would be
given to the recommendations contained in the report on his visit
(E/CN.4/1998/40/Add.2).

44.   Mr. MORJANE (Tunisia) said that since its establishment the Commission
on Human Rights had contributed to the development of a universal awareness of
the importance of human rights and had played a major role in promoting them
and guaranteeing their effective implementation by means of the various and
numerous mechanisms it had progressively set up. He also noted that during
the last few years countries had been endeavouring to establish the conditions
which would allow all individuals to enjoy all their civil and political
rights and their economic, social and cultural rights in accordance with the
Universal Declaration of Human Rights and the international covenants.
However, the efforts being made frequently encountered sociological, economic
and cultural realities which sometimes hindered the full and entire promotion
of those rights.

45.   The Tunisian delegation observed that genuine enjoyment of human rights
was impossible except within a society careful to respect the balance between
the interests of the community as a whole and those of the individual as such.
Economic, social and cultural development and the level of education of the
citizens made for the enjoyment of human rights in general. The promotion of
those rights was a daily commitment, with a special focus on education.

46.   Since 1987, the President of Tunisia, Mr. Ben Ali, had been seeking to
build up a modernistic, open and balanced society by adopting a global and
progressive approach. At the political and institutional level, a number of
reforms had been undertaken to consolidate the primacy of the law, to
strengthen the basis of the republican regime, to develop a civic spirit, to
enshrine the principle of democracy in legal texts and to give it concrete
expression in real life, to promote freedom of opinion and expression and to
strengthen individual and public freedoms. Particular mention should be made
of the amendments to the Press Code in 1988 and 1993 designed to guarantee
freedom of opinion and expression; the 1988 and 1992 amendments to the Law on
associations, designed to promote civil society; and the promulgation in 1988
of regulations in line with international standards to govern the organization
of prisons. The President of the Higher Committee for Human Rights and
Fundamental Freedoms had authority to make unannounced visits to prisons to
acquaint himself with conditions of detention.

47.   Among the most recent reforms, the Tunisian delegation made particular
mention of the revision of the Constitution, which integrated and formally
established a multi-party system, in October 1997. In addition, a draft
amendment to the electoral code was under discussion; it was designed to
reform the voting method adopted since the last legislative elections,
in 1994, which enabled the opposition to enter the Chamber of Deputies for the
first time. The independence of the judiciary enshrined in the Constitution
was safeguarded by the Higher Council of the Magistrature. Tunisia had also
opened its frontiers to the new information technologies, guaranteeing all
individuals and associations access to the Internet worldwide network.

48.   The Tunisian delegation regretted to observe that, notwithstanding the
efforts made to promote dialogue and concertation in place of confrontation
and verbal escalation, some NGOs preferred to allow themselves to be
manipulated and to indulge in misinformation, peddling unfounded allegations
about his country. In acting thus, the NGOs concerned were pursuing covert
political ends, for a noble concern with the defence of human rights could not
be confused with a determination to cause harm to certain countries at any
price.

49.   Mr. ERMAKOV (Russian Federation) said that, when his country set its
foot on the path of democratization, it gave priority to the reform of the
administration of criminal justice and the penitentiary system. The latter
left much to be desired for a variety of reasons. In the first place,
sloughing off a totalitarian past was not an easy task. Secondly, most of
Russia's prisons had been built in the nineteenth century and were in a state
of decay such that rapid improvement was impossible on account of the lack of
financial resources.

50.   The reforms introduced in the field of justice had taken the form of the adoption of a new penal code and a new code to govern the execution of sentences. The preparation of a code of penal procedure was also on the agenda. The presidential pardon granted to 300,000 convicts had helped to relieve the pressure on the penitentiary system and thus had contributed to an improvement in the living conditions of prisoners.

51.   In accordance with the recommendations of the Council of Europe, control of the penal administration had been transferred from the Ministry of the Interior to the Ministry of Justice. Draft bills for the purpose had already been submitted to the Duma. Finally, it should be recalled that a month earlier the Russian Parliament had ratified the European Convention for the Prevention of Torture and Inhuman or Degrading Punishments or Treatment.

52.   In view of the importance which the Russian delegation attached to the mechanisms of the Commission and the role they played, particularly in Russia, it hoped that the mandates of the Special Rapporteur on Torture and the Working Group on Enforced or Involuntary Disappearances would be extended at the current session. In that connection Russia regretted that the number of States having signed what was a fundamental international instrument - the Convention against Torture - was not rising faster. It was also to be hoped that the optional protocol relating to the Convention, which could not but increase the latter's effectiveness, would reach the final drafting stage without delay.

53.   The Russian delegation wished to draw attention to an extremely disquieting problem, namely the barbaric practice of hostage taking, which unfortunately was becoming increasingly widespread throughout the world.   The Russian delegation intended to submit a draft resolution on this question and hoped that it would receive the full support of the members of the Commission.

54.   Mr. VIGNY (Observer for Switzerland) considered that the Commission on Human Rights had a moral and political obligation to extend for three years the mandate of the Working Group on Enforced or Involuntary Disappearances. The figures published by the Working Group in its most recent report covered 22 countries, in which over 100 cases of disappearances in those categories had been reported during the last 25 years; 9 of the countries concerned were in Latin America, 7 in Asia, 4 in Africa and 2 in Europe. To be able to combat this contemptible phenomenon, the Working Group had to be able to go to the field. Iraq was still refusing the Working Group access to its territory; but it seemed that Colombia, Iran, Turkey and Yemen were more willing to admit it. Switzerland appealed to the authorities of those countries to allow the Working Group to visit their territory once again during the present year.

55.   The Commission on Human Rights should also extend the mandate of the Special Rapporteur on Torture by three years. He too should be able to visit countries in which it was alleged that torture was a widespread practice. Switzerland was therefore counting on the promises to that effect made to the Special Rapporteur by Cameroon, Egypt and, more especially, Turkey. Switzerland also urged Algeria to allow Mr. Nigel Rodley to enter the country, together with the Special Rapporteur on Summary or Arbitrary Extrajudicial Executions. Switzerland also requested China, India, Indonesia and Kenya to respond positively to the requests for permission to make visits addressed to

them by the Special Rapporteur. Colombia should ensure follow-up on the mission of the Special Rapporteur by informing him of the measures taken in response to his recommendations. The same applied to Pakistan, which had already given the Commission oral assurances concerning the follow-up on the mission of the Special Rapporteur to that country in 1994.

56. Efforts to eliminate torture should be primarily concentrated on prevention. It was therefore desirable that the optional protocol concerning the Convention against Torture, the initial sponsors of which had been Costa Rica and Switzerland, should be adopted speedily.

57. Mrs. GWANMESIA (Observer for Cameroon) reminded the meeting that her country had replied in detail to the allegations made by Mr. Rodley in paragraphs 44 to 46 of his report (E/CN.4/1998/38/Add.1), concerning violations of human rights in Cameroon. In so doing Cameroon had showed the importance it attached to the mandate of the Special Rapporteur.

58. The emergency legislation in Cameroon was repealed in 1990. In the same year a National Commission for Human Rights and Freedoms was set up to take cognizance of complaints of human rights violations. The members of the Commission visited prisons to ensure that the prisoners were not victims of abuse. Finally, on 18 January 1996 Cameroon had adopted a new Constitution containing guarantees concerning the rights of detainees, and in November of the same year the National Assembly amended the Cameroon Penal Code to make torture an offence. Recently two police officers in Yaoundé, implicated in acts of torture which had led to the death of a detainee, had been charged.

59. The Cameroon authorities did not in any way approve unlawful acts committed by public officials. Equally, it did not accept that genuine or purported victims of such acts should surreptitiously transmit information to foreign missions or organizations in order to enlist their support when they themselves had sometimes committed serious violations of the law. It had also to be remembered that detention was never painless, if only because it deprived the individual of his freedom. That was an unquestioned fact, even in international instruments such as the Convention against Torture. Law enforcement officials had a difficult task; that was recognized in the Code of Conduct for Law Enforcement Officials adopted by General Assembly resolution 34/169. Detention centres were overcrowded, archaic and unhealthy. These matters could not be dealt with rapidly owing to the difficult financial situation of the country; consequently the condition of prisoners was even more unpleasant. In that context the training of penitentiary personnel was a major preoccupation of the Government of Cameroon. To achieve a rapid improvement in this domain, the Cameroon delegation appealed to the Office of the High Commissioner for Human Rights for assistance. Lastly, respect for human rights was not reconcilable with poverty; that was the field in which the international community should act first.

60. In conclusion, the Cameroon delegation repeated the invitation to visit Cameroon extended orally to the Special Rapporteur, Mr. Nigel Rodley.

61.   Mr. DAUDIN (International Committee of the Red Cross - ICRC), speaking under agenda item 8, observed that during the last 15 years the capacity to observe and prevent violations had increased significantly, and he stressed the importance of complementarity in the measures taken.

62.   The ICRC intervened to assist persons deprived of liberty. Initially it confined its field of activity to armed conflicts; but now it was to an increasing degree intervening in crisis situations of all kinds. It worked with the consent of the authorities concerned and without commenting on the reasons for imprisonment. Its approach was one of promoting responsibility on the part of the competent authorities by developing in-depth dialogue with them and offering them constructive and realistic recommendations.

63.   The ICRC sometimes had to make up for shortcomings on the part of the authorities by providing assistance in fields such as health, food and hygiene. It also observed with concern that in an increasing number of countries the material conditions of detention were deteriorating to such a degree that the physical integrity, and even the lives, of prisoners were endangered.

64.   In conclusion, Mr. Daudin reaffirmed that the ICRC had neither the pretension nor the resources to defend all the rights of detainees. His organization sought primarily to promote reconciliation by focusing on the strengthening of national and institutional capacities and of cooperation. He urged the international community to adopt a similar approach.

65.   Mr. SOUALEM (Algeria), speaking on agenda item 8, reiterated that the Government of Algeria had always cooperated with the mechanisms of the Commission on Human Rights and intended to continue that cooperation with transparency and serenity. The effectiveness of those mechanisms depended on an objective examination of allegations received.

66.   In that connection he regretted that the Special Rapporteur on Torture, in that part of his report concerning Algeria, had not applied that principle and had seen fit to reproduce word for word the allegations contained in a document from an NGO whose hostility to his country was well known.

67.   It should be recalled that the conclusions of the examination of the second periodic report submitted to the Committee Against Torture, on 18 November 1996, had been positive inasmuch as the Committee had noted with satisfaction that Algeria had adopted new legislative measures and set up machinery designed to prevent and punish torture. The Algerian courts would not admit any form of impunity or indulgence towards persons guilty of excesses, and had proved this by inflicting heavy penalties on the authors of such acts.

68.   Mr. JAHROMI (Observer for the Islamic Republic of Iran) stressed the vital importance of the right to freedom of opinion and expression in any society which aspired to democracy. Truth could only be attained through the free expression of ideas in all their diversity. Likewise, freedom of expression was essential to enable society as a whole to monitor the performance of the Government. In that connection it was encouraging to observe that that right was becoming increasingly acknowledged, but at the

same time its scope had to be understood and steps taken to ensure that it rested on the principles of impartiality, non-selectivity and objectivity, particularly within international institutions. A selective approach in that field could not but be prejudicial to the cause of freedom of expression; a recent example was the case of Roger Garaudy, a Muslim writer who had expressed his opinion on a historical event and had been sentenced.

69. It was to be regretted that the international community, and in particular the human rights defenders, had shown no interest in that conviction. In that field, as in others, it was essential to put an end to attitudes involving application of double standards.

70. <u>Mr. Gallegos Chiriboga (Ecuador) took the Chair</u>.

71. <u>Mr. EFTYCHIOU</u> (Observer, Cyprus) recalled that the problem of the missing persons in Cyprus, which had come before the Commission for the first time in February 1975, had still not been resolved. However, on 31 July 1997 an agreement on the problem had been reached between President Clerides and the Turkish Cypriot leader Mr. Denktash. Both agreed on the right of families to be informed of the fate of their loved ones, and, where the latter were proved to be dead, to have them buried in accordance with their religious traditions and practices. An initial exchange of information on the places where missing persons were buried had already taken place. The other steps provided for in the agreement would be implemented in a spirit of cooperation and goodwill.

72. Another positive development was the identification of one of the five United States citizens who disappeared in Cyprus after the Turkish invasion of 1974. That event, together with the forthcoming appointment by the United Nations Secretary-General of his representative in the Committee on Missing Persons, gave cause for hope that a solution to that tragic humanitarian problem would be found.

73. <u>Mr. SINYINZA</u> (Observer, Zambia) wished to set the record straight concerning that part of Mr. Rodley's report relating to Zambia.

74. After the failure of the attempted <u>coup d'état</u> in Zambia on 28 October 1997, the persons implicated in it were detained pending formal charges against them. In view of the complexity of the matter, it had been thought prudent to invoke emergency legislation in order to facilitate the investigations. That legislation had since been repealed. In any case, the detainees had enjoyed all their rights, had received medical treatment and had had access to lawyers of their choice. Some of them had also challenged the legality of their detention before the courts.

75. As for the allegations of torture made against the police authorities by detainees, the Zambian delegation wished to assure the Commission that those allegations had been referred to the national human rights commission, an independent body with official responsibility under the Constitution for investigating acts of that kind.

76. <u>Mrs. KEYHANI</u> (International Federation of Women in Legal Careers) stated that in any country the conduct of the judiciary and the rules governing it

were the best yardsticks for assessing the level of respect for human rights in that country. In Iran the will of the "supreme religious leader" had for a number of years overridden the law and justified death sentences issued not only against opponents of the regime but also against citizens of other countries. In Iran the use of torture was systematic, and cruel treatments such as flogging, amputation of limbs and stoning to death were still current. Recently in Kermanshah a religious dignitary had declared that if the judiciary were to drag a few persons to the city square and cut off their hands or stone them to death, society would return to the proper path. Video recordings of stoning scenes in Iran had been smuggled out. Among other things, they show a "religious" judge casting the first stone at the victims.

77.   As regards freedom of thought and expression in Iran, the Ayatollah Mohajarani had recently stated that he had sole responsibility for censorship. During the last 19 years the ruling clergy had suppressed all dissenting views, seeing them as attacks against the foundations of religion and morality. The human rights situation in Iran was serious, and strong action was needed.

78.   Mr. GHEBREHIWET (International Council of Nurses) said that his organization, founded almost 100 years ago, had grown into a federation of 118 national associations of nurses throughout the world. The vocation of nurses, both men and women, was to deliver care to any person in need of care, and in particular to detainees, irrespective of their race or their religious or political convictions. However, in an increasing number of countries health-care auxiliaries were themselves being arrested, imprisoned and tortured simply because they had done their jobs. The Commission on Human Rights, Governments and NGOs were therefore called upon to recognize that health care was a fundamental right of all individuals, including detainees and victims of torture; to condemn restrictions imposed on health-care personnel on the basis of political, geographical, racial or religious considerations; and to protect nurses against reprisals. To that end it was important to secure compliance with General Assembly resolution 37/194 concerning the principles of medical ethics.

79.   Mr. RASOOL (World Muslim Congress) denounced the systematic violations of human rights being committed in Jammu and Kashmir, the seven north-eastern States of India and the Punjab. The emergency legislation adopted by India covered all the exactions of the armed forces, the paramilitary forces and the secret armies. The Armed Forces Special Powers Act of 1958 gave the Indian army absolute licence to kill, maim and arrest. The infamous Terrorist and Destruction Activities (Prevention) Act, although it technically lapsed in 1995, was still being applied intensively in Jammu and Kashmir, where, according to a statement by the Indian Minister of State for Home Affairs, 482 people were still being detained under that Act. The National Security Act of 1980 permitted detention of individuals for up to one year. Similarly, the Jammu and Kashmir Disturbed Area Act and the Jammu and Kashmir Public Safety Act empowered the Indian army to make arbitrary arrests.

80.   The Indian National Human Rights Commission had declared that it did not have competence to investigate the exactions of the Indian armed forces. The ICRC had not been authorized to enter the detention or transit centres where youths of Kashmiri origin were tortured. The human rights organizations

estimated that 32,000 of the latter were being held in these centres. India,
as the occupying Power, was obliged to comply with the provisions of the
1949 Geneva Conventions and the International Covenant on Civil and Political
Rights, which protected the right to life, even in situations of armed
conflict or when a state of emergency had been proclaimed. The Commission
should bring pressure to bear on India to end the violations of human rights
committed in Jammu and Kashmir and send the Special Rapporteur on the question
of human rights and states of emergency there to assess the seriousness of the
situation.

81.   Mr. SHIMOJI (World Federation of Trade Unions) said that there were
persons in detention in every country in the world. What distinguished
countries was the manner in which those detainees were treated. It had been
observed that in the countries where levels of education were low, the
possibility of people under detention being maltreated was often greater.

82.   He pointed out, while the State arrogated to itself the right to arrest
and imprison suspected terrorists, the terrorist groups themselves did not
hesitate to have recourse to torture, kidnappings, rape and forced marriages.
The facts presented to the Commission concerning the situation in Pakistan
showed that the Mojahirs and the Sindis were being subjected to inhumane
violence by ultranationalist and mercenary groups.

83.   If the rights of individuals were to be preserved, the authorities must
be educated and made aware of the rights of detainees. In addition, the
international community should denounce societies in which detention and
torture were practised in accordance with social and religious norms.
Finally, when acts of detention and torture were committed by non-State
elements such as terrorist groups, the international community should condemn
those groups and, more importantly, the States which offered them havens.

84.   Mr. BHUGYAL (Worldview International Foundation) noted with satisfaction
that the Special Rapporteur on torture and the Working Group on Enforced or
Involuntary Disappearances had in their respective reports expressed concern
regarding the human rights of detainees in Tibet, where the human rights
situation was showing no improvement. Although the Chinese authorities had
allowed the Working Group on Arbitrary Detention to visit the Drapchi prison,
it had not been able to assess the real situation of prisons and prisoners in
Tibet. However, the visit was an encouraging sign. However, according to
information received from Tibet, several detainees, including 1 of the
10 prisoners permitted to have private interviews with members of the Working
Group, had been severely punished for raising pacific slogans when the
delegation visited the prison. Worldview International Foundation considered
it regrettable that that incident had not been mentioned in the report of the
Working Group and requested the latter to make public the names of the
10 prisoners it had met in Drapchi prison and to ensure that they suffered
no reprisals.

85.   The human rights situation in Tibet was deteriorating. This was clear
from the following examples: more than 1,200 political prisoners, including
39 juveniles and 259 women, were still imprisoned; and in 1996 and 1997
over 350 Tibetans were detained for political reasons. Political prisoners
were still being tortured, and at least six of them had died in prison

in 1997. Enforced disappearances were increasing in numbers and the Chinese
authorities were still refusing to tell the Working Group the whereabouts of
the eleventh Panchen Lama of Tibet. To protest against that situation,
6 Tibetans had been on an indefinite hunger strike in New Delhi for 25 days.
The Commission would help to save the lives of those six persons by adopting
a statement on the situation in Tibet.

86. Ms. SIKORA (Transnational Radical Party) stated that there was a country
in which the authoritarian regime did not allow its prisons to be visited and
refused to admit the Special Rapporteur of the Commission. The one-party
regime controlled the whole of the judiciary and prohibited all trade union
activity. That country had not taken any steps to comply with the bodies of
minimum rules for the treatment of detainees. Ill-treatment was frequent,
since complaints were never upheld. Worse still, anybody could be arrested
for such nebulous offences as disrespect, resisting authority, enemy
propaganda or conduct contrary to socialist morality. All that information
was contained in the most recent report (E/CN.4/1998/69) of the Special
Rapporteur on the situation of human rights in Cuba. It was time to reaffirm
that the United States embargo - which was not a worldwide embargo - was
merely an alibi for the Cuban regime. Anybody who still thought that that
totalitarian regime held the keys to Paradise was forgetting that the whole
island was a prison full of political prisoners. The Transnational Radical
Party, some of whose members were in that prison, would continue, together
with other non-violent organizations, to campaign to secure the triumph of
right.

87. Mr. MORALES (Committee for the Defence of Human Rights in
Central America) drew attention to the many shortcomings of the system of
administration of justice in Guatemala, in particular because the judges were
unable to discharge their duties in full independence. This was attributable
primarily to the fact that the only body with power to appoint judges and to
apply administrative sanctions was the Supreme Court of Justice. Nominations
and promotions of members of the judiciary, far from being governed by
objective criteria, were to a considerable degree subject to political
manoeuvrings unacceptable where the rule of law applied.

88. It was also very difficult for the judiciary bodies to escape from
the influence of the other powers of State, pressure groups and the media,
particularly when they were called upon to judge public officials responsible
for human rights violations. A clear example was to be found in the
acquittal, in November 1997, of the persons responsible for the death of a
student during a demonstration in 1994. Lastly, in Guatemala, judges, lawyers
and all persons with a role in the judiciary were very frequently the subject
of death threats when they had to deal with particularly serious cases. The
prosecution witnesses in the affair of the Xaman massacre received death
threats. It had also been observed throughout the trial that the armed forces
had bribed witnesses. The law concerning the protection of accused persons
and persons connected with the administration of justice, adopted
on 27 September 1996, had not led to any improvement in this situation.

89. Mr. SANCHEZ (Federation of Associations for the Defence and Promotion
of Human Rights) wished publicly to affirm the support of the federation he
represented for the Spanish higher court (Audiencia nacional española) to

which the matter of the Spanish nationals who had disappeared during the periods of military dictatorship in Argentina and Chile had been referred. That court was competent to judge the crimes against humanity committed during those periods of dictatorship in accordance with the principle of universal penal jurisdiction enshrined in Spanish domestic legislation and in international law. The armed forces in Argentina and Chile had committed acts defined as "crimes against humanity" in international customary law. The authors of those crimes had not been judged as they should have been because they had been amnestied under laws referred to as "clean slate" or "due obedience" laws promulgated under pressure from the armed forces. Inasmuch as those crimes had already been designated as crimes against humanity in international law, they came within the scope of Spanish penal legislation, even though the latter came into force after those crimes had been committed. There was no time-bar for crimes against humanity.

90. Rejection of impunity was inherent in the notion of democracy; it embodied the right to truth, the right to justice and the right to compensation. Unquestionably, the cases being judged by the Spanish court in question constituted a response to a need to satisfy those rights. For that reason, Spain was in favour of the creation of an international criminal tribunal in order to prevent new genocides and other crimes against humanity.

91. As regards the human rights situation in the world in general, the Federation of Associations for the Defence and Promotion of Human Rights was deeply concerned by the continual violations of those rights in Turkey affecting the Kurdish people and those to which the population of East Timor were being subjected by Indonesia. Lastly, it denounced the obstacles which the Government of Morocco was continuing to place in the way of the process of identification of Sahraoui citizens for purposes of the forthcoming referendum. The federation therefore called for the immediate dispatch of international observers to the spot to ensure that the electoral lists were drawn up with due transparency.

92. Mr. Selebi (South Africa) resumed the Chair.

93. Mr. SANNIKOV (International League for Human Rights) welcomed the report of the Special Rapporteur on Freedom of Opinion and Expression on his mission to Belarus (E/CN.4/1998/40/Add.1). The situation in that country had deteriorated. This was evidenced by arrests of demonstrators, intimidation campaigns against political opponents and even the prohibition of independent media. The quasi-totalitarian system set up following the rigged referendum of 1996 ignored the principle of separation of powers. The President of the Republic, who could govern by decree, controlled both the judiciary and the Parliament - a situation totally incompatible with the process of democratization. In addition, a certain number of recent events gave reason to believe that the authorities had no intention of putting an end to the massive violations of human rights. Two Russian television journalists had received suspended prison sentences for clearly political reasons. The author of a satirical documentary on the President had been beaten up by unknown persons; an independent journalist had been kidnapped; and the principal non-governmental newspaper (Svaboda) had been banned. The authorities had also taken additional measures to restrict freedom of expression. The amendments to the Law on the Press which came into force in January 1998 made

the latter a practically empty shell. Responsibility for censorship lay with Customs officials and public councils set up in January 1998. The international community must take significant steps to urge the Belarus authorities to comply with their international obligations and restore respect for human rights in the country.

94.   Mr. IDIGOV (Society for Threatened Peoples) drew the attention of the Commission to the violations of the Convention against Torture and Other Cruel, Inhuman or Degrading Treatment or Punishment committed by the Russian Federation in the Chechen Republic of Ichkeria. The Russian Federation was refusing to implement the peace agreement it had signed on 12 March 1997. Since the end of the war the Russian authorities had continued to apply their policy of ethnic discrimination against the peoples of the Caucasus in general and the Chechens in particular, in the latter case under the guise of combating organized crime. The Society for Threatened Peoples requested the Commission on Human Rights to intervene with the Russian Federation to bring an end to that situation.

95.   Mr. JOINET (Working Group on Arbitrary Detention) wished to correct a serious mistake which had occurred in the annex to the report of the Working Group on its visit to China (E/CN.4/1998/44/Add.2). The French text of the report stated that the delegation had interviewed 10 inmates in Drapchi prison and that some of them had been chosen from a list supplied by the authorities. In actual fact the list in question had been submitted to the authorities. He also pointed out that during its visit to Drapchi prison the Working Group had heard protests being made by one person held in the compound for common law prisoners. Thus, contrary to what had been affirmed by an NGO, no group of persons was involved. In addition, Human Rights Watch had recognized that it had read the report somewhat hastily and that consequently its criticisms should be moderated. Finally, since China had undertaken to implement the four recommendations made by the Working Group, Mr. Joinet stated that it would be necessary to return to the subject next year to review the situation.

96.   Mr. CUMARASWAMY (Special Rapporteur on the Independence of Judges and Lawyers) offered some clarifications in reply to the statements made by the Peruvian delegation. First of all, the statement that the report was three years late was inaccurate, since the mission of the Special Rapporteur to Peru had taken place in September 1996. Moreover, he considered that he had a duty to cover recent events in his report, since in his view his mandate was of a continuing nature. As for the allegations that he had based his report on the opinions of third parties, he invited the Government of Peru to inform him of any item of information in his report which was inaccurate. Contrary to what had been said by the Peruvian delegation, he had transmitted a copy of his report to the Permanent Mission of Peru on 3 February 1998. As regards the press conference he had given at the end of his mission in September 1996, during which he had announced his preliminary observations, he could not remember the Government of Peru raising any objections on the subject during the fifty-third session of the Committee. In conclusion, h° stated that he was impatiently awaiting the observations of the Governmer° Peru on the conclusions and recommendations of substance contained in h° report.

Statements made in exercise of the right of reply

97.   Mr. SUAREZ FIGUEROA (Venezuela) said that in its statement made on the previous day the International Prison Watch (which was, incidentally, doing excellent work) had only described part of the actual situation. It was true that the administration of justice in Venezuela was suffering from many shortcomings, particularly as regards the situation in penitentiary establishments. Fortunately, the Government had during the last three years taken a considerable number of steps to bring about significant improvements in the judicial system. Those measures included the implementation of a programme costing US$ 150 million to combat overcrowding in prisons; the adoption of a new Code of Penal Procedure which would speed up the machinery of justice and provide better safeguards for the rights of detainees; the preparation of a law making police officers committing acts of torture liable to punishment; the launching of a large-scale programme designed to improve conditions of detention and the training of prison warders; expansion of the system of free legal aid and facilitation of relations between detainees and members of their families; the establishment of a register of detainees; distinction between accused and convicted persons; and the separation of detainees in accordance with the type of offence. The non-governmental organizations could not claim ignorance of those measures, all the more so as they had been associated with the preparation of the national human rights programme.

98.   Mr. FERNANDEZ PALACIOS (Cuba) speculated on the sources of finance of the NGO known as the Transnational Radical Party, which was able to accreditate 70 persons; participation at a session of the Commission on Human Rights was an expensive matter, even for certain government delegations. The Cuban delegation did not wish to return to the substance of the statement by the Transnational Radical Party, for it knew perfectly well who was behind statements of that kind. However, it would request the Committee of NGOs to take the necessary steps to ensure that such a situation did not arise again.

99.   The Chairman declared the debate on agenda item 8 closed.

The meeting rose at 6.25 p.m.

UNITED

NATIONS

E

Economic and Social

Council

Distr
GENERAL

E/CN.4/1998/SR.29
7 September 1998

ENGLISH
Original: FRENCH

COMMISSION ON HUMAN RIGHTS

Fifty-fourth session

SUMMARY RECORD OF THE 29th MEETING

Held at the Palais des Nations, Geneva,
on Thursday, 2 April 1998, at 3 p.m.

Chairman: Mr. SELEBI   (South Africa)

later: Mr. CHOWDHURY   (Bangladesh)
                (Vice-Chairman)

CONTENTS

QUESTION OF THE HUMAN RIGHTS OF ALL PERSONS SUBJECTED TO ANY FORM OF DETENTION
OR IMPRISONMENT, IN PARTICULAR:

(a)   TORTURE AND OTHER CRUEL, INHUMAN OR DEGRADING TREATMENT OR
        PUNISHMENT;

(b)   STATUS OF THE CONVENTION AGAINST TORTURE AND OTHER CRUEL, INHUMAN
        OR DEGRADING TREATMENT OR PUNISHMENT;

This record is subject to correction.

Corrections should be submitted in one of the working languages. They
should be set forth in a memorandum and also incorporated in a copy of the
record. They should be sent within one week of the date of this document to
the Official Records Editing Section, room E.4108, Palais des Nations, Geneva.

Any corrections to the records of the public meetings of the Commission
at this session will be consolidated in a single corrigendum, to be issued
shortly after the end of the session.

GE.98-11748   (E)

CONTENTS (<u>continued</u>)

(c)   QUESTION OF ENFORCED OR INVOLUNTARY DISAPPEARANCES;

(d)   QUESTION OF A DRAFT OPTIONAL PROTOCOL TO THE CONVENTION AGAINST
       TORTURE AND OTHER CRUEL, INHUMAN OR DEGRADING TREATMENT OR
       PUNISHMENT (<u>continued</u>)

DRAFTING OF A DECLARATION ON THE RIGHT AND RESPONSIBILITY OF INDIVIDUALS,
GROUPS AND ORGANS OF SOCIETY TO PROMOTE AND PROTECT UNIVERSALLY RECOGNIZED
HUMAN RIGHTS AND FUNDAMENTAL FREEDOMS

The meeting was called to order at 3 p.m.

QUESTION OF THE HUMAN RIGHTS OF ALL PERSONS SUBJECTED TO ANY FORM OF DETENTION OR IMPRISONMENT, IN PARTICULAR:

(a) TORTURE AND OTHER CRUEL, INHUMAN OR DEGRADING TREATMENT OR PUNISHMENT;

(b) STATUS OF THE CONVENTION AGAINST TORTURE AND OTHER CRUEL, INHUMAN OR DEGRADING TREATMENT OR PUNISHMENT;

(c) QUESTION OF ENFORCED OR INVOLUNTARY DISAPPEARANCES;

(d) QUESTION OF A DRAFT OPTIONAL PROTOCOL TO THE CONVENTION AGAINST TORTURE AND OTHER CRUEL, INHUMAN OR DEGRADING TREATMENT OR PUNISHMENT

(agenda item 8) (continued) (E/CN.4/1998/5, 32-35, 36/Rev.1, 37 and Add.1, 38 and Add.1 and 2, 39 and Add.1 and Add.3-5, 40 and Add.1 and 2, 41-43, 44 and Add.1 and 2, 111, 129 and 139; E/CN.4/1998/NGO/82 and 99; A/52/387)

1.   Mr. BATT (International Institute for Peace) said that arbitrary detentions and torture were sometimes carried out by non-governmental groups, either acting on their own initiative or with the collusion of States. The Pandit community in Kashmir, to which he belonged, had suffered human rights violations of that type since the early 1990s. Some 1,500 Pandit intellectuals had been executed and there were many cases of illegal detention, kidnapping, torture and murder. During the night of 25 to 26 January 1997, for example, a score of men armed with automatic weapons had besieged a village not far from Srinagar. Then, obviously on orders from abroad, they had executed 23 Pandits, including 9 women and 4 children, one a baby of 13 months. That incident was only one in a long series of atrocities committed in Kashmir for more than seven years, with Muslims and foreign tourists among the victims. It was no secret that those inhumane acts were part of a systematic campaign of ethno-religious cleansing carried out by terrorists and mercenaries from abroad. The head of the Harkat-Ul-Ansar organization, based in Pakistan and listed as a terrorist group by the American State Department, had said that his organization was waging a holy war in Kashmir.

2.   The Pandit community called on the Commission to condemn the atrocities committed in Kashmir and requested the Special Rapporteur on torture to make an on-site inspection in order to investigate the cruel, inhuman and degrading treatment inflicted upon the inhabitants.

3.   Ms. SLESZYNSKA (Christian Democrat International) said that her organization wished to draw the Commission's attention once more to the fate of thousands of refugees who had left Cuba from Port Mariel in 1980. Some had been arbitrarily detained on their arrival in the United States for alleged offences committed in Cuba, others, having committed offences in the United States, had been unjustifiably detained by the Immigration and Naturalization Service on their release from prison. According to the report of the Working Group on Arbitrary Detention (E/CN.4/1998/44/Add.1), Cuban

refugees, such as Félix Gómez, Angel Benito and Cándido Rodríguez Sánchez, had
spent over 10 years in detention without charge or trial. The Working Group
considered that the deprivation of liberty suffered by those persons for an
indefinite period was arbitrary and contrary to articles 9 and 10 of the
Universal Declaration of Human Rights, and articles 9 and 14 of the
International Covenant on Civil and Political Rights, and it had requested the
United States Government to take the necessary steps to remedy that situation.
At the close of 1997, there were still nearly 1,000 Cuban refugees from Mariel
in prison in the United States, in breach of a ruling of the Ninth District
Appeals Court that any foreigner, even if expellable, was entitled to due
process and could not be held in detention for a long period without trial.
Such arbitrary detentions were compounded by cruel, inhuman and degrading
treatment of the detainees, reported in vain by the Mariel refugees and
members of their families to the prison authorities and the American Congress.
Her organization hoped that measures would be taken at long last to remedy the
situation.

4.   Mr. KENNY (International Treaty Four Secretariat) asked the Commission
to institute an independent inquiry into an incident that had occurred
on 20 June 1978, in which a man by the name of Orval Bear had been seriously
wounded and his wife Sandra, who was pregnant at the time, had lost her child
as a result of brutal and irresponsible behaviour by members of the Canadian
Mounted Police. Since that time, Orval Bear had failed to obtain justice and
had continued to be subjected to harassment in spite of the fact that during
their trial the officers in question had stated on oath that it had been their
intention to kill him.

5.   He also drew the Commission's attention to the attitude of the Canadian
Government to compensation for the victims of offences committed under the
Residential School system. In January 1998, the Federal Government had
admitted responsibility in a statement by the Minister of Indian Affairs,
recognizing that the system had separated many children from their families,
preventing them from speaking their own languages and learning about their
heritage and culture. It had left legacies of pain in indigenous communities.
It was also admitted that some children had been ill-treated and subjected to
sexual abuse. The compensation proposed to the victims was pathetic in view
of the number of cases involved. Furthermore, the Federal Government through
its Legal Department had issued to the families which had rejected the offers
made a letter that merely added insult to injury. His organization asked the
Federal Government to re-examine the matter and rectify the situation through
consultation.

6.   Mr. ULMER (Lawyers Committee for Human Rights) said that his
organization had been working in Northern Ireland since the early 1990s and
had focused attention on the situation of defence lawyers. It fully concurred
with the conclusions and recommendations in the report (E/CN.4/1998/39/Add.4)
by the Special Rapporteur on the independence of judges and lawyers,
particularly regarding the outstanding questions surrounding the murder of the
defence lawyer Patrick Finucane. As the Special Rapporteur pointed out, so
long as that murder was not elucidated, many in the community would continue
to lack confidence in the ability of the Government to dispense justice in a
fair and equitable manner. Some had argued that the resolution of such issues
depended on the resolution of the larger political impasse, but his

organization took the view that, on the contrary, the parties involved would be unable to make political concessions until they felt confident that their basic rights would be respected.

7.   The Commission should encourage the United Kingdom Government to continue the process initiated by establishing a three-judge panel to inquire into the occurrences on "Bloody Sunday" in January 1972, and initiate a similar inquiry into the murder of Patrick Finucane. It should also consider repealing the emergency legislation, which had been linked to serious human rights violations and had exacerbated the conflict. The special procedures for dealing with persons charged with security offences were in contravention of international standards. As the United Kingdom Government moved to incorporate the European Convention on Human Rights into domestic law, it should withdraw its derogation of article 5 (3) of the Convention, and comply with the 1996 judgement in the Murray case by the European Court, which had found that the removal of the right to remain silent, combined with restrictions on access to legal advice, was in breach of the right to fair trial. The United Kingdom Government should encourage the widest possible consultation with civil society and international experts with a view to the drafting of a bill of rights for Northern Ireland.

8.   Mr. GALNARES (International Federation for Christian Action for the Abolition of Torture), also speaking on behalf of 48 Mexican organizations, said that the use of torture in Mexico as a method of police investigation and as a tool for political repression by the armed forces was to be strongly condemned. Impunity was one of the most disturbing aspects of the matter. The victims of ill-treatment were generally afraid to complain because of the close links between the prosecution and the police. Furthermore, complaints rarely led to effective results. Out of 1,200 complaints received by the national Human Rights Commission only some 50 had led to court proceedings. Since 1996, torture had become systematic, mainly in the states of Guerrero, Oaxaca and Chiapas, as part of the operations to eliminate alleged members of the People's Revolutionary Army. Unfortunately, confessions obtained under torture could be used in evidence even when they were later retracted.

9.   His organization demanded an end to arrests without a warrant, and to torture to extort confessions; that the initial statements made by arrested persons should not be admissible as evidence; and that the Mexican Congress should authorize public human rights commissions to bring criminal actions against those responsible for serious human rights violations. The Government must also comply scrupulously with all the recommendations in the report (E/CN.4/1998/38/Add.2) of the Special Rapporteur on torture, and recognize the competence of the Committee against Torture to consider communications from private individuals. It would also be desirable for the Mexican Government to participate in the elaboration of the draft optional protocol to the Convention against Torture, which would allow members of the Committee to make periodic visits to detention centres.

10.   Mr. LEWIS (United Nations Children's Fund (UNICEF)) said that children were often forgotten in discussions of human rights violations, and he wished to emphasize that the systematic abduction of children by the so-called "Lord's Resistance Army" in northern Uganda had no equivalent anywhere on the face of the Earth. It was true that children were often swept into the vortex

of conflict, but the unique feature of what was happening in northern Uganda
was the deliberate targeting of children. Over the past four or five years
between 6,000 and 8,000 children had been abducted. Approximately half had
succeeded in returning home, all of them bearing indelible physical and
emotional scars. From what they reported, a quarter of those who had
disappeared were still in captivity, and the rest almost certainly dead. If
ever there was a case for the world to rally and put an end to infamy, it was
such a psychotic war on children.

11.   With the assistance of the Office of the High Commissioner for Refugees
and the Sudanese Government, UNICEF had succeeded in repatriating to Uganda
14 children and 3 adults who had been abducted by the Resistance Army but
had succeeded in escaping to Sudan, and it hoped to do likewise with the
2,000 children thought to be still in the hands of the Resistance Army. His
organization appealed to the international community, through the Commission,
to make a supreme effort to bring the reign of terror of the Lord's Resistance
Army to an end. If there was no change, many children from northern Uganda
would never see the fifty-first anniversary of the Universal Declaration of
Human Rights.

12.   Ms. RISHMAWI (International Commission of Jurists (ICJ)) said that her
organization welcomed the report of the Special Rapporteur on the independence
of judges and lawyers (E/CN.4/1998/39) and endorsed the conclusions in the
three addenda on his missions to Belgium, Peru and Northern Ireland.
Regrettably, the report of the Special Rapporteur on Colombia had still not
been published. The ICJ had documented the cases of 19 jurists who had been
harassed in Colombia in 1997 and considered that the impunity granted to those
who committed human rights violations undermined the system of justice. The
situation in Turkey was particularly disturbing: lawyers were deterred from
representing cases unpopular with the Government for fear of imprisonment or
closure of their offices. Her organization was following 44 such cases in
Turkey, including the cases against 16 lawyers from Diyarbakir.

13.   In Nigeria, the Government continued to rely on military tribunals
operating outside the regular constitutional order, and on decrees that
blocked judicial review. It also frequently refused to respect court rulings.
With regard to Myanmar, the ICJ had documented cases of at least 47 lawyers
whose licence to practice had been withdrawn for allegedly participating in
political activities. In addition, one lawyer had died in detention
and 53 others were still detained. Another cause for grave concern lay
in Malaysia's continued threats to the immunity under international law of
United Nations Special Rapporteurs, as exemplified by the case of the civil
suit filed against the Special Rapporteur on the independence of judges and
lawyers. That matter should be immediately brought to the International
Court of Justice, as required by the 1946 Convention on Privileges of the
United Nations.

14.   Mr. Chowdhury (Bangladesh), Vice-Chairman, took the Chair.

15.   Ms. GOMEZ (Indian Movement "Tupaj Amaru") said that, in his report
(E/CN.4/1998/38), the Special Rapporteur on torture mentioned that the Human
Rights Committee had deplored the fact that massive and flagrant human rights
violations, in particular torture and other degrading treatment (para. 82)

were continuing to occur in Colombia, where anyone making justified social claims was subjected to repressive measures. At the present time, 20 workers for the State company Ecopetrol, including Mr. Jorge Carrillo, had been in prison for 16 months. Their defenders, in particular Mr. Eduardo Umaña Mendoza, were constantly threatened and harassed. Colombia had more than 2,000 political prisoners, including Nelson Campos and José Antonio Lopez Bula, two members of the Patriotic Union. The lawyer defending the latter, Jesús María Valle Jarramillo, had been killed in Medellín a month previously. The detention conditions in Colombian prisons were so disgraceful that there had been 50 mutinies in 1997 alone. His organization called on the Commission to appeal to the Colombian Government to respect legality, the right to a defence and the principle of the presumption of innocence, and to put an end to regional and "faceless" justice.

16.   In Peru, the detention conditions of 23,000 prison inmates, including 5,000 political prisoners, were equally disgraceful. The visit in January 1997 by the Working Group on Arbitrary Detention to some of the country's prisons had opened up the prospect of improvement in conditions. Detainees at the Canto Grande prison had, however, been arbitrarily transferred to the Yana Mayo prison for having peacefully protested against the refusal to allow them to meet members of the Working Group. That prison, at an altitude of 4,000 metres, was a veritable institute for terminal cases. In his report on his mission to Peru in September 1996 (E/CN.4/1998/39/Add.1), the Special Rapporteur on the independence of judges and lawyers urgently requested the authorities to give lawyers the necessary safeguards to carry out their duties without intimidation, harassment or threat. He also urged the Government not to identify defence lawyers with the causes espoused by their clients (para. 145). Nevertheless, a number of lawyers who had defended political prisoners were still in prison.

17.   In Bolivia the situation of detainees was tragic. More than 5,000 of them, mostly indigenous coca growers accused of drug trafficking, were living with their children in penal settlements under degrading conditions.

18.   His organization requested the Commission to appoint a permanent special rapporteur and to require the above-mentioned countries to apply the recommendations of rapporteurs, to put an end to arbitrary detentions and torture, and to ensure respect for due process.

19.   Mr. SAFA (International Organization for the Elimination of All Forms of Racial Discrimination) said that he wished to draw the Commission's attention to the tragic fate of Lebanese and Arab detainees in Israeli prisons. In the Khiam detention centre, 160 Lebanese, including 15 children had been detained without charge or trial, totally cut off from the world, since October 1997. In Kishon prison, Ibrahim Iskandar Abu Zaïd, Boulus Abu Zaïd and Ivon Sweidi, who had been kidnapped on 22 November 1997 by Israeli forces in the region of Jezzin, had been tortured. Some 70 detainees in prisons were seriously ill - in particular Lafi Al Masri, Suleiman Ramadan, Ali Hijazi and Huda Asad-Allah Madeh - and should be urgently transferred to hospitals.

20.   Around 50 Lebanese were held in prisons in Israeli territory, some of whom had never been tried and others had completed their sentences 10 years ago. On 4 March 1998, the Israeli High Court of Justice had stated that

Lebanese detainees were considered as hostages to be utilized in negotiations. The detainees were considered by Israel simply as bargaining chips. It was a truly scandalous situation in international law.

21.   His organization requested the Commission, on behalf of the Arab Organization of Human Rights, to condemn the decision of the Israeli High Court of Justice concerning the Lebanese detainees, to ask Israel to liberate them immediately, to authorize visits by their relatives from Arab countries under the supervision of ICRC, to release all sick persons and all persons under administrative detention, to authorize visits by ICRC and humanitarian organizations and families of the detainees to the Khiam, and to invite human rights defence organizations to carry out inspections of that and other Israeli detention centres. The United Nations should also send an international inquiry commission to the Khiam detention centre to establish the causes of the deaths of a number of detainees.

22.   Ms. BAUTISTA (Latin American Federation of Associations of Families of Disappeared Detainees (FEDEFAM)) said that, as pointed out by the Working Group on Enforced or Involuntary Disappearances in its report (E/CN.4/1998/43), in Mexico the total impunity enjoyed by those responsible for enforced disappearances had led to a resurgence of the problem. Indeed, most cases of enforced disappearances were not cleared up and in actual fact the families of disappeared persons were subjected to harassment.

23.   The situation was the same in other countries. In Colombia, the premises of the Association of Families of Disappeared Persons (ASFADDES) had been targeted in a bomb attack which had completely destroyed the Association's records and facilities. In Argentina, the records of the Association of Families of Detainees and Disappeared Persons in Buenos Aires had been stolen, along with computer hard disks containing valuable information on investigations linked to the dictatorship conducted in Spain by Judge Baltazar Garzón. She herself had been forced to leave Colombia with her family because of constant threats. She asked for the case concerning the disappearance of her sister to be taken up not by the military but by the civil courts, for according to the Constitutional Court enforced disappearances were not to be regarded as an act committed while on active duty.

24.   Lastly, the independence of the judiciary should be strengthened, in accordance with the recommendations in the Vienna Declaration and Programme of Action, so that perpetrators of atrocious crimes, such as enforced disappearances, were brought to justice.

25.   Mr. BAHN (Himalayan Research and Cultural Foundation) said that human rights were gravely imperilled when nation States encouraged and supported terrorist activities and hostage-taking. For that reason, the international community should call to account the country which authorized the terrorist group, Harakatul Ansar, alias Al Faran, to launch terrorist operations from its territory. It was the group which had taken five European hostages in Kashmir and killed one of them, Mr. Hans Christian Ostro, in 1995. More recently, in January 1998, 23 Kashmiris from the Pandit community, including 9 women and 6 children, had been brutally murdered by the terrorists. In

Kashmir, the population longed for peace and democracy, but terrorists brought a reign of terror and prevented the population from enjoying their rights and participating in the peace efforts.

26.   His organization urged the Commission to request the General Assembly and the Security Council to take stern measures against countries that supported mercenaries and terrorist organizations. Respect for the rights of innocent peoples threatened by terrorists and armed groups was at stake.

27.   Mrs. ARIF (World Society for Victimology) said that in India, a country which had ratified both the International Covenant on Civil and Political Rights and the Convention against Torture, torture was widely practised by State agents, particularly in occupied Jammu and Kashmir, the Punjab and the north-eastern States. Amnesty International, Human Rights Watch, the American State Department, the Special Rapporteur on torture, and even two Indian fact-finding teams, were agreed that in Jammu and Kashmir in particular, torture was the rule rather than the exception and rape was used as an instrument of repression by the Indian occupation forces. For example, human rights defence organizations reported that during the night of 22 April 1997 soldiers of the 13th Rajhastan Rifles had raped a 32-year-old woman in the village of Wawoosa and her four daughters, aged 12, 14, 16 and 18. The Indian occupation forces had set up a secret army of "Sarkari", or pro-India elements, who committed murder, looted and tortured at will.

28.   The World Society for Victimology asked for the Commission's Special Rapporteurs on torture and extrajudicial executions and international human rights NGOs to visit occupied Kashmir and for the victims of acts of torture and their families to receive financial aid from the United Nations Fund for Torture Victims.

29.   Mr. SIDI EL MUSTAPHA (World Federation of Democratic Youth) said that he had been arrested in Smara in October 1992 when he had been peacefully demonstrating together with other Sahrawis against the Moroccan occupation and in favour of a free referendum on Western Sahara. Many peaceful demonstrators, the majority of them women, including Soukheina Jadd-Ahlou, had been wounded by the forces of law and order. Scores of persons had been arrested and tortured.

30.   For his own part, he had suffered physical and mental torture, more particularly at the El Ayun secret detention centre. He had been convicted, in camera, by a military court in Rabat for offences against the "external security" of the State and then placed in a military prison in Bensergaou. It was there, for the first time, that an ICRC delegation had been able to visit him. He had been released on 2 May 1996 as a result of action by Amnesty International, but had been placed under house arrest. For that reason, he had decided to flee his country.

31.   The Sahrawi people placed great hopes in the holding of a referendum on self-determination. They hoped that the international community would not remain indifferent to the serious human rights violations the occupation authorities continued to perpetrate against the Sahrawi people and that light would be shed on the disappearance of hundreds of missing Sahrawis.

32.   Ms. ABEYESEKERA (Women's International League for Peace and Freedom)
pointed out that, according to the report of the Working Group on Enforced or
Involuntary Disappearances (E/CN.4/1998/43), it was in Sri Lanka that the
largest number of disappearances had been reported in 1997. What was more,
the perpetrators of the disappearances reported to the presidential
commissions of inquiry into disappearance had not been followed up. Worse
still, members of the Sri Lankan security forces implicated in cases of
abduction, murder, disappearance and torture had been acquitted or released.

33.   In addition to the cases of rape mentioned by the Special Rapporteur on
torture in his report (E/CN.4/1998/38/Add.1, paras. 393-395), a number of
other rapes committed by members of the armed forces had been reported in
recent months. In two such cases, the soldiers responsible had been taken
into custody, but in the other cases no complaint had even been filed owing
to intimidation of the victim and the witnesses. In March 1998, two of the
principal accused in one key case had escaped from the courts in Colombo in
suspicious circumstances.

34.   In Sudan, very many disappearances had been reported in the southern
part of the country and in the Nubian mountains. Moreover, special missions
of inquiry set up by the Sudanese Government had failed to provide any
appropriate information on those allegations and had not granted compensation
to the relatives of the disappeared persons. In December 1997, women's human
rights organizations throughout the world had protested to the Sudanese
Government because over 50 Sudanese women peacefully protesting against
compulsory conscription had been beaten up and imprisoned. Thirty-four of
them were said to have been flogged in prison. The Sudanese Government had
done nothing to look into the incident and to compensate the victims.

35.   Her organization called on the Commission to make a strong statement
condemning the use of rape and sexual violence against women by members of the
armed forces and security forces and to take up the question of the immunity
of members of the security forces guilty of human rights violations in
Sri Lanka and Sudan. Condemnation of the perpetrators of human rights
violations could alone deter other persons from committing such acts.

36.   Ms. LITTLE (Andean Commission of Jurists) said that her organization,
concerned to facilitate the reform of justice in the Andean countries, had
launched a programme known as "Andean Judicial Information Network" whereby
the judiciary in the six countries in the Andean region could contact each
other. The Network would strengthen judicial cooperation and indicate what
the position was regarding justice and the reforms under way in those
countries. Despite some progress, the population was still suspicious about
the court system, more particularly because of slow procedures, a lack of
independence among judges, and corruption. For that reason, the Andean
Commission of Jurists stressed the need to ensure an independent judiciary.

37.   Her organization welcomed the Working Group on Arbitrary Detention's
recent mission to Peru, where the ad hoc commission, consisting of the
Ombudsman, the Minister of Justice and the representative of the President
of the Republic, had succeeded in securing the release of 360 people held

unjustly in custody. It was an encouraging start. It was also important to emphasize that there would no longer be any hooded judges in the ordinary courts.

38.   In Colombia, the establishment of a regional system of justice in courts with hooded judges contravened article 14 of the International Covenant on Civil and Political Rights. Accordingly, the efforts being made in the region to reform the legal system and thus better guarantee human rights must be encouraged.

39.   Mr. MARENDAZ (Pax Christi International) said that the human rights situation in Turkey had not improved over the past year. The number of political prisoners was still very high, prison conditions were lamentable, torture was endemic and enforced disappearances were numerous in Turkish Kurdistan. Furthermore, the new Criminal Code placed further restrictions on the freedom of expression.

40.   As far as the Israeli-Palestinian peace process was concerned, respect for human rights by both parties was obviously a key factor. The continued imprisonment of some 3,500 Palestinian prisoners in Israeli jails was a violation of the Fourth Geneva Convention and the Oslo Agreements. Moreover, his organization was particularly concerned about the legalization of the use of "moderate physical pressure" - in fact simply a legalization of torture - on Palestinian detainees suspected of terrorism.

41.   Pax Christi International was also very concerned about lapidation in Iran. It was a cruel and inhuman sentence imposed more especially on women suspected of adultery. One young Iranian woman, Zoleykkah Kadkhoda, had survived such horrible punishment and might well be subjected to it again. His organization was equally concerned about the death sentence by lapidation of a German citizen, Helmut Hofer, accused of having sexual relations with an unmarried Iranian woman. Pax Christi International urged the Commission to take those matters into account in the resolution it was to adopt in connection with Iran.

42.   The human rights situation in East Timor was still deteriorating. His organization was convinced that human rights violations would last as long as Indonesia failed to recognize the rights of the Timorese to self-determination.

43.   Arbitrary arrests, torture, deportations and enforced disappearances were still widely practised by the Moroccan forces in Western Sahara. For example, on 24 February 1998, about 20 peaceful demonstrators had been arrested and were still missing. His organization called for them to be released, along with Mohammed Daddach, who had already spent more than 20 years in Moroccan jails. Pax Christi International joined with the families of missing Sahrawis who had been demanding justice for many, many years.

44.   In Kosovo, ethnic Albanians were the victims of discrimination, particularly in the legal system, the right to a defence was ignored and

torture was used to extort confessions. The Federal Republic of Yugoslavia should put an end to repression and engage in open discussion to solve a problem that could well set the entire region ablaze.

Statements made in exercise of the right of reply

45.   Mr. EL HAJJAJI (Observer for the Libyan Arab Jamahiriya), in response to comments by the Arab Organization for Human Rights concerning the disappearance of Mr. Mansour al-Kikhia, said that he had not only been the Libyan Minister for Foreign Affairs but also Libya's Permanent Representative of the United Nations in New York and had held many important posts in his country. Mr. al-Kikhia had never been an opponent of the Libyan Government, even though his opinions had sometimes differed from the Government's. He and his family had never been cut off from their country. After Mr. al-Kikhia's disappearance, Libyan officials had fully cooperated with his wife and she had thanked them in person. Contrary to the assertions by the Arab Organization for Human Rights, the Libyan authorities had done everything to locate Mr. al-Kikhia and to shed light on the circumstances of his disappearance.

46.   Mr. SOKHONA (Observer for Mauritania) pointed out to IFHRL and France-Libertés that the persons they had mentioned were not human rights activists but fully-fledged members of political parties who were trying to collect funds for their own personal use. Those persons, who were very controversial in their own country, including in opposition circles, in no sense enjoyed the respectability attributed to them by those two non-governmental organizations, and had recently taken to encouraging sectarian and extremist organizations and waging campaigns to defame the country and its institutions. They had been questioned, then tried and sentenced in conformity with their country's laws and regulations before being pardoned. They had been dealt with humanely, with full respect for their physical and moral integrity. Their case had been equitably heard in public, without interference from the Executive, and their right to a defence had been fully guaranteed.

47.   In a State governed by the rule of law, the law applied also to genuine defenders of human rights and, all the more so, to those who made use of that cause for petty reasons. Mauritania's political, administrative and judicial institutions had no need of, nor did they seek, the seal of approval of those two NGOs; their legitimacy lay in the will of the people, frequently expressed in free, pluralist and transparent elections.

48.   Mr. AL-FAIHANI (Observer for Bahrain) said that the allegations by an NGO concerning the treatment of detainees in his country were unsubstantiated and merely encouraged political extremism. In Bahrain all detainees were treated strictly in accordance with the law. At the time of arrest, relatives were informed of the date and place of the arrest, the reason, and they could then make regular visits. Nobody was held incommunicado or tortured. Detainees enjoyed the guarantees set out in the Constitution and the Penal Code, under which torture was a crime, as well as in the Convention against Torture and Other Cruel, Inhuman or Degrading Treatment or Punishment, to which Bahrain was a party. They were held in regular places of detention where they were afforded medical care. They had the right to be represented at any time by a lawyer of their choice or,

failing such a lawyer, by one appointed for him by the court. They were tried in civil courts, including the State Security Court, which was actually the High Court of Appeal. Lastly, all trials were conducted strictly in accordance with due process of law as laid down in the Code of Criminal Procedure and the Penal Code.

49.   Mr. Selebi (South Africa) resumed the Chair.

50.   Mr. AL-MUSIBLI (Observer for Yemen) said that the allegations by the newspaper Libération did not concern human rights violations but political plots organized under the pretext of protection of human rights. The Constitution, the laws and the conventions and treaties signed by Yemen, including the United Nations Convention against Torture and Other Cruel, Inhuman or Degrading Treatment or Punishment, afforded legal guarantees of the observance of human rights. Every citizen was entitled to the fundamental freedoms and to lodge an appeal if he considered that his rights had been infringed. He called on countries and organizations to verify their sources of information and to make constructive criticism.

51.   Mr. HUU HAI (Observer for Viet Nam) said it was deplorable that some persons continued to speak on behalf of the International Federation of Human Rights Leagues or Pax Romana in order to spread irresponsible distortions, allegations and even lies. Not only did they know little about the situation in Viet Nam but they deliberately closed their eyes to realities and to the development of the country, which were known to the world. Obviously, their presence in the Commission did not foster cooperation and dialogue, which should reign over the Commission's work in the interests of human rights.

52.   Mr. HAMIDON (Malaysia) said that, in connection with the defamation suit faced by Mr. Cumuraswamy, Special Rapporteur on the Independence of Judges and Lawyers, the Government of Malaysia and the United Nations were working closely to resolve the matter at the highest level. Malaysia welcomed the efforts by the United Nations Secretary-General and his Special Envoy, Mr. Fortier, which had moved the talks ahead. His country was now giving the most serious consideration to the views and recommendations advanced by Mr. Fortier and by the United Nations Secretariat itself.

53.   Mr. BENJELLOUN-TOUIMI (Morocco) said that two organizations had defamed his country. It was regrettable that some NGOs spoke irresponsibly of disappearances or arbitrary detentions without ever producing any evidence or going through the Commission's machinery, which, with the cooperation of the Moroccan delegation, would clarify the facts. In that regard, he would emphasize that the Moroccan Government had welcomed the report by the Working Group on Enforced or Involuntary Disappearances (E/CN.4/1998/43) for its cooperation and for the information it had supplied in endeavouring to clarify all the cases brought to its attention.

DRAFTING OF A DECLARATION ON THE RIGHT AND RESPONSIBILITY OF INDIVIDUALS, GROUPS AND ORGANS OF SOCIETY TO PROMOTE AND PROTECT UNIVERSALLY RECOGNIZED HUMAN RIGHTS AND FUNDAMENTAL FREEDOMS (agenda item 19) (E/CN.4/1998/98)

54.   Mr. HELGESEN (Chairman-Rapporteur of the Working Group to Draft a Declaration on the Rights and Responsibility of Individuals, Groups and Organs

of Society to Promote and Protect Universally Recognized Human Rights and Fundamental Freedoms), presenting the Group's report on the work of its thirteenth session (E/CN.4/1998/98), said it was gratifying that the draft Declaration had finally been adopted by consensus. No delegation was completely satisfied with the text, but every delegation strongly felt the need for such a declaration. In his opinion, the draft was the best compromise possible.

55.   He wished to thank all those who had worked for the adoption of the draft, and particularly the Commission, which had extended the Working Group's mandate from year to year. He was convinced that Governments had been so concerned to draft a text which dealt with such complex legal and politically sensitive issues precisely because it was their intention to abide by their commitments. He had himself met some years ago a talented young jurist who had courageously worked for the cause of human rights in her country and had paid for it with her life. Accordingly, he knew how those who defended human rights needed not only to be respected but to be effectively protected. For that reason, he sincerely hoped that the Declaration would be adopted by the United Nations General Assembly and then effectively implemented by all Governments.

56.   Mr. LILLO (Chile) said he was persuaded that the draft Declaration would help to strengthen the action and improve the protection of human rights defenders. In his opinion, even if it was a compromise text, it enabled the international community to acknowledge at last the legitimacy of the work of human rights defenders, their fundamental contribution to protecting those who were the victims of human rights violations and their legitimate right to financing so that they could successfully carry out useful and often heroic work.

57.   The completion of the work on the draft Declaration, which his delegation would like to see adopted by the General Assembly in context of the celebration of the fiftieth anniversary of the Universal Declaration of Human Rights, did not mean that the Commission's task was over. It would then have to monitor the implementation of the declaration and periodically evaluate its effectiveness.

58.   Lastly, his delegation wished to announce that it would be a co-sponsor of the draft resolution the Norwegian delegation would be submitting on protection of the rights of human rights defenders.

59.   Mr. LOFTIS (United States of America) strongly recommended that the Commission adopt by consensus the draft resolution whereby the draft Declaration on human rights defenders would be transmitted for adoption by the General Assembly, even though some provisions were inconsistent with existing State obligations. It was also a matter of some regret that the draft resolution was not the first to be adopted by the Commission at the present session.

60.   His delegation wished to emphasize the crucial role that the NGOs had played in drafting the Declaration and, more generally, in spreading to every corner of the world the concept of universal human rights. Human rights defenders undeniably needed the support and protection of the international

community. However, a declaration was not enough. Ultimately, it was for
every State to protect them, as it was for the Commission to measure how
States honoured their human rights commitments. He wished to pay particular
tribute, among human rights defenders who were the victims of threats,
imprisonment, torture and even murder, to journalists who risked their lives
to expose corruption in high places and waged a struggle against totalitarian
rule.

61. His delegation emphasized the importance of, among others, article 1 of
the Declaration on human rights defenders, which pointed to the universality
of human rights and fundamental freedoms, for 50 years after the adoption of
the Universal Declaration of Human Rights, some Governments still sought to
deny their citizens those rights. For that reason, the Declaration provided
another weapon to wield in defence of human rights and the Commission must not
be afraid to use it.

62. Mr. SPLINTER (Canada) said it was fitting that in the same year as
the fiftieth anniversary of the Universal Declaration of Human Rights the
Commission should be invited to adopt the draft Declaration on the Right and
Responsibility of Individuals, Groups and Organs of Society to Promote and
Protect Universally Recognized Human Rights and Fundamental Freedoms. The
text was the outcome of 13 years of hard work in the Group and testimony to
what patience, determination and willingness to work constructively could
accomplish.

63. The Canadian delegation had been an active participant in the
elaboration of the draft Declaration in cooperation with representatives of
other countries and non-governmental organizations and it wished to pay
special tribute to the Working Group's first two Chairmen-Rapporteurs. It
also congratulated and warmly thanked the current Chairman-Rapporteur,
Mr. Ian Helgesen, and his country, Norway, for the support it had given him.
His delegation looked forward to the adoption of the Declaration on human
rights defenders by the General Assembly on 10 December 1998.

64. Mrs. GLOVER (United Kingdom), speaking on behalf of the European Union
and Bulgaria, Cyprus, the Czech Republic, Estonia, Hungary, Latvia, Lithuania,
Poland, Romania, Slovakia and Slovenia, said it was obvious that the efforts
of States and intergovernmental organizations to put an end to human rights
violations were not enough and it had to be recognized that individuals and
non-governmental organizations also had an indispensable role to play.
Tribute should therefore be paid to those men and women around the world who
devoted themselves to the defence and promotion of human rights, whether
individually or as part of non-governmental organizations, and whose work was
difficult and often dangerous. The rights of those activists themselves were
violated all too often, and States were therefore under a duty, both
collectively and individually, to protect them.

65. Consequently, it was gratifying that the Working Group had finally
managed to reach a consensus on the text of a declaration, as a result in no
small part of the tireless efforts of the present Chairman, Mr. Helgesen, and
his predecessors. That success was due to the constructive spirit in which
the latest session of the Working Group had taken place and the cooperation
between participating States and NGOs who had worked together to achieve a

common aim. Admittedly, it was a compromise text, for which reason the
drafting work had lasted 13 years, but by and large it recognized the
invaluable and often heroic role played by human rights defenders around the
world in protecting and promoting those rights and fundamental freedoms.
Furthermore, the Declaration would apply not only to human rights
organizations but also to all the individuals who, in their own countries,
courageously spoke out against human rights violations.

66.   Her delegation and the countries of the European Union considered
that adoption of the draft Declaration by the Commission, then by the
General Assembly, would be an appropriate way to celebrate the fiftieth
anniversary of the Universal Declaration of Human Rights.

67.   Mr. ALFONSO MARTÍNEZ (Cuba) said that he joined in the congratulations
expressed by previous speakers to the Working Group to draft the declaration
on human rights defenders. The Group's task, not an easy one right from the
start, had been made even more difficult by the attempts by some States to
institute a "new world order" based solely on their ideas and principles.
However, the consensus text ultimately adopted by the Working Group as a
result of the efforts of Mr. Helgesen, its Chairman-Rapporteur, was
unequivocal evidence of the results that could be achieved by giving up
confrontation and opting for cooperation and, instead of imposing one's own
criteria on the issue of human rights, recognizing diversity of approach in
that field. As the representative of the United Kingdom had noted, it was a
compromise text which consequently had both qualities and shortcomings, but
clearly and concretely set out a cluster of "game rules" in which both
Governments and individuals, groups and non-governmental organizations could
consciously assume their responsibilities in regard to promoting and
protecting human rights and fundamental freedoms.

68.   Since Cuba had for many years endured attempts at interference in its
internal affairs under the pretext of protection of human rights and had been
the target of many campaigns of defamation usually orchestrated by the
United States, his delegation attached particular importance to articles 3
and 13 of the draft, which acknowledged the primacy of domestic law, and also
article 20, which reaffirmed that defence of human rights in another country
could not be used as a pretext by a State to violate the principles set out in
the Charter of the United Nations. Accordingly, efforts to protect human
rights could not be consistent with the law if they were detrimental to the
principle of the sovereign equality of all States, enunciated in Article 2 of
the Charter. More especially his delegation welcomed the emphasis placed
in the preamble to the draft Declaration on the instrumental role of
international cooperation in ensuring effective respect for human rights and
fundamental freedoms in accordance with the provisions of Articles 1, 55
and 56 of the Charter.

69.   His delegation reaffirmed that it would support the adoption, in the
Commission and the Economic and Social Council and in the General Assembly,
of the draft declaration, which was the outcome of 13 years of hard work.

70.   Mr. THEMBA KUBHEKA (South Africa) said it was gratifying that the
international community was at last in a position to adopt a declaration
recognizing the courageous task performed by human rights defenders. The

Declaration was of special importance to South Africa, where, under the apartheid regime, hundreds of persons had paid with their lives for the work they had done to secure respect for those rights. For that reason, his delegation had closely followed the Group's work and made an active contribution to it. Emphasis should also be placed on the active and positive role played by the NGOs throughout the process of elaborating the draft Declaration, which enunciated essential rights already enshrined in the Universal Declaration of Human Rights and the two International Covenants that had to be fully guaranteed. He also stressed the obligation of States to fully protect and promote human rights and fundamental freedoms, and the right of every individual to criticize the human rights situation in his country and to make proposals to improve it, and above all the right to solicit and receive resources for the purposes of promoting and protecting human rights through peaceful means.

71.   His delegation hoped that the draft Declaration would be adopted by the Economic and Social Council and then by the General Assembly at its fifty-third session. Nevertheless, adoption of a Declaration on human rights defenders should not become a goal in itself. It was essential then to effectively implement the rights set out in the Declaration. For that reason, his delegation considered that the matter should remain on the Commission's agenda.

72.   Mr. DU Zhenquan (China) said that the draft Declaration adopted by the Working Group was the product of the concerted efforts of the international community. It laid down for individuals and groups a framework of rights and responsibilities in activities to promote human rights. It also emphasized the fact that the primary obligations and responsibilities to promote and protect human rights lay with the State. The draft therefore struck a balance between individuals and groups on the one hand and the State on the other, and between rights and responsibilities. All individuals, groups and organs of society should therefore refrain from abusing the provisions of the Declaration in order to engage in activities in violation of the purposes and principles of the Charter of the United Nations.

73.   The Economic and Social Council and the General Assembly should also take account of the views and concerns of all countries in considering the draft Declaration. Once the draft was adopted, the complex issue of implementation would then arise and a prudent attitude would be adopted in that regard.

74.   The long process of elaborating the draft Declaration had shown that only dialogue and cooperation on the basis of equality and mutual respect could lead to consensus. His delegation, which had played an active part in the discussions in the Working Group and in the process, stood ready to work with the international community to further strengthen international cooperation in the field of human rights.

75.   Mr. SUAREZ FIGUEROA (Venezuela) emphasized the particularly important role played by non-governmental organizations in promoting human rights. The NGOs could place democracies on their mettle by constructive criticism, vigilance and cooperation in their particular fields. His Government, well aware of that matter, had requested the participation of non-governmental

organizations in the preparation of a wide-ranging national human rights programme in July 1997. Indeed, it was for Governments to ensure respect for human rights, but they could achieve that goal only with the cooperation of civil society, whether or not organized. For that reason, his Government had supported the work of the Working Group to draft a Declaration on human rights defenders and welcomed the fact that it had reached a consensus on the text. His delegation therefore favoured adoption of the draft Declaration by both the Commission and the General Assembly.

76.   Mr. CONROY (Observer for Australia) said he looked forward to early adoption by the Commission and then by the General Assembly of the Working Group's consensus draft Declaration. States Members, which had undertaken under other instruments to ensure worldwide respect for all human rights, recognized in the text the crucial role that individuals and NGOs had played and would continue to play in the struggle to promote and to ensure respect for human rights and fundamental freedoms. The purpose of the draft Declaration was to clarify and reinforce rights already recognized in existing instruments and to ensure protection for all human rights defenders the world over. It confirmed the right of any individual to set up a human rights NGO and to communicate with other human rights defenders, as well as the right to receive and utilize voluntary contributions in order to establish and maintain an organization of that type, along with the right of human rights defenders to publish and make known their views and information.

77.   His delegation, which had participated closely over the years in the work of the Group, whose two previous chairmen had been Australian, wished to thank the present Chairman, Mr. Helgesen, for his tireless efforts in securing the adoption of the text and it would continue to take part in discussion of issues relating to the Declaration in the Commission.

78.   Mr. WILLE (Observer for Norway) said that, for the Commission, the adoption of the draft Declaration prepared by the Working Group was a concrete way, in the year of the fiftieth anniversary of the Universal Declaration of Human Rights, of expressing recognition and support for the crucial role that individuals and NGOs played and would continue to play in protecting human rights and fundamental freedoms. The Declaration was not an attempt to create new rights for a new category of persons. It simply clarified, confirmed and reinforced the importance of those rights, already enunciated in the Universal Declaration and in other instruments. That was true, for example, of the right to peaceful assembly and association, the right to defend the rights of others, the right to public hearings and trials and the right to solicit, receive and utilize resources, as well as the right to an effective remedy and unhindered access to international organizations. The draft Declaration reaffirmed, however, that the State had the prime responsibility and duty to promote, protect and implement human rights and fundamental freedoms and to provide protection for all human rights defenders. Accordingly, it was for Governments to make sure that the Declaration was effectively implemented in all countries and regions.

79.   His delegation hoped that, once it was adopted, the Declaration would become a charter for human rights defenders, who were fighting all over the world for a common cause.

80.   Mr. HAFEZ (Observer for Egypt) emphasized the political significance of
the adoption of the Declaration on human rights defenders after 13 long years
of arduous negotiations. The negotiations had ultimately proved successful
because, in the Working Group's deliberations, differences of opinion had been
recognized as a right and had been respected, all the interests and legitimate
concerns of all parties had been taken into account, and all participants had
demonstrated good faith in reaching a fair and honourable compromise.

81.   It should not be forgotten that the penultimate paragraph of the
preamble to the draft Declaration clearly said that States had the primary
responsibility in protecting human rights. The role of individuals, groups
and NGOs in that regard consisted not in replacing the State but in helping it
to discharge its responsibilities. They should in that connection act in
observance of the law and in good faith.

82.   His delegation, together with other delegations in the Working Group,
had endeavoured to take account of the legitimate concerns of all parties in
striking a fair balance between everyone's rights and obligations, in a spirit
of cooperation and mutual trust, a balance that was reflected in the
compromise text which had been adopted. His country fully supported the draft
Declaration and hoped that the NGOs would continue to provide active and
responsible support for the efforts by States to ensure respect for human
rights.

The meeting rose at 6.05 p.m.

UNITED
NATIONS

E

Economic and Social
Council

Distr.
GENERAL

E/CN.4/1998/SR.33
8 September 1998

ENGLISH
Original: FRENCH

COMMISSION ON HUMAN RIGHTS

Fifty-fourth session

SUMMARY RECORD OF THE 33rd MEETING

Held at the Palais des Nations, Geneva,
on Monday, 6 April 1998, at 3 p.m.

<u>Chairman</u>:   Mr. SELEBI   (South Africa)

   later: Mr. GALLEGOS CHIRIBOGA   (Ecuador)

CONTENTS

FURTHER PROMOTION AND ENCOURAGEMENT OF HUMAN RIGHTS AND FUNDAMENTAL FREEDOMS,
INCLUDING THE QUESTION OF THE PROGRAMME AND METHODS OF WORK OF THE COMMISSION:

(a)   ALTERNATIVE APPROACHES AND WAYS AND MEANS WITHIN THE
      UNITED NATIONS SYSTEM FOR IMPROVING THE EFFECTIVE ENJOYMENT
      OF HUMAN RIGHTS AND FUNDAMENTAL FREEDOMS (<u>continued</u>)

ADVISORY SERVICES IN THE FIELD OF HUMAN RIGHTS

This record is subject to correction.

Corrections should be submitted in one of the working languages. They
should be set forth in a memorandum and also incorporated in a copy of the
record. They should be sent <u>within one week of the date of this document</u> to
the Official Records Editing Section, room E.4108, Palais des Nations, Geneva.

Any corrections to the records of the public meetings of the Commission
at this session will be consolidated in a single corrigendum, to be issued
shortly after the end of the session.

GE.98-11778 (E)

<u>The meeting was called to order at 3.05 p.m.</u>

FURTHER PROMOTION AND ENCOURAGEMENT OF HUMAN RIGHTS AND FUNDAMENTAL FREEDOMS,
INCLUDING THE QUESTION OF THE PROGRAMME AND METHODS OF WORK OF THE COMMISSION:

> (a)   ALTERNATIVE APPROACHES AND WAYS AND MEANS WITHIN THE
>   UNITED NATIONS SYSTEM FOR IMPROVING THE EFFECTIVE ENJOYMENT
>   OF HUMAN RIGHTS AND FUNDAMENTAL FREEDOMS

(agenda item 9) (<u>continued</u>) (E/CN.4/1998/49)

<u>Special debate on questions concerning women and their human rights</u>

1.   The CHAIRMAN invited participants to take part in a special debate on
questions concerning women and their human rights, which would take the form
of an interactive dialogue.

2.   <u>Ms. FLOR</u> (Chairperson of the Commission on the Status of Women) welcomed
the fact that, on the occasion of the fiftieth anniversary of the Universal
Declaration of Human Rights, a new way had been found to strengthen the ties
between the Commission on Human Rights and the Commission on the Status of
Women. In its agreed conclusions on the human rights of women, the Commission
on the Status of Women had actually asked for better cooperation with the
other functional commissions, including the Commission on Human Rights.

3.   As early as 1948, when the Universal Declaration of Human Rights was
being drafted, the Commission on the Status of Women had officially suggested,
through the Secretary-General, that article 1 should read "all human beings
are born free and equal in dignity and rights", rather than "all men ..." as in
the initial draft. It was clear, therefore, that the Declaration applied
equally to men and women. As the Commission on the Status of Women had
recommended at its forty-second session, United Nations bodies, Governments
and NGOs should all include the question of the human rights of women in their
activities marking the fiftieth anniversary of the Declaration.

4.   Yet, 50 years later, was everyone really entitled to the rights and
freedoms set forth in the Declaration without distinction of any kind,
including sex, as called for in article 2? Although remarkable progress had
been made, women continued to be subjected to all forms of violence and be
deprived of their human rights in various spheres. Moreover, the issue of
systematic discrimination based on sex had never featured prominently in the
discussions on human rights in general and, within the United Nations system,
work on the topic had been confined essentially to the Commission on the
Status of Women and the Committee for the Elimination of Discrimination
against Women. Female genital mutilation, for example, had for a long time
not even been considered as a violation of human rights as it was carried out
not by States, but by individuals.

5.   As the specific question of the fundamental rights of women and
violations of those rights had not received enough attention, the crucial
question of the measures to be taken by States to combat discrimination
against women and ensure the full exercise of their rights had not been given
due consideration either. Under the Vienna Declaration and Programme of

Action and the Beijing Platform for Action, however, States were clearly obligated to promote and protect the human rights of all human beings by protecting them from violence, in particular. The Commission on the Status of Women was therefore convinced that all questions concerning the human rights of women should at least be given consideration and welcomed the fact that, some years earlier, the Commission on Human Rights had begun to address the issues of violence against women and trafficking in women and young girls.

6.   Another fundamental step forward had been taken when the fourth World Conference on Women, then the Commission on the Status of Women and finally the Economic and Social Council, in its agreed conclusions 1997/2, had recommended the integration of a gender perspective into all programmes and policies. That meant understanding the different ways in which men and women were deprived of their human rights and devising appropriate strategies to protect the human rights of all human beings, without distinction as to sex. On the threshold of the twenty-first century, the time had come to discard the fiction that deprivation or violations of human rights were generally gender neutral, even if such was sometimes the case.

7.   However, the gender mainstreaming advocated by the Commission on the Status of Women and the Economic and Social Council required more than a one-off report or the appointment of a focal point for gender issues. It entailed adopting a new approach to all those questions, basically to determine whether men and women were affected differently. It also called for gender-disaggregated information and statistics, analyses of the gender impact of policies and programmes and the establishment of monitoring mechanisms to ensure that the concerns of neither men nor women were neglected. In the case of a treaty body, such as the Committee against Torture, that would mean determining whether gender-specific means were used to torture women and, if such were the case, as everything seemed to indicate, recommending specific measures for the protection of women by, for example, having them guarded by female personnel. Also to be taken into account was the fact that, in all likelihood, women who had been tortured might also need special treatment and rehabilitation.

8.   In its agreed conclusions on the human rights of women, the Commission on the Status of Women therefore recommended a number of specific measures, namely, the collection of gender-disaggregated data on factors limiting women's exercise of their human rights; promotion by States parties of gender balance and gender expertise in appointing and electing experts to treaty bodies; it recommended that the Commission on Human Rights should ensure that a gender perspective was incorporated in all human rights mechanisms and procedures, including the mandates of special or thematic rapporteurs, and should give particular attention to the social and economic rights of women in any discussion about the appointment of a special rapporteur on economic, social and cultural rights.

9.   Finally, neither the existence of two commissions - the Commission on Human Rights and the Commission on the Status of Women - nor the slogan that women's rights were human rights should suggest any dichotomy between the rights of women on the one hand and human rights on the other. There was but one set of human rights and they were identical for all. Women must be able to enjoy the same rights as men and on an equal footing. The two Commissions

shared a common goal and were engaged in a common quest to ensure everyone enjoyed all human rights and fundamental freedoms without discrimination.

10.   Ms. ROBINSON (High Commissioner for Human Rights) said it was important to recognize the unique and pioneering character of the current debate, which coincided with the fiftieth anniversary of the Universal Declaration of Human Rights and the fifth anniversary of the Vienna Declaration and Programme of Action. The debate represented a step towards the increased cooperation between the Commission on the Status of Women and the Commission on Human Rights, which was one of the Vienna recommendations. In her view, the current debate in the Commission was one of those moments described by Elie Wiesel which, more than days or years, measured the meaning of one's life. She was happy to have attended the recent forty-second session of the Commission on the Status of Women which considered 4 of the 12 critical areas identified in the Beijing Platform for Action, whose importance clearly justified the current debate.

11.   The Commission on Human Rights had a key role to play in the practical implementation of the fact that women's rights were human rights. The appointment of a Special Rapporteur on violence against women reflected the Commission's concern with protecting the human rights of women. However, in the past, neither the agenda nor the resolutions of the Commission had focused sufficiently on women's rights as human rights or on issues such as gender-based abuse. The integration of the gender perspective referred to by the Chairperson of the Commission on the Status of Women had also been overlooked in the Commission's deliberations.

12.   There must be a strengthening of the links between the activities of the Commission on Human Rights and those of the Commission on the Status of Women, in line with the recommendations made by international conferences. She herself would continue to cooperate with the Division for the Advancement of Women, the United Nations Development Fund for Women, the United Nations International Research and Training Institute for the Advancement of Women and the vibrant women's NGO community, for the cause of women and the protection of their rights.

13.   Ms. COOMARASWAMY (Special Rapporteur on violence against women) noted that, when the Commission had entrusted her with her mandate in 1994, she had been only the second woman to be appointed Special Rapporteur and, as such, she had felt somewhat marginalized. She therefore welcomed the current debate.

14.   In the late 1970s and early 1980s, the focus had been mainly on the rights of women in certain clearly defined areas such as education, health and welfare. That stage, culminating in the adoption of the Convention on the Elimination of All Forms of Discrimination against Women, had led, mainly as a result of the efforts of the Commission on the Status of Women and the Commission on Human Rights, to recognition of the human rights of women and to consideration of the issue of violence against women.

15.   However, other efforts were now called for, which was why the Committee for the Elimination of Discrimination against Women and the Commission on the Status of Women had recommended the adoption of an optional protocol to the

Convention, possibly along the lines of the Declaration on the Elimination of Violence against Women. The special investigative procedure which constituted the mandate of the Special Rapporteur on violence against women also demonstrated that the question should be taken up by all United Nations bodies concerned with human rights.

16.   At national level, Governments must adopt plans to combat violence against women comprising legislative reforms, a more responsive judicial system and information and education campaigns. Statistics on violence against women should be expanded and improved through closer coordination between the Commission on the Status of Women and the Commission on Human Rights. Situations of armed conflict and the protection of refugees made coordination between the two Commissions even more essential, and a Special Rapporteur should be urgently appointed to promote and defend the economic and social rights of women.

17.   Finally, at the recent session of the Commission on the Status of Women, she had been pleased to note the goodwill demonstrated by the two Commissions, but at the same time felt that closer cooperation between them was essential.

18.   Mr. BAUM (Germany) began by asking the key speakers what practical measures they intended to take to promote the integration of gender mainstreaming into the activities of United Nations bodies. How did the High Commissioner intend to promote consideration of women's issues in the context of field missions and the relevant training programmes? Finally, what was the status of the plan to include a separate item on the human rights of women in the Commission's agenda?

19.   Ms. ROBINSON (High Commissioner for Human Rights) said that, regarding the mainstreaming of the gender perspective into the activities of United Nations bodies, under the terms of the mandate entrusted to her by the Secretary-General of the United Nations she was endeavouring to ensure that the fundamental rights of all were taken into consideration throughout the system, from the highest decision-making level to country level. Taking account of women's issues in the context of field missions and training programmes was indeed of the utmost importance. Finally, she firmly supported the idea of including a separate item on the human rights of women in the Commission's agenda.

20.   Ms. FLOR (Chairperson of the Commission on the Status of Women) said that, as far as practical measures to integrate the mainstreaming of the gender perspective into activities and programmes was concerned, the first step must be taken by human rights bodies. The question could then be taken up by treaty bodies. That procedure would also improve the promotion and protection of human rights. She was of course wholly in favour of the idea of including a separate item on the human rights of women in the Commission's agenda.

21.   Ms. COOMARASWAMY (Special Rapporteur on violence against women) said the first step must be to appoint more women at the highest levels in the United Nations system and noted the correlation between the current debate and the appointment of a woman as the new High Commissioner for Human Rights. Regarding the consideration of women's issues in the context of missions and

teams in the field, she had recently observed first-hand in Rwanda that there was a shortage of gender-disaggregated statistics, that there were not enough women's rights observers, that training in that sphere was still inadequate and that, in the field programmes and activities of UNDP, UNFPA and UNICEF, for example, little attention was given to violence against women, although it represented one of the main aspects of genocide. She, too, was wholly in favour of the idea of reforming the Commission's agenda by including a separate item on the fundamental rights of women.

22. Mr. TANDAR (Observer for Afghanistan) asked key speakers about the role and obligations of development agencies in countries or regions where women were denied all human rights, to enable those agencies to involve women in national or regional reconstruction efforts.

23. Ms. MLAČAK (Canada) asked key speakers for suggestions as to how government representatives could make a practical contribution to strengthening links between United Nations programmes and agencies to enhance mainstreaming of the gender perspective. She also asked the representatives of special procedure mechanisms what instruments and information they would need in order to integrate gender mainstreaming into their activities.

24. Ms. GAER (United States of America) said that, with the preparatory measures of the Vienna Conference, the Commission on Human Rights had embarked on a new era in women's rights. Capitalizing on the achievements of the Vienna Conference, the World Conference on Women had subsequently adopted the Beijing Platform for Action. However, as delegations and NGOs were not always aware of the importance of that Platform or of the pioneering aspect of the measures taken, she wondered whether it might be necessary for commitments to be made at a higher level or whether the movement started in Beijing should be integrated further.

25. The international criminal tribunals for the former Yugoslavia and Rwanda had attached special importance to the prosecution of persons guilty of sexual violence against women, and it might be necessary to include special provisions incorporating a gender perspective into the statute of the International Criminal Court.

26. Ms. BLOEM (Women's Caucus) said it would be preferable to deal with the question of the human rights of women under each agenda item rather than in a separate item, so as to improve their visibility without placing them in a separate category. Her organization also felt that cooperation between the two Commissions should be placed on an official basis to permit an actual exchange of data.

27. Mr. NARANG (European Union of Public Relations) said that the modernization of society, with all the family, economic and social obligations it entailed for women, added further to violence against women, who had to reconcile many roles. Regarding the question of the collective rights of minorities, about which much had been said recently, and the related question of the rights of women belonging to such minorities, it would appear that the collective rights of minorities took precedence, while women's rights were neglected.

28.   Ms. SKJOLDAGER (Denmark) said that only the Special Rapporteur on
torture had been given a specific mandate to take account of the gender
perspective in his reporting, while the mandates of others were less clear in
that respect. In addition, in appointing special rapporteurs, the Commission
should consider specific expertise in the field of human rights of women and
take account of gender balance.

29.   She stressed the need to put in place instruments for monitoring and
evaluating integration. The High Commissioner could introduce practical
mainstreaming strategies to be followed by special procedure mechanisms. It
was also essential to develop gender-sensitive guidelines to be used in the
review of States parties' reports to treaty bodies based on
gender-disaggregated data.

30.   There was a need to intensify efforts to educate people in order to
redress the existing gender imbalance. At the same time, gender-sensitive
training should be given to judicial, legal, medical, social, police and
immigration personnel in order to promote fair treatment of female victims
of human rights violations.

31.   It would be helpful if the High Commissioner could describe any recent
or future initiatives envisaged in those areas, as well as the possibility of
increased cooperation with United Nations funds and programmes.

32.   Ms. RUERTA DE FURTER (Venezuela) said that, on the fifth anniversary of
the Vienna Conference, an official decision should be taken to incorporate the
question of the rights of women in all items of the Commission's agenda, and
not simply address it under agenda item 9, as was currently the case. Greater
importance should also be attached to the resolution on the integration of
women. She proposed that the integration of the human rights of women in all
agenda items and throughout the system, beginning with the Commission, should
be supervised in connection with the item concerning the follow-up to the
Vienna World Conference.

33.   Ms. ROBINSON (High Commissioner for Human Rights) said all the
observations made were highly encouraging. Regarding Afghanistan, she said
that the Deputy Secretary-General was currently engaged in ensuring that all
relevant United Nations programmes and bodies applied a number of fundamental
principles guaranteeing women's participation in the process of national
reconstruction. Regarding the advice which the United Nations might give
to government delegations on improving gender balance, the Venezuelan
representative's suggestion was an excellent one. As part of the follow-up
to the Vienna Programme of Action, Governments could indeed consider in
particular the progress made in integrating the gender perspective. Regarding
the statement made by the representative of the United States, she agreed that
it was extremely important for the international criminal tribunals for Rwanda
and the former Yugoslavia, as well as for the future international criminal
court, to adopt a clear gender-related approach, thus demonstrating the
increased awareness of the issue.

34.   While the point that the human rights of women should be made "visible"
without, however, being set apart was well taken, the proposal to include a
separate item on women's rights in the Commission's agenda deserved

consideration. The sometimes negative consequences of the rapid modernization of societies for women were a real problem which should certainly be taken into account. Finally, as the Danish delegation had pointed out, it was of the utmost importance for treaty monitoring bodies to give closer consideration to the issue of gender balance and she would endeavour to see that that was the case.

35. Ms. FLOR (Chairperson of the Commission on the Status of Women) said that the Commission on the Status of Women had adopted a resolution on Afghanistan which included a request to all United Nations bodies and the donor community to ensure that women as well as men benefited from the humanitarian aid granted to Afghanistan. It was of course just as important for women to participate equally with men in the work of reconstruction.

36. Replying to observations made by the Canadian delegation, she said that, in reporting to human rights treaty monitoring bodies, Governments could help to integrate the gender perspective into the activities of United Nations bodies by focusing in particular on the situation of women in the sphere concerned and submitting gender-disaggregated data. Also, when proposing candidates for posts anywhere in the United Nations system, they could ensure that women were properly represented. The question of resources was of paramount importance and Governments should undertake to provide the human, statistical and other resources necessary for consideration of the gender issue.

37. Concerning the future international criminal court, the Commission on the Status of Women, in its conclusions on the question of women and armed conflicts, had stressed the need for measures to integrate the gender perspective into the court's statute and operations.

38. While it was necessary to include a separate item on the human rights of women in general in the agenda, such a measure could not replace consideration of women in all activities. The two went hand in hand and were a guarantee of progress in that respect.

39. The European Union of Public Relations' comment on the impact of the modernization process on women was fully borne out in a report by the Division on the Development of Women. That impact should therefore be studied - and an approach taking account of gender-related factors might prove very useful in that respect - so that the necessary remedial measures could be taken.

40. Ms. COOMARASWAMY (Special Rapporteur on violence against women) said United Nations human rights and development mechanisms had made a special effort in Afghanistan to ensure that the rights of women were taken into account in the post-war situation. The Special Adviser on Gender Issues and the Advancement of Women had recently visited Afghanistan and had prepared guidelines for United Nations bodies working in the field. She herself was planning to visit Afghanistan in August.

41. Replying to the United States representative, she reiterated that it was absolutely essential for the International Criminal Court to adopt very clear

language regarding acts of sexual violence committed in wartime. Rape had already been specifically defined by the international tribunals for Rwanda and the former Yugoslavia as a crime against humanity.

42. The question of the economic and social consequences of modernization, particularly in third world countries, was indeed a disturbing one, and she would make it one of the main topics of her next report.

43. Ms. WILHELMSEN (Observer for Norway) welcomed the constructive dialogue taking place within the Commission. The idea was one which could be adopted by other bodies. Referring to the additional protocol to the Convention on the Elimination of All Forms of Discrimination against Women currently in preparation, she expressed the hope that the Commission would be able to decide on a draft within the next year. She also wondered whether the High Commissioner for Human Rights was taking any measures to help provide the future international criminal court, from the outset, with a gender perspective and a concern for gender balance.

44. Mr. IRUMBA (Uganda) said that, while much progress had been made since the Vienna Conference, integration of the gender perspective into United Nations activities had still not become a reality. Although he approved of the resolve to achieve a balance in appointments to senior Secretariat posts, there was a need to take proper account of the representation of developing countries in that regard. Finally, he noted with satisfaction that the Special Rapporteur on violence against women was determined to focus on the question of the effects of the modernization process on women's rights.

45. Ms. KUNADI (India) wondered whether integrating a gender perspective into the Commission's work was enough to ensure the realization of all women's rights, including their right to health, education and nutrition. In her view, it would be equally desirable to include in the Commission's agenda a specific item on the human rights of women, so that an integrated approach could be adopted to all those issues.

46. Ms. CARILLO (United Nations Development Fund for Women (UNIFEM)) stressed the importance of the question of resources and said that UNIFEM had established a Trust Fund in Support of Action to Eliminate Violence against Women and had launched a far-reaching campaign, which had begun in Latin America but would be extended to other regions. Secondly, UNIFEM had endeavoured to highlight the gender aspects of the mandates of special thematic mechanisms and identify ways of dealing with them. UNIFEM had also approached the High Commissioner for Human Rights about holding a new meeting of experts on the preparation of guidelines for the integration of a gender perspective into United Nations human rights activities and programmes. Finally, to help establish a culture of respect for human rights, UNIFEM had undertaken to provide an annual training course for NGOs of countries which had signed the Convention on the Elimination of All Forms of Discrimination against Women and was co-financing training programmes for women's human rights workers.

47. It was essential to strengthen links between deliberative and executive bodies on the one hand and operational bodies on the other, so that human

rights principles and standards were applied in the field by all funds and programmes. She was also most gratified to note the High Commissioner's initiative to integrate human rights, particularly the right to development, into all United Nations activities.

48.   Ms. RASWORK (Inter-African Committee on Traditional Practices Affecting the Health of Women and Children in Africa) said she was particularly grateful to the Chairperson of the Commission on the Status of Women for having mentioned genital mutilation as a blatant example of violence against women. Each year, 2 million women suffered such mutilation and measures must be taken to halt such a scandalous practice. Moreover, to enable numerous small national and regional human rights organizations to be heard and to cooperate effectively with the United Nations system at both international and local levels, their links with the High Commissioner for Human Rights should be strengthened.

49.   Mr. BAATI (Tunisia) said he fully subscribed to the proposal to give the question of human rights of women a higher profile in the Commission's work along the lines described by the Chairperson of the Commission on the Status of Women.

50.   Ms. SILWAL (International Institute for Peace) said that, although authoritarian regimes were increasingly being replaced by democratic ones, there still existed an ideology, strengthened by religion, which continued to deny their human rights and keep them in subjugation. How did the Commission intend to address that problem in the context of protection of social and cultural rights?

51.   She also noted that Nepal, a signatory of the Convention, had not submitted its annual report to the Committee on the Elimination of Discrimination against Women and had 20 or more laws which discriminated against women and no law on violence in the home (with the result that more than 73 per cent of women were victims of such violence), and asked what the United Nations was doing to ensure that States parties honoured their obligations.

52.   Ms. Hyun Joo LEE (Republic of Korea) said that women's issues should be considered in general as one aspect of human rights. All forms of economic, cultural and other discrimination against women should be considered and a collective effort made to eliminate them. Specifically, she suggested that each Government concerned should issue directives designed to put an end to discriminatory practices arising out of the restructuring process necessitated by the Asian economic crisis. The United Nations could help in that process. Furthermore, the conclusions adopted by the Commission on the Status of Women were both timely and appropriate.

53.   Mr. SUMI (Japan) noted the very large number of reservations to the Convention on the Elimination of All Forms of Discrimination against Women, which was nevertheless universally recognized as of paramount importance for the protection of the rights of women. Was it possible that, in time, those reservations would be withdrawn, or were they to do with fundamental problems inherent in the Convention? He went on to praise the excellent work done by

UNIFEM and called on all Member States to contribute to the financing of the voluntary fund proposed by the Japanese Government to support UNIFEM's activities.

54.   Ms. BUNCH (Centre for Women's Global Leadership) said that, without the human rights of women, the universality of human rights would be meaningless. The obstacles to gender balance in United Nations bodies had once more been in evidence during the elections of members of the Sub-Commission on Prevention of Discrimination and Protection of Minorities, on which the number of women, who had held 6 of the 26 seats, was now reduced to only 4.   It was more necessary than ever to establish a frank dialogue on ways of correcting that situation.   As the Commission was planning to set up new mechanisms, and in particular, to appoint a new special rapporteur on economic, social and cultural rights, the necessary measures should be taken from the outset to have women's concerns fully taken into account.

55.   Some of the activities of the High Commissioner for Human Rights, such as advisory services, were an excellent means of promoting the participation of women at the local level, where the situation was often unsatisfactory.   It would be worth while determining the extent to which the Commission on Human Rights and the Commission on the Status of Women could organize joint missions or set up special teams and working groups in areas of common concern, such as the rights of migrant women and development.

56.   Ms. EL HAJJAJI (Libyan Arab Jamahiriya) said that, while she was firmly convinced of the fruitful contribution of the non-governmental organizations to the work of the Commission, she could not, as an Arab and Muslim woman, help feeling exasperated by the attitude of some of those organizations towards the situation of women in Islam, where they were denied their fundamental rights.   Although the Koran contained about a hundred verses on women, some circles persisted in emphasizing just a few of them and in interpreting them literally, often arriving at wrong conclusions.   Any discussion of the status of women in Islam must be preceded by a thorough study of the principles on which Koranic ethics were based, a full understanding of the political and social context in which some interpretations of the Koran were arrived at and an assessment of the status of women in the various civilizations and cultures which had influenced Muslim society down the ages.   That was in fact the context in which the document on the rights and obligations of women in the Jamahiriya recently prepared by the Libyan women's movement should be seen.

57.   Her delegation supported the proposal to include in the Commission's agenda a new item on the consideration of women's interests by the international community.   She also supported unreservedly the Canadian proposal to appoint women to senior positions in the Office of the United Nations High Commissioner for Human Rights.

58.   Ms. COOMARASWAMY (Special Rapporteur on violence against women) said she wished first of all to assure the Ugandan delegation that the promotion of women's rights would under no circumstances be undertaken at the expense of marginalized groups or underdeveloped countries.

59.   The representative of the Republic of Korea had referred to the economic
crisis in Asia and its negative impact on women in the region. The Indian
delegation had also emphasized the need not to neglect the rights of women in
areas such as health and education. Their observations showed how important
economic and social rights were and how urgent it was to appoint a special
rapporteur on economic and social rights, as many speakers had in fact
proposed.

60.   The representative of UNIFEM had rightly pointed out that,
notwithstanding the significant progress achieved in drafting system-wide
standards, there was still a gap between principles and reality which it was
absolutely necessary to fill. She had also mentioned the role of civil
society. In the course of her work as Special Rapporteur, she herself had
had many opportunities to appreciate the catalytic role of that segment of
society, particularly the NGOs, in the endeavours to ensure observance of
women's rights throughout the world. In the campaign against certain
traditional practices which were harmful to women, it was of the utmost
importance for local NGOs to themselves take the problem in hand, as the
Libyan women had apparently done in taking the initiative of adopting a
document setting out their rights and obligations.

61.   She agreed with the representative of the Centre for Women's Global
Leadership that the universality of human rights was a fundamental principle.
It was of course for societies to conduct their own self-appraisal, but the
international community also had an obligation to condemn violations of
women's rights anywhere in the world.

62.   Referring to the sensitive issue of traditional cultural values which
relegated women to subordinate status, she said that the only way of combating
such attitudes was through the new standards currently being established by
the international community. Nevertheless, standards alone would not be
enough to eliminate them. Measures were also needed in education and the
media to ensure that the standards adopted became a reality.

63.   Finally, she noted with satisfaction that the idea of including a new
item in the Commission's agenda dealing with the concerns of women had come
a long way and was gaining increasing support in the Commission.

64.   Ms. FLOR (Chairperson of the Commission on the Status of Women),
replying to a comment by the Observer for Norway regarding the ongoing
negotiations on the drafting of an optional protocol to the Convention on the
Elimination of All Forms of Discrimination against Women, said she would have
liked the Convention to be adopted on the occasion of the fiftieth anniversary
of the Universal Declaration of Human Rights. However, given the importance
of the protocol, which was to establish a procedure enabling women to submit
complaints to the Committee on the Elimination of Discrimination against
Women, the delay was understandable. In that connection, she drew attention
to the cardinal principle that it was imperative for the new optional protocol
to have the same status as all similar United Nations instruments.

65.   Replying to the concern expressed by the representative of Uganda, she
pointed out that there was no contradiction between the principle of gender
balance and that of equitable geographical distribution in United Nations
bodies.   Observance of one in no way detracted from the other.

66.   Regarding the discrepancy between requirements on paper and actual
conditions in the field, referred to by the representative of UNIFEM, it was
essential for the United Nations system, through its operational activities,
to ensure that more attention was paid to the concerns of women at national
level.

67.   The representative of the Inter-African Committee on Traditional
Practices had made a number of comments on the excision issue. Naturally,
mechanisms must be set up if the international community wished to lay a legal
foundation for action to eliminate that practice once and for all. However,
the practice was deeply rooted in attitudes and it was in fact mothers
themselves who compelled their daughters to undergo such mutilation; until
they realized the full consequences of the practice and it was replaced by a
more symbolic rite, the eradication of genital mutilation would remain a pious
hope.

68.   The many reservations made by States parties to the Convention on the
Elimination of All Forms of Discrimination against Women remained a major
obstacle to the Convention's effectiveness. The Commission on the Status of
Women urged the States concerned to reconsider them with a view to withdrawing
them or restricting their scope as far as possible. Similarly, the question
of the late submission of States parties' reports should be settled as soon
as possible since, without those reports, the Committee could not properly
monitor the progress made in implementing the Convention. The Committee must
itself endeavour to expedite consideration of the reports.

69.   It might be worth while setting up new mechanisms to promote gender
balance within the United Nations system, such as databases to identify the
best qualified candidates for posts within the system.

70.   A number of speakers had observed that, in many societies, the
stereotypes of the roles of men and women continued to exist. In that regard,
the Commission on the Status of Women had concluded that the answer was to
make women better informed, for how could they demand rights which they were
not aware of. Education in fundamental rights was of paramount importance in
that respect.

71.   Ms. ROBINSON (High Commissioner for Human Rights), replying to a
question asked by the representative of UNIFEM, confirmed that a further
meeting of experts on the integration of the gender perspective into
United Nations human rights activities and programmes would be convened
shortly. Regarding the universality of human rights, she recalled that, in
his statement to the Commission on 17 March 1998, the Iranian Minister for
Foreign Affairs had asked for views to be sought on the Islamic conception of
the universality of human rights. After consultations with the Organization
of the Islamic Conference, she was engaged in compiling such observations for

the August session of the Sub-Commission on Prevention of Discrimination and
Protection of Minorities. It was highly important to have the concerns of
women taken into account in those observations.

72. Ms. von REDUCH (Sweden) noted that, in her report (E/CN.4/1998/54
and Add.1) the Special Rapporteur on violence against women spoke of "enforced
prostitution". She asked whether the Special Rapporteur saw a difference
between prostitution and enforced prostitution. If so, how did she define
enforced prostitution? The Swedish Government had recently submitted to
Parliament a bill on violence against women proposing the prohibition of
all types of sexual services and stipulating that prostitution was not a
transaction between equal partners, as women were always the weaker party.
No distinction could therefore be drawn between prostitution and "enforced
prostitution".

73. Her delegation considered the reform of the Commission's agenda to give
greater attention to women to be of great importance. However, a separate
item on gender equality should still be included in the agenda.

74. Ms. MILLER (International Human Rights Law Group/Amnesty International)
expressed the long-standing concern of Amnesty International and the
International Human Rights Law Group about the scant resources available to
country and thematic rapporteurs of the Commission on Human Rights; now that
gender-disaggregated data were being collected and efforts were being made to
have the human rights of women accorded greater attention by the Commission's
various mechanisms, it was to be hoped that the necessary funding would be
allocated.

75. Every speaker had recognized the importance of training in efforts to
promote gender equality within the United Nations system. In that respect,
United Nations staff members at all levels, at Headquarters or outside offices
should receive training in gender analysis and the human rights of women. The
High Commissioner for Human Rights should take steps to ensure the early
implementation of the provisions of Commission resolution 1997/43. Moreover,
particularly with regard to field missions, steps should be taken to recruit
individuals, especially women, with a thorough knowledge of the question. It
was essential to remove all sexist connotations from the terminology used by
United Nations bodies by, for example, using terms such as "humanity" and
"rights of the person" in all working languages.

76. Amnesty International and the International Human Rights Law Group
advocated a continuous dialogue between the High Commissioner for Human Rights
and the Commission on the Status of Women and urged them to cooperate in
preparing and disseminating guidelines designed to exclude all sexist language
from the documents of United Nations bodies.

77. Mr. BALL (New Zealand) recalled that the objective of achieving total
gender equality in the United Nations Secretariat by the year 2000 had been
set in the Beijing Platform for Action and reaffirmed in various
General Assembly resolutions, in particular resolution 52/96. However, that
same General Assembly resolution had stressed the need to take account of
Article 101 of the Charter of the United Nations, which required recruitment
to be conducted on as wide a geographical base as possible and to be based on

merit. Nevertheless, gender balance was now established as a major objective
of the United Nations system, as evidenced by the appointment of Ms. Robinson
to the post of High Commissioner for Human Rights, which represented an
important step in that direction. His delegation was in favour of
strengthening the dialogue between the Commission on the Status of Women and
the High Commissioner for Human Rights, to which the current debate was bound
to contribute.

78. Ms. McCONNELL (North-South XXI) congratulated the Special Rapporteur on
violence against women on her excellent report and welcomed her definition of
rape as a weapon of war as of paramount importance at a time of proliferating
armed conflicts. Rape, particularly of pregnant women, sometimes witnessed by
members of their family, and even their children, should be considered as a
crime against humanity. Her organization drew the Commission's attention in
particular to the appalling plight of Tamil women who had been subjected to
the worst atrocities. Tribute should be paid in that connection to UNIFEM,
which had had the courage to state that violations of the human rights of
women should be considered not in general, but country by country. As few
journalists could gain access to north-eastern Sri Lanka, very little
information filtered through on the use of rape as a weapon of war by the
Sri Lankan security forces against harmless Tamil women. Her organization,
which was encouraged by the efforts of the High Commissioner for Human Rights
to promote consideration of sex crimes against women in proceedings before the
international criminal tribunals, was hopeful that the Commission would take
up the question of the use of rape as a weapon of war in north-eastern
Sri Lanka. As the Special Rapporteur on violence against women was a native
of that country, it was quite understandable that she was unable, within the
terms of her mandate, to deal with the conflict raging there. The Commission
could perhaps appoint an assistant rapporteur to monitor the situation in
Sri Lanka.

79. Ms. FERNANDO (International Movement against All Forms of Discrimination
and Racism) said she had a number of suggestions to make in connection with
the commitments made and wishes expressed in the course of the debate.
Firstly, it was to be hoped that States would take the necessary measures to
improve the training of government officials responsible for women's rights
and would implement the provisions of the Vienna Declaration and Programme of
Action concerning women and the provisions of the Beijing Declaration and
Platform for Action, with due regard to local conditions. Secondly, she
recommended that States which had entered reservations to the Convention on
the Elimination of All Forms of Discrimination against Women should consider
withdrawing them. She suggested that the Commission on Human Rights and the
Commission on the Status of Women should study jointly the effect of
globalization on women's rights in Asia, Africa and Latin America, with
particular emphasis on the situation of indigenous women and women in rural
communities. Finally, the World Conference to Combat Racism and Racial
Discrimination should include the question of the gender perspective in its
deliberations.

80. Ms. COOMARASWAMY (Special Rapporteur on violence against women),
responding to a number of observations that had been made, said there were
two opposing views of prostitution, one being that prostitution was always
forced, and the other that sex workers chose to practise prostitution as a

profession, but should be provided with help and protection. The proponents
of both should endeavour to arrive at a consensus, to be used as a basis in
drafting relevant international standards. Regarding the terminology used in
United Nations bodies, which was seen by some as sexist, she said that other
terminological and more general language problems arose when describing the
situation of human rights. For example, in drafting reports on violence
against women, it was just as unsatisfactory to use international technical
terminology as it was to use the simple vernacular employed naturally by women
victims of violence. Finally, women's rights questions must of course be
considered in a general context and thus naturally in connection with problems
of racism.

81. Ms. FLOR (Chairperson of the Commission on the Status of Women) said she
would also like to respond to a number of the observations made. Regarding
relations between the Commission on Human Rights and the Commission on the
Status of Women, she emphasized the need for the exchange of information
and welcomed the fact that NGOs, which played an active role in the two
Commissions, helped to strengthen the links between them. She would propose
that the bureau of the Commission on the Status of Women should invite
the Chairman of the Commission on Human Rights to the next session. The idea
that the two Commissions might conduct a joint study or set up a joint working
group deserved further consideration, and ways and means must be found of
establishing a greater synergy between them.

82. The CHAIRMAN invited the High Commissioner for Human Rights to conclude
the debate.

83. Mr. Gallegos Chiriboga (Ecuador) took the Chair.

84. Ms. ROBINSON (High Commissioner for Human Rights) noted that the general
tendency emerging with regard to women's rights seemed to suggest a dual
approach. The proposal to include the human rights of women in the
Commission's agenda as a separate item had been widely supported by both State
representatives and by NGOs. At the same time, speakers had underlined the
importance of taking account of the human rights of women in all the
Commission's work. Emphasis had been given to the need to integrate the
gender perspective in the various human rights mechanisms and, in particular,
to work towards gender balance in the Secretariat. Some speakers had
advocated the submission of gender-disaggregated data. States could endeavour
to comply with that requirement as part of the follow-up to the World
Conference on Human Rights. Delegations submitting draft resolutions to the
Commission could, in preparing them, bear in mind the principle of the
integration of women's rights.

85. Delegations had highlighted the problem of reservations to the
Convention on the Elimination of All Forms of Discrimination against Women,
and the desirability of drafting an optional protocol establishing a
complaints mechanism. Emphasis had also been given to the special importance
of the economic, social and cultural rights of women. The Special Rapporteur
on violence against women had explained the limitations of her mandate in that
respect and had underlined the effects of globalization on the lives of women,
particularly in developing countries. The debate had also highlighted the
need to strengthen links between the Commission on Human Rights and the

Commission on the Status of Women, as well as the two Commissions' relations with NGOs. She would endeavour to act as a catalyst in that regard. It was particularly important for the two Commissions to combine their efforts to combat the traffic in, and sexual exploitation of, women and children.

86. In conclusion, she said the debate on the rights of women was a milestone in the Commission's work and thanked the Chairman for such a pioneering initiative.

ADVISORY SERVICES IN THE FIELD OF HUMAN RIGHTS (agenda item 17)
(E/CN.4/1998/92 to -/97, E/CN.4/1998/158, A/52/489)

87. Mr. GARCIA-SAYAN (Secretary-General's Mission to Guatemala) recalled that, in its resolution 1997/51, the Commission on Human Rights had requested the Secretary-General to send a mission to Guatemala to report to the Commission on the situation of human rights in Guatemala in the light of the implementation of the peace agreements. The mission, consisting of Mr. Diaz Uribe (Colombia), Mr. García-Sayán (Peru) and Mr. Le Bot (France), had visited Guatemala from 8 to 19 December 1997; its report was contained in document E/CN.4/1998/93.

88. The mission had noted the continued trend towards greater observance of human rights in Guatemala. The particular attention that the Commission on Human Rights had paid to the situation in Guatemala and the perseverance of the people and Government of Guatemala and URNG had been decisive factors in the substantial improvement in the situation. The signing of the Agreement on a Firm and Lasting Peace had been a significant step. However, while it was clear that the Guatemalan Government was no longer conducting a policy of violating human rights, there were nevertheless still problems affecting the exercise of human rights - impunity; continuing structural defects in the system of the administration of justice and criminal investigation; the situation of citizen security; frequent denials of due process; discrimination against indigenous peoples; the lack of economic, social and cultural rights; and the weakness of national institutions for the promotion and protection of human rights.

89. The strengthening of civilian power was one of the basic objectives of the Agreement on the Strengthening of Civilian Power and on the Role of the Armed Forces in a Democratic Society, which had been concluded by the Government and URNG in September 1996. Although the current situation allowed for reasonable optimism, the perception of growing citizen insecurity lent urgency to the adoption of measures for the effective operation of the judicial system and the security forces. It was urgent for Congress to accord priority to reforming the administration of justice, and measures must be taken to improve the training of lawyers, judges and members of the Public Prosecutor's Office. In legislating or interpreting the law, it was important for the authorities to take account of international principles and standards in the field of human rights and redouble their efforts to strengthen the investigative capacity of the Human Rights Procurator.

90. The problem of citizen security continued to be one of the main subjects of concern to Guatemalans. There was a perception among the public that the signing of the peace agreements had created more insecurity. The number of

abductions and cases of extortion was high.   The mission was of the view that all operations against such acts should be conducted by the National Civil Police and under no circumstances by the Presidential Chief of Staff, as had occurred in the past.   During the deployment of the new structure of the police, the involvement of the army in public security operations should be strictly regulated.

91.   In the social and economic sphere, it was regrettable that, despite some progress, the implementation of the Agreement on Social and Economic Aspects and the Agrarian Situation was very slow.   As the Government did not wish to favour any particular sector of society, there was an urgent need to strengthen measures to combat poverty and support rural development.

92.   The Agreement on the Identity and Rights of Indigenous Peoples had begun to bear fruit, but the constitutional and legislative reforms it provided for, particularly giving consideration to customary law in the administration of justice, must be expedited.

93.   The Commission to Clarify Past Human Rights Violations, established by the Agreement adopted in Oslo in June 1994, played an important role in drawing lessons from the past and preventing any recurrence of the suffering of the Guatemalan people.   The Commission must be able to count on the support of the army.

94.   The efforts being made by Guatemalans deserved the support of the international community, and the action of the Commission on Human Rights in Guatemala since 1979 had not been in vain.   Members of the Commission could keep informed of developments through the periodic reports of the United Nations Mission in Guatemala (MINUGUA).

95.   Ms. ALTOLAGUIRRE (Guatemala) noted that the document submitted by the members of the mission (E/CN.4/1998/93) confirmed part of MINUGUA's seventh report, which spoke of significant progress in the realization of human rights.   Nevertheless, the Guatemalan Government also recognized the continued existence of obstacles to the effective operation of institutions. It was particularly concerned about urban security and the administration of justice and was endeavouring to take the necessary measures.

96.   On 1 April 1998, some 20 courts had been established, of which four were criminal courts based in the capital.   Five other courts had been established to deal with disputes between members of indigenous communities, taking account of customary law.   The debate on the administration of justice had been enriched by the work of the Commission on the Strengthening of the Justice System and the Commission on the modernization of the judiciary provided for in the peace agreements.   In September 1997, the judiciary, the Ministry of the Interior and the Office of the Public Prosecutor had signed a declaration of intent in which they undertook to work together.

97.   In the case of the civil police, officers committing human rights violations had been dismissed.   In order to strengthen civilian power, 1,370 mobile military police officers had been demobilized and the size of

the army had been reduced by 33 per cent by the end of 1997. The Government
was also endeavouring to publicize the peace agreements, which had been
translated into five Mayan languages and disseminated widely.

98.   In conclusion, she thanked the Commission for its help. The Guatemalan
Government shared the concerns of members of the mission and was aware of what
remained to be done, but had the political will to continue its efforts.
As already stated, members of the Commission could keep in touch with
developments in the situation in Guatemala by consulting the information
provided by MINUGUA.

<u>The meeting rose at 6.05 p.m.</u>

UNITED

NATIONS

E

Economic and Social

Council

Distr.
GENERAL

E/C.12/1998/SR.16
9 September 1998

ENGLISH
Original: FRENCH

COMMITTEE ON ECONOMIC, SOCIAL AND CULTURAL RIGHTS

Eighteenth session

SUMMARY RECORD OF THE 16th MEETING

Held at the Palais des Nations, Geneva,
on Thursday, 7 May 1998, at 10 a.m.

Chairperson: Mr. CEAUSU

CONTENTS

CONSIDERATION OF REPORTS:

(a)   REPORTS SUBMITTED BY STATES PARTIES IN ACCORDANCE WITH ARTICLES 16
      AND 17 OF THE COVENANT (continued)

      Second periodic report of the Netherlands: Netherlands Antilles
      (continued)

GE.98-16029   (E)

The meeting was called to order at 10.05 a.m.

CONSIDERATION OF REPORTS:

(a)   REPORTS SUBMITTED BY STATES PARTIES UNDER ARTICLES 16 AND 17 OF THE COVENANT (agenda item 6) (<u>continued</u>)

<u>Second periodic report of the Netherlands (Netherlands Antilles)</u> (<u>continued</u>) (E/1990/6/Add.11, 12 and 13; HRI/CORE/1/Add.66, 67 and 68; E/C.12/A/NET/1; E/C.12/Q/NET/1 (List of issues); written replies by the Government of the Netherlands, unnumbered document distributed in English only at the meeting)

1.   <u>At the invitation of the Chairperson, the delegation of the Netherlands took places at the Committee table</u>.

<u>Articles 6 and 7: Right to work and right to just and favourable conditions of work</u> (<u>continued</u>)

2.   <u>Mr. CORION</u> (Netherlands, Netherlands Antilles), replying to questions posed at the previous meeting, said that the Netherlands Antilles had its own currency, the Antilles guilder, the value of which was slightly lower than that of the Netherlands guilder.

3.   In 1989, in order to increase labour market flexibility, the Government had adopted two ordinances. The first, relating to temporary job agencies, had entered into force for the island of Curaçao on 1 November 1996. The hope was that it would shortly enter into force in the other islands.

4.   The second aimed at promoting the employment of young job-seekers by exempting employers recruiting young people who had been out of work for over a year from various social contributions, which would be paid by the island governments. The latter were in financial difficulties, however, and believed that they would not be able to implement the ordinance. The central Government was making every effort to sort out those difficulties so that the two ordinances could be implemented as soon as possible.

5.   Training and retraining courses were organized for unemployed people, among others by Feffik, the occupational training institute, and by "Speransa Pa Desempleado" ("hope for the unemployed"). The authorities were making every effort to combat unemployment so that the people of the country were not forced to seek work abroad.

6.   The status of the Netherlands Antilles differed from the French overseas departments in that it constituted an autonomous part of the Kingdom of the Netherlands, which was not the case with the French overseas departments.

7.   <u>Mr. GRISSA</u> asked what the main economic activities of the Netherlands Antilles were.

8.   Mr. ADEKUOYE requested further information on the implementation of the structural adjustment plan, on cooperation with the International Monetary Fund (IMF) and on the role played by the international community and the Netherlands in development aid.

9.   Mr. ANTANOVICH asked why there were no statistical data on vocational training and job guidance or on the employment and occupation of persons according to race, colour or religion and whether the coexistence of the very large number of ethnic groups and cultures in the Netherlands Antilles posed any problems, in the field of employment or otherwise.

10.   Mr. TEXIER said that the preparation of such statistical data would be discriminatory.

11.   The CHAIRPERSON gave the floor to the delegation of the Netherlands.

12.   Mr. CORION (Netherlands, Netherlands Antilles) said that the main economic activities of the Netherlands Antilles were oil refining, tourism, the offshore financial industry, the port and trade. The agricultural sector was very poorly developed for reasons related to the quality of the soil. Islands such as Curaçao and Bonaire had to import practically all the agricultural products they consumed.

13.   Unemployment on St. Maarten had increased greatly as a result of the damage recently caused by Hurricanes Luis and Marilyn.

14.   The Netherlands provided substantial technical assistance to the Netherlands Antilles to help it implement its structural adjustment programme. The central Government was currently negotiating an agreement with the IMF.

15.   Mr. AHMED said it was surprising that, whereas a 21-year-old worker was entitled to the full minimum wage, workers aged 20, 19, 18 and 17 received, respectively, only 90 per cent, 85 per cent, 75 per cent and 65 per cent of the minimum wage. That constituted age discrimination and would only encourage employers to hire very young people. It would also be interesting to know why the minimum wage varied considerably from one island to another and why a person who worked just over a third of normal working hours was entitled to the full minimum wage.

16.   Mr. RIEDEL said that the argument put forward by the Government in its written replies - that the differences between the minimum wages were explained by differences in the cost of living from one island to another - was not entirely convincing. He also noted from the written reply that the Government intended to establish, for each island, a minimum wage applicable to all sectors of the economy. He wondered how matters stood in that regard.

17.   Mrs. JIMENEZ BUTRAGUEÑO asked how minimum wages were calculated.

18.   Mr. ADEKUOYE requested information on salary levels in the civil service.

19.   The CHAIRPERSON gave the floor to the delegation of the Netherlands.

20.   Mr. CORION (Netherlands, Netherlands Antilles) said that one of the
reasons for setting the minimum wage in accordance with the worker's age was
the high youth unemployment rate of 30 per cent, as against the national
average of 15 per cent. By that means, which could not possibly be considered
discriminatory, the Government hoped to encourage enterprises to recruit young
people. As for the three different minimum wage levels, the Government had
drafted a bill to reduce the three to a single minimum wage, although each
island would still have its own level. Such differentiation was normal, since
the cost of living in St. Maarten, for example, was higher than in Bonaire.
In that regard he drew attention to an error in table 14 of the French text of
the report (E/1990/6/Add.12). Contrary to the implications of the error,
those who worked a third of normal working hours were entitled only to a third
of the minimum wage.

21.   Mr. RIEDEL asked what controls there were to make sure the minimum wage
was paid in the service sector.

22.   Mr. CORION (Netherlands, Netherlands Antilles) said that on each island
a committee comprising representatives of the private sector, the trade unions
and the authorities calculated the cost of living and on that basis suggested
a minimum wage to be set by the Ministry of Social Affairs for that island.
The level was reviewed every year in relation to developments in the cost of
living. Labour Department inspectors on every island were responsible for
checking that employers paid the minimum wage and, where necessary, imposing
fines on those who failed to do so.

23.   In reply to Mr. Antanovich, he said that the Government respected the
multicultural nature of Netherlands Antilles society and pursued a policy of
treating all citizens equally. It therefore did not have any statistics
relating to race or religion. In reply to Mr. Adekuoye, he said that at the
lower levels of the civil service salaries were slightly higher than in the
private sector but substantially lower at the higher levels.

Article 8: Trade union rights

24.   Mr. WIMER asked what enterprises, besides oil companies, were obliged to
observe the "cooling-off" period mentioned in paragraph 54 of the report
(E/1990/6/Add.12). Noting that the right to strike did not always seem to be
exercised, he asked how many strikes had taken place over the previous 5 to
10 years.

25.   Mrs. JIMENEZ BUTRAGUEÑO asked why the one reservation expressed by the
Netherlands with regard to the Covenant related precisely to the right to
strike, and only in the Netherlands Antilles and not in Aruba, for example.

26.   Mr. RIEDEL asked whether there had been labour conflicts or strikes in
the tourism sector.

27.   Mr. CORION (Netherlands, Netherlands Antilles) said that workers had the
right to strike and often exercised that right. The cooling-off period was
imposed on enterprises of vital importance because the small island states
that depended on a single sector (tourism, a single hospital or a single water
company) would find it difficult to withstand a long strike. Over the past

eight years, however, there had not been a single occasion when the Ministry of Labour had required the cooling-off period to be observed. In Curaçao, the largest island, there had been 33 strikes in 1994, 32 in 1995 and 31 in 1996. In the tourism sector, at least two strikes a year took place, basically owing to the militancy of that sector's trade union. As for the reservation mentioned by Mrs. Jimenez Butragueño, the Netherlands intended to withdraw it shortly.

Article 9: Right to social security

28.   Mrs. JIMENEZ BUTRAGUEÑO requested clarification of paragraph 63 of the report (E/1990/6/Add.12), which stated that sickness pay was not applicable for the days which, under normal circumstances, no wage would have been paid. What was meant by "normal" and in what circumstances might a wage not be paid? As to the changes the Government had proposed to make to labour legislation in 1996, she wondered what they were and how they had improved the situation.

29.   Mr. CORION (Netherlands, Netherlands Antilles) said that sickness pay came from the employer for the first two days of sickness and then from social insurance. The intention was to make sure that a worker could not receive both a wage from the employer and sickness pay from insurance over the same period of time. The changes in the social security system had entered into force in March 1996. Sickness insurance now covered not only the worker but also members of his family.

Article 10: Protection of the family, mothers and children

30.   Mr. GRISSA asked what meaning was placed on the word "family" in the Netherlands Antilles. In addition, he was concerned at the high proportion of one-parent families. In those circumstances, what protection was there for the rights of children, particularly those born out of wedlock?

31.   Mrs. BONOAN-DANDAN said she failed to see why, in view of the extremely favourable benefits and tax breaks described in paragraphs 97ff. of the report (E/1990/6/Add.12), more women than men suffered from psychological conditions such as stress or depression. Furthermore, according to table 24 there was a high proportion of women over the age of 60 among the disabled population. What were the reasons for that situation and what was the Government doing to help women?

32.   Mrs. JIMENEZ BUTRAGUEÑO requested clarification of the statement in paragraph 22 of the core document (HRI/CORE/1/Add.67) that "the abolition of slavery was followed by a period in which the slaves' descendants were still not encouraged to form monogamous family relationships". Would it not be appropriate to speak of "polygamy", or "polyandry"? What was the definition of a typical family in the Netherlands Antilles?

33.   The CHAIRPERSON gave the floor to the delegation of the Netherlands.

34.   Mr. CORION (Netherlands, Netherlands Antilles) said that the concept of "family" could cover a wide range of situations in the Netherlands Antilles. Under the form of cohabitation known as "Bibá", the man did not live under the same roof as the rest of the family but visited it regularly, which meant that

it was possible for him to have several households. As indicated in the core document, there were also families where the woman alone raised children born of different fathers. Clearly, the absence of the father had repercussions for the education of the children. The Government, however, made no distinction between children born in or out of wedlock. Nevertheless, it should be noted that the nuclear family was the commonest form of living together.

35.   Mr. GRISSA asked whether there were any legal provisions protecting the rights of children born out of wedlock with regard to inheritance, education or diet.

36.   Mrs. JIMENEZ BUTRAGUEÑO asked for further details of the parental obligations of fathers, particularly in the Bibá system. She suggested that campaigns should be mounted to make them more aware of their responsibilities.

37.   The CHAIRPERSON gave the floor to the delegation of the Netherlands.

38.   Mr. CORION (Netherlands, Netherlands Antilles) said that when the father refused to discharge his obligations with regard to his children the mother could apply to the Guardianship Council, which would take all necessary steps, through the courts if necessary, to compel him to do so. Currently, only children recognized by their father were able to inherit his property. A review of the matter was under consideration, however.

Article 11: Right to an adequate standard of living

39.   Mr. GRISSA asked for an explanation of the extremely high proportion of people in the Netherlands Antilles who had no income.

40.   Mr. AHMED, noting that according to table 18 of the report women were far less well paid than men, asked whether the Government intended to take any steps to redress the situation.

41.   Mr. PILLAY wondered about the housing situation in the Netherlands Antilles, particularly in St. Maarten, where the 1995 hurricane had destroyed 75 per cent of the housing stock. To what level had the number of homeless risen? He also asked whether there had been forced evictions, since the matter was not mentioned in the report. Lastly, did the Netherlands Government continue to provide the Netherlands Antilles and Aruba with the same amount of financial assistance as it had provided up to 1990?

42.   The CHAIRPERSON gave the floor to the delegation of the Netherlands.

43.   Mr. CORION (Netherlands, Netherlands Antilles) said that unemployment benefit and other housing assistance for the jobless had not been taken into consideration in the statistics on the average income of the population, which explained why the figures in the report were so high. Wage differences between men and women had been practically eliminated in the civil service, although in the private sector men continued to hold the advantage, as the result of a sort of division of roles between the sexes. Boys were generally sent to school, whereas many girls stayed at home. In the long term, compulsory schooling for all would tend to equalize remuneration levels.

44.   There was still a housing problem in St. Maarten and the other islands. A large proportion of the victims of the 1995 hurricane had nonetheless been rehoused, partly thanks to assistance from the Government of the Netherlands.

Article 12: Right to health

45.   Mr. CEVILLE asked the delegation to provide further details on the legislation relating to abortion.

46.   Mr. GRISSA noted, with reference to paragraph 150 of the report, that in 1994 the Netherlands Antilles had had a relatively high number of people who were HIV-positive. He wondered whether the situation had changed and whether studies had been undertaken to determine the principal causes of that situation.

47.   Mr. ANTANOVICH asked the delegation to provide the Committee with data on mortality and life expectancy rates.

48.   The CHAIRPERSON gave the floor to the delegation of the Netherlands.

49.   Mr. CORION (Netherlands, Netherlands Antilles) said that abortion was illegal in the Netherlands Antilles. Pregnancies could, however, be terminated for medical reasons agreed by a committee of specialists. With regard to the numbers of HIV-positive people, he had already indicated in the written replies that the data in the report were wrong and that the true situation was not nearly so alarming. The Government and some NGOs were nevertheless examining ways of curbing the progression of the disease, which was spread primarily through sexual relations and drug abuse. Subject to confirmation, the mortality rate was believed to be between 5 and 6 per cent and life expectancy stood at 78 for women and 75 for men.

Articles 13 and 14: Right to education

50.   Mr. THAPALIA wondered whether the free compulsory education mentioned in paragraph 157 of the report was a reality. If so, he asked for a breakdown of attendance and drop-out rates, by sex. He also asked whether human rights education was included in the school curriculum in the Netherlands Antilles, whether educational facilities existed for physically and mentally handicapped children and, if so, how many there were and what proportion of the budget was allocated to them.

51.   Mr. RIEDEL asked whether Papiamento was taught at university and what the language of instruction was for the higher degrees of further education.

52.   Mr. ANTANOVICH said he would like to know why girls seemed to get better results at school. Did that mean that the drop-out rate was higher among boys? Also, paragraph 172 stated that approximately 85 per cent of schools were neither established nor administered by the Government. He wondered whether the reference was to private schools, whether such schools were contracted out, for example, or, if not, who controlled the quality of education they provided.

53. Mrs. JIMENEZ BUTRAGUEÑO asked whether people aged 65 or over were entitled to an education. Was their experience called on within universities, for doctoral dissertations, for example? What part did human rights education play in the Netherlands Antilles? Were there special courses for officials or judges? What part did education on sexual equality play?

54. Mr. AHMED said he wished to know why the situation with regard to illegal migrants mentioned in paragraph 166 had not been regularized, since apparently they were treated as residents. Despite their illegal status, were they permitted to work?

55. The CHAIRPERSON gave the floor to the delegation of the Netherlands.

56. Mr. CORION (Netherlands, Netherlands Antilles) said that compulsory education was indeed a reality in practically the whole of the Netherlands Antilles. The Committee would be provided with more precise figures at a later stage. Human rights education did form a part of the school curriculum. Physically and mentally handicapped children could be accommodated. Further information would be given on the proportion of the budget allocated to such children.

57. In St. Maarten, Saba and St. Eustatius, English was spoken, and in Bonaire and Curaçao, Papiamento. Probably starting with the 1998 school year, the Ministry of Education intended to make Papiamento the language of instruction for the first four years. From the fifth year on, there would be two languages of instruction, Papiamento and Dutch. Dutch was essential for those who wished to continue their studies in the Netherlands. The only university in the Netherlands Antilles did not provide courses in all subjects.

58. The better results obtained by girls at secondary level were perhaps best explained by social problems such as drugs, which affected boys more than girls.

59. The fact that 85 per cent of schools were not administered by the Government was explained by the multicultural nature of society in the Netherlands Antilles. The schools concerned were mostly Catholic or Protestant. They could receive a Government subsidy in certain circumstances.

60. The range of possibilities open to older people was considerably narrower than in the Netherlands. They could take up secondary education if they had not had the opportunity to do so when younger, for example. Some forms of education made use of retired teachers.

61. School attendance rates were high and had already been so before the adoption of the Law on Compulsory Education. The drop-out rate was high and posed a real problem. The situation might be due partly to the fact that the language of instruction was not the pupils' mother tongue but Dutch. That was why the Ministry of Education was working on the language teaching reforms scheduled to take effect at the beginning of the next school year.

62. Migrant workers were in the Netherlands Antilles illegally and were not authorized to live or work there, but the Government could not overlook their

children's right to education. A child's right to education should not be affected by the fact that he or she had no right to be in the Netherlands Antilles. Illegal workers engaged in illicit work. A certain laxity had been displayed towards them and the issue of regulating them had not been addressed.

Article 15: Right to participate in cultural life

63.   Mrs. BONOAN-DANDAN said she would like to know more about the cultural policy for the Netherlands Antilles, including the "Government Programme for the Netherlands Antilles for the period 1991-1998", mentioned in paragraph 202 of the report (E/1990/6/Add.12). She also wished to have further details of the "adjustment process ... [relating] to the re-evaluation of human qualities, all this in connection with an emancipatory approach in education".

64.   Mr. RIEDEL asked whether steps had been taken to preserve the country's cultural heritage.

65.   Mr. WIMER said he wished to know what influence the Rastafarian religious and cultural group had on the culture of the Netherlands Antilles.

66.   Mrs. JIMENEZ BUTRAGUEÑO asked whether there were many NGOs or associations working for women's and old people's rights and, if so, how much contact they had with the Government.

67.   The CHAIRPERSON gave the floor to the delegation of the Netherlands.

68.   Mr. CORION (Netherlands, Netherlands Antilles) said that there were a large number of NGOs and other associations in the Netherlands Antilles and that they had good relations with the Government, even if they were highly critical of its actions. Some groups of professionals, such as police officers, were given courses on human rights, but others were trained in the Netherlands - judges, for example - and did not receive such training in the Netherlands Antilles.

69.   The Rastafarians had originally played a leading role in society, particularly in St. Maarten and Curaçao, but in the course of time their influence had diminished and they played only a marginal role in the culture of the Netherlands Antilles.

70.   The CHAIRPERSON said that the Committee had concluded its consideration of the Netherlands Antilles section of the second periodic report of the Netherlands.

The meeting rose at 1.05 p.m.

UNITED

NATIONS

E

Economic and Social

Council

Distr.
GENERAL

E/CN.4/1998/SR.39
16 September 1998

ENGLISH
Original: FRENCH

COMMISSION ON HUMAN RIGHTS

Fifty-fourth session

SUMMARY RECORD OF THE 39th MEETING

Held at the Palais des Nations, Geneva,
on Thursday, 9 April 1998, at 3 p.m.

Chairman:	Mr. SELEBI	(South Africa)
later:	Mr. HYNES	(Canada)
later:	Mr. GALLEGOS CHIRIBOGA	(Ecuador)

CONTENTS

CONSIDERATION OF DRAFT RESOLUTIONS AND DECISIONS RELATING TO AGENDA ITEMS 18, 16 AND 23 (continued)

FURTHER PROMOTION AND ENCOURAGEMENT OF HUMAN RIGHTS AND FUNDAMENTAL FREEDOMS, INCLUDING THE QUESTION OF THE PROGRAMME AND METHODS OF WORK OF THE COMMISSION

    (a)   ALTERNATIVE APPROACHES AND WAYS AND MEANS WITHIN THE
             UNITED NATIONS SYSTEM FOR IMPROVING THE EFFECTIVE ENJOYMENT
             OF HUMAN RIGHTS AND FUNDAMENTAL FREEDOMS

This record is subject to correction.

Corrections should be submitted in one of the working languages. They should be set forth in a memorandum and also incorporated in a copy of the record. They should be sent within one week of the date of this document to the Official Records Editing Section, room E.4108, Palais des Nations, Geneva.

Any corrections to the records of the public meetings of the Commission at this session will be consolidated in a single corrigendum, to be issued shortly after the end of the session.

GE.98-12059 (E)

CONTENTS (<u>continued</u>)

<u>The meeting was called to order at 3 p.m.</u>

CONSIDERATION OF DRAFT RESOLUTIONS AND DECISIONS RELATING TO AGENDA ITEMS 18,
16 AND 23 (<u>continued</u>)

<u>Draft resolution on agenda item 18 - E/CN.4/1998/L.34</u> (Implementation of
the Declaration on the Elimination of All Forms of Intolerance and of
Discrimination Based on Religion or Belief)

1.   Mr. <u>McDONALD</u> (Ireland), introducing the draft resolution on behalf of
its sponsors, stressed the importance of the work of the Special Rapporteur on
the elimination of all forms of religious intolerance and of discrimination
based on religion or belief for the achievement of progress in that area and
said that an important aspect of the draft resolution concerned the extension
of the Special Rapporteur's mandate for a three-year period. His delegation
had held lengthy consultations with interested delegations about the draft
resolution and hoped it would be adopted by consensus.

2.   Mrs. <u>KLEIN</u> (Secretary of the Commission) said that the delegations of
Belarus, Botswana, Ecuador, El Salvador, Hungary, Israel, Moldavia, Norway,
Poland, South Africa, Ukraine and Uruguay had become sponsors of the draft
resolution.

3.   Mr. <u>COMBA</u> (Office of the High Commissioner for Human Rights) said that
the draft resolution, if adopted, would have financial implications arising
from the extension of the Special Rapporteur's mandate. The amount of
$479,000 for travel and per diem for the Special Rapporteur and for
operating expenses had been allocated under the programme budget for the
biennium 1998-1999. The allocation for the third year of that mandate would
come under the budget for the biennium 2000-2001.

4.   The <u>CHAIRMAN</u> said that, if he heard no objection, he would take it that
the Commission wished to adopt draft resolution E/CN.4/1998/L.34 without a
vote.

5.   <u>It was so decided</u>.

<u>Draft resolutions relating to agenda item 16</u> (E/CN.4/1998/L.33;
E/CN.4/1998/L.25 and E/CN.4/1998/L.38)

<u>Draft resolution E/CN.4/1998/L.33</u> (Rights of persons belonging to national or
ethnic, religious and linguistic minorities) (<u>continued</u>)

6.   Mr. <u>DESSER</u> (Austria) said that, as agreed at the preceding meeting, his
delegation had held consultations with the delegation of Bangladesh.

7.   Mr. <u>QUAYES</u> (Bangladesh), referring to paragraph 11 of the draft
resolution, recalled that Commission resolution 1995/24 had provided for the
Sub-Commission's Working Group on Minorities to meet on an inter-sessional
basis for an initial three-year period beginning in September 1995. Despite
that provision, however, the Working Group had held its first two sessions
during one inter-sessional period. The Sub-Commission had therefore not
had the opportunity to study the report on the deliberations of the

Working Group's first session or to provide guidance prior to the holding of
the second session. That raised the question whether the servicing of the
second session by the Secretariat had been undertaken with the proper
authority. It therefore followed that the Group's mandate had not been
exhausted with its May 1997 meeting. That was evident from paragraph 12
of Commission resolution 1997/16, in which the Commission expressed its
expectation that the Working Group would further implement its mandate as
set out in Commission resolution 1995/24 and that it would take note of the
Commission's deliberations on that item.

8.   His delegation had made several statements on that issue in both the
Commission and Sub-Commission and had addressed communications to the former
High Commissioner as well as to the then Assistant Secretary-General. In the
absence of any reaction, it had decided not to participate in the "second"
session of the Working Group in May 1996. Having received a communication
from the then Assistant Secretary-General, his delegation had sent a reply
raising a number of issues. There had been no reaction in the last two years
from the Secretariat, and that was most unwelcome. In statements at
Commission and Sub-Commission sessions, his delegation had stated its
preference for the Sub-Commission, while finalizing the extension of the
mandate of the Working Group, to consider the possibility of modifying the
composition of the Group in order to eliminate the discrepancies that had
marked its current incarnation.

9.   Earlier that morning, his delegation had received a communication from
the Chairman of the Working Group acknowledging its concerns and accepting
its interpretation of the resolution in question. Although the communication
did not explain the lack of reaction for over two years, it did betoken a
readiness to address at least the question of the interpretation of the
resolution. Consequently, on the understanding that the Secretariat would
schedule the Working Group's following session so that questions of
interpretation of the mandate would be properly taken into consideration,
and in a spirit of compromise, his delegation would join the consensus on
draft resolution E/CN.4/1998/L.33.

10.   Mr. DESSER (Austria) said that he appreciated the concerns expressed by
Bangladesh. The Working Group had held its first session in 1995 and had
scheduled its second for 1996. In order to take the commitments of all the
Working Group's members into account, it had been decided to hold its second
session in May 1996. The Group had thereafter continued to meet in May, which
had proved to be the most suitable time. The Secretariat and the Chairman of
the Working Group were aware that the scheduling of the Group's sessions gave
rise to divergences of opinion. His delegation trusted that the Secretariat
would take its comments and those of Bangladesh into account in drawing up the
schedule for the Working Group's sessions.

11.   Mr. COMBA (Office of the High Commissioner for Human Rights), referring
to the financial implications of the draft resolution, said that the amount of
$26,500 per year for the travel and per diem costs of the five members of the
Working Group had been allocated under chapter 22 of the programme budget for
the biennium 1998-1999.

12.   The CHAIRMAN said that, if he heard no objection, he would take it that the Commission wished to adopt draft resolution E/CN.4/1998/L.33 without a vote.

13.   It was so decided.

Draft resolution E/CN.4/1998/L.25 (Tolerance and pluralism as indivisible elements in the promotion and protection of human rights)

14.   Mr. SINGH (India), introducing the draft resolution on behalf of its 55 sponsors representing all regions of the world, pointed out an error in the English version of the title: the word "individual" should be replaced by the word "indivisible". The text of the draft resolution was the result of extensive consultations. No society was beyond the dangers posed by the absence of tolerance and the promotion of tolerance required the concerted efforts of all. The principal focus of the draft resolution was therefore the strengthening of promotional activities. Another important element of the draft resolution was its recognition of the role of civil society, particularly NGOs working at the grass-roots level, in promoting tolerance and pluralism through their activities. Lastly, as part of the reform of the Commission's methods of work, the sponsors proposed that the question should be taken up again at the fifty-sixth session of the Commission.

15.   In the interests of dialogue and transparency, the sponsors had held an open-ended discussion to consider the amendments proposed by one delegation in document E/CN.4/1998/L.38. Although they had not accepted all the amendments, they had considered those ideas which were directly relevant to the content of the draft resolution, namely the promotion of tolerance and pluralism in the context of the individual and society. Consequently, a general reference to the relevant paragraphs of the Vienna Declaration had been incorporated into the third preambular paragraph, the idea of tolerance as the sound foundation of civil society and peace had been included in the fifth preambular paragraph and the suggestion made in paragraph 9 of document E/CN.4/1998/L.38 had been included in paragraph 4 (a). The few remaining ideas contained in document E/CN.4/1998/L.38 had not been included simply because they were either already reflected in the text or were extraneous to the subject of the draft resolution. His delegation therefore hoped that the sponsor of document E/CN.4/1998/L.38 would not insist on its proposals and that draft resolution E/CN.4/1998/L.25 would be adopted without a vote.

16.   Mrs. KLEIN (Secretary of the Commission) said that Algeria, Armenia, Belgium, Congo, Costa Rica, Ethiopia, Malaysia, Mauritius, Nepal, Republic of Korea, Slovenia, Sri Lanka and Ukraine had become sponsors of the draft resolution.

17.   Mr. AKRAM (Pakistan) said that his country was no less convinced than the sponsors of draft resolution E/CN.4/1998/L.25 of the crucial importance of tolerance and pluralism to the protection of human rights. As pluralism was particularly and most specifically under threat in Pakistan's own region, it had given very careful consideration to such an initiative and had asked the sponsors to be allowed to consider the text of the draft resolution well before it was published as a Commission document. Nevertheless, it had been given access to the document only a few hours before it was published. What

had happened to the so-called interests of transparency and consensus? His
delegation had then proposed a number of amendments to enhance the draft. As
none of those amendments had been accepted, it had been forced to publish the
text of the amendments as a Commission document.

18.   After consultations with some of the sponsors of draft resolution
E/CN.4/1998/L.25, his delegation had been satisfied that consideration had
been given to some of its proposals in the draft. Yet there were four
essential items in document E/CN.4/1998/L.38 which had not been taken into
consideration and concerning which his delegation would appreciate a decision
from the Commission. Those were item 1 (with the replacement of "pacific" by
"peaceful" in the English version); item 4 (with the deletion of the words:
"and groups"); item 7 and item 8 (with the deletion of the words: "and
division"). His delegation had made an effort to seek consensus and
compromise. It regretted having to insist on those four amendments.

19.   Mrs. GLOVER (United Kingdom) proposed that, to speed up the procedure,
the amendments submitted by Pakistan should be considered as a whole.

20.   Mr. VERGNE SABOIA (Brazil) noted that a draft resolution on a topic like
tolerance could not be adopted other than by consensus and suggested that the
parties concerned should be given a bit more time to reach a consensus. If
not, he would unfortunately have to withdraw from the list of sponsors.

21.   Mr. de ICAZA (Mexico) and Mr. HAMIDON (Malaysia) endorsed the remarks of
the representative of Brazil.

22.   The CHAIRMAN suggested that the parties concerned should take one hour
to settle the issue.

Draft resolution relating to agenda item 23 - E/CN.4/1998/L.24 (A permanent
forum for indigenous people in the United Nations system) (continued)

23.   Mr. LEHMANN (Denmark) said that, following consultations which his
delegation had held with the Cuban delegation and the Secretariat, it had
been agreed that the financial implications of the draft resolution would
be absorbed within existing resources under the programme budget. On the
substance of the draft resolution, his delegation believed it was crucial not
to prejudge the work of the ad hoc working group. It therefore proposed the
deletion, in the second preambular paragraph, of the phrase: "to establish a
mechanism to". With that amendment, it proposed that the Commission should
adopt the draft resolution without a vote.

24.   Mr. ALFONSO MARTINEZ (Cuba) said that he endorsed the amendment,
which took his delegation's concerns into account. He could not, however,
endorse the amendment to paragraph 4 which had been proposed at the preceding
meeting, as it would make the proposed working group's functions even more
problematical and further diminish the possibility of establishing a permanent
forum for indigenous people. He was also opposed to the amendment proposed
in paragraph 7, which would sharply limit participation by United Nations
representatives in the activities of the ad hoc working group.

25.   Mr. LOFTIS (United States of America) said that, while it was important
to provide coordination and regular exchanges of information between concerned
and interested parties - Governments, NGOs and indigenous people - he was
disturbed by the proliferation of new mechanisms. His delegation was prepared
to support the draft resolution on the understanding that, in accordance with
paragraph 4, the working group would be able to consider not only the question
of establishing a permanent forum for indigenous people, but other questions,
such as those considered by the Working Group on Indigenous Populations and
the question of continued participation by indigenous people in the activities
of United Nations bodies and of their representation in those bodies.

26.   Mr. ALFONSO MARTINEZ (Cuba) said that his delegation would not oppose
a consensus, on the understanding that his statements would appear in the
summary record.

27.   Draft resolution E/CN.4/1998/L.24 was adopted.

28.   Mr. ALFONSO MARTINEZ (Cuba), speaking on a point of order, said that,
following the adoption of draft resolution E/CN.4/1998/L.24, it would be
logical for the Commission to consider Sub-Commission draft decision 1,
"Permanent forum within the United Nations system for indigenous peoples"
(E/CN.4/1998/2-E/CN.4/Sub.2/1997/50), especially as paragraph 5 of draft
resolution E/CN.4/1998/L.24 requested the ad hoc working group to take account
in its work, inter alia, of any comments received from United Nations
organizations and bodies.

29.   The CHAIRMAN said that draft resolution E/CN.4/1998/L.24 superseded
Sub-Commission decision 1 and rendered it null and void.

30.   Mr. de ICAZA (Mexico) said that the resolution just adopted and the
draft decision submitted by the Sub-Commission were similar, although they
approached the topic from a different angle.

31.   Mr. VERGNE SABOIA (Brazil) said that he shared the Chairman's view;
the ad hoc working group should consider the question of a permanent forum
for indigenous people in accordance with both resolution E/CN.4/1998/L.24
and previous decisions by bodies to which it was subordinate.

32.   Mr. LEHMANN (Denmark) endorsed that view and pointed out that
the Sub-Commission's draft decision was more specific than
resolution E/CN.4/1998/L.24. Moreover, paragraph 5 of the resolution
enabled the ad hoc working group to consider the work of United Nations
organizations and bodies in any way it wished.

33.   Mr. ALFONSO MARTINEZ (Cuba) said that he did not see any contradiction
between the draft resolution just adopted and the Sub-Commission's draft
decision, given that the Working Group on Indigenous Populations was already
looking into the topic and that draft decision 1 would help it to orient its
studies.

34.   Mr. HYNES (Canada) said that he would have difficulty endorsing the
Sub-Commission's draft decision, as it was too precise and prejudged the
results of the working group's discussions by speaking of the "early
establishment" of a permanent forum.

35.   Following a procedural discussion in which Mr. ALFONSO MARTINEZ (Cuba)
and Mr. HYNES (Canada) took part, the CHAIRMAN said that, if he heard no
objection, he would take it that the Commission did not wish to take a
decision on the Sub-Commission's draft decision 1 (E/CN.4/1998/2).

36.   It was so decided.

37.   Mr. ALFONSO MARTINEZ (Cuba) said that Canada's motion should have been
put to a vote. However, it being understood that the ad hoc working group
would be able to take the work of other bodies into account, either on its own
authority or pursuant to paragraph 5 of draft resolution E/CN.4/1998/L.24, he
would not oppose the decision that had just been taken.

38.   Mr. SUMI (Japan), speaking in explanation of his delegation's position
on draft resolution E/CN.4/1998/L.24, said that it would join the consensus
and that it recognized the importance of indigenous issues. As far as the
establishment of a permanent forum was concerned, however, the results of the
ad hoc working group's discussions should not be prejudged. In any event,
careful consideration should be given to financial implications and an effort
made to avoid duplication of work.

39.   Mr. Hynes (Canada) took the Chair.

FURTHER PROMOTION AND ENCOURAGEMENT OF HUMAN RIGHTS AND FUNDAMENTAL FREEDOMS,
INCLUDING THE QUESTION OF THE PROGRAMME AND METHODS OF WORK OF THE COMMISSION:

> (a)   ALTERNATIVE APPROACHES AND WAYS AND MEANS WITHIN THE
>   UNITED NATIONS SYSTEM FOR IMPROVING THE EFFECTIVE ENJOYMENT OF
>   HUMAN RIGHTS AND FUNDAMENTAL FREEDOMS;
>
> (b)   NATIONAL INSTITUTIONS FOR THE PROMOTION AND PROTECTION OF HUMAN
>   RIGHTS;
>
> (c)   COORDINATING ROLE OF THE CENTRE FOR HUMAN RIGHTS WITHIN THE
>   UNITED NATIONS BODIES AND MACHINERY DEALING WITH THE PROMOTION
>   AND PROTECTION OF HUMAN RIGHTS;
>
> (d)   HUMAN RIGHTS, MASS EXODUSES AND DISPLACED PERSONS

(agenda item 9) (continued) (E/CN.4/1998/45-48, 49 and Add.1, 50, 51, 52 and
Add.1, 53 and Add.1 and 2, 54 and Add.1, 116, 118, 138, 151 and 157;
E/CN.4/1998/NGO/3, 24 and 69-71; E/CN.4/Sub.2/1997/28; A/52/469 and Add.1)

ADVISORY SERVICES IN THE FIELD OF HUMAN RIGHTS (agenda item 17) (continued)
(E/CN.4/1998/92-97 and 158; A/52/489)

40.   Ms. SYAHRUDDIN (Indonesia), speaking on agenda item 9 (a), said that her
delegation welcomed the measures taken to extend the role and importance of

women in the United Nations system. As the Secretary-General of the
United Nations had stated on the occasion of International Women's Day,
gender-based abuses were not an accident of war or incidental adjuncts to
armed conflicts, but a form of persecution which reflected the inequalities
that women faced in their everyday lives in peacetime; gender equality was not
only a goal in itself, but a means of reducing poverty, promoting sustainable
development and building good governance. Gender equality had been proclaimed
in the Charter of the United Nations in 1945 and had been reiterated in
numerous human rights instruments. The Convention on the Elimination of All
Forms of Discrimination against Women had been ratified by 161 countries, and
that made it the most widely ratified convention after the Convention on the
Rights of the Child.

41.   In Indonesia, a national movement had been launched in 1995 to combat
discrimination against women at all levels of the country and in all its
structures. As a follow-up to the Beijing Platform for Action, the Indonesian
authorities had submitted to the Division for the Advancement of Women
supplementary reports to Indonesia's report on the implementation of the
Convention. National follow-up activities included programmes on combating
poverty and on health and education.

42.   With regard to agenda item 9 (c), her delegation had taken good note of
the statement by the Danish delegation on the independence and integrity of
health professionals and fully supported the view that it was the right of all
people to receive medical treatment without discrimination as to nationality
or ethnic origin.

43.   Ms. ALTOLAGUIRRE (Guatemala) said that, following her country's return
to democracy and the signing of the peace agreements, several human rights
protection mechanisms had been set up. The Human Rights Procurator, in
particular, monitored all the authorities' acts. The international
instruments ratified by Guatemala took precedence over national laws.
Pursuant to a recommendation by Mr. Tomuschat, one of the independent experts
previously appointed by the Commission, a governmental agency, the
Presidential Human Rights Commission, which she herself had been chairing for
the last two years, had been established to protect human rights. The
Commission's activities included making proposals on national human rights
policies, recommending changes in the legislation to bring it into line with
Guatemala's international commitments and cooperating with the United Nations
Verification Mission in Guatelmala (MINUGUA). The authorities also had been
more sympathetic to NGOs since March 1997 and were focusing on providing human
rights training to State employees such as military personnel and police
officers. Several seminars and workshops had also been organized inside the
country to make the public aware of the peace agreements.

44.   In November 1996, the Government had signed an agreement with the Centre
for Human Rights on the establishment of cooperation programmes with State
bodies and NGOs. Activities were already under way and it would be useful for
the agreement to be extended once the initial 18 months were up. Arrangements
had also been made for assistance to the victims of human rights violations.
However, the programme of compensation and assistance for the victims of
violations would be more widely implemented after the Commission in charge of
the "Reclaiming the Historical Memory" project had submitted its report in

June. The Guatemalan Government, which had the political will to implement the many international human rights conventions it had ratified, but which lacked human and material resources, hoped that it could count on continuing support from the international community.

45.   Ms. NAIKER (South Africa) said that the report of the mission to South Africa by the Special Rapporteur on violence against women to study the issue of rape in the community (E/CN.4/1997/47/Add.3) had led the Government to set in motion various measures to improve the situation. The National Network on Violence against Women, established in May 1996, had developed into a permanent structure consisting of both governmental and non-governmental organizations. Pursuant to the Special Rapporteur's recommendations, two more "one-stop" centres for victims of abuse had been established in Pretoria with the assistance of UNDP. To combat crime in general a National Crime Prevention Strategy had been established and included a victim empowerment and support programme. The National Policy Guidelines for Victims of Sexual Offences, launched in September, should also make it possible to render effective service to women and children who were victims of rape and other sexual offences. Although large gaps remained in the understanding of the issues and in service delivery itself, the synergy provided by the three initiatives in question and the efforts being made to forge linkages between them at the national, provincial and community levels should bear fruit.

46.   South Africa, which would shortly be presenting its initial report to the Committee on the Elimination of Discrimination against Women, had ratified the Convention on the Elimination of All Forms of Discrimination against Women in 1995 without entering any reservation. The struggle for the prevention of violence against women was being pursued within a wider struggle for women's attainment of their fundamental rights, in accordance with article 16 of the Convention. The first steps in the right direction had been taken and the time for implementation had come.

47.   Her delegation was encouraged by the commitment of the High Commissioner for Human Rights to strengthening cooperation between the Commission on Human Rights and the Commission on the Status of Women. In the year marking the fiftieth anniversary of the Universal Declaration of Human Rights, the time was ripe for the Commission to place on its agenda a separate item concerning women's rights issues.

48.   Mr. EL HAJJAJI (Observer for the Libyan Arab Jamahiriya) said that the Koran contained clear references to the rights and duties of women. However, some of the proponents of a strict interpretation of the Koran believed that the rights of Muslim women should be considered in terms of women's psychological and social weakness and that the sexes were unequal in rank. Yet the Koran states the exact opposite, in particular in the chapter on women, equality between men and women and the uniqueness of the couple.

49.   In the Libyan Arab Jamahiriya, women's situation as set forth in the Koran had been confirmed by a "Green Book" which had been issued in 1997 and explained the rights and obligations of women. It recognized equality of rights between women and men, as well as the right of women to give consent to marriage. Women were also entitled to a dowry, to care for and educate their children, to dispose of their assets and to have an identity card and a

passport. If a man wished to remarry, he had to obtain the consent of his previous wife. In the absence of her consent, the decision was taken by the court. Insults to women and other crimes against women were severely punished. Lastly, in the Libyan Arab Jamahiriya, the rights and obligations of women of a different nationality were identical to those of Libyan women.

50.   Ms. GARCIA MORENO (World Health Organization) said that violence against women was recognized as a violation of human rights in numerous United Nations human instruments, including the Convention on the Elimination of All Forms of Discrimination against Women, the Declaration on the Elimination of Violence against Women and the Beijing Declaration. In 1996, the World Health Assembly had decided that the prevention of violence, especially violence against women and children, was a public health priority and that action should ultimately aim to create a climate of zero tolerance for such violence. One in five of the world's women had been physically or sexually abused, most often by men they knew. In situations of armed conflict, women were particularly exposed to rape. Genital mutilation was performed on nearly 2 million girls every year. Violence against women and girls was a major cause of mortality. Women were murdered by their partners or relatives, in particular as a result of dowry violence, suicides were the cause of death for many women who were beaten or sexually assaulted and female genital mutilation had serious long-term health consequences.

51.   WHO's activities for the prevention of all forms of violence against women, focused on advocacy and information materials for health providers and planners and health professional organizations. WHO was also developing databases on the prevalence and health consequences of domestic violence and conducting research on female genital mutilation. In accordance with the aims of the Beijing Platform for Action, a multi-country study on domestic violence had been undertaken with the aim of developing methodologies to help States design appropriate national plans of action. WHO was also seeking to strengthen local research capacities, to develop new instruments for measuring violence and its consequences across cultures and to promote forms of research that were responsive to the needs of women and took the work of women's groups into account. At the same time, WHO made certain that its work on domestic violence adhered to internationally accepted scientific and ethical standards and was conducted in a manner that did not put women at further risk.

52.   She requested the Commission to recommend that the Special Rapporteur on violence against women, in cooperation with WHO, should prepare an annex on the health effects of violence against women for inclusion in her next report.

53.   Mr. SCHLEIFFER (World Food Programme), referring to agenda item 9 (c), said that the fifty-third session of the Commission on Human Rights had declared intolerable the fact that 800 million people throughout the world did not have enough food to meet their basic nutritional needs. On the occasion of the fiftieth anniversary of the Universal Declaration of Human Rights, it was important to reaffirm the fundamental right of everyone to be free from hunger. WFP was committed to meeting the needs of refugees or displaced people in situations of famine and natural or man-made disasters. In 1997, it

had targeted food aid to approximately 15 million internally displaced persons, 4 million refugees and returnees and 10 million persons affected by natural disasters. Nearly 70 per cent of its activities were focused on humanitarian assistance.

54. However, humanitarian and human rights organizations frequently lacked access to the people he had mentioned, not only for the provision of assistance and protection, but also unrestricted access for the assessment of needs and follow-up monitoring. It must be recalled that it was the duty of States, regardless of their political economic and social systems, to promote and protect human rights. When people became displaced within their country, the State often had a limited capacity to intervene. The State might also - in some cases - be responsible for the displacement. The Guiding Principles on Internal Displacement would therefore help increase international awareness of the problems faced by the internally displaced as well as the relevant legal standards. WFP expressed its appreciation for the work undertaken by the Representative of the Secretary-General on Internally Displaced Persons in helping to prepare the Guiding Principles, which consolidated the relevant elements from a wide body of existing law and were a useful tool for the humanitarian community. It was particularly pleased with the inter-agency consultative process which had surrounded the elaboration of the Guiding Principles and it appreciated the opportunity to have participated in the expert consultation on the Guiding Principles recently hosted by the Government of Austria.

55. Partnerships among all concerned bodies were essential in providing protection for the displaced. He commended the initiative taken by the Emergency Relief Coordinator to place the matter of strengthening the predictability of assistance and protection for the internally displaced high on the list of 1998 priorities for the new Office for the Coordination of Humanitarian Affairs. Greater cooperation was needed between individual United Nations agencies and partner organizations. Cooperation was also essential in the return, resettlement and reintegration phases, to provide a stable environment for States to give adequate priority to food security and poverty eradication.

56. WFP considered the participation of the United Nations High Commissioner for Human Rights in both the Inter-Agency Standing Committee and the Executive Committee on Humanitarian Affairs as a positive development which would facilitate a more integrated approach to human rights and humanitarian issues. It would also be advisable for the Representative of the Secretary-General on Internally Displaced Persons to participate in the Inter-Agency Standing Committee. Consistent with the decision taken at the March 1998 meeting of the IASC, WFP would disseminate the Guiding Principles to its staff and endeavour to apply them, in particular through its internal training programmes. It also intended to share the Principles with its Executive Board, as the IASC had recommended.

57. As the Executive Director of WFP had stated at the beginning of the session, in addition to humanitarian intervention for the victims of human rights violations, Governments must provide the political backing needed for humanitarian activities and must address the human rights abuses that had caused the displacement.

58.   Mr. KAVADZE (Observer for Georgia) said that it was difficult to speak
of the international community's positive achievements in the field of human
rights, during the commemoration of the fiftieth anniversary of the Universal
Declaration of Human Rights, when the human rights of more than 300,000 ethnic
Georgians, Russians, Armenians, Estonians, Greeks, Jews and even Abkhazians
were being violated through the inhuman actions of the Abkhazian separatist
regime. Since April 1994, 1,200 people, predominantly Georgian civilians, had
been killed and over 5,000 houses burnt down in the region of Gali alone -
despite the fact that Gali was supposed to be under the control of CIS
peacekeepers - in an effort to intimidate returnees. To ensure that such
atrocious crimes did not remain unpunished, the Georgian Government supported
the idea of establishing a permanent international court.

59.   Georgian returnees were being deprived of their fundamental rights
through the intolerance of the Abkhaz nationalists, in particular in the area
of education, despite the efforts of the United Nations High Commissioner for
Human Rights and the United Nations Human Rights Office in Abkhazia.
On 14 March, the separatist authorities of Abkhazia had held elections, which,
together with similar elections held on 23 November 1996, represented an
attempt to create a false image of Abkhazia as an independent State and to
legitimize the demographic situation resulting from the ethnic cleansing in
the region. Legal elections could be held in Abkhazia only through due
observance of the principles of sovereignty and territorial integrity of
Georgia within the framework of a full-scale political settlement of the
conflict and with the guarantee of respect for the rights of refugees and
displaced persons. He hoped that the Human Rights Office in Abkhazia would
strengthen its monitoring capacity and improve coordination between the
Sukhumi Office, the United Nations Mission in Tbilisi and the Office of the
High Commissioner for Human Rights and that the United Nations and other
international agencies would be duly informed of human rights violations in
the region.

60.   The President of Georgia, Mr. Edward Shevardnadze, had recently asked
the Secretary-General of the United Nations to call on the international
community to mark the fiftieth anniversary of the Universal Declaration of
Human Rights by adopting a special act on the protection of the human rights
of refugees and internally displaced persons. Mr. Shevardnadze had also asked
the leaders of all Member States to support the adoption of the special act.
The Georgian Government hoped that, through its special procedures, the
Commission and the treaty bodies would give particular attention to the
situation in Abkhazia.

61.   Mr. ORUDJEV (Observer for Azerbaijan) said that democracy and the rule
of law continued to progress in Azerbaijan, in the spirit of the Universal
Declaration of Human Rights, despite the aggression against Azerbaijan by
neighbouring Armenia, the continued occupation of 20 per cent of its territory
and the existence of more than 1 million refugees and internally displaced
persons. Since the restoration of its independence, Azerbaijan had acceded to
the principal international human rights instruments and its initial reports
under the International Covenants on Human Rights, the Convention on the
Rights of the Child and the Convention on the Elimination of All Forms of
Discrimination against Women had already been considered by the relevant
treaty bodies. On 12 November 1995, following a nation-wide referendum, an

independent Azerbaijan had adopted its first Constitution, which reflected the principles of the Universal Declaration of Human Rights and had laid the bases for the legal reforms undertaken in accordance with international and European human rights standards. The Presidential Decree of 22 February 1998 on ensuring fundamental rights and freedoms had clearly defined the Government's urgent tasks in that area. In the spirit of article 3 of the Universal Declaration of Human Rights, the Azerbaijani Parliament had recently abolished the death penalty.

62.   Mr. LAKATOS (Observer for Hungary) said that one of the main causes of the current refugee flows was the lack of human rights guarantees. The international community should therefore remain committed to the principle that human rights must be regarded not as an exclusively internal affair of States, but as a matter of legitimate international concern, and that Governments were accountable for violations of international human rights standards.

63.   Prevention remained the most effective way to avoid flows of refugees and displaced persons. Preventive action involved respect for the rule of law, including the enhancement of the institutions of civil society, legal structures and a free media. To date, however, the international community had allocated most of its resources and attention to emergency responses, with all the financial and human consequences that implied.

64.   The emphasis on prevention and voluntary repatriation should not detract from the core principle of non-refoulement. For millions of refugees, the right to seek asylum was the only way of exercising again the fundamental rights and freedoms which their own countries had denied them. In March 1998, Hungary had withdrawn the geographical reservation it had entered on acceding to the 1951 Geneva Convention and 1967 Protocol. There would no longer be discrimination against asylum-seekers from non-European countries, who would be given direct access to the Hungarian authorities without having to go through UNHCR.

65.   In the absence of political will, humanitarian assistance and international action could not provide effective protection to victims or prevent displacement or refugee flight. Hungary could not but welcome a recent resolution adopted by the Executive Committee of UNHCR, which emphasized the responsibility of States to ensure conditions that did not compel people to flee.

66.   He concluded by stressing the importance of the integrity of UNHCR's mandate given the increasingly politicized atmosphere in which it was carried out.

67.   Mr. Gallegos Chiriboga (Ecuador) took the Chair.

68.   Ms. GEELS (Observer for New Zealand) said that, in the area of women's human rights, there was still a large gap between the aspirations of the international community and the hard reality of women's lives in many parts of the world. New Zealand had taken strong action to counter domestic violence.

The Domestic Violence Act of 1995 included a definition of violence that closely resembled the definition used in the Declaration on the Elimination of Violence against Women.

69.   The World Conference on Women had reaffirmed that the human rights of women and of the girl-child were an inalienable, integral and indivisible part of universal human rights. Earlier, the World Conference on Human Rights had set as a priority of the international community the achievement of full and equal enjoyment by women of all human rights. From that standpoint, she drew attention to the agreed conclusions which had recently been adopted by the Commission on the Status of Women and recommended that cooperation and exchanges of expertise between the Commission on the Status of Women and the other functional commissions of the Economic and Social Council, including the Commission on Human Rights, should be enhanced, urging the Commission to ensure that all human rights mechanisms and procedures incorporated a gender perspective into their work. In that regard, she welcomed the fact that a number of special rapporteurs were including gender-specific analyses in their reports and urged other special rapporteurs to adopt that practice. She had also noted the recent attendance, for the first time, by the High Commissioner for Human Rights at a meeting of the Committee on the Elimination of Discrimination against Women and the High Commissioner's important statement to the Commission on the Status of Women. Although conscious of the need to avoid duplication, she encouraged interaction between the Office of the High Commissioner for Human Rights, the Commission on the Status of Women and the Committee on the Elimination of Discrimination against Women.

70.   In New Zealand's view, a priority for 1998 should be to encourage the universal ratification of the Convention on the Elimination of All Forms of Discrimination against Women by the year 2000. There were already 161 States parties to the Convention and States which had not yet done so were urged to ratify that important instrument as a demonstration of their commitment to the promotion and protection of women's human rights. The adoption of an optional protocol to the Convention, which would provide women with a communications procedure under the Convention, would also be a welcome step. New Zealand looked forward to the conclusion of negotiations in 1999.

71.   Under the Beijing Platform for Action, States were required not only to refrain from violating women's rights, but to work actively to promote and protect those rights. In New Zealand, the provisions of the Platform for Action had been fully integrated into the work programme of the Ministry of Women's Affairs and across Government work more widely. Areas deliberately chosen for action were mainstreaming gender analysis, the gender pay gap, women's unremunerated work, improvement of statistics on women, the Platform's strategic actions which were relevant to Maori women and girls and the achievement of gender balance in decision-making positions.

72.   The preamble to the Charter of the United Nations reaffirmed the equal rights of men and women and the Commission had an important role in helping to ensure the realization of that goal.

73.   Ms. MESDOUA (Observer for Algeria) said that her country had acceded to the Convention on the Elimination of All Forms of Discrimination against Women and would shortly be submitting its report to the Committee on the Elimination

of Discrimination against Women. Gender equality was set forth in the Algerian Constitution and laws, but, as Algeria had not completed its transition from traditional to modern country, many obstacles had to be lifted for full effect to be given to that principle. Much progress had been achieved since independence, however. There had been a marked drop in the female illiteracy rate and women represented 45 to 48 per cent of teachers at the various educational levels. Women were acceding to better jobs, particularly in public service, where they held many decision-making posts.

74. Algeria's commitment to a pluralist political process represented a crucial turning point in its efforts to secure women's rights and gender equality. The new electoral code had practically ended the practice of voting by proxy, under which husbands had been able to vote on behalf of their wives. As women made up half of the electorate, their concerns were given greater consideration by the political parties and increasing numbers of women were being elected to office. Women's associations had encouraged those trends by helping to challenge certain prejudices.

75. Unfortunately, that progress was being impeded by the terrorists, whose unrelenting cruelty towards women was commensurate with women's importance in society and the transmission of cultural values. Algeria, which had already paid a heavy price in its struggle against obscurantism, was hoping for an unequivocal condemnation of terrorist violence and strong solidarity from the international community.

76. Ms. AQUILINA (Observer for Malta) said that 1998 was the year of both the fiftieth anniversary of the Universal Declaration of Human Rights and the fifth anniversary of the Vienna Declaration and Programme of Action adopted by the World Conference on Human Rights. As the promotion and protection of human rights required the strengthening of national and international structures, institutions and organizations, Malta supported the efforts of the Secretary-General to integrate human rights activities at headquarters and in the field. Human rights were intrinsically linked to peace and security, humanitarian affairs and economic and social affairs and the participation of the High Commissioner for Human Rights in the activities of the four main executive committees set up by the United Nations was of great importance.

77. Malta was a democracy whose Constitution protected the human rights of the individual. Awareness-raising, information and training activities in the field of human rights were conducted in the media, schools and the police academy. Besides taking measures at the national level, Malta had always been in the forefront in supporting human rights action at the regional and international levels and it encouraged the work of the non-governmental organizations at the local level. As a State party to the Convention on the Elimination of All Forms of Discrimination against Women, Malta was fully committed to equality between men and women in both law and practice, in conformity with its Constitution and Civil Code.

78. In various regions of the world, however, particularly Cyprus, the situation continued to be disquieting. Malta supported all the efforts being undertaken to reach a concrete and lasting solution to the situation in Cyprus in accordance with Security Council and Commission resolutions. The anniversary year 1998 should serve as an occasion for looking at past

achievements and forming a plan for the future. Nothing strengthened democracy and human rights more than economic growth and solidarity, in direct line with the Vienna Programme of Action and article 1 of the Universal Declaration.

ORGANIZATION OF THE WORK OF THE SESSION (agenda item 3) (<u>continued</u>)

<u>Situation of human rights in Colombia</u> (<u>continued</u>) (E/CN.4/1998/16 and 135)

79.   The CHAIRMAN said that the Commission welcomed the fact that the Office of the United Nations High Commissioner for Human Rights in Colombia in Bogota had enjoyed the cooperation of State and Government institutions and took note of the report of the High Commissioner for Human Rights on the situation of human rights in Colombia (E/CN.4/1998/16) and a document containing the State party's observations (E/CN.4/1998/135). It expected that the activities of the human rights office in Bogota would continue to contribute to improving the human rights situation in Colombia and promoting a climate of trust between the Government and all sectors involved in the conflict, thereby encouraging a process of constructive dialogue involving non-governmental organizations and other sectors of civil society.

80.   While encouraging the work of the special commission set up by the Government of Colombia for the analysis, follow-up and implementation of the recommendations of the international human rights bodies, the Commission on Human Rights considered that sufficient progress to improve the situation of human rights in Colombia had not been made. It was deeply concerned at the intensification of the internal armed conflict, which entailed increasingly serious continued violations of human rights. Recognizing the actions of the Government of Colombia, many State institutions and many organizations of civil society aimed at making progress in the peace process, it urged all parties to make serious efforts to negotiate a peaceful settlement of the conflict.

81.   The Commission acknowledged the steps taken by the Government of Colombia for the application of humanitarian standards in the conflict and welcomed its continued cooperation with the International Committee of the Red Cross.

82.   The Commission was deeply concerned by the role played by the paramilitary groups in intensifying the conflict, as reflected in the alarming number of massacres of non-combatants and the dramatic increase in the numbers of displaced persons. It welcomed the reduction in the number of human rights violations attributed to the armed forces and the police, but was concerned that the authorities had not yet begun to investigate and punish support given to the activities of paramilitary groups. Nevertheless, it expected that the armed forces of Colombia would implement the intention expressed to the Office of the High Commissioner for Human Rights in Bogota to dismiss from service all those in their ranks who were implicated in crimes against humanity.

83.   The Commission condemned terrorist and other violent acts by guerrilla groups which violated international humanitarian law and called on the guerrilla groups to respect the rules of international humanitarian law. It condemned killings and all attacks on the civilian population, including

kidnapping, the widespread use of anti-personnel landmines and the recruitment of children. Similarly, it condemned electoral sabotage by the guerrilla groups, through the kidnapping and murder of electoral candidates and the murder of various mayors. For humanitarian reasons, it urged the guerrilla groups to release all the soldiers they were holding and all the persons they had kidnapped.

84.   The Commission welcomed the recommendation made by the Colombian Constitutional Court on 7 November that strict controls should be imposed on the weapons held by the special security services ("Convivir" groups) and the steps taken by the Government of Colombia to regulate the establishment and functioning of those groups.

85.   The Commission recognized the legislative progress made in Colombia, the most recent examples of which were the ratification of the Inter-American Convention to Prevent and Punish Torture and the rules which regulated the recruitment of those under 18 to compulsory military service. It called on the Government of Colombia to complete the reform of the Military Penal Code by removing serious human rights violations from the jurisdiction of military courts, separating the functions of the executive and the judiciary and introducing criminal indemnification proceedings.

86.   The Commission called for the urgent adoption of the draft law to put an end to forced disappearances and genocide and to increase the punishment for acts of torture. It took note of the draft law before Congress abolishing the regional justice system.

87.   The Commission remained concerned about the unacceptable level of impunity, in particular concerning abuses by State agents which continued to fall under the jurisdiction of military courts. It called on the Government to take steps to address that problem as a matter of urgency. It welcomed the important advances made by the Office of the Public Prosecutor in investigating and indicting State agents, guerrillas and members of paramilitary groups responsible for violations of human rights or humanitarian law.

88.   Deeply concerned at the increased threat to human rights defenders, it called on the Government to strengthen the support and protection it provided for those defenders through all State institutions.

89.   The Commission was deeply concerned about the increase in the number of displaced persons in Colombia. It took note with satisfaction of all the measures taken by the Government and hoped that they would be implemented. In that context, it welcomed the understanding recently reached between the Government of Colombia and UNHCR on establishing a liaison office in Bogota and urged the Government to continue to seek effective means of preventing such displacements, take all necessary measures to protect the lives of displaced persons and ensure security for the organizations supporting them.

90.   Lastly, the Commission requested the High Commissioner for Human Rights to submit a detailed report to it at its next session on its activities relating to all aspects of the human rights situation in Colombia.

91.   Ms. BAUTISTA (Latin American Federation of Associations of Relatives of
Disappeared Detainees), speaking on behalf of her organization and
60 non-governmental human rights organizations, said that the human rights
situation in Colombia had deteriorated considerably in 1997. Paramilitary
activities had intensified, especially in the heavily militarized areas, and
the number of displaced persons had increased. The steps taken by the
Government had neither addressed the root causes of the problem nor helped
restore the rights of the persons in question. There had been an increase in
persecution of human rights defenders, who were frequently accused by some
journalists and members of the security forces of complicity with the
guerrilla groups, in an effort to prevent them from doing their work; a good
number of them had been murdered or forced into exile. Meanwhile, the
perpetrators of human rights violations continued to go unpunished and
violations of international humanitarian law by all the parties to the
conflict continued to occur. The steps taken by the Government to enforce
human rights, pursuant to the recommendations of the international community,
had clearly proved to be insufficient.

92.   As the Human Rights Committee and the High Commissioner for Human Rights
had recommended, the special security services must be dismantled and the
legislation under which they operated repealed. It was unfortunate that the
Chairman had not included that recommendation in his statement. Nevertheless,
she welcomed the Commission's appeal to the Colombian Parliament to enact
legislation criminalizing the offence of enforced disappearance, to reform the
military system of justice and to abolish the regional justice system. She
also hoped that the Colombian Government would heed the Commission's appeal
that it should dismiss from service all members of the armed forces, police
and other security bodies who were implicated in human rights violations.

93.   For the following session, it was more important than ever to establish
criteria to measure the extent to which the recommendations of the various
intergovernmental bodies were being implemented. If the measures taken by the
Government should prove to be insufficient, the Commission must act decisively
to ensure that the authorities cooperated effectively.

<u>The meeting rose at 6 p.m.</u>

UNITED
NATIONS

E

Economic and Social
Council

Distr.
GENERAL

E/C.12/1998/SR.20
24 September 1998

ENGLISH
Original: FRENCH

COMMITTEE ON ECONOMIC, SOCIAL AND CULTURAL RIGHTS

Eighteenth session

SUMMARY RECORD OF THE 20th MEETING

Held at the Palais des Nations, Geneva,
on Monday, 11 May 1998, at 10 a.m.

<u>Chairman</u>: Mr. ALSTON

CONTENTS

GENERAL DISCUSSION: "GLOBALIZATION AND ITS IMPACT ON THE ENJOYMENT OF
ECONOMIC AND SOCIAL RIGHTS"

This record is subject to correction.

Corrections should be submitted in one of the working languages. They
should be set forth in a memorandum and also incorporated in a copy of the
record. They should be sent <u>within one week of the date of this document</u> to
the Official Records Editing Section, room E.4108, Palais des Nations, Geneva.

Any corrections to the records of the meetings of the Committee at this
session will be consolidated in a single corrigendum to be issued shortly
after the end of the session.

GE.98-16112 (E)

The meeting was called to order at 10.10 a.m.

GENERAL DISCUSSION: "GLOBALIZATION AND ITS IMPACT ON THE ENJOYMENT OF
ECONOMIC AND SOCIAL RIGHTS" (agenda item 7) (E/C.12/1998/4, 6, 7, 9 and 10)

1.   The CHAIRMAN opened the debate by emphasizing that the chosen subject
for 1998 was a particularly broad and complex one. Evaluating the impact of
globalization on the enjoyment of economic and social rights required
extensive understanding, not only of the international financial system but
also of national systems and implementation mechanisms for the protection
of human rights. Apart from its numerous interdisciplinary aspects,
globalization served one general objective, which was the primacy of the free
market. It was usually accompanied by privatization and deregulation,
measures, which reduced the role of the State to that of guarantor of the
public order required for the proper functioning of the market and which
deprived the State of its power to redistribute wealth. The same applied at
the international level, where regulations had come to be directed essentially
at preserving and strengthening the free circulation of goods and capital.
The social institutions therefore saw their room for manoeuvre being
continually reduced and found themselves powerless in the face of attempts
to exclude a growing number of economic sectors from the system of social
protection, as was the case with the draft multilateral agreement on
investment currently being negotiated. The inference that had to be drawn was
not that globalization was a bad thing in itself but that a check had to be
kept on the way it affected the enjoyment of human rights.

2.   As the free market continued to gain ground, the situation of the
poor simply worsened. According to the most recent UNDP report on human
development, a quarter of the population of the developing countries lived
below the poverty line. The number of people subsisting on less than a dollar
a day was estimated to be 1,300 million. And the industrialized countries
were not spared either, with more than 100 million people living below the
poverty line. The statistics relating to inequalities of income were even
more telling. While in 1960 the poorest 20 per cent of the world's population
possessed 2.3 per cent of its wealth, that figure now was only 1.1 per cent.
In the same period, the income of the richest 20 per cent had steadily
increased. The figures for debt were equally eloquent. The accumulated debt
of the 41 countries classified by the World Bank as very heavily indebted poor
countries had reached US$ 215 billion, compared to US$ 183 billion in 1990 and
US$ 55 billion in 1980. In Africa, debt servicing was costing those countries
between US$ 8 and US$ 9 on average per inhabitant, which was double what they
spent on health or primary education. More than 50 million African children
of school age were thus excluded from the education system. It was just one
example among many, as nothing was generally said about the effects of debt
on the enjoyment of economic and social rights. The situation was further
aggravated by the structural adjustment policies imposed by the International
Monetary Fund (IMF), which, as had been seen in southern Asia, were motivated
much less by the desire to deal with the causes of the problem than by the
desire to promote globalization by freeing financial markets.

3.   The IMF continued to decide the economic future of whole populations
without having to render any account to them. In order to strengthen its
surveillance mechanism, the IMF demanded of States the greatest degree of

transparency regarding the monetary policies they intended to implement, while itself drawing up structural adjustment measures in conditions of utmost secrecy. Furthermore, while the IMF was quick to threaten to suspend assistance to governments which did not follow its financial reform recommendations to the letter, it was much less strict when it came to implementing the meagre social component of its structural adjustment programmes. It was not acceptable that large organizations like the World Trade Organization (WTO), the World Bank, the Organization for Economic Cooperation and Development (OECD) and the IMF, whose influence was increasing daily, should continue to ignore the social consequences of their activities and leave other institutions and governments, whose prerogatives and resources were decreasing constantly under the effect of the policies they advocated, with the task of dealing with those consequences.

4.   There was a risk that globalization would have harmful effects on the right to work and the right to just and favourable conditions of work laid down in articles 6 and 7 of the Covenant. The objective for the IMF was in effect to eliminate what it called the rigidities of the labour market, which amounted in fact to the measures relating to the protection of workers applied in virtually all countries. If the IMF persisted in removing them, while leaving States, possibly with the help of the ILO or the Committee on Economic, Social and Cultural Rights, which had few means of offsetting its influence, with the task of finding alternative solutions, it would truly have failed in its responsibilities. As for the right to form trade unions, referred to in article 8, it had to be recognized that collective bargaining and the trade union movement as a whole were no longer what they used to be. It would therefore be worth considering the implications of globalization in that area.

5.   As for the special protection to be accorded to women and children under article 10 of the Covenant, it was deplorable that the incidence of malnutrition, which was on the increase, was almost never taken into account in structural adjustment programmes and that the traffic in women, which was also growing, was not receiving more attention. As for the right to an adequate standard of living enshrined in article 11, the statistics provided earlier clearly showed that matters were not moving in the right direction. Lastly, the positive effects of globalization on the right to education, which was the subject of article 13, had still not materialized.

6.   It should be emphasized that the grey picture he had just painted was far removed from the Committee's everyday concerns, which consisted in engaging in dialogue with governments with a view to furthering implementation of the provisions of the Covenant rather than monitoring the situation of international financial markets. Nevertheless, that situation should not be ignored. And yet at present there was not a single body within the human rights protection system that was responsible for monitoring and analysing the consequences of globalization, and it was unacceptable that organizations such as the IMF should continue to ignore the consequences of their decisions on the enjoyment of economic and social rights. Why had the IMF never referred in any of its publications to the International Covenant on Economic, Social and Cultural Rights, even though that instrument had been ratified by the majority of the countries with which it worked?

7.   Furthermore, the international community should begin seriously to tackle the question of the role of private actors in the promotion of human rights. Why did international human rights rules apply only to governments and not to corporations, whose power was increasing as that of States was declining? Since there was now the possibility of concluding a multilateral agreement on investment obliging corporations to cooperate in a number of economic areas, would there not also be a way of forcing them to cooperate in the field of human rights?

8.   Ending on a pessimistic note, he had to say that he sometimes had the impression that the International Covenant on Economic, Social and Cultural Rights served merely to give the illusion that the United Nations system covered economic rights. The time had come to recognize that the protection of economic and social rights could not simply be left in the hands of 18 experts meeting in Geneva with no technical support or secretariat, and to place the issue firmly on the agenda and work programmes of the major economic and financial institutions.

Exchange of views with the High Commissioner for Human Rights

9.   The CHAIRMAN, welcoming the High Commissioner for Human Rights, congratulated her on behalf of the Committee on the work she had done since taking up her post, particularly the many initiatives relating to economic, social and cultural rights which the Commission on Human Rights had taken at its fifty-fourth session.

10.   Mrs. ROBINSON (United Nations High Commissioner for Human Rights) said that the subject of globalization and its impact on the enjoyment of economic and social rights was of particular interest at a time when there was a genuine desire to place human rights at the centre of all the activities of the United Nations system. In that respect it was worth recalling that at a workshop held in Tehran 36 countries from the Asia-Pacific region had adopted a regional mechanism for technical cooperation, one of whose four components related to economic, social and cultural rights and in particular the right to development. Those 36 countries were very diverse but had a great deal to gain from the exchange of experience that would take place during the annual follow-up meetings they had agreed to organize. Equally useful were the conclusions of the round table on benchmark guidelines on economic, social and cultural rights, which would be widely circulated.

11.   The CHAIRMAN said that the questions relating to globalization were so complex that the Office of the High Commissioner for Human Rights would be able to engage in high-level dialogue with the financial institutions only when it had experts competent enough to analyse the problem and put forward proposals. The Committee was in favour of establishing more national institutions for the promotion of human rights and of stating precisely the tasks those institutions were required to accomplish. He would like to know whether the High Commissioner had held discussions with the Director-General of the IMF, and whether she was considering maintaining an ongoing dialogue with the IMF and World Bank on the place of human rights in their activities.

12.   Mr. ANTANOVICH found it encouraging that a regional mechanism should serve as a framework for monitoring the implementation of economic, social and

cultural rights. If so, considering that the Committee dealt mainly with the implementation of economic, social and cultural rights on a country-by-country basis, a new mechanism needed to be adopted. He wondered what the views of the High Commissioner were on the matter.

13.   Mr. SADI said that while he did not doubt the High Commissioner's genuine concern for economic, social and cultural rights, he would like to see that concern translated into action. There were grounds for thinking that it was largely theoretical in view of the inadequate administrative support provided for the Committee. With regard to globalization, he was inclined to share the views expressed by the Chairman, Mr. Standing and Mr. Taplin, and thought that it would be for the Committee to find a common denominator among those points of view. The problem was that the countries themselves did not take economic, social and cultural rights seriously; if they did, they would have demanded that they be taken into account when the IMF Statutes were amended.

14.   Mrs. ROBINSON (United Nations High Commissioner for Human Rights) said that the discussions she had had with Mr. Camdessus had been dominated by the problem of the lack of transparency, given the considerable impact IMF programmes had on populations and especially on vulnerable groups. She had also discussed with the World Bank the importance of human rights in the reconstruction of countries emerging from conflict. She was considering keeping up the dialogue with the leaders of those institutions, particularly through meetings of the Administrative Committee on Coordination.

15.   Replying to Mr. Antanovich, she said that the regional mechanism in question was useful in the sense that it enabled the 36 countries which had decided to establish it to advance individually at their own pace. No further machinery would be needed to operate the mechanism, which would enable member States to engage in useful exchanges of experience and could serve as a model for other regions. Replying to Mr. Sadi, she reaffirmed her commitment to a more balanced treatment of all human rights and to the promotion of economic, social and cultural rights, which would be high up the agenda of the forthcoming session of the Economic and Social Council. In conclusion, she congratulated the members of the Committee who had just been re-elected and wished them every success in their work, which was particularly important at a time when the international community was celebrating the fiftieth anniversary of the Universal Declaration of Human Rights.

16.   The CHAIRMAN said that the plan of action drawn up for the Committee had so far received only US$ 140,000, which appeared less than was needed to make a start. He therefore requested the High Commissioner to do her best to ensure that contributions were paid and that by the end of the following year the Committee would have the experts it needed to begin implementing the plan.

17.   He thanked the High Commissioner for Human Rights and invited the participants to resume the general debate.

18.   Mr. STANDING (International Labour Organization) said that globalization had weakened workers' negotiating power and had left the most vulnerable groups even more exposed. Globalization and the implementation of neo-liberal

policies benefited only a minority and led to an erosion of workers' rights and entitlements. Unlike income derived from capital, earned income was being increasingly heavily taxed. Furthermore, in order to attract and retain businesses, States were granting them tax benefits and subsidies, while workers' social rights and trade union freedom were coming under attack. It was not easy to discuss the right to work with followers of the Chicago School, which extolled deregulation, rejected Keynesianism and accepted that there was a natural level of unemployment which could not be reduced.

19. For 15 years, the international financial institutions, the IMF, the World Bank and the regional development banks had been advocating structural adjustment policies based on lowering social protection, shrinking the public sector and adopting a minimalist and selective approach to social safety nets.

20. The welfare State was losing momentum, and social protection and retirement schemes were gradually being privatized, particularly under pressure from financial institutions and very powerful pension funds. Only a few privileged groups would benefit from that development, while a growing number of people would be left without any social cover at all. Moreover, ideas which seemed to belong to the past were reappearing, such as paternalism and the notion that only "deserving" people should have the right to protection. There was a need therefore to encourage the creation of new institutional mechanisms, which could defend the sectors of the population threatened by insecurity.

21. Mr. CUMMIAH (International Confederation of Free Trade Unions) said that economic liberalization and the globalization of markets had led to most developing countries being worse off, greater inequality in those countries and increased insecurity in the developed countries.

22. In 1995, the World Summit for Social Development had sounded the warning bell and emphasized that a world driven by market forces alone was socially unacceptable and politically dangerous. The first ministerial meeting of the WTO, held in Singapore in 1994, had given its Director-General a mandate to work with the ILO in promoting internationally recognized labour standards. It was to be hoped that the second WTO ministerial meeting, to be held shortly in Geneva, would take concrete measures to prevent firms having recourse to forced labour, child labour and repression of trade union rights in order to gain a competitive advantage.

23. The economic crisis currently afflicting Asia had put globalization on trial. If nations wanted to prevent such crises, they had to have the courage to add a social dimension to globalization and prevent multinational enterprises setting up only where workers were willing to work longer hours for less pay and lower social security benefits. In the absence of a multilateral mechanism capable of securing respect for international labour standards, the International Confederation of Free Trade Unions (ICFTU) would have no other alternative than to use all means available to defend the principles of freedom of association and social justice, particularly by organizing boycotts of certain products and asking for the withdrawal of GSP (Generalized System of Preferences) benefits. In that context it was worth mentioning that following a complaint lodged with the European Union by the

ICFTU and the European Trade Union Confederation (ETUC) against the Government
of Myanmar, the European Commission had recommended a complete withdrawal of
the tariff preferences granted to Myanmar because of strong evidence that it
had used forced labour. A similar complaint had been lodged against the
Government of Pakistan concerning the very widespread use of forced and bonded
child labour.

24.   In conclusion, he said that unless the world's political leaders had the
courage to impose restraint on market forces, economic, social and cultural
rights would remain a dead letter. What the ICFTU wanted was globalization
with a human face.

25.   Mr. TAPLIN (International Monetary Fund) began by rejecting the view
that Governments had no choice but to sign agreements with the IMF. The
broader the support obtained for structural adjustment programmes, the better
the chance they had of being implemented successfully. That was why the IMF
encouraged Governments to publicize the commitments they had made under those
programmes.

26.   For its part the IMF published information on its Website concerning
the situation of countries with which it was working and the programmes
implemented there. The Director-General of the IMF had made a number of
speeches recently explaining in detail the policy the IMF was pursuing in Asia
in order to remedy that region's financial crisis.

27.   There was general agreement that some of the difficulties encountered by
Mexico in 1994 and 1995 had surprised certain circles of the international
community because they did not have the relevant financial data and
information on that country. That was why, on the IMF's initiative,
standardized data on some 40 countries were now published on the Web, with the
agreement of those countries.

28.   No mention was made of economic, social and cultural rights in the IMF
Statutes because no member State had requested such a reference at any time in
the course of the three revisions through which the Statutes had passed since
their first adoption in 1944.

29.   In that context it was worth pointing out that the IMF was not an
independent institution, and that its task was to respond to the needs of its
member States, all of which were represented on its Board of Governors, its
supreme decision-making body. Furthermore, the IMF's policy was regularly
scrutinized by the Interim Committee of the Board of Governors, which met
every six months and gave the Executive Board very clear directives.

30.   As for the social security mechanisms, the question was whether their
cost was affordable and whether their beneficiaries were really the most
vulnerable groups in society. The reductions in expenditure recommended by
the IMF were not targeted mainly at the health and education sectors, but
rather at non-productive expenditure, such as over-generous subsidies and
excessive military expenditure. In the same way, with regard to labour market
rigidities, it was worth considering why some countries regularly created jobs

and others not. For example, why was the unemployment rate in the
United States of America only 4.3 per cent, while in Germany and France it was
close to 12 per cent?

31.   The CHAIRMAN said that the statement by the representative of the IMF
prompted him to make two observations. Firstly, regarding the social security
mechanisms, the IMF had acknowledged in a document dated March 1998 that many
improvements were still possible in the framework of the structural adjustment
programmes under the heading of social expenditure. Furthermore, the top
leadership of the IMF had agreed that in economic matters taking account of
human rights was an integral part of any rational decision-making process.
Secondly, on the question of the need to eliminate rigidities in the labour
market, taking the United States of America as an example was perhaps
revealing, since it was the only country which systematically opposed any
reference to economic, social and cultural rights in practically all
circumstances.

32.   Mr. STANDING (International Labour Organization) said that according to
Mr. Taplin the IMF was not in a position to impose anything on sovereign
Governments. Nevertheless, it had to be recognized that a weak or poor
country might be obliged to adopt policies dictated from the outside,
especially when it knew that rejecting such policies would often have more
serious consequences than accepting them. In addition, Governments did not
always have the desired expertise to master very complex programmes. It was
therefore important to insist on transparency, so that the criteria on which
recommended policies were based were known to all. That transparency
concerned not only government actions but also the particular models and data
used by the IMF in drawing up the policies imposed on countries.

33.   Ms. BONOAN-DANDAN said that cultural rights did not appear in the
wording of the theme for the general debate. That was regrettable because the
implementation of economic and social rights always had an impact on cultural
rights and vice versa. Mr. Standing had spoken of the need to establish new
institutional mechanisms to protect vulnerable groups, and she would like to
know what mechanism the ILO had set up.

34.   She said she had been puzzled to hear the representative of the IMF
saying that a Government could not be obliged to act against its will. That
statement did not tally with the facts, since it was the citizens who were
reproaching their Governments for allowing the IMF to take their decisions for
them. Finally, the criticisms levelled against the IMF could be regarded as
part of a healthy debate only to the extent that such a debate had an impact
on the Fund's policy. Could the representative of the IMF demonstrate that
the views expressed were not falling on deaf ears?

35.   The CHAIRMAN, while agreeing with the last speaker, reminded the
Committee that at its seventeenth session it had decided to restrict the
subject of the general discussion to the globalization of economic and social
rights in order to give the debate a better focus.

36.   Mr. SADI, recalling that the IMF had forced his country, Jordan, to stop subsidizing essential foodstuffs, pointed out that pressures could be exerted on a country despite rising unemployment, poverty and inflation, but that there seemed not to be any such pressures when it was a question of social safety nets.

37.   Mr. TAPLIN (International Monetary Fund) said that he could not speak in any detail about the case of Jordan because he did not have first-hand knowledge. However, a State's central government budget had to be considered in its entirety when it came to determining the structural adjustments that had to be made. When a country had difficulties with its balance of payments, it was left with a range of possibilities, although they were limited and it was difficult to make a choice. In fact there were several ways of influencing macroeconomic and structural instruments so as to set in place in any given situation a policy to deal with the economic difficulties and to meet the concerns of the countries in question. No views, as some might think, fell on deaf ears. During the grave situation experienced by the Republic of Korea, for example, IMF representatives met trade union leaders with a view not only to protecting labour rights but also tc gauging the extent of the problem. There was a readiness in the international community to listen and to adapt, as was shown by the Declaration on Social Development and the Plan of Action of the World Summit on Social Development adopted in 1995 - holding such summits would have been unthinkable in the 1980s - or even the Enhanced Structural Adjustment Facility at the end of the last decade.

38.   Mr. WIMER pointed out that in order to settle the crisis in Mexico it had been necessary to secure a direct loan from the Government of the United States of America guaranteed by oil as the only way of extracting the country from its impasse. In view of the very nature of the IMF - a rich man's club representing the interests of the great who ruled the world - it was not surprising that it imposed its conditions. Globalization played into the hands of major international organizations and industrial and financial consortiums, sounding the death knell of the welfare State and the social responsibility of States, which had lost a large part of their sovereignty.

39.   Mrs. JIMENEZ BUTRAGUEÑO asked how the Committee could more closely coordinate the action it was taking in the field of economic, social and cultural rights with that being undertaken in the same area by the Commission on Human Rights, its special rapporteurs and the working groups established on the right to development. What could be done to ensure that the IMF took account of the Committee's remarks?

40.   Mr. TAPLIN (International Monetary Fund), replying to Mr. Wimer, said that the IMF was not a rich man's club - it had 182 members both rich and poor. The case of Mexico was instructive because it showed that the IMF was not the sole financier and backer of countries that were victims of financial crises, and it encouraged other partners from the international financial community such as development banks and the private sector to become involved.

41.   In his opinion dialogue and informal contacts were the best means of improving relations between the IMF and the bodies dealing with human rights.

42.   Mr. STANDING (International Labour Organization) said that the debate had to be set in a more general context and attention should not be focused on the IMF. The debate was really about the unequal distribution of power and the fact that financial power in a global economy could lead to opportunistic decision-making.

43.   When it came to the right to culture, education was fundamental but, in his opinion, financial and technical assistance had turned it into an economic debate. Unless education had significant economic implications, it attracted little support, a tendency that had merely increased in recent years. As a result, education in the broad sense was often sacrificed on the altar of the economy and the labour market. That question should be one of general concern, especially in view of the changing weight of the influence exerted by money.

44.   Mr. SYMONIDES (Director, Division of Human Rights, Democracy and Peace, United Nations Educational, Scientific and Cultural Organization) said that although the economic dimension of globalization was the most evident, globalization also had other dimensions - cultural and political. The international spread of cultures had been at least as important as the spread of economic processes. Through the mass media ideas and values were being transmitted and imposed on national cultures. A homogeneous worldwide culture was emerging. Sometimes the process was described as the creation of a "global village". Advances of popular culture meant that throughout the world people were dressing, eating and singing in the same way and that certain social and cultural attitudes had taken on a global dimension.

45.   Globalization had profound implications for States. Many Governments saw their role as being not to regulate markets but to facilitate their expansion. Global and regional interactions were wiping out national borders and weakening national policies. The sovereignty of States was gradually diminishing, not only as the consequence of the existence of supranational political and economic organizations, but in many cases because of the asymmetry of bargaining power between transnational corporations and small and poor developing countries.

46.   The culturally homogenizing effect of globalization, the gradual process of adopting common values and behavioural patterns reinforced the universality of human rights, established ties and linkages between various parts of the world and helped to eliminate certain traditional practices which might be qualified as discriminatory. Cultural globalization also had negative consequences for the cultural rights of vulnerable groups such as minorities, indigenous peoples and immigrant workers. It often undermined cultural identities, weakened various ethical norms, social cohesion and the feeling of belonging, and hence contributed to the proliferation of internal conflicts. Safeguarding cultural diversity - linguistic, ideological and artistic - was indispensable.

47.   The negative impacts of globalization on the implementation of economic, social and cultural rights, particularly the right to education and the right to take part in political life, were manifold: cuts in social and cultural

programmes, health services and food programmes in some cases prevented
Governments achieving desired outcomes. Many important decisions were taken
by the private sector, especially by transnational companies. Markets could
not replace Governments in the determination of economic, social, educational
and cultural policies, in providing social services and establishing
infrastructures, in the eradication of poverty, in the protection of
vulnerable groups and in defending the environment. Weak States could not
guarantee the rule of law, which was the _sine qua non_ condition for the full
implementation of all human rights.

The meeting rose at 1 p.m.

**UNITED
NATIONS**

E

**Economic and Social
Council**

Distr.
GENERAL

E/CN.4/1998/SR.43
5 October 1998

ENGLISH
Original: FRENCH

COMMISSION ON HUMAN RIGHTS

Fifty-fourth session

SUMMARY RECORD OF THE 43rd MEETING

Held at the Palais des Nations, Geneva,
on Tuesday, 14 April 1998, at 3 p.m.

<u>Chairman</u>: Mr. SELEBI   (South Africa)

later: Mr. GALLEGOS CHIRIBOGA   (Ecuador)

CONTENTS

ADVISORY SERVICES IN THE FIELD OF HUMAN RIGHTS (<u>continued</u>)

QUESTION OF THE VIOLATION OF HUMAN RIGHTS AND FUNDAMENTAL FREEDOMS IN ANY
PART OF THE WORLD, WITH PARTICULAR REFERENCE TO COLONIAL AND OTHER DEPENDENT
COUNTRIES AND TERRITORIES, INCLUDING:

     (a)   QUESTION OF HUMAN RIGHTS IN CYPRUS (<u>continued</u>)

GE.98-12116   (E)

The meeting was called to order at 3 p.m.

ADVISORY SERVICES IN THE FIELD OF HUMAN RIGHTS (agenda item 17) (continued)
(E/CN.4/1998/L.39)

Draft resolution E/CN.4/1998/L.39 (Assistance to Guatemala in the field of
human rights)

1.   Mr. GALLEGOS CHIRIBOGA (Ecuador) introduced, on behalf of its sponsors,
draft resolution E/CN.4/1998/L.39, which would put an end to the consideration
of the situation of human rights in Guatemala if adopted. Few countries
had received as active human rights monitoring by the United Nations for so
lengthy a period as Guatemala. Furthermore, at a time of welcome developments
such as the conclusion of the peace agreement in northern Ireland, the peace
process in Guatemala was in itself an exemplary process, with a wealth of
lessons for the international community, and a source of inspiration for other
countries. Peace in Guatemala had its roots in the process begun during the
Cold War years by the countries of Central America (Esquipulas II Agreement),
which, tired of being pawns in the rivalry between the two nuclear super-
Powers, had asked for help from the United Nations in beginning the difficult
task of seeking peace through negotiation and dialogue. And in a way, the
peace in Guatemala was also a Latin American peace.

2.   The draft resolution under review reflected a consensus among the
national participants in the peace process, but also had the backing of all
the countries of Latin America and the Caribbean. With the full agreement of
the parties concerned, and in order to ensure consistency between the
operative part of the draft resolution and its preamble, it had been proposed
that the following new paragraph should be added after paragraph 2:

        "Recognizes the efforts of the Government of Guatemala in the
    field of human rights and encourages it further to promote human rights
    and fundamental freedoms and to intensify policies which will improve
    public security conditions and the administration of justice, especially
    in the fight against impunity;"

Another proposal, also accepted by the parties concerned, consisted of
deleting the adjective "basic" as the modifier of human rights in the fifth
preambular paragraph and describing resources as being "necessary" rather than
"indispensable" in paragraph 13.

3.   Mrs. KLEIN (Secretary of the Commission) said that Spain, Italy, Norway
and the United States of America had become sponsors of the draft resolution.

4.   The CHAIRMAN informed the members of the Commission that the
draft resolution would have no financial implications. If he heard no
objection, he would take it that the Commission wished to adopt draft
resolution E/CN.4/1998/L.39, as orally amended, without a vote.

5.   It was so decided.

6.   Mr. PERALTA (Guatemala) thanked the Commission for showing its
confidence in the Guatemalan Government by deciding to end its consideration

of the situation of human rights in Guatemala. He also expressed his
Government's recognition to the sponsors of the draft resolution. The
international community had provided valuable assistance both in helping to
ensure respect for human rights and in strengthening the process of
democratization and peace in Guatemala. As the Minister for Foreign Affairs
of Guatemala had stated before the Commission on the occasion of the fiftieth
anniversary of the Universal Declaration of Human Rights, Guatemala was the
best example of the progress that could be achieved in the area of human
rights when a State exercised its national sovereignty in deciding freely to
accept cooperation and advisory assistance from the international community.

7.   The resolution just adopted marked the end of a period of suffering and
fratricidal clashes and opened the way for economic and social development.
With the implementation of the peace agreements, the Guatemalan Government,
the Unidad Revolucionaria Nacional Guatemalteca and the people of Guatemala as
a whole were determined to establish a mutually supportive society founded on
equity - social, ethnic and sexual. Guatemala was endeavouring to justify the
international community's confidence in it by continuing to strengthen the
rule of law and ensure full respect for human rights. Reaffirming the
importance of the agreement on the provision of advisory services in the field
of human rights and the role of the United Nations Verification Mission in
Guatemala (MINUGUA), he expressed deep regret for the recent tragic accident
in which several members of the Mission had died while working for peace and
reiterated the deep sadness of the Government and people of Guatemala.

8.   The defence and promotion of peace, democracy and human rights continued
to demand ongoing efforts by the international community to provide the
inhabitants of the entire planet with the full enjoyment of the rights to
which every human being was entitled. Strengthened by their experience, the
Government and people of Guatemala were determined to help achieve that
objective.

9.   Mr. ZAPATA (Unidad Revolucionaria Nacional Guatemalteca - URNG)
expressed his organization's gratitude to the Commission for its ongoing
monitoring of the human rights situation in Guatemala for 19 years and its key
role in defending the rights of the Guatemalan people and settling the
conflict. Fifteen months after the signature of the peace agreement,
Guatemala was determined to achieve progress towards democracy and to deal
with the structural problems which had been at the root of the armed conflict
and had not yet been solved. It was essential to seize the historic
opportunity being offered to all Guatemalans to take responsibility for the
peace agreements as the priority national task, which transcended special
interests of any kind.

10.   The resolution adopted by the Commission represented political support
of crucial importance to the peace process, in its recognition of the progress
achieved, but also in its indication of the main problems involved and in the
identification of the main areas of resistance from the traditional sectors of
power in Guatemala. He had in mind the crucial decisions which remained to be
taken regarding constitutional, tax and judicial reforms, the strengthening of
civil institutions, agrarian issues, the modernization of the Government and
recognition of the ethnic, cultural and linguistic diversity of the Guatemalan
nation.

11.   URNG hoped that the international community would continue to support
Guatemala given the new political situation prevailing in the country,
which MINUGUA had played a key role in introducing. UNRG expressed its
appreciation to the Special Rapporteur and the independent experts and to the
Secretary-General's Mission in Guatemala, whose conclusions were a valuable
contribution to the establishment of peace in Guatemala.

QUESTION OF THE VIOLATION OF HUMAN RIGHTS AND FUNDAMENTAL FREEDOMS IN ANY PART
OF THE WORLD, WITH PARTICULAR REFERENCE TO COLONIAL AND OTHER DEPENDENT
COUNTRIES AND TERRITORIES, INCLUDING:

        (a)   QUESTION OF HUMAN RIGHTS IN CYPRUS (agenda item 10) (continued)

(E/CN.4/1998/3 and Corr.1, 9, 12-15, 55-67, 68 and Add.1-3, 69-73, 113, 114,
126, 127, 130, 132, 138-140, 142, 143, 147-150, 152 and 154;
E/CN.4/1998/NGO/7, 13, 39, 40 and 101; A/52/472, 476, 479, 484, 486 and
Add.1/Rev.1, 493, 505, 510 and 522)

Situation of human rights in Afghanistan

12.   Mr. Choong-Hyun PAIK (Special Rapporteur on the situation of human
rights in Afghanistan) said that, in the year of its fiftieth anniversary, the
Universal Declaration of Human Rights was far from being a common standard for
the people of Afghanistan, in particular its female population. Grave
violations of human rights had taken place in Afghanistan since the
Commission's previous session, the most serious being the alleged mass
killings in the north of both combatants and civilians. The forensic expert
who had accompanied him on a visit in December 1997 to a number of mass graves
and burial sites in the three regions concerned had concluded that two of
those areas contained evidence that might support allegations of human rights
abuses. He had therefore recommended in his report a thorough, neutral and
independent investigation to seek out and punish the violators. The mass
killings had further exacerbated the ethnic divide in Afghanistan and eroded
the already fragile social fabric, generating a vicious circle of retaliatory
massacres which must be halted immediately.

13.   The general human rights situation in Afghanistan, in the areas
controlled by both the Taliban movement and the Northern Alliance, had further
deteriorated; violations continued to be perpetrated by both parties.
Security had deteriorated further in all parts of the country and aid agencies
had had to evacuate their international staff or suspend operations in the
wake of deliberate physical attacks.

14.   An additional development of extreme gravity was the edict issued by the
Taliban in March 1998 which required that female Muslim international staff be
denied access to and the possibility of work in Afghanistan unless accompanied
by a close male relative. The situation of women, who were being prevented
from enjoying their basic human rights (health care, education and
employment), especially in urban areas controlled by the Taliban movement, was
particularly disturbing and had further deteriorated. In northern
Afghanistan, although the situation of women was less severe, there was no
evidence of improvement and less attention was paid to the protection of human
rights in general, mainly due to fighting among the rival factions of the

Northern Alliance. The parts controlled by the Taliban movement made Afghanistan the only country in the world where gender discrimination was an official policy. Notwithstanding cultural and other specificities, the international community could not and should not accept such a situation.

15. Practices of corporal punishment such as amputations and public executions which were incompatible with the provisions of the Convention against Torture, ratified by Afghanistan, continued to take place in areas controlled by the Taliban. In that connection, the Special Rapporteur on torture had expressed the view that States applying religious law were bound to do so in such a way as to avoid the application of pain-inducing acts of corporal punishment in practice.

16. The general situation of human rights throughout Afghanistan had resulted in massive internal displacement and a large number of Afghans living outside the country's territory. In view of the continuing civil war in Afghanistan, the situation of Afghan refugees should be considered within the framework of a long-term policy of the international community regarding the neighbouring States which were bearing the refugee burden. Afghanistan had no central Government and virtually no economy. Although, as the Independent Expert on Somalia had observed, the absence of a central Government in the country should not remain an obstacle to re-establishing respect for human rights, the end of the armed conflict and the formation of a broad-based fully representative Government would be a stepping stone for re-establishing respect for human rights in Afghanistan.

17. Mr. TANDAR (Observer for Afghanistan) commended the Special Rapporteur on his report, which was the fifteenth on the situation of human rights in Afghanistan in 20 years of conflict and the most alarming. A large part of the Afghan population - everyone under 20 years of age - did not know peace, had witnessed acts of violence, had seen human beings, loved ones, killed, were living in fear. The deliberate strategy of the Taliban, who combined the violence of weapons with the violence of the arbitrary, extremism and obscurantism, was to divide the Afghan people on any possible pretext, even that of religion, despite religion's traditional unifying role, at the cost of the life, human dignity and future of an entire people. Not satisfied with tearing the nation apart, the Taliban were also turning Afghanistan into the country of sexual apartheid.

18. The war in Afghanistan was not an ethnic war: the Taliban did not represent an ethnic group and they were considered by the people to be occupiers. Outside of a war situation, they did not exist and they bore the entire responsibility for the military offensives which had taken place during the preceding year and which had aggravated the human rights situation in the country. For the authorities of the Islamic State of Afghanistan, there could be no military solution to the conflict: the only possible solution was a political one. They remained prepared to enter into negotiations, in Afghanistan or elsewhere, to end an absurd war, but they would not budge on one essential point: the question of national independence. The recognition of Afghanistan's territorial integrity and the end of foreign interference were a sine qua non.

19. The obscurantist and totalitarian ideology behind the Taliban, who were the enemies of beauty, joy and life, had not only plunged Afghanistan into hell, but even threatened other countries, as well as the peace and prosperity of the entire region. The international community had a political and moral duty to seek a political solution in Afghanistan with determination and sincerity. The Afghan authorities ardently desired the success of the mission of the Secretary-General's Special Envoy for Afghanistan and the mission which was to be undertaken by the Permanent Representative of the United States to the United Nations on behalf of the United States Government and the Governments of seven other States in order to end the war and whose success they would do everything in their power to ensure.

20. <u>Mr. Gallegos Chiroboga (Ecuador) took the Chair</u>.

21. <u>Mr. COPITHORNE</u> (Special Representative on the situation of human rights in the Islamic Republic of Iran), introducing his report (E/CN.4/1998/59), said that, while some had cast doubt on the intentions of the new Government to improve the human rights situation in the country, given the significant number of changes over the three months covered by the report, the Iranian Government should be given the benefit of the doubt. The priorities chosen and the rate of progress might be questioned, but the Government's intent to effect change was undeniable. There were, to be sure, powerful interest groups in the country which appeared determined to resist change. However, action being carried out in several areas gave every reason to believe that the President of the Republic had a strategy for overcoming the obstacles to change.

22. Discussions were under way on a further visit to Iran and he was hopeful that an early agreement would be reached and that the Government would return to full cooperation with the Commission in that regard.

23. He expressed the hope that the resolution to be adopted by the Commission on the situation of human rights in Iran would not become bogged down in details and that it would reflect the prospect of substantial change that was now so clearly evident in that country.

24. <u>Mr. KHORRAN</u> (Islamic Republic of Iran) said that the new Government had undertaken many initiatives to institutionalize the rule of law, consistent with the provisions of the Constitution and Islamic values. Convinced that human rights should be promoted from within, it had established new national mechanisms. There were numerous advantages of a national approach over international monitoring: it involved all institutions of civil society, mobilized the necessary support, was consistent with the particularities of each society and, above all, helped create an environment conducive to the continued promotion of human rights.

25. In that light, the Special Representative could play an important role in enhancing national capacities, including the provision of advisory services, increasing human rights education and strengthening the Iranian national institution for human rights (Islamic Commission for Human Rights).

26. The Special Representative's report failed to appreciate all of the positive developments in Iran and those omissions should be corrected. In any

event, the Islamic Republic of Iran remained determined to implement human rights principles and to continue its cooperation with the Special Representative.

27.   Mr. ARTUCIO (Special Rapporteur on the situation of human rights in Equatorial Guinea), introducing his report (E/CN.4/1998/73 and Add.1), said that the political dialogue which had been held by the Government and the political parties from February to April 1997 and had yielded the "Document on the Evaluation of the National Pact and Legislative Agreements 1997" had given rise to great expectations of a decisive step forward in the process of democratization.

28.   Regarding the status of women, much work remained to be done in the educational, professional, social and political spheres, but some progress had been achieved, notably through the activities of the Ministry of Social Affairs and the Situation of Women. There had been very little progress on economic, social and cultural rights and the extreme poverty in which a large part of the population of Equatorial Guinea lived remained a matter of concern. With regard to ethnic diversity, serious disturbances had taken place on 21 January 1998 on the island of Bioko and had led to a further visit by the Special Rapporteur in March 1998. During those events, an armed group of civilians had attacked several military barracks and police stations; the authorities had qualified those acts as "attempted insurrection" and ordered a full-scale state of emergency. The authorities' prompt reaction was no doubt the reason why it had been possible to avoid a deterioration in the situation, which, given the prevailing atmosphere of unrest, might have degenerated into an ethnic conflict. On 25 January, a group of Bubis had distanced themselves from the movement seeking self-determination for the island of Bioko and held a peaceful demonstration against the acts of violence. In the following days, it was reported, 550 people had been arrested and 110 were still being held. Many of the detainees had been subjected to torture and ill-treatment and the Government must be held responsible for not having provided for the security and physical integrity of the people detained.

29.   Despite the serious incidents of January 1998, he saw no reason to modify his general assessment of the situation, which had been improving slightly until then. The events of January 1998 had been limited to the island of Bioko and there was reason to believe that only a small group of people had been responsible, as there was nothing to prove that they had been supported by the movement seeking self-determination for the island of Bioko, much less the Bubi population. Rather than repeat all the recommendations contained in the report, he stressed the need to recommend that the Government of Equatorial Guinea should vigorously promote forms of dialogue designed to integrate all the ethnic groups of the society, emphasized that it was important for the Commission to request the High Commissioner for Human Rights to continue to provide technical assistance and advisory services to Equatorial Guinea, in cooperation with the United Nations Development Programme, and noted that the progress achieved so far was not sufficient to enable the Commission to end its monitoring of the situation in Equatorial Guinea.

30.   Mr. MAYE NSUE MANGUE (Observer for Equatorial Guinea) commended the Special Rapporteur, whose report accurately reflected the situation and

progress achieved in the field of human rights, and reaffirmed his
Government's determination to continue cooperating with United Nations bodies,
friendly countries and non-governmental organizations. He was pleased to
inform the Commission that the revision of the National Pact between the
Government and the political parties had been successfully completed and had
helped to create an atmosphere of cooperation between the different political
parties in the country. Further, to promote economic, social and cultural
rights, the Government, in cooperation with the political parties and national
and international economic leaders, had held the first National Economic
Conference from 8 to 13 September 1997 in the city of Bata. In anticipation
of the legislative elections to be held by the end of the year, the Government
was taking the appropriate measures pursuant to the agreements with the
political parties. In view of that progress, the Government believed that the
technical assistance it was receiving in the field of human rights should be
strengthened and it requested support from the Commission for its idea of
establishing a centre for the promotion of human rights and democracy.

31.   The Government of Equatorial Guinea thanked the Special Rapporteur for
his visit, which had enabled the Special Rapporteur to make on-the-spot
observations and verifications of the situation regarding the events which had
occurred on the island of Bioko on 21 January, but it regretted that those
events, which had been a terrorist attack threatening national unity and
stability, had been deliberately misinterpreted to the public and to certain
countries and international bodies cooperating with Equatorial Guinea and
portrayed as no more than an ethnic and tribal conflict.

32.   Mr. AKAO (Japan) said that, despite the remarkable progress in
international protection of human rights over the last 50 years and the
international community's proclamation of those rights as universal and
indivisible, violations continued to be committed in every corner of the
globe.

33.   The situation in the former Yugoslavia, particularly in Kosovo, was
extremely disturbing. The same could be said for Afghanistan, where torture,
killings and discrimination against women and girls were common practice, and
Algeria, where many thousands of innocent civilians had been killed or maimed.
The situation in such countries as Iraq, Nigeria, the Sudan, Rwanda, Burundi,
and the Democratic Republic of the Congo was also alarming.

34.   On the other hand, there had been some progress in Iran, where the new
Government had proclaimed the importance of the rule of law, citizen
participation in politics and the protection of rights and freedoms. However,
numerous problems persisted. His delegation was particularly disturbed by the
fact that the Special Representative had not been allowed to visit the country
since 1996.

35.   With regard to Cuba, while continuing violations of human rights and
fundamental freedoms remained a matter of deep concern, the Government of
Japan welcomed the release of prisoners, including political prisoners, in
response to international public opinion.

36.   Japan evaluated positively the progress achieved in dialogues with China, which could create a cooperative, rather than confrontational, atmosphere in the Commission on Human Rights. He hoped that there would be further progress.

37.   The Government of Japan also valued highly the steps taken by the Indonesian authorities in their determination to accept technical assistance from the Office of the High Commissioner for Human Rights. It would continue to follow the human rights situation in East Timor closely.

38.   The Japanese Government did not regard discussions on the human rights situation in specific countries as intervention in their internal affairs. That principle was established in the Vienna Declaration and Programme of Action, which stated that the promotion and protection of all human rights was a legitimate concern of the international community. From that standpoint, the fact-finding activities of the various human rights mechanisms were extremely useful.

39.   With regard to the politicization of human rights, it was essential to avoid a confrontational approach in Commission discussions, especially on agenda item 10. The ultimate goal of the discussion was not to degrade the target countries, but to raise the level of the protection of human rights.

40.   In that regard, his delegation stressed the importance of the special rapporteurs' activities, which enabled the Commission to discuss its agenda items with increasing objectivity. It urged those nations which were unwilling to receive or cooperate with special rapporteurs, whether thematic or country-specific, to cooperate with them. He was thinking primarily of the Government of Myanmar. The special rapporteurs, in turn, had a heavy responsibility to bear. As their reports might form the basis for discussions in the Commission, their evaluations must be as balanced as possible.

41.   Mr. ZAHRAN (Observer for Egypt) said that human rights must be defended with equal force everywhere in the world and double standards must be avoided. Neither must a country's human rights situation be used as a pretext for interfering in its internal affairs or to obtain undue economic advantages.

42.   Southern Lebanon and West Bekaa continued to be occupied and their populations were constantly subjected to the gravest violations of human rights and international law on the part of the Israeli armed forces. Egypt reiterated its appeal to Israel to comply with Security Council resolution 425 (1978), in which the Council had called upon it to withdraw forthwith its forces from all Lebanese territory and to allow the Lebanese refugees to return to their homes. It urged Israel to resume negotiations towards a comprehensive settlement in the Middle East, in conformity with the provisions of the Madrid Agreement and the principle of land for peace, and to end human rights violations in the occupied territories.

43.   The situation in the former Yugoslavia had improved considerably since the Dayton Agreements, but there would be neither peace nor stability in the region until the provisions of those Agreements were comprehensively applied. It was, in particular, imperative to enable all refugees and displaced persons who so wished to return home and to spare no effort to bring the war criminals

to justice. The Egyptian Government was deeply concerned by the tragic events taking place in Kosovo. It condemned the human rights violations, deeply regretted the loss of human life and urged that that situation should be ended forthwith and that measures should be taken to achieve a peaceful settlement of the conflict in conformity with international law.

44.   In the Great Lakes region, the situation had been steadily deteriorating in the humanitarian, economic and social spheres. In that connection, Egypt welcomed the conclusions adopted by the Council of Ministers of the Organization of African Unity at its sixty-seventh session, in particular those relating to measures to bring to justice those responsible for the genocide and to ensure the voluntary repatriation of the refugees. Egypt was deeply concerned about the acts of violence against humanitarian workers and human rights observers, several of whom had been murdered; it hoped that the States concerned would soon launch a process of peace, national reconciliation and reconstruction to restore the security of the peoples of the region.

45.   Mr. ALDURI (Observer for Iraq) said that human rights had unfortunately become a political weapon used by certain States selectively to promote narrow interests and a means of haggling and bringing pressure to bear on those States which refused to accept any threat to their sovereignty or independence. The very States which prided themselves on being the champions of human rights kept silent when crimes against humanity were committed by States in their own camp, when they did not actually try to conceal those crimes. He had in mind the United States' indulgence towards Israel and the uncompromising attitude towards certain Arab and Muslim States.

46.   The sanctions against Iraq had resulted in flagrant violations of human rights, in particular the right to life. One million children had died since the imposition of the embargo in 1990. Genocide was actually being committed with the full knowledge of the international community and neither the United Nations nor the Commission was making any effort to stop it. As the Secretary-General himself had stated in a report to the Security Council of 4 March 1998 (S/1998/194), the Memorandum of Understanding which the Government of Iraq had concluded with the United Nations, under which Iraq had been authorized to sell oil to buy medicine and basic necessities, covered only 20 per cent of the people's essential health needs.

47.   Equality among States was one of the fundamental principles of the Charter of the United Nations. Regrettably, that principle was constantly violated, as attested by the attitude of the United States Government during the recent crisis it had artificially created in the wake of problems in the implementation of Security Council resolutions relating to the elimination of weapons of mass destruction. The United States had not hesitated to concentrate its forces in the Arabian Gulf, jeopardizing the security and stability of the entire region.

48.   His delegation urged the Commission not only to turn its attention to what was happening in Iraq, but to study the effects of the sanctions in the social, economic, legal and cultural spheres in order to determine their impact on human rights. It took the opportunity to reiterate its request that the Commission should demand the lifting of the embargo against Iraq, in order to bring an end to the suffering of the Iraqi people.

49.   Mr. Chak Mun SEE (Observer for Singapore), referring to the report by
the Special Rapporteur on extrajudicial, summary or arbitrary executions
(E/CN.4/1998/68), said that, in paragraph 83, the Special Rapporteur expressed
concern about the existence in countries such as Singapore of laws relating to
drug offences which did not fully guarantee the presumption of innocence, as
the burden of proof lay partially on the accused. That was a misconception,
however, as his delegation had indicted in the past. Under section 17 of the
Misuse of Drugs Act, it must be proved that the accused had possession of a
controlled drug in excess of the quantity specified in that section. Only
then did a rebuttable presumption of trafficking in drugs arise. In order to
invoke that presumption, it must also be shown that the accused knew the
nature of the particular controlled drug, whether diamorphine, cannabis,
cocaine or opium.

50.   Secondly, paragraph 94 of the report concluded that the death penalty
should be eliminated for economic and drug-related crimes. His delegation
disagreed strongly with that view. Article 6, paragraph 2, of the
International Covenant on Civil and Political Rights stated that, in countries
which had not abolished the death penalty, the death sentence might be imposed
for the most serious crimes in accordance with the law in force at the time of
commission and that the sentence must be carried out pursuant to a final
judgement rendered by a competent court. It was an indisputable fact that
drug trafficking was one of the most serious crimes and, because of its
geographical situation, Singapore had to be particularly vigilant towards drug
traffickers. His delegation had also written to the Special Rapporteur to
outline its view on that point.

51.   Lastly, in its conclusion on the desirability of the abolition of the
death penalty, the report cited Commission resolution 1997/12. However, that
resolution did not accurately reflect the views of the international community
as a whole, as it had been adopted by only one vote and as 34 delegations had
issued a joint statement at the 1997 substantive session of the Economic and
Social Council disassociating themselves from the resolution (E/1997/106).
That having been said, the Government of Singapore attached the highest
importance to the right of every individual to life, liberty and security of
person, which was enshrined in the Constitution of Singapore. It urged the
Special Rapporteur not to exceed his mandate.

52.   Mr. FARRELL (Observer for New Zealand) said that he remained concerned
at the human rights situation in several countries throughout the world,
beginning with the African Great Lakes region, where massive population
movements and the armed conflict had led to human rights violations in
Burundi, Rwanda and the Democratic Republic of the Congo. He was also
concerned about human rights in Nigeria and shared the concern expressed by
the Commonwealth Heads of Government in October 1997 at the continued
detention without trial of a large number of persons. In the Sudan,
continuing reports of human rights violations, in particular of the rights of
women and children, were also a matter of concern. With regard to the tragic
events in Algeria, New Zealand urged the Government of Algeria to enter into a
process of informed and constructive dialogue aimed at putting an end to the
atrocities. It deplored the fact that Iraq had again refused access to the
Special Rapporteur on the situation of human rights in Iraq and was continuing

to ignore requests by United Nations agencies for the admission of human rights monitors; it welcomed the expansion of the "oil-for-food" programme and urged the Government to comply with its responsibilities for the benefit of its people.

53.   Political instability in Afghanistan continued to give rise to human rights concerns. New Zealand urged the warring factions to move towards a peaceful resolution of their conflict. Human rights violations continued in the former Yugoslavia, despite some progress. Of greatest concern was the situation in Kosovo, which had deteriorated markedly since the Special Rapporteur's report, while the most significant progress appeared to have been made in the Former Yugoslav Republic of Macedonia. The human rights situation in Myanmar had not improved; it was essential for the Government to engage the opposition in a genuine political dialogue. In Cambodia, the Government must act against political violence and intimidation and make the conduct of free, fair and credible elections a high priority. The renewed use of violence in East Timor could not be justified; New Zealand urged the parties to strive for a comprehensive and internationally acceptable settlement.

54.   Nevertheless, he welcomed the positive steps that had been taken in several countries. China had signed the International Covenant on Economic, Social and Cultural Rights and had announced that it would sign the International Covenant on Civil and Political Rights. In Iran, policy statements by President Khatami and the Government of Iran about tolerance and respecting civil rights and freedoms were encouraging developments; New Zealand also welcomed Iran's emerging leadership in regional human rights initiatives, including its able chairmanship of the United Nations Asia Pacific Human Rights Workshop held recently in Tehran. New Zealand would also like to place on record its recognition of the progress made towards achieving a peaceful resolution to the conflict on Bougainville.

55.   Ms. SCHENSE (Human Rights Watch) said that the human rights crisis in Algeria was among the gravest in the world. An estimated 75,000 persons had been killed since 1992, most by armed groups opposed to the Government. Serious questions had been raised, however, about the Algerian Government's efforts to stop those massacres and it was well known that torture was practised in police interrogation centres. Furthermore, the Algerian authorities had rebuffed assistance efforts by Commission mechanisms and international human rights organizations. As yet, however, no Government had tabled a resolution on the situation in Algeria. Human Rights Watch called on the Commission to appoint a special rapporteur on the human rights situation in Algeria and to encourage the Government to cooperate with the Special Rapporteur. Such a step by the Commission would help save lives. The perpetrators of the massacres and other gross human rights abuses had operated for much too long with impunity.

56.   Another country where serious human rights violations as well as opposition to United Nations human rights investigators had persisted was the Democratic Republic of the Congc. Hundreds of civilians had reportedly been killed by Government soldiers. Political activities by opposition groups and human rights defence organizations had been banned. The authorities had obstructed investigations into refugee massacres reported to have taken place

in the former Zaire. The work of the Secretary-General's investigative team
had been suspended one week earlier. Human Rights Watch therefore called on
the Commission strongly to condemn the ongoing violations of human rights in
the Democratic Republic of the Congo, to renew the mandate of the Special
Rapporteur on the situation of human rights in the Democratic Republic of the
Congo and that of the Commission's joint investigative team and to request the
Secretary-General's investigative team to continue its probe from outside the
country; it urged all States with ties to the parties in conflict to provide
information about the identity, command and deployment of troops, and any
other relevant information, to the investigators.

57.   Ms. SCHERER (Amnesty International) said that, at the fifty-fourth
session of the Commission, Amnesty International was discussing human rights
violations in a number of countries, including Cambodia, Colombia, Kenya,
Saudi Arabia and Turkey. Information on the human rights situation in those
five countries was found in Amnesty International's document for the
Commission session. Her statement would relate to a country in the midst of a
human rights crisis, one where the security forces, armed groups and
State-armed militias killed with impunity, where the security forces failed to
protect men, women and children from having their throats slit, where the
families of the disappeared were still searching for their loved ones months
and years after they had been arrested and where the violence had left up to
80,000 dead, many of them civilians. That country was Algeria and, although
the international community was fully aware of the gravity of the human rights
situation in the country, the Commission's silence had been deafening. For
six years, the Commission had been a spectator to the tragedy. At the 1993
World Conference on Human Rights, States had solemnly pledged that human
rights were a legitimate concern of the international community: how many
Governments were prepared to give those words real meaning?

58.   How much death and violence would it take for the Commission to face up
to its responsibilities? Were the Algerian victims less deserving of action
by the Commission than victims elsewhere? The Commission had not only a
mandate to act on situations such as the one prevailing in Algeria, but a
moral duty to do so. It should recommend a programme of action to ensure that
the human rights situation in Algeria was addressed in a serious way. As an
immediate first step, it should appoint a special rapporteur, supported by the
thematic mechanisms and technical experts, to carry out on-site visits, in
order to ensure scrutiny of the situation and report urgently to the
Commission with recommendations for further action.

59.   Mr. LITTMAN (Association for World Education) said that the themes of
his statement would be genocide and any call to kill in the name of God. With
regard to Rwanda, he welcomed the reports of the Special Representative and of
the High Commissioner for Human Rights and said that lessons must be learned
from the horrors of the past. Belgium and the United States of America,
through President Clinton, had acknowledged their guilt by negligence, while
the French authorities had begun a procedure for examining the responsibility
borne by the French Government for its policies in Rwanda. In the words of
the Secretary-General of the United Nations, the decision not to act was also
a decision and incitements to genocide should be regularly monitored and
condemned. The United Nations semi-indifference to the slavery-cum-genocide

in the Sudan since 1989 left a deep blemish on its reputation. As far as
Israel was concerned, the aim of Hamas was the death of all Jews; its charter
and written statements were an incitement to genocide. The Commission must
act immediately.

60.   An extreme form of the misuse of religion was the call to kill in the
name of God and religion, which had never been condemned clearly by
United Nations bodies as a crime against humanity. Any such call to kill was
a universal evil that should be outlawed by the world community and by all
spiritual leaders, as Pope John Paul II had done at Tunis on 14 April 1993,
and as Imam Soheib Bencheikh, Mufti of Marseilles, had done in a statement to
the Commission on 27 March in which he had condemned the barbarism being
perpetrated daily in Algeria in the name of Islam. It was regrettable that
the Government of Israel had not asked the country's highest religious
authorities to condemn the statement by former Ashkenazi Chief Rabbi
Shlomo Goren that any Jew might kill Arafat.

61.   He asked the Chairman of the Commission to seek consensus for the
Commission strongly to condemn any direct or public incitement to commit
genocide and complicity in genocide, as defined in article III (c) and (e) and
article IV of the Convention on the Prevention and Punishment of the Crime of
Genocide and the comparable article 4 (a) of the 1965 Convention on the
Elimination of Racial Discrimination, and strongly to condemn any call to kill
in the name of God or religion, whatever its source.

62.   Mr. SOTTAS (World Organization Against Torture - OMCT) said it was
deplorable that certain serious human rights situations were not receiving
adequate treatment, while others, which had earned sharp criticism from the
Commission, had ceased to receive priority attention on the basis of a few as
yet unfulfilled statements or promises. Non-governmental organizations were
certainly the first to rejoice at positive developments, but they judged
developments on a case-by-case basis rather than on declarations of intent.

63.   With regard to Algeria, was it really impossible to intervene
effectively to put an end to the violence? Could the Commission not provide
the High Commissioner with a broader mandate and adequate resources at least
to begin a process that might bring some calm to the situation? Regarding the
Great Lakes region of Africa, although after many difficulties an
international criminal court had been established in Rwanda, nothing,
regrettably, had been done in Burundi. And yet over 10 years earlier, the
Sub-Commission had adopted a study by Benjamin Whitaker on genocide,
denouncing the genocides committed against the Hutus by the Tutsi-controlled
Burundi army. The refusal by the authorities of the Democratic Republic of
the Congo to permit a United Nations international commission of inquiry to
make an in situ inquiry into the allegations of killings, their refusal to
cooperate with the Special Rapporteur, Roberto Garretón, and their banning of
an OMCT affiliate were all unacceptable and called for a reaction by the
Commission.

64.   The opening of an office of the High Commissioner for Human Rights in
Bogotá was commendable, but, despite its positive impact, the office appeared
to be far from responding to needs. OMCT hoped that it would be given

increased means to enable it to step up its activities. The situation in Indonesia and East Timor also remained disturbing. The hopes raised by the possibility of establishing a mechanism of the High Commissioner's office had been dashed, but should that disappointment be meekly accepted?

65. In view of the very serious human rights situations occurring throughout the world, the international community should adopt firmer measures to make the authorities concerned comply with binding international rules. The Commission's reluctance to do so was difficult to understand and raised the fear - after the hopes raised by the adoption of the Universal Declaration on Human Rights 50 years earlier - of a dangerous backslide.

66. Ms. HARRY (International PEN) said that her organization, which represented writers the world over, appreciated the valuable work done by the special rapporteurs, in particular their examination of the situations in Nigeria, the Democratic Republic of the Congo and Myanmar, where restrictions on freedom of expression were a matter of deep concern. To PEN's knowledge, 16 writers and journalists in Nigeria were serving prison sentences solely because of their articles and statements. In the Democratic Republic of the Congo, the new Government had already committed violations of freedom of the press by arresting journalists who had written critically about it and had even permitted one of them, a civilian, to be tried by a military court. In Myanmar, writers and journalists opposed to the Government were detained for lengthy periods, although conditions of detention seemed to have improved somewhat.

67. In connection with the work of the Special Rapporteur on extrajudicial, summary or arbitrary executions, PEN was increasingly alarmed by the climate of impunity in Colombia and Mexico for those who killed or threatened the lives of journalists and writers. Bahrain should be included for consideration under agenda item 10, as the Sub-Commission had recommended, and should be the subject of a special human rights mechanism. The special rapporteur mechanism should be extended to other countries where there were deeply rooted patterns of arbitrary arrest and long-term detention of dissidents. In Syria, for example, seven writers were serving sentences of up to 15 years in prison. But China held the record for writers and journalists imprisoned, either for opposing the Government or for calling for free speech and the right to form independent political parties.

68. Mr. DOS SANTOS (Latin American Federation of Journalists) said that nearly 600 journalists had disappeared or been killed in Latin America since 1970. There had been no Cubans among them. In Argentina, after the violent death of a photographer in 1997, about 100 journalists had been threatened, with no inquiry conducted.

69. In Cuba, the threats against 2,700 professional journalists were a different case, as they stemmed from the particular situation of a society which had been sustaining aggression of all kinds for 40 years. In recognition of that situation, the Fourth Meeting of the Ibero-American Federation of Journalists' Associations held in November 1997 in Venezuela, had condemned the reinforcement of the United States blockade against Cuba, which had been preventing journalists in the country from carrying out their

activities. The Meeting, organised by the Latin American Federation of
Journalists and the Venezuelan Journalists' Association, had also stressed the
need for the Latin American, Spanish and Portuguese media to combat the
misinformation campaign being waged against Cuba by the Inter-American Press
society. At the beginning of 1998, one television station and 18 radio
stations in United States territory had been broadcasting over 1,300 hours per
week of anti-Cuban programming, not to mention the activities of a few Cuban
journalists, who were denying the situation in their own country for reasons
of self-interest.

70.   Yet about 100 foreign journalists were working in Cuba, primarily
representing United States and Spanish television stations and the main
international press agencies, and they had always been given full freedom to
report on the situation seriously. Cuban journalists, for their part, were
trying to find answers for the country's problems which did not involve the
usual recipes for disaster, with their resulting unemployment, poverty and
violence. In that connection, the Federation endorsed what Pope John Paul II
had said in a 1992 document on the new times, namely, that the media
aggravated the individual and social obstacles - consumerism, materialism,
dehumanization, etc. - to solidarity and the overall development of the
individual. Contemporary journalism in Cuba must uphold the country's own
values and defend the social achievements of an entire people, in order to
prevent the triumph of injustice.

71.   Ms. BAUER (International Centre against Censorship) said that, despite
the progress represented by the restoration of the democratically elected
Government in Sierra Leone in February, freedom of expression in the country
remained precarious. Newspapers were subject to an annual registration
requirement, which was extremely restrictive. Journalists were still being
sought and detained by ECOMOG troops, supposedly for their own protection, but
in fact because of their perceived support for the AFRC. She urged the
Commission to consider Sierra Leone's human rights record as a matter of
public discussion under item 10 rather than under the confidential procedure
established by Economic and Social Council resolution 1503 (XLVIII).

72.   The situation in Algeria was also grave. The tens of thousands of
killings in the past seven years remained shrouded in a web of secrecy which
conferred immunity on their perpetrators. Journalists seeking to report on
the conflict had been targeted by both sides and, until recently, the
Government had maintained an almost total monopoly over information, the
printing of newspapers and the use of advertising. In that context, the
Government's announcement of a programme of reform which would significantly
reduce restrictions on freedom of expression was a welcome development.
But the international community must not relax its vigilance: the
Special Rapporteur on extrajudicial, summary or arbitrary executions and the
Special Rapporteur on torture should be received by the Algerian authorities
without further delay and a special rapporteur for Algeria should be
appointed.

73.   Mr. KHOURI (Union of Arab Jurists) said that, when the Charter of the
United Nations and the Universal Declaration of Human Rights had been drafted,
their authors had been aware that the violation of fundamental rights gave

rise to conflicts and that the promotion of respect for human rights and fundamental freedoms was essential to peace. Fifty years after the proclamation of the Universal Declaration, the connection between human rights and peace remained the same. In the Middle East, for example, there could be no political stability or economic development until the region ceased to be plagued by internal conflicts, external interference and violations of fundamental rights through practices such as the liquidation of the opposition, arbitrary arrests, prolonged detentions and persecution of certain groups. Human rights violations of external origin included Israel's hostile policies towards the neighbouring States and towards the Palestinian people, in violation of all the relevant international resolutions. That policy was jeopardizing the very survival of a people deprived of its country.

74.   A policy of genocide was also being applied against Iraq by means of an embargo which was a violation of international law, the Charter of the United Nations and the International Covenants on Human Rights. More than 1.5 million Iraqis, in particular children, had been the victims of that policy, which violated the sacred right to life. The Iraqi education and health system, which had been highly advanced prior to the imposition of the embargo, had been seriously damaged. The Iraqi economy had suffered, as the country was no longer able to develop its natural resources. Since the embargo against Iraq was a threat to civil society, the sovereignty of the Iraqi State and the stability of the entire region, the Union of Arab Jurists called on the Commission to do everything in its power to see that it was lifted. Some 120 Iraqi children died every hour. A child might even have died since he had begun his statement.

75.   <u>Mr. Selebi (South Africa) resumed the Chair</u>.

76.   <u>Mr. LEBLANC</u> (Franciscans International), speaking on behalf of his organization in collaboration with the Dominicans, said that the most recent reports of Amnesty International and Human Rights Watch documented disappearances, extrajudicial killings and other acts of violence by the Mexican army and by paramilitary groups. The report of the United Nations Special Rapporteur on torture (E/CN.4/1998/38 and Add.1 and 2) stated that torture was systematic, a conclusion reached by the Committee against Torture when it had considered Mexico's periodic report a year earlier. The massacre of 45 civilians on 22 December 1997 at Acteal, Chiapas, had been a signal of the deteriorating situation. Human rights defenders were especially targeted by military and paramilitary groups, as attested by some recent assassination attempts. The military continued its persecution of local populations and, according to the National Mediation Commission, the presence of 70,000 Mexican Army troops in Chiapas gave rise to concern that the Government was planning a large-scale military offensive there. The Government was also refusing to honour the San Andrés Larrainzar Agreements signed in February 1996. The Commission should therefore seriously consider appointing a special rapporteur to examine the human rights situation in Mexico. The Government, for its part, should conclude its investigations into the Acteal massacre, disarm all paramilitary troops operating in Chiapas and fulfil the San Andrés Agreements with a view to restoring peace.

77.   The situation in Colombia was also disturbing. He expressed concern
about the inclusion in the Chairman's statement on Colombia of a reference to
the private security services known as "Convivir", which seemed to be involved
in serious human rights violations. The Commission should appoint a special
rapporteur to monitor closely the various recommendations concerning Colombia
and requests the High Commissioner for Human Rights to report to the General
Assembly on the situation of human rights in Colombia.

78.   In Burundi, the situation had clearly deteriorated since the preceding
session. It was therefore imperative that the mandate of the Special
Rapporteur on the situation of human rights in Burundi should be renewed.
With regard to Rwanda, although some improvement had been noted, the
Commission should re-establish the mandate of a Special Rapporteur on Rwanda.

79.   Mr. OZDEN (Centre Europe-Tiers Monde-CETIM) said that extrajudicial and
arbitrary executions, enforced disappearances, torture and arbitrary arrests
were on the increase in Turkey. In addition, 4 million Kurdish peasants had
been forcibly displaced within their own country. According to CETIM's
information, the proposed changes in the Criminal Code were simply a pretext
for further restrictions on the media and non-governmental organizations and
the strengthening of impunity for the perpetrators of human rights violations.
The links between the mafia, the far right, the security forces and the
government militias had been confirmed in a recent report prepared at the
Prime Minister's request.

80.   The Government seemed unable to take effective measures to deal with
that situation. To be sure, the inconsistent and irresponsible attitude
of the member countries of the European Union was hardly an encouragement.
Those countries had refused Turkey's membership on 13 December 1997, raising
as arguments persistent human rights violations and failure to settle the
Cypriot and Kurdish issues, yet, when Kurdish refugees had flowed into Italy a
few weeks later, their best response had been to ask their police forces and
the Turkish police to take "security measures" against the Kurds. During the
summer of 1997, the Federal Republic of Germany had also prohibited the
"European Peace Train", with its message of peace and solidarity from European
societies to the Turkish and Kurdish peoples, from transiting through its
territory. The member countries of the European Union had also been refusing
for years to take the initiative in launching the adoption of a resolution by
the Commission, despite the fact that the European Parliament had adopted a
resolution on the subject on 14 January 1998. Did that mean that human rights
violations in Turkey were less serious than those committed in Haiti or Cuba?

81.   When the Western countries adopted contradictory positions according to
whether the forums involved were regional or international and when national
policies were too often subject to economic and financial interests, it was
ridiculous to speak of respect for human rights. It was high time for the
United Nations to take its rightful position in international relations,
especially in enforcing human rights.

82.   CETIM denounced the extradition application filed by Chile against
Patricio Ortiz, an opponent of General Pinochet's dictatorship who had been in
detention in Switzerland since September 1997. Inasmuch as torture was still

commonly practised in Chile and the Chilean regime did not provide the guarantees required for judicial assistance, the Commission should ask the Swiss authorities not to grant the application filed by Chile, a country with which, moreover, Switzerland had no extradition agreement.

83.   Mr. GRAVES (African Commission of Health and Human Rights Promoters) said that Bahrain was unique in having reverted from a rudimentary democracy to a hereditary dictatorship. In resolution 1997/2 of 21 August 1997 on the situation of human rights in Bahrain, the Sub-Commission had noted the serious deterioration of the human right situation, including discrimination against the Shi'a population, extrajudicial killings, the persistent use of torture and the abuse of women and children in detention. There had been no improvement since. On 28 February, the Prime Minister had ordered the dissolution of the elected executive of the Bar Society and cancelled the elections for the Bar Society scheduled for 16 March. The State security courts continued to violate recognized principles of law by failing to respect the rights of the defence. Bahrain had acceded to the Convention on the Rights of the Child, but treated children of 15 upwards as adults. Children much younger were even arrested, detained incommunicado and tortured.

84.   Bahrain had also signed the Convention against Torture, but had entered a reservation to article 20, effectively blocking any investigation of the reports by Amnesty International and others. The Special Rapporteur on torture was still awaiting the authorities' reaction to his observations of the previous year. The Special Rapporteur on extrajudicial, summary or arbitrary executions had expressed concern at the practice of arbitrary detention, especially of pro-democracy activists, and at the Government's unwillingness to cooperate with him. Religious discrimination and persecution against the Shi'a majority continued. Freedom of expression was non-existent. Bahrain was the only country in the region that deprived members of the opposition of their citizenship and expelled them. It had not replied to the Secretary-General's request for Governments' views on the question of arbitrary deprivation of nationality. It was high time for the Commission to turn its attention to the plight of the people of Bahrain.

85.   Ms. BRIDEL (International Association of Democratic Lawyers - IADL) recalled that her organization had always condemned all forms of terrorism, in particular at the Conference on Terrorism held at New Delhi in February 1994 and the Fourteenth Congress of the Association held at Cape Town in April 1996 and distinguished it from the struggle of peoples for their right to self-determination and independence or their struggle against racism. It therefore condemned most forcefully the brutal killings being committed in Algeria. Even though the operations of the Algerian security forces could not be compared to the activities of "Islamist" groups and conspiracies, the serious charges against certain self-defence and civilian and military security services should be impartially investigated.

86.   Although it welcomed the fact that Algeria had political pluralism and relative freedom of expression found in few third world countries, IADL called on the Algerian authorities to introduce a real democracy through a genuinely independent system of justice and a more evenhanded administration, an end to information monitoring and the opening of the media to all schools of thought.

She noted that the liberalization and privatization policies imposed on Algeria by the World Bank and the International Monetary Fund tended to increase unemployment and impoverish the population and were promoting the spread of terrorism. She added that Algerians were unanimously against a United Nations commission of inquiry and the European Parliament had dropped the idea of an international inquiry.

87. In the Sudan, repression, torture, unfair trials and extrajudicial crimes continued. On 1 December 1997, 38 women participating in a peaceful demonstration against the enforced conscription of their children had been subjected to ill-treatment; they had been tried and convicted in violation of the most elementary principles of law, and sentenced to flogging, and the sentence had been executed immediately. IADL called on the international community to end the crimes of the military-religious regime in the Sudan and to ensure that the Sudanese leaders were prosecuted in the same manner as the criminal leaders of Bosnia.

88. Mr. RADJAVI (International Federation of Women in Legal Careers) said that his brother, the late Kazem Radjavi, had told the Commission eight years earlier of the crimes being committed by the Iranian mullahs and backed up his charges with evidence, begging the Commission not to be deluded by the demagogue Rafsanjani. To no avail, for some Europeans had wanted to believe in the possibility of a change within a system that was unfortunately incorrigible, where Khomeiny's spirit still reigned. Eight years later, the situation was the same. After 41 United Nations resolutions condemning human rights violations in Iran, where no actual progress had been observed, Khatami was trying to salvage the Government by adopting the new slogan of an "Islamic civil society". The words were new, but not the man, much less his acts.

89. There had been 202 public and announced executions in Iran in 1997, or four times the 1995 figure. Seven people had been stoned in the last eight months, six on the same day in the same city. Government spokesman and Minister of Culture Mohadjerani had defended the stonings to the press and stressed the need for the people involved to be executed discreetly in order to avoid stirring up public opinion. The same minister had recently pledged proudly to apply censorship whenever necessary. There were no legal political parties in Iran: factional wars should not be interpreted as a sign of freedom of expression. According to a solemn declaration by Khatami on 17 November 1997, the law was defined as being the defence of the supremacy of religious law. Since Khatami's inauguration, 24 members of the opposition had been murdered outside Iran's borders. All those acts of terrorism had been officially endorsed by Khatami. The Supreme Council of the Cultural Revolution, which Khatami had chaired from the outset, had recently blocked Iran's accession to the Convention on the Elimination of All Forms of Discrimination against Women.

90. To avoid the same tragedies recurring, the Commission must not be swayed by those who insisted that Khatami should be given a chance. It should give the Iranian people a chance by adopting a firm and uncompromising resolution and bringing the question of human rights in Iran before the Security Council for the adoption of binding measures.

The meeting rose at 6 p.m.

Economic and Social Council

Distr.
GENERAL

E/CN.4/1998/SR.44
19 October 1998

ENGLISH
Original: FRENCH

COMMISSION ON HUMAN RIGHTS

Fifty-fourth session

SUMMARY RECORD OF THE 44th MEETING

Held at the Palais des Nations, Geneva,
on Tuesday, 14 April 1998, at 6 p.m.

Chairman: Mr. SELEBI (South Africa)
  later: Mr. GALLEGOS CHIRIBOGA (Ecuador)
  later: Mr. HYNES (Canada)

CONTENTS

QUESTION OF THE VIOLATION OF HUMAN RIGHTS AND FUNDAMENTAL FREEDOMS IN ANY PART OF THE WORLD, WITH PARTICULAR REFERENCE TO COLONIAL AND OTHER DEPENDENT COUNTRIES AND TERRITORIES, INCLUDING:

(a)   QUESTION OF HUMAN RIGHTS IN CYPRUS (<u>continued</u>)

This record is subject to correction.

Corrections should be submitted in one of the working languages. They should be set forth in a memorandum and also incorporated in a copy of the record. They should be sent <u>within one week of the date of this document</u> to the Official Records Editing Section, room E.4108, Palais des Nations, Geneva.

Any corrections to the records of the public meetings of the Commission at this session will be consolidated in a single corrigendum, to be issued shortly after the end of the session.

GE.98-12687   (E)

CONTENTS (<u>continued</u>)

<u>The meeting was called to order at 6 p.m.</u>

QUESTION OF THE VIOLATION OF HUMAN RIGHTS AND FUNDAMENTAL FREEDOMS IN ANY PART OF THE WORLD, WITH PARTICULAR REFERENCE TO COLONIAL AND OTHER DEPENDENT COUNTRIES AND TERRITORIES, INCLUDING:

    (a)   QUESTION OF HUMAN RIGHTS IN CYPRUS

(agenda item 10) (<u>continued</u>) (E/CN.4/1998/3 and Corr.1, 9, 12 to 15, 55 to 67, 68 and Add.1 to 3, 69 to 73, 113, 114, 126, 127, 130, 132, 138 to 140, 142, 143, 147 to 150, 152 and 154; E/CN.4/1998/NGO/7, 13, 39, 40 and 101; A/52/472, 476, 479, 484, 486 and Add.1/Rev.1, 493, 505, 510 and 522)

1.   <u>Mr. MOUKOKO</u> (International Federation of Human Rights Leagues (IFHR)) said that reference was frequently made under agenda item 10 to the need to promote dialogue on situations of conflict. For those concerned with human rights, however, dialogue did not mean keeping silent after hearing a government give its version of the facts. The Commission should therefore pay more attention to transparency and to a public airing of the facts in order to make the dialogue in question more constructive and productive.

2.   Since the IFHR and other non-governmental organizations had launched an appeal some months ago for an international inquiry to be conducted in Algeria, abuses had been increasing in that country. The Algerian authorities had denied any information associating them with those abuses and were, moreover, opposed to the dispatch of the necessary international investigative machinery. It was incumbent upon them, however, in such a tragic and complex situation, to cooperate with United Nations procedures. The Commission should also appoint a special rapporteur for Algeria.

3.   The human rights situation in Tunisia continued to deteriorate, with open and systematic flouting of fundamental freedoms. Those standing up for human rights, in particular, were subjected to persecution on a daily basis. The situation was serious enough to warrant special surveillance by the Commission.

4.   Insecurity was rife in the Congo, with summary executions, arrests and arbitrary detention, especially among those who had collaborated with the former regime. Such abuse was carried out by armed individuals who clearly had the freedom to act with complete impunity. People who defended human rights were equated with the supporters of the previous regime and were also subjected to persecution. The IFHR therefore urged the Commission to act on the recommendation of the Sub-Commission on Prevention of Discrimination and Protection of Minorities relating to that country and establish machinery to monitor the human rights situation in Congo. The situations in Nigeria, Chad, Bahrain, Mexico and Turkey were also very worrying.

5.   <u>Mr. SISSON</u> (International Fellowship of Reconciliation) said it was deplorable that, owing no doubt to political pressure, there had as yet been no resolution by the Commission condemning China for its consistent abuse of the fundamental rights of the Tibetan people.

6.   Nevertheless, recent information from a number of non-governmental organizations showed Tibet was a de facto colony of China and that its people were under alien subjugation. Although China had ratified the International Convention on the Elimination of All Forms of Racial Discrimination, which prohibited denial of the rights of minorities, the Tibetans were systematically discriminated against in favour of the Chinese with respect to employment, education and housing. The Chinese Government was also endeavouring to change the demographic situation in Tibet and to make Tibetans a minority in their own country by bringing in hundreds of thousands of Chinese settlers. The religion, culture and identity of the Tibetan people were under threat.

7.   Although China had ratified the Convention on the Elimination of All Forms of Discrimination against Women, Tibetan women had been victims of campaigns of forced abortion and sterilization by the Chinese authorities. Again, some of the economic projects imposed on Tibet threatened to destroy whole ecosystems.

8.   Since the pattern of violence was typical of the colonialist nature of Chinese policy in Tibet, the International Fellowship of Reconciliation called on the Commission to appoint a special rapporteur to investigate the situation of human rights in Tibet and to support all efforts to promote a peaceful settlement there through a United Nations supervised referendum. Lastly, IFOR wished to express its solidarity with the six Tibetans engaged in a hunger strike in New Delhi in an attempt to move the United Nations to action.

9.   Mr. RAM MOLT (Pax Romana) said that, although respect for human rights first called for a commitment on the part of governments to the rights enshrined in the International Covenants, those commitments had also to be translated into practice. In the case of the right to life, for example, governments should emphasize prevention, assisted by the international community and mechanisms such as those provided by the United Nations.

10.   Some countries, however, failed to act on commitments undertaken to the international community. In the Islamic Republic of Iran, execution, torture and acts of violence were continuing despite the portrayal by Mr. Khatami, the new President, of the country as a model of tolerance, rights and freedoms. Women continued to suffer systematic discrimination. The appointment of a woman as Vice-President in the present Government left no guarantee of any improvement in that respect, since the authorities had recently decided not to adhere to the Convention on the Elimination of All Forms of Discrimination against Women. The Commission should therefore urge the Government of the Islamic Republic of Iran to rectify its position regarding that Convention and to implement its public commitments to human rights, modifying Iranian law where necessary to ban practices such as stoning.

11.   The report of the Special Rapporteur on the situation of human rights in Equatorial Guinea (E/CN.4/1998/73) implied that an important improvement had taken place with respect to democracy and respect for human rights. The reality, however, was rather different. Admittedly, many laws had been passed in pursuance of the agreement of April 1997, but some of them had not been put into practice. Others were an outrage against democratic principles, like the law banning any coalition among different political parties, which thus

ensured perpetuation of the dictatorship. It was necessary to establish a permanent and constructive dialogue between the Government and the different ethnic and social groups to prevent demonstrations of discontent, such as the one which had resulted on 21 January 1998 in the massacre of the Bubi minority on the island of Bioko.

12.   Mr. Gallegos Chiriboga (Ecuador) took the Chair.

13.   Mrs. KISSLING (Inter-Parliamentary Union (IPU)) said that, as parliamentarians themselves could fall victim to arbitrary action, the IPU had set up a Committee on Human Rights to investigate such abuses, initially under a confidential procedure. Cases might subsequently be made public by being brought before the Inter-Parliamentary Council, which represented the 137 member parliaments of the Union. Under its public procedure, the Committee was currently dealing with 16 cases relating to 134 parliamentarians in 11 countries, primarily with regard to exercise of the right to freedom of expression.

14.   In Malaysia, for example, Mr. Lim Guan Eng, an opposition member of parliament had recently been sentenced to 36 months' imprisonment for criticizing the administration of justice in his country. In Indonesia, Sri Bintang Pamungkas, a former member of parliament, had been sentenced to 34 months' imprisonment for referring to the Indonesian President as a dictator. Sri Bintang was also facing subversion charges, mainly for having set up a political party, a procedure considered unlawful under the Indonesian Constitution. The IUP Committee had recalled that in 1994 and 1997, the Union had upheld the right of everyone to join or establish a political party or organization.

15.   The problem of impunity had also arisen in the six cases of Colombian members of parliament assassinated between 1986 and 1994. In one case only, that of Senator Cepeda, had investigations produced any result, namely the charges brought against two military officers and one paramilitary leader. Another Colombian parliamentarian, Senator Motta, had received death threats, which had forced him into exile. The IUP Committee had urged the authorities to combat impunity and to adopt a statute for the political opposition, as provided for in the Colombian Constitution.

16.   Ms. FOKA (International Federation for the Protection of the Rights of Ethnic, Religious, Linguistic and Other Minorities) said that in 1972 she had been an elementary school teacher in a village on the Karpas peninsula of Cyprus. In 1974, the Turkish army had occupied the village, arresting all men between the ages of 18 and 65, and 13 of them were never seen again. After the transfer of all other teachers to the free areas of Cyprus, she was placed in charge of the school, which had 74 pupils at the time. Conditions at the school became very difficult because of constant damage to the facilities and continuing threats directed at the children and their teacher. Since secondary schools were not permitted in the occupied areas, the number of pupils gradually declined to no more than four in 1997. The school building continued to deteriorate and there was a lack of schoolbooks and school furniture. The people of the village were continually threatened, insulted and persecuted by the Turkish settlers. The population of the Karpas had fallen from 20,000 in 1974 to 450 at the present time. In March 1997, she had

gone to Nicosia for medical treatment and had since tried in vain to return to her village, her school and her pupils. She appealed to the Committee for help.

17.   Mr. AHEDROM (Baha'i International Community) said that, despite the new openness alleged to reign in the Islamic Republic of Iran, the religious persecution directed against the Baha'is since 1979 had continued. The religious nature of those violations had been repeatedly confirmed over the past 18 years by United Nations special representatives, special rapporteurs and treaty monitoring bodies. The latest report by the Commission's Special Representative on the situation of human rights in the Islamic Republic of Iran (E/CN.4/1998/59) was eloquent on the subject. As early as 1993, the then Special Representative, Mr. Galindo Pohl, had exposed the systematic nature of the persecution of the Baha'i community in the Islamic Republic of Iran. According to a document dated 25 February 1991, bearing the endorsement of Mr. Ali Khamenei, the country's highest spiritual authority, the development of the community was to be blocked, even outside Iran.

18.   Despite the change of government in the Islamic Republic of Iran, persecution of the Baha'i community was still continuing. Since November 1997, 11 Baha'is had been arrested and imprisoned. In April 1998, 15 Baha'is were being held in prison solely because of their religious beliefs. Five had been sentenced to death. Baha'is constituted no threat to the Iranian Government since they avoided all forms of partisan political involvement. Baha'is sought no special privileges but only their rights under the International Bill of Human Rights, to which the Islamic Republic of Iran was a signatory. Those rights included the right to life, the right to practise one's religion, the right to liberty and security of person, and the right to education and work. The Special Rapporteur on religious intolerance, Mr. Amor, in a report to the Commission (E/CN.4/1996/95) had stated that the Baha'i community should be permitted to organize freely and engage in its religious activities in the Islamic Republic of Iran.

19.   Lastly, the Baha'i International Community hoped that by President Khatami's statement at the Islamic Summit Conference in December 1997 to the effect that, in a civil society centred around the axis of Islamic thinking and culture, dictatorship of the majority and elimination of the minority had no place, would become a reality. It therefore recommended that the Commission should call for the immediate and full implementation of the recommendations of the Special Rapporteur on religious intolerance and the Special Representative on the situation of human rights in the Islamic Republic of Iran.

20.   Mr. THAUNG HTUN (Worldview International Foundation) recalled that, at its previous session, the Commission had expressed deep concern at human rights violations in Myanmar and had called on the Government of Myanmar to improve conditions of detention. However, arbitrary arrests of dissidents and deaths in custody had continued. Victims included elderly persons in their 80s, students and Buddhist monks. The 1,000 to 2,000 political prisoners in Myanmar rarely had access to their families or a lawyer, while their conditions of detention were harsher than those for prisoners who were common criminals. Lack of medical care and poor hygiene made dysentery, hepatitis and HIV infection common among prisoners. Forty-five political prisoners

had died in custody since 1988. At its previous session, the Commission had requested the Myanmar Government to investigate the death of Mr. James Leander Nichols, a well-known political prisoner, and to prosecute the person or persons responsible.

21.   In view of such inhumane treatment, the Commission should urge the Myanmar Government to allow the competent international humanitarian organization to communicate freely and confidentially with political prisoners.

22.   Mr. GANT (International Human Rights Law Group), said his organization was based in the United States and it welcomed the 1997 mission of the Special Rapporteur on extrajudicial, summary or arbitrary executions to that country to examine the conditions in which the death sentence was enforced (E/CN.4/1998/68/Add.3). All United Nations human rights activities ought to be guided by impartiality and no country should be exempt from international scrutiny under internationally accepted standards. The United States had shielded its human rights violations by failing to ratify key international human rights treaties or by making reservations thereto.

23.   The number of executions in the United States in the past year had been much higher than the annual figure since capital punishment had been reintroduced in 1976. Since that year a total of 432 persons had been executed. The number of convicts on death row was now a record 3,269. As the Special Rapporteur had noted, remnants of slavery still remained in the criminal justice system in the United States, notably in relation to the application of the death penalty. Afro-Americans were still sentenced to death and executed in a proportion much greater than their share of the population. Since 1976, 84 Blacks had been executed for the murder of Whites, although only four Whites had been executed for the murder of Blacks.

24.   The Federal authorities were also involved, since 72 of the 119 accused persons on whose account the Government had been authorized by the Attorney-General to ask for the death penalty had been Afro-Americans. The United States General Accounting Office, the Federal Government's internal watchdog, had itself concluded that the likelihood of being found guilty of murder and executed was linked to the accused person's race. Moreover, the Special Rapporteur had noted that the situation was made worse by lack of proper representation of the accused. Since some 90 per cent of defendants did not have the means to hire a lawyer, the death sentence was passed not on those who had committed the worst crimes, but on those who had the worst lawyers. As for the legal aid centres, most had now been closed for lack of funds. According to the Special Rapporteur, nine juveniles and 27 mentally disabled persons had also been executed in the United States since 1976.

25.   It was therefore urgent for the United States and all countries that still applied the death penalty to end that inhumane practice in response to calls from the United Nations in general and the Commission in particular, which in resolution 1997/12 had encouraged all nations to limit the death penalty to the most serious crimes and to consider suspending all executions.

26.   Mr. ABU EISSA (Arab Lawyers Union) said that, on the
fiftieth anniversary of the Declaration of Human Rights, his organization
applauded the efforts the international community had made to promote human
rights, fundamental freedoms and respect for human rights.

27.   Unfortunately, in his region some policies that were being followed
trampled on those rights and freedoms. To start with, Israel continued to
ignore the condemnations and resolutions of the international community. The
Arab Lawyers Union condemned, for example, the detention by the Israeli
authorities in the occupied Syrian Golan and in the occupied Palestinian
territories of hundreds of hostages, 15 of them children. In all, the Israeli
authorities held thousands of Palestinians and other Arabs in inhumane
conditions. Elsewhere, for example in Egypt, Sudan and Algeria, terrorist
acts committed by fundamentalists and integrationists had led to violations of
human rights. Although such violations were officially denied, they too
reflected a refusal to apply the relevant international standards on the
grounds that they were inconsistent with the theocratic foundations of the
regime in power. In Sudan, on 2 April 1998 the army at Alifoun camp had
forcibly broken up a gathering of students asking for permission to spend the
festival of Aid with their families. The soldiers had opened fire on the
demonstrators, killing over a hundred people. With the military in pursuit,
the survivors had got on a boat to escape down river, but the boat, being
overloaded, had sunk. Some 60 bodies had been recovered and over 150 persons
were reported missing. In the face of such serious events, which it was
impossible to deny, it was imperative for United Nations observers to carry
out an on-the-spot investigation.

28.   In Africa, most violations of human rights and fundamental freedoms were
due to ethnic conflict and resultant genocide. The international community
should therefore give assistance to all democratic forces in the region so
that sound conduct of public affairs could be restored.

29.   However, double standards were being applied in the human rights field:
countries remained silent at the serious violations of human rights caused by
the continuing embargo against Iraq. It was essential for the international
community to take the necessary steps to put an end to such violations of the
rights of nations.

30.   Mr. Selebi (South Africa) resumed the Chair.

31.   Ms. STOTHARD (Aliran Kesedaran Negara - National Consciousness Movement)
said that, in Myanmar, the military junta by its continuing violations of
fundamental rights and refusal to engage in genuine dialogue with the
Government-elect was making a mockery of the United Nations system. Moreover,
the governments of countries, some of them members of the Commission, that
supported the Myanmar regime were also defying the international community.

32.   Its admission to the Association of South-East Asian Nations (ASEAN) had
not substantially changed the regime's behaviour, since arbitrary arrest,
extrajudicial executions, torture, forcible relocation and forced labour were
continuing. In its recent attacks on three refugee camps in Thailand, the
junta's troops had violated the sovereignty of another ASEAN member and
insulted that organization.

33.   The Commission should therefore make it clear to the military regime in Myanmar that it must end its attacks against ethnic peoples and the democracy movement. Those governments that openly supported human rights should be prepared temporarily to freeze all forms of support to the regime until dialogue began. All political prisoners should be released. Violation of the rights of the people of Myanmar should cease. Investment in Myanmar should be discouraged until real stability had been restored, since years of investment had not contributed to Myanmar's human development. Forcible relocation and forced labour should be condemned. In its resolution on the subject, the Commission should not forget the women struggling to survive in prison, refugee camps or labour camps. As to the protection of those fleeing Myanmar, the Government of Thailand, which had already taken the key step of allowing some access to UNHCR, should facilitate the involvement of United Nations agencies and non-governmental organizations. Lastly, political will alone would accelerate positive change in Myanmar.

34.   Mr. GUTERRES AMARAL (Catholic Institute for International Relations) said that he had left East Timor in January because he was being persecuted by the Indonesian armed forces occupying the country. Arrested with two companions on 21 August 1996 while trying to send supplies to members of the armed resistance, he had been beaten and then taken to the barracks in Buicarin. Transferred subsequently to an army barracks in Viqueque, he had been questioned and tortured for several hours. That ill-treatment had ended only when the International Red Cross had intervened on his behalf. He had been held in custody for a further four months and interrogated before being released. In January 1998, he had taken refuge in the Spanish embassy in Jakarta.

35.   He urged the Commission to make every effort to encourage the Indonesian Government to allow free access to non-governmental human rights organizations. A visit by the Special Rapporteur on torture would also be of great help. Those steps, combined with the withdrawal of Indonesian armed forces, would significantly improve the situation in East Timor.

36.   Mr. WIN (International Peace Bureau) said he was a representative of the Paukkhaung constituency, elected at the 1990 general elections in Myanmar. It had thus been eight years since the people of Myanmar had overwhelmingly elected the candidates of the National League for Democracy (NLD). Unfortunately, that expression of the people's will had not been honoured and the military regime had chosen the path of confrontation.

37.   None of the Commission's resolutions on Myanmar had been implemented and the repeated requests of the present Special Rapporteur to visit the country had been refused. The people of Myanmar were grateful to the Commission for publicizing the human rights violations in Myanmar. He welcomed the constructive recommendations of the Special Rapporteur and the untiring efforts of the United Nations Secretary-General to bring about national reconciliation and prompt restoration of democracy. In that respect, a substantive political dialogue involving the military regime and leaders of the political opposition was urgently needed. Unfortunately, the freedom of movement and the social and political activities of Daw Aung San Suu Kyi continued to be severely restricted. Two of her cousins had been arrested and

sentenced to long prison terms. The weekend addresses from her home had been stopped, while constant surveillance by military intelligence increasingly restricted access to her by supporters and journalists.

38.   The NLD was deprived of all the basic rights of political parties, such as freedom of expression and freedom of publication. It was not allowed to use a photocopier or have an international direct dialling telephone. Its offices throughout the country were being closed down and persons who rented out space to the NLD were intimidated and in some cases arrested. The military regime had reached an accommodation with drug traffickers, yet it treated the duly elected representatives of the people as criminals.

39.   In view of the deteriorating human rights situation, the International Peace Bureau urged the Commission to extend the mandate of the Special Rapporteur and requested the Secretary-General to continue his efforts to promote national reconciliation and democratization. It also urged Member States to take a greater interest in getting the terms of United Nations resolutions on Myanmar implemented.

40.   Mr. Hynes (Canada) took the Chair.

41.   Mr. HTAIK (Society for Threatened Peoples) said that, since 1996, the military regime in Myanmar had been conducting a programme for the forcible relocation of ethnic groups living in frontier areas in order to bring them under its control. By the end of 1996, the inhabitants of over 600 villages had been forced to move to strategic locations on main roads or near towns. Since then the forcible relocation programme had been intensified and expanded. Only six weeks ago, at least 300,000 people had been pushed out of their homes. When people were relocated they were given only three to five days to move, after which they could be shot on sight. The relocation sites could be up to a day's walk away. Villagers with ox-carts could carry some possessions with them, but those on foot could take almost nothing. Those refusing to move had been beaten, shot or burned alive in their houses. The persons affected were nearly all farmers forced to leave behind their crops and their animals, which were usually looted by the regime's troops. Nothing was provided for them in the relocation sites and they could only survive by trying to find work as labourers or by begging.

42.   The worst development over the past year had been the sharp increase in extrajudicial executions of villagers in the relocation areas. There had been 664 such killings documented in 1997. On 16 June 1997, people relocated to Kun Hing town, returning with written permission to collect rice from their old villages, had been massacred on the way. People caught outside the relocation areas were not the only ones to be killed, since the military had also fired shells into some relocation sites.

43.   Apart from killings, other human rights abuses such as torture, rape, arbitrary detention and looting were common occurrences in forcible relocation areas. Such sites were often deliberately placed close to army camps and used as a pool of forced labour by the army. It was such human rights abuses that had driven large numbers of the Shan ethnic group to seek refuge in Thailand.

An estimated 80,000 Shan had entered Thailand in the past two years. Unfortunately, there were no refugee camps for them there, so they ended up as illegal migrants subjected to all kinds of exploitation.

44.   The Society for Threatened Peoples recommended that the Commission's resolution on Myanmar should contain a separate paragraph dealing with forcible relocation.

45.   Mr. SHROPSHIRE (Canadian Council of Churches) said that the recent massacre of 45 Tzotzil indigenous persons in Mexico again gave warning of a situation nearing a full-blown humanitarian crisis. In 1997, there had been a marked increase in extrajudicial executions, arbitrary arrests, disappearances and torture in a context of economic dislocation, growing militarization and low-intensity war against the civilian population waged by paramilitary groups supported by State security forces. Such circumstances illustrated the need for enhanced monitoring through the appointment of a Special Rapporteur.

46.   In Peru, the repeated assaults against the independence of the judiciary and increased attacks against journalists critical of the Government were a cause of deep concern. Torture by State agents remained widespread and hundreds of people accused of terrorism and treason continued to be incarcerated in deplorable conditions.

47.   In Sudan, human rights violations by all parties to the conflict continued. In 1998, the National Islamic Front Government had intensified its bombing of civilian populations. Its security forces still detained and tortured civilians. The authorities continued to restrict humanitarian access, especially in Wau, where over 100,000 people were denied food and medicine. Furthermore, religious persecution currently affected not only Christians but also some Muslims. The Canadian Council of Churches recommended that the Special Rapporteur's mandate should be extended and that independent human rights monitors should be placed throughout Sudan. It also appealed to IGAD member countries to broaden the peace process to include all parties to the conflict.

48.   Elsewhere, his organization had serious doubts about the Nigerian Government's intentions to facilitate genuine civilian democratic rule. The mandate of the Special Rapporteur should be extended for one year and the Nigerian Government should be urged to give him or her unrestricted access to the country. The authorities should also be urged to establish a truly independent electoral body, open the electoral process to all political parties and stop its intimidation of potential presidential candidates.

49.   In East Timor, human rights violations (arbitrary detentions, torture, extrajudicial executions and disappearances) were still taking place. The Council urged the Indonesian Government to act on the recommendations of the Commission at its previous session and, in particular, to invite the Special Rapporteur on torture to visit East Timor in 1998.

50.   In Indonesia, protests by the population in response to the deteriorating economic and political situation had been met by brutal force.

The Council called on the authorities to release political detainees and to invite the Special Rapporteur on freedom of expression to visit Indonesia in 1998.

51.   Mr. HERNANDEZ-AMOR (Christian Democratic International) noted that the Cuban Government had, in response to a request from the Pope, released 104 political prisoners. While welcoming that measure, Christian Democratic International would have preferred to see an amnesty for all political prisoners. Praise was also due for the progress made during the past eight months to strengthen religious freedom.

52.   The Commission's attention had, however, to be drawn to the disturbing increase in arrests among human rights activists, opponents of the regime and independent journalists resulting from the adoption on 24 December 1996 of Act No. 80 in response to the Helms-Burton Act. Some detainees had been released while others had been tried and sentenced or still awaited trial. The new Act made punishable any collaboration with information media considered by the Cuban authorities as being on the side of the United States Government. It allowed the authorities a wide margin of interpretation, enabling them to punish anyone sending information abroad on human rights violations in Cuba.

53.   Furthermore, conditions in Cuban prisons remained unsatisfactory: malnutrition, lack of medical care and cruel, inhuman and degrading treatment. Twelve prisoners were said to have died during 1997.

54.   Christian Democratic International, while acknowledging the positive steps taken by the Cuban Government in recent months, called on it to continue its efforts in that direction so that Cuba might open up to the world and the world might open up to Cuba.

55.   Mr. ONGUENE (World Alliance of Reformed Churches) said that arbitrary arrest, intimidation and persecution, torture, ill-treatment, kidnapping and the activities of a small uncontrolled group that repudiated dialogue and sought to annihilate its opponents physically had seriously endangered the democratic process in Equatorial Guinea. The Alliance condemned the unwarranted use of force by the civil and military authorities, which paid no attention to the laws on which their power was founded. That partially explained the widespread immunity enjoyed by State officials, who committed human rights abuses in violation of the undertakings given in the context of the document on evaluation of the National Covenant adopted in 1997. As long as those guilty of such acts remained unpunished, no real progress could be made towards safeguarding human rights in Equatorial Guinea. It was thus imperative to prepare the laws needed to combat the matter, to publish them and to make sure they were implemented.

56.   The Alliance urged the Commission to call on the authorities in Equatorial Guinea to recognize that force and unilateral action would solve nothing and that they should enter into negotiations with the country's political forces so as to open the way for a wide-ranging democratic process. From that standpoint, the opposition parties were fully determined to seek an

agreed solution to the country's problems. The Alliance commended the Special Rapporteur on the situation of human rights in Equatorial Guinea on his excellent report. It hoped that his mandate would be extended, because full observance of human rights in Equatorial Guinea depended greatly on the action taken by the international community.

57. Mr. CUNNIAH (International Confederation of Free Trade Unions (ICFTU)) said that the ICFTU wished, on behalf of the 127 million workers it represented, to express its deep concern at the increasing number of cases of violation of trade union rights in all parts of the world.

58. The ICFTU had learned that in Australia during the past week the Patrick Stevedores company had dismissed 2,100 workers following a breakdown in negotiations over new working practices. In order to allow the company to break the movement, the Australian Government, which had consistently taken an anti-union stance since its election, had provided it with Aus$ 250 million and money to recruit dockside mercenaries.

59. In Indonesia, Muchtar Pakpahan, leader of SBSI, had been detained since July 1996. He faced the death penalty under charges of treason. The ICFTU urged the Commission to call on the Indonesian Government to release him immediately.

60. Recent reports had shown that the right to freedom of association was still severely restricted in China. In January, two independent trade union activists, Li Quingxi and Ahao Changqing, had been arrested for publicly calling for the creation of free trade unions. The ICFTU had been greatly disappointed by the failure of the European Union and the United States to submit a resolution on China at the present session of the Commission.

61. There had been no improvement regarding trade union rights in Nigeria. The Nigerian Labour Congress continued to be under government control. Frank Kohori and Milton Dabibi, leaders of the oil and gas workers' unions had been in detention since 1994 without charge or trial. The Commission should urge the Nigerian authorities to release them without delay. In Sudan, a number of trade unionists were still in detention, for example Abdel Gader (President of the Textile Trade Union) and Daoud Suliaman, Secretary of the Blue Nile Trade Union. In the Democratic Republic of Congo, three main leaders of the Postal and Telecommunications Trade Union (Makiona, Makuntima and Kabasele) had been arrested on 9 March 1998 following a strike to protest against seven months' non-payment of wages. In Djibouti, nine trade union leaders dismissed in 1996 in an attempt to crush the independent trade unions had not yet been reinstated. Moreover, hundreds of health workers had been assaulted during a demonstration on 22 March. A number had been arrested and transferred to a detention centre where the conditions were inhumane.

62. In Colombia, 80 trade unionists had been killed, many of them from SINTRAINAGRO, the agricultural workers' union in the Uraba region. The Commission should urge the Government of Colombia to take measures to put an end to such violence. With regard to Guatemala, the ICFTU had in its

possession a document setting out a series of policies, strategies and operations aimed at destroying the trade union movement. The Commission should denounce those strategies, which were intended to replace trade unions by solidarista associations.

63.   In Belarus, the President continued to interfere in the activities of the independent trade unions. New and restrictive legislation had considerably limited the exercise of trade union rights. Similarly, in Croatia, under new legislation adopted in 1997, the Government had nationalized all trade union assets.

64.   The ICFTU also wished to draw attention to gross violations in other countries such as the Islamic Republic of Iran, Costa Rica, Niger, Zimbabwe, Chad, Turkey and Myanmar. It hoped that the Commission would adopt strong measures against those countries.

65.   Mr. SANNIKOV (International League for Human Rights) said that he was also speaking for the 70,000 signatories of Charter '97, a civil initiative adopted in November 1997 in Belarus. The Charter stated the intention of citizens to make Belarus, a country where the dangers of totalitarianism were as great as they had been in the Cold War, a free European country in which human rights were fully observed.

66.   It was well known that Belarus lived under an unlawful constitution that made abuse of power and dictatorial practices possible. At the very moment when the Belarus delegation was welcoming the report of the Special Rapporteur on freedom of opinion and expression, the Belarus authorities had been undertaking further measures to curb that freedom. A senior presidential official had recently issued instructions banning officials from giving any information to the non-State press and prohibiting State-owned enterprises from advertising in it. A list of dissident newspapers had been attached to the instructions.

67.   Furthermore, over 50 people had been detained in Minsk on 2 April 1998 for taking part in a demonstration. A number had been severely beaten. Some, such as Pavel Severinets, leader of a youth opposition movement, were in jail awaiting trial on criminal charges. Vyacheslav Sivchik, one of the leaders of the Belarus Popular Front, was in hospital after being beaten up by the police. Another Popular Front leader, Lyavon Barshcheusky, had been arrested even though he had not taken part in the demonstration. Dimitry Vaskovich, a 15 year-old, had been kept in jail for several days with practically no food. Many students were being expelled from universities for their political views. It should be noted in that respect that one State-owned newspaper had recently referred to the repression that took place in the Soviet Union in 1917-1953 as justifiable. It was therefore increasingly necessary for a special rapporteur to be appointed for Belarus and for steps to be taken to follow up the recommendations of the Special Rapporteur on freedom of opinion and expression.

68.   Mr. QIANG (Robert F. Kennedy Memorial Centre for Human Rights) said that, since the previous session, the Commission had decided to drop the

resolution on the human rights situation in China simply because the Chinese Government had made some tactical changes in its policies: expelling prominent dissident Wei Jing-Sheng, signing the Covenant on Social, Economic and Cultural Rights and inviting the Working Group on Arbitrary Detention to visit China. However, basic rights such as freedom of association, assembly and speech continued to be suppressed and human rights defenders continued to be arrested. In March, for example, two activists, Yang Qianhing and Shen Liangshin had been sentenced respectively to two and three years of re-education through labour. According to the Government's own statistics, over 2,400 people were currently in detention for "counter-revolutionary crimes", a notion that had been replaced in 1997 by that of "endangering State security". "Rule by law", which was emphasized by the Chinese leaders, should not be taken to mean "the rule of law", a system whereby the people had a voice in formulating and enforcing the laws that governed them. In a system in which the judiciary was accountable to the ruling party, laws were merely a vehicle to serve the interests of the ruling elite.

69.   The Chinese authorities, which often argued that their only aim was to ensure stability and unity, needed to recognize that the rapid economic and social transition China was currently undergoing could lead to serious unrest if the Chinese people did not participate in decisions that affected their lives. Spontaneous protests had erupted because there were neither independent unions nor a free press through which dissatisfaction could be voiced. Some had escalated into violent conflict with the police. Hundreds of workers had been arrested, but repression would not solve the core problem.

70.   Promotion and protection of human rights in China would require a peaceful, fundamental transformation of Chinese political structures. At the present stage it was crucially important to support the struggle for human rights and for the Commission to fulfil its duty and its own mandate. The international community could and must help to ensure observance of universal standards in China, even if that meant publicly confronting a Permanent Member of the United Nations Security Council.

71.   Mrs. SAYEGH (General Arab Women Federation), referring to the principles set out in the Universal Declaration of Human Rights, the Charter of the United Nations, the Geneva Conventions and the International Human Rights Covenants, said that the Federation was gravely concerned about the violations of human rights resulting from economic sanctions. She drew attention to General Comment No. 8 of the Committee on Economic Social and Cultural Rights in December 1997, which pointed to the need to evaluate the impact of sanctions on human rights, in particular those of children and the elderly. The Secretary-General of the United Nations had raised the question of whether sanctions were legitimate. Sanctions, for example against Cuba, Libya and Iraq, had primarily affected the weak and the vulnerable.

72.   In the past seven years, more than one and a half million people, the majority children, women and the elderly, had died in Iraq from malnutrition and infectious diseases, and from forms of cancer and congenital anomalies caused by the depleted uranium projectiles used during the Gulf War. The sanctions had made it impossible to rebuild infrastructures, for example to meet health and education needs.

73.   It was time for the Commission to take appropriate measures to end the inhuman sanctions against Iraq and to prevent the imposition of such measures in the future.

<u>Statements in exercise of the right of reply</u>

74.   <u>Mrs. ABU NAGMA</u> (Sudan) said that the representative of the European Union had quite rightly noted that most human rights violations had taken place in the context of armed conflict. The Sudanese Government had made tremendous efforts to reach a peaceful settlement, arriving in 1997 at a peace agreement with all belligerent parties, except that led by John Garang, under the principles established by IGAD. It was to be hoped that the cease-fire proposed with the support of IGAD would be endorsed by the European Union. The Sudanese delegation noted with satisfaction that the European Union admitted that there had been some improvement in the human rights situation in Sudan and that the Sudanese Government had undertaken, under the new draft Constitution, to respect and protect such rights. It therefore hoped that the European Union would support the re-establishment of technical assistance on human rights in order to let Sudan strengthen its capacities. There was no point in repeating the same allegations year after year, when the situation had clearly improved.

75.   In response to the European Union's appeal to the Government, she pointed out that the Sudanese authorities had already distanced themselves from terrorist groups on a number of occasions. Her delegation also took the present opportunity to condemn terrorism in all its forms. As to cooperation with the Special Rapporteur on the situation of human rights in Sudan, it already existed, since explicit reference to it had been made in the relevant resolution.

76.   Furthermore, her delegation had listened to the statement by the representative of the Arab Lawyers Union, a Sudanese national who advocated the overthrow of the Government by force and made the same untenable allegations every year. It was deplorable that the lethal conflict in Sudan should be exploited for political ends. The incident referred to in the statement had occurred when an overloaded boat had capsized. To date, 52 bodies had been found. Since the enquiry being conducted by the armed forces and the procurator-general were still under way, any conclusion was still premature.

77.   <u>Mr. DEMBRI</u> (Observer for Algeria) said it was regrettable to see the European Union once more draw up a list of human rights violations in 37 countries, all of which were from the South. Such an attitude was evidence of a split between the two halves of the world that was harmful to the cause of human rights. In the case of Algeria, the European Union delegation had for the first time clearly condemned the terrorist attacks. It was nevertheless deplorable that the gravity of the situation had been obscured by the emphasis placed on what had been termed a crisis in the rule of law.

78.   It should nonetheless be recalled that many European countries continued to give shelter to those who were responsible for the worst violations of human rights now, at the close of the century. Europe should not forget that the principal fatwas calling for the murder of Algerian citizens had been

declared from its territory. It had a duty to prove that it was now solidly behind the fight against terrorism that was threatening peace and stability throughout the Euro-Mediterranean region.

79. It was also surprising to note that the European Union had made no mention in its statement of the political dialogue that had been established between itself and Algeria. Successive visits to Algeria by many leading European and other figures, including representatives of society at large, were proof that Algeria experienced no difficulty in being subjected to outside scrutiny.

80. To those who wished to give Algeria advice on how to ensure the rule of law, the Algerian delegation would point out that the country had launched a pluralist process on its own initiative and had set up democratic republican institutions. With regard to allegations of human rights violations, Algeria formally requested their authors to produce proof of their statements.

81. Lastly, with regard to cooperation with United Nations mechanisms, his delegation recalled that over the past 18 months Algeria had submitted periodic reports to the Committee against Torture, the Committee on the Rights of the Child and the Committee for the Elimination of Racial Discrimination. The conclusions and recommendations adopted by those bodies should allow all to assess the progress made towards the rule of law. Similarly, the consideration of Algeria's second periodic report by the Human Rights Committee in July 1998 would afford an opportunity to ascertain the real human rights situation in the country.

82. Mr. AL DURI (Observer for Iraq) said that the sufferings of the Iraqi people over the past eight years, whether as a result of the military aggression of 1990-1991 or because of the total embargo on the supply of food and medicine, had to be laid at the door of the United States. The maintenance of the embargo, which had cost 1.5 million lives, most of them women and children, amounted in fact to genocide. The crocodile tears shed by the United States no longer fooled anyone. The Iraqi people knew quite well that it was that country and the United Kingdom which were preventing contracts for the supply of food and medicine from being carried out.

83. The New Zealand delegation had spoken of a conference on humanitarian assistance to Iraq which the United Kingdom was reputed to be organizing. The intention of that country, whose neutrality was hardly self-evident, to host such a conference was surprising to say the least. Since the interests of the Iraqi people lay in lifting the embargo, the United Kingdom was not well placed to deal with the issue objectively. Furthermore, the organizers of the conference no doubt intended to make the lifting of the embargo conditional on acceptance by Iraq of conditions that were solely aimed at furthering United States strategy in the region. Iraq's refusal to play that game would once again be used as an excuse to plunge the region into another crisis. That was the goal of the United States.

84. Mr. KIM SONG CHOL (Observer for the Democratic People's Republic of Korea) said that, at the previous meeting, a representative of the European Union had commented on the human rights situation in the Democratic People's Republic of Korea and the country's withdrawal from the International Covenant

on Civil and Political Rights. His delegation strongly denounced and rejected that statement as an attempt on the part of certain forces to mislead the Commission and devise another plot against its country.

85.   The States of the European Union, whose own behaviour in relation to human rights was far from irreproachable, were not well placed to sit in judgement on human rights in a sort of "international court". Furthermore, by calling for greater access for United Nations mechanisms and non-governmental organizations to the Democratic People's Republic of Korea, the European Union was displaying total ignorance of the real facts. Many United Nations agencies and non-governmental organizations were working in the country on a short or long-term basis, without any hindrance. The same ignorance could be seen in connection with the country's withdrawal from the International Covenant on Civil and Political Rights. It had been in protest against the adoption without consultation of a hostile resolution by the Sub-Commission on Prevention of Discrimination and Protection of Minorities that his Government had taken that step.

86.   The Government of the Democratic People's Republic of Korea was resolutely opposed to the application of double standards. It would no longer tolerate any infringement of its sovereignty. It called on all States for which cooperation on human rights was not merely a pretext to take the necessary measures and ensure that the principles of equality and impartiality were respected.

87.   Mr. AL FAIHANI (Observer for Bahrain) said that the representatives of a number of non-governmental organizations had made unfounded accusations against his country. Unfortunately, those organizations allowed themselves to be manipulated by groups outside the country that advocated terrorism as a means of establishing an extremist regime. The Bahraini Government regretted that Commission's meetings, which should be used to promote human rights, were thus abused by some in order to attain their political ends.

88.   Mr. ALVAREZ (Observer for Costa Rica) said that his delegation could not remain silent at allegations of violation of the right to freedom of association in his country. In Costa Rica, fundamental freedoms had been guaranteed for over a hundred years and the right to freedom of association was a constitutional right. To assert that trade union rights had been abused in a country without providing proof was a serious matter. Such slanderous practices should not be permitted in the Commission.

89.   Mr. AGURTSOU (Observer for Belarus) said that the so-called representative of the International League for Human Rights who had spoken at the present meeting was in fact a leader of the Belarus opposition. It was the second time he had used the present forum for propaganda purposes. The arguments he had put forward would convince no one. With regard to the Constitution, which had been referred to as unlawful it should be remembered that it had been approved by a referendum of the people. The very fact that a leader of the opposition was today able to speak out without fear was proof that no abuse of human rights was taking place in Belarus.

FURTHER PROMOTION AND ENCOURAGEMENT OF HUMAN RIGHTS AND FUNDAMENTAL FREEDOMS, INCLUDING THE QUESTION OF THE PROGRAMME AND METHODS OF WORK OF THE COMMISSION:

    (a)   ALTERNATIVE APPROACHES AND WAYS AND MEANS WITHIN THE UNITED NATIONS SYSTEM FOR IMPROVING THE EFFECTIVE ENJOYMENT OF HUMAN RIGHTS AND FUNDAMENTAL FREEDOMS

    (b)   NATIONAL INSTITUTIONS FOR THE PROMOTION AND PROTECTION OF HUMAN RIGHTS

    (c)   COORDINATING ROLE OF THE CENTRE FOR HUMAN RIGHTS WITHIN THE UNITED NATIONS BODIES AND MACHINERY DEALING WITH THE PROMOTION AND PROTECTION OF HUMAN RIGHTS

    (d)   HUMAN RIGHTS, MASS EXODUSES AND DISPLACED PERSONS

(agenda item 9) (continued) (E/CN.4/1985/45 to 49 and Add.1, 50, 51, 52 and Add.1, 53 and Add.1 and 2, 54 and Add.1, 116, 118, 138, 151 and 157; E/CN.4/1998/NGO/3, 24 and 69 to 71; E/CN.4/Sub.2/1997/28; A/52/469 and Add.1)

ADVISORY SERVICES IN THE FIELD OF HUMAN RIGHTS (agenda item 17) (continued) (E/CN.4/1998/92 to 97 and 158; A/52/489)

90.   Mr. Selebi (South Africa) resumed the Chair.

91.   Mr. PINHEIRO (Chairperson, Fourth Meeting of Special Rapporteurs/Representatives/Experts and Chairpersons of Working Groups of the Special Procedures for the Commission on Human Rights and the Advisory Services Programme), introducing the report of the Meeting (E/CN.4/1998/45), said that the Meeting mechanism, organized as a follow-up to the World Conference on Human Rights, provided a forum for participants to share and discuss experiences among themselves and with the secretariat, the Office of the High Commissioner for Human Rights, the chairpersons of treaty bodies, the Chairman of the Commission, specialized agencies and other bodies of the United Nations system. It would also be useful at future Meetings to include Member States and non-governmental organizations in the exercise.

92.   The Commission and the Economic and Social Council had established the special procedures system to address serious, unpunished violations of human rights. In his own region, Latin America, such procedures had had a great impact by exposing abuses caused by the exercise of arbitrary power and had facilitated the transition to democracy. Civil society, national and international non-governmental organizations and the victims of gross violations of human rights relied on that special machinery.

93.   In their work, the special rapporteurs and working groups were guided by the principles of impartiality, non-selectivity and objectivity and by the Universal Declaration of Human Rights, the human rights treaties, the jurisprudence of the treaty bodies and other human rights instruments adopted within the United Nations system. They also took account of the resolutions adopted every year by the Commission. It had to be clearly stated that the special rapporteurs were agents of public procedures; their reports were public and they had a relationship with the media based on transparency. As

organs of the Commission, they benefited from the privileges and immunities provided in the Convention on Privileges and Immunities of the United Nations, in particular immunity from legal process. As a result, the recent refusal by a court in a Member State to recognize that the Special Rapporteur on the independence of judges and lawyers, Mr. Param Cumaraswamy, enjoyed such protection, was deeply disturbing. If that decision, which constituted an attack on the entire human rights mechanisms of the United Nations, was allowed to stand, it would militate against the ability of independent experts to speak out against violations of international human rights standards and undermine their independence and impartiality. The participants at the Meeting joined the Secretary-General of the United Nations and the High Commissioner for Human Rights in appealing to the Government concerned to respect its obligations under the Convention in the case of Mr. Cumaraswamy.

94. To increase their effectiveness, experts needed constantly to refine their methods of work and to receive increased support to that end. They received no honoraria and often did not even have the support of a full-time assistant in Geneva. It was hoped that the restructuring of the Office of the High Commissioner for Human Rights would create the conditions needed to overcome the contradiction between the commitment to human rights demonstrated by the international community in Vienna in 1993 and the resources actually allocated.

95. It would also be desirable for the Commission to give consideration to a fact-finding process that would be fair and equitable for all parties concerned. In the context of improving coordination between the special procedures system and the treaty bodies, the efforts of the High Commissioner for Human Rights and Mr. Philip Alston, Chairperson of the Meeting of Chairpersons of Treaty Bodies, were to be applauded. Participants at the Fourth Meeting had also recommended that the High Commissioner should consider setting up guidelines for follow-up to the recommendations of special rapporteurs. In terms of an internal follow-up, a systematic procedure was needed to brief United Nations agencies and offices on the recommendations made by experts. At country and regional level, consideration should be given to the ways in which the High Commissioner could facilitate the follow-up of such recommendations.

96. It was extremely important to establish a dialogue with Member States that would promote interaction. At its next session, the Meeting would follow the example of the Meeting of Chairpersons of Treaty Bodies and invite Governments and other concerned parties to take part in discussions on improving the work of experts. That approach should make the work of the experts more reliable, transparent and effective.

97. Mr. FERNANDEZ (International Organization for the Development of Freedom of Education) said that the slogan for the fiftieth anniversary of the Universal Declaration, "All human rights for all", clearly expressed the need to strengthen the universal application of human rights. However, some were currently calling that universality into question for disreputable motives, namely a refusal to recognize the rule of law. Since all cultures and religions recognized the underlying principles of the Universal Declaration, using the plurality of cultures as a counter to universality or to defend universality against culture or religion made no sense. Plurality and

universality were not opposites, it was human beings that made them so. That was why the International Organization for the Development of Freedom of Education and the World University Service, in the context of their 1998 summer school in Geneva were giving pride of place to a dialogue between cultures and religions on the theme of universality. Universality would also be the subject of a symposium held in collaboration with the UNESCO Chair of Human Rights at Oran University in Algeria.

98.   The fiftieth anniversary of the Universal Declaration of Human Rights should be taken as an opportunity to promote the cause of human rights through tolerance and understanding and to give further impetus to the United Nations Decade for Human Rights Education. It was imperative to bridge the gaps in human rights training, since education on human rights was included as a right in the preamble to the Universal Declaration. In order for a start to be made on such training, for example in faculties of law, priority should to be given to teaching that was aimed at changing the attitudes of those who still had misgivings about the juridical character of human rights. The concept of a human rights culture, as formulated at Vienna, would only be realized when the individual was made the focal point of knowledge and education.

99.   Mrs. FRIED (Center for Women's Global Leadership), speaking on behalf of a hundred non-governmental organizations defending women's rights, said that the Vienna Declaration and Programme of Action and the Beijing Platform for Action reaffirmed that the first responsibility of Governments was to protect and promote fundamental rights and they emphasized the universal, indivisible and interdependent nature of those rights. The idea that Governments and the United Nations should give priority to ensuring women and girls full enjoyment of their fundamental rights was also set out in the Beijing Platform for Action.

100.   The first step should be to ensure full implementation for women of the Universal Declaration of Human Rights in conformity with the Beijing Platform for Action, which entailed providing the necessary financial resources and the steps to make sure that the human rights of women formed an integral part of all United Nations policies and programmes. In that respect, it was to be hoped that the United Nations General Assembly would endorse the adoption by the Commission of the draft Declaration on the rights of human rights defenders. Second, all reservations to the Convention on the Elimination of All Forms of Discrimination against Women should be removed, national laws and policies should be brought into line with that instrument and an optional protocol should be drawn up establishing a right of petition. Third, action was required to end violence against women in the home, to eliminate gender-based persecution in situations of armed conflict, with compensation for the victims, and to ensure that the statute of the future international criminal court included abuse of women in the definition of crimes against humanity and war crimes. Fourth, women's right to health should be realized. Fifth, women's rights to development, literacy, education and employment should be guaranteed. Lastly, without respect for women's rights, the creation of a culture of human rights for all would remain elusive.

101.   Mrs. MAZA (Service, Peace and Justice in Latin America) said that during the fourth international workshop of national institutes for the protection and promotion of human rights, the High Commissioner for Human Rights had

stressed the importance of independence and autonomy for national institutions and the need for appropriate terms of reference and powers. Unfortunately, where countries had such institutions, they did not always meet those criteria.

102. In Mexico, for example, the National Human Rights Committee was in no real sense independent of the Executive. Its first two presidents had been unable to complete their terms of office because they had been appointed Procurator-General of the Republic. The Committee was not even financially independent and was precluded from dealing with trade union or electoral matters, or matters relating to the administration of justice. Since the recommendations of the National Committee were not mandatory, the Committee against Torture had considered it unable to carry out its duties effectively.

103. The Special Rapporteur against torture, Mr. Nigel Rodley, had concluded in his report on his visit to Mexico (E/CN.4/1998/38/Add.2) that some human rights committees in Mexico seemed more diligent than others and that the committees tended, for reasons that were not explained, to consider that their recommendations had been implemented even where that was only partly true. The Special Rapporteur wished to see measures taken to ensure that the authorities implemented the recommendations addressed to them by human rights committees. Furthermore, the figures supplied, with regard to cases of torture, for example, appeared to have been fiddled. According to the statistics provided by the National Human Rights Committee, 1,273 complaints of torture were said to have been lodged, and only 42 of them related to the most recent annual period, thus appearing to show that the practice had declined. However, an official report by the National Committee issued in October 1997 and sent to the Special Rapporteur on torture gave the figure for the number of complaints of torture received up to September 1997 as 2,109, with the number of cases declining each year. According to those figures, 836 complaints of torture had been received between June and October 1997, which meant that the number of complaints had not gone down, contrary to the claims of the National Committee. That indicated that the figures had been manipulated.

104. Her organization thus urged the Mexican authorities, when they shortly came to review the Constitution with reference to public human rights institutions, to take account of the recommendations of the Committee against Torture and of the Special Rapporteur on torture.

105. Mr. ICHILCIK (Asian Buddhist Conference for Peace) said that States continued to disregard women's rights, in particular under conditions of military occupation. Indonesia was a signatory to the Convention on the Elimination of All Forms of Discrimination against Women, yet its military forces in East Timor systematically employed sexual harassment and rape as a means of forcing Timorese women to provide information on the resistance movement.

106. In Bangladesh, his organization was also deeply concerned about the safety of Kalpana Chakma, Secretary of the Hill Women Federation of the

Chittagong Hill Tracts, who had been abducted on 11 June 1996 by armed, plain clothes security personnel. It had been no isolated incident and many women in the region were vulnerable to harassment despite the peace agreement signed on 2 December 1997 between the JSS and the Government.

107. The Special Rapporteur on violence against women, Mrs. Coomaraswamy, who had submitted a very interesting report to the Commission (E/CN.4/1998/54 and Add.1), should visit East Timor and the Chittagong Hill Tracts to investigate the situation of women there. Furthermore, in the context of its undertaking in 1996 at the fifty-second session of the Commission, the Indonesian Government should invite a visit from the Special Rapporteur on torture. Lastly, gender-specific issues should be taken into account in the work of all United Nations thematic rapporteurs and working groups.

108. Mrs. PANDJIARJIAN (Latin American and Caribbean Committee for the Defense of Women's Rights), speaking also on behalf of Women's Caucus, said that in document E/CN.4/1998/NGO/3 her organization had submitted a draft declaration on human rights from the standpoint of incorporating the gender perspective and as a contribution to the fiftieth anniversary of the Universal Declaration of Human Rights. It was tied in with human rights grammar introduced by the 1993 Vienna Declaration, the 1994 Cairo Declaration and the 1995 Beijing Declaration and Platform for Action and emphasized six subjects: right to citizenship, right to development, right to peace and a violence-free life, sexual and reproductive rights, environmental rights and rights based on ethnic-racial identity.

109. With regard to development, it was incumbent on States to eradicate poverty, ensure a fair distribution of income, change structural adjustment programmes to overcome their adverse effects, promote the participation of women in all fields and provide education free from stereotypes or prejudice. Concerning the right to peace and a life free from violence, the proposed text stated that all forms of violence against women constituted an attack against their fundamental rights, so that the right to a violence-free life in both the private and public sphere had to be guaranteed. It also provided for the elimination of all practices that threatened the dignity and safety of women and girls. As to the rights of persons and peoples by virtue of their ethnic-racial identity, the proposed text sought to ensure respect for diversity, considered as equivalence and not as superiority or inferiority.

110. The Latin American and Caribbean Committee for the Defense of Women's Rights hoped that its proposal, which was consistent with the universality and indivisibility of all human rights, would be taken into account by the United Nations General Assembly in its celebration of the fiftieth anniversary of the Universal Declaration, so that the voice of women from a part of the Third World could be heard.

111. Mr. NAZIRI (Movement against Racism and for Friendship among Peoples) said that in the Islamic Republic of Iran State terrorism was violating the basic principles of law. According to an AFP report dated 10 April 1997, over 220 Iranian dissidents who had sought refuge abroad had been murdered since the advent of the rule of the mullahs. That had been confirmed by the verdict handed down on 10 April 1997 by a German Federal court at the end of the so-called "Mykonos" trial concerned with the killing of four Iranian

dissidents. It was stated, in that connection, that actual missions to kill outside the country had been endorsed and ordered by the highest authorities in Iran. The Swiss judicial authorities had come to the same conclusion following the assassination in Geneva in 1990 of Mr. Kazem Radjavi, representative of the National Resistance Council of Iran in Switzerland. Since President Khatami had taken office, 24 dissidents outside the Islamic Republic of Iran had been assassinated.

112. In order to evade international criticism and condemnation, the theocracy in power wished to give the impression that independent "national institutions" existed in the Islamic Republic of Iran and that there were no gross violations of human rights. One such puppet organization, the Islamic Human Rights Committee, was led by and composed of senior representatives of the regime. How, under such conditions, could it be considered independent? According to a report by Radio Tehran on 15 July 1997, the secretary of the Islamic Human Rights Committee was alleged to have said that the United Nations Special Representative on the situation of human rights in the Islamic Republic of Iran and other rapporteurs were making the mistake of comparing the Islamic values of Iranian society with Western values. It went without saying that the atrocities committed by the mullahs had nothing in common with Islam, which was a religion of tolerance! The gross human rights abuses in the Islamic Republic of Iran should thus be condemned in the strongest terms in a resolution containing no hint of compromise.

113. Mr. TAHTSIDIS (International League for the Rights and Liberation of Peoples) said that the situation of Kurdish refugees in the Atrush camp in Turkish Kurdistan, which had been drawn to the Commission's attention at the previous session, was very disturbing. The Office of the United Nations High Commissioner for Refugees had in fact abandoned the camp and the inmates had been transferred to Ninova. However, following attempts to escape from attacks by the Kurdistan Democratic Party and the Turkish forces, nearly 7,000 of those refugees were now trapped in an area full of landmines. Three persons had already been injured.

114. It was clear that the conflict in Kurdistan, which was not international in nature, fell within the Geneva Conventions and their Additional Protocols, particularly the one advocating protection of the civilian population, to which Turkey was a party. In the face of the terrible situation of hundreds of Kurdish refugees, mainly from Turkey, who had been desperately trying to reach the Italian coast at the beginning of the year, Turkey was no longer able to deny the facts. The main reason for the exodus had been the forced evacuation, since 1984, of millions of Kurds to major Turkish cities. Tens of thousands of Kurds had fled to south Kurdistan, thus becoming refugees in their own country, exposed to bombing raids by the Turkish Air Force. In November 1997, the European Court of Human Rights had sentenced Turkey to pay damages for burning villages in the south-east and for harming the right to normal life. Obviously the Turkish policy of displacing the Kurdish population was part of organized military operations against the guerrilla movement. Furthermore, the people displaced received none of the compensation required by the Turkish Constitution or Turkish laws, as they were considered "collaborators of terrorism".

115. In January 1998, the European Parliament had adopted a resolution calling on Member States for fresh efforts to formulate a common policy to aid the Kurdish people and to promote the rule of law and democracy. The resolution reaffirmed that a solution to the conflicts in Turkey and northern Iraq could be reached only by political means, called for an end to Turkish military operations in northern Iraq and demanded that the European Union take an international initiative aimed at seeking a political resolution of the Kurdish problem. The International League for the Rights and Liberation of Peoples appealed to the Commission to take action on those lines.

116. Mrs. SPALDING (World Federation for Mental Health) said that the principles of the Universal Declaration of Human Rights and the mandates of the World Health Organization, the World Council of Churches and the World Federation for Mental Health, among others, all also celebrating fiftieth anniversaries in 1998, shared the goal of promoting mentally, physically and spiritually healthy lives.

117. Noting the numerous issues covered by the agenda item, she observed with respect to human rights and arbitrary deprivation of nationality that non-recognition of national identity, especially in the case of indigenous peoples, could have serious consequences in terms of mental health. Studies by thematic special rapporteurs and working groups should consciously include the impact on the mental health of individuals and the broader community. Terrorism was, by definition, also designed to erode mental health and should now include "electronic terrorism", namely the use of the Internet to form hate-driven personalities. Concerned experts should be invited, within human rights sessions, to contribute to action strategies. Young people, often targeted by that form of terrorism, also needed to be mobilized.

118. Violence against women was riddled with psychological implications, which had to be covered by prevention, rehabilitation and programmes for reintegration in society. With regard to the Decade for Human Rights Education, she applauded the WHO mental health training programme "Life Skills", and the "Fête d'excellence" to be held in Geneva in August 1998, which was inviting interested parties to underwrite grants for a training session. In order to strengthen national institutions and the Centre for Human Rights, it would be useful to have a private initiative along the lines of that used by the Office of the High Commissioner for Refugees for raising funds. The "Fête d'excellence" mechanism could also play a useful part in that context. The impact on emotional and mental health of the human rights abuses and the environmental shifts that led to internal displacement of peoples and mass exodus called for close monitoring.

119. Her organization hoped that the ethical principles embedded in the Universal Declaration of Human Rights would be implemented in real life as a fitting celebration of the anniversary.

120. Mr. MARINO (Federation of Associations for the Defence and Promotion of Human Rights) introduced the proposal his organization had put forward for a Spanish Human Rights Committee. By setting up such a committee, the Spanish Government would contribute to the full realization of fundamental human rights and, as recommended by the United Nations, strengthen national institutions and reinforce the work of the ombudsman. The Committee, whose

remit would be as extensive as possible, was intended to represent all sectors of society at large and to work on a completely independent basis. It would cover all areas of civil, political, economic and cultural rights as well as the rights to self-determination, development, peace and a healthy environment. The Committee would have three functions: to investigate allegations of human rights violations, without prejudice to the work of the courts or of the ombudsman; to advise government and official bodies; and to carry out training and information programmes.

121. The Committee's membership would reflect the various spiritual and ethical dimensions in the country, but it would be unwise to include representatives of the Government, civil service or political parties. Committee members should be drawn from among representatives of trade unions, non-governmental organizations, human rights associations, Parliament, the judiciary, the churches, officially recognized religious communities, universities, the Constitutional Court and social and professional organizations. They should also include leading personalities selected for their expertise, including those representing Spain in relevant international bodies.

122. The legal instrument establishing the Committee should preferably be a fundamental law, or at the least an ordinary law. The Committee should be independent regarding its work in the legal and technical fields and with respect to the procedures for appointing and removing its members. Funds should be provided to allow it to operate effectively. The Committee would draw up its own budget and submit it for approval to Parliament, to which it would also submit its reports and accounts. It would be free to hire the staff it needed and would be provided with the material resources it required.

123. Cooperation with national and foreign organizations (ombudsman, domestic courts, relevant non-governmental organizations, and so on) would be essential. The Committee would be expected to investigate issues falling within its terms of reference, to receive relevant evidence, documentation and information, to make recommendations, to meet regularly, to establish committees and working groups and, where necessary, to establish regional or local sections. It should also periodically review its own work and report on its activities in the interests of transparency. It would be subject to all the usual watchdog mechanisms of a democratic system.

ORGANIZATION OF THE WORK OF THE SESSION (agenda item 3) (underline)(continued)(underline)

124. Mr. MZKIOU (Congo), noting that a non-governmental organization, the Movement against Racism and for Friendship among Peoples, had distributed invitation cards in the meeting room from a person purporting to be the legitimate prime minister of Congo-Brazzaville, said that distribution of such invitations should never have been authorized, since the person in question did not represent the Government of Congo-Brazzaville. He hoped that an incident of that sort would not occur again.

The meeting rose at 9.10 p.m.

UNITED
NATIONS

E

Economic and Social Council

Distr.
GENERAL

E/CN.4/1998/SR.57
22 October 1998

ENGLISH
Original: FRENCH

COMMISSION ON HUMAN RIGHTS

Fifty-fourth session

SUMMARY RECORD OF THE 57th MEETING

Held at the Palais des Nations, Geneva,
on Tuesday, 21 April 1998, at 3 p.m.

<u>Chairperson</u>: Mr. SELEBI (South Africa)

CONTENTS

CONSIDERATION OF DRAFT RESOLUTIONS AND DECISIONS RELATING TO ITEM 10 OF THE
AGENDA (<u>continued</u>)

This record is subject to correction.

Corrections should be submitted in one of the working languages. They
should be set forth in a memorandum and also incorporated in a copy of the
record. They should be sent <u>within one week of the date of this document</u> to
the Official Records Editing Section, room E.4108, Palais des Nations, Geneva.

Any corrections to the records of the public meetings of the Commission
at this session will be consolidated in a single corrigendum, to be issued
shortly after the end of the session.

GE.98-12460 (E)

<u>The meeting was called to order at 3 p.m.</u>

CONSIDERATION OF DRAFT RESOLUTIONS AND DECISIONS RELATING TO ITEM 10 OF THE AGENDA (<u>continued</u>) (E/CN.4/1998/L.90, L.91, L.100, L.101, L.102, L.104 and L.105)

<u>Draft resolution E/CN.4/1998/L.90</u> (Extrajudicial, summary or arbitrary executions)

1.   <u>Mr. ROMARE</u> (Observer for Sweden) introduced the draft on behalf of its sponsors, who were joined by Cape Verde, Georgia, Guinea and Ukraine. Once again, the document strongly condemned all extrajudicial, summary or arbitrary executions, and demanded that all Governments ensure that such practices be brought to an end. It also called on the Governments of all States in which the death penalty had not been abolished to comply with their obligations under the relevant international instruments. The mandate of the Special Rapporteur on extrajudicial, summary or arbitrary executions, who was commended for his major contribution, was extended for another three years.

2.   Following lengthy consultations, the co-sponsors had finally agreed to change paragraph 6, inserting after the words "violations of the right to life", in the third line, the words "by extrajudicial, summary or arbitrary executions". In paragraph 17, the phrase "within the overall budgetary framework of the United Nations" was deleted, and the words "to continue" were added after "to enable him". In paragraph 22 of the draft decision, the phrase "within the overall budgetary framework of the United Nations" was also deleted and the words "to continue" were added after "to enable him" in the penultimate line.

3.   The authors hoped that the consensus text, like the resolutions of previous sessions on the subject, would be adopted without a vote.

4.   <u>Mrs. KLEIN</u> (Secretary of the Commission) said that extending the Special Rapporteur's mandate by three years would involve expenses totalling US$ 119,900 for the period 1998-1999, the funds for which were included in section 22 (Human rights) of the 1998-1999 biennial programme budget. Resources for the third year of the Special Rapporteur's mandate would be provided for in the draft programme budget for the 2000-2001 biennium.

5.   <u>Mrs. RUBIN</u> (United States of America) said that her delegation was pleased it could join the consensus on the proposed text, on the understanding that the Special Rapporteur's mandate consisted primarily in investigating countries where extrajudicial, summary or arbitrary executions posed major problems, and perhaps secondarily in considering whether international standards were met in countries where capital punishment was in force, but without addressing the issue of abolition per se.

6.   Although they had been disappointed by the report on their country, which left out extensive information provided to the Special Rapporteur about the effective protections in their legal system, the United States recognized that the Special Rapporteur had done an outstanding job in countries such as Bosnia and Rwanda, where he had been among the first to report on massive human rights abuses.

7.   The United States had, moreover, played a prominent role in the establishment of the system of special rapporteurs, whose work often constituted a significant contribution in the field of human rights. For that reason, her delegation was prepared to renew the important mandate to which the draft resolution referred.

Draft resolution E/CN.4/1998/L.90, as amended, was adopted without a vote.

Draft resolution E/CN.4/1998/L.91 (The question of human rights in Afghanistan)

8.   Following an exchange of views between Mrs. ZUPPETTI MARINI (Italy) and Mr. AKRAM (Pakistan), the CHAIRPERSON proposed that the authors and other interested delegations should hold consultations to reach a consensus.

Draft resolution E/CN.4/1998/L.100 (Situation of human rights in the Islamic Republic of Iran)

9.   Mrs. GLOVER (United Kingdom), introducing the draft resolution on behalf of the member States of the European Union and all co-sponsors, said that the exhaustive attempts made to reach agreement on a text which would be acceptable to Iran had regrettably failed.

10.   In the proposed draft, the Commission welcomed with satisfaction the commitment by the Government of Iran to encourage respect for human rights and the rule of law, and recognized improvements in the area of freedom of expression. Nonetheless, the draft reflected concern about the continuing human rights violations taking place in the country, particularly torture and other forms of cruel, inhuman or degrading treatment or punishment, including amputation, stoning and public executions, which continued to be applied for non-violent crimes and for apostasy, and the grave violations of the human rights of the Baha'i minority and women. Furthermore, nine years after the proclamation of the fatwa, the life of Mr. Salman Rushdie continued to be threatened and no written assurances of his safety had been obtained from the Government of Iran. Serious concerns remained over violence directed at Iranians living abroad. Finally, the Government of Iran was called upon to resume full cooperation with the machinery of the Commission, and particularly with its Special Representative. The Government was requested to allow the Special Representative access to the country, and to implement fully his recommendations, as well as those of the thematic rapporteurs.

11.   The delegation of the United Kingdom hoped that the draft resolution, which reflected in a balanced way the situation in Iran and the action needed by the Iranian authorities, would be supported by all members of the Commission.

12.   Mrs. KLEIN (Secretary of the Commission) announced that Japan and San Marino were joining the co-sponsors of the draft.

13.   Mr. AKRAM (Pakistan) said that there had been positive developments in the human rights situation in Iran. Since taking office in August 1997, the new President had launched various initiatives to consolidate democratic institutions, to allow more active civil and political participation, to

strengthen the rule of law, to promote women's rights, to foster national mechanisms for the promotion and protection of human rights and to ensure freedom of expression.

14.   Unfortunately, the draft resolution before the Commission emphasized certain isolated incidents. It was also too long, repetitive and factually inaccurate. Since no country or group of countries could claim to have created an ideal society free from human rights violations, if isolated incidents, rather than trends, were the criteria for resolutions on country situations, the list would undoubtedly be endless. The draft resolution did not therefore positively encourage the Government of Iran to promote and protect human rights.

15.   The Commission's Special Representative on the situation of human rights in Iran had, moreover, stated in his presentation to the Commission that he hoped that the resolution it would adopt would avoid becoming bogged down in details and would reflect, indeed welcome, the prospect of substantial change which was clearly evident in that dynamic society. The draft resolution sent the wrong message, since it demonstrated to the Government of Iran that cooperation in the field of human rights did not pay, and it cast doubt on the credibility and integrity of human rights mechanisms, in particular that of the Commission.

16.   Since the attempts supposedly made by the co-sponsors to reach a consensus had failed, several Islamic countries were proposing a number of changes to the draft resolution (contained in document E/CN.4/1998/L.105), in order to encourage the Government of Iran to pursue its positive developments. In application of article 52 of the rules of procedure of technical commissions of the Economic and Social Council, Pakistan therefore requested the Commission to delay its decision by 24 hours.

17.   Mrs. GLOVER (United Kingdom) said that the member States of the European Union were always open to consultation, but noted that the delegation of Pakistan was presenting its amendments very late. In any event, given that the proposed changes upset the delicate balance of the original text, the United Kingdom could not subscribe to them and was opposed to the idea of delaying the decision.

18.   Mr. BENJELLOUN TOUIMI (Morocco) endorsed the comments made by the representative of Pakistan. It appeared that the European countries showed very little perseverance in their efforts to reach a consensus, since amendments obviously had to be discussed if they were to be accepted. He felt that the attitude of those countries showed a measure of reluctance, which was particularly regrettable at the time of the celebrations for the fiftieth anniversary of the Universal Declaration of Human Rights. The text proposed by the member States of the European Union did admittedly refer to positive changes, but it remained overly oriented towards the past. Morocco supported the idea of delaying the Commission's decision by 24 hours, since the text as it stood was not likely to improve the situation in Iran.

19.   Mr. de ICAZA (Mexico) pointed out that, contrary to the rules set down for the organization of work and the conduct of debates in the Commission (E/CN.4/1998/CRP.4), and to article 52 of the rules of procedure, the draft

resolution had been distributed only that same morning to members of the Commission, who had not necessarily had the time to consider it. They were therefore not in a position to express their views on the draft, and much less on the amendments, which had only just been presented and the texts of which had not yet been translated into all the official languages. Deploring the lack of transparency which had marked the presentation of the draft resolution, the Mexican delegation requested that the decision on it be delayed.

20.   The CHAIRPERSON, referring to article 52 of the rules of procedure of technical commissions of the Economic and Social Council, given that the amendments were substantive and had been submitted late, proposed delaying the decision on draft resolution E/CN.4/1998/L.100 by 24 hours.

21.   The Chairperson's proposal was adopted.

Draft resolution E/CN.4/1998/L.101 (The situation of human rights in Rwanda)

22.   Mrs. DIALLO (Senegal), introducing the draft resolution on behalf of the sponsors, said that it was vitally important. Rwanda, which four years previously had been the scene of a genocide which it was now universally accepted could have been avoided, was doing its utmost to achieve successful reconstruction. The draft resolution therefore particularly drew the attention of the international community to the need to support that task. Having failed in its duty of prevention, the international community should contribute to the rebuilding of Rwanda.

23.   The representative of Senegal drew the attention of Commission members to two changes to be made in the resolution. Firstly, in paragraph 9, the words "strengthening the Military Prosecutor's office" were to be replaced by "strengthening military justice". Secondly, in paragraph 30, which contained the draft decision recommended to the Social and Economic Council, it was preferable to repeat the exact terms of the Commission's resolution 1997/66 to describe the mandate of the Special Representative, namely "to make recommendations on how to improve the human rights situation in Rwanda, to facilitate the creation and effective functioning of an independent national human rights commission in Rwanda, and further to make recommendations on situations in which technical assistance to the Government of Rwanda in the field of human rights may be appropriate".

24.   The co-sponsors asked for the draft resolution to be adopted by consensus.

25.   Mrs. KLEIN (Secretary of the Commission) announced that Australia, Canada, the United States of America, New Zealand and Switzerland had agreed to co-sponsor the draft resolution.

26.   Mr. COMBA (Secretariat) said that the decision to prolong the mandate of the Special Representative by one year would have financial consequences. The sum of US$ 1.3 million needed to finance the activities of the Special Representative in 1998 and 1999 had been included in Section 22 of the current programme budget.

27.   Mr. BUCHAN (Canada) said that his delegation was happy to sponsor the
draft resolution, which struck a careful balance between the need to continue
monitoring the human rights situation in Rwanda and the need to support the
efforts of the Government of Rwanda. Commending the delegations that had
taken part in negotiations, particularly the delegation of Rwanda, for
their constructive approach, his delegation was confident that the same
constructive spirit would prevail during discussions between the Office of the
High Commissioner for Human Rights and the Government of Rwanda concerning the
Human Rights Field Operation in Rwanda.

28.   Draft resolution E/CN.4/1998/L.101, as amended, was adopted without a
vote.

Draft resolution E/CN.4/1998/L.104 (Situation of human rights in Equatorial
Guinea and assistance in the field of human rights)

29.   Mrs. DIALLO (Senegal), on behalf of the African Group, introduced draft
resolution E/CN.4/1998/L.104, which had been accepted by all parties and which
particularly emphasized the progress made by the Government of Equatorial
Guinea in the field of protection and promotion of human rights. The positive
measures already taken encouraged the hope that the Commission would direct
its activities towards the establishment of a genuine technical assistance
programme to help the country definitively establish a viable democratic
system. The African Group asked that the draft resolution be adopted by
consensus.

30.   Mrs. KLEIN (Secretary of the Commission) announced that the
United States of America was co-sponsoring the draft resolution.

31.   Mr. COMBA (Secretariat) said that the decision to prolong the mandate of
the Special Rapporteur by one year would have financial consequences. The sum
of US$ 96,200 needed to finance the activities of the Special Rapporteur
during 1998 and 1999, was already included in Section 22 of the current
programme budget.

32.   Draft resolution E/CN.4/1998/L.104 was adopted without a vote.

Draft resolution E/CN.4/1998/L.91 (The question of human rights in
Afghanistan) (continued)

33.   Mr. TOSCANO (Italy) announced that following consultations with all
the interested delegations it had been possible to reach a consensus on
two changes, to paragraph 3 (b) and (c), which now read as follows:

>   "(b)   The frequent practice of arbitrary arrest and detention and
>   of summary trials, which have resulted in summary executions, throughout
>   the country, including the recent public executions of male convicts
>   which were carried out by burying the victims alive;
>
>   (c)   Actions by all parties that constitute interference with the
>   delivery of humanitarian assistance to the civilian population of
>   Afghanistan and which jeopardize the safety of humanitarian personnel,
>   such as the blockade of the Bamyan region and the bombing of the Bamyan

airport, as well as the looting, particularly by elements of the Northern Alliance, on a massive scale of United Nations and other warehouses and offices in Mazar-e-Sharif;".

34.   The new draft resolution E/CN.4/1998/L.91, thus amended, was adopted without a vote.

Draft resolution on the question of human rights in Cyprus

35.   The CHAIRPERSON proposed that the Commission adopt the following draft decision:

"At its 57th meeting, on 21 April 1998, the Commission decided, without a vote, to retain on its agenda item 10 (a), entitled 'Question of human rights in Cyprus', and to give it due priority at its fifty-fifth session, it being understood that action required by previous resolutions of the Commission on the subject would continue to remain operative, including the request to the Secretary-General to provide a report to the Commission regarding their implementation."

36.   The draft decision was adopted.

The meeting rose at 3.55 p.m.

UNITED
NATIONS

E

Economic and Social
Council

Distr.
GENERAL

E/CN.4/1998/SR.59
5 November 1998

ENGLISH
Original: FRENCH

COMMISSION ON HUMAN RIGHTS

Fifty-fourth session

SUMMARY RECORD OF THE 59th MEETING

Held at the Palais des Nations, Geneva,
on Wednesday, 22 April 1998, at 3 p.m.

<u>Chairman</u>:   Mr. SELEBI   (South Africa)

later: Mr. GALLEGOS CHIRIBOGA   (Ecuador)

CONTENTS

CONSIDERATION OF DRAFT RESOLUTIONS UNDER AGENDA ITEMS 9 AND 10 (<u>continued</u>)

_____

This record is subject to correction.

Corrections should be submitted in one of the working languages. They
should be set forth in a memorandum and also incorporated in a copy of the
record. They should be sent <u>within one week of the date of this document</u> to
the Official Records Editing Section, room E.4108, Palais des Nations, Geneva.

Any corrections to the records of the public meetings of the Commission
at this session will be consolidated in a single corrigendum, to be issued
shortly after the end of the session.

GE.98-12584   (E)

<u>The meeting was called to order at 3 p.m.</u>

CONSIDERATION OF DRAFT RESOLUTIONS UNDER AGENDA ITEMS 9 AND 10 (<u>continued</u>)

<u>Draft resolution E/CN.4/1998/L.41</u> (Enhancement of international cooperation in the field of human rights)

1.   <u>Mr. CASTRO GUERRERO</u> (Observer for Colombia) said that the sponsors of the draft resolution had decided, following the Chairman's appeal for consensus, to amend the text by deleting the second preambular paragraph, the reference to General Assembly resolution 51/100 and operative paragraphs 1 and 4. He hoped that those substantive amendments would enable a consensus to be reached and that the parts which had been deleted could be discussed in the near future in a more favourable climate of opinion.

2.   <u>Mr. McALISTER</u> (Canada) expressed regret that it had not been possible to achieve agreement on the enhancement of international cooperation, when the Commission at its previous session and the General Assembly in December 1997 had reached an understanding on that issue. If there were a vote, his delegation would be unable to support the draft resolution.

3.   <u>Mr. REYES RODRIGUEZ</u> (Cuba) said he failed to understand why the delegation of Canada could not accept the draft resolution as amended, in view of the fact that the controversial points had been deleted and the remaining text resembled that adopted by the General Assembly.

4.   Following a discussion in which <u>Mr. REYES RODRIGUEZ</u> (Cuba), <u>Mr. LOFTIS</u> (United States of America), <u>Mr. CASTRO GUERRERO</u> (Observer for Colombia) and <u>Mr. HÖYNCK</u> (Germany) took part, <u>the CHAIRMAN</u> proposed that further consideration of the draft resolution should be postponed.

5.   <u>It was so decided</u>.

6.   <u>Mr. Gallegos Chiriboga (Ecuador) took the Chair</u>.

<u>Draft resolutions under agenda item 10 (E/CN.4/1998/L.86/Rev.1, L.100 and L.105)</u>

<u>Draft resolution E/CN.4/1998/L.86/Rev.1</u> (Situation of human rights in Bosnia and Herzegovina, Republic of Croatia and the Federal Republic of Yugoslavia (Serbia and Montenegro))

7.   <u>Mr. KUEHL</u> (United States of America) said that the words "Saint Egidio" should be inserted before "memorandum of understanding" in paragraph 25 (g) of the draft resolution.

8.   <u>Mrs. KLEIN</u> (Secretary of the Commission) announced that Ireland and the Islamic Republic of Iran should be added to the list of sponsors.

9.   <u>Ms. BECIREVIC</u> (Observer for Croatia) pointed out that the draft resolution dealt simultaneously with the situation of human rights in Bosnia and Herzegovina, in Croatia and in the Federal Republic of Yugoslavia and presented in section I the "core problems" arising "in the region" as a whole;

she would have preferred a more balanced approach, expressly highlighting the differences between the countries with regard to the establishment of democratic institutions and setting out the levels of cooperation of each of the countries with the international community. Noting that the draft resolution contained, as in previous years, a paragraph on the "rules of the road" which had been agreed upon in Rome, she stressed that those measures were applicable only to the territory of Bosnia and Herzegovina and, according to international law, could not be extended to the territory of a third country.

10.   Her delegation was surprised that the draft resolution should assign to the Republic of Croatia the major responsibility in the solution of the humanitarian problem of missing persons, in contradiction with the conclusion of the Special Rapporteur who, in her final report, had clearly indicated which country was most lacking in political will to share all information on the fate of missing persons. It should not be forgotten that it had been Croatia which in the past had recommended actions to ensure a speedy and complete exchange of information on missing persons.

11.   Generally speaking, the draft resolution did not sufficiently reflect the positive measures by the Government of Croatia to protect and promote human rights, and for all those reasons, the delegation of Croatia was unable to sponsor it. It had been actively involved, however, in its drafting and acknowledged that some of its concerns had been taken into consideration.

12.   Mr. COMBA (Secretariat), presenting the financial implications of the draft resolution, said that the establishment of a temporary office of the High Commissioner for Human Rights operating out of permanent premises in Kosovo would be covered by transfers of resources and that all additional expenditures would be financed by extrabudgetary contributions. An amount of $99,000, corresponding to the extension of the Special Rapporteur's mandate for one year, had been entered in section 22 (Human rights) of the 1998-1999 programme budget.

13.   Mr. BOYTCHENKO (Russian Federation), speaking in explanation of vote before the vote, began by noting with satisfaction that consultations on the draft resolution under consideration had been conducted in conditions of great transparency. His delegation had taken an active part in the work in the hope that the draft resolution could be adopted by consensus. It contained many very positive aspects and rightly stressed the importance of the role of the Special Rapporteur.

14.   His delegation was nevertheless dissatisfied with the general balance of the draft and the focus of some of its provisions, in particular the sections on the Federal Republic of Yugoslavia and the International Criminal Tribunal. To begin with, the name given to the Federal Republic of Yugoslavia should be that used in Security Council resolutions. His delegation also had difficulty accepting certain inaccurate assessments of the situation in the Federal Republic of Yugoslavia, in particular respect for rights and freedoms, the functioning of civil society, the activities of the media and the situation of minorities. It was also concerned about the references to Kosovo and drew attention to the statement by the Chairman of the Commission, which was objective and balanced and made it possible to guarantee the protection of

rights and freedoms in that part of the Republic of Serbia in the Federal
Republic of Yugoslavia. The draft resolution was not consistent with that
text or with Security Council resolution 1160 (1998); it gave an incorrect
description of events and did not adequately reflect the initiatives taken by
the Belgrade authorities or the enormous increase in acts of terrorism, or
present the situation constructively.

15.   With regard to the International Criminal Tribunal for the Former
Yugoslavia, the Commission had overstepped its mandate since it was for the
Security Council to assess the Tribunal's activity and give it instructions.

16.   For all those reasons, the delegation of the Russian Federation
requested a separate roll-call vote on paragraphs 22, 25, 29 (b), 30, 33
and 35 taken together, which it would vote against. It also requested a
roll-call vote on the draft resolution as a whole, in which it would abstain.

17.   Mr. XIE BOHUA (China) said that for his Government Kosovo was part of
the territory of the Federal Republic of Yugoslavia. The question of Kosovo
should be settled rapidly through political negotiation by the parties
concerned in respect for the principle of the sovereignty and territorial
integrity of the Federal Republic of Yugoslavia. Because the Balkan countries
comprised several ethnic groups, the situation in the region was very delicate
and extreme prudence was required. His delegation would therefore abstain
from the vote.

18.   At the request of the representative of the Russian Federation, a vote
was taken by roll-call on paragraphs 22, 25, 29 (b), 30, 33 and 35.

19.   Tunisia, having been drawn by lot by the Chairman, was called upon to
vote first.

        In favour: Argentina, Austria, Bangladesh, Bhutan, Botswana, Brazil,
                      Canada, Chile, Czech Republic, Denmark, Ecuador,
                      El Salvador, France, Germany, Ireland, Italy, Japan,
                      Luxembourg, Malaysia, Morocco, Mozambique, Nepal, Pakistan,
                      Peru, Philippines, Poland, Republic of Korea, Senegal,
                      Sudan, Uganda, Ukraine, United Kingdom of Great Britain
                      and Northern Ireland, United States of America, Uruguay,
                      Venezuela.

        Against: Belarus, Russian Federation.

        Abstaining: Cape Verde, China, Cuba, Democratic Republic of the Congo,
                      Guatemala, Guinea, India, Indonesia, Madagascar, Mali,
                      Mexico, Rwanda, South Africa, Sri Lanka, Tunisia.

20.   Paragraphs 22, 25, 29 (b), 30, 33 and 35 were adopted by 35 votes to 2,
with 15 abstentions.

21.   At the request of the representative of the Russian Federation, a vote
was taken by roll-call on draft resolution E/CN.4/1998/L.86/Rev.1 as a whole.

22. <u>Ecuador, having been drawn by lot by the Chairman, was called upon to
vote first</u>.

<u>In favour</u>: Argentina, Austria, Bangladesh, Bhutan, Botswana, Brazil,
Canada, Chile, Czech Republic, Denmark, Ecuador,
El Salvador, France, Germany, Guatemala, Indonesia,
Ireland, Italy, Japan, Luxembourg, Malaysia, Mali, Mexico,
Morocco, Mozambique, Nepal, Pakistan, Peru, Philippines,
Poland, Republic of Korea, Senegal, South Africa, Sudan,
Tunisia, Uganda, Ukraine, United Kingdom of Great Britain
and Northern Ireland, United States of America, Uruguay,
Venezuela.

<u>Against</u>: None.

<u>Abstaining</u>: Belarus, Cape Verde, China, Congo, Cuba, Democratic
Republic of the Congo, Guinea, India, Madagascar,
Russian Federation, Rwanda, Sri Lanka.

23. <u>Draft resolution E/CN.4/1998/L.86/Rev.1, as orally amended, was adopted
by 41 votes to none, with 12 abstentions</u>.

<u>Draft resolution E/CN.4/1998/L.100</u> (Situation of human rights in the Islamic
Republic of Iran) and amendments proposed with the symbol E/CN.4/1998/L.105
(<u>continued</u>)

24. <u>Mrs. KLEIN</u> (Secretary of the Commission) announced that Japan had
requested to be taken off the list of sponsors of the draft resolution.

25. <u>Mr. COMBA</u> (Secretariat), presenting the financial implications of the
draft resolution, said that the extension of the mandate of the Special
Representative of the Commission on the situation of human rights in the
Islamic Republic of Iran would entail expenditures amounting to 67,200 dollars
in 1998 and 1999; provision for that amount had already been made in
section 22 (Human rights) of the 1998-1999 programme budget.

26. <u>Mr. AKRAM</u> (Pakistan) said that the Islamic countries which had sponsored
the amendments to the draft resolution proposed in document E/CN.4/1998/L.105
had revised their text by deleting paragraph 2. The consultations between the
sponsors of the draft resolution and the sponsors of the proposed amendments
had unfortunately shown that the proposals by the latter made in a spirit of
compromise had not been accepted by the former, who were not apparently
prepared to modify the general thrust of their text.

27. As Coordinator of the Working Group on human rights of the Organization
of the Islamic Conference (OIC), he wished to stress that the draft resolution
was incorrect, exaggerated and based on false assumptions on a number of
points. It also contained unacceptable expressions - for example, in
paragraph 2 (a), the Government of the Islamic Republic of Iran was urged
"to meet expectations for tangible progress" in human rights, without further
details. Equally unacceptable was paragraph 3 (d), where the Commission
expressed its concern "at the lack of continuity in the cooperation of the
Government with the mechanisms of the Commission on Human Rights" and

subparagraphs (h) and (i) of paragraph 4. The member States of the Organization of the Islamic Conference considered that the situation of human rights in the Islamic Republic of Iran was no worse than in many other countries for which no draft resolution had been submitted. He observed that the Islamic Republic of Iran was currently chairing the OIC Summit and that the Commission's work had in the past already led to insulting attacks on Islam. The member States of the OIC hoped that in the future such discriminatory selectiveness vis-à-vis the Muslim countries would cease.

28.   In a spirit of compromise, the sponsors of the amendments to the draft resolution had decided not to ask the Commission to take a decision on their proposal. His delegation therefore requested a roll-call vote on the draft resolution and would vote against it.

29.   Ms. GLOVER (United Kingdom) thanked the delegation of Pakistan for withdrawing the amendments proposed in document E/CN.4/1998/L.105. She hoped that in the future it would be possible to achieve the consensus which had unfortunately eluded the Commission at the current session.

30.   Mr. KHORRAM (Observer for the Islamic Republic of Iran) said that the Commission had already been informed about positive developments in the human rights situation in his country. Since entering office in August 1997, the new President had taken a number of initiatives to consolidate democracy, provide for more active civil and political participation, reinforce the rule of law, promote women's rights, foster national mechanisms for the protection and promotion of fundamental rights and further ensure freedom of expression. While not claiming that the human rights situation was perfect, the Government could solemnly assert that it had already done a great deal and intended to continue on the road to progress.

31.   Unfortunately, draft resolution E/CN.4/1998/L.100 failed to recognize those realities and was inspired solely by political and economic interests. It focused mainly on isolated incidents and was too long and repetitive and contained factual errors which indicated that its sponsors were either misinformed or were trying to mislead the Commission. Above all, it did not reflect the remarkable undertakings of the Government of the Islamic Republic of Iran in the area of human rights. The Special Representative of the Commission on the situation of human rights in the Islamic Republic of Iran had stated, in introducing his report to the Commission, that he hoped it would adopt a resolution on the Islamic Republic of Iran which would not be bogged down in details and would reflect, and indeed welcome, the prospect of substantial change that was clearly evident in that dynamic society. When the sponsors were told that their draft resolution was not consistent with the report of the Special Representative, their response, as in 1997, was that they had "other sources of information". If that was so, why did they not pass their information on to the Special Representative so that he could verify it and seek clarification from the Government? Would it not be fair at least to give the Government a chance to defend itself before putting allegations into a draft text? The Islamic Republic of Iran had also already argued that under the 1503 confidential procedure the Working Group on Communications considered allegations and Governments were given an

opportunity to respond. In the case of situations examined by a special
rapporteur or a special representative under agenda item 10, it was for that
rapporteur or representative to review the allegations.

32.   From the start of the session, his delegation had informed the sponsors
of the draft resolution that it would be ready to have a consensus text in the
form of a Chairman's statement instead of a resolution. Regrettably, however,
there was a lack of political will to negotiate.

33.   In conclusion, the draft resolution only marked the over-politicization
of human rights in general and of the Commission in particular. Whatever
decision was taken, the Government and people of the Islamic Republic of Iran
would continue their efforts for the promotion and protection of human rights.
His delegation therefore requested the Commission to vote against the draft
which, if adopted, would not facilitate cooperation with the Special
Representative.

34.   Mr. SYAHRUDDIN (Indonesia) said that it was important to keep in mind
the realities of the Islamic Republic of Iran and the progress everyone had
witnessed in the sphere of the rule of law and fundamental rights since the
previous year. The Special Representative had stressed the efforts made by
the Government, particularly in encouraging wide-ranging public discussion.
If the Commission adopted draft resolution E/CN.4/1998/L.100 it would not be
giving encouragement to the Government of the Islamic Republic of Iran. If
the proposed text was put to the vote, his delegation would vote against it.

35.   Mr. CHOWDHURY (Bangladesh) said he particularly regretted that the draft
under consideration came from Europe, which knew more than any other region
about revolutions and social ferment for change. In the Islamic Republic
of Iran there had been positive developments in all areas, including human
rights. Persia had a civilization dating back 4,000 years, representing an
illustrious culture which had always moved at its own pace, sometimes with
extreme rapidity and sometimes almost imperceptibly. The Commission should
take account of such aspects and give President Khatemi time to allow his
commitments to materialize. The Iranian delegation's constructive
contribution to the Commission's session also merited reward. His delegation
considered that the draft resolution would in no sense help the Islamic
Republic of Iran to develop positively and would vote against it.

36.   Mr. XIE BOHUA (China) said that the Commission should recognize the
efforts made in human rights in recent years by the Islamic Republic of Iran,
whose Government had hosted the Sixth Workshop for Regional Arrangements for
the Promotion and Protection of Human Rights in the Asia and Pacific Region.
Since the draft resolution had not obtained a consensus and since it did not
encourage dialogue with the Government of the Islamic Republic of Iran, his
delegation opposed it.

37.   Ms. GLOVER (United Kingdom), speaking on behalf of the European Union
countries and the other sponsors of the draft resolution, said that there had
been improvements in some aspects of the human rights situation in the Islamic
Republic of Iran and the Government had announced more changes. Those changes

were reflected in the report of the Special Representative and also in the draft resolution, which welcomed the Government's declarations concerning the need to review laws and attitudes which discriminated against women and improvements in the area of freedom of expression. However, the Special Representative had stated clearly in his report that problems persisted and that there were cases of torture and cruel, inhuman or degrading treatment or punishment. He had referred especially to the increase in the number of amputations and stonings decided by the courts. Change in the situation of women and in the situation of Baha'is was also urgently needed. The Special Representative himself had not been allowed to visit the country.

38.   Any resolution on human rights in the Islamic Republic of Iran must recognize the good and the bad, encourage improvements and point out continuing problems. Some delegations had argued that if the Commission considered every isolated human rights violation, the list of the countries concerned would be very long, but it was clear that the problems in the Islamic Republic of Iran were not isolated incidents but formed a pattern. Her delegation hoped that in the future the Commission could arrive at a consensus on the question.

39.   Mr. HÖYNCK (Germany) said that, as in certain other cases, the Commission was facing the difficult task of welcoming the progress observed in respect for human rights while making it clear that violations continued. The draft resolution precisely reflected that delicate balance and was consistent with the report of the Special Representative. His delegation therefore urged the Commission to adopt that important text.

40.   Mr. EL DIN HAMID YOUSIF (Sudan) said that concern for cooperation should always be the rule and not the exception in all the Commission's work on human rights in all countries. Since, according to the information supplied by the Special Representative and the Government of the Islamic Republic of Iran, there had been recent progress in the country, the Commission should take it into consideration. His delegation was therefore opposed to draft resolution E/CN.4/1998/L.100.

41.   Mr. PARSHIKOV (Russian Federation) said it seemed that the sponsors of the draft resolution had not done everything in their power to produce a consensus text which would have taken account of recent progress in human rights in the Islamic Republic of Iran and which could have included paragraphs 1, 3 and 11 of the amendments proposed in document E/CN.4/1998/L.105. His delegation also shared the concerns which the delegation of Mexico had expressed the previous day concerning the lack of transparency marking the preparation of the draft resolution. It hoped that the matter would be remedied in the future and that the Commission would eventually be able to adopt a draft resolution by consensus.

42.   At the request of the representative of Pakistan, a vote was taken by roll-call on draft resolution E/CN.4/1998/L.100.

43.   Uruguay, having been drawn by lot by the Chairman, was called upon to vote first.

In favour: Argentina, Austria, Botswana, Brazil, Canada, Chile,
Czech Republic, Denmark, Ecuador, El Salvador, France,
Germany, Guatemala, Ireland, Italy, Japan, Luxembourg,
Peru, Poland, Russian Federation, United Kingdom of
Great Britain and Northern Ireland, United States
of America, Venezuela.

Against: Bangladesh, Bhutan, China, Congo, Cuba, Guinea, India,
Indonesia, Malaysia, Mali, Morocco, Pakistan, Philippines,
Sudan.

Abstaining: Belarus, Cape Verde, Democratic Republic of the Congo,
Madagascar, Mexico, Mozambique, Nepal, Republic of Korea,
Rwanda, Senegal, South Africa, Sri Lanka, Tunisia, Uganda,
Ukraine, Uruguay.

44. Draft resolution E/CN.4/1998/L.100 was adopted by 23 votes to 14,
with 16 abstentions.

The meeting was suspended at 4.20 p.m. and resumed at 4.25 p.m.

45. Mr. Selebi (South Africa) resumed the Chair.

The meeting rose at 4.30 p.m.

**UNITED
NATIONS**

E

**Economic and Social
Council**

Distr.
GENERAL

E/CN.4/1998/SR.46
10 November 1998

ENGLISH
Original: FRENCH

COMMISSION ON HUMAN RIGHTS

Fifty-fourth session

SUMMARY RECORD OF THE 46th MEETING

Held at the Palais des Nations, Geneva,
on Wednesday, 15 April 1998, at 3 p.m.

Chairman: Mr. SELBI   (South Africa)

later: Mr. GALLEGOS CHIRIBOGA (Ecuador)

later: Mr. HYNES   (Canada)

CONTENTS

QUESTION OF THE VIOLATION OF HUMAN RIGHTS AND FUNDAMENTAL FREEDOMS IN ANY PART
OF THE WORLD, WITH PARTICULAR REFERENCE TO COLONIAL AND OTHER DEPENDENT
COUNTRIES AND TERRITORIES, INCLUDING:

(a)   QUESTION OF HUMAN RIGHTS IN CYPRUS (continued)

This record is subject to correction.

Corrections should be submitted in one of the working languages. They
should be set forth in a memorandum and also incorporated in a copy of the
record. They should be sent within one week of the date of this document to
the Official Records Editing Section, room E.4108, Palais des Nations, Geneva.

Any corrections to the records of the public meetings of the Commission
at this session will be consolidated in a single corrigendum, to be issued
shortly after the end of the session.

GE.98-12212 (E)

The meeting was called to order at 3.05 p.m.

QUESTION OF THE VIOLATION OF HUMAN RIGHTS AND FUNDAMENTAL FREEDOMS IN ANY PART
OF THE WORLD, WITH PARTICULAR REFERENCE TO COLONIAL AND OTHER DEPENDENT
COUNTRIES AND TERRITORIES, INCLUDING:

(a)   QUESTION OF HUMAN RIGHTS IN CYPRUS (agenda item 10) (continued)
      (E/CN.4/1998/3 and Corr.1, 9, 12-15, 55-67, 68 and Add.1-3, 69-73,
      113, 114, 126, 127, 130, 132, 138-140, 142, 147-150, 152, 154, 163
      and 164; E/CN.4/1998/NGO/7, 13, 39, 40 and 101; A/52/472, 476,
      479, 484, 486 and Add.1/Rev.1, 493, 505, 510 and 522)

1.   Mrs. ROBINSON (United Nations High Commissioner for Human Rights),
introducing her report on the Human Rights Field Operation in Rwanda
(E/CN.4/1998/61), said that, faced with the legacy of a genocide which had
claimed the lives of at least half a million people, the Office of the
High Commissioner had established the Human Rights Field Operation in Rwanda
to support the Government's efforts to improve the human rights situation and
foster national reconciliation. The Operation had carried out three types of
activities since September 1994: conducting investigations into the genocide
and other serious violations of human rights and humanitarian law; monitoring
and reporting on the ongoing human rights situation; and implementing a
broad-based programme of technical assistance and human rights promotional
activities, including projects to strengthen the capacity of the country's
judicial system, public institutions and civil society.

2.   Since the previous session, however, problems had continued to exist.
At the judicial level, investigations were still difficult and an enormous
number of persons were still awaiting trial. Despite the Government's
efforts, conditions in prisons were a matter for concern. In order to remedy
matters in that area, the authorities should, where appropriate, urge those
concerned to make voluntary use of the confession and guilty plea procedure
provided for in the Genocide Law.

3.   In the north-west of Rwanda, insecurity persisted, suggesting disregard
for the basic standards of international human rights and humanitarian law.
The situation of insecurity had adverse effects on agricultural production and
limited the on-site activities of the United Nations agencies in general and
of the Human Rights Field Operation in particular. She called on the
international community to strengthen its multilateral and bilateral efforts
to assist the Government in protecting the civilian population in the region.
She encouraged the Government to prevent the excessive use of force and fully
to respect international human rights and humanitarian law standards. She
also welcomed the Security Council's recent recognition of the need for a
renewed investigation of the illegal flow of arms to Rwanda.

4.   In order to find a way out of its economic difficulties, Rwanda
continued to require the political and financial support of the international
donor community. The proposal to reform the property law to enable women to
hold property was particularly welcome. The Human Rights Field Operation was
focusing on assistance to vulnerable groups, particularly genocide survivors,
in cooperation with all active United Nations agencies in Rwanda and in
accordance with the established priorities of the Government in economic and

social matters. National reconciliation meant integrating the whole spectrum of fundamental rights, and especially the right to development, in all United Nations activities in Rwanda. In order to facilitate coordination between United Nations agencies and donor Governments, an intergovernmental body could be created to coordinate all activities relating to genocide survivors and to strengthen efforts in support of that particularly vulnerable group, in their role as claimants in genocide trials.

5.   Mr. Gerard Fischer, who had been appointed Chief of the Human Rights Field Operation in February 1998, had begun an internal review of the Operation's role, priorities and functions in order more effectively to assist the Government of Rwanda in promoting and protecting all human rights. She counted on the full participation of the Government in the review in order to refocus the Operation's mandate in the light of the evolution of the situation and the need to leave self-sustained human rights institutions in place for the future. Mr. Fischer had already held an initial meeting with the Government to that end, but it was a matter of concern that the Government had submitted a written proposal suggesting the elimination of all monitoring activity. While she agreed with the Government of Rwanda on the need to shift the Operation's priorities towards technical cooperation, monitoring activity continued to be necessary precisely in order to assist the Government in introducing corrective measures when necessary and identifying human rights capacity-building initiatives. The Operation's aim was precisely to strengthen national capacity through technical cooperation projects focusing on the judicial system and the development of an enduring human rights culture in Rwanda. In that connection, she attached great importance to the Government's initiative to establish an independent human rights commission with a view to the phasing out of the Field Operation. She therefore appreciated the Government's cooperation with the Special Representative on the situation of human rights in Rwanda in ensuring that the creation and identification of functions of such an institution would be in keeping with the relevant international human rights standards.

6.   The future of Rwanda lay in its internal capacity to ensure the promotion and protection of human rights and it was with that aim that her Office intended to provide all possible assistance.

7.   Mr. GAHIMA (Rwanda) said that membrs of the former Government, the former Rwandan Armed Forces (FAR) and the former Interahamwe militia were solely responsible for the insecurity currently affecting Rwanda and that the violence they had unleashed was a continuation of the genocide of 1994. States must now comply fully with Security Council resolution 1161 (1998) relating to the flow of arms to those groups and the Commission must condemn the genocide. While he acknowledged that there had been some instances of use of excessive force by individual members of the security forces during military operations, abuses had neither been frequent nor extensive. They were not sanctioned by the authorities and they were always investigated and, where the evidence warranted, prosecuted.

8.   The Government of Rwanda was disillusioned with the Field Operation, which had suffered from poor leadership and neglect by the Office of the High Commissioner, lack of competent, experienced and motivated personnel and restrictive United Nations security regulations. Its methods of operation had

lacked fairness and transparency. Since its officers had not performed any
on-site investigations, most of its reports had been based on hearsay
evidence. Although those issues had been raised on many occasions with
successive heads of mission and the High Commissioner herself, the problems
persisted. His Government believed that the mission no longer served any
useful purpose in its current form and intended to undertake a review of its
mandate and operation jointly with the High Commissioner. It did not accept
the language of the High Commissioner's report (E/CN.4/1998/61). The field
mission had come to the country at the invitation of the Government, which was
proceeding on the basis that the review would be a joint one, not the
High Commissioner's alone.

9.   With regard to conditions of detention, it was admitted that prisons
were overcrowded, but that was not a result of arbitrary arrests; it was a
consequence of the genocide. The only long-term solution to the problem was
the construction of additional prisons, but resources were lacking. The lack
of resources also meant that the judicial system did not function properly;
there was not enough personnel, remuneration was inadequate, there was little
motivation and equipment and means of transport were lacking, etc.

10.   Extremely large amounts of money were spent every year in the name of
justice and human rights in Rwanda on far less deserving causes. Resources
needed to be distributed more fairly among national institutions and
United Nations operations and agencies, taking into account the country's true
interests. His Government questioned the wisdom of spending more than
$50 million a year on an international tribunal that was unable to conclude
even a single trial after three years of operation, at a time when the
domestic court system was in dire need of resources. The $30 million that the
international community had spent in sustaining the Human Rights Field
Operation might have served the cause of justice and human rights better if it
had been allocated to programmes for the capacity-building of domestic
institutions such as the police and the prosecution service or to help civil
society in Rwanda at large.

11.   Mrs. GRAZ (Reporters Without Borders) said that, over the past 10 years,
more than 600 journalists had been killed in the course of their work.
Although Zaire had become the Democratic Republic of the Congo in May 1997,
the persecution of journalists had not ceased. In Algeria, 57 journalists had
been murdered since January 1992 by groups claiming to represent the Islamic
fundamentalist movement, although there were still doubts in that regard.
Two journalists had "disappeared" after being kidnapped by the police. Dozens
of others had been arrested and jailed and publications had been banned. In
Ethiopia, 20 journalists were still in prison and some 20 more were awaiting
trial. In Cameroon, journalists had been arrested, imprisoned and sentenced,
one of them merely for reporting that the President of Cameroon had been taken
ill. In Nigeria, despite promises of a transition to democracy,
90 journalists had been threatened, assaulted or arrested and some had still
been in prison at the end of January 1998.

12.   Cuba was the only country in Latin America without press freedom.
Journalists working for independent news agencies were regarded as "traitors
to the Fatherland" and imprisoned. Even a more democratic country like Mexico
remained dangerous for journalists, increasingly greater numbers of whom were

threatened, assaulted and even murdered, basically because they had been investigating drug trafficking or abuse of power. Such persecution, which often went unpunished, was perpetrated in many cases by politicians, the armed forces in conflict zones (such as the States of Chiapas and Guerrero), civil servants and drug traffickers.

13.   There was no time to mention all the countries where journalists were persecuted, but it should be remembered that fewer than half the Member States of the United Nations enjoyed freedom of the press.

14.   Mrs. LITTLE (Andean Commission of Jurists) welcomed the fact that, in Bolivia, progress in eliminating unlawful coca-growing had paved the way for greater respect for the fundamental rights of the Chaparé farmers. In Peru, steps taken in connection with the courts were aimed at ensuring compliance with regular procedures. Democracy's foothold in that country, as in the rest of the region, was nevertheless frail, as proven by the fact that Peruvian intelligence had resorted to the torture and murder of two of their own female agents suspected of giving information to the press on action taken against certain opponents. In Venezuela, although the Government was trying to improve conditions of detention, 25,500 prisoners were crammed into establishments intended for 16,000. In Chile, the children of Colonia Dignidad had been subjected to sexual harassment and conscripts had been ill-treated. Members of the armed forces had been systematically involved in those cases. In Ecuador, innocent citizens had allegedly been the victims of ill-treatment by the police. Nearly all those cases had gone unpunished.

15.   Colombia was caught up in a spiral of violence which was particularly disturbing in view of the domestic armed conflict and the activities of paramilitary groups, armed groups, drug traffickers and organized criminal groups which made a mockery of fundamental rights and international humanitarian law. There had been countless victims of violent deaths and persons who had been displaced within the country. The activity of paramilitary groups had become an instrument of impunity and, although there had been a drop in crimes attributed to the security forces those which could be placed at the door of the paramilitaries increased all the time.

16.   If impunity was to be resisted in all the countries of the region, Governments must be resolutely in favour of the division of powers and the elimination of interference in the exercise of civilian power. In serious situations of violence, as in Colombia, political solutions were needed, too. The international community was therefore required to contribute to the most feasible peace process, one which grouped all the parties involved.

17.   Mrs. GARCIA (North-South XXI) drew attention to two situations of violations of the fundamental rights of indigenous peoples in South America, taking place during the International Decade of the World's Indigenous People, proclaimed by the United Nations when the draft Declaration on the Rights of Indigenous Peoples was being drawn up. In Colombia, the existence of the U'wa people was being threatened by the activities of the oil industry, despite the guarantees offered by the authorities. The activities in question threatened

the territory, the environment, the values and the social stability of
the U'wa. The Commission should take action to ensure respect for the
cultural and territorial identity of that population group.

18.   In Bolivia, the intervention of the armed forces in the Chaparé region
had caused many victims among the population. When it had been confronted
with legitimate demands by the people, the Government had only used repressive
anti-constitutional measures and had called in the army, particularly in
coca-producing areas. That was certainly not the way to solve the country's
economic problems. Human rights violations were no longer, as in the past,
being justified on the pretext of action to combat communism, but on that of
action to combat drug terrorism, and that was the motive for persecuting the
indigenous authorities. Such a return to the period of dictatorship should
not be a matter of indifference to national and international public opinion.

19.   <u>Mr. Gallegos Chiriboga (Ecuador) took the Chair</u>.

20.   <u>Mr. UR REHMAN</u> (International Institute for Peace) said that the release
of Nelson Mandela had regrettably not marked the end of colonialism, which was
still rife in the northern areas of Gilgit and Baltistan, part of the State of
Jammu and Kashmir that had remained under the direct and illegitimate control
of Pakistan since 1947. The United States State Department had recently
estimated that 1.5 million inhabitants of the region were not protected by
Pakistan's Constitution or judicial system or represented on the government
bodies of the occupying country. Pakistan kept the region underdeveloped and
the population's most basic aspirations were brutally repressed.

21.   Although Pakistan proclaimed itself a champion of the right of
self-determination of the people of Kashmir, the population of the territories
in question were struggling to make their voices heard while some of their
defenders were being subjected to persecution. Nevertheless, thousands of
people aspired to be released from the yoke of Pakistan's colonialism. The
people of Kashmir sought to be reunited with their families and friends,
whether they were Hindus, Sikhs, or Muslims. They aspired to participate in
the socio-economic development of other parts of the Indian subcontinent. The
international community had a duty to act, in the spirit of the Universal
Declaration of Human Rights, the fiftieth anniversary of which would be
celebrated in 1998. The Office of the High Commissioner for Human Rights
might consider sending a delegation to the northern areas and to Azad Kashmir
to inquire into the fate of the populations in question.

22.   <u>Mr. GUPTA</u> (Indian Council of Education) said that terrorism in all its
forms had been frequently condemned by the United Nations General Assembly,
the Commission on Human Rights and the summits of the Movement of Non-Aligned
Countries and the G-7 countries. Commission resolution 1997/42 and the
Secretary-General's note (E/CN.4/1998/48) on human rights and terrorism were
of particular relevance. Terrorism, which was designed to undermine the
legitimate authority of a Government or a State, could be an act by an
individual, a group or even a State. It was supported by external forces and
could take an ideological form. Whatever its form, its goal was to
destabilize legitimate Governments, with a very damaging impact, especially in
democratic countries, and to serve the very different objectives of its
perpetrators.

23.   In India, the State of Jammu and Kashmir was the target of terrorist activities supported by Pakistan, which encouraged large-scale destabilization and subversion in the state by promoting the indoctrination of young people and the training of mercenaries, and by providing financial incentives and strategic guidance. The population of Jammu and Kashmir were thus the victims of acts of violence by mercenaries trained in neighbouring countries.

24.   The Commission should once again strongly condemn mercenary and terrorist activities and ensure that States adopted the necessary measures to prohibit the use of their territory for organizing or encouraging terrorism.

25.   Mr. PAPPALARDO (France Libertés: Fondation Danièle Mitterrand) said that, at the previous session, his organization had referred to the Berlin trial, which had, for the first time, established the responsibility of the Iranian State in the organization and perpetration of a terrorist act outside its own borders. It had also furnished a list of 240 Iranian opponents murdered abroad. The Commission should take up the verdict of the Berlin court in order to condemn strongly Iran's indefensible practices. In Turkey, freedom of expression and opinion seemed threatened following the dissolution of REFAH, the majority party, and the arrest of leaders of other political parties. The holding of municipal elections and the fear of a massive HADEP party victory in the south-west of the country were certainly the reason for the new wave of arrests which had been observed.

26.   Just when it had seemed possible to welcome the peaceful settlement of the crisis between the Government of Iraq and the United Nations, it appeared that the regime had not abandoned its unacceptable methods after all. In December 1997, 81 opponents had allegedly been executed in Iraq, not to mention the fact that nearly 300 persons had died during the so-called "prison cleansing" operation. The Government decree of 12 January 1998, moreover, requested the immediate deportation of 1,468 Kurdish families in the region of Kirkuk. The responsible Iraqi authorities should not go unpunished and his organization once more requested the establishment of an international court for Iraq.

27.   In Mexico, the international community was still waiting for the persons who had ordered the Acteal massacre to be brought to justice.

28.   In Tunisia, the situation of human rights defenders was untenable. His organization urged that the former president of the Tunisian League of Human Rights, Mr. Ksila, should be released. As for Algeria, his organization could only support the efforts of the Secretary-General and the High Commissioner for Human Rights and it encouraged the Algerian Government to invite the Special Rapporteur on extrajudicial, summary or arbitrary executions and the Special Rapporteur on torture to visit the country as soon as possible.

29.   In conclusion, his organization welcomed the fact that the Commission's pre-sessional open-ended working group had finalized the text of the draft declaration on the right and responsibility of individuals, groups and organs of society to promote and protect universally recognized human rights and fundamental freedoms on 4 March 1998. It hoped that the Commission would adopt the text and that a special rapporteur would be appointed on human rights defenders.

30.   Mr. de MEDINA-ROSALES MATRÁN (International League for the Rights and Liberation of Peoples) drew the Commission's attention to the situation of human rights in Cyprus, where the humanitarian crisis for which Turkey was entirely responsible had lasted for more than 20 years. Although it claimed to respect international and European human rights standards, Turkey continued not only to disregard the right of refugees to return to their homes and recover their property, but also imposed additional restrictions on the freedom of movement of Greek Cypriots in the occupied territory and showed no intention of withdrawing its 35,000 troops and settlers. Those were only minimum requirements stipulated, inter alia, in the Commission's resolutions and the relevant rules of international humanitarian law.

31.   In Peru, President Fujimori had been governing by decree, with the support of the armed forces, since the coup d'état of 1992. He enacted legislation in order to break down any opposition, amended the Constitution as he pleased, dismissed judges who opposed him, imprisoned human rights defenders and prohibited newspapers which did not publish the "official truth". The indigenous population, i.e. the majority, was subjected to discrimination. The social situation was disastrous. Access to education, health and dignified employment was almost non-existent. In its comments on Peru's latest periodic report, the Committee on Economic, Social and Cultural Rights had recommended that urgent measures should be adopted, particularly in respect of social justice, the cessation of forced expulsions in Amazonia and the abolition of child labour.

32.   With regard to the Human Rights Committee's conclusion that Victor Polay Campos, the leader of the revolutionary Tupac Amaru movement, should be released or should have access to an effective legal remedy, his organization's opinion was that all Peruvian prisoners who had been sentenced under similar conditions should also be released. It also pointed out that conditions in Peru's prisons were absolutely not in conformity with United Nations principles. It requested the Commission to adopt a resolution requiring the Peruvian Government to comply with its international human rights obligations.

33.   Mr. CASTILLO BARROSO (Cuban Movement for Peace and the Sovereignty of Peoples) said that his organization once again denounced the genocidal nature of the blockade against the people of Cuba ordered 40 years earlier by the Government of the United States and rejected as biased the report of the Special Rapporteur for Cuba, which served the interests of the United States authorities by justifying the maintenance of its criminal blockade. It also wished to report on the results of the heroic resistance of the Cuban people, supported by representative bodies of the international community and by eminent persons. For example, General Assembly resolution 52/10, adopted by 143 votes in favour and 3 against, condemned the blockade for the sixth year running; the Eighth Institutionalized Ministerial Meeting of the European Union and the Rio Group had categorically rejected unilateral and extraterritorial legislation as contrary to international law and the rules of the World Trade Organization; Pope John Paul II had described as unfair and ethically unacceptable the restrictive economic measures imposed on Cuba from abroad; statements had been made by the leaders of the Council of Christ Churches (United States) and of the important organization "Nation of Islam"; on 13 January 1998, the United States Chamber of Commerce had requested the

lifting of the ban on sales of medicines and food to Cuba; and courageous
efforts had been made by some members of the United States Congress to promote
a bill excluding medicines and food from the provisions of the infamous
Helms-Burton Act.

34.   Those points of view were ignored or subtly manipulated in the report of
the Special Rapporteur (E/CN.4/1998/69), who defended inadmissible acts
against the sovereignty and self-determination of Cuba. The international
community would not be acting in conformity with the principles of the
United Nations if, on the occasion of the fiftieth anniversary of the
Universal Declaration of Human Rights and on the eve of the new millennium, it
did not unite to put an end to the variation on undeclared war constituted by
the cruellest blockade ever imposed on a single nation and, in the context of
the Commission, to the mandate of the Special Rapporteur.

35.   Mr. PARY (Indian Movement "Tupaj Amaru") said that economic embargoes
which were unilaterally decreed by economic and military powers against small
countries had adverse effects on human rights and were an affront to the
conscience of the international community, which must demand that they should
immediately be lifted. Disregarding the Charter of the United Nations and
international instruments, the United States was endeavouring to destroy
Cuba's socialist experiment, which had been freely decided by the people of
Cuba, through economic and political pressures. Despite United Nations
resolutions, the embargo against Cuba had been drastically strengthened by the
Toricelli amendment and by the Helms-Burton Act, the purpose of which was to
put a stranglehold on the Cuban economy and to destroy the country's political
and economic system. By prohibiting the purchase by the Cuban people of basic
necessities on the United States market, the cruellest embargo in history
added still further to the tremendous difficulties Cuba was facing.

36.   It was, however, in Iraq that the economic embargo imposed on the
country by Security Council resolution 661 (1990) had the most dramatic and
the most barbarous effects. Like the indigenous peoples of America before it,
the people of Iraq had fallen victim to the greed of the neocolonial powers.
The goal of the Gulf war had not been to liberate Kuwait, but to conserve the
geopolitical interests of the economic and military powers. Iraq was
currently disarmed, disabled and relegated to a pre-industrial era, while a
third of its population subsisted in conditions of extreme poverty. In the
name of the United Nations, "controlled genocide" was being committed against
a people who had been sacrificed to the new international economic order, with
the connivance or the indifference of the international community.

37.   His organization urged the Commission to give priority consideration to
the consequences of the wars of aggression being waged on the rights of the
Iraqi people and urged the United States and its allies to cease their
policies of aggression and intimidation and to end as soon as possible an
embargo which had no legal basis or moral justification in a world where
antagonistic blocs no longer existed.

38.   Mr. Selebi (South Africa) resumed the Chair.

39.   Mr. VOYER (Indian Law Resource Center) drew the Commission's attention
to the situation of the Western Shoshone people in the United States of
America. The United States Government was threatening to force off its

ancestral lands an indigenous people which had since time immemorial occupied
a territory within the Great Basin region whose boundaries had been described
in the 1863 Treaty of Ruby Valley. The economic and cultural survival of the
Western Shoshone people was entirely dependent on the land and its resources.
For several years, the United States, basing itself on the interpretation of a
statute unilaterally enacted by the United States Congress, had been taking
action to prevent certain Western Shoshone groups from using and occupying
their land. On 19 February 1998, the United States Bureau of Land Management
(BLM) had taken several decisions and had declared that those groups had no
right to be where they were, threatening them with fines, imprisonment and
impounding their cattle and confiscating their property. The Inter-American
Commission on Human Rights had requested the United States to stay its action
pending an investigation of the matter. On 6 April, however, the BLM had
threatened the Western Shoshone with measures if they did not remove their
livestock and property from the disputed land within 15 days.

40.   The United States authorities had informed his organization that their
country did not consider itself to be bound by the decisions of the
Inter-American Commission on Human Rights. The position of the United States,
which went against the spirit of the international cooperation in the field of
human rights advocated by the representative of the United States,
Mr. Richardson, at the Commission's current session, was very disturbing. His
organization urged the Commission to ask the United States to comply with the
request of the Inter-American Commission on Human Rights and to stay its
action against the Western Shoshones. The United States should also move
quickly and in good faith to resolve the issue of indigenous land rights in a
manner consistent with its obligation to promote the full enjoyment of human
rights and fundamental freedoms.

41.   Mr. EIBNER (Christian Solidarity International, CSI) said that over 20
fact-finding visits to Sudan in the past five years and the findings of other
human rights organizations confirmed that Sudan remained Africa's worst human
rights disaster zone. Its conclusions concurred with those of the Special
Rapporteur (E/CN.4/1998/66) that there had been no improvement since the
Commission's adoption of resolution 97/59. The figures published by the
United States Committee for Refugees confirmed the genocide that was taking
place. The Special Rapporteur had exposed some of the methods used by the
National Islamic Front (NIF) to implement a totalitarian and genocidal "holy
war". By far the most powerful instrument was to starve the population by
causing famines and by manipulating humanitarian aid. Vast regions of the
country had been subjected to military offensives and economic embargoes and
were closed to United Nations agencies and other international organizations.

42.   The principal victims were the prominently Christian and Animist
communities that resisted forced Islamization and Arabization. But, as with
all totalitarian ideologies, the "Jihad" affected the entire population,
including Muslims. The NIF was an extremist political and religious sect
representing not more than 10 per cent of the population of northern Sudan.
It had banned all democratic political parties and had not hesitated to
imprison and torture a Muslim leader as distinguished as the former prime
minister, Sadiq El Mahdi. It could be assumed that it reserved far more cruel
punishments for less prominent citizens.

43.   His organization urged the Commission to take account, in its resolution
on Sudan, of the warning by the United Nations Secretary-General, in a recent
interview in the <u>Tribune de Genève</u>, to the international community against
further complacency when confronted with genocide and to condemn in the
strongest term the NIF's countless gross violations of human rights and
especially its role in the genocide. It encouraged the Secretary-General to
take a firm stand against genocide and to act urgently.

44.   <u>Mrs. MILLI</u> (December 12th Movement International Secretariat and
International Association Against Torture) drew the Commission's attention to
the violation of the human rights of political prisoners in the
United States of America. The two non-governmental organizations which she
represented were deeply concerned about the plight of persons on death row and
were especially outraged by the State of Pennsylvania's plans to execute the
writer and journalist Mumia Abu Jamal. His case symbolized the blatant
practice in the United States of violating the human rights of those who
struggled against oppression, particularly persons of colour. After
summarizing the conditions in which Abu Jamal had been tried and sentenced for
a crime he had not committed, she informed the Commission that, on
6 December 1997, an international people's tribunal had been held in
Philadelphia on Abu Jamal's behalf and had resulted in recommendations for his
immediate release and compensation, an independent international and impartial
judicial investigation into the FBI's counter-intelligence programme and an
urgent request to the Secretary-General of the United Nations to appoint the
Special Rapporteurs on extrajudicial, summary or arbitrary executions, on
torture and on the independence of the judiciary to conduct hearings in
Philadelphia.

45.   She urged the Commission to support those recommendations and a
resolution adopted on 1 April 1998 by the European Parliament recommending,
<u>inter alia</u>, that Abu Jamal should be retried. She urged the Commission to
condemn the recent repressive measures against all the inmates on
Pennsylvania's death row. She referred the Commission to the report of the
Special Rapporteur on extrajudicial, summary or arbitrary executions on his
mission to the United States and requested that both he and the Special
Rapporteur on torture and the Working Group on Arbitrary Detention should
carry out further investigations. She also requested the Commission to
appoint a special rapporteur to investigate patterns of persistent human
rights violations in the United States of America.

46.   <u>Mr. Hynes (Canada) took the Chair</u>.

47.   <u>Mr. FERNANDEZ BULTE</u> (Felix Varela Centre) said that his organization was
a Cuban NGO engaged in the drafting of new ethical premises for the third
millennium to contribute to ensuring the survival of humanity. It therefore
had an involvement in human rights and in endeavours to ensure sustainable
development. The anachronistic language used in the Commission, a reminder of
the cold war years, made him shudder, especially in the case of the report of
the Special Rapporteur on the situation of human rights in Cuba. Such
language only hardened antagonistic positions when in fact it was high time
for creative thinking in order to promote diversity of experience and
pluralism, together with a tolerance which would not be merely rhetorical.

48.   The Centre called for an end to the old confrontation and discriminatory treatment against Cuba and demanded the lifting of the blockade asphyxiating the country. If the Commission was not to lose credit and, consequently, its effectiveness, it should not allow itself to be diverted from its task of seeking ways to allow human rights to be defended and the sustainable development of the planet to be ensured.

49.   Mr. MARTÍN SÁNCHEZ (National Union of Jurists of Cuba) said that the views of the Special Rapporteur on the situation of human rights in Cuba on the legality of his organization (E/CN.4/1998/69) were regrettable; by his own confession, those views were spread by groups of Cubans living in the United States or came from members of Congress. His organization performed important educational work in cooperation with prestigious institutions like the Inter-American Institute of Human Rights and the International Committee of the Red Cross. It contributed to the rule of law by participating in the law-making process. It had, for example, taken part in the drafting of three new laws which had been enacted in the course of the previous year. The first regulated the structure and the functioning of the courts of law and strengthened the unity and independence of the judiciary system, established the principle that judges were accountable only to the law itself and confirmed the equality of participation of jurymen in trials so as to ensure transparency and democracy in the administration of justice. The second bill was a law on the Attorney-General of the Republic, whereby the Office of the Attorney-General not only had the function of monitoring observance of legality, but also of defending the rights of citizens. An individual could therefore file a complaint or bring a suit in the event of an abuse by agents of the State. The third law aimed at updating the labour justice system by providing full guarantees to all workers, regardless of their employment, and creating labour courts with equal representation in the workplace. He found it astonishing that such achievements had been completely ignored in the Special Rapporteur's report.

50.   Cuban society was not static, petrified or totalitarian, as some people wished to depict it. There were more than 2,000 non-governmental associations and organizations in Cuba which imbued Cuban civil society with its own special dynamism. Far from being conformist bureaucrats, Cuban jurists were determined upholders of human rights and justice. Their objective was not to change the revolution in keeping with the wishes of the Special Rapporteur, who was trying to impose a model which had already failed in Cuba, but to make changes within the revolution. Even while recognizing the impact of the blockade on the most vulnerable sectors of the population, the Special Rapporteur omitted to say that the blockade was the worst possible violation of both individual and collective human rights.

51.   Mr. NWIIDO (World Council of Churches) said that the Council was deeply concerned about gross and systematic human rights abuses in Nigeria in general and in Ogoniland in particular, where there had been an increase in extrajudicial executions and enforced disappearances. As a result of atrocities committed by the security forces, hundreds of Ogoni people had been forced to seek shelter in the Republic of Benin. More than 200 others had been arrested by the military. Early in 1998, the Council had received news of military raids on the local population as they prepared to celebrate Ogoni Day on 4 January 1998. During those operations, several persons had

been arrested. The previous day, the security forces had arrested Batom Mitee and 20 other persons, who had, according to eye-witness reports, been beaten up. In a letter to the Permanent Mission of Nigeria to the Office of the United Nations in Geneva, the Council had urged the authorities either to inform those arrested of the charges against them and give them an opportunity to defend themselves in a court of law or to release them immediately.

52.   The Council, which had been urging Shell to negotiate with the representatives of the Ogoni people since 1996, noted with satisfaction the recommendation of the Special Rapporteur on the situation of human rights in Nigeria (E/CN.4/1998/62) that an independent agency should be set up to determine all aspects of environmental damage due to oil exploration and other operations. In September 1997, the Central Committee of the World Council of Churches, had, inter alia, urged Shell International to negotiate in good faith with the freely chosen representatives of the Ogoni people and with the representatives of civil society organizations in other parts of Nigeria with respect to its responsibilities in that country, including reparations for environmental destruction; it had urged all international oil companies active in Nigeria to review their operations with respect to their environmental and social impact and to withhold their cooperation from the Nigerian Government until such time as the rule of law had been restored and a civilian government freely chosen by the people was firmly in place; and it had called for the initiation of a fully participatory national dialogue in Nigeria to elaborate a new constitutional framework for governance.

53.   Mr. VITTOTI (Pax Christi International) said that the majority population of Kosovo, which had been deprived of its independent status in 1989, was the victim of systematic persecution. The recent massacres in Drenika bore the stamp of deliberate ethnic cleansing. The people of Kosovo had chosen non-violent resistance, but that option was increasingly difficult to abide by. On the pretext that the conflict was an internal one, the great Powers were allowing the irreparable to be done, as had been the case in the Great Lakes region, and the statement made by the Chairman of the Commission on 24 March 1998 would go unheeded if the Governments which had adopted it did not force Serbia to comply with international law.

54.   In Nigeria, pressure on the Government must be stepped up so that democracy could be restored and the Ogoni people could recover the rights that had been sacrificed to powerful oil interests.

55.   If the international community had used the means at its disposal in Indonesia to oblige the authorities to comply with the resolutions of the Security Council, the people of East Timor would not be enduring protracted suffering. Burma under the military had become the world's major heroin producer. The regime in force, which had practically restored slavery, should be outlawed by the international community.

56.   In view of the atrocities committed in Algeria, it could be asked why the Government, which was clearly not in a position to put an end to the carnage, refused help from the United Nations. In the Islamic Republic of Iran, it was still too early to share the optimism of the business world; repression had not eased and the number of executions had even increased. In Sudan, the assurances given by the Government were contradicted by the brutal

nature of the situation. The Democratic Republic of the Congo, which had a great deal to hide, had silenced its opposition and refused all visits from international observers. The strategy of the Mexican Government in Chiapas was also extremely alarming and the eviction of foreign witnesses was an ominous sign.

57.   The International Criminal Court was having great difficulties in defining its nature, its jurisdiction and how it would operate. There was no basic difference between the suffering or the death of a child caused by racial hatred or by an unjustified blockade; criminals should be brought to justice without extenuating circumstances.

58.   Mrs. VASQUEZ GOMEZ (International Working Group for Indigenous Affairs) introducing the testimony of women who had survived the Acteal massacre in Chiapas, said that paramilitary groups, which the Mexican Government tolerated and possibly supported, had attacked indigenous persons who were not members of the PRI. The women had been taken hostage and threatened with rape. Members of the peaceful organization Las Abejas, to which she herself belonged, had been hunted down. More than 9,000 persons had had to flee their land and had become refugees, under the protection of the Mexican Red Cross and other aid agencies. In view of the situation, she asked the Commission to appoint a Special Rapporteur to consider the situation in Mexico and to request the Mexican Government to agree to receive the Special Rapporteur on extrajudicial, summary or arbitrary executions, to disband the paramilitary groups and banish their leaders, to give guarantees to indigenous populations so that they could return safely to their communities, to withdraw the armed forces and police from the indigenous territories, to compensate the victims of the repression for the deaths of their murdered brothers and the loss of their harvest and to comply with the San Andrés agreements.

59.   Mr. SRIVASATAVA (International Institute for Non-Aligned Studies) said that, while it was important to provide relief to the victims of human rights violations, it was more important to tackle the underlying causes. Many rapporteurs and experts had recognized that, in the long term, the establishment of democratic structures was the best means of enabling people to realize their rights, pointing out that even those people who had the potential for progress in all fields remained hostage to systems whose only purpose was to perpetuate discrimination and the power of the ruling classes. The independent expert on the situation of the human rights in Haiti and the Special Representative of the Secretary-General for human rights in Cambodia had drawn attention to the poor functioning of the judiciary in both countries, a shortcoming that was clearly due to the absence of democratic structures.

60.   It was unfortunate that States which were in a position to contribute to respect for human rights in the world were more preoccupied with political and strategic issues than with the future of civilian populations around the world. His institute appealed to the great Powers not to use general sanctions, the only effect of which to date had been to increase the suffering of the populations of countries such as Iraq, Libya, Cuba and the former Yugoslavia. They needed to find an integrated approach to the issue of human rights to ensure the equitable treatment of people everywhere in the world. A

more intelligent use of their resources was also needed if they were to change education systems which were turning out backward minds and if they were to spread democratic values.

61.   Mr. HADJAR (Movement against Racism and for Friendship among Peoples, MRAP) said that, although he intended to refer in his statement to Indonesia, Burma and China, he could not remain silent about the bloody conflict tearing Sri Lanka apart. It was useless to expect human rights to be respected in such a war. He drew attention to the fate of the Mohajirs, the Muslims from India who had emigrated to Pakistan. The Government of Pakistan must put an end to the repression against them.

62.   In Indonesia, human rights violations were getting worse every day. The massacres which had been perpetrated by the army since 1965 and which had cost the lives of 3 million Indonesians and East Timorese had been brought to the Commission's attention by various NGOs. Since the right to life was not respected, the right to information and the right to freedom of association clearly fared no better. Such violations continued because they went unpunished. In the region of Jakarta alone, there had been some 100 deaths in recent months. There had also been an increase in the disappearance of persons whose opinions were not to the Government's liking and who were presumed to have been kidnapped and detained by the military authorities. Along with the text of its statement, his organization was submitting a provisional list of missing persons to the Commission. Those arrested were systematically tortured and the testimony of Mr. Hendrik Dikson Sirait, the text of which had also been distributed, was very relevant.

63.   The previous day, the Commission had heard the testimony of several representatives of the movement for democracy in Burma on the serious human rights violations which continued to be committed in that country. In that connection, he once again raised the question of the representativeness of certain "eminent persons" who took part in the Commission's work. It had been nine years since elections had been held in Burma and the international community was still waiting for the military regime to establish a constructive dialogue with the elected representatives of the people. The cultural genocide to which the country's ethnic minorities were subjected must also be denounced.

64.   With regard to the People's Republic of China, his organization drew the Commission's attention to the cases of Mr. Li Bifeng, who had been arrested for revealing information on social protest movements, and Mr. Shen Lianqing, who had received an administrative sentence of two years of re-education through labour for writing open letters in favour of political reform and respect for human rights.

65.   Mr. RANDHAWA (Human Rights Advocates) drew the Commission's attention to the pattern of gross human rights abuse in Punjab Khalistan. The Special Rapporteur on extrajudicial, summary or arbitrary executions had expressed deep concern about violations of the right to life by Indian security forces, which, according to Amnesty International, acted with the sanction of the State. Recent investigations had indicated that the Punjab police had ordered the cremation of thousands of unidentified bodies. Since the investigations had covered only one of 18 districts in Punjab, the Indian Supreme Court had

ordered the Central Bureau of Investigation to investigate all regions of the State. Unfortunately, the results had been sealed at the Bureau's request.

66.   The Working Group on Enforced or Involuntary Disappearances reported 272 cases of disappearances brought to the attention of the Indian authorities. According to Amnesty International, the practice was systematic. India's response had been to refuse to cooperate.

67.   Torture continued to be endemic, although India had signed the Convention against Torture. An investigation at the National Police Academy revealed that 17 per cent of senior officers agreed that confessions could be extracted by torture.

68.   The main targets of human rights violations were journalists, members of opposition parties, lawyers assisting abused victims and individuals who had cooperated with United Nations human rights bodies. No effective legal remedies were available in Punjab. The police often refused even to file the initial report without which there could be no investigation and, even when a complaint was filed, the judicial procedure was prohibitively long and expensive. In addition, the victims and their families and witnesses were harassed and intimidated by the police, whose members often refused to cooperate with the courts. Special laws ensured that members of the security forces could not be prosecuted, thus allowing them to act with impunity.

69.   In the circumstances, the refusal to permit international human rights observer bodies to go to Punjab was particularly alarming, particularly as a number of restrictions limited the action of the National Commission on Human Rights, which was not empowered to investigate allegations of human rights violations against the armed forces or to investigate cases more than a year old.

70.   In view of the pattern of gross violations of human rights, it was recommended that the Commission should ask India to authorize human rights organizations to visit Punjab, to publish the conclusions of the report of the Central Bureau of Investigation on the incinerations, to ensure compliance with the decisions of the judiciary and to expand the competence of the National Commission on Human Rights so that it could effectively carry out its duties.

71.   Mr. RAVENNA (Permanent Assembly for Human Rights) said it was regrettable that, with the establishment of democratic regimes, the perpetrators of serious human rights violations under previous regimes very often went unpunished. There were two explanations for that problem: in the first place, a liberal State was a weakened State which did not fully assume its powers and, in particular, did not fully guarantee the security of its citizens and their access to independent justice; and, secondly, in order for the perpetrators of yesterday's genocide to be able to coexist day after day with their victims, other forms of complicity were created and often led to further impunity. In Argentina, for example, the perpetrators of the attacks on the Argentine-Israeli Mutual Association and the Embassy of Israel were still not known, and the murderer of the journalist and photographer José Luis Cabezas had still not been identified.

72.   The institution of proceedings in Italy and Spain in connection with the
disappearance of Italian and Spanish nationals in Argentina and Chile was to
be welcomed because they would give a fresh impetus to action to combat
impunity. The investigations had shown that notorious criminals held numbered
bank accounts in Switzerland and the Swiss Government should be thanked for
its cooperation in that regard. It was noteworthy that the Menem Government
refused, for example, to give information about General Bussi's tax and
property situation. The holding of those trials would be an important factor
for the Diplomatic Conference which was to be held in Rome starting on 16 June
and at which it was to be hoped that States would agree to establish an
international criminal court that would be permanent, fair and impartial and
have an independent prosecutor, as well as competence to try all crimes and to
receive complaints from individuals, while being able to authorize the
participation of NGOs and benefit from all possible guarantees for holding
fair trials.

73.   He denounced the attitude of Spain, which said that 18,246 Argentine
nationals were authorized to work in the country, but had brought proceedings
against Argentine dental surgeons for xenophobia. The situation had been
brought to the attention of the Special Rapporteur on contemporary forms of
racism, racial discrimination, xenophobia and related intolerance.

74.   Mr. KHANAL (Nepal) said that, in its concern to strengthen respect for
human rights, his Government had, since the country's return to democracy,
established a national commission on human rights and had enacted laws on
compensation to the victims of torture. In order to minimize the chances of
possible violations of fundamental rights by security personnel, principles of
human rights and humanitarian law had been included in the curriculum of the
police training programme. The Constitution of Nepal guaranteed the enjoyment
of rights to every citizen without discrimination. The authorities were
currently scrutinizing all domestic laws so as to remove all discriminatory
provisions, although time was necessary to amend some centuries-old traditions
deeply embedded in society. All citizens had full freedom of expression and
freedom to exercise their political choice through the ballot box, without
resorting to violence or terror.

75.   For the past couple of years, there had nevertheless been senseless acts
of violence perpetrated by a group of people claiming to be from the Communist
Party of Nepal (Maoist). In the name of a so-called "people's war", that
group had been attacking police posts in some remote districts and killing and
maiming innocent civilians who did not subscribe to their ideology, thus
violating fundamental rights and flouting the norms of civilized society. The
authorities had been compelled to take appropriate action against the
perpetrators of those acts, in accordance with the law. The circumstances
under which the terrorists in question had been arrested and interrogated had
been exaggerated in the information transmitted by the Special Rapporteur
(E/CN.4/1998/68/Add.1). In no cases had the law enforcement authorities
resorted to any form of brutality and there had been no instances of deaths in
police custody. The security forces could not act without the approval of the
local civilian administrator, who authorized the use of force only if he was
convinced of danger to human life. His delegation therefore denied all the
charges made as baseless.

76. As one of the least developed countries in the world, Nepal could not afford to have its development activities obstructed by undemocratic acts of violence inspired by political prejudice. In its concern to put an end to terrorist acts by peaceful means, the Government had on several occasions offered their perpetrators opportunities to negotiate and discuss their grievances, but the initiatives had been in vain. The authorities were nevertheless determined to resolve the problem peacefully.

77. Mr. LORUTTI (Argentina), referring to the question of human rights in Cyprus, thanked the Secretary-General and his new Special Adviser for Cyprus, Mr. Córdovez, for their efforts to seek a comprehensive solution, particularly by means of ongoing direct negotiations among the leaders of the Greek Cypriot and Turkish Cypriot communities. He welcomed the humanitarian activity of the United Nations Peace-keeping Force in Cyprus, in particular in encouraging contacts and establishing confidence between the two communities by encouraging activities which included both. He noted with satisfaction that, following the first meeting in July 1997, the representatives of the two communities had met again on 23 January 1998 in the presence of the Special Representative of the Secretary-General.

78. His Government nevertheless continued to be concerned about the situation of human rights in Cyprus and to hope for a fair settlement, based on international law, particularly provisions on the right of refugees to return home and to recover their property which would make it possible for a single independent Cypriot State to exist in which the two communities would cohabit on an equal footing; it was therefore in favour of a federation composed of two communities and two zones and ruled out total or partial union with another country or any other type of partition or secession.

79. The Turkish Cypriot authorities had improved the humanitarian situation to some extent compared with 1995, for example, by increasing the number of telephone lines in some regions and by permitting the Force's patrols to meet the Greek Cypriots in the Karpas sector without a police presence. It was to be regretted, however, that many of the restrictions on movement and rights of inheritance imposed on the Greek Cypriots and on the Maronites living in the north of the island still existed. The deterioration of churches and other religious property was also a subject of concern.

80. His delegation urged both parties to implement the resolutions of the General Assembly, the Security Council and the Commission.

81. Mr. AGURTSOU (Belarus) said that, 50 years after the adoption of the Universal Declaration of Human Rights, no country in the world could claim total respect for human rights. Similarly, no country could claim to establish rules and criteria for human rights. The policy of double standards in evaluating human rights situations was unacceptable, as was the fact of using the protection of human rights to promote political interests. Only a constructive and balanced approach, based on cooperation and dialogue, could genuinely contribute to improving the human rights situation. It should also not be forgotten that, to promote human rights, the root cause of violations must be tackled and it was often economic in nature.

82.   Despite the difficulties that his country was encountering during the transition period from a centralized totalitarian regime to democracy and a market economy, the Government was sparing no effort to build a State based on pluralism and the rule of law. It was endeavouring to mitigate the effects of the transition on the people's enjoyment of its economic, social and cultural rights. Economic difficulties were aggravated by the fact that the country still had to spend 20 per cent of its annual budget on the consequences of the Chernobyl nuclear accident. However, in a State that was multinational and multiconfessional, there was no ethnic or religious conflict, an exceptional situation in a former member country of the USSR.

83.   The main problem facing Belarus was perhaps one which was common to all countries in a period of transition, namely, the change in attitude towards social and political questions in general. Democracy was not established in a day and could not be decreed from the top down. The Government was gradually introducing reforms which should eliminate remaining obstacles to the realization of human rights. While emphasizing the importance of the role of technical assistance, it intended to ensure the success of the programme drawn up with NGOs, in cooperation with UNDP, to strengthen institutions and infrastructures for the protection and promotion of human rights.

84.   His Government also wished to cooperate with European regional organizations, particularly OSCE, in order to establish democratic institutions and training programmes for its citizens. It had been visited by an OSCE advisory and monitoring group and cooperation with the group should make it possible to strengthen human rights legislation and institutions, for example, through the establishment of an ombudsman's post. His Government welcomed with interest all cooperation with foreign Governments, international organizations and NGOs.

85.   Mr. PALIHAKKARA (Sri Lanka) said that, although his Government had launched an integrated strategy for peace and development, the Liberation Tigers of Tamil Eelam (LTTE) continued to undermine the process by acts of terrorism. Sustained mostly by financial assistance from abroad, the LTTE had recently increased the intensity of its activity, but had been unable to obtain broader support from the people it claimed to represent. The voters of Jaffna had refused to pay attention to its threats and had gone to the polls in January 1998. The turnout (20 per cent) had been low, but the election had indicated an emphatic refusal of violence and acceptance of the democratic process. Although for more than 10 years elections in Jaffna had been prevented by terrorism, the population had elected its first woman mayor, the candidate of the oldest Tamil parliamentary party in Sri Lanka. Abroad, too, the LTTE was increasingly branded as a particularly ruthless terrorist organization. The Government remained ready to negotiate with the LTTE, provided that the organization gave up terrorism and entered the democratic process in which the other political parties were engaged.

86.   The new draft Constitution provided for further safeguards against human rights violations. It also made provision for an unprecedented devolution of governmental power. Those provisions ensured that people from all regions, regardless of their ethnic origin, could administer their own affairs. The Human Rights Commission of Sri Lanka had become operational; it had already considered petitions and had made over 700 visits to police stations. A

budget of 28 million rupees had been allocated to it. In October 1997, Sri Lanka had ratified the Optional Protocol to the International Covenant on Civil and Political Rights.

87. With reference to alleged disappearances, the Government had already had occasion to discuss that area of concern with the Working Group on Enforced or Involuntary Disappearances; investigations were in progress and a visit by the Working Group was being considered. Freedom of expression was a constitutionally guaranteed right and it was to be noted that the Government had strongly condemned the harassment of a journalist and that investigations were under way in that regard. All relevant information would be made available to the Special Rapporteur on freedom of expression.

88. On humanitarian issues, the Government of Sri Lanka had continued its productive partnerships with a number of United Nations agencies, other international organizations and NGOs. In 1997 alone, the Government had spent approximately 2 billion rupees on supplying goods and services to the north, with the full knowledge that a considerable percentage of that assistance had been creamed off by the LTTE terrorists. The Special Rapporteur on extrajudicial, summary or arbitrary executions had visited Sri Lanka several months previously at the Government's invitation. He had been given full freedom to meet persons he had wished to see and had had access to all information. After the first reading of his report, the Government had found that certain generalizations did not reflect the complex issues involved; it would, however, continue to make a careful study of the report and would continue the dialogue with the Special Rapporteur.

89. Mr. Selebi (South Africa) resumed the Chair.

90. Mr. WU Jianmin (People's Republic of China), recalling that it had been some 30 years previously that the Commission had decided to incorporate the item on the violation of human rights and fundamental freedoms in any part of the world in its agenda, said that that item had become the most controversial and most highly politicized. In celebrating the fiftieth anniversary of the Universal Declaration of Human Rights and the fifth anniversary of the Vienna Declaration and Programme of Action, it was perhaps time to envisage reforms to or changes of that item in order better to serve the cause of human rights.

91. It was of primary importance for the Commission to evaluate the human rights situation objectively in member States. It should take three elements into account. Firstly, the Government and the people were in the best position to know and understand the human rights situation in their country. Secondly, while recognizing the universal nature of human rights, each Government and its people had the right to determine their own priorities and how they wished to promote and protect human rights; for example, everyone agreed that democracy was a good thing, but there were different ways of expressing it; while it was possible in Switzerland to organize a referendum to decide whether to build a tunnel or a road, such a situation would be unthinkable in China, where thousands of construction sites existed. Thirdly, the promotion of human rights was a long and ongoing process; each State was involved in that process, but all at different rates, and no State should

impose its model on others. A great Power which had won independence in 1776 had abolished slavery only 87 years later and had not achieved universal suffrage until 1964.

92.   While all men were created equal, no one was perfect. It was therefore unjustifiable for certain countries to adopt a condescending and arrogant tone in accusing others. It was because the principle of equality had not been observed that the Commission on Human Rights had become a place of North-South confrontation and even a tribunal.

93.   Thirdly, the best way to promote and protect human rights was through dialogue and cooperation rather than confrontation. Since the end of the Cold War, the Commission had adopted 87 resolutions all directed against developing countries. As a consequence of that abnormal situation, the atmosphere in the Commission had become increasingly intense and conflictive and the cause of human rights in developing countries had suffered from that situation. The current session had made more room for dialogue and cooperation than confrontation; the Chinese delegation was ready to work together with all other delegations that wished to promote human rights in that spirit.

94.   The representative of a developed country had made unwarranted charges against China in her statement, thus revealing her ignorance about the reality of modern China. Like it or not, China was currently going through a period of major progress, including unprecedented advances in the field of human rights.

<u>The meeting rose at 6.05 p.m.</u>

UNITED
NATIONS

E

Economic and Social
Council

Distr.
GENERAL

E/CN.4/1998/SR.49
12 November 1998

ENGLISH
Original: FRENCH

COMMISSION ON HUMAN RIGHTS

Fifty-fourth session

SUMMARY RECORD OF THE 49th MEETING

Held at the Palais des Nations, Geneva,
on Thursday, 16 April 1998, at 3 p.m.

Chairman: Mr. SELEBI   (South Africa)

later: Mr. GALLEGOS CHIRIBOGA   (Ecuador)

CONTENTS

STATEMENT BY THE DEPUTY MINISTER FOR FOREIGN AFFAIRS OF THE REPUBLIC OF ANGOLA

QUESTION OF THE VIOLATION OF HUMAN RIGHTS AND FUNDAMENTAL FREEDOMS IN ANY PART
OF THE WORLD, WITH PARTICULAR REFERENCE TO COLONIAL AND OTHER DEPENDENT
COUNTRIES AND TERRITORIES, INCLUDING:

(a)   QUESTION OF HUMAN RIGHTS IN CYPRUS (continued)

This record is subject to correction.

Corrections should be submitted in one of the working languages. They
should be set forth in a memorandum and also incorporated in a copy of the
record. They should be sent within one week of the date of this document to
the Official Records Editing Section, room E.4108, Palais des Nations, Geneva.

Any corrections to the records of the public meetings of the Commission
at this session will be consolidated in a single corrigendum, to be issued
shortly after the end of the session.

GE.98-12272   (E)

RIGHTS OF THE CHILD, INCLUDING:

(a)   STATUS OF THE CONVENTION ON THE RIGHTS OF THE CHILD;

(b)   REPORT OF THE SPECIAL RAPPORTEUR ON THE SALE OF CHILDREN, CHILD
        PROSTITUTION AND CHILD PORNOGRAPHY;

(c)   PROGRAMME OF ACTION FOR THE PREVENTION OF THE SALE OF CHILDREN,
        CHILD PROSTITUTION AND CHILD PORNOGRAPHY;

(d)   QUESTION OF A DRAFT OPTIONAL PROTOCOL TO THE CONVENTION ON THE
        RIGHTS OF THE CHILD ON THE SALE OF CHILDREN, CHILD PROSTITUTION
        AND CHILD PORNOGRAPHY, AS WELL AS THE BASIC MEASURES NEEDED FOR
        THEIR PREVENTION AND ERADICATION

<u>The meeting was called to order at 3 p.m.</u>

STATEMENT BY THE DEPUTY MINISTER OF FOREIGN AFFAIRS OF THE REPUBLIC OF ANGOLA

1.   <u>Mr. CHIKOTI</u> (Angola) said that, in the year of the fiftieth anniversary of the Universal Declaration of Human Rights, the general feeling was that much remained to be done. The events in Rwanda, the former Yugoslavia, East Timor, etc., were reminders that there was still a long way to go. Since 1948, however, humankind had made giant strides in the field of human rights. Fifty years previously, most countries had been colonies and the world had still been dominated by racial discrimination, arbitrariness and obscurantism. Many things had changed since then and the international community had provided itself with better guarantees in the field of human rights. But disease, desertification, drought, war, illiteracy and many other scourges that afflicted a large part of mankind created situations in which human rights were not respected. To face those challenges, new guidance was urgently needed for international economic relations and particular emphasis had to be placed on sustainable development and foreign debt relief. For that purpose, it was not advisable to replace development aid with commercial exchanges, even preferential ones, for there could be no true commercial competition among economies that were not at the same level of development.

2.   Despite foreign military aggression and internal conflict during the past two decades, Angola had taken many concrete measures to promote human rights; it had acceded to various international instruments and adopted laws that had radically transformed the political landscape and strengthened the rights of citizens. The country was currently involved in consolidating the process of national unity and reconciliation. With the establishment of peace, the normal functioning of democratic institutions had been achieved.

3.   In its efforts to promote human rights, the Government of National Unity and Reconciliation had been assisted by the international community, particularly the United Nations, in ensuring the distribution throughout the country of the various human rights instruments and the relevant national laws. Through the United Nations Observer Mission in Angola (MONUA), the international community was helping the Government to organize national and regional seminars on human rights as a result of which provincial committees for human rights had been created. Programmes on human rights were regularly broadcast in local languages by Angolan radio and television and United Nations information programmes targeted the entire country.

4.   A human rights department had been created within the Ministry of Justice to carry out activities throughout the country to raise awareness and to train trainers. An Assistant Attorney-General whose task was to monitor the observance of legality had been designated to work with the Office of the Attorney-General. The National Assembly had set up commissions responsible for receiving allegations of possible human rights violations from citizens and national or foreign institutions. The Ministry of the Interior had an inspection directorate which received and handled complaints against the police and monitored the behaviour of members of the police force. Civil as well as military courts had tried and sentenced individuals accused of violations of human rights. The Government was working on the establishment

of the National Commission of Human Rights, which would act as an intermediary between the Government and civil society and would be open to all sectors of society.

5.   In 1998, Angola would submit its initial report to the Human Rights Committee in accordance with article 40 (a) of the International Covenant on Civil and Political Rights. The report would contain a full outline of the Government's actions to promote human rights in the country.

6.   The dedication of the Angolan Government to human rights extended beyond the national territory and to all of Africa. In that connection, from 26 to 30 October 1998, Angola would host a Ministerial Conference on Human and People's Rights in Africa, during which the obstacles encountered in applying the African Charter of Human and People's Rights would be identified and the adoption of mechanisms to strengthen the capacity of African nations in the field of human rights would be recommended. The Angolan Government and the Organization of African Unity (OAU) would like to see the international community, and especially the United Nations, provide support to ensure the success of that Conference.

7.   In conclusion, he took the opportunity to reiterate his country's solidarity with the people of East Timor in its struggle for self-determination. It encouraged the Secretary-General in his efforts to promote dialogue between Portugal, the administrative Power, and Indonesia with a view to reaching a just solution to the conflict.

QUESTION OF THE VIOLATION OF HUMAN RIGHTS AND FUNDAMENTAL FREEDOMS IN ANY PART OF THE WORLD, WITH PARTICULAR REFERENCE TO COLONIAL AND OTHER DEPENDENT COUNTRIES AND TERRITORIES, INCLUDING:

    (a)   QUESTION OF HUMAN RIGHTS IN CYPRUS

(agenda item 10) (<u>continued</u>) (E/CN.4/1998/3 and Corr.1, 9, 12 to 15, 55 to 67, 68 and Add.1 to 3, 69 to 73, 113, 114, 126, 127, 130, 132, 138, 139, 140/Rev.1, 142, 143, 147 to 150, 152, 154, 163 and 164; E/CN.4/1998/NGO/7, 13, 39, 40, 93 and 101; A/52/472, 476, 479, 484, 486 and Add.1/Rev.1, 493, 505, 510 and 522)

8.   <u>Ms. EIVAZOVA</u> (Observer for Azerbaijan) said that, since the settlement of Armenians in Transcaucasia in the mid-nineteenth century, the Azeri people had been subjected to forcible deportation from its historical lands and to massacres and genocide. The aggression by Armenia against Azerbaijan pursuant to the policy of establishing a mythical "Greater Armenia" had resulted in flagrant violations of human rights which came under the category of crimes against humanity. Over 20 per cent of Azerbaijan's territory was occupied and there were more than 1 million refugees and displaced persons in the country. All Azerbaijani towns and districts had been seized following the adoption of four Security Council resolutions calling for full respect for the sovereignty and territorial integrity of Azerbaijan and the inviolability of its borders.

9.   Her delegation drew the Commission's attention to the fact that 4,820 Azerbaijani citizens, including 316 women, 60 children and 254 elderly persons, were on the list of hostages and missing persons.

The whereabouts of 867 of them were known: 229 were in Armenian territory and 638 in the occupied Azerbaijani territories. Hostages and prisoners of war were used by the Armenian authorities for forced labour and were subjected to inhuman treatment and torture. The majority of them were being detained by the Armenian side without the knowledge of the International Committee of the Red Cross.

10.   In accordance with the Convention on the Non-Applicability of Statutory Limitations to War Crimes and Crimes against Humanity, States had to take all necessary measures for the extradition of the persons responsible for such crimes. Her Government requested the international community to intensify its efforts to ensure the implementation of the relevant Security Council resolutions and achieve a peaceful settlement of the armed conflict between Armenia and Azerbaijan, in accordance with the principles of the settlement adopted at the last OSCE Summit in Lisbon.

11.   Mr. FADZAN (Observer for Bosnia and Herzegovina) said that, over two years after the signature of the Dayton Peace Agreement, Bosnia and Herzegovina still had many problems. Although there had been remarkable achievements on the military part of the Agreement, the civilian part was still very complex: questions such as the return of refugees and displaced persons, full freedom of movement, the right to own property and freedom of expression, to name only a few of the most important, still had not been completely settled. The war criminals also had to be brought to justice. However, the main obstacle to the speedy recovery of Bosnia and Herzegovina and the building of a fully democratic regime and a multilateral society was the extreme nationalism and separatism of some political quarters. The role of the international community was essential and the conditionality of the international community's financial and economic assistance had to be maintained.

12.   The Constitution of Bosnia and Herzegovina offered an impressive legal framework for the protection of human rights. Human rights organizations such as the Ombudsman and the National Human Rights Commission were also playing an increasingly larger role. The authorities of Bosnia and Herzegovina were working to guarantee the greatest possible respect for human rights in accordance with internationally accepted standards, as well as to join European institutions. They welcomed the work carried out by Mrs. Rehn, former Special Rapporteur on Bosnia and Herzegovina and now Special Representative of the United Nations Secretary-General in Bosnia and Herzegovina, and assured her of their cooperation. They would like the Commission to take account of the following points in the resolution it would adopt: systematic building of a legal system and institutions based on the rule of law; strengthening of cooperation with the International Criminal Tribunal for the former Yugoslavia and more efficient and urgent measures for the arrest of the war criminals; additional efforts with regard to housing, but particularly with regard to jobs, with a view to the return of refugees and displaced persons; increased financial and material support to search for missing persons; holding of free and fair elections; establishment of free and independent media; and encouraging the religious communities to continue working for reconciliation.

13.   Mr. MCHUMO (Observer for the United Republic of Tanzania) said that, as a neighbouring country, Tanzania was keeping a close watch on events in Burundi and had taken note with keen interest of the third report by Mr. Pinheiro, Special Rapporteur on the situation of human rights in that country (E/CN.4/1998/72 and Add.1). It shared the Special Rapporteur's point of view that the situation was still uncertain and differed from one province to another. It could testify to the fact that refugees from the camps in Tanzania had returned spontaneously to safe areas in Burundi. It was concerned about the execution of 6 persons after what had clearly been a defective trial and about the fate of 71 persons who had been sentenced to death following similar trials. It was also worried about the proliferation of arms in Burundi. Nevertheless, it did not share Mr. Pinheiro's view that "It is important to be clear that what is meant in speaking of democratization in Burundi is not a reduction of democracy to electoral practice based on the principle of one man, one vote". There should be no derogation from the basic principle of "one man, one vote" to protect the Buyoya regime.

14.   With regard to the sanctions imposed on Burundi by the neighbouring countries following the military coup on 25 July 1996, his Government considered it unfortunate that the Special Rapporteur continued to misrepresent the facts and wrongly state that the sanctions were a violation of human rights. The activities of the Special Rapporteurs must be impartial, objective and non-selective. However, the Special Rapporteur had, for example, not noted that the countries of the region were very sensitive to the plight of women and children and that the sanctions had been calibrated to take account of humanitarian concerns. The purpose of the sanctions was not to punish, but to nudge the peace process forward. Even some political parties in Burundi, including FRODEBU, which had won the elections in 1993, had urged a tightening of the sanctions. The Government of Tanzania also rejected the Special Rapporteur's call for an assessment of the sanctions by an independent mechanism, as well as his request that refugee camps which had been in their present location for decades and had never been a source of problems should be moved further inland by UNHCR and the Government of Tanzania itself.

15.   The CHAIRMAN invited delegations to exercise their right of reply.

16.   Mr. MERIC (Observer for Turkey) said that he deplored the tendentious and unfounded accusations made against his country by the representative of the European Union. Those accusations, which were repeated every year without regard for the fact that Turkey was trying to guarantee the exercise of human rights and was cooperating candidly with United Nations human rights mechanisms, were political; they might, however, be more convincing if the European Union recognized its own human rights problems, such as the discrimination and ill-treatment to which migrant workers were subjected in Europe. It was also difficult to understand why the European Union insistently urged that the Special Rapporteur on torture and the Working Group on Enforced or Involuntary Disappearances should visit Turkey as soon as possible, whereas they had already been invited to do so and it was natural that the visit should take place on agreed dates. The representative of the European Union had stated that terrorism in Turkey arose from what it called the conflict in the south-east. That approach was misleading because terrorism did not stem from a conflict in one region of Turkey. What it

involved was, rather, nationwide separatist violence by an illegal
organization that was sustained from without. His Government was determined
to combat separatist terrorism and to proceed on the path towards democracy
and the protection of human rights.

17.   Other speakers, including representatives of non-governmental
organizations, had also formulated unfounded accusations. He informed the
observer for Norway that there was no minority in Turkey based on ethnic
origin. Every citizen of Turkey, regardless of ethnic origin, had the same
rights and obligations and was free to enjoy distinct cultural rights. In
reply to the statements made by the observer for Greece and the Greek Cypriot
observer, he said that the Cyprus issue was a political one in all its
aspects. In speaking of human rights in Cyprus, reference should first of all
be made to the situation in the early 1960s, when the Turkish Cypriot
community had been subjected to merciless harassment and annihilation by the
Greek Cypriots assisted by Greece. The Greek side was very careful not to
mention the period between 1963 and 1974.

18.   Mr. EFTYCHIOU (Observer for Cyprus) said that Cyprus was a sovereign and
independent country, despite what might be said by the observer for Turkey,
who was defending the indefensible and wanted to give the impression that
Turkey alone was right about Cyprus, whereas the entire international
community had adopted an unambiguous position against the Turkish invasion and
occupation, not to mention countless resolutions on the question. He was
trying to make people believe that 200,000 persons had not been driven out of
their homes and that there was no occupation army of 35,000 soldiers on the
island or that the fact that nearly 110,000 Turkish settlers had settled in
Cyprus was not a violation of the fourth Geneva Convention. Soon, Turkey
would be requesting the Cypriots to excuse themselves for asking to be able to
enjoy their basic rights and daring to call the occupation by its name. The
Turkish attitude was, however, not new and now was not the first time that
Turkey had tried to make its wish for territorial expansion come true at the
expense of neighbouring countries. The observer for Turkey had referred to
the 1960s, but it should be pointed out that, in 1954, even before the
establishment of the Republic of Cyprus, the Turkish Minister for Foreign
Affairs had stated that Cyprus was an extension of Turkey and should be part
of it because of geographical proximity. On 14 September 1963, moreover, the
Turkish Cypriot leader, Mr. Denktas, had signed a document clearly spelling
out Turkey's designs on Cyprus.

19.   Mr. MANOUSSAKIS (Observer for Greece) said that he fully supported the
statement made by the observer for Cyprus. Noting that the observer for
Turkey had once again tried to divert attention from his country's
responsibility in the Cyprus issue, he said that matters as serious as
occupation, settlement and missing persons could not be resolved by putting
the blame on the other side by means of groundless allegations. Greece and
the international community were asking Turkey to implement United Nations
resolutions in accordance with the Charter. More specifically, Turkey must
withdraw its troops from Cyprus and, in accordance with the Treaty of
Guarantee, comply with its obligations concerning respect for the territorial
integrity of the Republic of Cyprus.

20.   Mr. MERIC (Observer for Turkey) noted that the period between 1963 and 1974 had been overlooked by the Greek and Cypriot delegations. He drew attention to the report by the Secretary-General dated 22 November 1993 (S/26777), in which the Secretary-General said that the paranoia of the Greek Cypriot press also affected the members of the Greek Cypriot community. As long as that feeling of paranoia existed, the question of Cyprus could not be settled.

21.   Mr. EFTYCHIOU (Observer for Cyprus) said that he preferred the opinion of the rest of the international community to the diagnosis by the observer for Turkey. The document signed by Mr. Denktas provided that the Turkish community scattered throughout the island would be concentrated by force in an area whose size would depend on strategic expert plans. The Turkish authorities had intended to request the United Nations to partition the island. The observer for Turkey would certainly find details in his country on the plans his Government had drawn up for Cyprus at the time of the document in question.

22.   Mr. DEMBRI (Observer for Algeria) said that he rejected Amnesty International's old-fashioned rhetoric and simplistic methodology; it used unconfirmed information and anonymous testimony, with no possibility of open debate. He deplored the fact that Amnesty International had wanted to engage in confrontation. He respected what that organization had been at the time of Sean McBride, who had made it a meeting place between cultures and civilizations, but it was now headed by ridiculous buffoons who had built up a bureaucratic system that practised slanderous denunciation and produced sycophantic letter-writers. What possible moral and intellectual authority could Amnesty International now have?

23.   The International Federation of Human Rights also had no place in the Commission's hallowed precincts. What right did it have to preach to States when, from 1922, when it had been established, to 1962, it had supported colonialists' rights rather than those of colonized peoples?

24.   Mr. EL KHAZEN (Observer for Lebanon), referring to the statement made by the observer for Israel on Security Council resolution 425 (1978) and the withdrawal of the Israeli army from southern Lebanon in exchange for security arrangements, said that his Government categorically rejected the conditions that Israel set for the withdrawal of its troops, stressing that the Israeli proposal violated Lebanon's sovereignty and that resolution 425 (78) did not provide for security arrangements. The aim of the Government of Israel in trying to get the Lebanese security forces to act was to strengthen its security; its proposal was even an invitation to punish the resistance which had defended Lebanon and to compensate those who had defended Israel. The Government of Israel was thus trying to regain prestige in the eyes of the international community. It was regrettable that the observer for Israel had not referred to the fate of prisoners in Israeli prisons, who were being subjected to torture, or to the decision by the Israeli High Court, which regarded prisoners as hostages and bargaining chips.

25.   Mr. GILL (India) said that he totally rejected the Pakistan delegation's baseless allegations. Pakistan had a single obsession, that of misusing the Commission as an arena for disseminating falsehoods about India. Its attitude

was obviously dictated by political considerations, since its statements were immediately publicized by the Pakistani media. The violence of its reactions to any criticism addressed to it in the Commission was not surprising; Pakistan's scant attention to the human rights of its citizens was well known. Pakistan was the prime source of ideologies of intolerance, bigotry and violence. It sustained and financed, in an integral part of India, an armed militancy comprised mainly of foreign mercenaries who were continuing to target innocent Indian citizens. Pakistan's ideology of propagating violence, together with its practices of discrimination against minorities and women, had been exported with devastating effect, _inter alia_, through its connection with groups which had little respect for human rights. It was time for the Commission to recognize those facts and to hold Pakistan accountable.

26. <u>Ms. JANJUA</u> (Pakistan) said that the lies told by the Indian delegation year after year were designed to avoid any discussion of the way in which India was violating the fundamental rights of the Kashmiri people. India was the only post-colonial Power which continued to deny another people the right to self-determination. The human rights situation in India was appalling. The reports of the Special Rapporteur on torture and the Special Rapporteur on extra-judicial, summary or arbitrary executions, as well as reports from non-governmental organizations, spoke for themselves. Six hundred thousand terrorists in Indian uniform were fighting in Kashmir and perpetrating the worst kinds of human rights violations there. In view of that situation, it was surprising that India should assume the role of a victim. A leader of the BJP, the party in power in India, had taken it upon himself to say that, if the Muslims failed to behave properly, they should be treated as the Jews had been treated in Germany. Such statements were far removed from the tolerance that India advocated. If all was well in Kashmir, as the Indian delegation would have it, why was the Indian Government keeping troops there and why did it persist in refusing an impartial inquiry in Kashmir under United Nations auspices?

27. <u>Mr. NSEIR</u> (Observer for the Syrian Arab Republic) said that, at the preceding meeting, Israel had denied making statements based purely and simply on disinformation. Yet it was plain that all of Israel's statements were based on lies. When Israel said it was prepared to negotiate with the Syrian Arab Republic without any preconditions, its sole aim was to undermine the process begun in Madrid in 1991 in the framework of the Peace Conference on the Middle East. The Syrian Arab Republic, for its part, wanted nothing but peace in conformity with United Nations resolutions and the principle of "land for peace", which was predicated on Israel's complete withdrawal from the occupied Syrian Golan and compliance with all other relevant undertakings. The decisions of the Israel Cabinet had robbed Security Council resolution 425 (1978), which called for Israel's withdrawal from Southern Lebanon and the Bekaa region, of all meaning. The Syrian Arab Republic believed that the path to real peace was clear and that it must, of necessity, pass through Damascus.

28. <u>Mr. PINHEIRO</u> (Special Rapporteur on the human rights situation in Burundi) thanked the observer for the United Republic of Tanzania for his comments on his report (E/CN.4/1998/72 and Add.1) and for his acknowledgment of the report's objectivity, in particular with regard to security, executions and deliveries of weapons. He wished to make it clear, however, that he had

no mandate in connection with the maintenance or suspension of sanctions
against Burundi; the most he could do was to note the effects of those
sanctions on the status of economic, social and cultural rights in the
country. Accordingly, he had not supported any position on the question of
sanctions and had merely expressed the view that he still thought the
establishment of an evaluation mechanism would be wise.

29.   The CHAIRMAN said that the Commission had thus completed the general
debate on agenda item 10.

RIGHTS OF THE CHILD, INCLUDING:

(a)   STATUS OF THE CONVENTION ON THE RIGHTS OF THE CHILD;

(b)   REPORT OF THE SPECIAL RAPPORTEUR ON THE SALE OF CHILDREN, CHILD
       PROSTITUTION AND CHILD PORNOGRAPHY;

(c)   PROGRAMME OF ACTION FOR THE PREVENTION OF THE SALE OF CHILDREN,
       CHILD PROSTITUTION AND CHILD PORNOGRAPHY;

(d)   QUESTION OF A DRAFT OPTIONAL PROTOCOL TO THE CONVENTION ON THE
       RIGHTS OF THE CHILD ON THE SALE OF CHILDREN, CHILD PROSTITUTION
       AND CHILD PORNOGRAPHY, AS WELL AS THE BASIC MEASURES NEEDED FOR
       THEIR PREVENTION AND ERADICATION

(agenda item 20) (E/CN.4/1998/99, 100, 101 and Add.1 and 2, 102, 103 and 119;
E/CN.4/1998/NGO/2 and 38; CRC/C/66 and 69)

30.   Ms. SANTOS PAIS (United Nations Children's Fund) said that the
Convention on the Rights of the Child, which had been ratified by 191 States,
was a striking illustration of the universality of human rights. Only two
countries had failed to ratify the Convention, which had promoted an
undeniable movement of social change in favour of the child and its rights.
The recent publication by UNICEF of an implementation handbook for the
Convention would help to promote information and awareness concerning the
problems of children and would help Governments to bring the principles of the
Convention into reality. The Convention also provided UNICEF with an
opportunity to promote the mainstreaming of children's rights throughout the
activities of the United Nations.

31.   Children's rights could not be confined to a specific area or sector.
UNICEF therefore welcomed the timid trend in the Commission to consider the
fundamental rights of children under different items on the agenda. It was
particularly encouraged by the emphasis placed on the right to education under
the heading of the realization of economic, social and cultural rights and
warmly welcomed the proposal for the appointment of a Special Rapporteur on
the right to education. It noted, however, that children were absent from
many other discussions, such as those on torture, arbitrary detention and
disappearances, and country reports. Unfortunately, that did not mean that
children were not suffering from human rights violations, but, rather, that
their fate was being ignored. The tragedy of children abducted from Uganda
was just one example. UNICEF therefore endorsed the idea of reforming the
Commission's agenda in such a way that children's rights would be considered

under all relevant items and it supported the drafting of an optional protocol to the Convention on the Rights of the Child on the involvement of children in armed conflicts. The rights of the child dimension should also be taken into consideration in the context of the drafting of the statute of the future international criminal court.

32.   Issues involving children were coming increasingly to the forefront of the international community's attention. UNICEF therefore believed that the universality of the Convention on the Rights of the Child offered the United Nations a golden opportunity to make the human rights of children the cornerstone of its work in the next millennium.

33.   Ms. CALCETAS-SANTOS (Special Rapporteur on Sale of Children, Child Prostitution and Child Pornography), recalling that her previous report (E/CN.4/1997/95) had focused mainly on the role of the judicial system as the first catalyst for the protection of children, said that the present year's report (E/CN.4/1998/101 and Add.1 and 2) dealt with the impact of the media and education on children's rights on the basis of information received from Governments, United Nations bodies and agencies and non-governmental organizations. The report also referred to the international legal framework with a view to achieving a clearer appreciation of certain rights which might be perceived as mutually contradictory, such as the right of children to information and their right to protection from exploitative situations.

34.   So far as the role of the traditional media was concerned, she had concentrated on the three main areas identified by the Committee on the Rights of the Child, namely, child participation in the media, protection of the child against harmful influences through the media and respect for the integrity of the child in media reporting. Attention was drawn to certain disturbing developments which suggested that, in trying to prevent abuses against children, it was important not to lose sight of certain basic rights of the defendant and especially the right to be presumed innocent.

35.   The report contained an extensive analysis of the role of new technologies, particularly the Internet, in the commercial sexual exploitation of children. The main developments and initiatives taken both nationally and internationally were summarized. Various solutions being explored, such as parental regulation, self-regulation by the industry and governmental regulation, were also discussed.

36.   Education, whether formal or informal, was identified as the other key factor in the prevention of the sexual exploitation of children and in their recovery and/or reintegration. It was important that such education should reach all sectors of society, including policy makers. There again, the report referred to developments and initiatives at the national and international levels.

37.   In 1997, she had conducted country visits to Kenya and Mexico (E/CN.4/1998/101/Add.1 and 2, respectively) in order to inquire into the situation with regard to the commercial sexual exploitation of children in those countries. She thanked the Governments of those two countries for their cooperation.

38.   A delegation of 36 children and young people from a number of countries, all of whom had been sexually exploited as minors, had attended the Summit of Sexually Exploited Children and Youth held in Victoria, Canada, from 7 to 12 March 1998. Their presence had given fresh meaning to the right to participation granted to the child under various provisions of the Convention. The young people had adopted a declaration urging that the term "child or youth prostitute" should no longer be used; they had been sexually exploited and any language or reference to them should reflect that belief. The declaration further stated that the commercial sexual exploitation of children and youth was a form of child abuse and slavery; all children and young people had the right to be protected from all forms of abuse, exploitation and the threat of abuse, harm or exploitation. It proclaimed that the commercial exploitation of children and young people should no longer be financially profitable, that all children and young people had the right to know their rights and that the issue of child and youth sexual exploitation must be treated as a global priority. Nations should not only hold their neighbours accountable, but should also acknowledge their own shortcomings. Lastly, the declaration stated that Governments were under an obligation to create laws which reflected the principle of zero tolerance of all forms of abuse and exploitation of children and young people.

39.   In response to that challenge, she proposed, as a start, that the title of her own mandate should be changed to something along the lines of "Special Rapporteur on Child Victims of Trafficking and/or Commercial Sexual Exploitation". The United Nations should take the lead in giving higher priority to matters concerning children and in mainstreaming measures for their protection, particularly within the framework of the World Conference against Racism and Racial Discrimination, Xenophobia and Related Intolerance scheduled to take place in 2001. Lastly, coordination between different departments and agencies of the United Nations family should be improved, for example, as far as technical cooperation activities were concerned.

40.   Mr. Gallegos Chiriboga (Ecuador) took the Chair.

41.   Ms. PEREZ DUARTE Y NOROÑA (Mexico) said that her Government would carefully consider the conclusions and recommendations of the Special Rapporteur on the sale of children, child prostitution and child pornography contained in the report on her mission to Mexico (E/CN.4/1998/101/Add.2). Mexico was convinced that, to combat those practices, education, training and communication had to be promoted at all levels and the silence of society must be broken, for in Mexico as everywhere else, it was still the chief accomplice of the perpetrators of such acts.

42.   Although the Special Rapporteur had had occasion to see what measures were being implemented in that regard in Mexico, especially within the framework of the administration of justice, some aspects had apparently not been made sufficiently clear, especially as far as the identification and punishment of the perpetrators of abuses and the consular protection of Mexican minors in difficulty abroad. As the Special Rapporteur rightly emphasized, collaboration between government agencies and NGOs were essential in order to combat the practices in question.

43.   The Special Rapporteur had also learned about the far-reaching process
of reforms undertaken with a view to adapting the Mexican legal system to
international standards relating to the rights of the child. That process,
which had begun two years earlier with the participation of government
agencies at all levels, the educational system and NGOs, had already resulted
in a review of the Civil Code and the Penal Code of the Federal District aimed
at preventing violence in the family and drafting an Act to that effect.

44.   With regard to the initiative known as "Casa del Arbol" ("Children's
House"), the Special Rapporteur had not seen any concrete results at the time
of her visit, but the project had made progress. Over 400 children came daily
to the house, where efforts were being made to teach them fundamental values
such as dignity, justice, peace, respect, liberty and provide them with
information on the basic rights of the child. The Human Rights Commission of
the Federal District and a non-governmental agency were also working on a
project for an itinerant children's house, which was to travel all over the
country. UNICEF was also interested in the project, which could be copied in
other parts of the world.

45.   To build a better world for children, Mexico was participating at the
international level in the work of the Working Group on an optional protocol
to the Convention on the Rights of the Child on the sale of children, child
prostitution and child pornography and on involvement of children in armed
conflicts.

46.   Mr. ELIASSON (Chairman/Rapporteur of the Working Group on a draft
optional protocol to the Convention on the Rights of the Child on involvement
of children in armed conflicts), introducing the report of the Working Group
(E/CN.4/1998/102), said that virtually no progress had been achieved at the
Working Group's fourth session. In view of the unwillingness of certain
delegations to agree on solutions to some problems before it was known how
other issues would be settled, it had been decided to cut the session short.
Although the stalemate in the Working Group had been obvious at the very first
meeting, delegations had agreed to hold informal consultations to produce a
"Chairman's Perception" of points on which near-consensus existed.

47.   Although near-consensus had unfortunately not been achieved on the
entire draft paper, the impression had been confirmed that only a very small
number of negotiating delegations had serious problems with texts which were
acceptable to the majority. He had therefore taken it as his point of
departure in the consultations that the most essential article in the optional
protocol, that on the participation of children in hostilities, must establish
an 18-year age limit, and the other provisions would be drafted on that basis.
If the other provisions could not be agreed, it might be necessary to consider
an optional protocol containing only one substantive article dealing with the
only really crucial issue, that of participation in hostilities. However,
that option had not been considered by the Working Group.

48.   The Chairman's Perception (annex II to the report) thus provided for
an 18-year age limit for participation in hostilities, an 18-year age limit
for compulsory recruitment into the armed forces of States parties, a 17-year
age limit for any recruitment into the armed forces of States parties, and an
18-year age limit for recruitment into armed groups, distinct from the armed

forces of a State, which were parties to an armed conflict. While it had been foreseeable that consensus would not be achieved on an 18-year limit for participation in hostilities, he had been surprised and disappointed to find that full consensus no longer existed on setting an 18-year age limit for compulsory recruitment into the armed forces of a State party, an issue which he and most other participants had believed had been settled the previous year. It was clear to him and, no doubt, to all the negotiators that a straight 18-year limit in all provisions was strongly favoured by an impressive number of delegations. Others, however, favoured a straight 17-year limit in all provisions, while others still were willing to accept a combination of the two.

49. In conclusion, he said that the Chairman's Perception resulting from the informal consultations offered the best solution that could be achieved at present. Even that text, however, was predicated on some delegations, at least, deciding not to stand in the way of a new instrument favoured by so many.

50. Mr. MORA GODOY (Chairman/Rapporteur of the Working Group on a draft optional protocol to the Convention on the Rights of the Child on the sale of children, child prostitution and child pornography), introducing the report of the Working Group (E/CN.4/1998/103), said that, at its fourth session, the Working Group had dealt with the chapters of the draft protocol relating to definitions, penalization of offenders and protection, and prevention, assistance and compensation. While some progress had taken place in that a consensus now existed on the idea of having a protocol at all and some delegations which originally had not wanted any definitions to be included in the text had changed their minds, the slowness of the negotiations and the continuing presence of some apparently irreconcilable differences were discouraging.

51. There were several obstacles preventing the Working Group from concluding its work. The main one arose from a fundamental difference of views among delegations concerning the Group's mandate. Some delegations thought that the protocol should deal with a limited concept of the sale of children confined to purposes of sexual exploitation, while others considered that the Working Group's mandate should be interpreted on the basis of the Convention, which adopted a broader definition of the sale of children. The issue came within the jurisdiction of the Commission, which would have to adopt a decision on that point. He invited the delegations sponsoring the draft resolution on the Group's mandate to try to find wording which would help to settle that basic problem.

52. Another obstacle - one that arose in all negotiations - was that the progress achieved was precarious and constantly being revised, thus wasting time. That problem could be satisfactorily solved only by giving serious consideration to the positions held by various delegations and deciding that any consensus, once it had been achieved, could no longer be challenged. Furthermore, the priority task of harmonizing the chapters relating, respectively, to definitions and to penalization, would largely depend on the decision that would be taken with regard to the orientation and scope of the protocol. Some delegations which wanted to limit the scope of the draft protocol had invoked the existence of other instruments and negotiations aimed

at preparing international instruments, for example in the ILO. In his own view, such efforts were mutually complementary rather than contradictory.

53.   The Working Group had set the year 2000 - the tenth anniversary of the Convention and of the Summit on Children - as the target date for the conclusion of its work. There was thus little time left for settling a large number of problems, but that should be seen by everyone as an encouragement to redouble their efforts. It would be desirable to hold consultations before the end of the year with a view to starting up fresh negotiations within the Working Group. Despite the extensive support enjoyed by the draft protocol, the need to adopt such an instrument did not seem to have really taken root in international awareness. NGOs, the international press and the United Nations system should play a more active role in publicizing the Working Group's objectives, the progress achieved and the difficulties encountered. Delays in the drafting of the protocol allowed the detestable practices against children that were to be eradicated to increase. The children, for their part, could not wait.

54.   Mr. TAPIA (Chile) said the large number of countries which had ratified the Convention on the Rights of the Child made it an almost universal instrument. However, the Convention suffered from certain omissions, at least in two particularly important areas, the sale of children, child prostitution and child pornography, on the one hand, and the involvement of children in armed conflicts, on the other. The slow progress being made by the two Working Groups gave rise to concern, considering the importance of the problems involved, and his delegation hoped that it would be possible to move forward towards consensus, although prospects of achieving a consensus now seemed remote. He congratulated the Uruguayan delegation on its efficient conduct of the negotiations on the draft resolution to be submitted to the Commission and trusted that the text could be adopted by consensus.

55.   At the national level, Chile was making efforts, with the assistance of the ILO and UNICEF, to eradicate child labour and hoped to have achieved that goal by the end of the century. On the occasion of the visit of the United Nations Secretary-General in November 1997, the President of Chile had publicly given a solemn undertaking to submit ILO Convention No. 138 on the minimum working age to Parliament for ratification and to participate actively in discussions on the drafting of a new ILO convention on child labour. Under the educational reforms being introduced by Chile, it was planned to increase teaching hours, to take steps to reduce the school drop-out rate and to give pupils the best possible preparation for their entry into the world of work. The ministries of health, education and the advancement of women were coordinating their activities with a view to combating social problems such as domestic violence and the phenomenon of street children, which, although not as serious or extensive as in other countries, were nevertheless matters of concern.

56.   Poverty and unemployment, as well as domestic violence, corruption and the deteriorating social situation, were the underlying causes of the severe problems affecting children. Those were universal phenomena, which were putting the future of mankind at risk and the international community should join forces in order to tackle them in a concerted way.

57.   Mr. AKAO (Japan) said that, as the world had been reminded by the theme song of the Olympic Games in Nagano, "Children make the world", children represented mankind's hope for a better world.   However, they were also one of the most vulnerable groups in society and the international community still had much to do to protect their rights.   The universal nature of the Convention would help consolidate the international framework needed to ensure that protection.   With a view to bringing its legislation better into line with the spirit of the Convention, Japan had recently made several amendments to its Child Welfare Law.

58.   The question of violations of the rights of the child in periods of armed conflict was of the gravest concern.   In an armed conflict, it was children who were the least able to protect themselves and, even when their lives were spared, they suffered long-term socio-economic and psychological effects.   His delegation welcomed the appointment of the Special Representative of the Secretary-General for children in armed conflict and hoped that he would play a critical role in that area.   Regarding the recruitment of children, it urged all parties to armed conflict to comply strictly with provisions of international law prohibiting the recruitment of children under 15 years of age.   Since Japan believed that the minimum age in that regard should be set at 18, it would continue to participate in the work of the Working Group on a draft optional protocol on involvement of children in armed conflicts.   It had increased its bilateral assistance and support to NGOs with a view to improving the education, health and nutrition of children in armed conflicts and was cooperating with international organizations involved in helping such children.   In addition, it was making efforts to promote a universal ban on anti-personnel landmines and, in December 1997, had signed the Convention governing that issue.   It had undertaken to contribute 10 billion yen over the next five years to mine-clearing activities and assistance to victims.

59.   In order to overcome problems concerning the sale of children, child prostitution and child pornography, it was necessary to strengthen not only national monitoring measures, but also international cooperation.   Japan was endeavouring to ensure effective enforcement of its legislation, while cooperating at the international level with investigations to punish those responsible for the sexual exploitation of children, whether Japanese or from abroad.   Following the World Congress in Stockholm, it had launched a campaign to raise awareness of the issue of child prostitution, particularly by contributing to the financing of an international symposium against the commercial sexual exploitation of children organized by the Japanese Committee for UNICEF and the Swedish Embassy in Japan.   He also welcomed the convening in the Philippines in November 1997 of an international conference on the trafficking and commercial sexual exploitation of women and children.   A bill was currently being drafted to strengthen Japanese legislation on the sexual exploitation of children and child pornography.   Lastly, Japan was continuing to support the Working Group on a draft optional protocol on the sale of children, child prostitution and child pornography.

60.   In conclusion, he said that no effort should be spared to improve the situation of children, since it was on them that the future of civilization depended.

61. Mr. ACEMAH (Uganda) said he shared the view of the Special
Representative of the Secretary-General for children in armed conflict that
the most pressing challenge today was to translate the formidable body of
international instruments into action that could make a tangible difference to
the fate of children exposed to danger on the ground (E/CN.4/1998/119).
Uganda had signed and ratified the Convention on the Rights of the Child, as
well as the African Charter on the Rights and Welfare of the Child. In 1992,
it had established the National Council of Children and had adopted a national
plan of action for children. In 1996, it had enacted the Children's Statute,
based on the provisions of the Convention. The Government was making efforts
to improve the coordination of the activities of various bodies responsible
for the welfare of children and to strengthen institutional capacities. It
would need additional resources for that purpose and would appreciate
assistance from its development partners. Since 1997, corporal punishment in
schools had been abolished and free primary education introduced for up to
four children per family.

62. Children represented a very large part of the population in Uganda and
the Government was aware of its responsibility to guarantee their security.
However, it needed the assistance of the international community to bring to
an end the reign of terror perpetrated by the Lord's Resistance Army (LRA),
which was abducting, torturing, raping, mutilating, enslaving and killing
innocent children in the north of the country with impunity. According to
estimates, between 8,000 and 10,000 children would appear to have been
abducted by the LRA. As had been pointed out by the Deputy Executive Director
of UNICEF, such deliberate atrocities against children were without parallel.
They constituted one of the most serious violations of children's rights in
the world today. The LRA, claiming to establish a theocratic State in Uganda
governed by the Ten Commandments, routinely broke those commandments,
beginning with the one stating "Thou shall not kill".

63. His delegation urged the international community to take decisive action
to condemn that outrage in the strongest possible terms, to request that it be
brought to an end and to demand the release of the children held hostage by
the LRA for several years. It called on it to adopt the draft resolution on
the matter, which, in its view, did not establish any precedent. He thanked
all those who had given assistance to the families of abducted children and
the Government for its efforts to find a lasting solution to the tragedy and
emphasized that the international community had a moral obligation to respond
to the plight of the thousands of children abducted in Uganda.

64. Mrs. GLOVER (United Kingdom), speaking on behalf of the European
Union (EU), associated countries of Central and Eastern Europe, and Cyprus,
said that, now that the Convention on the Rights of the Child had been
ratified by almost all countries, the time had come to endeavour to ensure
that the obligations entered into by State parties were respected. It was not
enough to create a framework of national legislative and administrative
measures to protect the rights of the child. There was also a need to ensure
that those measures were known and understood and were effectively enforced.
States parties should also review the reservations they had made to the
Convention with a view to withdrawing them. In any event, reservations made
should never be incompatible with the object and purpose of the Convention and
should be formulated as precisely and narrowly as possible. The EU called on

member States to cooperate fully with the Special Rapporteur on the sale of children, child prostitution and child pornography, with the Special Representative of the Secretary-General for children in armed conflict and with the Committee on the Rights of the Child and to implement the latter's recommendations. Measures to raise awareness of the rights of the child, including awareness on the part of children themselves, as well as the dissemination of the text of the Convention and of reports related thereto, were very important, and the role of NGOs was essential in that regard.

65.   In order to defend and promote the rights of the girl child, eliminate obstacles to her development and protect her from all forms of discrimination, the Beijing Declaration and Platform for Action should be urgently implemented and women should be taken into consideration in all policies and programmes. In addition, all States should take measures to improve the situation of children with disabilities and should ensure their social integration and participation. The EU welcomed the efforts made by the Special Rapporteur on disabilities of the Commission for Social Development on behalf of children with disabilities.

66.   Concerning child labour, she believed that the conclusions of the Oslo International Conference would be useful in developing strategies for children and families with a view to eliminating child labour. However, the development of such strategies required broad-based political commitment and a willingness to work with children in their social context. The European Union welcomed the decision of the ILO governing body to place the question of the consideration and possible adoption of a declaration on fundamental human rights on the agenda of the 1998 International Labour Conference, as well as the decision to open a discussion on the drafting of a convention aimed at eradicating the most intolerable forms of child labour.

67.   The reports of the Special Rapporteur on the sale of children, child prostitution and child pornography gave important guidance to States, and the EU supported the renewal of her mandate. In line with the Agenda for Action adopted at the Stockholm World Congress against Commercial Sexual Exploitation of Children, Governments should adopt practical measures to combat that problem as a matter of priority and action at the national level should be reinforced by international cooperation. The European Regional Conference on the Sexual Exploitation of Children was to take place in Strasbourg on 28-29 April under the auspices of the Council of Europe as part of the follow-up to the Stockholm Agenda for Action and she invited States in other regions to take similar initiatives. Leaders of 25 countries of the European Union and Asia, as well as the European Commission, meeting at the Second Asia-Europe Summit in early April, had approved a joint initiative on child protection designed to establish a framework for practical cooperation between Asia and Europe in combating the sexual exploitation of children. Representatives of the police, child protection experts and NGOs were to meet in London in October. The EU urged the Working Group on the draft optional protocol on the sale of children, child prostitution and child pornography to redouble its efforts with a view to the completion of the draft before the tenth anniversary of the Convention and to show maximum flexibility in its working methods so that that goal could be achieved.

68.   Responsibility for ending violations of the rights of the child in periods of conflict rested not only with Governments, but also with non-governmental groups involved in such conflicts, and those groups should respect international humanitarian standards. The EU welcomed the appointment of the Secretary-General's Special Representative for children in armed conflict, an appointment which should help foster concerted international action, and called upon Governments and all relevant United Nations bodies to support his work. It believed that the statute of the future International Criminal Court should include a provision on war crimes in order to help prevent the use of children as soldiers.

69.   The European Union, which had reaffirmed its determination to ensure the complete elimination of anti-personnel landmines by deciding in 1997 to extend its moratorium on the export of such mines to include imports and production, welcomed the conclusion of the Ottawa Convention. It was greatly concerned to note that the Working Group on the draft optional protocol on involvement of children in armed conflicts had been unable to finalize such a protocol at its fourth session. In order to have sufficient time for consultations, the Working Group should hold its next session prior to the fifty-sixth session of the Commission in the year 2000. The EU strongly urged the member countries of the Working Group which had difficulties with the text to reconsider their position carefully and to participate constructively in negotiations in order to enable the text to be finalized.

70.   In conclusion, the European Union called on special rapporteurs and working groups to keep in mind the interests of children in the course of their work and requested all States parties to seek ways of integrating considerations relating to children into their laws, programmes and policies with a view to achieving universal protection of the rights of the child.

71.   Mr. Selebi (South Africa) resumed the Chair.

72.   Mrs. FURTER (Venezuela), referring to the Convention on the Rights of the Child, said that she would comment only on the situation of children and adolescents who had behavioural problems, took part in criminal acts or directly infringed the penal law, as well as their recovery and social reintegration (arts. 37, 39 and 40 of the Convention). States parties to the Convention were required to set up legislation, procedures, authorities and institutions specially designed for minors. The consideration of reports submitted by States parties to the Committee on the Rights of the Child showed that the implementation of the relevant provisions of that instrument left much to be desired. In that connection, it was worrying that, in certain countries, minors were still labelled as delinquents or prostitutes and treated as such, whereas, in most cases, they were merely victims.

73.   An exchange of ideas between States parties, members of the Committee and civil society could do much to ensure better implementation of the Convention in general and of articles 37, 39 and 40 in particular. Since the Convention had 191 States parties, the Committee's experts might have some difficulty in appreciating the problem in all its diversity. States parties should therefore ratify the amendment to article 43, paragraph 2, increasing the number of Committee members from 10 to 18, and the Commission on Human

Rights should make a thorough study of the implementation of articles 37, 39 and 40 of the Convention so that the necessary measures could be adopted.

74.   With regard to the sale of children, child prostitution and child pornography, Venezuela was convinced that the best way to prevent such practices was to ensure the exercise of economic, social and cultural rights. Human nature being what it was, however, it was also essential to impose severe penalties on any adult profiting from the exploitation of minors or, in other words, to give effect to the provisions of articles 35 and 36 of the Convention. To that end, Venezuela would continue to participate actively in the preparation of the optional protocol, which it believed should be as wide in scope as possible to enable States parties to punish severely any adult guilty of the crimes concerned. At the same time, it would continue to make efforts to mobilize the resources required for the rehabilitation of children who were victims of such practices.

75.   Her delegation was also following with great interest the work being done on a draft optional protocol to the Convention on the involvement of children in armed conflicts and would do all it could to ensure that negotiations were concluded at the forthcoming session.

76.   As a sponsor of the draft resolution on the rights of the child, Venezuela hoped that the text adopted would strengthen the principles embodied in the Convention. One of the great merits of that instrument was its global approach to the protection of the child and, in that connection, it was extremely important to make sure that all related questions, especially the situation of minors who were in conflict with the law or deprived of their liberty, were considered in the context of the rights of the child.

77.   Mr. OTERMIN (Uruguay) said that his country had always been a strong defender of the rights of the child. It was aware of the important role of education in eliminating social inequalities and had accordingly made the principle of free education at all levels a reality at a very early stage. Following the reforms of 1995, emphasis had been placed on pre-school education, which was now available to an increasing number of children: it was soon to be extended to all and made compulsory. In addition to those institutional changes, steps had been taken to assist children who belonged to the most vulnerable population groups and who now benefited from programmes providing diet supplements and full-time schooling. Significant results had also been achieved in the health field, where pregnancy and birth monitoring programmes and prenatal services had substantially reduced infant mortality rates.

78.   At the international level, Uruguay was participating actively in the preparation of two draft optional protocols to the Convention on the Rights of the Child. With regard to the activities of the Working Group on a draft protocol on the sale of children, child prostitution and child pornography, Uruguay hoped that the international community would take measures preventing the sale, trafficking or abduction of children for whatever purpose, not only for purposes of sexual exploitation. Within the Working Group on a draft optional protocol on involvement of children in armed conflicts, his delegation was urging that the minimum age set in article 38 of the Convention for taking part in hostilities and joining the armed forces should be raised

to 18 years. When ratifying the Convention, Uruguay had taken a firm stand on the matter and, in fact in Uruguay, no child who had not reached the age of 18 could be recruited to the armed forces.

79.   As shown by events that occasionally made headline news, today's society unfortunately seemed increasingly far removed from the principles embodied in the Convention and, in particular, from the provisions of article 29 relating to education. In the United States two children of 11 and 13 years of age had recently opened fire with high-calibre weapons on their classmates, causing a number of deaths. That incident had been largely the result of the cult of violence instilled in children through television and the cinema. It was high time for the international community to tackle that serious problem by ensuring that a "peace culture" replaced the existing cult of violence.

<u>The meeting rose at 6 p.m.</u>

UNITED
NATIONS

E

Economic and Social
Council

Distr.
GENERAL

E/CN.4/1998/SR.52
23 November 1998

ENGLISH
Original: FRENCH

COMMISSION ON HUMAN RIGHTS

Fifty-fourth session

SUMMARY RECORD OF THE 52nd MEETING

Held at the Palais des Nations, Geneva,
on Friday, 17 April 1998, at 3 p.m.

<u>Chairman</u>:   Mr. SELEBI   (South Africa)

CONTENTS

CONSIDERATION OF DRAFT RESOLUTIONS AND DECISIONS UNDER AGENDA ITEMS 8, 9
AND 17

GE.98-12355   (E)

<u>The meeting was called to order at 3 p.m.</u>

CONSIDERATION OF DRAFT RESOLUTIONS AND DECISIONS UNDER AGENDA ITEMS 8, 9
AND 17

<u>Draft resolution under agenda item 8</u>

<u>Draft resolution E/CN.4/1998/L.76</u> (The right to restitution, compensation and
rehabilitation for victims of grave violations of human rights and fundamental
freedoms).

1.   Mr. LILLO (Chile), introducing the draft resolution on behalf of
its 29 sponsors, said that was intended to achieve progress with regard to
compensation by emphasizing the need to give increasing attention to the
matter in conformity with resolutions adopted by the Commission since 1994.
Two changes had been made in paragraph 2: the word "independent" in the
second line and the words "at no additional cost to the regular budget" in the
same line had been deleted, it being understood that the cost incurred would
be financed out of extrabudgetary funds.

2.   His delegation was happy to note that the draft was sponsored by a large
number of delegations representing all regions of the world, and hoped that as
in previous years, it would be adopted by consensus.

3.   Mr. COMBA (Secretariat) said that, in the draft resolution under
consideration, the Commission, requested the appointment of an expert to
prepare a revised version of the draft basic principles and guidelines on the
right to reparation for victims of violations of human rights and
international humanitarian law. The amount that involved was provisionally
estimated at US$ 8,800. As no appropriation was provided under that heading
in the programme budget for 1998-1999, the activity would be financed out of
existing resources.

4.   <u>Draft resolution E/CN.4/1998/L.76, as amended, was adopted</u>.

<u>Draft resolutions and decisions under agenda item 9</u>

<u>Draft resolution E/CN.4/1998/L.42</u> (Regional arrangements for the promotion and
protection of human rights in the Asian and Pacific region).

5.   Mr. ALAEE (Islamic Republic of Iran), introducing the draft resolution
on behalf of his country as well as Afghanistan, Australia, China, Cyprus,
India, Japan, Jordan, New Zealand, Philippines, the Republic of Korea and
Sri Lanka, said that the text before the Commission was the result of
consultations among the various delegations concerned. Concise though it was,
the draft fully reflected the results of activities carried out, and in
particular the adoption of a framework for regional technical cooperation in
the Asian and Pacific region and the Teheran Workshop conclusions on
arrangements for the promotion and protection of human rights in the region.
His delegation was confident that its adoption would help to accelerate the
building of national human rights capacities and to promote cooperation among
countries of the region. He hoped that, as in previous years, the draft
resolution would be adopted without a vote.

6.   Ms. KLEIN (Secretary of the Commission) announced that Bangladesh and Pakistan had joined the co-sponsors of the draft resolution.

7.   Draft resolution E/CN.4/1998/L.42 was adopted without a vote.

Draft resolution E/CN.4/1998/L.52 (United Nations Decade for Human Rights Education)

8.   Ms. THOMPSON (Costa Rica), introducing the draft resolution on behalf of the sponsors, said that it formed part of the action taken pursuant to General Assembly resolution 49/184 proclaiming the United Nations Decade for Human Rights Education. The sponsors had agreed to insert a new paragraph 9, which reproduced a paragraph of resolution 1997/43 and read as follows:

"Urges the relevant organs, bodies and agencies of the
United Nations system, all human rights bodies of the United Nations
system, as well as the United Nations High Commissioner for Human Rights
and the United Nations High Commissioner for Refugees, to provide human
rights education including the rights of women for all United Nations
personnel and officials;".

Her delegation was convinced of the fundamental importance of education in the field of human rights and hoped that the spirit of cooperation that had prevailed during the preparation of the draft would help the activities of the Decade to bring about the establishment of educational systems which contributed to full respect for human rights. She hoped that the Commission would adopt the draft resolution by consensus.

9.   Ms. KLEIN (Secretary of the Commission) said that Australia, Austria, Bangladesh, the Democratic Republic of the Congo, the Former Yugoslav Republic of Macedonia, Greece, India, Mali, Norway, Sudan and Thailand had joined the sponsors of the draft resolution.

10.   Draft resolution E/CN.4/1998/L.52, as amended, was adopted without a vote.

Draft resolution E/CN.4/1998/L.63 (Composition of the staff of the Office of the High Commissioner for Human Rights)

11.   Mr. REYES RODRIGUEZ (Cuba), introducing the draft resolution, said that Sudan, Iraq, Mauritania and Saudi Arabia had joined the sponsors, bringing the total to 30.

12.   The sponsors believed that the universality of human rights was founded upon due respect for the diversity of countries and systems. It was therefore most important that the composition of the staff of the Office of the High Commissioner for Human Rights should be in conformity with the principle of equitable geographical distribution. The previous year, his delegation had, in a spirit of compromise, agreed to defer the decision on the matter so as to give the departments concerned time to take corrective action. However, the report of the High Commissioner for Human Rights (E/CN.4/1998/52) showed that the desired balance had not been restored, the number of staff members from countries in the group of Western European and other States being 42 as against only 38 for all other regional groups. In view of that situation, the

draft resolution recalled that the criterion of high standards of efficiency, competence and integrity established in Article 101 of the Charter was compatible with the principle of equitable geographical distribution, stressed the need to pay particular attention to the recruitment of personnel from developing countries, and welcomed the High Commissioner's intention to ensure a good geographical balance between North and South.

13.   Two amendments had been made in the text of the draft resolution. In the Spanish text, the word "alto" in paragraph 2 had been replaced by "alta", and the word "particularly" in paragraph 3 had been deleted. His delegation hoped that the draft resolution would be adopted by a large majority.

14.   Mr. BAQUEROT (Director of the UNOG Administration Division) said that a review of some of the draft resolutions before the Commission showed an increasing tendency to deal with administrative, budgetary and especially human resources matters. As regards the latter, he drew the Commission's attention to General Assembly resolution 51/226 dealing, inter alia, with recruitment issues, including geographical distribution and junior professional officers. Those issues were dealt with by the General Assembly on a Secretariat-wide basis rather than piecemeal. In that connection, he recalled part B.VI of General Assembly resolution 45/248 on human resources management, in which the Assembly had reaffirmed that the Fifth Committee was the main committee entrusted with responsibilities for administrative and budgetary matters and expressed its concern at the tendency of its substantive committees to involve themselves in such matters.

15.   Mr. REYES RODRIGUEZ (Cuba) said he was rather surprised by the statement just made by the Director of the Administration Division. The Secretariat had already had an opportunity to make known its point of view in document E/CN.4/1998/52 which, incidentally, had been submitted to the Commission only three days before the beginning of the debate on agenda item 9, a fact which had not failed to affect the quality of the proceedings. The Secretariat should confine itself strictly to its role and refrain from interfering in the work of the Commission. His delegation was fully aware of the nature of its duties; the point at related to essential principles which the States sponsoring the draft wished to recall. What was at stake was the right of all regions to be represented on an equal footing in the most important divisions of the Secretariat.

16.   Mr. McALISTER (Canada), speaking in explanation of vote before the vote, said that certain parts of the draft resolution in many respects constituted interference in matters of personnel and resource management which did not fall within the purview of the Commission. In that connection, he assured the Secretary-General and the High Commissioner for Human Rights of his full support for the measures taken to improve the operation of the Office of the High Commissioner. The prerogatives of various United Nations organs were clearly defined and the Commission should not deal with matters within the jurisdiction of the General Assembly. For those reasons, his delegation would vote against the draft resolution. His statement also reflected the views of the Australian and New Zealand delegations.

17.   Ms. GLOVER (United Kingdom) said that the delegations of the member States of the European Union would vote against the draft resolution. They

regretted not having been consulted on the text about which they had serious
reservations. The draft attempted to reinterpret Article 101, paragraph 3 of
the Charter, which set forth the standards for recruitment of Secretariat
staff. The sponsors of the draft took no account of the fact that the
principle of geographical distribution applied to the United Nations as a
whole and tried to vest the Commission with powers which belonged exclusively
to the Secretary-General. The Commission was not the executive body of the
Office of the High Commissioner for Human Rights and could not dictate to it
on staffing policy.

18.   Mr. LOFTIS (United States of America) associated himself with the
statements of the representatives of Canada and the United Kingdom.

19.   Mr. REYES RODRIGUEZ (Cuba) said that it was quite understandable
that those who occupied a privileged position in the Office of the
High Commissioner for Human Rights should be anxious to preserve it.

20.   At the request of the representative of Cuba, a vote was taken by
roll-call.

21.   Congo, having been drawn by lot by the Chairman, was called upon to vote
first.

> In favour: Argentina, Bangladesh, Bhutan, Botswana, Brazil, Cape
> Verde, Chile, China, Congo, Cuba, Democratic Republic of
> the Congo, Ecuador, El Salvador, Guatemala, Guinea, India,
> Indonesia, Madagascar, Malaysia, Mali, Mexico, Morocco,
> Mozambique, Nepal, Pakistan, Peru, Philippines, Rwanda,
> Senegal, South Africa, Sri Lanka, Sudan, Tunisia, Uganda,
> Uruguay, Venezuela;

> Against: Austria, Belarus, Canada, Czech Republic, Denmark, France,
> Germany, Ireland, Italy, Japan, Luxembourg, Poland,
> Russian Federation, Ukraine, United Kingdom, United States;

> Abstaining: Republic of Korea.

22.   Draft resolution E/CN.4/1998/L.63 was adopted by 36 votes to 16, with 1
abstention.

Draft resolution E/CN.4/1998/L.64 (Human rights and terrorism)

23.   Mr. MERIC (Observer for Turkey), introducing the draft resolution, said
that it was the latest in a series of similar resolutions adopted by the
Commission on Human Rights and the General Assembly. It was designed to
condemn terrorism in all its forms and manifestations and to express the
international community's serious concern at the gross violations of human
rights perpetrated by terrorist groups. Terrorist activities constituted
gross violations of human rights, since terrorists disregarded the most
fundamental of all human rights, namely, the right to life. The decision of
the Sub-Commission to carry out a comprehensive study on the subject of
terrorism and human rights was to be welcomed.

24.   The draft resolution also drew attention to the growing connection
between terrorist groups and organized crime, as well as to the need to
strengthen international cooperation, in particular through the
United Nations. It highlighted the need to study further the role and
responsibilities of non-State actors in the human rights sphere, particularly
in cases where acts of terrorism occurred.

25.   It went without saying that the draft resolution in no way challenged
the right of peoples under colonial or foreign domination lawfully to exercise
their inalienable right to self-determination. His delegation, together with
the other sponsors, hoped that the draft resolution would be widely supported.

26.   Ms. KLEIN (Secretary of the Commission) announced that India, Georgia
and Bangladesh had also become sponsors of the draft resolution.

27.   Mr. GOMEZ-ROBLEDO VERDUZCO (Mexico), speaking in explanation of vote
before the vote, said that he could not subscribe to the draft resolution
because it made no contribution to the struggle against the scourge of
terrorism. His Government vigorously condemned all acts of terrorism and was
determined to strengthen the mechanisms set up by the international community
to eliminate such acts; it had recently participated in work on the
International Convention for the Suppression of Terrorist Bombings, adopted by
the General Assembly at its fifty-second session. However, he could not agree
with the thirteenth preambular paragraph of the draft, because he believed
that violations of human rights could be imputed only to the State and its
agents. Saying that terrorist groups could perpetrate human rights violations
could lead to justification being claimed for human rights violations on the
grounds of the struggle against terrorism.

28.   Mr. SALINAS RIVERA (Chile) said that his delegation would abstain
because it considered that human rights violations could be committed only by
States. Crimes perpetrated by terrorists had to be punished under the
criminal legislation of States.

29.   Mr. PLORUTTI (Argentina) said his delegation would abstain from the vote
because, in its view, the reference to violations of human rights perpetrated
by terrorist groups attributed to those groups a status not conferred upon
them by existing international law. Nevertheless, his delegation vigorously
condemned all terrorist acts in all their forms and for whatever motive they
might be committed, and regarded them as offences under the ordinary law which
had to be firmly suppressed in order to preserve the rule of law.

30.   The struggle against terrorism was primarily the responsibility of
States, one of whose duties was not to support terrorist movements. It was
also a matter for international cooperation. At the regional American level,
cooperation was based on a number of important international instruments, such
as that adopted at the Summit of the Americas held at Miami in 1994, the
Buenos Aires Declaration on cooperation to prevent and eliminate international
terrorism adopted in 1995, and the Declaration and Plan of Action on

hemispheric cooperation to prevent, combat and eliminate terrorism adopted by the Inter-American Conference on Terrorism held in Lima in 1996. Furthermore, his Government had organized the first International Congress on Terrorism, attended by eminent experts from the American continent, Europe and Asia, in Buenos Aires in December 1997.

31.   Ms. GLOVER (United Kingdom), speaking on behalf of the European Union (EU), said that it could not support the draft resolution. While it unequivocally condemned all acts and methods of terrorism, whatever they might be, it was of the opinion that the Sixth Committee was the forum best suited for a thorough examination of the question of terrorism. Terrorism was a threat to democracy and was unjustifiable. However, the activities of terrorist groups could not be invoked to justify human rights violations by any State. The EU welcomed the inclusion in the seventeenth preambular paragraph and in paragraph 5 of the draft of an unequivocal affirmation that all measures to counter terrorism must be in strict conformity with international human rights standards. It also welcomed the affirmation in paragraph 6 that cooperation at the regional and international levels had to be carried out in accordance with relevant international instruments. Nonetheless, it had serious reservations about some other parts of the draft, in particular the thirteenth preambular paragraph and paragraph 8. It could not agree with the assertion that terrorist activities as such constituted violations of human rights. The distinction between acts which were attributable to States and criminal acts which were not was an important one, and the thirteenth preambular paragraph did not, in the European Union's view, confer on terrorists any status under international law.

32.   Ms. CHATSIS (Canada) said that her delegation strongly condemned all acts of terrorism and actively promoted international action to combat all such acts. There was a significant body of international law which addressed terrorist acts. In the autumn of 1997, the General Assembly had, on a proposal of the Sixth Committee, adopted the International Convention for the Suppression of Terrorist Bombings, as well as a general resolution aimed at combating terrorism. Such action was more effective in fighting terrorism than any resolution the Commission might adopt. Her delegation was unable to support the draft resolution, which contained the assertion that terrorist groups were responsible for gross violations of human rights. Terrorists committed crimes and had to be brought to justice. Even if acts of terrorism could have serious effects on the enjoyment of human rights, Governments alone had international human rights obligations.

33.   Mr. LOFTIS (United States) said that his country remained deeply committed to the international effort to combat terrorism. However, his delegation believed that the proper forum for discussing terrorism and human rights was the Sixth Committee. It could see no reason for the Commission to enter a field in which another United Nations body was already extensively engaged. Such duplication of efforts could only complicate the work in progress. Furthermore, the draft resolution granted terrorists a measure of legitimacy by equating their criminal conduct with that of State actors who violated human rights. For all those reasons, his delegation would abstain from the vote on the draft resolution.

34.   Mr. SUMI (Japan) said that his delegation unequivocally condemned all
acts and practices of terrorism and supported international cooperation in the
fight against such acts. However, it would abstain on the draft resolution
before the Commission as it had some difficulty with the thirteenth preambular
paragraph.

35.   At the request of the representative of the United States, a vote was
taken on the draft resolution.

36.   Draft resolution E/CN.4/1998/L.64 was adopted by 33 votes to none,
with 20 abstentions.

Draft resolution E/CN.4/1998/L.65 (Human rights and arbitrary deprivation of
nationality)

37.   Ms. RYKOV (Russian Federation), introducing the draft resolution,
recalled that the Universal Declaration of Human Rights in its article 15, as
well as other international human rights instruments, proclaimed that no one
could be arbitrarily deprived of his or her nationality. Deprivation of
nationality was an especially serious violation of human rights because it
affected the exercise of many other human rights. Every human being needed a
nationality in order to be a fully-fledged member of society. The draft
resolution was motivated by the fact that arbitrary deprivation of nationality
had given rise to many problems and a great deal of discriminatory treatment
in the past few decades.

38.   Both the International Court of Justice and the Inter-American and
European Courts of Human Rights had had occasion to rule on the question of
nationality; according to those rulings States were required, in the exercise
of their discretionary power, to respect their obligations in the field of
human rights and to take into account the existence of a real link between a
territory and its population. In drafting the text under consideration, the
Russian delegation had proceeded on the basis of regional instruments such as
the Inter-American Convention on Human Rights, the African Charter on the
Rights and Welfare of the Child, the Helsinki Final Act and the European
Convention on Nationality. It was important to recall, on the
fiftieth anniversary of the Universal Declaration, that possession of a
nationality was an essential precondition for the full exercise of human
rights. She hoped that the draft resolution would be adopted by consensus.

39.   Ms. KLEIN (Secretary of the Commission) announced that Colombia, Belarus
and Nicaragua had also become sponsors of the draft resolution.

40.   Draft resolution E/CN.4/1998/L.65 was adopted without a vote.

Draft resolution E/CN.4/1998/L.67 (Human rights and mass exoduses)

41.   Ms. DION (Canada), introducing the draft resolution, said that it
reaffirmed the need to intensify cooperation in worldwide efforts to address
mass exoduses of refugees and displaced persons and the problems resulting
therefrom; emphasized the responsibility of all States and international

organizations to cooperate with countries, particularly developing ones, affected by mass exoduses of refugees and displaced persons; called upon States to ensure effective protection of refugees; and requested the High Commissioner for Human Rights to pay particular attention to human rights situations which caused or threatened to cause mass exoduses or displacements of populations. The sponsors hoped that the draft resolution would be adopted by consensus.

42.   Ms. KLEIN (Secretary of the Commission) announced that Tunisia, Austria, Greece, Japan, Uruguay and Norway had also become sponsors.

43.   Draft resolution E/CN.4/1998/L.67 was adopted without a vote.

Draft resolution E/CN.4/1998/L.68 (Internally displaced persons)

44.   Mr. STROHAL (Austria), introducing the draft resolution, said that the existence of a large number of internally displaced persons was a serious problem which essentially affected women and children. The activities undertaken by the representative of the Secretary-General appointed to deal with the question were to be welcomed. The following changes to the text had been agreed by the sponsors: in paragraph 1, the words "with appreciation" in the first line should be deleted and the words "presented by the representative of the Secretary-General" added at the end of the paragraph; in paragraph 2, the word "Commends" at the beginning of the paragraph should be replaced by the words "Expresses its appreciation to"; in paragraph 3, the word "also" should be inserted between the words "Expresses" and "its appreciation" in the first line; at the end of paragraph 5, the words "and to make use of them in their activities on behalf of internally-displaced persons" should be deleted; in paragraph 6 (English text), the word "Encourages" should be replaced by the words "Notes the stated intention of" and the words "and requests him to report to the Commission on his efforts and on the views expressed to him" added; paragraph 7 should be deleted; in the old paragraph 11 (new paragraph 10), the words "and takes note of the publication of a comprehensive study by him" at the end of the paragraph should be deleted. The sponsors hoped that the draft resolution, thus amended, would be adopted without a vote.

45.   Ms. KLEIN (Secretary of the Commission) said that the following States had expressed the wish to become sponsors: Peru, Portugal, Netherlands, Zambia, Australia, Lithuania, South Africa, Uruguay, United States of America, Russian Federation, Canada, Belgium, Luxembourg, Costa Rica and Angola.

46.   Mr. GOMEZ-ROBLEDO VERDUZCO (Mexico) said that his delegation would not oppose the draft resolution under consideration but wished to place on record its reservations with regard to paragraph 1. Given the importance of the subject, it was regrettable that the report of the representative of the Secretary-General on internally displaced persons (E/CN.4/1998/53), which included a study of the legal aspects of protection against arbitrary displacement and Guiding Principles relating to internal displacement of persons, had been distributed only on 6 April although it was dated 11 February 1998. As a result, his delegation was not in a position to comment on the report, and still less on the Guiding Principles. It would be recalled that General Assembly resolution 41/120 invited Member States and

United Nations bodies to bear in mind a series of guidelines in developing international instruments in the field of human rights and specified that such instruments should, <u>inter alia</u>, attract broad international support and be consistent with the existing body of international human rights law. Those guidelines had been reaffirmed by the World Conference on Human Rights. His delegation therefore reserved the right to comment at a later stage on the Guiding Principles drawn up by the representative of the Secretary-General.

47. <u>Mr. BAKHEIT</u> (Sudan) expressed his appreciation to the representative of the Secretary-General on internally displaced persons. The matter was of the greatest seriousness as it concerned some 25 million people throughout the world. He supported the draft resolution and hoped that the mandate of the representative of the Secretary-General would be extended.

48. <u>Mr. COMBA</u> (Secretariat) informed the Commission of the financial implications of the draft resolution, which recommended the appointment of the representative of the Secretary-General for a further three years. An appropriation of $126,300 was included for that purpose in chapter 22 of the programme budget for the biennium 1998-1999. The necessary resources for the third year of the mandate would be included in the draft programme budget for 2000-2001.

49. <u>Draft resolution E/CN.4/1998/L.68, as orally amended, was adopted without a vote</u>.

<u>Draft resolution E/CN.4/1998/L.69</u> (Integrating the human rights of women throughout the United Nations system)

50. <u>Ms. MLACAK</u> (Canada), introducing the draft resolution on behalf of its sponsors, said that paragraph 7 had been replaced by the following:

> "<u>Requests</u> all human rights treaty bodies, special procedures and other human rights mechanisms of the Commission on Human Rights and the Sub-Commission on Prevention of Discrimination and Protection of Minorities to regularly and systematically take a gender perspective into account in the implementation of their mandates and to include in their reports information on and qualitative analysis of violations of human rights of women and girls, and encourages the strengthening of cooperation and coordination in that regard;"

51. <u>Ms. KLEIN</u> (Secretary of the Commission) said that the following States had also become sponsors of the draft resolution: Afghanistan, Angola, Argentina, Brazil, former Yugoslav Republic of Macedonia, France, Germany, Greece, Guatemala, India, Lithuania, Philippines, Slovenia, South Africa, United Kingdom, Venezuela and Zambia.

52. <u>Mr. COMBA</u> (Secretariat), referring to the organization of a further meeting of experts on the development of guidelines for the integration of a gender perspective into human rights activities and programmes recommended in paragraph 9 of the draft resolution, said that document E/CN.6/1998/2/Add.1 mentioned in the note by the Secretariat (E/CN.4/1998/49/Add.1) indicated that the Division for the Advancement of Women would mobilize the necessary

extrabudgetary resources. The draft resolution, if adopted, would therefore
have no financial implications under the regular budget for the
biennium 1998-1999.

53. Draft resolution E/CN.4/1998/L.69, as orally amended, was adopted
without a vote.

Draft resolution E/CN.4/1998/L.70 (The elimination of violence against women)

54. Ms. MLACAK (Canada), introducing the draft resolution, said that the
text, which referred inter alia to violence in the family and in the community
and violence as perpetrated and/or condoned by the State as well as to the
problem of female genital mutilation had commanded a great deal of interest
and cooperation on the part of a large number of delegations. She therefore
hoped that, like the resolutions on the same subject in previous years, it
would be adopted by consensus.

55. Ms. KLEIN (Secretary of the Commission) said that the following States
had also became sponsors of the draft: Afghanistan, Angola, Argentina,
Brazil, former Yugoslav Republic of Macedonia, France, Greece, Haiti, Iceland,
Philippines, Republic of Korea, Slovenia, South Africa, Togo, United Kingdom,
Uruguay and Venezuela.

56. Mr. HERNANDEZ QUESADA (Cuba) said his country associated itself with the
efforts being made within the United Nations system to combat violence against
women, inter alia within the framework of the mandate of the Special
Rapporteur on that issue, and was therefore prepared to join the consensus on
the draft resolution. However, if the draft were put to the vote, his
delegation would be unable to approve paragraphs 7 and 15 which, in its view,
mixed up several separate mandates with the effect of politicizing the work of
the Commission.

57. Mr. HOEYNCK (Germany) thanked the Canadian delegation for producing a
text which reflected the consensus on the issue and, in some parts, also tried
to point the way ahead. Germany had, in the general debate, informed the
Commission about measures it had taken to counter negative developments, such
as trafficking in women and violence against women, and had expressed itself
in favour of including a separate item on gender issues in the Commission's
agenda. So far as asylum was concerned, Germany's policy was fully in line
with paragraph 9 (i), which called upon States to mainstream a gender
perspective into national immigration and asylum policies, regulations and
practices. His delegation therefore supported the important draft resolution
under consideration.

58. Draft resolution E/CN.4/1998/L.70 was adopted without a vote.

Draft resolution E/CN.4/1998/L.72 (Impunity)

59. Ms. CHATSIS (Canada) said that the aim of the sponsors of the draft she
was introducing was to address the subject in a forward-looking rather than a
retrospective manner. They had no intention of embarking on a debate on
sensitive questions that were already being addressed in a fully democratic
fashion in countries which had successfully concluded difficult transitions to

democracy and full respect for human rights. Their object was, rather, to make it known to the perpetrators of serious violations of fundamental human rights and humanitarian law that they would be held accountable. That would help to end the cycle of violations and impunity. The draft proposed that the report submitted by the Special Rapporteur, Mr. Louis Joinet, pursuant to the Sub-Commission's decision 1996/119 (E/CN.4/Sub.2/1997/20/Rev.1), which contained a number of important principles, should be communicated to States, international organizations and non-governmental organizations, which should be invited to make their views thereon known to the Commission at its next session. States were also invited to provide information on any measures taken to combat impunity and to provide assistance and cooperation in that area to other States at their request.

60.   A few changes had been made in the text by the sponsors. First, a new preambular paragraph reading as follows:

> "Recalling the universality, interdependence and indivisibility of
>   civil, political, economic, social and cultural rights,"

had been inserted after the first preambular paragraph. In the fourth preambular paragraph (which thus became the fifth), the words "ensure that awareness of them guides" had been replaced by the word "guide". In the next paragraph, the words "a central element" had been replaced by the words "one of the central elements", and in the last preambular paragraph, the words "urgent need to establish" had been replaced by the words "importance of establishing". In paragraph 1, the word "urgent" in the third line had been replaced by "necessary".

61.   Her delegation hoped that the draft resolution, which was important to all Governments and non-governmental organizations participating in the work of the Commission, would be adopted by consensus.

62.   Ms. KLEIN (Secretary of the Commission) said that the following States had also become sponsors of the draft resolution: Australia, Austria, Bosnia and Herzegovina, Czech Republic, Denmark, Ethiopia, former Yugoslav Republic of Macedonia, France, Georgia, Guatemala, Haiti, Netherlands, New Zealand and Norway.

63.   The CHAIRMAN said that the draft resolution had no financial implications.

64.   Draft resolution E/CN.4/1998/L.72, as orally amended, was adopted without a vote.

Draft resolution E/CN.4/1998/L.74 (Towards a culture of peace)

65.   Mr. LAGOS PIZZATI (El Salvador), introducing the draft resolution, said that the promotion of a culture of peace was fundamental to ensuring respect for human rights and recalled that, in addressing the present session, the Director-General of UNESCO had said that the best way for everyone to

celebrate the fiftieth anniversary of the Universal Declaration of Human Rights was to work untiringly towards the replacement of a culture of war and violence by a culture of peace. By adopting the proposed draft, the international community would demonstrate its attachment to that cause.

66.   Ms. KLEIN (Secretary of the Commission) said that Angola, Georgia, Israel, Malta, Nepal and Tunisia had also become sponsors of the draft resolution.

67.   Draft resolution E/CN.4/1998/L.74 was adopted without a vote.

Draft resolution E/CN.4/1998/L.75 (National institutions for the promotion and protection of human rights)

68.   Mr. CONROY (Observer for Australia), introducing the draft resolution, said that one of the most important new elements in the draft was the reference to statements by the High Commissioner for Human Rights that the work on national institutions would be a high priority for her Office. Another key element of the resolution was that it encouraged States to establish effective, independent and pluralistic national institutions for the promotion and protection of human rights in conformity with the Principles relating to the status of such institutions annexed to General Assembly resolution 48/134. The draft also welcomed the strengthening of regional and international cooperation among national human rights institutions. The sponsors hoped that the draft resolution would be adopted by consensus.

69.   Ms. KLEIN (Secretary of the Commission) said that Angola, Costa Rica, Georgia, Israel, Norway, Russian Federation, Sri Lanka and Togo had also become sponsors.

70.   The CHAIRMAN said that the draft resolution would have no financial implications.

71.   Mr. MAJDI (Morocco) said that the French text of the eighth preambular paragraph was an incomplete rendering of the original English and should be rectified.

72.   Draft resolution E/CN.4/1998/L.75 was adopted without a vote.

Draft resolution E/CN.4/1998/L.77/Rev.1 (Fiftieth anniversary of the Universal Declaration of Human Rights)

73.   Mr. JAKUBOWSKI (Poland) said that the draft he was introducing on behalf of the sponsors was the result of extensive consultations among a great number of delegations, and therefore hoped that it would be adopted by consensus. The difference between it and the draft in document E/CN.4/1998/L.77 consisted in the insertion of a new sixth preambular paragraph.

74.   Ms. KLEIN (Secretary of the Commission) said that the names of all delegations sponsoring the draft would be duly recorded in the report of the Commission.

75.   Mr. REYES RODRIGUEZ (Cuba) said that, in view of the flexibility shown by the sponsors, his delegation wished to withdraw its draft resolution E/CN.4/1998/L.26 and to join the sponsors of the draft under consideration.

76.   Mr. HAMIDON (Malaysia) said that, without dissociating itself from the consensus, his delegation would have preferred to see the operative part of the draft resolution mention the need to review and assess the progress made in the field of human rights since the adoption of the Universal Declaration of Human Rights. It was clear that the international community had not achieved the Universal Declaration's objectives, in particular as regards economic cooperation and the realization of economic, social and cultural rights. Such a formulation would also have been in conformity with the consensus text adopted by the General Assembly in its resolution 52/117.

77.   Mr. IDRIS (Sudan) associated himself with the comments of the representative of Malaysia.

78.   Draft resolution E/CN.4/1998/L.77/Rev.1 was adopted without a vote.

Draft decision 7 of the Sub-Commission recommended to the Commission for adoption in document E/CN.4/1998/2-E/CN.4/Sub.2/1997/50 (Freedom of movement and population transfer)

79.   Draft decision 7 recommended to the Commission by the Sub-Commission in document E/CN.4/1998/2-E/CN.4/Sub.2/1997/50 was adopted.

Draft decision 8 proposed by the Sub-Commission to the Commission in document E/CN.4/1998/2-E/CN.4/Sub.2/1997/50 (Study concerning the right to freedom of movement)

80.   The CHAIRMAN said that the draft was superseded by the adoption of draft decision E/CN.4/1998/L.48.

Draft decision 9 of the Sub-Commission recommended to the Commission for adoption in document E/CN.4/1998/2-E/CN.4/Sub.2/1997/50 (Human rights and terrorism)

81.   Mr. SINGH (India) said that the study on the question of human rights and terrorism proposed by the Sub-Commission was both important and timely. There were differences of perception regarding how best to address the problem of terrorism and even whether terrorism constituted a violation of human rights, some delegations preferring purely legalistic approaches based on the position that it was only States that violated human rights. Some progress had been made on those issues at Vienna, where it had been recognized that acts, methods and practices of terrorism were activities aimed at the destruction of human rights. Article 30 of the Universal Declaration of Human Rights contained the injunction that no group or person had any right to engage in any activity aimed at the destruction of the rights set forth in the Declaration. Terrorist acts violated the most fundamental right of all, the right to life, and also infringed many other rights. The question of the responsibility of individuals or groups who comprised non-State actors was already being discussed in the context of violence against women, the rights of the child, and the international criminal tribunal. Much work still had to

be done to clarify all aspects of the complex issue of human rights and terrorism. The Sub-Commission was best placed to undertake a detailed study of the subject which he hoped would help to build up an international consensus. His delegation therefore hoped that the Commission would approve the Sub-Commission's recommendation.

82. Mr. COMBA (Secretariat), referring to the financial implications of the appointment for three years of a new Special Rapporteur to conduct a comprehensive study on terrorism and human rights, said that the necessary resources were preliminarily estimated at $51,600 for 1998-1999 and $41,300 for the year 2000. Costs that could not be funded from existing resources already budgeted for travel and staff support for the Sub-commission would be included in the final programme budget implications statement to be submitted to the next session of the Economic and Social Council. The estimated resources for the year 2000 would be included in the proposed programme budget for 2000-2001.

83. At the request of the representative of the United States, a vote was taken on draft decision 9.

84. At the request of the representative of India, the vote was taken by roll-call.

85. Australia, having been drawn by lot by the Chairman, was called upon to vote first.

> In favour: Bangladesh, Belarus, Bhutan, Botswana, Brazil, Cape Verde, Chile, China, Congo, Cuba, Democratic Republic of the Congo, Ecuador, El Salvador, Guatemala, Guinea, India, Indonesia, Madagascar, Malaysia, Mali, Morocco, Mozambique, Nepal, Pakistan, Peru, Philippines, Republic of Korea, Russian Federation, Rwanda, Senegal, South Africa, Sri Lanka, Sudan, Tunisia, Uganda, Uruguay, Venezuela.

> Against: None.

> Abstaining: Argentina, Austria, Canada, Czech Republic, Denmark, France, Germany, Ireland, Italy, Japan, Luxembourg, Mexico, Poland, Ukraine, United Kingdom, United States of America.

86. Draft decision 9 of the Sub-Commission recommended to the Commission for adoption in document E/CN.4/1998/2-E/CN.4/1997/50 was adopted by 37 votes to none with 16 abstentions.

Draft resolutions under agenda item 17

Draft resolution E/CN.4/1998/L.44 (Advisory services, technical cooperation and the United Nations Voluntary Fund for Technical Cooperation in the Field of Human Rights).

87. Mr. HUTH (Germany), introducing the draft resolution on behalf of its sponsors, said that advisory services in the field of human rights had become a pillar of United Nations human rights structures. He congratulated the

Office of the High Commissioner for Human Rights on the quality and range of the services provided despite an overall lack of necessary resources, and commended the Board of Trustees of the Voluntary Fund for Technical Cooperation for its dedication. In paragraph 8 of the draft resolution, the Commission welcomed the enhanced cooperation between the Office of the High Commissioner for Human Rights and UNDP, as well as the Secretary-General's request to the High Commissioner to formulate proposals for improving complementarity of technical assistance provided in the sphere of human rights. Deploring the fact that activities relating to advisory services and technical cooperation in the human rights field were financed largely through voluntary contributions, the sponsors of the draft resolution emphasized in paragraph 10 the need for an increase in the allocation of resources to those activities from the regular United Nations budget. They considered it particularly important to expand the range of donors, and stressed that even modest contributions were welcome. The sponsors hoped that the draft resolution would be adopted by consensus.

88.   Ms. KLEIN (Secretary of the Commission) announced that the following States had also become sponsors of the draft resolution: Belarus, Brazil, Cape Verde, Cyprus, Dominican Republic, Greece, Guatemala, Hungary, Japan, Mongolia, Norway, Peru, Republic of Korea, Romania, Togo, Tunisia, Ukraine.

89.   Mr. SINGH (India) said it was essential to maintain the identity of advisory services and technical cooperation programmes as distinct from programmes relating to monitoring and field missions, bearing in mind that all three aspects were now handled by the same branch of the Office of the High Commissioner for Human Rights. The primary purpose of the technical cooperation programmes was to help countries in strengthening the institutions of democracy and the rule of law; the logic of the programmes therefore flowed from a developmental approach to human rights quite distinct from the approach to mandates relating to monitoring. National capacity-building was essential for lasting progress in the enjoyment of human rights, and States should be encouraged to seek the technical cooperation offered by the Office of the High Commissioner. His delegation was disappointed that the suggestions it had made in the light of those considerations during the consultations had not been accommodated, and therefore regretted that it was unable to continue as a sponsor of the draft resolution.

90.   Mr. LEPATAN (Philippines) associated himself with the Indian delegation's remarks.

91.   The CHAIRMAN said that the adoption of draft resolution E/CN.4/1998/L.44 would have no financial implications.

92.   Draft resolution E/CN.4/1998/L.44 was adopted without a vote.

Draft resolution E/CN.4/1998/L.51 (Situation of human rights in Haiti)

93.   Mr. RODRIGUEZ CEDENO (Venezuela), introducing the draft resolution on behalf of its sponsors, said that it had been prepared as a result of consultations held within the "Group of friends of Haiti", composed of Argentina, Canada, Chile, France, the United States and Venezuela, in

collaboration with Haiti. The draft was essentially an update of the text adopted at earlier sessions prepared in the light of the report of the Commission's independent expert.

94.   Haiti was gripped by a permanent economic crisis compounded since June 1997 by political instability due to the absence of agreement on the appointment of a Prime Minister. It continued to suffer from the shortcomings of the judicial system, the police apparatus and the penitentiary system which were obviously having a negative impact on human rights. The draft resolution therefore emphasized the need for the Government of Haiti, in cooperation with the international community, to take specific steps to cope with that situation and to overcome the deadlock created with regard to the appointment of the Prime Minister. Furthermore, in view of the persistence and seriousness of the problem of violence against women, the draft resolution once again invited the Special Rapporteur on the subject to visit Haiti. Such a visit could, it seemed, be arranged in the autumn of 1998 or early in 1999. The draft resolution's sponsors hoped that it would be adopted by consensus.

95.   Ms. KLEIN (Secretary of the Commission) announced that Bolivia, Denmark, Ecuador, Honduras, Japan, Senegal, Sweden and the United States of America had also become sponsors of the draft resolution.

96.   The CHAIRMAN said that there were no financial implications.

97.   Draft resolution E/CN.4/1998/L.51 was adopted without a vote.

Draft resolution E/CN.4/1998/L.66 (Assistance to Somalia in the field of human rights)

98.   Mr. TOSCANO introduced the draft resolution on behalf of its sponsors, who had been joined by Australia, Bulgaria, Canada, Cyprus, Denmark, France, Gabon, Japan, New Zealand and Norway. Having already had occasion to comment on the spirit and content of the draft resolution in his statement before the Commission on 9 April 1998, he would simply express the hope that the draft should be adopted by consensus. He also wished to reaffirm the need, referred to in paragraph 3 (c), for all parties in Somalia to assume full responsibility for the protection of international personnel and of representatives of non-governmental organizations operating in the country, and to express the hope that the serious episode of the kidnapping of ICRC personnel and of airline pilots which had occurred at Mogadiscio Airport on 15 April would be resolved positively and without delay.

99.   The CHAIRMAN said that the adoption of the draft resolution would have no financial implications.

100.   Draft resolution E/CN.4/1998/L.65 was adopted without a vote.

Draft resolution E/CN.4/1998/L.71 (Situation of human rights in Cambodia)

101.   Ms. KERR (Australia), introducing the draft resolution on behalf of the sponsors, said that it was the result of extensive consultations. It welcomed the visit to Cambodia in January 1998 of the High Commissioner for Human Rights, the agreement by the Government of Cambodia to extend the mandate of

the office in Phnom Penh of the High Commissioner for Human Rights, and the role of the United Nations in the Cambodian elections. It also called upon Member States to contribute to the election process.

102. The following amendments to the draft had been agreed by the sponsors: in paragraph 8, the words "for the armed forces to remain neutral" should be added after the words "from intimidation" in the fourth line; the words "and their unfettered resumption of political activity" should be added at the end of paragraph 9; and paragraph 10 should be amended to read as follows:

> "Welcomes the decision by the Secretary-General to accept the invitation from the Government of Cambodia for the United Nations to play a coordinating role in the international observation of elections scheduled for 26 July;";

moreover, paragraph 15 should be amended to read as follows:

> "Expresses appreciation to the Government and people of Thailand for the humanitarian assistance to displaced persons from Cambodia; welcomes the role of United Nations agencies in the repatriation of refugees and displaced persons; and calls on the Government of Cambodia to ensure their full reintegration into Cambodian society and political life, and, in particular, to exercise its best efforts to enable their participation in the forthcoming election;".

103. Ms. KLEIN (Secretary of the Commission) announced that Canada, Denmark, Finland, France, Germany, Ireland, New Zealand, Norway and the United States of America had also become sponsors of the draft resolution.

104. Mr. TARMIDZI (Indonesia), speaking on behalf of the ASEAN member delegations, said he wished to offer some comments on the present situation in Cambodia, bearing in mind, on the one hand, the role played by ASEAN in the process restoring peace and stability in that country and, on the other hand, the fact that the process currently found itself at a delicate stage. First, he wished to inform the Commission that the ASEAN Troika on Cambodia, composed of the foreign ministers of Indonesia, the Philippines and Thailand, would be meeting in Bangkok on 18 April to review recent developments and to confer with the "Friends of Cambodia". The Troika would also seek an audience with Prince Sihanouk to demonstrate its recognition and support for the vital role played by him in fostering national reconciliation in Cambodia.

105. The establishment of a legal framework in conformity with international standards for multi-party elections, the announcement of a separate and unilateral ceasefire by the parties to the conflict, the royal amnesty granted to Samdech Norodom Ranariddh, as well as the latter's safe, albeit brief, return to the country represented positive developments of a kind that could contribute to some extent to the process of free, fair and credible elections. However, several important issues remained to be settled, including the conclusion of a permanent ceasefire, the reintegration of the Royal Cambodian Armed Forces in the regular armed forces, the repatriation of Cambodian displaced persons from Thailand, and preparations for the elections to be held on 26 July 1998. The ASEAN member countries encouraged the United Nations to continue its assistance to the electoral process. For their part, they would

continue to do their best to contribute towards the restoration of peace and political stability in Cambodia and hoped that the Commission would adopt the draft resolution by consensus.

106. Mr. COMBA (Secretariat) informed the Commission that the appointment of the group of experts envisaged in paragraph 20 of the draft resolution would have financial implications. The total cost of the group's activities was estimated at $46,400. As no expenditure had been included under that heading in the programme budget for 1998-1999, the Secretary-General would examine the possibility of financing their activities through extrabudgetary resources. If that were not possible, the necessary resources would be included in the programme budget implications statement to be submitted to the Economic and Social Council at its next session.

107. Draft resolution E/CN.4/1998/L.71, as orally amended, was adopted without a vote.

The meeting rose at 5.35 p.m.

UNITED
NATIONS

Economic and Social Council

E

Distr.
GENERAL

E/CN.4/1998/SR.54
24 November 1998

ENGLISH
Original: FRENCH

COMMISSION ON HUMAN RIGHTS

Fifty-fourth session

SUMMARY RECORD OF THE 54th MEETING

Held at the Palais des Nations, Geneva,
on Monday, 20 April 1998, at 3 p.m.

<u>Chairman</u>:   Mr. SELEBI   (South Africa)

  later: Mr. GALLEGOS CHIRIBOGA   (Ecuador)

  later: Mr. HYNES   (Canada)

CONTENTS

STATEMENT BY MR. MIGUEL OYONO NDONG MIFUMU, FIRST DEPUTY PRIME MINISTER AND
MINISTER FOR FOREIGN AFFAIRS AND INTERNATIONAL COOPERATION OF
EQUATORIAL GUINEA

This record is subject to correction.

Corrections should be submitted in one of the working languages. They
should be set forth in a memorandum and also incorporated in a copy of the
record. They should be sent <u>within one week of the date of this document</u> to
the Official Records Editing Section, room E.4108, Palais des Nations, Geneva.

Any corrections to the records of the public meetings of the Commission
at this session will be consolidated in a single corrigendum, to be issued
shortly after the end of the session.

GE.98-12418   (E)

CONTENTS (continued)

RIGHTS OF THE CHILD, INCLUDING:

(a)   STATUS OF THE CONVENTION ON THE RIGHTS OF THE CHILD

(b)   REPORT OF THE SPECIAL RAPPORTEUR ON THE SALE OF CHILDREN, CHILD PROSTITUTION AND CHILD PORNOGRAPHY

(c)   PROGRAMME OF ACTION FOR THE PREVENTION OF THE SALE OF CHILDREN, CHILD PROSTITUTION AND CHILD PORNOGRAPHY

(d)   QUESTION OF A DRAFT OPTIONAL PROTOCOL TO THE CONVENTION ON THE RIGHTS OF THE CHILD ON THE SALE OF CHILDREN, CHILD PROSTITUTION AND CHILD PORNOGRAPHY, AS WELL AS THE BASIC MEASURES NEEDED FOR THEIR PREVENTION AND ERADICATION (continued)

THE QUESTION OF CONSCIENTIOUS OBJECTION TO MILITARY SERVICE

FOLLOW-UP TO THE WORLD CONFERENCE ON HUMAN RIGHTS

TRIBUTE TO THE MEMORY OF MR. EDUARDO UMAÑA MENDOZA, HUMAN RIGHTS DEFENDER

The meeting was called to order at 3 p.m.

STATEMENT BY MR. MIGUEL OYONO NDONG MIFUMU, FIRST DEPUTY PRIME MINISTER AND
MINISTER FOR FOREIGN AFFAIRS AND INTERNATIONAL COOPERATION OF
EQUATORIAL GUINEA

1.   Mr. OYONO NDONG MIFUMU (Equatorial Guinea) expressed his Government's
determination to continue cooperating with the Commission and the Office of
the High Commissioner for Human Rights with a view to guaranteeing full
respect for human rights in his country and throughout the world. As his
Government had shown by maintaining open and frank relations with the Special
Rapporteur of the Commission, it considered cooperation with the
United Nations to be a way of strengthening the democratic process and
educating the people on human rights matters. It had accepted the criticism
levelled at it through democratic processes and would continue to take such
measures as it deemed necessary in order to remedy observed shortcomings.
Democracy must be constantly strengthened. For example, it was not sufficient
to send a special rapporteur to Equatorial Guinea to improve the human rights
situation there: the country's essential technical assistance needs must also
be met. Equatorial Guinea came before the Commission not as a defendant, but
as a State party to all the human rights conventions expecting to receive
increased support from the United Nations for its action in defending human
rights, as a State responsible to its people and not to other States whose
political, economic and sociocultural interests were completely unrelated to
its own situation and needs.

2.   The current President's entry into office on 3 August 1979 had put an
end to the bloodiest dictatorship Africa had ever known and paved the way for
the exercise of human rights in his country. It was regrettable that some
States were judged by the yardstick of foreign interests or according to
whether they were liked or disliked. International peace and security were
essential requirements for guaranteeing the enjoyment of human rights and
civil liberties. Equatorial Guinea had acceded to the international human
rights instruments in full sovereignty and for the good of its people. There
was no institutionalized policy of human rights violation in the country. The
Government opened inquiries into any violations in accordance with the law,
endeavouring at the same time to combat impunity and establish a culture of
human rights in order to eliminate, or at least mitigate, the colonial
attitudes absorbed by the people during 200 years of colonization and 11 years
of dictatorship. He hoped that the international community would support its
efforts, despite the conspiracies and acts of terrorism which were leading the
country to destabilization and violence.

3.   Equatorial Guinea had been the victim of two attempts at armed
destabilization in the previous 12 months, one in May 1997 by a group of
mercenaries hired by obscure interests and the other on 21 January 1998 by a
group of terrorists on the island of Bioko. All the people involved in those
incidents were currently awaiting trial. They would be tried in public, and
interested international observers were invited to attend. During the weeks
following those unfortunate incidents, Equatorial Guinea had been the subject
of a denunciation campaign by certain political circles and the press in a few
countries, as well as NGOs such as Amnesty International, which had levelled
groundless charges at the Government for alleged acts of genocide,

extrajudicial executions, massacres and destruction of villages. The
Special Rapporteur having rejected those charges, the Government reiterated
its invitation to Amnesty International and other NGOs to visit the country in
order to assess the human rights situation on the spot. There was no
justification for the terrorist acts committed on the island of Bioko, which
had always been an integral part of the territory of Equatorial Guinea and had
been placed under the same political administration as the rest of the
country. The existence of different ethnic and cultural groups was an asset
to the people of Equatorial Guinea. Like the rest of the country, those
groups had been colonized and had all fought for independence.

4.   The State of Equatorial Guinea was based on the principles of national
unity, territorial integrity, peace and justice. Any claim that did not
challenge those principles belonged in the national political debate. His
Government requested that renewal of the Special Rapporteur's mandate should
be viewed as a means of strengthening the activities of the Centre for Human
Rights and the recently-established democracy in order to promote a human
rights culture in Equatorial Guinea. He invited all nationals of
Equatorial Guinea residing abroad allegedly for political reasons to
participate in the democratic process under way, as there was nothing to
prevent them from returning.

5.   In conclusion, his Government asked both its friends and critics to
provide Equatorial Guinea with the technical assistance it needed in order to
consolidate and maintain the positive changes that had occurred in the
country.

RIGHTS OF THE CHILD, INCLUDING:

    (a)   STATUS OF THE CONVENTION ON THE RIGHTS OF THE CHILD

    (b)   REPORT OF THE SPECIAL RAPPORTEUR ON THE SALE OF CHILDREN, CHILD
           PROSTITUTION AND CHILD PORNOGRAPHY

    (c)   PROGRAMME OF ACTION FOR THE PREVENTION OF THE SALE OF CHILDREN,
           CHILD PROSTITUTION AND CHILD PORNOGRAPHY

    (d)   QUESTION OF A DRAFT OPTIONAL PROTOCOL TO THE CONVENTION ON THE
           RIGHTS OF THE CHILD ON THE SALE OF CHILDREN, CHILD PROSTITUTION
           AND CHILD PORNOGRAPHY, AS WELL AS THE BASIC MEASURES NEEDED FOR
           THEIR PREVENTION AND ERADICATION

(agenda item 20) (continued) (E/CN.4/1998/99, 100, 101 and Add.1 and 2, 102,
103 and 119; E/CN.4/1998/NGO/2 and 38; CRC/C/66 and 69)

6.   Ms. COLES (Australia) welcomed the fact that there were
currently 191 States parties to the Convention on the Rights of the Child,
and urged the small number of States which had not yet ratified the
Convention to do so as soon as possible.

7.   There remained the challenge of implementing the Convention at the
national level. Australia had submitted its first periodic report to the
Committee on the Rights of the Child in September 1997 and had been commended

by the Committee for its wide range of welfare services for children, its advanced education and health systems, and its commitment to international development assistance. It would give careful consideration to the Committee's suggestions and recommendations, which related to issues such as minimum age in respect of employment and the situation of indigenous children.

8.   While national action was essential, strategies were needed at the regional and international levels for tackling problems of a cross-border nature such as trafficking in children, child sex tourism and child pornography. In 1997, Australia and the Philippines had concluded a memorandum of understanding to combat child sexual abuse and other serious crimes. Her Government also helped Governments in developing countries to tackle the sexual exploitation of children. At the national level, the Government was developing an agenda for action following the 1996 World Congress against Commercial Sexual Exploitation of Children. Her delegation hoped that the work on the draft optional protocol to the Convention on the sale of children, child prostitution and child pornography would result in an effective instrument; it would be pleased to participate in the proposed informal consultations to finalize the draft protocol at the following session of the Working Group.

9.   She welcomed the fact that consultations were to be held on the draft optional protocol to the Convention on involvement of children in armed conflicts, and urged the Working Group to make every effort to complete the drafting of the protocol at its following session. On a related issue, Australia recognized the plight of child victims of anti-personnel landmines, and supported mine awareness and rehabilitation programmes focusing on school-age children in Afghanistan, Angola, Cambodia and Laos. It strongly supported international initiatives aimed at restricting and prohibiting the indiscriminate use of such mines, and welcomed the fact that the Protocol to the Convention on Certain Conventional Weapons banning anti-personnel landmines had been opened for signature in December 1997.

10.   With regard to the problem of exploitative child labour, Australia hoped that the ILO would in 1999 adopt a new instrument on the most intolerable forms of child labour, which, together with developments in the area of codes of conduct, would provide for more effective action to speedily eliminate the worst forms of child labour.

11.   Ms. AHLUWALIA (International Federation of Red Cross and Red Crescent Societies) said that she would focus on the issue of children affected by armed conflicts: children who were recruited as soldiers and physically and psychologically disabled, mutilated by landmines and separated from their families, children whose childhood had been stolen from them and whose future was affected by the consequences of their exposure to violence, children living in a culture of violence and committing acts of violence themselves. The Federation, working through its worldwide network of 175 societies to improve the situation of the most vulnerable, considered 18 to be the only acceptable minimum age for both recruitment into the armed forces and participation in armed conflicts, as recommended by the twenty-sixth International Conference of the Red Cross and Red Crescent.

12.   According to the 1995 International Red Cross and Red Crescent Plan of Action on Children in Armed Conflict, any direct or indirect participation in armed conflict by children under the age of 18 should be prohibited, the minimum age for recruitment (voluntary or compulsory) should be 18, and the rules should apply to both government and non-government forces and to international and non-international conflicts. The Plan also called for protection and assistance to children affected by armed conflicts, including their rehabilitation and reintegration into civilian society. Many national Red Cross and Red Crescent societies, for example in Spain, Canada and the Baltic and Nordic countries, were undertaking national, regional and interregional advocacy initiatives to raise the awareness of Governments and the public.

13.   While welcoming the efforts of the Working Group on a draft optional protocol on involvement of children in armed conflicts, the Federation was extremely disappointed at the lack of consensus on such an urgent issue and would continue to work actively to achieve consensus. It was also deeply concerned about other issues under item 20, and drew attention to the plight of children whose situation was adversely affected by economic sanctions.

14.   Mgr. BERTELLO (Observer for the Holy See) said that problems relating to children were among the most urgent because childhood was an essential stage of life which all children - as human beings rather than miniature adults - were entitled to live to the full. The Convention on the Rights of the Child, which gave a complete picture of childhood, was a sign of hope for the future. Adults and everyone responsible for helping children to develop and forge their identities, beginning with the family, had a vital role to play in building around children the human and emotional structure that was essential to their full growth, and in helping to guide them through a constantly changing social environment that was subject to the influence of other sources of information and education.

15.   The fact was, however, that there were children growing up in solitude because of psychological damage caused by tensions between their parents or family break-ups. Others were subjected to abuse and ill-treatment which had devastating effects on their development. There were children who were openly taught to despise, and even exterminate people who belonged to a different social, ethnic or religious group. Lastly, there were those who took part in armed conflicts. Was it surprising that such children grew up to become adults who saw violence as the only means of dealing with difficult situations? His delegation could only express its deep disappointment at the deadlock in the Working Group's efforts to establish a draft optional protocol on involvement of children in armed conflicts.

16.   In helping to resolve the difficulties encountered by society in protecting and rearing children, the Catholic Church, through its network of educational and assistance activities, cooperated with the competent authorities in improving the lot of children, especially the most disadvantaged, who early in life suffered physically and emotionally, and in securing respect for their dignity, culture and human and religious development.

17.   Mr. GARNJANA-GOONCHORN (Observer for Thailand) said that his country, which had been cited by the High Commissioner for Human Rights as one of the two countries in the world where the problem of trafficking in women and girls was the most serious, readily acknowledged the existence of the problem and was determined to confront it squarely. The sexual exploitation of children for commercial purposes (and the related problem of trafficking in women and children) was a universal and transnational problem which, in the form of sexual tourism, had grown alarmingly in the past decade and whose root causes - global demand and local supply - must be tackled simultaneously through close international cooperation. Thailand therefore welcomed the fact that many countries had adopted extraterritorial criminal legislation. For its part, it had subscribed to the Stockholm World Congress Declaration and Agenda for Action, and had adopted a national plan of action for the prevention and eradication of the commercial sexual exploitation of children. The revised Prostitution Prevention and Suppression Act had come into force in 1996. It was based on the new premise that prostitutes were in fact victims, and increased the penalties for brothel-owners, procurers, clients and even parents who colluded in sending a child into prostitution. The 1928 Traffic in Women and Girls Act had been updated to afford protection to boys. The Penal Code and the Criminal Procedure Code had been amended to make trafficking punishable in Thailand, no matter where the offence was committed.

18.   The new Thai Constitution should also play an important role in shaping future domestic laws. Article 43 of the Constitution had raised the period of compulsory education from 9 to 12 years; school attendance and higher educational standards should help protect children at risk from trafficking. Article 53 further provided that it was the duty of the State to protect all children and juveniles from abuse.

19.   At the regional level, his Government continued to foster close cooperation between countries in the Mekong region in combatting cross-border trafficking.

20.   Those far-reaching legal reforms, the strengthening of law enforcement measures, the basic rights guaranteed in the Constitution, the intensified cooperation at the regional and international levels, and the active support of NGOs and civil society showed that his Government was taking determined action to combat the problem of trafficking in women and children and to eradicate child prostitution.

21.   Ms. ASTRUP (Observer for Norway) said that because the Convention on the Rights of the Child dealt specifically with children's rights from a holistic approach, it was an extremely important working tool for combatting the abhorrent practices to which many children were subjected. Given the interdependence of all human rights, Norway believed that promotion of children's right to education would also have an effect on respect for the other rights of the child, and it strongly supported the appointment of a special rapporteur on the right to education. It also welcomed the implementation handbook for the Convention developed by UNICEF which should help States to intensify their efforts in that area, and noted the important role played by the NGOs, particularly in enabling children to participate constructively in society.

22.   In October 1997, Norway had hosted an international conference on child labour which had culminated in an Agenda for Action stressing the importance of universal primary education. In the framework of development aid, her Government would set aside nearly $30 million over the following three years to combat child labour.

23.   The use of children in armed conflicts was a very serious humanitarian problem affecting more than 200,000 children throughout the world. Her delegation emphasized the need to reach agreement on a draft optional protocol as soon as possible, and hoped that all Governments would support the work of the Special Representative on the impact of armed conflict on children. In that context, she expressed deep concern at the revolting incidents involving the kidnapping of children in northern Uganda, which showed how necessary it was to put children's interests first. She welcomed the adoption of the Protocol to the Convention on Certain Conventional Weapons banning anti-personnel landmines.

24.   She sincerely hoped that the Working Group on the draft optional protocol on the sale of children, child prostitution and child pornography would be able to reach agreement on a text at its following session, and stressed the need for urgent measures to protect children from all forms of sexual abuse and exploitation. In that connection, she reiterated Norway's support for the important work of the Special Rapporteur on the question.

25.   With a view to the tenth anniversary of the adoption of the Convention, she expressed the hope that those Member States which were not yet parties would seriously consider acceding to the Convention, and urged those States which had entered reservations contrary to the object and purpose of the Convention to withdraw them.

26.   Mr. VIGNY (Observer for Switzerland) said that, despite the near universal ratification of the Convention on the Rights of the Child, some very general reservations weakened its provisions and even ran counter to its object and purpose in some cases. His Government invited Iran, Malaysia, Singapore, Saudi Arabia, Brunei Darussalam, Djibouti, Indonesia, Pakistan, Qatar and Syria, among others, to withdraw or amend their reservations.

27.   Children's most elementary rights were flouted in armed conflicts. Switzerland, which had provided financial support for the activities of the Special Representative of the Secretary-General on the impact of armed conflicts on children, hoped that the administrative difficulties he was encountering would be promptly overcome. In that context, the international community had begun the preparation of a draft optional protocol to the Convention on involvement of children in armed conflicts. But the Working Group had not been able to reach a consensus on some essential points, and its work had concluded prematurely. Convinced that special protection should be afforded to children up to the age of 18 against all forms of recruitment and participation in hostilities, Switzerland was in favour of amending the procedure for reviewing the draft protocol; at the current stage, informal consultations were needed in order to pave the way for further negotiations.

28.   Another cause for disappointment was the slow pace of progress on the preparation of a protocol to the Convention on the sale of children, child

prostitution and child pornography. As the sexual exploitation of children
was a cross-border phenomenon, improving cooperation among States was
essential, especially in combatting sexual tourism. Switzerland earnestly
hoped that the protocol would be completed rapidly, in time for submission to
the General Assembly on the tenth anniversary of the Convention.

29.   A convention on measures to combat the most intolerable forms of child
labour was due to be formulated at the following International Labour
Conference. In view of its experience in the field of labour and its
tripartite structure, ILO provided the most appropriate framework for the
preparation of such an instrument. In preparing the text, however, care must
be taken to avoid any conflict with the Convention on the Rights of the Child.
In that connection, he noted with appreciation that the definition of the
child in the ILO draft set the age of majority at 18, as stipulated in the
Convention. However, as the ILO draft also dealt with child prostitution and
child pornography, there was a risk that it would overlap with the future
protocol on the subject: there, too, coordination was essential.

30.   Mr. JAHROMI (Observer for the Islamic Republic of Iran) said that, to
fulfil the commitments which it had accepted on acceding to the Convention on
the Rights of the Child in early 1994, his country had set itself several
objectives as part of its second five-year development plan. Regarding the
right to education, measures had been taken to ensure that all children aged 6
to 10 attended school by the year 2000. The current school enrolment rate was
98.6 per cent, with girls accounting for 48 per cent of pupils. In fulfilment
of its international obligations, the Government was currently providing for
the education and health care of up to 106,000 Afghan and 25,000 Iraqi
children. An organization had been established to provide services for
physically and mentally disabled children. Its activities in 1996-1997 had
covered a total of 64,000 people.

31.   As the health issue was the basis for the future development of
children, in a country where 46 per cent of the population was 18 or below,
the Government's health policies focused on that age group. On that basis,
his country had immunized 99.8 per cent of its children against polio,
including all refugee children.

32.   Given the essential role of legislation in establishing conditions
conducive to children's physical, mental and psychological development, the
authorities had recently enacted several laws, in particular establishing
special courts to protect the family and amending article 1173 of the
Civil Code with respect to child custody.

33.   The implementation of the Convention was rooted in Iran's rich cultural
background and religious beliefs, and some of the serious problems of many
developed and developing countries (street children, sale and sexual
exploitation of children) were rare or unheard of.

34.   Mr. ISRAELI (Observer for Israel), reviewing the emergency services for
abused children in his country, said that immediate short-term protection was
provided by placing children with "shelter families", which kept them until
the situation could be evaluated and a treatment plan devised. There were
also six emergency centres for children, five serving the Jewish population

and one the Arab population. They took in children in need of immediate
protection for up to three months and evaluated the situation of the child and
the family in order to design a long-term treatment plan. Child protection
teams operated in the emergency rooms of 26 general hospitals. Composed of a
social worker, doctor and nurse, they instructed the hospital staff in dealing
with cases of suspected abuse and neglect.

35.   Several organizations had hotlines for children suffering from abuse.
The Israeli Centre for Treatment of Child Sexual Abuse (MEITAL) provided
victims and their families with specialized services and also treated adults
who had been sexually abused as children. The Association for Protection of
the Child (ELI) did similar work, offering therapeutic services for children
who had suffered physical, emotional or sexual abuse.

36.   Many government agencies and NGOs were active in raising awareness of
child abuse. The child protection services of the Ministry of Labour and
Social Affairs devoted great efforts to promoting awareness and enhancing the
sensitivity of the public and professionals to signs of child neglect or
abuse. The curricula of many schools and teaching colleges included courses
or activities on prevention of abuse. The Prime Minister's Office had
recently launched an extensive media campaign to raise awareness and prevent
all forms of family violence. Child advocacy organizations, such as the
National Council for the Child and ELI, devoted part of their efforts to
educating the public about those issues, and community centres for culture,
youth and sport offered courses for parents on how to raise children without
violence. There were radio and television programmes about abused children
and they showed how children could seek help.

37.   Mr. Gallegos Chiriboga (Ecuador) took the Chair.

38.   Ms. SANCHEZ REYES (Observer for Nicaragua) said it was regrettable that
the working groups dealing with the rights of the child had not made more
substantial progress; despite the large number of accessions to the Convention
on the Rights of the Child, children's rights were still being violated on a
huge and dramatic scale in all regions of the world. Nicaragua had ratified
the Convention in 1990, and it had been vested with constitutional status
in 1995. The National Commission for the Promotion and Defence of the Rights
of the Child had been established in 1994 and had helped to prepare the
Children's and Young People's Code in an effort to fill legislative and
judicial gaps. On 22 March 1998, the legislature had adopted the Code, which
paved the way for a new juridical culture with regard to children's rights by
stipulating that the implementation of rules was a matter not only for the
judicial system, but for all the country's inhabitants. The Code also
introduced a juvenile justice system. In 1996, a law had been enacted to
combat violence in the family, extending that concept to include psychological
violence. In 1997, the Office of the Human Rights Procurator had been
established; one of its divisions was the Office of the Children's Procurator.

39.   The Nicaraguan authorities were also devoting their attention to the
problem of child labour in an effort to combat its causes and eradicate it for
good. In April 1997, the Office of the President of the Republic had issued a
decree establishing the National Commission for the Progressive Elimination of

Child Labour and the Protection of Juvenile Workers. The new Labour Code contained an entire chapter on that question. That very day, the capital of Nicaragua was hosting the Global March against Child Labour.

40.   As the country had been in a state of war for more than a decade, the fundamental rights of many Nicaraguan children had been violated; some were still suffering the effects of the conflict, such as anti-personnel mines, which still peppered the border areas. States should take a decision to frame an optional protocol on landmines.

41.   Despite the country's economic difficulties, the Government was aware of the need to invest in its most important asset i.e. children. It devoted more than 37 per cent of the national budget to the social sector and allocated four times as many resources to education as to the army. Action in support of children had become a priority for Nicaraguan society.

42.   Ms. GICHERU (Observer for Kenya) said that her country, which had been among the first to ratify the Convention on the Rights of the Child, was also preparing to ratify the African Charter on the Rights and Welfare of the Child. A comprehensive children's bill should be adopted by the end of June 1998. It would take precedence over all existing laws, whether cultural, religious or statutory, and would prohibit marriage of children below the age of 18.

43.   Her delegation agreed with the Special Rapporteur on the sale of children, child prostitution and child pornography (E/CN.4/1998/101/Add.1) that poverty and the breakdown of traditional family values were partly to blame for the moral disintegration of society, which had made children vulnerable to sexual exploitation. But it did not agree with the Special Rapporteur that families sent children out to earn money through prostitution as a result of traditional cultural practice. Factors such as rural exodus had led families to involve children in various kinds of work in order to supplement the family income, sometimes without supervision.

44.   Her Government was deeply concerned about the growth of that problem and had taken a multi-faceted approach to combating it, creating an effective legal and administrative framework for doing so. A national policy was in the process of being adopted, to ensure that child labour issues were incorporated into government programmes and budgets. In the same vein, the future comprehensive bill on the rights of the child would ensure the allocation of financial resources for government-sponsored programmes aimed at the enforcement of children's rights. Work on a penal system for sexual exploitation of children and other child-related offences was also under way. She noted, however, that existing laws, while not comprehensive, did provide a basic framework for the punishment of those involved in the sexual exploitation of children.

45.   Kenya welcomed the expanding role of ILO in the fight for the elimination of child labour and was grateful for the assistance of donors for projects implemented in Kenya, which included projects in the framework of the International Prevention and Elimination of Child Labour Programme (IPEC). During the period 1995-1997, over 20 programmes had been initiated with a view to the enactment of laws, policy support, capacity building, awareness-raising

and the promotion of networking. Programmes for the next biennium included support for street children by reintegrating them into formal and non-formal education, the creation of income-generating activities for the parents of child workers, including those involved in prostitution, counselling activities, health provision, and the establishment of rehabilitation centres and "peace houses". Other programmes aimed at setting up income-generating activities in schools. Those, coupled with the effort of the Ministry of Education to ensure compulsory free education for all children, would constitute incentives to parents to send their children to school.

46.   Mr. Hynes (Canada) took the Chair.

47.   Ms. TUHOV-AKOVA (Observer for Slovakia) said that her country was complying with the conclusions of the Stockholm World Congress and seeking ways to combat the exploitation of children through prostitution and pornography and all the other violations to which they were subjected. In that context, particular attention was given to children's needs for medical care and for psychological rehabilitation and social reintegration services. Education and prevention activities were also conducted in an effort to raise children's and families' awareness of the problem. As a result of the authorities vigilance, there were few cases of child prostitution or child pornography. At the international level, the Slovak police cooperated closely with foreign police forces, through the Slovak section of INTERPOL, in investigating such practices.

48.   Her delegation welcomed the progress achieved by the Working Group on a draft optional protocol to the Convention on the sale of children, child prostitution and child pornography. There as no doubt that the protocol would enhance and clarify the Convention's provisions. In order for it to live up to expectations, a greater number of NGOs should be involved in its preparation.

49.   Mr. KHAN (International Progress Organization) drew the Commission's attention to the rampant abuse of children's rights in some parts of south Asia, where terrorists and mercenaries were forcing children to join training camps and to serve as messengers and conduits for arms and explosives. A number of such children had been rescued and had narrated their traumatic experiences at the hands of those who, in the name of perverted ideologies, sought to turn them into instruments of death. Girls suffered even more in terms of violence and sexual exploitation. In Afghanistan and Kashmir, armed terrorists had forced many children to leave their homes and live in refugee camps. Many had seen their parents murdered.

50.   The situation in the developing countries was certainly not encouraging. Every day the media showed pictures of maimed children, scantily-dressed begging girls dancing before leering audiences, and young children with guns and bombs in their hands. It was time to act, not only by drafting protocols but by forcing Governments to take substantive action on the ground.

51.   Children throughout the world were subjected to daily abuse, facing a living death, while their murderers went about their lives with complete impunity. The international community must demand that Governments reform

their legal structures in order that citizens found guilty of abuse of children might be treated like the killers they were, for what they were killing was the future of mankind.

52.   Ms. McCONNELL (Nord-Sud XXI) said that the embargo in Iraq continued to have serious effects on the lives of children. Such was the verdict of the statistics produced by the Economic and Social Council, which had recently condemned the embargo as contrary to the principles of the International Bill of Human Rights. According to figures published by the Iraqi Ministry of the Interior, infant mortality due to malnutrition had risen from 800 recorded cases in 1989 to 30,000 in 1997. The Appel Franco-Arabe Association had reported a dramatic increase in the occurrence of leukaemia and heart and lung diseases in children. Those conditions were usually treatable, but the shortage of medicines complicated the doctors' task.

53.   In contravention of article 38 of the Convention on the Rights of the Child, Tamil children were regular victims of artillery shelling and indiscriminate aerial bombing by the Sri Lankan army in North-Eastern Province. The attacks were a recent variation on a sustained strategy of collective punishment directed against Tamil civilians, irrespective of gender or age, by the Sri Lankan authorities. In June 1990, the Government had imposed a food embargo, including food for children. Consequently, starvation among children was common.

54.   Existing health services were grossly insufficient. In one district, for example, there were only 11 midwives for a population of 200,000. Children weakened by malnutrition were easy prey for malaria and typhoid, for which there was a shortage of medicines. Because the supply of antibiotics was severely restricted, infant mortality had risen sharply. Bombings had destroyed 20 per cent of schools, and the armed forces were occupying many of the remaining schools. According to the Ministry of Education, 120,000 children had no access to educational facilities.

55.   At the checkpoints manned by the Sri Lankan armed forces, children had been arbitrarily arrested and many of them had disappeared. Arrested girls had been gang-raped by the Sri Lankan security forces; rape was routinely used as a weapon of war against Tamil girls and women. Tamil children in refugee camps were the most vulnerable to sexual abuse. Her organization urged the Commission on Human Rights to condemn the violations of the rights of Tamil children to health, education and life itself.

56.   Lastly, the Sri Lankan Government had turned a blind eye to the sexual exploitation of Sinhalese children by sex tourists. The concern expressed in official circles was no more than a token gesture.

57.   Mr. ACHOUR (Tunisian Education and Family Organization) said that his organization worked for the protection of children in the family, in school and throughout society. It organized cultural and recreational activities, took care of needy families and worked with children who had dropped out of school. All its members were volunteers.

58.   In 1956, Tunisia had adopted a Personal Status Code, which made it unique in the region as far as protection of the rights of the family, women

and children was concerned. New reforms since then had strengthened those achievements. Family and child-related questions were national priorities. In 1991, Tunisia had ratified the Convention on the Rights of the Child. In 1995, it had established a Children's Protection Code, which guaranteed the child's right to an identity and respect for his or her privacy, health, a healthy environment, decent living conditions, education, and protection against all forms of exploitation, violence, physical, psychological or sexual ill-treatment, abandonment or neglect.

59.   Together with its legislative efforts, Tunisia had set up protection mechanisms such as the children's protection officers, whose job was to attend to the difficulties which children might be encountering and help resolve them.

60.   Some ambitious reforms had been undertaken in the area of education. A law enacted on 29 July 1991 had made education compulsory and free for all children up to the age of 16. The school enrolment rate for children aged 6 to 12 stood at 93.1 per cent. At the secondary level, girls accounted for 48 per cent of pupils enrolled.

61.   Aware of the danger to human rights posed by selectivity, politicization and the absence of solidarity throughout the world and of their devastating effects on children, his organization appealed to all members of the international community to be guided solely by the interests of children in all their actions.

62.   Mr. EIBNER (Christian Solidarity International) said that he would address the tragic situation of innumerable women and children caused by the revival of chattel slavery in the Sudan. According to evidence obtained by his organization during 11 fact-finding visits since 1995, the Popular Defence Force of the National Islamic Front (NIF) and the regular army continually abducted people and forced them into slavery. In recent years, many black young mothers and children from northern Bahr El Ghazal had been captured in raids; in February 1998, scores of children had been enslaved in raids near Aweil and Nyamlell. They were forced to work without pay and were beaten, starved, forcibly converted and raped; girls were subjected to genital mutilation. As indicated in the report of the Special Rapporteur on the situation of human rights in the Sudan (E/CN.4/1998/66), there were no signs that the Sudanese Government was taking any steps to abolish slavery.

63.   Slavery, a crime against humanity, was being practised by the Khartoum regime on a massive scale. It was therefore surprising that the draft resolution on slavery contained no reference to past and contemporary slavery in the Sudan. His organization urged the Commission to rectify that omission and condemn NIF's role in the slave trade, and to mention that tragic problem in the resolution on the Sudan. It also urged the High Commissioner and the Secretary-General to lend their support to the establishment of a UNICEF-sponsored programme to locate and facilitate the return of slaves to their families, and the Security Council to enforce and intensify existing sanctions against the Sudanese slave State. It was time to end the jihad mentality, which included slavery, particularly of women and children as war booty, in the Sudan and elsewhere.

64.   Ms. LEGRAND (Fraternité Notre-Dame) said that her organization, which considered children to be society's future, focused its work on helping children in distress. It introduced measures on a small scale, but hoped that States would take large-scale emergency measures to prevent the violation of children's rights. It made regular visits to imprisoned children, some of whom spent years awaiting trial while being treated as cattle. It established free education centres for orphaned or abandoned children, concerned at seeing destitute children in developing countries who were unable to meet their basic needs, forced to pay rich and powerful majority religious organizations a few pennies for an hour or two of elementary instruction. It took in disabled and sick children, primarily in Haiti and Africa, and tried to improve their physical, emotional and intellectual health. After a period in the organization's follow-up centres, the children gradually managed to eliminate the aggressive and violent feelings within them, which ultimately helped a country to maintain domestic peace. Her organization was also concerned at the deep-rooted discrimination against girls, who were not sent to school and were confined to housework. Children were too often the victims of a host of injustices, and some of them had no choice but prostitution or pornography to remain alive. It was disgraceful that a majority religious group in Mongolia could concern itself with building a house of worship while children were starving and freezing to death.

65.   Ms. PEREZ (Brazil), speaking in exercise of the right of reply, said she regretted that the Jubilee Campaign, despite the ample information it had received through the Brazilian Embassy in London on measures taken by her Government and NGOs to protect and promote the rights of children, including measures to curb violence against street children and help them integrate into society, had chosen to present a distorted and exaggerated picture of the situation. The Jubilee Campaign also seemed to ignore the fact that recently-adopted legislation in Brazil had transferred to the civil courts competence to prosecute and try military policemen involved in homicides or torture of civilians. Moreover, the Chamber of Deputies had approved, and the Senate was considering, a bill that expanded the competence of the civil courts to prosecute crimes committed by military policemen.

66.   The CHAIRMAN said that the Commission had thus concluded its consideration of agenda item 20.

THE QUESTION OF CONSCIENTIOUS OBJECTION TO MILITARY SERVICE (agenda item 22) (E/CN.4/1997/99)

67.   Mr. Chak Mun SEE (Observer for Singapore) said that he strongly disagreed with draft resolution E/CN.4/1998/L.93, submitted by the delegation of Finland. National defence was a fundamental right under international law. Article 29 of the Universal Declaration of Human Rights and article 18 of the International Covenant on Civil and Political Rights recognized that the exercise of the rights and freedoms of the individual was subject to the limitations of ensuring public order and the general welfare of society. Where a State had established a compulsory military service system, allowing people not to perform military service compromised the principle of equality before the law. Whereas some States had chosen to establish a standing army, compulsory military service was the only way for small States to build up a credible national defence.

68.   His delegation objected to paragraph 7 of the draft resolution, in which States were encouraged, subject to the circumstances of the individual case meeting the other requirements of the refugee definition as set out in the 1951 Convention relating to the Status of Refugees, to consider granting asylum to conscientious objectors compelled to leave their country of origin because they feared persecution owing to their refusal to perform military service and there was no, or no adequate, provision for conscientious objection to military service. That was tantamount to suggesting that deserters, too, should be given refugee status and thus United Nations protection, even in their homeland. He understood the logic in suggesting that a State should consider granting political asylum to those fleeing from participation in an internationally condemned war, but it was a different matter to grant refugee status to those who defied their national laws and refused to perform their national duty with respect to military service, even during peacetime.

69.   Ms. PARES (Pax Romana) said that, despite Commission resolution 1995/83, a large number of countries still did not recognize the right to conscientious objection. Furthermore, in many countries which observed that right the laws enacted to regulate it were insufficient and unfair. For example, the alternative service legislation in Greece did not follow international guidelines such as the European Parliament resolutions. Spanish objectors were obliged to perform alternative service that was longer than military service. The draft resolution before the Commission reminded States of the recommendation that alternative service must be in the public interest. Such a vague concept, however, had led to problems in that many companies and associations used objectors as free labour, and thus contributed to unemployment. On the other hand, the non-fulfilment of services by objectors could lead to unduly harsh punishment.

70.   Her organization drew the Commission's attention to the situation in two countries where the right to conscientious objection was not observed: the Sudan and Turkey. In the Sudan, the Government used unlawful means to force students and State employees to enlist in the armed forces. In May 1997, the Minister of Justice had decided that students who were admitted to universities would be compelled to spend 12 months in training camps before matriculating and that students who failed to matriculate would be conscripted for 18 months. Since September 1997, the Sudanese authorities had been moving students from the training camps to the war zone. The living conditions in the camps were so bad that the students called them "death camps". The Commission must urge States which had not yet done so to take the necessary measures to permit exercise of the right to conscientious objection.

71.   Ms. BRETT (Friends World Committee for Consultation (Quakers)) said that, for more than 300 years, Quakers had refused to participate in war, believing that it was wrong to kill or train people to kill. It was on those grounds that they claimed the right to conscientious objection, which was a fundamental component of the right to freedom of thought, conscience and religion, as recognized by the Commission and the Human Rights Committee. She welcomed the fact that those bodies had recommended that individuals should be permitted to register as conscientious objectors at any point in time, before conscription, after call-up papers had been issued or during military service.

She also welcomed the concern expressed by the Human Rights Committee about the practice of calling up again conscientious objectors who had already been imprisoned for refusing to do military service.

72.   However, many States had not yet translated the international standards into reality. A useful new tool in that regard was the World Survey of Conscription and Conscientious Objection to Military Service being undertaken by NGOs, which brought together documentation on relevant laws and regulations on a country-by-country basis. Her organization called for the immediate and unconditional release of all persons detained in violation of their right to register their conscientious objection to military service or to perform non-punitive alternative service of a purely civilian character, and called on the Commission to adopt by consensus the draft resolution on conscientious objection to military service.

73.   Mr. MONOD (War Resisters International) drew the Commission's attention to the situation of Kosovar conscripts in the army of the Federal Republic of Yugoslavia who had chosen to flee the country; they were considered by that army to be deserters because they had refused to fight against their fellow citizens in Croatia and Bosnia. His organization demanded that the countries where they had found refuge should allow them to remain until the situation in Kosovo was clarified and peace returned. As similar situations were occurring in Turkey and other countries beset by civil war, those who refused to participate in military operations should be protected by an additional article to the resolution on conscientious objection, which would give enlisted soldiers the right to refuse to participate in a military operation of which they could not approve in conscience, as well as an article guaranteeing them refugee status in the countries to which they had fled.

74.   He also drew the Commission's attention to the use made by warring countries of internationally prohibited weapons such as chemical weapons and anti-personnel mines. Conscripts who refused to use such weapons should also be protected by the resolution.

75.   Violations of human rights were occurring in Paraguay and other Latin American countries, where young boys were arrested and forcibly enlisted in the army. He denounced the Sudanese practice of abducting young boys and forcibly enlisting them in the army, and the massacre in Khartoum of young recruits who had tried to escape from a military camp. His organization demanded an investigation of those dreadful acts.

76.   Mr. KIRCHER (Latin American Federation of Associations of Relatives of Disappeared Detainees) said that, despite the existence of a favourable international legislative framework the right to conscientious objection was not yet fully respected in all States, as indicated in the Secretary-General's report (E/CN.4/1997/99). He was deeply concerned at the acts of repression and cruel and degrading treatment inflicted on people who registered their conscientious objection to military service, particularly soldiers in barracks. In Chile, it was reported that between July 1995 and 1997 at least 22 soldiers had died as a result of ill-treatment or accidents or had committed suicide during their military service. In most Latin American countries, military service was still compulsory and anyone who refused to serve was punished in accordance with the Code of Military Justice. The right

to conscientious objection must be recognized for everyone, laws must be enacted to enforce it, States must be required to provide young people with all the information they needed about conscientious objection and, in countries where it was not recognized, objectors must be tried by civilian courts.   In such countries, furthermore, the sons of people who had been made to disappear or murdered by members of the security forces should be exempted from compulsory military service.

77.   Ms. MUNSHI (International Institute of Peace) expressed her organization's appreciation for the report of the Secretary-General prepared pursuant to Commission resolution 1995/83.   The issue of conscientious objection had been before the Commission since 1971; in the recent past there had been many instances where States had refused to accept conscientious objection to military service.   During the Gulf war, the United States had failed to adhere to United Nations standards recognizing conscientious objection as a basic human right.   In some countries, members of minorities had been made to perform military service.   Problems arose when soldiers from ethnic minority groups were deployed in their native regions.   Such circumstances had led to soldiers deserting the Yugoslav army in 1991 and to the refusal of some Russian officers to fight against civilians in Chechnya in 1994.   Far from encouraging disobedience, she considered such developments to be positive checks against the undiscerning use of force against political opponents.

78.   The United Nations should continue to take an interest in the question of conscientious objection to military service and ensure that nations did not adopt a subjective approach.   Her organization suggested that States should set the age of recruitment for military service at 20.   Further, the State must recognize the citizen's right to conscientious objection for reasons of conscience or profound conviction arising from religious, ethical, moral, humanitarian or similar principles.

79.   Ms. JEGEN (Pax Christi International) said that, as the question of military service primarily concerned young people and as young people were the chief victims of conflicts, it was understandable that an NGO concerned with youth had brought the issue of conscientious objection before the Commission. The right of conscientious objection as applied to soldiers in regular armies in conflicts between States was not available to the soldiers of irregular forces.   In recent years, internal conflicts in which individuals were forced to join in the bloodshed decreed by the leaders of their communities in the name of ancient hatreds had reached such dread proportions that they had earned the term "genocidal", as in parts of Africa and eastern Europe.

80.   It was for situations like the above that her organization urged the Commission to pass a broader, more concrete resolution on the right to refuse to kill.   Such a resolution would help to make dissent from violent conflict more acceptable in communities where violence was customary.   It would also serve as a reminder, in the year marking the fiftieth anniversary of the Universal Declaration of Human Rights, that there were human rights that were truly universal and inherent in every person, even an enemy, and would contribute to a transformation of human consciousness.

81.   Ms. CRAS (Women's International League for Peace and Freedom) said that
the Secretary-General's report on the question of conscientious objection to
military service (E/CN.4/1997/99) gave a good picture of the implementation,
and especially non-implementation, of that right. So far there were 69 States
which had no conscription and 24 which provided for civilian or unarmed
military alternative service. Yet it was in the interest of any society to
prevent young men from being taught at an impressionable age to resort to
violence and force.

82.   In some countries, objection to military service was an offence which
gave rise to severe punishment, especially in time of war. In countries where
there were long-term states of emergency, conscientious objectors were even
liable to the death penalty. That being the case, it was disappointing that
no country had responded to the Secretary-General on the question of granting
asylum to conscientious objectors whose lives were in danger. She requested
the Secretary-General to include in his following report information on the
measures taken by Governments with respect to persons who refused to pay taxes
which were directed to military costs.

83.   As a peace organization, the League denounced the concept of war as an
institutionalized norm for which preparation was reasonable. The future
depended upon building a culture of peace, which was based on recognition of
conscientious objection to military service and on the release of prisoners of
conscience. The possibility should be explored of allowing conscientious
objectors to participate in United Nations peacekeeping and other humanitarian
missions.

84.   The CHAIRMAN said that the Commission had thus concluded its discussion
of agenda item 22.

FOLLOW-UP TO THE WORLD CONFERENCE ON HUMAN RIGHTS (agenda item 21)
(E/CN.4/1998/45, 104 and Corr.1 and 2, and 122; E/CN.4/1998/NGO/68 and 92)

85.   Ms. PEREZ (Brazil) said that the World Conference on Human Rights and
its Declaration and Programme of Action had fostered progress in human rights
and democracy in her country. The preparation process for the Conference had
coincided with the attainment of democratic stability in Brazil, and provided
an opportunity for all sectors of society to press for advancements in human
rights policies and to participate in the preparatory process itself. In
Vienna, the Brazilian Minister of Justice, the head of the Brazilian
delegation, had met with national NGOs attending the Conference.

86.   The Vienna Declaration and Programme of Action had provided the main
source of inspiration when Brazil had designed its national programme of
action on human rights, on the basis of broad consultations with NGOs,
academic specialists and other representatives of civil society. Brazil had
submitted its contribution to the report of the High Commissioner on the
Five-year Review of the Implementation of the Vienna Declaration and Programme
of Action, and it was clear that, although much remained to be done,
significant progress had been made. The executive, legislative and judicial
powers, together with civil society, were accountable for domestic observance
of Brazil's international commitments. Implementation of the national
programme of action on human rights was monitored by a group of independent

experts and by the human rights commission of the Federal Chamber of Deputies. The National Committee on the Rights of the Child, the Inter-Ministerial Working Group for the Promotion of the Black Population, the National Forum against Violence in Rural Areas and the National Forum for the Elimination of Child Labour used the programme of action as a yardstick for their activities.

87.   As to the implementation of the Declaration and Programme of Action at the international level, Brazil acknowledged the efforts made by the High Commissioner to enhance coordination within the United Nations system for the promotion of democracy, development and human rights through international cooperation. Regrettably, although there was consensus on the need for global partnership, the resources allocated, especially for the developing countries, were still insufficient.

88.   In conclusion, she recalled the suggestion, made by Brazil's National Secretary for Human Rights at the beginning of the session, that the Commission should produce a periodic report on human rights in all countries, without exception; its work might thus gain in impartiality and universality. The common yardstick of the report might be the implementation of the Vienna Declaration and Programme of Action, since, despite the differences in their commitments regarding the human rights instruments, virtually all States had participated in the adoption of the Vienna final document.

89.   Mr. Gallegos Chiriboga (Ecuador) resumed the Chair.

90.   Mr. WANG Min (China) said that the first five-year review of the implementation of the Vienna Declaration and Programme of Action, to be conducted by the Economic and Social Council and the General Assembly in 1998, would have a significant influence on human rights activities in the next century. Despite the many positive results achieved in implementing the Declaration and Programme of Action, in particular through dialogue and cooperation in the field of human rights, many difficulties remained.

91.   To help overcome those difficulties, his delegation suggested that, first, the principles contained in the Declaration and Programme of Action should be reaffirmed and fully put into practice, and in particular that activities to promote and protect human rights should be carried out in accordance with the purposes and principles of the Charter of the United Nations and international law and with specific national and regional features in mind. Secondly, to enhance international cooperation in the field of human rights, countries should promote the settlement of differences through dialogue and cooperation on the basis of equality and mutual respect. Thirdly, the right to development and economic, social and cultural rights should be accorded the same importance as civil and political rights in all United Nations human rights activities. Fourthly, the working methods of the Commission should be reformed, and politicization and double standards rejected.

92.   His Government supported the High Commissioner for Human Rights in her efforts to promote dialogue, cooperation, and the realization of the right to development and economic, social and cultural rights. Her visit to China in 1998 would further enhance mutual understanding and strengthen cooperation between China and the United Nations in the field of human rights.

93.   Mr. MOLINA VALDIVIESO (Chile) said that the World Conference on Human Rights, in which a large number of Governments, intergovernmental organizations and NGOs had participated, had demonstrated the importance of international dialogue in the field of human rights for the new international order of the 1990s, shaped by progress in democracy. However, although some of the provisions of the Vienna Declaration and Programme of Action, such as the appointment of a United Nations High Commissioner for Human Rights, had been fully implemented, further efforts were needed in other areas. Chile hoped that the necessary critical analysis would be brought to the five-year review of the implementation of the Declaration and Programme of Action, including in the Economic and Social Council and the General Assembly.

94.   Earlier in the session, the Deputy Minister for Foreign Affairs of Chile had had high praise for the work of the High Commissioner; that work should be given the support of the entire international community. Another encouraging development was the fact that the Commission had adopted the draft declaration on human rights defenders, which might soon be ratified by the General Assembly, perhaps on 10 December 1998, the fiftieth anniversary of the Universal Declaration. Other positive results were the near universal accession to the Convention on the Rights of the Child and the eradication of the abhorrent practice of apartheid. He also welcomed the progress achieved towards recognition of the identity of indigenous peoples, and hoped that the work on the draft United Nations declaration on the rights of indigenous people and on the permanent forum in the United Nations for indigenous people would shortly be concluded.

95.   The international community must continue to strongly condemn the persecution of a number of minorities. To put an end to such practices, Chile hoped that the idea of establishing an international criminal court would rapidly be put into practice.

96.   Lastly, it was important to continue strengthening the right to development as a fundamental right. Chile fully endorsed the principles of the universality, interdependence and indivisibility of all human rights. It reaffirmed its support for all treaty-related and other mechanisms which contributed to observance of human rights and fundamental freedoms and the ending of human rights violations; and it believed that the evaluation of the implementation of the Declaration and Programme of Action should include a reaffirmation of the importance of those mechanisms.

97.   Ms. LEHMANN (Denmark) said that the High Commissioner's report should have been the first substantive item on the Commission's agenda, setting the tone for all the work of the session. Her delegation was encouraged to see that the Chairman held similar views about the future work of the Commission.

98.   The High Commissioner had submitted a valuable document, but one that appeared to lack an overview of the dialogues she was conducting with Governments and the prospects those dialogues were affording for the improvement of the human rights situation in the countries concerned. Admittedly, the High Commissioner had not yet had the time to engage fully in such substantive dialogues with Governments, but the Danish delegation hoped that they would be a central feature of her activities in the years to come. It would also be helpful if, together with the report, a document was issued

indicating which countries had been visited by the Commission's special rapporteurs, working groups and special representatives, as well as those countries which, for whatever reason, had not been able to respond positively to a requested visit. Such information would help the Commission to function in a more focused and effective manner.

99.   Denmark provided active support, financially and otherwise, for the High Commissioner's Office in the areas of field operations, the advisory services programme and the country offices. It hoped that, under the High Commissioner's influence, a more reasonable percentage of the United Nations regular budget would in future be allocated to human rights activities, corresponding to the importance attached to them by the world community and the recommendations of the World Conference. Governments' financial contributions must be consistent with their stated intentions.

100.   Mr. STROHAL (Austria) said that, five years after the adoption of the Vienna Declaration and Programme of Action, the discussion of the follow-up to the World Conference on Human Rights, together with the fiftieth anniversary of the Universal Declaration of Human Rights, provided the framework for Human Rights Year (1998). As in previous years, his country, which had had the honour of hosting the World Conference, had circulated for observations a draft resolution on the item, and hoped that many States would co-sponsor it. The "Vienna+5 Review" would provide an opportunity for assessment and stocktaking of the progress achieved, as well as failures and shortcomings of Governments in living up to the commitments they had undertaken. It would also address the role of the United Nations system in contributing to better observance of human rights. In addition, it offered an opportunity to civil society worldwide to contribute actively to the review.

101.   In the United Nations, the coordination segment of the 1998 session of the Economic and Social Council would be devoted to the follow-up to the Vienna Declaration and Programme of Action by the entire United Nations system. The progress made since the World Conference would be discussed by the General Assembly on the basis of a comprehensive report by the High Commissioner for Human Rights.

102.   Austria was currently completing its national report on measures taken and progress achieved, and also shortcomings, in the implementation of the Declaration and Programme of Action. An inter-departmental working group had been asked to undertake a comprehensive review of Austrian legislation and practice in all spheres of government with regard to international human rights standards and the recommendations of the Declaration and Programme of Action. In addition, an Austrian National Committee for Human Rights Year (1998) had been established, composed of representatives of federal and provincial governments, political parties represented in Parliament, NGOs and the media. It conducted wide consultations in Austrian society, which was an active but also critical partner in the process: the NGOs had formed a national platform for Human Rights Year and undertaken many activities, in particular a critical review of the Government's performance in the follow-up to the World Conference.

103.   As to the development of the United Nations human rights programme, his delegation was of the firm view that significant progress had been achieved

through the World Conference in two broad areas: the strengthening of
human rights standards and the strengthening of the machinery for the
protection and promotion of those standards. Regarding the first achievement,
the Declaration and Programme of Action had reaffirmed the universality of
human rights and clearly established that, regardless of historical, cultural
and religious backgrounds, it was the duty of all States to promote and
protect all human rights and fundamental freedoms. The indivisibility of
all human rights - both in substantive terms and in terms of the
beneficiaries - required that all human rights - civil, cultural, economic,
political and social - were fully implemented. At its current session, the
Commission had taken a number of important steps in that regard. Since the
World Conference, the concept of the right to development had been sharpened,
both through intergovernmental debate and through practical measures at the
national level. In addition, the Declaration and Programme of Action had
underlined the fact that indivisibility must also mean that human rights were
guaranteed for all. That was particularly true of the rights of women: the
World Conference, together with the Beijing Conference, had made an important
contribution in placing women's rights in the mainstream of the human rights
programme.

104. The World Conference had also initiated a number of measures to improve
United Nations human rights machinery. The most important and visible outcome
of the Conference had been the establishment of the post of High Commissioner
for Human Rights. The High Commissioner was the leader and coordinator of all
human rights activities within the United Nations system, engaged in dialogue
with Governments on human rights issues, and was in charge of technical
assistance and field missions. On the basis of that broad mandate,
Mr. Ayala Lasso, followed by Ms. Robinson, had given stronger meaning to
United Nations action in the field of human rights.

105. Since the World Conference, the emphasis of the Organization's
human rights work had increasingly shifted from conference rooms to the field.
That was particularly true of technical assistance: the World Conference had
called for a comprehensive programme within the United Nations to assist
States in building and strengthening national human rights structures and
capacities. Since then, the technical assistance projects of the Office of
the High Commissioner for Human Rights had increased substantially; other
parts of the United Nations system were also actively involved in that area.
The other major development had been the establishment of a human rights field
presence in a number of countries.

106. Those new developments had led to a fundamental change concerning the
place of human rights within the United Nations system. Five years after the
World Conference, human rights were indeed one of the core activities of the
United Nations; and whether peace, security or development cooperation was
involved, the human rights dimension was increasingly integrated into overall
United Nations policies and activities. The High Commissioner's report
provided a good overview of those aspects.

107. There were also a number of areas where the international community had
failed or where progress had so far been unsatisfactory. One such area
concerned the shortcomings in translating international human rights standards
into reality at the national level. In general, some progress had been made

towards the goal of universal ratification of the core human rights treaties, as set out in the Declaration and Programme of Action. However, progress was uneven - particularly concerning the Convention against Torture - and to some extent offset by States' tendency to enter general and far-reaching reservations. As agreed at the World Conference, that important issue should receive special attention during the "Vienna+5 Review". The real test for international human rights standards lay in their national implementation. Austria therefore hoped that all Governments would use 1998 to take additional measures to better implement their international human rights commitments.

108. In the current anniversary year, human rights continued to be violated in all parts of the world. Although some of those violations made the headlines, most, and the suffering they produced, went unnoticed. A number of Governments remained unacceptably unwilling to assume full responsibility and to take the necessary measures to bring such violations to an end or to accept the support and assistance of the international community.

109. The special procedures of the Commission played an important role in assisting countries to address human rights violations. The Declaration and Programme of Action called upon all States to cooperate fully with those procedures. The recommendation to strengthen the system of special procedures had so far remained largely unfulfilled. That inaction put the entire system of special procedures increasingly at risk, particularly in the light of the steady increase in mandates and activities. Furthermore, proper action had not yet been taken on the request of the World Conference for immediate steps to increase substantially the resources allocated to human rights within the United Nations regular budget.

110. His delegation looked forward to the results of national evaluations of the measures taken to live up to commitments made at the World Conference and to a fruitful "Vienna+5 Review".

TRIBUTE TO THE MEMORY OF MR. EDUARDO UMAÑA MENDOZA, HUMAN RIGHTS DEFENDER

111. The CHAIRMAN said that, four weeks after the Commission had adopted the report of the Working Group on a draft declaration on human rights defenders, one of those defenders, Mr. Eduardo Umaña Mendoza, who had been an active participant in several sessions of the Commission, had been murdered in Bogota on 18 April.

112. At the invitation of the Chairman, the members of the Commission observed a minute of silence in tribute to the memory of Mr. Eduardo Umaña Mendoza, human rights defender.

113. Mr. DIAZ URIBE (Observer for Colombia) said that his Government condemned the heinous murder of Eduardo Umaña Mendoza, a renowned lawyer and well-known defender of human and trade-union rights. That murder and other recent murders of human rights defenders and political leaders in Colombia reflected the brutality of those who rejected peace and respect for fundamental rights and international humanitarian law. It was no accident that Eduardo Umaña Mendoza and María Arango de Marroquín had been murdered and that other Colombians working for peace, within or outside the Government, had been threatened at the very time when the Colombian Government and the

National Liberation Army had announced the signing of letters of intent in preparation for an agreement based on international humanitarian law and forming part of the process followed by the International Commission of Inquiry, in accordance with the Additional Protocols to the 1949 Geneva Conventions.

114. The minute's silence in tribute to the memory of Mr. Eduardo Umaña Mendoza should also be observed in the name of other human rights defenders and political leaders murdered in Colombia.

115. Mr. SOTTAS (World Organization against Torture), also speaking on behalf of International Human Rights Service and a number of other NGOs, said that he was deeply dismayed at the abhorrent murder of Mr. Eduardo Umaña Mendoza. That eminent jurist, professor of criminal law, member of the Colombia Bar and member of the Executive Council of the World Organization against Torture from 1988 to 1994, had been actively involved in the cause of human rights since the 1970s. The many murders of indigenous, trade-union, agrarian and other leaders in Colombia had led Mr. Umaña Mendoza to publicly denounce the repressive mechanisms and groups within the Colombian security bodies, the army's responsibility in the dirty war, the role of certain civilian authorities in the repression, the role of the military courts in human rights violations, the responsibility of the prosecution services in persecuting social and trade-union organizations on the basis of false charges, the impunity enjoyed by certain leaders, etc. Mr. Umaña Mendoza had also defended many people prosecuted for political reasons and had investigated hundreds of enforced disappearances. His devoted action in support of human rights, dignity, justice and peace had earned him an international reputation. His murder pointed up the immense contradiction between the Colombian authorities' statements in international forums and the existence of a clear desire physically to eliminate human rights defenders. The heinous crime in question committed shortly after the statement by the Chairman of the Commission praising the supposed efforts of the Colombian authorities in the field of human rights, once again highlighted the actions of those who were trying to secure impunity for the perpetrators of crimes against humanity and to silence those who fought for truth, justice and dignity.

116. His organization and International Human Rights Service expressed their condolences to Mr. Umaña Mendoza's family. They urged the Colombian authorities to open an immediate inquiry into the murder, identify those responsible and punish them severely, and also to put an end to the activities of extermination groups, whatever their links with bodies or individuals in positions of authority. They called on the Commission strongly to condemn that crime and do everything in its power to enable the High Commissioner for Human Rights to open an inquiry into the case and provide a full account in her next report. In view of the high number of victims in Colombia, they urged the High Commissioner to take all necessary steps to enable her office in Colombia to intercede on behalf of human rights defenders.

The meeting rose at 6.10 p.m.